国家出版基金项目
NATIONAL PUBLICATION FOUNDATION

国家社科基金重大项目结项成果

“十四五”国家重点出版物出版规划项目

二十世纪东亚抗日叙事文献整理与研究丛书

丛书主编——牛林杰

# 文学编·散文卷 II

分卷主编——金　刚　孙正盛

山东大学出版社
SHANDONG UNIVERSITY PRESS
·济南·

**图书在版编目(CIP)数据**

二十世纪东亚抗日叙事文献整理与研究丛书. 文学编. 散文卷. Ⅱ / 牛林杰主编 ；金刚，孙正盛分卷主编. 济南 ：山东大学出版社，2025. 8. -- ISBN 978-7-5607-9011-4

Ⅰ. I310.6

中国国家版本馆 CIP 数据核字第 20252V4J42 号

策划编辑　张铭芳
责任编辑　朱若翌
文案编辑　郭之瑾
封面设计　卡古鸟设计

**二十世纪东亚抗日叙事文献整理与研究丛书·文学编·散文卷Ⅱ**

ERSHI SHIJI DONGYA KANGRI XUSHI WENXIAN ZHENGLI YU YANJIU CONGSHU · WENXUEBIAN · SANWENJUAN Ⅱ

---

出版发行　山东大学出版社
社　　址　山东省济南市山大南路 20 号
邮政编码　250100
发行热线　(0531)88363008
经　　销　新华书店
印　　刷　山东新华印务有限公司
规　　格　720 毫米×1000 毫米　1/16
　　　　　77.5 印张　1393 千字
版　　次　2025 年 8 月第 1 版
印　　次　2025 年 8 月第 1 次印刷
定　　价　450.00 元(散文卷全 3 卷)

---

二十世纪东亚抗日叙事文献整理与研究丛书

# 目录

## 1939年

## 1940年

## 1941年



## 1942年

## 1943年

## 1944年



## 1945年

# 1939年

# 一个敌军小队长

卞之琳

我们原先住的房子里住了一个新从同蒲铁路线上来归的敌军小队长。

晚饭后野燕和我在 M 君住的屋子里和另外一些人翻看新从前方带来的汉奸报和日寇的报纸的时候，有人和 M 君谈着决死队新送来的一个可笑的日本俘虏。

“他打篮球哪?”M 君问，有些诧异。

“小队长。”

“唔，你说的是小队长，”M 君说了，转向我们，“那是一个有趣的人物。”

翻完了报，见别人都陆续去看戏了，屋子里只剩下了我们三个人，我就要 M 君给我们讲一讲那个小队长，于是我们得到了这样的一点报告。

小队长是一个少尉，属×××师团×××联队，东京人，二十三岁，三井洋行的一个课长的儿子。他前年从士官学校毕业，成绩列优等第四名，去年才结了婚。今年春天从敌国出发来我国的时候，被欢送的同伴都装着高兴的样子，只有他老实不客气的拉长了面孔，不是为的怕死，更不是为的舍不得老婆，是为的当时已经淡淡的感觉到自己不是被欢送出来，而是“被逼出来的”。如他自己所说，开到山西作了几次战，他更觉得没有意思了。他在李家山奉命率部增援石田联队，目击了他们作战笨拙而遭致的惨败，更引起了他对那些军官的蔑视。他和同僚谈话中常常发他们所谓的“怪论”，“不是我的议论怪，是时势怪”，他也不再多说了。“那时候我的心已经在你们这边了。”他曾这样的对 M 君说。到十二月一日，他的本人也到了这一边了。那时候他带了小队。驻守在太谷与祁县之间的东六支。他那一队编制特别大，共有八十多人。他和部队分住四个“托齐卡”(水泥钢骨的堡垒)，那一晚他推说要写东西，把传令兵打发到那个大堡子里去过夜，一面假话当晚敌情良好，下令改放变岗，使他们集中到几点，留出较大的空隙，一方面使他们可以随意谈话。等到午夜后三点到四点之间哨位换了班以后，他改穿了普通兵士的衣服，背了三八式步枪，装作哨兵的样子，溜出了村子。向东南山地上走了十几里的光景，听见后面机关枪声，他知道自己的部队赶来了。于是把累赘的指挥刀解下。怕追兵发现他逃走的方向，把它深深的埋到土里。至于他撇在家里的老婆呢？“他一定会恨我的，就一直向前，什么都不顾。”所以他觉得父亲替他取的名取得很合适，就叫“进”，他姓金森。

听了这样的故事，我们更觉得非看看金森小队长不可了。第三天M君便陪我到我们的老东家去拜访新客。

金森少尉坐在炕前的椅子上，照本地的习惯，用麻梗引火，吸本地的土制的木质小烟斗里的旱烟。

我第一句先问他在这里生活过得惯不。经M君翻译了以后，他仿佛带了认为这句话问得多余的样子，用他的本国话对M很快的说了一句，意思是“我一进来就惯了。”

他是一个小胖子，却什么都看得很简单的样子。脸庞宽，颧骨高，眼珠流动得很灵活，笑起来嘴愈显得大，而眼睛则被上下两方的丰满的肌肉挤成了弯弯的两道细沟，像眉月。他在说话中总爱笑，先是小笑，继之以哈哈大笑，有时候还没有说话就先笑。笑多，话多，笑与话总是在竞赛。

起初听M君对他说我们想要他谈谈他的经过，他说：“你已经都知道了，对他们讲就是。”可是经我一问起他进士官学校是否出于自愿，他就把话匣子打开了。

他说当然是出于自愿的。他家还是“士族”。他的伯母从小就教他做好男儿。在小学毕业的时候，亲戚们问他将来预备干什么？“要当巡警。”他回答。他的父亲听了很不高兴。“不要当巡警。”他说，“你是我的独生子呢，别要刀要枪的，该继承我的事业，将来我不愿在三井，到三菱去也好。”孩子可怎也不肯听话。“那么在中学的时候总得好好的读书。”他在中学还没有毕业，还没有进士官学校的时候，就把《步兵操典》《阵中要令》一类书读熟了。

“在士官学校的时候除了课本，还看些旁的书吗？譬如政治问题、社会问题的著作，譬如一般性质的报刊？”

“不大看，有时候在家翻翻《日之出》一类的东西，看到菊池宽一流小说，对于那些腻东西，太软的东西，不觉兴趣，翻几页就抛开了。”

他喜欢打棒球，喜欢柔道，学到二段，兴趣又集中到剑道上去了。他的左腕上还突起一团筋，还是以前学棒术的时候遗留下来的痕迹。他不喜欢下象棋，打麻雀。总是不喜欢一切要坐下来半天不动而作的玩意儿。他讨厌跳舞。

“那种腻玩意儿不是男子干的事情。”他倒还喜欢打弹子，就因为可以练习“命中”。有时候还想拿起杆子来向那些玩“吃茶店”的男子瞄准呢。

“你在士官学校每年花多少钱?”

“完全由家里管，我一点都不去操心。经济上的琐事，我不知道。米在我是横吃下去的，向横里发展，所以长得这样胖。人家说有了家，人会瘦下去，我有了家只有越发胖起来。”

他又仰在椅子里大笑了。

可是他又说他总是“走一条直线”，自己认定了是对的，他就一直干下去，“挨杀头也不管”。佩服了人家，他就一直佩服到人家的下人，瞧不起的就在他头上，在他眼里还是一文不值。“丰臣秀吉的精神，也不过如此。”他说。他倒很想看一看前天刚来的说什么“对不起天皇”的那个家伙呢。

经我们问起了，他就简单的讲了它到我国来的行踪：四月十五日从鲭市出发，五月二日到塘沽，以后在石家庄、太原、汾阳、灵石等处都住了一些时候。他接下就说，他起意来归是在七月间，虽然还没有下决心。

“你怎样想到我们这边来呢?”我问。

“政治，又是谈政治了。”他笑着说，然后敛了笑容接下去：“我明白了。不是我自己明白的，是事实使我明白的。中国人民和日本人民正是该握手的时候，而日本的军阀财阀偏不许握手。他们要我们到中国来打人，可是到了中国我们总觉得应该结朋友呢。中国人都那么易于接近。”

说到这里，他看看我穿的鞋子，忽然又笑起来了。我莫明[名]其妙，可是他解释了：“过来以后，在前方有人替我买了这样的一双鞋子。”

他说，一边用烟杆指指我的棉鞋。“因为穿惯皮靴，只几天就把鞋子穿歪了底。部队里一位长官见了，就说‘这鞋子土头土脑，多难看。’就另外给我买了一双新鞋子。”

于是大家随了他一齐低下头来看他所穿的鞋子，那是一双皮鞋式斜底高跟的黑布鞋。

“你为什么杀死那二十四个中国人呢?”野藤问他。

“那是奉了命令。”

人命在他似乎不看怎样重。他说他过来的时候，他在枪里装了五颗子弹，很想孝敬他的同国人几颗，若不是顾虑到那样会妨碍他的投奔。

他也相当细心，逃出来经过几个村子的时候，他都从村外绕行，防追兵发现他逃走的痕迹，到以后一个村子才进去找老百姓。

一听我问起他在那个村子里找到第一个老百姓的时候是怎样的一种情

形，他就一下子又说开了，当然也就笑开了。流水一样滑下去的日本话里，我听到几句简单的中国话："不知道，不知道。"（说的时候面部作慌张的样子）"不紧要，不要紧。"（笑嘻嘻）"不要怕，不要怕。"（安慰的声气）"怕什么！"（怒气冲冲）

原来是这样的，M君给我们解释了。三个老头儿被他拉住了，问他中国兵在那里，就说"不知道，不知道"。偷偷的看后边，以为还有大队人马跟来呢。小队长就开心的对他说："不要紧，不要紧。"后来到了部队里，走进一间屋子，他就听到一个中尉对他说："不要怕，不要怕。"他生气了。"怕什么！"他说，"我怕还会过来吗？"他要来，即使枪口对着他，他还会一直扑过来的。所以他走的倒确乎还是一条直路，我心里想；可是我逗他说："你从进士官学校以至参加我国军队，这一条路，你以为还是直线吗？"

"还是呀！"他说着点点头。

M君告诉我们说，他亟欲上前方作战去哩，而我们也的确听到他当我们面前说出了这样的结论：他帮助我们，"不是专为了中国，也是为了日本。"

我们很高兴的告辞出来了。在门外谈起来，我们都很奇怪，这样一个武士道的人一下子会走到正义我真理的大道来。

（原载于《新华日报》1939年8月25日）

# 一个反战的日本朋友

波光

早晨，天还不十分亮。筠的哥哥忽然打来电话，他用颤抖的语调告诉我一个仅仅次于死亡的恐布[怖]消息："筠妹昨夜忽然得了急症，我们在华界一连请了两个大夫，都说没有多大希望。天哪！随后我们就用电话请法租界的名医秦大夫，但是一个钟头之后电话回来了，他说：'对不起！租界口的日本兵不许通过！'你快些设法来看看她吧……！"

不等说完，我就撂下耳机，赶忙披上大衣跑出门来。

街上冷清清的，远处只有一辆洋车在懒懒地移动。我招呼了洋车夫，告诉他把我拉到北门。但他把头一摇："不行，租界出不去，日本兵不让走！"

我明知道这几天敌人和租界当局捣蛋，故意封锁界门，行人出入不但受敌兵留难，有时还给戴上"反日分子"的帽子，招来一顿苦打。但是筠病得这样厉害，冒死也要去看看。

才过黎栈，一眼便看到四个全付武装的敌兵，正在盘查几个菜贩，枪上的刺刀，闪出冷冰冰的刺眼的亮光。

我默默地走过去。

"你是干什么的？"

这是回答我的傲慢的声音。

我作出满脸带笑的样子向他们解释。随后将大衣解开，表示愿意听候搜查。

我的眼睛空洞地看着什么，但我什么也没看见，我知道，我是在计算着时间。猛地，我给两只粗壮的胳膊向前一推，几乎跌倒了，我听见这样的声音："回去，回去！不许通过！"已经被退回十几步远了，推的人还不松手。"怎么？"我抗议道："不许通过，我自己回去就是。何必……？"

"小勉强！不许嚷！"这声音是那样低，可是前面的三个字我却听得非常清楚。

“石川？”我回过头来看定背后的敌兵，我想证明我的猜测是否正确。但他却焦急了，连说着，“快走，快走！”

“不许招呼我的名字，告诉我你的住址。晚上八点钟我去会你，快！”

“是你，次郎！”我像寻得失去很久的珍物似地，只说了这上面几个字。

“快一点，这里没有时间给我们谈话，把你的住处告诉我，有话晚上讲。”他说话时，眼睛瞪起来，我看到左边眉上的一块小疤，一点不错，这是石川，和当年没有什么两样，只是面皮苍老了、消瘦了一些，声音有点干涩，眼光更觉利锐，看来有些怕人。

我告诉他我的住址。我们偷偷握了一下手。

我转回家来了，我没有去看�的病。是幸还是不幸呢？我没有再多想下去，石川的重逢太突然了。

三年前我和石川一同住在东京杉并区大宫前的一家破公寓里，白天在庆应大学一块上课，晚上一块挟着书包回来自己弄饭吃。石川和我一样是农家出身，经济方面都是非常窘促。我们是一对穷朋友，但是彼此的友谊却异常的富厚。他不大招呼我的名字，因为他觉得喊我“小勉强”更亲昵些，他惯于这样称呼我。他说：“你是好死啃书本的人，用功在我们日文就是‘勉强’，你长的个子不大当然可以这样叫啦！”我们住在一起共有四年工夫，友谊也随着日子增长。我渐渐喜欢他的憨厚坦率的性情，更羡慕他的清新的头脑与不屈不挠的反抗精神。当日本警察故意挑逗中国女学生时，跳出来向警察理论的常常便是石川。我们把他看成一个武士。他看不起那些军阀财阀们的儿子，他同他们是死对头。

七七事变后第一个月里，我不断接到他从横滨寄来的信，他的每封信都暗露着同情中国反对战争的语气，他常常的表示他的忿怒。我知道他更加倔强起来，他已在秘密地作着横滨一个什么团体的负责人，但我无从知道，他也始终没有告诉我。中日大规模的战争开始了，石川再也没有信来。起初我默念着他的信，但渐渐感到失望，终于连他的这个人也淡泊了。

他该不会被日本法西斯捉进监牢吧？我有时这样想到但总是恶兆。后来上海沦陷成为孤岛。日子渐渐过去了，悲惨、恐怖、苦痛的日子。

谢天谢地，筠的病有了转机。她的哥哥又打来电话说病人不但神智已清醒过来，而且还可进用一点软性食物了。光景不会有任何危险。因此我更能好好作为祝福筠的病愈，同时也便是庆贺老友的重逢，我买来一些点心和糖果，准备晚上的相会。

八点钟过了一刻，石川次郎还没有来。

八点五十分，九点十分……我在房里踱着，点起香烟来，第一支，第二支……寂静统治着整个房间。夜深了，但始终没有敲门的声音。

我带着□疑也带着恐惧，似睡非睡地捱到黎明，再也支持不住了，我昏昏地倒在床上。

猛然一个声音惊醒了我，我蓦地爬起来，石川拍着我的肩膀。

“对不起我□□了！但没有办法，开拔命令下来，连夜整理行装。今早七点我要乘津浦路的闷子车开到江南去清剿太湖的贵国游击队……”我想说什么话，但他又抢下去：“小勉强，我只能在这儿停留五分钟……我不反对……开拔，我高兴走，这样才更容易实现我的计划。清剿！哈哈，清剿！朋友，请你记住：石川到底是石川，他不会中途换成另一个人！”他讲到这里脸涨红着，不自然地笑起来，他从衣袋里掏出一张《反战大同盟告日本士兵书》的传单塞在我手里。继续说下去：“时间到了，朋友在不久的将来，我们还会见面，我会领着更多的日本弟兄来和你作朋友，不，来和中国被压迫的四万五千万弟兄作朋友！”我在朦胧中只听到他讲了上面那样的话，无从看清他的面孔，待我清醒过来，他却不见了。留下给我的是一张印着中日两种文字的传单。

三个星期过去了，我离开上海，我除了旅行必需的衣物外，还藏了那张传单在身上。不久之前我来到重庆，这里的报纸都用大字标着下面一则新闻：“昨日太湖敌我激战，肉搏至烈，敌兵一排于接近我阵地时，竟高呼反战口号，弃械投降，排长石川次郎已由我护送至××战区司令部，闻渠系日本庆应大学毕业生云云”。

现在，我期望着石川的来信，大概终于有一天，我们再将会见罢。我这样想，我笑了。

（原载于《新华日报》1939年2月8日）

# 中国之友鹿地亘

范胥

日本著名文学家——鹿地亘先生，现年三十多岁，为人慈爱热心，精干链[廉]明。他写的文章，全是反对日本帝国主义国内的军阀和资本家。他是这样说："不应该欺侮中国，屠杀中国人。"他又常为自己国内被压迫的人民说公话，抱不平。因此，他就惹起了日本军阀的怨恨。有一次，他竟被捉进牢狱里去了。

他自出了牢狱之后，被日本警察监视得很厉害，几至完全失却了他的行动自由。在这时候，他就想到中国来。所以，他这样地对本国被压迫的人民说："中国老百姓受苦受难，和日本老百姓受苦受难，都是日本军阀造下的罪孽！"不久，他也真的和妻子偷偷地化装戏子跟着戏班子到上海来了。

"八一三"，日本鬼子兵在上海虹口飞机场挑衅，迫我到忍无可忍的地步。于是，我国的全民抗战是开始了。沪淞一带，炮火连天，我忠勇将士奋勇杀敌，誓与倭寇势不两立，他夫妻俩见到了我们的坚决，真有说不出的兴奋和快慰。可是，上海一开战，日本把所有的日侨装回本国去，他们夫妻也被日本兵赶上了轮船。他夫妻俩处此困境中，明知非常危险，才又借口有物遗落必须取回，这样，才被逃回来。从此，他每遇见朋友，就会激昂地说："中国一抗战，我马上就会变成中国人。我会打机关枪，我要用机关枪打死屠杀中国人民的日本军阀！"

以后，他夫妻俩还觉得在上海不能把工作展开，旋又化装华侨逃出上海，一路茹辛尝苦到了香港。我国政府得知他夫妻俩脱险虎口的消息，就派员专程前往邀请到中国来。他的妻名叫池田幸子，也是一个极有干才的人。

他夫妻俩到了我国之后，曾在广播电台用日本话向日本民众演讲，唤醒日本民众起来反对军阀。又用日文写了许多传单小册子，给日本兵着，使他们觉悟。他又常常这样说："中国人民的胜利，也就是日本人民的胜利，只要打倒了日本军阀，不但中国老皆[百]姓出头，同时，日本老百姓也出头了。"

（原载于《一条心》第2卷第3期，1939年）

# 鹿地亘先生印象记

李守廉

鹿地亘先生是日本的左翼作家，致力于革命事业有年，七七抗战后不顾他国内一切的诽骂割裁，举起正义的旗帜，投到我们的阵营里来，此篇是作者听过鹿地先生讲演后一点印象，特记之以告读者。

蓬乱的长发，不加整饰的西装，具有一般文学家特有的风格，鼻梁很高，眼皮垂下不大张开，看过去不像日本人，要不是一口异国的语言，没有人会怀疑到他是一个外国人。

鹿地亘先生不当于语言，讲话时很慢而少抑扬，左手又在腰际是他正常的姿态，在他沉默的面孔上可以看出他有无限的哀痛，目睹其本国军阀，如此残暴，戕害人类，毁灭公理，终必致使其国家民族灭亡而后已，他底内心当然有不可抑制的悲哀。所以发之于心而形之于色。

愚钝的日本军阀哟！你们还不觉醒吗!？大中华民族的神圣解放战争是为和平而战，为仁道正义而战。我们的阵线是统一的，一致的，具有国际性的，在我们的阵营里，有朝鲜人、苏联人、欧美人，甚至还有你们国内有良心理智，而不愿供你们残暴兽行驱使的有正义感的人。也可以说，凡是有良心血性、天良未泯的人类都是我们的战友，而且正在直接间接的帮助我们作战。

鹿地亘先生站在人道和平的立场上，来揭穿日本军阀的阴谋窘态，深刻警惕，可为日军阀的当头棒喝！兹记他几段重要的话：

“日本占领的地区，不是他们的好处，而是他们很大的负担，据上海东亚同文书院调查，青浦县(距上海约五十里)有人口二十四万，在伪政权统制下者只有三万人，此点系在人民纳税上看出，因为其余的二十一万人口都向游击队政权纳税，伪政权财政无办法，完全靠鸦片毒品等特种税来维持。伪联合银行发行伪钞企图扰乱中国金融，破坏法币，其结果连日本商人也拒用联合银行钞票，使日币为之跌价，造成通货膨胀(联合银行钞票系以日钞单位发行)。”

“每个日本士兵,都深刻的感觉他们底战争是多少无聊,‘东亚协同体’的口号,就是使他们永远无回国之望。汉口的日兵常在地上画三个圈,向人说明。最里面的小圈是被日兵包围的难民,第二圈是他们自己,外面大圈是包围他们的游击队。如果别人在大圈上开个口表示他们可以逃出,就大笑不止,否则就垂头丧气,或者打人骂人。”

“在武汉撤退时,留在墙壁上的标语,吸引广大的日本士兵去观看。宪兵武装驱逐都无效,日军化了七八天工夫才把那些标语涂掉。”

“现在日本人已深深觉悟,所以有许多俘虏真心诚意的来为中国的抗战而努力。在西安,在长沙、湘潭,在广东都有许多日本人为中国诚实服务。在东北义勇军中更有国际纵队,其中大部分为日、鲜人。”

“日本国内的情形更加凄惨,在徐州会战前后,日本国内有失业工人一百五十余万,其失业之原因:(一)国外原料不能输入,货品不能输出;(二)政府有意压迫非军需工业倒闭,此失业之工人由政府收容训练,使从事于军需重工业,名为救济,工资极低,工作时间特别延长,工人健康及出品质量均大为减低。据空军俘虏称,飞机工厂工人工作时间过分延长,以至入厕时多昏厥倒地,兵工厂工人因过分疲劳,出品多不能用——当然也有一部分原因是工人反战,不愿制造残杀人类的武器。

末后鹿地先生说:“贵国为民族解放及仁道正义而战,日本广大的群众都是同情你们的,最后胜利一定是属于贵国的。”

鹿地先生以一个敌国的文学家,在此时期不仅忠诚的为我国服务,且大声疾呼的揭穿日阀的阴谋和窘态,这是多样值得我们兴奋的,有许多青年俘虏因慕鹿地先生大名从老远的地方写信来,托他介绍愿为我神圣抗战而效命。

因此吾人应该知道在第二期抗战中对敌宣传与争取敌军的工作,不容再忽略,我们所持以为胜利的武器即是“仁道正义”,尤其对于敌军方面更应尽量发扬,敌军阀平时宣传中国人如何残暴,捉到俘虏一定杀头,所以在第一期抗战中有许多次敌人被围困,至死不肯投降,捉到后又复倔强无可理喻。甚至为他敷伤时还要咬敷伤的人,到第二期抗战已渐渐转变,这里证明了我们对敌宣传,优待俘虏已得到相当效果,今后更应当加倍努力。我们要以正义仁道来争取敌军、瓦解敌军。

鹿地先生讲演二小时,虽因语言关系不能深刻领悟,可是他底话一字一句都打动每个听众的心弦,末后一阵热烈的掌声,算是酬答他的美意。

(原载于《战旗》第 60 期,1939 年)

# 鹿地亘与池田幸子

洛凡

鹿地亘与池田幸子，两位反侵略的日本作家，战时中国的最好的友人，不但在中国，即在世界上这两个辉煌的名字也是妇孺皆知的了。鹿地原为日本左翼作家同盟中的重要作家、理论家、领导者，随一九三一年以后日本当局对左翼文化界的大暴压，鹿地曾经历长时期的苦役监生活。出狱以后，漂流到中国的青岛，与现在的夫人、曾在北平生活过很久的女作家池田幸子结识，以后二人同居于上海北四川路窦乐安路的小寓所中，继续从事文学的写作及介绍中国新兴文学于日本的工作。在这时期，认识了鲁迅先生，甚得先生的庇爱，一直有着很亲密的往还。当先生逝世的时候，服侍在临终的床边的，家人而外，就有这一对日本夫妇。

八一三的前夜，日领事下令在沪日侨归国，一向把日军事法西斯当作死仇的鹿地夫妇，知道在祖国等待他们的，只是牢狱和死刑，而他们还需要留着自由的身体，为反侵略而斗争；当夜他们逃出在北四川路的寓所，隐居在友人的家中。战事一爆发，在四周围狂怒的中国大众中，日本人是很难生活的。鹿地和池田有几个月一直过着他们自己所谓“老鼠样的生活”，有时甚至因为无法躲藏，急躁的鹿地想到中国的官厅去自首，后来幸而得到中国朋友的帮助，跑到香港，在香港九龙的寓居，比上海也安定不了很多，他们一方面受日本暗探的追踪，一方面又不易取得中国人的谅解，那时他开始给汉口的《新华日报》和《七月》寄稿，锐利地揭发着日本的军事法西斯统治的害恶。这样的又经过了四个月。郭沫若氏就任政治部第三厅厅长，即向陈诚部长以身家性命力保鹿地夫妇，终于取得当局的谅解，即由广东保安处派专员护送到武汉。一到了抗战行都的武汉，他们才第一口呼吸了自由的空气，政治部聘任他们二人为设计委员，文化界和巨万的抗战大众给他们以热烈的欢迎，他们在武昌紫阳湖畔的分水岭边，安静地定居下来，一天到晚，忙碌着出席群众会议和写作工夫。他们有时单独地在街上散步，许多人知道他们是从乱阵中来的朋友，都对他们十分钦敬和亲密。尤其是池田，因为在中国生活得久了，能够说很流畅的北平话和上海话，穿着土布的中国服装，又是十分柔和亲爱的遇人的态度，直使人完全感不到其间的民族的隔膜。那时候他们经常从无线电向日本的士兵与民众广播演说，日本人民常常从广播中录下他们的讲词，秘密印刷分发。去年七月的日本报上，曾记载过大批市民因秘密传读鹿地亘的文字，一天中被捕三百余人的消息。第一次中国飞机飞到日本去散发告日本民众的传单，那传单的原稿也是出于鹿地氏之手的。他的一切行为自然博得日本当局的愤怒。当去年八九月间日机几次狂炸武汉市区，显然有几颗炸弹是以鹿地池田的寓居为目标的。但二人平安无恙，退出武汉后，池田先去重庆，鹿地赴长沙到桂林，其间还特去湘西访问为日本俘虏成立的和平村。他写了一本《和平村记》，描写那些蒙受优待而动摇而转变的俘虏生活，曾陆续在《救亡日报》发表，现已印成单本。今春他从桂林到重庆，并努力于文学写作。同他们一起的日本人，现在正一天一天的多起来。当他们到武汉不久以后，又一位日本女作家绿川英子，曾一度被广东当局误会扣留，后来受国际宣传处聘任，现在仍继续着做国宣工作。此外从战场上被俘或自动投诚的日本人，现在留在中国的已有一万余人，其中那些被俘的士兵，也都在接触了中国民众之后，开始了反侵略的觉悟。

（原载于《文艺新闻》第 6 期，1939 年）

# “代用品”的日本

［日本］绿川英子
企程 译

## 一、好多的木屐

火车到了东京。

马上叫辆汽车到家里去吧，我奔一般地向车站外面跑。我已经有两年不见爹妈了啊。但是真见鬼，以前那么多挤在车站前面的汽车现在都不见了，有的只是肮脏的人力车。

人力车慢吞吞地穿过街道。走得这样慢，好像那车夫是没有吃饱肚子或者是有病似的……

噢唷，好多的木屐啊！我以为眼花了。甚至穿着摩登洋服的绅士们也穿着木屐在人行道上聒噪。大约在五十年以前，有一个叫“拉夫卡第欧·亨”的日本迷，把木屐的噪音赞为“有日本式的神秘性”。现在，日本政府是不是想把这种国粹展览于世界之前呢？可是，谁都知道，战时的日本已没有皮革来做皮鞋，而就是这位亨先生，假使他忽然复活转来，对于这种时代错误也将皱皱眉，摇摇头表示并不满意的吧。

我在新宿停下来换车子。这时无线电收音正叫着：池田成滨先生，战时物资统治的领导者，要买一辆连车夫的马车。

## 二、新的道德

虽然她的女儿回来了。母亲却并不快活。她哭泣，想念她那在中国战场上的儿子，叽咕着一切东西都涨价了，捐税加重了。并且诉说，医院里给了她没效力的药品，她只能吃些鲸鱼肉以代替猪肉、牛肉，她的两颗金牙齿也被取去而用了一种不知叫什么怪名字的合成金来代替，而据她说，从那时起，随便什么东西吃起来都没有味了。

尤其是对于S. F.(S. F.是Staple Fibre的简称,是一种代用棉布),她深为痛恨。——它穿在身上多不舒服,多不经用。而又好贵！那些爱国妇人会国防妇人会的太太,当然可以经常穿着清白整洁的围裙(据说这些太太们穿着围裙以示她们也在劳动,而实际上围裙已成了她们的装饰品),但是那些劳动妇女怎么办呢！我每个月至少得给老妈子买两条围裙。围裙是这样,衣裳、袜子以及其他一切穿着东西也都一样。你想想吧,多大的费用噢！支那人一定也用这种讨厌的S. F.或者更坏的东西的吧?

不,我立刻答复说,他们并不缺乏棉布。

中国是"有"的国家。父亲插嘴说,而日本是"无"的国家。就因此而打起仗来了啊。

我想驳斥这种受了军阀欺骗的论调,然而妈妈又开口了。

"最近我到伊豆去玩了一次,我不知道这个温泉是属于哪一类的,但是好奇怪啊,只用了一用,那块用S. F.做的毛巾就在浴池里溶解了,而……"

妈妈好像处女般地涨红了脸,说不下去了(在日本的温泉浴池中,大多是男女共浴的,只用毛巾遮一遮下部)。

没有关系,我尖刻地说,这是侵略者日本的新道德啊。

呸,父亲发了火,你连灵魂也给中国人同化了。

## 三、邮箱的悲剧

铁！铁!!铁!!!

全日本都沸腾着要铁。

…………

有一天我的哥哥从华中前线写信给我们。信里写着:——最近一向,从日本来的信都湿得连字迹都模糊了。难道现在军事运输办得这样糟吗?

我这样答覆他:

"亲爱的哥哥,在你的祖国,人们除了眼泪以外,没有什么东西可以送给在外打仗的你们了。现在,其他一切东西都贵得可怕,眼泪却越来越不值钱了。绝望地望着西方,妻子们哭着,孩子们哭着,母亲们哭着,那新出现的女邮差们也为她们的永不回来的丈夫而哭着,甚至邮箱也哭着。对啦,哥哥,你还不知道,在全日本有十万只邮箱,其中有两万只是铁做的。一个月以前人们把这些铁做的拿走,而代之以别种质料的。这批新的不很结实,只要稍为下几滴雨,它们立刻就哭了。我们放在里面的信就更潮湿了。亲爱的哥哥,你要知道:在日本，两万只邮箱哭泣着，而在中国，那旧的两万只却已经成为子弹而使无辜的邻人哭泣了……”

（原载于《胜利》第 51 期，1939 年）

# 侵略战争下的日本劳动妇女

[日本]绿川英子

沉湮 译

首先我们对侵略战争的重要支柱——日本农村，来一个透视。

日本的农村，一直从封建主义以至今日，有的是无智贫困与慢性的饥馑；它与“文明日本”不但无关，简直是另一个世界。这里的妇女，在贫苦中生儿育女，认为她是命该如此，同样默默地耕田种地，也觉得这是命里注定！然而侵略战争，将她们的负担更大大地加重了。原来日本的兵员，大部征自农村的，加上畸形发展的军需工业，又使许多农村壮丁，走进了都会；牛马被军队征收去了，农具肥料，不但因为物资统制而价格高昂，有时简直无从买得。为了偿补这些漏洞，为了在可能限度中维持农村的生产，必然的要动员妇女了。根据去年春天农林省（即农林部——译者）的调查，去年的农忙期中，日本内地全部，即四十五府县的男女劳动的平均比率，是四六.〇对四八.一，由此可以说明战时日本的农业，多半是依靠于妇女的了。

虽然在农村妇女面前已大开着军需的大门，三四个月不得一粒米的她们，大家苍白着脸面，抱儿带女地漫进着这些大门。可是另一方面，由于农民们实在贫困，不得不将女儿甚至妻子，卖给工厂或卖给歌妓院或妓院的，已是世界有名的好景象了，特别是参战的士兵家族。这里有个笑话，有人想在近工场地的一个农村里，组织一个“处女会”，可是始终找不到一个少女！

现在我们再移转我们的视线到都会吧。

这里起了什么变化呢？

东京大阪的街头，最近点缀着不少女警察、女邮差，这确是一个很新鲜的战时风景。特别是所谓“女性战线”，似乎有点可以惊人。什么叫“女性战线”，意思就是说战后的生产阵线中急激地增加了女性军。据调查：在警视工厂课管辖下的全部工厂中，自一九三七年六月（七七事变当时）到一九三八年十二月为止，女工增加率为三五％，其中机械工业占九六％，又据全国一般工厂的女工增加率看，一九三七年三月起到一九三八年三月止，轻工业部增一％，重工业部门增五一％。

什么“雄壮的女性战线”呀，什么“好景气的女子职业介绍所”呀，什么“女工的优良待遇”呀，诸如此类的话，漂亮地布满了日本的报章杂志可是事实和这种漂亮的标题恰恰相反，事实不能不暴露出这种妆饰下的悲惨隐情。现在且从种种记事中，来窥探一下她们的实际生活。

首先来看一下工资的数字。理研高崎制机工厂，这是被认为全国工厂的模范的。女工中八〇％是高小毕业生，二〇％是初小毕业的。工资每日五角五分（日元，以下不另注——译者）外加车费及冬夏季制服各一套。板桥某军需工场，每日工资七角以下。中岛飞机制造所，每日工资六角。理研柏崎制枪厂，每日仅四角到三角。这种待遇，比诸早已认为待遇恶劣有名的纺绩业女工工资，并没有优越，因为纺绩业女工，平均每日也有七角二分的待遇。

至于和同业的男工相比较呢？看吧。东京电气公司：女，日薪八角五分。男，日薪一元六角。大阪某自来水笔厂：女的月薪一五元，男的月薪一七元。

是否女工的劳动能力，真正比男子低下呢？不然。根据警视厅的调查：“在机械工场中，女工并没有比男工差。”据某机械工厂的估计，即使男工全部动员了出去，仅是女工，也能维持一切工作。爱知县的丰田脚踏，车工厂，全部工作，都是出诸于女工之手。

关于工作效能男女的对比是：男一，女一.二五。理研重工业厂的田中章一说：“两块钱一天的熟练男工照例作五十分的工作，你要他做到六十分，他就会感到疲乏与痛苦；可是什么也不知道的少女，你给她每天五角钱的工资，鼓励她热心工作，于是她会拼命的做，可以做到百分之百的工作。”

这是多么残酷的榨取？

日本法西斯的代言人们，都说女工们的待遇，急激地好转了。是的，比诸于战前，不能不说有些增加。有几个工厂，确是增加了一〇％——五％的工资，然而我们不能忘记了战时物价的惊人高涨，所以这些增高，完全是名义上的好听而已。物价不断在高涨，日用品的平均指数，仅本年五月到现在，每月平均比上月高涨一.五％，可是厂方对她们并没有因为物价不断腾贵而不断增加了他们的工资。

其次是她们在家庭经济中所担负的职务，也起了变化。过去她们中的大半，都是将工资的收入，补助丈夫父亲或兄弟等的收入不足，现在不但侵略战争夺去了她们的丈夫父亲兄弟，而且将她们做了整个家庭经济的支柱。比女工工资高，且可从事业余工作的男工，一般的，尚浩叹着生活难。据《京滨工业事报》的调查，一个不吃烟酒的模范工人，月薪八十元，维持一家七口，每月支出却要八十七元四角。那末一个工资低微的女工，现在要她养活一家，这苦况是可想而知了。

什么托儿室，休假给薪，卫生设备，等等，都在“战时”的口实下没有了，她们都在极不卫生的工厂中劳动，最短的工作时间是十小时。有的简直有十四小时甚至十七八小时的长时间，辗转在机械周围。不但还有家务如煮饭洗衣育儿等杂事不得不做，而且还要作缝制慰问袋，凑千人针，迎送出师与回防的将士等额外工作。

由于过度的劳动，妇女劳动者的蒙难及困病的，真是可怕地在增加。

这里不得不大书特书的是：由于恶劣的所谓“女性战线”的膨胀，“女性”破坏了，异常妊娠的急烈增加，乳幼儿死亡率的高涨，风纪的颓废，不良儿童的增加。据东京少年裁判所的统计，一九三七年裁判少年的事件为一〇一六五件，到一九三八年十月，即增加了一千件，因此东京、大阪、名古屋等地，有所谓少年保护相谈所之设立，实则就是裁判所的别动队。

在顽强的封建残余势力下过活的日本劳动妇女，一方又是资本主义下的无产者，她们受着难堪的双重压迫与榨取，可以说是“全世界最不幸的生物”！现在不义的所谓“长战圣战”，已经两年了，统治者对于妇女，既不给予国民的权利，亦不加以任何保护，只是强迫着：“你应该尽国民的义务！”

在这种压迫、榨取、过劳、饥饿中挣扎着的她们，将永远默默地劳动下去吗？

是的，日本女人的“顺从”确实可以惊人的，可是决不是统治者们所说，“这是日本女人的天性”。现在成批地将她们从家庭里拖了出来，过着工厂生活，尝着集团生活的滋味，在社会上占着一席地，从此她们的“顺从”，会起变化的。这里有的是事实：东京市汽车女管车的罢工，纺织女工的罢工，这些都是有名的斗争。特别是去年起强烈的要求与运动，像“增加工资呀”，“缩短劳动时间呀”，“改善工场设备呀”，等等。此外如工场放火，因制造“唐克”而作反战斗争等活跃姿态，除非是瞎了眼睛，不然谁都会看见的，她们已经明白“团结”“与男工共同参加斗争”是唯一的绝对的好武器。

受侵略战争的痛苦最深的她们，一定是后方反战最有力量的前卫。战争第一年中，就有千住、川崎、大阪等地的“索回出征者”运动，她们在凄风苦雨中流着碧血，这种反战的急先锋，锋利地感动了全日本爱好和平的人民，他们不但在组织自己，而且将动员农村中以及其他的工厂中及家庭中的同性者，和男子劳动者作统一战线，呼应前线的士兵，卷起向军阀资本家总攻击的浪涛。也许有人以为这是将她们过高地评价了。这里我们不难找到前例：我们可以想到一九〇五年到一九七年的俄国。叫着“面包与和平”的口号，做着革命的急先锋的，不是和今天的日本妇女一样吗？随着中国的长期战，日本妇女大众的革命斗争亦因之而扩大，这是可以预知的。

（原载于《妇女生活》第8卷第3期，1939年）

# 漫画青山和夫

孟南

一提青山和夫，凡是关心抗战的人都会知道他是怎么一个人。他痛恨日本帝国主义，所以历尽难以形容的辛苦和危险，来到中国参加抗战。他是日本共产党的代表，是抗战最努力的一个。关于他的事，一般人是愿意知道更详细些。所以特请孟南先生来漫画一番，孟南先生知青山先生最深，笔法又绮丽流畅，读过本文的人可以了解这个“画”字的深意了。

——编者

## 一、朝鲜人呢？ 日本人呢？

这是在去年上海战事最激烈，首都日夜遭受敌机威胁的时候。在八月中下旬之交，南京的天气依然炎威逼人，有一天的早晨约莫十一点钟，我由中山陵园搭车进城，到了五台山，挥着热汗踏入某某公馆的不宏敞而布置简单整洁的客厅里的时候，骤然瞥见一个坐在长沙发椅上，而容貌跟我们有点异样的人。在我的直觉上，他不是中国人。但从他的仪表和皮肤看来，他却是个十足的亚洲人。朝鲜人呢？日本人呢？我分不清楚，虽然在过去也曾跟他们接触过，而旅居欧洲的时期也与三数朝鲜和日本的朋友往来。没有人给我介绍，这个在我脑筋中成为问题的人，静坐着没有动过。他带着一张长长的面孔，下颚尖削，颜色黄瘦。由他的眼镜望他那对发光的近视眼，就知道他是个刻苦力学且曾为改造现社会而艰难奋斗过的人。在我的判断中，他的年纪大约在三十五六岁左右。

我们一道吃过饭，直至午后经过两个多钟头，我始终没有听见他说半句话。

第二次又在原地方看见了这个在我的脑海中成为问题的人。我们彼此都不相招呼。后来听见他用着不那么流畅的英语在跟人谈话，随后又听他在操日语，但我始终猜不透他是朝鲜人抑是日本人？虽然我们往后又再会见了几次面。结果我总认定他是朝鲜人，因为在这时期日本人是不会到中国来的。

九月初我因奉命出国，离开了南京，在旅行途中，这位使我感觉奇怪的异国人仍在我的脑子里旋转着这样的疑问：朝鲜人呢？日本人呢。

## 二、"今天才得到呼吸空气的自由啊！"

四五天的轮船和火车的旅行，终于到达了可以说是我的第二故乡，也许将来会成为我的故乡的长沙。湖南，这是多么雄伟、绮丽的地方啊！蓦然想起五年前自己所涂的"平生最爱湘山水，魂断秋声正雨余"的诗句，且又在这秋声中来到了我多年所渴慕的湖南，益觉得这是个多么可爱的地方啊！湖南人的豪爽率真的性格和勇敢的精神，深合以自己个人的性情，所以平生所往还的朋友也可说湖南人为最多，到了湖南好像到了阔别多年的故乡似的，心境的愉快，真是另有一番滋味。这时候几乎忘记了我们这个曾产生过灿烂的文化的故国正弥漫着敌人的惨酷的烽火哩。

几天的愉快生活中，某晚上在长沙北门外的亲戚家里的宴会席上，意外地又遇着了这个成为问题的人，经了朋友的介绍，才知道他叫做林先生。姓林不就是朝鲜朋友吗，可是仔细一想，日本不是也有姓林的吗？在这位林先生和我的中间还坐着一位赖先生，赖先生的相貌和身材都不像东方人，但也不像十足的欧洲人的样子。赖先生的性格与林先生的有点相反。赖先生较喜欢跟人攀谈，这是欧洲大陆人尤其是法兰西人的特性，而林先生则沉默寡言，交际似非他的所长。赖先生不单是会说中国语，而且识中文，这真是使我纳罕；在谈话的中间，使我知道赖先生是×××人。我在欧洲时所会见过的××人都会操着流利的法国语，这个时候，我就问他：会不会说法国语？他点头说："会。"于是我们用法国语攀谈起来了，他的法国话说得多么流利啊！

跟赖先生攀谈的结果，才知道这位林先生原来就是日本人呀！这真使我有点惊讶，日本人吗？在这中日大决战的时候，在这日本帝国主义侵陵我们的领土，杀戮我们的同胞的时候，我们能容许敌国的人民来到我们的国土吗？这是可能的吗？离开了祖国的保护四十余年的台湾四百万的汉民族，我们不是在严密地提防他们，不放心地注视他们吗？在敌人铁蹄蹂躏下的东北同胞，我们不是也在开始警戒他们吗？在这个非常时期，怎么我们能够容许一个日本人在我们的国土里行走？我们在日本、朝鲜，尤其是在台湾的侨胞不是在受日本帝国主义残酷的压迫和屠杀吗？我们能够不采取报复吗？我这样想着。

第二次再会见赖先生在一个早晨。他告诉我，昨天跟那位日本朋友林先生在一座私人花园中散步的经过。在散步的时候，那位日本人，那位过去某一个时期在我脑筋中成为问题的人物告诉赖先生说："半年来，今天我才第一次看见阳光，我才第一次得到呼吸空气的自由呵！"这是句多么使人感动的话！啊！自由你是多么可宝贵的东西！法兰西大革命，扰攘几十年，无数的仁人志士洒热血掷头颅，不是为着争取自由吗？中华民族的辛亥革命和今日的抗战，忍受着极惨痛的牺牲！财产毁灭，家破人亡，孤儿、寡妇流离失所，不也是为着争取自由吗？赖先生又告诉我一些关于林先生脱出地狱般黑暗的他的故国——日本的经过，他是个爱护正谊真理的奇特的日本人，他不忍见日本无辜的农工和智识青年给日本军阀压迫来中国充作炮灰，不忍日本的历史废堕于一旦，所以历尽许多危险从日本跑到贵国来援助你们，他们愿意跟你站在一条战线上，打倒中日共同的敌人、人类文明的刽子手的军阀！

七十年来日本用尽种种方法和手段推行军国主义的教育、侵略主义的教育，然而尚有这样识见高超、志行卓绝的日本人，他果敢地举起大旗，反对他自国的孤人之子、寡人之妻的凶横的军阀。于是我才恍然于在日本帝国主义者铁下践踏数十年的台湾人民，和朝鲜民族不惜流血与他们斗争的原因！侵略教育，杀人教育，真正能够泯灭人类的良知吗？

## 三、林秀夫先生

瞬息之间，在这座古雅浑朴的长沙，已经过了十天，为着职务上的关系，奇伟壮丽的岳麓山，清甘沁人心脾的岩泉，碧澄澄的湘江，纵然怎样使人留恋，但我却不得不重新踏上征途了。在车声轧轧的刹那间，脑筋中倏然浮起了"贾谊上书爱汉室，长沙谪去古今怜"的两句唐诗，在两千年前的古人，把长沙看做蛮荒的畏途，但今日的长沙随着时代的进化，却已成为一个渐渐现代化的繁华城市，并且是从敌人炮火中逃命出来的难民比较安全的避难地，尤其是平生爱慕三湘人物和山水的我，更觉得依然不忍别去的心情。因为在途中略有耽搁，约一个半月后，才抵达了海外某地；这时正是深秋初冬的十一月中旬。为着等待某要人来决定一点关于外交有关系的工作，所以不得不在旅馆中勾留，在这百无聊赖的某夜，意外地在一位熟人的家里的楼上，又遇着了这位过去某一时期常在我的脑筋中成为问题的林先生。当我和一位同行的朋友敲门进去的时候，他正低着头，似乎在思考什么问题。我们彼此略谈几句寒暄之后，我便退出来了。因为他正在预备写什么文字哩。后来我因感觉在旅馆里生活的枯燥寂寞，也不久搬进去和他住在一起。由此我们接触机会渐多，时常在一处闲谈或一同出去散步，我才知道他的名字叫做林秀夫先生。“革命党人的名字是变换无常的，今天叫这样，明天叫那样，在房里是一个名在房外又是另一个名，原没有一定的，列宁在瑞士的时候，就是这样的，”有一天他微笑地这样告诉我。

## 四、中国已经胜利了

国军退出了上海之后，跟着苏州的形势也日见紧张，据外国报纸所传，陷落只是时间上的问题。万一苏州守不住的话，那么首都的安全便会失去保障。在这战局急激变化的当儿，凡是同情于中国的友邦人士都在替我们着急，况且是中华民国的国民，所以在我的心里时常免不了蕴藏着苦闷焦躁的情绪。正在苏州陷落的前夜，有一天的晚饭后，我和这住[位]林秀夫先生在灯光掩映下的湖边散着步，我们开始了关于中日战争的问题的谈话。

“我从最后这次的狱中出来之后，即觉得中国跟日本的战争不可避免，这场战争并且已经迫近目前，所以跟一部分同志商量的结果，决定到中国来。这次来的目的是在尽多少力量帮助你们做点抗战的工作。到了上海之后，承某日本书店的主人的介绍，得与上海一些社会运动的团体的主持者的会谈，这是我最感到愉快的一件事。可是会谈之后，总使我觉得有点失望，为什么呢？因为那么团体平时虽极力鼓吹抗战，但它的组织并没有像我理想的那样严密，那么健全，这真是使人感到美中不足呵！日本军阀的力量也许如一些所说的足以打倒中国，假如中国的民众真能确确实实组织起来，动员起来，那么日本军阀要占领中国两个省份，恐怕也就会感到穷于应付吧。中国目前最重要的工作就是组织民众，发动游击战。”他这样滔滔地谈着：“照今天的外国报纸登载的消息，苏州到了陷落的前夜了。但这并不要紧，实在讲，中国已经得到胜利了，战事一开始，日本便已打了败仗。怎样说呢，因为日本已经是个现代化的国家，它的国民苦心经营了几十年的国力，它所准备的资产和军火在这一战中一定会完全消耗了的。所以我说战事一开始，日本便打了败仗，就是这个道理。中国呢，它是个古老的国家，它跟时代离得太远了，这次的炮火可把这个衰老的国家毁灭了，而另外产生一个崭新的、现代化的国家，这就是中国的胜利。有什么可怕呢？资产被毁灭了吗？再创造新的资产就是。爱情被破坏了吗？重新创造新的爱情吧，况且在旧式婚姻的制度下，有许许多多的夫妇都不是自由的爱的结合呢？不错，这次的战争，中国人民当然免不了受着许多痛苦和牺牲，但是要从一个古老的国家蜕化为一个独立的自由的新国家，设非经过一番痛苦和牺牲，是不能成功的。从这一点看来，中国人实在没有悲观的理由，只要下决心，战到底下去，最后胜利是没有疑问的了！战，只有战，并且要战到底，中国才有出路，实在讲日本的资源是无法支持长期战争的，看这班军阀们怎样收拾吧！”听了这些话之后使人不禁起了很大的感动和兴奋！

## 五、在什么条件下日本才会起革命?

在这全面的抗战中，最使我感到兴趣的，就是听听日本人的中日战争观，尤其是喜欢听了日本的社会主义者谈论关于日本会不会爆发革命和在什么条件之下才会发生革命的问题。有一天在闲谈中，我终于把这个问题提出来了：

“林先生，日本会不会发生革命?”我这样发问着。

“革命吗? 有一天总不可避免地会爆发的。但是日本的情形颇为复杂，革命恐怕不是像某些人所想的那样决就会爆发的。为什么呢? 因为第一，日本的军阀主义的教育已经实施了数十年，忠君爱国的思想深入到人民的脑筋里，一时不那么容易转变过来；第二，日本的社会革命的势力还嫌太薄弱；第三，军阀的压迫太厉害了，所以革命的爆发不是在最近的将来的事。”

“那么日本的社会革命不会爆发吗?”我这样继续问着。

“那也不尽然。”他回答。

“究竟在什么情形之下，革命才会发生呢?”

“我并不是说日本不会发生社会革命，不过是时间的问题罢了。日本的社会革命会不会爆发? 在什么时候和在什么条件之下才会爆发? 这完全要看客观的情形怎样才能决定。比如说吧，假如中国在抗战的中途，就跟日本妥协的话，或者是中国不久就失掉抵抗力的话，那么日本的革命便非流产不可了。所以中国的长期抗战愈持久，日本的革命便愈有爆发的可能，中国的抵抗力越强烈，日本的革命也就会越更加提前爆发，中国的抗战与日本的社会革命有着极密切的关系。我们，日本社会主义者，真实的社会主义者希望中国能够抵抗到底。就是这个原因。中国的胜利，也就是日本民众的真正解放咧！”

“第二次世界大战一发生，也许日本的社会革命的爆发更有可能，而且也更有成功的希望吧！”

“不错，但是第二次世界大战一爆发，对于日本的危险性太大了！”

“为什么?”

“因为世界大战一发生，假如日本站在战败国的地位的话，那么它将一蹶不振了，你试想看看，那时候日本民众将会怎样的痛苦呢?”

“你不希望日本打败仗吗?”

“我不希望世界大战发生，但我却希望中国能打胜日本，因为这样，日本的军队便非退出中国不可，日本军队既然在中国打败仗，那么日本民众的解放革命也就很有成功的可能，日本的统治阶级被推翻之后，日本要谋复兴，也就不是什么难事了。假如在世界大战中，日本失败，那么它一面把所有的国力全部消耗净尽，一面要付出很大的赔偿费，日本是个财力和物资很有限的国家，它那能负得起这样大的重担呢？我希望日本军队退出中国的领土，希望把日本的统治阶级皇室、军阀、财阀政客推翻，另外建设一个社会主义的新国家，建设一个真正能够替日本大众谋幸福的国家，但并不愿看见日本陷于不可挽救的泥沼中，因为我也是日本人啊！不是吗？"

## 六、谁不爱护他的乡邦

不错，林秀夫先生是日本人，他爱护日本是自然的事！

法国有句俗语说："各人都有他的故乡！"(Chacun á son pays)真的，谁无乡土的观念？谁不怀恋他的故乡？尤其是一个抱负伟大，志行高超，以改造社会，解放他的被压迫的同胞为己任，而流亡在异邦的社会主义者，他的眷恋故乡、爱护祖国的情绪，自然地会更加热烈！一个真正爱护他的乡邦的人，才是一个能够真实地从事革命工作的人。一年多来，我们百多万健儿在前线跟日本军阀作殊死战，不避艰险，不怕牺牲，就是受着爱护乡土的热情所驱使的啊！记得幼时随亲远游，故乡究竟生得怎样，在我的脑筋中是模糊而又模糊的了，但是到了年纪稍长，略略懂得人事之后，这个纯真的心田里不知不觉地长出一朵怀乡之花，尤其是在秋风落叶的时候，每每独个儿在寂寥的山中，徘徊瞻望那遥远看不见的故乡，有时感到无限的心酸，几乎滴下眼泪来。几年前旅居欧洲的时候，虽然身处在那个使人无限艳羡的华都，但我的心中却无时无刻不在怀念着这个距离三万里外的故国。〖那时〗祖国虽然还充满着污秽、窳腐的现象，但我一踏入国门，好像投入爱人的怀抱里似地，觉得有说不出的甜密和愉快！"数点渔灯日正昏，淡然物色足销魂；十年梦断芭蕉雨，寥落西风忆故园！"这是旧时自己的怀乡思人之作，故园啊！你是多么可爱，我时时刻刻都在怀念着你啊！这位亡命在海外的日本社会主义者，他的爱护本国的热情，不特无可非议，而且引起我的无限的同情！一个人要能爱他的故国和他的同胞，才能爱世界和人类，这种热情才是推动革命的原素。台湾义勇大将军丘仓海先生，不甘让他的故乡沦于异族的手里，因有这种爱护乡土的热情，所以以一个书生，竟能奋起，与日本帝国主义者作壮烈的抗战，为人间存正义，为中华民族放一异彩。我们今日读他战败返国〖内渡〗后所作的诗，如：

故人消息隔乡关，花发春城客思闲。

一纸平安天外信，三年梦寐海中山。
波涛道险鱼难寄，城郭人非鹤未还。
去日儿童今渐长，灯前都解问台湾。

——得颂臣台湾书却寄

年年乡梦阻归鞍，恨不随风化羽翰。
卷土重来心未已，移山自信事非难。
雨余玳瑁潮初落，月下珊瑚岛渐宽。
地老天荒留此誓，义旗东指战云寒。

——怀秋

萧萧风叶转回廊，耿耿星河夜未央。
十载龙吟双剑隐，五更虫语一灯凉。
愁边泽国飞鸿雁，梦里家山卧犬羊。
遥忆黄花吾负汝，故园今日是重阳。

——重阳夕作

（以上均见商务出版《仓海先生诗选》）

没有一首不充满着爱护他的乡土，眷念他的出生地的热情？三年后，在梦寐里还忘不了那座“海中山”，年年都在做着“乡梦”，梦里还看见他的家山卧着犬羊，由这里可看出他的心情是怎样地悲愤，他的爱乡心情是多么热烈，所以他到了地老天荒还存着“卷土重来，移山非难”的决心。他能率领着未经训练和没有精锐武器的台湾义民，而与新式化的日本军队抵抗，就在爱护乡土的这一点；他能够参加辛亥的光复运动，也就是在这一点！我们在海外的侨胞，过去能倾囊赞襄革命，今日能热烈地拥护抗战也就是爱乡的热情在推动！

爱护乡邦，本是人类的天性，一个日本社会主义者爱护他的国家，只要是合理，只要不与法西斯的侵略主义沆瀣一气，那是无可非议的。爱国观念(Patrialisme)这个字，已由法国流行到社会主义的苏联去了：苏联著名的影片如《彼得第一》和《亚历山大·尼维斯基》，不就是提倡爱国思想的吗？

## 七、日本是殖民地的吸血鬼

在初冬的一个天气晴朗的午后，斜阳照遍着大地，从楼窗掠过的轻风，还给人带着煦和温暖的气息来。在寄居异地、客旅无聊的时候，我和这位林先生，不约而同地提议到野外的河边，让风儿吹涤储积在胸中的闷气。在散步的辰光，林先生那张黄瘦的脸上现出微微的笑容说道：

“瞧，你们中国人要努力呀！”

这句突如其来的话，忽然打破了沉静的空气，唤醒了我的瞑想：

“多谢你，这是什么意思？”

“看罢，这块殖民地，给×××帝国主义统治了数十年，但一般人民并不穷到那么厉害！”他徐徐地这样说着。

“不错。”

“朝鲜仅仅给日本统治了三十多年，台湾也不过被统治了四十年以上，你试想想，朝鲜和台湾两地的人民，现在已穷到什么地步了？”他说到这句，突然把话停止，然后又慢吞吞继续说下去：

“这简直不能够想象！这两个地方的人民不仅到了赤穷，‘赤穷’这两个字还不能形容得恰切！”

“是的……”我这样回答。

“你看，××人民的劳力刻苦不及台湾人，他们的耕种方法也不见得怎样进步，但是他们贫穷的程度并不像一般所传的那样厉害！我想台湾和朝鲜的人民一定比他们还要穷几十倍呢！”

停顿了一下之后，他又继续说道：

“满洲也已开始被日本统治者在剥夺了，那儿的人民止在步着朝鲜人和台湾人的后尘，再过十年或廿年，他们也会与这两个地方的人民同样地变成一无所有的穷光蛋呢，中国人要加倍努力呀！假如在这时候，还不奋斗，一旦给日本军阀征服的话，那你们所遭遇的痛苦，简直不能够想象，×××毕竟还是富裕的国家，他们对殖民地的剥夺，总不会超过某种限度的……”

“真的。”我一面点着头，一面暗暗地想着。

“日本呢，它是个穷国，所以它对殖民地的掠夺，也比较欧洲人来得厉害，日本军阀简直是最可怕的吸血鬼呀！你们中国人在这时期应当加倍警醒，加倍奋斗！万一国家被征服之后……”

他的谈话到了这里，突然给了某种思想打断了。他这些话引起了我的一些回忆：日本军阀做为九一八事变的借口的万宝山案，是怎样发生的呢？日本统治者驱使他们的农民，用强制的手段，掠夺了朝鲜老百姓的仅有的田地，使这些呼天无门的可怜人辗转于饥饿的死亡线上，然后把他们像牛羊般驱迫到我们的东北来，用着极阴险和极卑劣的手段，挑拨、教唆这些无知的人民强夺我们同胞的田地，驱使他们跟中国的农民发生冲突，借以破坏中韩两民族的融洽的感情。这样一来，可使中韩人民间互相发生恶感，互相仇视。结果，一些认识不清楚和意志不坚定的朝鲜人，便会朝着相反的方向走，供日本帝国主义者做爪牙，做侵略中国的急先锋。其他的革命分子则因中韩人民交恶的结果，也会走投无路，因此无形中减少反抗推翻日本统治者的力量。这就是所谓一石击两鸟的手段啊！他们对于台湾不也是要着同样的卑劣的把戏吗？他们一面限制，禁止台湾有民族思想的革命青年跟他们的祖国——中国的人士接触，尤其是禁止他们返回中国读书或游历，一面则尽力奖励那班甘为虎伥的台湾流氓，到华南一带为非作恶，破坏了汉民族的感情，无形中削弱了台湾的反抗力量。同时对于台湾农民的田地也是一样残酷地加以掠夺，使他们流离失所，然后把他们运到中国来，借着特殊势力，唆使他们来跟我们老百姓斗争。现在上海大场一带的台湾农民，就是一个最好的榜样。这个殖民地的吸血鬼，这个人类文明的屠夫，我们非把它打倒，日本的被压迫的农工大众、东亚的弱小民族是不能得到解放，世界的和平也不能建立起来的！

## 八、有害的宣传

这位日本社会主义者林先生，平时除阅读关于社会革命的理论书籍之外，对于报纸杂志也非常注意，对于中日战争尤其关心，战争的过程，一城一地的争夺和得失，他都必穷其原委，作审慎的判断，详细记录下来，并在地图上注明几号和月日。他很注意我们的舆论，各种报纸、杂志和书报，凡能够买到手的，他必尽量搜罗浏览，有这一点可看出他对我们的抗战关心到怎样的程度了。他每次看到我们的报纸登载我军几万或几十万集中于某地，或准备调赴某地，以及我们的书报上登载许多军器，如机关枪和大炮之类，他总感叹地说：

"这样的宣传有什么必要呢？"

听了这句话，我这样反问他：

"中国的军备比较日本相差太远了，我们的新式武器太过于缺乏，因这一点，一般人民，尤其是士大夫阶级很缺乏自信心，恐日病的毒菌几十年来充满着上层社会，大家总认为我们的武器太陈旧，太不如人家，不抵抗吗？国家是会灭亡的，要抵抗吗？军事设备又不如人家，所以全国民气虽异常激昂，而主张对日本军阀妥协的也还大有人在，当主张妥协的就是上面所说的那班上层阶级。因为这样，我认为这样的宣传，对于提高民气，增强中国全国上下抵抗到底的决心和争取最后胜利的信念，在我看来也许不无裨益。我们的新闻界的用意恐怕就是在这一点吧。从这点出发，去做这种宣传，实在没有什么可以非议的地方，你说，这样对不对，林先生？"

"你的话，也有道理，但是我的看法就不是这样的。"

"你的看法怎样呢？"

"我是认为凡与战事有关的问题，当时间尚未成过去，千万不可泄露，况且公开发表呢？比如说吧，中国报纸每每喜欢在双方正当激烈战斗，争夺某点某线的时候，而且这一点线的得失，可以影响到整个战场的胜负，大登特登'我大军数万或十几万向某处调动，我大军若干万正向某处集中'，这无异向日本军队告密，无异做了日本军的总务间谍，因为日本军队可以根据这些消息去判断对方的主力究竟有多少，确实集中在某点，然后研究采取什么战略，调动多少军队，才能击败中国军队。又如中国的画报也是喜欢把许多不应该公开的武器，如大炮、坦克车之类印载出来，这样日本军并不需要花许多的情报费，就可不费吹毛之力地知道你们中国军队所用的大炮的口径有多少大，射程有多少远，他们应当用怎么样的大炮才能压倒中国军队，在从事革命的人，比如像我，一看见你们的画报上所印出来的枪炮，究竟能够发挥多少火力，况且是一个军事专家，经他们稍加以鉴定，更可明了他们的力量有多少，那么他们便可以用火力更猛的枪炮来对付中国军队，你说是不是？"

"不错，你的见解的确不错。"我点着头这样说着，心里着实有点佩服这位日本朋友，见解并不是没有理由。

"你知道吗？"他这样滔滔地继续说着，"在战时国家统制新闻的政策，更有严密执行的必要，假使稍一不慎，把机密的消息泄露出去，让敌人知道，这对于国策或战争有时会发生很严重的恶影响，所以战时的政府应该预先有明划的规定，某项消息可以发表，某项消息应该严守机密，同时应该对于新闻随时加以严密的检查，但我说严密的检查并不是说要剥夺人民的言论自由，向日本军阀那样地钳制舆论，不是，我们说的不是那样地意思。总之，无谓的宣传是有害的。你说，对吗？"

## 九、假如你能回到东京的话

在上面我们曾经说过，一个抱着改革社会的信仰的人，无论他的思想倾向于那一方面的极端，他的爱护乡邦的情绪更加热烈。这位日本社会主义者目睹他的国家的军阀榨取日本大众的膏血，来做他们侵略的财源，一个新兴的日本，一个以人民血汗所建设成的日本，不久即将陷入不可挽救的深渊中，到那时候，日本的农工大众的命运会陷入怎样的悲惨境遇中，日本的国际地位会降低到怎样的地步，日本能不能够复兴，这是很成为问题的，现代的战争，战败固然要受人家的剥削榨取，尤其是像日本那样根基不稳固，纵使能够战胜，但到那时候，它的国力消耗净尽，则它的泥足恐亦陷于不能自拔的悲惨命运，况且这次的战争，是中国生死存亡所紧，而廿年来，中国这个民族已由酣眠而渐渐觉醒起来了，日本军阀的战胜的美梦终有幻灭的一日。这点凡是稍微留心近年来中华民族运动的过程，稍微明了日本的国力，稍微研究过国际大势的人，都在替日本的前途担心和悲观，特别是一个好学深思的日本社会主义者，如林秀夫先生这样的人，他对于自己的国家的力量及其重重的潜伏的危机，认识得更为清楚，他看见日本数百万的纯朴人民被那般军阀像赶猪牛般地驱上屠场，他的内心自然隐藏着无限的悲痛，也许因为这样，他居□闷闷不欢，而表现到容貌上面，我呢，正为着故国弥漫着烽火，在海外过着间散的生活，遂感到万分无聊，对于一个与我们站在同一战线的朋友，虽然他是敌国的人民，我对他总是抱着特殊的好感和同情，所以看见他悒乡愁，闷的当儿，每每想找些话语来安慰他，也许会使他暂时忘记他满积在胸中的悲愤和苦恼，可是我所能说的日本语，只是初学者的程度，口头总表达不出心中所想要说的意义来，然而我仍勉强设法来慰勉这四顾无亲的流亡的革命家。他跟他周围的人，言语完全隔阂，他太寂寞了，他是个热情的人，他需要语言的安慰，因而我们在短短相处的期间中从国际局势，社会思想说到一些无关紧要的问题上来。

“林先生，听说贵国风景很美丽，真的吗?”有一天在寒风料峭中，我们在河堤上面散步的时候，我这样地发问着。

“是的。十几年前，我自己本来也起了一个念头，想则日本去游览一趟，藉以增加一点学识，有些朋友也曾经劝诱过我，但借自己觉得个性不适宜于日本，尤其是不满意于日本统治者，所以几次收拾好了行李，终于又搁下来了，其实旅行最便利的没有过于中国和日本的了可是我却终于去成功，也许可以说为了上面这点理由。当然日本人士有好多胸怀伟大，见解高超的，譬如像林先生和鹿地君都是我以及中国人民所一致敬仰的，可惜这些优秀的日本人士和日本民族的特点却给日本军阀和几十年来的军阀主义的教育湮没了。假如这次的战争能把日本军阀打倒，另外建立起日本新政体，日本大众得到解放，使日本有识的人士能发挥他们独特点，那么日本的民族不是很可爱的吗?”

“日本大众终有一天得到解放，虽然目前日本社会革命的势力还薄弱，但是它的爆发，不一定就是很遥远的事情。”

“不错，革命的传播是很快的，当它一发动时，有如山洪决口，是无法阻塞得住的。日本的大众，目前在军阀的刺刀威胁下，当然只得吞声忍气，等到日本军阀在中国的侵略战，师[帅]老无功，士兵厌战，而到了战败的时候，革命思想，刹那间便会像闪电般传播到前线的日本士兵，传播到日本全国的民众的心坎里，从这种思想所产生出新的力量，是再强烈没有的了，那时候革命势力会像富士山的积雪崩倒下来一样，日本军阀和财阀，那般用民众的生命和财产当做牺牲品的魔鬼，无疑地会措手不及给淹埋在那下面的，这就是日本大众解放的时期，中国和日本也要经过这一个阶段，才能得到真正的合作，东亚的秩序与和平也要中日两国的合作才能够得到维持，今日的日本军阀所高唱的所谓为‘东亚和平’的圣战，简直是自欺欺人的胡言，你说不是吗?”

“不错……”

“林先生，你怀念日本吗？假如你能够回到东京的话，我很想你一同去观光观光哩!”

“假如我的理想能够实现那一天，那自然是很欢迎的，那时候我是多么……”他一面欢笑地说着，一面热烈地握着我的手，使我感到微微地酸痛。我们的谈话就在这高兴中结束。

## 十、一件未完成的计划

民众力量是伟大的，不可抵抗的，这，尤其是从事革命工作或政治运动的人，知道得更清楚，更深切，舆论所趋，谁都不能加以阻挠的，固然目前有三数专事侵略的极权国家，不顾大众的利益，不顾人民的公意，而尽量压迫人民，驱使人民上战场充做炮炭，但这种独裁者，纵能残民以逞煊[炫]耀一时，但其结果无不没落的，在历史上这是屡见不鲜的例子。秦始皇的残暴、专制、执拗、凶悍，可是亡秦的，不过三户而已；满清统治中国将近三百年，而军政大权不是握于清室及其亲贵之手，就是操在那班甘为满清的奴才之手，以那拉氏的阴险，毒辣，结果，终不能使清朝免于覆亡；在法国有路易十四的专制，七月十四日巴斯底狱的举义，法兰西五朝遂尔告终，而民主政治代之以兴；威廉第二以无上专制的淫威，驱使全德国的人民上战场，满以为可征服欧洲，横行世界，到后来，在战场上稍稍失利，全德国民众便趁机而起，不能再受威廉第二的欺骗，不愿再做他的牺牲品，这一觉醒，使这个盖世的专制王不得不到荷兰去过着放逐的日暮途穷的悲惨生活！民众力量一经发动，是无法制止的。所以在一个武器落后的国家，一个被侵略的国家，组织民众，动员民众从事抗战，这种力量来得特别有效，特别坚强。苏俄革命期中，以窳败的武器，能够击退帝国主义的干涉，完全是靠民众的力量。因为这个道理，这位不远千里而来的日本朋友，一踏上我们的国土，就马上注意到中国民众有没有组织，中国民众的抗战意识提高到怎样的程度。有没有抗战到底的决心？这一因素是决定中国抗战胜败的主要关键，同时日本民众的解放，也与这个问题有着密切的关系，林秀夫先生对于这点可说是非常关切的，组织民众，动员民众，是他时时提及的问题，他许许多多次对我这样说：

“××先生，对外工作固然重要，但是中国当前的救国工作，民众组织和训练还是比较外交工作重要得多，我并不否认外交的工作对于中国战争前途会发生有力的影响，不过如果全国民众有着健全的组织，能够在抗战上给与日本军队以重大的打击，能够阻止他们深入，那么，这一作用可使国际视听发生变化，在国际方面可使各国都日渐同情于中国，有利于中国，甚至起而作实际的援助中国。民众的力量是最伟大的东西，这一点是值得你们特别注意的。这是极有意义的事实，我不但希望你赶快回中国去做这桩伟大的神圣事业，同时我也很希望同你回到中国去帮助你工作。只有组织民众，动员民众，才是保卫中国，解放日本大众的唯一大道。来，我们来计划吧。”

“好，你这意见是实际的，有价值的，那么，我们就共同来草拟这个计划吧。”

我们正在商量起草这个动员和组织中国民众的计划的时候，因为有一点事项须向某某关系方面报告，同时承友人廖总参谋长品卓兄来信相邀，大家离别了好几年，很想和他借这个机会谈谈别后的情况，并聆取他对于这次为民族的生计和独立的抗战大计，所以这件计划还未完成，我就离开了××地了。后来当我重经××地的时候，因为我担负了某项任务，所以便又匆匆地跟这位富于正义的热情的日本朋友离别了。

## 十一、失踪与冒险

四个月之后，有一天下午，我忽然接到某某政要由某国发来一封简短的电报，说他将飞××地，嘱我赶快到那儿去会他。几天的短短旅程，便到达了目的地。下车之后，我便去访问这位多月不见的流亡的革命家，但是结果却给我一个失望：他已于我到达的几点钟前，出门去了，起初几位跟他同住的人总以为他出去散步去了，我也是这样想，那里知道直等到晚上，仍没有看见他的影子。他的房门扃开着，这是违反他平常出门的习惯的，但是他的行李却没动过，据看见他出门的人说，他出门的时候，手上只带着一本英文书，此外并没有别的东西，可是时间一天天过去，这位跟我们站在同一战线的日本社会主义者仍没有回来，这，引起一班人的许多揣测，怀疑和纷纷的议论，但是议论愈多，而怀疑也愈多，被谋害呢？敌人的反间谍呢？那里去了？向日本总领事馆去自首了吗？搭日本船回国去告密了吗？意见愈说愈多。就中一位曾在日本处居过十多年的朋友，他总断定这位流亡的日本革命家无疑地是到他的祖国的外交机关自首去了。自明治维新以来的六十七年间，日本的国民教育所灌输的都是侵略的军国主义，自小学至大学所传播的思想都是含着夸大、骄横、傲慢的毒素，毫无自我批判的精神；尤其是我们中国人，在日本人的眼光看来，简直是毫无价值的动物，他们竟忘记了日本人今日在世界上能够占一个小小的位子，能够吸收西洋的一点文化，都是过去多世纪我们祖先给与他们有莫大的恩惠，但他们今日却数典忘祖，而恩将仇报了；同时看见日本的劳工阶级甚至一些所谓前进的学者一到了殖民地，便不自觉地摆出了“大国民”的态度，这使我对于日本社会主义者发生若干怀疑，虽然我并不坚持“非我族类，其心必异”的观念。对于日本社会主义者抱着怀疑的态度的问题，七七事变之前，我在南京曾经跟几位朋友发生过争论。今日看见这位日本社会主义者林秀夫先生一去数日不返，潜伏在脑筋深处的旧观念，突又活现起来了。

我因为职务上的关系，不能久留，便匆匆地回返到我的目的地去了，然而当我动身的刹那间，这位敌国中的独醒者，这位富于正义观念的日本革命家的踪迹仍是渺无消息。失踪吗？在这治安这么好的地方真的会失踪吗？自首吗？看他平日的言论和行动那么决断，绝对不会演这一幕把戏的。反间谍吗？他是位有忠诚信仰和思想的人，是位有学问修养的人，我想这事他是不会做的，虽然无论日本全国人怎样受军阀主义教育的麻醉，是但是这个人是个“世人皆醉而彼独醒”的人，他的行为自然与众不同。而他的失踪却是千真万确的事。这事使我不得不惶惑起来了。

我的任务完毕之后，回到我的目的地去了，但是时常在我的脑海里旋转不已的，就是这位日本社会主义者失踪的问题。过了几星期后，我曾给一位朋友探问他的失踪的究竟，他的回信，告诉我说林先生已经回来了，并且说他近来诗兴大发，写了许多诗，并且跟人唱和哩！但是这位日本朋友是怎样回来的，信里面却绝对没有提起，同时据我所知道的，林秀夫先生虽然对于文学方面有涉躐[猎]过，却并不是感到怎样有兴趣，现在忽然写起诗来，这使我对于他是否确实回来总在半信半疑之中。

（原载于《战时日本》第1卷第4—6期；第2卷第1、2期，1939年）

# 一个教育“俘虏”的故事

## ——介绍伊藤进君

孟平

在一个爽朗的午天，穿过樊侯祠的小巷，踱进第五战区司令长官部，访问了刚从随县前线带来的三个日本“俘虏”。在一间不大宽敞的卧室，阳光从窗口透射进来，暖吻在这三个日本弟兄的脸孔上。他们瞥见我靠了近边，稍为起立示敬便轻松似地坐了下来，目光凝视着我这个陌生的来客。我从皮囊里掏出几包糖果和美丽香烟递给他们，跟着送来一声“谢谢”的回响。

荒木繁之助顽强地躺在床边，池田识郎起劲地抽着刚送来的香烟，伊藤进像孩子般愉快地微笑着，不同的脸孔，露出不同的个性。

“你们什么时候到中国来的？在这儿觉得怎样？”我问。

“你们要杀赶快拿去杀罢！问长问短都没甚用处的，横竖我是准备死的呀！”荒木繁之助涨红了脸愤愤地说。接着我跟他解释日本侵华的本质与中国抗战的意义，中国人民与日本人民之间彼此都没有仇恨，我们的共同敌人只有日本军阀。虽则我明知道他受日本军阀的毒素很深，在短期间是没有改变他这种观念的可能。

“这个香烟怎样？”我掉脸朝向天真活泼的伊藤进说。

“咿！比起日本的朝日、樱牌等好多了！”伊藤很爽直地回答。

从此我们越谈越亲热起来了，他是一个刚满二十岁的孩子，在日本名古屋做照相业的小商人，他是在敌寇开始进攻大武汉的时候，就调来被“应征支那”了，是第三师团五旅团六联队一大队一中队一小队轻机关枪的射手，这次应山转进后在随县浙河附近被我军俘获的。

伊藤进毕竟是年纪轻，成见少，他没忧愁，只有愉快，他时常唱起嘹亮的歌声，无聊的时候，间中也唱着动人的《国境之街》《思乡之曲》。他会说内心的诚实话，他告诉我每天都有几位朝鲜青年来照顾他们，并且称赞他们对待自己的亲热，好像自己的兄弟一般地，在中国能够见到会说日本话的中国人，心里特别感到欣快。他以为我也是朝鲜人，仿佛是朝鲜人说的日本话。

我告诉他："中国抗战是为着世界和平人类幸福的，所以，有许多朝鲜的革命青年，参加到伟大的中国民族革命斗争的洪流里来了；就是你们日本也有许多革命志士，自动地跑到中国来，帮助中华民族解放的神圣事业，日本青年作家鹿地亘，就是其中最努力的一个了。因为他们知道，中国得到自由，就是他们祖国人民得到自由的前夜。将来中国得到最后胜利的那一天，也就是你能够回到自己的祖国的那一天，同时，在那一天，也许你的祖国已经变成日本人民自己的国家，从军阀财阀的阀锁链中解脱出来的新国家了！"他露出欣笑的声，憧憬着美满幸福日子的降临。

我们就那么倥偬地告别了，他紧紧地捏着我的手，依恋地不愿我就悄然离去！最后他说要我每天都来看他，跟他谈谈话，唱唱歌，我只是点头苦笑，毕竟我没有告诉过他，明天又重上前线了。

重归战地了，虽则是在战地的烽火中终日奔走着，可是，伊藤进给我的印象，总是永远忘却不了的纪念。一天，从樊城的友人带来了关于伊藤进的消息，他已改变了新的生活，时常阅读中国将士英勇作战与日本民众反战的日文报纸，中日战争的论文以及新兴的社会科学，每天跟朝鲜义勇队的革命同志们生活在一起，伊藤时常听到许多动人的抗战消息和抗战故事，伊藤已完全变成一个自由人，他几乎忘却自己是寄居异国的日本人了。他已不再弹奏《思乡之曲》，他在高亢着《反战之歌》。

四个月后，朋友告诉我，伊藤进已自动请求加入朝鲜义勇队，做个反侵略斗争的战士了，最近他写了一篇十分动人的感想文，可以知道他在急激的转变中，下面就是那篇感想文中的一叚[段]：

"侵略战争是人类最大的罪恶，无论那一个人，都应该起来坚决的反对，尤其是对于所谓'维持东亚和平'，而事实上是从事侵略战争的日本军阀财阀，我们应该揭破他们的假面具，使我们全日本的国民，能够深切的了解。你们大家看罢，日本的儿孙，已被他们驱使到中国战场上来牺牲了，而你们终日劳苦，既不能维持生活，还要缴纳苛捐杂税，让他们去制造炮弹，替日本军阀当炮灰，这是多么悲惨的事情啊！"

这，是一个有力的喊呐，总有一天，会汇成全日本劳苦大众的伟大吼声！

正在战争的烽火燃遍随北的时候，襄樊各界组织一个劳军团到前线来了。伊藤进也是"劳军团"那一群中重要的一个，于是我们重在前线上热烈地握手了，他告诉我许多生活上转变的故事，最后，他说这次参加劳军团到战地来。

是为着鼓励前线的中国士兵们要英勇奋斗到底，揭穿日本军阀的欺骗政策的。在广大的慰劳会上，他作过许多次激昂悲愤、令人感动的演说，有一次，伊藤刚说完话，一〇四〇团的一个班长，飞也似地跑上讲台的出口，紧紧地捏着他的右手，高喊着“我们共同的敌人是日本法西斯强盗！”，跟着全场的弟兄也一起呼喊起来，这种精神的伟大，委实太令人感动了！

伊藤已经武装了新的脑袋了，这是进步的战争影向他，国际的正义感动他，生活教训他，实践改变他，教育改造他，使他从被日本军阀财阀的奴役，而变成反抗日本强盗的伟大铁手。

（原载于《教育与文化》第2期，1939年）

# 牙粉医病法

萧红

池田的袍子非常可笑，那么厚，那么圆，那么胖，而后又穿了一件单的短外套，那外套是工作服的样式，而且比袍子更宽，她说：

“这多么奇怪！”

我说：“这还不算奇怪，最奇怪的是你再穿了那件灰布的棉外套，街上的人看了不知要说你是做什么的，看袍子像太太小姐，看外套像军人。”因为那棉外套是她借来的，是军用的衣服。她又穿了中国的长棉裤，又穿了中国的软底鞋。因为她是日本人，穿了道地的中国衣裳，是有点可笑。

“那就说你是从前在线退下来的好啦！并且说受了点伤，现在还没有完全好，所以穿了这样宽的衣裳。”

她笑了：“是的，是……就说日本兵在这边用刺刀刺了一个洞……”

她假装用刺刀在手腕上刺了一个洞的样子。

“刺了一个洞，又怎样呢？”我问。

“刺了一个洞而后一吹，就把人吹胖啦。”她又说，“中国老百姓，一定相信，因为一切坏事，一切奇怪的事日本人都做得出来。”

就系小孩子说的怪话一样，她自己也笑，我也笑。她笑得连杯子都举不起来的样子。我和她是在吃茶。

“你觉得奇怪吗？这是没有的事吗？我的弟弟，就被吹过……”

她一听我这话，笑得用了手巾揩着眼睛：

“怎么！怎么！”

“真的，真被吹过……”我这故事不能开展下去，她在不住的笑，笑得咳嗽起来。

“你听我告诉你，那是在肚子上，可不是像你说的在手上……用一个一手指长，一分粗的玻璃管，这玻璃管就从肚脐下边一寸的地方刺进去，玻璃管连着一条好几尺长的胶皮管，胶皮管的另一头有一个茶杯一般大的漏斗，从那个漏斗吹进一壶冷水去，后来死啦。”

“被吹死啦！……”很不容易抑止的大笑，她又开始了。

其实是从漏斗把冷水灌进去的，因为肚子渐渐的大起来，看去好像是被气吹起来的一样。

我费了很大工夫给她解说：“我的弟弟患的是黑死病，并且全个县城都在死亡的恐怖中。那是一种特别治法，在医学上这种灌水法并不存在。”我又告诉她，我写《生死场》的时候把这段写上时，鲁迅先生看了都莫名其妙，鲁迅先生是研究过医学的。他说：“在医学上可没有这样治疗法。”

既然这样说，我就更奇怪了，鲁迅先生研究过医学是真的，我的弟弟被冷水灌死了也是真的。

我又告诉池田，说那医生是天主教堂的医生，是英国人。

“你觉得外国人可靠的，那不对，中国真是殖民地，他们跑到中国来试验来啦，你想肚子灌冷水，那怎么可以？帝国主义除了枪刀之外，他们还作老百姓所看不见的……他们把中国人就看成他们试验室里的动物一样。三百个人通通用一样方法治疗，其中死了一百五，活了一百五，或是活了一百死了二百，也或者通通死掉啦！这个他们不管，他们把中国人看成动物一样……在他们自己的国家里，随便试验是不成的呀！”

我想：这也许吧！我的弟弟或者就是被试验死的。她的话，相信是相信了，因为她不懂得医学，所以我相信得并不十分确切。

“我告诉过你，我的父亲是军医，他到满洲去的时候，关于他在中国治病，写了很多日记，上边有德文，我在学德文时，我就拿他的日记看，上面写着关于黑死病，到满洲去试试看，用各种的药，用各种的方法试试看。”

你想！这不是真的吗？还有啊！我父亲的朋友，每天到我们家来打麻将，他说：到中国去治病很不费事，因为中国人有很多的他们还没有吃过药，所以吃一点药无论什么病都治，给他们一点牙粉吃，头痛也好啦，肚子痛也好啦……”

这真是奇事，我从未听说过，怎么我们中国人是常常吃牙粉的吗？

又从吃牙粉谈到吃人肉，日本兵杀死老百姓或士兵，用火烤着吃了的故事，报纸上常常看见。这个我也相信。池田说：“日本兵吃女人的肉是可能，他们把中国女人破坏之后，用刺刀杀死，一看女人的肉很白，很漂亮，用刺刀切下一块来，一定是几个人开玩笑，用火烤着吃一吃，因为他们今天活着，明天活不活着他们不知道，将来什么时候回家也不知道，是一种变态心理……老百姓大概是他们不吃，那很脏的，皮肤也是黑的……而且每天要杀死很多……”

关于日本兵吃人肉的事情，我也相信了。就像中国人相信外国医生比中国医生好一样。

池田是生在帝国主义的家庭里，所以她懂得他们比我们懂得的更多。我们一走出那个吃茶店，玻璃窗子前面坐着的两个小孩，正在唱着：“杀掉鬼子们的头……”其实鬼子真正厉害的地方他们还不知道呢！

一九三九年一月九日

（原载于《全民抗战五日刊》第38期，1939年）

# 我们的战友

## ——朝鲜义勇队

岳朝相

时代如电光轮似的在旋转,险潮怒涛的巨浪在汹涌着,烽火警镝弥漫了全世界的现在,远东的一隅,掀起了中华民族伟大的抗日战争,在这个蓬蓬勃勃民族求生存求独立奋斗当中,我们转过来看看亲爱的朝鲜友邦的弟兄们的丰功伟业吧!在争取民族解放的过程中,争取独立自由和建设新国家的东方革命的阵营里,以及在打倒日本帝国主义的共同战线中,除了英勇的中华男儿外,尚有广大的朝鲜斗士,来共同执行着这艰难困苦的革命事业。现在我先稍说几句,中国和朝鲜这两个民族间在悠久的历史上所交织着的密切的爱好和平关系;再就在中国发动"七七"抗战前后,朝鲜弟兄们所曾参加的抗日伟大工作,加以简明的叙说。

从历史上看,凡与中日两国有关的事件,朝鲜也占为个重要的因素。他在古代是中日连锁中的一环,在中古和现代,也是双方争斗的一个导火线。我们可于历史上一目了然:中日在唐朝的白江口之战,明朝万历二十年灭倭之战,满清光绪时的甲午之战,都是大大小小的过了朝鲜而起的战端。尤其是"七七"抗战的前奏曲,说他的远因,也是为了万宝山事件而贯串起的。所以,今日中国对倭寇作扫荡工作,其朝鲜的革命,关系也很重大。

日本自明治维新以后,就制定海洋和大陆两种似对立两统一的侵略政策。首当其冲的是朝鲜和中国。最初侵扰中国的是日本变相海军——海盗——,图谋朝鲜的是日本变相的陆军——马贼。"海洋"政策,自然是指的中国的琉球、台湾和闽粤各地。他的最终目的,则南洋群岛、安南印度也被包括在内。"大陆"政策,是指的朝鲜和中国伯利亚。多难的朝鲜,就是在这"大陆"政策之下,被满清政府和朝鲜帝王昏聩的奉送给日本强盗。虽然这两个卖国政府给于中国和朝鲜留下"遗恨千古"的祸根,可是这两个民族的新生的革命浪潮,又无时无刻不在向着日本帝国主义去冲击，而发出巨大怒吼和浪花。

在一九一九年的三月一日，就是日本侵并了朝鲜刚到十个年头的时候，有二千三百万的檀君子孙，为着碎断奴隶生活的枷锁，为着争取独立，自由和建国，全国一致的发动了反日示威运动，高呼着“朝鲜独立万岁”，每个朝鲜人赤手空拳的执着正义的旗子，向着日本强盗进行白刃搏斗。虽然“三一运动”不久就被日本强盗的炮火镇压了下去，但是千百万革命先烈的鲜血和头颅，所换来的反日本帝国主义的成绩是最伟大。继“三一运动”以后而起的无数次的反日斗争，更普遍而广泛的风起云涌的爆发在任何朝鲜角落里，充分的发挥了独立的精神和力量，并且展开了建设新朝鲜自由幸福的前路。

自从民国十二年，中国发动了第一次国民革命以来，参加到这里革命队伍的朝鲜弟兄，也不在少数。随着北伐的完成，而朝鲜革命的巩固基础也建树起来。一九三一年的“九一八”事件发生以后，朝鲜的革命同志就在日本内地，朝鲜全国，中国南北各处，以及日本的委任统治各岛，广大的浸润着反日的革命工作之基干。“九一八”以后，立刻在鸭绿江流域及间岛一带建树起庞大的武装建国军队。在东三省中国的几个战区里面，朝鲜弟兄也不少，大家不会忘记吧？“一·二八”上海抗敌战争结果时，敌酋白川大将和重光葵大使，在粉饰胜利的纪念台上的一死一伤，也是朝鲜革命志士给予日阀的一种礼品。这些革命史迹是数不胜数，到今天伴着中国的抗敌队伍愈发的发扬光大。

自一九三八年十月，在中国的全面抗战中，产生了一支活跃的国际军，这是“朝鲜义勇队”。他的产地是在武汉，这样的一面光辉而簇新的旗帜，在抗日的现阶段，给了中国的战士以不少的臂助，同时也就建立了中外民族联合阵线，向着孤立无援的日本军阀所制造的兽兵攻击，一直到今天第二期由被动而转到主动的扫荡倭寇的抗战，这个队伍是终日在南北各线〖战〗场上杀敌。这支劲旅从成立到现在，虽然仅有六个月之时间，但他的努力奋斗和光荣的牺牲，深深发起每个中国人和朝鲜人的杀敌必胜信念。在前面我曾经说过，朝鲜的革命同志，是中国抗战胜利的决定的重要因素之一，不消说，朝鲜义勇队展开工作以来，深受着中国民众和国际友邦的同情和欢迎。

这支队伍在数量上讲，似乎是少，但在质量上，和工作上讲，确是发挥了惊人的战术，他的斗争的主要目标，是注重于瓦解敌人的政治工作。东方的最高革命领袖蒋委员长，在第二期抗战的初期，也曾昭示了我们，“政治重于军事”“民众重于士兵”。我们今后要遵守这个原则。深望（一）各地战区的朝鲜弟兄们，除了积极的破坏敌军的军事设施外，要加倍的掠除政治阴谋的伪政权。（二）深入敌军里层，进行瓦解敌军的工作。（三）争取在敌军内那（敌国内外）

被利用而服务着的朝鲜人士。

最近朝鲜义勇队在前方的同志，新组织了一个游击宣传队，准备进去于敌人的后方，将要伴着中国各战区的游击队工作，在第二期中国抗战扫荡敌焰的初期，每个中国人都在翘望着朝鲜同志们的革命工作扩大的开展。最后，敬祝朝鲜革命成功万岁，建军建国万岁。

（原载于《朝鲜义勇队通讯》第10期，1939年）

# 我对于“朝鲜义勇队”的感想

若器

自从“七七”神圣的抗战爆发后，在这种炮声里惊动了无数的只有“家庭观念”而没有“民族思想”醉生梦死的人们！他们经过这种深刻的教训后，知道爱护国家了，也明白了国民应尽的责任。更有遭受过倭寇蹂躏的人们，尤其惊醒了，为了生命的安全，为了个人及子孙们的福利，他们正在各种抗战的方式下，意志坚决的寻求机会要杀敌，报复，以雪身受的耻辱和仇恨，求永久的自由生存！这种深刻的教训，正是倭寇害我不成，而反成了益我的教训了。

从这里我联想到同我们抗战友邦的革命斗士们——朝鲜义勇队——他们纯粹的经过了心领身受的打击，在这时他们遇到机会可以发挥久善待发革命斗争的力量了！我相信他们是具着十二分毅力与勇气来燃起这“复国”“独立”的火炬，这话绝对不是偶然说起的。（中略）

朝鲜虽然被倭压迫三十余年了，但是他们“复国运动”的革命斗争，从各方面的证实，知道没有停止过！过去有伟大的“三一”大流血！安重根义士在哈尔滨车站刺杀伊藤博文和沪战后尹奉吉义士在虹口公园炸毙寇酋白川等许多有名的倭寇，这种举世皆知，可叹可泣的壮举，已是不胜枚举了！在抗战前他们已经是拼命迈进，但多是个人的斗争动作，不期在这长期抗战的过程里，友邦的弟兄们竟由个人的动作，增强到集体的力量了！同志们！努力！环境正适合我们力量的发挥呀！

在今年一月间我在桂林北站的墙壁上，看见“朝鲜义勇队”的圣报和宣传画，当时我心房的血液，起了一种莫名言状的激荡，转而便感到惊奇和兴奋了！从此我遂起了一种思潮，很想对“朝鲜义勇队”多一层深的认识或幸运的联合！经过了半年以上的时间，多少次通讯！这个机会终于让我遇到了，七月三日我由湖南到桂林拜访“朝鲜义勇队”，承一位同志招待我，他有三十岁年纪，带着玳瑁边眼镜，穿着朴素而整洁的灰色中山装，看他端肃的态度和沉稳的谈锋，很像一位修养有素的学者，但是从他浓厚的情感和迅速的动作上看，才知道他是一位有为的革命斗士呵！他就是友邦的李×同志，负着政治上重要责任的人。并且经李同志介绍又认识了申组长，还有很多位中国同志，他们在一起合作着！用共同的力量，争取中国抗战的最后胜利和朝鲜民族的革命成功！

（原载于《朝鲜义勇队通讯》第 21 期，1939 年）

# 纪念双十节与朝鲜义勇队诞生

矫汉治

今天是第二十八个中华民国的诞生纪念日，二十八年前，中国革命党的党同志奉党的中央部命令，分赴各省策动革命，宣传民众。使民众知道现在我们是在满清异族压迫之下，过着狱囚似的奴隶生活，我们要解脱这种狱囚的奴隶生活，我们唯一有效的办法，就是大家一齐团结起来，跟随着革命党军努力革命，把压迫我们使我们过着奴隶生活的满清异族，驱逐出中华领土之外，如是，我们才能得到独和立自由，我们才能把二百八十余年来中华民族的同胞所遇的非人生活，狱囚似的奴隶生活，才能干脆的清清楚楚的从满清压迫我们的恶魔的手里解放出来。

那个时候的革命党，过去在满清恶势力苛酷压迫之下，而不畏艰难，激剧的努力进行他们所负的革命使命，完成革命应完成的任务，到处极力宣扬革命的意义和我们对革命切身的需要，教民众了解革命的意义是与他们本身生活的改善，具有息息相关的重要。当时，派往各省执行秘密宣传革命工作各干部同志，都能够在党的铁的纪律统制之下，不避困难，不怕牺牲，埋头苦干，实干，硬干，完成他的革命任务，经过去各省党干部同志积极推动革命工作的结果，卒能造成全国篷蓬勃勃的革命潮流，如雨后春笋勃然丛生。清吏当时对革命所采取镇压屠杀的惨酷手段，摧残革命份子，中国革命虽然遭遇着这样的恶劣环境，然而革命势力的发展，大势所趋，并不能因清吏所采用的惨酷镇压手段，所能奏效。反因这种无人道的残忍横暴，激起天人共愤，党人因此警惕勉励，奋斗愈力，愈能发挥革命者不屈不挠，再接再励的革命精神。

当时国内革命势力的澎湃，波动所及遂渐扩展，推动发达，逐步流传到穷乡僻巷，人人渐渐了解革命是直接与民众生活利益有着紧密的关系，民众开始有请求亲自参加革命工作之趋势，革命党革命宣传工作已大收功效，到处都能得到民众的欢迎，全国各地的革命力亦日见澎湃，满清地方官吏虽手握军权武力对革命党的进攻肉搏，尽可能力量极端镇压，但这些地方官吏们，一听到“革命”两字，遽然有谈虎色变的丑态表现。民众因为官吏制压革命严厉，民众虽然知道了革命是与民众自身生活利益有好处，有息息相关的密切，衷心万分同情革命，想出来帮助革命。但是慑于清吏的恐吓和威迫，致使民众避免为了本身直接危险计，亦就不敢明言“革命”两字，所以二十八年前当时的社会情势实际表演的，有两点：(一)民众处于清吏淫威之下，对于革命两字噤若寒蝉不敢明谈；(二)民众虽然处于清吏极端威迫镇压之下，而他们内身的趋向，却对革命抱着热烈欢迎和希望，希望革命军的力量能够早日达到他们可爱的家乡，把压迫他们的清吏驱逐或消灭。在民众心情中痛感到不如此做不会有重见天日的一天。

说到这里，回忆到二十八年前的今天——武昌起义。武昌是中华民国诞生的发祥地。而我们中华民国的宝贵发祥地武昌，在去年双十节后十月二十三日我军和日寇在武汉外围会战，为了军略的关系我军转进，同时放弃了与中国革命有重大意义关系的武昌，抚今追昔，不胜悲痛！固然，在我们第二期持久抗战的现阶段，我们具有烈火一般的热血，和钢铁一般的决心，咬紧牙关，握紧拳头，非把日寇拖倒，围而聚歼。否则，驱逐其出中国国境以外，或将其踢到太平洋里，赶回扶桑三岛，争到我们最后胜利始止。当时派往武汉方面革命工作之党干部，工作非常积极，该同志等到达目的地武昌后，即开始推动其所负的革命工作任务，获求新同志，以增强革命力量，运动新军反戈，以加强革命的武装，为什么当时必需要去运动新军反戈？这因为当这时候，清廷所训练新军的构成份子，多半具有现代头脑聪明的青年军人，思想进步，革命党人对新军内情调查清楚后，发现良机可乘，利于革命工作进展的对象，把握现实，看透当前的环境，认为若不能把革命势力打入新军的里面，理想在那个环境中树立革命的武力，事实的证明既属不可能。

如是党干部毅然决然决定派在党内受党的训练有素忠实而精干的党人加入新军，相机徐徐进行征求党的新同志，增厚党的武力基础，自党员加入新军慢慢展开其革命工作后，新军内急进有为的青年份子，渐渐加入革命党，人数日多，因有利用新军武力在武昌发动对清吏的武力斗争计划，计划尚未熟成，因事机不密，不幸在二十八年前十月九日，这是最值得特殊纪述的一天，新军入党的人名册被清吏的爪牙搜去，若等到天明上边必定按着名册向新军捉人，因此新军内人人感觉自危，要求即刻发动自救，革命党中心分子，认为一切的计划筹备尚未成熟，贸然发动，画虎不成反被所噬，徒然牺牲同志，无补于革命实际。

但新军内被人人自危的气氛所笼罩，形势岌岌，酿成势在必行，于十月九日当夜更不顾一切，毅然发动，发动之初，谁亦未能料想到中华民国的诞生日，竟然能在今天的贸然发动中而成立，廿八年前十月十日的今天，武昌起义的党军开始头一炮，击中瑞征所居住的总督衙门，胆小如鼠的瑞征抱头鼠窜，逃往泊在江心军舰避难，不数小时武昌全部已被革命军占领，但革命军发动于仓猝之间，待事成后，感少统帅无人，军事指挥，不能灵敏，临时物色指挥革命军的适当人物，诚系难事，当经革命军内党的青年干部集合讨论结果，决定敦请黎元洪旅长担任指挥革命军，初黎不肯遽出负责，后经过再三派员交涉劝驾，黎氏始答应接受，出任收拾时局之责。革命军既占领武昌，总督府当然亦被革命军所占领。革命军归黎元洪节制指挥后，军势大振。在黎元洪领导指挥革命军之名义下，通电全国，迫使清廷逊位，恢复中华民族建立共和，通电拍发不数日内十余省表示赞成庆贺者，风起云涌，贺电如雪片纷飞，长江以南十余省全部通电向应，都表示赞成革命军之主张，建立中华民国，创建共和政体。

革命军挟长江以南绝大势力，强迫清廷逊位彻底铲除尽力扫清共和国之障碍，大局转变结果，致使清廷不得不接受革命军之条件，承认逊位，至是日止，中华民族沦陷于异族二百八十余年的领土，在二十八年前之今日始告光复。另一方面电海外旅行中之中国革命领袖孙中山先生，敦请先生归国主持军国大计，中山先生旋即归国参与共和政体之中枢。

我们都知道，今年国庆节的双十节，已过了二十八个诞辰了，双十节是中华民族再生的纪念日，在今天适值世界第二次大战序幕开始展开之顷，军事外交，瞬息万变，在军事外交处于非常紧迫状态下，我们每一个国民应抱着一个坚决信念，这个信念就是说：凡是成功一个伟大的事业，必须具着冒险和决果。

在这里，纪念双十节重大的意义之下，再说到友邦朝鲜在中国的革命者，在去年今天在武汉为了直接参加中国抗日战争，打击铁蹄蹂躏朝鲜的日本万恶法西斯蒂军阀，为祖国被压迫同胞复仇，遂组织成立了朝鲜义勇队，朝鲜义勇队诞生到今天，恰恰才一周岁，以一周岁幼稚的年龄，活跃在中国各战区的前线上发挥她特具的惊人勋绩，所以今年我们来纪念双十节同时亦在纪念着朝鲜义勇队诞生一周年的纪念日，我们认为纪念今年的双十节具有两重意义：

（一）中华民国的产生，是产生在武昌新军中革命志士毅然冒险果决的行动。其实中国革命的发生，既远在武昌起义前三十余年，孙中山先生领导中国革命奋斗，经过十次之失败，这十次革命斗争的战役中，以广东黄花岗七十二烈士的墓标，为中国革命战斗血的结晶，可表现中国革命志士这种伟大的革命牺牲精神，有这种前仆后继的牺牲精神，卒能造成风气，而武昌同时亦以毅然的冒险果决之行动竟成大功。

(二)朝鲜义勇队不期然而然的亦在去年双十节产生出来的,其产生的情形背景虽不同,然其本质的情形则一致。朝鲜义勇队的组织,不用说是适应有利于朝鲜革命进行上客观环境之需要,组织起来参加中国的抗日战争,打倒日寇法西斯帝帝国主义者,力求朝鲜民族的自由独立和解放。

为的要请读者明了朝鲜义勇队成立概况起见,兹将去年武汉组织朝鲜义勇队的经过,简略而抽象的说明如次。

组织朝鲜义勇队计划,原在去年“七七”纪念日时提去,当时经过蒋委员长批准交给政治部陈诚部长主办,陈部长手谕交政治部第二厅派员办理,二厅因无适当人主持。故组织义勇队一案暂告搁置。后以客观的立场,朝鲜革命者的希望;主观的立场,上峰长官的督促,筹组朝鲜义勇队一案,再转交第一厅贺哀寒秘书长兼第一厅厅长筹办。

在未着手组织前,由第一厅先派定人员主办此事,主办筹组朝鲜义勇队的人员,为了明了朝鲜革命在华的组织情形,以备筹组朝鲜义勇队之参考。当时曾派有专责人员分头与朝鲜同志往来接洽,接洽结果甚恰,朝鲜革命同志所抱之目的均属一致,初无轩轾,在求得朝鲜民族自由解放,脱离日本帝国主义的苛酷压迫,以打倒日本帝国主义等一致方针看,朝鲜革命同志组织非常纯粹。访问结果满意,筹组朝鲜义勇队一案,渐具眉目,先立组织方案,确立组织系统,以为着手工作之标准。编造预算表格,确立经济数目。调查队员履历学历,确立学历水平和年龄的比例,绘制统计图案,以便明了队员一切情形。编制队员训练方案,以便施以短期军事和政治的训练。朝鲜义勇队经过短短的三星期军事政治训练后,即奉政治部命令分发,分发前方各战区工作,直接和日帝国主义者作殊死战,队本部因时事的演变奉命撤退后方,以策义勇队中枢组织的安全。

朝鲜义勇队组织概况既[即]如上述,次再阐明义勇队与中国抗日的关系,义勇队的组织,虽然它标榜为了朝鲜民族独立自由解放而组织,但是就当前的实际工作一点上看,却是实际参加中国最前线协同中国弟兄们向万恶的日寇进攻,给侵略者以致命的打击,为祖国被压迫的同胞复仇,若站在中国同志的立场上看,朝鲜友人来中国参加中国抗战,这完全是帮助中国打仗,所以朝鲜义勇队是中国国际友军中第一支挺进队。故我除了期待前线及后方的同志,更大的努力,更大的收获以外,更在这纪念双十节与朝鲜义勇队成立的吉日良辰,举起双手向着参加抗日的各位同志致十二万分的热忱和感激!

综合以上所述各点,我们明白的知道双十节是中华民族的诞生日,她又是中华民族自由解放的纪念日，在纪念双十简单述叙的意义之下，更含有比较更重大的上述一种意义。

朝鲜义勇队恰恰又是这个双十节诞生的，到了今年的双十节亦就一周年的纪念日了。朝鲜义勇队是朝鲜革命求民族自由独立解放的基本队伍，所以义勇队与党的两者间，必须发生密切的联系，则义勇队所能发挥的战斗力，必较前更为伟大，如此，不但与中国抗战有很有力的帮助，处于这个民族改造的伟大时代、在敌人的铁蹄锻炼之下，亦可以锻链[炼]成了朝鲜革命武力的一个铁一般坚固的基本任务。今特在双十节与朝鲜义勇队纪念日的特刊上从新提出我的希望，希望负有领导朝鲜革命责任的朝鲜革命者，加倍努力，早日促其实现，此与中国抗战、朝鲜革命两有裨益。

（原载于《朝鲜义勇队通讯》第25—27期，1939年）

# 战线工作的感想

冯仲天

历史在发展中孕育了朝鲜义勇队，同时又赋与她伟大的使命。

时代的潮流，越过无数滩头的阻碍，在狂飚中翻腾着巨大风浪，向着波涛万里的海洋奔流。光明呢？黑暗呢？这是使全人类关怀而且感到燥急的问题呀！

在今天，大风浪的焦点，是正义的、反侵略的中国的抗战。然而朝鲜正与这抗战有着密切的关系：一方面，朝鲜处在中日之间，成了法西斯日本侵略中国的桥梁与军事根据地，而形成朝鲜革命在反日战线上的重要性。另一方面，朝鲜受日本的奴役已经三十年，今天正是努力完成革命任务、争取解放千载一时，客观上有利的时机。所以我们必须切实的把握现实，为着促进中国的抗战胜利，作最大限度的努力。这亦就是现阶段朝鲜革命的战略任务——因为中国抗战胜利，很可能保障朝鲜解放运动的成功。朝鲜义勇队便是为了实践这个任务而产生的。

现在世界情势中的特点，是各国的人民阵线与和平阵线相呼应，正在进行着有组织的猛烈的战斗，而在日本国内，人民大众反法西斯反侵略的斗争，亦在或明或暗的进行着，并扩大着。所以在这正义的反侵略的抗战中，“对敌宣传”便成为很重要的工作部门。因为各种条件俱备的关系，朝鲜义勇队便担负了这个瓦解敌军的战术任务。

理论是实践的南针，但是脱离了实践，便不能正确的认识现实，亦就是说不能把握的理论。所以我愿意把我一年来在实际工作中认识到的几点，写在下面，以作今后工作的参考：

### 一、与士兵打成一片及配合全部队

驻扎在平江上塔市的第×区队，为了工作的需要，分为了四个工作组，分头到各师的阵地中进行工作。在未出发前，我们曾开了个“全体同志工作讨论会”，树立了整个工作计划及工作方针。我们到了指定的部队后，便开始了对敌宣传的第一步准备工作，我们认为欲使对敌宣传的效果扩人而日深入，必须使每个战斗员都担负起这个任务，于是，我们首先提出了“与士兵打成一片”的口号，以开教育并训练士兵之路。而为达到“与士兵打成一片”的目的，又提出了日常生活士兵化、日常行动士兵化两个口号，以为实践。这些在短期间我们都做到了，我们已变成一个十足道地的士兵。但事实告诉我们，与官长失了密切的联系，亦是不行的，因此我们又与整个部队配合的口号，进行与整个部队配合的工作。在进行这些工作当中，我们又发现了更大的困难：几乎是全部士兵，他们的智识水平甚低，他们对长期抗战的认识还很不够，至于我们参加中国抗战，及对敌宣传的重要性，更是一点都不理解。我们为了打破工作上的障碍，便用很多的时间讲解下列的问题：1.中国抗战的意义。2.抗战必胜的信念。3.朝鲜义勇队的产生及参加中国抗战的意义。4.对敌宣传的重要性，以及国际情势报告，抗战大事报告，等等。而收到了很大的效果。此后，我们便实地的与士兵共同到第一线的战壕内，实施对敌宣传工作，在战争中止的时候，我们在战壕内与士兵们开同乐会，共同唱歌欢乐。或者报告敌人的弱点，以加强士兵自信力，鼓励他们的战斗精神，甚至于在火线上官长及士兵负伤的时候，我们亦奋不顾身的去抢救，在这些实践当中，我们得到士兵及官长们极大的信任，不用说，对敌宣传工作，亦日渐的开展起来了。不仅仅他们会予我们工作上以极大的便利，而且有许多弟兄，每当任便衣侦探到敌人阵地附近侦察时，常常自动的向我们要传单去散发。这亦可以归之于我们准备工作的成功了。

当我们为了工作的需要，离开九岭阵地向南昌方面移动的时候，该阵地的官长及士兵都表示非常的恋念，并且开了盛大的欢送会，在会议中他们至诚的嘱咐我们下列几点：1.无论何时何地不要失去精神的联络。2.常常供给他们大量的对敌宣传品。3.时常将对敌宣传工作的情形详细的报告给他们。在这里特别使我们安慰的，在他们中间已经建立起了自动的对敌宣传的工作精神，当然的，我们至诚的一一接受了他们的好意、期望。

## 二、与民众及联保主任保甲长密切联络

对敌宣传工作需要民众协助，亦同需要士兵协助一样的重要。如果不能训练、组织、动员民众，那么对敌宣传便很难美满的进行。然而欲训练、组织、动员民众，必须先与民众接近，而发生很好的联系。但是当我们出发前线工作的时候，正值武汉撤退大军转进，前线秩序非常混乱。在一个很大的村庄中，

只能看到几个老弱妇孺。例如有一次在九岭阵地后方百余里的平江市开军民联欢大会，到会的民众简直是寥寥可数。因此我们在未开始工作之前，首先在工作区域附近，九岭阵地及崇阳、通山附近游击区一带，积极的进行初步民众工作，我们利用家庭访问，游艺性质的宣传大会等等方式，向民众接近，并且极力说服下列诸点：1.使民众认识阵地的安全。2.使阵地上避难的民众返乡。3.使民众认识敌人的弱点，确信全国抗战必获胜利。4.使民众认识军民合作的重要性。此外，我们更设法把握民众中较有智识的青年，作为民众工作良好的助手。

在九岭阵地已成对峙形势，及我军不断反攻的有利条件下，我们努力推展民众工作，而收到很好的成绩，大部分农民已恢复了正常的耕种工作，在阵地附近亦可以看到公买公卖的商贩。但是在这实际工作当中，我们又发现了很多的缺点，如一部分民众认为这次抗战同过去内战没有两样，过去地方机关民众工作的不够，民众不愿与军人接触，等等。为了填补这些缺点，我们又展开了另一面的工作。

要想推展民众工作，最好是利用联保的机构，尤其是于此非常时期，联保主任及保甲长实负着最实际的责任，于是我们使开始与其联系，并且常常通过他们以训练、组织并动员民众。首先，我们得以在通城附近的麦市和何家瑕，推动军民合作，组织了运输队、担架队、探敌队及肃奸队，等等，来协助作战部队，并且成立了四五个小学校，教育战地儿童。在九岭阵地，我们通过了联保主任及保甲长，动员了很多的民众，参加了五六月间的反攻。在“七七”纪念日的那一天，亦有数千民众参加实际的战斗，他们都勇敢的用血肉来纪念这日子，并且还作着战地的肃奸等工作。有的时候他们巧妙地俘虏了许多的敌兵。这些，都说明着民众的力量是如何的伟大！

当然，我们并没有忘记对敌宣传工作，我们利用民众的协力，收到了莫大的效果，因为民众是有充分机会，将大批宣传品投给敌人的。

### 三、以突系精神进行对敌宣传

我们的对敌宣传工作，是与准备工作同时进行的。只是有了士兵及民众的协力，而自身不能够更勇敢的作去，是会引起他们的反感的，因为有些被他们认为“卖膏药”的政工人员，已经给他们留下了很不好的印象。所以我们不愿意空喊高调，愿意以实际工作给他们看。在每一次袭击，反攻的战斗中，我们一一参加到各连部去随军工作，或者散布传单，或者用日语喊话，或在显要处张贴日文标语，有时在静寂的夜间，高声的唱出很悲哀的日语思乡曲。这些工作都起了很大的作用，在最近的俘获的战利品中，有着这样的一段公文布告："俘虏朝鲜勇义队员一员，奖偿[赏]一千元。"这正说明了我们工作的效力是如何的伟大！的确，敌人时常在企图着俘虏我们同志。然而他们如果不想俘虏我们，恐怕有几个同志早被牺牲了。这可见于下面的事实：有一次，是在战事比较沉寂的时候，我们之中三四个同志和着十余个武装的弟兄，到敌人的附近去写壁上标语，目的地是前天去过的何家大屋，这个村子正在敌我中间，亦是敌人千米的有效射击距离以内的地方。这一天敌人却早已在村子后面一个高地埋伏好了，单等我们的到来。当我们同志走近村子时，便在附近放了哨，然后无疑虑的走进村子工作，正在工作之际，忽然一个弟兄跑进来报告，说敌人在向村子进出，我们与十余个弟兄即刻准备作战，可是当我们未出得村子时，已给数十名敌人包围了。这时的情势该是如何的危急呀，幸亏我们阵地的部队看见了，马上派来应援队，我们才得解围，而安全的退回来。这一次，按地形或人数来说，如果敌人欲消灭我们的话，那简直是轻而易举的事。在战地像这样的事，已不只[止]是一二次了。

我们同志中，大部分分配在前线战壕内工作。并且教授士兵弟兄日语喊话，及其他宣传技术。我们时常以突击精神，在极艰难条件下执行工作，因之给了弟兄们以很大的激励。另外一部分同志，则在司令长官部、集团军司令部、军部、师部，以及团部内助理工作，如研究敌情啦，翻译日文文件啦，审问俘虏啦，在这些工作当中，随时都发现我们工作在敌方的反向，亦有许多材料供给我们作工作改进的参考。在过去虽然与士兵民众的协同，有了初步成功，但这究竟还是初步，还需要更进一步推展。这在下面的事实中可以得到充分的证明：有一次的战斗中，在极有利的条件下，敌人一排被我军完全包围了。这时我们第一线的士兵已停止了战斗，而开始了宣传战。我们同志就用日语高声的喊道："日本弟兄们！我们是为了保卫正义与和平而战，我们决不杀害你们，而将优待你们，如果同意请举出白旗来！"我们的口号是这样的有力，果然敌兵举出了白的旗子，但是因为平常工作的不够，战斗时不能适切的配合，以至第一线将要成功的宣传战，被第二、三线弟兄们的猛烈的射击，打成泡影了。敌兵见我方仍在射击，便必死的抵抗，后来敌援兵到了，我们的工作亦告失败了。后来据民众报告，敌兵确有投降之意，这是多么惋惜的一回事呢！这一次确实的给了我们很大的教训，这教训使着我们在新的经验上，进行新的工作，我们除了训练民众外，并在士兵中组织"对敌宣传队"，专门训练对敌宣传的技术，我们时常派一位同志，指挥便衣队散发宣传品，尤其在战斗时，我们时时刻刻与各级指挥官做紧密的连络。同时我们对于宣传战术做更精密的研究，发明许多新的战术，如玩具草人战，及利用纸鸢向敌阵地投发宣传品，等等。这样，我们的工作收到了很大的效果。这固然由于敌兵的客观接受力强，即敌阀违背正义与敌士兵反战意识存在的缘故，但我们在客观上的努力却亦是很大的功绩呀！

## 结论

在过去的对敌宣传工作中，已经获得了很大的成绩，敌人士兵中的每个人的心里，反战意识是在一天天增高，随着战事延长，与我们对这攻心工作做更大的努力，敌人这种反战意识，将变为埋葬法西斯日阀有力的依据，然而这些工作却是在中韩联合的力量下产生的。固然是我们执行了这个工作，但假使没有广大的民众及士兵的帮助，恐怕很难收到效果吧！所以我们欲使工作更扩大的开展，实有更加强中韩联合的必要。此外，还有两点值得说明的。在这工作展开的过程中，朝鲜义勇队的国际地位已渐渐的被人注意；在工作的过程中，我们同志间的互信互爱，激急的增高，在磨炼中我们愈益坚强了，这给了我们在复国斗争中，以很大的实际经验的锻炼。

（原载于《朝鲜义勇队通讯》第 25—27 期，1939 年）

# 朝鲜青年怎样反抗日本帝国主义

[韩国]韩志成

是的，青年是社会、民族的中坚分子。正是因为这个缘故，在民族革命的过程中，最能出力的是青年；同时，在反动的法西斯魔手之下，被屠杀、被蹂躏、被压迫的最多也是青年。现在整个的世界，正是法西斯强盗疯狂地大屠杀青年的时候；正是他们破坏人类的和平幸福的时候；也正是中华民族千百万青年，为着中华民族的永远的自由和幸福与强盗日本帝国主义，作殊死战的时候；更是欧州青年英勇的同法西斯血战的时候！全世界的青年，不分地域，不分信仰，不分职业的高呼以国际青年的团结力量，来共同扑灭青年的敌人、人类的公敌，而建立没有侵略的平等自由的新世界秩序。这是世界和平力量的新的姿态，是各民族永远确保和平关系的伟大的基础。在这里，我愿把朝鲜青年，怎样被日本帝国主义屠杀，同时又怎样奋斗争取自由解放，做最简单的介绍，希望关心朝鲜青年的诸读者共同的研究，使有一个共同的认识。

自然，朝鲜的青年运动，是给朝鲜的特殊社会条件所规定。同时青年运动，又不能脱离朝鲜民族解放运动的整个的潮流。

朝鲜的青年运动，在与敌奋斗三十年的当中，同整个民族解放运动的一般动态一样，由限于知识层的运动，扩大到工农劳苦大众；同时其领导的力量，也从少数的知识分子转移到广大的民众，在其运动的质的方面，也从单纯的反日复国运动进步到建设新的民主国家的进步的革命的斗争。

朝鲜青年运动的初期，正像别的殖民地国家里的青年运动一样，学生运动占最重要的部分。因为殖民地社会里的一般民众政治水平不很高，同时学生们是最容易接受新文化，又最敏捷的感觉着他们社会基础的没落而在思想上最能热烈的渴求自由独立和平等。但是到了一九一九年“三一”大革命——韩国独立万岁事件后，随着社会主义运动的发展，青年运动里，学生以外的青年工农民众也活跃起来，到了现在，劳动青年大众领导着整个的青年运动，面占着朝鲜革命运动的主力地位了。

朝鲜亡国后的学生运动，算是从一九一九年的"三一"大革命起。那正是一九一九年三月一日的下午二时朝鲜首都汉城，以中央学校学生为先发，敬新、培材、梨花等男女学校学生数十名一队一队的进汉城塔洞公园，有一位年青的学生在八角亭上，向群众一句一句的朗读了《独立宣言》，高呼"韩国独立万岁"，因为高度的兴奋，引起血管破裂而气绝了。成千累万的学生群众异口同声的高呼"韩国独立万岁""打倒日本帝国主义"，他们千万个拳头高高的举起来，冲进市街；示威、演讲，与敌武装军警作猛烈的战斗而惨遭逮捕惨杀的有几十个。这个运动继续着二个月，发动了二百万民众，被敌逮捕者达五万余人，其中二十岁以下的中小学生有三分之一。这个运动失败后学生们便感到组织之必要，遂于一九一九年五月在汉城成立了"朝鲜学生大会"。这是中学以上学生所组织的，是以组织的力量推动整个学生运动。在成立不到二个月内会员增到二万余名，敌人看见学生革命势力日益澎湃情形，决不能让它再自由的发展下去，便加以严厉的压迫了。学生们对此虽然作了英勇的斗争，然而因为敌人的凶暴，到底归于失败了。但此后的青年运动中，工农及青年妇女相继出现，战斗的姿态又重新展开。

一九二〇年从夏到秋，各地建立了无数的青年团体，到十一月更成立了拥有一百三十三个国[团]体、三万余会员的"朝鲜青年联合会"。在这样广大的组织下，开始了充实力量的文化运动（如介绍新思想研究学术等），随后更由文化运动展开到罢课罢工的政治斗争。同时因为青年运动的发展，工农青年大众也组织起"劳动共济会"。在他们的领导之下，发动了朝鲜南部釜山工人的总罢工。

朝鲜社会的分化，又受了外界的影响，在"朝鲜青年联合会"的内部，也起了民族主义与社会主义思想的分化，竟于一九二二年，汉城青年会等十几个团体从"联合会"脱离而另外开展了工作，组织起"朝鲜青年同盟"。

但各个团体，各干各的，在实际斗争中，深刻的感到分化而无切实的联结，这只有削弱反日的力量。在一九二五年重新建立了"全国青年总同盟""工人总同盟""农人总同盟"这三团体，发动了二十万盟员干部。他们在进步的新思想之下，统一起来。

轰轰烈烈的"三一"大革命中的英勇的学生运动，到了一九二九年十月底在朝鲜南部光州又发动了"光州学生运动"。事情的发端是在十月三十日光州中学（日本中学）学生调戏光州女子高普（朝鲜女中学）学生而起的韩日学生的冲突。与这女生同走的她的哥哥，当时便对日本学生予以严厉的责备，但无耻的日本学生，不但不反省错误反而更加凶暴起来。这个消息传到女子高普的全体同学，及光州高普（朝鲜男子中学）全体学生，没有一个不愤慨的。过了几天，韩日十余学生在街上相遇，日本学生又侮辱朝鲜学生，因此引起了激烈的冲突。日本人方面马上调集武装的军警，在乡军人及日浪人所组织之救火队，对于赤手空拳的朝鲜学生，施以武力的弹压。日本学生有了日本军警的枪炮和保护他们的法律，竟杀害了六名，逮捕了数百人。无辜的朝鲜学生在敌人残忍的枪刃之下，悲惨的牺牲了。但革命的高潮，决不能以野蛮的枪炮所能压制，第二天光州的凡是朝鲜中学学生全体总动员，与敌作殊死的拼战。目睹这般呼号“朝鲜独立万岁”，高唱革命歌的不愿做奴隶的民众，也向应而参加这伟大神圣的民族解放的战斗。日军警又杀死了无辜的民众四十余名，逮捕了二百余名。他们怕革命的火焰到处燃烧，便把持了邮政，交通机关，彻底的封锁了光州与外界的来往。但敌人以任何的方法，终不能抑制住革命的巨流。十一月廿七日罗州的青年学生又响应了，发传单，高呼独立口号，举行大示威，当场又被捕了五百余名。汉城学生联合会听到这个消息就在当天晚上召开了紧急会议。决定先派人去光州调查真相，第三天去调查的学生带来了悲壮的报告，在敌人森严警戒的充满着恐怖的黑夜，在一个女学生家里召开了各校的代表会议，报告这可歌可泣的斗争事实，全场一致的决议发动全国学生及工农青年，做反日，民族解放的斗争。

一个紧急动员令下来，全汉城的大、中、小学生们就全体参加了第二天的大示威运动，朝鲜民族的血管都为这般青年学生的救亡斗争而充满了革命的热血，中小学生、革命群众的“打倒日本帝国主义”“争取朝鲜民族的独立自由”的吼声，振动全朝鲜每个角落。十二月底，在日本东京的朝鲜学生和工人也企图发动一个大规模的运动，但事前被发觉而遭逮捕的有三百余名。

这次运动，不但各处的中小学生起来，而且朝鲜北部宣川、洪源，南部大邱、釜山等地劳动者也罢工，金海龟浦农场、日海农场的佃户们也发动抗租运动而响应学生运动了。光州学生运动所引起的全朝鲜学生运动继续到三个月动员了十五万学生，被屠杀的数百名，被捕的有将近五万名。

这次运动是一个大规模的斗争，但与日本之学生小规模的冲突，差不多每天都在各个不同的地方扮演着。在朝鲜很常看见韩日中小学生之集体战斗，这种现象在十一二岁的小学生里也很常有的。有一次日本学生向朝鲜学生挑战，朝鲜学生便起来抵抗。第二天日本学生在军警武装掩护之下，包围了汉城培材学校，朝鲜学生对于日本学生这样野蛮的举动非常激愤，就全体出动拿锹头棒球棒子打退日本学生。

学生运动是朝鲜青年运动的主力，但到了一九二九—三〇年十月，光州学生运动后敌人对于学生的压制是更加厉害起来，朝鲜青年学生联合会的解散是不用说，连学校里的学生自治会也都解散了。因此大规模的表面的组织和具体的激烈的运动是沉滞下去，反面文化运动和配合着工农大众的地下室的革命运动是比从前加倍的强化了。殖民地学生是启蒙运动的先锋队。朝鲜的学生从光州学生运动后多表面上利用合法的机关从事文化运动，朝鲜民族有百分之七十以上是文盲，对于这个，敌政府是根本不愿设法的，于是青年学生们，每年利用暑假，做巡回施教推动文盲扫除工作。他们每逢暑假拿出自己的金钱或向地方志士募捐，巡回各地办理短期识字班。发动农村青年，由他们的活动，每年可以增加了五万余识字者并发动了几十万农民。敌政府对于此种文盲扫清运动又加以无情的弹压，有时不准开办短期识字班。有一次把一个十五岁的学生检举起来，他们的理由是“不知为什么拿出自己的钱来办理识字班”。这种现象在朝鲜是很普通的，但是没有一个青年因为强盗的武力压制而屈服，相反的是加强了革命的热情强化了自由的渴求。他们常摆脱敌人的监视网到山谷里日光之下教课，被教者、教者都深刻的知道“为什么不能在屋子里上课而跑到寒冷的野外秘密的上课”，他们因为知道共同的命运，都是一条心地，没有一个人缺课，没有一个泄漏秘密，更没有一个落伍，大家都为着争取自由的祖国而奋斗。

九一八后的朝鲜学生运动直接与工农青年运动联合起来，这是因为朝鲜中产阶级的急激没落的缘故，他们秘密的组织读书会、社会科学研究会，又直接参加各地方合法青年团体暗暗地活动着。一九三二[年]金泉的读书会事件关系到全国的学生组织及各社会团体。七七抗战后，在朝鲜最苦痛的是这般青年，他们在敌政府颁布的《国民精神总动员法律》之下，言论、结社、集会的自由是早已被剥夺光了。敌人为强压激增的“思想犯”，现有的二万多警察还觉得不够，最近又由在朝鲜的日本浪人组织了“补助警察”。朝鲜的青年在敌人这样的压制之下，地下层的活动也更加困难了。但他们热烈地渴望着自由的天地，在敌人的残踏下，埋头奋斗着。

朝鲜青年是抛弃了家庭的快乐，青年的幸福，敌人强盗般剥削的工场、农场，在白头山①上，在东北的树林里，在苏联，在中国关内，组织了民族解放前卫——朝鲜义勇军（东北）和朝鲜义勇队（关内）与敌人争夺最后的胜利。一九一九年三一大革命、一九二九年光州学生运动的伟大的革命精神还流在每个

① 今中方所称长白山，下同。——本书编者注

朝鲜青年的胸堂里，又受着中华民族英勇抗战刺激，更沸腾起来，正配合着中国的抗战准备着迎取胜利的最后决战。

中国的青年战士，为了祖国的独立自由，已流了无限的鲜血，我们朝鲜青年特别表示至诚的同情，我们在中国的青年们，于去年十月十日在汉口已组织起朝鲜义务队了。伸出我们热情的手与中国的青年战士，在战壕里，在敌人的后方，在中国的每个角落亲密的紧握着手为消灭共同敌人而奋斗。

全世界的青年们，尤其是在东方反侵略的青年们，我们是现时代的中坚，紧紧的联合起来与消灭日本法西斯的毒辣的侵略主义，而建立永远没有侵略的、和平的、自由的、文化的新东方、新世界。

（原载于《青年团结》第 10 期，1939 年）

# 在湘北前线

[韩国]韩志成

二月二十一日早晨，在岳阳附近白山谷，有一座独立的房屋。就在那地方，一个六十多岁的老太婆，抓住了一个日兵。他是今年二十三岁的活泼而又和蔼的农村青年，名叫牧本贵夫，福井县坂井郡大石村人，家里还有五十九岁的老母和有没人耕种的“一段亩”稻田和“二段亩”旱田。他在十岁的时候，父亲死掉了，在母亲的保养之下长大。他是没有兄弟的独子。

二月二十六日的晚上，牧本与五十余个士兵一齐软装离开岳阳，不知去的是何处，只跟着队长走了。走的完全是山路，爬了五六个山岭，到了一个山腹他便落伍了。夜已深，天又黑，弄不清山路和方向又不能大声喊叫自己的同伴，只得盲目乱撞了，为行动轻便起见，遂把枪刀都扔在山谷里，路子还未找到，天已大亮起来，早晨的冷风一阵阵的袭击着，他再无法忍耐饥寒。这时发现了山脚下的一座房屋，就下山冲进屋里，看见一个老太婆就以手势表示要饭，要水烤火，老太婆很亲切的给他做饭吃了，他吃完饭，正要逃走的时候，突然来了五六个壮丁把他抓起来了，他说：“想不到在那样偏僻的山谷里，六十余岁的老太太，还会参加游击队。”

他是去年十一月一日，在福井县第六次征发当补充兵，并被编入了坂井郡的屯营里(屯营是流动训练所)。日军现在征发补充兵，不问其为独子与否，更不问其家庭经济关系，只要身体好而不是大官世家的子孙，都不能免除受编的。原定在屯营里的训练为一个月，但这次训练不到半个月，便调到前线作战了，十一月十五日，他被编入□□师团，在敦贺乘船，和老母别离，开到上海来。

那一个母亲没有爱子的心，正像有一位参战的朋友，写来的信上所说一样，慈母的爱是如山高如水深，这是他说沉痛话。当他离别时，老母望着不知何时才能归来的他，还请保重身体，这时他的心要碎了。但环境不许他表示丝毫怨愤，真是莫可奈何。

十一月底到上海，随后乘船到南京到武昌，由武昌起，一天行军五十余里，走了六天，十二月底才到了岳阳，在岳阳直到被捕，只受军事训练，一次没有参加过战事。

他们的生活，在屯营，每天上午五时起床夜九时睡觉，每天受十小时基本军训如立正稍息等，除去上操以外，没有精神讲话，也没有政治讨论会，每日发了一包香烟和“一合”酒。在行军时每天早上起来，烧两顿吃的饭，午饭是冷冷的，是没有好的水可吃，又没有柴和菜，幸亏有些地方还有门板、稻草可烧，满田的青叶也可自由使用。因为华军方面在撤退的时候，还没有把青菜拔掉，和彻底烧尽房屋，要不然日军行军就极感困难了。

在岳阳每日八时起床，点名，吃饭，从前在日军部内严厉执行的早上洗脸后，遥拜东方天皇，吃饭时像耶稣教徒祷告上帝一样，感脸[验]天皇恩德的仪式，到了战争二十个月以后的今天，这些皇军大礼也没有做了。饭后略有休息就上勤务和操练，十二时吃午饭，下午三时起又是勤务和操练，四时许洗澡，晚饭后是比较自由的时候，多半是谈女人问题，也有的写家信，但大家都很少接到家信，因此都感到很苦闷。每星期日是上午点名后就放假，但因为不许到外边去的关系，多半睡觉，不大做运动，每个月有一次“演艺会”，这是完全由士兵组织的。他们在这个会上，吃酒、唱流行小调、跳舞，又打鼓、打碟子、打锣。在这里找不到像中国每一个角落里高唱着抗战的歌声，也听不到热情沸腾着的演说。

在他们日常生活里，新兵与老兵是完全隔开，不许来往，队里没有报纸，又没有人报告军事政治和其他国内各种情形。日方上级官长只要求服从命令，而不许有第二句话，在这种隔离政策和盲目的训练政策之下，每个人不知道国内情形和整个战事情形。

牧本的分队长是老兵，曾参加过瑞昌的战事，他是新兵的唯一指导者，与新兵共同生活。在困时常与新兵谈参战当中痛苦的经验。这最痛苦的经验是夜行军和不吃饭打仗，这都是中国游击队给予日人的最大痛苦。

他们在岳阳过年，那一天是出来后第一次吃到一块糕和饼干。他问我：“在中国有没有年糕？”我答：“有。”他不客气的表示很想吃，我就给他吃了，日兵在战事开始时天天吃饼干、啤酒，但现在则连年糕也不容易吃到了。

在牧本的家乡有三千人口，第六次被征发二百余壮丁，他家里也被迫拿出了不少的国防献金。一般的工钱是战前的一元二角降落了六七角，反之物价是很高涨，尤其是铁、棉花之类，已涨到战前百分之四十左右。全盘看来，农村经济是很动摇着的，但言论界，不能发表这些消息。战争已达了将近二年，不知何时才能结束,一般军民逐渐在怀疑起战争来,牧本很希望战争早一点结束,回去看看老母。临末,我们说完了一席话,他很愤慨的又是热怀的伸出手来和我握手。

(原载于《导报增刊》第1卷第11期,1939年)

# 哀悼陈一平同志

［韩国］达

我们所敬爱的朝鲜革命青年陈一平同志，这一次离桂林到××地方是带着很大的使命而去的，不幸于上月在××地方遇难逝世了！噩耗传来，朝鲜革命同志们，那个不为着陈同志的逝世而悲痛！尤其是“朝鲜义勇队”的同志们，更为着陈同志的逝世而悲悼！

虽然为着朝鲜革命而牺牲是伟大的、光荣的，可是我们和他这样的永诀，个人私衷的悲痛，却是无可讳言的事实。当我写这篇文字来哀悼他的时候，心中正感觉着无限的愤怒和悲痛交集着。

记得是去年十二月中，在衡阳某旅馆里，第一次见面时他给我的印象是一个热情、坦白而内强外和的青年，当时我因为急于离衡，只和他谈了很少的几句话，但在简单的几句话中，我已经感到他的朴实可爱。

我来桂后，和他同在朝鲜义勇队里工作，将近两个月的相处，已使我们的感情非常亲密起来了。我时常深深的为他的热情和苦干精神感动着！他临出发的时候，有一天我们两个在小酒店里还痛饮了一场。谁知道这一次的聚会，竟会成了永别呢！

他是能干、坚忍、诚毅、健壮！他的死，应该是朝鲜革命的损失，更是在中国抗战，正转入了新阶段的这个时候，中韩两民族解放运动的损失。可是他的血没有白流，他的无数中韩同志，正继续不断的踏着他尚未完成的革命遗志奋斗，这才足以慰告他的英灵。

（原载于《朝鲜义勇队通讯》第11期，1939年）

# 悼一平同志

继贤

我实在没有想到当一平同志离开桂林和我告别时的握手是最后一次握手了，他离世的消息几难令人置信，据说他是在由××到××的公路上，被道旁岩石坠下击中汽车而遇难，同车的人也全牺牲了。我绝不肯相信世间上会有这样的事，我更不相信他的死，但接连得到的报告都是千篇一律的证实他确实是如此遇难了。这又怎能不使我怀疑到他必是死了呢？

一平同志是和我相处只有一年的朋友，时间看起来是比较短，但由于性情的投合，脾气的接近，我们已是老朋友了，记得在××地方受训时，我和他虽然没有在一班，但却在一个区队，每在下课的余暇中，坐在一起谈起来，总是心投意合，彼此之间没有存着一点虚伪，或是一点应付的心理，推诚相与，亲爱精诚是由双方的衷心里表示出来了。

刚毅、果敢、刻苦、温和是一平同志性格的素描，每当做些什么事，他总是以大无畏的精神赴之，旁人不肯负的责任他肯负，旁人不堪忍耐的苦楚他能忍耐，但他的待人接物都是一本温和，他常和我说："对人要谦让，对事要勇敢，为了朝鲜革命的事业，这是应该具备的起码条件。"是的，一平同志是怀着伟大的抱负的，他今年不过二十五岁，他过去有着为朝鲜革命而奋斗的光荣历史，现在在朝鲜义勇队也负着重要的责任，这一次离桂林到××是有着很大的使命，但不幸这位朝鲜革命的热血青年竟在中途遇难弃世了。

不应该忘了一平同志是一个二十五岁的青年，他还没有完成累年以来奋斗的遗志，他现在虽已睡在荒冢里，但他并没有瞑目，他正在期待着中国抗战的早日获得胜利和朝鲜革命的早日成功。在这里我们不能推辞的是应该另担他遗留下的责任，我们要以一平同志的牺牲奋斗的精神，来完成一平同志未竟的遗志，这方能使他瞑目于九泉。

写于桂林，二五

（原载于《朝鲜义勇队通讯》第11期，1939年）

# 哀悼郑如海同志

[韩国]金仁哲

我们所最敬爱、最信赖的朝鲜革命青年郑如海同志，不幸于三月八日因病去世了！他是朝鲜青年前卫同盟的主要干部之一，他是朝鲜义勇队的队员，他是朝鲜革命运动中最前进的青年斗士！他在中国的抗日战争正在猛烈进展的时候，尤其是在朝鲜革命运动已经走向最后胜利的前途的时候，不幸死去，这不仅是我们青年前卫同盟的损失，同时是朝鲜义勇队的损失，也就是中韩两民族解放运动的损失。

郑如海同志的本名是郑鹏翰，现年二十八岁，朝鲜咸北明川人，他在间岛龙井，毕业恩真中学，到中国关内，毕业中央陆军军官学校洛阳分校，又在南京中央大学肄业。他在间岛时，曾经做过店员及小学教员的生活。

如海同志是性极刚直而富于正义心的青年。他从学生时代，就参加朝鲜民族解放斗争。在有名的一九二九年光州学生运动时代，他站在全国学生青年的前头，和日本帝国主义搏斗，结果被捕入狱，备受敌人的恶刑，出狱后又参加间岛的五卅反日大暴动，给敌人以重大的打击。暴动后即突破敌人的警戒网，亡命到关内，一面学习政治军事上革命知识，他面继续参加关内的朝鲜革命运动。到了伟大的中国民族解放战争发生以后，他在汉口组织朝鲜青年战时服务团，参加中国之抗战工作。随后把战时服务团改组为朝鲜青年前卫同盟，同时参加朝鲜义勇队，一面积极致力于朝鲜民族解放运动，另一而直接参加中国的抗日战争。

如海同志是不顾一切的艰难困苦而埋头苦干的人。他在这种艰苦工作中得了病，他在病中也要工作，也要和义勇队同志们一块上前线去，但终于接受同志们的劝诱，退到后方疗养。他在病床上，也时常关心着在前线奋斗的义勇队同志们的工作情形，特别是关心朝鲜革命运动的统一战线问题。他是坚持朝鲜民族统一战线而坚持朝鲜民族战线联盟的组织路线。

如海同志以二十八岁的青年，遗留了伟大的革命事业，竟尔死去了！他这短短的一生中，中韩两民族解放运动事业上贡献不少。现在我们追悼他，决不是消极的悲哀，而是要积极地继续完成他所遗留的革命事业，特别要模范他的英勇斗争和埋头苦干的革命精神和工作态度。这就是他对我们的嘱咐，也就是我们的任务。

如海同志！你永远离开我们而去了！你的同志们，决不会背负你的革命的志愿，你的无数的中韩两国的同志，都正在抗日战线上与敌人血战！我们前卫同盟的同志们一定承继你的遗业，继续奋斗，奋斗到中韩两民族得到最后解放的那一天！

（原载于《朝鲜义勇队通讯》第 9 期，1939 年）

# 人生自古谁无死　留取丹心照青史

刘金镛

悼同志忆往事，只有愤怒！以热血扫妖氛，再慰知己。人的有死，和人的有生一样的是人生必经的过程。死是必然的归宿，生也是人生的自然现象，死生对人类本来是极普遍而平常的一件事情，但是就在这极平常的过程中，人们往往就伴以喜、怒、哀、乐等的情绪，这看起来似乎是不必要的，但是人是情感的动物，人的感情作用往往是胜过理智的。人们的天性是喜欢圆满团聚，美好……可是“花不常好，月不常圆”，称心快意的事情，在整个的人生过程里边，能有几件呢？尤其是这法西斯强盗，向爱好和平的人们施行狂暴的侵略的时候，有多少幸福美满的家庭被毁灭了！有多少欢聚的时光，被他们掠夺去了！也许自己的父母妻子、朋友亲戚，被残杀了！我们悲哀么？痛哭吗？不，我们只有愤怒没有悲哀，我们只有更奋勇的搏斗，没有痛哭的眼泪。我们要誓死消灭法西斯强盗，来求得人类的幸福与和平。“人生自古谁无死，留取丹心照青史”，只要我们死得有价值，死有什么可怕，有什么悲哀！人生本来就是要追求美满幸福的，不只是个人的幸福，而更重要的是全人类的幸福，牺牲一己求得全人类的幸福，那正是人类爱好美满善良！高度的发展。

为了维护世界的正义与和平，为了争取全人类的幸福，我们反抗日本法西斯强盗的侵略战争，也正是世界反法西斯的一支先锋。我们在这争取民族解放自由和全人类的和平幸福的抗战使命下，我们许多英勇的战士，和亲爱的同胞是被牺牲了！他们的死是有价值的，有意义的，他们已经尽了他们为人类幸福的责任！我们对他们的死，只有景仰只有崇敬。在这个大时代里，我觉得我对于我的同志陈一平和郑如海为尽他的伟大使命而死去，用悲哀的心情去经悼，是自私的、狭小的。但这也是情不自禁的一点情感作用呵！

在五月十二日早晨，我以久疾初愈的身躯，去参加陈郑二同志的追悼会，他们两人还是不满三十岁的青年，竟尔抛下他们未完的革命的事业而安息了！在我们革命的旅途上，又少了两个忠实的同伴，这是我们革命事业上的损失，也是令我们最可悲惜的地方。一踏进会场望到两个同志严肃的遗像，不觉悲从中来，满眶热泪直欲冲出。但是看看两边悲壮的挽联，我又把这不必要的泪水咽回去了。再看两同志的遗像时，两只有力的眼睛，一直向前望着，好像在期待来日的光明。这个期待是需要我们未死的同志来完成的。他们留下了一颗“丹心”让我们来景仰，让我们做指针。

灵位正面挂的是指委会全体同志的“英灵不死”的横幅挽联，两边是韩文区队全体同学的“壮志英才，金刚钟灵，骎骎先躯为群率，稷粟悲累世仇百里征途半九十！封豕长蛇，扶桑忤戾，元元后继戈众的，瘵矢难同声悼万驿故宇尽三号”的挽联，衬托着英勇的遗像，显得特别光彩，这一切映入了我的眼帘，引起了无限往事的回忆，我的认识陈同志是一年前的事了。那时我还在江西庐山海会寺，不久我们调到星子参加韩文区队学习韩文，预备和朝鲜同志一起工作，那时我们的抗战已经进行了几个月，上海附近的战事打倒我们共同的敌人日本帝国主义，集中了一百多个青年同志，到军校特训班受军事训练。陈同志也是其中的一个，基于这种关系我们成了抗战洪流中的战友，在那时他只是给了我一个浮浅的印象，只看他是一个体格健壮精神奋发的青年，不久我们因为训练的关系，又分离了。我随同韩文区队又回到海会寺，他们还是留在了星子，隔了两个月的短时间，因为我们的战事不利南京失守，军校特训班奉命转地教育，我们回到星子和朝鲜同志编成了一个中队，行军由九江、汉口辗转到了湖北江陵，将尽两个月的行军，我们全副的精力完全用在行军上，彼此之间，只有互相爱慕尊敬的一棵热烈的心，在眼儿交流中显露了出来。因为谈话机会的缺乏，我们和朝鲜同志之间还是没有深刻的认识，直到现在江陵正式开始受训以后，经过半年多长时间的共同生活，我对陈同志才有了深刻的印象，热情负责任，一举一动丝毫不苟，他热心学习，在毕业考试中获得了第一，在毕业典礼的大会席上，他领奖品时的严肃态度和英勇姿态，好像又浮现在了我的眼前。当他们在沙市候轮赴汉时，我们韩文区队全体同学特步行十余里，至江于送行，我们共同唱着悲壮的《朝鲜革命歌》：“……前进吧同志们……”在我们互道珍重声中，看着陈同志和其他的朝鲜同志，英勇的踏上了征途。“我们在战场上见！”中韩两民族亲爱的弟兄们喊出了共同的呼声。后来在韩文区队毕业后，我们赶到汉口参加朝鲜义勇队。十二月廿五日，我们武汉的守军转移阵地，义勇队队部同志们辗转来到了桂林，来日方长正期与陈同志，共扫妖氛痛饮扶桑！曾几何时，我们可爱而忠实的同志竟被魔手攫去了！在他虽然是尽了他的责任而到了人生必然的归宿，然而他还未竟他的革命事业，且又是这样年青健壮，实在还不应当归去！他是死不瞑目的啊！同志你放心好了，我们一定踏着你的血迹，誓死把日本法西斯强盗消灭，等到我们两个民族到自由解放的时候，我将持着仇人的头颅，再到你坟前告慰！

至于郑同志，我虽然对他没有深刻的认识，但是仅是他那外表看起来健壮的体格和英俊的面容，已足以使人领略个梗概了。他来到桂林，是为了治疗他那积病的身躯，他的病是多年奔走革命，艰难困苦积劳而起的。也可以说是和日寇博斗而得到的创痕，为了保持杀日寇的有用的身躯，他又到重庆去治疗，但是不幸因了长途的跋涉，他竟因病与世长辞了！他依然留下了未完的革命事业待我们完成。

追悼会开始了，全体同志戴了黑纱，怀着一棵[颗]悲壮的心，静穆的坐着。主席中岳先生说："……我们忠实的同志是去了！但是他的精神不死，我们要继续着他们这种奋斗的精神，誓死用血的斗争来代替我们悲愤的情绪，以消灭日寇……"凄清悲哀的《追悼歌》："抛弃了祖国和父母兄弟，孤独的长眠在树下！"直欲使人泪下！李达同志用悲壮的口调读追悼文："……同志的噩耗传来，禁不住我们悲愤交集的情怀！同志你们静静的睡去罢！我们在你的灵前宣誓，我们在最悲痛的当中，一定继承你的遗业继续奋斗！"是的我们只有热血没有眼泪，用最大的努力完成我们的革命事业，求得人类的幸福与和平，才是慰藉死者的最好方法。李集中同志把两个鲜艳的花圈，分别献在两个同志的面前。那绚烂的鲜花正代表了两同志的永生，在我们抗战胜利后，再到他们的灵前献花圈时，我想他们一定是含笑九泉的。周同志说："……陈同志这个人，忠实、可靠、沉着、细心、勇敢，这是值得我们效法的……"这是我们每一个革命青年应具备的条件，对准了日本法西斯强盗，沉着英勇的向他冲去，这是陈同志给我们留下的光明坦途。

散会了，每一个没有悲哀，只有更坚决的奋斗的一颗心，准备答□日本法西斯强盗的侵略暴行，准备用我们的热血赤心，消灭这人类和平的刽子手——日本强盗。他破坏了人类和平，他劫夺了人类幸福，而且他还继续着在张牙舞爪向我们进攻，我们如果不把他消灭，还不知要有多少同胞被他残杀，还不知要有多少同胞丧失了幸福，人间就要成了黑暗的地狱！我们是爱好和平，美好……的人类，能不消灭这人类公敌的恶兽么？死是人生必然的归宿，用不着悲哀，我们要死得勇价值有意义，若和日本法西斯强盗奋战而死是有得的。陈郑二同志他们已经向这条路走去了！同志们"人生自古谁无死，留取丹心照青史！"勇敢的踏着他们二人的血迹前进吧！

（原载于《朝鲜义勇队通讯》第 12 期，1939 年）

# 献词

[韩国]李达

在去年日本强盗以海陆空军联合的强大兵力，向武汉积极进犯的时候，武汉便成了那时中国抗战的重心，抗战的氛围气极度的高涨。就在这个时候，我们在朝鲜民族战线联盟领导下，留在武汉的许多不愿做奴隶的朝鲜革命者，为了与中国弟兄们携手去打倒共同的敌人，便拟定组织“朝鲜义勇队”，来直接参加中国的抗战，经过三个月的筹备，终于十月十号这一天，把这面正义的旗子，高高的举出来了。

朝鲜义勇队的成立，其直接任务在参加中国抗战。它为什么要参加中国抗战呢？这在本队成立的宣言上，早已明白的指出：“……正因为中国的革命没有完成，所以日本帝国主义对朝鲜民族的压榨便愈加厉害，正因为朝鲜民族没有得到解放所以日本帝国主义的对华侵略愈益凶暴。”同时本队队长在告本队同志书内，更有明快的说明，大意是朝鲜民族彻底的解放，必在日本帝国主义总崩溃之后，而中国抗战便是促使日本帝国主义总崩溃的主力战，所以我们直接参加中国抗战，与在朝鲜国内实行群众斗争是有同等意义的。（见本通讯十五期）

本队成立以来，至今天已整整一个年头了。在这短短一年的奋斗当中，我们曾竭尽绵薄，做了点些微的工作：在×××战区工作的同志们，曾经出生入死的活跃在阵地的最前线，高呼“攻心”的日语口号，散发瓦解敌军的纸弹，而引起了日兵重大的反向。最近为了配合新阶段的新情势，又组织了阵地与敌后宣传队，务期对敌宣传工作能够深入，此外如教授士兵日语喊话，翻译日文文件，收录日语广播以及教育训练战地民众等等，无不全力以赴。在后方的同志们，在人力十分不够的条件下，亦曾参加过许多次献金，公演，义卖，训练俘虏反对国际宣传种种工作。然而我们虽曾获得一点成绩，但去预期的愿望尚远，这是在今天纪念成立的时候，必当反省与策励今后更加努力的一点。

其次，在这一年的中间，国际与抗战的局势有了一个很大的转变：抗战至目前止，已得到了初步胜利，并奠定了整个胜利的基础。虽然侵略者的野心未死，新的阴谋仍在积极的推行，但只是徒见其心劳日拙。在我们续继的刻苦奋斗下，必定会相继被粉碎的。至国际局势，以九月三号爆发的欧战为转机，有了一个整个的变化，反侵略势力逐渐抬头，并且继续的演变下去，一定会成为世界斗争的主导潮流。东方的反日斗争，本来是执行着反侵略的先驱任务。在今日有利的情势下，我们要本着“世界和平不可分割”的原则，准备以更大的努力，致命的打击敌人，来迎接新的胜利的局势的到来。

那么，我们纪念今天应当努力的目标是什么呢？

1.加强本身力量，与中国弟兄共同准备反攻敌人，争取抗战的最后胜利。“最后胜利属于我们”这仅是说明一种可能，而欲使这个可能变为现实，在现阶段说来，就是要加强本身力量，在将来和中国弟兄共同实施坚强的反攻。所以加强本身力量就成为当前的急务。加强本身力量是意味着质与量两方面，在质的方面我们应当加强每个分子的知识与技能，以增高工作效率。在量的方面我们要吸收在后方（少数）战区以及敌人后方所有朝鲜同胞，共同在义勇队的旗帜下面奋斗。

2.达成朝鲜革命基本部队的任务。一个民族争求解放并进而达成建国的任务，是必须靠着自身的坚强力量的。假使（必定的）将来中国抗战胜利后，朝鲜的客观情势固然极端有利，但是原来驻在朝鲜的日军，或由中国败退下去的日军，仍需要朝鲜本身力量去驱逐或消灭的，如果朝鲜本身没有这个力量，便不能够彻底的解放自己。所以我们要在参加中国抗战的过程当中，积极锻炼自己，使之成为一支有坚强实力的队伍，以完成将来万世不朽的伟大使命。

（原载于《朝鲜义勇队通讯》第25—27期，1939年）

# 对于人的爱

## ——高尔基逝世三周年纪念讲演

[日本]鹿地亘
胡风 译

这是三年前的一点记忆。

每记起高尔基底死，我总是同时记起他底死是怎样被日本文学界接受了的。报纸用着大的标题吊唁了这个伟大的世界的文豪底去世。书店出版了文豪底全集译本。杂志竞争地出了《高尔基特辑》。在这些报纸和杂志上面，作家们和评论家们大大地写了一番文豪底生平和事业底意义。

种种的事情被谈到了。那里面，高尔基底不露面的可怜的敌人，在赞颂的声音里面隐藏着徘徬。那里面，真正爱高尔基的日本人努力地想怎样地解明他底事业底全部意义。因为是高尔基已被许多日本人所敬爱，尤其是被许多劳动阶级、农民、进步的知识分子所热爱着了的时代，因为正是害怕文豪底真精神被人民感染了的敌人不能够在人民底面前把这个成为全世界底记忆的日子隐住，因而阴险地企图从他底影响里面把革命精神消毒掉的时代，所以在那些论争里面含有特别重大的意义。

那正是所谓"二二六事件"发生了的一年。日本底侵略的军事法西斯将要达到最高潮。第二年夏，成为这次中日战争底发端的芦沟桥底枪声终于响了。总之，是火药气已经漠然地□浸在人们底身边，世间现得阴暗，人们底面孔也极端暗淡了的时期。不用说，那气流也马上被文学界所感受了。作家们不断地喊着"不安底文学"。对于世间底暗淡威压丧失了社会的地斗争的自信的文学界，弄到不能在外界或社会找出自己底不安底支持，反而隐闭在自己底内面，在内的"灵魂"里面寻求支持了。看一看在当时的日本文学界此唱彼和的用语就可以明白。"不安"之外，"灵魂"底文学啦，"自意识"底文学啦，等等，被不断地叫喊着。

"灵魂"是什么？"自意识"是什么？作为人类底生命力的不灭的爱，是不是“灵魂”呢？对于那爱以及为那爱而斗争的坚定的确信，是不是“自意识”呢？在通过七十年的日本资本主义文化底形成底历史过程上面，日本从欧美底先进文化吸收了很多的东西。高尔基、托尔斯泰，都很早地被介绍进来了。从这些先进文化，人们学得了凝视“人类”，不屈不挠地把“人类”和他底社会生活研究下去的习惯，由这，用新的时代底眼睛换掉了成为日本底发展底障碍的，对于“人”的封建的死的眼睛。

资本主义底发展在日本达到了顶点以后的二十年，在日本，“人”底解放底意识的斗争，发生，成长了。以劳动阶级为前驱的广大的人民，对于加在人类社会上的资本主义的限制，开火了。斗争底文化产生了，高尔基底名字重新在人们里面唤起了欢喜和勇气底伟大的情热。斗争激烈而又深刻。那些人们没入了对于社会、人的情热里面，到了没有余裕回顾自己个人底境遇，甚至生命。和踏进了帝国主义阶段的日本资本主义底武力的侵略性相对应，人民底斗争底文化当然特别带有了反战的性质。同时，向危机突进，开始向最后的法西斯侵略战争盲进了的日本帝国主义，当然用不知耻的非人道的手段企图而且实行了对于人民和人民底文化底抹杀。从一九三〇年到一九三六年的期间，实在是日本人民底先驱者和他底文化对于前进的军事法西斯底一天一天加强的恐怖手段继续了血的决斗的时期。无限地，逮捕和屠杀继续着。为文化而斗争的我们底同志们，不断地遭遇了残酷的死亡。动摇起来了。在人们中间的弱者里面，惹起了不安。开始感到了自身底不安的人们开始回顾了过去的狂热时代，发现了原来是把“自己个人”底境遇，生活，生命，等等忘记了的。栗然地，狂热醒了，这些败北者们开始焦躁了，想从斗争底狂热中间救出“自己”。

手段是容易地被找到了。像从前的日本文化底先驱者们输入了高尔基和托尔斯泰等一样，他们输入了各种各样的现代文化底明星们。为了救济自己底“灵魂”，输入了“灵魂”底探求者朵斯退夫斯基，为了使自己底存在底意识正当化，输入了“自意识”底追求者安得烈·纪德。纪德写过《朵斯退夫斯基论》。在序言里面说，随着距离底加远，高的山更加秀丽地从它底周围的群山现出了高来；就像那一样，在隔着时代的今天，朵斯退夫斯基从托尔斯泰以及其他的作家突出，现出了秀峰。所以，引用着这些秀峰底话，他们安心地没入了“自意识”，没入了“灵魂”。

“灵魂”是什么？“自意识”是什么？这些东西，在从前的人民底斗争底狂热里面没有过么？他们嚣嚣地说了：正是因为有了“灵魂”，人类底文化才有价值，正是因为有了“自意识”，才有现代文化底资格。这些东西，在从前的斗争底文化里面没有过么？否！狂热不正是人民底“灵魂”底狂热，对于战斗的意志不正是不屈的“自意识”么？只不过不是他们所希望的“灵魂”和“自意识”罢了。因为，那些在人民底全体的情热里面被融成了一体，不会承认有什么和作为人类或社会的人底最高的自觉离开了的“灵魂”或“自意识”一类的东西。但他们所要的只是秀峰而已。不。只是隐藏在秀峰底脚下，寻求自己底可怜的救济而已。如实地说，不过是害怕法西斯，对于它底威胁，妥协，屈服，一面又苦心地想找到向自己底“灵魂”辩解的法术而已。不错，他们切实地意识到了“自己”和“灵魂”罢。因为，这些机会主义者们，较之为守卫“灵魂”或“自己”底声音而战的时候，倒是当那些被威胁了的时候的恐怖要强得多。换句话，因为被威胁了，他们才意识到了“自己”和“灵魂”底存在。

我现在并不想用那些阿猪阿狗们底丑名弄脏我底笔。只不过指明一下，形成了他们底主流的家伙是曾经站在人民方面，总算是加在了斗争里面的人物，现在却抓住了意识着“自意识”和“灵魂”底存在的充分的理由。不错，他们充份地意识了，恐怖了。而且，那以来，尤其是极端地害怕了“人民”这一个名词。

在近代文学史上，“自己”或“灵魂”开始成了问题，是因为人们通过近代史底人的苦斗，努力地追求“人”，追求没有虚诈的自己底“人的欲求”，想把那社会的地实现。然而，当时在日本文学界，那些却是在真实底人的斗争底败北或丧失的时候浮上了意识来的。在先进诸国，曾经把资本主义发展期文化底健全性底一面也具现了的东西，当时在日本却仅仅表现了作为它底死灭期底丑相，这也许可以说是历史恶作剧罢。在日本资本主义底发展期，我们底文化先驱者们，为了培植贫瘠的封建的民族底文化土壤，曾经倾注了一生的劳苦和心血。例如森鸥外先生，虽然慨叹地说，一旦栘[移]植到了这土壤上的文化，都只能开出贫弱的花，但却把伟大的劳苦底基础和未完成的任务留给了后来者，从舞台上退了出去。然而，到了死灭期底日本资本主义文化，从人民文化滑开了脚步的丑角们一方面宣扬着一种奇怪的矜持，说，在所谓“布尔乔亚文化”界里面，除了我就没有法西斯时代底文化继承者，一方面却又夸耀地扬言，说日本底文化在向世界的水平飞跃。

日本底现代文化并没有被法西斯承继下来。那是不用说的，法西斯只仅仅把窒息给予了现代文化——不，文化本身而已。只还留着从前的先驱者们所开培的土壤而已。被文化所培养了的广大的人民，现在和在严霜期一样，只是把他底根深深地埋在土里而已。

正是在这样的时代底开始，玛克沁·高尔基底死传来了。朵斯退夫斯基和纪德成了文化底明星。“不安”“自意识”“灵魂”达到了高潮，被威胁的“不安”底最初的阶段，已经过去了，因为，从人民底情热里面抽开了身子的那一瞬间，“不安”就已经没有了的。然而，和可怜的自己相对照的不屈的斗争者底存在，现在却成为不安了。他们憎恶过了，骂过了：“他们连不安都一点感不到”，”不知道灵魂底不安”，“是意识不到不安的自己的文学的麻木症”，等等。现在，高尔基底死传来了，把高尔基抹杀或骂一顿，到底是做不到的，因为他太大了。太大了的家伙是只好捧起来放在一边的。而且，和可怜的自己相并列，他们应该憎恨的是日本底人民斗争者，而不是俄罗斯底高尔基。呈上优胜杯，装进神龛里面，只要隔开并且切断他和日本底斗争者的结缘，就够了。

不仅如此，在人类底巨星由于他底死所现出的更强烈的光辉里面，在日本全土底人民中间所蓬勃涌起的思慕、敬爱，以及澎湃的人的情热，是无论如何也无法遏止的。只要看一看当时的日本出版界怎样地不得不一方面对于这情热加上限界，甚至暗藏着想镇静下去的企图，他方面计划了对于这情热的没有“害”的迎合，那么，日本文化底根在那里，不久它会放出怎样的芽来，是了然的了。

对于日本底将要进入严霜期的土里的生命，高尔基底死撒下了最后的日光。恰像要丰富地饱吸他底慈光以后才最后地潜入地里一样，日本人民底情热对于这个先驱者底投光强力地表示了呼应。一切小的同人杂志，工人，农民，学生底小团体都哀悼纪念了他，无数没有名的诗人歌唱了对于他的敬爱。可以说，是日本人民对于法西斯日本的黯然的示威。

和这个气流相对应，当时的日本文化界是怎样地迎接了高尔基底死，怎样地企图了把他消毒呢，我试把还留在记忆里的几件代表的事情介绍出来罢

当然，在这里成为问题的依然还是“灵魂”和“自意识”。那是他们估价现代文化时候的标准。高尔基有了“灵魂”没有呢？有了的。只不过不能够发现他们所希望的，从全人类底情热逃开了的“灵魂”而已。他有的只是从他底诞生以后开始了的对于人的爱，通过他底一生奉献给在“底层”下面苦恼的无数的灵魂的深的人间爱而已。对于人的切爱和那澎澎的情热，正是玛克沁·高尔基底灵魂。

这是无论怎样也没有法子否定的。举一个例子，现在在我底手边就有着当时出版的高尔基《文学论》译本底广告。连书店底老板都这样写了：现世界有两个文学的巨星，一个是“自意识”底认真的追求者安得烈·纪德，还有一个是全人类底友人玛克沁·高尔基。

如果承认这个事实，那他们将怎样切断这个文豪和日本人民的结缘呢？那简单得很，他们主张了把自身底可怜的“灵魂”和高尔基底伟大的“灵魂”结

缘。由于彼此都是"灵魂"这一个理由，把王者底灵魂和叫花子底灵魂结缘了。说了，看呵，全人类底友人高尔基，是"灵魂底文学者"！说了，他挚爱了"底层"底灵魂，并没有叫喊什么反战文学，什么革命的政治文学，并没有叫喊什么统一战线，什么资本主义最后的阶段，什么打倒法西斯主义；日本底革命作家不是文学者，只是被政治家操纵着的宣传员罢了。

这样地，他们把高尔基消毒了，而且在日本人民底斗争里面企图了镇静。这一类的说法，其实是叛徒底惯技，但连到昨天为止还在对它攻击的人们，一旦叛变了，定规要反复这种无能的滥调。例如去年才出狱了的山田清三郎。这个丑角也说："我底老同志鹿地亘，也是被政治所误了。从前被误于日本底革命政治运动，现在被误于抗日×××。呵呵，鹿地呵，梦里也好，来会一会罢，我要开导开导你，你底文学是附属于政治的。"

在"文学"底丑角衣裳底宽松的背上，像《吃耳光的人》[①]一样，贴着一个大的太阳，把污秽的灵魂包住了的人民叛徒们，是不是被军事法西斯底"政治"底鞭子所操纵，惹来了世界底嘲笑，对于这没有问的必要。只是，文学者的我向人民底敌人举起了的剑，又哪里有非得是"文学"不可的必要呢。大概，奴才们是不懂得叫出了"如果敌人不投降，就消灭他"的高尔基底灵魂的。

高尔基切爱了人。因此，他把他底一生投到了和人类底敌人的斗争里面。必然地，日本底广大的人民热爱了人类底友人高尔基。

其次，当然地，当时的日本文学界想用和别的文豪相比较的方法把高尔基底光辉弄淡。不用说，纪德第二个被举了出来。第三个，托尔斯泰被举了出来。他们这样说了："高尔基是伟大的。只是，从他底文体底完成和描写力说，不及托尔斯泰底现实主义那么高。在被透彻的睿智所凝视的自意识底深度上，也赶不上纪德。然而，他乘着俄国革命底潮头，爱俄国，把他底影响达到了全人民。他爱了，他被爱了，他成了全人民底朋友，在这样的历史的意义上，他比谁都伟大。"

这个说法比前者更阴险。那好比是这样说的："他并不是怎样了不起的演员，只不过幸运地在一个很卖座的戏里面做了主角。由于幸运，他一跃地被捧成了名优。在实际的力量上，一点也不伟大，但在他底角色上，却是伟大的。"能够有这样的伟大么？假使能够有，大概是功名底篡夺者，像现在的希特勒和军事法西斯底英雄们。不用说，对于这样的"镇静"的反攻也是有了的。我底

---

① 《吃耳光的人》是安列得夫底剧本名字，那里面就有一个人物叫做"吃耳光的人"，穿着宽松的衣裳，上面贴着一个大的太阳。

畏友中野重治正确地发表了这样意见：

“完成了的文体是什么？不错，托尔斯泰用着无比的精密的客观的描写力写出了俄罗斯底社会史。说高尔基底文体在客观的精密上有破绽，果真这样么？他那里有言语底奔腾，泛滥。与其说是客观的描写，他是把身子投到客观的世界里面去创作了的。用置身在那里面的情热把俄罗斯革命这个奔腾的时代和人底姿态描写了出来。那不但不是破绽，反而是想把□动的现实世界波动在文体里面的情热的灵魂所开创的新的文体。

“要比较纪德底著作和高尔基底文学，是不容易的。只能说说自己底感觉。纪德使人感到锐利的睿智，然而，对于自己底睿智底对象，那是冷到了冷酷的程度，那个冷，使人感到有不能亲近的东西。那很难说清是什么，只是，和高尔基底使人感到父亲似的亲爱一比较，我觉得大概是可以了解的。”

我记得中野是用了这样的话写的。关于第一个比较，我再没有什么补充。高尔基不是冷的观察者，他底眼睛没有探索过睿智底对象。他是用了对于苦恼的人和社会的切爱的眼睛看的。在这个意义上，谁能说他底文体里面没有客观性呢。他所置身的世界是苦恼的斗争的革命底奔腾。在他，没有什么冷冷地旁观的余裕。他切爱，他突入它底奔流，他斗争，他用身子触着了它底真髓。因此，能够描写出来了在旁观者不能够达到的客观底深处底生命。这样就产生了只有能够使切实的主观在客观里面透彻的人才能够达到的，现代文学底新的方法和文体。

他爱了，斗争了，因此，没有过什么和“客观”分离了的“主观”，和人类分离了的自己，和社会分离了的灵魂。也因此，既没有过在社会里面探求和自己底睿智底世界相合的真理的，那种头朝下脚朝上的自己意识，也没有过自己欺骗。

谈到纪德，暴露了他底弱点的第二次苏联游记当时还没有发表。由于他底第一次苏联游记，他被认为是从对自己不虚伪的诚实出发而向着进步的作家，得到了高的评价。可以说是纪德底名声世界的地达到了绝顶的时期。然而，当时并不是完全没有□到他底弱点的人。在中野底话里就有了暗示。大概，了解的人是了解了的。

不用说，一个灵魂、一个人底成长下去的道路，由于他底境遇、条件、教义等等，会各各不同。那不同是不能否定的。对自己无论如何是诚实的一个灵魂，用不妥协的精神追求能够被自己肯定的理想，而这在现实里面追求能够把这样的自己自由伸张的世界，这就是从纪德那样的所谓“自意识”的出发，也不能说不是一条道路。而且也不能说，这样的灵魂，这样的优秀的睿智，不能把普洛美修斯底火给与人类。实际上，当时纪德是进步着的。人们注意了。然而，终于在他底弱点上跌交了。

弱点是什么？和“高尔基底使人感到父亲似的亲爱”的理由一对比，就容易懂的。高尔基是在人类中间，纪德是从旁边观察、探求的。高尔基总是和人类在一起，纪德接触人类的时候，总是把“自意识”当作了尺度。高尔基因此抖去了对象和我的界限，用全身爱了。纪德因此对于对象没有失去旁观者底冷静，极其严酷地用自己底尺度拟向人间。高尔基和人类一道苦恼了，斗争了，成长下去，但纪德却批判人类，解剖人类，立场总不从“自己”这里移动。这样的立场也会动摇的，就是当他在对象世界里发现了惊异的时候。纪德看到了苏联底伟大的建设，于是惊异了。他说：“在这里才有人类底自己伸张底可能。和他自身底灵魂世界是合致的。”如果那时候他能够不踌躇地把“自己”投进了这个惊异底世界，那是现实的人间世界底火焰把他底“自己”烧着了的罢，是在他底“自己”底世界里面射进了人底生命底光，使他底“自己”和人类一道“伸张”了的罢。的确，看来纪德底到“自己”像是“伸张”了。然而，终于在那个老癖气上面跌了交。如果不能完全抛弃旁观者底看法，人就会把眼睛从“在建设中的，在成长中的”现实移到“还没有建设的，还没有成长的”现实上面。不是“建设它，使它成长”，而是批判“还没有建设的，还没有成长的”东西。那不外是，在他底身内所有的并不是人类底情热、人类底火，然而却大胆地自己骗自己说是在自己底手掌上面的“普洛美修斯底火”而已。从惊异醒了转来的一瞬间起，旁观者底眼睛又活动起来了。在发展的现实底真生命，怎样能够被旁观者触着呢！由于种卑劣的煽动者底引诱，谁能保证他不歪曲地眺望现实呢！这样地，他不久就回到了“自意识”，写了第二次的苏联游记。人类底敌人们，败北者们，跳起来鼓掌了。纪德终于不外是被“自意识”底“锁练所缚住了的洛普斯美修”。普洛美修斯曾经象征了人类底火，人类底睿智，但在纪德，不外是人类底旁观者（“自意识”）底睿智而已。自意识所描画的世界，也许是完美的理想，因为那是没有生命的观念底世界，而不是在斗争、成长、建设中的现实世界的原故。从观念底世界批判现实的人，反而被现实批判了。这样地，不久，像他所说的一样，“随着距离底加远”，纪德使他底“秀峰”底轮廓从世界和人类底面前渐渐小了下去。

然而，日本底“自意识”们是怎样了的呢？原来，他们底自意识和纪德底那个也完全不同。在他们，从最初起就没有什么对于“自己”的识相，有的只是对于“自己”的辩解而已。纪德总算是从对于“自己”的诚实出发，要在现实世界里面追求理想。但他们却是从对于在现实世界里追求理想这件事的恐怖倒转来逃回了可怜的“自意识”里面。纪德和他们的关系恰恰相反。他们是头朝下脚朝上了的。然而，头朝下脚朝上，算得什么呢。为了方便，连高尔基底灵魂都被消毒了。总之，只要纪德底是“自意识”，那么，使它和他们底“自意识”结缘，有什么要不得呢。辩解里面没有道理的。如果必要，对高尔基，对纪德，都献上优胜杯罢。即令污秽的优胜杯甚至不能够送到高尔基底脚边，那又有什么呢！要紧的是从不安把身子抽开，为了那“自意识”呀，“灵魂”呀，都得借用借用的。

不久，时候来了。

一九三七年七月七日。一切的东西都要明白地现出原形的时候来了。一年前，尽量地吸收了最后的太阳底慈光，准备着不久要来的春天，“人民”底情热□入了地壳。在他们潜入了的地壳上面，战争底暴风雨疯狂地吹打了。人民苦恼，沉默，忍耐了。像忍耐严冬的地底底生命一样地斗争了。“自意识”和“灵魂”们怎样了呢？他们在很久以前就没有了不安，现在在侵略战争里面得救了。那就是，爽爽快快地把“灵魂”和“自意识”一类的辩解抛掉了。在军事法西斯底世上，由于可怕的禁止执笔、逮捕、屠杀等等手段，他们非向那辩解不可的对象已经从社会底表面不见了。而且，对于沉默的人民，对于“自己”，论理是应该害羞的，但只要把“自己”和“人民”当作是没有的东西，那也就可以了事。这样地，他们落到了最后的地点。他们成了从军记者，加入了宣抚班或特务机关，歌颂了东亚协同体。然而，在空前的苦恼里面，日本九千万的人民，为了真的人间爱，也为了人底“灵魂”底解放，已踏进如果人类底敌人“不投降，就消灭他”的战斗了。

“随着距离底加远”就更高地现出了他底秀峰的高尔基底光辉，今天是这样地活在人民底情热里面。

一九三九年六月十八日

（原载于《七月》第 4 卷第 2 期，1939 年）

# 在“八一三”开始战斗工作

## ——追述“八一三”前夜敌人的疯狂行动

[日本]鹿地亘

请你想象一下盛夏的太阳晒着的没有人的都市吧。这可不是废墟，而是完整的街，高层建筑、柏油路、电车路——只是电车没有了，没有动，也没有音。这是活生生地变了化石的街……那种不安和不愉快，因为街道的阳光和寂寞，而更显得切身了。

十三日傍晚，北四川路一带，除出几个剩下的外国人之外，连灯火也看不见了。不仅如此，险恶的紧张程度，这一天早上起突如的增浓了。陆战队的调动愈加频繁，一个将校仰靠在书店的椅子上，说：

“就在江湾的前面……中国军已经在堆沙包了。两方面对面了，这样的情形之下，不能不作万一的准备啊。”

险恶的慌张，导火线点火时候的那种紧张。路上走的人眼睛都充了血。陆战队不断地调出去，每一分每一秒险恶的情状浓化了。到了晚上，死的沉默支配了一切。军事上的配置大概已经完了吧。我们在吃晚饭。正像死谷里面的唯一的灯火，只有我们住的这一家，还明亮地点着灯光。这倒好像《十日物语》里面的主人公一般的有一些神秘的兴趣了。但是，实在说，从这时候起，我也开始有点耽起忧来。“有什么万一，也许真的会被干掉吧！”最初我不相信他们会傻到将战局扩大到华中，但是这种想法，很快地就成“碰机会，人也会许意外地盲动起来”这种不安了。

可是，因为有我这一个日本人住着而放了心的白俄，却非常愉快地站在我们发出蒸汽的食棹前面，组着那对巨大的腕，说：“MnKaic！”我们，我们这两家来组织一个 eonssession(租界)吧。请他们走完吧！像什么样子，让他们连扫帚，洋铅桶也搬着走吧！

真是太适意了，可是正在这一瞬间，突如那个粽色衬衫和短裤子的家伙们从暗中出现了。一霎那,人们的眼光都集中在门口了。

“你们,不搬吗?”

这汉子的声音最初就是带着一点愤怒的,我反问他说:“非搬不可吗?”于是,“那可随你的便,不过已经有了命令了。”装着差不多要骂,“不知好歹的”的神气,用他那双眼睛睨视着我这个不谨慎的《十日物语》里的主人公。他是领事馆命令的方面委员。我立刻感觉到,只要稍稍挑拨,这家伙的神经,立刻就可以招致一种危险状态了。

白俄一家人的面色立刻就变青了,真有点觉得抱歉,“他们也给他们避难吗?”

“那可不知道了,命令上只说日本人全部撤退啊。”

“唔,多谢你。”我望着很快地走出街去的他的背影,唾弃一般地说,对于这种爱国的,或者可以说是民族的命令,我感到了异常的不快。

我想起了几天之前在报上看到过的一篇关于一个天津女教员的通信。这个女教员在中国人办的学校里照管着中国的儿童,但是战争的危险一天天地逼近了。正当她竭力设法想把那些儿童救出的时候,一团日本兵来救她了。“好极了,费心你们快点把孩子们救出去!”可是指挥的将校却说:“不,中国人的小孩随他去,快,快,我们只来救我们同胞,日本人的。”

这位女教师很快地从“儿童保育者”变成了“爱国妇人”,而感动于“我们皇军”的恩典了。

这样,我出门去打听这命令的是否真实,结果,命令还是真的。

内山书店里有一位“消息灵通者”坐着不走。“今晚上大概会由我们这方面发动吧。大概是用飞机去轰炸。北四川路的那一边是有流弹的危险的。到这儿,大概总还不至于有子弹飞过来吧。”也有人预言着,今晚上十二点到两点之间最危险。

为着免得被轰炸,决定避一下。就在这晚上先将病人送到法租界,我在第二天一早,八月十三日,两军开始用步枪射击的时候,悄悄地离开了这发了狂的街道。

午后六时——一齐地开始了轰然的军舰巨炮的轰射。这是一种炸裂地轴一般的巨响,我、幸子、两个朋友,吞着声,不约而同地紧紧地用手按住了胸膛。以一种什么话也说不出的表情,听了这种声音。大概会停止吧——可是—不断地激烈起来,连续地摇撼了整个上海街市的天空。

“啊啊,终于——”

每一响,我都好像眼前可以看见那些被炸碎了的人类的肝脏,同时,在我脑里惨伤掠过了一阵阵因为“不是日本人”而被剩下了的那些人们的恐怖和叫喊。同胞们！你们感谢“皇军”吧，在你们感谢着的时候，“皇军”是永远会使你们陷于炮火，永远会用炮火来勇敢地使你们感谢的。这是如何可悲的事啊！可是，一种愤怒猛然地冲塞上来。这样，我们开始了战斗的日程！

［原载于《抗战周刊》（广东梅县）第2期，1939年］

# 一个俘虏的心声

[日本]佐野秀辉
黄鲁 记

我的名字叫佐野秀辉，今年二十七岁了，原籍是日本四国人，后来移居大坂。曾受过中等教育，十八岁时学习过开汽车、驾飞机。我的家庭是个中农，父母俱在。父母所生三男四女，哥哥在家中帮父务农，我和弟弟被征入伍。

我是今年六月间入伍的，七月间抵塘沽，在十一师团二十二旅团四十三联队之渡边部队，当辎重兵二等兵。长官名渡边波，兵力约三百人，有机枪二挺，步枪约百五十支，现住在山西太谷。

自从踏上了这广大的中国国土，战争便好像魔鬼似的把我压制得喘不过气来。我渴望和平，我久想摆脱这魔鬼的毒手，逃到没有战争的地方去！我童时在学校里曾读过《鲁滨逊漂流记》，他是多么自由快乐的人呀！这种思想在我的脑际里浮漾着，我也想漂流到一个人烟稀少、物产丰富的美丽的国土去！在那里人与人间无争夺，无战争，可以消闲的度着岁月。

在九月六号晚间在我的生命历史上，那是多么有意义的晚间呀！在太谷城外放哨的时候，我终于下了追求光明的决心，逃出了战争的魔手！我一路上不分东西南北的向着乱山重岭走去，饥时吞食小枣和不知名的野果，渴了饮泉水以解渴。夜间栖身在古刹或石窟中。但过了几大走到了×村，终于被当地的群众捕获了。

在军中我是二等兵，每月只有八元半的薪饷，官长对士兵监视极严，给朋友写信也不准谈军中情形。官长对士兵，动辄不分头脸，脚踢手打，拳棍交加，而士兵是毫不敢反抗的。我本人即被打过四五次之多。

厌战的情绪，在营中到处弥漫着，士兵们都焦急地希望回国，和自己的父母妻子过安宁的日子，但想不出脱离战争的办法，每天唯有祈福：战争早日结束。官长对士兵讲话时，总是欺骗说："中国军队经二年战争，已被皇军消灭了十分之八了，中国空军本只有二千架飞机，作战以来，已经全部被我击落了，战争不久即可结束……”但是士兵们谁也不相信那些鬼话，士兵的心如沉入了苦闷的大海里，觉得和平是渺渺茫茫！

说到日本国内，在工业方面，除军需工厂外，其余的大多陷于凋零倒闭。失业工人不用说是饥寒交迫，即在业工人，也是受着牛马的待遇。减少工资，延长工作时间，每天工作达十四小时以上，工资不能按时照发。在农村里，因受“户有三丁抽二”的影响，田园好多荒芜了。政府为筹措军费，更拼命对农民榨取，苛杂重重。农民受地主和政府的双重剥削，负债累累，于是农民与地主的纠纷，到处发生。政府对人民的日用品，更是百般限制，并且多以代用品代替。

国内大多数人民，都希望战争快点停止，对战争表现悲观失望，没有办法的时候，只是跑到酒馆里去，借酒来刺激麻醉自己。过去对出征的人，他的家属那里，都以为是光荣的，欢送到“十里长亭”。但现在是大大的不同了，被征调出征的壮丁偷偷的装入船舱，连开走的日期都是秘密的。惨凉的景况，真是难以形容。

我在国内时，听说中国人多么野蛮可恨，谁知来到中国以后，才明白过来，以前完全是受骗了，每个中国人都是这样和蔼可亲呀！现在我更觉悟了，寻求鲁滨逊式的乐土是幻想，要停止战争，要求真正和平，唯有中日两国人民携起手来，反对日本军阀强盗，打倒日本法西斯政府。

最后我告诉你们，我不愿回国去，愿在这里尽一切力量，帮助中国抗战，以求中日两民族的共同解放，谋世界的真正和平！

我现在真感到无限的光荣，我能作为一个八路军的革命战士！

（原载于《八路军军政杂志》第12期，1939年）

# 从历史与文学看朝鲜

胡明树

中华民族和二韩民族同样地是世界上最优秀的民族。我爱中国人，也爱朝鲜人。

朝鲜有她自己的文化……有她自己的言语，有她自己底文字，还有她自己底文学。

单就文学说吧……我虽然知道得太少，但我曾知道一个曾获日本改造社的文学赏金的张赫宙，我曾知道日本童话家植木楠郎的童谣曾被介绍到朝鲜文学里，我曾知道朝鲜的现代小说曾被胡风译成了中文……三个民族的文化在交流着。

我虽知道得不多，但我敢说，朝鲜文学是上了国际水准了的。

我曾在朝鲜文学里看出了朝鲜的民族性，听出了朝鲜的民族呼声。

我是注意过朝鲜的历史的……我虽然知道得不多，但我还记得一九一九年他们曾揭起过全国的革命暴动，结果事败，被杀害被囚的竟达七万多人。

我还记得一九二三(即大正十二)年东京大地震后，日本鬼子就乘机杀害过不少朝鲜人和中国人。因为中、韩两民族在他的眼里，应该是低劣的不平等的，所以日本鬼子就特别的轻视我们，无论什么场合都想把我们置于奴化的死地。

我还记得一九三〇年全韩学生会干过轰轰烈烈的抗日运动，结果呢，又被捕了四万余(也许还要多)，被杀数千人。在这些故事里，我们知道朝鲜青年，在不断地努力、战斗着。

我曾在朝鲜历史里看出了朝鲜人的革命性和斗争精神。

在许多场合，我觉得朝鲜人是更倔强、更沉着的。

朝鲜是要独立的。她的独立和中国的抗战有着极密切的关系，这是无须多说了。所以，在朝鲜和东三省的交界已有“朝鲜义勇军”的组织，向敌人战斗着；在中国内地也有“朝鲜义勇队”的组织，帮助中国抗战着。

朝鲜的独立已经展开了新的力量，它的成功就在不远的将来——今日与明日之间。

（原载于《救亡日报》1939 年 2 月 5 日）

# 日本战时社会万花筒

白英

据说不食狗肉，是日本人的习惯，注重卫生，也是日本人的常识。然而自日本发动侵略战争以来，经过二十多个月的时间，于是他们不得不向各级民众剥皮削肉，以济军用。

因此，材源枯竭，食品缺乏，经济陷于极度混乱的状态，所以今日的日本，不但政治机构社会时序，都是非常的动摇，并且人民的理性、情感、风俗也在变化。

在这种经济压迫之下，一般人因生活程度太高，经济压迫太甚，不能顾到其从前的习惯，也忘记了卫生的重要，而向消极办法以暂时解决他们生活的困难。

据说东京有一批餐室助人、屠夫及捉狗人等五十余人，会经联合设法将狗肉及染病的猪牛羊肉混入其他肉类以卖给餐室用做肉团、牛排、猪排以及咖喱饭等。他们组构很有系统：有的去捕狗，有的去买病畜，有的去卖肉。这次虽然发现他们所售卖的狗肉及病畜肉仅五万磅，而听说已有三千头狗曾迷路而混走了，入于东京人的肠胃里。

［原载于《现实》（上海）第 6 期，1939 年］

# 英国诗人向中国人民致敬

王礼锡

一

英国人的性格比较是含蓄的，可是英国的诗人有极崇高热烈的同情心，摆伦之参加希腊独立战争就是一例。就现代来说，英国的诗人也有为参加西班牙的义战而死的。中国虽然在地理和他们相隔太远，可是诗人奥登、伊殊坞也冒着万险来过中国，还有愿意献身给中国抗战的义士。而且他们已经把同情的烈火从笔端传达到纸上，通过韵律，在他们国内人民的心弦上颤动，颤动到最高度时，可以动员全世界的人们来制止侵略者。

文字不是他们唯一的表示，可是从文学，我们可以读到他们的同情。当我离开英国的时候，英国有好几位诗人以文字托我向英勇奋斗中的中国人民致敬。在诗人的笔端，每一个字都是热情的流露。

二

就从中国人所熟悉的两个名字奥登（W. H. Auden）、伊殊坞（Christopher Isherwood）开始吧。他们到过我们抗战的前线，他们在汉口等处许多欢迎会上讲过演，我们有许多同胞瞻仰过他们的丰采的。

两位都是青年诗人，奥登今年不过是三十二岁，在一九三七年得过最荣誉的英王奖章（The King's medal）。他的作品极多。一九三〇年出版《诗集》（*Poems*）；一九三二[年]出过两本诗，一本是《演说家》（*Orators*），一本是《诗集》。一九三三[年]出了一本与伊殊坞的合集《死的跳舞》（*The Dance of Death*），以后出版了好几部与伊殊坞的合集。一九三七年写了一本《西班牙》（*Spain*），版税给西班牙的战士。现在正为中国写一首长诗，也许已经完成了吧。

但和他的合作者伊殊坞写了一封如下的短信给中国。

在最近的欧洲危机中，也许你们以为西方把中国丢在脑后了。这不是实情。我们虽在这样的悲惨艰苦的日子中过活，我们愿意对你们——中国民族——说，你们的英勇斗争是全世界各国人民为自由与正义而斗争的主要部分，英国人民了解这意义的并不在少数。我们认识你们的战争，不仅是为中国，而且是为了我们，同时我们知道中日冲突问题，对于欧美人民有极深的影响。我们自矢尽我们一切力量——虽然力量也许很单薄，我们很惭愧地自承——以帮助中国，并尽力劝导那些比我们影响更大、更有力的人们同样地来帮助你们。

今年（一九三八）上半年，我们在中国游历过四个月，对于你们抵抗军备优良而残暴的敌人的勇敢与耐性，我们简直不能以言语来表示我们的赞叹。在这样一个战争中，胜利必是忍耐持久的能力最大者的。

我们祈求：无论表面上环境是如何恶劣，我们对于你们的“奋斗是正确”这一个信念，永不要灰心，继续战斗到最后胜利获得为止。这是敝国一切有理性的男女的希望。

奥登、伊殊坞

这信是写于我国广州汉口失陷的时候。我们现在可告慰于这两位诗人：那时在表面上环境是恶劣已极，而我们并没有灰心。这证明我们今后非达到最后胜利不止。

三

和奥登、伊殊坞常常是合作的作家一样，阿克兰（Valentine Ackland）与华约尔（SyevlaTownsand Warner）是合作的女作家。她们住在（D□raet）很僻静的一间小屋子里。有一条小溪在屋的左侧流过，静夜琤琮的声音，的确可以挑起他们的诗思。可是她们并不把自己锁在象牙塔里，过着富有诗意的生活。她们非常热心于政治，为了支持正义到处奔忙。她们之为诗人也同奥登、伊殊坞一样，不是与此隔离的。阿克兰的诗常见于美国的《新共和国》（*New Republic*）、《新群众》（*New Masses*）、英国的《现代生活与文学》（*Life And Lettars Today*）、《伦敦末考甡》（*London Mercury*）、《时与潮》（*Time And Tide*）、《左翼评论》（*Left Review*）等。诗集有与华纳尔合著的《鸽子与海鸥》（*Dove And Seagull*）。

下面的一篇短文，是她从国际作家会所得的一个对中国人的印象。

一九三七年我在马德里参加国际作家会议。差不多各国都有代表。自然，德、意、日那些国家的作家，除逃避暴政而来民主的西班牙的人以外是没有代表的。

在马德里的一个轰炸的深夜，我们群集在旅馆裹的地下室。在炮火声中，还可以听到讨论政治与学术的嘈杂的声音。一个沉静的声音，在我的身边发出，使我探视我的周围。因此，我看见一位从中国来的代表——萧先生。个子小，态度镇静——对着嘈杂的声音与炮火微笑。

“你怕吗？”他问我。

“有一点。”我说。

“那自然。除非是蠢子才不害怕人类的残暴。”他说。

我们于是坐下来谈话，谈得比轰炸的时间久，好些人都来参加。后来萧先生去参加别的一群，我们就开始以他为谈论的资料。

从各种说法、各种观点来看，我们对他的印象都差不多。归结起来是：当他说话时，我们都意识到一个很高的文明，一种有信心、静穆、不可动摇的贞固的智慧透露出我们所末曾前见的东西，而且在程度上是我们所希望传播于全世界的文明与文化。

我们也同意，在中国艺术作品、中国诗与文学中，可以发现同样的特质。现在，在战争中中国人的英勇与坚毅，在战略上的优势，在他们的英雄主义与道德主义，我们可以看出这种无匹的文明的前途。

这是全世界一切智识分子在反侵略斗争中站在中国一方面的原因，并不只是因为我们感到同情与恐怖，而且是因为我们知道在中国有一个强有力的、经验丰富的文明，一切文化的领导。对于这种经验与领导，他们在不久的将来，帮助我们斗争。

## 四

这三位诗人不是很空泛地同情中国，从玄想赞美中国的英勇抗战与中国深长的文化，奥登与伊殊坞亲眼看见中国人民的英勇斗争，阿克兰女士是通过她所看见的中国人而认识中国的文明与文化是不会消灭于天壤间的。

他们赞美中国，歌唱中国，并用各种直接间接的方式参加中国的抗战。他们的赞美，使我们兴奋，因为我们知道抗战外援中，有一队最热情的笔的生力军；同时使我们惭愧，因为我们自己执笔作诗者还没有尽我们应尽的力量。同时我们也可以告慰于海外的诗人朋友：我们中国的诗歌作者，正集中力量加紧地为中国民族的自由求解放，为世界的正义与和平而工作。我们希望抗战诗歌能担负这个伟大的时代使命。

（原载于《抗战文艺》第4卷第5—6期，1939年）

# 乡音（节选）

林钰

一

“咱们那场儿的学校，去年春天又从新改变了一次。”

璞之是刚从张鼓峰下跑到上海来的，她每次回答我的问话，总有点日本女人的习气，深深的低欠着身子。

“县立的学校，全改为国民优级小学校；上午教三个钟点的学科；下午完全是实科。”

“现在还有些什么功课？”我问。

“日文——有时候一天就上两点钟——还有算术和一本新编出来的国民教本（包括着地埋，历史，经学，自然四种）……”

“我们那场儿离高丽地方近，先生有一半是高丽人，读书一点也听不懂。”她抱怨的撅撅嘴。

“什么叫实科？”

“中学又改成四年啦，功课跟小学差不多，也读半天书，下午每天修理飞机场，种地，学军事体操……女学生就缝纫制服，衬衫，练习包［抱］小孩子……”她接着说：“中小学都念不到多少书。一天到晚，不是送入伍的军人，就是接凯旋的部队！”

她脸上露出来很少有过的抑郁的神色。

我心里难过，因为那里是我的故乡，有我的父母，还有些正在受着奴隶教育的弟弟和妹妹。

停了一会儿之后。

“璞之，大学还有没有？”

“全‘满’还有三个大学，一个高工，一个高师，再就是南满医科大学。”

“高工学生完全是绿哔叽制服，作工另外还有作工的衣服，没有女生；高师不好，和中学差不多，种半天田，念半天书，去年招一回女生。我们一个老师去念半年，就不去啦！她说：‘在那儿念书，和练习当老妈一样。’南满医科大学最好，男女生都有，青哔叽制服，四角的制帽，和日本学生一样……”

她讲的很有兴致，我知道几个礼拜以前，青哔叽制服和四个角的制帽，也许正是她羡慕的生活。

离开故乡刚刚过了两个年头，侵略者奴化东北同胞的残酷，就更深恶了几倍。

## 二

“今年春天，肆[珲]春附近太平不太平？”

饭后我燃着一支香烟，仿佛十六七年前，听小学时代的老师，讲《聊斋》中的故事一样，热烈的关心的望着璞之。

“可也没有啥不太平，朝鲜共产党和游击队，现在都挪到北山里去啦，一听说日军出城，他们就拆火车道，一回一回的；人家日本援军一到，他们就跑。”

“不过在屯子里对老百姓，还都挺好；去年夏天，有一家大粮户买绿豆糕，给游击队送礼，后来给日本兵知道啦，抓了三四个，在珲春北街，用铡刀铡死啦！”

“理[珲]春街上也常有共产党的传军。”

“你知道珲春附近的游击队，连朝鲜共产党一共有多少人？”我狠狠的吸了几口烟说：

“有多少人可不知道……哪一个山上都有，人家在山根上修的炮台，山里头都凿的地洞。平常种地的打围的干什么的都有，一到打仗的时候就变成兵，从地洞里钻出，专打日本兵的后路。”

“我来那几天，我们城里正给被共产党打死的一个李营长开追悼会。”

“其实这回可真不怪人家共产党，人家共产党往他们队伍散传单；他们无论如何不肯回头，后来实在没办法啦，才把他围起来，这一下子打死他们二百多人！”

“是呵，现在华北一带中国兵打日本兵也用这个法子！”我丢开手里的烟蒂头说：

“是吗？”

璞之又觉得不舒服了，她不相信华北还在打日本，她更不相信中国能够像朝鲜共产党一样的打日本。

…………

（原载于《译报周刊》第2卷第6期，1939年）

# 重返长沙

尹为和

去年十一月十三日长沙大火后，在“瓦砾上建设新长沙”的号召下，千百个热血青年，在那废墟的城市内展开了热烈的救亡工作，一时长沙的气象，异样的活跃、生动、蓬勃，三两月内便迅速的恢复了大火前的繁荣。而在这些救亡工作队伍中，朝鲜义勇队便是其中坚强的一个。

那时这一群健斗的异国战友，散布在长沙市郊一带艰苦的工作着；他们的标语贴满了城镇乡村的墙壁，他们的讲演响彻在民众们的心底，他们曾冒着寒雪跑到二十里外去贴墙报——“耳朵”，他们还参加救济赈灾等等工作，他们终日不休的奔忙着，从未感到过疲倦。有一位李同志曾对我说：“我们努力建设长沙，亦就是在争取朝鲜解放。”这是如何正确伟大的见解！怪不得长沙一带的老百姓对他们那样好，每每诚挚热烈的招待他们，这全不是偶然的事呀！

其后，他们离开了长沙，转战于湘北前线，在平江，在通城，在幕阜山内，在新墙河畔，到处都建立了赫赫的奇功。九月初他们回到浏阳，又热烈的参加义卖与演剧等工作，但能获得优美成果。因此该地的三民主义青年团还特别发起盛大的欢迎会，来招待他们。

这次湘北大战，我们打了个大大的胜仗。然而战后的长沙，无疑的有许多事情急待救亡工作者去处理，当然酷爱工作的朝鲜义勇队同志们，绝不肯让这样好的机会白白错过，于是他们便暂时放下对敌宣传工作，喊出了“重返长沙”的口号。

这次去的是他们全体中的一部分——十二人，由一位叶分队长领队，十月三日出发，五日到达长沙近郊的黄花市，在这里他们暂留下足步，一面做些壁上标语与街头讲演的民众宣传工作，一面派人到长沙城内去探听消息，八日接获派去的李同志的报告，知道长沙急需他们去工作，他们遂于九日向长沙市进发，然而因为我们为了打击敌人的进攻，彻底地实施了“空室清野”的战术，所以那时在城内除了××师的戒严部队外，一切党政军新闻各机关早已迁出，老百姓更是找不到一个。因此他们不得已又被阻止，驻扎在城外三里处的一个乡村内，这个时候他们便与××师政治部取得密切的联络，作为开展工作的准备。

捷报雪片般的飞来，敌人已退缩在岳阳城内不敢再露他们的鼠头。随着长沙便于十一日解除了戒严令。朝鲜义勇队的战友们，这时真如鱼儿入水一般的快活，便最先奔入他们已告别了半年的长沙。然而再会的长沙已是另外的一种面目，与前次大火后更是不同，它大概的情形可以从义勇队那位李同志对我说的一段话中想到："当我们在长沙郊外已感到静寂的骇人，长沙市空已断绝了缕缕的炊烟，而除了半天一次更能加重沉寂的喇叭声外，平时熙熙攘攘的嘈杂声亦再不能听到。当我们走进东门时，心中更挂上一个不能解答的问号，街道依稀整齐的排列着，新建的房舍亦并不像前次大火后的狼藉，但是却不能看到一个人影。在另一方面又使我们兴起无限的赞叹：中国的确在战争的磨炼中，各方面都在突飞猛进着，即如此次长沙撤退竟能做得如此彻底，就是敌人再增来百万大兵，那又怕他不吃败仗呢！"

戒严令撤除后，民众们络续的到城内来探听消息。朝鲜义勇队同志们便抓住了这个机会，匹马单枪的开始了对民众宣传工作，他们将预先准备好的四十多种约二千张红黄白绿各色的标语，遍贴在城内大街与码头车站，招引着许许多多市民，如"回家来""开铺子来！"等类语句，无一不是针对民众心理而发的，正如他们所希望，这工作获得很大的效果，民众们不旋踵的回到了长沙来！

随着市民的增多，他们又开始了墙报工作，这工作是分为两组进行的，一组在东门车站一组在南门码头。当市民们重见到这久别的故友——"耳朵"墙报时，大家都争先恐后的来看它，并且熙攘着"朝鲜弟兄们又来了"。一时这唯一供给精神食粮的墙报前，便汇成了人海。这墙报的内容大部是报道战争的消息，但这消息在那时是很难得到的，起初他们是派人去慰问伤兵，而从各部队伤兵口中得来的零碎消息汇集而成的。后来在工作中认识了一位邮政代办所的吴所长，大部消息都由那里供给，墙报内容乃得以更加充实起来。当"湘北大捷"的大字标题正式在"耳朵"上与民众见面时，民众们简直欢欣的发狂，人人露出不可抑止的笑脸，而整个长沙市亦在奔腾跳跃了。

此外他们还分了三个街头讲演组到处流动宣传，虽然他们喉咙发了沙哑，仍然鼓出最后的力量向民众们传播福音。这样的工作者，他们一直奔忙了四天，十五日九政第一政工大队回到了长沙，他们才把工作交给了第一政工大队的同志们。

朝鲜义勇队的战友们,确是工作太热心了,自从他们参加中国抗战以来,随时都表现出特异的坚毅英勇的精神,就是比我们自己亦是有过之而无不及,两次在长沙的工作已是有力的铁证,亦许大家会疑问他们为什么如此呢?那我可以引用义勇队那位李同志的话来答复:“我们努力建设长沙,亦就是在争取朝鲜解放。”

(原载于《朝鲜义勇队通讯》第 29 期,1939 年)

# 一群小斗士的集会

刘金镛

三月二十四日，朝鲜义勇队招待桂林市各儿童团体茶会。这是国际友人向中国小斗士们，伸出来的热烈的友情的巨手；久待友情湿润的中国小朋友，哪能放过这个难得的机会呢？时间到了下午七点钟的时候。东灵街一号的小木楼上已经充满了活泼可爱的小朋友们。他们谈笑着……小楼里空气好像要沸腾了！

**大家心声的片段**

主席李达同志开始讲话了，是那样的迅速，全场的空气马上寂静下来，几十双天真的目光集中在李同志的脸上。“各位来宾各位小朋友！今天我们这个茶会谈不上招待，也没有什么东西吃……各位小朋友都是中国抗战中的斗士，对工作一定有许多宝贵的经验介绍我们。同时在四川我们义勇队也成立了‘三一少年团’，他们是刚发出来的嫩芽，一切都是幼稚的，希望各位小朋友，对他们不客气的加以指教并给以友情的援助……同时对各位来宾的出席指导表示谢意。”一阵热烈的掌声后，名记者秋江先生带着愉快的面容站起来了。他说：“我在报上，看到了朝鲜义勇队招待桂市各儿童团体茶会的消息。我想一定有很好的糖果吃，所以我特意的赶着吃来了。”一阵笑声后他又继续着说：“……中国自抗战以来，敌人对待我们的儿童特别残酷……因为他们发挥了伟大的力量……我们还要继续努力，和朝鲜的儿童携起手来打倒共同的敌人——日本军阀！”又是一阵热烈的掌声。

在一般大朋友们讲了话以后，小朋友们又喊出了悲壮的呼声：“在过去，一般人忽略了儿童的力量，于是对我们儿童不重视！可是我们儿童救亡工作团体现在已经普遍了全国，而且他们有了很好的工作成绩……已经打破了他们对儿童轻视的心理。我们今后更要拿工作的事实来答复他们。”——这是一位新旅的小朋友说的。儿童教育团的一位小朋友说:“日本鬼子是失去了人性的东西！我们中国的大人和朝鲜的大人,中国的儿童和朝鲜的儿童,要携起手来向日寇进攻！直到我们恢复了独立自由的那一天!”褚济群小朋友用清脆的语调说:“……有人说我在演《阿里郎》歌剧的时候,很像朝鲜的小女孩子。在这儿就是缺少一个朝鲜的小女孩子,我不妨补了这一角的缺陷。反正中国和朝鲜是一家,我们的对象是一个日本鬼子！”

**兴奋的歌声**

稍显呆滞的讲话结束了,紧接着小朋友们唱出了兴奋的歌声。首先是新旅的合唱《壮丁上前线》。“东洋强盗野心狂,奸淫妇女抢钱粮！……我们是坚强的壮丁！满身有紫色的光芒！我们要打东洋,保我们的妻子保我们的爷娘……杀尽强盗回家乡!”坚强而有力,好像他们真成了叱咤风云的战士！“我提议秋江先生唱小调!”“我不会唱。”“哼哼两句就可以!”群众喊出了最低的要求,结果秋江先生果然哼哼了两句,才算了事。工作团的两位小朋友合唱山歌:“哥去当兵,你放心我在家里把田耘。”“打退了鬼子我才与你结亲!”两小无猜,可谓谈情不忘救国！“起来吧！祖国的孩子们……我们不愿做牛马,我们要战习……到胜利属于我们的时候……。”一位新旅的小朋友又喊出了孩子的悲壮呼声。“全场里边面孔最黑的一个人,让他唱歌!”褚济群小朋友提了这样的一个议,于是大家的目光,向周围扫射了一周最后集中在文学作家舒群先生的脸上。“我实在不会唱!”“不行!”群众简短的威胁又加上要求性的掌声。“我是不会唱!”这一场风波,直到金炜女士答应代唱才算解了围。最后儿童工作团合唱《大刀进行曲》:“大刀向鬼子们的头上砍去……冲呵！大刀向鬼子们的头上砍去!”才结束了这一幕。

**一封奇怪的信**

在痛快淋漓的歌声中,人们接到了一封奇怪的信。金炜女士发宣言了,“按着次序拆看！其中的命令任何人也得服从。”群情慌慌究不知所云何事?第一位小朋友首先拆看了。里边有这样一个命令:“你向大家人哭一场。”“我现在正快乐怎样能哭呢？必须假想一个人死了。”“呵！你死的好苦啊！嗖嗖……”群众的笑声淹没了哭声。“你到鼻子最大的人的面前摇着他的鼻子唱歌!”在笑声里王同志声辩说:“我的鼻子并不大!”“就是你,没有话说!”王同志只好在群众的胁迫下,一尝摇鼻的滋味！“你到穿黑衣服的人面前让她做口技。”不幸的是王同志又穿了一身黑衣服！“你给个子最大的人擦鼻涕!”“有人说秋江先生的个子最大，我们必须比比。”说着秋江先生真的走到王同志面前一较高低。哪知王同志竟高人半头，只得接受人家的好意。可巧执行任务的又是好事的李海鸣，不料用力过猛王同志鼻破血出！这一下可真笑痛了人们的肚皮。可是也实在苦了王君！“你检查穿漂亮西服的人的口袋。”这一下轮到力扬先生的身上，执行任务的是周咸堂先生。结果情书一封平绢一坊，最后客客气气又置归原处，并点头示意，到底还是他们客气。“让穿黄衣服的人做鬼脸!”周世敏一见风声不佳赶忙逃走！秋江先生也蹲了下去。然而十手所指十目所视，人焉嗖哉！结果秋江先生站了起来打算马口糊口。可是因为小朋友认真非常反到做了两次！呵，人们的肚皮笑痛了，为了这一封奇怪的信！

**散会前的吼声**

主席说：“时间不早，全体合唱《义勇军进行曲》散会。”一位小朋友接着说：“《义勇军进行曲》里边的中华民族到了最危险的时候，应当改为中韩民族到了最危险的时候。”于是群众起了吼声：“起来！不愿做奴隶的人们，把我们的血肉筑成我们新的长城！中华民族到了最危险的时候……我们万众一心冒着敌人的炮火前进，前进，前进，进!”这吼声刚一结尾，一位小朋友迅速的站在了凳子上，他举起了钢铁般有力的小拳头高呼着：“中华民族联合起来打倒日本帝国主义!”“中华民国抗战胜利万岁，朝鲜独立万岁，万岁！万万岁!”跟着群众也喊出了更大的吼！他们望这小楼的顶子，好像已经看到了明日的曙光，这伟大的吼随着也冲出了这间小木楼，每一个小斗士在国际友情的滋润下，都带走了一颗紧张、兴奋、愉快的心！

三月二十五日于桂林

（原载于《朝鲜义勇队通讯》第 8 期，1939 年）

# 在火线上的朝鲜义勇队

北鸥

朝鲜的革命同志，为了帮助我国抗战和争取他们自己民族的独立和自由，在“朝鲜民族战线联盟”的旗帜之下，去年双十节在汉口组织成立了朝鲜义勇队。

朝鲜义勇队成立后，就踏上中国的火线上了。记者由×县向浙河的火线上前进，在炮声、机关枪声不断地响着的时候，却巧遇到了朝鲜义勇队第二区队长李益星同志，记者在分不清方向的时候，这位外国朋友却成了领路的人了。在这一带火线上活跃的朝鲜义勇队第二区队的同志，只有一个分队，共二十六位同志，他们是属于“朝鲜青年前卫同盟”的。这二十几位外国战士，全体都是在日本帝国主义铁蹄下压迫多年的同志，都是受过军事训练、有军事技术和健康体格的同志，所以在火线上仅仅做了三个月的工作，却收到了巨大的成果。

## 一万粒子弹

朝鲜义勇队不只是在火线上工作着，而是在火线的最前线的战壕里；不只是在战壕，而是伸展到距离敌人仅仅一百米远的伪装阵地。

有一次，朝鲜义勇队的同志冒着敌人的炮火，在伪装的阵地上，挂起二丈多长的白布，上面大字写着日文：“到我们的战线来，打倒共同的敌人日本军阀！”在距离敌人仅仅一百米远的伪装阵地挂起这一条长布标语，敌人是能用望远镜清楚地看到的，这每一个字都刺着日本士兵的心，也怒恼了日本军阀。这长布标语在晨曦之前，在伪装的阵地上挂起，天将黎明，对面机关枪响起。对这长布条，敌人的机关枪直从早晨扫射到黄昏，这一个标语被打烂了。计算这一天敌人为这条布标语至少消耗了一万粒子弹。

## 口号战

黄昏时候，火线上枪声沉寂了，敌人阵地喊起广西的白话："广西的弟兄们不要打吧！"我们的阵地跟着也怒吼起来："中日士兵联合起来！我们的敌人是日本军阀！"交枪不杀，优待俘虏！"同时唱着日语反战歌："听！听！日本的弟兄！到处都唱着的反战的歌声，我们共同反对侵略的战争，不要打，不要为军阀牺牲！日本的弟兄，猛醒吧！反对军阀，反对战争，在长期被军阀压迫的日本弟兄，起来反对侵略战争！"

这是朝鲜义勇队的歌声和喊声。朝鲜义勇队的同志在火线上，在士兵忙于作战，忙于做工事之中，或者以团为单位，或者以营为单位，或者以连为单位，教士兵喊日语口号，仅三个月的短短期间，已经教会五千以上的官兵喊日语口号，写日文标语，说简单的日语对话，说步哨口语了。朝鲜义勇队的同志不但不断地在火线上教士兵，最后还将士兵中日语成绩较好的组织成口号队、标语队，让他们喊日语口号，写日文标语。

## 活捉俘虏

朝鲜义勇队在火线上总是围绕着士兵开展工作，他们给士兵讲日本帝国主义压迫朝鲜的实况，朝鲜亡国后的痛苦，日本帝国主义侵略战争本身的危害，中国抗战必胜的原因，并对优待俘虏的问题开过几次座谈会。

经过朝鲜义勇队召开的几次座谈会之后，全体士兵一致感到，迅速争取抗战胜利，优待俘虏是极重要的工作，所以朝鲜义勇队在座谈会之后，在火线上大搞活捉俘虏运动。

××游击区，在朝鲜义勇队大搞活捉俘虏运动之后，曾有一个侦察员到附近的小河捉敌人的警戒兵，不巧得很，在将捉到之时，被敌巡查发觉，结果不曾捉到。最近在最前线上，曾有两个敌兵赤手向我军阵地跑来，不幸得很，被敌监视兵看到，用枪把他们打死了。

## 武装宣传

朝鲜义勇队的宣传工作，由火线上伸展到了敌人的心脏。在敌人的后方，朝鲜义勇队常常派同志去发传单，去写标语，因为他们感到，在敌人后方争取敌人、瓦解敌人的工作，比在火线上更重要。

在敌人后方的对敌宣传工作，他们采用武装宣传的方法。一方面武装起来，自己防御敌人的追击，一方面却又要在敌人统治的地域，做公开的争取敌人的工作，做公开的宣传民众的工作。

最近，朝鲜义勇队的同志在马鞍山和李家寨张贴日文标语的时候，忽然发现敌人散兵进袭，曾和当地老百姓共同和敌兵进行了四十分钟的激烈战斗，才突围出来。又有一次，在余家店街头，朝鲜义勇队向当地民众做抗敌演讲，有一百多敌兵进袭，朝鲜义勇队的同志当即指挥当地游击队一百多人，和同数目的敌兵作战，战了五六小时，始将敌兵击退。

三月四日记于重庆

（原载于《新华日报》1939 年 3 月 13 日）

# 一个俘虏的自述

[日本]中山和夫

啊！残酷的战争，罪恶的战争，它使人类丧失了理性，它使人类溃灭了自信。

日本军阀从国内和平的农村中把无数的顺良农民，送到中国火线来，在这年余的战国中。我的亲友，我的知人，还有无数不知名的同胞，他们都陆续的死去了，像一匹无主的死狗样，躺在中国的荒野间、沟壑内、山林中，无人掩埋，无人过问。沉默寡言的小野是这样死去了，新婚未满两月的掘田，他的枯骨，恐怕仍然暴露在罗山附近的一条河边吧。

忆及往事，恍如一梦。我之现在所以幸而不死，这完全是宽宏大量之中国军人的赐与。

我在角山受伤后，搭乘一辆运输车，送往六安病院疗养，护卫兵只有一个小队，在途中不幸遇着中国的大军，我们的护卫队并未怎样的抵抗，除少数死于炮火之下，其余都大部逃散了，他们退走前，把我们这些重伤的士兵，抛弃在一只小船中，狼狈窜去，于是我便作了俘虏。

在出征途中，因为时常听我们的队长说："中国军队是如何的野蛮，如何的残忍，他们只要死的，不要活的，只要日军一被俘虏，只有一死，绝无生望，而且处死的方法，更是凄惨，他们不用枪杀，最好砍头、活埋、凌迟，也是常用的刑罚。"

当时我万念俱消，但求一死，而且希望迅速的死去，所以曾再三的向中国兵士们要求"请你快快把我杀掉"。出乎意料之外的是，每个士兵的答复，都是齐口一声的说："我们决不杀伤俘虏。"从他们说话的态度和他们的表情上，使我安心不少。

军队出动时，中国军官替我雇了一乘担架，四名脚夫，行走约有十四五里的光景（译音按，日本一里约合中国三里）到达宿营地，他们为我买来种种食物、上等卷烟和士兵得不到的香茶，我当时的感激，哪里是用“比划”能形容出来的呢。

日本队长们的宣传，我现在才知道完全是骗人的了，中国军队的处置俘虏，与日本对俘虏所用的方法，简直有天堂地狱之分，日军官长对我们出征军人的欺骗，还不止此，当我们在鲁南作战的时候，官长时常说：“徐州占领后，你们可退伍回国。”徐州占领了，好久未有回国的消息，他们又改了说调，在蚌埠守备两个月后，即行调回内地休养。然而一月、二月，光阴如飞般的过去了，归国的命令，不仅未曾实现，反而向着相反的方向开拔。

“进攻汉口！”命令下，宛如晴天的霹雳。人人陷于绝望的境地。“汉口占领后，我们能否解散回国？”村山军曹用衷诚的口吻询问小队长，而小队长的回答，是一个怒视的白眼，村山低下头，小队长也没言语。

占领汉口是件容易事么？那里是中国的生命线，军事的根据地，他们为了祖国的存亡，民命的生存，势必拼死保卫，日本军队纵然力强，但也未必能够攻下。我们常这样想：“日本既以维持东亚和平，自认难道除了战争，就无和平方法么？日本兴兵侵华，不是违背正义么？”

我们日本农民为着侵华战事，付出千亿元的血汗，家家已至饥寒交迫、十室九空的绝境，倘若他们将此项大款，肯稍用于增进国民福利的事业上，日本国民不只毫无怨言，而且乐于负担，然而日本军阀为着达成自私的野心，竟不顾人民大众的苦痛，将农民血汗积下来的金钱，用飞机大炮销毁在中国的旷野，中国的民众因而蒙受无辜的灾患，而我们日本农民更是受着莫大的损失，这完全是日本军阀一手造成的罪恶，想想看他们将身负重伤的我们，仅用一小队士兵的护卫，长途跋涉，送往辽远的敌军出没的危险地！他们视士兵生命，有如蒿草，有如敝屣，他们全是自私、残酷、毫无天良。

我今后为着正义、和平，为着报答华军不杀之恩，为着酬谢他们的隆情照拂，将以此残生精力，对敌方中国，稍尽微力。日本同胞啊，放下对华屠杀的武器，对准日本军阀的胸膛，为着拯救国家的危机！为着身家的生存，迅速停战！打倒军阀，不然战争常此延长下去，日本的农民、劳动者、商工业者，必将同归于尽呵！

[原载于《半月文摘》(汉口)第3卷第6期，1939年]

# 还没有见过面的朝鲜兄弟们!

［日本］绿川英子

我想到，在那冰天雪地的前线，浴血奋战的你们，就要想到即刻飞到你们那里去。由我看来，在你们和我的关系上是出了其他住在中国的普通外国同志以上。你们一听见有日本人的话，就会皱着眉头表示你们的愤怒和憎恶但我并不相信。记得我在日本的时候，会有许多很好的朝鲜朋友，这次开战后，我再［在］香港过着困苦的生活的时候，给我最有温暖的同情和热烈援助的，这是一位朝鲜的同志。

我们是兄弟！中国的人民也是我们的兄弟！

我到了中国的内地，头一次看见贵国的人实在武昌收容所履历的二位女人，他们在“慰劳军”的名义之下，被供给日本兵发泄他们私欲而牺牲的可怜的少女。是一个日本女人的我，看见她们时，引起的禁不住的发怒，在这里我无法十分表现出来。

你们是为这般可怜的妇女们争，为活在她们的背后的成千累万的朝鲜同胞，同时为着日本的大众而斗争。

中国抗战的胜利和朝鲜民族的解放，以及日本人民的解放是在想切断也截断不了的紧密而坚固的关系。这是不容再说的。

我现在不想再听你们常唱的那哀调至极的《阿里郎》，却想和你们再与中国的兄弟一齐放我们可能大的喉咙高呼打倒日本帝国主义。

那么，朝鲜的同志们！我们紧紧携手在一齐斗争到最后——愿你们勇为迈进！

你们还不曾认识日本的朋友绿川英子

（原载于《朝鲜义勇队通讯》第 6 期，1939 年）

# 公演《朝鲜的女儿》的革命意义

[韩国]金奎光

我们在后方的朝鲜义勇队同志们，为曾在中国的文化抗日战线上有所贡献，早在一个多月前，就开始准备公演《朝鲜的女儿》。可是在准备时期中，遇到意外的困难和波折，不得不暂时停顿了一下，后来得到国防艺术社同志们的积极停[协]助，终于能够在三月一日——朝鲜民族反日大流血革命第二十周年纪念日——开始上演了。

关于公演《朝鲜的女儿》，我是不能作艺术上或戏剧上的评价或说明的。因为我在艺术或戏剧方面，是一个门外汉了！但是总觉得，我们被压迫民族的艺术，似乎总该是革命的。这正如被压迫民族的生活，总该是革命的生活一样。倘使让我用这个观点去观察这次的公演，那就首先感到这个戏剧，是有着非常重大的革命意义。

我读过《朝鲜的女儿》剧本，这里很深刻地描写了朝鲜民族在日本帝国主义的铁蹄下如何被压迫被榨取，又如何起来反抗的现实的生活情况，特别描写了在中国抗日战争中，朝鲜革命民众为着支持中国抗战和争取自身的解放，发动了反战反法西新革命暴动的情形，这决不是什么艺术的虚构，而是现在朝鲜民族的反日情绪及其革命精神，而且正确地把握了朝鲜革命现阶段的中心任务。我在这一点，首先看出了《朝鲜的女儿》自身的革命意义。

其次，《朝鲜的女儿》恰巧在"三一"大革命纪念日公演，而且这戏剧第二幕中的暴动，恰巧正是"三一"革命纪念日的大暴动。这是有着特别重大的意义。大家都晓得，"三一"运动是在朝鲜亡国后第十年，即一九一九年三月一日全朝鲜民族一致起来举行反日大示威暴动的运动，当时直接参加示威的民众，达二百万人，被牺牲者达四万余人。示威暴动支持到八个月之久，运动的规模扩大到全国每个角落里。由此可知这个运动是如何的轰烈，如何的伟大了。"三一"运动，决不仅仅是单纯的朝鲜民族自身的解放运动，同时它是执行全东方被压迫民族解放运动的先驱的任务。"三一"运动中,朝鲜民族所流出的一点一滴的血,不仅为朝鲜民族自身的解放而流,也就是为中国民族的解放而流的。这正如目前中国民族的浴血抗战,不仅为中国民族自身的解放,而且为朝鲜民族的解放而流血一样。因为日本帝国主义便是过去半世纪以来中韩两民族的共同敌人的缘故,现在是中国民族实行伟大的抗日战争的时候,朝鲜民族应当在这个时候发动正如在这戏剧中的暴动一样悲壮轰烈的大革命暴动。而且事实上在目前这种暴动,在朝鲜到处向在不断地生长和发展,无疑地将要发动比第一次"三一"运动更大规模的,可以确保最后胜利的第二次"三一"大暴动。

再其次,我们把这次的公演从中韩两民族的平常的文化关系来观察,也是有着非常重要的意义。我在数日前,同国防艺术社长李文钊先生说过这样的话,朝鲜民族自己的戏剧,在桂林公演,这是第一次。这就是说,在桂林的戏剧史上写了一段新的记录。这不仅在桂林如此,在全中国的戏剧活动中,也很少前例可引的。去年双十节,本队在汉口夜立时,我们演过一次独幕剧《图们江边》。当时许多人说,在中国,朝鲜民族自己来演自己的戏剧,这还是第一次。但那时的公演规模及剧本内容远不如这次公演来得大。但我们还能博得了社会人士们的热烈欢迎——这并不是因为我们表演得好,而是因为它有着重大的国际的及历史的意义的缘故。

总括起来说,这次我们公演《朝鲜的女儿》,是有着如上所述的革命的意义。我们演得好,固然可以更加深刻的发挥这个革命的意义,即使演得不好,也不会失去这个历史所规定的重大意义。我们是深刻地把握着这一点,才有勇气,才能大胆地在社会人士们之前献演起来——至于这次公演的艺术上或戏剧上的评价,只有待于社会人士们的正确的观察了。

最后,我必须附带说几句:我们这次公演,得到社会人士们的帮助,实在太多了!尤其国防艺术社社长李文钊先生暨该社同志们,对我们的深厚的同情和牺牲的帮助,实在使我们万分感激。我在这儿,代表朝鲜义勇队,向李先生暨国艺社诸位同志致无限亲切的感谢之意。还有,舒群先生及其外数位中国同志们,从开始准备到现在,给我们不断肯指导、鼓励和帮助,我们每一个同志都在表示衷心的感激,我们在抗战中的贡献是这末的微些,而中国各界人士们对我们的赐与是这末的伟大!我们在感激才余,只有更加努力于抗战工作而已。

(原载于《朝鲜义勇队通讯》第6期,1939年)

# 读了《朝鲜的女儿》以后

杨朔

怀着苍凉的心境，我读完了《朝鲜的女儿》这一幕剧。听说排演时，主角在读戏词，一位朝鲜的革命同志竟而感动得流下泪来。其实剧中表现的情事并不是无助的哀号，而是充满了斗争的气氛，不过，这个蹂躏在日本兽蹄下的国度的人民到底是遇着怎样悲惨而流离的生活呀！

我不是朝鲜人，更不曾到过朝鲜，然而这本戏里所描写的故事却活生生地映现在我的眼前。

只是一年前，在满洲，我曾经亲眼看见或者听到日本强盗怎样侵占同胞的财产，把他们驱逐出世代生长的乡土，使他们因着冻饿而死在流亡的歧路上；热血的青年男女怎样穿行在敌人的刺刀下，做着秘密的救国工作，似乎根本不知道死是什么东西；而汉奸的无耻，日本军阀的荒淫，更像腐烂的鼠尸似的窒息着人的呼吸——这一切究竟和朝鲜人民所过的悲惨生活有什么两样，而相同的生活不正依样复制在左右的沦陷区域里了。

过去许多年，中国、朝鲜，这两个被残害的民族，不但不能握起手来，反而像拨弄在顽童的草茎下的蟋蟀，无知地互相仇视、杀害，引得残暴的顽童满意地大笑起来。然而现在，笑的不是他们，而是我们了。请看在这次中国的圣战中，多少朝鲜同志站到我们的战线上，揭扬起反法西斯的旗帜。

这儿，让我提出一点小小的意见。

战争到现在，为了加强实力和精神的斗争，我以为中国政府应该立刻扶助朝鲜独立，让他们在中国境内成立组织完整的独立政府，拿这个政府作轴心，进行一切反日复国的工作。这样，不但可以使他们的工作方针更明朗，行动更切实，精神更统一，而当朝鲜地带的人民听到他们被支解的政府重新复活，他们该怎样的兴奋，而拿起斧头、镰刀一齐朝着压榨他们的暴徒冲杀上去！我们应该恢复沦陷区域的政权，恢复东北的政权，更应该帮助朝鲜恢复他们的独立政权。

以上的话，只是我读完《朝鲜的女儿》后所生起的感想。至于剧本的创作技巧和演出的效果，聪明的观众自然能够给它应得的评价。

（原载于《广西日报》1939 年 3 月 1 日）

# 《朝鲜的女儿》和《阿里郎》

田心

三月一日，朝鲜“三一”运动廿周年纪念日，桂林朝鲜义勇队本部，在乐群社礼堂举行纪念大会。会场四周贴上了“中韩民族团结起来”的标语和漫画，讲台上是韩国国旗。到会的除主席团申岳、金奎光、李斗山等外，全体留桂朝鲜同胞都参加，并有各机关团体的代表、日本反侵略作家鹿地亘，整个会场充满了中韩合作的空气。

这天晚上起，为响应“伤兵之友”运动，朝鲜义勇队在新华戏院，一连三晚公演话剧《朝鲜的女儿》和歌剧《阿里郎》。编导金昌满，主角金炜，都是朝鲜青年。

去年双十节，朝鲜义勇队成立时，他们曾上演过独幕剧《图们江边》，是朝鲜民族在中国上演自己的戏剧的第一次。这次《朝鲜的女儿》的演出是第二次了。这次的演出，演员大部分是朝鲜青年外，有第五路军总政治部国防艺术社的社员，还有李文剑、蔡虹、阳太阳、舒群等艺术工作者也有了很大的帮忙。本社社长李斗山，每晚也到场作民族解放问题的讲演，并为义勇队宣传。

《朝鲜的女儿》是两幕描写朝鲜儿女反对日本帝国主义英勇牺牲的历史剧。第一幕：正是中日战争的期间，朝鲜各地因被迫于募集“志愿兵”和“献金”，而引起农民暴动，暴动后四日的那天早晨，在朝鲜的西海岸的农村，有一祖父的房屋，被日人封闭，又被日人收买，而他不肯离去，仍留恋于故家庭院，虽然，新来的日本主人山口，在侮辱他，在驱逐他。

这一天，正是祖父的生诞日，他的孙女爱莲给他送来一碗稀饭，是他从叔父家烧来的，叔父，就是祖父最憎恶的儿子，一个背叛了祖国的韩奸。因此，祖父回忆往昔朝鲜人幸福的时代，就像院内的老树一样，过去了春天的繁荣而临到了不幸的秋天：往日新绿的树叶，今日已经枯萎而零落，不禁凄然而悲愤。

院外移民车传来的喊听，是呼唤这无家可归的祖孙去往满洲的。祖父拒绝;并告诉爱莲她的父母为了贫困去往满洲而埋葬在满洲的故事。爱莲想到自己和祖父的生活,还似一片落叶,将不知被风吹往何所。虽然,有一咖啡店女主人,久想买去爱莲作为咖啡女,但是祖父不允。在叔父醉后摇摆而来的时候,且与女店人同谋,被祖父予以严斥。

然后,有一警察为了搜捕光浩前来,失望返去。光浩是祖父最心爱的孙子,也是一个革命的青年。据光浩的同志顺三说,光浩拟往中国去,但无路费。

于是,爱莲深感同胞之情,不惜以自己的青春换得三百元钱,三分之二交顺三代转光浩备为路费,共余一份给祖父生活。她在女店人威逼之下,与祖父匆匆辞去,独自一人,走向人生的患难中。

光浩来时迟了。不仅人事已变,就是祖父最爱的老树,也被新来的主人斧砍,与它往日的主人遭受了同一的命运。

半年后,春天的一夜。在小都市咖啡店的花园内,爱莲就是该店的咖啡女,她久已厌倦这种生活,故常来花园休息。但也避免不了一些醉鬼的缠绊。

祖父为了想念久别的孙女,常来探望。这一次来并且说,爱莲以前留给他的一份钱,未用一文,恳请咖啡店女主人解约,未蒙允许,怅然而去。

有两个假装的醉鬼——光浩与顺三,他们已从中国重返祖国,继续努力革命工作。并且决定在这夜十时,以军号为令,发动已被煽动的一部分日本兵士与潜伏的朝鲜义勇军合成一流而奋斗。趁着花园寂静的时候,光浩突唤爱莲,给她以重要的使命,然后命顺三去负责发动号令。

这夜,咖啡店内,正是招待准备出发侵略中国高桥师团长的宴会。在叔父和中村警察署长陪伴高桥走进花园的时候,似乎已醉,对爱莲,已有爱意,爱莲并不被所动,但由于哥哥暗示,不得不假意顺从。后有一副官向高桥报告,据说街头空气紧张,并捕获一嫌疑犯。光浩听后,想顺三已发生意外,即示意爱莲缠泮[绊]高桥,而使那副官不得要领返去。

花园内,只余下光浩和爱莲两人的时候,光浩恐怕号令逾期不发,而使事败,拟将咖啡店内一切任务交予爱莲负责;但爱莲是不顾一切艰险代光浩去。她去后不久,号令即起,她负伤归来,这时,渐闻枪声和日兵增援脚步声,光浩不得已便以手监视高桥、中材、叔父等;而爱莲为了急于往外探望又第二次负伤倒地。然后,光浩即令高桥阻止日兵前进而予缴械。

祖父兴奋奔来,亲手杀死自己的儿子,爱莲在挣扎中击毙高桥中村,祖父命光浩即去,因为……“朝鲜民族的解放,还需要你们的热血!”爱莲还说:“是的,哥哥你快去吧!”她说时,便已临到人生最后的一瞬。

此后《朝鲜的女儿》的坟墓,便成了将来朝鲜民族解放的基石。

《阿里郎》，这是朝鲜的民歌。现在的朝鲜人都会唱这支歌子。尤其是在工厂、田园，当工作疲倦了的时候，可以听见这响亮的歌声。这歌声中，潜伏着朝鲜人无限的悲哀，说明着朝鲜人今日的命运。

但是，没有人知道这支歌是从什么时候流传起来的！有的说是在三十年前，当汉城听见日本木屐声时而起的，有的说是在一百年前、二百年前，早就开始了的。

阿里郎是朝鲜一个山岗的名字，也就是与中国国境相连而必经的道路。人们传说，这山岗整年不见太阳，常常飓起阴森的寒风，像是悲惨的地狱的一角。

朝鲜每年每日都有无数的流亡者，流亡满洲去；去时便经过阿里郎的地方。

阿里郎曾被遗下了无数流亡者的足迹；这足迹只有单单的一行，永不成双，他们只有去时，永无归期，从此，谁都可以知道他们的坟墓究竟埋在何处！

在阿里郎发生过无数的悲剧；许多民族英雄和无数战士的尸骨，就是埋在这里的。

这悲剧，直到今日，仍在继续着。

这个歌剧，也就是其中的一个故事。

有一个农民和他的女儿，心中怀着流亡的愁苦经过“阿里郎”。他们唱着：

阿里郎，阿里郎，阿里郎哟，
要走过阿里郎山岗，
门前的沃土被谁夺去？
流亡满洲是什么缘故？
阿里郎，阿里郎，阿里郎哟。

在他们正要过阿里郎山岗的时候，突有一青年以手枪出而阻止。他说：“在童年，我也走过阿里郎山岗，我知道走过阿里郎山岗以后的生命的归宿。”他又说：“你们再不能过去，如果你们还要过去，我就用手枪打死你们，现在，阿里郎是朝鲜人流亡的终点，死，死在祖国！”

他终于不肯放过他们，因为他知道流亡常常走进自己的墓地。

（原载于《东方战友》第 6 期，1939 年）

# 1940年

# 在抗战的中国

——《三兄弟》演出前奏

风展

(本报特写)"男儿卫国何辞死,恃暴侵入吾所耻!"梁寒操先生看了《三兄弟》的演出之后,在他的《反战行》里这样写道。用两句话简单地说明了中日战争的部分的真理。我们是为了保卫自己,因此不辞死,要抗战,日本是侵略别人,因此要为日本的人民大众所耻,要反战!中华民族的抗战与日本人民的反战,这是真理的两面。

同时,当汪精卫在敌人的魔掌中大唱其傀儡剧的时候,日本的反战同志要在这儿演出他们的《三兄弟》了。我们也同样知道,同是演戏,然而一个是猥亵卑鄙,一个是光明磊落,一个是送自己国家民族的死,一个是为了争取自己国家民族的新生。事情的本身是十分明显的,丝毫没有相同之处。

此外,在日本帝国主义者方面,汪精卫辈是狗,是工具,是傀儡。然而在我们这方面,日本的反战大众是朋友,是同志,是兄弟。日本帝国主义者们给汪精卫以非人的愚弄和凌辱,而我们却给这些反战同志以至高的崇敬。这个,也有绝对显明的相反的分别。

《三兄弟》就将在今天(五号)晚上起,在国泰演出了。它将帮助我们更清楚地了解这些,他们将化了装,穿上和服和木屐之类,不是平日的样子,那么这里,我愿意介绍一点他们日常的生活,或者说,在舞台上,他们是在黑暗的日本国内,在帝国主义者的铁蹄之下呻吟,自然我们也能看见他们战斗的影子;而平日,下了台,是在抗战的中国,在他们的朋友的战线上,引吭高歌,我们也更清楚地认识他们战斗的功劳。这对比是鲜明地分别得出来的,过着同样的生活,做着同一的战斗。

三号晚上,这是我们第二次的访问了。还是同第一次一样地不凑巧,能够帮我翻译的人都不在,原先走在街上的时候,就从窗口看见一些人影在晃动,我想，大概正是在排演吧。我本来是希望能够看到他们的排演的。果然，当我跑到门口，就看见他们正是在练习三郎被包打听抓去的那一节，我静静地没有□，直到三郎挣扎失败，终于被包打听们拖出去，其余的人大家鼓噪一声终止了这一节的时候，我便走进去。幸亏他们正在努力学中国话，有几位已经能说得相当好了，一位带眼镜的接了我的名片，然后拿过一张椅子来：

“请坐请坐，对不起对不起。”他说。后来我知道他是樱井□先生。

“对不起，对不起。”我看他们都放下了他们的工作来注意我，我恐怕妨碍了他们，既然这句话是他们懂得的，于是我也跟着这样说，并且说明了来意，让他们继续排下去。

接着是指议会议员率领邻居来“欢”送一郎出征。在宫本一郎（阪本秀夫郎）用着激越的口调说明他不想再参加这“为着使大家不幸的战争”之后，那位议员（田中连饰）赶上去托托地顺着他的手杖，凶暴地说“宫本先生，这是什么话！”的时候，导演先生进来了。他立即给他修正了这姿势。他的确做得很不好：他向前一步，提起手杖来，说半句话才托托地续下去。直到话说完了，才生硬地把头扬起来，引得大家都笑了。于是重做，但这次是手杖顾了半天，才背台词，又停了一会，才突然把头抬起来。但是这个小动作，他接连地做了十多次。许多人都来找他，但每次都引得哄堂大笑。他自己也跟着笑一笑，然后又一本正经地重做。好像一次比一次更加坏了，或者是手杖顾早了，或者是腰太弯了，或者一直就把头扬起来，实在是做得太呆笨。本来他是个叫人一见就觉得老老实实的人，他那微笑的样子叫人局的忠厚可爱。但他一点儿也不灰心，充分地表现了日本民族那种坚忍苦干的性格。第二天，四号上午，我再去看他们的时候，一位中国同志也给我谈到这个，而且告诉我当天早上，一大早，他就独自一个在楼下托托托，把大家都托醒来了。因为先晚上一点钟开始在国泰装台，到三点钟左右才回来睡觉，所以大家都埋怨他，笑他。而他自己，大概仅仅睡了两三个钟头。还[这]精神，实在值得我们钦佩，也就是使导演先生特别高兴的。“他们都没有演过戏，然而没有一个不用功。”他几次地向我说。

他们全是些戏剧的外行，然而他们熟悉那生活，是那种充满着愁苦悲哀和搏斗的现实生的“里手”（想即内行）。此外，这演出的另一个特色处就是演员的成分的复杂，包含着各界各阶层，首先是工人农人，占他们之中的多数；其次是学生，如阪本秀夫先生是浅野中学的高中毕业生，佐佐木正夫先生是神户高教工业学校电气科的，浅野公子小姐是一个商妇，而南都实先生曾经在汉口做过小生意，卖蚊帐衣着之类，此外也有银行或者政府机关里面的小职员，这□□，就正说明了整个日本反战阵营的丰富、雄厚和伟大。而在戏剧史上，这将是一个永远值得记忆的新事例，它放射着光辉，照明着人类前进的路。

我看见了他们的作息时间表。六点钟起床，九点钟睡觉。睡前起后都唱歌，主要的是他们的同盟歌，其次是一些其他的日文歌和中文歌，有九位桂林戏剧节的青年朋友帮他们做装置效果、化装等工作，他们一起生活互相教授语文，也互相教授唱歌。据说，日本同志不大喜欢唱那些节节绕绕“杀尽倭寇”或者“踏平三岛”的句子，而“打倒日本军阀”却每次都唱得很响亮。这是对的；这是那些“要杀到东京去”的人们太无知，太昏！

他们最喜欢的是《义勇军进行曲》《游击队歌》和《打倒日本军阀》之类。他们用日本的“假名”拆好了教他们唱。“我们都是神枪手”发音相当正确，很难听出他们是日本人来。

他们用那九位中国朋友生活得很亲密。他们自己每个人有四十块钱一个月，衣服、伙食、理发、洗澡都在外。而中国朋友过得相当艰苦，于是他们送了五十块钱给他们买东西吃。但是他们用来做了一些漂亮的唱歌夹子给他们，其余的一部分便买了书。

我问起他们吃得怎么样。他们现在吃两顿饭，上午十点和下午五点，中国同志也一样。中国菜里油放得太多，而日本是不这样吃油的，因此曾经很使他们不习惯，现在总算已经好了。初见这个的时候大概我因为觉得奇怪，所以高兴地笑了一声。于是樱井□先生便来向我解释，说他们是吃酱油和味之素的。并且叮嘱我说：“不吃油的，那个不要写。”这样我才懂得他的意思，他是恐怕我看不起他们。这使我深深地感动，谁没有自尊心呢？在现在，他们的处境还是相当困难的，正同他们的事业的困难一样。我不能够说他们的焦虑太过分，我只希望他们要坚强地抗击一切困难，不要灰心！

现在他们在这里很自由，只要是休息的时间，不妨碍工作和学习，可以随便到街上去走动，只是在贵阳的时候，大概因为那里太闭塞，老百姓非常好奇，每次都团团地围住他们，虽然不是恶意，但也叫他们不好意思常出去跑。

“对不起，对不起。”一位中国同志忽然滑稽的发笑着，向那个日本同志说道。

“没有关系，没有关系。”那日本同志也笑着回答。

原来这里近来有三句流行语，上两句“对不起”和“没有关系”之外还有一句话是“辛苦，辛苦”。于是我才懂得他们拿椅子请我坐的时候说“对不起，对不起”的意思，而我也曾这样回答了他们，算是无意中凑了一回趣了。

辞别出来的时候，我们已很是熟悉了。有一位日本同志说：“辛苦，辛苦。对不起，对不起。”

“没有关系，没有关系。”我愉快地回答道。

在抗战的中国的战场上，我们这样亲热地团结在一起。

（原载于《新华日报》1940年6月5日）

# 译完《三兄弟》以后

欧阳凡海

翻译《三兄弟》，并不是出于我自己底高兴，中国有的是做这类工作的人，因为鹿地亘在中国，比起其他外国同情中国的作家都流行些，所以，要想翻译他底著作的人一定不少的。但我对于鹿地亘也下次像对其他同情中国抗战的革命作家一样抱着敬意，却没有特殊的了解，又何需得我来译这本《三兄弟》呢？我译这本《三兄弟》，实在是够头大的，是林主任要去桂南前线的前一天，他邀我去给他照管一下总顾问办公室的事，同我说二月初就要准备公演《三兄弟》。那天是一月廿七，相距只有一个星期多了，可是《三兄弟》还没有译成中文，这样，导演因为麻烦看日文，另外还有些不懂日文而可以来贡献意见的人，如果见不到中文本，也无从知道剧本的内容，导演就第一成了问题，宣传更不消说，人们看不懂剧本的内容，从何宣传呢？所以译剧本这事真正是成了“当务之急”，剧本不译好，一切都无从开始。我看林主任临走时还急着这件事，就一口承担下来了，可是我事前并没有见过剧本，总以为同盟人数少，演的一定是短剧，即使忙不过来，抽三两天时间也许可能的。那知接到他叫勤务兵把剧本送给我一看，原来有那么厚一个油印本，足足有二万多字，起马[码]要四天才能译完，而我又没有工夫整天译，晓得有一些时候受累，就后悔不该答应了。但既然已答应，也不好翻悔。林主任去前线后，我迟疑了好多天，总不干愿来化这一笔大时间，曾经到第三组去找过别人翻译，人是找到了，又不放心，因为剧中俗语相当多，怕林主任回来，交卷时不能称心。林主任从前线来信也催促我快点译，结果是只得打下心来译了，每日化半天时间，弄了有一个星期的光景。他从前线回来恰巧译完，然而那时已经是二月中旬，超过预定公演的时期了。

剧本译得草率极了。这是因为我起先迟疑地不肯译，大部分时间过去了，到后来便只好急赶。其次，中国官府的事，我知道交得卷就可交卷，自信译时并不曾苟且，所以译完了有别的事情逼来，便连再看一遍也没有，就拿去油印了；写钢版的又是日本人，他们不懂中文，所以油印出来的中日对照本简直错漏得一塌糊涂，那时因为接着就是忙于筹备公演《三兄弟》，我绝无时间校正，而适夷兄正在筹备《译林》，叫我寄稿，我无以塞责，就把这中日对照的油印本寄给他，把草率的情形也告诉他，叫他发表时注意改正。

《三兄弟》公演期中，我们召集了一次批评《三兄弟》的座谈会。这座谈会的记录发表在《介绍与批评》上，我底本意决不是捧场，别的人是否抱这种态度，我晓得，我自己底发言，不仅指责了演出的一些毛病，还指责到剧本本身：说三郎底性格表现出不少知识分子的气分——关于剧本本身的指责，其他的人也说到了一点，不过我所说的这点比较严重，而且我确信这个剧本正真的弱点。

可是后来，鹿地亘见到这个座谈会记录，写给夏衍的信里却说我要求健全的革命家出场。他说："那还是对于日本劳动者（特别是近代的大工厂）的情形不熟悉，同时，也可以说，尽管说着典型，而实际还依旧是拘泥于要求一个傀儡人出场的一种公式主义。"

我底本意其实不过是指责三郎带有知识分子的气分。并没有因此否定《三兄弟》的价值；相反的，我在座谈会上，曾郑重的指明了这是一个现实主义的作品，并又把这悲剧中的讽刺的泼辣性提示了出来。我偶然译了剧本而又让我底译本问世的，其理由亦在此。更没有要求三郎做健全的革命家。固然，三郎如果是健全的革命家，可以透露出日本工人底一个健全的姿态，然而却不必一定要凡作品都有"健全的革命家"，更不必反战的日本工人都一定要个个健全才能出场。所以鹿地亘对于我这句批评的过分严重的自造幻影，本来不值以驳，我就没有打算回复。现在，距鹿地亘发表这信的时间已及一月，日前接到适夷剪寄来的发表在《译林》上的我译的《三兄弟》和他底信，知道我在公演《三兄弟》后校正过另寄去的译本他还没有接到，这个发表了的仍是那错漏很多的油印本。化了适夷许多时间校正，他还叫我自己另将校正的本子赶快寄去，可印单行本。这又叫我想起了鹿地亘信上的话，觉得三郎本来谁也没有理由固定他要做一个健全革命家或大工厂工人的典型，作者在剧本中并没有正面描写三郎底地下的环境与在近代大工厂工作的经过或时期，三郎底性格本可以有多种多样的解释，我指责他带着知识分子气，也不过是对他进一步的祈望，因为我相信，在不苟求的可能范围内，把作品可能提升的处所加以指责，对作者是一种帮助。可是现在鹿地亘自己在他底信里面说我对日本劳动者（特别是近代大工厂）的情形不熟悉，后面还似乎说我不懂得他底典型，那么可见他自己原来是肯定三郎是一个近代大工厂日本劳动者的典型了。如果对这样一个痛哭流涕性质的，冲动感伤，忽视环境的三郎，任鹿地亘肯定为一个近代大工厂劳动者的典型而居然能加以默认，我觉得不但我个人感觉不安，恐怕也真是像一九三八年鹿地亘在汉口写给适夷的公开信中所表示的那样，中国文学界确实是空无一人的吧！不过话也不必一定要我来说。只因为我既然翻译了它，好处译者如果知道，理该不瞒读者；所以当这译本印出时我不得不来再补说几句如上。并且再说一遍：

三郎底性格是表现出不少知识分子的气分的。但我并不否定三郎，如果有人跟著作者过高的评价了三郎，以为他是近代大工厂劳动者的典型，那我是不同意的，我相信日本的近代大工厂劳动者如果没有站到资本主义世界以外去，就没有这样的典型。

［原载于《现代文艺》（永安）第1卷第3期，1940年］

# 胜利的启示

新波

真理是一枝永不泯灭的火炬，罪恶者无论用尽什么办法企图将它吹熄，但浓烈的火光反之使他显露出丑恶的形态。侵略战争的发动者常夸耀这类战争也是“圣战”。用一块华丽的布条来裹着正流着脓水的手脚，却说是一件特制的袍子。

拔出指挥刀，或用麻醉剂来驱使人民去侵害别人的生存、自由，掠夺别人的财富与土地，这是英勇的行为么？而以自己的血肉来拱卫自己的疆土，争求自己以至全人类的解放，这是笨拙的行为么？历史没有向后发展的。破锣与洪钟的金声，具有人性的均能辨别出来。然而在人类中也有戴着人的脸具的狗类出现，给罪恶者隐蔽丑态，同时还做了他的帮凶。我们抗战已届三年了，一切都在这伟大的熔炉中锻炼出健康姿态。除了如汪精卫之流高揭起出卖国家民族的牌子之外，但潜伏于某些角落里散步动摇抗战信念的跳梁辈，恐怕尚有不少。今日日本在华人民反战同盟西南支部诸同志公演《三兄弟》，现身说法将日本人民受其军阀的蹂躏，与被迫来华作战而无谓牺牲的悲惨的情景，和日本人民怎样反对侵略战争的壮烈行动，这真地摆在我们同胞的面前。我相信我们从这里看到日本帝国主义者崩溃的现实性，同时也可以去理解我们最后胜利之可能。倘若还具着人性的人，绝不会瞒着他自己的心魂，再来否认这千真万确的事，而动谣[摇]信念，或依然不悟的去进行散布失败谣言与离开团结的阴谋吧。

为着解放与正义而战所流于战场上的血，是没有什么民族的区别，更没有党派的划分，同样的热烈和鲜红。倘若于进军途上用蒙胧的眼睛去辨认敌我，这是多么的危险，不仅自己会碰到可悲的遭遇，而也会使敌人欣然大笑呵！

日本反战诸同志的热情的表现，不止于这次的公演上；相信我们同胞已知道昆仑关之役，有三位日本友人为着他们的信念，正义的伸张，将血滴尽于为自由而战斗的我们阵线中吧！对于我们的友人固然不仅于日本反战诸同志，但我们由这些事实，就是现在所耳闻目睹的，也足以证明友人的真挚的情感之可贵，更能鼓励我们的勇敢的意志，更能帮助我们去清楚敌友。

黎明的光辉，将澈照全世界，今日共同战斗的战友，明日更会着整齐的步伐向胜利后的幸福之乐园前进！

（原载于《救亡日报》1940年3月8日）

# 受难者的呼声

陈残云

《三兄弟》不是一幕通常的宣传剧，没有低贬日本人民军阀的声威，也没有把日本人民的反战情绪故意夸扬，剧中的故事和人物都不是虚构的，全是目前日本人民实生活的写照。在这两年来的战争中，军需资本家的榨取，已把劳苦者的血汗榨干了，而军阀们却用着种种卑污的手段，威迫利诱，驱赶着劳苦大众去当炮灰，结果，是迫成日本兄弟的醒觉，《三兄弟》就是这过程中的一个缩影。

要挣脱压迫，要解放自己，死亡是免不了的，《三兄弟》便成了血泪的人间的悲剧！这仿佛是人类的悲哀的象征，剧中的每一个情节，都充满着痛苦，充满着饥饿，充满着哭泣与呻吟；而在这些凄楚的气氛里，却隐藏着一种力，一声不屈服的叫喊，一个永远不会死灭的灵魂！宫本一郎在惨死者的面前，痛悼之余，毅然地下了更大的决心，向一群欢送他出征的可怜的群众，表示反对侵略战争，并激昂地高呼着口号，这是说明日本人民普遍的反战，以及反战者的姿态，宫本一郎是千千万万日本人民中的一个。

无论军阀们怎么隐蔽，怎么压迫，却压不住海潮一样的日本人民的反战心的，毕竟战争不会给他们一点好处，而带来的却是超历史的痛楚与悲哀，《三兄弟》不过是整个日本悲剧的插曲。但由于这一插曲，我们更感到日本友人的可爱，为了正义，为了解放被压迫的兄弟，他们毫不畏缩，向军阀们反抗！那么，我们的紧紧的握手吧，日本民众和中国民众都是站在同一战线的兄弟啊！

（原载于《救亡日报》1940年3月8日）

# 《三兄弟》在柳州之演出

## ——张长官召见反战同盟同志谈话

戈今

舞台上垂着巨幅红色的新面幕，上面缀着白色翘凸的大字“桂林国营巡回工作团”，当面嵌着一颗五角星。

四月二十六日的晚上，“在华日人反战同盟”的弟兄们，在柳州曲园向第四战区司令长官献演《三兄弟》暨招待长官部全体官兵。可是想购票参观的民众拥挤满在戏院门前，任你如何解释；“请明天来看。”他们始终不肯散去。这确是令人兴奋的事情。

张司令长官发奎将军，吴副司令长官奇伟先生，××××蔡总司令廷楷先生，偕高级官长多人分坐在前五排，欣赏着鹿地亘先生伟大的剧作和日本弟兄们的演技，不，在同情敌国国内劳苦大众的遭遇。张将军说：“这剧本很好，令人满意。”在场的中国士兵虽然不懂日本语言，可是当舞台上的情绪激发了他们的情绪的时候，便是一阵巨烈的掌声。一个弟兄对记者说：“看了《三兄弟》以后，对日本军阀更增加了愤恨心！”另一位弟兄插嘴道：“所以我们要打倒侵略我们的日本帝国主义啰！”令人深佩张将军训练之下的士兵，都有明确的政论认识。

剧终场以后，张长官的夫人特地到后台访见各演员，看看他她们的真面目。浅野公子代表全体同胞致谢：“张夫人太客气了。”

这天的夜点时由长官司令部招待的。

廿七、廿八、廿九三天是劳军公演，收入是三千四百余元（票价是一元、二元、三元、五元与荣誉座）。每晚满座，打破了柳州过去公演话剧收入的纪录。日本同志在柳州同样地和在桂林一样有了良好的工作成绩和收获。

在柳州每天遇着警报，廿九日夫人下午二时“在华日人反战同盟西南支部”的全体同盟员却在警报声中赴张发奎将军的茶话会。由领队林长墉导演，吴剑声率领乘长官部派来的专车前往。

张将军的威名，在日本同盟员的耳里是震闻已久的，尤其是参加过浦东战役和××线战役的×××，×××，对于张将军更有很多的传奇的说法。今天大家拜见了张将军，好像都用奇异的眼光去看他，同时仪容上都浮现了肃静的神情。然而，大家又觉得张将军和蔼可亲。这是在张将军致词后，大家脸上都显露一丝丝的笑痕。

“这次，看见大家表演《三兄弟》，知道大家反战的情绪很热烈，本人非常兴奋，现在代表本战区的全体官兵向诸位表示谢意。”张将军讲完后，便笑着对吴奇伟将军说：“你也讲几句吧？”吴将军也笑着，轻微地摇了摇头。

由阪本秀夫致答词，并率全体同盟员向张长官行最敬礼。因为三时还要出席第四战区政治部的招待会，乃向长官告别。

巡回工作到抵柳的一周中，应该最忙的一天是四月三十日的晚上，七时是柳州动员委〖员〗会在乐群社的招待会，九时是柳州文协分会的茶话会。各界对于在华的日本反战同志深表敬意，从到会人士踊跃的情形上看来，便可以知道大家欢迎我们友人的情绪是如何的热烈。

（原载于《救亡日报》1940年5月12日）

# 正气磅礴的《三兄弟》

石胆

## 正义的汇流

站在正义的在线和残暴欺骗专横以及一切黑暗势力去搏战，这一夜光明的火炬，照耀着全人类真理的史页，这一次日本在华人民反战同盟西南支部《三兄弟》的演出，我们说，这是中日两国正义的朋友与世界法西斯的走狗——日本军阀以及一切中华民族不肖的败类、汉奸、妥协分子的决战，我们的口号是以日本朋友的反战来推动抗战，而以中国的抗战来帮助日本友人反战，这里汇合着一个伟大的力的洪流，代表了我们斗争胜利的保证。

《三兄弟》这一个反战三幕剧是日本前进作家鹿地亘先生的近作，在这个剧本里而我们不特获得了它在政治上伟大的估价，同时也是艺术上——尤其是说革命艺术上一个惊人的收获，在这里显示了日本侵略战争内部的丑相，水尽山穷而以高度的镇压民众，和无耻的诱捕反战的志士，同时更看到日本良善民众的觉醒和他们悲痛的生活，而进行着这种壮烈斗争。

这剧本本来是在去年十二月日本反战同盟西南支部成立的时候预备演出的，继而因为西南前线紧张，我们这一批同志有了前线工作的急切而耽延了。不幸在这里桂南前线血的战斗，牺牲了我们三位革命的同志！松山、大山、站川，在这里我们一致地向他们——为正义而斗争的三位志士致最崇敬的悲悼！

在这一个春寒未却的夜里，值得纪念的三月八日，在华日本人民反战同盟西南支部《三兄弟》演出伟大的日子！新华戏院的楼上楼下，离开演前两小时就座满了，五千颗激荡的心，唯一的交流着正义的感情和我们异国的朋友，消失了一切虚伪的隔离！这是多么的亲切呵！虽然异国的语言，为大多数中国观众觉得生疏的；然而，那有什么两样呢？我们的思想，我们的行动却完全是一致的，一致的光荣和永恒。

## 凄凉的图画

第一个显示在我们眼中的是一幅凄凉的图画,《三兄弟》的第一幕是个严冬的早上,劳动者的宫本家庭,四壁萧条,宫本一郎的老母呻吟床上,没有了药,没有了米,二郎在遥远的中国战场,房主人的催缴房租可怕的面孔,一郎在工厂里日夜被加工而没有半点报酬的增加,安慰老母的就是一郎的爱人光子,全家变成被剥去了欢乐,剥去了温暖,给予以饥饿、寒冷、悲痛,窗外淡淡的早阳,照着全屋里的不幸。

而怀念远征异国的人儿,欢声更多么惨楚!

"你去了以后,这小孩子总是每天抑郁无欢。"

春天来过两度了。

可是骨肉相聚的春天还不回来!

在第二幕里显得有一线喜悦,然而这喜悦,却如昙花一现就过去了,而且接着是一个更大的悲痛!

事情是那么发展得太可怕了,同时也叫人咒诅到日本军阀的毒辣。在一个大雪纷飞的星期日,光子正在老母身边招扶,二人因二郎来信,提及光子绣给他的随身手帕,感到异常兴奋。不幸,二郎战死的消息也接着传来了,并且又接着政府给一郎出征的命令!这种悲惨的情境,挤出了若干同情的泪水,同时也更深刻地认识了我们对敌人的仇恨。

## 热烈的斗争

最后一场是全剧的顶点,这座的紧张显得无漫的严肃。反战的志士宫本三郎为了哥哥的出征,而残破的家庭、垂危的老母,使得他不得不回来探望,谁看到这种不幸的情境而不心痛,三郎在垂危的老母前面,淌着革命的英雄的热泪,同时也使得他更深切地理解了他的伟大的任务和信心,他知道,日本的这样疯狂的侵略行为,只有在加速地促进日本的灭亡,他为了日本祖国的生存,为了全日本民众的自由和幸福,他不得不反抗,他不得不反对哥哥的出征,在这展开了一场热烈的争斗。

那是多么一种有力的铁的话语,他们不能再忍受了,只有团结起来,一致反对侵略战争!

这时光子也来了,大家都劝三郎出去,以免危险,没有想到这时便衣警察闯门而入,三郎则趁后门逃出,却全被守住了,三郎取枪,却给巡察先击伤一臂,三郎大骂日本军阀,骂他们是狗,舞台上展开一场战斗,三郎终于在军阀的淫威下被捕去了，而且老母在这种激怒之下，终于长逝人间！

事实的惨痛，并不足以影响真理的成长，一郎终于在悲痛之中站起来了！而且觉醒到自己伟大的使命，他该去反战，为全日本人民的幸福而反战，于是在街民欢送出征的当中，高呼反战，激起了广大群众拥护的狂潮。

戏剧的发展是非常自然切实的，这正如我们的日本反战朋友说："我们并不是演剧，也不是宣传，只能把我们日本战时被压迫民众的生活，与我们大多数民众对真理为正义的奋斗精神，赤裸裸地和盘托出来。"根据这种写实而亲切的作法，就绾住了几千颗不同的心，这里没有了舞台和剧场，也消失了演员和观众的区别，几千颗心同一起在随着波动，我们完全消失了一切的隔膜与距离。

［原载于《建国月刊》(金华)第1期，1940年］

# 欢迎韩国青年大会

元立

晚饭前，大礼堂门前拥挤着一堆人，提着脚尖翘着头，用心地读着粘贴在门两边，上面附有漫画的大标语："中韩两国青年携起手来""在领袖的领导下中韩两国青年联合起来一致抗日"……下款题着"四总队"。

从同学闲谈里打听出来，今天晚上的夕阳会将改为欢迎韩国青年大会。他们前两三天才到，准备在本团受一个短时期的训练。

我不知道我该用快乐抑是悲愤的心情来记这个会。因为开会的一霎那前，像往日一样、我满装了愉快、高兴；但是在开会的进行中，沉痛地我流了眼泪，愤恨撩烧的我浑身发火。就是现在提笔的时候，一想起来。还禁不住咬牙切齿。

晚饭提前一个钟头。懒软的斜阳还悬在西墙边枯枒的树梢时，四总队同学在大礼堂里已集合齐备了。

最前面，离讲台很近的地方放着两行上，而摊着白桌布的长桌子是空着给韩国青年坐的。

礼堂内已逐渐灰暗下去，由两边玻璃窗透进来一厅余晖，洒在头上、脸上、身上……像一片片的沙金，映的全屋黄澄澄的。

大地给人间早送来初春的气息，不再冻得人发抖了。虽说时候已逼近黄昏，几百个人挤在一座不很大的礼堂里，呼吸、热气、体温，弄得空气有几分燥热。不少的同学额上流着汗珠。窗子都敞敞地打开了，可也没赶走多少热气，倒愈来愈燥起来。

到处进行着畅快的闲谈。一礼拜的喜怒哀乐似乎要一古脑儿搬到这说个干净才算痛快。

黄昏送来了黯黑。四盏汽灯衬着四周粉白的墙壁。这白热的灯光，照着烘热的脸，更助长了谈笑的劲头。

在热烈的等待中，用着噪耳的鼓掌，我们欢迎着走进来的韩国青年。

韩国青年们点着头，用亲切的微笑。来回答我们的欢迎，在前面两排桌子前坐下了。

掌声越拍越响，像热锅炒大豆。司仪几次用手势让停止也止不住，不过拍倦了，也就零零落落停下来。

他们一共十八位，个子都不太高。面貌与身材和日本人有不少相像的地方，但没看惯日本人和朝鲜人的就以为是中国人。

只要在北平住过的，都会讨厌朝鲜人，一提起“高丽棒子”就恶心，我自己也不例外。他们什么坏事都干的来，抢劫、行凶、开白面店……自然，原谅他们是受了鬼子的迫使。今晚眼前就坐着十几个为自己祖国的独立与自由而奋斗的韩国志士，想起了从前不由的惭愧起来。难过的是自己抱歉着过去的错觉，及对韩国人的误解，我只有以真挚的崇拜与欢迎来补偿我的谬见。

欢迎会开始了。

在总队指导员与同学代表的欢迎词里，深深感到为应付同一的仇敌，中韩两国青年必须携起手来。我堕入沉思的幻境里：日本溃败了，中韩两国又像从前弟兄们似的站立了起来。

掌声像中夏的暴风雨一阵紧一阵。几百个青年身上的血管激流着热情，每张脸撩拨的像火烧一样。一股诚挚的爱，交流在两国的青年中间。

接着文大队长作个简短介绍。里面有几位是刚从敌军那边过来的，几位是在上海做过长时间的特务工作的，还有几位曾在我们的军校毕业，一面做复国工作，一面替我们的抗战出力。另外是几位女同志。

当他们被介绍着时，面向我们立着，我清楚地看出，他们的脸是苍白的，缺乏血色。但是，每个眼光又是那样的坚定不移，嘴巴紧闭着，腰直挺着。我猜想他们的心正在高兴，在世界上还有一个国家的人诚挚地的看待他们，帮忙他们，同时，也正被惨痛的回忆咀嚼着。

永远都不会忘记那位韩国青年代表罗□□同志的一篇讲话。

他慢腾腾地走上台。一身黄呢军装配着一双长统皮靴，个子很矮，肩膀宽大却显着短小精悍的样子。脸是苍白的，下巴瘦削成一把尖锥。这明白告诉我们：被枷锁着亡国奴的镣铐，曾受了如何的虐待与压榨。

他的两眼阴森森地射出一股寒光。好像天生一个生硬嘴巴，不会在那上面找出一点幸福的笑纹。一只高隆的骨棱棱鼻子，介绍着他自己永不会屈服。

傍着桌子，笔挺着身体，从帽沿下慢慢地用目光向全场扫了一遍，沉默地大约有两三分钟没开口。全场似乎刮过一阵旋风，旋走了任何声音，每个人屏着呼吸，目不转睛地直觑着台上那副满脸萧杀的面孔。一溜细风打窗口进来，吹拂着台边挂着的幔子，轻轻地飘起。一会，又转归寂静。谁也不想打破这沉默，几个好咳嗽的紧压着嗓子，难受地忍着。

他终于开口了，低沉得像自语：

“诸位同志！今天受大家的欢迎，我谨代表韩国青年不胜感激。……”他的中国话说的还不错，但有时一两个字的发音尚欠准确。“在从前，中国与韩国像一对弟兄似的，无论在地理上，文化上，人种上，我们都有最密切的关系。”

他们头垂下去，沉默了一会，猛的又抬起，接着是一声声怒吼：

“但是自从甲午战后，朝鲜是亡了；朝鲜永远……”恶恨恨睁着眼，大张着嘴，拳头用力在空中划个圈子，搜[嗖]的重打着桌面：“永远做了奴隶，到现在已经几十年了！”几乎是哭声满含不可抑止的愤恨与屈强，是一匹被关在铁笼里的狮子狂啸：

“我们做了亡国奴！失去了幸福与自由，受着酷待、残杀、掠夺，过着牛马生活！三千万同胞被践踏在鬼子的脚下！”

我猜想他一定在哭，但我已看不清了。眼迷糊起来，一层薄雾悬在眼帘上，鼻子辛酸着不知什么时候我落了泪，我怪难为情的，想我一个男子大汉竟流起泪来，但我不揩它，让它留在脸上自己干去。这不是怯懦的泪，而是伟大的同情泪，有生第一次我流这么有价值的泪。

偷偷地向我左右前后看了一下，没一个不是两眼湿湿的，泛声赤红。一个男同学用手帕在揩，西边几个女同学把脸埋在手里，抬不起头。

我身上出着冷汗，不时全身像触电一样猛然一麻。嘴唇也失了控制似的乱动着。

一只悲愤的大手，紧捏着人的心，紧搅着全场的空气，灯光发着惨白，四周的白墙好似穿一身丧服，默默地在哀悼。

“韩国亡了！但是我们的老大哥中国，从此失去了最大的国防线，以致一蹶不振”！每句话像铁锤样敲打着听众的心。又是一把煽动的大扇子，愤恨加上复仇之火，愈扇愈旺。

从远处移过凝视的眼，直瞪着台下，喊的越来越激烈。

“现在中国抗战了！我们要联合一起，把中国的国防线韩国收回，再像弟兄一样永远存在世界上！”

台下巨雷样鼓起掌，我们很命的拍，好像拍的就是鬼子，直拍的手发烧。

行个军礼，“嗒嗒”地他走下了台。

悲愤、痛恨搅动得我站坐不住。想着他们永不能消除的痛苦与仇恨，心更沉下去了。

受不住这空气的低压，穿过了人群，我步出了礼堂，走进操场的黑暗里。

望着天边一颗晶亮的星，我似乎看见了在它下面正被宰割的韩国。

但是想着中国抗战的必胜，日本必然的厄运，将来韩国的解放，对着这无边黑暗，作个微笑，我的心又平静下来。

[原载于《黄河》(西安)第2期，1940年]

# 来华助战的朝鲜志士

慧琳

不久前报上登载着朝鲜义勇队在各战线的活跃。他们曾配合我十七勇士攻击庙口敌。在很多地方,也一样有着朝鲜弟兄们的英勇奋斗的事实。这些消息,使我们怀念到为革命而战斗的异国健儿们。

朝鲜人民被敌移殖来华的非常多。被敌阀枪尖逼迫来进行侵略战争的更不计其数。另外有些自动来华英勇地为打击敌人蹂躏东亚帮助中国人民解放而斗争的,就是我们所关切的这些革命志士了。他们的民族解放斗争的方向,是和中国一致的。我们同为打倒共同的压迫者——日本帝国主义而战斗。他们的民族解放战争还没有大规模的掀起,所以朝鲜人民对中国解放胜利的期望是更殷切。他们也正在加紧民族解放运动,争取朝鲜的独立解放。他们很清楚中国抗战对朝鲜解放的重大意义,所以他们以最英勇的国际纵队姿态出现在中国的战斗沙场。

他们今天参加前线工作的团体已知道的有两个。朝鲜义勇队和韩国青年战地工作队。他们的工作纲领在原则上是完全一致的。第一,促成中国的解放以求得朝鲜独立。第二,增强中韩两族团结,实行被压迫民族团结起来战斗。第三,掀起敌军的反战浪潮。第四,唤醒来华朝鲜人民,把枪尖转向日本帝国主义。在这些工作纲领下,他们积极的把岗位放到前线。在前线慰劳和宣传我抗战将士,增强抗战的力量。在前线训练,并且争取俘虏到正义之路上来。在前线,参加我们的战斗,直接打击日寇的军事进攻。

在华北,被移殖来的韩民有万余人之多。据不久前消息,日寇还将有计划的移殖更多朝鲜人民到华北。韩青队去年十二月全体向华北敌后推进了。他们要唤起这万余朝鲜同胞揭起革命的旗子。同时,他们要深入到华北艰苦奋斗的游击战士群里去,协助他们打击敌人。他们的誓言是:“不到战争胜利,永不离开战场。”这支英勇的挺进军,不久定将有光荣的战斗纪录寄到后方来。

朝鲜义勇队，也成了一支国际纵队的急先锋。他们分遣好几支区队到各战场工作。他们的热情与英勇成了各战场官兵和人民的模范。“创造特有效果的方式”，这是义勇队工作的特点和口号。他们的工作方式，也的确是“特有效果的”和独创的。在作战的时候他们创始了在战壕间对敌演讲的战术。利用离敌最近战壕的黑夜，我们“唇枪手”清朗的声音像子弹般射进敌军中士兵的心头。“日本弟兄们！我是东京的加藤进……日本军阀开始对华战争以来，日本的劳苦大众就被迫来华作战。繁重的经济负担都压在日本人民身上。剥夺了日本人民妻子团聚的快乐！这就是万恶的日本军阀！……”这一类的真理，这些揭破日寇欺骗的字句，得到了很大的收获。它们不但消耗了敌军无数的子弹，而且得到广大日本士兵的回响。“你们的话听不清楚。请大声一点！”还有一阵阵的鼓掌声和敌方军官与士兵的吵嘴声，士兵的哗乱声。敌方拿着指挥刀浓眉黑须的官长们气得伸出头来和我们强辩。但他们都被我们打击得体无完肤。火线的辩论会继续了几天，使得敌人作战已提不起精神。

他们还常常深入到侵占区去把大树的皮剥下，画一些动人的反战漫画。常常利用战事沉寂的月夜在敌人的战壕旁吟唱思乡曲和反战曲。在和敌人短兵相接时，他们和我们的战士共同作战。他们一支手放枪，一支手散传单，同时冲到最前面去向敌军演讲。他们这样猛勇坚决，使我们的战士受到很大的鼓舞。

来华和我们共同奋斗的朝鲜弟兄，还不止这两支挺进队。在华北我军的战斗队伍中，早已挺立着不少朝鲜志士。他们和我军战士们兄弟般的共同战斗着。他们在队伍中也是最坚决英勇，被战士们尊敬的模范。三十年来的民族压迫，使他们成为军队中默默的好像内心深藏着无数苦痛的沉毅战士。但是也就因为数十年的惨痛经验，使他们国际主义的精神表现得更深刻，更感动人。在每次战斗中，表现出他们对同志的爱护，对革命的爱护胜过自己的性命。

不久前曾发生一件非常感动人的事件。两位在朝鲜乡村工作的弟兄×××同道亡命到中国来了。他们向往着中国的抗日战争。他们再也受不住日寇的压迫。他们要来参加这个伟大的战斗。他们经过无数艰苦险恶，从辽远的朝鲜来到中国大陆。跋涉了半年多，才找到我们的军队参加了进去。有人问他们为甚么来参加队伍，他们这样写过：“朝鲜亡国廿九年，诸多青年，通通拥护独立主义。现在中国抗战，我们朝鲜老百姓，拥护蒋委员长抗日到底。中国抗战胜利，朝鲜可以独立。”现在，他们已经站在打倒侵略者，解放被压迫民族的最前线了。

朝鲜志士这种为自由解放而坚苦干到底的精神，不但值得中国人民致敬，而且值得中国人民学习。同时他们的工作对我们的抗战也有着很大的意义和影响。第一，在瓦解敌人军事力量，掀起敌军反战浪潮的重要工作中，朝鲜弟兄起着先锋的作用。因为他们最明了日寇的生活习惯和语言。而且在抗战持久，敌寇兵员补充日渐困难时，无疑的殖民地人民将成为敌寇主要的兵火库。因此朝鲜弟兄们的工作将起更大的作用，发生更大的效果。他们的协助，可以更使我们对敌的政治工作开展得非常完美。

第二，这种国际纵队的雄姿，对中国抗战起着宝贵的鼓舞作用。这些作用的扩大和深入，将巩固和激励我国人民坚持抗战到底的信心。如像前线的民众看见志士们参战就感动地说："你们也来帮我们打鬼子了。"他们看见志士们买慰劳品慰劳将士，就更坚奋的拿出更多的慰劳品来说："你们都慰劳伤兵，我们更应该慰劳了。"至于朝鲜志士们对抗战将士的影响和激励，是更不用说了。他们更深感到责任的重大："我们不但为自己的自由解放而战斗，并且为其他被压迫民族的自由解放而战斗！"

第三，中韩两族共同对日作战，更说明了被压迫民族联合起来共同奋斗意义的重大。敌人拼命的移殖朝鲜台湾人民来华，利用他们的手屠杀中国人民，为的就是要挑拨起民族间的仇恨。其次，让中国人民把对日寇的仇恨移向别的民族身上。我们只有团结被日本帝国主义压迫的民族共同战斗，才能击破日寇的阴谋。也只有这样才能促进日本国内革命的爆发，把日本帝国主义推进坟墓里去！让我们和朝鲜弟兄们携起手来，共同战斗到最后胜利。

（原载于《新华日报》1940年2月25日）

# 纪念朝鲜“三一”革命运动二十一周年

文晖

今天是二十一年前——一九一九年三月一日，是朝鲜民族伟大的“三一”独立运动的纪念日，是朝鲜民族向着蛮野的日本帝国主义展开血的斗争的日子，是被压迫和剥削了几十年的殖民地奴隶怒吼起正义，为粉碎奴隶的铁链坚决推翻日本帝国主义的野蛮统治的一天。虽然这个运动是遭受到了极其残酷的镇压和摧毁，然其革命历史意义是很重大的。这是朝鲜民族革命运动和民主主义运动的序幕！是朝鲜民族解放之先锋！

## 一、“三一”运动的发生原因与经过

历史上革命运动的爆发，决不是出于偶然的。而是有着每一个爆发革命的因素，“三一”运动之发生，正是有着这种强烈的因素。

自从一九一〇年八月，日本帝国主义强迫当时朝鲜皇帝接受合并条约，即实行正式独占朝鲜。从此朝鲜二千多万的民众便是日本帝国主义铁蹄下的奴隶了。在政治上他们直接被日本天皇的爪牙——三个师团的军队，两万多宪兵，五万多警察蹂躏着，在直接受监狱、感化院、治安维持队，在乡军人会等等威胁着，以及在卖国求荣的日本走狗的欺骗和压榨之下，朝鲜人民的权利是完全被剥夺了。在经济方面，朝鲜便是日本帝国主义商品的推销者，同时也是它的原料供给者，它操纵着朝鲜的一切经济命脉，工厂、铁路、银行、金融机关以及矿山、森林、水产业等都是日本帝国主义所独占的。不仅如此，朝鲜人民又是日本帝国主义向外侵略的牺牲者。在这重重累累的压迫和剥削之下，朝鲜的民众是一天天地陷于永远不能翻身的奴隶的泥潭，一天天地沉沦于饥饿生死边缘上流难颠沛。致使朝鲜民众走向于破灭与死亡！

但是，残酷的压迫和奴役恰恰会爆炸起更强大的反抗，更激烈的斗争。终究会爆发正义的几乎摇动日本天皇在整个朝鲜的统治的革命巨浪。

一九一九年三月八日，朝鲜民众在争取独立自由，粉碎日寇侵略的火焰之下，在巴黎和平会议"民族自决"的刺激之下，以及苏联十月革命胜利，实行民族自由分立与自由联合的民族自决原则影响之下，终而以是年一月二十二日前朝鲜光武皇帝被暴敌毒杀，激发起正在奔腾澎湃着的朝鲜民族的革命之浪花。便于三月一日，二千多万的被压迫的朝鲜奴隶青年、学生、妇女、儿童，所有一切阶级和阶层在朝鲜民族代表孙秉熙等三十三人领导之下，走上了反抗的战场。趁着光武皇帝出殡的时候，全国民众利用哀悼致敬的机会，在京城里公开发表独立宣言，致电日本政府要求撤□总督，举行全国示威的全民的革命运动，高呼着被压迫者解放的口号"朝鲜民族独立万岁"以及"日本统治群一概由朝鲜撤退出去"口号，举起了几千万个铁一样坚固的拳头，飘扬起救国复兴的旌旗。正在这个时候，民族代表三十三人立即被逮捕入狱。然而它却不能立刻弹压正在展开的反日巨浪，民众的情绪是继续高涨了，像一股泛滥的洪水，充溢着每一个城市的街道小巷，波及到全朝鲜每一个乡镇小区，"朝鲜民族独立万岁"之吼叫，像巨雷一样响彻于云霄。吓得日本强盗一时手足无措。然由于民众无组织和缺乏革命经验，这一运动是被日本统治群的爪牙——军队，宪兵，警察，在乡军人，以及消防，等等，利用锐利的刺刀和枪弹甚至消防用的铁钩子，向毫无准备的赤手空拳的群众，施其野蛮兽行的屠杀政策而镇压下去了。当时毙命的民众竟达四万多人，鲜血遍流于街头汇成了一个小河，尸骨横卧于路旁，堆成了一座小山，其惨可与俄国一九〇五年一月九日著名的"鲜血星期日"相比拟。可是革命的火花是永远不会熄灭的，她将是继续不断的燃烧，她似熔火炉一样的锻炼出钢铁一样坚韧的战士，开放出更加鲜艳美丽的革命之花，而朝鲜的人民正是这个火炉中熔化，继之而起的不是退让和害怕，而是接连不断掀动起更多的波涛。据统计，自是年三月一日至五月前后三个月中间，群众集会次数达一千五百余次，参加人数二百余万，被杀受伤者二万三千余人，被捕入狱者四万七千人，教堂学校及房屋被烧的，七百六十余户。从这些统计的数字中，说明了朝鲜民众是在不屈不挠地用血和头颅与日本帝国主义肉搏，有着不达到民族解放誓不甘休的伟大精神。

## 二、"三一"运动之教训

"三一"革命运动虽然是遭到了失败，而成了流血的大惨案，然而却教训今后朝鲜革命运动的方向。鲜血决不是白流的，它迫得日本帝国主义不得不表示暂时的"让步"。在未爆发"三一"运动之前，朝鲜人民根本不允许有最初步的政治权利，经过这次暴动以后，斋藤总督于文化自治名义之下，表面上允许新闻杂志之发行，和某些小小的会议之召集，藉以欺骗人民和缓人民革命的情绪。

“三一”革命运动遭受到失败的原因很多，其最主要的是革命的主观原因和客观的形势。当时朝鲜虽有日本资本主义的侵入，但还是经济上落后的国家，农民占了全国人口绝对大多数，贵族地主在日本帝国主义卵翼下，占着优势，资产阶级在政治经济上的力量是很薄弱，而最主要的，无产阶级的人数很少，他没有形成自己的政党更没有自己的政纲来指导革命的战略与策略，而指导这个革命的是“韩国独立团总本部”。主持这个团体的有天道教者、耶稣教者以及佛教者。言纯粹是封建和宗教性的组织，以忠君爱国相号召，怎么能够领导得起这个运动呢？这是一。

第二，人民既无武装，又没有组织和训练。要去反对这极其反动的统治者，是非实行武装的人民后，反对武装的反革命的方针不可。它告诉了我们以和平的手段致电日本政府要求独立的政策，只有遭到流血与屠杀。

第三，不知运用国际的革命力量，而去求助于当时巴黎世界和平会议，自然得不到什么实际结果。

第四，在客观上，日本强盗的力量强大，远过于朝鲜民族。

以上几点是主要的教训，是值得朝鲜革命的同志们注意的。

## 三、“三一”以后朝鲜革命运动

世界各国的革命运动之经验，朝鲜民族本身革命斗争之经验，告诉和教育了朝鲜的民众，要求脱离奴隶的枷锁，求得自由独立的解放，打倒日本帝国主义，只有以坚决的斗争，以武装自己打倒武装的反革命。于是革命斗争要以崭新的姿态出现于朝鲜了。

“三一”运动以后的革命运动，不论在其内容或形式上，有了突变的飞跃式的发展。换句话说，在革命运动的质和量方面都有了显然的变化和进步。在国内一九二〇年以来，急速地加紧组织群众的工作，一九二三年社会主义运动开始以来，工人、农民、学生与妇女运动广泛地展开。在一九二四年，产生朝鲜共产党，领导和组织了在全国范围内的“全国劳动总同盟”、“全国农民总同盟”、“全国青年总同盟”、全国妇女联合体“谨友会”等，指导了各自的职业部门和学生运动，进行政治斗争和经济斗争。斗争情绪是一年年不绝地增加，由一九二五年的三百余件增到一九三六年的三万余件。这是一个可惊的进步。尤其是一九二九年的光州学生事件与一九三一年著名的元山工人罢工的事件，罢工在很短的时期由个别的运动扩大到全国范围的反日政治运动。

到了一九二七年由各革命团体与群众团体组织了反日联合战线——新干会，指导全国的政治斗争。然“九一八”事变以后至现在，由于日本帝国主义者对于朝鲜的革命运动采取各种积极的摧残和镇压，革命运动是在极端困难条件进行下发生了罢工、抗租、罢课、暴动与斗争等行动。例如几次暴发过的咸兴暴动，永兴、端川等大规模的工人及农民的暴动都有着很大意义。自中日战争爆发后，朝鲜民众积极掀起反对战争的浪潮，拒绝兵役纳税等，唤醒落后群众不为侵华战争的牺牲者，把枪尖赶快掉转头来瞄准中韩两国共同的敌人——日本帝国主义。斗争是蓬蓬勃勃扩大和发展着。

其次说到海外朝鲜革命运动，自从“三一”以后的二十一年来，朝鲜同胞也和其国内一样继续不断地进行坚决激烈的反日斗争。随着中日战争的发展和扩大而增强。在美洲方面有北美朝鲜人联合中国后援会，以及朝鲜义勇队后援会的组织与活动，以争取朝鲜民族解放，争取中华民族解放而奋斗。

在东北方面，朝鲜民众直接武装起来了，曾经在一九二一年青山里战役与敌展开了英勇的斗争，消灭了日军有两旅以上。此后，在国境一带朝鲜武装部队与日本军警交战次数统计每年达三百次以上，自“九一八”事变后，朝鲜革命军队更高举起了抗日救国的光荣战旗，与中国的义勇军联合了起来，艰苦奋斗着在反满日的口号下，建立抗日根据地，持坚抗战到底！

现在朝鲜民族散布在中国前线各个战场上的英勇战士，组织了朝鲜义勇队和韩国青年战时工作队，表示了他们国际主义的精神。他们是中华民族抗战的亲爱的战友、忠实的同盟者。

## 四、中韩人民团结起来！

朝鲜人民和中国人民都是东方被压迫者，在今天朝鲜二千三百万民众，是和中华民族站在一条战线上，是与中华民族有着血肉相关，手足相连，中国抗战的胜利，也是朝鲜人民走向胜利的一天，这是东方被压迫的解放的明灯。中韩兄弟姊妹要紧密地拉起手来，共同战斗到胜利的明天。

中韩人民联合起来，打倒日本帝国主义！

朝鲜民族解放万岁！

中华民族解放万岁！

（原载于《新华日报》1940 年 3 月 1 日）

# 鹿地亘夫妇和他们与鲁迅

姚苡

这倒并非一篇传记或像赞之类的文章。

我要说的，不过是在中日战争史上有这么一段插话或插画而已。这就是鹿地亘夫妇。

一般人把鹿地亘写作“互”，并且念作“互”——音若耿。是错误了的，应该写或念作鹿地亘——音若垣。据说，鹿地亘三字是鹿地君自己创作出来的，虽则名字本来是创造的，但日本的姓氏，就没有鹿地这两字。或者有吧，但鹿地亘本人原先就不叫做鹿地亘。

当冯乃超在东京帝大读书的时候，就认识他了。所以，他俩友谊的深挚并不次于鲁迅。中日战前，鹿地到上海来，这次会晤了鲁迅。在所谓日本文坛的评衡之上，鲁迅是一位了不起的人物。自然，这其间为了鲁迅擅于活剥中国的民族性，发出臭虫、沙漠似的感喟。按鲁迅拟未上台的政客为空腹臭虫，又譬中国为百年后的东方沙漠，为彼帮人士所叫绝。而另一原因为了鲁迅是学医于仙台，不无濡染了解剖尖刀的艺术风味，所以格外合于东邻君子的癖好了吧。——鲁迅有一篇叫做藤野先生的文字，自言在学医时颇受藤野精神的影响。于是乎鲁迅之为鲁迅，其忮刻偏激的精神，倒是来自富士山旁，樱花树下的。鲁迅之值得翘起大拇指，围棋高手吴清源之一定要入日本籍一样，都是大东方特产的异材。

鹿地亘会晤了鲁迅。之后，他开始翻译鲁迅的被名为有尼采风格的《热风》和有恶之花笔调的《野草》。要论起鲁迅的作品，似乎仍以《热风》和《野草》，是较为深刻的。鲁迅之拟尼采拟恶之花，尚为后生小子的中国文坛所啧啧称赞，何况鹿地亘更能翻译。他的拟尼采拟恶之花呢？鹿地亘也成名了，中国恰合了沙漠的称呼。（鲁迅始终是一个虚无主义者。他最初的《狂人日记》即代表自己一生的被迫害狂。他患着精神上的憎恶癖，老记着小恨小怨正是他病态心理的说明。不过以鲁迅的偏激，来针砭中华民族的老大、麻木、中庸，是不错的。《热风》之似尼采，《野草》之有恶的倾向，早有人说过了，并非我的创造。）

当死前二日的鲁迅，曾经以衰飒之病躯造访鹿地夫妇，谈笑甚欢。所以，每当鹿地夫妇追念鲁迅时，最是难忘那抓起帽子决绝地踏出沉实的脚步，衣袂飘然的鲁迅之最后的背影。

在上海万国殡仪馆中，除了内山完造以外，凭吊于鲁迅尸体之旁的中国青年男女，人人眼目中有力的刻上这外国友人鹿地夫妇的印象。

鲁迅尸体是伟大的。而鹿地夫妇也伟大了。正如鲁门嫡派弟子巴黄胡之伟大一样。

八一三沪战发生前，全中国的日侨奉命回国。不知怎么的，鹿地夫妇却悄悄搬家向法租界了。这一刹那的转移，似乎注定了鹿地夫妇与中国抗战相始终的命运。那时对于敌探和间谍之搜查是及[极]其严谨的，鹿地的脸孔既不像中国人，又不像西洋人，而又不会说中国话，实在嫌疑的难以解说了。这就迫使他俩夫妇不得不白昼蜷伏于法租界的外国旅馆中，至于鹿地君长出山羊似的胡须。后来经过友人的援助，鹿地夫妇到了香港，再到汉口，由郭沫若的介绍，军委会政治部聘鹿地夫妇为设计委员。

东京报纸于其时揭载《六千万人之敌，国贼鹿地亘》一文，斥鹿地夫妇为日奸，必欲生食其肉而后已。

鹿地是一个瘦个子。发乱，脸色苍白，衣服很随便，常穿西装，如果在夏天可以很少结领带的。特别是他的眼睛，凝然的，射着暗淡而凄苦的光辉。也许，这正表示他内心的创痛，祖国的眷爱与人类正义的矛盾——他爱祖国而又站在敌国抗战的阵营上，正如拿了刀刺着自己，战争愈延长他愈感到伤痛，因为中国的胜利正是他的悲苦，而他又同情援助他去促进这个悲苦。这种心理是很难分析的。重庆报纸曾经有《鹿地亘的眼睛》一文出现过，作者深湛地抉出鹿地亘眼睛中的悲哀，来象征日本人民大众对于中日战争的凝然心痛之感。

池田幸子有点像广东女郎。她和鹿地刚刚相反，脸上展着微笑，态度活脱而优闲。她穿的衣裳既不像中国服，又不像日本服，而又不像西服。她用最朴质的布料——当是绿色或灰色的——制成宽袖短襟的外罩衫，配着黑的布裙，短跟黄皮鞋。如果站在群雌粥粥花枝招展的宴会上，她的风度也许是容易引人注目的。有人说，池田幸子所以不大像日本女人的第一个原因，乃在她的两腿和两脚。一般说来，日本女人的腿部，尤其小腿，是较任何国度的女子为短些，而两脚呢，特别显得扁平，走路姿态是一例踏着向内的八字式。池田虽不怎么高，却也并不怎么矮。而短腿、扁脚和八字步的作风，可说完全改变了，一点痕迹也没有。池田在上海时经常出入于舞场，中国话说的清脆圆转，能够写起一篇流利的散文，但不常写。当前年十月，她独自住在衡山的时候，某夜，恰是鲁迅逝世二周年的忌辰，她召集了许多朋友到她房间来谈鲁迅——与其说是谈鲁迅毋宁说是祭鲁迅。壁上钉着鲁迅遗容，案上一炷香，一杯清茶，一瓶鲜花，几本鲁迅的著作，此外是鸡蛋糕和花生米。以池田为主人似的，大家随便谈着，语音低和，空气肃穆幽静，一阵阵香烟的味道夹着毕毕剥剥的花生米磕皮声。忽然看见池田幸子君的眼睛渐渐潮润，终于泪珠潸然下坠了，她谈到和鲁迅最后一次的谈话。鲁迅非常瘦，好似比平日矮了一些，鲁迅在谈鬼哩！空气又震荡了一下。这样谈到深夜，彼此感一种阴郁的哀念，而池田那样凭吊鲁迅的不自主的盈眶热泪，予大家以很深刻的感动。

去年暮春，我吃到一个红蛋。这是池田生下一个女孩子的喜礼，分送给有关的僚友们吃的。据说这女孩生下来时只有五磅重，简直如一只小猫。虽然是小猫，确实在中日战争的炮火下诞生的，而且是第一个日本人在抗战的中国战地上出世。这意义就颇为不平凡了，我一边吃红蛋，一边祝福她随抗战胜利而长大成人。

长沙大火的前夜，即我们退出长沙那个下午。整个长沙市陷入寂无车马行人的状态，一股未来的不可思议的运命之感笼罩着。窒息而又凄凉，这时鹿地亘君用大毛笔向壁上涂写日文标语，其墨彩是及[极]其愤慨淋漓的，一种正义的呼声从他瘦瘠的腕骨下呼发出来。他那黯然的脸上时而闪过真理的辉光，他用力地写出心底的真挚语言告诉他祖国的兄弟。

鹿地亘曾于各个战斗的场合出现。苍白的风度，幽婉的语言，这异国的友人，给予中国群众以倔强、坚实的感觉。记得在武昌欢迎世界学生代表团傅洛德等三人的场上，台下观众中几乎认不出他是日本人。在中国作家文坛协会成立的场上，鹿地的致词教文坛家们会场听众划然分明地感到热烈的友谊与亲爱的手足之情。

丰子恺因是用快笔悄悄地画了一幅鹿地的演讲之像来。

最近在重庆近郊的防空壕边，鹿地抱其牙牙学语的幼女于水际照影而嬉。过了几天，他到别处做感化俘虏的工作去了。他编俘虏读物，并对俘虏演讲。这突如其来的同胞，是不胜其惊讶的吧？其实鹿地所说的话正是几乎一般的日本人民群众久久放在心底里所要说出的。

想起鹿地一头乱发，暗淡而凄苦的眼睛，瘦削的身影，奔驰于熊熊烈火的中国之战场上，其精神毅力，较之菊池宽、佐藤春夫他们之以文坛去宣抚支那人的工作，无论如何是决不相谋而值得钦敬的。在此，我以诚意，祝鹿地夫妇及其幼女永远健康。

（原载于《大风》第63期，1940年）

# 无伤感的伤感

——日本学生的剪影

[日本]绿川英子
胡□ 译

在文部省的预算里曾有一项作为“思想善导费”的支出，这是分配给各大学的。那是在从一九三〇年起的几年中。我不知道那时在旁的学校里这笔钱是用来干什么的。在我们的学校里，除了敦聘这一个或那一个有名的反马克思的博士来设立专门讲座外，这款子的大部分——学校的当局自己也一定不知道是如何花费的——变成了在开会和郊游时的糕点。

在那时候，反动的暴力已经开始统治着了，因而对于学生们赤化的恐惧似乎可以一点点的减少了。大概我们的后来者是没有尝味这种甜蜜的幸运了。但是有一种传统的政策是很久很久没有放弃掉的，那就是，指示学生去运动和娱乐，但是绝不使他们作深刻的研究。于是他们就成功地教育出了许多的把打球当作学生生活，或者在舞场、电影院、麻将俱乐部、茶室……中进学校的人们。我所认识的一个开典当的人曾告诉我说：“——他们把参考书，甚至教本拿来做抵押品，夏天拿冬天衣服来，冬天拿夏天衣服来。有几次简直连学生图书都拿来了。什么缘故，我是很知道的。有几个人很无耻的在我面前说明道，在玉之井[①]这里，一夜的代价至少是两块钱！”

在另一方面，他们用功的笔记必要的功课，在学期终了时二三夜不睡觉。他们虽然了解到在这样的社会中，尤其在这不景气的时期中，假如他们没有有力的亲戚和朋友，只有考试的优良成绩可以向他们保证前途。政治是他们所意识的回避的。例子我可以举出很多，但只举一例吧。

在二二六事件发生时，我曾问一个在东京帝国大学读书的表兄弟——你们大学生们对这事情怎么看法？——什么也没有，这个大孩子无所谓的回答

① 东京的公娼窟区域

说。但是,他又说,大家都很不安,因为考试的日期可能因此而改变。

并不是所有的学生都属于这一种类,这是无疑的。但是,人们,无论愿意不愿意,终不能不看到像这一类学生的型。到处都有着对于这种在教育中无比的混乱与失常的愤激与不安,但尽管如此,还是谁也不能,什么也不能逃得出来。侵略战争就在这情形下爆发了。战争在学生里面引起了怎样的变动呢?首先,猛烈的攻击集中到他们的享乐生活上了。已经有好几次,职司社会风化的警察从各种娱乐场成群的捕去了这些"不安分"的国民,关于这事,有个警务员说道:"——在我面前,低着头坐着一个早稻田大学的学生,我向他解释五次神圣战争的意义,我们日本的情况,学生的责任等等。但是我终于感觉我的一番话毫无效力。实在是他对这一切知道的比我还更清楚!结末他张开了嘴巴说明学校是毫无趣味,宿舍又很枯燥,难道就不准备在外面找一点娱乐吗?但是你得想想,我应声说,在前线上和你同样年龄的人啊!他的回答是,在我一接到出征命令时,我也丢弃了一切而去,去屠杀敌人,而在需要时,就静静地死去。这年轻人茫然的微笑着。啊,这样的茫然的微笑!甚至我这不易感动的警务员的心中也被他刺痛了。"

最后,这警务员又补充说:"——我所接触到的学生中的大部分都或多少的有这种倾向。"

这种事实不能不使得教育当局烦恼,去年的春天和夏天,"精神大将"荒木贞夫,那时的立部大臣,鼓吹着教育的改造和更新,他鼓吹着"兴亚教育"的理喻!这是不难测知得,他的"理论",正如他的有名的胡子一样,外表很可亲,但实际上空无所有,这套"理论"是"东亚新秩序"的副产品,这就决定了这种教育理论的特质。荒木强调着"兴亚教育"的二要点:一、使学生获得公共服役的热烈精神;二、使他们深刻了解大陆。换言之这就是,一、把他们教育的过于侵略行动;二、使他们了解大陆的统治。为了第一个目的,就实现了:甲,学校中军事训练的加强。乙,劳动服役的强制。丙,学生入伍延期的缩短。

关于甲和丙是不需要特别解释了,我想,那么就谈乙罢。劳动服役的强制有几方面的意义,其中之一,就是在全国中劳动力的缺乏。从去年四月起,在男女中学和学院中,实施了集体的劳动,作为经常的功课,而其内容有:在城市和乡村中的土木事业,对应征军人的家庭的帮助,开垦以及一般的公共事业。并且在五月里,文部省和农林省的次官联名通告全国系长,要尽可能使学生参加犁田、播种、割草、除虫、收获,由此,在有几个系里,学生们被强迫着做如此多的工,以致别的功课受到不少妨碍。

为了成为一个"好国民",从前我们是被用糖果来诱惑的,而现在他们却流汗。这就是时代的变易呵！

劳动服役常常以奇怪的形式而显得很特殊。例如，在有一个地方，在工作时，是必须要绝对静默好像在寺院里一样，在有一个地方是必须要朗诵在圣传里关于日本国的始源的文句。还有，在他们的头上飘着旭日的旗帜，这是威胁着懒惰的人们要被定罪为叛国者。

这种奴役的课程，在另一方面，产生了许多的趣闻。在东京市内的有几个学校，周围没有什么适宜于学生的劳作，于是就命令学生们挖掘学校操场的一角，然后再填满它。在有一个大学里的为劳务而支出的费用中，记着糖果费二百三十元。这些小先生们是不能没有报酬而作苦工的啊。去年和前年一样，暑假是为这种制度而取消了，有些私立学校利用这个机会用学生代替工人来填满了新的学校建筑的地基，由此省下一笔大款子。更狡猾的学校主人还想征收八月的学费，理由是这种名义上的假期对学校实在是很化钱的。

我怕我是太长的停在这个问题上了。现在赶快回到上述“理论”的第二点上去吧。

为了阐明大陆的征服，在去年春天，文部省决定以三万元的预算组织有五百人的学生队伍，使他们在夏季的一个月中间去从事在“满洲”和华北的文化，宣扬和技术的工作。假如这个尝试能成功，当局者说，那就使这事业大大扩展了。

像这样被当作狗一样，按照着国家的政治路线对待的学生们却同时还须谛听着说他们不知勤学的责备，他们并不是没有理由的——当我们结束全部学程后，马上就被拉去作战。作为一个简单的士兵，一切文化，一切智识，一切科学实在是多余的，甚至是有害的。

真的，战争把健康的人驱逐到屠场上，把无可利用的精神劳动者驱逐到失业的路上（三百四十个不久将失业的东京帝大文学院的学生寻觅职位，但是直到现在只有七个工作机会，自称要雇佣他们。见《都新闻》一九三八年十二月）而甚至到处都急需的技术人才能发生了不愉快的事（可怜即使有个学生喜欢纺织或旁的和平工作，政府也要强迫他到军事部门去工作——东京帝国大学的机械工程的山内教授的话）。

怎么办呢？战争毕竟是战争呵！

——怎么办呢？一点也没有办法——这从七八年前起已经成为很多学生反对一切的态度。濒死的资本主义一点也没有给他们毕业后的希望。法西斯主义夺去了他们的一切的、人的、公民的权利与自由。他们失掉在好的意义上的自我，而成为在坏的意义上的全体中的一分子。对于这一次战争，他们中的大部分认为是不正当的。但是缺乏积极反抗的勇气。反对战争的斗争还很可惋惜的是太少，我记起了在几个月前武者小路实笃[①]所写的话：我的儿子的同级生问他，为什么你的父亲不像以前那样积极抗议战争了？他回答说，在说一次，抗议是一点也没有用了。但是，那个朋友说，像你的父亲这样的人的沉默使得我们感到了孤独，因为我们在等待他们说出来。

知识分子的典型的软弱呵！

不过，我一定要记下另一名作家的话来——这种说话方式将使现时代的学生哄笑。他们讲说，这一种伤感是属于十九世纪的。也许是的。但是他们的早熟的漠然态度，比如“唉，这和我们没有关系”是从那里来的呢？难道它不是因专制的压力的缘故而超越过伤感的冷漠吗？

学生们——他们应该是光辉的青春的象征。但是，法西斯主义的无情的暴风雨不允许他们完全茂盛。为了更容易在这种环境中浮游，他们不自觉的学到了自保的艺术。

“有一个晚上。”广津和郎在《中央公论》中写道：“在漫谈中我们达到一种假设，在日本可能会有一天在男女之间的比例成为一对十五，假如战争像这样的延续下去的话。”——唉，那就糟糕了，我们中每一个人都得养活十五个女人，可是即使一个老婆已经够负担的了——有一个中年人很烦恼的摇着头这样说。立刻一个在旁边的学生笑着喊道：“——呵，对于我是另一回事，我可以从每个女人那里每月收十块钱，那么不是有一百五十元吗？这比受雇在公司里还好了。”

这自然只是半开玩笑的话，但是他在我们看来却是清楚地反映出了在法西斯的日本国内的学生们的一个剪影。可不是吗？

（原载于《读书月报》第2卷第1期，1940年）

① 在大正时代，他是人道主义的作家，曾在《青年》和其他著作里，反对战争。

# 朝鲜“三一”纪念感言

佚名

今天是朝鲜独立运动纪念日，在华朝鲜义勇队，决在桂林开会纪念。自抗战以来，朝鲜有志之士，挺身而起，实际参加中国之反侵略斗争，人数虽不甚多，而精神严肃，工作紧张，备受中国民众之敬爱赞扬。在这伟大的“三一”纪念日，我们应该表示衷心的祝望，并愿乘机略述其感想。

朝鲜自被日吞并后，即陷于黑暗的深渊中，但复国独立运动，始终没有消沉间断，一九一九年三月一日爆发的全国大革命，是这个运动的高潮，计流血奋斗了八个月，殉难者逾四万人，虽不幸失败，而其精神的影响，日渐滋长，多年以来，不断在国内外各地，冒险工作，其艰苦卓绝的精神，可歌可泣，令人感动。

过去三十多年来，我们对于朝鲜志士，招待不周，而且也没有能尽保护的责任，这是我们应该抱歉的；就是报章杂志，对朝鲜的消息，也很少登载，因为顾忌日本，深恐引起非常的麻烦，此中苦衷，相信朝鲜民众一定能谅解。这种沉默，并不是漠视，更不是缺少同情；相反的，中国每一个民众，时时刻刻关心朝鲜的遭遇，注视日本军阀如何凌辱欺压韩民，以引作自己的警戒惕励。

中国对于朝鲜问题，三十余年来从未加以干涉，因为认为这是日本的内政问题，同时也知道实际于朝鲜无补。中国这一次对日抗战，目的在求国族之自由解放，因为日本军阀于灭亡朝鲜台湾之后，进而侵占我东四省，蚕食察绥河北，并企图一举鲸吞全中国，永为其奴隶，我们忍无可忍，才奋全民族之力，为国命之存亡绝续而奋斗。朝鲜志士们，本其过去艰苦的体验，深知中国抗战成功，必能有助于朝鲜之复国解放，所以毅然参加中国之抗战营阵，共同努力；我们感佩他们的精神，同时，在东亚民族的立场上，对于日阀的罪恶，义应尽力揭发声讨。

蒋委员长于去年七七告日本民众中曾沉痛地说：“你们撕毁了与中国所订

尊重朝鲜独立的誓约，而吞灭了朝鲜；三十年来，我们固然无力顾问，也无暇过问，但冷眼旁观，你们国家至今贱视朝鲜人如乞丐，不畀一点政治自由，而商业上逐渐鲸吞蚕食，使朝鲜富翁成了贫户，普通人民陷于流亡。十多年来，朝鲜人民纷纷逃入我东三省谋生，这都是在故乡失了田产被迫流亡的；又有多少无业鲜人，被逼在平津及他处贩私运毒，无恶不作，我们虽痛恶其行为，却不能不同情其境遇。至于朝鲜境内之奴化教育兴严酷的压制政策，都不用详说了。”这真是千真万确的事实。日本征服朝鲜三十余年，迄今仍不改其屠杀统治、军权统治到现在朝鲜没有立法机关，没有教育权利，除了低级下吏外，朝鲜人不能插足行政，连学校的校长，都大部操于日人之手，商业机关被攘夺，肥沃的稻田被霸占，整个朝鲜民众，被日阀蚀夺了生活与灵魂，变成顽愚的农奴。这种阴狠毒辣的征服政策，在世界历史上，真找不着前例。

日阀以前侈言“东亚精神”，又说：“亚洲是亚洲人的亚洲。”近年又发明什么“东亚协同体”，什么“东亚新秩序”，俨然自命为东亚的主宰、亚洲的救世主；三十余年来的朝鲜，就是他“东亚精神”的结晶。充日阀的野心，就是要把奴隶朝鲜、台湾的政策，进而奴隶我大中华民族，看这几年他们在东北的生杀予夺，恣意压迫榨取，在平津乃至华北华中华南各沦陷区的屠杀欺凌，贩毒纵赌，这就是“东亚新秩序”的全部写照。蒋委员长说：“东亚民族，在日本这种政策下，要逐渐的越贫越愚，最后趋于灭亡；而这里所说的愚，不是素朴之愚，而是顽钝无耻之愚；因为日本军阀在教育上，在行政上，奖励顽钝无耻，他们要使被征服的人民大群，只知道怕日本，越无耻越好，越做坏事越好，越丧失道德观念越好；其目的在使人民大群，父子不相谋，朋友不相救，都成了一粒一粒的散沙，只会向强者屈膝乞命，丧失了道德观念，而成了十足完全的奴隶社会。”我们这一次抗战，同时即为挽救东方的文明、东方的道德，因为假使日阀的企图一旦成功，东亚便永陷于强暴弱众凌寡，无文化无道德的黑暗境地，光明便永不再照临东亚。日阀这种□□□□的计划，对日本民众一样是无穷的毒害，他们对于国内民众，同样是高压榨取，不予一点自由的空气；我们看到日本反战同盟对于中国抗战的同情援助，和鹿地亘青山和夫诸氏的沉痛演讲，便知道他们的情绪何等热烈和日本民众对于解脱军阀法西斯统治是何等迫切。

日本军阀近年又装出悲天悯人的面孔，说要解放东亚民族的殖民地地位，并在沦陷区鼓动反英空气，一面排斥列强利益，一面掩饰其侵略暴行。其实，他们这一套假面具，三十余年来的朝鲜境遇，便是事实的揭发。我们以前曾说过，假使甘地生在朝鲜，一百个也杀了，那里还会和他开谈判，磋商让步；今天在桂林开会纪念的朝鲜志士们，可以作日阀欺骗说谎的证人。

我们坚信：日阀的企图必失败，中国的抗战最后必能成功，而朝鲜、台湾等民族，最后必能达到解放的目的。过去的事实告诉我们，日本征服了朝鲜三十余年，到现在还不能使这个弱小民族屈服，现在又想吞灭人力无限物力无穷的中国，这种不度德量力违反人性的举动，势必被全部击碎。三十余月来，这个必然的归趋，已一天比一天显明。日阀的所谓"东亚新秩序"，就是奴隶的秩序，自己高居主宰的地位，而使一切东亚民族都变成它的奴隶，抛弃文化，丧失精神。我们中国，对于邻邦民族，一律视为兄弟，扶助合作，不侮鳏寡，就是对于日本民众，也只有同情，我们抗战的目标，只有日本军阀，对于日本民众，则一样亲爱，就是在胜利完成之后，也决不报复仇视，这一点，在华的日本俘虏们，可以坦白保证。所以只有中国的胜利，才能使东亚各民族真正解放，也只有把日本军阀消灭了，日本民众才能获得真正的自由幸福。

东方黎明了！在桂林纪念"三一"节的朝鲜志士们，已看到这光明的闪耀！

[原载于《大公报》(香港)1940 年 3 月 1 日]

# 记一个日本反战战士吉泽永臧

姜克夫

## 一

几天来晚上都为噩梦所缠绕着，使他的精神非常的疲乏，午睡时本来想多睡一会，但又被那绿头红眼的绿豆蝇纠缠着，使他不能安睡，心里在胡思乱想着。

正在这时，那代班的班长又来叫岗，于是他就和其他两个日本兵出了院，在路上其中的一个日本兵问他——“吉泽！前天商议的那件事决定了没有？决定了就赶快办，听说部队要开走了！”

他没有回答，只是点了点头，就抗着枪走向村头。

五月的太阳，照射着小清河平原，碧绿的小清河蜿蜒的东流，远望一片芦苇，像绿色的帐幕似的，又好像碧绿的渤海。午后的村庄，静得好像一洼死水，人在午睡着，连狗都搭拉着舌头，疲倦的爬在墙根下，除了树梢上的蝉鸣外，全村都在安睡着。他们三个人分头走出了青杨店（章丘地）。

吉泽永臧出了村，就循着小清河向东走去，太阳像火舌似的诋着他的脸，回头一望，一同出青杨店的两个同伴全都不见了，只有他一个人行在河堤的小路上。这时他低着头想：“马八路[①]光说投诚不杀，中日弟兄联合起来打倒日本军阀，是不是真的呢？”他有些犹豫了。

走出青杨店三里路，就到了城子他，庄的街口的上没有老百姓，甚至连狗也没有，他单独一个人走进村里头的天齐庙里，坐在孙悟空泥像的后边石头上，两双手蒙着前额沉思起来。

忽然他站起来了，脱下了上身草黄军衣，裹上“三八式”步枪，把刺刀拔下，插在刀鞘里，以白羊肚子手巾包上了头，倒背着枪出了城子庄，沿着小清河向

① ×路军山东纵队×支队司令员为马耀南，日本兵称“马八路”。

东走去。

走了五六里路，遇着了两个砍草的小孩，他向那个小孩说："你能领我去找马×路！"

那两个小孩是儿童团团员，听着他说"找马×路"，虽然他已经脱下了上身军衣，但是还穿着草绿色的裤子和大皮鞋，他们看出来了他是日本兵，也许是派出来出探的，他们稍一迟疑，随着就回答："俺们领你去找马×路。"

说着那两个小孩，就挎着草筐，领着他向八路军山东纵队三支队独立团所在的十户村来。

到了十户村，一个团员监视着他，另一个团员就进团部里去报告："一个日本侦探被俺们引来了。"

马××团长听着引来一个日本侦探，就吩咐弟兄们将他捕获。

那几个弟兄走到吉泽永臧跟前，就把他包围起来，但是他并没有表示任何抵抗，就把枪倒过来递给包围他的弟兄，另一个弟兄拿出了绳子，他看见绳子发了慌，忙蹲在地下说："找马×路。"

弟兄们把他解到团部里来。马团长听着俘虏了日本侦探，他就亲身出来审问。吉泽永臧看着出来的是一个黑瘦的小胳，留着八字胡的军官，他想这一定是马耀南司令员，就笑着向前走了两步，解边他的弟兄阻拦他，他表示很不高兴地问：

"你的是马大太君[1]？"

"俺是马团长，马司令的兄弟。"马团长一面回答他，一面又问他："你来做什么的？"

"我来投诚'马×路'的。"

马团长就命令弟兄们解下了绳子，他在地上用棍子划着图：青杨店—城子庄—十户村，叙述他出走的经过，并说还有两个人一同出来，都是来找"马×路"的，但是一出青杨店就失联络了。马团长再问他别的，他表示很不耐烦，连忙在地上划："见马×路马大太君。"

这样马团长一面派人去找那两个归顺的日本弟兄，一面派人送他到支队司令部去。

到了司令部，马司令员听说有投诚的日本战士要见他，他就亲自出屋门来迎接。吉泽永臧看着上屋走出来一个黑黄面孔，身材瘦弱，鼻梁上架着金丝近视眼镜，后边跟着几个背花手提的人护围着的一个军官，他想这一定是他所要

---

① 日本人称高级指挥员的尊称。

见的马大太君了，就急忙向前走了几步，笑着紧紧地握过马司令员的手，连说：

“马大太君！马大太君！”

马司令员领他走到屋里，让给他一个座位，而叙述他的身世：

“日本神户人，年二六岁，在家作木匠，父亲是个矿工，被石头炸死了，家中还有年迈的母亲领着五个妹妹过活，还有结婚不到四年的妻子吉泽菊江，带着一个不满三岁的女孩，并且肚子里还有一个未生产……全家九口，全赖我作木匠维持生活……”

又叙述他到中国来作战情形：“一九三八年春被征入伍，在中国青岛登陆，编到须磨部队柏木部队小村中队作上等兵，担任保护廖[胶]济铁路的交通，经常和游击队作战，尤其是和三支队作战次数最多……听老百姓说，马大太君是大大地好人，所以才来投诚。”顿挫了一下，又接着说：

“出征一年多了，也不叫回国，家里也没有信来，母亲、妹妹、妻子、女儿还不知道死活……”他在这里，就掉下了眼泪，擦了擦眼泪又说：

“在浒山泊长官命令我们开机关枪扫射中国老百姓，扫射完了，我也站不起来了，就双手蒙着眼睛，我的眼泪哒哒哒哒地掉下来，我们都是这样的人……”他一面说，一面用手比划着当时那些老百姓的情形，又接着说下去：

“从那时起，我们就想着逃出来，所以在今天乘别人午睡时，我们几个人就逃出来了。”

最后亟希望马司令员留他在司令部里工作，最好给他一支步枪，他要跟着中国人民一同作战，打倒日本军阀、财阀。马司令员对他安慰了一番，就给他换上八路军的衣服。

从此吉泽永臧，就成了×路军游击队的队员了。

## 二

因为战事紧张，一时不能送他过铁路到纵队司令部去，又恐怕在扫荡中有什么差失，就都抢送到政治部去，跟着政治部一同活动。

他在政治部里，帮助敌军工作人员写些日文标语口号，但是他不安心这些细腻的工作。

他对人很热情，不到一个月就和政治部的人打得浑熟了。听着我们称呼他个同志，他们亲切地称呼我们个同志。

我们问他国内情形，他说：“共产党大大地有，工厂里时罢工，举行抗战示威游行，□□时常捕人。”和他最要好的一个木匠——吉田，就是被警察抓去活活打死的，因此他很受感动。

同志问他想家吗。他说全家都依靠他生活，并且他出征时，母亲、妹妹、妻子都哭着送他，嘱咐他早日回国，怎么能不想家呢！吉泽每一想起家，眼圈就会红润的，因此以后别人不敢再提起他的家了。

他在政治部工作期间，和宣传队的一些小鬼们打得火热，时常赤露着肥胖而富有肌肉的身体，跟着小鬼们一同进河×子里去游泳□□，小鬼屁股对屁股地去捉鱼。傍晚跟着小鬼们一同玩"打城隍"[1]，赤露着酱紫色的肌背，笑嘻嘻地，撅着屁股叫小鬼们打。

他很会打枪，教宣传队小鬼们射击姿势，他说"打日本要打骑马的"，一面说，一面作着姿势。

政治部对他也很就优待，每天都给他炖鸡，煮大米饭，但是他还不安心工作，每隔一个礼拜不见马司令员，他就会说："是又想大太君了！"

这样后来就索性把他送到支队司令部里去了。

## 三

吉泽永臧非常勇敢，每次作战都跟着马司令员，一步也不离开，马司令员对他也很优待，和他一同起居饮食。

在每次战斗中，他都表现出十分忠实，尤其是在著名的齐东刘家井战斗中，他的忠勇曾感动了全军。当时五千多敌人，包围我们在刘家井九个村庄内，马司令员的指挥部都被敌人包围了，当时选拔□勇队的云州冲锋，但是敌人的机关枪火网太密集了，冲出去的弟兄多作壮烈牺牲。这时吉泽永臧乘双方炮火相持的空隙，从寨门庭下爬出去，捡回抛弃的枪支，拖回受伤的弟兄，感动得全军兴奋得流泪，终于在血战七昼夜后，全军冲出了重围。

后来就给吉泽永臧一枝"本地打"[2]，他不要，说："危险！危险！一打就炸！"

终于又把他的那只"三八式"从独立团要回来给他，他高兴得了不得，每次作战都跑到前头，有一次还从马身上打下来了一个日本军官。

此后吉泽永臧就跟着马司令员南征北战，成天价驰骋在小清河平原上，成了小清河上的游击英雄了。

## 四

七月的风循着小清河吹来，平原上一望无迹[际]的满长着高粱、谷子、玉

---

① 山东儿童游戏的一种。

② 当地人称章丘铁匠自造枪为本地打。

蜀黍，把平原缀织成一座座地青城，阻碍了鬼子的活动，但是我们已经和敌人苦战五六个月了，也需要作短期间的休息。

这样在去年七月间，小清河的子弟兵团一三支队，就由马耀南司令员、杨国夫副司令员及霍士廉政委率领着由邹长平原向广饶、寿光挺进，企图和十团汇合，在那里作短期的修养与补充。

七月二十一日，马司令员率队到达桓台，当晚驻于牛王庄。牛王庄附近是山东省保安二四旅防地，旅长胡凤林死后，张竹三、岳培林互当旅长，并在汉奸挑驳[拨]下和三支队不睦。更在敌人大“扫荡”中，一部分人投降了敌人，可是我们不知道，于是当晚就由汉奸引路，三千多敌人包围牛家庄。

第二天拂晓，我们的哨兵发现了敌人，和敌人开了火，双方战斗非常激烈。从拂晓战到正午，我们几次冲锋都被敌人打回来。下午集中火力分三路冲锋：马司令员出南门、杨副司令员出东门、霍政委出北门，经过激烈战斗，全军突出了重围。

吉泽永臧保护着马司令员突围后，就骑着马循着小路向南跑去，正跑的时候，离牛王庄二里多地的一个村庄内出来了伏兵，重机枪的火网，像阵骤雨似的扑来，马司令员腰部中了机关枪，从马上栽下来，吉泽永臧见司令员受了伤，为了搭救他，也从马上跳下来。

敌人看我们中了埋伏，就蜂涌[拥]地从村中□出来，一部分追击我们的部队，一部分围上了马司令员。这时吉泽永臧并未放枪，他放下了枪，向日军打着招呼：“弟兄们不要打呀！我们回国去打倒日本军阀，资本家……”

日本兵也未向他放枪，放下了枪，围着他。询问他参加中国游击队的经过。这时一个骑马的日本指挥官跑来，问他：

“你是作什么的”？

“我是柏木联队的上等兵，今年五月参加了中国游击队……”

“你是天皇的叛徒！”那个日本军官咆哮起来。

“什么天皇？日本劳苦大众的血都叫你们喝干了……”

那日本军官咆哮着，没等吉泽永臧说完，就一战刀把他劈倒，又一刀刺在马司令员的腹上，他俩都倒在血泊中，两人的血汇在一起。那个日本指挥官，又强迫那些士兵追击我们，可是他们还不住的回头，望那死去的日本劳苦大众先驱——吉泽永臧。

（原载于《国讯旬刊》第245—246期，1940年）

# 瞧着她们的天明

[韩国]英

在日寇的殖民地榨取，与国内卖办走狗分羹的双重压迫下，就迫使朝鲜妇女生活陷于很悲惨的境地……

农村妇女，她们不是携着子女跟着丈夫流离到外国去，就到国内都市中彷徨谋生。不然，即在家里整年整天为烦琐家事奔走外，还要养育子女，分担耕种的劳动，并迫从事家庭副业如养蚕养兔，调制棉花等工作。但不管怎样劳苦卖力，仍是无法糊口，甚至以草根树皮代充食料。

工厂女工，她们的工作毫无保障，雇主可以随时任意开除，对于她的生命与健康，也没有保护的设备，又没有法律的保障，又没有关于妊娠与生产上所应予的便宜及托儿所等的设施。如大规模的工厂，大概附有如监狱三般的寄宿舍，并严禁她们的外出和会客，使之不得与外界发生关系，以绝她们觉醒与训练的机会。在工厂与寄宿舍内备有种种苛刻的规则，而稍有违反规则的，便受罚金的处分之资为之被扣一大半，如果为要求改善待遇而女工，那就会构成犯罪，这样朝鲜女工所受的痛苦，在世界上任何国度里恐无第二个例子。

但一个东西在压力愈重，它的反抗力也愈大，朝鲜妇女过去有她血泪的解放史迹，现在也正在参加祖国的神圣战争。瞧着吧，朝鲜妇女的天明！

[原载于《大路》(泰和)第3卷第1期，1940年]

# 五个日本兄弟

戈茅

他们一共是五个人，五个热情的诚实可敬的日本人。住在离开封锁不远的一座佳木葱茏的小小的山脚下。一道清浅的溪流绕过峡谷弯弯曲曲的向东缓缓流去，一片小小的绿色的树丛，掩映着一座低矮的茅屋，显然这是一间新建筑起来的房屋，里面很宽敞，打扫得干干净净的。这儿就是新四军的敌工部。部长林植夫同志介绍我们和五位日本兄弟认识了之后，就开始攀谈起来。我们同来的是九个人。

他们五个：滨中政志、田畑作造、横山岩吉、后藤勇、香河正男。最大的年纪不过三十岁上下，香河正男却只有二十四岁，这是一个活泼愉快的青年，见了生人似乎还有些羞涩的样子，然而他是聪明的。过去他们曾是中国的俘虏，一直受着新四军的优待，一种正义和感激之情鼓涌着他们，自动要求加入新四军，在今年的三月他们就正式宣誓参加了新四军，从此他们不再是中国的俘虏而是新四军的战士了。已经曾经是持枪对战的仇敌，今日他们却变成了我们最亲切的兄弟了，他们之中的一位痛□地说道："我们人与人之间本来是没有仇恨的，罪恶的日本军阀蒙蔽了我们的眼睛，让我们无知的吞食着可怕的麻醉的毒药，多少的日本老百姓都受了这样的麻醉和蒙蔽！——但是，现在我们已经醒来了，多多的日本人都要醒来的。"

乌云是不能长久的把光芒的太阳遮蔽起来的，真理自有水落石出的时候。丑恶还能蔓延几时呢？毒火快要熄灭了。

滨中政志和田畑作造是日本的两个穷苦的渔夫，都受过高等小学的教育，他们全是诚实的，决不是我们想象中的那种狡猾凶顽的日本人的面貌。他们两个都受过很重的枪伤和榴弹伤，新四军早经为他们细心的医治好了。田畑嘴里镶着金牙齿，很少讲话，身体是粗壮有力的，现在他的老习惯仍旧欢喜打渔。滨中已经是近三十岁的人了，很欢喜唱歌，态度大方，来新四军后他是进步最快的一个，他的学习热诚很高，能够用中国话唱新四军的军歌，《繁昌之战》《反扫荡》等等歌曲。横山岩吉比较来得最迟，他也是受过伤的，日本高等小学毕业，在日本他是一个□帽店的店员，也可以做裁缝，不大爱讲话，常常是沉默的。后藤勇和香河两个人，都很健谈。中国话说得很流利。后藤是日本饭店的一个店员，因此，他为人很和气，并且很会讲话，态度异常谦虚。香河严格说起来他还是一个年青的孩子，跑起路来腿有点弯曲，这是一个十足的幽默的家伙，人非常聪明，大家都叫他做“小胖子”，他确是生得相当胖的。他的动作好像演戏一样，常常引得人们发笑，镶满了一嘴的金牙齿。他可以讲三两种中国话，是日本商业学校毕业的学生，一个米店商人的儿子，文化程度相当高，人又天真又活泼，大家总是爱和他开玩笑。他们五个都是很有趣味的人，现在他们一点都不感觉苦闷，终日有说有笑，好像生活得很愉快。

香河很幽默地说了一句：“在革命的队伍里，没有那个应该是皱眉苦眼的人。”

想不到“中国人的自由，亚细亚的自由”这句话，曾在他们的心中像波浪一样鼓起了很大的激动。他们五个人讲话的态度和动作的样子，都竭力模仿着中国人的样子。他们已经学会了很好的一种中国人的风度和气派，全没有拘谨和小心的神色，他们都好像变得很大方了。中国话差不多都讲得相当流利。当我们对他们的中国话表示赞美的时候——

后藤谦恭地说道：“哪里，哪里。马马虎虎。”香河更幽默地讲出了一句安徽的口头语和上海话：“乖乖，鸦鸦无！”这一下引得全场哄然大笑了。

在讲话的时候，对于“马马虎虎”一词，他们特别欢喜引用，那意思正是表示他们的客气和谦虚。现在他们五个人，除了星期日的休息以外，每天都上课学习中国话、政治理论，看中文报纸和书籍，讨论瓦解敌军的工作，写日文标语传单，工作很忙碌，生活异常紧张。他们原来都是被优待的，往往比我们的高级官长生活还要好些，可是正式加入了新四军以后，他们自己就觉得这是不应该的。他说：“我们已经不做客人，大家都是同志了，为什么还要受优待呢？这是不合理的。”故自动要求和新四军的战士过一样的生活。他们每月只有五块钱，鞋袜由自己张罗，纸烟买不起，他们就自制竹管吸旱烟，可是有一个特别的例子，他们每星期必定吃一次酒。起初辣椒不敢吃，现在他们都非常欢喜起来。最有趣味的是他们敌工部的房子，是由五个日本弟兄自己动手用稻草木架建造起来的，而且建筑得很精致美观，有一种日本风，收拾得整整齐齐洁洁净净，我们坐在里面谈话觉得很愉快。

请我们吃午饭的时候，后藤和田畑亲自下到厨房里烧菜，用的是日本的做法，菜烧得很可口。他们这叫做“自力更生”，同时这也是对于客人的一种最大的恭敬。我们这一餐吃得真是快活舒服极了。

滨中满带了兴奋的神情，要我们每个人在他的手册上写下几句话，作为这次会见的纪念。我当时就题了四句诗在上面，开头引了《圣经》上《飞歌》第八章里的两句话：“巴不得你像我的兄弟，像吃我母亲奶的兄弟。”滨中好像被蝎子用尾针刺了的下似的，激动得浑身□□了起来，他好像有所感□不住地去抚摩着他那秃秃的头顶。

林部长说：“他们参加新四军已经下了很大的决心，家庭的事情不管了，决心献身于中国的革命事业。”这使我们都感到了很大的激动，真理与正义的火焰在每个人的心里强烈地燃烧起来。

后藤问了我们许多关于后方的情形，他们也关心着中国的团结问题，他希望中国很快的得到胜利，那时日本将变成一个新的国家，他们便可以回国了。末后，又问到鹿地亘先生，他是那样地渴望着中国的自由解放。

当我们问到他们的生活情形的时候，我说：“还习惯吗？”

香河和后藤一齐答说：“习惯的。马马虎虎。”这时滨中插了一句：“我们在日本更是苦的！”

“日本军队和中国军队比起来，你觉得怎样？”我转向横山岩吉问。

“起初生活还好，后来日本军队一天天就坏了，我们很穷。没有好的吃——啊！……苦的。士兵受压迫，没有自由，比不得中国军队，官长和士兵都一样。”

“我们不知道为什么打中国，我们是被欺骗的！”田畑抢着说了一句。

香河的字写得很秀丽，墙上他写了很多中文标语，他会开汽车。后来他天真的提议大家唱歌。滨中唱了一只渔歌，横山和香河都各唱了一只日本歌。我们同来的一位女同志和一位男同志，各唱了一个《长城谣》与《马赛曲》。滨中喊叫着：“很好，大大的好。”

我们转向香河说：“你唱得大大的好。”他羞愧地回答道：“鸦鸦无！”

他们五个人都很活泼，邻舍的中国老百姓也都很熟悉他们。在老百姓的眼光看来他们也和新四军所有的战士一样成为“自己的人”了。

前几天所说五个日本弟兄都到前线去了，我愿祝他们健康！光明照射着中国自由的大地，五个真理的战士，他们活泼健壮的影子，重又深深反射到我的记忆里来。

（原载于《新华日报》1940 年 10 月 24 日）

# 记俘虏冈田

李蕤

在第九次中条山血战的时候，我到××军军部去。

那时候刚刚打完一场胜仗，从前线送来许多战利品。这些战利品摆了一院：太阳旗、慰问袋、千人缝、指挥刀、手枪、掷弹筒，带血的钢盔和刺刀。

我们把这些战利品，摄了一个影片，这时，×将军告我们说："刚才送来了一个俘虏，谁高兴的话可以去和他谈谈。"

对于俘虏，我们感到特别新鲜，因为关于他们，我们听到过很多的传说，在传说里他们个个都凶恶、顽强，个个恶煞神似的不可理喻。有人说在南京的时候，有一个政治员开导一群俘虏，那些混蛋们竟跳来扼着这政训员的喉咙。

天很暖和，我们顺着小溪，走向一个僻静的院落。我们的情感觉得有些亢奋，如同去参观一条花蟒或者一个老虎一样。

一座草房，门口围了一群人，一望而知大家都在用好奇的心情来看这个捕获的日人，我们便分开众人，走进房里。

地上铺着一条席，这位日本人就在席上躺着。

他身上穿了一身厚呢军服，脚上穿着羊毛袜子，袜子只剩一只，鞋早不知去向。厚呢制服上有许多血迹，因为时间已久，那些血成了紫黑色。

他用手把脸蒙着，大约因为疲倦睡着了。一个勤务兵，走上去拿开他的手摇着他："喂！我们的长官来跟你说话。"

这时我们看到了他的手指，肿得非常粗大，上面满是血迹，指甲里满是黑色的泥土。

"他是那里受伤的？"我们问勤务兵。

看守兵指指他的大腿，从掀开的大衣处，我看到他大腿上大块的血迹。

我拟了几个简单的问题："你的姓名是什么？""职业是什么？""有无兄弟姊妹？""未从军之前的职业是什么？""在什么地方被俘的？""你有什么感想？"

这张纸递过去，他指“什么”那两个字，摇摇头表示不能领悟！

我明白了他的意思，便把什么那些字样涂掉，另外添上问号。

“姓名？”

他懂得了，接过铅笔，在纸上画着回答：

“冈田。”

“职业？”

“农！”

“父母？”

“在，老了。”

“兄弟几人”？

“四，我行二，家里只有一妹。”

“结婚？”

“未！”

问到感想一项，他茫然了。那些字他完全不认得，他很着急，一如小学生答不出卷子一样，大颗的汗粒从他的额头上渗出来。

这时我留意到他的面貌和年纪，看样子只不过十八岁到二十岁，脸红红的，眼睛非常明亮，很显然他是一个诚朴的、天真未失的农民，他还没受很深的日本军阀教育。

他睡着的草席前，放着一盒饼干，另外放着一个水盆，盆里的水，已经冷了，而且洁净上也差得多。一刹那间我感到非常寂寞，我不知道他心里在想着什么。

勤务端上热茶给我们。对于这热茶，他投着羡慕的眼色。我便替他斟一杯。他赶忙接过，一口气灌下了。

我还继续我们的答问，但话他听不懂，字也不认识，什么方法都用不上。这时候，他忽然接过铅笔，在纸上写道：“此地有日语稍解人。”

我便问看守兵，他说这里有位工兵排长，是东北人，他略微会说日本语。于是我们赶快把这位排长请来。

排长进来了，他说他的日语是东北沦陷后和日本人生活接触学来的，对于这个技能，他觉得是不光荣的事。他说：

“谁学他的话呀，我干脆没学过，都是听来的。我们东北的小孩子都有一个童谣：‘日本话，不用学，再迟三年用不着。’现在整整六年了。用不着便是应照着要被我们赶跑。”

谦逊之后，他开始执行他的任务了。他蹲在俘虏冈田的旁边，说明了来意。俘虏冈田便很快的伸出手来，和这位排长握手，极谦逊愉快的笑着，好像朋友一样。

他的谈话开始了，排长纯熟的替我们翻译，以下便是他来中国作战到被俘的前前后后。

“我是大阪乡下人，我的父亲是农夫，我的母亲也是生长在乡下，我进过四年小学，但那是过去的事了。我从十六岁起，便会看管田地。家里饲养两条水牛。”

“八月入伍的，你以为？不，我是去年十月。六月间我的哥哥先征进队伍，那时候我的爸爸、妈妈、嫂嫂，都赶到轮船码头去送他。自然的，我的爸爸、妈妈非常难过，但我们祈祷着佛的保佑，希望他能早早归来。从那时候，我便负起全家责任，不操作的爸爸也重新下田戽水了。”

“生活情形？你听我说，捐差是花样翻新，苦工是一天几次。人都去当兵了，什么事都没有人做，各种东西，都贵到十倍。公债是一轮接着一轮，喘气的功夫都没有，缴纳不上来是要缚人的。我们有什么办法呢？只有卖谷，可是谷是不值钱的，而且我们的粮食还不够自己吃。妹妹作工的纱厂也停了，据说原因是货物没有运销的地方。”

“九月间，我们的日子简直过不下去了，爸爸、妈妈都病倒，嫂嫂被征进城，到中国来入什么‘慰劳班’了。哥哥的消息一直没有，到九月杪，哥哥的名字忽然出现在报纸，他是在上海阵亡了。盼望着生还的哥哥，回来的却是一瓶骨灰，骨灰领回来的时候，妈妈便在病中死去了。”

“我今年才十七岁，入营的时候才十五岁。你们不用惊异，现在十三岁的和五十岁的都已被征，因得国内几乎没有壮年人了。”

“胜利的消息，我们也听过不少，我们占领南京的时候，全国几乎要疯狂了。城里标贴语、游行。并且总是胜利一次便乘势出一次公债。我们希望胜利的是什么呢？希望我们的弟弟、哥哥归来，希望东西便宜下来有日子过，但胜利给我们的却不是这些，胜利一次得增一次兵，慢慢的胜利不能使我们兴奋，而且反使我们忧愁了。”

“在最初，我们以为占领地方，那地方便成了我们的，吃喝随意，并且马上能够去做生意。但事实上，却完全是两回事，得到了一个城，全成了焦土，老百姓跑走了，建筑物毁完了。而且老百姓到处游击，离铁路线十来里地的地方，我们都不敢去。占领一个地方，只能牢牢关着城门，实在和坐监牢一样。邻居吉田从太原写信来，说他们日夜都不能安生，游击队乘隙攻到城里来，但派大兵赶他们时，却又跑到大山里去了，这简直是没办法的事。就占完中国又该如何呢？我们不能把每一个乡村也派兵占着。渐渐的，我们觉得回家简直没有盼望了。”

“跑到中国来，吃饭，气候，都不习惯，瘟疫很普遍的在我们中间流行着。我属于令野联队，我们一联队病于瘟疫的便有四分之三，所以有许多弟兄，都集团自杀了。”

“你们说掉过枪头，那有呵，多得很，因为我们实在太苦痛不过了。没有人感觉到这战争是有意义的战争，听同营的人说，国内好多大学教授也反对打仗的，结果是被送进监牢去。”

“你问我和中国人有什么仇，这我真说不出，凭良心说，我见过的中国人都是好人，都那么善良。为什么和中国作战呢？我们没一个人能回答这个问题。官长给我们训话的时候，总是那样说：‘我们征服中国为的东亚永久和平。’‘我们到中国来清除中国的抗日份子。’‘我们必须剿平中国的马贼，才能安稳的过活。’但我们始终觉得有些茫然。而且那是事实，中国许多妇女被糟塌了，他们会是马贼吗？”

“台儿庄一战我是参加过的，一次运回一万多盒尸灰。这次围攻中条山，损失的和那一次一样。国内的壮丁，已经征到四十九岁了，明年我的父亲也许会征到战场上来的。”

“我是九次围攻中条山受伤的，我没想到我会做了俘虏。回家的日子，是更没有希望了。每夜做梦，我都还在大阪的乡间，梦到老牛添了新犊，梦到和哥哥一道在河边捕鱼，这算甚么事呢？我有时简直觉得是在做梦。”

“我自分是必死的，我们的官长对我们说一当俘虏便被杀死。但是我却没有被杀，我受到了意外的优待……为什么呢？这一切我都不能解释。”

说着他又闭上眼睛了。他的胸部急剧的起伏着，似乎十分疲惫。正在此时，端着刀叉和药棉的医生进来了，于是大家便七手八脚的替他换药，这一瞬间，似乎谁也忘记他是日人了。

我们委婉的给他说了些简单的道理，说中国和日本人没仇，只是日本军阀硬要征服中国。他倾听着，头上暴起很高的青筋；疑思着，后来慢慢的点头，最后忽然紧握我们的手，说他全明白了。只要伤一养好，一定要做些明白事。

这时，他的黄呢制服，羊毛袜子，看着不再那么刺眼，脸看着更为年轻，眼睛也特别明亮了。这是一个新的战士，中个[国]人的伙伴，因为他放下屠刀，已经觉醒过来。

如果时间向前挪移四十八小时，空间挪移到四十里外的战线时，他一定会端起刺刀，向我冲来时，我一定也会毫不犹疑瞄准他的头颅打去的。但斯时，他加入了我们的队伍了，我们却彼此握手，极客气地话别。

而今，已经又两个月了，冈田的伤，应该早已痊好。他现在那里，怎样的和中国军民站在一在线为真理而奋斗，我一直在忆念着。

（原载于《时事半月刊》第3卷第23期，1940年）

# 向日本反战烈士致敬

烟波

我们的抗战，是正义的战争，是人类解放事业，尤其是全世界被压迫民族解放运动的一部分。正因此，它不仅得到全国人民的拥护，而且博得了全世界爱好正义和平的人士、全世界忠实于人类解放事业的国际主义者，以及一切被压迫民族的同情。正因此，我们不是孤立地在作战，而是在一切先进人类直接与间接的支持与参加之下，形成了一条国际正义的联合战线，给日本法西斯侵略者以致命的打击。在我们的战场上，不仅活跃着朝鲜义勇队、印度救护队等东方被压迫民族的弟兄，而且也有国际友人在热心服务。

但是，在我们这次抗日战争中，最特征的一点是有日本反战志士在参加我们的战斗。我们不仅有鹿地亘、青山和夫、绿川英子等日本的革命志士在参加我们抗战的文化宣传工作，而且也有直接从敌人营垒里来的反战士兵。这些日本的反战士兵，放下了枪，停止了对我们的进攻；但他们犹以为未足，他们更进而在鹿地亘等领导之下，组织了在华日本人民反战同盟，积极参加我们的抗战工作，向他们的法西斯军阀作反戈的一击。同盟的西南支部，成立不久，就努力在前线上进行对敌宣传工作。在这次桂南战争中，它的盟员们常常奋勇地携带播音机到最前线作播音宣传工作。他们都有作战的经验，加之他们从敌人的营垒里来，熟悉敌军的内情与敌军士兵的心理，因此他们的宣传工作收到了极大的效力，我们的军事当局也很赞许他们的努力。不幸在一月下旬，正当桂南战争剧烈的时候，他们中的三个盟员——鲇川诚二、大山邦雄、松山速夫，都在前线工作的当儿，壮烈牺牲于猛烈的炮火中了。

他们是日本反战的志士，也是最光荣的烈士。我们敬向这三位光荣牺牲的日本反战弟兄致最热烈的敬礼！

他们三个人的壮烈牺牲，说明他们并不是消极的厌战者，他们并不是贪生怕死者，他们放下了侵略者的武器，却立刻又英勇地走上了正义战争的最前线。这是因为他们认识了“只有中国的这种英勇的抗战，才是日本帝国主义崩溃的致命伤”(在华日本人民反战同盟准备会国际和平纪念宣言)。他们相信：“只有中国革命成功之时，才是东亚被压迫民族解放之日。”(同上)他们才成了反抗日本帝国主义者的一个火种。

他们三位英勇的牺牲，证明了上述的思想已在日本的人民与士兵中日益深入与扩大。而随着日本国内情形的更趋恶化，日本人民生活的更趋艰难，日本国内的反战运动，以及在我国战场上的日本士兵的反战斗争，必定一天天发展而成为不可遏止的革命浪潮。到我国各战场参观过的比国战略家勒尔坚曾经说：“日本士兵的子弹终有一天会朝向其国内射击，这就是日本军事的总崩溃。”这句话是的确有着它的客观根据的。

针对着日本人民与士兵反战运动的展开不用说，我们应该加强对敌宣传工作，应该帮助在华日本人民反战同盟，使它健全与发展俾能作更大的努力。但仅仅这样做是绝对不够的。促进日本人民与士兵的反战思想，必须有一个先决条件——就是我们的坚决抗战。他们之所以反战，所以毅然加入我们抗战的阵营，是因为在我们的抗战中看见了光明的前途，看见了日本帝国主义的崩溃与东亚各民族的自由与幸福。如果我们没有抗战到底的坚决表现，如果我们在政治上没有进步，不求团结，一句话，如果我们不能对日本的人民与士兵预约着一个光明的前途，我们决不能鼓动他们起来反对自己的法西斯军阀而与我们联合起来共同斗争。

为了致慰于三位日本反战烈士的英魂，为争取更多的日本反战人士，我们也都必须处处表现出团结、进步以及抗战到底的坚决精神！

（原载于《新华日报》1940年3月1日）

# 1941年

# 爱护我们的下一代

## ——抢救难童与保育难童

皮以书

人类社会的一切活动与奋斗，都是为了生命的延续和种族的繁殖，人类社会越进步，则关于生命延续与繁殖的方式也越加进步，在古代，由于人类经济生活的延漫性，故家庭实为生命的延续与繁殖的单位，而在现代一切集体生产的经济生活条件之下，使人类这一伟大目的，必须托庇在整个民族国家的生存奋斗之下才有可能，民族国家没有了独立与生存，而只想保障个体生命的繁荣与子孙的发展，在现代已经成为不可能之事。

我们进行了五个年头的抗日神圣战争，每一个国民同胞都了解这是保卫民族国家的生存和独立的神圣战争，实际上也就是我们全中华四万万国家同胞，以集体的力量，保障集体生命的延续的战争，因为日寇强盗侵略我们的目的，不仅要灭我国家，其终极目的还在于绝我们种族，换句话说，日本强盗要灭绝我们的后代，而我们全中华民族，在民族领袖领导之下，正为着下一代儿孙的生存与发展而作着英勇抗战。

因此，在抗日民族战争中，我们自身的生存与民族国家的生存是绝对的统一起来了。每一个人的儿孙，必然地成了整个民族国家的后代，而每一个中华民族的后代也必然成为我们每一个国民同胞的儿孙。

在进行了五个年头的抗敌民族战争中，由于我全民族同胞英勇奋斗，保卫了民族后代的繁荣与生长，但是我们也有无数可爱的民族儿孙，随着战争时间的持久与战区的扩大而遭遇着空前的劫难与牺牲。五年来，不知道有多少战区儿童，在残暴的敌寇蹂躏与戕害之下而罹难失所，饥饿，死亡。由于中国妇女慰劳总会正确的领导，由于我们战时妇女的责任与义务，为了国家民族，为了我们下代儿孙的生存与发展，妇慰会陕西分会及妇女工作委员会，在困难万端中，完成了他们伟大抢救战区难童的任务，从去年九月起，妇慰妇工两会的工作同志们，在慈善救济会的协助下，一次一次的出发，渡河，越过敌寇的防线，便有一批一批的黄河沿岸的战区难童，在冒险抢救之下，一批一批的由战区运抵后方的护送给妇慰会，一百多个难童，由饥饿与死亡的挣扎在线重新回到祖国的襁褓中安全快乐的生活着，我们对着这一群活泼可爱的难童，我们有着无限的快慰，我们全体工作同志都正在以全付的热情与慈爱，为爱护民族国家为爱护我们的下一代抢救难童与保育难童而努力！

但是我们都知道妇女同胞在国家民族的战时分工，是宣传、征募、看护、慰劳和生产、保育等工作，还是技术的分工，而现在关于难童的抢救与保育工作，亦决非徒具热心与慈爱的妇女工作者所能胜任，只有在党政机关及各界人士热烈与切实的协助之下，才能完满的完成保育的任务。

妇女会及妇工会的一部分工作同志在跋涉冒险，历尽艰难中完成了抢救的责任，应在一部份工作同志，每日正从事于起早睡晚的保育工作，而关于“教”与“养”是值得我们特别向各界致谢的！

这一百多难童，由光头赤足，而现在都已鞋袜衣裤穿从温暖中度过了严寒。他们每天按年龄的大小，在教室受了不同的初级教育，识字，作文，笔术与珠算。在微明的清晨，体育教师领着他们作了各种早操和游戏。他们在每天午后，欢跃的围绕在音乐教师身旁，学会了悦耳动心的抗敌歌曲。他们也有每周一次的卫生检查的机会，他们饮食，虽缺乏适量的肉类，然而蔬菜、植物油、小米、白面，还些维持他们的温饱，在祖国的怀抱中成长壮健，这一切，我们感谢王幼农会长和已故的朱子桥将军给难童衣食的帮助。我感谢韩国青年战地工作队的罗月焕先生，感谢干四团的韩悠德、傅德伟先生和民军眷韩宁清、乔皓谙先生，他们给难童以各种精神上的教养。因为妇女会是民众的团体，有限的经济，只凭无限的热情，是不能对难童完成“教”“养”的责任的。然而我们的难童，还能有衣穿，有饭吃，有各样的义务教师，这表现出我们全体同胞一致爱护难童的伟大的精神。

现在，战时难童仍在源源不断增加中，抗属的儿童，也加入难童保育，人数增多，来日正长，韩侨旅陕的同志，自动的起为我们的难童作义务募捐公演，这个但使我们在保育工作的经济上得以减少许多困难，而且也给全体从事保育工作的妇女同志以精神上的无限的鼓励，更表现了中韩两民族在东亚民族解放战争中密切合作的伟大精神！使我们于感谢旅陕韩侨的这种伟大的盛意，并为中韩两民族解放前途祝：我们大后方各界同胞，在民族解放战争中，应该对我们民族后代子孙热烈关切和努力帮助，应该的最大热烈来协助与发展抢救难童与保育难童的工作，这是每一个国民自身的光荣任务——为了国家民族，为了我们的下代。

（原载于《战时妇女》第10期，1941年）

# 我们公演的意义

[韩国]金光

我们旅陕韩侨，这次为了替妇慰会保育难童募款，于本月十二日起开始公演，这二位在陕韩侨，不是重工业人，也不是商学界人，而是革命军人，因之，我们来陕的任务，并非其他，全是为了参加反战，与四万万五千万中国弟兄，并肩反战，共同流血，扑灭日寇，争取我中韩两大民族之独立自由；至于这个公演的用意，有下面两点：

为省妇慰会保育难童募款——自从抗战发动以来，沦陷区的中国广大民众，在敌人侵略之下，受尽了日寇淫威的凌辱压迫，尤其儿童所受的牺牲，所遭的厄运，亘古未有，他们有的是失掉了家乡，有的是离别了父母，更有的是为敌人炮火所毁伤，举目无亲，徘徊街头，真不能形容他们得遭遇惨状。儿童是未来国家的柱石、民族的栋梁，国家民族未来之兴亡盛衰，全聚在他们身上，爱护国家，真为正义同情中国的人，无疑问的，援助中国应该首先援助中国的难童。陕西接近战区，难童为数尤多，难童救济，亦止殷切，保育救济难童的事业，是复兴民族事业的重要一部分。是以值此新年岁首，我们为了给难童募款，献身公演，借以略表爱护及帮未来勇士之此意。

促进中韩两大民族之亲密合作——中韩两国，壤土相接，唇齿相依，休戚相关。历史曾经说到，韩国之国亡，不单韩国人民之不幸，也是中国人民之灾祸。同样，今天中国之英勇抗战，非我中国人民之所需，我中韩两大民族之关系，既往如此，将来仍旧如此。故中国抗战胜利之后，韩国之独立解放，如不能达成，东亚之安宁，仍必无保证。吾两国人民，应确实记取历史的惨痛教训，各自发扬光荣的革命传统，密切携手，并肩奋斗。韩国自遭日寇强并，三十年来，虽惨遭压迫，但是正义的革命斗争，始终不为暴力所屈，无数的革命先烈，抛头颅，洒热血，为争取祖国的独立自由，不断的作壮烈牺牲，安重根之在哈尔滨刺死伊藤博文，金益相之在上海行刺田中义一，李奉昌之在东京行刺天皇，尹奉吉之在上海炸死白川等的壮举，都是表现韩国民族不屈不挠的革命精神。一九一九年的“三一”大革命，韩国民族，虽在日寇铁蹄之下，仍能一致奋起，宣传独立，以赤手空拳，抵抗四个师团之敌军，前仆后继，支持五月之久，尤其是自中国抗战发动以来，韩国民众之革命精神，空前高涨，全面革命已有一触即发之势，我们武装部队，早在中国各地，参加杀敌工作，现在我们更有信心的计划，一面推动我国内大革命，削弱日寇之战斗力量，另一面补充我们的武装部队，以大规模之军事力量，参加中国抗战，相信最后胜利，必属于我。深望中华民族同胞，切实合作，共同奋斗，完成我们中韩两大民族之革命！

（原载于《西京日报》1941年2月10日）

# 我是怎样轰炸南京的？

[日本]武田进
鸣冈 译

我真的没有想到一个俘虏，还有发表文章的机会，难道这是做梦吗？但王管理员明明告诉我《黄河》的编者谢女士来信说要出一个日本同志文艺专号，希望我们多寄稿子去，我想这不是开玩笑吗？一个俘虏，还那么有发表言论的自由呢？直到我看见山本和片冈都在用心写，才说明那个消息是确实的，那么我也写出一段心曲来吧，如果每个中国人除了汉奸都会痛恨我、唾骂我的，但我可以拿人格拿生命来担保，那是我过去的错误，也可说是我的罪过，我不知害了多少中国同胞的生命财产，我是罪魁，我是魔鬼，我不应该还活在世上，但是朋友，请原谅我吧。"放下屠刀，立地成佛。"中国不是有这句古话吗？何况我的杀人，并不是出于自动，而是处于不得已，好，这些闲话且少说吧，让我把那次轰炸南京的故事写出来，但是朋友，请冷静一点，不要愤怒，不要悲哀，也不要责备我，看完了文章，自然就会明了一切。不过我首先要声明，我是个只有中学程度的青年，在学校时又没有好好用心求学。所以我的文字是很笨拙的，写的辞不合意的地方，还得请诸位中国朋友原谅！

我记得很清楚，那是 1937 年 9 月 18 的早晨，我奉到命令，要和铃木雄等八十二人同时出发轰炸南京，我担任轰炸的地点是交通部和外交部，出发以前，西田队长召集我们训话，他说："亲爱的兄弟们，你们到中国去，是为了发扬皇道的精神，扶助中华的弱小者，那些顽强的中国军队和政府，都是我们的敌人，所以你们今天出发轰炸南京，一定要照着我们的计划去实行，不可乱投炸弹，尤其要瞄得准，不要把炸弹投在水里或空旷的地方，你们要胆大细心，不可慌张，支那兵的高射炮是打不准的，听到了声音也不要害怕。如果遇到他们的战斗机，你们尽可能避免牺牲，只要你往东京的方向逃，他们决不敢追来的！万一有什么危险，你们也应该愉快的为天皇尽忠报国……"

也不是我的耳朵突然有什么毛病发生，还是我站得太久神经昏乱，我突然听不下去了，我只深深地记得最后一句“为天皇尽忠报国”。其实日本人，就应该为日本天皇而牺牲，但是我的命呢？可怜我的老母亲这时还在梦里呢，她一定想不到她的爱儿在两个钟头之内，就会遇到一个人生的大变动，也许我们就这样永别了！我不敢往下想，自从上海的中日战事爆发后，我们已经牺牲了一百多名航空员，我的生命难道还有什么神法庇佑可以免死吗？无疑地我也会涉他们的后尘的。

上海和南京我都随着铃木的飞机去过的，但是去轰炸这还是第一次，便开始感到不安起来，但我假装很镇静的样子爬上了飞机。

我带的是四颗五百磅的炸弹，我知道当这四个东西掉在地面的时候，不知有多少生命财产会被毁火牺牲。但是朋友，请饶恕我，当时我心里的确是充满了矛盾，一面感到许多人要为我牺牲，未免有点难受；另一方面，我觉得非常有趣，我居然有那么大的威权，可以把整个宇宙毁灭，反正炸弹不是我制造出来的，战争也不是我惹出来的，有什么罪恶自然是他们负责，趁着这机会我去游历一次战时的中国也未始不是一件很有趣味的事。

大约是五点钟的时候吧，天快发亮了，我们都从神户的机场起飞，马达发出怒吼似的响声，击破了清晨天空里的寂静，连飞鸟也遇不到一只，就那么自由自在地飞向中国的境界。

经过海面时，我忽然发了个奇想，我想假使我在这时把炸弹丢一颗到海里去，那一定波涛万丈，像火山爆发似的成为奇观，但如果不小心正炸正了我们的军舰，岂不糟糕！

说良心话，我的飞机越来越接近中国的地界，一颗跳动的心也便愈加不安起来。我想也许今天有危险，否则为什么右眼皮老是跳个不停，而手指也有时发抖呢，我想如果遇到中国的战斗机，我一定会死的，我没有战争的经验，而且胆量也并不十分大，死是很有可能的，但愿神保佑我，让我再多活几天，最少我还得回去看看我的母亲。真的，奇怪得很，为什么我这么想念母亲而不想念父亲呢，也许因了他教训我太严的缘故吧。

我觉得世界上最伟大的是母亲，最值得爱恋的也是母亲。

近了，近了！南京在望了！我忙找出地图来看，唉！这怎么好呢，什么交通部、外交部，哪里找得着呵，都是那么高大的房子，密密业业的，我低下头来往下面看看，冷冷清清的一切都是静止的，我们好像到了没有人的孤岛上，正想从容地寻找我轰炸的目标，突然一阵阵高射炮声起了，许多红的绿的火星向我们的四周飞来，我的心开始慌了，我想立刻把炸弹扔完，好快快逃走，但是糟糕得很，眼看着中国飞机一大批一大批的来了，我这时真弄得手足无措，一颗心快要暴跳出来了，我几乎想拔出手枪来自杀，但又觉得太没有勇气，为什么不快把炸弹扔下呢？好！还是扔吧，不要害怕，鼓着勇气，我终于把四颗炸弹都丢完了，只看到到处是火焰，到处是烟雾弥漫，我当然再也没有心情来想到牺牲在我炸弹之下的是些什么人和什么人的房屋财产，我只知道逃命，赶快逃命！

嘿！这是怎么回事，我想加足马力飞，只要冲出了中国飞机的包围，就什么事没有了，不知从什么地方飞来的子弹，我的机翼受伤了，危险，危险，我想如果再不乘降落伞下来，我一定死得很惨的，不是被烧成焦土，便是血肉横尸在天空，我的母亲连他儿子的尸味都闻不到，那是多么惨呵！用不着我多费脑筋去思想，好像一双手就是支配我一切的上帝似的，他把降落伞迅速地套在我身上了，于是我飘飘似的由天空降了下来，完全像做梦一般，当我睁开眼的时候，已经有几十个人围在我的身旁，我的手枪也被他们拿去了，这时我已恐惧得失掉知觉，因为做了俘虏，比给他们打死还可怕呢！

西田队长早就告诉我们，中国的民族是世界上最野蛮的民族，如果他们捉到了我们，并不一下就杀死，他们今天割一只耳朵，明天砍下一个鼻子，后天又把你的一双腿锯掉，使你痛的不能忍受，死去活来，到最后还在你的肚子上用子弹打上一个大窟窿，使肠子流出来让你亲眼看着……唉！这种种的酷刑多么可怕呵！我宁愿他们一下就枪毙我或者砍下我的头来！实在不愿意受那种想死而不得死的活刑！

"你们在我这里打一枪吧！"我用手指着右脑上的太阳穴向一位穿着军服的中国人说，他摇了摇头笑了。

我很痛苦，全身都流着冷汗，我悔不该来南京的，早知如此，为什么不把飞机降落在大海里，为什么在飞机上不用手枪自杀，我以为降落伞会落到旷野或者长江里面的，谁知竟落到虎口里来了！

这难道又是在做梦吗？我竟这么意外地被优待着，他们不但没有割掉我的耳朵，挖我的心，而且对我特别客气，一天三顿饭，有肉也有鱼，比我们在东京吃的饮食要好多了，有一个守卫的站在我的门口，每天还不断有人来参观，他们脸上都充满了笑容，我知道他们心里一定藏着说不尽的愉快和骄傲！是的，他们胜利了，又打落了我们十八架飞机，还俘虏了我们十多个人，但是为什么不把我们关在一起呢？我不明白。

那位常和我谈话的先生，日文说得流利极了，态度也很温和，看样子他的阶级一定很高，我问他："你们为什么不杀俘虏？"他回答说："我们要杀的是你们日本的军阀，而不是日本人，你虽然驾了飞机来轰炸我们，但罪恶还是在日本的军阀身上，也许你是被压迫来的！我们的蒋委员长宽大为怀，有命令要我们优待俘虏，所以你尽可放心，中国人绝不会伤害你的。”

起初我怀疑，后来一个月两个月、一年两年都平安地过去了，到现在我已完全成了中国人的好朋友，因为我的思想也大大地转变，我加入了反侵略同盟，做着反对日本军阀侵略中国的工作，已经承认了我过去的过失，此后是重新做人，但我永远忘记不了我轰炸南京的罪行，希望有一天中国的抗战胜利了，我能到南京去，流着忏悔之泪去悲悼那些牺牲在我的炸弹之下的英灵。

［原载于《黄河》（西安）第2卷第4期，1941年］

# 在收容所里

[日本]山本浩一
南芷 译

谁想到一个俘虏还有发表文章的自由呢？计算起来，我已经过了两年半被优待的生活了，我不知应该如何地感谢中国政府，感谢在前方指挥作战的官长们，如果他们也像我们日本的军官一样捉住俘虏就杀，那么我们的生命还能存在到今天吗？

当我被俘虏的时候，我完全失掉了生的勇气，我想他们一定是骗我的，也许故意优待我们，让我们把许多消息都告诉他们的时候，然后再杀掉我们，其实这想法是绝对错误的！中国人的心真慈善，他们一点也不残忍，中国的士兵也像长官一样那么爱护我们，他们忘记了在一刹那前我还是他的敌人，他们的生命有许多死在我们的手里，好危险，我是他们的敌人，居然他们救了我，亲爱的中国兄弟，我用什么来感激你们的恩惠和伟大的人类爱呢？

当我们由第五战区被解到重庆去的时候，在路上不知有多少中国人"看俘虏"，但是奇怪，他们却不骂我，更不打我，他们只用一种很奇异的同时是可怜我的眼光紧紧盯视着我，每每使我不好意思把头低了下来，我恨自己不会说中国话，否则我要告诉他们，我的心也是和你们一样善良的，只是受了日本军阀的欺骗，把我们赶来中国当刽子手，我们和中国并没有仇恨，请你们饶恕我原谅我过去的行为，他们好像了解我的心事一般，那些望着我的面孔更现得和善，更现得可亲了，但是也有少数小孩子和士兵同志表示着愤怒的样子，我了解他们的心情，我只有惭愧，只有忏悔！

到了收容所，我们过的是梦想不到的有趣的幸福的生活，我们每天早晨有早操，三百多个同志，集合在一个广场里做着各种健康身体的柔软体操，我们又回复到学校的生活了，忘记了战场，忘记了炮声，忘记了一幕幕流血的惨剧，在这静穆的友爱的和平村，我们只有快乐，只有研究三民主义的乐趣和祈祷中国抗战胜利的信心。

我们每天的科目有精神讲话、三民主义、中文、小组讨论、唱歌，此外还有个学术研究会，我们有时候感到吃饱了饭不替中国做一点事实在太惭愧了，好几次我们向所长要求他分配我们工作，但总是被拒绝了。我们既然有了充分的时间，所以对于三民主义可以慢慢地研究，深深地了解，孙中山先生的确是个伟大的人物，对于他的著作我最近更发生很大的兴趣，但是我的学力有限，需要教官们给我以详细的讲解，才能认识三民主义的真价值。

我们的生活，完全军事化，有一定的时候睡眠起床，有一定的时候工作读书。我们的身体一天天发胖了，精神也比初来时候活泼得多，我敢说，初来的时候，十个中间至少有七八个是消极的，但经过两年半的训练，我们都改变思想了，把消极变成积极，悲观变成乐观，我们并不希望战事结束后都回日本，而是希望能有机会在中国好好做个有用的侨民。进一步说，我们很愿意加入中国籍，永远受中国政府的指挥，为中国□人类的和平幸福而努力。

我是日本熊本县熊本市的人，曾在日本大学法科毕业，在没有来到中国以前，我是大阪市的一名官吏，战后充当陆军一等补充兵，我很伤心，日本军阀为的要完成他征服中国的迷梦，不惜把国家的精华都运到异国去牺牲，受军阀麻醉很深的日本人民和士兵，到现在还有不少，认为军阀的侵略战争是与他有益的，但稍为有头脑的人都知道我们是被欺骗了。应该觉悟过来把枪头掉转，只要中国政府相信我们，我们都愿意上前方工作，使那许许多多尚未觉悟的日本兄弟将来反战，加入中国弟兄的队伍里为正义和平而奋斗。

我也和其他的弟兄一样，在黄昏或晚上常常会想起我的妻和老母亲来，幸而没有孩子，否则更使我担心。母亲也许不在了，妻也许被征到前方去做慰劳队去了，我不敢想像她会过着如何悲惨的艰苦的生活，我只祈祷她和老母亲的安全，只要我们的生命存在，总有消灭日本军阀，母子夫妇团圆的一天。

在收容所里，我们的生活是有规律的，活泼而愉快的，常用参观的人问我："你觉得现在的生活满意吗？没有什么痛苦吗？"我总是笑嘻嘻地回答他们："在这里很好，一点也不感觉痛苦。"他们也许以为我说的是假话，其实确实是真的。

下一个月就是五月了，这是日本的耻辱月，为什么这样说呢？因为五七是日本军阀向中国无理签订二十一条条约的日子，中国人把这天当作国耻日子来纪念，细想起来，这是日本的不对，没有公理，没有良心。强占人家的领土，这与强盗有什么不同呢？

我因为恨透了日本军阀，所以写下了这一些牢骚。我们现在再也不是：

“日本皇军“了，而是一个富有同情心、富有正义感的日本人民，中国反日人民的战友，不久的将来我还希望我们请求入中国籍的事实现呢。

[原载于《黄河》(西安)第 2 卷第 4 期，1941 年]

# 吉田太郎在抗大

木白

出身在地无一亩的农家，终年从事于渔场劳动的吉田太郎，和许多日本青年所遭受的噩运是一样的；当卢沟桥的炮声响起来了，便被迫着来到中国的战场上，为日本军阀资本家们效命。但幸运的他却能逃开了军阀的魔手而终于踏上真正的光明大道。事实是这样的：在沁县的一次战斗中吉田太郎负了伤，被决死队抬回送治，后来又一度为叛变的顽固军队掳了去，但他却英勇机警的逃回八路军来，并宣誓为中华民族与日本人民的解放事业而投身于八路军的光荣行列。今天的吉田太郎已经是抗大教育工作岗位上的一员战士了。

吉田太郎初来抗大工作还是去年八月正当百团大战胜利发展着的时候，算来已经半年多了。抗大是吉田太郎第一次所接触的在中共与八路军领导之下的学校，正如他自己所说："这是我生平第一次踏进革命学校的大门，在这里充满着的团结紧张活泼严肃的革命精神，深深的感动了我，教育了我，所有在这里工作的同志为了创造八路军所需要的各种人才，真正竭尽心血不计任何艰难困苦的努力工作着。这里的学生为了同样的目的，都能自觉的遵守纪律，自动的忠诚于自己的学习。"这是抗大给予他的深刻的印象。

吉田太郎在抗大担任敌军工作训练队的日语教员，这正是他所爱好的工作，为了唤醒广大日本士兵从军阀法西斯蒂的屠刀之下醒悟起来，培养大量的熟习日语的敌工干部有着怎样深重的意义，吉田太郎是充分了解的。认为这种工作是他参加中国革命同时又为谋取日本民人解放的最捷便的道路。正如他在答谢学校首长慰问的信上所写着的："这种工作我并不认为只是八路军的工作而对它做过低的评价，相反的我还常常想着这是把握住了中日人民幸福关键的一种非常重要的工作，我是努力参加了，而且我觉悟到今后更要加倍努力，一直到这种工作胜利完成它的明朝。"

在吉田太郎这样高度的工作热情之下，和其他一些同志共同努力的结果，敌训队的学习成绩的确是惊人的。原来都是一些毫无日文知识的青年学生，经过短短六个月的教育，今天大都能够操简单的日常用语，熟习了一般的口语文法，每人识日文字一千五百左右，可以写二三百字的短文，据估计这是达到了一般日语学校在两年中才能取得的成绩，也就是以四倍于一般的进度来学习的。这些成绩和吉用太郎所创造的许多很好的教学方法与积极的领导课外学习是分不开的。敌训队里提出了"生活日文化"的口号，无论出操，开讨论会……必须一律用日语，谁个偶尔忘记了说出中国话，立刻会遇到"大鲁马"（日语不倒翁之意）这个带刺激性的提醒。敌训队不断的扬起的日语的歌声充满着异国的情调，吉田太郎是一个出色的歌咏指挥员，在体育场上一切游戏也都是用日语来说明和指挥怎样动作的，吉田太郎永远是不知道疲倦的在搬弄着他那茁壮的手脚指导着。在饭后或是假日休息散步的时候，敌训队的学生人手一本课外记事簿，三五成群的追随在吉田太郎和其他几个日语教员的后面，指点着各种事物，问东问西。每个担任公差勤务的敌训队的学生，走在路上打开了吉田太郎主编的《小俱乐部》，从里面的动物栏或是植物园中……选读他们所需要与爱好的日文单字。敌训队每半月举行一次"日语晚会"，吉田太郎还是一个导演的能手，他带助每个班排演着游艺节目，从小型的生活活报到表演日本士兵思乡反战的话剧全部都是日文化。他亲手糊制扮演日本士兵用的肩章、子弹盒……总是做得十分精致毕像的。在俱乐部墙上挂起的纸袋里，装满吉田太郎绘制的各种式样的对敌宣传品，供做学生们课外学习参考。在广场上在田野里在河水边时常可以遇到吉田太郎和他一同工作的伙伴们在给学生讲述日本的故事，唱着日本小调，朗诵日本的诗歌。吉田太郎就是这样整天在紧张和愉快的激流中工作着。

和每个其他的抗大干部一样，在工作中吉田太郎也并不放松自己的学习，他很有计划的在阅读着马列主义的书籍，为了将来直接担负解放日本人民的巨大任务，吉田太郎是有决心在这革命学校的大熔炉中把自己锻炼得更加坚强健壮。在日常生活中，他拒绝享受任何特殊的优待，他参加了背柴背粮和生产工作中的各种劳动，在劳动中随时都注意利用时机教授日文。他和村中的老乡们混得非常亲热，时常被许多人围绕在中间，用他那还很生硬的中国话谈论着日本人民受压迫的情形，老乡们常喜欢送些好吃的东西给吉田。吉田有时拉着几个朋友走进食品合作社里，总是和小鬼们调笑着说："我是日本人，要优待的，多多的给。"自然啰，吉田太郎在这革命的大家庭里到处都会受到热烈诚恳的优待。

四月间正当日本樱花盛开的时节，也该是日本人民最欢畅的时节——若是没有战争的话。如今在日本人民的心头是万分凄苦的，樱花也随之寂寞了。但生活在抗大的吉田太郎却并不感到寂寞。敌训队的学生们纷纷写信并赠送许多东西给他，充满着对这革命友人的无限敬爱。学校首长们也致以专函和慰劳品，表示了热切的关怀。在信中勉励着他："只有像你这样的日本人民和兵士是脱离了黑暗找到了光明的……你生活在我们这个革命的大家庭中，你对于中华民族和日本人民共同的解放事业表现了高度的忠诚，你对日本侵略战争表示了极度的痛恨，你为八路军积极工作……这一切是我们所深知而且极其佩服的……"这些诚挚亲切的话语更加激励着吉田太郎的革命热情，在他答复的回信中表示了："……我在过去社会里被反动的观念深深蒙蔽着活了廿多年，却没有想到会以这次事变勃发为转机而投身于伟大的中国革命运动的浪潮……我已经达到了清算过去那一时期的境地，心里充满着会心的笑意……现在我到底是有了为着打倒日本法西斯军部及资本家们，将日本的劳农大众从他们的欺骗压迫之下解放出来而拔刀相向的气概了……我希望学得中国伟大革命的教训与经验，在八路军诸同志的友爱的正确指导之下，全身受着种种艰苦的伟大的布尔雪[什]维克化的锻炼……"

今天生活在抗大的吉田太郎再也不像他没有被迫出征之前整天困在腥臭的渔场里操弄着捕鱼工具，也已经抛弃了那日本军阀迫他使用射杀中国弟兄的武器，不，并没有抛弃掉而是倒转过来了，而且是不仅使用一种武器了，他那嘹亮的歌喉、熟练的语言和用来帮助解释问题的手脚……这些都成为了吉田太郎今天用以战斗的武器，这些武器都是精确的瞄准了日本军阀法西斯的要害，而作命中的放射！

（原载于《抗大文艺作品选辑》第 1 期，1941 年）

# 我的感想

[日本]井村芳子
冰莹 译

去年一月参加朝鲜义勇队的工作,这在我的生活中,是一个大的突变!过去在日本,因为受了帝国主义的麻醉教育,还以为他们到中国来,是为了中华民族的解放和维持世界的和平,后来事实告诉我,日本军阀疯狂地在中国残杀无辜的民众,强奸中国的妇女,焚毁中国的房屋,携掠中国的儿童,我这才完全认识了日本军阀的真面目,更明白了侵略战争的罪恶。

因此,我的思想转变了!

我好像一个中国人似的常常在中国的军队中来往,他们也许觉得这个日本的女性有些奇怪呢,但我自己觉得一点也不奇怪,而且觉得非常有趣,我是一个和他们一样的人,在抗战的烽火中,那些千千万万的中国勇士,我是多么尊敬他们,崇拜他们。我真想叫他们一声:“亲爱的同志哟!”

我忘记了自己是一个日本女性,我是一个真正反侵略的爱国分子,我深深地了解这次日本侵略战争的性质,和它所引起的一切结果。

日本军阀和财阀,不但是中华民族的死敌,也是全世界被压迫民族的公敌,更是破坏日本人民幸福的大敌!我相信凡是反侵略的日本人民,都有这样的认识和信念。

过去在鄂北,我和朝鲜同志到最前线敌人的步哨在线去宣传(大概距离二百米达的所在),我们在铁丝网下唱反战歌给日本士兵们听,我解释侵略战争是如何地不利于人民给他们听,要他们赶快起来反战,说到沉痛的地方,他们真感动得流泪了,不但不开枪射击,而且偷偷地爬过这边来。

我要像过去一样,本着反抗侵略战争,反抗日本军阀的精神,始终为中华民族奋斗!我要坚强我的意志,克服一切的困难,工作到底!

这是我的一点感想，也可以说是代表日本人民在求幸福！如果日本军阀一天不打倒，侵略战争一天不停止，我们是永远没有幸福的！

一九四一年，二月二十五日，芳子于西安

[原载于《黄河》（西安）第 2 卷第 4 期，1941 年]

# 忏悔

[日本]片冈正雄

谷口三郎是四天前才从随县被押解来老河口的，初来时他的衣上还存留着几点血迹，一看就知道是在两方剧战的时候被俘的，他的左腿上稍微受了点伤，但现在已经好了。李队长害怕他因这些血迹，而忆起了战场的残忍与可怕，所以特地命那个小小的勤务兵送了一套和我们穿的一样的草绿色军服给他换，他起初是拒绝，但后来经过我和山来详细的解释，他就勉强地换了。

谷口的意志有相当的顽强，他已经被俘半个多月了，初来时好像并不觉悟的样子，我一连和他说了三天三夜，情形比较好转，他已经承认了过去的一切都是不合理的、非法而残忍的，我很替他庆幸，要不是到这儿来，也许他仍然还是保留着过去的思想。

他是个小学毕业生，家住在东京市小石川区表町一二三番地，战前，他是卖鸡肉的商人，今年二十七岁，有妻，还有四个孩子，母亲是个瘫了右腿的人，只有他这个儿子，眼巴巴地希望他快快把孙子们抚养成人，自己也好享受老年人应享的幸福，谁知道战神又把他召出了呢。

“你在军队里担任什么职务？”

我问谷口三郎。

“陆军辎重特务一等兵。”

说到“一等兵”三个字的时候，他把眼睛睁大了向我注视，我内心里立刻感到一种非常幼稚的可笑，即使是一个陆军上将又有什么值得骄傲的呢？

“怎样被俘的？”

“在□河向随县进击的时候，当中有一条河，叫做涓河，河面并不宽，水也并不深，只是流的太急，中国兵对于渡河好像有特别高明的技术，无论什么深的水，他们都满不在意，据我的观察，他们中间恐怕十个有九个会浮水的，牺牲在这条河里的我们的日本弟兄可真不少，随县这地方曾经被我们占领三次，后来又都被他们克服了。

“那天晚上下着很大的雨，我们下了最大牺牲的决心向随县进发，据情报他们的人数很少，我们可以毫不费力地去占领随县，但是结果并不是这么回事，我们攻了两天两夜才把它攻下来，但弟兄们死伤的已有万余，中村联队长也殉职了。”

“喝？还牺牲了一位联队长？”

我故意惊讶地问。

“岂只一位，这算得什么？那次攻枣阳的时候，在一小时之内就死了四个联队长、七个支队长、三百五十七名弟兄，还有那些伤重病死的不在内。”

“你老在这一带做战吗？”

“快三年了！”

“从来没有受伤过吗？”

“有的，三次了，因为受伤后太痛苦，所以对于中国兵特别痛恨，而且连老百姓都痛恨起来。”

说到这里，我不能不暂时把他被俘的经过搁下，而对他下一个大大的□告。

“使你受伤的，不是中国兵，更不是中国人，而是我们日本天皇和日本的军阀，如果他们不来侵略中国，不驱使我们来当炮灰，我们在日本各人安居乐业，怎会来到中国的战场受罪呢？中国的士兵不也有千千万万的伤亡吗？他们也是日本军阀逼他们走上这条路的，我们应该同情他们，和他们握起手来，打倒我们共同的敌人日本军阀！”

“这道理，现在我已经完全明白了，方才说的是叙述我过去的情形。”他的态度很严肃，我相信他的话是真的。

“一直到今天，我都好像在做梦。”停了一下，他又继续着说：“当我在战斗中被俘的时候，我以为生命立刻就要结束了。一家六口人的生命此后也不知能否存在，我很痛心，希望中国兵立刻杀死我或者把我投在涓河里，但结果呢，出乎我之意外，他们不但保全了我的生命，而且这么优待我，使我倒感觉惭愧起来，你应该知道，片冈君，我们如果捉到了中国俘虏，常常是用机关枪扫射的。”

后面两句话，他说得很小声，好像生怕中国人听到似的，“其实中国人比我们知道的还多，好在他们的心怀宽大，如果存一丝报复的心，那我们还有今天吗？”

我很严肃地说着，他不住地点头承认了。

“我很难过，过去我做过好几件荒唐的没有人道的事，现在回想起来，实在太不应该，太残忍了！”

“什么事你可以告诉我吗？谁都会做出错事的，只要自己明白而且悔悟，社会会原谅你的。”

我用极诚恳的态度和他说，希望他能得着我的安慰而忠实地把过去的行为多少告诉我一点。

“是的，我也很想和你谈谈，以减轻我内心的负疚，但是请相信我，我是以一颗悔悟的心来追述过去的罪恶。”

他换上了一支烟，深深地吸了一口，然后又吐出浓密的烟雾出来，带着惭愧而凄凉的音调说道：

“那是去年冬天的事了，我们新开来大邦店驻防，已经是晚上十二点了，我们因为冷得太难受，去敲一家中国老百姓的门，敲了很久都没有人答应，同伴中的内田君气愤的了不得，就用刺刀把门砍开了，里面的人已逃走一空，只剩下一个老太婆躺在床上呻吟，内田以为她是装病，所以就对她施起无礼的举动来，他完毕后，我也同样的来了一次，那知那老家伙不甘屈服，她拼命挣扎，用牙咬我的胸膛，我一方面为了自卫，一方面为了恨她不该反抗，恨她的儿子媳妇不该逃走，于是就一刀把她的头砍下，当时我像砍下一个鸡头似的一点也不觉得难过，临走时还把这所房子纵火烧了，反正这是我们干惯了的勾当，并不觉得有什么麻烦或者对不起中国人的事。”

“还有一次是在安陆，一个七八岁左右的小孩子撒了一泡尿在我晒在草坪里的衣服上，我觉得他是有意侮辱我们皇军，我赶快跑过去刮了他几个大耳光，那孩子居然这样大胆，他不但不害怕，而且大声地骂我是日本鬼子，又跑去在衣服上恨恨地踏了几下，同时做着小便的姿式，我再也不能忍耐了，于是就拔出刺刀来那么一下就刺穿了他的胸膛，鲜红的血溅满了我一身，害得我赶快跑去营房向人家借套衣服来更换。晚上我们的中川支队长回来了，他知道我刺杀了孩子的事情，忙把我骂了一顿，说孩子应该留下的，要杀只杀那些不中用的老家伙和八岁以下的小孩，像今天的那个孩子可以留着将来有机会运回我们国内去，但我用谎话骗了他，我说昨夜下雨，我们的旗帜有一面淋湿了，今天出太阳，正好晒一下，不料那个可恶的孩子居然敢在上面小便起来，你说可恶不可恶，要是别的还能忍受，国旗，我们大日本帝国的国旗，怎么能让他侮辱呢？所以我终于杀掉他了。‘好的。’支队长说着，含着微笑走了。我自己暗地里钦佩自己的聪明，能够临机应变，但是奇怪，从此我的精神不安起来，那个小生命惨死的情景，永远在我的脑筋里萦环着，有时他向我流着泪哭诉，有时他握着小拳头，向我乱挥，又有时睁着两只大大的眼睛向我发怒，我害怕有时简直整夜做梦都梦见他，尤其知道他的母亲跳井死了之后，我更加难过！唉！谁没有父母，谁没有儿女？如果中国兵有一天也打到我们日本去的话，他不是也同样地杀我们的孩子，强奸我们的母亲老婆和姐姐妹妹吗？如果我们的孩子也遭受这种残酷的杀戮，那么我们将伤心到什么地步呢？片冈君，我真是个周身充满了罪恶的人，为什么中国兵俘虏了我不杀掉我来祭祀那些牺牲在我枪刀下的冤魂呢？”

谷口一气说到这里，脸上表现着很懊丧很后悔的样子，我知道他的心里一定很难过的，于是就安慰他道：

“像你所说的事，我自己虽然没有亲身做过，可□是却看见不少了，凭良心说，我们的‘皇军’也实在太野蛮太残忍了，怎么可以不择男女老幼，不问战斗员与非战斗员而通通加以摧残呢？总之，我们是被利用了，我们多杀些中国人，多死一些弟兄，他们军阀就好借此升了官级，试问这种侵略战争对于我们日本弟兄和日本的民众有什么好处呢？丝毫也没有！谷口君，不要难受了，只要我们觉悟，站到中国抗战的阵在线来和他们携手，和他们一同做着消灭日本军阀的工作，我相信他们都会原谅我们的。唉！谁的身上，没有中国的士兵或者民众的血腥气呢？只要我们能觉悟，我想这些难闻的有罪恶的气味，一定会慢慢地消灭的。”

我说到这里，谷口抬起头来深深地望了我一眼，又把头低下去了。

“我能留在这里吗？”

他轻轻地问我。

“不能，听说后天就要送你去洛阳了，也许还要到宝鸡去，在那儿有我们的弟兄好几百个，你去了绝对不会感到寂寞的。”

“好几百？真有这多吗？”

谷口似乎不相信我的话，带着怀疑而惊讶的口吻问。

“这还是少数的，在重庆贵阳一带还更要多呢！”

“他们不会虐待我吗？”

“不会的！像在这里一样。”

“早知如此，为什么我这样对待他们中国人呢？”

在谷口这句天良发现的话里，不知含蓄着多少忏悔的眼泪。他是深深地被我们的优待感动了，我告诉他不久之前有二位日本弟兄在汉口被游击队俘来，在这里住了两天，他们看到我和大竹、伊藤、山井他们整天写画报画漫画，和朝鲜义勇队一起做着反日本军阀的工作，就大骂我们的行为是反动的，但我们把一些什么是正义、什么是真理、什么是人道以及日本侵华的野心与罪恶等等大道理都详详细细地解释给他们听，结果都被我们感化了。”

谷口静静地听着，像孩子听着母亲说话似的，他不再怀疑，也再不提出什么问题来问我了。

那个活泼泼的中小学兄弟给我们提一壶开水进来，还给我们每人倒了一杯，谷口特别客气起来，他对孩子连连说了好几声谢谢，鞠躬的头几乎要碰着膝盖了，小同志什么也没说，只笑了笑跑了。

“这孩子还只十五岁，整天和我们在一块玩，他教我们说中国话，我们教他读日文，像他一样年纪的孩子不知道有多少被我们伤害或者运到日本去了，但他还是这样待我们好，一点也不记仇恨，好天真的孩子！”

我很感慨似地说。

“是的，我很难过，现在无论什么时候，去到什么地方，只要看见孩子我就追念起那个小小的死尸来。方才我把头低下是害怕他用眼睛老是望着我的缘故。”

一个人最宝贵的是良心，谷口能够了解过去的错误，我想可以请求李队长留下他在这里工作的。

三天以后。

李队长特地买了许多肉和鸡蛋来，他知道我们日本弟兄喜欢喝酒抽烟，所以这两种嗜好品也预先准备了。有五位朝鲜同志是刚从×战区敌人的后方回来的，我以为李队长添这许多酒菜，只是仅仅为的欢迎他们，等到吃饭时，他却站起来演说了。

“今天我们举行这个欢迎会有两种意义，第一欢迎谷口同志参加到我们反日本军阀的战线上来共同奋斗，第二欢迎朝鲜同志从敌人的后方回来，劳苦功高，现在先请大家都干一杯！”

我们都站起来把一杯满满的黄酒喝干了，谷口忘记了在今天十二点以前还是个处在俘虏地位的人，他兴奋得不由自主地站起来向李队长致谢，于是热烈的掌声像打雷一般响着，他放开嗓子说话了。

“李队长，各位同志：我很惭愧，过去我是个有罪的人，做过许多于中国不利的事，但现在我忏悔了，我要重新做一个反战的勇士，我绝对不会欺骗你们和我自己的良心，我已经脱去了皇军的制服，穿上了参加抗战的中国士兵人的军装，我也来敬各位一杯吧，祝我们的团结万岁！”

这种出乎我们大家意外的举动，几乎使得□也痛痛快快地一连喝了三杯。

晚上在清朗的月色下，我们陪着谷口到公园去散步，他自从被俘后今天还是第一次得到自由，心里的高兴，自然我们可以想象到得的。当我们来到公共体育场的时候，一群孩子正在做着捉汉奸的游戏，谷口突然停住脚沉默着不说话了。

“谷口君，你有什么感想吗？”我很关心地问他。

“我忽然想起我的四个孩子和那个被我刺死的孩子来了，呵，还有那个卧在血泊里又被烧成灰烬的老太婆！”

说完，他恨恨地咬着牙根，好像在咒骂自己的样子。

“忘记了过去吧，你已经是新主的谷口三郎了。你心理上的缺憾，将来用神圣的抗战工作去补偿吧。”

他微微地笑了，我们走遍了公园后就踏着愉快的步子回家。

这一夜谷口睡得很好，再也听不到他的唉声叹息了。

[原载于《黄河》(西安)第2卷第4期，1941年]

# 悼中川利一

[日本]桥本克己

编者按：桥本克己是一位英勇的反日同志，曾留学德国，研究医学数年，归国后为日本名医，七七事变后被军阀强迫来华当军医，被俘后积极反战，现在×战区政治部医务所当医官，常用日语向日人广播，反对侵略战争，参加中国抗战，并还将总理的三民主义译成日文，准备出版，投寄本刊之四篇稿，都是用中文写的，为了保全作者的真面目起见，本文一字不改。

中川利一，他是从日本三重县一志郡出身的青年。他成育的乡村是偏在很幽遂[邃]的山中，而且隔绝于海岸的□市城，所以乡民的文化程度很低，人情浓厚，不似日本社会一般，生存竞争激烈，在这个一寒村里人家互相协助，共同生活，怡然造成安乐境。乡民的生业多是系制木材、木炭的，但是一小部份从种耕田。生活状态是素朴刚健，乡村中没有特别大的富翁，同时没有太贫的穷民，乡民都是一□享受安乐的生活。

在这个环境中，中川利一自幼帮助他的父亲制木材业。虽然受了普通教育，在幽遂[邃]的山中与复杂的外边社会里生有竞争隔绝，惟知道劳动的快乐和生活的享乐，但没有奢侈的欲望，不知道华丽豪奢的都市生活。所以利一的性质是十分素朴温和，没有过分的欲望，怀疑心和嫉妒心，只有热烈的人类爱和欲求知识的心，真是天真烂曼。

但是可怨！贫[贪]污的日本军阀引起的侵华战争里，日本国内的青年们很多被征，变成战场的尸骨了。因之昭和十四年(民国二十八年)十一月，中川利一也是被征了，他到朝鲜龙山，入第二十师团骑兵联队，受训半年再到战场去。他来的是到晋西南运城、河津、风陵渡等的战场，在这里他入伍，混和老兵中劳苦勤务了。原来师团内骑兵的职务是斥候和传令，就多是单独的行动，所以在华军游击队很多了占领的地方十分危险了，老练熟知的老兵们当然是厌着这个勤务的。常常威胁强迫新兵们代替老兵当危险的勤务，但是新兵们的恐怖心比老兵们还要厉害，因之新兵们屡次居然反抗老兵的压迫，队伍内常时暗云低迷，新老兵间的斗争不绝了。在这样状态，中川利一原来不好斗争，他不能忍耐着新老兵的斗争，宁愿意自己当这个困难的勤务解决他们斗争之根源。所以队伍内新老兵们都是对利一很好，尊崇他的牺牲心，很爱他的烂漫的心，民国二十八年八月二十二日师团司令部命令，十个骑兵要往解县前面侦察敌状和地形。队伍内，人家都知道了这个任务，很重大，同时危险的程度也很大，所以整个□队伍骚然，新老兵们复互相反目，要避免这个任务，中川利一本心也不愿意去，但是他不能不去，因为非他不去人家绝对不要去。八月二十三日他们出发了，而且果然那天下午被华军围攻全灭，中川利一被俘了。

我初看他的是他被送到洛阳第×战区政治部的时候，他身体很好，是很胖而白面可爱的青年，脸上常含微笑言调是温顺□宽大。日本士兵原来都是被军阀麻醉太深的，所以他们被俘，头一次看见我们的时候，都是兴奋而太燥，一定要骂我们的反战工作。但是中川不是那样，他的态度是温柔、和平，没有一点凶暴的。这个时候在政治部里日本反战同□有十多个人，都对中川感觉他可爱的印象，他还是很聪明的，我从他听得他被俘一切经过后，向他说明他陷到这样不幸的境遇，就是因日本军赐和财阀贫[贪]污的私欲。而且不仅他很快了解我说的理论，反客说："是的，我已经知道了，被俘以后我也研究我遇到这样苦难的原因，同时也听得前方华军官长的话，就明白了日本军阀和财阀的罪恶。"原来日本士兵们由帝国主义教育受过太大的麻醉，日本俘虏们非好几个月受真理教育不能觉悟，军财阀的压迫和侵略战争的不正义性，但是聪明的中川已经觉悟了一切，即日他参加我们的反战工作。

从前他是一个樵人，当时对政治工作知识不够，虽然他没有学力没有知识，但是不只有热烈的求学心和勤勉的努力，而且有从顺素□的性质和聪明的理解力。研究，念书，他的才干显著进步，仅仅几个月后超过□辈有知识的人们，很清楚理解我们的反战理论，更进到日本革命理论了。加之深厚的他的爱情处在整个人类上普及，什么样人，他都要爱护，同时不嫌恶，什么时候他都含微笑对人，交友很好。我们同志有病的，中川一定不眠不休当看护，依他被救命的人我可以□出差不多□个。有人困穷，中川一定抛弃私物，扶助困人。所以中川参加以后，我们的反战同志会恰如获得太阳，大家每日都愉快工作了。

到民国二十九年以后他成了我们不可缺的人。我们的反战理论，我们的政治经济研究，我们的宣传工作，都是很多的部分依赖中川的努力。他不但在内部扶助我们，还自己也在表面上，或在戏院唱歌，或讲演、写文，纵横活动了。又我们与日本帝国主义者（被俘的）直接激烈斗争的时候，他总是保卫着我们。

他还有纯朴的，本青年的气风，他很好唱故乡的民谣。有的时候想起了家茫然凝视天空，唱出素朴的民谣和童谣，哀调切切如叫如诉如啼泣，那个时候我们可以看得，他寂寞的心理，同他伴唱，以安慰他，因为在外国的我们生活，有的时候谁都不能不免想象，悲愁的感情，那样时候我们要互相慰安，就是必要的。

中川常说过了，本来我是□樵，不知道国家，不知道世界，没有目标知识，但是那个时候我的生活是很安乐，不需要多的理论和知识，到现在呢！我很谢谢日本军阀和财阀，他们捉我投出世理大势转变的大舞台上，在这里也得知道一切真理，同时觉悟日本军阀和财阀们欺骗我们、压迫我们的事实，我失掉了过去的安乐境而且代之获了这个伟大的觉悟真理，我实在要谢日本军阀财阀，而且依他们教□的真理要打倒他们，哀哉军阀财阀，他们要虐待我而却使我觉悟他们丑恶的状态，我一定要打倒他！

民国二十九年九月，中川偶罹伤寒病，病势厉害苦恼万状，遂到后方医院，留□受治，及到十一月初旬才治愈回来，但是由伤寒病的影响，瘦弱没有力量，最不好的是遗残喉头麻痹症，声哑喉痛，完全不能唱歌，不能多讲话，那个时候我们屡次同他一共散步城外运动，但是他的步调是不活泼而不似常人。他的面貌苍白，最特异的是声哑不能说话，所以警卫要所的哨兵们一定看他讶疑讯问他了，他虽然不能发声困于答辩，他决不靠着我们，每次自己郑重辩明，而且满面笑着向我们说，“中国的抗战一定要成功，因为这样后方立哨的士兵也是紧张，我的姿态，实在是可讶的，看着这样姿态一定要警戒的是他们紧张的证明啊！在后方也是这样，前方的紧张和奋斗可以推□，士气衰颓而最近□□也低下的日本军不能打胜吧，中国抗战的成功是我们的革命成功的先声，我们的将来有很大的可能性啊！同志千万要努力呵！”□中川的心里已经没有了自己一身的苦乐，他愿意为东亚万民及日本革命的完成而努力。

但可惜！可悲！民国二十年二月十二日以来他感冒，喉头更肿胀，病势渐重，终于二月十八日拂晓逝去了。

唉！失了这位同志，我们的心情感□□□，舌头不能说出，笔头也不能表现，惟迎天而长叹息，流泪滂沱而已，谁杀中川呢！中川自己说□：“使我陷入这个苦境的是日本军阀和财阀。”我们应该做甚么以安慰中川的灵呢，他也自己说过“我要打倒日本军阀”，我们要哀悼他，须要打倒日本军阀。

中川的遗骸要变成□城西关的一块土，但是他的魂魄一定要转在我们的脑中，继续日本革命吧。进呀！日本反战同志们。

民国三十年二月二十七日写

[原载于《黄河》(西安)第2卷第4期，1941年]

# 一觉醒来

[日本]田中早彦
罗月焕 译

田中君系东京早稻田大学毕业生。七七以后被征来华，在华北作战，不久即受重伤被俘，经我军妥予治疗始愈，现在某地参加日本人民反战同盟活动，田中君为一热情诚挚之青年。此篇系田中君伤愈后第一次寄予译者之作品。

——译者

轰轰，敌人密集的炮火打来了，"皇军"一个个的躺在战壕里不敢动，有的着了弹，血染湿了黄军衣，暗红的一片，夹着低惨的呻吟声。炮弹更密了，这也许是我们回家的一天吧，一个乌鸦来了！轰！怎的这热闹的炮火场忽然静寂起来呢？天，怎么忽然黑了呢？自己身体怎的忽然轻起来了呢？轻得连风也吹得起，太静寂了，偷着去玩玩吧，怎么没有了营房，连哨兵也没有了呢，风飘飘地倒吹得很清畅，何不回家去看看，有这样好的机会！去吧，回东京去，真是奇怪得很，只要一想着回家，立刻身体就飘荡的飞起来了，飘起来了，正好是向东的风，快得很！怎么？到了天津车站了吗？人多得很，怎么一点声音都没有呢？他们都学会了静默吗？不要给宪兵看见！悄悄地溜过月台去，车子倒漂亮，上去吧，藏到车的角落里去，不要给宪兵看到，车开了，查票了。咦！他们都没有看见我，好，车子飞起来跑了，怪得很，也是一点声音都没有，山海关过去了，沈阳也快到了，这车直放大连呢，到了，车停了！大连，大连，上船就可以回国，妙！妙！再溜一阵吧！上了车站，宪兵也不查我，没看见我吧！真是侥幸！再溜，悄悄的上了东京丸，更妙，更妙，现在就开船，躲在货仓里吧？查不到，开船了，好大的波浪，这条船，也会摇起来呢！漂啊，漂啊，到岸就是东京了，快！快！怎么？早上出发，天没黑就到了呢？也许过了两天吧？在货仓里我不知道，船到岸了，下去下去，大家都下去，这次宪兵怎么又没问我呢？

好极了！该我回家看看吧，到家了，到家了！唉！破败得成什么样子？家里难道是整个改变了吗？淳子长大一点了，瘦得可怜，来吧！爸爸回来了，我可爱的淳子，怎么不笑呢，出去两年不认得爸爸了吗？淳子要睡了，在我怀里睡吧？你怎的这样瘦呢？身上不冷吗，穿得这一点点单衣服，妈妈呢？妈妈回来了！贞枝，我来了啊！流泪吗？不要流泪，我来了，爱的，这两年苦你了，你也瘦得太可怜。怎样别了这样短的时间面容就改得这样多呢？我爱，家中怎么这样破烂呢？军部没有接济吗？“接济吗？你走了以后要捐的要捐，摧税的催税，一点办法都没有，只好到工厂作工。一天工资六十钱（等于中国六角钱——译者），饭是那样贵，吃什么呢？所有的用具衣服都典卖干净，还不能支持，军部有几次要征我到支那去慰劳作战军人，说如何好，如何好，幸而因为淳子才没有强迫去，要是去了你也见不到我们了！”贞枝说着眼泪掉下来了，唉！往事不堪回首，要征服“支那”，我们大批大批的去了，家也不得不抛弃，妻也不得不离开，起初总以为是三个月五个月就可了结的，唉！谁知转眼就是四个年头了，我悄悄地逃回家，朋友呢？看着一个个作了炮灰，死的死了伤的伤，军部说支那如何容易统治，支那人如何卑怯，可是走到战地，总是被支那军困住，好容易逃得说，以后又怎样呢？打起战来，我们那里还成一个人呢？杀，烧，奸，掠，什么事我们都干得出，一阵□战烧他一村烧他一城也是平常得很，谁去想到支那人也有家庭呢？也有父母妻子呢？为了要征服，杀吧！烧吧！烧得愈宽，杀得愈多，才是“皇军”的威风！军司令官不是有命令吗？“遇到支那人随便杀。”占一个地方总得手砍酸了方停。唉！血呀，火呀，尸首呀，头呀，腿呀，臂呀，满眼都是，满街都是，皇军的威风啊！东方的文明呀！不这样怎能建设东亚新秩序呢？

唉！“皇军”的威风在“支那”表现得十足！“皇军”的家属呢？不是等着军部接济吗？优待吗，为什么还在冻着饿着呢！几乎都要死了，我们替军部作炮灰，家中如此惨，我为的什么？为的谁呢？唉！碰，碰，碰，被门的是谁？贞枝快去看。“咦！宪兵，宪兵！赶快躲起来。”躲，来不及了，宪兵来到面前了，“你是从那里来的？”“我……是从支那来……的。”“来作甚么？”“看……看家里。”“证明书拿来看！”“没有没有带来。”“逃兵，逃兵，拿去枪毙。”贞枝、淳子大哭起来了，高喊：“不能走！不能走！”“走！”啊呀宪兵抓我了，哎呀，哎呀……哼……唉……咦！怎吗？家呢？宪兵呢？贞枝呢？淳子呢？都不见了，怎么躺在一间病床上？白被单盖着，这是怎么一回事？

身上动不了，怎么受伤了吗？睡在病院中吗？白衣人来了，有个红十字，来换药了，怎么？不像日本人吗？问他的话也不答，换药了啊，左上臂，和左胸，都受了弹伤，伤得很重！这是什么地方呢？问他们只是笑，什么也不说，闷得很。究竟是什么回事！房子外面什么也看不到，药换好了他们走出去了，身体似乎轻松点。过了半向[晌]，一个很清瘦的人来了，“你醒了，身体好些吗？”“动不得，是怎么回事？”“你受炮弹伤了，伤得很重，这几天都昏迷不醒，今天你醒了，想是好些，安静地休息吧。”说完了他走了，怪得很，究竟是什么地方，身上有些灼热，精神支持不了，一忽儿又迷糊了，醒来又看见有人替我换药，洗创口，换完了一句话不说又走了。停一会，昨天那个人又来了：“你好些了，危险期已经过去，慢慢的会完全治好的。”“心里痛苦吗？”“不，只是闷得很。”“这是什么地方？”他笑了“不用问，等你全好了，就知道。”“告诉我吧，是后方医院吗？”“你安静点，我告诉你，这是中国的后方医院。”“呀，中国的！”“中国的。”“他们杀我。”“安静些，安静些，中国人不杀你，要杀早杀了，替你医治作什么？你看昏迷了一个多星期，现在不是慢慢地好起来了吗？等到全好了，中国还会送你回国呢，不要怕。”“中国人不杀我吗？”“不杀你，一定不杀你，我就是中国人，你还不知道吗？安静吧，好好养伤，千万莫怕。”“我是被俘虏吗？”“正是；××月××日××之役，我们打败了日本××旅团××联队，日军溃退了，留下二百多尸体，其中还有二十几名重伤的，并没有死。我们都把他们抬来了，你也是其中一个，经过这一个多星期的医治，你是醒□来了，有三个是已经断了气，还有十多个伤势都在慢慢的好起来，等你们能起来以后再送到休养所去，你安心的休息吧。”“啊！俘虏！中国人不是专门杀俘虏吗？怎么还替我们医治呢？”“那是日本军阀骗你们的话，我们病院中六十几个都是日军抛弃了的重伤士兵，也有下级官，不都是在受中国的医治和看护吗？”

中国是优待俘虏的，决不杀伤一个失了战斗能力的人，你现在还不明白吗？”“啊，明白，明白，明白了。”心里想，以往都是受军阀骗了！中国野蛮吗？人人都是这样仁爱可亲，中国会杀俘虏吗？他替我们医治，我们捉到中国兵，杀得才凶呢。中国是野蛮吗？唉！我们以往真够残忍了，中国人是□弱吗？冲锋杀，喊起来真可怕！手溜弹刺刀的冲锋，真可怕，中国可以征服吗？四年的战争占了中国几多地方呢？解决了中国几多军队呢？唉！我们以往一切一切究竟为了什么呀！那样疯狂残暴的屠杀。今天面对着中国人，唉！惭愧惭愧！想到这些，我流泪了，“你感伤吗？为什么流泪呢，想着你的家吗？不要着忙，伤好了，有一天一定送你们去东京的。”“唉！先生，我并不感伤！面对着慈祥和善的中国先生，身受着中国医治，回想起我们皇军对中国人的一切，啊！我惭愧，惭愧，惭愧啊！好先生，容我忏悔吧！忏悔吧！”“啊……！”

［原载于《黄河》（西安）第2卷第4期，1941年］

# 森下九郎同志遇难一周年纪念

[日本]田中照子
文 译

一九三九年的四月三日，这不能使人忘怀的日子，将永远刻印在我们每个日本反战同志的心上，谁不痛恨呢？一个热情勇敢的同志，竟无辜的牺牲在敌机下而长眠了，想不到这悲痛的日子，到现在已经一整年了。

森下九郎是一位多才多艺的人，也是一位工作最努力的人，他不但是反战同盟中的青年干部，更是大同学□中的中坚分子，我们痛惜残酷的敌人夺去了像这样一位工作的友伴，我们为了失去他，是感到多么哀伤啊！

他的豪爽与活泼，留给我们极深的印象，一年前，我们朝夕工作的相处，现在回忆起来，真像做梦一般。我们在一块的时候，为了工作，为了学习，总是互相勉励，但当讨论到一个问题，我们又有时互相辩论。那往日快乐紧张的生活，一切还宛然如昨，然而他毕竟是永离我们而去了。这悲痛的日子，转眼间，已是一年，想到这位可爱底友人的死去，不能不叫人洒下追念哀悼的眼泪。

去年四月二日，这位为工作而劳困的友人，忽然得病了。因为应伤兵之友社的邀请，连日在西安易俗社公演话剧，日夜没有休息，终于被病魔缠住，遂入西北医院诊治，谁能想得到呢？第二天，他就死在这个医院里，可诅咒的日本军阀呵！他就是死在□的手里！

我很清楚地记得，那四月三日的早晨，在静穆悲惧的西安上空，飞来了！几架被日本军阀所驱使的飞机，我们这一群只能怀着羞惭愤怒的心，看着这些像野兽的敌机，将一颗颗毁弃人类文明的炸弹抛在地上，但是，我们又能有什么办法呢？在爆炸声中，我们只有切齿愤恨。

像暴风雨一样，我们附近落了不少的炸弹，破片横飞，烟雾迷漫，幸而还残留下这一群准备复仇的战士，不然，那天，我们同样很可能的会一起毁灭在炸弹的下面。血淋淋的教训，更加强了我们反抗的决心。

不幸，森下九郎病卧在医院里，为了病体的脆弱，迷乱的愤怒，不能容忍极大刺激的他，被爆弹的震荡，在痛苦中与世长辞了！我们得知这个恶耗，真是心如刀割。唉！谁能挽回呢？哭吧！实在没有眼泪，悲痛都化成了不可抑止的仇恨。一颗复仇的心，对着死去的同志发誓："我们誓为消灭日本军阀而奋斗到底！"

虽然森下九郎是死了，但是他的精神永远存在，我们为了纪念他，只有继续他未完成的遗志，更加强我们反战的工作，我们不但要为他复仇，更要为在军阀们的屠刀下所牺牲的同胞而复仇！

我们快要胜利了！中国英勇正义的抗战，快要置军阀们于死地了。森下九郎！你安静地躺着吧！不久，你将会看到东方和平胜利的曙光！你过去的同伴，他们会为正义牺牲到底的！

[原载于《黄河》(西安)第2卷第4期，1941年]

# 写在朝鲜兄弟民族被奴役的日子

申

朝鲜自内奸李完用出卖了朝鲜，过着非人的奴役生活，今天已经是三十一年。

这卅一年中，我们看见日本法西强盗在朝鲜民族中野兽般的磨牙吮血，同时，我们也看见朝鲜民族自谋解放坚苦奋斗再接再厉的精神。朝鲜的沦亡，是封建专制的领主——李朝皇帝，面对着资本主义日本强盗的劫掠，漠不关心，只为保持自己的统治权，以政治威力配合宗教迷信，支配各阶层各身份人民，使成为一己驯服的奴才。贵族、两班——士大夫，或以“道德”做借口，或以“礼义”做招牌，或以“廉洁”做防御，或以“忠君爱国”做□□，严格地把他们与“常汉”和农民及其他平民分开来，使老百姓□□头也不，而成千成万的青年，都已走入“集体坐牢”的时代。其杀人之残酷如刺倭皇的李奉昌和上海虹口公园炸弹案中的尹奉吉，他们的死，都是先割去鼻子和耳朵，又给他们四五天万的战斗员，前扑后继的斗争着，尤其是有名的“三一”运动，虽然失败，但由于没有领导的强有力的政党，没有坚强的群众组织这些经验教训，已告诉朝鲜人民解放的道路反日民族统一战线的道路。一百万反日情绪最高而战斗力最强的工人阶级，在朝鲜共产党成立后建立起全国工人总同盟，百分之八十以上的农民，本着光荣的革命传统的历史，无疑的要和工人阶级一块的奋斗，一九二九至一九三三年，工人罢工有五百七十七次，农民暴动有一万三千九百四十三次，而一九三五年一月至十月农民暴动有七千二百余次，就可想见其英勇。这些力量，在中国抗战以来，更结成了统一的队伍——朝鲜民族战线的联盟，包括了工人农民中小资产阶级以及□使老百姓□□头也不能抬，□也不敢开的桎梏中，而做成一个“天堂”和“地狱”的□□。御用的“文人”或琐碎的“哲人”，又咬文嚼字巧弄玄虚助桀为虐的迷惘人民。农民迫着起来反抗，就目为“逆贼”或“大逆”被扑杀了。这样离开人民压迫人民的统治者，加上昏庸自私的臣□和阴毒的内奸，又怎会不亡国呢！

日本强盗夺取朝鲜后实施军队宪兵警察制度；在期鲜驻有三师团的军队、五万多警察、两万多宪兵，以及成千成万的裁判所、监狱、感化院。此外尚有无数的治安维持队在乡军人会，都是一些杀人不见血的□手。至随时随地，都是□探跟踪侦察。逮捕、监禁、虐杀，成了朝鲜民众的家常便饭的饥饿，再把他们倒悬起来，然后才把枪弹由他们顶门射入，肛门穿出而死，这可见被奴役者的生死是怎样的残酷。此外，施行彻底的奴化教育。经济方面，农民在高利贷下负债总额为两万万六千万日金，每户平均一百一十元五角（一九三七年调查统计）。加上四年对中国战费转嫁农民身上的数字，当然更会惊人了。而且五百万鲜人移民计划，简直是驱逐农民而夺取其祖宗庐墓的田地。工人在占百分之九十八的日本资本的企业下，工价的低廉，童工的雇用，更是敲骨打髓，吃到最后的一滴血，其他中小资产阶级，也莫不同归于尽。

然而朝鲜民族，是不可征服的，三十余年的亡国惨痛，已经教育成千成〖万〗农民、中小资产阶级以及各种爱国人民。虽然它还不够坚强，可是，一九三八年，平壤及开城，发生三千余民众的□战暴动，汉城附近的民众更进行了三天三夜的反战战争，一九三九年一月多狮岛的朝鲜工友，整个的破坏了尚未竣工的军港，全州的朝鲜农民更烧毁了敌地方长官的公馆。至于在我国的朝鲜义勇队，以及朝鲜各反日团体，在各战场上，都表显英勇的战斗，这就说明中韩两兄弟民族反日本法西强盗统一战线是日益加强了。

自苏德战争，改变全世界政治形势，使反法西强盗的大结合，已在全世界国家和人民中建立展开了。朝鲜民族当前的任务，应该加强参加中国抗战和援助苏联，才能打倒日本法西强盗，才能使自己民族得到解放。

（原载于《新华日报》1941 年 8 月 29 日）

# 亡国生活

## ——最近由敌军过来的一位祖国青年的叙述

[韩国]金海星

我是生长在朝鲜北部距南海不远的一个富裕的农家里。我的祖国已经在那时被日本帝国主义侵占，三千里锦绣江山变成了血腥的地狱，四千年文化之邦遭敌人疯狂蹂躏，我们在敌人奴隶压制之下忍受奴化教育，因为生活上的压迫，在敌人的行政机关中当过雇佣，在工场里做过工人，在公司里当过职员，就这样地在朝鲜，在中国的东三省等地流离颠沛于恶劣的环境里，转辗飘泊全无依归，现在我历尽了中国东三省的黑暗生活，愿将自己亲身经验和目睹的敌人种种恶毒的暴行报告出来，帮助读者更进一层深刻的认识敌人在东三省的面目。

朝鲜是一个封建后期的很落后的国家，全民族的百分之八十从事于农业，全国生产八成以上都是农业物，所以日本以朝鲜为一个原料供给地和商品推销市场，随着日本帝国主义的加紧榨取和吮吸殖民地的朝鲜，农村经济一天天的趋于没落，加上朝鲜总督府强迫没收侵占农民土地，分配给日本农属，奖励着移殖日本农民于朝鲜农村。朝鲜农民的生活完全没有保障了！日本的三井、三菱等大财阀直接进出到朝鲜农村来，设立了朝鲜、□产、商业和第一银行，吸收农村的剩余财力，掌握了农村中的金融命脉，操纵着朝鲜农民经济的实权。他们又设立了东洋矿殖公司、物产有限公司、不二有限公司、强制的收买朝鲜人的私有田地和山林等等，在各地设置金融合作社、水利公司、高利借贷所等等金融组织，于是，日本帝国主义在各地布满了榨取纲[网]。无孔不入的吸取着朝鲜全民族的血汗。此外，所谓行政机关方面，以武力的威胁强制地征收高额的地税、户税、户别税、佃农税、水税、学校费、街费、家畜费和所得税等无数的税金，这些都在逐年增加中，在这样的政治的压迫和经济榨取之下，朝鲜民族除了破产贫穷死亡消灭而外，没有第二条路可走。

因之，大地主变为小地主，小地主没落为佃农，佃农沦落为日佣劳动者，而逐年增加穷苦的大众，他们为寻觅生路而有的向南向北的离开家乡自动的向外出奔，有的在敌人弱民政策之下，不愿意做奴隶和当敌人的农奴，像潮水般地年年向外被驱逐出来了。笔者生长在朝鲜农村家庭中，也和其他一般的农家一样逃不了这悲惨的命运，所以学校也不能顺利的升学，只勉强毕业于某职员学校。这个职业学校是因为朝鲜和日本学生同校的关系，民族的差别上特别显著，在入学时，日本学生的报名额，不过朝鲜学生十分之一，可是结果考取的日本学生，反而比朝鲜学生多十分之七八，朝鲜学生不独入学时受着苛刻的差别与限制，此外，还有因为思想条件，家庭条件等的口实，朝鲜学生的升学是格外困难的。这样的差别待遇，不但在入学期如此，而且在日常生活方面如毕业以后也是同样的。尤其毕业在社会上就职的时候，连薪水上也有同样的差别。譬如，毕业了同一的学校，虽然朝鲜青年比倭奴学生成绩上优越，可是薪水反比倭奴少得二分之一，而且连这样受差别待遇的职业朝鲜青年也很不容易找到的。我仅仅毕业了某职业学校之后，在本地的行政机关(省政府)和一个倭寇同学在一起工作着，可是我愤恨了差别待遇之远甚，而和一个日本主任起了冲突，拒绝他的命令，反抗他了，结果，竟成了刑事问题由当地法院被判一年有期缓刑。我受了革职命令之后，决心永不在敌人手下工作，脱离了他们，然而终于为了经济的压迫和环境的恶劣，使我不得不离开了我们的父母兄弟，远别了故国江山，越过恨长泪多的鸭绿江，遂来到东三省奉天了。一九三三年十二月，西北[伯]利亚旷原的多天的冷风，透骨似的吹上在异国他乡飘泊的孤客，我整日价地在街上彷徨，寻不到职业，可是脱离敌寇的势力范围而谋生活是很困难的。那时候，东北已经是“九一八”事变后为第二期朝鲜化，敌寇侵略的魔手，残酷的在压迫着数千万东三省民众的头上满布在东北四省的地上。东北民众也是日本帝国主义的残忍的压迫和榨取下，抓紧饥饿的肠子，在满街上流离着，其可怜的惨情真是不忍目睹，我虽脱离了被涂炭中的朝鲜，满想着比较自由的宽阔的天地而来到东北，结果反如离虎穴进入狮窟一样，我来到东北之后，敌倭的压迫是愈加残酷，尤其因为言语不通的缘故，我的痛苦更增加一层。我在生活痛苦逼迫之下，不得已进了一个日本人开的工厂去当职工，那个工厂里，有九个日本人、几十个朝鲜人和几百个中国的劳动者。

“九一八”事变以后，中国人民因为和恶魔一样的日本军阀的侵略、遗弃他们的房屋、□产和商店而逃乱，倭寇不但抢淫掳掠他们的财产和妇女，而且强占他们的商店和房屋，挂上某某洋行等的招牌，住在里面便做为自己所有的房子了。过后，原主如要回来索房屋，则无理倭寇，诬赖以勾通中国军队的口实而威吓，便约定五六十年长期的租房契约，或者不得已退□房屋的时候，要求几个月家屋税的支出，或以自己在家里糊了几张纸为理由，□要几百元甚至几千元的修理费，然后退□房屋给原主。用这样卑劣的强盗手叚[段]来获千金而过着其荒淫无度的生活者不知多少。还有些家伙是挂上了好像货积如□的大贸易商的某某洋□或某某贸易公司的假招牌，在外面装置着陈列着几瓶麦酒，和汽水或者洋酒和倭奴的木屐等，值几十元的物品几种，却在里面密布着鸦片和海洛因等毒物，这是倭领事馆为施行他的毒化政策所指示下□的。

（原载于《韩国青年》第 1 卷第 4 期，1941 年）

# 朝鲜人不许说朝鲜话

[美国]Benjamin Weems
江自浣 译

在美国一住八年重回到幼年游钓之地的朝鲜,最使我惊愕的事,是再也遇不见一个用朝鲜话和我交谈的朝鲜人。不久我就知道早为政府所恶的说朝鲜话一事,在我重来朝鲜(一九三九年夏季)之前几个月,已由朝鲜总督布告正式认为非法。命令一下之后,在一切官商交涉上就禁止朝鲜人讲朝鲜话,所有政府及公家机关的朝鲜人役吏,只好说日本话,甚至在家里也不得讲朝鲜话。后面这点当然不能雷厉风行;朝鲜人的店伙甚至警察,故意和美国人用朝鲜话交谈,最好的托词是美国人不懂得日本话。可是虽然如此,这个禁说朝鲜话的新法令,对于朝鲜人生活已有极深影响。

所最重要者,这禁令并不是与别的措施无关的作为,而是在当局以扑灭朝鲜人所有的文化组织习惯观念目标的远大计划中的一大要着,政府对于朝鲜人固有的文化组织习惯观念,原视为实现"东亚新秩序"梦想的障碍物。举例而言,在中国的旧历新年时作任何公开的游乐,在新年休假或大人小孩穿着过年新衣均认为违法之举。今年春季,做父母者想使儿女得入学许可时,凡不以日本名字代朝鲜名字者,均经拒绝入学。因禁止使用朝鲜文字和严厉检查的结果,已没有真正的朝鲜文学作品出版。许多旧籍,尤其是关于历史政府宗教者,已为政府检查所没收或删改。到一九四〇年秋季,有人口七十余万的大城市汉城已只剩两种日报,表面原因说是报纸缺乏。一种是用的朝鲜文字,但因检查之故,只是一张向不识日文的朝鲜人作宣传的东西罢了。

自日本并吞朝鲜以来,公立和教会学校均在政府的严密监督之下。朝鲜教员非在证明他是一个驯良的傀儡之后,休想得到执教证书。在国遭大难的眼前,课程的控制愈益严格。各级全用日文教授,而差不多限于用讲述教法,这方法使教员负有极大责任,而给以说教的良机。

根据最近的政府统计，朝鲜已只有一百零八所初级和高级学校，其中的十六所是教会学校。每年向每一学校投考应试的千余男女儿童，能入学者不过一百五十。学校的求过于供，自然使学费大涨，而使主持校务者以个人爱憎或武断的选择来取舍学童。

一九三七年对华侵略时起施行的新计划“精神动员”，在朝鲜的学校里特别引人注目。集团体操空前盛行，运动会常在日本国家节日举行。军事训练在初高级学校强迫实行，假期之半须在学校度过，以每年的地上劳役建立国家精神。

特别在侵华战争的早期，学校当局常须遵命在特定时间率领学生车向经过去的站军队鞠躬致敬，以示忠于日本的大东亚主义。有一位十分殷勤的教会学校校长美国人，决定奉命□□，在天亮之前起床准时去车站致敬。火车开进来了，他们虽不曾瞧见什么士兵，这位服从的校长和学生，也深深鞠躬，一片诚心的大挥纸旗。等到火车开出时，这位卑躬屈节的美国人看到铁□车里伸出一只大蹄子来，才发觉他们原来是在向一车马儿致敬！

“新秩序”对于外国思想和影响的态度，可于事变初起时的拘捕二百五十名重要朝鲜人领袖一举中见之，他们中多数为美国留学生，或则与美国人在宗教和教育事业上协力工作者。有许多监禁多月，经严密调查后予以释放者，也监视极严且不许他们重操旧业。学校里对于自由主义的压制之严，也远胜于日本本国。朝鲜人是受压迫民族，久经痛苦，政府当局深怕倘任他们与外人和民主主义者继续接触，不免会起叛变。

在朝鲜无所不用其极的国家主义化说教的结果，已经制造了一代训练优良的政府爪牙和囮鸠，他们对于现政权显然忠心耿耿，矢志无他。学生们已教导得认为对于政府计划的各项各目努力奉行，以及把视为在目前危机中有破坏政府最佳利益之嫌的一言一行向当局报告，是他们为新秩序一分子的爱国责任。我自己就因此给警署叫去盘诘，因为我曾在无意中向一个学生问他所着制服料子的织造和原料，而织造这些衣料的工厂正是政府为后盾的一家。

在朝鲜人的日常社会生活上，日本的控制与压抑不如别方面那样显而易见。在街车和火车上，常见大群日鲜人在一起用日本话交谈，看样子并无主奴之别。在政府机关与日人的企业中，日鲜人算是机会平等，薪给平等，但因几种奇特的甄别态度，高级和大薪水的位置总为日本人所有。在地产商工业投资及一般经济事业上也无不如此。表面上日鲜平等，实际上全由日本人操纵。

米是朝鲜人的主要食料，在日本政权之下，朝鲜的产米大有增加，但即使像去秋那样的丰收，产米也须运往日本或供在华日军的食用，朝鲜人不许吃食白米，只好每星期排成一队，去购得一点点米麦对拼的食粮。

表面上看来，朝鲜人的日本化已经十足，从另一方面言，他们的归化日本，不过为的免受祸殃。大学和高等学校的毕业生老请美国朋友设法助他们去美国留学，虽然目前要领出国护照万万不能，不管政府竭力反对用外国或西洋货，撤退回国的美侨的家用物品，受教育的和有钱的朝鲜人照样抢购。美国书籍杂志，也为敢于阅读的朝鲜学生和知识分子所渴求。

一言以蔽之，政治与经济的不稳定，知识与理想的纷乱，是朝鲜现状的特征。

［原载于《天下事》（香港）第2期，1941年］

# 朝鲜的“五四”运动

佚名

一

朝鲜也有“五四运动”吗？

是的。不过朝鲜的“五四运动”并不是五月四日发生的；它是发生于三月一日。朝鲜给日本帝国主义灭亡后第十年的三月一日，也就是有名的“三一运动”。

这个运动，和同一年（一九一九）爆发的中国的“五四运动”，不论在内容上或形式上，都有许多相同之点。同样的，是一个青年运动，是一个群众的革命运动，是一个民族解放运动，是一个新文化运动。而本质上又都是个民主运动。所不同的就是中国为半殖民地国家，其斗争对象不只限于日本帝国主义；朝鲜为日本的独占殖民地，其斗争对象只限于日本帝国主义的这点。

二

朝鲜到亡国的那一天为止，是仍旧维持着封建专制王国的状态的。亡国后，日本帝国主义者不仅没有在朝鲜实行反封建的民主主义的政治改革，反而用半封建的新的专制政治来代替了旧的专制王国。日本并吞朝鲜的目的，并非要实施资本主义的文明，而是要实行资本主义的掠夺和榨取。亡国后十年间的所谓总督政治，正适应着日本的经济掠夺和榨取，仍然保持着朝鲜民族从来的封建社会关系。也就是日本帝国主义对朝鲜的政策，不仅采取资本主义的压迫方式，而且采取封建专制的压迫方式；不单是某阶层的压迫和榨取，而且是民族的屠杀和掠夺。在这种情形之下，朝鲜全民族，不论是民族资产阶层、小商人、工人或农民，都很自然的认识到他们和日本帝国主义是不能并存的，同时很自然地形成了全民族的反日统一团结。于是乎进步的民族资产阶层的代表们，趁着大战后各殖民地民族解放运动风起云涌的时期，特别是响应着当时美国大总统威尔逊在巴黎世界和平会议上提出的“民族自决”的主张，而举起了民主独立的旗子，发动了全民族的反日大示威，演成了轰轰烈烈的“三一”运动。

“三一”运动的斗争对象，固然是对朝鲜实行民族的屠杀和掠夺的日本帝国主义，但同时阻害着朝鲜民族的进步发展的半封建的总督专制政治本身也成为革命的直接对象。我们可以这样说，“三一”运动形式是反帝反封建的斗争，内容则是民主主义的政治要求。

## 三

这运动的斗争的经过是怎样的呢？

我们得先从“三一”前的朝鲜反日暴动说起。“三一”前的十年间，朝鲜民族的反日暴动，是大小有过三千多次的；其中经义兵的武装斗争失败后，许多爱国志士亡命海外，在先进诸国中吸收民主主义的思想；同时获得中国、苏联、美国的爱护和支持，建立各种革命团体，并透过了宗教团体及留学生的关系，和国内的指导者取得密切的联系，同时在准备着将来发动大革命运动。这是“三一”运动的根源之一。欧战告终后第二年，朝鲜民族受“民族自决”呼声的刺激，加以在这个时候，朝鲜民族的国父光武皇帝，为日人的毒害，于是，这便成为“三一运动”的导火线，而使朝鲜境内震出了反抗的巨雷。

运动的主动者，是独立总本部。这是网罗朝鲜国内各爱国志士，并联络海外各革命团体，一九一八年十月在朝鲜京城秘密组织成立的。当时留日学生及本国各地学生都受总本部的指导；天道教、基督教、佛教等宗教信徒们，都在独立总本部的直接指挥之下，这样随时可以动员的有组织的民众，已达二百万人之谱。

因为三月五日系举行光武皇帝葬仪之日，各地民族在事前几天已纷纷赶到京城来参加盛典，同时国内反日情绪已到了最高涨的时期，独立总本部就把握了这个时机，密令全国团员，三月一日下午二时，在全国各地举行反日大示威。

在京城，以巴咕达公园为集中地点，是日下午二时，在花园内开会，宣布独立宣言。接着，数十万民众，在京城的每一条街道，与敌人的宪兵，发生了流血的斗争。

全国各地，也同时发动了热烈的反日示威运动，民众们徒手同敌人的刀枪搏斗，不避死伤和牺牲，而且把这个战斗一直继续到八个月之久。光就三月一日至五月底止这三个月来说，计发生大示威的府郡有二百十一处，示威次数为一千五百四十二，参加示威人数为二百零二万三千人，因而死亡的七千五百零九人，受伤的一万五千九百六十一人，被捕入狱的四万六千九百八十四人。如果把前后八个月的统计起来，所得的数字将更惊人呢。

## 四

这里，我们得特别提起朝鲜的学生运动。朝鲜的学生运动，是从“三一”运动开始萌芽的，这也得特别提起。“三一”以后，朝鲜的学生运动如雨后春笋，蓬勃地滋长，到一九二二年发起组织学生会，其后逐次地组织全国性的学生联合会、苦学生互助会、女子学生互助会、朝鲜学生科学研究会等等学生团体。在日本帝国主义的奴隶政府的抑压下，饱受了殖民地民族的苦味的朝鲜学生，是已经发见了本身在现阶段应遂行的历史任务而勇敢地担负起来了。为此，朝鲜学生运动，也受到了日本帝国主义恶毒的摧残。可是在这反面，青年学生的革命情绪及反日本帝国主义战斗的意志，也日益加强；因为公开活动的不可能，他们转变策略，用秘密活动的方法，继续展开着猛烈的斗争，同时致力于社会科学的研究。一九二六年以后，同盟罢课的继续发生，学生的秘密结社——读书会、学生党、学生前卫同盟等等的被检举事件，都证实朝鲜学生的革命情绪和斗争意志的高涨和猛烈。朝鲜学生就在反抗奴隶教育制度的斗争及为获得言论、出版、集会、结社等一切文化上的自由而斗争的过程中，集合在反日本帝国主义战线的旗帜下，更深入于工农大众里，忠实地执行了宣传、组织等革命先锋的一部分任务。一九二九年爆发的“光州学生事件”，就是一个实例。

“光州学生事件”是朝鲜学生所发动的革命的暴动事件。全国的十五万学生，参加这个运动，继续了三个多月的热烈的斗争，在这一次运动中，五百多名学生，被逮入日本帝国主义的监狱，同时在这运动的背后，有“朝鲜学生前卫同盟”等秘密结社活动的事实，也被日本帝国主义的警察所发现了。

一九三一年后，日本帝国主义军部法西斯野蛮的行动，日趋激烈。把朝鲜内一切的革命团体，如新干会（民族统一团体）、种友会（女性运动同盟）、青年总同盟、劳农总同盟等团体解散。学生团体亦被解散。可是，从这时起，朝鲜学生结合在整个民族反日本帝国主义斗争的旗帜下，也就是在整个革命运动的指导下，坚韧地斗争了。多年来，为敌警所逮捕的革命者当中，就包含不少的学生份子在内。这事实已证明了朝鲜学生继续斗争和担负了一部分更重要的革命任务。

中日战争暴发以后，日本帝国主义弹压朝鲜的政策，一天天的厉害起来，为扩大军需工业起见，用更苛酷的方法去榨取朝鲜民众的血汗；为补充战费起见，用增税、献金等苛捐杂税的方法去掠夺朝鲜民族的财富；还要把朝鲜的青年，作为战坛的祭物。在这反面，朝鲜的工农，在工场、在农场，用罢业暴动的手段，从事于猛烈的斗争；在城市，青年学生、进步的智识份子，也正在从事于反侵略战争的决斗。朝鲜民族解放独立战争的预备工作，已在完成中。

总之，在“三一运动”以后二十余年间的朝鲜革命斗争史上，朝鲜学生是占着主要的地位的。

## 五

最后，我们还得指出，朝鲜民族解放运动所以有今天长足的进展，是由于朝鲜的民族斗士接受并发扬了“三一”运动的经验教训。也就是说，“三一”运动在朝鲜民族解放史上是有着这几种重大意义的：第一，朝鲜亡国后，虽然有过种种的反日革命斗争，但到了这次，才表现了真正群众性质的革命斗争；同时这一运动建立了民主主义的指导精神，使朝鲜革命提高到更高的一个阶段。第二，要朝鲜产生新的革命群众，必然的需要新的意识形态与文化形态，在这一需要之下，以“三一”运动为契机，进行了广大的新文化运动。结果，学校、杂志刊物、新闻报纸与介绍社会科学的书籍等蓬勃的激增，同时外国留学生也增多起来了。第三，“三一”运动为自发的一种反日的民族解放运动，它本身虽有许多缺陷，但无疑地已成为目前朝鲜民族解放运动的宝贵典鉴。

（原载于《国防周报》第 1 卷第 3 期，1941 年）

# 1942年

# 悼叶鸿德同志

［韩国］达

死本是人生行程的归宿，谁都免不了死，但鸿德同志的死，实在出乎我们的意料之外的。三十未满的一个青年人，尤其在朝鲜革命前夜，遭到了这样的袭击，这损失，对于我们，对于我们的祖国，是多么不可弥补啊！

鸿德同志是朝鲜义勇队最能干的干部之一，是朝鲜民族革命党的中心人物之一。去年×月中旬，他率领了朝鲜义勇队一分队由渝赴前方，路经洛阳，以辛劳致疾，竟以不起，死于洛阳××医院。他是为中国抗战而死的，是为祖国革命而死的。

鸿德同志学问极博。他毕业于朝鲜京城帝国大学预科、中国中央军官学校。政治和军事自是他的本行。后来研究新哲学、社会学、政治经济学等均卓有成就。特别在中国抗战后数年他更有惊人的进步。在理论方面，在实践方面，他是最有成就而且最有希望的青年干部。

鸿德同志，看来是那么从容、机警、冷静。但在日常生活上和人接触，他都能把他清萤洁白、和霭慈祥的心坦露出来任凭你看，做到彼此间不再有一点戒备和隔膜。他冷静中包藏着温暖，凡与他接触过的人，他都能至诚的诱发你的热情，使你的灵魂好像在熊熊地烈火中燃烧着一样。所以在他的处事接物上，都受到朋友们的爱护。

鸿德同志是力求进步的青年革命者，他始终不倦的学习精神和态度，是值得钦佩的。正确的理论，流利的文笔，深刻的观察，精密的分析在在都是值得我们向之学习的所在。尤其是他的革命热情和革命修养，更使我们应向之学习。鸿德同志自献身于革命以来，始终不断地与恶劣环境搏斗，在战斗的环境中，认识和把握环境的全部规律，所以在任何变化面前，却能修容自如。这些都是证实了他深厚的革命修养。鸿德同志之所以死于行军中，是因为感于革命责任之重大，热情被控制的结果。总之一个最忠实于祖国解放的革命者，是朝鲜革命青年的典型。

无情的死，使得鸿德同志和我们永诀了。但鸿德同志的遗范，却永远刻印在他一生革命的历史篇章中，永远萦绕在我们的追忆中。鸿德同志的精神永远不死。

（原载于《朝鲜义勇队通讯》第41期，1942年）

# 纪念抗战中在中国死难的朝鲜同志们

萧三

在国外，在中国我认识不少的朝鲜朋友。一和他们接触，就觉得分外亲切，不仅一点“异国人”或什么“非我族类”的感觉也没有；而且有时就和亲戚、亲人一般。我们的确这样觉得，中、韩这两个民族是亲戚，而且是多少年代以来的至亲、老亲家。这不仅是感情的。从历史事实看，中、韩两个民族几千年以来便是休戚相关，祸福与共的呵！

这种民族友爱所以特别深强，还有一个大的政治的原因，那就是我们有共同切齿痛恨的仇敌——日本帝国主义。在这个基础上，中、韩两国民族就成了共患难的朋友、兄弟。

因此，中国抗日战争中有一支有组织、有力量的“国际队伍”——朝鲜义勇军，不是偶然的。它和西班牙共和军中的“国际纵队”是相互媲美的。

现在中国各个战区，前线和后方都有朝鲜同志们的足迹，都有他们的英勇、奋斗、流血牺牲……许多可歌可泣的故事。最近我读了一本一九四一年初出版的，叙述朝鲜义勇队“积极参加中国抗战，鼓舞中国军民，号召朝鲜同胞争取民族解放及争取敌军、瓦解敌军”的一本书；国际队伍，非常感动！我希望，这样的记录还继续下去，同时内容也更加详细、具体、生动，所包括的地区可以更广些，事实也可以更丰富些。例如华北各抗日根据地内朝鲜义勇军或朝鲜青年团体的工作、活动，单就我所听到的就非常多，非常好。现在应该发动同志们随时记录下这些血汗的事实，陆续发表，使中外人士都更加深切知道朝鲜朋友的工作活动，同时鼓舞我们的信心——明年一定要把日本帝国主义法西斯帝军阀打垮！

白头山矗立天间。

为了生存自由的三千万民众们。

沸腾的热血又在回旋。
在一个旗帜底下，
团结起我们的力量——钢铁般！
粉碎那恶魔似的仇敌！
我们站在三千万大众的面前。

朝鲜义勇军由桂林出发上前线去时所唱的这首歌，我们现在恍惚还听得见（我想，那歌词里两次提到的“三千万”这个数目字很可以扩大一下，把全东亚、世界各被日本帝国主义及希特勒恶魔所蹂躏的人民都包括在内）。

朝鲜同志们在中国各个战场上所流的血，都要染红东方各民族解放的大旗！这一支“国际队伍”已经成了国际反法西斯帝这个神圣的、正义的战争中一支有力的队伍！义勇队的同志们之死难牺牲是光荣的，不朽的！让我们永远地纪念他们，让我们长久地歌唱他们！

（原载于《解放日报》1942年9月20日）

# 零涕话朝鲜

真林

当火车横渡鸭绿江铁桥，驶进压迫在日本帝国铁路下的朝鲜边境，火车就停止了，由很多傲慢的狰狞的日本宪兵与侦探，像检查犯人似的检查每个旅行者，假若对答不流利，有些支吾的话，便有天大的祸临在你头上。

从新义州到京城（旧朝鲜国都）的途中，展开了高丽的平野，那肥沃的稻田，整齐的果园，绿澄澄的山，平和的流水……这一切射入眼□时，令人感到一阵辛酸，为什么居住在这样美好大地上的人民，却在过着非人的生活？任凭日本帝国主义者榨取着这土地上人民的血汗，拿去作侵略的资本，残杀同胞与友人，唉！什么好东西一经过日本帝国的手，也都变成罪恶的运用了。

平野上参差的立着一堆堆的紧挤着恰像雨后的蘑菇，有五六尺高，仅仅有一个或二个窗洞儿，又好像我国的坟墓般的茅屋，那就是亡国数十年，流着血汗，辛苦终生的朝鲜农民的住所——家。

由于这些挤在一堆的房子大小形状，很容易想象到内部的一切，污秽，狭小，黑暗……生活在这里边的人类，还会不患病，窒息的绻缩的走向退化的道路吗？

朝鲜农民，最能耐苦，耕种水田是他们的特长，虽然仅不过利用着人力和畜力，但由于他们的拼命劳动（在农忙时期，每天要作十五六小时的工□□水的当儿，竟几夜不眠），每个农夫，加上他的老婆（朝鲜女人的劳动力令人吃惊）每年耕植能收获三二十石良稻，但他们必须把全部的收获，送到操纵在日本人手里的农业合作社（这是日本剥削鲜民机关之一），除去租税，及其他剥削，他仅仅能换得几石粗劣的小米，根本不够三口之家一年的食用，饿着肚皮活下去，第二年呢？还必须到金融合作社（这也是日本剥削鲜民机关之一）去借债，然后可以购买肥料，种籽，修理农具，来开始新生产。等到收获后，还得照样的把生产品送给农业合作社，换回一些小米，这样的流着血汗，被榨取一年又一年的度过了终生。

现在朝鲜的农民被剥削得差不多没有一家能吃饱饭了,他们只剩了债务、饥饿和一个标本般的骨架子……还不住的被压榨着,日本帝国主义者,决不准一个“亡国奴”的血管里多贮藏一滴自由的血液!

吃着白花花的米饭,长着绅士肉的,并不是辛苦耕耘稻田的朝鲜人民,而是日本法西军阀,和它的帮凶们。

朝鲜充满穿着肮脏的白衣;头顶沈重东西的朝鲜女人;像刚从污泥里拖出来的牧牛孩子;汗流浃背的修路工人,伏在稻田里插秧的农夫农妇们,那一个个带着绉纹营养不足的面孔,萎缩的身躯,向谁道诉内心的痛苦呢!

这种悲惨的现象,使每一个外国人的心,忧伤疚痛的颤□着。

京城,是多末幽美的地方呀!她依傍着葱郁的山□柏油马路,覆盖着浓厚的树影,但,她被蹂躏了,街上充溢着穿木屐的日本男女,日本的公司及商店;日本骑兵的马蹄,在街上不断卡卡的响;坦克车压得柏油马路发出疼痛的哀号……使一个初到这儿来的旅行者,真不能辨认出隐藏在这里边的大悲剧,不能辨认出这也曾是朝朝人的国土,只有人力车夫的白色大裤裆,还残留着一点点朝鲜人的色彩。

朝鲜总督府,高傲的立在郊外的高山上,穿着洁白的磁砖外衣,用大理石敷着地,内里却住着残暴的日本侵略者,总督的住室是那末威严哪,他住在第二屋楼北面的正中央,前面□宽大的会议厅,厅里有个与满清“龙墩”一模一样的“宝座”,它到总督的住室只离有十米□远,四周有很多能隐蔽人的大理石砥柱,会议时这里藏满了总督的卫士。

京城街道上,屋顶上,挂满了“内鲜一体”(即日本与朝鲜团结如一体,不消说这是与中日亲善,同是一种骗人的谬语)的大标语,来眩惑朝鲜民心!

“祈皇军胜利”“祈武运长久”的招牌和像膏药般的日本国旗,挤在每个人家的门口。

日本军队所造成的战争,笼罩在这整个的都市,战时日本帝国主义者怎样在更加紧的来压榨它们的奴隶国——朝鲜呢?

战争一开始,朝鲜总督府就宣布了种种新的法令,如《中国事变特别税法》《新教育制度》……同时极力提倡推进朝鲜半岛的“自力更生”就是使这些“奴隶”们更卖命地增加生产,供它们榨取□来继续日本帝国主义者的侵略战争。

贫苦的朝鲜农民劳动者的工作时间更加延长了,税捐更加重了,生活更加困苦了,饥荒的,疲惫的,非人的生命,更加残酷了。

除强迫征朝鲜人民兵役外,还用尽一切引诱的方法,征募所谓“鲜人志愿兵”，日本军部说：“假使朝鲜人自愿的为东亚大业而替日本人作战，则其本身及家族，得享有与日本国民之同等待遇，设因助皇军作战而死亡者，其灵魂亦必与日本兵士入同样之忠灵塔，此光荣也……”这种甜蜜的号召，使一些无知的鲜人把性命送掉，日本军□还用电影、明信片、广告□把日本军的胜利□和“模范鲜军”——就是真为日本帝国主义□□了命的朝鲜兵的“忠勇故事”□瞒哄朝鲜民众，使他们甘心的被奴役着。

空头支票最初固然迷惑过一部分朝鲜民众，久之便失却□力了，所以日本军部的最后手段，还是干脆的强迫朝鲜人民到伐场上送命。

一个“亡国奴”的生命，在他们主子的眼睛里，当然算不了什么！再加上日本人口的缺乏，那更非征鲜兵不可了，这样把朝鲜青年，作了侵略的炮灰！

自从我们举起抗战的火把以来，日本对朝鲜的压榨，是残暴到无以复加，从“殖民地榨取战争的资料”，是日本帝国主义者走上穷途的最后手段。

强迫鲜民“献金报国”，直至强迫鲜民绝□献金，还实施各种方式的捐款……统制着鲜民的生和和血汗！

在京城如果遇上日本陆海军纪念日，或其他纪念日时，日本军要举行市街战大演习，全武装的兵士，在枪声里嚎叫，大炮声轰轰的配着低航的飞机，坦克车上时时躥出狰狞的日本兵，把机枪对着行路的人们，威风十足，煞有介事。用这种手段来恐布朝鲜人民，使他们老老实实的屈服，在法西军阀的淫威下。

在王的宫殿，改成动物园，任人买票入内游览，所有的建筑全部被改造，除去陈列在朝鲜神宫里的一面八卦旗(朝鲜国旗)，还向人诉说着朝鲜的历史外，没有再能表示出当年风光的东西了，这悲惨的反映，使人不禁□洒热泪！

在帝国主义时代，没有了国家，个人还有甚么生活权利呢？更谈不到自由与幸福。

从京城上火车，用不到十个钟头，就到朝鲜半岛的顶尖——釜山，她的对岸是日本的下关，对马海峡，把它俩划分为截然不同的境地，釜山是南国风味，海风微拂在面颊时，感到清快与温情，但当你在街上巡视一周后，不禁打着寒战，再钢硬的人，也要流出眼泪来！

釜山车站紧接码头，站外有一块不太宽广的“广场”，布满了宪兵侦探，他们随时随地可以检查行人，街道上同样拥挤着“祈皇军胜利”“祝武运长久”的标语，衣帽不齐的鲜民，恐怖的萎缩的走着，他们大多数码头工人，和破产的农人。

随时你可以遇到瘠瘦的鲜民走到你身旁，他会低声的说：“先生，你不买□吗？我路费断决了，困守在这里。”当你毫不理会的走过去时，他要发出衷心悲楚的叹息。

大百货公司，排列在柏油马路的两旁，这不是由鲜人经营的，是日本人为榨取鲜人而设置的。

在街道上，时时可以看见日本警察，用“指挥棒”来敲打朝鲜人民，他们不能有真的反抗，甚至不准挂一丝怒容。

整个的朝鲜被日本帝国主义在凶残的压榨，他们过着悲痛非人的生活，日本在战争中的苦闷，全盘发泄在朝鲜人民的身心上。

可是与此相反的，随着日本帝国压迫的加重，朝鲜革命（独立党、国民党等）的怒潮，澎湃在每个角落，他们有目的有计划的进行反帝革命运动。

为防止朝鲜革命运动，日本更加强了警察网，各地施行残酷的“大检举”，无数爱国的，□进的朝鲜人的生命却这样葬送了。但他们反抗的情绪，并不因之减低，他们在艰苦的环境里，果决的坚韧的斗争者，暴力是阻止不住革命的狂潮的。

战争把日本帝国主义者拖上穷苦的路上，虽然那□阻碍□类进化的禽兽们，想尽一切蒙蔽人民的方法，使尽了一切□□的手段，也掩饰不住那正在崩溃着的丑态。

悲惨的朝鲜，将随世界各民主国家的胜利而苏生了。

一九四二，□，临□

［原载于《战地党政月刊》（重庆）第 1 卷第 5 期，1942 年］

# 一位反日而自杀的朝鲜友人

刘蕃旻

已经是六七年前的事了，那时候我旅居在吉林东南角的一个最大的县份(延吉)里。那里因为历史上的特殊关系，及特别邻近朝鲜的缘故，居住的中国人反而不及朝鲜人的多。

朝鲜人在相貌上和中国人是没有分别的，风俗习惯则有很显著的差异。如果在冬天，你一脚踏进朝鲜人集居的几道韩国街时，那你也许会不相信你自己的眼睛，你将看到走在积雪的街道上的一百个朝鲜人中有九十八个人穿着白衣服，宽大而简单，近似中国古代的服装，而跟现今的道士和尚的衣饰很相似，另外两个人中，如果其中有一个女人，那你可以看到一幅黑裙子，另外一个人则十之八九是穿着灰色的衣服。

外表的差别点就在这上面，无论夏天冬天，朝鲜人都是喜欢穿白衣服的。

有一个大雪的早上，我为了赶火车到邻近的龙井村去，很早的便到了车站上。那时还是轻便车的天图路，车小，路轨窄，站房更建得简单可怜。购过票没地方候车，也就是挤进靠在车站房檐下的人的行列里去。我站定后，立刻觉到靠近我的一个人在发着微抖，手臂因为战抖的原故，时时碰到我的身上。

站房的前面是一个旷场，风没有一点阻碍的吹到我们站立的地方；许多候车的人都把围巾紧紧围起来，发抖的那个邻近我的人却只把两手袖到窄小的单黑布制服袖筒里去。

他手里拿了几份在龙井村出版的民声报，呆呆的望着眼前积了雪的路轨。待他发觉我看他手中的报时，他就递了一份给我。

“看报么，先生?”

“看的。”我开始注意他的职务，相信他是一个卖报的，但衣服又比较整齐，胸前配带着一个不清晰的证章。我拿了一角“小银子”给他，他推说不要，但也收下了。

开车后，我们就相靠着坐下。他的年纪看来和我相仿，身体却不及我的魁伟，举止沉重，然而文雅。他的报还很有几份，但除开我这一份外，没有销去一份。下车后我就问他：

“你的报怎么卖不出去？”

“不容易！”他回答就：“看报的人是很少的。”

“为什么？”

“没有什么？许多朝鲜人都是不认中国字的。”

“怎么只给朝鲜人看么！”

“不是的，报馆里指定我销派朝鲜人的订户。报馆里要我找五十家订户，今天却只找了三十几家；找起来是很难的。”

“那么怎样交代下去？”

“还得尽力找，不然须得自己赔上的。”

这样，我向他订了一份报，他感激得像要流泪似的，吞吞吐吐的把他的住址告诉了我。

“下周我还要去一次延吉的。”

在龙井村住了两天，我预备回到延吉去，便接了地址去找他。意思是从他那里拿两份报纸路上看，一面看看他的生活。

他的住屋首先使我看了惊异，是一所矮的朝鲜式的土屋。我有些不相信他就住在这里，但和他所讲的没有一点差异。把门敲了几下，便有一个半老的朝鲜女人出来开门。

“全君住在这里么？”我问。

“有的，”她用朝鲜式的中国语回答，转身用朝鲜话向里屋咕噜了一阵。传出的全君的回答，也完全是讲的朝鲜话。

进他的卧室后，我立刻大悟，我以为当他是中国人的认识是错的。他穿了朝鲜式的小白衫，赤足，有一个棉坐褥放在一个圆形的小桌子前面，似乎适才他就坐在那里，桌上放着用朝鲜文写的一篇信。靠墙角有两个像盛煤油的木箱那么大小的朝鲜柜子，柜面钉满了缺的涂着黑漆的各种图案。柜子上面放了几床红被。

他为我介绍似的指了那开门的女人：“这是我的姑姑。”

我发呆了好久，一直说不出说来。他看着我的情形，便弄了两双生的朝鲜葡萄来，给了我一只。

“这是我父亲送来的，今年长的特别甜，水分也多。”

“你父亲在那里？做生意么？”

“做生意的，在开山屯开着小药店，也种着一点田；单单做生意是不容易生活下来的。”

“为什么？”

“不种田到那里弄米吃？买不起米，更买不起柴，到山上打柴可是可以的，但必须跑到老远的山里去，去了又没法子保障性命，野兽多，凭着把镰刀是没有用的，米吃去，柴草也可以烧掉。朝鲜人大都是如此谋着生活的。”

这次访谈，使我知道了他怎样在极其贫苦的环境中教养着他自己：他不因家庭无力负担他读书的费用而不读，相反的，他用自己劳力的代价把书读了下来。他当着报纸的推销员，获得了一点收入而继续着他的学业。他母亲早故，有一个十几岁的妹妹，兄弟在东洋拓殖株式会社里做事，赚钱很不少，但一点不接济家用。父亲则一面支持着一个小药店，一面经营着几亩田。

民国二十年秋季，我考进了延吉的一个省立师范学校，恰好他也考进了那学校，而且同班受课。这样我们之间维持着很好的友谊，他还照旧的推销着民生报。

他的文章写得好，中国字写得更好，使他成了班上的宠儿。

不久就爆发了九一八事变，我不能再读书，他也回到他的老家关山屯去。彼此们用信做着连系。

事变后两个月左右，日本兵开到了延吉，当时做延吉镇守使的吉兴，做县长的李树梅等，便丑态毕现的到路上接迎。小学生被拉去了一些，列成欢迎的行列，几个中等学校因为早就结束，没有一个学生去。

日本兵是那天早上进城的，全君在晚间跑到我家里去。臂下夹着他的书包。

“我就要离开此地了，书籍寄存在你这里吧。”他的态度很安闲，但显示着紧张。我问他到那里去？

“走着看。如果可能，我打算去兴凯湖北部地方，那里鱼多，人少，也是可以生活的吧。”

“这里不能生活么？”

“能是能。”他淡然回答：“但有人阻止我过的这生活，家里的小菜店已给我哥哥卖掉，却叫我们随他到长春去。而且要把我安置到他在的机关！”他想从那里把幸福带给我们。真的他看到他的幸福了！略停之后，接着他大声的说：

“我不稀罕这幸福！猪的幸福！”

那晚上他什么也不带的，在我家用过晚饭，就去了延吉。

过了两夜，他哥哥到了我的家中，询问全君的消息。

"一个礼拜不到这里了。"我父亲回答他。

"什么的一个星期的没有来,昨天他的说你们家里的来。"

他很不高兴的,咕噜着去了出去,门也不带的就离开了。

大约过了五个月光景,一天早晨,全君的哥哥和另一个给日本当警察的朝鲜人汹汹的到了我家里,一把捉住了我父亲的左臂。

"你的良心长得歪歪的有。我们的,官司的打去,日本领事馆的去。"

"为什么?"我父亲问。

"你的,坏的,"那警察装的朝鲜人回答,"全君的兄弟那里的有?你的说!不说的,领事馆的去有!"

"谁知道他那里的有?"

"怎样的你的不知道?你的给他要的有,什么的不知道领事馆的去!"他们问了很久,最后在家里用过饭,醉熏熏的走了开去。

这事不久,我收到全君的一封寄自依兰的信,并附了两张相片给我,告诉我设法寄一张给他的父亲。他怕他哥哥知道他的住址,也不敢直接寄给他父亲。

平汉通车后,我回到了出生地的北平。这以后的几年,和他经常的有信件往来。在依兰,他担任着一个小学校的粮食管理,有很充足的收入。他哥哥则一直在长春的伪政府里做着一政要员。

去年八月,我因为北平也不能往,便忙忙乱乱的到了皖北怀远借读于当地的一个中学校,在那里收到了他的最后的一封很长的信,他讲到他哥哥已知道了他的行踪时,文字间充分的露出憎恶的然而惊恐的意思,表示着他将要他去。

最近我收到了北平朋友的一封信。谈到的是全君投了松花江自杀。怎样会投江自杀呢?那朋友没有说明。但有几分是可能猜到的。却没有想到这消息在距离这样远的地方接到,而且是终结的关于全君的消息。

这样,我同时想到了寄存在延吉家里的全君的一包书。如其不是遭了火的非刑,怕一定腐乱得不成书了吧!但倘使死掉的全君有知,在坟墓里也许会安不下心的纪念着他的书。

(原载于《宇宙风》第 115 期,1942 年)

# 我底生活的一断片

[日本]田中照子
郑瞻韩 译

我在三岁的时候，母亲就死了，姊弟三人，过着很困苦的家庭生活，那时候父亲整天寻花问柳，不务正业，有一天，他突然带了一个女人回来，当时因为我年小无知，不知道是怎么回事。那女人的年龄比我父亲还大，而且带来一个男孩做我们的朋友，当时我们，也很高兴和他玩。后由亲友说合，那女人终于做了我们的母亲，于是我们成为亲弟兄了。起初那位母亲对我们还不错，我也以亲生的母亲待她，就这样一直过了四年的平静日子，我七岁那年的秋天，母亲忽然对我残酷起来，我受尽世上所谓后母的虐待，有一次她整天不给我吃东西，并且把手帕蒙住我的嘴巴，把我关进衣柜里面，直到天黑，被弟弟看见了，才哭着请求母亲把我释放出来。可是父亲回家，并不知道这件事，吃过晚饭，他带哥哥、弟弟洗澡去了，母亲领我上街，买了许多糖果给我，因为是小孩的脾气，我这时又觉得高兴起来。

不久，小仓××町，有一位老妇人，因为没有小孩，母亲就把我送给她，我很悲哀地和兄弟们分别。到了老妇的家里，她待我很好，还送我进学校读书，现在想起来，已是二十二年前的事了。我在小学二年级的时候，父亲因为战争出征，母亲要我回家，从此就不能继续读书了，现在我且把这个时候的生活稍为写一点出来，在我的生命史上，这是最痛苦的一页！后来，母亲要我停学归到一个离小仓不远的池田家里去看管小孩，她同池田家□要了一些钱回去，我耐心地住上一年，父亲回来了，但他并没有把我接回去，结果在池田家里一直住了五年。

后来为了家庭的生计关系，只得到纺织厂去作工，将每月的收入送回家里，在厂的第三年的七月□，我的姑母到小仓来，恰巧那时有好几位亲戚朋友在我家，我的弟弟秋夫在旁边听他们问母亲说："照子到那里去了"？母亲说："到行桥纺织厂去还没有回来。"大家说完这话，就去祭坟了，在这时候，秋夫在父亲那边□了钱，慌慌张张地跑到我的厂里来，我那时惊问弟弟："有什么事？"弟弟眼泪盈盈地说："你不能回小仓去了，母亲已经把你许人了！"这时我才知道后母的确是可怕的，她居然做出这样无情的事来了，现在想起八年前她带我到池田家去借钱，把我弱小的生命出卖，是多么伤心的事呵！

以后我带着弟弟到广岛去找叔父，把弟弟托他照管，生活费由我送去。有一天，父亲来行桥纺织厂看我，我不告诉他弟弟已交叔父照管，母亲知道这事，也很欢喜，那时我已经十七岁了，在这年的腊月，母亲来叫我们回去，替我们打扮得很漂亮，又给了我一些钱，我非常惊异，她对我说："你已有相当的年纪，应该出嫁了。"我还有什么话可说呢？得服从她的命令，我去的那家，和我们稍为有点亲戚关系，一年之后，居然生了一个男孩，替他取名照秋，我希望能看到他长大起来，谁知照秋三岁的时候，他的父亲不幸病故，七七还没有满，母亲又来叫我回家，她说父亲病得很厉害，非立刻回去不可，我只得带照秋同去，父亲的毛病还没有好，母亲又对我说："我替你养育照秋，你可以往外工作，挣一点钱来维持家用。"我根本下决心再进纺织厂，谁知我的哥哥突然带我到大分地方，在我母亲的哥哥家里，住了一个礼拜，他们已经商妥，把我卖入游廊（妓院），这时我虽已十九岁了。一切仍然不懂，而且也没有任何主张，只好任他去支配，自叹命薄而已，可怜我一边哭一边走向入船家（妓院老板），那里已有十五六个女子，没有一个像我一样这么外行的，在里面除了吃饭、睡觉而外，并没有别的工作，一天天过着很寂寞很悲□的生活，在那里可以安慰我的人，只有一个"仲居"姐姐（鸨），过久了这种生活以后，我就被同化了，从来不爱喝酒的，也可以稍饮几杯，对于艺妓的本领也学会了。从此过着艺妓的生活，至于其中种种复杂悲惨的情事，不能详说，只好请各位去想象了。中日战事发动以后，我就以慰问"皇军"的名义来到前线，与第一线的弟兄共同行动，在幸与不幸中，被中国军队所俘虏，在被俘以后，对于这次战争的认识渐渐明白，知道战争是人类的罪恶，对于战争的残酷性，也有新的认识，现在我每天只想着用什么方法能使这种悲惨的而为爱好和平的人类所讨厌的战争，早一点结束，我是一个弱女子，时常一个人静静地想着几个问题，就是我应该埋怨谁才对？这个战争到底是谁所发起的？结果，我通通明白了！引起战争的是日本军阀，他的确是中国，是全世界爱好和平国家的敌人，我应该痛恨他，打倒他！

唉！我的不幸的生活，难道永远没有解放的希望吗？我可悲的人生啊！

大中华民国三十年十月十五日夜

田中照子于解放斋

［原载于《黄河》（西安）第2卷第10期，1942年］

# 蜕变

## ——记延安日本工农学校学生

赵安博

一九四〇年十一月三日（“明治节”，纪念明治“天皇”诞生的节日），在刚成立的日本工农学校里，有六个日本学生，偷偷的爬到山顶，向着东方，高呼“天皇陛下万岁”。一种被压抑着的狭隘的民族疾恨（帝国主义思想的流毒），在当时是怎样燃烧着他们的心啊！但是，第二年（四一年）的十月二十六日就是这喊“天皇万岁”的六位日本学生，却在东方各民族反法西斯大会上，宣誓参加八路军，为打倒日本“天皇”、日本帝国主义而斗争。很显然的，从四〇年到四一年这短短一年中，是日本工农学校学生“蜕变”的一个过程，这过程中，有许多的事情是值得介绍的。

### 一、学生初来时的情形

学校初创时（一九四〇年十月），仅有学生十一名，四一年三月，增至廿五名，六月由晋东南调来十余名。全校学生四十余人中，工人占半数以上，农民及知识分子次之。他们的成份多半是士兵，有七八个人是下士，他们的来历，除一个是自动投诚外，三个是由敌军中逃出，偶为我军所获。其余的，都是作战时被俘的，尤其以四〇年百团大战时所俘的占多数。

做了中国军队的俘虏，他们起初认为是莫大的耻辱，不仅自己这一生完了，连他们的家族，也将永远受到人们的谴责。因此，即令人在学校当局多方体贴、安慰下，他们仍是坐立不安，自暴自弃，十个有九个企图逃跑或者打算跳岩自杀。在生活上早晨不起床，不洗脸，随地大小便等，来表示消极的抵抗，这种表现，不仅是他们的自尊心使然，主要的倒是“帝国主义思想”在作祟；竹田（一个中学程度的军需工厂职员）到校一个月后，关于中日战争，他曾讲过这样的话："战争的原因，是英、美、俄利用了中国，作为侵略日本的工具。……日本作战的目的是为了建设'东亚人之东亚'，贯彻这个'圣战'的目的，在东亚将出现'王道乐土'。"他们还信任着法西斯强盗在欺骗人民与屠杀人类时所夸大的谎言。对于共产党八路军，他们在军阀的欺骗蒙蔽之下，不仅没有丝毫的了解，而且抱着深刻的敌忾心和某些恐惧观念，他们说："想到八路军就是'共产军'，心里就非常害怕。"对于八路军的俘虏政策，认为是"利用"他们的政策，在日本工农学校宣告成立时，他们极为怀疑，以为八路军要"赤化"他们，"利用"他们反对日本。对这些对真理、自己的阶级利益，完全被蒙蔽了的异国弟兄，日本工农学校当局，是要用很大的力量来争取。

## 二、学校的教育方针

这里所谓教育，自然不是狭隘的课堂上的教育，而是指在日常生活中，在精神生活、政治和知识方面的提高与争取，对于这些异国同盟军学校，不管他们来历怎样，首先，非常尊重他们的人格和生活习惯，在物质方面，尽量供给他们烟草、白酒、猪肉等需要，照顾他们的病痛。其次，在集体生活上，让他们尽量的享受民主的生活，成立学生会，委员由他们自由选举，学校某些方面管理，也叫他们参加，让有能力的人能发展所长，自己的事，自己管理，对于任何事情有意见，可以公开提出，不论在精神生活和物质生活方面，不受到任何束缚，最后就是从政治上争取：在日常教学中，不论从时事问题的分析，或浅近政治、经济学的说明中，都通过一些具体的事实，使他们了解社会发展规律，帝国主义战争与民族解放战争的实质，然后再说到日本法西斯统治者的罪恶与其前途。

在四一年的"三一五"日本政府镇压日本革命的纪念日，我们召开了纪念会，同他们报告了日本革命的英勇事迹，会后一位学生大谷说："即使是一时的，使我觉得日本警察实在可恶！"政治认识上的提高，是学校教育的主要方针，也是以后促□日本学生觉悟的最有决定意义的因素。在了解了社会发展规律后，田中（一位学生）在自己的笔记本上写着："日本共产党田中耕太郎。"直率地反映出他对于自己前途的憧憬的描画。

## 三、一个显著的转变

四一年五月十五日，日本工农学校假八路军大礼堂，正式举行开学典礼，在这个大会上，二千多中国同志对他们的关怀和热烈的鼓掌，激起了学生们对自己各方面的反省，泷泽说："半年以上支配着我的俘虏观念，直到今天才消失。”属于这一类明显转变的事实，另外表现在下面的几位向学身上：四十二岁的老工头酒井，对于“帝国”的信赖极深，曾以绝食来威胁学校，要求释放，组织小团体来与学校对抗，现在已终于觉悟了，痛悔了以前的不是。佐藤敏雄，过去曾污蔑过“八路军是掠夺人民的小米过日子”，现在做了文化娱乐干事，指挥着同学们高唱《八路军进行曲》时，眼睛里射出兴奋的光辉。

“俘虏”，这个会使自己毁灭的观念，在共产党、八路军的国际主义的教育下，已全被消灭了，现在日本工农学校同学们所考虑的，不是将来有无前途，而是怎样争取这光明前途，而是怎样争取这光明前途的到来，对于现在的生活，他们开始感到有些意义起来了，而且，正是由于现在的生活的对比，要使他们感到过去生活业的光荣代表。除此，工农学校学生，也是反战同盟延安支部的主要组成部分，一年来，这支部出版了几十种日文的教课书和宣传品、小册子。月刊《士兵之友》大多数的稿件，都是由工农学校同学们撰写的，每周两次的对“日军”广播，主要由森健君负责。以上这些政治活动，使他们的生活，不仅不感到寂寞，相反的感到有意义。

去年底，有二十五位同学，自动要求参加八路军，在东方各民族反法西斯大会上，他们向着朱德总司令明确坚定的表示：要为打倒日本帝国主义，为全世界反法西斯奋斗到底。加上以前参加十位，现在工农学校的同学中，已有三十五位做了光荣的八路军的战士了。

太平洋战争爆发了，这些有了政治觉悟的“日本士兵”，再也不为日本军部夸耀的“胜利”所眩惑，战争的扩大，只增加了他们怜惜——怜惜国内无数劳苦的兄弟，被统治阶级强盗们，又驱到另一个屠杀场上去。他们要拯救——拯救无数万自己的兄弟和被蹂躏国度里的朋友。加强学习和准备迎接反战同盟华北代表大会，是他们用来反抗日本法西斯扩大战争的努力之一。战争在时间和空间上无限度的延长，国内革命分子的积极活动，将外强中干的日本强盗，更快的走向灭亡。

日本工农学校同学们能迅速的走向光明的道路，主要的因为这些出身于工农成分中的日本士兵本身与自己国家内的统治阶级是，在经济上，政治上，处在基本矛盾的地位，另一方面（同样重要的）也由于团结他们的，教育他们的学校当局，能够不仅从日常生活中帮助他们，并能从政治上提高他们。这也就是正确运用共产党、八路军的“俘虏”政策的结果。

在八路军里，不仅是做“敌工”工作的同志，日本工农学校工作人员，对于这些进步的“日本兵士”是友爱的，是积极帮助他们进步的。即一般的战士及居民，对于这些“友人”们，也是同样的态度，因为敌对的这些劳苦的群众，正是抗日的中华民族的同盟军。

（原载于《新华日报》1942年7月27日）

# 我怎样作了俘虏

[日本]艾原忠义
李薇 译

"俘虏",做梦也想不到俘虏这件事,而今竟轮到我头上来,也许是我命运的影,已经是不可挽回的事了,在"日本人"面子上着想,还有比这更悲惨的吗?

我现在把行军动作中间的一片段,写一点来供参考,我们的部队是以五个中队编成的驮马队,"负载弹药",随在破兵的后面,便于山地行进我所在的一个分队。是运输打行李,随着本部队的最后行进的。

在上次作战的时候(去年襄西合战),我是一名"驮手"还有一匹马,朝夕不离,这一次行军的编成,我被命为"补手"这样工作我还是第一次,这两种任务的区别,前者是专管牵马,后者则是运送弹药的助手,在全行军间驮手与补手劳力的消耗比较,驮手是比补手较好的。

驮手在牵马的时候,能得马的帮助。而补手则是要靠自己的力量,从服装上说,前者是轻装的,所有的武器以铜盔大衣背囊,都可以放在马上,这虽是不合规定,被长官见到是要诘责的,但是大家都是这样做。补手呀,除了上述服装而外,还要揣带步枪手掷弹,三十粒子弹,而且还要和驮马一样跑。这实在是件令人皱眉的事。

在白天行军,还不觉怎样苦,到夜里——尤其是在暗黑的夜黑,走在艰险的路上,不要命飞跑,使人喘不过气来,只要一步落后,就有被部队抛弃的危险,孤独的剩了一个人在路上,他不知部队所在,这样一个异国人,必被人虐杀而绝难幸免。

在此刻才知道。世界上没有再比拿着保护自己的武器去侵略人家的国土,是更混蛋的了,空看着"帝国千城"的美名,于万岁欢呼的声浪中,离别故乡,满以为在这时局紧迫中奉令出征,如何建立功业。谁知像牛马一样无情厮策,毫无一点代价呢?

被俘以来，承蒙司令长官的隆情厚遇以及万傅两君的想心，得享受意外的待遇，我已深铭肺腑，切望着中日两国早日结束这恐怖的战争，再建和平！至以拙劣之笔，叙述和[个]人一点感想。至此搁笔，敬祝中国战士们健康！

（原载于《战时文艺》第1卷第4期，1942年）

# 小林多喜二死难日记录

[日本]鹿地亘
夏迪蒙 译

一九三二年二月二十二日午后的事情。

翻开了晚报,我突然发现了“小林多喜二患急病逝世”的标题。第二行,有着这样一句“鹿地亘闻风潜逃”。一切的事实马上相关联着,使我明白了过来——小林被杀害了!小林的死亡是真确的!一点也没有怀疑的余地。

我知道在自己的边身已经布满了十重、二十重的罗网。难远逃走呢?!他们一定以为我会逃走,早就在暗中监视着我了。

熟悉我和小林的关系的L夫人,脸色变得铁青,喘着气跑到我那里来。

“你怎办?躲起来吗?”

“不,我马上就要到小林家墓地。”

“哎呦!不要紧?”

“不要紧。”

我叫L夫人和我的妻,等一会儿跟着来,于是就出去了。

小林的家是在郊外阿伏谷,那么幽静森林的背后。他的老母和弟弟,住在那里。就是在长期的所谓“地下生活”的时候,非常孝顺的小林,也总是怀念到他的老母,从不会忘掉对一切事情应有的关心。接到不幸消息的老母的惨状,似乎清晰地映现在我的眼前。

跑到小林家里一看,原来有几位作家同盟的同志,已经得到消息在那里等着了。我问大家:“老太太呢?”他们说是早就和江口涣几个人一道到簇地警察署收尸去了。在等待的时候,同志们越来越多。喘着气,从各方面跑来十个人、二十个人、四十个人。大家都沉没在令人窒息的凄凉的沉默中;眼看着一刻儿功夫,屋里、院子、门口,全被这些人所充塞住了。

不久,我们听到短促的喇叭声,汽车在门外静静地停住。非同小可的骚动。从人们中间传布开来。是他们已来了。在屋子里面的我们，哄然地跑到门口去迎接。从蜂拥到外面的同志中间，马上就仿佛浪潮汹涌般地，扬起了“红旗歌”地合唱。担架被同志们拥护着，在人群中切开了一条路而出现了。令人肠断的沉痛的歌声涌起来，又洋溢开去。好像是不适意的悲痛的气息凝结了似地，沉重地，沉重地回荡着。从那歌声里面，我们听出仿佛是不能忍耐而发出的难过的呻吟声。不一会儿，歌声沉静了。于是在死沉沉的一片静寂中，刚才的歌声变为群众们不能忍耐得住的痛哭。

担架被抬到客厅里去。在那后面，女同志们扶住几乎晕倒的看太太，一边自己还哭哭泣泣地走了进来。大家围住了他们，变成一股悲痛的潮流，蜂拥进屋子里去。

这光景，至今还显现在我地眼前，它永远也不会从我地脑里消失掉。它是足以令人呕血的记忆。想到当时的情形，烫热的眼泪涌上来一滴一滴地沁出来的时候，我地记忆至今还会激荡起我那生动的鲜血，就好像是旧小说中所说的肉亲地眼泪掉落在惨死的尸骸的伤痕上时一般。

在我地眼前，清楚地显现着愤愤而死的小林地苦闷的形象，尸骸被安置在客厅上了，小林的老母伏在上面紧抱住他地胸部。当他做生人一样，把他地脸颊紧擦着自己地脸庞。摇撼着他，叫着他的名字，那种情形，真使人不忍目睹。所有的同志，像那八片菊花似的，以这个悲哀的母子地会面为中心，团团地围了好几重；大家都掉过头伤心地哭泣着。女人们抖动着胸怀，放声哭着。中间百合子哭得像泪人儿似地，一面抱住老母地肩膀，把她的脸贴在自己的胸前，一面劝解着她，安慰着她。咬着牙齿，露出那闷死的形象的小林的脸庞，石块似的动也不动。

苍白的嘴唇，苍白的面颊，太阳穴和脸上被打破的伤口，都变成乌黑的血穴。衣服像烂纸般的皱着，撕得乱七八糟。为了替他更换衣服，洗净身体而脱下他那身上的破衣时，我们目睹那地狱般的凄绝，不禁起了一阵战栗。

这是怎样一回事啊！这是人的皮肤吗？胸部从锈铁般的满是紫黑色的喉咙的下面出现了。接着便是紫黑色的腹部，大腿、膝盖、脚……看起来，真是一具悲惨的凶死的尸体。在喉咙那里，有两条深陷入肉里面的绳索的痕迹。手腕和足踝上也有。两双手被扭转到背后，瘦得僵硬，已经不能把手弄开了。

老太太推开在旁边劝阻的女同志们的手，睁着狂人似的眼睛，注视着惨死的儿子的尸骸。她撑着自己的身体，抚摸着那紫黑色的被惨害的肌肉，抚摸着儿子的脸，她带着狂乱的呻吟，这样哭诉道

“什么，什么……这是病死的吗？……多喜二，多喜二，你一定是受了苦的

吧!？到底是受了多少苦呀？……好恨的事……你,哎呀,首先被人下了毒,多喜二呀……多喜二呀……”

老太太抱住尸体的头部,一步也不肯离开他。

“多喜二呀,多喜二呀……再让我看一次你的脸吧！瞧不见妈妈？抬起头来吧！呃,看不见大家吗？你的同志们都到这儿来看你啦。张开眼睛吧！再同大家说一说那些勇敢的话呀！开口呀!”

好像是对生人讲话一样,老太太仍在唠叨着。抱起儿子的头想把他朝向我们。

“呃呃,好啦,好啦,老太太!”年长的同志们制止着老人家,把她抱了起来,但是自己却忍不住大声地哭了。

同志A医学博士检验完了小林的尸体后说,这一定是被别人谋害的！我们照他所指点的看去。果然在手腕静脉处有注射过樟脑液(campho)的痕迹。然而,这不过是杀害了以后,为了给别人看看,才注射进去的。所以药水不会流动,血管被注进药水的地方,才高高地胀了起来,药水在里面凝滞着。

我仿佛抬头般的叉着手,咬着牙。坐在枕头那边。狂暴的复仇的血流在奔腾着,我告诉自己说,决不饶恕那般穷凶极恶的家伙。恐怕当时在场的人们,一定谁都是这样想的。

这就是对于世界上无与伦比的天皇统治的人民所施兴的行为。

我们决不会忘记。是他们杀死的。在自己杀死的人身上打了针而假说是病死的。别人相信不相信是另外一个问题。不过要说是你们杀死的话,你们就是有罪的了。我们决不会忘记这回事的。

有人报告说警察来了。我马上就起来到门口去。这是所管杉并区警察署的一队政治警察。看见了我,那位主任显出了意外的惊奇说道

“呃！你也来了吗？鹿地先生还在这儿吗?”

抑制住愤怒,我不能不笑将起来。

“我跑哪儿去！躲起来干嘛？小林死啦!”

很明显的,他们也已看到了报纸上的消息。

“啊啊,这真是……小林先生的遗体已经搬回来啦?”

“搬回了啦！你们打算去拜一拜么?”

这一队警察随着我和江口涣,从院子走上客厅。同志们含着杀气,给他们让开一条路。他们果然老老实实地弯着腰走到尸体的前面。我坐在枕头旁边。江口瞪着眼盯住他们,一面揭开了盖在小林脸上的头巾。

“好,仔细地瞧一瞧吧！这就是小林！……仔细地瞧一瞧！这就是小林!”

他们终究是不敢出声。大家吞下唾沫，盯着他们。他们低下了头。跟着合着掌深深地垂下了头。他们行了礼！低下头行了礼的！用着憎恶地瞅视的眼光，大家屏住气望着他们的动作。他们退了下来，不能不谨慎地对我和江口这样说道

“死因是什么呢?”

“就是你们各位所看到的。”我简单地这样回答。因为他们不是直接的刽子手，所以频频地伪装着同情的样子。

“那么，”他们互相望了一下，然后说道，“我们现在告辞了。请代向小林的老太太致意致意。”

然而，第二天午前九点钟数十名东京警察厅的警察队，包围了这座房子。丧礼被命令解散了，百数十个客人　起给警察逮捕了去。

“实在是我们给内政部大申诉一顿呢！原来我们还不晓得有这样一种的法律被下令逮捕的人，他的丧礼除掉父母兄弟以外。是不许别人参加的哩！”

他们警告我们，不准走近张设着警戒线的小林的屋子，于是就把我们赶了出来。我马上散发传单。传单上所说的是关于发动举行日本革命劳动人民之大众的意义。全日本事情鼎沸起来。于是，在二十四号那一天，我又遭东京警察厅所拘捕了。

下面我要谈一桩秘密。

它是一桩以前不能公开的秘密。写出来既没有地方发表，就是阔谈起来，也不得不压低声音的秘密。

现在，我想把它写在这里。

从那时候起，在警察署的拘留所里，我被拘禁了很久。外面的情形如何，我无从详细打听。不过有时靠了同志们的秘密联络，我才晓得大家计划出版小林多喜二全集；而为了这件工作，同志们在重重的迫害与困难下面，拼命地努力着等的事情。为了确证死因而委托解剖尸体的各大学及各医院，早得到警察厅的通知，所以“谢绝法医学上的解剖”；因此小林的遗骸到处都被享以闭门羹。这件事，我也知道了，警察赶走了祭丧的客人，不让他们接近遗族，只剩下小林的老母和年幼的弟弟后，于是他们就完全露骨地摆出横恶的态度。他们着急地想把尸体早些送到火葬场去，以便从这个世界上消失掉血污的罪迹。早点儿去，快点儿！——警察催促着，叫老太太和小林的弟弟把遗骸送到火葬场去。在半路上，老太太仿佛发疯了似的，手攀住棺材，这样哭诉道

“是被杀死的！你们杀的！没有生病！什么病死的，完全是假话！”

警察把半疯狂的老太太，很粗暴地从棺材边拖开。

所有这些断片消息，都渐次地流传到在拘留所中的我的耳中。

寒夜里，我在囚徒们沉静的鼾息中，睁着眼睛，把头抵住地板，想念着小林，关怀着老太太，而不禁吞声哭泣起来。警察说是由于在小林的所有物中找出了证据，知道我和小林的关系，所以逼迫我供出一切的事实。他们照例地把残忍的拷打加在我身上。我只有咬紧着牙根。——好，死了吧。我也堂堂皇皇牺牲了吧。……把不能动弹的遍体鳞伤的身体横卧在拘留所中，我一边昂然地对自己这样说。

春天来了又溜了过去，日光从不来访问我那黑暗的地窖。除了我知道抓来很多酒鬼和扒手以外，我还想到，现在大概已经是樱花时节了。我的头发长得很长，就和那受难的耶稣基督的画像一模一样。自己都闻到身上的臭味了；纵使是过了三个月五个月，这儿还是不给洗澡的。几个月的时间过去了。于是，就仿佛是他们要把我隐匿起来似地，又将我装上车送到别的拘留所去。绕来绕去地，从一个地方又送到别处。这就是所谓“迂回”①。

这是三月间某一天的事情。

那时候，我刚被移送到深川的扇桥警察署的拘留所。

那儿的老看守是一个热心的佛教徒，对于革命的政治犯人的我，竟完全寄与了同情，像这一种人，我们是常常遇见到的。他买来肥皂，带我到浴室去，叫我洗澡。他又偷偷地送点儿香烟给我，还同我谈了许多人情世故。在我斜对面的监房中，关了一个以“现代天一访”②的绰号而轰动一时的盗贼；听说一两天内他就要被送到法院去执行长期徒刑了。

“先生！这下子可要同这个世界暂别了。今晚上请你帮忙呵！先生”！

原来日本的警察厅中有这么一个旧习惯，当犯人被起诉要送到监狱去执行的时候，侦探和看守们都觉得可怜他。“知道呦！怪啰嗦的！”警察在骂他。那天晚上，到了就寝的时候，全拘留所都静寂了，于是看守就轻轻地开了那间监房的门，把他喊了出来。不一会儿，看守的脚步声挨近了我的房间。他轻轻地来了门，喊着我。他问我到不到外面抽一支烟。他告诉我说出去走走不要紧，于是就把我带进看守室去。浑名叫做“天一坊”的那位还很年轻的大盗贼，已经先到一步坐在那里了。

“你也到底为了什么案子的呀？也要躺在这儿很久罢。已经五个月啦？

---

① “迂回”是日本的一句俗语。意思是为了必需隐匿政治犯的所在，随时变更其拘留地方。——译者。

② 天一坊是德川时代的一个著名骗子；这个盗贼因为招摇撞骗而轰动当时的日本全国，故有“现代天一坊”之称。——译者。

该保重保重身体！好，今天晚上陪陪‘天一坊’吧！我请客，你们慢慢谈吧！”

看守像是安慰我似地这样说，跟着就叫茶房买点心去。当然，这种事情在看守这方面说来是违反规则的；所以他说是要到外面去把风，警戒那巡查的长官，而跑了出去。那个盗贼目送着他。房中只剩下我们两个人的时候，他突然改变了态度。

这是怎样一回事啊!? 那个盗贼退后了一步，在我的面前虔敬地合着掌低下头来。

“你是日本革命党员吧!”

我呆了一下，不知道怎样回答才好：

“我是受了这种嫌疑的。”

“哦!”他点了点头，“也许你认识小林多喜二先生吧!?”

我不能不越发好奇了。盗贼怎么提到小林的名字？他怎么会知道小林呢？

“你怎么知道小林？小林是我的好朋友!”

他跳了起来，圆睁着眼睛。脸上呈现着极其快乐的样子，又向我行了礼。

“能够会到你真是高兴得很。我是衷心地尊敬小林先生的。像我这个坏蛋竟会尊敬他，你一定觉得奇怪吧！请你听我讲吧！我以前老是希望能够见到小林先生的熟人，把这件事情讲出来的。”

为了这次不可思议的机缘，我得以从这个恶棍的口中，听到以下的一桩故事。

他被送到这里以前，在二月二十二日是严禁在荣地警察署的拘留所中。将近三十名革命工人，被拘留在那里。午后两点钟时分，有一个青年气息奄奄地，头和手被绑着，由几个侦探押解到拘留所中。他的衣服已经撕破不堪，脸上和手脚也满是伤痕，然而像这一类凄惨的场面，在当时的日本已经不算是什么特别稀奇的了。看起来似乎是风平浪静的社会内层，而到处都可以发见日本人民不断地和军事法西斯趋势作殊死的搏斗。并且，这种场面常常使得穷凶极恶的恶棍与流氓之徒，都会屏息刮目相视。他这样说道；“我是犯了法律的人。当然我自己以为过去干的都是轰轰烈烈的事情。可是当我看到你底同志们的时候，我真奇怪人怎么会变得那么英勇，这一定是为了信仰。真是伟大的人们呀！我现在想起了自己过去的可恨的生活，实在觉得可耻。”

那个青年在整个拘留所抑止着气息的当中，被扔进了和这个恶棍对面的角落头的一间监房中。侦探们嘴里乱骂着，似乎还有别的目的物似地，匆忙地跑了出去。青年在呻吟着。仿佛是同房的犯人们在看护着他。而他好像是差不多已经断了气似的。关在这里面的工人们，沉默地倾听着，握着拳头，满面充满着杀气。

大约是过了两个钟头以后，门口起了一阵敲门声，看守开了门，于是又有个人，脸灰色，被三个侦探抬了进来。就是当抬着的时候，侦探们还是不停止那残酷的殴打和恶骂。濒死的牺牲者也不歇息他底抵抗和嘲笑。不久，看守打开了恶棍住的那间监房门，刑事们口里吐着可恨的咒骂，一边把牺牲者推进监房。他砰一声地跌倒了。受了这样剧烈的振动，就马上晕迷了过去。

他到底是谁，没有人晓得。但是无疑这是一位革命的战士。

"醒醒吧，同志！好点儿吗？"

人们围拢着他，替他解开胸膛上的衣服，小心地看护着。昏迷过去的牺牲者，有点醒了转来，然而嘴已经不能说话了。不久，他身体底转动，痛苦地表示出想要上厕所去。叫看守开了门槛，一位工人同志和这个恶棍就扶着牺牲者底两腋，带他到厕所去了。他已经没有一个人蹲下去的力量。被人家从两边支撑着，痛哭万状的，泻了一场。恶棍看了不觉身上打战，因为他泻了大量的血。

从厕所扶回来时，几乎看不出他有一点儿生人的气力。从每个监房中，充满着一股惨气的沉默的视线，都越过铁丝网凝视着他，就在这个时候——

"小林！醒转来呀！"

坚强的激励声，从铁丝网中吼了出来。一看，喊着这一句话的人，原来是刚才的青年。起先昏过去倒在墙边的这个青年，现在恢复了意识，眺望着外面，发见了同志底熟人的惨状。

现在，整个拘留所都沸腾起来了。原来他是多喜二！日本人民所普遍爱戴的名字——小林多喜二！

"小林！""醒醒呀！多喜二！"

拘留所被悲壮的兴奋的呻吟笼罩着。小林被抬回监房中，可是，这已是他生命底最后一瞬了。他开始了激烈的痛声。请医生！请医生！看守慌张起来，赶紧跑出去报告消息。

"小林！小林你醒醒呀！"

同志们用带哭的声音，在他耳边呼喊着。小林痛苦地睁开了眼睛，浮露出一丝苍白的笑容。他轻微地说了些什么。是这样的几句话——

"用不着伤心。同志！我不是一个光杆儿啊！"他断了气了。

整个拘留所里的人，紧握着拳头，边哭泣着。

侦探们带了警医来。当然，已经来不及了。把遗骸裹在毯子中，匆忙地抬到外面去。从拘留所里目送着的群中，扬起了如浪潮澎湃似的《红旗歌》，它充塞了这座房屋，摇撼了四周邻近。

十年的岁月，回忆起来只是短促的一瞬。

我怀念着许多壮烈牺牲的战士们。祖国，漂浮在几千万母亲和兄弟底血泪中！

小林呀！小林呀！我们日本人民哪里会忘掉你底恩惠啊！

复仇的日子近了！我们日本人民底伟大的复仇日子已经迫近了！

一九四二年一月作

（原载于《金沙》第1卷第5期，1942年）

## 我的话

[韩国] 李范奭

在我的生命里，有着太多的眼泪、悲哀与仇恨。

当我尚未出生，还在母亲胎内时，一个巨大的镣铐便早已在外面等待着我。我来到人间了！我是一个奴隶！包围我的是死亡与的镣铐的阴影，生活的河流与眼泪的河流以及血的河流，溶汇成一片：分不清那一部分是生活，那一部分是眼泪，那一部分是血！

有谁曾做过亡国奴么？……

十九世纪，波兰亡了。深夜。波兰的母亲听见哥萨克巡逻骑兵的马蹄声去远了，用抖颤的手轻轻推醒了正在酣睡的孩子，在昏黄的灯光下，偷偷教他以祖国的文字，告诉他："波兰文字是世界上最美丽的文字！……"

这是一颗奴隶母亲的心。我懂得这颗血淋淋的心。

可是，可怜的波兰母亲！你错了！人与人的了解的决定因素，是血与剑，不是文字！归根结底，宇宙间并无所谓正义与公理。万一有，那也是火星或水星上的事，与地球毫不相关。

我不相信文字，更不相信所谓良心与人道，然而仍愿将这本小书重版者，最简单的理由是：这本小书里究竟曾有过我们民族的一部分血与泪，爱与恨，发表了，虽然并不能在冷酷的人类中激起同情，最低限度，也可以作为温暖我们自己的一块燧石——虽然这块石的存在是可有可无的。

谢谢王平一先生给这本小书一个重版的机会！

一九四二年七月二十四日

贵阳《中央日报·前路》编者按：李范奭先生系韩国光复军司令部参谋长，所著《韩国的愤怒》一书，乃叙述九一八前在东北一带与日寇血战经过，又名《青山里喋血记》，欲明了韩国光复军革命运动者，此书可作为参考。

（原载于贵阳《中央日报·前路》第599期，1942年7月30日）

# 我导演《东亚之光》

## ——世界上第一部俘虏影片

何非光

抛开了政治手腕，放弃了威胁利诱，纯粹以忠贞宽厚正义和平等德性去感动本来把你当作不共戴天之仇的□人，使之溶化于你底伟大精神之中，为你流泪，为你工作，历史上未之前见；在两个国家各以兵戎相见的时候，一个国家的士兵愿意抛弃了杀人武器，为另一个国家的艺术文化效劳，世界上也从未有过先例；有之，则自《东亚之光》始。

《东亚之光》是部不同寻常的影片，不仅为了它是一部俘虏拍摄的影片而是为了它是一部正义感人的作品，不仅在电影史上值得大书特书，在战争史上也大可以永垂不朽。最近该片编导者何非光自渝飞港，记者特往访问，请他发表一点关于该片的感想，何君初下征途，百事栗六，蒙于万忙中撰就本文，弥足珍贵，其中不少可歌可泣之事迹，足以感人泪下，今于本刊发表，不仅本刊之荣，抑且读者之福也。

——编者

在招待日本俘虏的茶会那天，散会之后，一段话透进了我的耳朵：

“倘若可能，将那一群俘虏口里所吐露出来的实事，摄成电影他们那些各自不同的性格；在日本军阀的欺骗和压迫之下怎样地来华屠杀我无辜同胞的经过；终至于后来，怎样为我前方英勇战士所俘获，而在三民主义陶冶之中，怎样由极残忍极顽固的侵略者，突变成为正义的反侵略信徒；那些可歌可泣的事实，合拢来编制一部电影；而同时又可以聘请这些俘虏本人，现身说法，亲自演出——这部电影的完成，于对日抗战定有贡献！”

一位同事的提议，把我兴奋了起来。

足足化了八昼夜，榨着脑汁编写起来。

以被感化了的日本俘虏作良心的供状，发出正义的呼吁为主题的电影剧本《东亚之光》终于放了在剧本审查委员们面前。

剧本审查通过，决定了我的任务，振奋了我的精神。

但是聘用俘虏，现身说法的预定计划，却被“不可能吧！”“危险性太大呀！”一类的短句话包围着。

不可能吗？

欧洲方面，战事也正在进行着，在这场战争中，要使敌国的俘虏甘心情愿投向俘虏国的阵在线来工作是绝无可能的。

东亚方面这场战争可不同了，因为这是一场争取自由与独立，争取世界的正义与和平的战争；因为具着正义感的日本人，谁都知道，我们中国抗战，最后胜利到来的那一天，也就是被压迫的日本人民的解放和自由之日。

所以问题决不在口头的“不可能”与“可能”等字眼上面。

要看，黄帝的子孙所信仰的仁慈正义道德，究竟洗刷了腐臭不堪的大和魂到如何的程度。

危险性太大呢？或者。

因为处在物质缺乏的环境里，一部影片的完成，必须化费数个月的光阴。并且有价值，有灵魂的作品，要看演员的表演是否有感情。

在这两个条件之下，要顽固的俘虏在数月之长时间中使其有感情地工作，非先让其感情不觉拘束不可。让其感情不觉拘束，非先使其日常行动稍微自由不可。但是，其行动自由了，深恐在这难免复杂的环境中，使他们起潜逃之意，不然，就是怕其自身不彻底理解正义的大道而叛乱，伤害我们的生命财产。

这些的确是要加以顾虑到的严重问题。

好在本人曾经留东十载有余，对于日本人的短气、义气、正气、邪气、淫气，与及斯多噶气等等各种各样的好坏习气都略微体会过一下。

依我个人的见解，若善用方法，大体上不至于发生危险，虽然麻烦还是不能完全避免的。

要使工作推行到预定的目标，应该耐烦，我想。

不久，在军政部第二俘虏收容所所长邹任之先生和众位管理员的谅解与帮助之下，采取了和俘虏们相处在一起，生活在一起的步骤。联络俘虏感情。充实剧本内容。主要的还是测验俘虏的思想和品行。

许多天过去了，麻烦艰苦的测验工作完成。《东亚之光》正式宣布摄制了。

为了工作方便起见，我带走了测验过后认为思想可靠，品行端正，剧中需要的角色十人。他们暂时向俘虏收容所告别。

好比笼里的小鸟，被解放到自由天地一样的俘虏们，他们底精神，变了愉快与活跃。

但是我，反而变成一个时时刻刻提心吊胆，防备他们行动脱轨的“变形的俘虏”了。

那天起，我们称呼他们“日本反战同志”。

他们在沈起予兄的教导之下，在摄形场里的宿舍开始新生的起居。

所谓“皇军”教育出来的人们——似俘虏，似反战斗士——让其自由齐集一堂，的确是件费脑筋的事。

尤其是曾经调查过他们的行为的有的屠杀过我同胞，最高记录是山本熏，□□□□□□□□□；□□□□□□□□，□□□□□□□□□□□□□□□□；有的抢掠过我金银，客气一点的就用伪币强迫掉换法币；许多事实很清楚的我，虽然，曾经看见他们立在邹所长面前签字盖指印宣誓：“必定以正义的精神和行动来赎回过去的罪恶。”但是心里总是不安。

老实说，日本人大部分都有三日一小变，五日一大变的神经病。

春节劳军日。

依照我们厂里的计划，《东亚之光》剧中全部演员必须以剧中人物化装游行、献金、宣传。剧中主要角色俘虏当然在内。

由军政部领下来供电影或话剧之服装道具用的大批战利品，如军服、皮鞋、铜盒、步枪、战刀等全副日军真服装发给他们穿在身上时，他们的脸上，张张都露出着一种难以揣摩的表情。

他们深深厌恶着罪恶的衣冠?!

而我们则还不免于担忧的，给他们所携带的步枪虽然没有子弹，但是枪头上的刺刀，至少可以杀害非武装的十来个人。

万一出了事情怎样交代?

冷汗，流透了我的脆弱心房，冷汗。

直到游行、献金的任务完毕回到厂里，把他们的武装解除了之后，才像下了重荷似的，吐了一口气。

别的国家巴不得解除敌兵的武装。我们的国家反而让敌兵自由武装，而没有出事情。

世界上，哪里有像我们这样伟大的国家!

白天到深夜，深夜又到天亮，在大时代里电影从业者的特殊工作时间，他们也算追随得惯了。

可是，对于他们电影圈中的门外汉，对于电影表演技修养术生硬和毫无经验的他们，只有用种种的方法——直接的、间接的、鼓励的、讽刺的、片面的、整个的举例动作，形容来指导他们，鼓舞他们。

同时也用研究的、含蓄的、开辟的、建设的态度与精神，在工作中逐渐建立起他们的自尊心和向上心，使他们认识自己的责任，感觉到思想和技术的熟练迫切的需要。

在磨练中，整个拍摄工作进展到三分之二的时候，主角山本熏君突然患病，仅仅四天，没有完成伟大神圣工作，就永远离开人间了。

山本熏君临终的几分钟，在宣仁医院里，知道自己已经不行了。突然用他最后的几分力量叫喊："让我赶快拍完这部片子啊，让我赶快拍完这部片子啊！"巨大的酸辛之感侵袭我，日本反战同志都流泪了。山本熏君知道他拍这部《东亚之光》是毕生最有意义的工作，然而他死了。

从侵略者变为坚韧的反侵略斗士的人，从此少了一个，一个不小的损失，一个莫大的惋惜。

日机连日滥肆轰炸陪都的时候，正是酷暑大热的六月，也正是《东亚之光》在某地拍摄外景的期间。轰炸机一批一批在头上飞过。

摄影机的附近被抛中一个炸弹，但祇炸毁了一块泥土。

我们对于这种威胁毫无所惧，个个都抱着不成功就成仁的决工心作。

是的，大时代的儿女正在轰炸中长成！《东亚之光》也在轰炸中渐渐地完成了。

在中日数百个人的安危、生死、荣辱、福祸一切托付于工作的决心之下，被认为"不可能""危险"的事情，竟成为"可能""安全"的回答，《东亚之光》全部完成了。

因为自己不学无术，编导出来的作品，难免无缺点。如果能得到一点成就的话，全赖于我中华民族仁义道德的伟大，日本民族醒觉的伟大。

让忠于国家民族的人们坚定其忠勇奋发的决心，让侵略者以及无耻的国家败类觉醒吧，东亚的光明已显现了！

（原载于《时报周刊》第1卷第5期，1942年）

# 再生

## ——从茂田江纯同志，看在华日本共产主义者同盟

莫艾

汗珠像雨水一般，从茂田江纯同志底两颊旁边，不住地淌了下来，但他好像没有这回事似的，还是把吃奶的力气都用在向上伸着的、那使斜蜷着的右拳上，在日本同志面前，在朱总司令面前，口里沉重的念着："当我加入在华日本共产主义者同盟时……"每一个字的声音，如蚕豆大的冰雹，落在静静作响的石板上。

在马恩列斯和毛泽东、片山潜的巨像底下，这里已没有种族的界线，都是为了同一目的而奋斗的同志，他像在座所有的同志一样，全身的经络都兴奋得抖起来了。

从即将毁灭的法西斯军队跳到了这全世界劳苦人民大众的阵线里来，谁会不是这样兴奋的呢？在两年前，一九四〇年七月，他像一条被豢养的犬马一样，行军在山西的兴县，他的上司——万恶的日本军阀，反怪他的脚跑烂了，快不起来，劈拍两下耳光，左颊右颊，马上各各泛出了五条指杠……难道这就是因为"圣战"的缘故，所赏给的"动"么？一九四〇年一月以前，每天十小时都伏在账桌上，在军火老板那只凶眼督视下的他，手乱眼花的不停的算着阿拉伯的数字，气都不敢透出一口，不过是为了一个月六十块钱薪俸的缘故，一个人在另一个人底面前，应该是这样的么？

所有这些问题，在两年以前，虽然使他纳闷过，但他不过是一个不可解释的"谜"罢了。他那时正在东京一家军火工厂里做工，由于战争扩大，兵源困难的原因，虽然他是一个技术人才，同时也没有受过军事训练，但为了救急，谁也分说不得，终于被牵到中国战场上来了。

"华北已经明朗化了"，茂田江纯在出征之前，对他的母亲说，"妈妈！你为

什么舍不得儿子，长官说的好，这一次到中国去，正是官费旅行哩?"那时他像已经梦到了天堂似的："小学课本上不是说过么?中国是一个最美的地方呀!"到华北去不要打仗，只是做些肃清"残匪"的工作，这个机会不是太美了么?

跳上火车的时候，在东京市政府□小职员的哥哥，夹在人丛中，挂着眼泪，踉踉跄跄地跑来送行，偷偷的背着人再三叮嘱他道："勋章不稀奇，只愿见弟回。"这些对于"武士道"的"渎言"，像冷水泼在他的头上，多么扫兴啊，他睐了睐眼睛，眉头一竖，拿出巾帕向他哥哥面上一挥，在呜呜哀鸣的汽笛中，东京离开他渐远了。

"呀！美丽！为什么是一片焦土?"他在太原"现地训练"的时候，在村子上，到处见得到的是败垣颓瓦；而弟兄们，谁都像疯狂了似的，整天价的哭笑无常，在茂田江纯最觉得奇怪的是既然中国是乐园，为什么弟兄们要自杀?为什么有些弟兄出去了就不见回来?尤其是那他最恨得牙发痒的，每天酗酒打人，叫他取饭奉菜的老兵：要警告他："别一个人向外跑，当心支那兵，×路军，共产党，要杀头呀!"

"杀头呀！多可怕呀!"那些老兵故意用手劈他的颈子的恶相，更使他对于美丽的中国，渐渐的不像来时那样兴奋了。他才是一个二十二岁的孩子，现在，他开始了解到战争的可怕，尤其痛恨那些酗酒打人，专欺侮青年兵的老兵："要不是为了'天皇'的缘故，妈妈的，真要和他拼一拼呢。"提到"天皇"，使他想起了书本上的"光荣"的"武士道"，而自己也就是"光荣的武士"，"不要辱没了道呀!"于是又自觉的胆壮起来了。

只受了三个月"就地训练"的茂田江纯，在第一次的战斗中，在兴县和蔚汾河间，他的所属部队越生(九旅)上野(三十八大队)被冲散了。当他退到某一个村庄上的时候，在他几十米达的周围，有人在向他用日语喊话："日本弟兄，放下枪来，不杀你们!"

"不要上当，让他们白杀头。"他一面自言自语，一面扳枪向着人声响处打去，可是喊声越来越多，但并没有回他一颗子弹。他不禁迟疑起来了，难道有这样讲义气的军队么?再把眼睛一看，八路军第一次出现在他的面前了，恶狠狠的向他们望了一望，觉得并不像理想中的可怕，而且不像有杀害自己的模样。"死到临头百思起"，母亲的眼泪，哥哥的赠言，老兵的残暴，飞快地一齐交织在他的脑子里了，"圣战"第一次在他面前打着问号，现实的"死"的问题又逼到面前，正要自杀的时候，八路军已和善地到了他的面前了。"人生不会有第二次活，试一试吧!"索性把枪一扔，自己闭着眼睛躺在地下了。

一九四〇年七月末，茂田江纯在兴县被俘，经过了半月，他到了延安。在前方也好，途中也好，到了延安也好，他总装着疯，见人就骂，甚至做出许多恶作剧的事来。越是八路军优待他，尊重他的人格，更以为八路军另有用意，食物也不大吃，人家劝他散步也不睬，差不多整天的躺在床上，歌唱东京的小调，“等到迟早总要到来的死”。他认为被俘即是“一生完了”，是“天皇”臣民所不能忍受的羞辱，而且，俘虏他的，竟是这样衣装褴褛、食物恶劣的“共产军”！这更是一件耻辱中之耻辱，无论怎样放任他自由，他总觉得这是“共产军”想害他的鬼计，他是绝对不相信被俘虏之后，不被杀头的。但是，一月、二月、三月之后，八路军优待他的情形，始终一样，毫无把他当俘虏看待的意思。一九四〇年十一月三日（明治节），澜泽三郎、大谷正等六人向东遥拜，大呼“天皇陛下万岁”的笑话播出之后，他原来以为这六个人要免不了杀头的，但结果丝毫也没有人来干涉他们。

“怎样？八路军究竟是什么军队，难道真不杀我们么？”在留延日本弟兄遇机解释底下，武士道精精教育着的顽固心理，渐渐打破了。

茂田江纯是日本工农学校的学员了，那里有自己的组织（同窗会），什么事都可以自己去做，“中国人是不来干涉的”。开学的那天，几千的中国人，为着他们学校的成立，致以热烈的祝贺，这是他所梦想不到的；虽然是异国，为什么还要比本国人亲热呢？

“哦！原来除了民族国家狭义的界限以外，世界上还有更伟大的‘阶级’两字的存在。”在学校里，他从许多政治、经济的书籍中，从教师们的讲解中，和现实时事发展规律的铁的明证，他□受了历史唯物论和唯物辩证法，他像所有的同学一样，共产主义宣传的威力和中共对俘虏的正确政策，在短短的时期中，使得他们的人生观与世界观，□发生了根本的革命的变化。“天皇”“武士道”以及“一个月六十元的薪水”“粗衣恶食打胜仗的八路军”……这些谜，都解下了。

马克思的理论不是教条，而是行动的指南，茂田江以及和他一样的同志们，在马列主义以及摆在眼前的伟大实事的昭示下，更进一步的告诉了他们□“既然□□了自己要走的道路，行动起来吧！”而现有的反战同盟，是要进一步的给日本人民大众自己谋福利的，还是不够的，在□□等三同志计议下，茂田江纯同志立时向应，并共同具体地拟定了要建立“在华日本共产主义者同盟”。宣言为打倒日本天皇制度与资本主义的剥削制度，解放日本大众而斗争！

在延安短短的两年里，他就已坚决的，把枪弹发射的方向朝向曾经奉若神明的日本“天皇”，和日本将军们了。

茂田江纯同志说：“我是作为一名无产阶级战士而再生了，新的生活给我以从前所未有的勇气！”那么，谁将没落而衰亡呢？

（原载于《新华日报》1942 年 7 月 30 日）

# 怎样哀悼四位同志

[韩国]李达

去年十二月二十六日，朝鲜义勇队第三支队，于河北邢台战役中，击毙了敌军百余名，夺获了无数的战利品。此战役中孙一峰、朱东旭、王现淳、崔铁镐四位同志，不幸中弹，壮烈地牺牲了。“深入敌后，争取朝鲜同胞，扩充革命力量”是朝鲜义勇队第二阶段的工作方针，第三支队，在这个方针之下，奉令北上，深入华北敌后执行所负之工作任务已经一年多了。他们在工作当中，已经表现了不少的成绩，而这一次的胜利算是第一次的大收获。这不仅是限于第三支队如此，而且在整个义勇队历年工作当中也可以说初次的大胜利。但是我们并非因此而自满，相反的，我们将因此而更加奋发，因为这是在朝鲜义勇队发展过程中应有的胜利，同时是我们武装作战的开始。其次，四位同志的牺牲，固然是壮烈，但却是无可弥补的损害。我们单单从数量上看，四个对一百个的比例，当然是不吃亏，特别是把这个数目同目前阵亡于全世界反侵略战场上的整个数字比较一下，则更微乎其微，并不见得是一桩大不了的事。但在质方面看，却不尽然。四位同志是朝鲜义勇队的基本成员，是朝鲜革命的军事干部，所以在朝鲜义勇队的发展上，尤其在需要多量的革命干部的今日，四位同志的牺牲，不能不说是很大的损失。再其次，至于其意义之重大，更不用说了。我们以为：他们的死是足以表现了朝鲜义勇队的工作精神和力量。而且一方面给予敌人以重大的打击，另一方面更加坚定了我们的杀敌决心。他们的死是表现了朝鲜革命者特有的视死如归的斗争精神和朝鲜民族的新生。他们的死是中韩两民族团结的表征，而且在鼓舞中国军民的作用上也有不可忽视的意义。他们的死是唤醒了东方被压迫的民族，使她们清楚认识在目前太平洋战争中自己所负之任务。这样他们是为祖国的独立和解放而死的，为中国抗战而死的，为反侵略战争而死的。所以他们的死是壮烈的，伟大的，光荣的。我们在这里追悼他们是应该的，可是应该怎样追悼呢？只流几滴眼泪，说说几句话就算是追悼吗？不然，则应拿什么来安慰他们的英灵呢？对此我们毫无踌躇地说以革命工作的实践来答复这个问题。就是：

第一，扩大朝鲜义勇队为朝鲜义勇军。朝鲜义勇队是朝鲜革命的一支武装基干，是中国抗战中国际纵队的先锋队，是世界反侵略阵线的一部力量。但是我们如果不把现在的“队”扩大为“军”，则今后在展开工作上不会完全没有困难，因此今日我们的工作中心，仍然是展开敌后工作，争取朝鲜民众，扩大义勇队为义勇军。他们四位同志担负了这个最艰苦的工作而在没有得到相当的成就以前，竟死于沙场上，这多么值得痛惜和悲愤啊！但是这一次他们的胜利，不但说明朝鲜革命运动已经具有了武装斗争的特点，而且说明了朝鲜民族在国外组织武装斗争，以便向国内发展的可能，更加证明中韩两民族并肩进行解放战争，必能消灭日本强盗，必能配合朝鲜国内的革命运动而获得最后的解放。

第二，完成统一运动。七七事变以后，朝鲜革命运动便进入了新发展的有利阶段，而更迫切的要求我们革命运动的统一。但是在中国的朝鲜革命者，仍然各持门户之见，继续宗派之争，遂使革命运动陷于混乱。最近我们提出了各种团结主张，其中最显明者，即拥护和支持韩国临时政府，并要求，临时政府当局应该容纳各革命党派，以谋集中一切力量于临时政府，使之成为最高领导机构，然而至今尚未见到政府当局的圆满答复，令人引为遗憾。但我们坚决的相信政府当局一定可以采纳我们的建议，早日召开临时议会，圆满解决我们的统一和合作问题。

四位同志，曾对于以上两个问题最关心而且曾力求解决的，所以当我们哀悼他们的时候，须先把以上两者彻底地实行，以借哀悼，并慰他们的英灵。

四位同志，虽死于异域强场上，但他们所流的热血永远染红了朝鲜革命史，他们的骨肉虽弃在凄凉的异域草芥上，但他们的遗范，却永远刻印在成千成万的朝鲜革命男女的追忆中。

四位同志哟！安息吧！你们离开我们而永诀了，可是你们的精神是永生的，你们的伟大业迹是永远不会磨灭的，你们未竟的遗业是将待我们来完成的。

（原载于《朝鲜义勇队》第 42 期，1942 年）

# 我的转变

[日本]大谷正

七七事变一爆发，日本政府利用报纸、广播电台，以及其他所有宣传机关，向全国人民作了这样的宣传：七月七号晚上，我军在卢沟桥附近进行夜间演习之际，该地中国驻军突然向我方开炮。这时，我当局曾用尽一切办法，想把问题就地解决，不使之扩大。然南京政府却一味自负于自己的军备，不接受我方诚意，始终对我采取挑战行为。迫不得已，我军为了保护留华侨民和东方的和平，最后不得不采取自卫手段。当然，这种军事行动，绝对没有包含领土的野心在内……

当时，我因为曾受过长期欺骗教育，再加上这样的宣传，对中国的确抱着无可隐忍的仇恨和敌意。我对中日战争的看法，和政府宣传的一样，认为日本方面是为东方和平、膺惩中国的正义战争。

战局不断地扩大，我们"无敌皇军"节节胜利，我每天把着连战连胜的捷报，心头禁不住快乐得跳跃起来，看着一批批挂着红布带的出征士兵的雄姿，自己也会梦想很快到战场去，平安的立些功劳回来。

虽然连战连胜，但最初政府高叫的速战速决仍始终没有实现。一年两年都过去了，以前认为不是日本对手的中国，到底没有屈服。这时，日本政府宣传中国军队的暴行，又不止几次地声明了对华方针是没有领土野心的。听了这样一些宣传，更加强了我对中国的敌意。但是另方面，却产生了因为战争长期性而带来的不安。那就是我的入伍迫近了。嘴上虽说，为了天皇陛下，为了国家，决心战死沙场。其实□来我战死了，我的家族将怎样悲痛呢？而且我自己也是绝对不愿意死的。

一九四〇年一月，当人人都说华北已经太平了，到华北去的人等于"官费旅行"的时候，我被开到华北去了。在途中，我写了这样一封信回去："我生为日本男子，应成为最荣誉的军人，现在为膺惩中国而出征，战死也是应该的。

如果战死了，决不要为我流泪，我正是为了天皇，为了国家而愉快地杀身成仁的……”这种话其实决不是我本心所发出来的。我当时唯一的期望，只是希望平安地归来。

到了华北以后，才知道完全不是自己在国内所梦想的和国内人人都说“官费旅行”的华北。每天在光光的深山里奔跑，忙于演习，还要忍受拳打脚踢，吃不着一顿好饭，而且还要作战。我开始知道了军队生活的辛苦，军队内部的矛盾，以及战争的悲惨和残酷。更加深了我对国内的怀恋，我每天都想回到故乡的怀抱去。

一九四〇年八月，我被八路军俘虏了，当时我不清楚八路军是怎么样的军队，我只知道当俘虏是军人无上的耻辱。那时我没有接受八路军的诚意，时刻想逃走或者自杀。我的人生观变得那么阴暗，我觉得我的一生就此完了，故乡也再不能回去了。我又想谁使我这样痛苦的呢？回答是中国！蒋介石！战争！如果没有战争，我将依旧幸福地生活着的。家庭万一知道了我被俘，他们将怎么样呢？……我完全变了，每天好似彷徨在无边的黑暗里。

不久，被送到了延安，进日本工农学校学习。半年以后，我渐渐感到在无边的黑暗中，已摸索到了一线曙光，那就是因为我学习了共产主义及其他无产阶级解放的知识，中国八路军同志对我们真诚的国际爱和理解了战争的本质、社会发展的法则而来的。我认识到这个战争绝对不像日本军阀所宣传的、和过去所了解的一样，它决不是为东方和平的正义战争，而却是日本帝国主义强盗的掠夺战争。我更认识到根据社会发展的规律，胜利必然在我们劳苦人民这方面，也就是资本主义发展的结果，必然爆发无产阶级革命，并由此而进入社会主义社会，这种社会主义社会的建设，才能把全世界劳苦大众，从资本主义的压迫下解放出来，享受自由，幸福的生活。

过去仇视中国愿为日本帝国主义牺牲一切的我，现在愿意这样宣誓由于我正确理解了我们的任务和目的，我将和中国八路军一起，献身于打倒我们共同的敌人——日本帝国主义，求得中日两大民族的解放的事业而奋斗。

（原载于《新华日报》1942年8月11日）

# 他仍然回来了

## ——一个日本兵投诚八路军的故事

[日本]浅井生
王发 译

“你明明知道你是一个日本人，为什么舍不得你的命，当了俘虏还不自杀？真混蛋！”

威风凛凛的，在审问着的宪兵班长，忽然站了起来，对准他的腮颊，给了一个有力的耳光。

“啪！”从他的眼睛里曾出了一阵火花，刹那间，他的眼前，变成了漆黑一团，接着恍恍惚惚地倒在地板上。宪兵抓住他的脖子，拉了起来，又继续给了他两三个耳光。他用手掩盖着被打的腮颊，眼睛里充满了热泪，很恐怖的样子，看着那异常憎恶的宪兵的脸色。过了片刻，宪兵吐出了“滚回去！”这样的一句话，他才摇摇晃晃地站了起来，无力的走出了室外。

回到阴暗而肮脏的禁闭室里去的他，盘着膝盖坐下了。被打肿的腮颊，红红地凸了起来，发着强烈的高热，内颊，好像用刀割似的，一阵一阵地痛着。黑暗的前途，很凄惨地充塞着他的思想。热泪，不可制止地流满了一脸。

“我是不应该回来的……”八路军的亲切友情，又重现在他的眼前。

“伤口还痛不痛？”“烟够不够抽？”“有什么不方便的地方，请不客气地告诉我们。”这些满含着慈爱的慰问，差不多天天都可从八路军的人们群里听到。

但是，他总是想很快地回到日本军队去。战友们的面貌，父母的慈颊，每夜都出现在他的枕边。于是，有一天，他要求回到日本军队去。

“如果你回到日本军队里去，一定要被杀死的！”八路军所说的一些话，他不能相信。——他认为连相互厮杀的敌人，都是这样的亲切，那么，回到自己的军队去，也一定会被欢迎的，因为并不是自己情愿当俘虏的，而是战争到最后的一口气，不得已才被俘的。

经过几次的请求，他终于得到允许，回到日本军队去了。可是，日本军队，并不是他所想象的那样好，当他刚回去的时候，就被押进了宪兵队。在那里，没有一个人理他，安慰他。

今天的审问，他没有一点隐蔽，原样地说了出来。可是，现在的情况，就是他所得到的的结果。在所谓“敌人”的八路军那里，并没有当做俘虏看待。相反的，回到日本军队来却反而饱尝了囚犯的滋味。

“我成了俘虏，的确是一个俘虏了。爸爸！妈妈！我应该怎么办才好呢！?”——对于出征的时候，抱着真诚的赤心，来欢送我的亲友们，我那里还有脸去见他们呢！? 自杀吧！除了自杀之外，再没有可走的路了。他□□想□，□室内的四周，用脑袋撞了一下，被□烟烟黑了的天花板上，有几根尘土结联的蜘蛛丝，垂了下来。潮湿的气味，不断的□刺着他的鼻膜。在墙上挖了一个窟窿，当窗户。从这里的窗口里，透进了一线微光。

自杀的决心下定了，他渐渐的安定下来。

“谁把我弄到了这样的地步？如果没有这个战争的话，我一定能够很快活地过活着一生的。可诅咒的战争啊……日本为什么要同那样亲切的八路军打仗呢？为什么叫八路军‘匪贼’呢？……国民被驱使地卷进了战争的漩涡，说是为日本去拼命，去流血。可是，不幸当了俘虏的人又回队了，为什么还要叫他自杀呢？为什么还要叫他‘俘虏’‘罪人’呢。真实岂有此理！?”他不禁沉没在无边的深思里。

几天后，他又跑了。重新回到了八路军那温暖的怀抱里来。

他，石英美□，已经是日本工农学校的一个学生。他现在的生活，充满着希望、光明和快乐！

（原载于《新华日报》1942 年 8 月 13 日）

# 1943年

# 致韩国友人

陈澄之

我在重庆时，时常惦念着寄居在中国西北的一群韩国友人。可是我就不知道在韩国本土的每一位韩国儿女，是不是也都这么令人敬慕。我曾到过汉城，在那京畿的宫殿里住了些时日。当时最使我惊异的有两件事：汉城里的日本人比韩国人多；我并不是以人口说，而是指他们的作为。那时候，日本人在汉城的只书十万八千多，总额却是三十八万二千几。我们观察一个国家的兴衰，完全在看他们的一切活动。另一件遗憾，朝鲜也是一个古国，所谓始于檀祖，史乘是一个国家的源泉。如果我们不疏导大小白山的洛东江源，说不定今日的釜山，不会这么安逸，也许在庆尚南北道一带要常闹水灾。然而在韩国的首府却看不到一部韩国全史，这当然是日本人的毒辣。不过今日努力于韩国独立运动的革命人士，具备了这份工作没有？我们站在友谊的立场上，兴奋地等待着读到一部出于韩人手笔的韩国全史，同时我们不得不对韩国友人们进一忠言：史的整理，千万不可仰仗于外人的陈籍，那已经是被改头换面了，其改换的程度有过于汉城南大门外的梨泰院里，完全日本化了。我们在奉劝友人时，并没有忘了我们自己。中国逊清一代也有偷改史乘的恶作剧，然而我们在今日还可以辨出中国的旗人究竟在一部中国全史上什么地方插了花翎，什么时代里加了马蹄袖。就怕辨不出，辨不出就糟透了。我曾到你们的奉元寺里去逛了一趟；朋友，惨得很，那里的高僧已不再是韩国的高僧而是日本高僧。

如今在华的光复军，我们敢说都是韩国的志士。他们的英勇，今日表现在中国战场上，但愿明日便到狼林和妙高山的山岭上去仰天长啸。

为什么在这时候警惕诸君？我觉得这是做朋友的义务。我有两个韩国同学——吕凤九和李在天，他们的热血和革命的勇气，不亚于每一位今日的韩国志士。可是，一别多年，永远记得他们，却再没有听到别人提起。我很惦念他们。如果他们真的有了成就，又何至于湮没，也许为了复国的奋斗，牺牲在无闻无嗅中了吧。

最近我碰到一位韩国志士，他有热血，有勇气，也有作为。然他有一个最大的缺憾，这缺憾就是他说不出他们祖先的成就和根据。当然，这也难怪，他们终日地生活在流亡和动荡中，力不暇顾。不过为了伟大朝鲜民族的未来光辉，我们觉得这不是一件可以忽略的艰巨工作。努力于革命的人们，千万不可顾彼而失此。

我觉得今日的每一位韩国男儿都很可爱，在你们这群中出现了今日的霍里子高没有？我也觉得今日的每一位韩国妇女很可爱，但不知你们是不是比古时候的丽玉还要可爱否？直到如今，在中国人的脑子里还记着韩国丽玉姑娘的箜篌：

“公无渡河，公竟渡河，堕河而死，当奈公何！”

［原载于《读者导报》（西安）第26期，1943年］

# 一个俘虏的自述

王半湖

去年的假日，我在衡山。

一天，当我把绿色的窗幔拉开了的时候，我发见一个美丽的姿影在楼下的花丛中漫步着。等我把惺忪的睡眼用手拭了拭，才看清那在曦微中的是一个青年女子，她穿一身镶着黄边的草绿色粗军装，由于这标记，我知道她是个俘虏。

她的头发，短黑而卷曲，可是有点逢松。她的眼，有奇异的美，在长睫毛底下，射出秋星似的光芒，但眼梢边却有些红肿。也许她因长夜失眠，或为她的身世飘零而哭泣过。

我站在窗边感觉到我的心有些轻跳，我恐怕被她发觉，我望了望东边天际的云霞，轻叹了一声，把身子缩进了楼房。

从此，每天清晨我都看见她在楼下的花丛中走着，好像她永远载负着，一颗感伤的心。在默默的步武中含着无限的凄怆！

一直等到那玫瑰花已经凋落了红瓣，香玲草逐渐在秋风中萎□了，我才由一个同乡的介绍认识了她。

那是个月圆的秋夜，风从荒野上带来了微寒，我和一个投诚的日本军人及这个成了俘虏的少女，坐在独影摇曳的窗前矮桌边。我以新知的资格给他们斟酒，一杯又一杯；我和她渐渐的密谈起来，谈到了她生活的经历……

## 一

我是日本军营里的随营营妓。

我的少女的心，已经灌进了多量苦液，可悲的遭遇，使我认识了人进的深层痛苦。

我本来是高丽人，我的家在南尚庆的釜山。我出世的时候已没有了父亲，剩下来年老的患着不可医治的盲症的母亲。我的大哥在早年为着争取国族的自由被杀害在汉城。我的二哥是一个茁壮的渔夫，可是被对马岛的海涛卷去了。我的三哥在“九一八”的时候被日本军阀强征到中国作战，他的白骨至今还埋在长城边。由于家中连年的不幸，失明的母亲因悲哀而竟病倒了。

在五年前的春天，我还是一个十七岁的少女，我做了釜山湾里的船娘，我用一只租来的画舫，招揽游客，用我的青春博取贱价的报酬……

不久后，我的母亲死去了，同时我被一个恶媒婆所骗，把我卖给了一个日本农夫。从此便飘零在孤悬海外的岛国。

我和我的异国的丈夫，住在浅间山下的一个乡村里。我常常为我的不幸的命运而哭泣，就因为我这粗暴的丈夫，常常在夜里鞭打我；甚至在冬季的雪夜。把我驱逐在屋外一直冻饿到天明。

日本国内的经济崩溃的浪花，渐渐波及到这浅间山来，我的家一天天的穷困，收获不好，租税增加；这一切都使我的丈夫对我愈加粗暴，终于我又被卖到千叶去！

千叶是东京湾的一个都市，这里和东京一样支度着畸形的繁荣；从此我又在一座有名的“花院”里操着可悲的神女生涯……

## 二

中日战争开始在辽远的地方进行着。

由于经济的不景气，使千叶的生活起了急剧的变化，我倚着这“花院”还能勉强的支持。

但是我深感到这可悲的生涯——没有光，没有热、更没有理智和真诚；它会把我的青春葬送在黑暗的深处。虽然我是没有了父母和哥哥，并且没了家庭。但我时常在找寻机会和这苦痛的可悲的生涯挣扎。

可是一天的早晨，主人告诉我们警察局来了一道命令，要抽较原来多两倍以上的“花税”，要我们永远的度这“稳固的生活”。

这简直是使我颤动震抖的最可怕的消息，使我的忧郁的灵魂加受了摧残；这不但是我个人，凡与我的命运一样的人，都是同样的感觉。生命之海就是生活的目标要我的生活会逼使我投入琵琶湖里去……

但是为短时的生活方便起见，我的同伴还忍受着，寄希望于将来。

每日，我们整日是被主人逼着和有钱的大少歌舞，和闲空的皇军军官“花会”；在这时，我和一个大和少名叫费得次郎深切的论识了，他也允许用高价把我赎出这苦海，然而，一种更悲痛使我永不会忘记的事件呈现在我的眼前……

## 三

是去年的八月二十三日晚上十一点钟。

当我回家里正将疲惫的身体倒在床上时，忽有人大敲门，看看是谁？原来是拿着我们最讨厌的召集令；看到召集令状那时的心情，真非笔墨所能形容。

明天的上午九时，就是出发的日子；接着，很多的人都来替我饯行出赞美着我们有了报国的机会！我的祖国是高丽，为谁救命呢？不入耳之言，使我的内心又加上一重亡国的□痛！

时间很快的过去，眼看着到了出发的时间了。

我的心像针刺着似的，但在皇军汹汹的面前，又不敢突出来。离其如此，我的心简直像要爆发似的。

那时我觉得，日本军阀知道欲安前线将士的心，专靠菊池宽的猛烈地赞美炮火与歌颂炮火的诗篇，是无用的了。于是乃转而要我们全国“花院”的同业去调和枯燥的士兵，这种着手，因民间由于征调过众，已使妇女怨声斥耳了；为了这，军部便决定发动“妇女随军运动”，而军阀对此还美其名曰予妇女报国的机会。

我一步一步的向轮船码头走去，我知道我是负上更沉重的枷锁，无论如何，费得次郎是再也不能救出我了……

## 四

我随着大批的“皇军”，到广州、上海、济南、安庆、南昌、汉口，我几乎走遍了华中和华南等重要的战事。

是今年的初夏，我在鄂南的××山中，被中国的游击队俘获了。只隔了三天，我被解送到长江南岸来。

## 五

现在我到这里四个月了。

我们的生活是很充裕的。我们每月能够在战区政治部领到足够应用的生活费、鞋袜和汗衫，公家也有津贴；并且除此而外，还有一些生活零用的资助。

现在秋已凉了，广场上的洋槐落叶纷纷；我住在斜对过的楼下。我过去只有一条由公家发下来的军毡，因为我身体的柔弱，恐怕感染寒凉，我请求我的长官又发下了一条厚厚的军毡来。对俘虏们的体贴无微不至，到今日才深切地感觉到中国政府的伟大。

我在千叶的时候，有一个中国青年告诉了我认识许多中国字，所以现在这里图书馆的刊物，普通的我也能看得懂了。

每逢星期日，我和我的女同伴们是被允许作一次旅行的。

主管官和他的太太也常伴着我们去旅行。

在登芒山的时候，我找一技手杖，大家都精疲力竭了，在一个谷坳中休息

我站起来，我把一块石头滚落到谷的涧溪里，静静地说：

“让我的过去似石头般滚掉吧！我不需要它呵……”我用手杖轻轻的指着太阳。

我已脱去了沉重的枷锁了。

现在我唯一的希望，是等到中国抗战胜利之后，我就可以得到自由，得到无限的光和热……

我不愿再回到日本去，到那时，如果有机会，或许到高丽去走一遭，看看鸭绿江是怎样的自由的奔流，汉江是怎样的迸溅着银白浪花，釜山湾是怎样的柔美湛蓝……

她有时嗓子梗住了，卷发因为伤心而抖动着，好像是一朵风中的黑牡丹；但说到兴奋处，她又端起了酒杯，大口的吞下咽去，后来夜深了，让残肴剩酒倒乱了满桌，我们才互相告别。

（原载于《行健》第 5 卷第 4 期，1943 年）

# 冰雨之夜

[日本]上田正雄
徐光 译

作者介绍：上田正雄君，生于日本东京。早稻田大学工科毕业，曾业工程建筑师年余。酷爱文学。一九四一年被军部送来中国战场，半年后于×地战斗中参加八路军。他具有清静的头脑，朴素的生活，是一个二十多岁的，充溢着满腔热情的反法西斯青年斗士，现任在华日本人民反战同盟山东支部秘书。

这还是我在国内军队里的时候。

有一天，中队的准尉传达勤务传出了命令："近卫师团新成立的部队，向华中方面出征，我们要到车站上去服警卫勤务五天。"这样，连其他中队的老兵、伍长等总共调来了二十多个人，开到品川车站去。

出征的部队，像一些毫无意识失掉知觉的人群。在呼喊声中，在旗子的抖动中，他们一个个垂着头被送往陌生的死亡的战场。

我们这批调来警卫的队伍，为了防止士兵、人群的骚动和意外事件的发生，而肩着枪，吆喝着，威胁着人们，不让他们走到拦着绳的那儿去靠近士兵。我们这种举动，一定是那些出征的士兵和他的家属所最痛恨的吧！因为这恐怕就是他们永久的别离，他们总想靠得拢一些，说些永远说不尽的话。但这些都是军部所不允许的，军部不愿叫士兵知道他家里的情形，更不愿叫士兵的家族们知道士兵被调走。但无论怎样，每天总有几批开走了。可是那些惋惜着的为送别士兵而纠集的人群，始终是流着油状的臭汗，来回的奔跑着。

有些警卫的士兵们，对待出征士兵和送别他们的家族，是异常苛刻的。因为军部允许他们：越压迫的厉害，获得的提升与奖励也越多。当时我这不想升官的上等兵，却时常呆呆的想着另外的事情。

这样的情形，继续了三天，算是安然的过去了。

第四天早晨，落着初冬的冷雨。欢送的人群，出征的兵士，都在湿淋淋的面庞上隐下了串串的离别的眼泪，情调越法显得凄凉了。将近十一月底的天气，再加上雨淋透了的肌肉，那更是异常寒冷的，但当人们一想到这将成为生死的别离时，也就顾不得风暴雨狂，都从四处围拢来，在冰雨中来往交织着，找认父亲、丈夫、孩子、兄弟……亲密的脸庞。

晚上，雨越下得厉害。十点钟出发的是一个步兵联队，都是三十岁以上的、下巴髭黑的老伯伯了。

我仍然走进出征士兵和欢送人群的中间，在系在柱子上的绳子和长长的，睡着的，列车中间三尺宽的地方，走来走去。但这时已经发生过几次吵闹了。

突然，从后面的车窗里叫着："步哨先生！步哨先生！"我事无的转过身子一看，从一个窗口里，露出一个满是浓黑胡髭的脸，他伸出粗糟枯瘦的手来，风吹着手指中挟着的十元钞票，他忠恳而感激的对我说："请递给那个女人吧！"我这样做，对职权是破例的。接过了钞票，才又注意到那个穿着已经给雨淋湿的、稍汚[污]的夹衣的女人：一面庇护五岁的男孩，一面在人群中拥挤着，脸上披散着几条短发，深锁着雨眉，注视着出征的丈夫。一看她那样子，就可以联想到他俩是在劳苦中生活的侣伴，现在丈夫又被夺去了，那更使她毫无主意。

丈夫呆立在窗口里，说："雨还落着，天又不早了，你回去休息吧！"

那女人收下了丈夫的十元钞票又说："我一晚上是不要紧的，你到了战地，没钱用是多么困难啊！步哨先生！请你送还给他吧！"

"不，你是困难的，小孩子不是在等着要吃么？"我看到可怜的孩子，在初冬的冷雨里，给雨打的嗦嗦作抖。

这只有十元的生别啊！拿呢！是丈夫陌生的战场上，不知死活的千里远征的唯一盘费；不拿呢？淅淅的冬雨，咕咕的饿肠，淋得颤抖的哭叫的孩子。我假如也要出征的话，我家的妻和子不也同样的会展出这样的场面么！

丈夫被驱进陌生的战场，永远伴随着愁和死，妻子抛落在饥饿苦难的深渊里。你看！她那细瘦的膀子，肌黄的幼儿，侵略战争的主宰者，将要吞掉他们了。我强制着辛酸的眼泪，脸上的神经在痉挛着。

这可怜的情景，潜伏在每一声送别的呼喊里。

一会，尖锐的开车铃响了，欢呼现在变为呼唤或哭叫了。满载士兵的列车，活动着车轮上的机件，发出缓缓的汽笛，慢腾腾的顺着轨道开动了。

我先前看到了别离的父子爱情，雨中又看到孩子颊上滢晶的泪线。我的心要呕吐。

列车格达格达增快速度去了。孩子跟着列车跑着,急促的,拼命的叫着他父亲的名字。

列车的红色尾灯在雨花中消失了,欢送的人群像退潮一样的从休息室去了。但是刚才那一手握着十元钞票,一手握紧孩子的手的女人,却依旧呆呆的依在休息室的柱子上,她憔悴的面容,照在黄色而寂寞的电灯光下。在雨中注视着列车的消失。

我正想怎样安慰她一下,恰巧集合的哨子响了,当我从湿了的水门汀枕木的板上走过时特意的加重了脚步。

(原载于《山东画报》第2期,1943年)

# 朝鲜没有屈服

[美国]肯特

日本对于朝鲜的迟缓而经审慎计划的榨取，显示任何被日本征服的民族，可能希望于日本胜利的是什么。

当一个日本兵进入田舍的时候，一个朝鲜小孩躲在牛厩里。日本兵把表示抗议的一只母鸡从窠里拉出，拾起一个鸡蛋，用领章的针刺了小孔，把它吮吸光了。然后，他把空壳放还原处，扬长而去。

那一个朝鲜小孩，现在已经是成人了，活跃于朝鲜独立的一个组织中。前几天他在华盛顿告诉我上面的故事，他说："日兵施诸鸡蛋的，日本政府已施诸我们的国家。"日本对于朝鲜的迟缓而经审慎计划的吮吸，显示任何被日本征服的民族，可能希望于日本胜到的是什么。

朝鲜是从东北向日本突出的一个多山的半岛，距日本不过一百三十五哩。日本早就认定朝鲜是侵入亚洲大陆的踏脚石。日本之获得朝鲜，是用违约背信的手段。一九〇〇年当日本进攻俄国时，朝鲜国王允许日军过境，以日本与朝鲜订立条约保证朝鲜独立为交换条件。但日俄战争结束后，日军继续驻扎朝鲜，一九一〇年公然撕毁条约，吞灭朝鲜半岛。

朝鲜在未被日本吞灭时，是一个与世无争的满布小地主的国度。它的耕种方法是未开化的，但人民都丰衣足食，而且略有盈余。在城市之内，有钱庄商店和繁荣的小工业。

今日，在日本吞并三十三年之后，朝鲜已经变成一个阴沉而惨淡的地方，在空前的贫困和饥饿中挣扎。现在统治朝鲜的，是一个东京所选派的军人总督。总督有格杀勿论之权。他有四十万日本军警支持着他的权威。

在这种制度之下，朝鲜的基本人权被剥夺殆尽。日本禁止朝鲜人说朝鲜话，人名地名都得改成日文。

在日本人来到朝鲜之前，朝鲜国内事实上不知有所谓娼妓；现在朝鲜娼妓之多，除日本外，恐怕是世界之冠。更可恶的是日本人买卖朝鲜妇女之卑污行为。据朝鲜基督教大学前校长安得伍特博士的统计，经安东一小地方运到中国境内日军妓院的朝鲜妇女，每月计有一千人之多。经由其他港口的人数甚且更多。

日本人甚为残酷，他们丝毫不顾朝鲜人民的福利，把朝鲜所有的财富吮吸到日本国内去。在京都汉城的街上，你只能看到日本的商店和日本的货物。店内的管账，路上盛装的行人，都是日本人，因为朝鲜人已经沦为菜贩、人力车夫和苦力。日本人已经拥有银行、矿山和全境可耕土地五分之四。

对于占全国人口百分之八十的农民，日本人的征服即等于有计划的按户劫掠。开始的时候，日本人是按户检查军火，不久，他们便把值钱的东西都检查去了。这样经过了三十余年的光阴，朝鲜人那能不一贫如洗呢？

日本人用“合法手段”取得了土地。苛捐杂税无所不用其极。结果朝鲜全人口二千三百万人中，有一千八百万沦为佃农，每人每年所得扣去一切剥削后约为十元。如果他的土地的生产，当局认为未达水平时，他就得被强迫移殖到东北去。

自一九一〇年后，日本农业专家把朝鲜的农产增加一倍。但据政府数字，现在朝鲜人民所得的粮食，只当他们未亡国时的一半而已。他们生产世界上最好的米，但只能售与日本商人。朝鲜人每星期只能吃白米饭一次——每人只限两把，搀以大麦，每星期的其余六天，则以东北运来的贱价玉米糊口。

每年春天，数百万农家徘徊于荒凉的山野间，寻觅树根树皮和野生的植物，以求不至饿死。朝鲜总督在他的每年报告中说：“这里是春季饥荒的国度。”但他没有提供什么救济办法。朝鲜人民所获得的唯一帮助还是来自日本的一批皇家植物学者，他们供给朝鲜人一张可食的野生植物的名单！

现在一个日本工人可以踢一个朝鲜贵族而不受责罚。在邮局或者火车站，当人多必须排队的时候，日本人可以不必依次排列，他们有权站在前头。

朝鲜人不能与日本人受同样的教育。“下等人种”有特别的学校。大多数教师是日本男人，他们带着皮鞭和佩剑来授课，很明确地说明教育目的在制造“天皇的忠诚子民”。

朝鲜人连信教的权利也被剥夺。法律规定，每一间课室和每一家私人住宅，至少必须设立一个神社。日本的神道主义尊日皇为神。朝鲜的基督教士极受虐待。有一教士在传道时说，“上帝是宇宙的唯一创造者”，警察认为他有叛逆罪，捕他入狱，监禁四年之久。数百个朝鲜基督教士因为信仰问题被捕入狱。

但朝鲜人求自由的愿望是不消灭的。一九一九年，朝鲜人民掀起一次人类精神历史上最奇怪而最不实际的革命。二百万男妇老幼，没有武装，又保证不握一根手杖或投掷一块石头，在城市和乡村的广场集合，聆听朝鲜流亡临时政府的独立宣言。他们高呼着："朝鲜万岁！"

骑警挥着铁钩冲入没有抵抗力的群众。日军向挥动朝鲜国旗的学生行列开枪。据参加集会的人告诉我，基督教礼拜堂被焚，群众趋避不及，中弹者极众。计死者自五千人至七千人，被捕者三十万。一九二三年横滨地震后，盛传朝鲜人将乘机图谋报复。但朝鲜人结果极惨。据英国百科全书估计，朝鲜人被屠杀者达九千人，这是现代国家历史上最残酷的一次大屠杀。

但朝鲜半岛的人民依旧不受征服，依旧未受同化。最好的证明就是在目前危机的时候，日本还不能征调朝鲜人在军中服役。一九三七年，日本曾经作过□次试验，送四百名朝鲜青年在陆军服务，并游□中国□□□天晚上，他们中的一群把日本军官杀死。以后日本不敢再作尝试了。

数十万朝鲜人已组成各种秘密团体。一个朝鲜革命领袖说："朝鲜人天生成温良而忍耐的性格，但世界上没有一种愤怒甚于磨难太久的病人的愤怒。当心这一条温良的水牛吧！"

日本须依赖朝鲜的米、鱼、棉、铁、煤、锰、铅和石墨。日本已有飞机和化学工厂。其矿场和工厂雇用朝鲜人约五十万人。我们有很好的理由可以相信，朝鲜人已经努力组织，准备着破坏工作能够收获最大效果的日子。火车失事和"工业不幸事件"的次数已有重要的增加。杜立特将军的飞机轰炸日本之后，跟着朝鲜发生火药厂和几个油池的爆炸。

日本新秩序开始于朝鲜，朝鲜人对于结束日本新秩序的工作，必将有很大的贡献。

（原载于《改进》第7卷第6期，1943年）

# 朝鲜义勇队创立者金若山

马义

一九一九年，在朝鲜爆发了震动世界的三一大革命，在这一伟大的运动中，出现了一位年青的优秀的革命领导者——金若山先生，他当时还只是一个廿岁的青年，由于他的天才的智□与炽烈的热情，他动员了广大的民众，在每一次行动中，他总是英勇地，果敢地站在队伍的最前列，积极进行反日活动，金若山先生的英名，为千百万朝鲜青年所欣慕，金若山先生的英名，成了不屈不挠的朝鲜民族的象征。

三一大革命失败后，先生在中国东三省集合志士，组织朝鲜义烈团，并被推为团长，义烈团当时发表了具有重大意义的《朝鲜革命宣言》，痛斥日本军阀，指出朝鲜民族只有从奋斗中才能获得独立解放，东京的报纸疯狂的攻击这个宣言，义烈团当时的具体任务为暗杀，破坏和暴动。义烈团成立后，日寇在朝鲜的统治机关——朝鲜总督府便首先被炸，旋日皇宫、朝鲜各地监察机关均相继被炸，田中义一在沪遇刺未中，韩奸先后死于志士之手者极多，金若山先生奔走于海内外策划指挥，备极辛劳。日寇及真伪组织朝夕不安，特务匪帮四出活动，悬重赏搜捕先生，当日金先生以恐怖者闻名于世。

一九二五年，金先生转变了事业的方向，他认为革命运动仅持暗杀手段是不足取得决定的胜利的，他计划从训练朝鲜革命干部着手，训练能够掌握革命理论与革命技术的干部，深入朝鲜民众间进行组织活动，开展革命，先生率领多数同志，来到中国的革命策源地——广州，谒见中国革命导师孙中山先生，并就读于黄埔军校，亲聆总理及蒋委员长的教育，毕业后，即参加中国北伐。

随着日寇在朝鲜野蛮的统治与残酷的压榨，朝鲜青年多不容于国内，纷纷借道东北转入关内，金先生当时在北平秘密创办政治学校，凡阅两年余，培养了许多新进的革命干部，这些干部多被派回朝鲜，散布于工厂、学校及农村活动，组织革命民众，领导了无数次学生运动、罢工运动、抗租运动。

九一八事变发生，金先生急赴南京，得蒋委员长赞助，创办朝鲜革命干部学校，先生苦心经营，凡三年余，共办三期，毕业学员达数百人，日寇对于这个学校，屡图破坏，终未得逞。今日活跃于中国战场之朝鲜军政干部，大半都是朝鲜干部学校所培养起来的，他们都是金若山先生的忠实学生。

一九三五年，朝鲜五个党派——新韩独立党、大韩独立党、韩国独立党、朝鲜义烈团、朝鲜革命党协议合并，成立朝鲜民族革命党，推先生担任总书记。

中国抗战爆发，金先生集合各地朝鲜青年，经过严格的军事训练，于一九三八年十月成立朝鲜义勇队，先生被举为总队长，四年来率朝鲜健儿转战各主要战场，屡创敌寇，功勋卓著，海内外同胞同声欢腾，举世赞誉，蒋委员长迭次嘉慰，旅美韩侨亦一再来电表示拥戴。一九四一年五月，朝鲜义勇队与韩国光复军合并，先生被任为韩国光复军副司令。

金九先生一直是先生最亲密的战友。金九、金若山二先生曾共同发表过一个呼吁团结的文件，当朝鲜义勇队成立之初，曾得金九先生的热烈赞助。此外成玄□、尹虬云、金白渊、崔友江等许多位革命先辈，他们都在朝鲜革命中有悠久的历史、丰富的革命经验，他们都是朝鲜义勇队中极负众望的领导者。

（原载于《日本评论》第16卷第17期，1943年）

# 伟大的战友

## ——怀念日本在华反战志士

《新华日报》资料室

日本法西斯，今天正如一座火山，爆发的日子，已经不远了。

同盟国从海上不断地斩断它侵略的触须，中国军民在大陆上不断地痛击它的躯干，这一连续的打击，已使日寇“赫赫战果”的言语，再也听不见了。但是摇撼着日本法西斯统治的，还不仅有外面的压力，而且还有从它的心脏中，它的队伍里面崛起的反战的力量，这是彻底摧毁日本军阀统治的最伟大的掘墓人。

请看一看这些掘墓人的英姿吧！日本国内勤劳大众的奋斗，在日本法西斯严厉的新闻封锁之下，固然不容易知道它的真相，但是他们艰苦的在奋斗着是可以相信的。而我们最熟悉最生动的可以记忆的，莫过于在华日本反战志士的奋斗，他们已创造了不朽的光辉事业的基础。

三年前的今天，日本在华反战革命同盟成立了，这一个汇集日本在华革命力量的组织，很快地在中国各战区，在各重要地点成立了支部——桂林、延安、晋冀察、晋东南、晋西北、冀中山东、大别山、苏北、鄂豫边区等地。

这一支革命队伍，树起了光辉的旗帜，以响亮的声音喊出：“英勇的中国抗战将士诸君！亲爱的日本人民同胞同志诸君！让我们赞美远东反侵略各民族的团结吧！让我们团结起来，打倒远东各民族共同敌人日本的军事法西斯主义吧！”（见同盟一周年纪念宣言）他们具体地订出了工作的方针：“（1）反战同盟要向日本及全世界人民暴露日本法西斯进行侵略战争的罪行，发动日本人民为反对这个战争而奋斗；（2）要加强同盟本身的组织，每个反战同盟的盟员，均有教育新盟员的责任；（3）反战同盟要尽力援助中国的军队，协助进行对日本士兵的调查宣传工作。”（反战同盟华北联合会筹委会）

有了组织，有了工作方针，他们的反战工作活跃起来了，巡回工作团，反战话剧，反战小册子，前线的反战工作，积极的展开。他们由于深刻的觉醒与认识，工作是异常英勇。鲇川诚二、大山邦男及松山速夫等反战志士，在火线工作流了最后的血。华北觉醒联盟盟员清水，随我军行动于战争中脚部受伤，致被敌所俘，但是由于他坚定的立场和认识，终于逃脱了日军的监禁，安然回到自己神圣的工作岗位。在中日人民兄弟般携手反日寇法西斯的事业上，这种英雄气概是，永远值得我们歌颂的。

太平洋战争爆发以后，日寇在华军队的生活日苦，厌战情绪日增，反战同盟志士们的工作是更重大了。在这一新的形势底下，华北反战同盟各支部于去年八月十五日，在延举行了反战大会。森健说明开会的目的是为了统一华北日人反战力量，和军部进行新的斗争。当他慷慨地说到"今日我们在此地开会，实已表示日本军部的崩溃"时，场中掌声雷动。

华北反战同盟大会的成功，使整个华北战线上的反战工作进入了新的阶段。他们对日军士兵的调查工作做得更好，对日寇军队内部给养恶劣，士兵逃亡的情形，了解得很清楚。因此，反战工作是做得更有力了。晋冀鲁豫区日人反战同盟支部的代表，于今年四月间总结一年来反战工作时说：

"我们的支部，一年来不断地号召日本士兵，参加到我们的阵营里来，并配合了春季政治攻势，我们突击了对日军第四混成旅团的部队工作以后，就有五个日本士兵，携带一挺轻机关枪和两枝步枪，参加到我们的行列中来。我们的第三前线工作队对日军三十二师团惠藤部队展开工作，一天晚上向碉堡喊话时，使得碉堡中的敌军中队长非常感动，感动到把留声机拿到碉堡外面开给我们听。此后的三个月，惠藤部队的士兵，自动参加到我们支部的有三个人。可惜厌战自杀的有十二人，逃亡后被捕处死的也有十二人。"

最后他以激昂的精神述说同盟志士的战斗牺牲精神："我们的工作是在全体盟友高度的反战热情下进行的。我们的盟友藤田，在反扫荡中被敌包围，和敌人抗战到最后，因无法逃脱而英勇自杀，还有三个志士，在作战中光荣负伤，这些志士替我们支部写下了光荣的历史。一年来我们支部散发了二十万份反战宣传品，并直接作战八次，这些成绩自然仍是不够的，我们将更加努力去获更大的成绩。"

日本强盗恨之彻骨，誓欲捕杀日本反战同盟支部的书记秋山良照，最近谈称："去年年底四个月中，因反战宣传的结果，有二十二名敌军逃亡了。我们的工作方式除一般宣传、喊话与教育俘虏外，他们还经常与日本堡垒内士兵建立经常联系，我们常将俘虏过来的日兵放回去，因此反战同盟在日本士兵中影响日益扩大。"这种工作的展开，虽然范围还不太大，可是无疑的，以目前情形而论，也使日本军阀战栗不遗了。

在华日人反战运动的蓬勃发展，我们不能不担起在华反战日人中的领导者的努力，同时也应指出我们像亲兄弟般扶助其健全成长的效果。在这里我们可以举一个例子。

（被略一段）这种成绩到了去年六月二十三日，在华日本共产主义者同盟的成立，可说是更进一步做了很光辉的扶植日本革命干部的工作。（被略）

三年来在华日本反战志士的工作，是坚苦卓绝的，由于这一严重的考验而工作一天天开展，我们已再也不容怀疑它光辉的明天了。现在日本强盗从国内到国外，从士兵到人民，反战厌战的情绪更增，胜利的梦已经幻灭。在这一有利条件下，我们可以预料，这些优秀的日本法西斯统治者的掘墓人，今后将获得更大的成绩，使法西斯军阀统治下的这座火山早日迸发！

三年来的事实也告诉我们，中日人民携手奋斗的事业，是要靠我们中国军民作更大的努力的。我们应该加强争取敌军的工作，应该加紧帮助在华反战日人的活动，使他们的事业飞速发展起来，使他们成为中国人民反抗日本法西斯的强大友军！

日本法西斯，今天正如一座火山，爆发的日子，已经不远了！

（原载于《新华日报》1943 年 7 月 20 日）

# 反战斗争前线的战士

[日本]大西正
李明 译

我们的反战盟友在山东支部指导下出动到斗争前线上去了。他们直接在战斗当中跟八路军对敌政治攻势配合起来。近几月来，反战运动的规模日益扩大深入到日本军队中去，我们的战士都完成了光荣的任务。

## 一、在海头战场上

在海头战役当中，上中桐山同志随军出发，冒着雪在大官庄进行了连续三天的联欢喊话。

第一天在距离敌人四十米处，反战盟友一喊出："喂！日本弟兄们。"敌兵以为增援部队到来了，一问才知道是反战同盟"为了挽救新战士兵而来"。敌中队长着了慌，亲自出来问话：

"你们是日本共产党？"

"不，我们是反战同盟。"

"你们为什么住在八路军？"

"我们是在战斗中到了八路军，我们认识了侵略战争的罪恶，因此我们为着日本士兵和人民的解放，举起反战的旗帜。"

"你们说，日本人应该懂得大东亚战争吗？"

"是的，我们知道日本军部牺牲士兵的性命，侵略中国，烧杀中国人民，这就是大东亚战争。"

敌军中队长默然了，再也不敢多听，他不欢迎反战的呼声在士兵面前传播，因而禁止日兵发言。

但是上中桐山同志已经继续喊了：

"弟兄们，反战的呼声响了。当前有两条路，一条日兵退出据点，撤回城里去，我们保证你们的安全，我们愿与你们联欢，并且欢迎参加反战运动的弟兄；第二条路是无关的牺牲，你们的父母儿子希望你们安全回国，不希望你们挂着金质的勋章送白木箱回去呵！”

隐隐听到据点里的哭泣与军官的喝骂。第二天从据点里出来的伪军说，有两名日兵被军官枪杀了。第三天夜间反战同盟继续对被围困的据点进行宣传：“日本军部的失败不等于日本人民的亡国，战后的日本人民将因打倒日本军阀取得自由幸福，你们不要受军阀的欺骗，为他们牺牲。”第三天临别的时候，反战同盟唱了《反战曲》和《思故乡》。

最后，海头敌兵二名逃出据点，一个吊死，一个逃亡，那个据点里日兵反战情绪显然是高涨了。

## 二、火把燃烧到淮海区的平原上

去年十月二十九日桥北镇敌小队长和一个士兵，因为回国无望而悲愤自杀了。国保同志接到这个噩耗，当晚即通电话进行调查慰问。

“喂，你们是桥北镇吗，派遣军有多少？”

“是的，有十三名。”一等兵某某答。

“据情报说，我们据点发生了问题，是什么事？”

“没有，昨天由本部派来了六个战友调回六名。”

“为什么换了他们呢？”

“我不清楚呵。”

“某某君，我是反战同盟代表国保和你谈话，为了争取谈话的机会，我刚才没有和你说明。”

“国保君？”某某有点慌张了。

“请等我叫某某上等兵来。”

电话又继续谈了：

“某某君，我代表反战同盟与你们联欢，我们谈一谈好不好？”

“国保君，允许请队长来吗？”

“不要，我们直接谈也好。”这样继续谈到打败希特勒和打败日本的问题。国保同志希望日本战士安全回国。

本桥支部继续又跟那个日本兵谈到世界大战的主动权已经转入盟军手中，轴心国已接近了死亡的阶段，希望战友们全家欢聚，要是有困难的话，可以来反战同盟参加自由幸福的生活。

“呵，我们对世界大事一点也不晓得，承你们谈话，我才明白了。”

“你对反战同盟有意见吗？”

“我觉得非常好，希望常常听到你们的话，但是请你们把电话线接好罢，免得我们受处罚。”

最后是双方祝福，完成了联欢通话。

## 三、鲁中的苦斗

鲁中的盟友今野同志，在九月份出发蒙阴去工作，他在敌据点附近游来游去，到处接近了敌占区的中国人民，荒原上的农村已被敌伪摧残到了破产的状态。今野同志吃糠米和树皮菜叶，喝一些烧不开的温水，有时大便都困难起来。今野同志把自己节约的十元钱捐助了他的房东——最贫苦的一家。

敌占区人民说，烧房子抢粮的是鬼子，这个鬼子变成好心肠，和八路军一样了，原来日本人也有□样。

这也说明反战盟友不但要做“敌军工作”，也可以做“居民工作”。

## 四、上田的远见

站在反战斗争前线的每个同志，都能抓紧时机学习。上田同志从蒙山来信说：“日本军阀的末路快到来了，我们应当有进攻日本军阀，完成日本革命事业的准备，希望本部同志加紧思想上的准备，统一革命的理论和实践。在目前有创刊一种盟友读物的必要，通过这个刊物把我们的反战盟友的思想与行动组织起来。”

特别是在敌人扫荡沂蒙山区的时候，反战盟友深入敌人心腹展开政治攻势，在费县发现了日本新兵的一种“满洲义勇队”，就是“娃娃兵”，这是日本军阀驱使未成丁的青年上战场的犯罪的明证。知道了这种情形，他们便布置了适应新对象的工作。

（原载于《新华日报》1943年3月4日）

# 市川正一的英勇斗争

柯山

当东京的工人们喊着反对审判共产主义者，举行示威运动的时候，□□□□战公审法庭中，一个身材瘦削的被告毅然站起，向着法官喊道：

“法官虽然把我们处以死刑或无期刑役，但却不能绞杀法庭外面的几十万民众的愤怒和斗争。……日本革命一定要胜利！”

这个被告就是被称为“日本的季米特洛夫”的市川正一同志。

市川同志是知识分子，受了俄国十月革命和日本“米骚动”的影响，遂投入革命运动。他于一九二二年创造了日本最初的革命文学杂志——《无产阶级》，接着日本共产党成立，他便参加了。第二年共产党的指导部被检举时，他也被捕。

一九二七年，当党为极“左”的福木主义和右倾的山川主义所困扰，并且党的领袖又出国赴莫斯科的时候，成为党的中心，且能保持党内的统一的，完全是他的力量。一九二八年三月的大检举，他巧妙地逃脱了，协同渡边政之辅重新建立党的组织，指导着最困难的非合法斗争。同年，又秘密代表日本党出席国际第六次大会，会后立即返国，渡边政之辅死后，他是党的最高指导者，继续着活动。但碰上了一九二九年四月全国的逮捕，他终于落进敌人之手。

那时，他被拘禁于东京郊外的警察署里，受着最残酷的各式各样的拷问。特别是接上自来水管，用冷水冲击面部的时候，他因不能呼吸而几濒于死。这样的情形，不知有多少次。因为打伤了不能走路，他每天不能不从刑场在地板上爬回拘留所。这样继续了好些日子，他终于弄得半死不活了，但不管怎样痛苦，他没有泄漏一句党的秘密，坚决不在警官面前屈膝。对共产主义，对党这样坚定的信念与忠诚，即便是不知道共产主义这回事的人，也不能不为之感动。

当时，市川同志隔壁的监房，关着一名盗犯。他后来被释放出来，关于市川同志，他说了如下的话：

“我至今还没有见过像他那样坚强，那样伟大的人。我是不晓得什么共产主义，什么共产党的，但是，像那样的人拼着性命去干的事情，决不会是坏事……”

市川同志，在一九三一年举行的共产党审判中，也坚持了同样的态度。

党命令他以辩论的形式来叙述党史。他在狱中作了充分的准备，在几次审问中，叙述了日本共产党从成立以至当时为止的斗争情形。这个党史，是从马列主义的立场出发的、唯一正确的日本革命运动史（党将它秘密印好，散布出去）。他在叙述党史的当中，粉碎了统治阶级对日本共产党毒辣的谣言，□□□□□了党的本质和政策，并且作了宣传，他还大胆地暴露了天皇制，□□□攻击了侵略战争。他锐利的口舌，使得在座的政府官吏为之战栗，狼狈不堪。法官屡次三番想打断他们的发言，他和全体被告便不断抗议。如此，两者之间，即统治阶级和劳动阶级的代表者之间，反复着烈火般的抗争。这种情况，与其后一年后莱布齐有名的审判相仿。

共产党员的公审虽然继续了一年之久，但却在共产党的胜利之下结束（一九三二年七月）。这期间，被告二百八十名，死了四分之一以上，由此足以证明这次审判的激烈。

判决时，统治阶级为了补偿自己的失败，便处被告以极刑。市川及其他三位领袖被判无期惩役，其他各判处十五年、十年的重刑。

统治阶级为了挽回第一审的失败，想出了新的方法。以威胁、收买、诱惑的手段，使狱中软弱动摇分子叛党。在这上面检察官费尽了心机，于是，一群“转向派”（叛变者）被制造出来了，检察官获得了若干成功。

然而，市川同志没有在各种软的硬的手段前面屈服。一九三三年第二审开庭时，他痛斥了“转向派”，不顾检察官死刑的威胁，终于死守着日本共产党和共产国际的旗帜。对于“转向派”将日本帝国主义对满洲的侵略说成为正当行为、将天皇神圣化的出卖阶级的丑行，他彻底加以揭露。

一番判决之时，法官害怕民众的愤怒，不敢宣称他的死刑，只判了他无期惩役。于是，他便被投入远离日本中心地带、而且是最寒冷的北海道的网走（地名）监狱。

市川同志自被捕以至今日，已经过了十四个年头，现在已五十一岁了。他的肺病虽然告愈，但这样长期的狱中生活，使他的身体极度恶化。数年前，他从狱中给惦记他的老母写了一封信说道：

“母亲！我决不是为了要出名而干这样的事。我只是做着作为一个人所不能不做的事。………祝你健康。我亦无恙。”

但为他的健在而祷告的，并不只是他的老母。日本工人全体，时时刻刻都耽心地望着北海道的那方。而革命的工人斗争的中心口号之一，常常是：

“立即释放市川正一！”

惦记着市川同志的，不只是日本工人，全世界的无产阶级也是这样。世界各国的代表，一九三五年齐集于莫斯科，国际七次大会开幕时，市川同志和德国的台尔曼同志，匈牙利的拉可西同志等，一同被选为共产国际的执行委员。这是革命家的最高荣誉。他的确是够得上这个荣誉。

日本之有市川正一，是日本无产阶级的光荣！

（原载于《新华日报》1943 年 3 月 6 日）

# 三八偶感

[日本]绿川英子

六年前当我最初踏上这块带有无限希望的中国的土上，我感到愉快而轻松了。那愉快自然是对着我一向怀着憧憬的大陆国家发生一种无限的期望之感，而感到轻松的倒是因为我的身上再不会有日本军阀所给妇女的那种枷锁的重压了。这心情当每年的"三八"的日子，都打一个回旋，而这样心情却一年比一年的淡薄起来了。

六年中间随着战争的波动，我到过中国的许多地方，看见过中国各种各样不同的妇女们的生活。农村里的妇女，她们与男人并肩劳动吃若的精神不必说，知识分子的女性她们为祖国的解放而呼号奔走这种果敢的精神，这的确是说明中国的妇女运动一年比一年的在进步了。但是如果允许我这友人说一句更由衷期盻[盼]的话，我觉得中国的妇女运动还有待于社会各方面积极的推进。

最近在报上看到前邵大使夫人傅学文女士讲演苏联妇女的生活情形，使我非常的感奋，的确苏联之所以能抵抗希特拉那样疯狂的进攻而且有逐出它的那种力量，多有赖于广大妇女并肩作战的缘故吧。苏联的女人不只是能生孩子作饭，这已经是事实了。就是今天仍然以性别创造出的"女性低能论"，在那儿已经完全被事实克服了。

有人把解放妇女作为这国家文化尺度来看，我想也可以把它作为民族解放的尺度，苏联的民族是算得上彻底解放了的，所以他能使妇女供献出伟大的力量。中国正处在解放战争的路上，它需要更大的力量去战胜敌人。这就是中国妇女必需解放的前提。两万万的妇女是不可想象的伟大力量呵！

以上算是我来到中国六年后的三八节的一种带着焦急的期望，这之外，我有两个具体的希望。积极的，我希望政府能多多的进行像蒋夫人所领导的保育工作以及各种的育婴设置，把广大妇女解放出来。消极的，在抗战中国不再有人提出女人回到厨房，以及限制女子在经济上的平等地位。

（原载于《中苏文化》第13卷第5—6期合刊，1943年）

# 1944年

# 法西斯统治下的日本妇女

[日本]绿川英子

回想起来的是老远以前的旧事。——女孩子天真明朗的，小狗儿似的跳着耍着的心上，不知不觉中被罩上一层暗云，那是祖母和母亲常说的“女孩子还要……”“要像个女人样子！”那类的话。自从进了小学，同班的男生就以习惯的口调“女人，算什么！”来轻视我们。在课业上能压倒这群小公鸡就痛快极了，可是到四年级便遇到了意外的打击，即是每礼拜女生中特别教三点钟的“裁缝”，而男生在这些时间便学些算术之类的东西。这是多么不公平呵！我就同两三个好朋友一起向主任先生提出了抗议。“不同男生一样，我们是反对的。”中年的先生呆住了，立刻回答不出来。——“不会裁缝的女人算什么，打锣打鼓都找不到呵！针都不会拿还作什么呢？”于是刚刚才不到十岁的少女，挺着胸脯叫出来“作政治家好啦！”……

这样为“作女人”第一步开始被针线束缚的少女们，读完了六年级课业，走出小学校校门的时候，一般学科上便劣于男生了，接着中等学校是对的男女分校的。男的叫中学校，女的叫女学校。中学校的学生是当作一个人，一个国民，或是说社会的一员去教育的。反之，女学校的学生，是为了“贤妻良母”，即是说丈夫的奴婢，孩子的保姆，训练的裁缝、接待、家事、烹饪之类的特殊学科，在其他国家，恐怕是见不到的现象吧。因之中学校的年限虽然同女学校都是五年，而学历则有云泥之差。女学校的卒业生中间很少的一部分进到三年或四年的“女子”专门学校。大学则只是男子的特权。

从表面来看日本女子教育的普遍性，似说是她们的解放平等，是大大的错误。一九三三年前后，曾经流行过“花嫁学校”(为结婚准备的学校，只教裁缝、烹饪、手艺、生花之类，期间为半年乃至一年)，可是一般的女学校甚至专门学校，多多少少也带着花嫁学校的色彩。她们的唯一正当的道路是对着家庭。因此，一踏进了社会，所能得到的不过“临时工”的位置而已。各职业场所“欢迎"的只是未婚而年青的少女。她们没有任何野心，低廉的待遇，从顺的工作，而且是花似的装饰了干燥的办公室，过了一二年，便悄悄的走到自己应该去的地方。这，的确不是很合算的事情吗？即便在妇女的职业分野中认为最理想的教育界，她们毕竟还是小兵。当军官，当将军之类的事情，甚至梦想都不可能。女子的最高学府女子高等师范的卒业生，就没有在中学校执教鞭的资格。她们最初的薪水，多在男高师卒业生之五分之四以下。加薪的速度简直不能比较。这个比率在其他部门内更甚。在工厂即令作同样的事情，女工的收入是男工的三分之二乃至二分之一。

仅仅守着家庭这一个小天地，女人永远是个弱者。就是在保护国民这样的务义下造成的法律，也可以找得出不少对男性无理的袒护。例如，当有夫之妇与其他男子发生了关系的场合，就构成通奸罪可以要求离婚，但在相反的情形，便没有法律上的根据了。"普选"(普通选举，众议员的选举权)就违背了"普选之名"，把占国民半数的女子完全抛开了。想要当政治家，不过是十岁的少女的幻想而已。市川房子，金子茂等所办的争取妇女参政权的团体，虽有很长的历史，却迟迟不进，它的机关杂志《妇选》也不过是极少数的知识妇女可以读到的程度。她们在每年议会里都进行获得妇女选举权的活动，但总是在"时期尚早"这句话之下被斥退下来，没有唤起任何的反响。自七七事变前一年就几乎连已经形式化了的这"请愿"都中止了，事变的第三年度，这个团体便解散了。如果她们这辈人要知道了重庆的参政会的情景，恐怕是感慨无量吧。当她们正在哀怜邻国的缠足的同性期间，不知不觉中却远远被追过去了，这正是向着光明走的中国和向着黑暗退去的日本女性的必然的命运。有这样一句话，说某个国家是民主或非民主的，只要看妇女的社会地位就可以一目了然。这是非常确切的一句话。蒋夫人、冯夫人等决不能在日本出现，而吴贻芳女士、史良女士等也不是法西斯日本的人物。

法西斯蒂是女性的死敌。战争以前贫弱的日本女性地位，在这几年中间要退步到十数年或者说数十年以前去吧，这是难于想像的。这些法西斯的党徒们，从她们那夺去了最爱的人们——一家支持者的丈夫、儿子、父、兄弟。也是把她们自己再赶到产业战线。尽管如何甜嘴巴的女□论者，如何厚脸皮的代言人也总不会说是妇女职业的开放吧。在□露太阳光线的煤坑里面，大腹便便的女性喘着气的爬着。军需工厂里，面黄衰委的女性在重大机械下无力的倒下来。能流的泪和血一面流到尽处，她们是在"为了国家"的名美而被驱使着。

是前年的事情。日本各地的军队在报纸上发表招募军队女子事务员，资格限女学校毕业程度，身体康健，年龄在廿五岁以下。工作是简单的打字、电报、书记等，由上海或杭州两个月练习后正式任命分配各地军队服务，因为收入比较国内要多得一倍半，应募的人很不少。军部把合格的送到杭州，可是一到这里，她们才知道所谓“事务”原来就是“慰劳”。她们该是怎样的惊慌，愤怒与悲哀的呵！对那些还没有醒觉的“爱国女性”，到前方军队中服务是夸耀的，是梦想的，但，她们所遇到的，却是地狱以下的地狱。她们会哭泣着要求回国，可是军部却照原来的计划毫无容赦的分配给各地慰劳所去了。里面有三个人因为态度非常强硬，都被送到杭州与军部有关系的裁缝店或者其他地方，在半监禁状态中工作。还有另外两个人不肯毁灭自己青春的处女肉体便自杀了。

这些话，我是从俘虏的口里听来，是他的一个战友偶然在慰劳所里碰到同自己一个街上的姑娘所知道的“秘密”。法西斯徒之非人道是大家周知的事实，但军部采取这样的手段把国内的良家妇女欺骗来以供将士们的玩弄是一般人之难于想像的凶恶、阴险、堕落之极。法西斯诚然是我们女性之死敌。日本姊妹们也绝不会永远像一群羔羊一声不响的被牵到屠场里去，更不能像那两个少女就空空的断绝了自己的青年的生命。她们应该走的道路，是最邻近的中国的姊妹们所走过的而且现在正在走着的道路。当日本法西斯的末路愈益走近的今天，我衷心愿望中国的姊妹们为实现民主而继续斗争下去，因为那就是使后此而起的我的祖国的姊妹们从暗夜里导向曙光的火炬。

（原载于《现代妇女》第4卷第3、4期，1944年）

# 小猫的死

[日本]绿川英子

乔　译

虽是一样的饲养家畜，因人之不同也就有种种样样的爱法。听说，这次欧战中当作特勤的军队进攻到法国西部一个港屿的时候，某国的贵族人会以高价雇用一只临时救急的小船，丢下了她日常忠实于她的几个青年的女仆，而把她心爱的十几只狗带过海去，后来她的女仆终于因为无法逃避，牺牲在德国军的手下了。与这样的豪奢之爱相比，正如那贵妇人和我的身分的差异，我对那小猫的爱是极其卑微而不足道的。但，假如说在那简陋的爱里面还多少有些奢侈的话，怕就是为了快要死去的她我所流的几滴泪吧。几年来尽管是我决心不想对死作无用的哭泣，可为这小猫我破例了。虽然，直到如今我也并不后悔。

那一天，他们仓惶的离开这里以后，大的房间是异样的寂寞而空虚。匀整的安放在屋角上的几个桌子和椅子，在那一个椅子上面，正如被人忘记了放着的东西似的一个小猫在坐着。我抱起来她来，她会咕噜咕噜的响着喉咙，闭上了她的银色的眼睛。通过灰色的毛传透过来小的身体的温暖，使我内心感到肉体的亲近了。对于自幼并不喜爱猫的我，这是奇妙的事情。说她是动物，就不如说更像个朋友的遗儿——这样说，他们或许发怒吧。因为他们虽同我们遥远的隔离，不仅没有死，而且依然继续斗争着呵！

猫一向被他们叫做 Chibi 的。日本语是小的人或小的东西的意思。出生以后还不过两个来月，怕是因为只喂些米汤稀饭之类，可怜的瘦而且小。这不反要被老鼠吃去了吗？如此的想，我们便先用黄鳝，小鱼优待她，后来碰到我们吃肉的时候也分给她两三片。Chibi 逐渐的圆圆的肥起来，毛色也光泽了。白天有时抓着我的脚耍，或是打摆子转着捕咬自己的尾巴，一直到了疲乏。最糟的是，她并不忠实于自己的职务。深夜里，当老鼠们在顶棚上叫嚣，她只□□□□□□□与我无关似的便又睡起来了。把革命家们留下的猫，□□□小姐式的去抚养。我们也只好苦笑了。不过，猫究竟是猫。某天的傍晚，我们见到她以疯狂的姿态举行了开荤式了，被唤起来的本能的力量很强，那以后几天之内，她闻都不闻我们给的东西，一味的搜捕老鼠。

对于国家，军人是必要的。尤其在战时，国民才感到他们的恩惠，知道他们的力量吧。但是，如果天下承平日久，军人或许就会被看做无用的废物。人对猫的想法也多少有些类似。向来喊惯了的小猫或者 Chibi，对于已经大了的她，从第三者看来那样滑稽的时候，我们的房子还不算，全院子里的老鼠都绝迹了。她已经不再贪耍了，白日也趴在床上面，雨天那泥脚就沾污了白的罩子。我对她已经不感到以前那样的喜欢了。小时，当人不在的时候，饭桌上虽然摆着肉，她也未曾想偷吃过。可是这好的习惯，随着战争的延长崩坏了。这样来说也决非开玩笑，因为物价高涨，我们的饭桌上的肉出现次数越少，她对肉的欲望也就越厉害起来。到后来，事态愈发恶化了。她终于开始了“对外侵略”。从院里的东一家西一家接到猪肝被盗和桌上红烧肉被劫的通知。我对 Chibi 大为气忿，便打她了一两次，同时现在更佩服所谓“衣食足知礼仪”的道理，似乎并不限于人类。可是她在家里面还是有绝对的爱护者。那便是我的还不满周岁的孩子。他喊不出 Chibi 便叫 Bibi，我打小猫的时候，他含混的喊着“不要不要”的来反对，有时甚而至于哭叫起来。他把自己的饼干分给她吃，但有时却把含在她嘴里的又拿回来自己吃了。

贵州山里 Chibi 的前主人们，从不曾有一息从我的想念中离开过。但有时在信里只顾一味的谈 Chibi 的故事等，要说的事情过于多，结果竟不会提到一句。离开此地的时候，他们只不过七个人，到去年年底只剩下六个人了。M 患心脏病死去了。他很少说话，喜欢不言不语的玩弄打鸟的夹子，或者修理院里的喷水池。他是喜欢 Chibi 的人，但只是偷偷的喂她些东西，或是放在膝上面爱抚。荒凉山里的冬天，就令他不死，怕也是难以忍耐的寂寞呀。想到这我不觉黯然了。那么，春天总要到来吧。春天了——可就这春天它带来的又是悲哀的消息。那是竟意想不到关于 S 的。M 在战争中得了心脏病，因为在这里的时候也是比较弱，他之死对我们并不似晴天霹雳那样的可惊。可是 S 就不同了。S 在他们一群之中是最年青，最活跃而且最健壮的。事变发生当时只不过十八岁就当了他志愿的飞机通信员参加抗争来了。所谓热心的，“爱国少年”。被捕以后送到重庆，在××部里，由中国军官解说日本军阀财阀的事情。S 竟愤怒的用生硬的中国话回骂他们“王八旦”。因而被戴上了手镣。“到重庆还带着手镣的俘虏怕只有我一个人吧”，他回想起来笑着的说。这样一个非常顽固的份子，后来终于理解过来了。据说，在前方担任对敌工作时候，拿着放送筒跑到离日军阵地最近的地方常常是他。他也喜欢动物，但和 M

不同他把 Chibi 抓着，抛着，再不然或是往她嘴里塞青椒这一类的喜欢。S 是只闹了两个月的肺病就死去了的。这，我并不说什么，因为在另外的世界里，无数幼小的生命还没有成熟就被夺去了。我只把他最后的一句话记在这里："我不愿意死在床上，愿意死在战争呵！"

他之死是在三月中旬，我们是四月初才知道的。那是菜花黄映眼的时节。我正继续过着头痛的日子。Chibi 从一个多月之前便有些没气力，很少到外面去。一天晚上，那是个不似春酣的奇妙的冷风之夜，她异于寻常的从我的被角出来出去。就不这样已经是很难于成眠的我，便从床上把她踢下去了。她异样的叫出了一声跑出去，从这儿便没有回来。第二天，白日里没有特别的理会，到晚上却依然不见她的踪影，各处一寻，她是在下面农家草房后面人所不见的地方睡着的。很有些懒得动，半开的眼睛没有光彩。"猫不死在家里"儿时从祖母听来的话，电光般的在头里面闪动。抱她回来放在床上，喂给她饼干，不吃，给水也不喝。连从邻居讨来的两三片猪肝放在她的鼻子前面，也竟闻都不想闻。平常是那样喜欢的猪肝！抚摸她的背毛，她已经失去了咕噜咕噜的响着喉咙的喜欢的气力了。只把眼瞳夹成一条线，捕搭捕搭的摇着尾巴。女仆人把 Chibi 的身体检查一番，歪着头思量的说："怕是小产吧。"我心一跳，想起了昨晚的事情。被踢的时候那样的叫——她两次三番想爬起来从床上下去，每次却都摇摇晃晃的又坐下了。呵，他[她]想走呵，不愿意使我们见到她的尸体……我觉得眼睛角有些热起来了。Chibi 已经不能动了。那小小的身体只任凭我们悲哀的爱抚。离家或许因为有一整天吧，孩子见到她倒非常喜欢，重重复复喊着 Bibi，用他那小胖手拖她的耳朵。也已经再不去舐小主人红叶似的手，只是时时左右的摆动着尾巴。和一年以前从那没人的屋子里刚抱来的时候不同，但同样的一种亲肉的爱，有力的苏生在我的内心。然而她不是已经就要死了的吗？

次日清晨，Chibi 在房沿下铺的稻草上，和昨晚放她睡在那里一样的姿态冷僵了。两只眼睛依然像在黑暗中的圆而大的开着。玻璃似的，但更似向我请求些什么似的眼睛，我再不忍注视了。

那以后三天以内，前面农家的猫死了两匹。说是只有两天光景不吃饭便倒下了。又听说，一个多月之前，下面的农家也是同样的状态，去了猫。这一消息，从我对 Chibi 的回忆之中，解除那一段内心的痛苦。然而那已经是对死了的她没有丝毫的关系了。

（原载于《抗战文艺》第 9 卷第 3、4 期合刊，1944 年）

# 干吗苏联会跟日本开火?

[美国]约士登
梁嘉　译

苏联总会有一天参与抗日的战争,因为她跟其他的人们一样知道:非把东京贪婪无餍的戎首从地球上面肃清,远东将不能有和平与安全。

苏联,决不会忘记,总有一大批账要跟日本清算。最初一笔没有付清卑怯者的账,是旅顺口的攻击(一九〇四年二月八日),这打开了一九〇四至一九〇五年的日俄战争——这和日本攻略珍珠港打开了美国和日本的战争,其方式差不多没有两样。俄国在这次旅顺口、奉天和对马的战争中遭受了严重的失败,使她支付了相当可观的陆军,差不多全部的舰队,和在远东长期树立的霸权——对于这种屈辱,俄国人是未曾心平气和过的。

俄国人同样不会忘记一九一八年的国际干涉,当英国、美国、法国和日本的军队以反布尔什维克的名义,掠取海参崴以及滨海诸州的时候,日本的军阀所演着的头等重要的任务。在其他同盟国已经从苏联的国土撤退以后,日本还长久地留在那儿从事于掠夺:事实上,她在一九二三年十月二十五日才离开了海参崴,这已经是国际干涉在其他所有地方粉碎以后的事了。

而且,自从日本在亚洲大陆的侵略展开了新纪元以来,俄国和日本的潜伏状态的战争就一直继续存在着。特别是一九三四年以后,经常的冲突,不但发生于日本的傀儡伪满与苏联友好的外蒙无法辨清的边界之间,而且也发生于苏联和伪满的国境之间。

有好些屡屡摩擦的原因:苏联当局拘留日本的轮船,日本逮捕苏联的公民,或反过来亦如是;侦探的互相控诉,激烈的抗议文书的往还,以及越境飞行等等——这些和类似的事件,就是长时间苏日关系的日程。

到了一九三八年夏天,日本和苏联的军队有了零星的小规模的接触;但在下半年即转入于飞机坦克和死伤盈千的正规战。在一九三八年八月,一个长期而残酷的战斗在张鼓峰进行,那是苏联、朝鲜和伪满边境接合的地方。还有，一九三九年五月至七月这一个期间，一连串的正规战发生于布耳湖畔和沿哈尔加河接近外蒙的地方。双方冲突的程度和结果，还没有获得充分明白的真相。许多报告认为战争发动于日本，而为苏联所结束。根据苏联的公布，一九三九年七月间，日本军队遭受到特别严重的损失，仅在一星期之内，死伤达五千五百人之多。

在这次不宣而战的战争中所捕获的日本间谍，供出日本对于苏联的热切企图，那时候，纳粹在西方的攻击似乎给了他们一个千载难逢的机会。直到一九三九年九月已经宣布与德并肩作战之后，日本最高统帅部的决定还是如此，后来才变更其原来北进的计划而实行南进。这些日本攻略苏联滨海诸州的经常报告还活跃在纸上，然而这些并不寻常的太平洋前哨战却变成为悲剧的现实了。

苏联在一九三八至一九三九年与日本的实力竞赛，虽然不是辉煌的胜利，然而却是有效的胜利，这使他们充分确信，侵略者将不敢作第二次的尝试。因为当我在一九四〇年末访问海参崴时，这远东的大城（它的名字的意义是“统治东方”），确实还未加以戒备。

站在环抱着海参崴的小山上，我惊诧于下面的景象。不是因为它的迷人的美丽，而是因为那使人意料之外的和平而安全的气氛。在我足下，躺着全部苏联远东的舰队，那样悠闲地停泊在黄金湾涟漪的水上。

没有任何掩蔽和分散的意思，那些战舰蜷伏在狭窄的角形的海湾上，赤裸裸地显露在朋友和敌人的眼前。有伶巧的灰色潜水艇，有雄伟的驱逐舰，有发光的巡洋舰，所有都像沙丁鱼一样，串成一线。

当纳粹的机群连日带夜轰炸不列颠城市的时候；当美国和日本开始停止航运和召回他们的国民的时候；当德国的大军密集芬兰和罗马尼亚的时候，苏联出击日本的时机应该是成熟了。然而苏联远东的堡垒却似乎漫不经心，平静无事，虽然还并不是没有准备。

从莫斯科到海参崴的九天铁道旅行中，俄国人那种似乎过份自矜和无拘无束的态度，已经使我如坠五里雾中。我们的火车在近旁经过的机场，大大小小至少有一打以上。就是在贝加尔湖东部战略的扇形地带，那儿是土西铁道差不多接近伪满边境的地方，情形亦是如此。有好几次我们的火车停在机场的旁边，近得使人禁不住要把小石投到飞机的身上，那些飞机是沉静地酣睡在守卫的视线之外。

在德苏战争两年有半的今天，在接受了珍珠港战役客观教训的今天，该有可靠的约定，海参崴是顶要戒备的地方了吧？日本的统治者将长久地睡不着好觉，因为他们比任何人都知道，海参崴是一把短剑，它指着日本帝国的心脏。

日本的统治者一定常常在提心吊胆：万一苏联有一天对付日本有如日本对付美国的时候，那将怎么办呢？苏联将在什么时候进攻？向什么地方进攻？有多少实力？我相信，对于这些困恼的问题，东京的戎首恐怕比我们还更热切去追求答案。

现在，情形竟奇怪地倒转过来：苏联成为美国和英国的联盟，而日本却站在希特勒的一边。四年以前，苏联与日本正式交锋却在世界战争的圈外，今天他们卷入世界战争的旋涡之中却并不对垒。

跟一般流行的见解相反，我相信苏日间不可避免的战争，将由苏联发动，而非日本。我想，当下面三个基本条件实现之顷，莫斯科便会给它的远东部队以前进的信号：

一、德军必须已经遭到决定的失败。照克里姆林领袖们的看法，粉碎希特勒主义较诸与日本帝国主义算账，迫切得多，也重要得多。在时机未熟以前跟世界两大强国从事于两线作战，这徒然使苏联削弱自己的实力，而置联合国家于危险的境地。

二、日本的海军必须已经被歼灭，或至少也要大大的减少了实力以后。只有当美国强大的力量给与苏联以充分的接济，有效地解除了苏联对战争的负担（至少也要解除一半的负担），那时候，苏联才肯把西伯利亚的基地借给美国去对付日本。

三、莫斯科和华盛顿间的政治关系，必须达到充分的坦白、信任和恳挚的程度，以至于苏联对于美军在苏土作战而无所疑惧。这是顶重要的一点，因为一九一八年的国际干涉，美军驻扎海参崴的事实，依然还十分新鲜保留在克里姆林领袖们的记忆里面。

这些基本的前提条件一经实现（实现的时间也许远较我们所想象的为接近），我确信苏联唯有愉快地伸出手来打倒共同的敌人——日本。他们不特会给美国以进攻的基地，而且会派遣他们的战斗员远渡重洋，与空中堡垒并肩作战。

当这个时间到来的时候，日本用什么方法才能挡开针对着他的心脏的致命打击呢？

显然地，如果从日本的基地到海参崴缩短了距离，日本可能有类似于报复的强大力量。然而若干的设防地带和充足的空军掩护之下，海参崴纵会遭遇到轰炸，我可以保证，必能屹立无恙。这座城市像蜂巢一样布满了地下炮台、隧道和荫蔽，它的确是东方的直布罗陀。

再说从穆拉维夫·亚马斯基半岛的陆上进攻,(海参崴就位置在这半岛的尖上),地图上看来较诸实际容易得多。除了地面上的自然障碍以外,侵略者必须通过环绕于这座城市的四重深入炮垒所集中的环圈。展览于海岸上的许多石山,同样散布着隐藏的炮垒和机关枪阵地。

为了防备从伪满和朝鲜可能的侵略,直到一九四二年,苏联在远东保留着八十三万强大部队。约莫有五十万人集中在正对伪满朝鲜的海参崴和哈巴洛夫斯克之间的地带;其余的三十万,则防守于苏联和伪满的边境亚穆耳沟一带。

据一般的假定,苏联这一支远东的部队,在一九四二至一九四三年间,为了加强抵抗纳粹的力量,有一部份是调到西线上去了。但究竟撤开了好多,有没有重新补充,补充在什么地方,这是属于军事秘密,不能尽言的。

在另一方面,日本在伪满和朝鲜的军队,据知数目至少有七十五万,可能至一百万;这些都是日本质素顶好的兵士,并有着顶好的装备。

从海上进攻海参崴也是一种冒险的企图。在到达黄金湾以前,沿着向北的部份,便是港口的位置,敌人必须绕过星棋罗布的水雷和炮垒,才能到达海岸。这些炮垒的基石是露斯基岛,刚刚位置入口处的外面,那儿又是巨大的海军警备区域。

海参崴不仅是世界上终年不冻的顶好的天然海港,而且是许多专家认为固若金□汤池的巨大的海军要塞。它具有着苏联其他主要海军基地,如喀琅斯塔得,穆耳曼斯克,塞佛斯托波尔等同样的品质,除了塞佛斯托波尔之外,这些军港,都曾经多年有效地抵抗住凶猛的纳粹军队,就是塞佛斯托波尔也支持了好几个月才给纳粹攻陷。

纵令海参崴终会支持不住,苏联对于日本的威胁却依旧存在。因为向北的几千哩地带,日本海和鄂霍茨克海的沿岸,展开着一连串次要的海军和空军的基地:如苏维埃港,尼古拉夫斯克,鄂霍茨克,那格埃沃,彼特罗帕夫洛夫斯克等等。特别是彼特罗帕夫洛夫斯克,总会有一天成为进攻日本本部有决定性的军事行动的出发点。不管它位置在喀米哈卡半岛的湾上,但一年之中,多数时间并不冻结;在今天,彼特罗帕夫洛夫斯克是装备顶好,有着坚强的炮,垒,足以掩蔽苏联或盟国的巨量舰队的军港了。

(原载于《民主世界》第 1 卷第 13 期,1944 年)

# 单身姑娘

## ——田中照子访问记

谢冰莹

(一)

我认识田中照子,是在一九三九年的春天,宝鸡第一俘虏收容所的所长汪大捷先生率领五十多个俘虏来西安应伤兵之友社之请举行募捐公演,他们都是属于大同学园反侵略同盟会的会员,一连在易俗社演了半个月的话剧,每场都是客满,固然,许多观众是为了看俘虏而来,但他们演技的良好,布景的美丽,服装的鲜艳,也是吸引观众的主要原因。

"谢先生,我来给你介绍,这是田中照子样,她是抗日的勇敢同志,在剧团担任着好几个要角,希望你多和她谈谈。"

当韩国工作队的队长罗月焕先生这样向我介绍的时候,田中照子深深地向我一连鞠了三个躬,一听她是个抗日的同志,我的心不期然地对她起了钦佩的热情。

我带着兴奋的口吻问她。

"可以的,请坐,我距离演剧还有十多分钟呢。"

她正在替一位男同志化装,回头一见我要坐的那条凳子已经被演员坐着了,她连忙说着对不起的话,那位演员很不好意思地站起来让坐,我自然也很客气地不肯坐,结果大家都站着说话。

"田中样是最能干的,所有各演员的服装都是她一个人做起来的,不论老妇,中年或者少女的角色她都能演,而且演的很好,一会儿你就要欣赏了,证明我的话是正确的。"

罗队长说过这几句话之后因事先走了,我在田中照子一面化装,一面和我谈话的时间,仔细地端详她的面孔,长的并不怎样美丽,但面貌很端正大方,有一种吸引人的魔力,眼睛不大不小,蕴含着无限热情。日本女人照例笑起时会露出一排洁白的牙齿，虽然化了装，脸上敷过粉也擦过胭脂，但是眼角上现出几道淡淡的绉纹，看样子她是饱经沧桑了的，而且家里的环境一定很苦，因为我握着她的手，有粗糙的感觉。

在演戏时间，时钟似乎走的特别快，我们并没有谈多少话她就要登台了。

“再见吧，看完了戏，我也许再来看你。”

就这样，我们认识了，她初次给我的印象是热情，精明能干，口才非常之好。

看完了戏，真□证明了罗队长的话不错，在《正义血战》一剧里，她扮了中年妇人和少女两个角色，不论在化装、表情、说话、动作各方面去批评都是完美无疵的，我一连看了三天，每次都要带好几位朋友去捧场，我还写了一篇很长的剧评登在《西京日报》上，朋友都笑我着了田中照子的迷，我笑着回答她们。

“幸好田中照子是个女人呵！哈哈！”

## （二）

四月二日的下午突然发生了一件轰动西京市的新闻，那位写正在上演的剧本《正义血战》的作者森下九郎死了！他也是大同学园的反侵略同志，而且担任宣传部长，矮小的个子，非常聪明，说起话来，流利极了！更使人惊讶的，他能做押切五郎的翻译，中国话是如此说得清楚而动听，每一个看报的人，看到他死的消息，都要深深地叹息一声：“太可惜了！”

至于死的原因，报上登载的是说他因劳致疾，住在西北医院疗养，恰好遇着敌机来西安轰炸，西北医院被炸损失很大，森下九郎目睹自己国家的飞机来毁灭人类，摧残文化，于是痛恨到了极点，加之病躯在敌机投弹时震动得太厉害，所以就一命呜呼了！其实据知道他们内幕情形的人说，森下九郎是为了失恋而自杀的，他的爱人是谁呢？就是宝鸡俘虏收容所里面独一无二，顶顶大名的女俘虏田中照子！据说押切五郎——反侵略同盟会的会长——和森下九郎本来是朋友，两人都爱着田中照子，而照子周旋于两个爱人之间不分厚薄，结果闹成了三角恋爱的悲剧，本来森下九郎约好田中照子一同自杀的，他先服毒，照子却没有践约，由此可以看出她到底正是爱押切五郎的。

自从这件事发生以后，大家更注意田中照子，因此无形中吸引了更多的观众去看戏，所可惜的是我们永远看不到森下九郎那个短小精悍的好演员了。

## （三）

说起田中照子的身世来，是非常悲惨！三岁的时候就死了母亲，父亲是一个嫖赌双全的浪子，每天只是喝得醉昏昏地去寻花问柳，照子和两个弟弟被丢在家里哭泣，过着极可怜的生活。不久，她的父亲娶了一个带着孩子出嫁的后母，起初这女人待前娘的孩子还算客气，但当照子长到七岁的时候，忽然对她虐待起来，有一天整天不给她东西吃，而且上了锁，其目的想致她于死地，幸好她的弟弟知道了，哭着请求那女人释放，照子的生命才算延续下来。

不久，田中照子的父亲因为战事的关系而出征了，后母便把她送到离小仓不远的池田家里去当丫头，替人家看管小孩；一年后，她的父亲回来了，但他并没有把女儿接回来，一直在池田家住了五年之后，才改进一家纺织厂去做工，把每月的收入送回家里用，三年后，她终于被卖给池田了，那时照子虽然痛心，可是没有办法反抗她那不幸的命运，从此它[她]才了解后母究竟是后母，虐待前娘的子女，几乎成了当然的事实。

可怜的照子，像大海中的一叶孤舟，她随时都有碰上暗礁，或者遇着狂风暴雨的危险，命运之神好像故意与她为难，一波未平一波又起，当她十七岁的时候，她又被母赎出来嫁给一个和她家里有点亲戚关系的人，一年之后生了个男孩，取名照秋，不幸当孩子三岁时候，丈夫又得病死了；还没有满“七七”，她的后母又把她叫了回去，说她可以替照子看管小孩，要照子去挣点钱来医治父亲的病，照子正想去工厂继续学习，谁知她的舅舅——后母的弟弟——竟把它[她]卖给妓院当娼，从此她过着更惨苦更可怜的妓女生涯，当她叙述这一段不幸的遭遇底时候，她两眼含着泪说：

“这时我虽然有十九岁了，但仍然一切不懂，也没有任何主张，只好任他们去摆布，自叹命薄而已！可怜当我一边哭，一边被他们压迫着走进妓院的时候，那里已有十五六个在嘻皮笑脸地迎接我，她们都不像我一样外行，知道如何打扮，如何迎接客人，取悦于客人，在里面除了吃饭睡觉而外，什么事也没有，一天天过着无聊寂寞，悲惨而又下贱的生活，真是度日如年，但是日子长了，我不知不觉地也被同化了，从来不爱喝酒的，也可以稍饮几杯，对于艺技的本领也学会了，至于其中种种复杂而又悲惨的事情，我不能详说，让你去想象吧。”

“七七事变”发生以后，田中照子以慰问皇军的名义，被日本军阀把她送到前线来当营妓。

“当我在第一线被贵国军队俘虏的时候，我起初是害怕，后来知道你们是这样优待我们的，于是反而觉得这是幸运了！而且被俘以后，我对于这次的战争也渐渐地明白了，知道战争是摧残人类的最大罪恶，对于战争的残酷性，也有新的认识，现在我每天都在想，究竟要用什么方法，才能使这种残酷的而为爱好和平的人类所讨厌的战争早一点结束吧？我是一个弱女子，常常一个人在寂静的夜里想着几个问题：就是，我应该埋怨谁才对？这次战争到底是谁所发起的？结果，我通通明白了！引起战争的是日本军阀，他的确是贵国，也是全世界爱好和平国家的敌人，我应该痛恨他，打倒他！”

这是田中照子从内心发出来的正义的呼声，她是真的觉悟了，她爱中国，也爱她所接触过的每一个中国人，她说：“谢样，我和押切五郎同志都愿加入贵国国籍，不知道贵国的政府许不许可？”

“我想一定许可的，只是时间迟早的问题罢了。”

“等到有那么一天来到的时候，我就真的得到解放了！”

她带着无限的希望和热情说着。

## （四）

就在这年的春天，四月十七日的上午，我为了要在《黄河》出一个日本反战同志文艺专号，所以特地由西安搭火车至宝鸡第一俘虏收容所参观，回时搜集他们的稿件，田中照子一个人寂寞地住在解放斋，（他们的宿舍都有特别名词，如解放斋，正义斋，自由斋等）房子不大，相当于日本的四铺席，田中照子收拾得干干净净，连板壁上也没有一点灰尘。窗上放着一个两寸长，一寸宽的小盒子，小巧玲珑，非常可爱，我要求她打开给我看，里面装着两张一元的钞票。

“本来这是装烟的盒子，因为太穷，已经抽不起烟了，这两元钱还是押切同志送给我的，因为舍不得用，所以把它装在盒子里，谢样，你喜欢这个小盒吗？我可以送给你做纪念，这是我自己亲手做的。”

“真的是你做的吗？那好极了！我最爱你们日本的小玩意儿，回国的时候，我老是喜欢买许多送朋友，你送给我这个小盒，我自然欢迎，只是你用什么来装钱呢？”

“我吗？可以再做一个。”她立刻把小盒子塞在我的手心里，而且还送了一个森下九郎的遗像给我。

“这是他写《正义血战》时照的，那神气好极了，那里会晓得他的生命是这么短促呵！”

她凄然地说。

我们两个人都注视着相片静默了很久，森下九郎站在台上那副活泼而庄严的姿态，演说时那种激昂慷慨的声音，还历历如在耳目，可怜他已在九泉之下躺了半个月了。这时我本想询问森下九郎究竟是因为什么而死，但又害怕引起她的难过，只好和她谈一些其他的日常生活。

那一天，田中照子是那么高兴，好像见到我，等于见到她的最近的朋友一般，她紧握着我的手，问我可不可以带她到西安去工作，我告诉她暂时还不可能，她发出绝望的声音说：

“唉！我的不幸的生活。永远没有解放的希望吗？这可悲的人生呵！”

临走时，我留下五元钱给她零用，她感激得连声说了好几个谢谢，含着眼泪送别了我，回到西安以后常接到她的来信，虽然每次希望我救她，使她脱离俘虏的生活，但我除了去信安慰她外，还能帮助她什么呢？

（原载于《青年空军》第8卷第1期，1944年）

# 两个天国

——金刚村夜话之一

[日本]绿川英子
乔　译

亲爱的小读者：

在这本集子里，我们是把这篇文章看得最宝贵的了。作者是一个日本女人，但是她的孩子，孩子的爸爸，却是东北籍人。妈妈的祖国正在蹂躏着爸爸的祖国，在这篇文章里，作家就是用妈妈的话，描画出了这个有着两个敌对祖国的孩子坦率无私的心理和自己对祖国爱憎难分的感情。在这里面说的话，虽然平常，但是感情非常真实。而且表露出作者对追求光明和真理的希望和信心。依旧特别殷切和强固。作者现在虽然孤寂地困处异国首都重庆的一个小村子里，竟日为生活劳碌，但是还勉力答应了按期替"孩子们"写稿。这一篇是第一次和读者见面，希望小读者以后特别仔细地读她的文章，不要辜负了这位异国朋友寄予我们的一番好意。

——编者

"太阳先生，今天还不出来吗？懒家伙！快些出来，不出来我要打你了！"

被这不分昼夜继续落着的细雨，闷得忍受不住的你，一只手拿着棍子，面对门口站着装出好像真要同太阳吵架似的样子。可是过不了两分钟，你就丢掉了棍子，又把你所喜爱的掉尾巴的马，落轮子的汽车，一只脚的鸭子，空墨水瓶，和带着泥土的蛤蜊壳当作对手，一个人转来转去的耍着。这些再玩够了，你便爬上正在读着书的我的膝上，两只手抓住我的耳朵央告：

"妈妈，讲个东北故事，讲个东京故事呀。"

这个要求，我每天至少要碰到两次。我讲都讲厌了。第一，东北和东京哪里有那么多新奇的东西呢。你却永远像头一遭听似的，瞪着亮晶晶的眸子，等待我的嘴张开。

东北和东京——这两个地方，在你的幼小的心上，成了无可比拟的美丽而快乐的天国。东北有你的奶奶，姑姑，叔叔，东京有外公，外婆，姨妈和舅舅。正如抗战时代里其他的孩子一样，你也一次不曾见过这些亲近的人们。但，你可知道他们都爱你，都期待而又期待的等着你的归来。东北东京之所以为天国，当然只这些是不够的。是的，东北老家的后面，有果木园，村子的近处流着一条可爱的小溪。果木园里——那儿太阳永远是灿烂的照耀着，红的苹果、樱桃、柿子，紫色白色的葡萄、梨子、杏子、桃子，结得满枝满树。不仅这些，在这儿你吃惯的广柑、橘柑、从画报上认识的香蕉、柠檬、波罗蜜，发着南国的温暖的黄色混在这里面。这些果物怎样吃都吃不完。有时候苹果、樱桃长出来眉目口鼻，带着红帽子，穿红衣服、红鞋子，变成个漂亮的姑娘，轻轻从树上溜下来同星儿一块儿唱歌一块儿跳舞。小河的水底，大的螃蟹在横爬着。你一来，他们便把那可怕的大钳安静的合闭起来听你的吩咐。弯着腰的虾举起须子向你招呼。银色的鱼穿梭似的游来游去。容容易易就错进你扩张着的网里去。

那么，在东京有什么呢？——动物园和百货店。动物园里除了你只在画报见过的老虎、狮子、象，还有好多你连名字都不曾听见过的珍奇动物。在那儿，老虎和狮子决不咬人，就如养着的鸟一样，安安静静的坐在槛子里面。他们说："星儿，你是好孩子呵！"讲给你他们遥远的故乡的事情。象用他那长大的鼻子把你卷起来在半空里耍把戏。身体大得可怕，眼睛却长得很小的河马，你就是打他一石头，他不会知道是谁干的事情。女王似的孔雀赠给你一支五色花似的羽毛。长头的麒麟，肚前面袋子里装着孩子的袋鼠等等。看到晚上也看不完。百货店又不免把生长在乡下的你乐得不亦乐乎。醒目的颜色纸包着各式各样的糖，样样画都有的画报，带红柄的三轮车，拧了机器便转转走的玩具电车，汽车，聚在匣子里的颜色笔——是的，有了它，妈妈给你画画时候就不必要尽画一色黑的了。太阳是红的，月亮是黄的，树叶是绿的，天空是青的，总之，什样颜色都有的。

有奶奶、叔叔、姑姑、果木园和小河的东北，和有外公、外婆、姨妈、舅舅，动物园和百货店的东京，这对于父母之外没有一个亲人，而生来一直就在这金刚坡下面的小世界生活着的你，是再没比这更美丽更快乐的天国了。当我正领着你在这天国的时候，就是窗下面有小朋友喊："星儿，出来玩呵！"你也带理不理的回答："等等，现在听故事。"

然而这天国被蹂躏的日子终于不能不到来了。

给你讲故事与画小画以外，我还得唱歌。但是我一个中国的儿童歌曲都不知道。不得已只好给不满三岁的你唱救亡歌曲听。是否因为你的爸爸是东北人，或者是关于东北一类的歌曲特别惹动我的心。总之，《长城谣》《流亡三部曲》《打回老家去》之类常是哼在口头上的。这样不知不觉中你也能唱出来了。你虽然能唱“万里长城万里长，长城外面是故乡……骨肉流散父母丧”，自然也不会懂得遥远的越过长城被追逐过来的人们的悲哀。小嘴纵然说得出来，“流浪到那年，逃亡到何方”，那辛苦的滋味，是不会使你理解的。可是从这些歌里你开始知道坏的兵去到你的东北杀人放火的事情。

“好兵打坏兵！”这一句短话，便算是你给它的总解决。我有时却来向你攻击一下：

“坏兵要是去杀奶奶怎办呢？”

“好兵打坏兵”，你依然是乐观的。

“好兵没很多，奶奶危险得很。你马上当兵去打坏兵，好不好？”

“不好，我害怕，我还小。”

“那么，叫爸爸去吧。”

“不好。”

“那怎办呢？奶奶要死了。”

“东北有好兵。”

“我不告诉你了吗？好兵没很多。”

“很多！”

“好，很多。可是坏兵要来杀死奶奶的时候，他们来不及。”

“来得及！”你用半怒半哭的声音断然的肯定了它。

坏兵说是日本兵，这事情你也知道了。有一天午后，你拿着背着当枪，带着当刀，跨上当马用的那根竹棍子，一股气冲到爸爸的面前，喊着：“打倒日本帝国主义！”爸爸放下报纸，苦笑的说：“要打倒日本帝国主义，就打妈妈好啦。”

“不，我要打爸爸。”你顽皮的说着就跑了。你虽然知道我是东京人，却不知道我就是日本人。告诉你我是日本人，也不相信，硬说是中国人。

“星儿，东北的坏兵，从那儿去的？”

“不晓得呀。”

“他们是从东京去的。”

“不，不，他们是从很远的地方去的。”

你的天国之一，被从另一个天国去的兵给蹂躏了。这类事情你以为是不会有的吧。你那幼小柔和的心自然不会忍受这样的惨酷。“要是舅舅去打奶奶怎办呢？”已经要说出口来问你，我急忙又吞回去了。

星儿，以前像你一样红胖胖的孩子们玩的那热闹的动物园，百货店，一天一天的萧条清静起来了，你怎能知道呢。他们灰白的脸，无精打彩饿着肚子坐在家里。他们的爸爸打仗去了。有的就已经再不能回来搂抱他们。他们是没有父亲的孩子。母亲和姐姐起早到黑在工场里工作，回来也累得要死，连对他们说句安慰话的工夫都没有。最近他们也开始体验到中国孩子们最讨厌的空袭的恐怖了。要说那是好兵驾驶的飞机，恐怕你绝对的否认吧。可是炸弹就在昨天轰轰的落在紧靠你外公家旁边的飞机工场里面。——可是我不愿说这样话给你幼小的心上加层暗影。你正如你自己所说，还是太小了。为了你，当妈妈的我，还是把东京当作没有一个坏兵的影子，既快乐而美丽的天国去保存它吧。

东北不如你所想象那样永远灿烂的照着太阳，这，你已经知道了。当快到腊月的今天，那儿恐怕正在刮着飕飕的北风，雪花飘飘在飞舞着吧。而连你的奶奶，姑姑，叔叔都包括在内的东北人们，这十多年一直的就过着黑暗寒冷的冬天。但正如你断然说的，好兵有很多。迫近长城那支有力的军队的脚步声音渐渐听得到了。萤着银翅膀的超级空中堡垒英勇的飞在他们头上面的高空。他们感到春天快要来到，希望使他们挺起腰来，可是对于你，这样快乐当然也不会知道的。你就明朗的在你的两个天国里来去好了。坏兵的事情交给好兵办吧。可是你最近说出这样的话来：

“妈妈！长大了我要当兵打坏兵去哟，妈妈也去，爸爸也去，我们一起去，把坏兵都打死。”

不只是你的身体，心也都在成长，这不能不使我感到慰快。不过，用你自己的手来保卫自己的天国，至少还得十五年的岁月。我不希望那时候再从你的一个天国去的兵蹂躏另外一个天国的事情。不，这是不可能的。我绝对相信这个大陆和那个岛国不只是你的天国，对于两方面的民族也将同样是天国，这也是不远的事情了。

（原载于《孩子们》第 4 期，1944 年）

# “檀君子孙”在西北

## ——记韩国光复军第二支队

卜宁

韩国人爱称自己是“檀君子孙”，正像中国人爱称自己是“黄帝子孙”一样。相传檀君生于白头山（即长白山）檀树下，故称檀君。目前在韩国最流行的大宗教，亦称檀君教，是证明檀君曾经存在的最有力的文化遗迹。韩国历史，现在是檀君纪元四千二百七十六年，比吴稚晖所推算的黄帝纪元四千六百四十年（今年）的中国历史，只短了四百年左右，堪称世界古国了。

一九一〇年八月廿九日，韩“国”亡了，韩“民族”却复兴了。自朝鲜太祖李成桂开国以来，五百年间，“国”脉虽绵延不绝，“民族”的一点活力却早给佛教缢杀。当时韩人狂热信佛的情形，不亚今日西藏，人人全以光头袈裟为乐。幸而有一九一〇年之惨痛，这一大刺激才把韩人“重文轻武”及“泄泄沓沓”的毛病扫洗得干干净净。今日韩“国”虽已不存在，韩“民族”却在道德心智与体力方面，呈空前的进步。故从历史的观点看来，这卅多年的韩国痛史，毋宁是“塞翁失马”，“安知非福”。

近五十年来，东方弱小民族抗日史上最辉煌的第一页，不是“九一八”后的嫩江战役，也不是“一·二八”的淞沪之战，而是一九二〇年九月中旬的“青山里战役”。写这一页的是现在韩国光复军的前身——韩国独立军。这一战役延长三日，日军伤亡官兵三千三百余人，韩人伤亡二百五十余人。领导韩军写成这一光荣之页的，便是现任韩国光复军第二支队队长李范奭，那时他是韩军的前敌总指挥。

在韩国革命阵营中，李范奭是一个怪人。他在东北从事武装运动时，过着野人的生活。战事紧张不能休息时，他有好几年一直猛烈的用鸦片吗啡来透支生命。冬季领着哥萨克骑兵打谢米诺夫时，他用羹匙舀稀饭送到嘴里，拔出来时，羹匙上尽是血，它已与舌头冻在一起了。在哈尔滨做恐怖运动时，他从没有在同一个房子里睡过两晚。“九一八”前，他到外兴安岭度了两年多狩猎生活，与索伦及鄂伦春野人为友。“九一八”后，他与马占山、李杜同在苏联托木斯克拘留所里吃了两年黑面包。抗战以后，几年战场生活的唯一收获是心脏病。入中训团在第一次庄严升旗礼中，看见旗子他昏倒了。他最崇拜阿比西尼亚皇帝塞拉西。有一个时期，他用香炉烛台供奉着这位非洲皇帝的像，朝夕膜拜。他恨胖子，他看不起素食者，认为“不能吃肉的人，都没有战斗力”！

在这样一个不平凡的人的领导下，西安韩国光复军第二支队也处处流露出不平凡的气象。这一支队里，儿子当区队长，父亲却当区队员。在这一支队里，有安重根的侄子，有东京的摄影专家，有参加过“一·二八”及南口战役的军校高材生，有伟大的泥水匠。上自造房搭屋，下至缝衣织袜子，他们全是自己来。在这一支队里，每一个人全精通中日韩三种语言，每一个人全有牛样的身体。这一支队的棒球，在中国是数一数二。这一支队的足球，在西北从未遇敌手。这里的一个翻杠子能手在军校数年，一直保持冠军。这些年青人能吃，能喝，能笑，能说，更能“杀”人——“杀”日本人！这里许多队员都是从敌后带着“皇军”脑袋过来的。

曾有人问：“敌军中冒充日本人的韩籍士兵，对中国人民为什么那样凶？”他们答：“为了加深你们对日本人的仇恨！”

过去墨索里尼打阿比西尼亚时，曾对黑衫军说：“我要把塞拉西的胡子割下来，给你们做鞋刷子。”塞拉西的胡子没有割掉，黑衫相现在却做了希特勒的陪嫁姑娘(嫁给死神)。李范奭氏对于这一段掌故最为激赏。他坚信黑衫相的命运就是日本人的命运。

在西安，人们援助着二支队的狂热情形，有点像猩红热，极富于传染性。西北的一个“钢铁大王”为了帮韩国忙，收了生意“摊子”，放下钢铁，成天和年青的队员们打着算盘：“怎样渡过鸭绿江？”在某次集会上，一个意大利神父听李范奭讲了矮脚鬼的残暴后，也毅然嚷着道：“我也要反对法西斯蒂了！墨索里尼就是我的父亲，我也要反对他！”

好消息不久会来的。第二支队正计划着，在最近的将来，要到重庆开一次杀敌的战利品展览会！

(原载于《联合画报》第22期，1944年)

# 1945年

# 韩国的母亲

柳松

我曾经不只一次的听过槿花的歌，每次都彼那抑郁低沉的调子所刺痛，谁无父母，谁无兄弟？失去了祖国的人们，就失去了一切，也失掉了自由。最近我看到了阳翰笙先生著的《槿花之歌》，又听见了失去祖国的人的声音，那交换着苦难与仇恨的声音！《槿花之歌》中的崔槿辉，还是一个十六七岁的小孩子，却“慨然长叹”着说：“唉，嫂嫂！时光一天一天的过去，到了现在，我才深深的觉得，做一个韩国人，是多么的痛苦啊！”听了他的话，使人禁不住要潸然泪下，谁会想到这是一个小孩子说的话呢？还以为是一个很大很大年纪的人说的话哩！亡国的惨痛，把孩子的心都折磨成这样了。和他年纪一样大的他的爱人——李兰秀，也说着同样的话：“我们从小到老，从生到死，却到处都碰到监狱，监狱，监狱，呵，伯母！我们祖国的苦难，怎么会有这样深重啊！”生活在苦难中的人们，他们什么都可以被剥夺，但是他们一颗颗仇恨的心，却一天天的燃烧起来了！谁也不能熄灭它。崔老太太就是这样一天天熬炼出来的一个伟大的母亲，她的命运和祖国一样，都是不幸的，她的丈夫和两个大儿子，为争祖国的自由独立而牺牲了，她很痛苦，“很郁愤，很阴沉，仿佛有一种血海深仇，常常在啃碎着她的心的样子”。想到祖国的不幸就想到自己的不幸，想到自己不幸，就想到祖国的不幸，为了祖国，她应该供献出她的儿子，为了自己的不幸生活，她需要留了她的两个小儿子，她时时在矛盾痛苦中，这个在《槿花之歌》中，是表现得很明显的：当她知道了她第三个儿子——崔槿光，在从事一种秘密革命活动时，她坐卧不安，一天提心吊胆的，她幻想着假如她的儿子不出门，就会平安过日子了，于是她恳求她的媳妇帮助她，（其实媳妇的心，也同她一样的苦痛啊！）不幸她第三个儿子的革命行动，不久就受到了威胁，不得不离开她到遥远的地方去，临别之前，（那是一个秋天的深夜，天上没有星星，也没有月亮，园中刮着大风）她抖颤着走下台阶，亲手挖出自己家园中培养槿花的泥土，把它捏成一小块，交给她的儿子说："……槿光！你别忘记，这块泥土虽小，可包含得有你的家园，你的故国，你的妈妈的一颗心啊！"她的灾难，亦联系着祖国的灾难，是分不开来的，她"知道，也懂得"，并不怨怪谁，只是"妈妈的心"！她疼爱她的儿子，甚于一切，她不能失去他们，她想难道无法避免吗？不！够犹豫了，终于痛苦地说出让她最小的孩子——槿辉，放弃他的抗敌行动，而把仇恨"死死的记在心里，不应该常常挂在嘴上"，假如说这是自私，不如说是一个天真的梦，梦还没有做成的时候，就打碎了。仇恨是不能仅仅记在心里的，它一定会爆发出来的，她的最小的儿子，仍然是违背着她的意思，参加了革命活动，一个幻想又消失了，她为自己的不幸而痛伤着，同时也很惭愧，她向儿子承认了自己的错失，不该不让他活动，可是仍然不放心，她苦恼的对韵玉(她的第三个媳妇)说："哎，一个做母亲的人苦就苦在这些地方，要是你辉弟都不告诉我，我自然替他担心，可是等他什么都告诉了我，我反而却又一点也都放心不下，这怎么说呢？"一听到儿子出门了，她的心也就跟着走了。可是一个失去了亲儿的人，这种迟疑，是不能久当的，她总得要走一条路，不是这条，就是那条。

李永寿是一条日本狗，是一个韩奸，那样无耻的家伙，却能把韩国人踩在脚底下，向着他的主子摇尾乞怜，崔老太太恨透了他，看也不愿意看他，可是他却像一条疯狗一样，纠缠着她，李永寿不但要夺她的房产，而且侮辱她的儿子为"小流氓"，还要把她的小儿子抓起来，母亲的心，再也忍不住了，她想到她的丈夫和儿子，以及他们一起的人，他们多好啊，是有骨头的韩国人，为了祖国的自由幸福，他们过着艰苦的日子，抛开自己温暖的家，甚至于他们的头颅，他们的心多好啊！她爱他们，他们也爱她。金南镇(韩国的志士)对她说："伯母！我是一个从小就没有了母亲的人，我既没有兄弟，也没有姊妹，我敬爱您，就像敬爱自己母亲一样。"他们知道：为了祖国，她的牺牲太大了！他们了解她的心是痛苦的，敬爱她比自己的母亲还甚。在这种对比之下，她更恨那些韩奸了，看到李永寿那样欺压韩国人，她愤怒的对韵玉说："我说过的，那老狗那是一个人呀，你看，他刚才那种样子真不像话，真不像话。□□(感慨万端)韵玉！我想来想去还是我的儿子们好呀！我活了过大的年纪，气也受够了，泪也流干了，有时候我真想跟他们一道去干呢！"这样想的时候，母亲的心，稍稍放下了，正当这个时候，韩国人的三一运动爆发了，群众像怒涛一般，到处都在呼喊着，要回韩国人的自由和独立，这声音，她是听得很清楚的，这里面有她儿子的声音，有她所喜爱人的声音，也有她自己的声音，她再也不想拉回她自己的儿子了，她自己也伏在窗户上，用力的摇着国旗，要和群众的呼声融成一片，她也看到那些刽子手们，又在屠杀韩国人，一笔血债未还清，又是一笔，她再不能等待了，拉着韵玉，她说："韵玉！我们还有什么想头呢！（欲行）走吧！走吧！"就冲出去了。

法西斯的强盗们，不但把孩子从母亲的怀里夺走，而且把母亲也投入监牢中，崔老太太坐在监狱里，不再想如何使儿子不参加革命活动在家里过平安的日子，她懂得了："日本人那会同我们讲什么王法不王法呀，大嫂！光哭有什么用处呢？像她哭也哭够了，气也气够了，就有眼泪，我也宁肯朝肚里吞！"她更懂得了：只有一个母亲的儿子活着，那是没有用呢？将会有更多更多母亲的儿子被杀害，她出狱之后，"□□地"告诉韵玉说："你要知道，我们□□出了狱，我们可有许许多多的朋友却还没有出狱呀！"她亲身体验到失去自由的人，是怎样希望看到自己的亲人！她说："……你没有坐过监牢，你还不大懂得一个失掉了自由的人，是怎样在渴望着常常能够见到他的亲友，（追述，感慨地。）从前我们在里面，当我们每次先晓得你那天要来看我们的时候，我跟兰秀一大清早起来，就朝着窗口望呀望，一直望到你来了，兰秀却常像小孩子样的，靠在我的身上紧紧的摇着我。那才真是说不出来的欢喜啊！"一旦母亲把爱自己孩子的心，用来爱大众，那是不能动摇的，她常常记挂着"那些英雄"，"那些可敬可爱的志士"，想到"他们许多人没有一个亲人在这里"，她就不愿离开监狱附近，搬到别的地方去住，她说："……我决定留在这儿照料他们（不是自己的孩子），我年老了，别的事情不能替祖国干，像这样的事情，我总还可以做一做的，所以我决心留在这儿去做那些年青人的妈妈，做那些年老者的姊妹，你想这是——应有意思的事啊，韵玉！从前我只懂得疼爱我的儿了们，现在我可要用我疼爱他们的那颗心，去疼爱那些受苦受难的韩国人了！"

她的小儿子，最后还是被敌人烧毁了，她并没有因此就失去了一切而倒下来，相反的她在严寒的深夜里，坐在豆大的灯光下！为他们（志士们）不停的缝补着衣服，难道她忘记了自己的孩子吗？不！她这样安慰韵玉："（压抑着内心里的惨痛）韵玉！难道你妈妈会不心痛吗！（抚着玉）啊，我的好孩子，快把眼泪朝肚里吞下去吧！哭是没有用处的！我们应该想法子来报仇呀！"她知道，她虽然又失去了一个儿子，可是却有更多更多母亲的孩子活着。

（原载于《职业妇女》第1卷第5期，1945年）

# 《槿花之歌》观后感

林未芜

如果说《槿花之歌》,指一间监狱中群众斗争的场面,展开在观众面前,给人们带来一种严肃之感,我觉得,同样的,在第三幕里,游行群众的吼声震响起来,曾经为人民的解放贡献出三个儿子的母亲,眼看着最后一个儿子也被捕了,毅然奔入斗争,又是如何的壮怀。这确实给今年的雾季,展开了新的一面,是极可喜的。那么贯串在《槿花之歌》整个剧中,是什么东西表现了这样一种力量,是我们值得注意与思索的。

简括来讲,这个戏是表现一个韩国革命家庭,如何在压迫之下,死的死,亡的亡,活着的遭受摧残,这样一个故事。在这里面,母亲、槿光、槿辉,都以他各自的行动,一个紧迫一个的,告诉了人们一个现实的问题,就是——给人奴役的人,没有幸福。这在开头,就由槿光说出:

"你可忘了我们是失掉了国家,也失掉了一切自由幸福的人了吗?"

母亲安排了无数次希望,现实却打破了这种种希望,槿光被迫做了一个流亡的革命者,槿辉也在三月一日独立运动的壮举中被捕,就连母亲自己也不得不落进囚狱中去,当她手攀着囚狱的铁栅,她说:"苦就苦吧!我想总有一天,我们会苦出头来的!"假如在这儿我们感到了一个真理,它告诉我们,侵略者没有从他踞坐的地方掀开,悲剧的日子是不会真正结束的。但进一步来分析这个剧,是沿着怎样线索发展下来,而后,把这种现实的教育意义给了观众,那就会接触到这个剧的特点。我觉得这个特点,就是从最初起,到最后止,一条革命,与另一条反革命,这两条线是清楚明白的;作者通过艺术的表现,准备将观众引导向同情那一方面,反对那一方面,也是清楚明白的。

这里,也许有人会提出问题说:作者明确的态度,原是一部文艺作品起码条件啊!是的,在现社会中,凡是一种文艺作品,必然有其一定的倾向,肯定什么,否定什么,但我们应更从实际出发些来讲话,目前还是,一个艺术家在他创作时不得不受到种种束缚与局限的时候，并且易于由此种客观原因，而产生了主观思想上或表现上的弱点。因此在那些充斥了混乱、模糊、多余而不恰当的噱头的某些戏剧之间，我们应该接受《槿花之歌》的严肃性，它引起观众的情绪是明确的，一面是压迫，一面是反抗，这剧鼓动了被迫害者斗争的情绪。可是这戏是做了一个悲剧的结局，也许这个结局的悲剧性给人一种沉重之感吧！

问题在，谁如果不能在黑暗中看到新生的曙光，谁不懂得：在旧的压榨下，决定着前途的正是新的生长。那么，这个悲剧便只能成为一曲哀怨的低诉，那便只能消磨斗争，对现实投下暗影。在《槿花之歌》中显然不是如此，槿光的归来和重新负了人民无限希望之走向远方，带来一种光明，表现还有行动，在秘密中，在艰苦中，但那是希望，那是燎原之火呵。在这一个对比之下，槿辉在严酷受刑之后捐出自己生命，就给暴戾者的罪状下了铁的判语。这剧所写的年代是从一九一八——九二二，这个悲剧是合乎现实的，同时也不是无望的。贯串着全剧的力量，也就正是这英雄的被压迫人们斗争的现实主题。

但是，在《槿花之歌》中还有什么令人不满足，或认为缺陷的方面吗？在此处，我想到有的观者之发问间，就是说有的地方还有平淡之感。这一点，如果单纯以技术的眼光来看是不能得到回答的。实际，一部正确的处理了主题，反映了现实真理的作品，也还不能即等于已经充满饱满的现实生活感、艺术力极其丰沛的作品，但观众是更有兴趣从这一方面来要求的，因为正确的主题，必需通过现实生活，才表现得出来，那么，掌握了正确主题，还不等于完成艺术作品的全部，而更要进一步，只有现实生活愈深刻、丰沛，给人的真实之感才愈大，也只有从这种生活中传达出来的深沉的情感，才能更好的感染观众，以眼见一种比较浮露的叫喊，同时，在残酷斗争的现实中，过多带有幻想味的希望，也不一定适宜。以《槿花之歌》这一个戏来讲，取用外国的而又是历史的题材，在其□□上就不能不受了一些限制吧！

正因为在现实意义上，这个革命家庭成为一个典型的革命家庭，也正因为在现实意义上，压迫者惨酷的程度，反抗者在高度压迫之下，百折不回，都要求着血肉的生活才会表现得完满，简单说，就是压迫者的力量及人民的力量的直接搏斗，还需要充沛而实际，给观众以鲜明、深沉的印象。

舞台上的人物以其个性、感情、行动，最直接把艺术的力量及教育给予观众；而人物又不是在作者手中的简单安排，他必需带着他自己的特性，顺着他自己的路去发展，这就是艺术作品中极不容易的创造，它不但把严重的课题给了作者，同样也给了戏剧的导演及演员。《槿花之歌》中的人物，以表现这一位母亲为最多，她也确实博得了观众的赞许，但由前面，创痛、希望、母爱等等的强调，而至第三幕的变，说：要斗下去，及参加游行，在观众的接受上，总不免有一点变得突兀之感吧。还有像金南镇，这应该是一个老练的革命家，剧中许多处也确能表现了他的沉着与精干，但在第二幕，当槿辉把宣传品掷在地下，对母亲发脾气的时候，金南镇怒斥槿辉一段，却又不免有点突然，还有当那个警察的影子投在窗上的时候，不久以后他就挟着一包宣传品走出……这些地方，如更着重表现出地下秘密生活的氛围，我想，也许就在这些行动甚至细节的地方，会集体的决定着戏剧中实际生活的丰富或不足的吧！

此外，就谈到在《槿花之歌》中的革命斗争，第一幕当李永寿出现在舞台的时候，这是一个无耻的韩奸和爱国的母亲尖锐的对照，这给观众觉得，实际斗争，似乎要从这里做为契机而展开，但这直接可以伸入这家庭的斗争，在全剧说来，不是一个主导线；真正贯穿全剧的是母爱与祖国之间的矛盾，在这种生离死别中，布置了一切革命的遭遇。当然，《槿花之歌》的积极性及感染力，正从这个母亲的心声上传布出来，但是怎样以更直接的、更紧凑的斗争来组织起这些人物，展开在这家庭之间，不是从上场人物来用嘴传达恐怖、压迫，那搏斗也许会更突现吧！

是的，在第四幕里，我们特别听到：

“从乡村到城市，从城市到乡村……可以说到处都在燃烧，到处都在奋起，到处都在游行示威，到处也都在跟日本鬼子冲突！”

这里，补充着从这一个家庭，一个侧面，来表现三月一日斗争之不足。

同样，我也是这样理解第四幕中出现的安大嫂，这一个农妇，她哭泣，而且她说话：

“……立春了这样久了，我家里的田还没有扒，地还没有挖，就连蚕子也都还没有养呀……”

当我在这里，听见这闪灼着的农民的话，确极可喜，它虽简单，却因为群众的出现，说明了这一次运动的人民的性质。然而，也不能不叫人感觉，这一个出现，终究还是微弱的一弦，是片段的插入了。

自然，这些并不能掩去《槿花之歌》主题的明确性及积极性，而且恰恰是这，在我们目前这种种混乱或混淆情况之下，最需要也最难得了。写到这里，我不禁想起一件往事，是在战地里，一次夜会上，我听到一位韩国朋友唱《阿里郎》……当时我听到那唱的是仇恨是悲痛，这给我印象极深刻，使我至今不能忘怀，因为我们也还有很多亲人，在沦陷区，在各种地方，没得到解放与自由，他们过的日子又将如何呢？……

（原载于《新华日报》1945 年 4 月 26 日）

# 人间地狱

## ——日本矿工底生活

[日本]绿川英子
陶陶然　译

作者绿川英子(Verda Majo)系日本在华反侵略的世界语女作家,系我们中国所熟悉的日本反战作家之一,她来华已很久,现留我后方工作。本文系由在华日本俘虏 Sirzaki 所讲,由作者把它记录下来再译成了世界语,发表于重庆出版的世界语国际宣传刊物《中国报导》第五十九期。

自从对华战争开始以后,日本便在前线上用去了巨大的物质消耗。为着填补这个消耗,军阀门掌握着全国的生产机关,倾其全力在恢复力量。他们为着飞机、大炮、坦克、战船而牺牲着人民底生活必需品,同时把人力强迫地集中到军需工厂里去。现在,日本的工人们吃着法西斯的无比的剥削的苦痛。依照政府的统制,一天只给他们每人 0.63 公升的米,每天强迫作十二至十六个钟头的工,或者甚至整日整夜都做,没有休息。劳作、疾病、饥饿,更加上受苦——这不是比地狱还不如的么? 我自己也在那儿过了好几年痛苦的生活啊。

那个小岛叫做 Iriomete,它是属于南日本的东县的。在那小岛上面有几个煤矿矿厂,为几个资本家所有。那个小岛是以瘴疟病著名的,因此人家都不想到那里去。那么,全部工人的数目便永远不会超过五百了,厂主们竭力在增多工人,可是工人却一年一年地减少。自然不会缺少以欺骗方法去招募矿工。例如,人们走到稍远一点的地方去,宣传有个某某公司招请职员或某某工厂招请工人,它是预付工钱比其他工厂多上三倍的。这样被募的大部分包含着贫穷的农人和下层工人。他们为着用那预付的款项来拯救正在因为不断的物价高涨而处于饥饿线上的家庭,跌入那些经纪人的牢笼里去了。人们把那些被招募了的工人们在这么叫做"牢房"的屋子里关禁着,剥夺了他们的任何自由,因为人家恐怕这实际情形被揭发到社会上。一直到死,那些工人们真真不能由矿场里走出来的。

在招募时人家预付给他们150—200日圆，也付他们的全部出发盘费，招募之后即付他们每天1.5日圆，开工后则2.5日圆。起初一看，那件事似乎很好，但其实它只不过是招募者的狡猾勾当。虽然人家每天可以支付2.5日圆，然而拿去了百分之六十作为预支的回扣，给予矿工们仅仅是百分之四十而已。加之这个数目人家又不是付现的，只用一条唯有在矿场中才能行使的条子。这条子实在把工人们沉浸到不能出走的深渊中去了。工人们用这条条子在自己的商店中买东西，那些商店一切都昂贵的可怕，因为他们那里不采用公开规定的价格，也不采用合法的价格。譬如吧，甘薯酒值1.6圆一“疏”，这个在外边人家是卖0.75圆的。烧酒对于工作过度而疲劳得要死的矿工们是唯一的开心品。可是他们连这种烧酒，在一切的酒精中间最便宜的烧酒都不能买，因为他们须得依靠2.5圆底百分之四十而生活啊。他们早上吃粥，白天和晚上吃饭，而夜间又是粥。在一天中除正常的十六小时的工作之外，人家还使他们做上两三小时夜工，而却给他们吃两餐粥！你可以相信吗？因为不能忍受饥饿，他们勉强在矿场的商店中买食物。为着增加(即使一点点吧)贫乏的收入，他们也得做夜工。他们越做工，他们便越饿，越买昂贵的食物，而他们的债就愈加在增大了。这就是给资本家的三倍的利益。

当矿工们患着瘴疟病或其他的病的时候，人家把他们放在猪栏似的房子里，不予医治。因为过于困苦的缘故，他们常常逃跑，然而差不多没有一个成功的。在那山中围困着他们的不是疾病便是饥饿或死亡。逃跑不成功，名叫“人猩猩”的看守抓住他们，在一阵残酷的惩罚之后，从第二天起，比以前更残忍地又使他们工作。

我是于一九三三年开始，当我二十八岁的时候，便在那个矿场里工作。贫困的生活也把我引到那里去。不消说的，我连想像也没有想像到我是来这个被人当作地狱似的Iriomete矿场的。到达了那个地方我几乎还没有注意到，可是已经迟了。我倒霉了，于是我奴隶牲畜样工作不停……

自从这次战争爆发之后，我们便加强着工作，矿工们每天一个跟一个走上死亡之路。我变成极度恐慌底俘虏了。最后我决定逃走，虽然我听过而且看过逃走底可怕的结局。

自此以后我便白天黑夜都等待着机会，然而机会却是不容易来的啊，有一天我到底发现了一个机会了。四月天，我不会忘记的，那一天我们走到海岸去给一只战船装运货物。恰巧那时渔夫们休息了，小艇留在沙滩上。我巧妙地和同事们分离开，走近渔夫们去，请求他们讲述现在的情势。他们很同情我，并且同意带我走。在几个钟头之后，小艇就来到 Hatoma 小岛了。那里是一个村庄，约莫有二百个居民，他们主要的都以捕鱼为业。他们很好心地关照我，并且给了我一份活干。

过了一个月，一只由矿场来的找寻底巨爪伸到那个小岛来了。某一天有一个人跟一位内兄在自己的庭院里一道喝酒，一个人猩猩从后面偷进来，用大棍子蓦地给他的后脑打了一打。那时他忽然看见他错了。他其实把他当作我呀。惊异得他想逃跑。可是得了消息的村人们立即走来，他们围着他殴打，并且把半生不死的他驱走了。

晓得了这回事之后，矿主任很愤激，在海上攻击那捕鱼艇，用炸药把它毁灭。那一次村人们益发大怒了。他们乘了九只小艇去攻击矿场，炸毁了那些炸药储藏库，带走了半数以上的矿工。矿主收买了一个警察，警察进发到 Hatoma 去。但是因为那二百多个的矿工已经送到县城去了，人家便不能同他们作什么来。此外，那个警察很明白地晓得矿场底真实的情形，恐怕惹起事情的扩大，也不再追究了。

我安全地回到家中。我，我的女人和孩子们，我们怀着多么巨大的欢乐而拥抱啊！我逃走底成功，实在就是一宗奇迹。而且也偶然拯救了二百一十三个在人间地狱里吃着苦的矿工。

在军阀的统治之下，我们日本人永远是痛苦的，我们底生命毫无保障。幸喜我现在已由矿场逃了出来，然而不久我就晓得，战争所造成的人间地狱不仅在那里，而全个日本实在到处都一样啊。

（原载于《联合周报》第 3 卷第 12 期，1945 年）

# 华北宣传战线上的朝鲜义勇军

小山

朝鲜义勇军同志光荣的接受了“配合×路军到敌后去发动政治攻势”的任务。他们毫不踌躇的换上便衣，整齐武装出发到炮楼林立的平汉线同蒲路一带去了。不论在下大雨的黑夜，或炎热的白天，不论在敌占区，在游击区，就是敌人派遣部队跟踪他们〖的〗时候，也仍然坚决执行任务。

他们经常在老百姓的团里中，用着生硬而不熟练的中国话，热情的进行宣传，老百姓听了他们的故事，看了他们的演剧就说：“你看人家外国人为了抗日，还这样辛辛苦苦的来这儿给咱们演戏、讲话，咱们自己应该怎样啊！”老百姓热爱义勇军，保证他们的供给，经常替他们打听消息，慰劳他们。老百姓对待义勇军像对待×路军子弟兵一样的亲热。

他们不仅向老百姓宣传，而且也是对敌的宣传能手。在敌人炮楼前或电话上，用流利的日语向日本士兵指出活路。很多敌兵感动了，有的来信，有的唱歌给义勇军听。义勇军在炮楼喊话，有过这样一个故事：××炮楼二十多个敌人，内中一个小队长很坏，有一天义勇军同志给他喊话，照例和气的给他们讲国际情势，可是敌人突然答话：“你们山沟里懂得什么。”义勇军的同志尖锐答复说：“别说山沟，我们这里每天收到各国的广播，连你们东京的广播也都收，反正比你们清楚得多了，你不信，就听东京的消息吧。”他们接着介绍了日本国内的物质困难、残废军人的可怜生活、东京防空设备的缺点……这时小队长反驳说：“你们说日本国内穷，我两三个月前去过东京，没有那样穷。”

宣传战正式开展了，义勇军同志质问他：“那么你穿的军衣不是破烂的吗？”敌人有把握的说：“不是呀。我穿了新军衣，前天才发的呀！”义勇军同志却进一步追问：“那么细细看看是否〖是〗代用品呢！”这一问，敌人没有话可说了。

义勇军的同志继续讲：“大家看，你们小队长是多么放荡，军阀们说的也是这样吹牛。”小队长沉不着气说：“反正大日本皇军一定胜利的。”义勇军的同志马上驳斥：“那么你们说三个月可以征服中国，为什么没有结束战争呢？”小队长生气又讨厌的说：“就是因为有了你们！”义勇军的同志更有力的反驳：“对了，因为有了这样不可征服的人民，无法结束战争，将来更没有办法。”这一下，敌人便哑口无言了。他们把所有的武器——步枪、机枪、掷弹筒都拿出来疯狂的射击。

义勇军某队在某地工作时，配合着×路军向两个炮楼同时喊话，又派一个组到两个炮楼中间去偷听敌人电话。敌人吓得连对义勇军喊话也不敢答应。我们在电话上听见敌人打电话报告中队长要援助，敌人说：“报告中队长，×路军来的很多，还有会讲日本话的也来了。”中队长很惶恐的说：“我知道了，不要怕，城里可以来援军。”这时，义勇军的同志插嘴说：“喂，我们是朝鲜义勇军。”敌人不敢往下听了，马上放下耳机。

我们知道了敌人的援军要来，在公路上派出了警戒，不久敌人的三辆汽车亮着灯开来了，他们向着汽车投了两个手榴弹，敌人马上熄了灯，不敢下车，由原路退走了，两个炮楼都开始了射击，但义勇军同志们很泰然的回来了。

有一回在冀中某区工作时，大白天攻入敌人的火车站——河边村，开了二小时群众大会，唱歌。可是敌人吓得不敢下炮楼，也不敢打枪。这个消息很快的传播在整个的滹沱河边。敌占区的老百姓盼望着朝鲜义勇军到自己村子来，有些村子搭了戏台，准备了慰劳品，等待着看看这一支国际队伍，要听一听他们说话。

又一次，也是大白天，经过离敌人第三混成旅团司令部七十四里的地方时，有的炮楼打电话报告它的司令部，夸大其词说：“现在朝鲜义勇军五个支队和×路军二个团，经过司令部前………”得到的回答是：“我们也知道，你们为什么不打呢？”“我们兵力太少，不能打，他们还击的，受不了。”

正当“无人区”闹灾荒时，义勇军同志配合子弟兵攻入某乡镇，夺回了三百五十石粮食，救济了灾民，并且对伪军喊话：“我们是朝鲜义勇军，今天把三百五十石粮食救济了老百姓，你们愿意不愿意呢？”第二天，老百姓送来二百个鸡蛋和五十斤猪肉，慰劳他们，但义勇军的同志知道老百姓的困难，谢绝了，老百姓又把这些东西交政府转给义勇军。

最近为参加大生产运动，达到全年几个月自给自足，他们每天去拾粪，背粮食，又发展工业。他们说：“我在工作和战斗中不落后，生产也要不落后。”

（原载于《新华日报》1945年2月6日）

# 国破家亡的人

## ——一个朝鲜人的自白

[韩国]李启烈

我韩国的人约在四十年前,当日俄战争结束后,就变为殖民地的国家。

我在小孩子时代,就没有看见过国旗,我想没有国旗即等于没有祖国,是多么的可怜!我国民的日常生活,完全受日人的残虐欺压,弄得社会无安全的一天,但这种凄惨的事情,向何处申诉呢?有谁可以来援助呢?

现在朝鲜总督一席,已为日本军人所占据,我朝鲜同胞被认为所谓不良分子,男女老幼在那日阀魔手弹压下而牺牲的不知有多少了。

回顾当年朝鲜被吞并时,他们就要把朝鲜完全变为日本化,将朝鲜悠久的历史和传统精神以及国家的文物完全没收毁废,剩下的只有当时基督教里的《圣经》,但凡是有为的青年,彼等就认为是离反思想的叛徒,马上排列在大广场上用机关枪扫射,这一切残酷情形,我一一都能记住,以后呢?为要收揽人心,由弹压政策渐渐变为坏[怀]柔政策了,但无论怎么样,其残虐性,野蛮性的行为,是没有变更的。迄今为止,其悲惨的手段,倒反比较前更厉害了!真是有史来所仅见,于今什么自由,什么人类的同情心,都失却了,只有衰颓疲弱的人类,呈现于朝鲜人民身上。

但我认为我们朝鲜光辉的历史精神和传统文化,一定还在每一个朝鲜同胞脑海中活泼的活着,凡是残酷压迫赐予朝鲜人的,仍然不会忘记,反过来说:是给我们伟大的磨练,我们决不会屈辱的,现在已到了抵抗的机会了,我们正以濒死重伤者的血来报这人面兽心的日本军阀,我先辈为脱离彼等束缚,为光荣的自由独立,不知牺牲了几多人,我必定双肩担负起先烈遗志,什么功名富贵、生命财产,粉身碎骨,在所不计,“埋骨何须桑梓地,人生到处有青山”。我为独立运动虽死不辞。

以前朝鲜人本来有参政权及言论会议权,可是现在呢?不过剩下这一个美名,已经变为日本军阀的掌握中去了,压迫愈加厉害了,例如昭和十四年施行志愿兵制度以后，几多有为青年，从三千万民众的血泪中夺去了。还有什么普及日语、生活刷新等等问题，使到朝鲜民众无生存的可能，关于普及日语，至今尚不能澈底，无论家中父母妻子老幼男女，强制要常用日语，到站里去领米谷食物，如果不懂得日本话，那就不能配给。我想我们有悠久的历史和生活习惯，一瞬之间就可以完全抛弃吗？

现在朝鲜国民在他们的铁蹄践踏奴隶教育之下，有如侍女一样的，可怜朝鲜同胞在这军阀手中压迫之下，度这凄惨呻吟的生活，已经有四十年的悠长的岁月了！

为了我们朝鲜民众的生活自由言论自由，对于革命运动的复兴，我是不会忘记的，现在朝鲜内地为了大学生四千名实施当兵制度，强制征兵，及国际情势恶化种种的影响，我已现出不安状态。经济贫乏，人民生活已到了极度困难时候，革命思潮，已弥漫着朝鲜民众的心上，像这样无理由不自然的畸形社会，只有把他摧毁，无论何人都可以意想得到的。我们为民族生存，为正义伸张，在神明庇佑之下，在中美英俄等强国盟邦统率之下，向着打倒日本军阀之途迈进，我相信朝鲜民族独立运动，一定可以获得的。

其次，将我在日本军队中情形写述出来，对服从，表面在看起来，非常庄严，实际上腐败不堪，日本兵没有什么自由和愉快的事，也没有亲爱可言，只有命令和规则，受上官脚踢拳打，以及种种不人道的制裁，并没有顾到一般兵的人格和道德，只有绝对服从。我在日军中，因为言语风俗习惯不同，每日只有挨打，如牛马一样，不当作人，没有讲话的余地，受尽了不正当无理由的侮辱，实是凄惨已极，没有什么希望，只有期待着死神之来临，在同部队的有位大学生出身的朝鲜人，因为受不了这侮辱，卒致拿手榴弹去自杀，这是一件愚笨的行事，我绝不同情的，当我入营的当时，就决定了脱逃的计划，只等待着好机会之到来，终于自由之神发出慈悲的心肠，指引我的前途，救出一切苦恼，当七月下旬夜半时分，我和吴君在宿营地的老屋子里，各人换过中国服装，把军服装器抛弃，只有手榴弹一个，拿着表与指南针、饼干、盐等，从厕所附近密林中逃出，在黑夜中向西南方前行，翌日始得脱出危险地带，在山中作长期间的午睡，当时因为不会说中国话，吃饭也困难，其时我二人都是初度在军队里，究向何处走，不能决定，后得中国的人民指示去重庆的道路，经过安化更向西边前进就是了，白天睡在山中，夜间又开始步行，但受饥饿的困难，一日只有一次或两次向良民讨饭吃，我前后五次脱去死线，老百姓拿锹头来袭杀，计有四次，日本军来追赶有一次。在日暮途穷时，彷徨于山中，遇到日本兵和老百姓，真是危险得很，但我还没有死，因为我的身体不是为个人，是为朝鲜的，所以我二人很坚决地直接奔投回重庆去，和韩国政府接洽，并乞中央军来援助，终于得到了几名正义的中国军来救助护送，我们并承支队部的萧先生恳切指导和爱护，虽在铁窗里，仍能得到特别的待遇，这是可愉快的事，计在各地辗转护送中，期间约有一个月，中国真是伟大，虽然经过了八年间的抗战，仍然安好，各方面还看不出痛苦来，就是米谷食物还没有强制配给，经济还很稳定，自由贸易，还有更足令人称奇的，一般的人情风俗，完全和朝鲜内地一样，历史的实事，证明朝鲜的关系，我现在才得到证实，证明了伟大的中国，才真正是我们的祖国，现在已归到祖国怀抱里，我真愉快极了。

我现在已呼吸到了自由空气，目前我脑海中所期望的只有望着切身的爱护和指导，去打倒日本军阀复兴韩国。

（原载于《力行季刊》第3卷第1期，1945年）

# 朝鲜青年的琴声

覃子豪

在东京最被轻视的人是朝鲜人……其次就是中国人了。

我住在东中野一个下宿社的时候，楼上就住着一个朝鲜青年。

同住了三个月的光景，我始终没有和这个朝鲜青年见过一面。因为：他一早就出去，总是到黄昏的时候才回来；到七八点钟的时候，又出去了。他好像是一个神秘的人物，不肯露面。

每天到黄昏的时候，他就要唱歌。他的歌底内容我是不了解的；而歌的悲哀的节奏，却容易触动人的感情。当他的歌声从窗户飘扬出来的时候，我总是静静地倾听：那歌是慷慨而悲凉，婉转而凄怆：激动起我内心无穷的感触，我知道他是悲哀的，这悲哀非亡国青年所可了解。

每天晚饭之后，我有在附近郊外散步的习惯；我是非到灯火点点的时候，是不回家的。自从我听惯这歌声之后，我总是在灯光未明就提前回来了。

一天，我回来还在杉木林中踱着步，听见手风琴的声音，我惊喜地随着这声音走回来；然后，我意外地知道这声音就是从朝鲜青年窗户里流出来的，这窗户是楼窗的缘故，看不见朝鲜青年。电灯虽然着了，而他的屋子仍是一片黑暗。

我就坐在一颗树根下静听，我的感情随着音波底颤动，想像着朝鲜青年孤独的悲哀的形影。

以后，每天黄昏或者晚上，我总是听着他的歌声或者是琴声。为了好奇心，很想同他作一个朋友；可是，始终没有见过他究竟是怎样的一个人。我想：他是喜欢孤独的罢？想到这里，就不愿去叩这异国青年的门。

一天早上，我到盥洗室去洗脸，看见一个非常美丽的年青的女郎，穿着一件白毛哔叽的短大衣；那短大衣前面绣着一条金色的龙，颜色灿烂，吸引力甚大。那女郎颜面是明净的，头发柔和得发亮，走路时，风度极潇洒，一只手拿着一个绸布袋，一只手拿着一束鲜艳的玫瑰，她从我的身傍走过，上楼去了。

这女郎在顷刻之间，给我的印象极深，她的姿影，一刻没停地占据我的思想有好几个钟头的时间。

下女来收拾我的房间时，我问她刚才到楼上去的那个女郎是谁。

她说：是金样的朋友。

“金样是谁呢？”我问。

“你没有看见过？”

“没有看见。”

“那个朝鲜人。”

“啊！那个朝鲜人。”我心头说着。

“他的女朋友很漂亮呢！”我向下女说。

“很漂亮吗？”肥胖的下女笑了；笑得眼睛都闭拢了。

“那个女郎是能干的：会作西装，会弹钢琴，会跳舞，会刺绣。”她继续说着。

“她是金样的爱人吗？”

“是的。”

“她也是朝鲜人吗？”

“她是日本人，每一个礼拜天她都要来看金样。”

“作什么的呢？”

“在家政学校作教师。”

“金样呢？”

“金样是大学生。”

下女知道我很喜欢看那位女郎，每当那位女郎来的时候，她就飞跑到我屋里来，叫我出去看。

这女郎一来之后，就同朝鲜青年一同出去，我想像着他们不是到公园里去，就是到电影院去。

一个礼拜天下午，我回来得很早，还没有走到宿舍的门口，就听到手风琴声的声音，里面夹着女人的歌声。那歌是清脆的，日本最流行的歌剧。这无疑的是朝鲜青年同他爱人底合奏。

我回到屋子里，很困倦的倒在藤椅上，足就放在桌上，头朝天花板仰着，听楼上送下来的音乐。

宿舍里很静，人都出去了。一点其他声音都没有，只有琴声和歌声，被窗外的微风送来又送去。

歌声是婉转的，一点悲哀的成份也没有，他们唱到夜深，我听到夜深，太疲倦的原故，不知什么时候睡去。

又是一个礼拜天，我和一个朋友在新宿武藏野馆，去看日本和德国一个导演合制的一个新片，名为《新土》。那个女郎就坐在离我们有两排座位的前面。她仍然是那样美丽，仍然穿着一件绣有金龙的白色短大衣；她旁边是一个穿学生装的青年，我看不见这青年底面貌，我心头想：他就是那一个朝鲜青年罢？借解小便之故，为了想看看这朝鲜青年，特地绕道打从他面前经过。我看见朝鲜青年底面影：朝鲜青年的面貌是英俊的，眉浓、眼大，坚毅的眼神中，有着浓厚的忧愁，头发有些弯曲。

我把这个朝鲜青年的事情，告诉这个朋友，这个朋友说：他常常看见那青年，他说是明治大学的学生。据说学校当局和警察很注意他。

《新土》这个片子是描写一个日本留德学生，在去德国之前，爱上一个聪明伶俐的女郎。以后，这青年到德国去之后，又爱上了一个德国女郎；并且在德国结了婚。当这个青年学成归国，就和这个德国女郎一同回到日本。他以前的爱人知道消息后，非常悲哀。饰这个主角，是日本最佳的女明星原节子，演技极佳，使多少看电影的妇女都流眼泪了。那个朝鲜青年的爱人也在用手帕擦眼睛。日本许多电影，只有这一部比较成功；可是，后面有个到“满洲”来开垦“新土”的尾巴，这完全是画蛇添足。

这后面的意思，给中国和朝鲜的青年有着很深的感触。

东京的秋天最容易过去：几夜的风雨，吹去了半月的时光，我为了送一个朋友返国，去横滨耽搁了三天。

从横滨回来的头一晚上，我没有听见朝鲜青年的歌声、琴声；我望望他的窗户，窗户是紧闭着的；那天晚上没有听见他回来。

第三天，从下女口中知道朝鲜青年被捕了，被捕的原因不明。

这消息使我颤栗，我凝视墙壁，好像就看见那个英俊的朝鲜青年在忍受着拷刑。

“他的爱人呢？来过吗？”我问下女。

“自从被捕以后，没有来过。”

“他的行李还在吗？”

“在楼上，警察来检查过一次。”

“我可以看看他的屋子吗？”我完全被好奇心驱使着。

下女点点头，带我到楼上去，用钥打开了房门。

我走进去，看见东西很整齐地摆着：一架书，政治、经济、文学书籍都有。

壁上挂着朝鲜青年自己的像片，对面就是他爱人的像片；是放大的半身像。“好美的姿影啊!”我心头说着。我觉得他们的像片,挂在这个小屋子里有无边的寂寞。

手风琴在书架上发出闪光,也哑然无声了。

我从楼上下来;一面走,一面想着:朝鲜青年究竟为了什么呢?什么时候能够回来呢?

在那宿舍里,我住了半年,一直没有看见他回来。

(原载于《东京回忆散记》,南风出版社,1945 年)

# 祝朝鲜复国的回顾

邹鲁

朝鲜立国，自箕子以来，已经有了数千年。她对日本很多功劳，因日本能够有文化，最初系由朝鲜传去的。但是日本狼子野心，终成为朝鲜的大敌，因日本假借扶植朝鲜独立的美名，使她脱离了中国的关系，卒于一九一〇年并入日本的版图。

我和朝鲜的关系，已有四十年了。当前请我在南方从事革命运动之初，就有一位朝鲜朋友来参加，姓名叫做金凡斋。他说："朝鲜革命要能成功，先要中国革命成功。因为这个缘故，所以我来参加了中国革命运动。"金凡斋同志很忠实，我有许多秘密文物，都是交给他保管。许多消息都由他传达，尤其他是穿的朝鲜古代衣冠，更不怕有人会怀疑他。金同志也是陈英士先生很亲密的朋友。我那时虽然还没有见过陈先生，但陈先生的一切情形，金同志会详细告诉我。同时我的一切情形，金同志也会详细的报告陈先生。因此，我和陈先生便发生了很深厚的神交。武昌起义以后，我任广东北伐军兵站总监，统率着先头部队北上，到了上海的时候，所有行军必需的房屋用具等件，陈先生都派人替我办得妥妥当当，我一点气力都没有用过，这完全是金同志事前联系的结果。光复以后，金同志在广东省政府任顾问职。在他未做顾问以前，他的用费，多是由我供给的，等到他做了顾问以后，也曾向我借过一次钱；但是过了不久，他拿着一张契纸来见我说："已往我曾用过你很多钱，我知道还钱给你，你是不收的。现在，我代汝在朝鲜金刚山买了一块参田，这张就是参田的契纸，我将来把该田产参，每年送给你，该田就是汝的产业。"以后，金同志每年都有参送给我。我还没有到过朝鲜，而我竟有了田产在朝鲜，这真是一个趣事。

从此以后，我和朝鲜人的往还就很多，对于朝鲜复国问题便很注意。民国十二年，我奉孙国父命，创办国立广东大学，就广事招收安南、台湾尤其是朝鲜的青年入学，不惟入学试验予以便利，并予以免费待遇，且供给衣服书籍，志在鼓励朝鲜等青年多多入学，养成朝鲜多些复国人才。孙国父逝世以后，我虽然离开了学校，但也常常听见某位朝鲜学生如何活动，或某位朝鲜学生如何返国参加革命运动而殉难的情形。

民国十八年，我环游世界二十九国回来，深感国内政情动荡不定，就到日本休养。在那个时候，看到一本黄炎培先生所著有关朝鲜的书，盛言日本统治朝鲜的政治优良，并说到朝鲜教育工业农业如何的发达，民生如何的安适。我觉得很奇怪，计划前往朝鲜亲作个实地考察。恰好中东路事件发生，中俄两国战发，于是我就决定了经朝鲜返东三省的旅程，俾便考证黄炎培先生书内所说的实在性。当我征蹄一踏上了釜山，便被我发见了另是一个非人的社会，我曾作诗二首以纪实说："屋矮天宽月更明，纤毫照见故民情。皮枯骨立精神惫，隐隐如闻惨痛声。沿街习地坐衣冠，尽是遗民卖物摊。不少中邦文物集，伤心犹得见余残。"旋乘着釜京火车，望京城而进，我常常由窗口望出去，处处呈现凄惨荒凉，目不忍睹。我曾写五古一篇："车从釜山发，北向京城行。沿途见民舍，最足动我情。东斜复西倒，荒荒杂棘荆。茅茨殊不治，四壁涂泥成。宽广不数尺，支持乏一楹。萧条空无物，乱草肆纵横。牛马同寝处，鸡鴽共杯羹。山河难信美，居者不聊生。禾麦离离实，耕者不得烹（古时烹谷持作饭，烹字本此）。此情一何惨，哀哉亡国民。"照此看来，我写的和黄炎培先生所写的恰恰成了相反的记载，黄先生的材料，究竟根据何处，我怀疑了很久，后来看到黄先生的序文，到朝鲜时，一切都受日本人的招待，他的书多取材该地的图书馆，黄先生想游览或参观一个地方，都是由日本人带引。这样，我始恍然大悟黄先生所以不能看到当时朝鲜亡国人民的实在情形。

火车到了京城，乘兴游览各地，感想多，诗成亦多，现录八首于次：

河山依旧主人非，剩有残宫映落晖。阅尽兴亡多感慨，不堪公子赋来归。（《京城晚眺》）

故宫禾黍不胜哀，无复红颜笑面开。莫问当年歌舞地，双双麋鹿向人来。（《游动物园，园在故昌庆宫之一部》）

昌庆仍标旧日名，森罗万品自纵横。眼中尽是伤心物，故国年期总注明。（《游博物馆亦在故昌庆宫专藏朝鲜古物者》）

一自夷氛布满城，中邦正朔已频更。苍茫独立桥头望，此水犹传汉字名。（《汉江桥上望汉江》）

极目营屯满野坡，中分骑步炮工辎。森严壁垒张威焰，不是韩师是日师。（《观野外军营》）

又闻博览会场开，水陆敷陈万品材。忽忆当年奇耻在，满蒙物产附韩台。（《九月日本在京城开朝鲜博览会，日本前开博览会将吾国东三省及蒙古物用满蒙物产名义与朝鲜台湾并列》）

共昌共学复同化，甘言几令世同情。如何壮徒老满壑，闾巷不闻弦诵声。（《内韩同化共昌同学乃日本在朝鲜之宣传语》）

卖国人皆恨完用，诩荣偏写博文诗。谓他人父今方众，那有闲情再痛伊。（《京城旅次，见李完用自书伊藤博文赠诗》，原诗云"人生百事百难期，白首相逢亦一奇。三十年前君寄否，松荫门下读书时"）。

我于游完京城，再赴平壤言谒箕子陵。当我未到箕子陵前，深恨日本高压朝鲜人民的手段，但是我到了箕子陵后，看见附近森森的树木，和雄壮的地势，知道朝鲜人民爱护箕子，所以能保护他的陵墓，我却不期然而然的，寄以朝鲜必能复兴的期望。当时我曾草一长诗纪感，原文于左：

来游箕子国，特谒箕子陵。商周盛衰早陈迹，此陵郁郁犹峣嶒。大同江水蜿蜒绕，牡丹山峰苍翠凝。佳山佳水善呵护，三千年后我来登。升阶再拜多感慨，茫茫对此阅废兴。此国文化实肇创，至今人犹箕圣称。中间独立几朝代，属附史乘相因仍。三十年前尚一国，今竟失统得人凌。牛马奴隶供驱策，箕圣有灵应式凭。井泉犹涌，箕林气正腾。愿汲箕井水，遍将腥秽澄。君不见环陵万木长且密，覆荫此陵此国千秋万世无终绝。

我自游过朝鲜，目击朝鲜人亡国的痛苦实情，扶助朝鲜独立运动的热情，也就随着增高。所以到了民国二十年我重长中大时，更多方设法鼓励朝鲜青年入学，专请一位姓李的朝鲜同志担任助教，负责朝鲜学生的招收事宜。有一次，医学院有一位朝鲜学生，被日本领事馆派人秘密掳去，我亲赴日领馆交涉，要求释放，日领馆不承认有此事。我再赴英国领事馆交涉（因日领馆设在沙面英租界），该朝鲜学生始得恢复自由。但据该学生言："日人要我供出在广州的朝鲜革命党人及运动情形，我不肯说出，于是日人用橡皮做的大棒来打我（用皮棒打人无伤，但能骨节变动致死）。迫我要说出，我却始终忍痛拒绝。现我虽释放出来，我的身体已受了伤，幸而校长迅速来救，虽伤仍可医治，否则，若再迟延，那真难免有性命的危险了。"当时我主持西南政务委员会，凡来广东的朝鲜党人与其所组织的党部皆予以接济，所以朝鲜党人及学生在广东实不少。

卢沟桥事件后，我国揭起数千年来所未曾有的神圣抗战义旗。朝鲜党人和朝鲜学生，不是回朝鲜做工作就加入我们的抗战阵营，卒以促成日本无条件投降，我国抗战得到最后胜利，朝鲜复国运动随而成功。当此吾党中央党部招待韩国临时政府同人并庆祝朝鲜复国运动成功的今天，朝鲜全国人民及全中国人民都很快活，我是数十年和朝鲜有密切关系的，其快活更不言可喻，因撰本文，以当祝词。

[原载于《中央日报》(重庆)1945 年 10 月 25 日]

国家出版基金项目
NATIONAL PUBLICATION FOUNDATION

国家社科基金重大项目结项成果

“十四五”国家重点出版物出版规划项目

二十世纪东亚抗日叙事文献整理与研究丛书

丛书主编——牛林杰

# 文学编·散文卷 III

分卷主编——金 刚 孙正盛

山东大学出版社
SHANDONG UNIVERSITY PRESS
·济南·

**图书在版编目(CIP)数据**

二十世纪东亚抗日叙事文献整理与研究丛书. 文学编. 散文卷. Ⅲ / 牛林杰主编；金刚，孙正盛分卷主编. 济南：山东大学出版社，2025. 8. -- ISBN 978-7-5607-9011-4

Ⅰ. K152；I310.6

中国国家版本馆 CIP 数据核字第 2025SW4991 号

策划编辑　张铭芳
责任编辑　朱若翌
文案编辑　郭之瑾
封面设计　卡古鸟设计

**二十世纪东亚抗日叙事文献整理与研究丛书·文学编·散文卷Ⅲ**

ERSHI SHIJI DONGYA KANGRI XUSHI WENXIAN ZHENGLI YU YANJIU CONGSHU · WENXUEBIAN · SANWENJUAN Ⅲ

出版发行　山东大学出版社
社　　址　山东省济南市山大南路 20 号
邮政编码　250100
发行热线　(0531)88363008
经　　销　新华书店
印　　刷　山东新华印务有限公司
规　　格　720 毫米×1000 毫米　1/16
　　　　　77.5 印张　1393 千字
版　　次　2025 年 8 月第 1 版
印　　次　2025 年 8 月第 1 次印刷
定　　价　450.00 元(散文卷全 3 卷)

# 目录

## 1946 年



## 1947 年

## 1948 年



## 1949 年及以后

# 1946年

# 送鹿地荣归

夏衍

抗战胜利之后，从重庆经过南京回上海，遇到的许多日本人常常问起鹿地亘这个名字了，这件事使我感到讽刺，也颇有些感慨，人类难道真是这样愚蠢，一定要到国破家亡的时候，才能回过头来将昨天的卖国贼认为明天的救世主么？

报上说，鹿地亘就在这几天可以回日本了，他的新职是麦克亚瑟元帅的政治顾问，那么他的这次归国，应该可以说是荣归了，虽则他还穿着那套破旧了的西装，虽则他的两鬓已经斑白，虽则他的故国已经毁灭到不可复识，可是，一个人屹然峙立，在法西斯的暴风中战斗了十一年，而终于目击了压迫他的那些暴君和制度的覆没，他应该是可以得到安慰了。

一九三五年秋，我在鲁迅先生的书斋里第一次遇见他。以前也曾读过他不少的文章，可是和他前期的那些晦涩而又锋芒的论文比较起来，他的细长多纹的眼睛，老是梦想着什么似的神色，在生客面前拘谨局促的态度，觉得为文与为人的印象是不一致的。经过了二二六、三一五的暴风之后，他混在一个走江湖的戏班子里经过朝鲜东北来到上海，可是上海这个地方对于他似乎也并不比日本安全。他蛰伏在北四川路底的一家小楼上，经过鲁迅先生的帮助，做些翻译的工作；这之后我们接触的机会便增多了，在当时，他看中国的新文艺作品还很费力，见面的时候常常替他解决一些文字技术上的困难，他的态度是沉默而忧郁的，有时候谈到日本的文坛，详论到一些人物和当时日本文坛的争论，或者回忆到一九二七年前后的往事，他的那双有特征的蒙着一层雾似的瞳子，就会骤然的发出光来。我觉得他是一个偏重感性而富于理想的人，这和我的过分执拗于现实近处的见解常常格格不入。在日本文艺界他有不少的“敌人”，从“特等席”的林房雄到村山知义之类，可是对于那些当时被迫搁笔、沉默的文坛前辈，如藤森成吉和秋田雨雀先生，却流露了深长的像一个私塾弟子对于他敬爱的师长一般的爱情。他衷心的敬爱着鲁迅先生,以能够成为一个他的及门弟子为骄矜,不时忧虑他的安全和康健,他的那种希望中国文艺工作者能够分劳一些先生的工作,能够减轻一点先生的烦虑的好意,从他的一颦一叹之间也可以感觉到的。

一天天恶化的中日关系,使他在北四川路一带也不能安居了,我们帮他秘密地迁居到旧法租界萨坡赛路孙施谊兄的家里。时局愈加险恶,环境愈加孤独,他和他共危难的伴侣池田幸子终日蛰居斗室,情绪一天天的焦躁起来,我们忙于抗战前夕的奔走,很少有和他们见面的时间。有一个时候池田病了,弄得他们愁穷交迫。鹿地是一个热爱他的祖国而又对日本民族的运命极有信心的人,这时候一个人旷野独行,眼望着日本被法西斯蒂独裁者们一天天地推向毁灭的危机,他们两个的寂寞和悲痛,即使在随便说笑的时候也可以想象得到的。

接着,卢沟桥的炮声响了,他不能再住在一个中国友人的家里,搬到美国籍的G先生家里,过了一阵再搬回北四川路,不几天上海战争爆发了,记不起那一天,大约八月下旬,日本法西斯追觅他非常紧迫,我在百忙中把他们夫妇托付给一位直到今天还不能发表他名字的朋友,这之间招致了一幕不小的悲剧喜剧,此后,他们便化妆逃到香港去了。

战争的第二年春我在广州,香港有几个木刻界朋友来告,他们的处境还是异常的危险。我们几个人写信到武汉去替他计划内迁,一直没有回信,可是忽然有一天傍晚我接到了一封陈辞修将军的电报,要我去香港接鹿地去武汉,我狂喜地跑到保安司令部的罗将军那边去取了联络,由军部派了一位副官,第二天秘密地乘火车到香港,在九龙贫民窟里的黄新波兄的家里找到了他,这时候他为了躲避日本人的注意,用药水染黄了头发,本来颜面轮廓已经颇有一点像欧洲人的他,粗看之下竟很像一个葡萄牙或者意大利籍的南欧人了。我们匆匆地计议了出走的方法,布置了他和某副官见面。第二天我陪池田整备了一点必需的行装,傍晚我叫了一辆的士,在约定的时间地点接他们上车,怕有人盯梢还在九龙的街上故意绕了一圈,在开车的五分钟前到尖沙嘴车站,那位副官先生早替我们订了一个头等车厢,平安无事地离开了这个不安的半岛。我还记得那时鹿地愉快地斜躺在舒适的车厢里抽着烟,忽然想起了什么似的对我说:

"今天是三一八,巴黎公社的纪念日!"

他到武汉之后不久,武汉外国战争就一天天的紧张起来,我们大家很忙,不常通讯,他参加了政治部的工作,他在"文协"的成立大会发表了演讲,这些消息我都是在报上看到的。从香港寄来的东京报上，报导着“国贼鹿地”的消息陆续出现了。在这期间，我曾把译出了的石川达三的《未死的兵》寄给他，希望知道他对于这本小说的意见。他很快写了长文的回信来，我把它译出来当作这本书的代序，那时候正是广州大轰炸的时节，我在翻译这封信的时候，邻居中弹倒毁，那份原稿还是后来从灰土中重新找出来的。

此后三年，我在桂林，他也从长沙撤退下来，暂在这个地方工作，我感觉到他的工作上的苦闷，为了不愿意增加当局对他的疑虑，我们见面的机会更少了，经过了几年的锻炼，他的白发渐渐的增加，他的情绪渐渐的沉静而踏实了，偶然也谈些文艺上的问题，可是实际工作使他不能不考虑得更多更远，于是他常常笑着说：”不干文艺，现在是政治家了。”

但这也终于不过是一句笑话，他的意思也不过是对于别人太把他看作政治家的自嘲罢了，他和我们同时代的知识分子一样，不是一个职业的政治家，他的气质永远是一个文人。以一个颇有一些洁癖而又感情偏重的人，要他对付内内外外的那种杂乱错综的政治环境，我背后常常觉得这是很残酷的，可是他在逆流中背着穷，背着病，背着那样重的责任和那样难的环境，终于咬着牙熬过来了。我想起了昆仑关之战时的情景，在他优秀的报告文学《我们七个人》中所写的心境，是悲壮的。他们战地归来，我在桂林乐群社的客舍里遇见了他，为了减轻他对于一个战友阵亡的悲痛，我望着他草绿色的军服，强笑地对他说：“不干政治，你现在是将军了。”

此后，他去重庆，我去香港。一九四一年春，再在渝郊赖家桥的乡间邂逅，匆匆数语之后，他说：“我去把我的一个连队带来。”我愣住了，望着他，他笑着说：“我的连队是池田和两个孩子，晓晓已经四岁了。”

我从别的朋友口中知道了他这几年间的遭际，环境似乎是一直很困难的。一个不能容身于自己的祖国而想在抗战的中国做一个有利于日本人民自由解放之工作的坦直的知识分子被夹在中国的政治斗争中间，对于任何一件小事发表一点意见也可能招致常识之外的猜忌与误会，这种猜忌误会累积起来，不仅可能影响到他自己的工作，而且甚至会使[影响]他在这些困难的年月中辛勤撑持过来的反战同盟的朋友们的安全，他的心[辛]劳与苦难是可以想象的。纸烟抽得愈多，食指和中指熏成了焦黑，生活的重担压着他，大概还是在香港做的那套西服也已经褪色而增添了修补的痕迹了。晓晓满口四川土话，这次在上海不幸坠楼夭折了的男孩子正在襁褓之中，夫妇相对的时候忧郁气氛更浓厚了。可是这一切不是没有代价的，他像海里淘金子似的在俘虏群中发见了纠集了不少真挚勇敢的同志，从转弯抹角的实际工作中学会了对付环境和保卫工作的本领。他渐渐的懂得了真实的中国，由于他的努力所造成的不是谣言所可推翻的成绩终于也使他一步一步地获得了展开工作的机会。他的文章写得更通俗，他的见解——特别是对于太平洋战争之后的日本国内情势的分析与观察，也变成更切实更深刻更有独到的见地了。他应陈辞修将军之约到过宜昌，在最前线上展开了瓦解敌军士气的工作，美国中印缅战区总部移到重庆之后，因为他的意见渐次地获得了盟军心理作战部的重视，连带地使他在中国的环境改善起来，要不是有这种机遇，一个不懂得中国官场心理而又始终被顽固分子用有色眼镜来猜疑的人，恐怕即使在战争胜利，日本法西斯军阀崩溃了之后的今天，也还不可能以一个自由人的资格荣归到他热爱的日本吧。到上海就遭遇到他次男坠楼的不幸，我觉得没有话可以安慰他和池田的伤痛，我不想在他荣归中增添一朵花，我更不想在他直到今天也许依然很微妙的环境中增添一点烦扰，因为一位尊敬的友人告诉我，他的身边还是有人“保护”着的。

战后的日本需要他，我猜想昨天骂他卖国贼的日本人会像欢迎一个凯旋将军一般的欢迎他，我可以体会到他今天的感慨与兴奋，我可以想象得到他对于祖国、战友，和茫然自失的在饥饿线上彷徨的日本人民的向往。鹿地和池田，我作为一个患难中的朋友祝福你〖们〗的荣归，希望你们能够在更自由的环境中放手地展开你为人民服务尽瘁的工作。带着伤残的心而来；带着忧劳、白发、光荣、壮志，和新的希望而去。外谚说，“患难之中识朋友，战败之军善学习”，在中国十一年，中国最大多数的人民始终是支持你的友人，你虽则没有战败，可是，这十一年间的坎坷和颠踬，你一定会觉得这学习是毕生最可贵的经验的。昨天看《改造日报》，你在座谈会上说：“可以说很忙吧，可是经得起打击，所以身体是康健的。”鹿地兄，凭着这一份斗志，再准备在为日本人民而战的斗争中去经受打击吧。为一个民族的运命而战，改造一个民族的性格，路是崎岖而曲折的。请你以我们的失败、挣扎、自我改造作为教训，领导苦难的日本人民，为他们的一点一滴的利益而奋战吧。

在桂林，有一次杂谈中鹿地说过，在将来要写的《交游录》中要写到我，这句话在我重庆四德村的家里又说过一次，我不能到机场来给你送行，那么先让我写下这一点回忆，来作为我们十一年交游的一个小小的纪念吧。

（原载于《清明》创刊号，1946 年）

# 日本帝国主义与亚洲诸民族

[苏联]叶夫格尼亦夫
沉诸　译

日本侵略者崩溃了，这一个在半世纪多的时间中以侵略、暴力与抢掠的方式建立起来的广大的殖民帝国，以及日本帝国主义者以其大东亚共荣圈的形式建立的“新秩序”与征服全世界的荒谬计划一同破灭了。

但是现在还存在着许多事实，证明负责战争与签立无条件投降书的日本统治阶层非但仍旧执掌着政权，而且对于向其他民族进行军事侵略、殖民地掠夺与□□等等的观念仍旧继续不断地企图作种种辩护的尝试。日本仍旧保留着反动和黩武国家的甲胄。所以在这种情形之下的日本，它仍旧是和平的潜在威胁。

联合国面临的任务很复杂，它应该根绝日本帝国主义基础和消灭那深入于国内的侵略思想。粉碎了的日本帝国主义者企图进行机动的挣扎，他们从前许多年来准备侵略的宣传的军火库中并没有放弃掉什么东西。他们的报纸和领袖们至今还是傲慢地声称，日本是为了亚洲诸民族的解放与独立而“奋斗”，此次这些计划之没有能实现，据说，并不是日本之过。

《读卖报知》在去年八月二十四日论到国家的未来的时候，写道：

“应该以中日两国人民为核心，而由亚洲其他各民族拥围在这核心的四周。”

这还是些亚洲的“核心”“圈”“领导”和“新秩序”等等的帝国主义老调。完全很清楚，日本帝国主义者并没有从他们这一次崩败的事实中作出什么结论，而且他们的报纸说，他们已经在梦想复仇了。这也与这一事实有关：日本统治阶层中没有发生过什么特别变动。继续掌握政权的仍旧是在许多年中感应和实行侵略的那些人物。有许多站在各式各样的旗帜之下活动的国家主义与法西斯主义的“会社”与“团体”继续在播种狭义的爱国主义和传布许多为侵略辩护与树立基础的“理论”。

对于这种抢掠思想的强盗性的“主义”必需加以检讨，因为这种思想至今还在“无条件投降的日本”国内流行。

大家知道，日本向来总是竭力把它向其他各民族进行的抢掠行动包上一层最华美的恶宣传的外衣。但是实际上，日本政策的“思想”的出发点总是带着公开的掠夺性与侵略性的。一九四〇年八月一日，日本政府公布了所谓《日本政策基本纲领》。他们宣布那号称“帝国的神圣的主义”的“八纮一宇”主义为这一政策的基础。“大东亚共荣圈”或者“大东亚新秩序”等都是从这里直接产生出来的。

“八纮一宇”这一句话直译出来的意思就是“八个屋角容在一个屋顶之下”，实际上的意思就是“全宇宙容在日本帝国主义的铁蹄之下”。日本人自己也是这样讨论这一个主义的。

一九四二年十一月号《远东联盟》杂志上有一篇以《复兴昭和时代》为题的文章曾经这样解释过“八纮一宇”的意思：

> “这主义的意思就是日本天皇从古代起就俯允传布日本国家制度于全世界的天皇之路，基本的目的是想使日本天皇成为全世界的天皇。”

日本帝国主义者把他们从前扩张势力到亚洲大陆上去的企图看做是实现“八纮一宇”和建立“大东亚共荣圈”的准备。

日本民众就受着这种精神的熏陶。应该指出，日本征服世界的思想并不是最近的发明。差不多在一百年以前，这种思想就已经在武士道中间产生。在明治维新(1867—1868)之前，日本有许多政治家就已经开始扩大宣传日本侵略亚洲大陆。当时日本有一个政治家叫佐藤的，在他的一部著作中写道：

> “我们的神国是全世界各国的基本，因为它立国比地球上任何一国都早。所以，如果有一天能够在各方面顺利地扩大这一基础，就可以把全世界变成郡县，而把各国的统治者变成我们的附庸。”

佐藤建议，实现这些计划，应自满洲开始，因为这样就可以将来进而征服中国……暹罗和印度。

甚至于当日本还没有解除不平等条约而在政治、军事、经济各方面都很软弱的时候，就已经提出这一类的计划。后来，武士道们说话更是肆无忌惮了。一九〇四年十月二十日，日本有一个名叫东水的教授在《外交评论》杂志上写道：

> “……在第一次战争中，我们达到贝加尔就够了，之后在第二次战争

中，我们将在乌拉尔升起我们的旗帜和让我们的马在伏尔加河中饮水。”

一九二七年田中义一所写的恶名昭著的征服世界的秘密奏折实际上不过是重复从前的掠夺思想而已。侵略思想在“自由主义”内阁和“联合”政府与“战时”政府时代依然在日本保存和培养。

侵略思想在日本向来是宣传得很广的，他们把这种思想从学生时代就向青年们的头脑中灌输。一九四二年十二月，日本出版了一本以“父子”对话的形式写成的坂[版]本的《儿童大东亚地理》，印数很大。该书以通俗的形式向儿童说明“大东亚共荣圈”的性质，叙述它的富源以及它对于日本的意义。

> 父亲问孩子们知道不知道什么是大东亚，孩子们同声回答道：
>
> “知道，爸爸！包括亚细亚洲东部、南洋群岛、澳大利亚和新西兰在内的领土称为大东亚。”
>
> “不错，知道得好清楚。”“爸爸”称赞了一声，接着加以补充：
>
> “假使我们现在看看地图，那末大东亚将是西比利亚东部、满洲国、日本、中华民国、法属安南、泰国，此外还有日本军队占领的新领土——马来半岛、缅甸、菲列宾、□罗洲、西里伯、爪哇、澳大利亚、新西兰和印度。”
>
> “嚯，那这领土可大呀！”“孩子”们喊道。
>
> “嗯，这是一个很大的圈。”“爸爸”自满地作结论道。

有好几百个经济研究所，会社和团体专门研究日本未来侵略的目标，筹划在政治、经济和文化各方面控制占领地的计划。日本的书业市场上，关于这一类书多得汗牛充栋。杂志报章也发表无数关于这“圈”的论文。在地图部分出现了响亮的名称：“大东亚共荣圈地图”“南部共荣圈地图”等等。并且还组织了“地理政治学会”，该会的主持人中有前任首相阿部和前交通大臣长井柳太郎。

一九四二年，设立了一个特别机关，名叫“大东亚建设会议”。领导该“会议”的是首相东条。参加该议会的有近八十多名日本的大资本家与政治家，其中有：有田八郎、菅原银次郎、津岛、大谷、町田、阿部、前田、中岛、松本、小原、石渡等。这些人物中，有许多人非但没有下台，而且至今还继续在日本政治与经济生活中起着领导的作用。

一九四二年底，东条内阁设立了所谓“大东亚省”。这一省是执掌日军占领区内的一切政治与经济活动的，它派遣外交代表到各占领区去，和各占领区缔结“条约”与“协定”。

“大东亚共荣圈”难道只局限于日本军阀们的胃口吗？何况他们的胃口是

大得无限的。最最“节食”的军阀简直指明，“共荣圈”的界限应该看日本帝国的威力而决定，所以没有预先确定任何界限的必要。在政府官员的公开的发言中，尤其是在一九四二年日本第七十九届议会中发表的演说中，归入“共荣圈”的国家计有日本、中国、满洲（即当时的伪满洲国——编者注）、泰国、马来亚、菲列宾、荷属东印度、缅甸、澳大利亚、新西兰和印度。在报章杂志与单行本，曾经广泛地讨论过把苏维埃联邦的领土也归入“共荣圈”的问题。当希特勒德国毁约进攻苏联之后一星期，一九四一年六月二十九日《国民》报写道：

“假使把苏联，近东和非洲都归入轴心国势力圈，那末德国和意大利没有理由不承认日本在印度、澳大利亚、伊朗、伊拉克、沙地亚剌伯和乌拉尔以东的苏联领土等地的势力。”

法西斯报纸《日本》在一九四一年七月九日把范围扩展得更大：

“日本国防前线在北方应该从卡拉海通到乌拉尔山脉和里海，再下去到高加索与古的斯坦山脉、波斯湾，通过沙地亚剌伯，直到南方的亚丁。这一国防线的建立，对于大东亚共荣圈国家集团的生存是非常重要的。”

北库页岛之日本石油开采公司有一个职员在一九四二年出版的《北萨哈林岛》一书中写道：

“……大东亚共荣圈的疆域除日本、满洲和中国是主要的基地外，在南方还包括——菲列宾、荷属东印度、澳大利亚、法属安南、泰国、缅甸、印度、在北方包括——东部西比利亚的全部，至于苏属库页岛、苏联沿海区以及堪察加等则更不必说了。”

许多作者还把新喀里多尼亚岛、铁木尔、阿留申和夏威夷群岛等都归入“共荣圈”内。照这种说法，共荣圈的区域将占全球面积的四分之一或甚至三分之一。“共荣圈”内的人口数量也视作者胃口的大小而伸缩于五万万与十一万万之间。

为了想把日本看做“世界的心脏”，一个日本“学者”把零度的子午线搬到京都城的位置上，再依次计算其余的经度，另外一个日本学者则用菊花的形式绘制了一张世界地图，这花的中心部分是日本。

一九四二年二月中，大本营海军情报部主任提议改变海洋的名称，把马来亚、爪哇、苏门答腊、澳大利亚和菲列宾附近的海洋称为“大东亚海”，把鄂霍沃克海称为“北日本海”，把千岛群岛和小笠原群岛之间的海洋称为“东日本海”，而小笠原群岛与琉球群岛间的海洋则称为“南日本海”。

日本帝国主义者幻想把苏维埃远东也变成它的殖民地。在庆应义塾俄文系的入系指南中说研究俄文的需要是“为了领导俄罗斯”!

日本报纸的政论家武藤在一九四二年出版的《世界之未来》一书内写道:

> “……西伯利亚——是天然的日本的□□。如果以为胜利地完遂了这些战争以后,获得了统治南洋各国的资源以后,我们就可以实现共荣圈的意念,那末未免是太近视的想法。只有在南方共荣圈之外,再□之以北方共荣圈的完成,那时才可以说大东亚规模的共荣圈已告实现……在北方有……阒[杳]无人迹的西比利亚大地、沿海区以及北部库页岛。想到了这一切,我们就不能不感到遗憾,因为日本虽然获得了光辉的胜利,但我们仍旧没有使这些区域划入我国版图……这就是为什么我们急于要北进的原故。”

“焦急”的侵略者很耐心,很澈底地在几十年中准备了抢掠俄罗斯的领土。日本是东方侵略的老巢,是苏联远东疆土的和平的破坏者。苏联人民对于日本有一篇“特别账目”。而这篇账目现在还没有清偿。

历史把“共荣圈”的理论家和抢掠行为的实践家送上了必然的道路。日本帝国主义遭受了惨败。这显示了亚洲人民生活上一个新时代的开始,这在亚洲人民的面前打开了一个和平发展的前途,复兴民族、政治、经济和文化生活的前途。

大家知道,亚洲各国大部份是殖民地和附属国。它们的人民的水平和发展是不同的。但是他们都是从很早的时候起就已经用各种方式进行他们自决与独立的斗争了。菲列宾、印度、缅甸、荷属东印度、朝鲜、安南——在所有这许多国家中,都在进行民族解放运动。日本帝国主义者非常灵活和不择手段地利用东亚各民族这种独立运动的趋势。在准备太平洋战争时期和战争时期,他们用“解除亚洲诸民族的殖民地束缚”的口号在殖民地和附属国大事宣传,企图用这种方法来把这些民族吸引到自己方面去。当然,他们并没有向这些民族说,将给他们带来比了原有的殖民地榨取更苦的榨取。

这种宣传使抢掠者夺取亚洲和南太平洋中的广大领土时显得非常容易。除了菲列宾之外,日本人几乎国有受到当地居民的抵抗。这些殖民地和附属国的民族在政治上没有地位,在经济上受到残酷的榨取,他们不愿只为了□全从前的殖民地政权和从前的压迫而和盟国共同作战。日本帝国主义者当然根本没有想“解放”亚洲诸民族。他们显出是贪欲的帝国主义压榨者。

日本的经济学家写了许多关于“共荣圈计划”的书。实际上,占领者的全部政策就是疯狂的抢掠。如果日本为弥补一九四三——九四四年的国家预算而有计划地从占领国中掠取了七百二十亿日元的话，那末在一九四四——九四五年的预算中此项总数已达二千五百二十亿日元了。

日本侵略者为了想建立一个强大的殖民帝国，他们把“共荣圈”内的国家都变成了日本的农业和原料供应地。“大东亚建设委员会”在一九四二年七月就议决了日本本国应以百分之四十的人民从事农业经济，日本的殖民地——百分之八十，而南方各国——是百分之九十。

日本在“共荣圈”内的经营政策曝露出日本帝国主义者是亚洲人民的死敌。黩武主义的日本的破灭，同时也宣告了亚洲“新秩序”的末日。

但是日本侵略者的被逐出“共荣圈”又替现在提出了许多新的复杂的问题。我们已经说过，日本国内的极端爱国主义的宣传并未停止。在那些刚从日本占领下解放出来是[的]国家里，这也没有停止。无数的日本侨民仍旧是它的奉行者。现在，日本崩溃后，日本人努力设法滞留在中国、高丽、台湾、印度支那及其他的地区，以保存他们在那儿的根据地。同盟社在签署投降书之后还号召日本侨民留居在高丽和台湾，因为日本人在那儿建立了巩固的“政治、经济和文化的基础”。在荷属东印度还留有“不及投降”的日本军队。大家也都知道，协约国占领当局在它们监督下的，名义上解放的区域内常常保存了旧的日本的殖民地的行政制度。例如，在印度支那，协约国司令部甚至利用了日本人来镇压当地的民族运动和恢复警务“秩序”。

太平洋战争的经验昭示我们，没有民族、政治、经济和文化之发展权利的不自由不独立的殖民地国家是日本侵略者最易猎取的目的物。所以，就国际安全的观点来看，如果东亚和东南亚洲的殖民地与属国的状况仍不加以改善，前途确是可悲的。

某些拥有殖民地和属地的国家，看到战争给自己带来的变化，大声宣布说愿意对自己的殖民地和属国施以更进步的政策。然而从日本桎梏下解放出来的“共荣圈”中的各国情况却仍旧是动荡不定和使人失望。

法国政府在一九四五年三月曾宣布改变对印度支那的政策。照法国政府的意见，安南应该获得某些自治权，在法兰西共和国制宪会议的选举中也允许有安南代表的参加。就此，可见法国仍企图保持它对安南的统治权。据外国通信社的报道，法国政府的这种意见完全不受人支持。法国的殖民政策遭受当地居民的坚决反对。

再举一个例子：美国国会于一九四四年通过了一九四六年六月以前赋与菲列宾以完全独立权的议案。然而，某些美国人现在已经在菲列宾缺乏适当的经济基础的借口下，反对该项决议之实现了。这种新的论调是因为菲列宾的经济在经过日本占领之后有了新的变化而起的。战前菲列宾糖产的百分之八十是运往美国的。糖是菲列宾经济的基础。而从事制糖工业的美国企业家就是第一个赞助菲列宾独立的人，以便尽速用尖锐的围墙来限制过分廉价的菲列宾糖。日本占领菲列宾之后，大部份的糖产地都被消毁了：日本人计划将菲列宾变成棉花的基地而不是产糖地。所以，先前害怕对手的美国制糖企业家对于菲列宾的独立问题也不再感觉兴趣了。这就是为什么美国国内又强调起菲列宾获得独立的时机尚未“成熟”的原因。

菲列宾人知道，如果菲列滨[宾]的经济仍旧依赖于美国，那末它的政治独立也将成为泡影。

在整个复杂的环境中，菲列宾问题还不是最混乱、最困难的问题。英国殖民地的事件闹得更尖锐。英国政府甚至对于印度的独立问题，迄无任何诚意的表示，而缅甸、新加坡以及其他从日本占领下解放出来的英国殖民地的情形更是毫无希望，英国政府允许将来给缅甸以自治领的地位。照缅甸总督史米资宣称，该地将不再“恢复旧制度”，但临时立法会议的普选要直到“不晚于”一九四八年十二月才能举行，在这以前，照外国报纸说，缅甸将保留英国的行政制度。据外国报纸报道，缅甸人均不满于此种诺言，他们提出了自己的愿望，要求普选制宪会议而不是立法会议，要求起草将来的缅甸宪法。

至于香港和九龙的问题，据去年八月廿五日蒋介石将军称，将以中英外交谈判的方法来解决。英国议院所举行的讨论表示了英国仍有保留这块香港殖民地和九十九年的租借九龙的意思。

讲到英国政府对于远东殖民地的态度，那末，去年八月廿四日阿特里在众院回答邱吉尔的质问时就很明显地表示了。邱吉尔问：

“阁下是否记得，英国政府在许多场合中早已明示它对于远东英国殖民地的统治权不愿作任何改变？”

阿特里首相说他已注意及此。

因此，除了某些笼统的宣言外，对于那些从日本侵略下解放出来的殖民地和属国的未来制度还没有采取任何实际的步骤。而公正地要求民族自决和民族独立的这些国家里的人民，则总一切地等待着问题的解决。

在如此的情形下，我们不能相信日本的威胁业已完全和澈底地解除。亚洲人民只有在根本剔除了日本帝国主义的社会经济基础时，才能永远避免日本帝国主义侵略的危险。

这对于在日本国内施行适当的政策密切有关。然而迄今为止，任何根绝日本黩武主义统治，扑灭极端爱国主义宣传，消灭军事经济的潜力，首先是——军火工业——日本侵略基础的工作都没有执行。

这也关连着对那些从日本占领下解放出来的殖民地与属国所施的政策问题，在反对日本人“大亚洲主义”宣传，或任何其他谎言时，应该不是用空洞的宣言，而是以具体的，促进殖民地人民之文化、经济和各方面的发展，使他们能迅速获得民族独立权利的方策来与之对立。

联合国是可能运用一切方法在适合国际安全法的精神下来积极协助亚洲民族的复兴以确保全世界利益的。

这将使目前亚洲殖民地的人民变成伟大民主国家的宝贵而平等的盟友，这也是澈底消灭日本帝国主义，防止日本侵略的任何新企图的有效的保证。

（原载于《时代》第3期，1946年）

# 临别书怀

[日本]鹿地亘

日本民主主义作家鹿地亘先生，八年来为反对日本军阀的侵略战争，活跃在我们的前方与后方，与我们的军民同志共尝了辛劳，已经为我们熟知的事了。这次闻鹿地先生应麦帅司令部之聘，由重庆来上海，转道返国，当临行之际，二十日于上海公开发表此文，充分流露着浓厚的友情，我们愿这友情永恒地流荡在东亚，为中国，为日本，为全世界的和平与幸福。

亲爱的中国朋友们！

长期盘据东亚，造成一切不幸之源泉的日本军部，已经被打倒了。现在被解放出来的日本人民，从战争的废墟中走向民主日本再建的战斗，正涌着湃澎的高潮。我们为了献身于此战斗之故，今日已得贵国政府之同意与援助，行将归国，不胜喜悦之至。

当此行将离别之际，我们谨向蒋主席及贵国政府表示谢忱。感谢在此八年来的深厚的援助与庇护，及给予我们参加光荣的东亚解放战争的机会。同时对八年来如兄弟似的共尝艰苦的军民大众的深厚友谊，更永远不能忘记。对诸位为和平自由而奋斗所获得的大成果，我们衷心表示敬佩。

我们感觉无上喜悦的是归返祖国，可以将我们的友谊报告给我那七千万的同胞。这种友谊将是东亚反动势力所最恐惧的，也是长期向被日本军部遮断而争回来的，并且这友谊还将为我们两大民族间永远的友情，为东亚和平自由与幸福而互助的基石。八年前我们曾把日本人民的这种友情传达给诸位，现在我们又可把与日本人民共生死而斗争的诸位的友谊带回祖国去了。我们将来在和平民主的建设中，要永远把这战斗中的友谊，慎重的培养起来。我们感觉无上光荣的是归返祖国之日，可以把亲眼所见的诸君的那伟大的奋斗事实告诉给他们。

我们在一九三二年，于日本人革命同志之间所传述的“伟大的中国民族”这话，现在依然清晰记得，并且我们在斗争中更确实的看到诸位是伟大的民族。这种伟大的地方，即远东的反动统治者——就连日本军部也算在内——也是不能来左右的，不但未能凌驾这伟大的民族，却陷入崩溃的命运中。诸位真的完成了人类的任务，成了东亚和平与自由的保护人。因此我们将来对诸位更不能不关怀，因为我们在战争中，已经知道了一个大民族的命运，其幸与不幸并不仅止于自身的关系，实在关系全东亚民族的命运，并且人类的命运也受着大的影响，我们学得了这大的教训。

我们确信诸位既已完成了伟大的抗战胜利，一定能在这基础上为了远东的和平与民主，更能完成这伟大民族的使命。

现在我们正与我七千万日本人民刮目以视诸位在英明的蒋主席领导之下，团结一致，和平建国的伟大奋斗，我们在拍着手欢迎。

最后，我们更感觉无上欣慰的，是在此八年间诸位从抗战中所得到的教训，我们可以把他传送给我们七千万的同胞，以贡献于今后日本人民的奋斗。

诸位的奋斗实在是坚忍不拔，此坚忍不拔之精神，正是成功事业的力量，在亚细亚政治上军事上一切落伍条件下，对抗一切具有优越条件的侵略者，八年如一日，终能与全世界爱好和平国家共同完成今日之成果，这实是前述的坚忍不拔的力量所致。今天我们日本人，实可从此获得一个伟大的教训。

日本军部的势力被打倒了，长期间把日本人民置于奴隶境遇，束缚着的铁锁被打碎了，日本人民为了贡献全人类的和平与幸福，一定要建设一个新的民主日本。然而这并不是件简单易举的事，我们必须对亚细亚的一切落伍条件充分觉醒，东亚的人民，以至日本人民是在长期间饱受了世界上最反动的最野蛮的统治阶级的蹂躏而来，由于反法西斯同盟诸国，今天，日本人民以及全世界的人民，幸运的得到了解放的时代。但是法西斯的势力现在尚残存着，窥俟复活的机会。

试看日本军投降以后上台的东久迩内阁，及现在的币原内阁，他们完全是以民主的伪装，来蒙混同盟国的耳目，企图继续反动支配阶级的政治，可说他们没有一件措置是自动的为人民利益打算的，他们此辈，是在七千万日本人民大众陷于饥寒苦痛之时，还提出几百亿巨额国费来保障大财阀利润之徒。

诸位八年来的不掘[屈]不挠的奋斗，在这奋斗中鼓舞了日本人民作最后努力的教训，正如诸位自立抗战是救中国救东亚一样，日本人民自己起来奋斗，日本人民才开始得在保障人类和平的联合国中获得位置的唯一保障。

亲爱的中国朋友们！临别之际谨祝诸位健康！为了光荣的东亚解放，为了民主与和平，我们的友情将日益加深，并且这友情将更形坚固。

英明的领袖蒋主席万岁！

中日两民族和平提携万岁！

全世界和平与民主大联合万岁！

（原载于《导报》第10期，1946年）

# 偃武修文

马公愚

日本自战败后，全国上下，应该有一种觉悟，即并吞中国是不可能的事。从前军阀们，鼓励国民欺负中国，仇恨中国，达到侵略中国的目的，所谓“应惩支那”，已经得到“赫赫战果”了。现在是另一时期了，真是所谓的“偃武修文”的时代，凡是梦想以武力侵略他人的国家，结果必定是得到毁灭，这是天经地义，只有以仁义忠恕之道，与世界各个民族和睦相处，才是立国之道。日本与中国是同文同种兄弟之邦，历史的关系很密切，日本的文化，除了现代科学外，一切都是中国的文化，日本家庭陈设和生活习惯，是中国的古风，很可爱，一进日本人的家庭，仿佛是游览唐宋人的家庭，令人有悠然之感，凡年纪大的人，或对汉学有研究兴趣的日本人，多无藐视仇恨中国的人的态度，和他们做朋友，多很亲切，因为他们对中国的文化有相当的认识。只有年壮的军人，对于中国人，往往不以人类相待，因为他们受军阀的教育宣传，早已养成仇视中国人的心理，现在军阀已经下场了，日本的文化人，应该出来，努力负责，改造日本的命运，第一件重要的事便是和中国人切实的提携，衷心的亲善，互相尊敬，互相帮助，这八年残酷的战争里，凡是日军的占领区内常常听见“中日提携”的口号，不过那是用枪尖来宣传的，所得的结果，不问可知。现在是中日两民族真正合作的机会，因为世界各民族，多愿联合团结，避免战争的残酷，在这时代里，日本与中国因为同文同种的关系，应当格外相亲相爱，视同一家之人，中日之在东方，正如英美之在西方，有不可分离之势，欲达到此目的，非从文化方面切实努力合作不可，中国和日本的文化人，都应该负起这新时代的重大责任。

（原载于《导报》第 10 期，1946 年）

# 高丽姑娘

郑燕

"东洋姑娘，东洋姑娘……"

在北四川路上，一到晚间，那些"掮客"们到处钉在行路人后面喊着。

这条街道是富有神秘性的，电车铁轨蜿蜒的伏着像条蛇，一家家夜总会门前霓虹灯的招牌发出光彩像荡妇睒着她底眼睛，一阵阵流俗的爵士音乐从门缝里飘盈在气流，煽起着人们火般底热情。

酒吧女、吉普女郎，在这条路上轻盈的走着，会给路人送来了一阵温柔的香味；喝醉了的烂水手深夜在街心唱着歌；墙上电影院广告牌上那妖艳而有东方面型的玛丽蒙丹底脸对过路人在痴心的笑。

当在路上偶然发现一个东张西望踟蹰的男子汉伫留时，那一些鬼鬼祟祟的领路者，和着露出黠猾面容的黄包车夫，会包围了他；兜上去说："要到东洋堂子去么？"

他们会领着探艳的路人上几条横马路去，几条横马路里去虬江路和虬江支路的尤其多，在两条路上散布的顺兴里、积善里、新余里……是许多在流行周刊上时常披露底秘窟所在地。

憧憬着东洋底风光——玲珑的灯笼、垂下来的珠帘、香炉、三味线、像蝴蝶一样穿着和服，高髻上插着精致象牙梳的姑娘；在一家贸易公司做职员的文俊就是这样底一个，他是爱阅十二开本流行底周刊，这些周刊上很多记着北四川路底艳屑，他每常上办公室前，总在报摊上买了一份，在乘电车时有趣兴的看着它。

他看到周报上关于记载东洋秘窟的记事，使他动了心，有天在领到薪水后，五时公司停止办公时，他并不像往常一样返家，在路上荡了一回马路，他在四川路上一家弄堂饭店里叫着几样菜，喝了几杯高粱酒，酒精从他胃肠被吸收到血液里，燃烧的使血管里血流加速的循环着，他感到全身温暖起来，在天色暗下来时，他付了帐[账]，在马路上看看商店橱窗里摆出的样品。

晚风微微的吹过他有些发烧的脸，他走过了四川路桥，桥下的街亮着盏盏的路灯，在行人道上，他走过了没有十几家门面，在一家玻璃橱窗摆出出售饰物底典当前伫停了，他望着那强烈灯光下的各式牌子底手表，正在全神贯注的当口，蓦然背后响着声音

“东洋堂子去么？有漂亮的东洋姑娘！”

文俊受了一惊的反过身来，在灯光里出现是那样污秽的脸，显然是有着烟瘾的，他退后几步，在这样辉耀光亮的所在，他实在没有勇气去答应着，同这样肮脏的人物谈判着。

他自顾自的走着，过了海宁路有几家咖啡店播送出流行的歌曲，在马路上吉普车里开车底美国水兵挟着艳装的尤物飞驶过去，他看到这样，心里有些陶醉了。

经过了一家夜总会跳舞厅之后，他在黑暗里被几个“领港”的人包围住。

文俊鼓起了勇气，点了一下头，那一个穿黑衫裤的汉子会意地向前领着路。

这条虬江支路上开设着一家家酒吧间，门前是木制的窗棂，还是以前日本咖啡店的门面，虽然现在的老板是换了主人，从门缝里还看到一个个高丽姑娘在侑着酒，火车座里有人高声唱着浪曲。

文俊是跟着那汉子弯进一条狭巷里去，在横的一条支路底洋房前，那汉子在敲着门。

门开了，走上了扶梯，嘈杂的有几批游客等在房门口，他不愿意撞见着其他底猎奇客人，想中途退了下去，那领导的汉子怂恿着，引他到一间房间去，房间里的空洞洞的，只有一张床一只梳妆台和两只圆凳，墙上是新粉饰的，坐在里面，他很感到空虚似的难受。

一会儿，穿着不称身西装的窟主进来了，他是中国人，脸上带着邪猥的笑，招呼的拿出着香烟

“吸一口烟卷吧？”

文俊回绝了，接着三个姑娘跑了进来。

一个是穿着和服，面上扑着一层层厚粉，就是这样也遮掩不住有鸦片瘾的气色，这姑娘并没有笑，从她额上的皱纹看来，是上三十岁了，脸上留着阴郁的面色，像是老是过着阴天那样沉重。另一个穿着有背带围裙的洋服，身体臃肿得很，脸上发出青春腺过份分泌而产生的糜粒，矮而肥，从面型上看来好似属于一种痴呆类精神病患者。再有一个稚气地在笑，嘴里露出着金牙齿，在她的

指缝里生着寄生性的疥疮。

“是东洋女人？——”文俊故意地发问。

那窟主肩膀一耸：“当然瞒不过你这位先生。”说时他的手指着这一群可怜虫，“她们实在是朝鲜人。”

“你养着他们么？”

“这是拆帐[账]计算的，她们在下午二点来，一直到明天天亮，晚上是供给她们一顿饭。”说到这里，窟主以为自己的话会浪费着宝贵的时间，回到话题：“先生你选一个吧。”

他一把拖了那肥肿底女人：“就是这个吧。”

文俊摇了一下头，他心里汹涌起厌恶的情绪。

领路的在唠叨地说，说还有好的地方。

在暗黑的街上，文俊跟着那黑衣的汉子走，从一条弄堂走到那一条弄堂，都是狭湫肮脏贫民窟的房屋，他的幻梦是消失得很快，他跟着进去过的几家，不愿仔细再停留地退了出来，他心里不舒服地想：

“难道周刊上所渲染的，就是这地方么？”

他真没有想到，所说的“艳窟”就是这样的。起初，他甚至不相信这是他亲眼所看见的，弄堂里的水塘、垃圾、以及所发出的一种霉味的恶臭；就是路面也是高低不平的石子，他穿的皮鞋跟几次扳在石头上几乎跌交[跤]，敲开了妓院的门，有一家是上海特有的灶间，把它整理了一下用三夹板分隔了三间鸽笼里的小室，每 间里只能搁 张床，此外什么也没有，就是床外的空隙地方也只够一个子转身的地步，每一个小室里坐着一个姑娘，在微弱好似油灯光底光线下，出现在眼前幢幢的如同幽灵一样，她们虽都穿着和服，和服上的花彩色泽早已灰黯的了；这一些，如同疖疮里所排挤出来黄腻而带腥浊的脓汁，又像着天热起泡沫底霉绿死水里的孑孓，引起他饱实的胃，起着痉挛像要呕吐般难过。

“跑完了没有呢？”文俊恨恨的说，他的兴趣是低降下去。

“还有呢。”黑衣衫裤领路的回头说着。

他又跟着越过着旷场，在黑暗里有几个大汉在徘徊着，他不禁疑虑起来，“难道——”他想起新闻报纸上社会新闻记事中的劫案，心里像小鹿般跳着，像着怎样会领到这般鬼地方来呢。

“呃，慢慢……”他忍不住的喊了。

领路的懂得他的误会，回过头来低低的说：“这是妓院的望风，没有关系的；因为这些东洋堂子没有向警局领执照，怕引起麻烦，所以叫他们打招呼的。”

他又不能够退出去，硬着头皮的只好跟下去，转了二个弯，领港的回转头来说，“到了，在这里！”

这又是不能想象到的，在旷地上用芦席搭起的草棚，这真是少有这样简陋而丑恶的妓院呀，领路的在叫开门。

他跟到里面，就是这狭长的草棚，也同样分了几间，有一间门掩着，一个穿制服底汉子正手摸着斜横在床上高丽姑娘底胸脯，姑娘看见有客人来就把那个人的手推开，把胸前皱起的绒线衫拉了下来，接着装出笑容来。

“请进来。”那么凄然之笑。

穿制服的汉子也从室里闪出来。一面招呼着：“进去好了，我是没有关系的。”

文俊不好意思的，还是想退出来，刚走出门，看见几个穿制服的嘻嘻哈哈地挤进草棚里去，接着里面传出了淫浪的笑声。

“这几个姑娘苦了。”领路的汉子说着，“她们一天到晚倒有大半是应酬着这些不付钱的主顾，蹂躏过后就扬长而去。”

终于文俊在一家比较像样的东洋妓院里选了一个。

这挑中的姑娘是穿牡丹花的和服，虽说质料不好，可是由于新做的粗看上去还是五色缤粉的。她不怎样难看，也没有粗野的姿势。

那姑娘很娴静的一只手放在胸口，恭敬的鞠了一下躬，说着：“里面坐。”

“你能说中国话？”文俊奇讶起来了。

“是的，我在中国有五年多了。”她嫣然的一笑。

“你是高丽人吧，叫什么？”

“是的，我是朝鲜人，名字叫顺子。”

她的流利的中国话，引起文俊的好奇心，想不到在这地方会碰上了这样底一个姑娘的，他感到兴趣的问下去：

“你怎样会到中国来的呢？”

“那是五年前的事情了。”说时，她的声音有些发抖，“我是生长在朝鲜的，那朝鲜半岛的天气是多么明朗呀，可是我们恰是受了日本人的高压，在统制制度下透不过气来；那时，我是十六岁的好姑娘，才从初中出来穿着朝鲜服——上身穿的是短衫，腰间裹着一条鼓起的裙，胸脯前结着浅红色的麻布底花朵，二条花条飘着，谁不说我是漂亮的朝鲜姑娘呢。”

“在朝鲜大地主都是日人，我底一家生活租田耕耘所获不够养活家的，于是我看到那时新闻纸上，登着招募到大陆去的职业女性底广告，下面是说明着有一家在中国的日本公司，需要年青的少女前往做职员，待遇从优，并且注明着服务满三年后可以送返故乡，这时候，我年青无知，瞒着家里去报了名。”

“一天，出发了，同行的有三十几个女的，一到了中国，才知道上了当，这时候悔恨也是晚了，你知道他们把我这群没有自由底可怜的羔羊当什么？是当‘营妓’。”

“你知道‘营妓’是什么的？是被困在一间间的房间里，房门口是挂着数目字的招牌，里面的女人是没有姓名的，单是阿拉伯字底号码，我在里面是‘二十六’号，从下午开始，那些日本的士兵就排列了队，在门口等候，接着一个又一个，挨次的糟塌[蹋]我底身子，一直到夜，方才肯放松，这样的折磨，每天我的下身肿胀，耻骨发痛，在三年里，我像老上了十多岁。”

“实在我忍不下去，在三年前我毕竟偷逃出来，到另一个城市里，在一家日本人开的咖啡店里做女招待，这样直到日本败了，我以为我有出头的日子了，不料店铺闭门，我又无处可以寄身，于是只好投到这地方来。”

说时她的眼睛里旋着泪珠，接着她抑制了悲哀，又喃喃的说：“耽搁你时间了。”

接着她就开始卸装，肉体赤裸裸的露出来……

文俊呆在那里，面前是石膏像似的肉体，恰丝毫引不起他肉欲的感觉，他似乎做着噩梦，在这一个晚上，他似乎从实际的遭遇里底体验胜过他埋在书本读十年底书，他没有想到人类会这样的丑恶，这样的使一群可怜底儿女过着可怕没有阳光底日子。

他从北四川路回去时，已经是深夜了。

这条充满神秘的路上，盏盏的路灯像星星，照着他快走近四川路桥时，在后面又跟了一个衣衫褴褛的在低声喊着：

“东洋姑娘，东洋姑娘。”

（原载于《上海的秘密》，中国出版公司，1946年）

# 朝鲜姑娘

景宋

是搬到新房子之后不多几天的一个早晨，我们的囚室被打开，送来了一个年青的女性，穿着淡灰色驼毛大衣，里面西装、短裙，梳着一个木鱼式的圆髻，完全日本典型的装束和神情，宪兵们叫她什么子的日本名字，有时简称“东洋娘娘”，看起来非常之优待，大约处处要表示她是“东洋”的一路货，是特别属于他们所说的“神”的子孙吧，送手帕代用的棉纸，转眼又送热饭，送这送那，嘘寒问暖，颇像自己姊妹关在里面的待遇的神气。而她确也自视很高，首先，寻到我自备的被毡（自备的日里可以不拿走）上来取暖，大有喧宾夺主之状，而一到我们偷偷谈话，则又竖起耳朵在听，颇有间谍嫌疑。我们大家交换了眉传目语，立刻戒严起来，把自入女囚室以来的融洽气象消散净尽，因此度过一小时也觉难堪。而这位“东洋娘娘”却非常之娇嫩，左也不是，右也不妥的整天愁眉苦脸，实在熬不住了，我们向她谈话总不碍事了吧，小心之极的请教姓名，却原来满口的流利国语，不是以前所听到的日本话了。据说是朝鲜人，来上海做买卖的，共有九个人，连她丈夫也在内。货卖完了，换成“满洲”伪币带走，临上船的时候，就在她的伪装的隆起的肚皮上抄出来了全部货币，于是整批的人和七八件行李通通给带到宪兵队里来，现在人是分散着押，一个也会见不着。这，看来倒不怎么难过，首先向我们探听的，却是反复质问“拿去的东西会不会发还”，我们晓得这全部的款项恐怕难保的。然而为了缓和她不断的担忧，不断的痛哭，我们只得向她说：“听说开路的时候，什么东西都发还的。”她半信半疑地仍不时的哭，不是伤心被捕，丈夫一同受苦，而是伤心金钱的不会归还。

被拘的第二天清晨，她独自又在痛哭，非常之哀伤而持久，真是力竭声嘶，泪尽继之以血，如丧考妣似的。劝也劝不住，转瞬手却冰冷了，僵直了，变成昏厥状态。为了忧愁损失金钱而不惜拿命去并着葬送，这是不值得的，而这位“东洋娘娘”实即朝鲜姑娘却有这一副死劲。

我靠着囚栊喊:“先生,先生!”(这是每个囚徒被迫如此叫的)“哗啦哗啦,先生,先生。”这时宪兵一面表示不满一面踱步过来。

“东洋娘娘不好了,死过去了!”我说。

他连忙开开囚门,重而且硬直的身体,费了几个人的力气才把她拖起来。但是弄到外面去呼吸新鲜空气真不容易,好些时候才搬得到囚门口。我跳到地下,伏着身子,把她背到走廊的椅子上,给她烘火,给她按摩,痉挛的手指逐渐苏软,慢慢活转来,大家舒了一口气。宪兵的头脑是简单的,以为我心肠好,肯救人,或者以为我受训转变了,会拍东洋人马屁。自此对我另眼相看,个个都不时竖起指头称赞我,说:“许! 你心肠好。”但是他们哪里晓得,我却因为她是朝鲜人,是被他们灭了长久岁月的奴隶。虽然表面上口口声声“东洋娘娘”而当他们一不满意于她的时候,那种狺狺之状,我是看在眼里,抱着无限的同情,我以同情被压迫民族、不分畛域的心情来迎接她,这是我的真意,但何必向他们解释呢?

从此朝鲜姑娘对我们了解了许多,不搭架子,不装腔,告诉我们她姓金,丈夫姓李,但是日本人不许她们姓自己的姓,男的改为××郎了,一切完全日本化,和日本人一样的生活方式,不许有朝鲜原来的作风。

日本宪兵有意造成她的特殊高贵,新花样来了:早晚迫令我们排成一行,要立正,姿势稍差即遭呵斥。这时叫“东洋娘娘”来领队,喊口令,点名,搞七念三的一大通,然后才算了事。这时却苦了朝鲜姑娘,总是弯腰曲背,威风不起来。勉强的撑过去了,却遭来一大通“哗啦哗啦”的申斥。意思是说她应该严肃,应该表示出凶恶些,立些规矩的样子。而其实她哪里能够照办? 他们忘记了她已经从出生就被屈服,奴颜婢膝惯了,哪里学得像主子的神气! 因此苦恼了的倒更是她,而不是我们,我们无非每天多看两次导演在排戏。而朝鲜姑娘却每天在下台之后受不住委屈而哭泣。

在每天二次到天井运动的时候,导演们灵机一动,又叫出“东洋娘娘”去示范了。哪里晓得还是不行。首先姿势不直,其次是喊口号不会,再后是每个节目的先后也排不好。半途把她斥退,叫出奥里阿加来,人家是一向有训练的,纯熟,优美,真是一位好的体育教师。站在一旁的导演们不得不五体投地佩服了,更加觉得丢脸。因为他们原想叫“东洋娘娘”出来露脸的。而不知也还是不给挣回面子。没好气又向“东洋娘娘”泄愤了。意思是:“你看,人家是我们的敌人,看不起的敌人,却能够当场给我们颜色看,你太可恶了,太丢尽我们的脸了!”严肃而铁青的面孔向着那梨花带雨,憔悴不胜的软弱人儿,那朝鲜姑娘的屈辱,我们只有寄予同情,而更觉导演们的头脑简单,幼稚和强横,娇揉做作，终于没有建立起模范的威风。而一计二计的在我们眼前暴露出他们的浅薄，自大和狂妄。

阴历新年到了。纷纷传说许多人要开路，心境都在飘浮，活落，像惊秋的桐叶，感觉最是轻灵。同时又传来相反的消息：要把这批人留着过了年，让他们在新年中受些苦，好多多反省。

我也是被排在反省之列的一人，然而当时却一样在企求奇迹的到来。会不会突然叫到我的名字？大家在岁尾都紧张着，一天天，一时时，心在跳，面孔在发热，精神在焦躁。

大年初一到了，按下满腔高兴，接受着命运的安排。退而求其次，希望不出去也可以吃些比较丰盛的饮食。

早上，送来薄薄的一碗酸、焦臭、陈饭做的稀粥。“好的在中饭。”伙夫说。

中饭，还是薄薄的一碗酸、焦臭、陈饭煮的稀粥。“夜饭吃好的了。”伙夫又说。

夜饭，饿着肚子在急待，又是薄薄的一碗酸、焦臭、陈饭造的稀粥。这回伙夫一句话也不说的走了。这就是新年！特别安排给中国和外国人反省的新年。

[原载于《民主》(上海)第21—22期，1946年]

# 1947年

# 阿里朗

——抗战回忆之一

陈宏绪

深夜，望见窗外皎洁的明月，我想起了“阿里朗”。

在豫北，不也时常有着这样的月夜吗？在那时，我们是多么幽闲，多么舒适。每逢在清明的月夜里，我们会高兴地跑到沁水边，在那半里多长的桃林里，散着步，望着挂在树梢的月亮，听着沁水的低吟，我们高歌，我们狂呼……

记得一个飞着小雨的早晨，在丁秘书的房间里，第一次会见了这位异国朋友。在我脑海里，总以为他是一个高大的壮汉，却没有想到他是这样一个文弱的、像经不起风吹的书生。他干黄的面孔，瘦弱的身躯和蓬松的头发，便在我记忆里深深地生下了根。他用好像在颤动的手，写出了他的名字——李砺演。在那片碎纸头和半截铅笔蠕动下，表达出他要说而说不出的话来。我知道了他是一位韩国的革命战士，一位年青的诗人。

以后我俩便成了工作上的同志，住在同一个房间里。他的精神开始振作起来，看书、歌唱，并且帮我编那在前方感到唯一安慰和兴趣的报纸。他以他的聪明，渐渐地能够说中国话，而且开始写文章了。不到一个月，写了将近四十首的新诗，每天早上起床，便拉我到对面的山头上朗诵他的诗篇，我看到他面部的表情，听到他响亮的喉咙，和他两手的舞动，我笑了，“你这浪漫诗人，印象派诗人，未来派诗人，臭诗人……”于是他开始追赶我，当我绕道转下山去，他却又望着游动的白云，背诵他那美丽的诗句了。

他曾谈起歌德和悲愤；又谈起勃朗宁。他羡慕勃朗宁那副漂亮的面孔和弯曲的头发，他曾经两手抚弄着头，高兴的问我：“你看我像勃朗宁吗？”

一个清朗而燥热的天气，我们去沁水游泳。他一鼓气兴奋的由这岸浮到对岸，在对岸他赤着身子站在沙滩上唱起来。没想到，由于这次游泳，当天晚上发生了可怕的伤寒病。终日他呻吟在床上，不时还发出可怕的梦呓：“我要自杀。”病魔纠缠着他，在病中想起他留在故乡没有消息的母亲姐妹，以及受难的祖国，病中不知流过多少眼泪。整整的一个半月，他总算复元了，他高兴地说：“我没有死，我知道我不会死去，我看我祖国的沦亡，又看到中国的抗战，我不能白白地死去，要活着到中国的胜利，和祖国的独立。”

当他给别人打趣着的时候，常被人们开玩笑的喊着“高丽棒子”“亡国奴”。虽然是开玩笑，但在他受创的心中却不能不泛起一阵悲痛，终于他在半开玩笑半愤怒的表情下，伸起大拇指喊出了：“我是光荣的亡国奴！”

啊里朗！
啊里朗！
啊里朗岭要翻过。
青青天空星儿多，
我们生活太苦闷，太啰嗦！
啊里朗，
啊里朗！
门前肥土被抢光，
流浪漂泊为的什么？
绷紧肚带，忍着饥饿，
阿里朗岭总要翻过。
阿里朗岭竟是什么岭啊，
翻过来，走过去，总是泪落！
啊里朗！
……
……

歌声每天从山巅播送下来，送进每个人的耳鼓中，掀起了人们的同情，因此人们便亲热地喊他“啊里朗”了。

中条山的退却，他终于暴跳起来：“退到那里去？命令？命令不会前进！”他急得苍白着脸，呆站在院子里。最后还是没有办法，只好随我们气愤地渡过了黄河。

一个中秋节的晚上，我俩谈到深夜，第二天，我起程回到西安，他要我一个礼拜回去。他送我走出村子：“回来啊！我们希望一块儿待下去，共同看到中国的新生，去青岛，去烟台，去独立新生的大韩国！”我默默地点了点头，同时也深深地受了感动。

抱歉地，我永远没有回去。我走后的半个月，他便参加了他们为祖国独立而奋斗的伙伴，出发到太行山了，数年来都没有得到一点消息。

中国的抗日战争胜利了，韩国光复了，也许他随着那群青年的伙伴，高唱着《啊里朗》，渡过图们江，回到自己的故乡了罢！

年轻的诗人啊！“啊里朗”岭，你终于艰苦地翻了过去。

今夜，又是清澈的月夜，窗外，好像一个熟悉的歌喉传进我的耳朵，一个枯黄的面孔，瘦弱的身材又好像又晃在我的面前。

（原载于《雍华》第 2 期，1947 年）

# 活的传奇

——韩国人民英雄金贻荪

[苏联]Z.米洛夫
林达　译

非常多样的自然富源和有利的战略地位,很早就使韩国成为日本侵略者的一块肥肉。七十年以前,日本人强迫韩国订立奴隶的条约。而在一九一〇年的时候,日本并吞了整个韩国,把她变成为自己的殖民地。韩国从此便成了日本取给农业原料的附属地。白米,大豆,肉类,鱼类,棉花,生丝,铁矿,煤,黄金——所有这一切都输往日本去。日本人大事开发韩国的企业。他们并将韩国的公路和港口用作军事目的。

日本人以恐怖的手段维持他们的统治。他们称韩国为“朝晨安静的国家”(即“朝鲜”)。可是,韩国从没有安静过。争取韩国独立的斗士们虽然在监狱里受苦,但是没有屈服。在兼二浦的炼钢工人、咸平的工人、东北部的圹和农民渔夫,都为了自由而斗争。北面的山地里曾活跃过英勇的游击队。

在抵抗日本奴役者的斗争中,韩国人民推举了卓越的领袖,游击队首领金贻荪。人民唤他为张公——这是韩国传说中的英雄,他在决斗中战胜了所有的敌人和恶魔。

我和金贻荪面对面坐着,有那一些神话性的质素没有被人民的狂想加到他的身上!有人说他会飞上天,会遁入地,并且会隐身……

我向金贻荪说起这些事,我们两人全都笑了。突然他说:“你知道吗?起初,有人不肯承认我,说恐怕我是假的。”韩国北部临时人民委员会主席金贻荪看上去似乎很年青,事实上,他也只不过将近卅三岁。

……他就诞生在这里离韩国北部首都平壤六十五公里的一个农民的家里。很年青的时候,金贻荪便成为职业革命家。起初他在革命青年群中工作。后来当他到东北去求学的时候,日本占领者闯进了东北,他成为青年队的组织者和指挥者。他手下有一百名青年勇士,可是一支枪也没有。不过部队正如雪球一般的增长起来，过了一年，部队中已经有了一千名勇士，武装着从敌人那里缴来的良好的武装。后来又开始发展新的部队。到了统一指挥的时候，二十岁的金贻荪开始指挥三万之众的人民游击军。日本人为了他的头，悬赏五十万日圆，他们企图收买金贻荪，提议请他出任安东省省长。金贻荪是无法捕获的。为了想夺去人民给游击队的帮助，韩国的日本报纸以大字刊载着："著名匪首金贻荪毙命，韩国从此可高枕无忧。"可是金贻荪很快地证实了他还活着。日本人使用各种方法，从挑拨到毁谤，雇用刺客，进剿讨伐。重新在报纸上大书特书日本兵与游击队"英勇作战五小时"，并且说：金贻荪被俘而死，在东北及韩国的城里和乡下并曾堂皇地装运过"金贻荪的首级"……有七旅日本兵曾追剿金贻荪的部队，可是明眼的人民却保护着张公。

一九四六年二月，金贻荪被选为韩国北部临时人民委员会主席。人民的利益必需放在一切之上——这在韩国北部是大家都懂得的。最明显的证据便是迅速进行的土地改革。韩国的土地全部握在地主的手里，大多数的农民（百分之五十八）完全没有土地。

依照韩国北部的土地改革法，日本地主和民族叛徒的土地都被没收了。这些土地被六十八万二千名佃农以及没有土地或有少数土地的农民得去了。

无论我和什么人说话，到处听到感谢伟大的苏联解放军和临时人民委员会的言语。许多人不知道怎么样来表示充满在内心里的情绪。临时人民委员会改组后的一个月内，收到了三万封感谢信。

土地改革只是在韩国北部实行，但是韩国南部的土地问题是更尖锐，那里有百分之六十二的农民没有土地，那里的地主更多。但是美国当局支持下的韩国反动份子，坚决反对改革。韩国南部的农民都不耐地等待着什么时候从北方吹来新鲜的风。在很多县里，他们警告地主，说他们不打算付给租钱。

……朝鲜北部的农民大会曾经讨论过土地问题。大会闭幕的时候，那个曾在日本监狱中拘留过十九年的农民联盟领袖康金成（译音）致词称：

"人民的智慧说：父亲，是生养的人。教养的人，也是父亲。谁抚养，也是父亲。我们全体二千六百万人民，曾经求乞度日，奄奄待毙，是谁解放了我们？是史大林！就是说，他使我们复活，使我们再生；他也就是我们的父亲。谁帮助我们聚集在此地讨论和决定我们自己最重要的问题——土地问题？是史大林！他教育我们。所以他是我们的父亲。我们死亡和腐烂在监狱里，谁想到我们？谁同情我们？只有史大林！记着——人民的智慧是不会错误的：史大林——是我们三重的父亲！"

康金成一面说，一面泪水沿着他那布满皱纹的脸上流下来。大会的代表们都哭了。没有一个人隐藏这些眼泪，因为人们快乐的眼泪不是羞耻的。

我向金贻荪询问人民委员会最近的计划。

“人民委员会现在准备宪法的程序，首先是关于普遍的义务初级教育和劳工法。劳动问题是非常重要的。在日本人的时代，韩国工人要劳动十四至十六小时，规定给他们的工资要比日本人少。儿童也要工作十四至十六小时。在韩国北部，工人委员会掌握了大企业，并且已经开工。他们实行八小时工作制，禁止儿童做有害的生产劳动，提高工资。六十万人已经参加了职工会。此外，我们拟定了复兴工业和消除失业的计划，简单地说，就是肃清日本人多年统治的后果。”

临别时，金贻荪告诉我：

“我们在北部建立了坚强的统一阵线。在南部，绝大多数人民亦同样主张建立统一阵线，以反抗叛背国民责任和民主事业的叛徒。人民的眼睛明亮了，不论欺骗者穿什么衣服，他们都能识破。不是偶然的，当韩国南部的若干区域里冒险进行选举的时候，各个真正的民主的政党获得了全部的胜利。”

朝鲜北部在解放之后，开始进行国家、文化、经济的复兴。有三百多万人参加各民主政党和社会组织。仅是民主青年联盟，就联合了五十万青年。

管理国家的民主机关——人民委员会——是充分反映人民的利益和情绪的，该委员会中有六千九百五十九人参加工作，其中四分之三是无党无派的。我参观了委员会的热烈的活动。譬如：在巨大的工业中心地——凤山，学校里以民族的语言教育着一万九千名儿童和二千二百名成人；学校和民主青年联盟都在教育他们。从前没有一所医院，现在有九个医院在工作，并且还要开设五所市立的和工厂的医院。“自由艺术”剧团在韩国北部戏院竞赛中占第一位，以表演高尔基的戏剧获得成功。在韩国北部出版着将近四十种报纸。妇女联盟正在进行反对妓女的运动，因为那是侮辱妇女的人格和家庭的基础的。

这就是韩国北部的新生，所有这一切在韩国南部□法引起了少数嚣张的反动份子们发狂，他们不惜用一切方法进行破坏和分裂活动。可是黑暗的反动势力是无法使第一次感到自由与自主的那些有才干和爱好自由切□的韩国人民屈服的。

（原载于《时代》第 15 期，1947 年）

# 延安行[①]

[韩国]金台俊
郭建设　译

简介：本文作者金台俊于一九四四年十一月从汉城出发，一九四五年四月五日到达延安。日本投降（一九四五年八月十五日）后，金台俊于九月四日从延安返回，十一月下旬到达汉城。此文是作者对此次延安之行的记录。

## 第一部分：逃出记

### 第一章　动机

现在是一九四四年十一月，也是日本帝国主义向中国宣战（一九三七年七月七日）的第八年、英美对日宣战（一九四一年十二月八日）的第四年。日帝像病入膏肓的患者已没有任何胜算，只是垂死挣扎罢了。

朝鲜虽是日本的商品市场和金融市场，但未能从所售商品中获得多少收益。日本源源不断地掠夺走朝鲜的原材料和丰富的矿产资源，以及电力、粮食、金钱等。不仅如此，日本还以"挺身报国队"名义强征朝鲜儿女到战场送命。此外，日本还将朝鲜打造成军事基地，其用于侵略的大部分武器都在此制造。日本甚至将八十万人的"移民团""在乡军人团"移民到朝鲜，进行压迫和掠夺活动。而在朝鲜文化方面，日本更是采取毁灭性压迫措施，图谋消灭朝鲜语言。他们禁止使用朝鲜语记录朝鲜历史，禁止使用朝鲜姓名及朝鲜的风俗礼仪，甚至不允许信奉朝鲜自己的"神"。总之，所有一切都被强迫使用日本的。最后，日帝还要迫使朝鲜人民读"我是天皇的臣民"的誓词。

---

① 《延安行》韩文原版1947年初刊于《文学》杂志。本卷所收录中文文本系项目组根据《金台俊全集》（宝库社，1990年）翻译。——编者

在这样的暴风雨中，有的抗争斗士被逮捕，有的抗争运动被迫停止，不知未来该怎么办？

而“三一运动”时的急先锋们、兴士团和实业俱乐部、朝鲜语学会的主要人物等保守主义阵营最终都解散投降，组织被全面瓦解。

后来，日帝开始在语言上推进使用日语的所谓“国语普及运动”，宣扬朝日在历史上同宗，政治上对朝鲜人进行强征劳役和征兵，经济上要求朝鲜负责供应和配给。日帝疯狂发动太平洋战争的罪恶罄竹难书，在朝鲜民族历史上，如此受迫害和奴役绝无仅有。他们甚至把儒生集中到孔庙，诵念“中国亡，日帝兴”的祈愿文，向孔子祈祷。

在这样的白色恐怖下，为了朝鲜人民的利益、为了祖国的解放事业，仍有同志十年、二十年地坚持地下斗争，如朴宪永、李舟河、李观述等。另外还有“党重建团”“共产主义协会”“自由独立团”等几个运动团体相互支持，共同战斗。后来因居昌的崔氏、仁川崔氏、宁边白氏被捕，三个支部遭到破坏，共产主义协会、军事问题讨论会让我去中国共产党的首都延安，与金日成、武亭同志一起制定关于国内的军事对策。因为“南满”和西北一线多山，可以做为移动根据地；而北线农民有觉醒意识，可以利用这一有利条件开展游击战。再加上还有为了朝鲜人民的利益甘愿牺牲自我、英勇斗争的精锐分子，相信在他们的正确领导下，集合民众的力量一定能击退日帝。朝鲜民族的完全解放只能靠我们自己，因为坚信这一点，所以我决定离开祖国前往延安。

## 第二章 结婚

数年前我还在牢狱中时，老母亲、妻子和幼子相继离世。出狱后我心中强烈的复仇之念像燃烧的熊熊大火，我发誓不把日帝这一家国仇敌赶出东海绝不罢休。

家中还有两个二十多岁的女儿，分别嫁给了金同志和朴同志，这样也减轻了我的后顾之忧。

文学研究、历史研究、语言研究应是我们政府成立后要做的事情，所以我暂且把这些书籍装箱封存。现在，我看的书是《经济学 ABC》《国际共产主义》《战旗》《列宁选集》等。

我一直试图建立自己安稳的世界。但外面，日帝强迫朝鲜供应、配给、强征劳役和征兵，数千万兄弟姐妹的哭泣呐喊声敲击着我的耳朵，此时我如何还能埋头研究朝鲜文学或朝鲜历史？

在“保护研究所”，日帝命令我参拜神社、缴纳飞机募捐，并给他们的机关报《思想报国》写文章、使用日本姓名，以及不断胁迫我以日朝同宗论为基调写朝鲜历史。可这些要全部拒绝也并非易事。

日本走狗似乎嗅出什么气味，每天下午都会来我家转悠一趟。

汉城或地方的同志巧妙地相互取得联系。他们慕名找到我，不是讨论日帝强征劳役、征兵对策和组织间的统一问题，就是请求见最高领导人朴宪永同志。

许多秘密从事地下活动的同志都异口同声地说要找朴宪永同志。这是因为朴同志不仅拥有优秀的理论和丰富的实践经验，还勇于牺牲自我。所以大家一致拥护朴同志为朝鲜民族解放运动的最高领导人。

八月十五日日本投降后，也出现了许多革命家或民主主义者，但为什么那时候这样的人很稀有？那时，民族主义变节者在演讲中呼吁学兵去战场，右倾机会主义、社会民主主义、书斋派拒绝斗争，他们再没有“思想报国”之念。而善良的人民先驱要么被关在预防拘留所，要么被关在刑务所，转入地下斗争的人数并不多。

转入地下活动的同志们，他们在地方化身赶牛车夫、山间种田的农夫、工厂的工人，假扮货郎的同志担任联络员保持大家间的联系。他们为朝鲜的劳苦大众、为朝鲜的民族解放而一直坚持战斗。他们也在一直寻找最高领导人朴宪永。有传闻他去了海参崴，也有人说他去了延安。实际上，朴宪永同志在八月十五日日本投降前没有离开苦难中的朝鲜人民而逃往海外。后来才知道，他化名金成三，在全罗道光州的某个砖厂一边烧砖，一边与日帝斗争。

那时我也认为朴宪永同志或许去了延安。

当时刚好有一名女同志 P 某也在寻找朴宪永。

我与她因为同一事件被投入监狱，出狱没几天她来找我。令我吃惊的是，尽管 P 同志脸肿腿也肿，仍保持着旺盛的斗志。对于这样一位勇敢战斗的柔弱女子，我心中真是无比崇敬。之后经过数次接触，我对她的感情由尊敬变为爱慕。

我躲藏在 P 某家中。P 某去我家时发现京畿道警察部刑事团埋伏在我家企图抓捕我。P 某不顾自己刚出狱就把我藏在她家，所以受到家族的虐待，她的小侄子甚至用拳头打她。有身份不明的敌方特务在我藏身期间曾两次来探查。尽管 P 某已出狱，但她的身边仍然充满危险。

我告诉 P 某决定去延安，并邀请她同行，P 某同意了。就这样我与 P 某在没有任何结婚仪式的情况下结为夫妇，并秘密出发去延安。

## 第三章　地下运动

当时世界上有两个法西斯国家，西方是德国，东方是日本，他们已进入灭亡阶段，只剩下最后的疯狂。德日无视世界最强大的两个民主主义国家苏联和美国的尊严，颇有“初生牛犊不怕虎”的气势，挑衅美苏，并最终激怒美苏。而日美战争和苏德战争也引发了连锁反应，德国在斯大林格勒战役失败后，接连在乌克兰、波兰、罗马尼亚败退。每当听到日本在塞班战败和山本、古贺战死等这样的失败消息，朝鲜有良知的知识分子都欣喜若狂。日帝的走狗也从他们的报道中看出形势不乐观，开始为前路而哀鸣。

越来越多的人开始相信日本将败亡，且各地出现收到强征劳役和征兵令而逃跑的事情。在抱川，八名青年人袭击派出所，以抗争日帝的强征劳役；在大邱、清道等地也有青年拿起棍棒逃往山中；在平壤也发生了大暴动……形势很是混乱。

日本鬼子更加猜忌和怀疑，并加大搜查与监视。他们采用收买、笼络、威胁等手段，有良知的知识分子表面顺从，实际上并不配合他们。

今天，曾对日帝卑躬屈膝、忠实工作的张某之流应该向韩民党或李承晚做出解释；而尽心尽力协助日帝侵略谋私利的朴兴植、金承洙之流必需得到清算。

然而，仍有一批人为朝鲜人民一直在坚持战斗，他们就像灰烬中闪烁的火种，给黑夜带来光亮。

(1)K洞的吕先生找到玄俊赫、崔、李K、李T、金T等，提议成立朝鲜解放联盟或朝鲜人民委员会。由全、具、李、赵等同志组成的小组也经常出入吕先生家。我通过崔君知道了这个消息，还认识了他的朋友卞君。他们批判一九二五年的朝共行动纲领、十二月决议、九月决议和十月书信，并提出针对当前日帝强征劳役、征兵、供应、配给等制定具体的斗争方案。我将出刊的机关报写了创刊文章，寄给卞君。之后，全、崔、具三位同志被逮捕。

(2)成立于一九三九年的朝共重建京城党组织成员也重新开始了活动。最高领导人朴宪永仍然不知去向，但知道李观述同志由蔚山逃去了大田、李铉相和李胄相在前往庆南的途中被敌人发现又回到了大田。仁川的崔、河东的尹和赵及其朋友李采来、李采来的朋友黄同志都直接或间接保持联系。现在，仁川的崔同志在工厂被逮捕，采来被关押在城东警察署。

(3)以咸镜道的咸兴、元山为中心的泛太平洋红色工会的活动情况我不清楚。我曾找过崔、李、郑、高、崔、金等同志，也找过李舟河同志的去处，但没有找到。那时，李舟河同志隐藏在镇南浦。

(4)我见到了金一洙同志，他带来了李承烨同志办的机关报《自由与独立》。李承烨以清津、日岩为中心开展活动。金一洙与李、徐、金C、金T、金Y等同志一起创立了共产主义协会。该组织的活动场所在徐同志的弟妹李同志家，李同志当时还在监狱中。当时一名金姓同志探讨了组织的行动纲领等问题。该协会设有军事问题讨论会，此时决定由两名金姓同志去苏联，由我去延安。当时，该组织内的老同志也都在寻找朴宪永同志。

我决定去延安后，将卞同志、工人朴某介绍给龙山铁路局的金Y，并将与铉相同志的联络事宜也交给了金Y。

协会的S同志让我到延安时与国内使用暗语联络，所以要我筹集用于短波发报装置的费用。另外，我自身也没有路费，因此就去找了有良知的实业家朴同志。

但费用仍然不够。虽卖了房子也没剩下几个钱，于是我决定将近二十年收集的历史、文学方面的古书籍卖掉。我去找了有良知的富商洪某，拜托他两件事。

(1)我因为日本鬼子无法在此地生活，这些古籍两万元就可以出售。

(2)洪先生在中国待过很长时间，所以知道运输鸦片的秘密路线，请他告诉我这条路线。

就这样我把书托付给了洪富商，考虑走经过山海关的秘密通道。

恰好在西大门监狱当看守的赵同志带来了狱中张顺明同志的信和其他同志的消息。有一位从延安前往敌战区工作的沈同志出天津时被捕，从他那里我获知从敌战区前往八路军根据地的路线。在保护观察所，叛徒K某向我的新婚妻子P某表达求婚之意，遭到拒绝。他把P某叫出观察所进行威胁和恐吓。第二天，P某决定先离开汉城前往平安北道枇岘的金C家等我。恰好金C的妹妹要订婚，P某就陪伴金C妹妹先离开了汉城。

我为了取卖书的钱前往洪宅，但洪某有急事回老家新义州了。仁川的李S同志想通过正在假装住院的李G与我见一面，因为没有多余的时间只好作罢，第二天晚上我就离开了。

## 第四章　出发

此时正是十一月二十七日晚。通过在大学教书的金S同志的安排，我在寿松町李K同志家与我的女婿金Y见了一面。我与金S、金Y、李K和朱某四名同志告别，并互相激励。

金Y当时在大学医院中担任助手。我乔装改扮穿上日本鬼子的国防服，戴上国防帽，并佩戴有色眼镜，使用金Y的名帖，携带由大学前往新义州出差的命令；大皮包中还装有金Y使用的听诊器、注射器、若干药瓶及医学书籍。在金Y和金S的帮助下，我从李K家出来就完全变身为医生模样。

在日帝的压迫与掠夺下，钟路十字路口连路灯都没了踪影。黑夜像蒙面恶魔的手要遮住大地，阴森森的。

我坐车到达汉城车站，正好遇到京畿道警察部的走狗，他认识我。金Y临时想到一个办法，让我从后门进入车站，躲在候车室的角落里，看到北上的列车到站立即上去。

就此与金S、金Y分别。我把我的家族及P某的老母亲都托付给金Y。小女儿、老母亲霎时出现在我的脑海，顿觉脊背直冒冷汗，身体发僵。

北去的火车渐渐离开，同志们、同胞们、故国山川越来越远，我心绪难宁，几次落下了眼泪。为了忘记这离别愁绪，我强迫自己睡觉。

火车经过平壤、清川江，到达孟中里时，无限的乡愁再次涌上心头。由孟中里向北百余里，那里有我的老父亲、亲戚、同志、知己，还有养育我的山川，我与他们进行了无言的告别。尤其是郑、崔、申、金、白等年轻同志一直在云山、宁边等地英勇战斗，他们的形象清晰地浮现在我的脑海，我像犯了大罪一样内心羞愧。他们待我如亲人，而我却丢下他们独自离开。

火车过了定州，上来两名所谓移动警察队的日帝走狗。他们注意到了我，并不断朝我看。我正看着报纸，他们走到我身边用日语问：

“我是警察，姓名？”

“金Y。”

“有名帖吗？”

我递上写有京城帝大医学部助手金Y的名帖、医学部出差命令、大学图书馆阅览证、大学助手的身份证明。

出差命令上写有“汉药资料搜集调查研究所派遣前去新义州出差”的字样。警察走狗便不再怀疑，他们又打开我的包查看，里面是注射器、听诊器、药瓶和医学书籍。

他们没有继续盘查，终于平安通过。度过此次危险关口，真是如释重负，感觉像去掉背上芒刺一样轻松。

火车到达枇岘，我下车前往居住在山中的金C家。

金C家中有甲乙丙丁四兄弟。金C甲曾是京城大学学生，参加过泛太平洋红色工会活动，受一九三七年元山铁路局事件牵连而被捕，后因呼吸疾病而出狱。他的弟弟金C丙专科毕业后，在京城某钢铁厂找到一份工作。他在工作期间发展了许多名同志，建立工人组织。他还参与元山泛太平洋红色工会组织活动及朝共重建、京城党组织等，是最勇敢的斗士。一九四一年，金C丙被铁路署逮捕遭严刑拷打而牺牲，是朝鲜独立运动史上有名的英雄人物。

金C甲的另两个兄弟、两个姐妹、父母及其夫人都有强烈的爱国情感。因P某是金C亲友，所以与其妹妹一起离开汉城提前来到这里等我。当她看到我平安到达，激动得热泪盈眶。

金C家是真正的革命家庭，北国的冬天寒风呼啸，大雪纷飞，但在这样的革命之家感受到的是温暖和其乐融融。

我与金C家人围坐一起，彻夜长谈无产阶级运动中的"插曲"。天亮时我就将踏上行程，金C甲的父亲询问我要去哪里？他可能从我们的异常行色中，有所猜测。我微笑着说去新义州，老人要求亲自护送我们离开，我无法拒绝。P某乘坐火车由枇岘前往新义州。我为了避开移动警察的眼线所以步行离开。金C甲向我讲述李舟河同志领导下的泛太平洋红色工会组织活动情况、自己与C丙的斗争史，以及他们家族的苦难故事。我与P某在新义州车站前的约定地点会合，C甲的父亲笑着说："我大体能猜到你们要去的地方。"他很激动，祈愿我们能平安到达。

## 第五章　鸭绿江

时隔多年，我再次走在新义州的街头，没有售卖物品的商业街很是萧条。踏上新义州的土地，我首先想到的是生活在昌城的汉学家文昌洙老先生。他因拒绝使用日本姓名和供应日帝粮食，以及鼓动学生不要参加征兵而获罪被捕。老先生在宁边裁判所抗辩道："日本人掠夺别人的国土和财物，连人也要被抓去送死吗？"后被判刑一年，现正在新义州监狱里奄奄一息。文老先生不畏强权、敢于抗争的男子气概浮现在我的脑海里，我找到了前行的榜样和力量。

我们夫妇找到荣町洪氏家。洪先生正在照顾生病的幼子，看到我们来非常高兴。

从汉城来了长途电话，终于等来了我们想要的消息。有人要买我的书，并把钱随后转给我的家人。洪先生在奉天和天津各有一个兄弟负责公司业务，他说事先已通过适当的方式向他两兄弟打过招呼，他们会给予援助。因为一人携带现金不得超过两百元以上，所以其余费用中途再补充。

我俩每人收到了两百元，洪先生对冒险旅程有丰富的经验，他真心祝愿我们“成功穿过山海关”。

我俩从洪先生家中出来，在陌生的街道上踽踽前行，鸭绿江横拦前方，江水滚滚远去。

鸭绿江曾是远东最大国家高句丽的发祥地。它无言地流淌着，见证了数千年的历史变幻。江水千年不变，人间万物焉能不变？高句丽灭亡后，无数爱国者出离愤怒，泪流不止；韩国灭亡后，无数仁人志士突破日本鬼子的监视网，探索救亡之路。

我扪心自问：“我是爱国者吗？”朝鲜人民正被日本鬼子压迫和掠夺，此时我没有与他们一起生死与共，与敌人进行最后的战斗，而是为了自身安全离开，这样的人算什么爱国者？我极度否定自己，那些在监狱或地下斗争的同志似浮现在鸭绿江宽阔的江面上，一一呈现在我眼前。海鸥在江面上翻飞，不时传来叫声，对于我们夫妇来说没有什么特别感受。

接着要过鸭绿江大桥。税务官、警察站在两边，监视着来来往往的人。等我们经过时，因为没有行李就简单查看了一下。问我们去哪里？我一边拿出医师证、大学助手证和注射针、听诊器等证据，一边说我是大学医师金 Y，来新义州出差，今晚去丹东一趟，吃过饭就返回。他们没有再问，就这样我们顺利通过鸭绿江到达丹东车站，并坐上了去往奉天的火车。

## 第六章　在奉天见到洪青年

在奉天，我们投宿在新义州洪先生弟弟洪 K 家中。洪先生早就通过电话特意交代他的侄子洪 C 积极资助我们路费。洪先生的真诚援助，此恩情铭记于心。此外，洪 K 和洪 C 还给予我们周到细致的照顾，竟让我一时忘了走在悬崖绝壁上的胆战心惊。对于他们，我心里真是充满了感激之情。洪氏家族与流落在满洲的其他同胞不同，他们有很深的爱国情怀，并竭尽全力帮助爱国运动者。对于一个人的逃亡，他们竟然发动如此多隐秘的慈善家，并为此做出牺牲。世界上自高自大毫无廉耻的所谓小英雄们，在他们面前犹如不知反省的井底之蛙。

我与洪 K 去了趟北市场。据说我们离开不久，日方官员将市场四周围住，将市场内的所有人抓到大卡车上运走，这些人将被运到北海道的某个山中挖煤。而我们只是提前 30 分钟去了市场，这个“偶然”的运气真是帮了大忙。洪 K 给我们准备了一切旅行用品和费用，他让我们首先去兴城找一位叫边 S 的人，他会告诉我们过山海关的方法。

离开奉天车站时，洪 C 来与我们送行。他外貌清秀，是个单纯的富家公子，他还戏言我们夫妇的蜜月旅行真是极浪漫。洪C喜欢文学，他和我的妻子P某长时间谈论文学作品中的爱国亡命客。P某讲了俄国作家屠格涅夫作品《前夜》中的女主人公爱上了一个亡命青年，并为了那青年的祖国保加利亚的民族解放而献身。她还津津有味地讲述了居里夫人的故事。

我们到锦州下了车。因为锦州多有八路军活动，日寇在此设了旅行禁止区。

我们在锦州下车后先乘坐马车在市区转了一圈，以记住锦州的地理环境和建筑物。我们扮作锦州本地人坐上一辆前往兴城的车。因为如果是生活在锦州的本地人，去兴城无需旅行证。

在锦州车站，有两名日本军人检查车票，其中有一个鬼子盯着我们看，很是奇怪。

"你们在锦州哪里住？"

"锦州×街 ×号。"

"警察署在哪个地方？"

"锦州×街 ×号。"

回答完若干个问题后，我们终于平安虎口脱险。

## 第七章　兴城的同胞们

洪K介绍的边S家是兴城一霸。

边S利用长子是日本宪兵翻译的身份专干欺压欺诈之事，他将软弱的中国农民投入监狱，再收钱放人，并高价倒卖旅行证，是满洲地区典型的恶霸流氓。

边S夫妇吸食鸦片，喜欢喝酒，且随赚随花，所以生活上并不宽裕。边S过去曾当过日本警察的高级密探，极其残暴。此时，他的长子在内地定州迎娶媳妇，返回时间已定但没有钱，正不知道怎么办。

这正好是个机会，我对边某说："我住在奉天某街，所有事业都失败了，有个同行老朋友在天津，我想去那里从事医药生意，但没有旅行证很是发愁，有人让我来找你。"

"我有时会做这样的生意，你不用担心。正好我家有事急需两千元，能不能先把钱给我？"边某说。

我把钱给了他。但一周过去了……十天过去了，没有任何消息。兴城的朝鲜人都在传言"边某扣留过路客人，图谋钱财"。不仅谣言满天飞，还有消息称若兴城有名的侦探李某数日后由内地出差返回，将会逮捕边某家可疑夫妇，这两人大约是化装成商人的革命家。我们听到这些信息真是紧张和焦虑不安。

本想打电话给奉天洪K请求再汇些钱，但由于美国飞机轰炸鞍山和奉天，电话线中断。当天晚上我向边某施压："如果难以弄到旅行证，那就算了吧。我们决定返回奉天继续做生意，请把两千元立即还给我。"边某满口答应说一定能弄到，我们强压心中的兴奋。

第二天，边某外出不久后就回来了，给我三百元和一张旅行证。

旅行证

本籍 朝鲜完州

现住址 兴城×街 ×号

边××(大田×××)

允许以上人员到前所

昭和十八年十二月×日

兴城警察署长

四十岁的我扮作四十八岁的边某并不困难，但我妻子P某没有旅行证，这可怎么办？

边某把P某带到警察署哀求道："这女子是我家亲戚，是长期客居我家的可怜人，现在因生活关系要去前所，所以需一张旅行证。"中国办事员没有答应。旁边的日本女办事员听了P某的事情，侧目端详她，问：

"你这是要去前所的日满饭店吗？"

"是的。"P某回答。

日本女办事员劝中国办事员给P某办旅行证。就这样P某很侥幸得到了旅行证。我们高兴地怀揣旅行证离开了兴城。但是有五六名日本宪兵在前所关卡盘查非常严格，但凡是朝鲜人，不问原由就被征作劳工，所以需要特殊方法才能通过。

边某告诉我们各种应对方法。

## 第八章 突破山海关

我们在兴城选择好发车时间，以便于能够刚好晚上在前所下车。半夜十二点左右，火车到达前所车站。在乘客蜂拥下车时，我们从车上下来向车站相反方向走去。距离轨道不足五米处是大断崖，我和P某一滑瞬间就掉到了十米以下，颇有点像武侠高手。过了一阵儿，火车离开了，四周寂静无声。我与P某返回漆黑的路上，悄悄进入前所城内。右边第四家正对着派出所，这就是边S向我们介绍的朝鲜人郑某淳家。

听到有人深夜敲窗，郑某出来了。我们向他说明找他的原由，郑某堵着门站着，连玄关都没让我们进去。

主人的冷淡与冬季严寒，使我全身完全被冷汗浸湿。郑某冷冷地说："确实有专门的中国向导，从这里翻过崇山峻岭，过长城和山海关到秦皇岛，往返三百里，以前只需几百元，现在得数千元……而且家里来客人了，如果不向对面派出所报告则会受到严惩，所以我得去报告。"

P某拉住郑某说："我们给你五百元，再加上一块手表、一套西装、一套女式睡衣、一个手提包及所有行用品，总价也能抵两千元，请把我们安全送达天津，若在天津事业很顺利会再报答您的。"

"如果是这样，那就这儿留宿一晚吧。"郑某说。

等我们醒来，所有准备已备齐。郑某甚至告诉我们过山海关的秘密方法。我们夫妇乘驴车向东罗城进发。

离开前所城，前行二十里有一个警察派出所。

"去哪里？"

我一边拿出在兴城办理的旅行证，一边说："我们是来前所见日满饭店的主人，但他去了东罗城，所以我们得到东罗城与他见面。"

我用流利的日语回答。东罗城是位于满洲边境的小城，与山海关遥遥相望。每天中午，山海关的人通过城门来到东罗城置办货物，我们若混在返回人群中就容易出境。

我们乘驴车行进了六十里。走在这辽阔的平原上，吹着凛冽的寒风，异国逃亡之人真是惴惴不安。左边是孟姜女庙，右边可见万里长城，除了担忧如何通过山海关，别无它念。

为了阻挡异族的入侵，秦始皇征用几百万役夫，耗时几十年建成这万里长城，它和埃及金字塔、金海雄基的贝冢一样毫无用处。

我们一边观赏着体现秦始皇威严的万里长城，不知不觉就在正午时到达东罗城。在东罗城，我们与老车夫告别后又乘坐新的驴车加入到人群中，顺利通过这天下第一关——山海关。我们夫妇没有携带任何行李，也没询问驴车价钱，争分夺秒过山海关的城门。

## 第九章　秦皇岛之夜

山海关终于到了，这里是山海关的入口。首先我们在区域内溜达一圈，记住街道的地理位置，以便于假装成山海关本地人。因为山海关车站有许多日本密探，所以我们需从秦皇岛坐车去北京。山海关到秦皇岛有八十里。

我们坐上人力车从山海关出发，没多久就被带到警察派出所接受盘问。

“你们要去哪里？”

“我是山海关南关的张某，想去趟秦皇岛。”

“干什么去？”

“秦皇岛香泉里有个很有名的朝鲜神婆，家中幼子重病任何药都不见效，我们想请神婆去看看。”

“坐火车二十元就够了，为什么要花数百元雇人力车？”

“孩子病重，最近乘坐火车的人太多不好坐车，所以不得不雇人力车，毕竟孩子的命要比这二三百元重要。”

警察打消了疑虑，他说：“现在离开这里去秦皇岛的话，天气不好，并且路上多有八路军和土匪出没，非常危险，请注意安全……”

“不用担心，我们提前有准备。”

“那不好意思了，赶快出发吧！”

盘问结束时，我后背湿透。

P 某的口袋里有在兴城办的旅行证，所以冒充山海关居民的话，若万一对 P 某搜身可怎么办？心中真是极其紧张。

在警察派出所顺利过关，真是万幸！伍子胥过韶关一夜白头，我把这个《东周列国志》中的故事讲给 P 某听，能有惊无险通过真是令人高兴。

傍晚时分，远山轮廓隐约可见时，我们到达了秦皇岛，城门守卫人员正在关城门。如果再晚十分钟，我们就得在秦皇岛城外冻一夜。我们在秦皇岛没有去找神婆，直接去了车站。

火车凌晨四点才发车，我们只能在十二月上旬的酷寒之夜，四处漏风的候车室内等待。路费所剩无几，也没有准备衣服，我们中国话说得也不流利。所有人的视线都集中在我们夫妇身上。因一直担心被他们当成特务，反倒是忘记了身上的寒冷。

## 第十章　天津到北京

我们在天津找到了新义州洪先生的女婿林先生的家。因洪先生提前就通知有人从朝鲜来，所以林先生一直在等我们。因为经常有人出入林家，多有不便，所以林先生将我们安置在洪先生所经营的兴韩胶皮工厂的经理金辉明的家中。

金辉明一口大邱方言，是一位很有正义感的绅士。他的夫人林某具有民主主义进步思想，他们夫妇因不能与我们同行还颇感遗憾。

金辉明按照洪先生的吩咐又给了我们巨额路费。他们夫妇的热情款待，让我俩从疲劳中迅速恢复过来。

在路上，我还见到了玄堪君的朋友李Y，听他说了在天津、北京的朝鲜人中的败类。文学评论家P担任日军报道记者，辛日×、权×锡、金璟×、金×球等积极协助日本人开展活动，如果我在这里停留太久会被他们举报遭到逮捕。

我们提早来到北京，去了几个朋友的家，但他们都不在。旅馆主人都像是特务，不可信任，我们不得不住进了前门外的东方饭店。

我们特意在晚上十一点入住，早上七点离开。住宿登记簿上写的是假名字，这样有人想举报时间也来不及，即使旅馆主人是密探也没有多余的时间调查。

早上七点，我们离开东方饭店，坐着人力车去了东安市场、北海公园、景山、中山公园，整整逛了一整天。

这是因为我们要坐晚上的车离开北京，这样才可以在夜晚或天未亮前到达目的地——望都车站。我们买的是去石家庄的票，但在望都下车。因为没有朝鲜人在望都生活，直接去此地显得异常。

## 第十一章　望都的凌晨

我按照西大门狱中沈同志的指示在望都车站下了车。当时沈同志指示："拂晓时分在望都车站下车，从车站出来沿大路走就能看到望都城门。此时，城门还没有开，拐到右侧小路走不久，能再次看到由望都城出来的大路，沿此路走五十里就是唐县县城。白天在城内潜伏，晚上由县城南门出来，向西南再走五里有一个叫李家庄的村子，找村里一位叫崔洛雅的老人，就说是张千祥介绍来的就可以了。"

我们在望都车站下了车，凌晨的天气非常冷，四周漆黑一片，寂寥无声。乘客们下车后，日本宪兵一只手举着手电，一只手举着刀下令："所有下车的乘客赶紧列队！"

所有人要接受搜身检查。P某惊慌失措向我跑来，我们悄悄退到人群后面，在黑夜中寻找大路。我们最终找到了大路，没多久就看到了望都大门，它巨大的轮廓出现在我们眼前。尽管沈同志说走小路可不被守城和城内的日本兵发现，如果在黑夜找不到小路可怎么办？

这时在车站接受检查的乘客蜂拥而来，我们夫妇混在路上人群，藏身其中。可乘客过去后，凌晨又恢复了寂静无声。

这时，狗的叫声打破了黑夜。汪汪的狂吠似乎显得天更黑，四周更冷，天上无数的星星在眨眼看着我们。“我们夫妇的坎坷命运究竟会怎样？”我自言自语道。寒冷冻得我们全身发抖，也只有耐心等待。天微微发亮，果然发现一条小路。我们绕过望都城，重新回到大路上，前往唐县。没走多久，发现路边有一个巨大的碉堡。

我们发现碉堡的时候，里面的守军也早已发现行色异常的我俩。我们保持镇定，大胆地、自然地走在路上。数十名士兵拦住我们问：

“你们是从哪里来的？”

“天津宿纬路 ×号。”我一边拿出名帖一边回答。

“来干什么？”

“唐县有个我从事羊皮生意的同行，数月前我给他钱让他给我收羊皮，可到现在还没有消息，所以想去看看怎么回事。”

“羊皮多少钱一张？”

“天津一张×元，唐县一张×元，这样一张能赚×元。”我用熟练的商人语调回答。

宪兵对我们进行了搜身，虽然翻了个遍似乎也没有什么收获。金辉明给我们准备了约三十个北京天津的日军军官名片，所以没有再遭到检查，顺利通过。在这五十里路上，像这样的碉堡有十四个。每过一个碉堡都令人心惊胆颤，而P某的脚也磨肿了，行进缓慢，但她也从未叫苦叫累过。

虽然浑身疲惫，双脚疼痛，但我们一刻也没有停止行进，终于走到了唐县县城东门。

坚持就是胜利啊！城门口有一块写有“故唐叔虞，所封之国”的石碑。这是数千年前这片土地上曾存在奴隶国家的遗迹。

## 第十二章　从唐县到李家庄

唐县比想象的要小。从城东门进来没走几步就是日本宪兵队，驻守宪兵注视着往来人员。

我们假装郑重地和他们打招呼。

“我们从天津来，这里有日本人开的旅馆吗？我们是来找中国的生意伙伴的，但没找到，本想返回，但想着住一晚上可能更好，哪里有……”

“这里比较偏僻，这里除了日本军人再没有其他日本人，没有日本人开的旅馆，也没有中国人开的旅馆，你们最好还是返回望都。”

“这里有卖吃的地方吗？”

“那边有家面馆。”(城南门附近的一家饭馆)

我们正在一问一答时,里面传来貌似上级军官的大声号令:

“要是看到可疑之人就抓进来审问,别在外面闲聊些没用的。”

我们表示抱歉,就向面馆走去。我劝P某吃午饭,而我自己从南门出来看看如何去李家庄,以及打探敌人的警戒情况。

我和P某从东门出来,给守城宪兵留下要返回望都的假象。

我们从东门出来走了数千米后,折向西南。东门南门的守兵似乎追了上来,南门上的机枪似乎也开始了射击。这是一次生死冒险!虽然沈同志说让我们晚上出城,但晚上城门关闭,所以只能白天出城了,不得不去冒这样的险。

我一直在田地里奔跑,向着西南方向狂奔数里。

P某也紧紧跟着。

我们躲进一片柳树枣树林,一直跑到西门、南门机枪扫射不到的地方时,浑身的汗像从水里捞出来一样。此时正好遇到一位过路人,向他打听李家庄怎么走,路人给我指了方向,距离大约一万米,村子入口有许多着制服的青年出来。

我与P某已处于极度神经过敏的状态,于是就断定是他们是日本宪兵。P某主张立马返回,我向P某提出我的路线图:“以前我们是被日本鬼子发现而逃亡,现在我们首先得分清他们是日本鬼子,还是中国八路军民兵,如果是民兵那真是万幸,如果是日本鬼子我们就装作走错路了。”

所以我们决定前往李家庄,没走多远,就发现他们是民兵,真是万幸啊!

李家庄有百余户人家,村中多是土坯房、杨树和枣树。一条东西大路贯通村庄,大路两头设有东西两座门,由村里的青年把守,这就是刚开始让我们受惊的民兵。

我们一进入通往村中的大路,民兵就发出某种暗号,村里的妇女、老人、小孩都从家里出来,霎时间几百个人聚集在一起。他们把我们夫妇包围起来,并高声喊道:“哪里人?要找谁?”还试图抓住我们。另有数名青年也在其中,但他们默不作声,后来一名青年大胆站出来用中国话问我们。我说我们来找村里的崔洛雅老人,他要求我写封信给老人。于是我拿出钢笔写了一封短信:

> 崔洛雅乡长台启!
>
> 我从异国而来,我们未曾谋面,就用不太熟练的中文冒昧地给您写信,希望您能见我一面。我是一名韩国人,在祖国无法容身,经您最喜爱的朋友张千祥先生的介绍,我来找您。张先生是我的朋友,所以我不是日本鬼子的探子,请您放心!我的中国话说得不熟练,也不了解当地风俗,

民众受日本鬼子迫害警惕性很高，不让我们进入村。即使说是找崔先生您也不行，这都是谁造成的，当然是日本鬼子。我们与日本鬼子有不共戴天之仇，一定要把他们赶出去。

腊月

韩国　金台俊

这封信送去约10分钟，一位六十多岁的老人出来了。他生活在日寇占领区与八路军解放区的中间地带，熟知与各方势力打交道。崔老先生亲切而又沉稳，很有正义感，虽生活在中间地带，毫无疑问也是有志之士。

崔老先生把我们带到自家的卧室，询问张千祥即沈同志。当知道沈同志的消息时，他高兴地说："张千祥同志在我家停留数月，他没有办法直接乘坐火车去敌占区天津，于是就扮作重病患者，从头到脚全身都缠着绷带，像个嘴都张不开的哑巴。我先背着他走了一段路后，又用车拉，直到天津。"

这实在令人震惊，老先生对朝鲜同志的国际友谊之爱令我感动。

现在我们坐在张千祥曾住宿过的房间，谈论着在朝鲜的事情。崔老先生的家族成员、儿子儿媳们、女儿都来与我们打招呼，并对P某说了许多安慰的话。

崔老先生给我们准备了丰盛的晚饭，他说："由于日本鬼子的抢掠，粮食和蔬菜都极度缺乏。自家虽是小地主，也没有太好的东西招待客人，请见谅。"我们就日本鬼子"征缴"之事谈论了很长时间。

晚饭后，崔老先生把我们带到八路军前方工作队办事处，是一个距离李家庄几里地的村子。

只见村中墙壁上写着"打倒日本帝国主义""肃清汉奸特务分子"等标语，这可比朝鲜金刚山、九龙渊的"南无阿弥陀佛"大字更耀眼夺目。

我们被日本鬼子压迫得大气都不敢出，看到各处张贴着这样痛快的内容，心里真是说不出的高兴。这里果然是八路军的地盘啦！我们走了一段僻静之路，穿过几个小门，来到一个偏僻的院落。这是谁家呢？我心中思忖。土炕上铺着草席，墙壁黑色，像是很久没有打扫过的房子。

八路军前方干部、政治工作青年救国团长、妇女救国会长、村长等二十余人都很年轻，我们围坐在一起互换名帖。

对中国人民的抗日部队八路军的正义感和勇猛，我是早有耳闻，我对他们怀着无比的想象和期待，我注意到他们每个人的作风都非常过硬。勇敢亲切、纪律严明，可以说是八路军的特征。

## 第十三章　审查

政治工作干部张中水问我以下五个问题。

(1)贵国人民生活情形?

(2)阁下在贵国从事什么工作?

(3)为什么要来这里?

(4)过鸭绿江、山海关及来唐县李家庄的路线?

(5)如何认识本次战争的性质,是中国胜还是日本胜?

我用汉语详细地写成一篇长论文。本次战争是第二次世界大战,即民主主义国家与反民主主义国家间的战争。就像毛泽东同志《论持久战》中分析的三阶段一样,我断定中国最终会胜利。

"朝鲜同志也读《论持久战》?"

"几年前,在朝鲜的杂志上刊载过此文章。"

张中水的审问态度纯粹又亲切、平易,都不知是我审问他,还是他审问我。我没发现他傲慢的官僚态度,他连"冷不冷""累不累"这样的生活健康问题都关心到了。他当过四五年民兵,没有上过学,但他开朗的性格和积极的学习热情给我留下了深刻的印象。

张中水问:"今晚是在这里休息,还是再走二十里山路到达安全地点休息?"

"那就再走二十里吧!"

只听一声号令,一辆马车在六名民兵的护卫之下来到我们面前。马车在山路上颠簸前行,前方两位哨兵飞奔而来,向同行的张中水用暗语报道,似乎是说前方无异常。哨兵在月夜向远山奔去,真是勇猛无比。马车翻过一座山,到达某个小村庄,又转了几个弯弯曲曲的小巷,最后来到一个小院落。

几个村干部、各机关干部、张中水,以及我们夫妇等七八个人在这个小房间内用外套当被,蜷缩而睡。屋内燃着柴草取暖,烟气导致人流泪。张中水在这样的生活条件下,似乎得了已超过二期的呼吸疾病,他咳嗽得很严重,脸色发黄。他真是为了中国人民的利益勇于牺牲自我的八路军中的模范青年。

张中水说:"现在可以放心了,日本鬼子到不了这里。"

## 第十四章　小村欢迎会

似睡非睡,似梦非梦之间,突然一阵嘈杂声将我惊醒。我睁眼一看,已是晌午。村中第一次来了稀客,村民们都争相来看。几百名男女老少聚在一起,有的通过窗户上的洞向里观望。

一名老人说，听说鬼子都长有角，他们怎么没角呀？这个妇女的样子真好笑。

P某因为装扮日本女人，所以平生第一次烫发，着西洋裙配红衬衣，还配戴一条围巾。这样的装束吸引了村民的视线。

张中水说村民们将为我们举行欢迎会，这如何是好，我感觉真是过意不去。

十二月中旬的一个寒冷冬日，男女老少近千人聚集在小学操场。约两百名小学生团、一百名青年团、两百名妇女团依序排列，其他老人和孩子围成一圈。

我们与多名干部同坐一桌，桌上摆有装满花生的大盘子和几个大杯子。村干部的致辞和众人的鼓掌拉开了欢迎会的序幕。青年妇女唱的《杨山道》我不知道，但孩子们唱的赞颂共产党的歌曲我印象深刻。

“没有共产党，就没有新中国。
没有共产党，就没有新中国。
共产党辛劳为民族，
共产党他一心救中国，
他指给人民解放的道路，
他领导中国走向光明，
没有共产党，就没有新中国。
没有共产党，就没有新中国。”
“八路军和老百姓，
咱们永远在一起，
咱们是受苦受难的一家人，
咱们血肉相连永不分离，
在晋察冀的每一个村庄里都住着八路军的父母兄弟。
八路军和老百姓，
咱们永远在一起，
我们一起生产战斗，
我们一起受苦受难。”
…………

学生们为异国贵客表演了中国古代游戏舞蹈。最后张中水请我用朝鲜语讲讲朝鲜的事情。

我简单介绍了一下日本鬼子如何压迫朝鲜，这些中国人虽然听不懂，但似乎觉得贵客说的话很奇怪，都哈哈大笑。张中水得到我的允许，将前一天晚上审查时写的“朝鲜事情”进行了解释说明，听众们很是高兴。

最后群众邀请我们唱首歌，P某唱了《赤旗歌》《爱国歌》。

即使东海水干涸，长白山枯萎，数千年的悠久历史依旧源远流长。

…………

欢迎会一结束，张中水就带我们去了八路军第七大队长办公室。在那里张中水再次汇报对我俩的审查情况，经判断事实明确后将我们移交给两名前方哨兵。

我们与张中水就此作别。昨晚，日本宪兵突袭搜查崔洛雅家，还好平安无事。但崔老先生还是因异国路人遭此骚扰。

如果我们前一晚在崔家留宿的话，后果不堪设想。

就这样我们算是终于从日本鬼子的虎口脱险了。

## 第二部分　通过八路军解放的晋察冀边区

### 第一章　前往晋察冀政府所在地泉家沟

护送我们的两名青年民兵叫Y和Z，他们态度谦逊，很有礼貌，有阶级热情并能严守纪律，很爱护国际同志。他俩不时地询问我们“冷不冷？腿疼不疼？渴不渴？”，并想去协调一辆驴车给我们坐。但我拒绝了，因为我内心很感激与日本鬼子战斗的外国同志，觉得不能再给他们添麻烦。

第一天晚上我们到达了唐县政府。因原唐县政府被日寇占领，这是新设的。县长、中学校长、教员等与我们见面，互相交流两国情况。之后，县长对我们进行了慰问。我看到这里的墙壁上贴着八路军抗战成绩表。

新四军与八路军战绩

军队：1937年正规军10万；1945年前夕90万、游击队220万

沦陷区(被日本占领)：已解放全部的31％

9400万人口：解放全部人口的37％

截至1944年牺牲军人446,336人

截至1944年歼灭日伪军1,36×,×××人

妇女救国会长是一名叫李起的女同志，她真诚地询问朝鲜地下运动的具体情况等问题，以及朝鲜妇女运动情况。P某回答得脸上直冒汗，李起的真挚探究态度和国际热情令我们感动。

对面山上的碉堡残缺不全。几个月前在此把守的日本鬼子已败退，这碉堡残骸成为八路军苦战的纪念品。

我们绕行在险峻的山脚小路，每个山沟都有操场，民兵在此训练。教员教民兵唱歌(《爱国歌》《进行曲》等)、用枪和突袭方法等。

第二天晚上，我们终于走到一个满是柿子树的城市。每天晚上，护送我们的民兵Y和Z都给我们准备了温暖的炕房，而他们另找地方住宿。并且给我们吃此地稀有的大米饭，而他们却在另一个房间吃小米饭。我看到这些，心里真是过意不去。

我们经过有几百只羊和驴的市场，穿过几十里的枣树林，在第三天夜间来到了一个小村庄休息。

翌日，我们在一个驻守有数千名八路军的村子里等候会见。一名高级干部找过来问了若干个问题，我也像在唐县回答张中水一样用汉语写成文章来作答。

八路军干部们都有共同的特点，那就是勇敢、礼貌、亲切和谦逊，他们都熟读《斯大林全集》和《毛泽东全集》。

其中有一位特意来款待和慰问我们，他说："我叫岳山，原出身满洲，是王德泰的部下，与朝鲜同志关系很好……"。

P某问；"你什么时候来这里的?"

"七八年前。"

"你知道金日成吗?"

"当然知道。"

他谈论起流浪生活中的趣事，以及在满洲与朝鲜同志一起打游击的故事。

当天晚上，由岳山同志安排，我们在温暖的房间安安静静地睡了个好觉。

清晨，岳山为P某准备了一头驴，说："同志们都在不远的地方，我们一定会回到东北作战，那时我们在东北的某个山中再见面吧!"他这句话给我留下终身难忘的印象，极大地鼓舞了我们。

当天，不善骑驴的P某几次掉下来，有时还昏倒失去意识。

当天另一件不愉快的事是我与P某就某事发生了争论。她极度赞美英国皇帝对辛普森夫人的爱，而嘲笑我太理智，不懂爱情。我批评P某恋爱至上主义，她说做不到理智与情感、道德与爱情的协调统一，那就不是真正的夫妻生活。至少，P某要求我不能没有丰富的感情，也就是说P某不能接受我的封建理念生活和贫乏的情感表达。这样有时争论有时无语，不知不觉就到了晋察冀政府所在地泉家沟。

## 第二章　泉家沟的生活

我们想象着晋察冀政府所在地至少得是有几十幢摩天大楼和现代洋房鳞次栉比的都市。尽管他统治下的地方要比朝鲜辽阔得多，但令人吃惊的是政府所在地是一个不足十户的小村庄。护送我们的民兵Y和Z就此返回。

这里张贴着朝鲜语板报，由北京附近过来的约四十名新编"朝鲜义勇军"停留在这里，他们正在去延安的途中。我们见了三名领队高峰基、孔明宇、梁建×。

高峰基与我是同乡，孔明宇因"工作委员会事件"与韩斌一起离开祖国来到这里。

我们于十二月五日到达泉家沟，见到了政府主要人员，他们也详细询问了朝鲜国内的情况，我依然是用文章详细作答。

第二天，朝鲜义勇军给我们开了欢迎会。会议流程如下：

一、孔明宇致开幕辞
二、唱义勇军行进曲
三、高峰基致欢迎辞
四、我致答谢辞
五、欢迎会闭幕

《义勇军行进曲》由十五六岁左右的少年白河川指挥合唱：

在中国辽阔的土地上，
朝鲜青年人在前进，
我们大步向前，
走过黑暗，
迎接黎明
革命呼声嘹亮震耳，
义勇军旗帜迎风飘扬。
向前进，热血同志们，
穿过仇敌的铁丝网，
跨过长河和黄河，
去满洲决一死战，
把仇敌赶到东海里。
前进前进，光明就在前方！

朝鲜青年们聚在一起，尽情地诅咒和痛骂日寇，这种情形真想展示给祖国的同胞们看看。

作为助兴节目，大家还一起唱了民谣《打令六字拍》和《阳山道十二歌词》。

数日后是一月一日元旦，我们再次相聚在新年宴会上。白天吃了饺子，晚上中国、朝鲜、日本三国的同志聚在一起整夜欢唱。

日本同志津田、宫本等同志朝气蓬勃的面容和国际友情，与朝鲜大地上的日本强盗真是天壤之别。

高峰基同志说："有两个身份还未证实的男女来这儿，男的从重庆来，女的从北京来。"

大概是由满洲往返中国的青年男女因酒色鸦片生意欠账太多，日本鬼子就利用这点，让他们当特务进入八路军地带。那女子主动承认自己是日本特务。

泉家沟原先是不毛之地，土地贫瘠没有产出。日寇不断地扫荡和抢掠，富裕人家也只能吃到小米饭，一般贫穷人家将树叶子掺到小米粥里煮着吃，就这样还断顿。糖分的补充只能靠晒干的大枣。

走大约十里地有一个王快镇，我们要在这里居住。部队司令部晋察冀大学生也是每隔几十里分散居住。

只是一想到国内的同志们就心中不安。

在解放区转了转，我感觉比起中国同志的周到和热情，朝鲜同志态度很冷淡。这也可以理解，因为朝鲜人中十有八九是日本密探。残酷的环境促使人不断提高的警惕性，所以才会这样。熟悉国内情况且有国内战斗经验的同志们多是这样。不过也有一例外，在泉家沟见过的孔明宇同志对我们很热情。

孔明宇在中国叫朱星。他是开城工人出身，因工作委员会事件被逮捕，坐了五六年牢。在狱中他与韩斌、朱青松等去山中采石头。等出狱时才知父母都已病死，只有一个空荡荡的家等主人回来。

恰逢九一八事变发生，之后的白色恐怖氛围更加浓厚，让人更加感觉孤独无依。一九三六年，在韩斌同志的劝说下孔明宇悄悄离开祖国。在避开日寇毒蛇一般的视线仅一年时间，中国又发生了七七事变，日寇的威胁又随之而来。

朱星同志现在是八路军政工干部，参与前方工作近十年，几次都在生死线徘徊。他说他来往于保定、望都、石家庄附近，从事政治工作，最近正在将新从远东来到解放区的青年组织起来进行军政训练。

他还问了我许多问题。

“金同志，你知道尹滋英、金一洙的消息吗?”

“尹滋英在苏联，金一洙在朝鲜。”

“朝鲜还像以前在搞地下运动吗？这真不是容易的事儿啊!”

“是的，还有若干个人在继续。”

当晚，朱星同志还送我本地的特产——一升大枣和几条饴糖，并告诉我一些注意事项。

“你们夫妇通过路人找到八路军解放区的壮举真令人高兴，多学学这里好的作风，《苏联党史》《列宁主义基础》《整风文件》是我们共产主义者的必读书籍，请熟读这三本书。”当我收到朱星送来的三本书，从他真诚、温暖的劝勉中，我感受到火热的同志之爱。

朱星同志在饥饿和困苦的环境中与日寇斗争几十年，苍白的脸上颧骨凸显，呼吸器官受到了损伤，经常咳嗽。P某问有什么东西可能赠送他留个纪念，我们把在天津时林Y给的一套化装道具送他，他表示感谢并收下。

我们离开泉家沟时，他送了很长一段时间，直到某个山脊下。我们看着他远去，直到看不到人影。这位来自朝鲜的八路军是重感情的人，每当我们在解放区遇到困难时更是想念他。

离开泉家沟十余日后，我们加入由高峰基带领的四十名义勇军部队，一起前往延安。

义勇军的主要成员是从辽东某农场逃出的朝鲜移民子弟和学兵。有特务嫌疑的女子金贞，来自重庆的朱洪和基督教徒宋泰也在其中。

晚上我们到达某个村子，并在此住宿。因为要自己做饭，虽然走得快，日行平均在五十里左右。

所吃的食物是小米饭、牛骨汤，或一个土豆。因为此地遭日寇抢掠严重，没有可吃的东西。在这样的条件下持续行进，有许多人生病了。

阜平是坐落在山间平原上的一个小城，曾有千余户人家，因遭到日寇的抢掠和纵火，完全成一片废墟。这里没有一间完好的房子，商家都在露天卖日用品。所卖生活用品有火柴、镜子、纽扣、墨水、金属器具等。我们在这里买了胡麻饼、烧鸡充饥，太长时间没吃饱了。我们还买了一个每天吃饭用的碗和饭桶。一个碗五十元，一个饭桶二百元。

一周后，我们经过了平山县。

来自鄂尔多斯沙漠的凛冽寒风，吹在行人干瘦的脸上如刀割。这里的村子都是数百户人家聚集在一起，周围建有土城，入口有大门，二层之上还设有佛堂。村子中央有处大宅院，贫穷人家像卫星一样围着它排列。这宅院应该是以前封建领主的庄园，这让人想起《水浒传》中的柴家庄、祝家庄，或河北袁绍或刘关张桃园结义。八路军解放此地前，民脂民膏已被他们榨干，这里的江山和风景都是他们专用的舞台。现在，大宅院前方挂着一块黑板，上面写着每天的国内国际形势，以对村民进行时事教育。某个村子还用大字宣传《中共十大政策解读》。

1.对敌斗争……集中全部力量抗日。

2.发展生产……奖励农工增产，消除好吃懒做，开展向劳动模范吴满有学习活动。

3.时事教育……每个村子都设时事解说宣传板，进行时事教育。

4.整顿三风……党内不正确作风、宗派主义倾向、不适应具体环境的主观主义学风，克服党八股文风。以此为基础"改造我们的学习"，深入群众。学习《自由主义十一训》《革命家的修养》《如何成为一名共产党员》等二十五种文件提高自我修养，开展自我批评，这就是整风运动。

5.拥政爱民……拥护政府，爱护民众。

6.精兵简政……精减政治机构，充实连队，充实基层。

7.减租减息……抗战时期停止土地改革，佃租不超过百分之二十五，利息不超过百分之十。

8.审查干部……要充分审查干部的思想、经历。

9.统一领导……消除组织上混乱，确保领导体系的统一。

10.三三制……政权人员选举上按共产党、民众、无党派各占一的公平原则。

## 第三章　游击战

到达折口镇附近时，我们一行在数百名八路军的保护下遭遇日军扫荡。此地具备游击战的有利条件，有农民组织和山岳天险。

驻扎在石家庄、太原等地的日军因难以自给，并为欺压中国百姓，依例会进行抢掠烧杀。在农历新年前后，日寇会对附近千余里地区进行"扫荡"，进行所谓的"三光政策"(杀光、抢光、烧光)。为此，八路军开展了反扫荡活动。

根据掌握的日军来袭的情报，知道"某天几名日寇要来"的消息。等日军来的时候，各个山上升起烽火，用信号旗传递信息，晚上使用萤火当信号。在没有电话的地区，通过此种方法也可以快速传递情报。

八路军开展以正规军与民兵便衣相结合的游击战，以保卫家乡。

老人、妇女和小孩赶着牛羊，带着重要家资躲避到山中。因为粮食在秋收时已提前埋藏起来，所以村民逃离后的村庄已没有任何能带走的东西，显得空空荡荡，冷冷清清。

青壮年们埋头研究地雷战。大概是此地盛产硝石的缘故，任何一家都可以很容易制造地雷。如果日本鬼子来了，就在路口埋上地雷。地雷不光埋在路上，在日本鬼子所到之处——田地、河沟、村前、厨房、米缸等任何地方都有。此地雷战抓日本鬼子颇有成效，一位名叫李勇的杀敌英雄，仅凭双手就抓到百余名鬼子兵。就因为地雷，日军每天行军不敢超过四十里。每日行军三四十里的日军追赶日行一二百里的八路军，于是群众埋伏于八路军经过的路上欺瞒日军。因此，有了民众的绝对保护，八路军伤亡极少。

从八路军自身生活看，粮食、衣服、费用都是自给自足。尤其是粮食，八路军白天扛着行军，晚上在老百姓家外休息，不损害百姓，不扰民，所以所到之处皆受欢迎。

这里也有不配当中国人的中国人，他们是汉奸或特务。特务是指在日寇特务机关中的在编走狗，就像朝鲜被外来帝国主义势力占领时，协助军警的人。在这里还有许多蒋介石的特务，他们与日寇特务沆瀣一气，与目前朝鲜的韩国党、社劳党类似。

游击战是在无法一举击退强大的正规军时，动员农民组织，通过军官民团结协作对敌军进行长期的散兵战、突袭战、坚壁清野战。不论获胜的高句丽，还是历时七年击败三十万倭寇的李朝壬辰倭乱都是这样做的。

## 第三部分　从军日记

一月十三日　晴

流淌的河水仿佛在讲述汉光武帝被敌人追赶的故事。今天行军六十里投宿在一个大的军营。妇女救国会长来把 P 某接到她家里，并嘱咐："这里汉奸挺多，所以说话要小心谨慎，不要告诉别人你们从哪里来，到哪里去，是哪国人。"并让我们就说自己是从河南来的旅客。这位救国会长虽然缠足，但经过马克思主义理论武装，非常干练。从装束、用语和态度来看，她是个品行高尚的人。P 某在她家暖炕上舒舒服服睡了一觉，全身疲劳顿消。而我住在连门都没有的冷炕屋子里，铺的是谷秸，零下二十度的寒冷天气下，薄薄的被褥和憔悴的身心，使我在这样恶劣的条件之下长时间不能入睡。屋里传来哈哈大笑的声音，农民们在讲述抓获的四名日寇逃跑又被抓回的故事。因为睡觉的地方太冷，无法入睡，所以他们整晚就点着柴草唱歌、鼓掌，周边的人也没能入睡。

这里有八路军的医院，为附近的民众提供了许多便利。尤其是妇女生产前后的休养和治疗费用都从国库出，所以各地的产妇都到这里来生产。令P某惊讶的是，聚集在这里的产妇都有很高的爱国思想和训练水平。

村子里的青年和我们进行了一场足球赛，结果是一胜一负。

一月十四日　晴　大风

我们到达五台山附近。五台山属于太行山系，覆盖的是黄土层，似经过冰河时代的切割和挤压，形成了长长的断层。凛冽寒风一点儿也没消磨我们的气势。我们上上下下走了六十里，翻越一座大山，扬起的尘土让人睁不开眼，使我们寸步难行，所以我们就进入了某个村子里。我们在村中的山洞里稍事休息，这时又接到“有敌情”的情报，所以一行人又继续向前，最后在一个叫李家庄的村子里投宿。

一月十七日　晴

我们在李家庄待了三天，因为有敌情，所以没有再往前走。五百名日寇在二三十里外出没。李家庄数百户人家中遭日寇残害的占近十分之一。因为这里来了数千名八路军，给我们安排的住所非常窄小。屋主人的两个儿子都已战死，老夫妇错把我们当成八路军，非常热情地招待我们。旁边屋子里有一名女子怀抱着三岁小孩儿，她穿着干净的白衣服，我问她为什么穿白衣服？她说“孩子他爹在十几天前与日本鬼子战斗时死了”。

P某有些冒失地问孩子：“你害怕日本鬼子吗？”

“不怕。”孩子回答。

有十几个自称是附近农民的青年找过来问我们：

“你们从哪里来？”“到哪里去？”“是哪国人？”

我们都没有回答，后来听说这是八路军为了测试我们的保密意识。

但是有特务嫌疑的金贞无视队伍的纪律去村中人家喝酒、抽烟、闲聊。为此，八路军司令部要求我们队伍加强注意事项。

学兵出身的梁元俊将怀表卖掉，买了条狗杀了吃。少年白河千将其他朋友的饭菜据为己有，吃饭时自己得多吃点。该少年是在继母的虐待下没有亲情的环境中长大，且作为移民子弟历经困苦，这样的环境造成了他现在不好的品性。我与P某向主人买来柴草烧热水洗了个澡。P某提议：“我们作为马克思主义者，不应该这样每天无所事事。”所以，当天我就找到基督徒宋泰，向他传播无神论。P某教有高涨学习热情的青年金锋革命歌曲。

1.延吉监狱歌
呼啸寒风吹遍了东北大地，
红旗猎猎鼓舞着武装的战士，
延吉监狱只能摧残我的肉体，
满腔的热血永远奔腾不息。
看守在高声叫喊，
每天所吃皆是高粱米饭。
夜间蜷缩入眠进梦乡，
我的同志我的挚爱是否安好？
手脚带着镣铐，身体失去自由，
你们想让我屈服，不要高兴得太早，
曾经播撒的红色种子，许多已经生根发芽，
以后你们会被他们征服。
你们是偏离正义的强盗，
我们是寻找和平社会的革命军。
资本家和军阀们别妄想安心做美梦，
七十一万广袤大地上将红旗飘扬，
在四亿人民大众呐喊冲锋中
监狱之门将被打开，新的世界终将到来。
2.游击队追悼歌
一名革命者倒在大树下，
鲜血从胸口流出，渗入草地。
山中飞来的乌鸦呀，你为什么看着尸体哀鸣？
他身体虽然死去，革命精神依然长存。

此外，P某还按照民谣曲调教社会主义歌曲，赢得大家称赞。

金锋原籍是新义州，但他在中国出生、成长并接受中国教育。他非常想学习关于朝鲜的一切，所以每天都来找我们。

然而，在我们的队伍中存在着两种思想。一种是学兵出身的书呆子，他们一般自高自大，看不起农民出身的同志，他们热爱学问，但只有理论没有实践。另一种是没有受过学校教育的出身农民的同志，他们嘲笑理论是“只知道耍嘴皮子”,对学习充满怀疑和反感。讨厌金锋的朱铁就是如此表现。他们要么离开革命理论,不能进行革命实践;要么离开革命实践,不能获取革命理论。所以不论是工农出身还是知识分子出身,必须做到理论与实践统一、思想与生活和行动的统一,知行合一。

只是我觉得他们在有些事上有互相不满、抱怨和争吵,但因为“敌情”还是团结在一起,忘记了自我。如果谁生病了,大家都会自发来照顾;谁在路上掉队了有人会主动帮忙。这些珍贵的同胞之爱、同志之爱也时有表露。这就是对我们朝鲜的未来满怀期望的最大力量。

傍晚五点,响起了集合号,是紧急集合的命令。我们背起背包,打好绑腿,扎好腰带,身着八路军服装出发了。在朦胧的月光下我们集合在村子入口的广场上。五百名日寇由东边过来,我们现在将向南边逃亡。数百名八路军站在我们前面和后面,八路军司令交代注意事项。

1.前面传来的吩咐耳语传给后面的人。

2.注意地雷。

3.不要咳嗽。

4.不要交谈。

5.紧跟前面的人。

6.禁止吸烟。

7.不要脱离队伍,若要离开向分队长报告。

村子前面埋了许多地雷,所以并非能很容易迅速离开。大约三个马场的马离开后,农民们赶着羊群向黑漆漆的山上走去。远处的山上像抽烟的火星一样一闪一闪地传递着信号。山间小溪叮叮咚咚,村子上空飘荡着狗的狂吠,这寂静的夜给行军增加了严肃的气氛。我们行军五十里到达某个村庄,但没有住宿的地方,所以又折回十里投宿在三角村。村民把锅和家具都带走逃难去了,我们在连门都没有的冷炕上,铺上柴草和外套,盖上薄被睡觉。

一月十八日　晴

天气依然很冷,敌情依然很危险。据说日寇到了我们昨天离开的李家庄。在村子前面响起杂乱的爆炸声,听说是狗踩到了地雷被炸死,我稍稍放了心。队伍中有人抱怨饭菜不足,这是因为某些人不顾别人,贪心多吃。这是从强盗日寇那里学来的个人主义和独占独贪,没有经过训练教育的新兵会有这种情况。

这天的天气非常寒冷,我们从附近找来柴草生火取暖。一个朋友烤着脚就呼噜呼噜睡着了。

“有敌情、有敌情”，分队长喊着鬼子来了，赶紧集合。我们下午三点出发，今天晚上目的地本是向西八十里的深山村，但为了瞒过村子里汉奸特务的眼线，故意向南边的村子走，所以先去南边的十里村。

我们在八路军罪犯收容所吃了晚饭。等到太阳落山，我们晚上六点重新背上背包出发。向西走了十里，在漆黑的夜里来到了一个小村庄。八路军司令部传来指示：今晚投宿的村子后面有两个深谷，所以若敌人从东边过来，就在西边指定场所集合，一起向西边逃；如果敌人由西边过来，就在东边指定场所集合，一起向东边逃；个人不能擅自行动。今晚不要脱衣服，穿着鞋、背着背包睡觉，听到集合命令要立即集合。为此还进行了一次在东边广场集合的演练。

一月十九日　晴

凌晨三点传来“敌情”“集合”的命令，我们一起在西边广场集合。敌人从三面将我们包围，敌人昨天占领了我们住宿的三角村。心里非常紧张，汗毛都竖起来了。我们在害怕中集合起来，穿过黑夜急行军。走了三十里到了东边，许多避难的村民从我们要去的方向跑来。清晨的山谷中，老农赶着羊群逃难的情景真是可怜。逃难的人说：“日本鬼子进了前面的村子。”与我们同行的百余名八路军对我们说：“我们暂时躲避到那个山沟里，要是日寇来的人少我们就将他们打退。”八路军非常爱护朝鲜义勇军，他们经常说：“朝鲜义勇军，他们返回祖国将发挥重要作用，所以要保护他们的人身安全。他们重在学习，若有战斗要避开，不要出现牺牲，在形势有利的情况下可以参加战斗以学习。”他们这样炙热的国际同志之爱，感天动地。

但是，我们一行人中接受过军事训练和有与日寇作战经历的同志提出想参与作战。结果是，义勇军去八路军指定的山沟里躲避。八路军将三八式长枪上装入子弹，一挺机关枪、一个掷弹筒做好射击准备，奔向前面的村子。不过，日寇早已离开。山顶上挥舞的旗子传送出安全信号，我们又重新上路。走了四十里的石头路，在下午一时左右到达昨天预定的深山村。因为这个村子在极幽深的山中，所以至今还没有遭受过日寇的扫荡，多少安全些。村民们误认为我们是日本鬼子，都躲到山上去了。我们告诉在山顶守卫的民兵我们不是日本鬼子。村民听到消息都从各处扛着东西，赶着羊群从山里出来。我们从村民那里买些小菜，找来锅，下午三点左右才吃上早饭。司令部传送万一遭遇日寇如何逃脱的指示。

一月二十一日　晴

日寇已开始在正北方向二十里的李家庄活动，我们在凌晨二点半离开深山村。漆黑的夜间，我们行进在极其险峻的山路上。向东走了五十里到了一个小村子。守卫村子的民兵以为我们是日寇，从山上对我们进行远距离射击。他们是有二十多名成员的武工队。

和我们一起的八路军命令我们向后站，然后用喇叭给对方发信号，告诉他们我们是八路军。但是他们依然没有停止射击。最后，两名前哨同志冒着射击危险，进入村子直接去见民兵领导。经过一番交涉，我们一行进入了村子，并在这里做早饭吃。

我们夫妇被安排到一家貌似富有的人家里。主人像是个汉奸，穿着羊皮大衣，抽着烟袋，透过眼镜审视着我俩，说话语气很不亲切。P某在他家买了无籽柿饼，行军中可以当零食吃。当天晚上，我们又重回三角村投宿。二百名日寇已到了我们今天凌晨离开的深山村。在这里我对八路军准确的情报感到震惊。

一月二十二日　晴

早上，我们离开三角村向东走，但由于敌情停止行进返回三角村。就这样反复几次，有人对随行八路军时刻以情报为依据采取措施表示不满，他们不理解八路军指挥者的苦心。

三角村也很危险，所以我们在下午四时左右离开，向南走四十里到一座高山下的大村子，并在此投宿。

一月二十三日　晴

我们大清晨就集合在一起，八路军司令部传来指示：

“今天要行军百余里，要翻过后面的这座山。到了封锁线，不要说自己是朝鲜人，不要说朝鲜话，有人问就说从八路军第三十四团第二连来。”日寇似知道有朝鲜义勇军来了，加紧追击，所以急需过封锁线。过封锁线有三百名八路军护送。

出发！从这座山到另座山腰有百里路。天冷，风雪交加，山高路滑。少年白河千晕倒了，金锋背着他走。金贞掉队了，金锋拉着她。

晚上九点，P某倒在山脊的雪地上，她对我说：

“我走不动了，我们就此永别吧，你自己返回祖国时把事实真相告诉同志们和我母亲。”

我在黑夜里数次凝望着她，怔在那里，关于P某的一切不断闪现在我的脑海里。我带着出狱不到四十日、腿肿着还没有恢复的P某一路艰险，我不能把她的尸体留在这无名的山上自己转身离开。我仔细查看P某的身体，胸口和肚子还有热气。山脊上只剩下我们俩人，在漆黑的夜里，无法分清雪路。我给自己鼓劲儿打气，背起P某连滚带爬走了约二十里。

我们艰难地走到山腰上一个二十余户人家的小村子。所有人都毫无丁点儿气力。先期到达的先遣队做了土豆饭，所以到达时吃了土豆重新起死回生。

早有同志开始唱《扫荡之歌》：

同志们呀，我们团结一起向前走，
去扫荡仇敌，
拿起刀枪去血战。
同志们呀，我们向前走，
革命旗帜在前方飘扬，
同志们呀，我们向前走，
打碎沉重的铁锁，
解开彻骨之怨，
三千万大众呀，一起向前吧，
胜利在催促我们前进！

2023年7月译

［原载于《金台俊全集》，宝库社（首尔），1990年］

# 驽马万里[①]

[朝鲜]金史良
郭建设　译

## 序言

现在回想起来,那仿佛只不过是过往云烟的虚幻梦境而已。即便如此,于我,这是革命赋予生命的一种志向和使命。在汹涌的浊流中喘息挣扎,我有时仍然执着于城市知识分子精英固有的习惯,总是希望将自己隐藏在良心的庇护下,追求舒适安稳的生活。意志就像是一碰即碎的玻璃球,脆弱不堪。换言之,这是一条我曾几何时翘首企盼,布满荆棘,却又让我能够重获新生的路。而今再次翻开并细细品味这些点点滴滴,不禁有诸多回忆涌上心头,令人感慨万分。

这或许称得上是我一生之中最浪漫的一件事了。我竟然能鼓起这么大的勇气,连我自己都觉得不可思议。即使只保留了些许笔墨记录,心中依旧有许多无法一一言说的苦楚。

走进深山里的根据地,我才突然发现,首先最棘手的问题就是没有纸。所谓的洋纸,在这里压根就觅不到踪影。能够找到的,也只有几片麻纸而已。试着用钢笔在黄麻制成的粗纸上书写,要么墨水在纸张上晕成一大片,要么钢笔尖会在纸张上戳出个洞。就算用稍微好一些的铅笔书写,到了第二天字迹就会变得模糊不清。其他的同志们则把重要文件写在比麻纸更细腻的光面纸上,他们笑哈哈地让我学着他们的样子在光面纸上写东西。

虽说革命要从生活的点点滴滴做起,但是真正想要去做的时候才发现这一切并没有想象的那么容易。最后我到底还是狠了狠心,用自己手上的怀表

① 《驽马万里》韩文原稿作于 1947 年,本卷所收录中文文本系项目组根据《金史良全集——驽马万里》[实践文学社(首尔),2002 年]翻译。——编者

换回了两卷信纸，用它们挥毫写下了这篇游记。当时手里攥着这两卷信纸，心中豪气万丈，在落日的余晖中，仿佛自己就是凯旋的将军。直到现在回想起当时的那一幕，仍历历在目。

我很想把这些点滴都小心地记录下来，哪怕只是随手写些什么也好。其实，在这一大片连日本警察都无法靠近的苍郁山林里，我无论如何都无法抗拒任何能随性挥洒笔墨的机会。既然手里有纸张，还有可以随心、随性创作的绝佳环境，那就应该把那些我想告诉同胞们的，还有我自己能够亲身感受到的和我亲眼看到的、听到的故事都一一转述给祖国的同胞们。把这些故事一个一个写下来，把它们小心翼翼地收入行囊的喜悦之情，是很难用语言来描述的。

当时我完全没有想到我能活着把这份记录带回来。为了传达写下这篇记录时的心情，我将手记序言的一小部分原原本本地放到这里了。笔者在离开祖国，前往中国的一个月里，写下了这份简短的记录。此时笔者突破了日军的封锁线和游击区，赶往当时朝鲜义勇军根据地华北太行山。但是笔者也无法预料这份记录何时才能结束甚至何时会被迫中断。我们的义勇军将击退残暴的敌人，不越过鸭绿江到达汉城绝不罢休。但是，谁也说不准这一天将在何时到来。笔者想提着笔杆和枪跟随义勇军一起重回祖国，但谁也无法预测在枪林弹雨中笔者的生死。

但是，即使不幸无法参加庆祝祖国独立的盛宴，也希望这份记录能乘着战士们飞快的军马，代替笔者到达汉城。这是为了祖国的自由和民族的解放，为了将那些在异国他乡奋勇战斗的爱国烈士们的英勇事迹传达给亲爱的祖国同胞们。

我们必须用鲜血去赢得祖国的自由和民族的解放，只有这样，才能堂堂正正的赢得这份荣耀，让这份光荣更加闪耀。这是举国上下用血汗赢得的自由和幸福，我们绝不能让它白浪费。没有人可以比我们更加深刻地了解，这份自由和幸福的背后流淌着多少同胞们的血泪。当祖国的新篇章来临时，我们应牢记这一点，并时刻不息地为建设伟大的祖国而奋斗。（省略）

愿祖国的荣光永存，人民的自由永在！

华北朝鲜独立同盟
朝鲜义勇军大本营

单单看这一篇序言，就仿佛可以体会到当时的心绪是怎样的高涨。在万分难得的胡桃油灯下，连灯芯都不舍得拔，不知昼夜地创作；把驴绑在枣树的树荫下，坐在青草地上读书；在马棚里铺的谷草上，借着在寒夜里流淌的月色创作；越过充满日军和阎锡山军队埋伏的山峦和江河，从包袱底下把这份记录和日记册拿出来，紧紧抱在怀里；这些回忆中的每一件事都是无比美好的。我正在努力将那时候的精神与意志延续至今。作为一个作者，我想，即使只留下一点点有意义的东西作为礼物送给大家也是好的。

事实上，从当时甚至无法约定能否活着回家的这一角度来说，伟大的解放军让这份记录不必再沾染鲜血，给了我回到祖国的机会，我要向他们表示深深的感谢。此外，现安居于朝鲜的金日成将军为本书的发表提供了许多便利。金日成将军在抗日游击战中，数十年如一日的亲身带领军队与敌军战斗，最终取得胜利，将民族的荣耀传扬四海。金日成将军是人民的太阳，我作为卫星部队的一名随军作者，向金日成将军献上崇高的敬意。

日本投降后，向张家口、承德行进的这一路上我都带着这本记录。这本记录里包含着在逃亡路上、山寨里和归国路上的生活，但本文只收录了在逃亡路上的生活，所以仅作为《驽马万里》的上篇。

1947年10月
于平壤仁兴台
金史良

## 第一部　出逃记

### 一、魔窟般的北京饭店

1945年3月①的北京，在日本帝国主义的掌控下如同西下的夕阳一样，日渐没落。对于亚洲人来说，特别是朝鲜人，在豪华的北京饭店里简直连落脚的地方都没有，这里就像是朝鲜人的宿舍一样。华中、华北的各个地方都挤满了前来避难的人。万一真的战败了的话，以后就要与日本帝国主义共存亡，到时候世上就只剩下钱袋子上沾满鲜血的人了。

其中有赚得盆满钵满的鸦片商人，有穿着漆皮皮鞋走路嘎吱作响的妓女，有来换华北券的所谓事业家的汇款代理人，有自称大东亚委托人、军方委托人、总督府委托人等许多来路不明的家伙，还有宪兵队和司令部的密探等等。到时就只剩这些各色各样的人四处横行霸道了。以上海为舞台，耍着恶劣手段的宪兵队的某个密探开着用一百五十万两纹银新买的车子，带着妓女去兜风了；曾经活跃在东京政治舞台的前宪兵队助理带着一个日本女人住在三楼，

① 此处将5月误写为3月了。解放之后的《民声》连载本上记录的是5月。金史良于5月9日从平壤出发。

因为疑心四楼新开的咖啡馆，摇摇晃晃地在楼梯上爬上爬下（这个家伙解放之后于山海关被我国义勇军抓捕）；从徐州回来的粮草商人纳了所谓的新女性为小妾，带着她安安静静地搬到六国饭店去了；从南京回来的某位所谓的会长，面对疯狂贬值的钱币毫无办法，走投无路，只能四处求购一些不知到底是钟表还是宝石的古董；有拿着钱想来行贿从而开饭店的人，还有被赌场封杀的人……这些人挤在房间、大厅或走廊，叽叽喳喳地窃窃私语。

朝鲜总领事馆的走狗们一大早就忙进忙出，自称正为豪华的大政客宴会做准备；某个包间里，忠实的日本爱国主义者对美军的攻势大肆渲染，借着文化团体的名义募捐基金，文学政治家们则借着这笔钱日夜醉酒；新来的女商人们四处搜刮钱财，为了买到巴黎最新出的化妆品使劲浑身解数。

看着刚到饭店的，从朝鲜来慰问军队的××乐团和前面站着的，说要去张家口公演的××歌剧团一行人，我实在是找不到能打起精神的理由。处境困难但却用油把头发梳得像蒜瓣一样的艺术家们和乞丐模样的音乐家们，不知到底有什么能耐，出去一次回来就换上了新的皮鞋，出去两次回来就换上了新的衣服，出去三次回来身上的香水味就浓的刺鼻，眼睛也滴溜溜地转。

我就住在这样的北京饭店里，236 号房间。由于来了许多老顾客，饭店不许人独占一间房，就连这间房也是与我素不相识的 K 先生的房间，我被赶去与他同住。虽说是素不相识，但其实几天前在去南京的路上，休整的那两三天里，我与他打过几次照面。K 先生也知道我是谁。总之，在重新认识了一下之后，我们在房间里一起吃晚餐喝啤酒，聊了聊过去的事。从后半夜开始，聊天的内容就逐渐像天方夜谭一样荒诞起来了。

我在华中时做粮草生意赚了点钱，想着来北京这四个月先住在这个饭店再找找房子。但是，这段时间我一次都没有出去看过房子，只仿佛有什么心事一般，从早到晚像癞蛤蟆一样蜷缩瘫坐在房间里，举着硕大的杯子大口大口地喝着啤酒。

根据 K 先生的豪言壮语来看，虽然新闻上有过报道，但他也是七七事变导火索的天津政府占领事件的元凶之一。我也不知其真伪。在中国有太多这样喜欢说豪言壮语的人了——谁也不知道他们说的是不是真的。这样看来的话，K 好像也是那样的人。不管怎么说，每日和这样的人同吃同住，居然产生了一种这才是中国的感觉，实在是讽刺。不过也多亏如此，我才能对出入北京饭店的人有一个比较正确的判断和认知。

“我就知道这事儿会闹大……”K 一边哈哈大笑一边用沙哑的声音说道。既不是在炫耀也不是在后悔，就只是像水浒传里的梁山好汉一样，大声抒怀而已。

就算只是写在书本上，天津市政府占领事件恐怕也会在朝鲜人的罪恶史上占据不小的篇幅。当时，对侵略中国持积极态度的日本关东军派了一个叫V的男人去天津，V召集了流浪汉、车夫和乞丐约200人，用一顿饺子喂饱他们以后，带他们每人提着一支枪，冲进并占领了市政府。这位V先生还像模像样地坐在市政府主席的椅子上，接见了日本记者团。K在这件事里相当于参谋长。等不知缘由的真主席到了自己房间，看见一个不知天高地厚的小子正坐在自己的座位上发表声明，眼睛都瞪圆了。结果，假主席V抓着他的耳朵，拖着他走了几步，一脚把他踹走了。但是，由于此事没有事先征得北支派遣军的同意，所以得知此事的派遣军提着枪弹就冲来了。V只好放弃宣读声明，三十六计，走为上计，从后门坐车逃跑了。他们跑到通州，占领了一座庙，建立了名为华北农民自治政府的新政府。事情发展到这个地步，北京、天津等地的民众连日连夜地发起示威游行，高呼要抓住并处死汪某[①]。这虚假政府的主席汪×，不用说，自然就是V那家伙了。日军以所谓的通州事变为讨伐借口，发动了攻击。

"当时我的计划是，一队去占领市政府，一队去袭击银行，抢个几百万元，到时如果形势不好需要逃跑的话，我就跑到甘肃省，在那占山为王号令天下……如果当时事成了的话现在应该会好点吧?"他想着想着好像火气上来了，端起酒杯喝了一大口，瞪着小眼睛看着我。

我更加哭笑不得了:"那为什么没做成呢?"

"V队长说那样的话和强盗有什么区别……打别人的市政府怎么就是强盗了……"K说着又哈哈大笑起来。

如果说北京饭店是魔窟的话，那我简直就像误入了魔王的房间。忽然间我就生起了这家伙也许在暗暗监视我的想法。或许是因为我警觉性太高了吧。

这时，门外响起一阵敲门声，一道影子闪了进来。我想起来，这个男人我见过，之前我第一次途径华中的时候，他和我说他是开百货店的。他走进来看见我后说道:"啊，您来了啊！还有人说您不会来呢……"他好像在自言自语一样，语气有些吃惊。我的心猛然颤了一下。虽然我自称是从南京来的，但谁知有没有其他的传闻。这使得我有些不安。

等那个人出去后我悄悄问K，K说:"谁知道他是不是在瞎说呢。"不知道

---

① 指汪精卫。

是不是因为被害妄想症，我的后背一阵发麻。

事实上，我在徐州和南京是全然失败了才来北京的。虽然和南京的P君的约定已经是很久以前的事了，但我仍不禁感到不安。P君说如果没能等到他，要先行动身的话，让我下次再来的时候顺路去徐州一趟。到了南京以后，我给P君所在的商行打去电话，非常奇怪的是，那边只说知道什么详情的话一定要告诉他。我特意坐车跑去找老板(朝鲜人)问了一下，才得知P君手下的七八个年轻人突然失踪了。这仅仅是十余天前的事。就这样我俩的联系就断了。宪兵队和领警们全体出动，连着找了三天也没找到任何踪迹。接着又听闻在徐州的S君手下的三四个人也失踪了，我大吃一惊。说到S君，他上次归国时曾和P君一起来我家拜访过我，约定好如果我去延安的话路上就一起行动。

我眼前一片黑暗。从抵达的那天起，每天晚上和凌晨都会响起空袭警报，简直到了让人神经衰弱的地步。不免让人生出去上海看看的想法。因为这里是政治工作的中心，难免让人抱着一些或许能找到好的出路的茫然期待。果然，去年途中在上海待了近一个月的时候，一位自称是重庆方面来的工作人员找来酒店了。但那时上海正是百鬼夜行、鱼龙混杂的时候，我难免疑心这青年是日警的爪牙，但就算这样，我也有一点小小的信念。那就是，朝鲜的独立不能离开朝鲜，朝鲜民众的解放也不能离开国土，所以国内也应该有能够响应海外革命力量的力量。当然，在国内走投无路，不得已而亡命天涯的人和我这样在国内有立足之地却选择四处亡命奔波的人是两回事，前者不过是逃避苦难寻找安逸罢了。更别提那些从战争最前线逃跑的人了，他们比那些翻山过河千里，逃亡到大后方重庆的人更加卑鄙。

不管怎么说，重庆这个地方其实并没有什么魅力。那里不是求道者的圣地而是反动乞丐的亚洲马德里。反动政府背叛国家和民族的利益，一路投降，撤退到千里之外的偏僻角落，整日里谋划着内战的恶毒诡计。这是他们的首都。那些奴仆像妓女一样跟在反动政府后面，对着以蒋介石恐怖组织而臭名昭著的蓝衣社和CC团摇尾乞怜，去临时政府宣扬独立运动的地盘搞破坏，实在是让人无法理解。他们使尽浑身解数学蒋介石卖国、独裁，发动恐怖袭击，实在是可笑非常。实际上，在重庆临时政府内也常能见到党派之争和权力斗争。

我的认知简直被刷新了，再加上回去后日渐紧迫的情势，我实在没办法只在学校里呆着封笔不言。更何况，从文人的角度来说，就算我居住在狭窄的平壤，只是一个微不足道的存在，也绝对不能放任自己这样下去。再加上从中国回来以后，日警对我的关注和审查监视越发密切了。侄子作为学道兵被逼到徐州附近去了，没见我几面就逃走了。看来我在宿县和宪兵队玩乐的日子和我在上海的那一个月，很受那些疑心满满的家伙怀疑。有一天，一个中学时候棒球打得很好的同学来找我，说要和我一起在汉城搞独立运动。后来才知道他是警务局的走狗。还有一次，一个不知名的家伙来找我说，要一起宣扬共产主义——这人原来是宪兵队的爪牙。在这种情况下，我不得不每时每刻都为自己的人身安全感到担忧。这时候就又生出了出国的决心。不管怎样也要摆脱这让人不安的环境，重新翻越过中国的土地，潜入延安，踏上斗争的道路……或许最初的想法就是，想要进行冷酷的自我批评，就要从可怕的现实中逃离。

就这样一路走来，到了南京却无法再走下去了。既然都已经到这了，至少得想出什么好办法去上海才行，但是去上海以后的住宿费成了难题。虽然为了应对紧急情况带了一根红参、两块手表在身上，但如果现在就用了，我未免对前路感到担忧。出于一种愚蠢的想法，我想着能否借着地理优势在上海和延安取得联系。这样想着，我又摇摇晃晃地从三等车的过道上坐了起来。在徐州下车的时候，又得到了S君失踪的消息。

第二天清晨到了天津，我去了日本租界，去朋友李博士工作的医院拜访他。他是我的中学同学，现在一边在亲戚的医院帮忙一边研究造船学，是一位非常好学且温恭笃实的人。去年途径这里时，我曾和他同住了些许日子，或许是因为少年时一起长大，相互之间有心灵感应，我一进去，他就变了脸色。他把我带到了二楼的房间。李君从了解我坚定决心的那天晚上开始，就一直为我如何离开而苦恼。但每天只埋头于诊疗室和书房的他，是断想不出什么有用的主意的。虽然听说有很多从北京去延安的人，但是我还是担心一不小心会落入四处横行的密探的陷阱。出于习惯，我打开地图钻研。手指从地图上看起来离延安很近的车站上滑过，如果说坐同蒲线的话……如果在太原有信得过的人的话……从北京翻过山川的话……

我想，一定要去延安的理由就没必要过多的一再解释了吧。在中国，很久前，新的太阳就在陕甘宁边区升起，照亮了广阔的大地。他们反对蒋介石的独裁统治，向敌人发起武装反抗，组织人民政府解放农民，救人民群众于水火。和他们一样，我国优秀的革命家和爱国青年们也在提着刀枪战斗着。祖国的国旗正飘扬在解放区山寨的每一个角落。光是想想这幅场景，就让我心绪沸腾。即使要在这场为祖国而战的战争中献出脆弱的身躯，我也想成为祖国的光复路上的一颗小小的基石。我还要去亲身观察解放区内中国农民的生活情况，人民军队的状况，新民主主义的建设情况，如果有一天能回到祖国，希望可以用这份记录为祖国的建设做出贡献。此外，记录下身处在异国他乡，为祖国的复兴而奋勇杀敌的将士们的故事，是我作为一个作家的义务和我热情的来源。

最终我还是决定来北京看看。临走时，李君往我的包里塞了一万块钱，并嘱咐我务必小心，祝我成功。就这样，抱着直入虎穴的决心，我背着背包来到了这家北京饭店。

或许是上天保佑，来这的第三或第四天的晚上，我就和密探取得了联络。那天，从早上开始，外面就一直淅淅沥沥地下着小雨。我闲来无事，坐在酒店大厅看书。外面下了一整天雨，所有的包间几乎都是满的。当天晚上，几乎所有在北京的朝鲜人都涌来酒店观看××乐团在酒店地下大厅的演出。其中大部分人穿着国民服，也有穿着西装、唐装的，甚至有穿着传统和服的人。有被异乡艰苦生活折磨得脸色蜡黄的老奶奶、背着孩子的妇人、穿着不合身西装的妓女、穿着豪华衣服的卖笑妇……女人们不分你我地挤在一起，一股脑儿地涌了进来。

“北京饭店建成以来，可还从没见过这么让人厌烦的客人！”旁边的一个男人嗤笑道。我合上书，看了看远处这幅光景，不由得独自黯然起来。

这时，一个个子高高的像烟囱一样的男人忽然出现，他嘴里叼着烟斗，吐出一口烟气，大摇大摆地走到中央，哼哧一声坐在了安乐椅上。甫一落座，周围坐着的临时职员、企业家和密探们纷纷起身凑近向他问好。大概是一位很有权势的人吧。这人一副在良好的国民福利下养尊处优的样子，穿着油光发亮的皮鞋，如果说是鸦片贩子的话未免气势太过威严，如果说是常见的委托人的话未免有些破格，如果说是企业家的话，看起来又有些过于骄傲激昂。这人到底何方神圣？我难免好奇心大动。这时候和我同房间的K正好晃晃悠悠地下来了，我赶紧给他使眼色问这是谁。原来这就是之前所说的天津政府占领事件的主人公——V先生。说起V的话，虽然听说过他之前的种种事迹，但还是第一次见他本人，尽管他的名字被新闻传得沸沸扬扬，但对我来说还是很新鲜的存在。有时他要与日本华族的女儿结婚的消息传得沸沸扬扬，没过两天又听说他要和平壤的名妓在朝鲜饭店举行结婚仪式。

数年前我曾听闻日本某周刊专以妓女为主题，那时我还误以为那些小说就是这位名妓夫人的故事，还听闻过她家庭不睦的消息。现在不禁独自苦笑。

“可真是位了不起的历史人物啊……那位。”K哈哈大笑着，“最起码也算做过一段时间‘华北农民自治政府’的主席……”

这时，Y先生戴着一个灰色头盔，穿着衬衫，像熊一样咚咚地走进来，并像长颈鹿一样环顾了一下四周。他手里拿着把扇子不停地摇来摇去，来回向周围的人打招呼。不知怎么，我猜我要和北京的巨人[①]们碰头了。

## 二、灰色头盔

这个Y巨人在专科学校的时候，是一位非常出名的运动员。他在报社上班，来北京已经有七八年了。去年去上海时，一位朋友曾写信向我推荐他，但因为没时间，所以我只路过了北京而没能和他见面。但在国内的时候，我听闻了许多关于他的故事，对他的人品和资质也有一个大概的了解。他庞大的身躯下有着非常柔软善良的灵魂。虽然这只能勉强算作是第二次相遇，但我们竟能像相知十年的老友一般谈笑风生。Y巨人一屁股坐到我旁边的椅子上，展开扇子摇了摇，说道："什么时候来的？坐快车来的啊。很快要回国了吗？"

"你看我这样子还看不出来吗？我还打算多待几天。"

"怎么，有什么好事吗？"

"这个嘛，说不准。"说着说着，我们二人相视一笑。

这时，大厅里传来鼓掌与和弦乐的声音，应该是音乐会开始了。所以我们也起身去那里去了。

"那我就先去M家了……"像烟囱一样个子高高的自治政府主席V边起身说道，"要不要听听独立运动的故事？"他的语气很是自然。

最近这位历史性的大人物竟然能如此容易地准备独立运动了吗？事实上，1945年的朝鲜诞生了许多形形色色的人。谁都知道，在北京这个地方，乍眼望去，多的是狐假虎威的人。后来我才知道，V为了听独立运动的故事而去找的家伙M，也是常常出入特务机关后门的人。现在在韩国以某恐怖党的头目自居。

走近大厅入口处一看，人们接踵摩肩，拥挤非常。好吧，我决定一会儿再进去看，转而坐到窗边安静的喝茶，在包间里抽了一根烟。那位像熊一样壮，像长颈鹿一样高的巨人Y此时又出现了，他面对我坐下，用扇子呼呼扇风，说："去年来的时候我还想着一定要见一面呢……"

"那时候就只在这里休息了一个晚上嘛。"

"看来这次决心十分坚定了？"

"难说。我想着再多学一些关于中国的知识，以后说不定就待在北京了……"

---

① 此处指李永善。他和吕运亨同为朝鲜建国同盟的成员，负责和独立同盟的联络。

他合上扇子微微一笑，“哈哈，看来是做好在这里宁为玉碎不为瓦全的准备了……”

“那么，哥你就打算一直留在北京了吗？为了家人也应该尽快回国才是。”

“嘘——”

“……”

“不妥，不妥……但是，既然如此……”他忽然话锋一转，摘下了头盔。

“既然如此，应该如何是好呢？”

“……走一趟？”

霎时，我心头一跳。“去哪？”

“这个嘛……”

四目相对的一瞬间，火花四射。但我却想悄声一笑而过。

“果然，北京有奇效啊。连你也这样吗？连我这样善良的人也信不过吗？”

“什么？”

“为什么各行各业里都有啊……”

“您说特务吗？”他点点头，哈哈大笑起来。忽然，他展开扇子，敲了一下我的后背，“怎么样？要相信我这残灯一样的老骨头一把吗？”

“那么，还请助我一臂之力。”

他站了起来，戴上头盔。我也跟着站了起来，问道：“什么时候走？”

“那明早联系吧。电话号码是4××××。这里耳目众多，我就先离开了……”

说完，他就挥挥扇子，扫视了一下四周，潇洒离去了。这不过就是两三分钟的事罢了。我却像身处梦中，呆站在原地许久。

虽说我惊讶于这位令人喜爱的巨人Y，较北京的其他企业家来说更为勇敢果断并且从事地下工作，但在如此短的时间内如此容易地达成联络，是我做梦也没想到的。但我忧心的是，我是否太过于草率，过早地暴露了马脚。命运已经决定好了。明天我要么被带到我所期望的地方，要么被抓去宪兵队……在天津时李君叮嘱我小心的话语像魔咒一样在我耳边萦绕。无论如何，只能把这交给命运来抉择了。回到房间收拾好行李之后，我躺在床上，此时已是深更半夜，但我无论如何都睡不着。我更没想到那天晚上K会回来。

第二天凌晨，我们通过电话联系上了。我们在安东市场内的一家小小的中国餐厅里见面了。这可真是让人不安的一晚啊。我们两人分着喝了五两高粱酒。约定好后天出发，明天下午一点先在这里见面，后天坐火车离开，在一、二等座候车室碰头，之后就匆匆地离开了。谋划此事的过程中肯定有许多秘密，我不敢多事，没有多问，巨人Y也没有多说的想法。

“总之，你先向着同盟本部出发……”

“穿什么衣服呢？”我问道。

“就这样子走吧。今天虽然也有一行人出发，但他们要走两个多月。但你的身体看起来不太好的样子……”

“坐火车的话不会太危险了吗？”

他十分肯定地摇了摇头。

“那明天见。”

这几乎就是我们从见面到分开的全部谈话内容了。虽然信任他，但因为无法知道更详细的内容，我的心里始终感到不安。当我回到饭店碰到熟人时，我总不由自主地先挑起话头，说我后天想去上海转转。想着到了延安穿着西服很是不方便，我又去街上买了一套看上去很结实的工作服。剩下的钱就寄给孩子们买玩具吧。

之后我去六国饭店拜访了诗人R女士[①]，请她回国在平壤下车时帮我寄送一些东西，并提前向她表示感谢。想着也许这是寄给孩子们的最后一件礼物了，我总是忍不住想多买一件给他们，所以挑了又挑，就这样，一天就过去了。如今物价飞涨，已经是去年的十余倍了，我看得上的东西，没有一个买得起的。

第二天下午一点，我们又在那个餐馆见面了。约定好明天上午9点半在一、二等座候车室见面。吃完“最后一顿午餐”后，我们就从餐馆出来，准备分开了，这时Y巨人忽然慌慌张张地追过来叫住我：

“这是我口袋里所有的钱了。”说完，抓了一大把钱塞给我，“只有五千块。至少给孩子们买双皮鞋寄过去吧。”

我和他再次握了握手，转身离开时，眼泪不禁在眼眶里打转。那顶灰色的头盔就那样消失在人群中了。我转身走进市场，给孩子们买了双漂亮的皮鞋。

回到酒店，我把行李和要寄回老家的旧衣服收拾好，把给孩子们的礼物也一并整整齐齐地放在里面。碰巧第二天早上7点R女士要回国，我正好托她帮我把东西带回去。那天晚上，我在无尽的感慨中给母亲和妻子写了几封信。在信上写下离开时约定的暗号“余不备”，告诉了她们我将动身去延安。并附

---

① 这里指的是诗人卢天命。金史良和卢天命为慰问国民总力朝鲜联盟兵士后援部在支那的朝鲜半岛学兵，一同来到北京。参考《每日新报》1945年5月15日。

上了动身的日期和时间。并告知妻子这封信将是最后一封信了。

第二天凌晨我早早起来准备把包裹放到车上送到R女士家去。窸窸窣窣正要出去时,同房的K揉着眼睛爬起来,嘟囔着说他做了个噩梦。

"什么噩梦?"我回过头问道。

"梦到一条蛇从饭店房顶上嘶嘶地爬下来,我吓了一跳,定睛一看,这条蛇已经落在地上变成人了。都说梦见蛇的话一天都没好事……"

不知为何,我心中忽然有些不安。之后我投奔抗战阵营的事暴露的时候,不免有些自责,为这位自称风云人物的家伙担心。

清晨的古都街道被笼罩在薄雾中,十分寂静。车夫们蹲坐在路边摊前,呼噜呼噜地喝着豆粥。坐着黄包车去了车站,发车的车铃就响了。火车开动时,我把包裹递给R女士并靠在她耳边轻声嘱咐道:"我今天就要往南边去了,您帮我把包裹捎回家时,不论发生什么事都不要害怕……另外,我今日离开的事,还请帮忙转告一声。"

R女士眨了眨眼睛,"如果可能的话还请尽快回国。"

火车速度慢慢快了起来,我跟着跑了两步,大声喊道:"请务必帮我把这封信带到。"

按照前一天的约定,九点半的时候我来到一、二等座候车室,靠着中央的柱子坐了下来。整点的时候,一个穿着一身黑压压的制服,戴着华北交通局帽子的人出现在我面前,朝我使了个眼色,回身就走。这个青年看起来像是个中国人,他的脸被太阳晒得有些黝黑,容色冷硬,体形略胖。我从他手里接过车票,拨开人群,挤上了从平汉路开往南方的列车。他买了三个木质饭盒和五盒"前门"递给我,"快到了的时候有人接应你,跟着他就行。我们还是不要认识对方为好……"

我笑着点点头,"谢谢你了。"

"或许不久之后能相见呢。"

"如果能在那里见到的话就太好了。请帮我转告Y先生一声!"

"请务必保重。"

终于,火车发动的铃声响了。我们重重地握了握手。

"北京,再见!"

### 三、平汉路空袭

从早上开始到处奔忙,直到现在终于能坐在列车宽敞的座位上喘口气,积攒的疲劳一下子向我袭来。就这样轻松地和延安方面取得联系,顺利地离开了可怕的北京，我的心一下子安定下来。外面风和日丽，绿草茵茵。

车厢里，日本宪兵背着手枪，仔仔细细地调查着每一个人，中国的乘警也扛着步枪来回巡查，但奇怪的是，我一点也不感觉不安，内心充满了平静。世界上再也没有比这更惬意而幸福的旅行了。在飞驰的列车上，远远地望着地平线，我多么想在火车停下的时候下去看看，抚慰自己焦虑的心情。穿过这个村子，翻过这座大山，沿着山底的路向前的话，会有人接应吗……我沉浸在这种不着边际的想法里。但我现在不必再漫无目的飘荡了。有明亮的灯火指引着我前行。这让人高兴的好消息，此时正坐着朝朝鲜方向奔驰的列车，奔向在家中等待的妻子。

R 女士虽不知此间缘由，但一定会将我的决心转告于她。离别时年迈的母亲脸上悲伤的表情再一次浮现在我眼前。那时我说，我一定会活着回来的，直到再次相见之前，我绝不会闭上眼睛。但是，写着“余不备”暗号的信，会不会就是我寄给母亲的最后一封信了呢？母亲啊，请万万保重身体，等我回家。我又想起我年幼的孩子们。不懂事的小家伙们缠着爸爸要买小汽车，嘻嘻哈哈地到处乱跑。离别时没能再抱一抱那个臭小子，也没来得及再次摸摸在母亲怀中呼呼酣睡的小丫头，我不禁再一次伤感起来。

从手册里抽出孩子们的相片，看着照片里戴着贝雷帽，倚着墙笑的大儿子，我不禁也跟着笑了起来。第二天早上收拾行李的时候，打开手册，上面有孩子们用彩色铅笔画的画，我不禁用手指在上面轻轻摩挲，就仿佛是在安抚孩子们一样。五岁的大儿子已经可以像模像样地在纸上画出一个像稻草人一样的爸爸了，他用红笔画了一支枪，用绿笔画了一个苹果，提醒我坐车回家的时候给他带上枪和苹果[①]，让人忍俊不禁。小丫头什么都不懂，只知道在本子上乱写乱画。但正是这样的画，给予我深深的安慰，激发了我无尽的勇气。

我真的很想把这条充满幸福的路分享给祖国的同志们。离开朝鲜的那天，有的同志递给我一包药，叮嘱我小心身体；有的同志借给我一本中文口语书，担心我到了这里就变成哑巴；还有的同志拿走了我的火柴递给我一支烟斗，叫我去了中国不必那般讲究。检票的时候，一个喜欢收藏古董的同志，往我兜里塞了一把古刀，笑着让我防身用。这些事情在我眼前一一闪过，恍如昨日。没有人为我的离开唉声叹气，我也没有做过多的解释，毕竟大家都是心意相通的同志。直到今天为止，我身上仍好似奔腾着从同志们身上得来的热血。同志们，祝我此行顺利吧。

---

① 《民声》连载本上儿子没有要爸爸买枪，只在手册上画了火车。

就在我斜坐在床边，看着飞驰而过的田园风景，深深地沉浸在回想中时，宪兵队的人走过来，上下扫视了我两眼，问我要去哪。我把车票给他们看了以后，又问我为什么走这条路。我按照预设好的说辞，回答说要去看望作为上等兵驻扎在彰德城的侄子，就这样蒙混过关了。这个理由看起来有点特别。

“你不害怕吗？那儿可是每天都有轰炸袭击。”

“怕什么？”我笑了。

只是，我猛地想到，这些家伙这样严密的盘问，带我进来的那位工作人员会不会有危险？我有些不安。那样的话，我不能再无所事事地到处乱看了。我故意伸了个懒腰，打开报纸读了起来。他在这个车厢内坐着吗？还是说他在其他车厢，已经平安度过了搜查？快走吧！赶紧安全地离开吧！

火车马不停蹄地向南奔去。

但是，原定下午五点到达定县，火车在停车之后却像吃了乌鸦肉一样，一动不动了。我下了车，在熙熙攘攘的人群中散步。原来今早前方桥梁被P—51战斗机给炸断了，要夜里才能修好。听说石家庄车站不久前被炸了个粉碎，我们的前路可以说是十分危险，每日要受到两三次的强袭。此时，我们离轰炸圈也越来越近了。晚上，一群日本人聚在一起，担心一直这样停着不走会出大事。我也十分担忧。

中国的旷野从这里延续到天边，独独在这里发生了翻天覆地的变化。遥远的西南方，太行山系连接着五台山，仿佛一座沉睡在淡紫色的雾中的山寨，夜色逐渐弥漫开来，山径几不可见。简陋的小城里，居民的生活可以说是非常寒酸了，人们用布包着孩子背在身上，一边爬上车一边嘟嘟囔囔着什么。

晚上车里连灯都没有开。比预计的时间稍早一点，晚上十点半的时候，车发动了。过了两站后，我开始寻找一个能躺的地方。我来到一个青年面前坐下。他留着一撮小胡子，嘴巴紧紧地抿着，眼睛滴溜溜地转。等坐下之后我才反应过来。一看他那突出的颧骨和方正的脸庞，就知道是朝鲜人。他看上去三十岁左右的样子，看见我以后，转过身去，枕着一个小布包躺下了。这是我在车上遇到的第一个朝鲜人。我有些难为情地想，他会不会就是接应我去延安的人呢？但此时再找一个其他位置也不是件容易的事，于是我也躺了下来。过了一会睁眼一看，那个男人已经悄悄地离开了。但我当时实在是太困了，翻了个身，便又进入梦乡了。

夜里乘客们忽然吵了起来，我被惊醒了，赶紧起来看看怎么回事。原来是因为要换一辆火车坐而吵得不可开交。我慌里慌张地背起行李，从床上下来，打开灯，爬上另外一辆等候多时的火车。由于二等车只有一间包厢，狭窄的过道上人群混乱，我站在那里不知所措时，一个青年出现了。他一把背起我的行囊说道："来坐这吧。"说完就拨开人群向前走去。因为我这个瞌睡虫的失误，青年显得十分焦急。我实在是羞愧非常。"原来是他啊。"我暗自想到。他坚实的肩膀看起来非常沉稳可靠。跟着他过去坐下一看，旁边正是之前那个留着一撮小胡子的青年。他蜷缩着坐着，露出微笑来。

"赶紧再眯一会吧！"说完，他就又不知去向了。

车里像是难民营一样，又挤又闷。人们三三两两聚在一起，悄声议论着今天早晚的两次空袭。这群人今早才上车。

火车大声地嗡鸣着，一刻不停地向南疾驰。但第二天早上，火车忽然在一片旷野中咯噔一声停了下来，车厢倾斜，所有人都向前扑去。这是一片周围毫无遮挡的凄凉旷野。霎时间，不安的氛围弥漫开来。

这时，听见远处一个车童大喊着跑来："飞机来了！飞机来了！"催促我们快点下车。人们顿时哀号起来，迅速爬起来，争先恐后地推搡着下了车，像蚂蚱一样四处逃窜。三等车和货物车上也不断地涌下人来，哭喊着奔逃。背着包裹的年轻男人、拎着篮子的夫人、尖脚的老妇、小孩子、夫役……人们马蜂一样惊慌失措地四处逃窜，好一片混乱。有藏在河沟下的，有藏在水沟下的，还有藏在乌木桥下的。我急匆匆地从车上跳下来，跟在接应我的青年身后，像200米外的村庄跑去，藏在了水坑里。我看了看手表，这时是八点半。

晴朗的天空轰隆轰隆地骚动起来，耳边传来金属的声音。我们蹲在水坑里，抬头往天上看去。

"这是P—51的轰炸声。你看云朵之间。"

果然，一架雪白的飞机从乌云间滑过，机身被早上的太阳照得闪闪发亮——离我们大概有三千米[①]——它如离弦之箭一般，呼地一下从我们头上俯冲下来——一个回转，爆发出嘈杂的机关枪扫射的声音。突突突突……一阵枪声之后，我们抬头望去，只见飞机已经毫不犹豫地掉转头，悠然向北飞去了。

我和那个青年分散开，向火车靠近，从不知是不是隐蔽用的土墙之间看去，只见火车头已经被炸陷下去了，头和两侧都没有了，完全泄了气不能发动了。

"死了一个锅炉工。"

"有一位老妇人受伤了。"铁轨对面有人大声叫道。

这时，传来飞机再次来袭的喊声。于是大家只得再次慌慌张张地逃开，我

① 《民声》连载本上记录的是五千米。

抬头一瞥，发现这一次飞机只是在茫茫天空上打了几个转，好像确认轰炸成功后，就又向北悠悠飞走了。

穿着中国大衣的日本年轻人们从田沟里抬起头感叹道："谢天谢地。"

我们也在心里默念"谢天谢地"。这下又要等车来了才能走了……

"那些人……"接应我的年轻人用下巴指了指那些日本人，"他们是新组建的特殊部队。听说是执行特殊任务的突击队。"

"……"

"小心这些家伙。"

村子里的村民们一看，来生意了，提着鸡蛋出来了。卖凉粉的、卖花生的、卖烟的、卖水的……大家都提着东西出来了。

因为昨晚没睡好，我四仰八叉地躺在草地上就又睡着了。就那样等了将近七个小时，下午三点多的时候，车终于来了。没过多久就到顺德站[①]了。到达的时候是四点十五。没想到坐在远处的年轻工作员忽然背着行囊站起来，使眼色让我同他出去。"分头出去吧。"他说。我心头一跳。不知去常德[②]的车票本身就是个幌子，还是中途生变，改变了计划。

检票的人旁边站着许多架着刀提着枪的宪兵，一排排卫兵在各个出口站着，警戒森严。我第一个出去……无事发生。回身一瞥，留着胡须的青年也出来了……无事。之后我就不好回头再看了。我走向偌大的广场，直奔巷子。

广场中央，一个一看就是日本人的家伙，像影子一样，注视着每一个从车站出来的人。我淡定地在他的注视下走进巷子里，回头一看，那个留着胡须的青年和接应我的青年混迹在中国人中向我走来。我不禁浑身是汗。

### 四、一百五十里的封锁线

如果一切顺利的话，我们原本预计晚上到。但由于这一路上波折四起，我们第二天白天才到。后来我才知道，工作员那时心里也因此不安。到了以后我才知道，这里不仅驻扎着日本军队，还有不少日本警卫队的碉堡。

我们先去了一家较为偏僻隐蔽的饭店歇脚。这里正位于平原中央，是日军对太行山封锁线的要塞。

"请坚定信念，就算食物不合胃口，也尽量多用一些。"

不安和焦躁的情绪在我的心里涌动，原本看起来很好吃的素面吃进嘴里也变得苦涩起来，让人连筷子都不想抬。留着胡子的男人笑着说道："看来现

---

① 现名为邢台。

② 现名为安阳

在开始要和北京美食彻底说再见了，是吧？”

从他嘴里听这话可是第一次。看来面是真的很难吃。我也笑了笑。但我们依旧没有正式相互打招呼。工作员好像也没有让我们相互了解的想法。工作员看了看手表，好像在思考着什么。之后，他从行囊里掏出一双中国鞋，说道：“准备一下就动身出发吧。”留着胡子的男人听完换上了一双运动鞋。我什么也没准备，就只好把在途中买的头盔放进包裹里。

“不错。不错。”工作员点点头，“那我先出去转一圈，打探一下。”说完就起身出去了。

留下我和胡须男相坐无言。胡须男不好意思地向主人要了些水用来洗手，两个人交谈着什么。我虽不知道内容，但显然他说的是一口流利的中文。我不禁暗暗有些好奇。他看起来和同行的工作员也不甚熟悉，难不成和我一样是新来的吗？如果是这样的话，他这一路表现得可太镇定自若了，简直是泰山崩于前而面不改色。过了一会，工作员带着三个车夫回来了，叫我们赶紧上车：“就这样在这等着天黑指不定要出什么事。我们现在就出发吧。小心观察四周。尤其是人群中——”

我赶紧跟着坐上工作员后面的那辆车。胡须男也紧跟在我身后上了车。虽然就这样稀里糊涂地上了车，但我猜工作员那句话应该是让我们小心日本军队。难道就这样从前面离开就可以了吗？街道在阳光的照射下满是浮尘，略显破旧。羊车们排成一列向前行驶。坐在我前面的工作员整了整自己的徽章。我也有样学样地跟着整了整。一辆载满了武装日军的卡车咻地一声飞驰而过，掀起尘土阵阵。

马上就要出去的时候，忽然一群狗狂叫着涌了上来。车夫挥挥手杖作势要打，狗吓得向后一缩，转眼又紧跟在车后狂吠。一群乌鸦原本正在远处小河边的榆树上休息，此时被惊得嘎嘎叫着飞走了。浅红的城墙倒映在小溪中，显得格外沉默寡言。

前面的车忽然停了下来，我们只好也停了下来。车夫和工作员不知怎么了，竟吵了起来。前方有两条岔路，其中一条杂草丛生，蜿蜒倾斜。路旁边有三四户人家，再往前走还有一些中国人在卖油果和饺子等。这些人远远地站着，有时瞥来一眼，对于这场争吵听都懒得听。车夫说原本应该要走这条路，工作员忽然说要走另外一条路，跟先前约定的不一样，他可不去。最后以工作员加钱，车夫的妥协而结束了这场争吵。多亏了两边高高的山坡，才没让我们一行显得过于瞩目。

尘土飞扬，烟尘笼罩在车的四周，让我们感到些许安心。路长的仿佛没有尽头一样，但好在路上一个人都没有。车夫们摇摇晃晃地拉着车，气喘吁吁，连连抬起毛巾擦汗。我们相对无言。留着胡须的男人似乎想打破这无聊而沉默的气氛，偶尔找些话题聊两句，但车夫实在累得连气都喘不过来，开头还一句一句地答了，之后就只能喘着粗气，沉默地在这条山路上奔跑。一路上是一点风都没有，我们的车子从白杨树下跑过，灰尘四散，简直像奔跑在火焰燃烧完之后的灰烬里。实在让人喘不上气。跑了大概20分钟后，前面的车在这条狭窄的小路上停了下来，挡住了我们的去路。工作员下了车，佯装等待。但实际上却像一个斥候一样，悄悄地爬上山坡，好一会儿以后才下来。他对车夫吩咐道："走吧！"

没过多久，转过一个弯后，天气豁然开朗了起来，在坡上可以看到远处。两条光秃秃的平汉铁路铁轨出现在了眼前。不知怎么的，我的心情豁然轻松了起来。工作员一副早已偷偷观察过这条铁路的模样，"快走吧！"

我们顺利地越过了铁路，踏上了绿色的田野。田野里，农民农夫们卖力地挥着锄头，小孩子们深一脚浅一脚地走在田间的沟渠里，男人们聚在高处给田里浇水，闹哄哄的。大概是因为许久没下过雨了，泥土从绿油油的秸秆下簌簌地飞了起来。远在我们西南方的就是太行山脉了。山势巍峨，仿若剑戟。天上的云一团一团地聚在一起，像被烧过的羊毛一样。云朵的边缘透出夕阳的橘色，光线从中四散出来，像把扇子一样。车向前跑去，我偶尔回头看一眼后方的小小村落，路边坐在树荫下的孩子们大叫着想跟上来，村子里的妇人们吓得连忙走进村子大门。就这样马不停蹄地一直赶路，到没有车能走的路的时候，工作员终于让这些车夫们回家了。在工作员的催促下，我们又只好加快步伐向前进发。"走到那个村子只要五十里路！走吧！"

小小的村落隐藏在一片树林中，若隐若现，在无边山脉的笼罩之下，仿佛一只筑巢而卧的山鸟。我紧了紧肩上的行囊，颤颤巍巍地又向前出发了。一路上路过了三五个村子，也没能讨一口水喝，走在前面的工作员好像也没有要喝水的想法。我只好一心想着，到了村子就好过了，最起码到了村子就可以安心坐下来，伸直了腿休息一下。路上虽然有绿洲和阴凉的地方，但我完全生不出停下来喘口气的想法。我们一路上像是被人追赶一样，不停地赶路。就这样马不停蹄地赶到了村子。村子在我们眼里看起来亲切极了，简直像是父亲一样，张开双臂迎接我们。

本来我想着，如果能离开的话，我希望和在中国当学道兵的A君一起动身。即使有心思缜密、顾虑周全的工作员带着我，这一路尚且如此凶险，那深夜从兵营中逃出的A君该如何呢……他已经躲过了那些家伙的追击，直接去根据地了吗？如果他在那等我的话，那该是多么令人高兴的事啊？

去年夏天去上海的时候，我在徐州下车，见了他一面。他夫人是独生女，他夫人的堂姐在己未年的独立万岁运动中失去了自己的丈夫。那时天气像七月一样，炎热无比，那个小小的村城距徐州百余里，石墙高耸入云，把这座村城像监狱一样围了起来。A君见到我之后，赶忙拦住我，一时竟像是不知道如何是好。

警卫队将沿线的铁路紧紧围住，死死的关住城门，把这座小村变成了名副其实的监狱。A君叹了口气说道，因为要越过兵营和城门这两层障碍，所以完全没有逃出去的希望。躲无可躲马上要被抓的时候，他下定决心，要抓住机会逃去华北，但现在如此情形，实在是对他不利。

“等军队编制有变的时候我也换个岗位。伺机而动……”他这样说道。

“回来的时候顺路可以再来一趟，好好观察观察状况再行动！”

“不必顾虑。反正现在出不了城……”

“要神不知鬼不觉地行动才行！”

说完，我就走了。他像根长生柱一样站在城门边，远远地看着我走向车站，挥手送别。当时他的样子至今仍在眼前。如果当初带他一起离开的话，这一路该多么幸福？我非常欣赏他的勇敢与聪慧。

回想起A君，我总有一件忘不掉的事。那是我去上海时的事。我未能真正帮上忙，实在是心中惭愧。倒也不是别的，只是从平壤离开时，J夫人听到A君夫人的话后，跑到车站来，说是她丈夫在的地方似乎离我不远，求我帮忙找到他，并给他带些袜子、毛巾、衬衫等生活用品。这位新婚女士的恳切请求实在过于哀切，我只得一口答应下来。但一路走来，却发现大家所属中队不同，散落四方。但是，当知道从A君那得知J夫人的丈夫就在几站外不远处的宿县时，我只好动身去找他。太阳快要落山的时候，我终于到宿县车站了，之后又走了快半小时，才在部队找到他。我们在卫兵所后街猛的握住了对方的手，他的脸庞和肢体涌上了无法形容的激动和粉红色旋风。由于这实在是难以置信，所以我们都感觉很奇异。他紧紧握着我的双手，牙齿上下颤抖着，细腻而俊美的脸上簌簌地留下了眼泪。好不容易才哽咽着说道：“万万没想到，万万没想到啊。”

我静静地把我来的这一路上的事从头到尾讲给他听。J君深表谢意，又一次紧紧握住我的手。我问他这里还有几名同胞，他说包括他在内一共有四名。我表示不管怎么说也应该见见他们，至少替他们给家里捎回去一封信。但不知为何，他脸上涌起一股悲壮的表情，僵住了。意料之外，他眼睛里又一次涌出了泪水。

“就算不能见面……”他这样说道,“我们如果四个人一起抽这些烟,吃这些水果的话,最少也要一起给你一百块……天黑之前……”

“不必顾虑我。本不是为了这事见你的……”

这话使我抬起头来看着他的脸,无谓地点了几下头。一种不知名的预感涌上我的心头。我自言自语了两句连我也不明白的话:

“请务必小心。”

“我们一定不会死的……”

这话使我露出微笑,再次同他握了握手。夜幕降临时,我离开营地,走到路边,忽然像发冷似的浑身哆哆嗦嗦地打战。等到好不容易回了车站,我问了一下车夫们,去了城内唯一一家小旅舍。因为此时已经没有火车了。

我饿了一天,连晚饭都没吃。在灯下打开书,字从我眼前闪过,但我完全读不进去。我又打开日记本,也是连一行都写不下去。关了灯躺在床上,我全无睡意。毫无缘由,不安的感觉涌上心头,就连外面有人走路时,皮鞋发出的声音也让我不寒而栗,浑身鸡皮疙瘩。就这样一直辗转反侧,无法入眠,不知道过了多久,听到了凌晨1点的敲钟声……

那是一个白月茫茫的森然夜晚。玻璃窗边忽然出现两三个黑黝黝的影子,两个男人咣当一声推开门,像幽灵一样走了进来。同时他命令我把灯打开。我勉强支起颤抖的身体,打开了灯,昏黄的灯光下,这两个穿着中国衣服的人正用枪口指着我。虽然不知道到底发生了什么事,但就算被枪口指着,我也像早有预料一样,泰然自若。一个男人叫我举起手来,把我身上搜了个遍,又跑去把行李箱翻了个底朝天,另一个男人厉声问道:“你去过部队吗?为什么去?去见了谁?从哪来的?又要去哪?”

这样一连串问完之后,我只好解释说明日去南京的行程推迟了。他对此绝不相信,又追问到底是何事,我实在是答不上来。他一边说明天早上一切自然就明了了,一边掏出了身份证明。果然,不出所料,他们是宪兵队的。我的膝盖不禁瑟瑟发抖。半夜,我被押上挎斗摩托车,带去宪兵队了。

宪兵队出动了,他们在各个路口戒备森严,许多黑漆漆的影子涌向各个胡同。兵营里似是发生了什么大事。J君不寻常的神色忽然浮现在我脑海中。事情闹了一整晚。哨声四起。直到天亮时分,队长才出现,开始审问我们。他急躁异常,硬逼着要审问出什么线索来。大家都一口否认。他看起来心情似乎很是不好,语调逐渐升高之际,队里的副官骑着马来了。来了一看,此人此前曾和我在东京同住过一间房,但他只知我姓金,并不知我全名,只好瞪圆了眼睛说原来是你。我的心却渐渐沉了下去。因为被带到拘留所的那段日子，比此时陌生的情景还要不利。可他一认出我，就不由分说道："金先生，怎么没把四个人全见一遍？"

我简直不知所措。"到底发生了什么事？"

"什么事？有人逃跑了。"

"逃跑吗？谁？"

"除了J君其他人全跑了……"

这下真相大白了。不知是否是命运弄人，我去的那天，碰巧是J君手下的四名朝鲜学道兵定好要逃走的日子。这样想来，J君那无法形容的感激和沉浸在慌张中的模样也不难理解了。为了不给我添哪怕是一点麻烦，才不让我和其他同胞见面。不仅如此，J君还为了我独自留下了。正是因为他，这场可怕的误会才得以消除，但只让同僚离开独自留下的他，心情又该如何……

火车进站了，我坐上车，眼泪止不住地流。毕竟在晚上十一二点的时候逃走，到天亮了也没有被抓到，可以说是与成功无异了。错过了这样好且仅有一次的机会，原因除了我还有谁呢？他赌上自己全部的命运，为了别人而牺牲的精神深深地刻在了我的心中，实在是让人心酸。

大约一月后，我从上海回来的路上又去了一趟徐州。虽然没有再次去兵营找J君的勇气，但由于担心身处峡口警备队的A君的踪迹，我还是打算了解一下上次后的事情再回去。到徐州后一打听，原来A君被带到宿县部队了。正是J君所在的部队，事端发生的部队。我实在是生不起再去找他的念头。但无论怎么想，我都觉得自己好像应该再去找J君一次。就这样踌躇不前了两天，我终于鼓起勇气，动身乘坐前往浦口的车。那一天格外闷热。

乘客们都放下了行李等待发车。我一手绑着汽水瓶，一手提着饼干，正准备上车时，偶然碰到了从车上下来的宿县部队的副官。我眼见被认出来了，霎时间感觉脸上火辣辣的。

"去哪？"

"正要去你在的部队呢。我侄子也……"

"是谁？"

"A上等兵……"

"他逃跑了，你不知道吗？"他露出疑惑的目光。

我的心脏仿佛要从胸膛里跳出来了。"什么？"

"四五天前，有两个家伙……"

我像是做贼心虚一样，连告别的话都没说，当晚就连忙踏上了回国的路途。两个人一起逃了！是和J君一起走的吗？如果是这样的话，那我实在是深怀感激。我肩膀上的责任好像也减轻了一些。

一年过去了，那之后还是没有听到关于他们的任何消息。但回国之后，李君和宪兵队的事确实让我的心备受折磨。听人说，有一对兄弟在出逃的路上，哥哥中枪身亡了，弟弟被抓了。又听说有人在战场上抱着手榴弹自杀了，还有人在逃亡的路上中了汉奸的奸计被抓了等等。这些传闻听了就让人起一身鸡皮疙瘩。他们含着血泪挺身冲向日本鬼子的刀枪的样子，恍如昨日，至今仍历历在目。那些孩子们被送上日本帝国的死刑台时的悲伤心情，如今仍在心中翻涌。

他们知道，要想抵御日本鬼子的侵略，是不可能不流血的。他们有人相互结伴，逃到深山老林中；有人偷偷越过边境前往北方；有人在提出反对后被举报了，被押到强制劳役场；有人在军事审判后，默默地被抓进军队，却暗中策划着暴动计划……还有许多从宪兵队逃脱出来的青年学道兵，他们学习用枪和刀的方法，在军营里勇敢的参与抗日活动，表现出色……为祖国复兴而奋斗的人远远不止于此。

从不久前开始，数千名的爱国青年被日本人以所谓的志愿兵的名义抓走，强制召集去当日本人的挡箭牌。这些人中，有些人正在田间劳作，有些人正躺在病床上痛苦呻吟，有些人正在煤窑里挖矿，还有些人正在工厂里干活，他们就那样被日本人抓走，完全不知自己将去何方。同村的人们咬牙切齿，落下眼泪来，父亲母亲相互抱头痛哭却被一脚踹倒，亲戚们四处奔走寻找藏身之地，但最终都倒在日本人无情的鞭子下。日军的走狗和亲日派就那样噙着微笑，慢条斯理地看着他们满嘴鲜血地被押走。但是，这些同胞绝不是被拉去屠宰场的牛，绝不会默默地任人宰割。

我虽对这些年轻人们处于如此绝境而感到万分心痛，但我同时也对他们有着很大的期望。在戒备森严，残暴不堪的日本军队内，在为正义而战的战场上挥洒热血时，他们才更加深刻地感受到了没有自己的国家的那种刻骨悲哀。这样，他们才完全明白了战争中的是与非。最终，十几二十个人挺身而出，向敌人拔出了刀。这样来看的话，相较之下，能来到华北这片田野已经可以说是很幸福了。军营就在不远处迎接着我们。

“如果能一起走过这条路的话，该有多么幸福啊！”

正当我沉浸在种种纷杂的回忆和感慨中时，留着胡须的男人忽然叫了起来：“后面有两个自行车跟上来了！”我后脑勺顿时仿佛挨了一锤。我赶紧把这个消息告诉前面的工作员。他也吓了一跳，回过身来。果然，两台车若隐若现，一路扬起灰尘，向我们来了。后面还跟着一条大狗。我们不禁感觉阵阵冷风袭来。我们一行人特意避开大路，七扭八拐才绕来这条小路，这两人却如此着急冲上这条路，想来十有八九是与我们有关。乡野村民肯定是不会骑自行车的。事实上，那天在漫漫长路上，我们一辆自行车都没有看到。

“宪兵?”

“卫兵?”

我回头看了眼工作员。他那像石佛一般耸立的古铜色脸庞，正一阵阵抽搐着。

“同志们先坐下。”他用沙哑的声音喃喃道。他坐在旁边的座位上，掏出一根烟叼在嘴里，火柴的火焰兴奋异常，没有立刻熄灭。工作员慢慢开口道:“这个时候如果轻举妄动容易失误。目前是什么状况还未可知，这个村子里有日军警卫队驻扎，说不定是他们的人。”我的心不由得沉了下来。现在居然只能寄望于来人是日军警卫队，这未免太过可笑吧? 工作员瞄了一下我们的脸，试图挤出一丝微笑，但嘴唇只是哆哆嗦嗦颤抖了两下。“不必担心，放心吧。万一这伙人是日本鬼子的话我们就先下手为强，说我们正要去日军警卫队缴纳物品。”

“我不能说自己是生意人，就说是不久前在车上偶然遇见各位的吧。”

“好。”工作员同意了我的提议。

“我是铜牌收卖人，这位同志是木材商人……来做生意的。就算这些人真的是日本鬼子……”

“我先开口吧。”

工作员听了我的话，再次点了点头。就这样，我们一行人抽着烟，等着后面骑自行车的那两个人的到来。随着狗嘈杂的叫声慢慢靠近，自行车的身影也越来越近了。我用目光死死盯着这群如恶魔使者般的家伙，丝毫不敢大意。留着胡须的男人张开双臂躺在旁边，嘴里嚼着一片草叶。这时，工作员忽然站了起来，用中文大喊着什么。来人是一个顶多十五六岁的少年和一个二十岁左右的少年，还有一条牧羊犬。他们扔下自行车向我们走来，工作员冲上去紧紧地握住了那个年纪稍小的少年的手。两个人看起来相识已久，颇有默契地交换了一个眼神。少年接过一支烟叼在嘴里，和工作员两个人叽叽喳喳地交谈起来。工作员有时问些问题，有时又点点头。

“这是我们的通讯员。前面没有路了。同志们，会骑自行车吗?”

看着他们疲惫的样子，我心里实在不忍，推辞了。年纪稍小的那个少年骑着车走在前面，不时回头打手势示意。凉风渐起，我们逐渐淹没在紫色的雾气中。此时已是日暮。二十岁左右的那个少年推着自行车带着狗，默默地跟在我们后面。工作员一路上忙前忙后，指引着我们。他喃喃道："太不好意思了。跟在我们后面的这个孩子是住在那个村子里的朝鲜人。给金刚商会跑腿的。主人是做铜牌收卖生意的，虽然有时给我们提供一些关于日军警卫队的信息，但有时也使唤我们跑跑腿。他们知道我们要来，就派通信员去车站等我们，谁知道火车晚点了……小家伙们说是自己白天睡着了，不知道我们来了，这才搞砸了……之后赶紧慌慌张张地追上来，途中碰到了这位从顺德回来的跑腿的，就一起来了。"

"一定得好好注意一下这孩子。"留着胡须的男人回过头来看了我一眼，"现在战况对日军不利，八路军又和我们携手作战，一起行动，金刚商会的主人就想脚踏两条船，两边都掺和一下。最近又来给我们暗送秋波。虽然这人十分珍视身家性命，不会告发我们，但以防万一，我们跟着这跑腿的小家伙到了安全地带就走吧。"

等摸索着走过田间水沟，穿过草丛，满身是土地进入村子的时候，天已经黑了。顺着工作员手指的方向，我们一个一个钻进了小巷里。我的心里直打鼓。这片村子遭到了日军的残忍迫害。倒塌的围墙，残破的屋顶，四散的子弹，被火烧得漆黑的树木，都让这片七零八落的村庄显得无比凄凉。骨瘦如柴的狗叫着向我们跑来。我们一行人进到巷子里一间温馨的小屋。金刚商会的跑腿和牧羊犬也跟在后面进来了。不一会儿，来了一个年轻人。他和工作员握了握手，我看见他腰上别着枪。工作员为我们引荐，说这位是在军队工作的共产党党员。男人先赶紧给主人家的老夫妇煮了热水喝，之后在面饼上抹上辣椒酱，放上大蒜，就算作一顿晚餐了。对于村民来说，这就算是一顿很好的饭了，从中也能看出附近村民生活的悲惨和艰辛。

太阳已经落到太行山里去了，天黑了。但我们此刻正身处于日军警卫队戒备森严的地方，一刻也不能停留。吃完晚餐，一个中年男人拎着一个包裹进来了。里面是旧的中国衣服和鞋子。我们换好衣服后，主人家的老先生和工作员把我们的行李放进布袋子里，塞到扁担的两头。

"天亮之前还有九十里路要走。"

八路共产党员，通信员，挑着行李的跑腿青年，主人家的老头和我们三人，我们一行一共七人。再加上一条狗，就这样动身了。远远地就看见了日军警卫队的灯火。在那向右约一百米的地方，我们脚步飞快，安静地穿过田间水沟，越过土坡。呼——终于能喘口气了。

今日是阴历三十，天上无月，浩瀚的星海下，只有静谧的田野。由于禁烟，我们没办法抽烟，只能一言不发地走过十里地垄，一口气从破碎的城门中穿过，离开了这座了无生机的村落。村民们一溜烟的跑出来聚在一起，诧异地看着我们一行人。在一片漆黑中摸索的时候，每次转弯的时候都得大喊问问前面是谁再走。八路工作员走在前面，一言不发。虽然看不见人，但路边到处闪烁着烟头的火光。不知从哪里传来了胡琴的声音。我们走向村子尽头的铁匠铺，进了后院。我们在这又换上了新的中国服饰，负责挑行李的人也换了。留着胡须的男人有些发烧，鼻血不停地流，看起来很是疲惫。但我们不能耽搁了。八路工作员出去后不知从哪牵了一头驴回来了。于是我们又坐上驴，在深夜时分出发了。走着走着我们到了一片一望无际的江水畔。我们走过白沙地，走过石子地，走过脚几乎都迈不开的草地，一直向西，一直向西——但我们还在日军的封锁线境内。即使是在半夜，在路口时，也经常传来村民组织的检察员质问来者何人的声音。我虽常常会被吓一跳，但心里却很踏实。途中我们短暂地休息了三回。山里回响着猫头鹰的叫声。我们正从一个小山坡上下来的时候，忽然响起了砰的一声枪声。震的山轰轰作响。我们瞬间原地趴下，屏住呼吸。好像是从附近日军的碉堡里传来的声响。四周又重新寂静下来。十来分钟后，我们相互间保持着距离，再次出发了。前方传来命令的声音，嘱咐我们绝对不要说话，紧跟队伍，万一有突发情况，也要听从指挥，按命令行动。

黑暗中，碉堡耸立在高高的山角，我们屏住呼吸，像一列商队一样横穿过山坡，终于进入了大名鼎鼎的太行山脚下。残月悬挂在空中，徒步走了九十里后，我们在凌晨3点15分的时候终于到达了目的地。一行人连稍作喘息的时间都没有，带着驴和狗，一路穿行过满是岩石，蜿蜒崎岖的狭窄小路，终于到了半山腰上一个鸟巢一样的小村庄。工作员率先走上去，敲了敲一户村民家的门，用朝鲜话叫了几声同志们的名字："我是玄×啊，玄×啊……"叫了几声后，里面传来了一阵欢呼声，五六名穿着衬衫的小伙子跑了出来。"现在才来啊。""从北京来的吗?""万幸啊万幸。"

他们将我们领进黑漆漆的房间，点上灯，然后我们相互简短地介绍了一下，打了招呼。直到这时，我才知道留着胡子的男人姓白。后来才知道他原在国内的组织里，联络上这边后，和我们一起来了这里。他笑眯眯地同我握手，头一次将他的名字告诉了我。工作员也恭喜我平安到达，告诉了我他的名字。他的名字是两个字，玄×。

这里的同志负责敌区(我们曾经住的地方在这里被叫作敌区)的联络工作和物资运输。从军事上来讲这叫哨所，从政治上讲这叫联络站。这里全是朝气蓬勃的年轻同志。我们捡起衣服穿上，连早饭都不吃，直接一头栽倒，躺在了地上。与其说是打盹儿，倒不如说是倒头大睡。同志们沉浸在我们到来的欢喜中，你一言我一语，直到天亮都没有停下来的意思。就这样，我一觉睡到了第二天白天，等我睁开眼睛爬起来的时候，白同志眼睛里满是血丝。他笑着打趣我，说我打起呼噜来可不像个文人，倒像是关羽。玄同志刚刚才睡着。

山里的同志们亲自替我们抓了一只老母鸡。这鸡本来是用来下蛋的，下了的蛋可以卖了换成零花钱。等我们醒来的时候，同志们已经做好了刀削面，就等我们了。这时，一个穿着便服，背着枪弹的同志跑了过来，他看见玄同志后，立刻高兴地大叫，他冲过来抱住工作员，一只手用力地拍了拍工作员的背，"你这家伙，现在才来，玄同志，我现在可是博士了！之前去站岗了，所以不知道你回来了……哎呀，这小子，现在才回来！"玄同志胡乱应了两声，喃喃呓语了两句，就又一头栽倒，睡了过去。其他同志们嘘了一声，让他别把人吵醒了，把这位自称是博士的同志带出去了。

## 第二部　游击区

### 一、哨所勇敢的少年们

当天晚上，我们从闷热的房间里出来，踩着梯子爬上了屋顶。屋顶成四方形，十分平坦，空中的烈日逐渐开始西沉，热气虽还未消散，但凉风习习，蚊子也近不得身。听说这里的人们吃完晚饭后都喜欢爬上屋顶，享受在一起谈笑的时光。感觉和坐在阳台上差不多。远处传来胡琴似悲似叹的声音，胡同里传来人们唧唧咕咕的说话声。屋檐下的南瓜花结满了果实，默默地听着远处的声音。后方的太行山脉层层叠叠，千山万壑如水墨画一般，在夜晚的薄雾中若隐若现，夜空十分晴朗，虽没有月亮，但星海苍茫，十分闪耀。前方是我们一行人来时走过的荒野，布满石子的干枯河床在其上蜿蜒曲折。山上时而传来几声夜禽啼鸣声，转眼又飞过山野，消失在黑暗中。

即便整日和兵马刀枪打交道，四处打游击战，有位同志也始终随身带着笛子，他吹了一首充满悲伤的思乡之曲。这位可爱的年轻同志才能出众。似是抵不过同志们的催促，他十分害羞，低垂着脸吹奏笛子。他圆圆的眼睛中时而眼光流转，时而又似有烈火燃烧，曲调中满是哀怨，如上了膛的子弹，一直传到远处的山间，他的手指虽然粗壮，却灵活异常，在笛子上纷飞的手指仿佛一条白鱼，看起来颇为赏心悦目。无论如何，这首曲子都令异方山的年轻壮士们心中激动不已。看着和远方故国同一片的星海，听着勇敢少年吹的阵阵笛声，我感觉自己仿佛也成了边防山寨中的士兵之一，不禁生出感慨万千。远处传来胡琴的声音，让身在他乡的人不禁更加思念故乡。一个年轻人跟着曲子的节拍，用他独特的高音撕心裂肺地唱着歌，有的同志发出新奇的喧闹声，大声喊叫。

此情此景下，同志们漫不经心地讲起了过去艰难的革命生活和火花四射、激动人心的战斗故事。那时候他们没有丝毫别的想法，只有一腔热血，他们献出自己的那一片丹心，只为了振兴祖国，拯救人民。为此，他们赴汤蹈火，英勇战斗，喝的是煮开的泥水，吃的是树皮枯草。他们离开心爱的家乡，离开思念的爱人，毅然决然地踏上了抗日的征途，但何时才能有一间可以休息的温暖小屋呢？何时才能吃到美味的佳肴呢？但是，他们拥有强大的武装力量，拥有复兴祖国的坚定决心，他们的体内燃烧着熊熊的复仇火焰。战斗再战斗，工作再工作，生产再生产。战斗的时候，在部队的时候，在往饭里盛野菜汤的时候，在冰天雪地里摩挲着双臂的时候，他们无时无刻不在期盼着祖国和人民美好的未来。如果说金日成部队是照耀祖国的太阳，那这些年轻人们组成的数万游击队就是围绕着金日成部队的一颗颗卫星。但他们并不像他那样，总是雄心壮志，勇猛无比，他们很是谦虚害羞，从不说长篇大论来炫耀自己。接应我们来到这里的太行分盟的崔同志是一个正直、温和又善良的人。说话的时候脸上的肉总是一抖一抖的。他总是念叨着这句话："长白山的部队还没有攻打到日本鬼子的里脊、心脏和额头吗？……我们义勇军也可以助他一臂之力。"同志们全都点点头。但我却生出无限感慨，惊觉自己眼眶湿润。我费尽千辛万苦来到这里，才勉强称得上是个男子汉。我经历过满身鲜血，走了数万里路才来到这里，绝不能轻易离开。

工作员玄同志正给他的亲密伙伴——那位自称博士的同志讲述敌区的故事。在圆满完成重大任务后，能够再次平安无事地相见，使两人看起来都非常高兴激动，两人相互抚了抚对方以示安慰。我们坐在一起共享一只北京香烟，工作员讲了许许多多的故事，连天黑了都不知道。其他的同志们比起这些来，好像更好奇国内的事。例如：那个谁谁谁怎么样啦？大米现在多少钱啦？听说有人没有衣服，就那样光着身子住在深山里，是真的吗？货币膨胀了多少啊？征兵，征兵什么情况？报国队现在怎么样啦？离开的时候有什么花开了吗？但事实上几乎没有什么人问问题。工作员讲解得很细致，就连自己的推测都没完没了地讲了一大堆，但大体上讲的都是这些人从很早以前就常常猜测的事情。大家看起来都很想一起分享交流故乡的事。每每听到新消息的时候，都会喜出望外地睁大眼睛。

大家最想知道的还是国内地下运动的现状，纷纷表示很想了解地下运动的详细情况。但我实在没有什么可以给大家具体讲的。只说太平洋战争爆发后，日本法西斯分子正在进行最后的挣扎，白色恐怖主义日渐猖狂，国内的地下运动目前只能深深地藏在地下。但是，随着物价狂飙，工资减少和掠夺压榨的加强，全体人民反日情绪空前高涨。再加上征用和报国队强制征集劳务，农民们如同奴隶般被抓去工厂和矿山，稍有不慎就要挨打。此外，还有无数的人民因为征兵和学道兵制度而被赶上战场。因此，许多从兵营逃出来的人和逃难的人聚集在深山老林中，组成了国内的游击队。如他们这般身在海外的同胞，拿起武器，组成对抗日军的民军，给予了国内同胞极大的鼓舞，为他们带来了巨大的希望和勇气。其中金日成部队穿过长白山的密林，越过鸭绿江和图们江，成功扰乱日军后方，使日军人心散乱这件事，可以说是给予了国内人民极大的鼓舞，为人民指明了方向。同时，金日成凭借着天才般的战略、战术，缜密的组织能力和为群众献身的奉献精神，名扬天下，威震四海。

“国境在中央是吧……”“后方没有根据地了吧……” 果然，军人们思考的角度就是和大众不一样。

由于悠久的历史和苛刻的生存环境，金日成部队可以说是世界一流的游击队了。如果说东北是反法西斯战争的活火山，那东边岛的密林就可以说是其伟大的爆发口。以金日成部队为首展开的这场如火如荼的满洲游击战，指引着朝鲜人民形成了民族联合统一战线。同时，这场战争也给中国人民留下了深刻的印象。“向着东北进发！”——朝鲜义勇军也提出过这样的口号，并试图行军至东北，与金日成部队并肩作战。但近来局势动荡，朝鲜义勇军目前正致力于培养抗战力量。

与此同时，为了深入敌区中心，巩固地下组织力量，指挥战局，义勇军在这太行山中设立了前线本部。走过百里险路，穿过层层山峦，就可以到达我们独立同盟和义勇军的大本营。我觉得没有必要非去延安了。为了所谓的大围剿战，敌人内部正众说纷纭，多次在太行山附近徘徊不前。从政治和军事的角度来说，既然我们的前线本部已经设立，我与其去非战地区，不如一手拿着笔，一手持着剑，放手一搏。只要能加入义勇军，就算我中途不幸身亡，无法回归故土，我也可以实现我这辈子最光荣的愿望。事实上，我也有被日本南方军强迫加入军队的经历。在太平洋战争爆发的的第二天凌晨，我被日本人抓住了，果然我被带到了预防监禁所。日军谎称，如果菲律宾输了就放我出去，如果他们占领了新加坡的话就送我回去，但如果今天之内跟着南方军一起唱“皇军”并决心参军的话，就立刻放人。我没有答应，所以他们打我耳光，往我脸上吐唾沫，之后又把我拉进牢房。现在，能跟着义勇军的步伐打败这些敌人，这是多么痛快和伟大的事啊？我不禁独自露出微笑。希望这一天快快过去，赶快和那些同志们见面吧！我实在是太想明日就动身出发了。

“身体还好吗？”玄同志回过头来高兴地问。我笑着点点头。就这样，天一亮，我决定留下白同志，先行动身。传言说如果生病的话，即使人没什么大事，也要先回去，刚下定决心，正好崔同志也要一同动身，由于明天要赶路，我们就早早睡了。

此时已是深夜，夏天的夜晚总是格外的长。胡琴的声音似乎也越来越弱，只是偶尔有几声传来，歌声也消失了，空气中只余下了深沉的寂静。同志们都三三两两地下楼准备睡觉了，我还想更进一步享受这哨所的夜晚，于是请求吹笛子的青年同志再演奏一曲。英勇的少年露出白色的牙齿哈哈一笑说道：“那我就演奏一曲《义勇军的追悼》吧？我最喜欢这首歌了……同志，要听一下试试吗？”说完，就小声地唱了起来，歌词如下：

在寒风肆虐的街道边
我们终于解开那仇恨
我们发誓要报仇雪恨

曲调如同噼啪作响的雨点，又如同悲惨哀号的风声，令人心潮澎湃，刻骨铭心，直叫人想要冲破心中的怒火与悲痛。

“是谁的歌？”

“不知道。”

“作曲的人呢？”

“那更不知道了。应该是哪个同志写的吧……好听吗？以前我曾背回来一位满是鲜血的同志的尸体，我一边走一边唱这首歌，大家都严肃异常，直掉眼泪……虽然我吹得不太好……”

“那位同志的家乡是哪里？”我问道。

“新来的同志总是对这样的问题感到好奇吗？……那位同志的妻子好像还健在？孩子呢？……六岁？那他和我差不多啊。我也六岁就失去了父亲。”

“你父亲去哪了？”

“害，我说错了。我是和父亲被迫分别了。”

“谁知道我的孩子会不会也这样呢。”我笑着摸了摸他的头。

“不必担心。区区日本鬼子，想打败他们简直易如反掌……我父亲是在监狱里去世的。今天是阴历二月的最后一天是吧？”

“难说。月亮到现在还没有出现……”

“明天正是我父亲的祭日……”

“应该很想念父亲吧?”

我吸了一口烟问道。青年同志默默地点了点头,嘴边浮现出一丝淡淡的笑容。他唱那首悲伤的追悼歌时的心情似乎也可以想象。夜深时他沉浸在回忆中,讲述自己的故事的样子,透露出某种诗人的韵味。

“是啊,为什么今天对父亲的思念变得格外恳切呢?……或许是因为这没有月亮的寂静夜晚吧。去监狱替父亲收尸的时候……那时我才六岁,这已经是十一年前的事了啊……大家都说我父母是好人,特别是我父亲……他心地善良,常常为了别人流泪,但却很是勇敢……小的时候,他常常带我出去玩,老虎游戏、摘西瓜和骑马等等,什么都陪我一起玩,有时他还把村里的小孩子一起带着去踩水什么的……”

“那时候你父亲多大了?去世的时候……”

“三十一岁……”他喃喃自语道。

比我年纪还要小啊……

这位同志讲故事的时候,他说的每一句都仿佛是我自己的故事,我的决心不由得愈发坚定起来。难道有一天,我的孩子也会在这样的山中讲这样的故事吗?如果十年后,我们的年轻人还要像这样在异国他乡拿着枪,拼死同敌人战斗的话,那该是多么的痛苦啊!虽然父亲的身影已经在他的记忆中逐渐模糊了,但不知为何,我总觉得他父亲的人品和性格应该和我差不多。

“父亲是那样的好,但他以前有时却会无端地发火,我哭的时候还会打我,简直像是完全变了一个人。每次这样做完,他自己却难过起来,便悄悄转过身去流眼泪。现在回想起来,父亲不是打我,而是鞭策自己。因此父亲常常感叹,为何这孩子和我如此相像,心肠太软……”

“那要不要听一听我的故事呢?”

“你也?”他有些诧异地看着我。我只得苦笑了一下。

“事实上我父亲因为意志不坚定,经不住狱内的种种斗争,甚至发表过立场转变的声明。发表后没过几天又反悔了,于是遭到了更严重更恶劣的审判,最后去世了……每次和母亲一起去监狱探监的时候,爸爸总爱夸夸其谈,他时而畅想着他出来以后的生活,时而又十分傲慢地对着看守指指点点。我在监狱里十分害怕,总是哇哇大哭。这事简直给我留下了心理阴影……”我忽然有些不好意思,含糊其词起来,一时间竟说不出话,暗想着:“这是我今晚才遇见的新同志,我怎么会说这样的话呢?”

今晚我和这位年轻的同志算是彻底栽在乡愁和回忆里了。此刻的我离故国如此遥远，是否因此，过去的事、父亲的事、故乡的事对我来说都变得恳切起来了呢？

“和这里的同志们说这些的话，他们又……又……他们又要笑我，我实在是开不了口……看来是我训练不足才会如此多愁善感吧……果然，那时我心里咯噔了一下，仿佛有什么神秘的暗示一样……”

“这可不是多愁善感，只是有些感性罢了……”

这位同志不由地笑了出来。“谁知道呢……或许是因为我心里有种不祥的预感，所以呜呜地哭了，看守就把父亲抓走了……从那时起，我想要逃离这种生活的决心就逐渐产生了……对呀，囚禁我父亲的人是那群日本鬼子啊，囚禁我们朝鲜人的是那些刀和枪啊！我一定要夺走这些日本鬼子的刀枪，杀了他们！从监狱回来后不久，我坐在爸爸的尸身前，这样的决心如同火焰一般，在我幼小的心灵中不断壮大……”

这时，旁边躺着睡觉的一个同志忽然醒了。

“又在叫爸爸了。”他一边打了个哈欠一边说道。

“好了，快点下去睡吧。都这么晚了……”

青年同志挠了挠头，“我一会儿就要去哨所轮岗了，你先下去睡吧……”

我从座位上站起来，跟着那位同志一块下去，去了白同志的房间。他已经睡了，房间里只有他沉重的呼吸声。我不知为何，内心激动非常，难以入睡。我点燃了房间内的灯，拿出孩子们的照片仔细看了看。那位青年悲伤而又汹涌的故事在我眼前浮现，使我也略微陷入了多愁善感的情绪中。异关山村落的夜逐渐深了。屋顶上却传来了阵阵笛声。难道他想把悲伤的回忆装进笛声里，独自熬过这一夜吗？

## 二、骚动的牧羊犬

闭上眼暂时休息了一会儿后，凌晨时分，我同太行分盟的崔同志和工作员玄同志一起动身出发了。白同志已经度过了危机时刻，他被热心的同志们扶着，从病床上坐了起来，衷心地祝福我们一路顺风。虽然他一个人被留下，心情有些郁闷，但这里同志们很多，他病好之后很快就可以坐车赶上来。我们叫来一位跑腿的中国伙夫，把行李放在扁担上，这时一位老妇人大声叫嚷着跑来，说出事了，叫医生赶快过去。一个同志提起药箱撞开众人跑了出去。

几天前，村里的一个年轻小伙子去江边散心，结果被日军抓住了。他的妻子心急如焚，结果急火攻心晕倒了。我们的同志不止一次跑去给她注射樟脑液，缓解症状。原来连针都没有打过一次的同志们，现在也称得上是医生了，在附近的村子中也算小有名气。听这位老妇人说她是从很远的村子专程赶来的，想来我们的同志可谓名声远扬。当中的熟手被人称为博士，据其他同志们说，他们本来连药方都不会写，所以认为能注射就已经算是神通广大了，注射剂是速效药，一两包药就能有奇效了。听说根据地有装置完备的医院，我赶紧打开行囊，把灵神丸、眼药、退烧药和注射剂等药剂都倒了出来。这些都是在平壤就准备好的。原本是想着万一我没能和这边取得联系，无人引导，不得已需要独自踏上漫漫长路的话，我就将这些药膏分给沿途的中国村民，以此换取他们的帮助。这些药包和药剂里承载了我许多的想法。那时我想，如果又有人不慎落入汉奸或者日军内应的手中，如果他们的妻子忽然心痛难耐，我可以用注射剂帮助她们缓解，从而免于一死；或者如果他们的孩子得了眼病，我可以给他们眼药膏从而换取一条安全之路；如果他们的腿受伤发炎，流脓了，我可以帮他们消炎涂抹药膏，说不定他们会感激我…… 但是现在这些东西一个都用不着了。同志们看见高兴极了，他们把药膏堆成一个小堆，七嘴八舌地讨论着，问了许多问题，比如这是什么药，这药怎么用，应该饭前服用还是饭后服用，注射剂应该在服药前还是服药后注射等等。看来确实都算得上是医生了。其中有一个同志，确实不负博士的盛名，医疗知识丰富非常。他把灵神丸拿起来，翻过来翻过去，左右看了看：

“这就是灵神丸啊?”他边说边点了点头。

“难道博士您还不知道灵神丸?”我笑着说道。

“我很小就离开祖国了，所以未曾见过，从前只听说过，今天可是头一次见……”说完，掏出一颗药丸使劲咬了咬。

“好了。这个需要先进行穴位针灸再服用。在这山里，仁丹可以说是包治百病。丹体通红，如银粒大小，看起来倒很像是仙丹。”

我们准备上山了，同志们一路把我们送到山脚，挥着毛巾与我们告别。山上传来了一声呐喊，抬头一看，原来是昨晚吹笛子的那位少年，他提着枪站在山边的一块石头上。我们偶尔停下来挥挥手告别，就又开始赶路了。玄同志带着狗走在前面，挑着的行李的中国伙夫走在后面。我一身便服，另外两个同志则是轻武装，身上背着枪。金刚商会的牧羊犬已经完全变成我们的俘虏了。听说把它带去根据地可以训练成军用犬，所以玄同志这一路就负责带着它。

太行山路是一段蜿蜒曲折的上坡路。越过寸草不生的山脊，眼前全是密密麻麻排列着的山峰，连出去的路都没有。转过一个弯，又发现新的弯路堵在前方，层层叠叠。陡峭的山路顺着山峰蜿蜒而上。我们就像是徘徊在土豆堆里的一群小小的蚂蚁。虽然此处山峰险峻，层峦叠嶂，但此处拥有别处看不到的绝美风景。天高气清，日光柔和，云朵四散开来，了无踪迹，只余远处层层山峰耸立。越过其中最高的山之后，就是摩天岭了，但它又不似朝鲜的山那般险峻。说起这个，或许是因为处于平原，就算是亲自爬上泰山，泰山也远没有我在朝鲜学中文时想象的那般雄伟，不过是一座小山罢了。山峰连绵不绝。我们像一群蚂蚁一样，在山路上爬上爬下，路上碰到树荫就赶紧钻过去歇口气。就算是进入最深的山谷也找不到一点水，山间一点风也没有，再加上天气炎热，身体疲惫极了，我连抽支烟的力气都没有。牧羊犬也吐着舌头，大口喘气，伙计累得不停地拿毛巾擦去脸上的汗。但两位同志却没有停下脚步，兴致盎然地走在前方，偶尔回头看一眼。

“休息一下再走吧。”

或许是因为放松了下来，我的脚步确实是慢了下来，我不由得有些羞愧，暗自下定决心要紧紧跟上。但一想到在这深山中只有我们一行人，我难免有些害怕。路上一个人也没有，连声狗叫都听不到。路边只有一个滚落的车轮。木头部分因被雨水打湿已经腐烂了，铁轮则已经生锈了。难道是日军侵略的时候不要的炮车轮子吗？

就这样一直走了三十多里路后，我们终于在山角处发现了一间勉强算得上作屋子的棚子。墙是用土砌的，用土做的屋顶也已经塌了。棚子前面有一口缠满南瓜藤的水井。我们在这洗了洗脸和脚，吃了顿午饭。我走进棚子里想找一些热水，却只在床头看到了一只哼哼乱叫的猪。我问了两声，无人回答。过了一会儿，我才看到炕上有一个面色蜡黄的老妇人，她举着正在缝补的鞋，蜷缩在角落里。房间里一片漆黑，老妇人吓得连呼吸都屏住了。似乎是被我们这群入侵者给吓到了。她小小的眼睛像萤火虫一样闪烁着猜忌和害怕的光芒。跟在我后面的崔同志说我们不是日本鬼子，笑着让她安心。他回头看看我，“把头盔摘了吧，从这开始应该陆陆续续能见到人烟了。”这时，那只哼哼乱叫的猪一口咬住了我的皮鞋。好吧，看来得把皮鞋也脱了。

“奶奶，最近有日本鬼子从这路过吗？”崔同志问道。

“一个月之前好像有过。”老妇人眨了眨眼。

“他们去哪了？”

“好像是从山里出去了。”

我们转身出去，我问玄同志前方是否可能有日本鬼子，他十指交叉，猜想我们两方应该是擦肩而过了。听崔同志的意思，应该是一个月之前，碉堡里的一支日军队走到一半又出去寻找大部队了。头盔把阳光挡得严严实实，团长觉得在山中有的是遮挡，所以决定借此机会整顿风气。他说没有必要引起山上民众的怀疑，于是他把头盔上的毛巾解了下来，当作绷带裹在胸前。同志们也学着他把毛巾围在了脑袋上。头盔则被团长赠给老妇人了。

“皮鞋都磨破了，看起来看挺像老百姓的……“玄同志笑着说。

我们用摘下的头盔盛了些水，喝完就丢下头盔出发了。在这山里绕了一圈又一圈，翻过弯弯曲曲的山脊，又走了三十里之后，发现山脚下的有一块巴掌大的盆地，里面有一个小村庄。夕阳慢慢落下了。从山上下来的时候，路逐渐变得宽敞结实起来，不知道从哪里来了一队驴，在这山间，驴是唯一的运输工具。夕阳下，人们背上插着长长的鞭子，坐在驴的背上哼着歌的场景很是壮观。我们从他们之间穿过，赶驴的人看见狗大叫起来。牧羊犬像一阵风一样，忽然从一位赶驴的老头身边掠过，老头被吓了一跳，躲避之间摔了下来。我们笑着扶起他。他说还以为豺来了呢，我不禁笑了笑，伸手替他拍了拍衣服。赶驴的人们问这是洋狗还是日本狗。同志们哈哈大笑，打趣说这分明是豺。路过的人们都被吓了一跳，纷纷躲开，但又出于畏惧和好奇对着我们问东问西。我们进了村子后，孩子们看到牧羊犬纷纷吓得哭着逃走，妇女们吓得赶紧跑回家关上门。玄同志看见此景，认为有必要给牧羊犬拴一个绳子了。

我本以为这村子里没有狗，所以大家一看到狗就感到害怕，但实际上大家误以为它是豺，所以才露出万分惊恐的样子。确实，我们的这条牧羊犬体格稍有些大了。我问崔同志：“看来这附近有很多豺了?”

“何止是豺。死在战争里的人的尸体把山谷都填满了，豺狼和乌鸦自然是成群地被引来了。再加上连年饥荒，豺狼出没就更加频繁了。我们医院每天都能接到两三个被豺狼咬伤的妇女和小孩……但刚刚问我们是洋狗还是日本狗，确实别有深意，估计是出于对日军的害怕。”

日军侵略的时候，会用军犬围攻百姓，百姓被咬得鲜血淋漓，伤口深可见骨，最后丧命于军犬口中的情景比比皆是。日军常常把民兵俘虏绑在树上，把村民们叫来，让他们看着自己的父母妻儿被军犬活生生地咬死。人们实在没法眼睁睁地看着，只好转过身去，两手捂住脸，浑身发颤，哭都哭不出来。军犬们用牧羊犬特有的声音汪汪大叫，撕咬着俘虏们。有人鼓起勇气上前想要救人，被日军视为和俘虏同类，当场射杀了。如果有哭泣不止的妇人，他们就说，你看，我们从不杀良民，只是抓几个娘们儿。他们把妇人们抓走玷污后，要么用刀砍掉她们的头，要么用刀刺进她们的胸口。帝国主义的日本军队就是这样一群残暴的家伙。如果不尽快将他们从地球上抹杀，全世界人民的幸福和自由都无法得到保障。他们就是《圣经》中解开第四个封印时，骑着青黄色马，从地狱而来的那群家伙。

“看来青黄色的马确实存在，骑着它的人被叫作死亡，地狱则紧跟其后……他们如禽兽一般在这片土地上肆虐，他们将抢劫、饥饿和死亡带来人间。”

死亡的阴影也一定会跟随日军的脚步降临。日军恶魔般的残忍行为在他们所谓的“三光”政策中体现得淋漓尽致。烧光，杀光，抢光——就是把中国人的东西全部烧光，把中国人全部杀光，把所有东西都劫掠一空。这个村子虽然不起眼，但日军接连不断的烧杀抢掠让这里变得格外荒凉，几乎与废墟无异。人们的脸颊干瘪，胳膊上一点肉都没有，只剩下了骨头，吃不饱穿不暖，人们只能吃着像沙子一样的糠饼，喝着稀稀拉拉的糠粥……

如果说到不幸的话，中国人民同我们一样，也是不幸的民族。战争期间，军阀混战，老百姓连为什么打仗，两边打仗的人是谁都不知道，就被折磨得生不如死，甚至还要被外敌蹂躏折磨……但如今，八路的力量已经延伸到了这里，百姓们再次聚在一起，将各自微弱的力量汇聚起来，搭建起了围墙和屋顶，架起了大锅。他们在绝望、恐惧和黑暗中一路摸索，你猜他们发现了什么？他们发现了新的希望。他们发现了生路。他们发现了光。他们发现了军队为了人民绝不会退缩妥协，他们必将战胜敌人。百姓们至今为止没有得到过丝毫帮助，他们在反反复复的内部混战中哭泣，他们憎恨只会杀戮和掠夺的外敌，他们真心地欢迎新的军队。战争给百姓们上了一堂课。百姓们明白了谁才是真正爱惜自己、帮助自己的人，明白了应该憎恶谁，明白了该为什么而斗争。他们明白了，如果无法赢得这场战争，就永远无法过上真正幸福平和的生活。他们在自己身上发现了新的力量。他们为了击退外敌，拿起了刀枪。这就是人民自卫军。这支民兵的总人数实际上达到了 210 多万名（据中共第七届全国人民代表大会报告）。

破碎的城门，倒塌的城墙和每一根柱子上都写着口号或标语，其中凝结着人民建立新国家的言语和气概。上面写着“坚定抗战”“坚定团结”“反对投降”“反对逃跑”“推翻违反人民意愿的前政府，建立联合政府！”“停止内战政策！”“打倒日本帝国主义！”“打垮敌人！”等。伟大的中共中央亲手在这片废墟上播下新的种子，并使之绽放。我踏进这山间第一个村子的时候，在那里我第一次见到这些写在墙上的口号和标语，这使我陷入无限的震惊和感慨中。

蒋介石的军队或携枪逃跑，或弃械投降，从北边的图们江一路逃到南边的海南岛。他们不仅不来抵御外敌，甚至联合敌军和投降军，将枪口对准抗战地区。他们用美国供给的战车、大炮和机关炮组成了巨大的方列——反之，八路军用鲜血染红了敌人的身体，他们满身泥泞，除了从敌人手里抢来的武器以外，仅靠着一腔正义、真理和一颗爱国之心奋勇战斗着。到如今，百姓们才知道谁最爱这个国家，谁最爱人民。因此，人民的力量快速扩大，如燎原之火。太行区虽然土地瘠薄、资源落后，即使是在抗战地带中，也以敌人进攻得十分猛烈而闻名。即便如此，在这个村落，我们仍旧能听见读书声。这里不仅有学校，还成立了自卫军，由民兵负责警卫。坐在房顶上叽叽喳喳的孩子们站了起来，唱着歌迎接我们。我们跟着赶驴的人来到客栈，问他们这是什么歌，他们说这是军歌，叫作《我们是反攻的主力军》。可能在小孩子看来，我们一行像是军人。

客栈有几间宽敞的马房，屋顶完好，还有吃饭的地方。把驴绑在马房，我吃了晚饭。屋顶上垂挂着从这路过的人们的梦想。走了七十里山路，我实在是累得没有食欲，村民特意为我们做了面，我也只是挑了两筷子，倒是大口大口地喝了许多热水。

起初，村民们被吓得魂飞魄散，四散而逃，但后来大家对牧羊犬都很好奇，全都聚了过来。大家七嘴八舌地问这是什么狗，狗一叫又有些害怕。两三个民兵站在远处，观察了一下我们的神色和行动，问了许多问题。他们看起来也有些怕牧羊犬。我们说这狗不咬人，叫他不必担心，他小心翼翼地靠了过来，狗向他跑去，他大叫一声跑走了，大家都忍不住笑了。这拿着枪的中国小伙都仿佛把这条金刚商会的狗看作了日军走狗。从哪来的？上哪去？你有证明文书吗？这样来来回回问了许多问题，同志的脸色忽然变得有些不同寻常。我问他发生了什么事，他说我们离开后的一个小时，联络站里发生了一场小战斗。八路的骑兵来了。听说我们的一个同志受了轻伤，打中了两个日本鬼子。

“是谁？”我们忧心忡忡地对视了一眼。那晚吹笛子的少年的身影在我眼前闪过。很不幸，我的猜想是对的。听到我们来了的消息，一名八路的正规兵骑着马冲了过来，搂着我们高兴地说真是万幸。他看起来和玄同志是老相识，两人说了好一会儿话。据说哨所的同志们十分担心我们的安危，所以派了许多骑兵寻找我们的踪迹。原本身处山中炮台的日军们在夜深人静的时候撤退了。但经过同志们所在的哨所时，太阳已经升起来了，所以被哨所的同志发现了。这实际上算不上一场战斗，敌人全部慌慌张张地向山下跑去。可同志们以为我们在山中，就齐齐向敌人发难，拼命跟在敌人后面打。幸亏这事是吹笛子的青年同志在换岗的时候发现的，所以可以有两名同志同时开火。有两个家伙被打中了，大喊着往山下跑，结果脚下一滑，摔倒受伤了，村里的同志们听到枪声就赶紧出来追赶敌人。但是，日本鬼子们利用山险，像兔子一样，转眼就消失了。我问他那位同志受伤严不严重，八路同志笑着说：“就算腿断了大夫都能治好，只是小腿脱臼罢了……”

我们一行人运气不可谓不好，如果真的和日军在狭窄的山谷中相遇，未必能安然无恙。多亏了崔同志对这里的山路很熟悉，一路避开了连接着日军碉堡和瞭望台的路。“虽然炮台上还有三四支日军的队伍，但那些家伙最近运势不济，只需吓唬一下，就会跪在地上四处求饶。”他这样说着，示意玄同志放心。

晚上下起了小雨，屋顶变湿了，我心中不安，原想找间屋子，但发现屋子里不仅没有火，还闷热非常，一股臭味。于是在同志们的劝说下，我也决定把被子铺到屋顶上。赶驴的人们坐在另外一边的屋顶上叽叽喳喳地说着什么。这边的屋顶上人也挤得满满当当。有时传来几声打火石咔咔的声音。就算这样，我们独占两个屋顶，已经是特殊待遇了。大家早就上来了，此刻都已经睡着了。牧羊犬也跟着上来了，摇着尾巴环顾四周。崔同志说一定要盖上他特意从联络站拿的被子。实际上这是崔同志自己每次出来时都会带的，给自己盖的被子。

今天的天空也是万里无云，星海清晰可见。由于没有风，蚊子到处乱飞，让我们有些心气不顺。躺在房顶上，我始终有点担心那个吹笛子的年轻同志。我只能自我安慰道，同志们都说了不必担心了。今天是他父亲的祭日。我不由地沉浸在回忆里，父亲那凄惨的故事，少年凄凉的笛声，他咧着牙的笑的模样 ……这些都一一浮现在我眼前。在父亲的祭日打中了敌人，想来他应该很满足吧。

“那位同志是谁啊，他可是不死之人。至今为止都不知道死里逃生多少回了……”

我和崔同志并排躺着，听他讲这位少年同志的故事。

“他什么时候来的?”

“1942 年的秋天。他十四岁的时候参军。虽说是十四岁，但是看起来很小，也就只有十二岁的样子。他出生在北间岛，本来想去军官学校来着，但是后来在战争中受伤，被新四军救下来送到了这里。”

“他要去哪?”

“这个小同志那时候认为要想和日本鬼子打仗就得去重庆呢。但那时候，蒋介石政府已经不将重点放在外敌身上了，转而放在了内战之中。也就是说，他放弃了抗日战争，转而将作战负担扔给了解放区(八路地区)，让日军进攻解放区，他自己却隔岸观火……不仅如此，他还和日军联合进攻解放区。其中最典型的例子不就是他和日军采取共同战线，进攻皖南新四军这件事嘛。在如此混乱的战局下，这位小同志陷入了迷惘。正要去重庆的路上……此时正好我们在前线和日军打游击战。少年就被带到了这。我们高兴得直流眼泪。从那时起，他就成了我们的圣女贞德。无论是多么危险的战斗，他总是扛着枪走在最前面。神奇的是，每次都打了胜仗。就连重要的通信联络也是由他负责。他不仅中文好，他的智慧和勇气也是不可比拟的……就连我们也对这位同志依赖非常……”

“笛子呢？”

“他好像一开始就喜欢这个。以前为了打游击四处奔走的时候，他就拿树叶或者柳枝当作笛子来吹奏。我们也很喜欢他的笛声。说起那支笛子，我至今还记忆犹新……有一天，日本鬼子的军队连夜包抄围攻我们，大家四散逃窜。同志们都走散了。那天晚上下着大雨。我爬进一个民宅，抱着饥饿的肚子倒在地上，不知道从哪传来一阵熟悉的笛声。等再醒来的时候，大雨已经停了，晴空万里。我摸索着向着声音传来的方向走去，发现一个小小的影子一闪而过，藏到墙后去了。分明就是我们的圣女贞德嘛。×同志！我压低声音叫他。这个小同志像只小猫一样探出脸来，我低声告诉他地点，让他把同志们都带到一个地方聚集起来。这件事我现在都忘不了……”

流星从南方划过，在天空中划出一条长长的线。

### 三、一夜游击

夜露无声浸润开来，让人心情有些不佳。再加上夜间山区里的气温不知不觉间下降了许多，很是容易感冒，我也微觉身子有些发热。我整夜辗转反侧，难以入睡，直到凌晨才勉强入睡，但这次却做起了噩梦。我们在山坡上和日军狭路相逢的场景，同志们追上山冲日军开枪的声音，大片大片深深扎进草丛的机关枪子弹，远处行进而来的义勇军队伍……

孩子们的脸上泛出新的光彩。这是我第一次梦到孩子们。他们似乎为了躲避战乱而搬去了柳树茂密的长光岛。那儿距平壤 30 里水路，水物丰饶，阳光充足，人们的生活无忧无虑。别墅岛、闵巴里岛、豆楼岛、杜多尼岛等岛屿相互辉映，构成了一派令人惊叹的、美妙绝伦的风景。岛上郁郁葱葱，仿佛披了一身绿色绸缎，谷粒颗颗饱满，牛儿摆着尾巴在江边悠闲地吃草，农夫们一边在田间锄草，一边悠然高歌。岛屿之间，扬着白色风帆的船迎着风驶来，四周停泊着许多渔船。若是能在如此难得一见的岛上疗养身心该多好，我不禁想把思念已久的老母亲和妻子也一同带去。大儿子带着小女儿走在小土坡上，小女儿路还走不好，深一脚浅一脚的，大儿子指着白色的帆，逗弄着问小姑娘喜欢什么。两人脚下就是正在涨潮的河水。我叫他小心，他却只来得及着急忙慌地把妹妹放到江边，自己却摔倒了，他大叫我的名字。白色的浪花霎时涌了上来。我赶忙跑上去，却只看见一片白茫茫的雪。我嘴里正不住地呻吟时，同志们把我摇醒了。我吓了一大跳，猛地坐起来，赶紧去收拾行囊去了。我紧紧地系上鞋带。

“我有些担心。感觉日本鬼子要来了。”我看了看表，现在是凌晨三点十五分。

“或许是因为梦中太过凶险……”

“或许梦在预示着什么。”崔同志一边说一边紧紧地用绳子把被子捆了起来，催促我们下去。突然响起了几声枪响。我们屏息四望，却只在一片漆黑中看到了满天的云朵和星星。两位同志掏出手枪，上了膛。街上传来人们窃窃私语的声音，脚步声一片嘈杂，仿佛有人在发号施令。那个中国人吓得蜷缩在一旁，瑟瑟发抖。这时，一位军人忽然出现在我们身边，他让我们别害怕，二十里外有五十几个日本士兵，正向着这来。以防万一，最好还是先行避开。出去之后又发现还有五六名拿着枪的民兵牵着驴等着我们。他们是来保护我们的，负责把我们带去安全的地方。尽管两位同志再三推辞，说不必为我们担心，但士兵们还是略微强硬地把我们的行李放到了驴背上，说这是上级命令，并说与其让那位中国的伙计背着还不如让驴驮着。

等到了街上一看，民兵们到处跑来跑去，难民们带着帽子，领着孩子，从后面推着老人，争先恐后地涌了出来，在胡同里四处乱窜。民兵大声呵斥着把这一行人带走了。哭声、尖叫声、黑影、白影，重重叠叠……时而传来几声低沉的声音，让人们不要乱跑乱叫。旁边的一排槐树下，正规军正在向整齐划一的民兵们发号施令。星光在刀尖上映出闪闪寒芒。忽然，传来了一声瓷碗摔在地上碎裂的声音，大家都急忙嘘了一声。四五个民兵分成两队跑进巷子里去做准备了。崔同志趴在我耳边，嘱咐我路上千万不要讲朝鲜话，也不要抽烟，一定要紧紧跟着他。我们在民兵的护卫下，跟着那位军人离开了这条街道，选了一条狭窄的小路进山了。由于东区的每个要塞附近似乎都埋着地雷，于是民兵们都先坐在了小河边。牧羊犬的尾巴也不摇了，看起来十分紧张。

我们一路上在被露水打湿的草丛中狂奔，我的裤脚紧紧地贴在了腿上。一旦发现敌人的身影，原本分散开来的民兵们就立刻摆出游击战的架势，大声质问前方是谁。有时忽然有民兵高喊那有地雷，赶紧把人拉走。十几名民兵四散开来，他们藏在暗处观察四周。在山上点燃火绳（用艾草编织而成）的话，就可以给远方报信。驴儿似乎也感觉到了这股不寻常的气息，亦步亦趋地紧跟着我们。走了一会后，我们终于在幽深山谷里找到了一间孤零零的房子。

屋里的老爷爷吓坏了，问我们又是谁在打仗。看我们似乎不像是八路军的样子，执意要我们进屋坐。我们悄悄地进了马圈，坐下来观察地图。那位军人说烧水的话会有火光，所以不可以烧。虽然他让我们安心地睡一觉，但我们实在没那个心情。带我们来的民兵们按照军人指示，站在各个关口警卫着。我问崔同志，二十里路还算远，有必要这么守着吗。崔同志挤出一丝尴尬的笑容："八路军向来对国际同志们的事情照顾有加，十分上心。实在是让人不好意思。"

这位军人果然是个沉稳可靠的人。据他说，最近日军四处出没是为了掩护独立炮台和警备队的日本士兵们撤退。因此，比起四处出没的日军，我们碰上正撤退的日本士兵们的可能性更大，所以我们要早做打算，以防万一。他还嘱咐我们一定要爱护身体，期待将来与我们一同在东北地区并肩作战。他的父母兄弟都在东北。他伸了个懒腰站了起来，说和东北地区比起来，在这战斗的话更容易吃亏。

"第一，我们既有百万雄兵，又有群众的支持，虽然没有武器……我们大可不必忧虑……"他笑着说，"但敌人只有人而已……"

"我们的背后可是三千万人民!"

"是啊，是啊!"军人爽朗地大笑。

这时山谷中忽然响起几声杂乱的枪声。紧接着就传来轰的爆炸声。民兵们慌忙跑进来，报告说北方大约二里处有枪战发生。于是我们在军人的指示下，收拾好行装，向着与枪声相反的方向出发了。原本埋伏在此处的民兵则按照军人的指示去向枪战发生的方向。远处传来像炒豆子一样的机关枪声音。这难道是日军的反击吗？残月如一把生了锈的镰刀，高高地挂在东边的天空上。黎明时分我们到了村子，却发现日兵已经扫荡过这里了。问了问在东区外站岗的哨兵们，才知道虽然日军被民兵们三面夹击，没有了放火的时间，但还是杀了三个无辜的难民。他们说的时候气愤非常，说日军像一朵云一样被挤成一团，要是有一把机关枪的话，一切就都解决了。凌晨时分的村落十分寂寥，鸦雀无声，连狗叫声都没有。不知道是否是因为闻到了血腥味，我们的牧羊犬忽然汪汪叫了几声，吓了驴儿们一大跳。死亡，也就是黄绿色马儿，路过时并没有留下什么新的痕迹，雾中，寂静的村落被露珠打湿，像是流汗了一样。虽然时而有几个难民两三成群地回来，但这个村落看起来还是不像是有人居住的样子。只有一群乌鸦嘎嘎叫着，从干枯的树枝上飞走了。

绕过横七竖八的土墙和狭窄的小路，我们在一户人家门口看到了一个五六岁的小孩正在哇哇大哭。他和我们平时见到的中国小孩差不多。额头像鹌鹅的冠一样，头发长长的，非常可爱。他沉浸在深深的绝望和恐惧中，气都快喘不过来了，一个劲呼哧呼哧地喘着粗气。我们围着哄了这个孩子半天，但怎么问也不知缘由。民兵们四处看了看附近的人家，回来说附近连个影子都没有，锅都被带走了，想来是都已经逃走了，估计这孩子不是这个村落的。难道是在家族散乱，血流不止的混乱战场上失去了父母吗？或许是被日本鬼子抢来的孩子？军人吩咐两名民兵带着这个孩子回民兵本部去。柳枝垂到了小溪旁的井里，我们在这里握手告别了。我们深深表达了由衷的感谢，并和民兵们也热情地握了握手。我虽然想送给他们点什么当作纪念品，但我身上实在是什么都没有，只好把从北京买的烟分给他们一盒。

听来分区司令部报告的军人说，我们离开后没多久，日军就陷入了山谷中的包围圈，几乎全军覆没，剩下的十几个人也被俘了。

### 四、学道兵S的逃亡之路

因为这场游击战，已经进入武安县的我们只得再次回到沙河县。早饭是在路上吃的(实际上这个村落就是个勉强能避难的地方，根本没有能吃饭的地方)。就这样，我们牵着驴在清晨离开了。虽然工作员叫我们骑着驴，但我们心烦意乱，再加上想锻炼锻炼身体，就还是决定一起步行。等到了正午的时候，估计大家就气喘吁吁，走不动了，所以我们想在太阳还没有完全出来之前多走走，我们用鞭子抽了抽马屁股，像中国赶驴的人那样吆喝了几句“驾，驾驾——”虽然我们现在依旧走在山路上，但已经越过了险峻的山脊，所以路相较变得好走了起来，时而还能遇到几家民屋。时而又遇见一排排茂密的柿子树，核桃树穿插着生长在它们之间。除了柿子树和核桃树以外就没有别的树了，土地被分成一块块用来种地，烈日灼灼，可以看见地里满是玉米、大豆、荞麦等作物。核桃树的叶子是淡绿色的，叶面十分宽大，粗壮的根部看起来酷似英国梧桐，十分具有异国情调。这些树木形成了一片茂密森林，连绵不绝的美景让人神清气爽，让这片原本充满杀气的土地稍稍柔和了下来。这一带以盛产核桃和大枣而闻名，人们多用大枣酿酒，用核桃榨油。所以可以想见这里此类树木的连绵不绝。

路上常常可以看见骑着快马的军人，军帽之上还戴着草帽，他们高声歌唱，意趣盎然。路过我们的时候还兴致勃勃地搭了两句话。有一位军人想把牧羊犬带到前线去，缠着我们让我们把牧羊犬捐给部队。崔同志笑了笑。他解释说这小家伙还没接受过训练，意识还没转变，到了战场上反而要给日军帮忙了，我们可不能给同志们添麻烦——军人哈哈笑了起来。

"那么赶紧把它带来接受革命的洗礼吧。"

"那简单。又饿又累的话很快就能变成革命狗了。"

过了一会，换我骑上了驴。因为我的鞋子几乎快破了，脚趾都快要从里面出来了。我是第一次骑这种像马一样的东西，它走路一颠一颠的，我屁股实在是不舒服，心里也有些不安稳。驴的身子比我还小，我们看起来像《堂吉诃德》里的桑丘·潘沙一样。我们一行人在长长的山路上走着，过了东区外的山角，看见一群妇人和小孩坐在门口，要过路的人拿证明文书出来。如果行人稍显迟疑，他们就会立刻联系后面的军人。这样就可以防止间谍或汉奸进入。从这样的严防死守的态度中也可以窥见日军走狗和蒋介石派的破坏活动有多么猖獗。驴排成一排走在路上，铃声叮叮当当地响，多得快要把路堵住了。有些人的羊毛袋子里装满了谷粒，还有些人带着棉布。我们跟着这条长长的队伍，来到了一条小街上。果然，这里也发生过战乱，满是断壁残垣，但那天正好有集市，所以街上还算热闹。我们在街边吃了早饭，同志们找了个阴凉处垫着草席睡着了。

我实在睡不着，索性到街上去看看。长长的街道两边摆着几处摊子，住在这里的人们在摊子之间来回奔走，热闹非常。这条街道脏兮兮的，满是灰尘。不知从哪传来了铁器碰撞的声音，还有铜鼓和胡琴的声音。街上烟贩子很多，烟叶、烟粉、烟卷什么都有。还有卖肥皂、火柴、小镜子、毛笔、墨等物品的，还有药贩子、炉匠、理发师等等，还有卖杏子、桃子、沙果、香瓜、西瓜、核桃等水果的，可谓是应有尽有。这地区的三分之一被以低价卖出，货币价值日渐上升。因为政府坚持要自给自足，所以日本的产品无法轻易流入市场，导致牙刷、钢笔等物品价格飙升。中国集市上原本随处可见的话本贩子和算命先生也见不到了。反之，每家每户的墙上或者柱子上都挂着"打倒日本帝国主义""反对国民党专政"等口号，随处可见。

我买了几颗桃子，回来的路上看到人们闹哄哄地聚在一处，有一个穿着军装的短发女子正站在桌子上大声演讲。清脆悦耳的声音扣动着听众的心弦。她时而做出大胆的姿态，大声讲着联合解放军，毛泽东先生和朱德将军的故事。如果不是在进行政治演讲的话，应该就是在给大家讲述时事。听众们时而连连点头，时而热烈鼓掌。女兵眯起眼睛笑了。站在她身后的一个邋里邋遢的麻子脸老头走上来向女兵道谢，展开扇子替女兵扇了扇，这位女兵回以一笑，接着又开始了演讲。她的头发和衣襟随风飘动，要不是穿着军装，看起来简直像个女学生。

我看着这番情景，这才感觉到自己真的来到了异国他乡——一片未知的、崭新的土地。这片土地连接着正义的新世界，这里的时间连接着新时代的脚步。这里的土地虽然贫瘠、破碎，但炙热的力量仿佛火山一样，在这里汇聚成河，暗流涌动。

我在那站了好半天，沉浸在一片感慨中，刚回神正要准备离开时，迎面走来一个青年，他看见我大吃一惊，停下了脚步。我也停了下来。一瞬间，我们相视无言。青年人悄悄问道："你是朝鲜人吗？"我激动非常，哑声笑了笑，伸出了手。太阳下，他激动的脸颊泛起红晕，紧紧地抓住了我的手。他身后站着的八路军也察觉出来了，抓着我的手对我表达了热烈的欢迎。青年同我一样，不太会讲中文，于是我们被领到了平时同志们休息的一个小房子里。

青年说他是从大同的前线逃出来的，出来后在解放军的保护下来到了根据地。自从到了中国，这可是我第一回遇见朝鲜来的同胞。我在梦中无数次希望能在这片土地上遇到一起革命的同胞，我不禁陷入感慨，流下眼泪来。我们都很高兴，他能逃出来实属万幸。据说他在路上走了快两个月。我们一起分食了一些瓜果，畅谈了许久，崔同志决定带上这个青年与我们同行，那位八路军放下心来。青年把新学的几句中文都磕磕巴巴地用上了，向周围的同志们表达了深深的谢意。与军人告别后，青年像个小孩子一样兴奋地给我们讲了这两个月路上的事，说军人们不仅对他照顾有加，从军区给他带了粮票，每天还慷慨大方地给他零用钱，从开始到现在花了不少钱。

我脱了皮鞋换上了在这新买的鞋子，现在我看起来已经完全像是个中国村民了。我让青年骑上驴。他大腿受伤了，走路看起来一瘸一拐的，看起来不太自然。我们离开了街道，向着西南方向进发，再次步履蹒跚地踏上了山路。

这片山地一层一层的，组成了一片一片的田地。由于地面层层叠叠，我们虽然走在山路上，但却感觉像是从绸缎之间走过似的。白白的山羊成群结队，像云朵一样在高高的半山腰上走来走去。守护着羊群的猎犬带着铃铛叮叮当当，不时冲上来冲着我们的牧羊犬汪汪大叫。路边依旧是数不清的核桃树、柿子树、枣树等等，一层一层，在山地上错落有致。山野的风景愈发美丽，色调也逐渐浓烈起来。

骑在驴上的青年沉醉在幸福中，头一晃一晃地低声讲着他从战线逃离的故事。

这位青年——也就是S君，被迫穿上敌人的戎衣，被强行拉到战场上当了学道兵。他出生于忠清北道，性格温和，在学校时是模范学生，在社会上也是一名良民。他像囚徒一样被武装兵监视着，进入中国境内后几经波折，最后被带到了热河、大同地带。在这里训练了一年以后，就拿起沾满污渍的刺刀，被分配到前线去了。他被分到了深山里的一支小队里，那个小队里有三个朝鲜人，其中包括道知事的儿子。不用问也知道了，肯定是道知事想模仿文人志士，才把儿子送来如此地方。其中还有一个以志愿兵名义被抓来的农村青年，连日语都不会。道知事的儿子一到了炮台就陷入了深深的绝望。他做梦都没想到自己会沦落到这个地步。事实上，由于他是前妻所出，道知事也没那么喜爱他。知事先生也只是为了让自己的名字登上报纸才把他赶出来而已。至于出来以后，事情如何发展，他也权当不知。这青年当然不知父亲有如此打算，对于父亲说的那些，有自己在便不会把他送到危险的地方的话，也相信了。但是，等到了被分配的地方才发现，父亲所谓的有分寸，就是把他派到这种日日都能听到枪声的山中前线来……

训练时，这位一直炫耀自己肯定是去后方做后勤，一路上盛气凌人，实在让另外两个人讨厌，后来看到他这幅光景，大家忍不住在心里暗爽。确实，他们之间也会生出这种微妙的感情。道知事儿子以外的两名青年却对能被分配到前线而感到庆幸。作为良民和模范生的S君每日在军队里受到各种侮辱迫害，他心里清楚地知道究竟该为谁献出宝贵的生命。对于那位道知事的儿子来说，军队里的生活充满了痛苦和可怕的死亡。但对于S君来说，即使身处摇摇欲坠的破碎船只，他也从没有放弃在茫茫的水平面上寻找希望的白帆。这份执着使他在日军的侮辱和折磨中坚持了下来，他日夜擦拭武器，他清楚地知道自己该去向何方，自己的刀枪应该对准谁……

再加上他看到同为朝鲜人的志愿兵们被日军当作玩物，肆意羞辱虐打，心中对敌人的仇恨就变得更加强烈了。这个被抓来当志愿兵的农村青年本是非常淳朴的孩子。每当他不听话或是动作稍有迟疑，上级士兵们就会打他耳光，踹他屁股，他们常常聚在一起嘲笑他真是了不起。后来有一次，这个年轻人甚至被新来的士兵嘲讽，他的怒气终于爆发了，提起拳头冲了上去。日本士兵们像老鹰一样扑过来把他打翻在地，把他踹得半死不活。那群家伙这样还不满足，分队长竟然要拔刀，S君赶忙冲上去求情，这才勉强了事。青年倒在地上，嘴唇一个劲地上下打战，眼泪簌簌直掉。之后那些家伙又将他拽进房间里，千余人聚在里面，轮流对他拳打脚踢，还不时命令他站起来。如果他昏迷不醒，就会以不服从命令为由，被抓起来再次毒打一顿。他被独自扔在那个空房间里昏迷了十日，左思右想后终于决定要脱下日军的军服叛变。从那时起，S君就开始认真研究如何带着这个青年逃跑，并暗中等待机会。

虽说道知事的儿子与他们同为同胞，受尽折磨，但他们到底还是没能把一切都告诉他。虽然在我听来这是好消息，但那位道知事的儿子被蒙在鼓里，每天只知道寄希望于一些虚无缥缈的事。即使是给父亲写信，父亲也只回些对他的深明大义深怀感激之类的话。失望之余，他只能开始谄媚地讨好那些日兵，为他们做各种事情。他像个男仆一样给日兵们洗袜子，晚上还给他们捏肩捶腿，嘴脸实在是难看极了。不仅如此，他心胸狭隘，在听到S君指责他后，每日观察S君的一举一动，似是想打小报告。与此同时，他的失眠症与精神衰弱症日渐严重。有一天他去火车站附近演习，回来的路上忽然脱下军服冲上了火车。结果被抓住打了个半死，回来被监禁在了部队的禁闭室。道知事大人听到这一消息忧心非常，担心儿子真的逃跑了的话会对他造成不利影响。不知两方最后如何交涉的，道知事大人的儿子最后被带到了安全的后方地带。但不幸的是，那时他已经疯了，为时过晚。

几天后，志愿兵青年被放了出来，晚上被派去哨所站岗。S君悄悄爬起来，确认所有人都睡得十分深沉之后，小心翼翼地从房间离开了。空气中只有钟表咔嗒作响。他心里十分不安。但还是按照几日前就制订好的计划，先靠近钟表，将指针往后拨了两个小时。之后爬到炮台下面，拧开机关枪的安全装置，拔掉附件，将子弹掏出来放进兜里。之后拿起步枪向外走去。短短几分钟的事却让人分外揪心。俩人早就约定好了逃跑方向和时间，所以站岗的志愿兵早已提前钻出铁网等待他了。他们避开黑暗中哨台上监视的人，悄无声息地躲进了黑暗之中。据常常在这进出的汉奸说，向西四十里，越过大山，顺着坡走下去，就可以看到游击区的一个小村庄。两人认为有两小时的逃跑时间就够了。所以对钟表动了手脚。但事实上一小时就足够翻过那座山了。山路上满是岩石，蜿蜒崎岖，他们在黑暗中摸索着前进。他们跌跌撞撞向前跑去，路上太滑，滑倒的事情时有发生，他俩抓着树根，低声喊着对方的名字，相互拉扯支撑着。两人全身都被汗浸湿了，呼吸急促。但是连三十分钟都不到，日军不知怎么就察觉到了此事，后方一阵骚乱，警笛大作，将山谷也震得嗡嗡作响。他们察觉到出了大事，赶紧互相搀扶着往山上跑。炮台上透出两柱绿色的照明光，相互交错着照向四周。每次有绿光照来时，他们就躲在草丛里。绿光一照而过，日军锋利的刀剑似乎有寒芒闪过。鸣笛声在山里嗡嗡作响。后面似乎有搜索队追上来了，远处传来了鬼子们相互大喊示意的声音。

在如此的骚乱之中，S君两人依旧安全逃出了大山。三十里，五十里，六十里……两人就这样一路狂奔。终于在朦胧的清晨白雾中，在山脚下发现了一个小村落，两人终于一屁股坐在山坡上，长长的呼了一口气。等到东边天色渐亮时，他们把衬衣当作白旗绑在枪末端，向村落走去。

他们找到村长，正说明逃跑的缘由时，八路工作员出现了，欣然地欢迎了他们。之后他们又走了几十里路，来到了分区司令部。在那里同志们给他们做了顿肉馅饺子，还拿了酒出来，为他们举行了一个小欢迎会。在那待了四五天后，又在八路的带领下向着根据地进发了。其中一个同志在途中得了伤寒，不幸去世了。从战场上逃出来的年轻同胞不禁留下了眼泪，下定决心一定要斗争到底！

我问他是如何受伤的，他回答说："进村子的时候，农夫们拎着锄头铲子在田里把我们团团围住，嘴里大叫着鬼子鬼子……为了证明我们不是鬼子，表达顺从之意，我们把枪掏出来放在了地上。这时一个男人忽然大声嚷嚷起来，其他的男女老少也跟着他乱叫起来，冲上来攻击我们……要不是后来村长来了……"

"想来这个村子刚刚解放没多久。"

"连八路军也是那样。估计是由于政治教育还不够充分，只来得及发动了大家对敌人的仇视之心……如果从警备队逃走的时候用机关枪把那些家伙全都杀了的话……一心只想着这个来着……"

"就算没有那样做，你也已经非常勇敢了。"

"我知道来这里能和义勇军会合，我一定要为那个志愿兵同志报仇雪恨，亲手杀了警备队的那些混蛋。"

"你认识 H 同志吗？"崔同志忽然问道。

S 君脸上浮现出颇为震惊的神色。

"你说 H 君吗？我认识他。他是我的朋友，你怎么认识他？"

"他现在在我们军政学校呢。"

"他居然没死？我以为他……"S 君高兴得简直不知如何是好。

"还有别的同志和他一起吗？"

"有一个同志和 H 同志一起顺着绳子翻过了城墙，但很不幸，那位同志被十字火炮击中，壮烈牺牲了……"

"果然……亭西里……因为 H 君的事，各警备队就下了通牒，要求加强对朝鲜人的监视和管束。留心周围朝鲜人的一举一动。如有发现异心就会被关进监狱。听说 H 君是将捡来的稻草一点一点编成草绳，之后顺着绳子翻过了城墙……其中一个人被抢打死了。H 君说日本鬼子吓唬他们说，如果被八路抓住的话，就会被挖掉眼珠子，割掉鼻子，最后再被枪打死。"

"你也加入的话，除了 H 君，说不定还能见到许多熟人……"

"我来的路上偶然遇到了一个日本军官。他是我训练时候的小队长，出去打仗的时候杀了八个人，被封为荣誉战士，还上了报纸呢。那时应该是在去延安的路上。他看见我以后说，呦，你也在这呢。”

大家都笑了。

“不过这个家伙人比较好。问他怎么当了俘虏，他只说自己是来革命的……”

大家又哈哈大笑。

“他死活背不下来军人守则，说我是大学生，死缠烂打让我给他解释解释其中的含义，我拿起来一看，是野坂参三写的，名为《向着日本士兵高喊》的小册子……在延安发行的……”

“然后呢？”

“然后我冲着这家伙大喊，说我不是日本士兵了，我现在是朝鲜义勇军了。不过现在八路军、朝鲜义勇军、日本人解放联盟成员都是一回事吧……”

“被俘虏的人中间有许多中尉、大尉等，我们根据地附近也有解放联盟分部，或许这次能见到中队长呢。”

“啊，连中队长都有的话……”

真是一段愉快的路途。

## 第三部　抗日根据地

### 一、进击的八路军

走了整整一天，到傍晚的时候，我们一行人终于在一条潺潺流动的清澈溪谷附近找到了一个小村庄。自翻过太行山以来，这还是我们第一次见到小溪。狗兴奋地跑到山坡上，山坡上立着许多柳树。我们把脚伸进溪水里，十分凉爽。在溪水里洗去了一身灰尘后，我们简直仿佛获得了重生。只是没有可以饮用的水，不能漱口，略感遗憾。同志们笑着劝阻，说就算用随身带着的银子消毒也没什么作用。我来了中国本就有些水土不服，如果再喝这种不能饮用的生水的话，很容易得伤寒的。

许多不知名的风土病[①]在太行山各处蔓延。一路上我们见到了许多面色苍白，毫无血色，饱受病痛折磨的士兵。他们或躺在如洞穴一般黑漆漆的房间中低声呻吟，或躺在阴凉处浑身抽搐。军政学校里现在也有这种风土病，许多学员都上报了感染。病人通常在寒冷天气里浑身发颤，高烧 40 度，虽然症状与疟疾相似，但是吃奎宁也不起效。因为身子整日里抽动不止，所以即使是身体健壮的人也很难支撑下去。再加上没有特效药，病人一般都要躺在床上休

① 风土病：日语说法，指地方病，是在特殊环境下产生的区域性疾病。

息两三个月。在这样荒凉瘠薄的山中，只有南瓜汤可以喝，营养不良的可能性很大。这是得病的第一个原因。再加上为了给老百姓减负，军队提出了自给自足的口号，所以为了供养部队，每个士兵都要大量生产劳动，导致极度疲劳。这是得病的第二个原因。在这样的身体情况下，外面淋着雨，内里却热得要死，再大口大口喝生水的话，毫无疑问会染上伤寒，一病不起。医生们因为没有药可用而手足无措，厨房因为没有材料做不出营养药方而大吵大闹，患者们情绪激动，为了克服难关只能悲壮地和病魔展开大战。工作员们到敌区偷偷买了注射药带回来，善良的同志们一有机会就扛着锄头去抓鱼，送到病房给他们补身子。恢复期的病人往往胃口极好，但如果一个不注意，过度饮食的话也容易复发。

听完，我意识到我又多了一个新的敌人。最近昼夜温差太大，再加上没什么雨水，所以空气十分干燥，自然条件不是很乐观。今年和前年一样，整个夏天滴雨不落。听说前年是个大灾年，谷子全都被热死了，就连山间的野草也枯死了。那时人们在田野和山间来回打转，就没有不吃的东西，几乎连草都啃光了才勉强活了下来。

“我吃过一百二十种草。”

“连柳树叶也吃吗？”

何止是吃，简直是天天吃。走在路上，看见百姓们呼噜呼噜喝着汤，浮着几粒小米的南瓜汤上浮着一层绿油油的叶子。早春的时候，人们把刚长出来的叶子撕成几片，以此来消除它的苦味，之后每顿饭都拿出来吃两口。久而久之那种酸酸的味道似乎也成了一种调料。这里的柳树和我们国家的柳树似乎品种不同。不管怎么说，这个山区的条件本来就贫瘠得无话可说，再加上外敌侵害，这个村落生活的艰难可想而知。在这片山村中，没有吃这个字，只有喝，因为没有饭，只有汤。人们一般端着一碗浮着绿叶的汤，排排坐在街边，一边聊天一边呼噜呼噜喝完就算了事。如果上前和他们打招呼的话，他们还会把碗递给你喝。因为没有什么热量来源，人们一般要喝四次汤。要在这片焦土一般的根据地上生活，只能如此。

晚上我们把行李放在客栈，举行了一个小小的宴会。但我实在食欲不佳，所以也没吃什么。两位同志为了欢迎S君，特意给他定了房间，买了二两酒。二两酒实际上是二两重的酒，但同志们把那种喝了二两就不省人事的酒也叫做二两酒。我实在是不喜欢喝用大枣酿的酒。

“既然都喝酒了，那再买点肉吧。”

大家把酒言欢，无话不谈，关系变得亲近了许多。两位同志相视一笑，说：

“还请等到八月。牛和猪都被日本鬼子们扫荡完了，连毛都没剩下一根。现在想在这里吃肉也压根没有。等到草长出来的时候抓只山羊。到了根据地给你们抓条手臂那么大的鱼来吃。”

许是太久没喝大枣酒了，我身体里的疲惫一下子涌了上来，身体发冷。我们把牧羊犬拴在客栈，再次回到了溪谷，坐在桥边吹风。忽然有人吵嚷着说有外国人来了，村子里的村民们赶紧跑出来看。虽然人们觉得外国人应该是鬼子，是地狱来的魔鬼，但还是笑眯眯地向我们靠近。我们说朝鲜语，抽烟，甚至是伸懒腰的样子都让他们觉得新奇，他们相互戳戳对方，一个男人问我们是哪里人，玄同志说我们是从天上掉下来的，大家不禁爆发出一阵大笑。一个少年兴奋地喊着，这不是日本鬼子，这是朝鲜的同志。之后摆出朝鲜人和中国人同心同德的姿态，两只手握住摇了摇。大家都点了点头。

这时来了两个穿着军服的男人和穿着便服的女兵。女兵们拉住我们的手，脸上是止不住的笑意，她们的短发在风中飞扬。“同志们，莫西莫西了吗？”我们相视一笑。吃饭了吗？这句话是晚上打招呼时最常用的。日军来扫荡的时候，大家无意中听到莫西（饭）和加耶鲁（告别时表示要回家了的意思），这两句话非常流行，于是大家非常喜欢和外国人说这两句话。

她们都是在前线工作的医务兵，回来的路上接到了从平汉路来的新指令，于是就积极地参与了游击战。我们来时乘坐的正是到平汉路的那趟车，如果当时再磨蹭几天，搞不好会被这场意外殃及。八路军如今的作战方案是，先将日军逼进大城市，再将其包围，形成孤城落日之势。所以散落在各个要塞的日本警备队和炮台兵们才坚持不下去了，纷纷慌慌张张地开始撤退。

“这些家伙就算一边撤退，一边也要四处烧杀抢掠，所以我离开之前提前包围了警备队。”他们将前线血腥的故事传向四方，用各种方式传达新的消息。

为了伏击撤退中的日军，军马和将士的尸体填满了山谷。几车几车的被拉回来。不管怎么说，这一次的攻击恰到好处。我为哨所的同志们松了口气，为他们还能活蹦乱跳感到开心。我不禁想起了哨所那个吹笛子的少年、博士同志和卧病在床的白同志。

我们又一起去了市里的街上散散步。女兵给我们抓了一把核桃，邀请我们高歌一曲。只要是朝鲜义勇军，不论在哪里，都会以歌谣、舞蹈和戏剧等方式进行宣传工作，所以大家以为我们也善于此道。玄同志和S君歌唱得很好，一曲之后，我们也邀请女兵们唱首歌。她们微微上扬的嘴角，美丽的脖颈，灿烂的脸庞在黑夜中熠熠生辉，简直让人不敢直视。萤火虫在夜空中无声地飞舞。女兵们抓住在水面上晃荡的柳枝，有些不好意思地扭了扭，谢绝了，但忽然又咳嗽了几声。她们含笑拖长了声音撒娇，发表了一番关于欢迎新来的朝鲜同志、祝福义勇军同志们的演说，之后喊了声一二三，开始了合唱。她们唱的是《桔梗谣》，曲调很是像模像样，朝鲜语的发音也很好。她们含笑唱了两三小节，最终没能忍住笑意，互相笑着抱作一团。

她们熟练的样子让我们有些吃惊。她们解释说几日前有义勇军来进行宣传工作，她们也跟着学了些。接着她们又唱了八路进行曲和军歌等，玄同志和崔同志也跟着唱了几句军歌。中朝两国同心同德的军人们面带微笑地欣赏着这幅美丽的场景。S君同志虽然不会中文，但也跟着舞动身子和手，本来唱好好的女兵们见了，不禁弓着腰笑作一团。她们都是非常可爱有开朗的少女，年轻的面容上满是天真，从她们身上仿佛能看到新一代的中国女性。我问她们的故乡在哪，一个说："北京！"另一个说："广东！"北京来的这位女兵眼睛不大，她还是学生的时候，战争爆发了，于是她就跟着大学一起移动到了后方，辗转来到了延安。广东来的这位女兵本来是纺纱工厂的女工，后来跟着哥哥一起来到前线，参加战斗。之后去了延安学了新知识，又再次回来参加战斗。

女兵们似乎对文学艺术也有不小的兴趣。通过她们，崔同志了解很多这段时间无法得知的中国文学家们的动向。他非常喜欢丁玲夫人，一说起丁玲夫人，就想起了读《意外集》的时候，女兵们告诉他丁玲夫人现在在延安非常活跃。运用生动的手法描写东北农民生活的《第三代》的作者萧军以及立波、吕振羽、里丁、吴伯萧、舒群、周而复、艾青等众多文学家，目前都在延安、边区或前线工作。诗人郭沫若，亡命十年终于从日本逃出，归国参加战争，至今仍在重庆，领导着人民战线。以《子夜》作者茅盾为代表的作家，如艾芜、沙汀、曹禺、田汉等作家纷纷奔赴桂林和成都等地，用手中的笔杆作战，呼应中共。听闻茅盾先生今年已是花甲之年，我意识到原来这位继鲁迅之后的核心人物是一位老先生咧。毛泽东先生发表完文艺讲话后，作家们的立场、态度、写作对象和写作方法等都随之变得明朗和具体化了起来，比起以往，作家们终于在一条更加正确积极的道路上活跃了起来。

天上忽然下起了小雨，打破了我们快乐的氛围。回去之后我们躺在灰暗的炕上，臭虫、跳蚤、蚊子在我眼前飞来飞去，让人简直无法入睡。雨水从倒塌的墙壁之间漏进来，打湿了被褥。另外三位同志深深陷入梦乡，只不时抓挠几下小腿。我只好点燃灯芯，在深夜整理这些天积攒的日记。忽然夜里传来一阵骚动，远处传来战马的嘶鸣，我顿时睡意全无。牧羊犬也被吓了一跳，汪汪大叫起来。雨停了，天空像被洗过一般，十分晴朗。天上的星星密密麻麻的。原来是军队来了。他们一行人身穿蓝色军装，腰间紧紧地系着皮带，背上背着背包和干粮袋，手上提着步枪，看起来像是要去前线。我打开窗，看见他们进来后解开背上的行囊，在院子里做起了露营准备。他们提着灯来回走动，相互之间说着什么。过了一会，有几个人向我们的房间走来。他们果然也是被牧羊犬的声音吓到了。看到我们带着这样一只牧羊犬，他们似是有些疑心我们到底是不是义勇军。崔同志从床上起来邀请他们进屋一起休息，他们赶忙摇摇手，说实在不好意思打扰你们休息了。院子里又安静下来。凌晨时分我迷迷糊糊地从睡梦中醒来，却发现军队已经离开，不知去哪里了。

为了不给老百姓添麻烦，当他们不得不在村落或民宿休息的话，一般都会在门外或者大门之间的空地上露营，绝不会占用老百姓的房间。他们早上起来之后会先把院子打扫干净，再挑一桶水来，如果身上带的粮食不够的话，就拿粮票和百姓们换一点大米吃。军人们为了守护祖国，不惜如此牺牲，他们如此爱护人民，人民当然爱戴他们。不，他们其实也是普通的百姓啊。

我们离开了这个村落，再次向前进发，途中还遇到了好几支前往战线的军队。他们按照新的进攻令的指挥，一直向前，向前—前面站着的是尖兵，后面跟着的是宣战队和主力队，女兵们混在他们中间，高声唱着军歌前行。全队的士兵都跟着她们唱了起来。骡子、马和驴背着机关枪、野炮、散炮和弹药箱紧紧地跟在后面。他们就像是要去哪里演习一样，一路上欢歌笑语，十分开心。他们棉布做的衣服和裤脚上沾满了泥浆和草渍，鞋子是用布一层一层做的，密不透风的山地鞋。他们把行军时盖的被子绑成正方形背在背上，腰间挂着铁饭盒，走起路来叮当作响。屁股后面用木头做了一个环，上面挂着两三个黄色的手榴弹。他们的步枪都是日兵们使用的三八式步枪。在独裁主义的迫害、压榨和屠杀下，在这二十五年的艰难困苦中，他们从未低头，用血染红了两万五千里的长征之路，他们高举新的战旗，用毅力和热情击退外敌，让人肃然起敬。

正如他们所唱的一样，他们在祖国的土地上负重前行，带着民族的希望，向着太阳的方向进发，他们始终不知疲倦地坚持在前线战斗，是民众们自己的武装力量。热爱祖国、渴望和平的劳动者们、农民们、知识分子们组成了人民的前卫队，只要中国人民还在被外敌欺凌，他们就会一直战斗，直到封建的枷锁被打破，直到帝国主义的压迫从这片土地上消失，直到蒋介石的独裁轰然倒塌之前，他们都不会倒下，只会有越来越多的人团结起来加入人民军，抵抗外敌，奋勇进攻。为了将外敌赶出国境，为了平定国内的反动势力，为了让自由的旗帜在泰山上飘扬，八路军穿过原野，穿过塞外和山岗，一路向着胜利进发—我们停下脚步，和中国的百姓一起向他们挥手欢呼，祝他们胜利。只要有八路军，国家和人民就会以坚定的步伐前进，民主主义终将胜利，再次屹立在东亚这片大地上。我们一起高呼万岁。中国共产党伟大的领导者——毛泽东先生万岁！人民的军队——八路军万岁！我们再一次高呼——打倒日本帝国主义！打倒日本帝国主义！

## 二、卖梨老妪的悲鸣

绕过一个山角后，一百多名军人分散在山谷的各个角落，挥着锄头的样子映入眼帘。他们中很多人像农民一样戴着草帽。有的汉子把毛巾系在头上，一边挖土一边放声高歌。就现在的光景来看，今年应该也是一个灾年，所以分区司令部给军队下了指令，要求调查周边的山脊和山谷，寻找水流，挖一条水沟来浇灌农田。农民们原本正对着满地的黄土叹息，但在军队的帮助下竟恢复了水利，不由得大喜。人民军队又和大自然展开了猛烈的争斗。似乎想把堆积的夜雨也引流过来。等秋收的时候，军队也会帮忙收割谷物。

出了这里又向前走了一会儿，我们在右边的山脊上看到了一座黑漆漆的炮台。听说日军不久之前还在这里，有一天夜里忽然着急忙慌地撤走了，结果全军覆没了。我们沿着崎岖的山路向上走去，贴着山脊越过了一个小山坡。走过去一看，发现这座炮台已经只剩一片残骸了。日军常常用激光枪扫射行人，时不时还下去烧杀抢掠，所以这里也被人们称为恶魔的炮台。他们随心所欲地把人抓回营地，乱棍敲打，他们毫不留情地抢走家畜、瓜果，甚至连在田边干活的妇女也不放过。那时八路军的力量还没有延伸到这里。有许多人选择了投降，成了日军的走狗，所谓的和平军也涌来大肆抢掠，杀人更是常有的事，罪行恶劣，绝不亚于日军。

有一天，日军来到村落，抓走了一个卖鸡蛋的可怜的小女孩。这丫头心地善良，做事利索，很是受村民们喜欢。忍无可忍的村民们大喊着抡起锄头一拥而上，包围了这个炮台。他们激动地跺着脚，朝炮台扔石头，高喊放人。但他们等来的却是日兵机关枪的洗礼。再加上日本鬼子认为村民们胆敢反抗是因为村子里有八路军煽动他们如此，所以又提着枪冲进了村子，抓走了四名看起来比较精明的青年。在一顿严刑拷打后，他们决定把村民们都叫来，在他们面前杀死这些青年。青年们被绑在高高的十字架上。留着胡须的汉奸村长将日本鬼子的话翻译给村民，原话是“抵抗日本军队的家伙就是如秋风落叶般的下场”。可怜的村民们连大气都不敢喘一下。空气中只有家人和亲戚们的呜咽声。一分钟，两分钟，三分钟……时间紧张地过去了。日军的枪手们站到了村民的面前准备实行枪决。

不知是不是因为此事太过荒唐，群众们开始窃窃私语起来，角落里传来了喊叫的声音。原来是八路军悄悄溜了进来。终于，群众们振奋了起来。霎时间，狂风暴雨，雷霆四起。枪手和汉奸连反应的时间都没有，人群像云团一样蜂拥而至，他们抢走日军武器，拳打脚踢，现场陷入一片混乱。有些家伙逃了出来，有些家伙连腿都抽不出来，还有些家伙呼哧呼哧地喘着粗气跑了。汉奸的脖子上、腿上、腰上全是手，人们死死地抓住不让他逃跑。炮台内的日兵们看见这一幕，急忙提着枪冲下来，奋力营救友军。

当天晚上，八路军包围了炮台，要求日军投降。民众们也举起工具，齐心协力协助八路军。由于电话线被切断了，无法通讯，弹药和粮食也有限。日本鬼子们没了办法，想要在漆黑的夜晚杀出一条血路撤退，但最后全军覆没了——我们走在山路上，听着炮台的故事，忽然看到一位白发苍苍的老奶奶拿着篮子站在路口，似是卖梨的，她口中唤着“五块钱，五块钱”，追了上来。我们不知她有何事，靠近一看，她拿的竟是空篮子。我们吃惊地看着她。老奶奶对我们不理不睬，只是一直重复着撒种子的动作，嘴里一直嘟囔着五块钱，五块钱。

我们在山上休息的时候，这位老奶奶像是被风吹的站不稳一样，尖尖的小脚左摇右晃，跌跌撞撞地爬到山脊上，四处张望。她一会儿问日军是何时没了踪迹的，一会儿又像是沉浸在回忆里思考着什么，一会儿又忽然裂开干瘪的嘴唇大笑。看起来像是疯了。她脸上忽然又布满了愁容，悲伤地怪叹道：“如果早一点把鬼子赶走的话该多好……”

“为什么没能早点来？”

“奶奶，现在战争都在很远的地方，这里不会再有那种事了，你放心吧。”崔同志大声安慰她。

她不知听到了没有，只是点点头说：“为什么战争不早点结束，鬼子让我们饱受折磨，自己却坐上飞机和火车逃走了……”

“奶奶，您孙子上战场了吗？”

“我没有儿子，也没有孙子……”

“为什么？”

老奶奶忽然哧哧笑了起来。这笑声鬼气森森，让人听了不禁毛骨悚然。看她这样子，似似是家门不幸，且和炮台有关系。她独自颤颤巍巍地大吼大叫，忽然收起笑容，披头散发地冲了过来，凝视着我们。她的脸像明太鱼皮一样，深深凹陷下去的眼睛里泛着幽幽的绿光。一瞬间，恐惧和憎恨的氛围笼罩了过来，她嘶哑着嗓子问我们是哪里人。

“奶奶，我们不是鬼子，我们是朝鲜人，是来和中国人并肩作战，共同击败日军的朝鲜义勇军！”

奶奶嘴里嘟嘟囔囔着什么，也不知道听懂我们说话没有，自顾自地点点头下去了。日军残忍的侵略和杀戮酿成了一个个惨剧，这样的事情在这个山村中常有发生。看到日军的所作所为后，逃出来的S同志气得咬牙切齿，发誓总有一天要扛着枪杀了那些家伙。

下山之后，我们看见一个年轻人正把满是青苔的石头放到驴身上。我问他砖头怎么这个样子，他说这些是被日军炮台打碎的砖头，上面让他们把这些运去盖一个烟囱。我们正说着话的时候，卖梨的老妇人走了过来，将砖头放进了篮子里，嘴里还嘟囔着五块钱。我们问他这位老奶奶是不是他们家的，年轻人摇摇头露出苦笑，用手指了指头，示意我们她已经疯了。

“什么时候变成这样的？”

“儿子死了以后。”年轻人握住驴的缰绳，回头解释道。

“是在战场上死的吗？”

“不是。有一次炮台里的鬼子们说要吃梨，就把这位老奶奶的儿子带走，把梨全部占为己有了，那位儿子让他们交钱，毕竟家里真的很困难，但鬼子们只踢踢他屁股让他走。”

“这位大概几岁？”

“二十三岁。是独生子。鬼子们让他走，他没办法只能出去了又再回去。日本鬼子让他把老婆带来就给他钱。”

“之后怎么样了？”

年轻人的脸上露出了悲伤的表情，“他朝着日军吐了口口水，他就是那样脾气。他以前和我关系很好的。”

“之后日本人开枪杀了他吗？”

“一开始我们根本不知道他死了。到晚上了他都没回来，老奶奶就去炮台找他，正要进去的时候感觉什么东西碰到了自己肩膀。老奶奶被吓了一跳，后退几步仔细一看，发现自己儿子的尸体被挂在上面。她看到这个以后就疯了……”

“那，那位的妻子还在吗？”

“还在，已经怀孕了。但她那时跟着村民们一起反抗鬼子，结果中枪身亡了……”

老妇人完全不知道自己在说什么，嘴里一直嘟囔着五块钱，回过身，步履蹒跚地沿着来时的路上去了。我们不知该说些什么，心里满是莫名的悲痛和愤怒。一行人默默地走在山中。奸诈阴险的日军残杀了多少无辜的人，又破坏了多少贫穷艰难的家庭。这是永远无法洗刷的屈辱。侵略者和帝国主义在这片土地上大肆收割，这片土地上人们的愤怒永远无法平息。人们每日思念着幸福和快乐，却只能早早起床战斗。事实上，之前他们所说的日军的踪迹已然消失了，只剩成熟的果实在山野中、金黄色的太阳下翩翩起舞。这里的确是遭遇过几次残酷的侵略。飞机从天上飞过，扔下炸弹，机关枪和装甲车震得地面嗡嗡作响。熊熊的黑烟笼罩着整个山谷，炸弹将村民的房屋变成一片废墟，机关枪的声音响彻天际，想要逃跑的村民们被全部屠杀殆尽。我们就这样偶然地遇见了这个悲惨故事的主人公。看着这位老妇人，我的汗水不禁顺着脊背流了下来。比起和军人们一起赶路的时候，这座山村更加让我感受到了战争的气息。

不知为何，我的脑海里忽然回想一个悲伤的故事。事情发生在离平壤不远的一个小山村里。一名寡妇的儿子被以所谓志愿兵的名义强制带到了平壤兵营，结果没过几天，就逃走了。第二天，全副武装的宪兵和日本警察就找来村子里了。这名寡妇当时因为儿子被抓走精神已然有些不正常了。但鬼子们可不管这些，他们用枪指着她，威胁其说出儿子的藏身之地，说如果不马上交出来的话，等抓到他就立刻判处死刑，绝不可能再让他活命。他们还把二儿子抓走当作人质。那位寡妇不禁向神明祈愿，干脆不要让大儿子回来，随便去哪里都好。有一天晚上，门边传来一阵叫喊的声音。寡妇吓了一跳，披头散发惨叫着跑了出去。当时已是深夜。外面那些每天包围着屋子的家伙们竟然消失了。难道这是梦吗？难道这是幻觉？她一边想着，一边在黑暗中摸索。忽然她啊的叫了一声，身子瞬间仿佛被钉在了原地。有个身影被挂在围墙上，在月光下一晃一晃的。她跑过去一看，竟是被抓进宪兵队的二儿子。没过多久，这位寡妇就疯了，十里八乡的村民们都难过的流下了眼泪。正当我沉浸在这和现在如此相似的惨剧中时，S同志打破了这沉重的气氛，他像是自言自语一样说道："惨剧不单单发生在这里。比这惨千倍百倍的事都有。这群家伙真是恶魔……以前我在警备队的时候，同队的家伙把附近的一个村子全都给烧了。此前八路军以这个村子为依靠和鬼子们打游击战。之后鬼子们拿着石油桶到处洒汽油，一瞬间，村子就陷入了火海。村民们为了避火四处逃窜，最后却全死于机关枪之下了。有几个年轻女人躲在没着火的房子里。只有她们几个年轻女人。鬼子们发现之后，像豺狼虎豹一样扑向她们。女人们躲进缸后面，灶台下面，干草垛里，米袋里，像兔子一样浑身颤抖。这一幕至今仿佛仍在眼前。悲鸣声、哭声……鬼子们往往在此时最是痛快，纷纷露出猥琐的笑容……"

他眼睛里露出悲伤的神色，冲着灰蒙蒙的空气中投射出一道火一般燃烧的视线，"之后他们把房子和人全烧了。为了毁灭痕迹，他们常这样做。看到这些女孩子，我就仿佛看到了我的母亲和妹妹一样，心中气愤非常。我的双腿不禁直打战。如果我逃走了，这些家伙也会将我母亲折磨得体无完肤吧……"

如今，经历过如此惨剧的女人们聚集了起来，为了建立新的国家，齐心协力击退了敌人，勇敢地参与进了打击反动的战争。她们中有人直接当了士兵，有人做了工作员——她们都热情高涨地学习着新知识，为新国家来临的那一天做准备。因为她们无法再忍受躲在同胞们的坟墓后面，无法忍受被鲜血浸湿，无法忍受在屈辱中茫然地倒下。解放区的人民正在奋力战斗着。

又走了一会儿，一片核桃树丛浮现在我们眼前，一条小路从中间蜿蜒而下。核桃树密密麻麻的，在草丛上面投射下大片荫凉。这片胡桃树不高，像一片矮松树一样，绿绿的叶子在风中簌簌地飘动。来田间劳作的农夫们正聚在树荫下闲聊。女人们也跟着坐在树下，相互之间唠着家长里短。一位没穿上衣的瘦弱老者似乎正义愤填膺地说着什么。其他人纷纷点头表示赞成。看样子大家用午休时间开了个互助会。我们在乱哄哄的笑声中翻过了这片小山丘。

## 三、胡家庄战斗

我们几乎是完全机械地在走路，全身都又麻又痛，膝盖也酸痛非常，只想赶快一屁股坐在地上。两边的土层像是被削了一样，山路像条隧道一样，看不到尽头。路上一点风也没有，只有灰尘不停地飞扬。红彤彤的玉米须子挂在两边的土层上，俯瞰着地面。

"还得再走十五里路。知道为什么叫八路了吧，因为两条腿都走成八字了……"大家都被崔同志的幽默给逗笑了。

"你们来中国走了多少里路？"

"从上海辗转到南京，路过武汉，从重庆逃出来以后，又经过西安，为了去延安，现在又到了这里，我估计怎么都有数万里了吧。从战地到这里应该也有数万里了。同志们要是想赶走日本人回到故国的话，怎么说也要走上数万里啊。追击都得追击万里呢。你想想鲁迅先生的话，'比起用手写作，更是忙于用脚奔走'①。同志们得好好理解其中妙处啊。"因为看到的听到的事都很新鲜，比起用脚追赶，似乎用手记录下来这些事要更加忙。

"写下来，写下来。请一定把它记录下来。我们要让国内的同胞知道，在

---

① 这句话出自日本作家增田涉所著《鲁迅的印象》，疑非鲁迅所言。

华北的这片土地上，有人为了光复祖国而献出了热血和生命。正是我们，在中国的土地上提着枪和鬼子战斗。重庆的那帮老头子们正拍着桌子相互大吵大叫。等日本人战败以后，他们只会站在最前面抢功。还是同志们亲身经历过，写出来的故事更贴合实际。”

“当然……你说得很对。”我虽然嘴上如此附和着，但心底仍然觉得自己还保留着风月客和从军作家的习惯，不禁感到十分羞愧。我自言自语道：“得多学一些。多学一些才行呀……”

“现在我们的同志中有了许多诗人、作家、美术家、舞蹈家、演员和音乐家等等。原本没怎么读过书的同志们现在也可以抓耳挠腮地勉强写一首像样的曲子了。连我每次登上舞台的时候都忍不住想放声高歌……也许是因为我们迫切地需要一个方式来表达生活中的感情吧。当然，本来就喜欢艺术创作的同志们也有很多……他们给了民众们莫大的安慰和鼓舞，还给他们带来了艺术的启蒙。”

“观众都是中国人吧？”

“晚会或者纪念日的时候我们会用朝鲜语，在军中的话就当然是用中文了。剧本一般是宣传部长同志抽空写的。”

听说宣传部长是剧作家，我十分高兴。如果能进入宣传部工作的话，我或许能当一个作家部长，收获更大。剧本的内容十分多样，有战争中的采访，宣传战斗意识和牺牲精神的、宁死不屈的监狱斗争生活，在困难和饥饿中挣扎的国内同胞们的生活等等。因为内容十分恳切，所以大家即使看过许多次，每次站在台前时也时常忍不住落下眼泪。握紧拳头，咬牙切齿……观众是中国民众时，主要的内容就变成了朝鲜人的反抗精神、日本帝国主义的残忍迫害、同胞们悲惨的生活等等。为了使中国的观众了解朝鲜的情况，理解朝鲜民众的心情——“歌曲都是学员同志们亲自一首一首写的，就连编曲都弄得像模像样。就算不熟悉，也在墙板报上像模像样地画了画。也许这就是在战争和革命中诞生的艺术吧……”这样的艺术才是活着的艺术。

“同志以后要多写一些才好。我们义勇军现在非常重视这些艺术工作和宣传工作。”

一边说着话一边走着，我们发现竟然已经走出这条像隧道一样的路了，来到了一片相较开阔的田野上。玄同志牵着狗，S同志骑着驴走在前方，扬起阵阵灰尘，不时回头催促我们快点赶路。

崔同志笑着说：“玄同志在我们义勇军里是出了名的走得快，我们都叫他黄天王童。从太阳升起到日落之前，走两百里路简直像家常便饭。”

“要想在敌区来去自如的话，果然得会缩地术才行啊……”

“不只是缩地术，还得会千里眼和变换术呢……最重要的是要胆大心细，无论发生什么事都要誓死保守秘密。所谓敌区工作员……”

然而，这位在生死线上勇猛搏斗、身经百战的勇士，此刻正被一群小不点团团围住，被盘问了起来。坐在柿子树上的两个小家伙忽然喊了几声，于是一群小家伙们把我们围了起来。

“去哪？”

“根据地。”

“根据地在哪里？”

“这我不能告诉你。”

“也是……那你们从哪来的？”

“北京。”

“北京？”

小孩们瞪大了眼睛。一个小孩子见状想把信号机放到柿子树上，玄同志连忙恳切地说我们不是可疑的人，千万别把人叫来。孩子们说那我们得拿出证据来，于是就一路跟在我们后面。看来果然是牧羊犬让他们起了疑心，骑着驴的S同志不会中文，吞吞吐吐的样子也颇值得怀疑。还好崔同志拿着我们一行人的旅行证明书，所以我们最后平安无事地通过了关口。越过这座小山丘后，我们在原野中央发现了一个集市，它比我们近日来经过的所有村落都要大。说它是个城镇也不为过。

傍晚，夕阳西下，夕阳中若隐若现的土城美得仿若电影一般。山羊们挤作一团到处乱跑。这里是附近最大的物资供给地，我们有同志在这里进行生产工作，所以我们决定在这待两天，顺便缓解一下旅途的劳累。

这座城镇也受到过日军的侵略，残垣断壁处处可见。城门的顶子坏了，城墙也被炮弹炸得不成样子。城门上用石灰粉写着中共十大政策。到一九四三年为止，在过去最艰苦的两年时间里，中共中央带领着人民勇敢抗日，为了实现胜利，实行了减租减息制，带动了高生产运动，进一步强化了拥政爱民的政策。

十大政策大致如下：(1)对敌斗争。(2)精兵简政(作为民众组织，减轻人民负担的同时增强军队的抗战力量)。(3)统一领导。(4)拥政爱民。(5)生产运动。(6)整顿三风(毛主席在1942年2月发表了“整顿学风、党风、文风”的报告，对全党全军进行了思想变革和作风改造)。(7)三三制。(联合共产党、国民党、无党派人士，建立民主政权，众志成城，共同抗战)(8)减租减息(要想粉碎敌军对我们的分割和封锁，就要进一步巩固各阶级的团结力量，减少阶级对立的矛盾。因此战争期间不实施土地改革，田租不超过百分之二十五，利息不超过百分之十）。(9)审查干部。(10)时事教育。

按照这样的顺序，在避免内战、击退外敌的同时，开展关于建设新的国家，制定最恰当、最紧要的军事、政治、经济、文化的政策。十大政策取得成功后，一九四四年起，参军运动规模明显扩大，成千上万的青年涌向战场，到了秋季的时候，群众运动爆发，涌现出无数的战斗英雄和劳动英雄，同时还出现了许多模范人物。他们作为大家的先锋、骨干、桥梁，让全世界都看到了他们的力量。就这样，民兵的团结力量变得更加坚实，解放区的范围逐渐扩大，一场攻城略地的敌威歼灭战就此展开了。

在国家内忧外患的危机时刻，毛主席为新民主主义的政策方向指明了最准确的道路。这样的新民主主义革命纲领才是抗战时期漆漆暗夜里的唯一火炬。抗战中的人民在这支火炬的指引下生出了无限力量，他们勇敢地站了出来，即使身处极度恶劣的环境，他们仍愿为了打倒日本帝国主义献出最后一滴鲜血。

进了城一看，发现家家户户都遭到了战火的摧残，几乎没有一家的房子是完整的，即便如此，这个略显凄惨的街道上也还有很多药店、餐厅、杂货店，连书店都有两三家。以前封建领主的豪宅似乎被改为了人民集会的场所或者机关的办事处，许多人聚在房前，闹哄哄的。墙板报贴着前线的新闻，一个男人正大声念给民众们听。我原以为司令部和县政府会设立在这样的地方，没想到原来都在小村落里，应该是出于保密和防卫的战略性考虑。见到书店我高兴极了，我发现了许多书，有斯大林的《列宁主义的诸种问题》，毛泽东的《新民主主义论》《论联合政府》等，还有一些他写的关于八路军的书，中共的正版文件、小说、翻译书等等。我买了许多书。

我们有同志在这条街上的棉花厂从事生产工作。我们虽然没有联系同盟，但正好碰到了去山东分盟路上的C同志，于是三个同志欢天喜地地碰了面，相互问了一下前方战线的消息。他们应该比我们更清楚前线的消息。因为前线的伤兵大部分都到了这里，转为司令部的士兵了。平汉路那条线在河北省就因为两军交战而断裂了，虽然目前重要的地方还处于激战状态，但大体上已经逐渐形成了包围的势态。

第二天想走的时候忽然下起了小雨。于是我们干脆就按原计划在这里休息两天。我给发肿的脚涂上药膏，换了一双新鞋，C同志淋着雨给我们钉了钉子。一位同志为了欢迎我们要去抓条狗来，结果什么都没抓到，被淋成了落汤鸡。

C同志简直就像是我小时候想象中的独立团员，为人十分潇洒豪迈。他就像一只凶猛的老虎，留着茂盛的胡须，眼睛很大，时不时给我们讲一些有意思的事。他实在是讲故事的高手。他说自己不久之前去了一趟延安。我从他嘴里了解到了许多熟悉的前辈的动向，如白渊先生(金白渊)、崔昌益、许贞淑等前辈。还有一些老师的名字是第一次听，如韩斌、朴孝三等。他还讲了一些指导干部的故事、学院的故事、鲁迅艺术学院的故事、艺术界的动向等。在国内时备受瞩目的金泰均先生也在几个月前同爱人一起平安到达中国了。我儿时的同伴高赞辅，也很早就去北京从事地下工作了，后来去了延安。我听了这些事，不禁心跳加速。如果越过封锁线的话，应该就能去延安了，因为后方的同志们还在慢慢地向前进军，所以不久前大家聚集在了太行山，以那里作为了临时的根据地。他从延安回来的路上发生许多惊险刺激的故事。阎锡山的败军四处横行霸道，日军又不知在向何方移动，他时常需要冲进危险的地方躲躲藏藏。

有一次恰巧在完全没有遮挡的山脊上碰到了三四十名黄头(他是这么叫日军的)。那时四名同志已经连着四天没吃饭了，实在没有力气，就算想跑也跑不了，只能藏在草丛里。一旦被发现的话就死定了。日兵们对一个年轻的农夫说，你扛着米袋慢慢过来。这群家伙此时正处于危险地带，所以警戒之心非常强。随着沙沙的石子声，鬼子们说话的声音越来越近了。同志们纷纷掏出手枪，屏住呼吸，脸色煞白。越来越近了，日军们出现在十米外的路边了，大家更加紧张地藏好。一，二，三……日军就这样从他们前方擦身而过，稍有不慎，就要完蛋，大家心里不禁焦急难耐，祈祷日军赶快过去……他们甚至都看到组长的肩章了。那些家伙时不时还踢踢草丛。看样子山里应该有他们的战斗部队，农夫带着他们四处乱转，似乎在想办法。不懂中文的组长嘴里说着什么，忽然停下了脚步，让我们大感可惜。这时农夫追了上来说要替他们翻译，冲他们笑了笑。鬼子们爬上来四处张望，由于肚子饿了，竟生出了把米袋子都抢走的野心。忽然响起了一声枪声，日军们瞪大了眼睛，吓得赶紧连滚带爬地从坡上下去了。年轻的农夫下意识地扔下米袋，一下子消失了。米袋一下子散了开了，大米顺着悬崖哗哗地流了下去。现在想来仍觉得很是可惜。

听这位同志说，一九四一年十二月为了配合八路军的政治工作，石家庄出动了二十九位勇士，最后全部壮烈牺牲了。在白茫茫的雪地里，他们勇猛地突破了日军的层层包围，他们火一般的突击精神、爱国精神和对同胞们的热爱让人动容。C同志说起这个故事时十分心痛。据说他们是越过封锁线而来的武装宣传队。原本疑心义勇军宣传队存在的日军们看到此景不由得瞪红了眼睛。被拉到前线挣扎的数万朝鲜士兵和军属还有在祖国土地上无法生存所以涌来中国大陆的同胞们的数量让日军简直不敢相信。

“两百名敢死队和中国和平军高喊着彻底消灭敌人,像疯狗一样紧紧追在敌人身后,其中有一百五十人都是从国民军来的叛兵。我们勇敢的宣传队不畏距离遥远,不管是五里还是二三十里,都不辞辛劳地进行宣战工作,搅乱战局,还到处召开群众大会,时不时伺机开展游击战,痛击敌人。”

这是发生在胡家庄村子里的事,由于第二天就要回根据地,所以那天晚上开了最后一次群众大会。因为汉奸通敌,营地完全被包围了。哨所比较远,一时不察导致了如此失误。但仅仅用四个人的牺牲就摆脱了进退维谷的死地,转而反击,可以说是非常了不起的事了。在这场突围战中,队长失去了双臂,另一名同志中枪了,被日本人抓走了。他们的姓名和事迹大致如下:

孙一峰(二十九岁),第二分队队长,出生于平安北道熙川郡。他平时较为沉默寡言,从未讲过他自己的事,所以没能留下太多关于他的记录。但据推测,他应该是为了国家和民族的大业而放弃了和睦的家庭,踏上了革命的征途。他毕业于中央军官学校广东分校炮弹科,毕生所愿就是用山炮和野炮建立方列,以此痛击日军。他成为军官后加入了国民军战线,最后加入了八路军阵营,虽然说是为了革命,但其实是想像八路军一样宁死不屈,坚持战斗下去。因为他十分厌恶日本鬼子,即便能杀一个鬼子也是好的。但是在日夜奔波的游击生活中,他最终也没能完成设置炮兵阵的愿望,作为分队长指挥着最后的突击部队完成了重大任务后,就壮烈战死了。当时队长强行让许多下定决心要战斗到最后一刻的士兵们先走,自己却带着小分队的士兵们冲在前方,发起了突击战。但为时已晚,小分队被完全包围了,连逃的路都没有了。队长的身体十分强壮,他平时不辞辛劳,总是主动承担许多繁重的工作,他是牺牲精神的化身,这样壮烈的死亡应该能让他感到欣慰吧。

朴喆东(三十岁),出生于平安北道义州郡。自幼离开家乡来到中国,在中国读书,毕业于中央军官学校洛阳分校。他和孙一峰等许多同志一起逃出了国民党区域,来到这里,活跃在前线。在这场战斗中,他始终在前方冲锋陷阵,保证同志们可以全速前进,最后血肉模糊地冲进了敌方阵地,浴血奋战到连把刀的抽出来的力气都没有了,他脱掉上衣,又将刀刺进敌人胸膛——他高喊着朝鲜独立万岁,壮烈地倒下了。之后同志们找到了他的尸体,发现上面满是刀伤和枪伤……C同志当时说我来负责处理他的尸身,同志们快快前进吧。当时悲痛的哭喊声至今仿佛仍在耳边。

王现淳(二十四岁),出生于平安北道碧潼郡。诞生于革命世家,经历过许多磨难。他的生活本身就是一场战斗,他的成长就是战斗的历史。他从小就提着枪跟着两个哥哥游走在沾满露珠的草丛中,在枪林弹雨和深山中的要塞之间四处逃窜了二十年,一天安稳的日子都没过过。他性情较为高傲,虽不甘于人后,但也从不上前抢功。他常常将在实践工作中获得的感悟分享给其他同志们,带给了他们很大的鼓舞和帮助。他时常喜欢与人辩论,所以被人叫作“打手”。但是,一旦进入战场,他绝对是不折不扣的军人,是模范般的存在。他总是面色冷然。他的身躯像一颗炸弹一样,在战场上永远是气势万丈的胜利的象征。他出身中央军训练班。在这次战斗中,他迸发出了惊人的勇猛气魄。当时,保证大部队的正常前进的掩护战中的最大障碍就是敌人的机关枪。不知什么时候,这位同志忽然没了踪影。同时,敌人的枪声也停了。下一秒,战友们发现他站在前方挥舞着敌人的机关枪。

韩清道(二十六岁),出生于忠清道。他个子不高,身材有些微胖,嘴角永远带着笑容,和王现淳同志简直是两个极端。即使是在饥寒和痛苦中,他也依然能开心地哼着歌。从某种角度来说,他可能是天下独一份的懒鬼。他乐观的天性给同志们带来了许多的力量,带来了欢声笑语,是队伍里不可缺少的存在。“那里还有两个人……”他看见坐在岩石下射击的两个同志被包围了,他跟在分队长后面,拿起手榴弹像狮子一样扑了过去。子弹全打光了。不幸的是,他的大腿中弹了。他试图拿起刀站起来,但连动都动不了。于是他将最后一枚手榴弹抱在怀里,自爆了。

在这场永不言弃的突击战和悲怆的突围战之后,八路军司令部向全军战士们宣扬了这一伟大的功勋,同时为这些壮烈牺牲的烈士们举办了追悼会。此外,政治部为了赞扬朝鲜义勇军,将这场突击战收录进了人民学校的教科书里。

在秋天的第二个月,汉奸被村民们抓住,不久之后,参与此次保卫战的日本士兵也被抓住了,这场战斗让日军损失惨重。死亡十八人,受重伤三十二人。有一位同志当时腿部中枪被日本人抓去了监狱,不知生死,这次快要解放的时候,竟从日本回来了。这人正是作家金学铁先生。他虽然失去了左臂,但还是背着指挥队长,赤着脚穿过了敌阵,最后终于碰上了正要出门的同志们,这才能把故事细细地讲给我们听。

这次我们和义勇军别动队一起向着解放的祖国行进的途中,见到了沾满同志们鲜血和泪水的旧战场,当时我十分震惊,久久停驻。深山中,石墙之间杂草丛生,秋雨无声地下着。二十九位勇士相互掩护,冲上高地的痕迹已经消失了，只剩下落叶堆积在这些长满苔藓的岩石上。我眼前似乎浮现出挥舞着机关枪的勇士们的身影。仿佛能听到他们高喊的声音。是什么让这些朝鲜人奋不顾身，就算客死他乡依旧面带微笑呢？

他们的坟墓并立在这凄凉的旧战场的后方。墓的前方十分开阔，两侧是纵横蜿蜒的山路，墓朝向东北，可以远远地看见朝鲜的天空。墓边，连秋虫都不叫了。在这个不知名的国家，只有山鸟和我们一起享受着解放的喜悦，它像是安慰我们似的放声高歌。我们在这些烈士的墓前不禁留下泪水，我们放下鲜花，却久久不愿意离去。村长说，从北京来的朝鲜义勇军和以前熟识的中国同志们经过这时，总要来坟前祭拜一下，献上一束花。村民们召开了群众大会，决定要为中韩两国伟大的解放战士——这些国际友人建立纪念碑，但因为那时日军动作频繁，过了很久也还没能实践，现在终于能放下心来了。愿他们安息。

### 四、日兵俘虏收容所

下午天晴了，我们的话题自然而然转到了同志们最关心的国内的故事。我拿出随身携带的孩子们的照片给大家看，大家纷纷用手摸了摸孩子们的头，看起来十分高兴。几岁了呀？上幼儿园了吗？现在大家都唱什么歌？一分钱能买多少糖？孩子们现在都央着奶奶讲什么故事？小丫头会说话了吗？大家都仿佛是看到了自己的儿女一样，问了好一会儿问题。我又拿出手册，给他们看孩子们画的彩色铅笔画，大家都咯咯地笑了，想尽办法想给画中什么都不是的图案赋予意义。我看到同志们高兴的样子，心里庆幸还好把孩子们的照片带来了。我不禁想起了孩子们玩过家家和捉迷藏时的样子，想起了孩子们听《兴夫传》的样子，想起了孩子们趴在奶奶膝头酣睡的样子。就连在屋顶上吹笛子的那位少年的身影也在我眼前一闪而过。

过了一会，一个八路军干部来到了我们宿舍。他是一位谦逊有礼、文质彬彬的青年军人，听说我们从很远的朝鲜来，就专门上门拜访。他问了我们一些关于日本国内的情况和朝鲜内各方面的一些事情，并将我们的答案认真地记在了手册上，说是可以用作学习资料。看起来常做这样子的调查。闲聊了一会，我问他有没有见过日军的俘虏。他说日军逃亡途中有几个人躲进玉米地里被发现抓了回来，五六个人中只有一个青年到现在还拒绝吃饭，常常用脚踢翻饭盆，寻衅滋事。

“一直不吃吗？”

“看来是想搞饥饿斗争。”他笑着说。

"其他人呢?"

"简直对我们感恩戴德。"

"会把他们交给日本人民解放联盟吗?"

"司令部审问完之后应该会移交过去吧。"

我跟着C同志一起去了日军俘虏收容所。这里不像是地狱,也不像是监狱,就只是平常的百姓家而已。地方看起来很大,和军用联络处差不多,应该是以前土豪们的房产吧。大门外站着守卫的士兵。石墙四面围着一个宽大的花坛,花坛中盛开着西洋鸡冠花。四个家伙正躺在后屋里昏暗的炕上,我们一进去就立刻起来,低声下气地向我们问好。也许是因为双方所处的位置变了,我虽然应该对这群残暴又恶毒的士兵们厌恶非常,但当时也仅仅是涌上了一股侮辱感而已。我原以为是因为我诞生在日军统治朝鲜的时候,从小接受奴役教育,神经已经麻痹了。但同行的两位同志面对日本人也是笑眯眯的。这可真是奇怪。这些人或用刀或用枪杀了他们亲爱的战友,点燃了他们父母的家,糟蹋蹂躏他们柔弱的妻子和姐妹,这些人是用战车和大炮摧毁城市的破坏者,是让他们不得不忍饥挨饿的敌兵。

我们问他们另外一个人去哪了,八路同志们说他不吃饭还总是闹事,就把他单独送去另一个房间了。伍长似乎听懂了我们说话,他像只毛绒绒的狗一样,留着长长的胡须,他从炕上下来,说那个家伙早上终于吃饭了,仿佛是他立了什么大功一样,他一边用身体和手比划,一边磕磕巴巴地用中文说着。

"为什么非不吃饭呢……"意料之外的日语让日兵们瞪大了眼睛。

"不是。他不吃我们也没有办法。"伍长堆起讨好的笑容,挠了挠头。

听说连闹事的那个家伙都吃饭了,八路同志露出了高兴的样子。我问了几个问题:"这家伙为什么不吃饭要挑事呢?"

"哈,他老是和我们说这样子给您们添麻烦了。哈,真是对不起。"

"你原来是军官吗?"

一个眼睛像老鼠一样滴溜溜转的家伙忽然说道:"我是士官学校毕业的。原来是中尉。"

"你这小子,给我闭嘴!"伍长用胳膊肘猛地怼了他一下,训斥道,"这里不是让你讲阶级的地方……哈,不好意思,失礼了。他原来每天大吼与其在敌人的辱骂之下苟且偷生不如剖腹自尽了,但久而久之,他也就开始大口吃饭了。再加上我们每天也劝他……"

听起来倒像是想吃饭都没法吃的样子,C同志笑着将他们的话翻译给八路军同志听。这期间,这些家伙和我都用诧异的眼神看着C同志。似是被这突如其来的朝鲜话给弄蒙了。

“啊，如果一个人待着的话他就会偷偷吃饭了？”

“是的。所以我们早就让他单独出去了。哈，我们实在活不下去了。第一天给我们送饭的时候，他竟然一脚把饭踢飞了，嘴里还嚷着快杀了他。他还说这是掺了毒药的饭，叫我们也不要吃。真的想杀我们的话用枪不就行了吗。哈，我们实在是……”几个日兵都讨好地说。

“你们以为他会被枪决吗？”

“哈，不管怎么说应该都不会杀我们的。毕竟听说八路军宽宏大量……我们……我们真的很赞成共产主义。”说完浮起一丝苦笑，几个人都点了点头。

“因为那家伙，一开始我们也饿了几顿。但哪里有人往白米粥里下药的，自己吃的还都是小米粥呢……哈，实在对不住。”

“哈……但是……”

话音未落，他们嘴角就浮起了阿谀的笑，伍长小心翼翼地问道：

“您是朝鲜人吧？”

“是啊，怎么了？”

“面相和语调都比较高。到现在为止，每次当他被问到是不是朝鲜人时都会产生逆反心理……见到您很高兴，一不小心就多聊了几句……”一个家伙兴冲冲地说道。似乎是想出来什么好点子的样子。

“高兴？”C 同志回头道，“这家伙说见到我们朝鲜人很高兴。”说完，C 同志又睁大了眼睛。这些家伙们瞬间像见了老虎一样耷拉下肩膀，脸色讪讪。其中一个年轻的家伙似乎是为了得到谅解，说道：“哈，我们中队有一位上等兵，是朝鲜人。哈，和我们很是亲近呢。哈……”

他紧张地喘着气回答道。伍长抓住他说：“小子，这些是朝鲜义勇军……别瞎得瑟了……不知道的话……哈，真是对不起……那么，以后我们这些人要怎么办呢？”

“咱们可是一家人呢……哈，去司令部的话……”

“你这小子怎么总在旁边捣乱！”伍长呵斥道。

“日本完蛋了的话，朝鲜就是独立的国家了！明白没？”

“来中国几年了？”

“哈，我来这五年了。”

这位伍长倒是油嘴滑舌，很是会看人眼色。

“也是，是八路军的事还是义勇军的事大致可以猜到。哈，但这些都是新兵，所以以为去司令部的话就死定了。哈……不知……”

八路同志听了他的话笑着说："不必担心。去了司令部，回答完问题以后就会把你们送到日本人民解放联盟去……"

听到这个好消息，这些家伙们急忙连连弯腰鞠躬表示感谢。还有些家伙甚至在我面前像拜天照大佛那样合掌行礼。我问他们队里的朝鲜人上等兵怎么样了，他们说估计已经战死了。

"大致是场什么样的战争呢？"通过伍长的解释，我才知道原来他们是河南省北部某个小城镇的警卫中队。据说，当时接到八路军在附近出没的消息后，日军派出了两只小队出击进攻，但就在此时，城镇受到了包围攻击，守城的一小队全灭了。朝鲜人上等兵也就此没了踪影，想必是凶多吉少。不知道发生了什么的日兵们在回城的路上遭遇了埋伏战，大败以后，这几个家伙就逃进了玉米地。

"八路军实在是太勇猛了。"

"连我这个中尉逃跑的时候都被抓住了。"

"我们被抓的时候完全没有抵抗，非常恭顺地举起了双手。哈，我们说的可是真话。"

"不过我哥哥是共产主义者。"他们你说一句我说一句，叽叽喳喳的。

回去的路上我问C同志是不是真的煮了白米给他们。

"无论如何，能把他们其中一个人变成我们的人也好啊。"他这样说道，"虽然恨不得把他们马上打死，但是为了获取政治资料，还是要对他们进行再教育，培养民主主义的力量。杀了他们反而是一件最简单的事了。这是消极的恨意的一种表现。越是对反民主战感到仇恨，就越是应该培养更多的属于我们的人。我们不仅是爱国主义者，还是真正的国际主义者，不是吗？"之后我们去了那个搞饥饿斗争的中尉的房间，我们进去的时候他正蜷缩着坐着，被吓了一跳。

他是个二十二三岁的年轻军官。桌子上放着茶具和纸笔，还有几本日语书籍。八路同志即使见到这位中尉也面不改色地笑着和他握手。八路工作员试探着问他是否想回故乡，他用吃惊的目光看了工作员许久，但最后到底没能说出来一句话。

"不想你的父母吗？"这位强盗团的小头目似乎有些无精打采，只一个劲儿地低着头。C同志说，照这个样子，这家伙不出一个月就会改变想法走上正路了。八路同志正尽可能地进行一场圆满的对话。

"你的故乡在哪？"

"久留米。"

“父亲是干什么工作的？”

“他在工厂上班。”

“是那里的职员吗？”

他摇了摇头，看样子他父亲是个普通的劳动者。

“为什么不吃饭呢？”

“……”

“你还能碰到许多职位比你高的日本人……不想见见吗？”

“……”

他抬起头，用诧异的眼神盯着八路同志看了好一会儿，似乎难以置信。

“你没听说过日本人民解放联盟吗？”

“当然听说过。哼，那些卖国贼……”他的嘴唇止不住地微微颤抖。但是很快他就露出了后悔的表情，马上转移话题说道：“你在日本留过学吧？”

“嗯……我是朝鲜人。”

他的脸色瞬间变了。

“为什么感到意外呢？”

“……”

“你觉得日本会赢得这场战争吗？”

那位青年没有回答。八路同志掏出一包烟来，递给了他一根，他恭顺地接过来却只放在了草席上，八路同志又给我们递了几根烟。看来是因为这烟是八路给的，这位青年出于疑心所以干脆不抽。八路同志拿起装满烟头的烟锅，点了火。

“你还不知道战争很快就要结束了吗？”

“现在中国和日本就只差握手言和这一步了……为什么八路不能和日本联手呢？这场战争实际上是西方民族和东方民族的战争……日本不论何时都是东方民族的主人，你们应该同我们齐心协力打败白种人……”他一口气说了许多，说话磕磕巴巴的，倒像是有勇气的样子。就像从小到大所接受的教育一样，就像新闻里宣传的那样，天神的子孙们至今为止仍坚信日本民族有权力统治东亚。现在也说不清这场战争为何爆发，到底是谁挑起了这场战争了。来不及说那些冗长的故事，也没什么好的其他法子，工作员就只能将话题转到个人方面了。

“日本战败将是不可避免的事实。如果日本战败，你也不能活着回去。”

“八路军不会杀俘虏的。”他说完这句，又深深地低下了头。

“你上过前线吗？”

“我从士官学校毕业后立刻就出来了。”

“什么时候毕业的?”

“前年。”

“你杀了多少中国百姓?”

“没有。我一直待在徐州。在徐州待了很长时间,没怎么打过仗。真的……”他的脸色逐渐青了起来。

倒像是个珍惜生命的武士。

八路同志莫名其妙地拍了拍他的肩膀,安慰他不要灰心,还给他倒了一杯茶。我们喝了一杯苦茶后就离开了房间。八路同志说,虽然这些家伙已经成了俘虏,但彼此之间还保留着上下级的架子。现在中尉被单独搁在一个房间,那么那个房间里的头儿应该就是伍长了。八路笑着说,饭来了上级先吃,有好吃的小菜也是上级先大口大口地吃。我们从伍长的房间路过的时候,忽然听到房间里面有声音:“立正!”听起来像是伍长的号令声。四个家伙正笔直地站成一排敬礼。

我们离开这里,准备去营地看看八路军人们的生活。路上,那位八路军人问我们对那位中尉的回答有什么想法,又或者察觉到什么暗示没有,并又把手册掏了出来。到了司令部当然也有懂日语的人,可以继续充分地调查,但能否获得有价值的情报就不敢保证了。他似是对和俘虏的谈话内容十分感兴趣,时而自顾自地微笑着点点头,时而又反问我们一些问题。他们如此慎重地对敌人进行研究和调查,不禁让我有些吃惊。

但是日兵那群家伙是怎么对待他们的俘虏呢?他们把俘虏当作练习刀法的材料,将尖刀刺进他们的胸膛或者后背,像切萝卜白菜那样轻易地割下他们的头。他们剥下女兵的衣服将她们绑起来,用火烤她们的乳房,让她们在无以言表的屈辱中被闷死。他们对待中国人简直就像对待猪狗。日军用脚狠狠地踩他们的脸,把辣椒水灌进他们的鼻子和嘴里,给他们全身浇上石油执行火刑,甚至将他们活埋进土里。中国的战士们似是不知道这样毛骨悚然的事。他们的兄弟就那样死了,他们的父母就那样死了,他们的儿女就那样死了,甚至连他们自己,如果不幸被抓住,也会那样死去。但就因为那些家伙扔下枪没有反抗,他们现在就可以住在好的房间里喝着茶,抽着烟,看着书,吹吹口哨。面对这群家伙,就算啖其肉、饮其血都尚且不能解恨,八路军又到底是怎么挤出温和笑容的?因为骨子里的奴性吗?不是。因为卑怯吗?不是。因为慈悲之心吗?更不是。是因为强烈的仇敌之心。在长期为了新世界而战斗的历史中,他们创造了新的伦理观念。他们在战场上不是连鬼神都会感到畏惧的勇猛战士吗？就是这些家伙杀了我的父母，就是这些家伙烧了我的房子，就是这些家伙抓走了我的妻子。他们恨得咬牙切齿。他们恨极了残暴的法西斯军队，他们在心里冤痛地大吼大叫，但仍然含着血泪忍下了被敌人羞辱鞭打的冤屈。因为这些魔王的使者、地狱的使神，也不过是专制独裁国家的可怜的人民罢了。如果他们也能摆脱掉压迫，走上正确的道路，那他们也可以为建设新世界出一份力，为建设民主日本出一份力。

遵从列宁先生对贫苦百姓们的指引，我在心中默默地大喊："人类的伟大的老师啊，你如烈日一般给予了我们力量，让我们即使满身鲜血，也能在这充满战争和苦痛的世界里勇敢地再次站起来。"但转瞬，我不自觉地被自己吓了一跳。难道我和八路军人们一样，已经逐渐接受了这样伟大思想的影响，所以才不讨厌这些日军俘虏吗？三十多年来，他们霸占着朝鲜辽阔的疆土，扼着朝鲜同胞的脖子，把我们深爱的父母兄弟关进监狱，用枪和刀逼迫着年轻人上战场送死，甚至连孩子们的过家家游戏都要禁止。"难道不是因为这些无法抑制的愤怒和对敌人的恨意，我们才日夜奋战的吗？"在投入祖国的怀抱之前，我不禁问自己。"你坦诚吗？""我寻找的到底是什么？"但这样的自我辩护未免显得太过寡淡。自暴自弃地独饮苦酒，看着自己的胳膊和腿日渐消瘦，这绝不是什么值得骄傲的事，反之，摸索着进入深山，在山间草屋里吃野菜喝泉水，枕着胳膊在黑暗之中读书，这才是让人骄傲的事。严格地说，在鬼子的刀枪前，屈辱地跪了半辈子——是件非常让人懊悔的事。即使在这样的时期，优秀的朝鲜儿女们也永远在拿着刀枪和敌人战斗。只有最憎恨敌人的人才是最懂得爱护自己国家的人。无论如何，我最应该学会的是憎恨敌人。只有从这样的困境中离开，我才能更加接近敌人。

离开俘虏收容所，转过一个胡同以后，就是军人们的临时营地了。军队一般用的都是空房子或者废弃的房子，所以不会干扰到人们的生活和利益。营地建立在一个旧的庙院里，虽然没什么东西，但秩序井然，很干净。他们征用了一层。走进房间一看，发现墙上挂着餐具、毛巾、洗漱用具、笔记本等，被子整整齐齐地放在下面。旁边的房子被改造成了俱乐部，里面有各种报纸、杂志和娱乐工具，墙上贴满了地图、标语、公告、壁报和漫画等。听说向前线移动的军队有时路过这里会休息几天。即使在行军的路上，军人们在勤于政治上的训练和学习的同时，也没有放下过文化娱乐。军事政治委员会是一个指导军事政治学习，组织军事讨论、政治讨论，提高军人的政治觉悟和士兵知识的组织。文化娱乐委员会则负责组织音乐队、识字班、剧团等，指导军人们进行时事讨论，旨在提高军人们的体育音乐等方面的文化素养。军人们时常在这里组成小组讨论问题。俱乐部里有很多正在认真读书、看报纸、学习的人。后院里，军人们分成两队，正在进行排球比赛。其中有几名少年军人，常常用巧妙的技术引得大家发笑。还有些士兵们和村民一起坐在草地上，有说有笑地欣赏风景。士兵们大多也是农民出身，就算没做到兵农一致，兵农一体是肯定实现了的。

女兵们带着孩子们在围墙下的草地上制作花车，身影摇曳，仿佛是蝴蝶在翩翩起舞。孩子们也跟着嘻嘻哈哈地跳起舞来，他们互相点点头，又转过来拿着花车在空中画圆。女兵们像燕子一样从他们中间溜过，抢走花车，高高地举起来。孩子们一起散开，又像喇叭花一样向她们包围过去。女兵们像是被孩子们打败了一样，一屁股原地坐下，将花车插在头上。孩子们抢到花车后又像一排蝴蝶一样飞到我们这里来，害羞地和我们打了个招呼，将花车送给了我们。在女兵们的带头下，军人们纷纷鼓掌。这意料之外的景象让我有些蒙。一股无法形容的激动之情涌上心头。我轻轻搂住其中的一个小丫头，摸了摸她的脸并向她道谢，之后又和女兵们握了握手。

“你几岁啦？”她竖起六个沾满泥土的指头。

我抬手替她擦去跳舞时流下的汗，问她：“你爸爸呢？”

她摇了摇头。

“不知道吗？”我笑着说。

这时一个女兵跑上来用动听的嗓音说了些什么。据C同志的翻译，这个可怜的孩子的父亲去年在战争中牺牲了，母亲在日本鬼子扫荡的时候失踪了，所以她从小是在军队长大的。她浓密的短发被编成一个小辫子，中间别着粉红色的花，衬得她圆圆的小脸很是可爱。我摸了摸她的辫子，用生硬的中文夸赞了一句非常好看。女兵们听了很高兴，自豪地向其他同志们炫耀，问他们好不好看。这时一位略微上了年纪，穿着便服的中年绅士含着微笑走了过来，高兴地同我们握了握手。原来这位是政治委员禹先生。他和我们打过招呼之后，转身笑着对女兵们说：“每次有新的女兵来队里的时候，这个小家伙的发型就会变了。女同志们都喜欢按照自己的想法给这个小家伙编头发……幸好我们队里没有尼姑，不然这小家伙要没有头发了。你说是吧？”说完摇了摇小姑娘的手。大家不禁都笑了。

短暂地和这些孩子们享受了一下愉快时光后，我们就在禹委员的带领下进入了营地里类似接待室的一个房间。大家似是早有准备，许多青年干部都已经到了。过了一会，崔同志也来了。我将孩子们给我的花车放到了餐桌上，餐桌顿时明亮了起来，灯亮了，昏暗的房间也亮了起来。墙上贴着各种纲领和标语，正面挂着毛主席的画像。虽然进入解放区后，所有的八路机关和部队都给了我们很大关照，但这样被许多外国同志们热情招待还是第一次，我简直不知如何是好，激动非常。在这样的情景下，我不禁一股脑儿地说了自己的感受。我讲了许多穿过封锁线，进入游击区，前往解放区途中，我看到的，听到的，我感受到的和我亲身体验过的故事。禹委员听了后说道："是啊。人民确实非常支持和拥护我们八路军。因为这支军队是真正从人民中走出来，成长起来的。日本军队和日本民众的关系就与我们大不一样了。都不用说日本人，看国民党的军队也能了解一二。我们的军人本身就是民众……我的儿子也是一个农夫。"他毫不夸张的诚实叙述给人一种十足的好感。他身上确实有一种农民出身的领导者风范，那是一种非常独特的品格。他为我们能在屈辱和和泥泞之中，重振旗鼓，找到新的出路而感到真心的高兴，并送上了深深的祝福。其他同志们也给予我们这些国际友人热烈的欢迎，拍了拍我们的肩膀以示安慰和鼓励。

我们从朝鲜的问题讨论到朝鲜的历史，甚至还讨论了朝鲜文学。那位带我们来的同志此时又掏出那本随身携带的手册，在谈话的同时充当着朝鲜通的角色。讨论到中国问题的时候，禹主席引用了毛主席的一番话。

"就像毛主席所说的，中国现在有两条路线。[①] 一条是国民党政府破坏人民团结，迫害人民的权利和生活，亡国利敌的反动路线；一条是我们聚集中国人民的力量，同心同德，响应抗日力量总动员的号召，打倒敌人，拯救家国的路线——因此，中国的共产党、国民党和无党派同志们应该尽快联合起来，建立民主主义临时政府。国民党不仅反对建立临时政府，还顺着敌人的意思强行推行分裂我们民族的政策。所以，这就要求我们既要争取民主主义，又要在争取的过程中进行抵抗战。全国人民在民主主义革命路上紧密地团结起来，早日打倒日本帝国主义侵略者，这难道不是全中国人民的愿望吗？但国民党政府却依然持反对意见。"

禹委员的语调逐渐高扬。作为一个真正热爱国家的人，他迸发出爱惜人民的怒火和哀叹。大家脸上的微笑都消失了。他用枣树做成的烟斗敲了敲桌子，吭吭地响了两下。

"由于蒋介石推行内战政策，日军放心地将主要军事力量从国民党战场转移到了解放区。这样一来，国民党政府也安心了，他们在统治区内镇压一切民主势力，封锁舆论，枪决了许多青年军官，将许多爱国斗士投进监狱。根据毛

---

① "两条路线"参见毛泽东在七大的开幕词《两个中国之命运》。

主席的报告，前年就已经有百分之六十四的日军和百分之九十五的伪军转移到了解放军战场。国民党的军队也积极配合他们，对我们的解放军实施封锁压迫，甚至攻击。现在就是这样的情况。我们虽然没有外援，但是要坚持继续进攻，缩小占领区域，就可以扫除敌军，解放中国人民。为了民族的利益而聚集起来的民众的力量是无限大的。然而，去年，国民党军队却龟缩一隅，将河南、湖南、广东等大片土地献给了敌人。军队竟然还对本国的人民，鸡、猪等家畜痛下杀手……”

说着他又咳了两声。

“现在敌人已经无法坚持继续攻击我们了，正在逐渐向西聚集。从点到线，从线到面，我们的作战计划就这样进行下去。此刻坐在这里的这些同志们正要奔赴前线。周边的群众也勇敢地站了起来，展开了包围战，袭击并扰乱敌人，将敌人一步一步赶入网中。总之，我们肩负着将侵略者赶出中国、将人民从内战和反动中解救出来的重任。我们一定可以完成这个任务，因为人民是和我们站在一边的……”

禹委员说着，擦去了脸上的汗水，嘴角浮起了意味深长的微笑。他出生在四川省一个贫穷的农民家庭，从小就参加革命运动，是一位英勇善战的战士，上海罢工时被迫入狱，之后又经历了两万五千里长征，见识过许多艰难困苦。之后他又去了莫斯科，一直钻研革命理论。

我们四周坐着的青年军官们也十分谦逊能干，接人待物十分友爱。我们又继续讨论了许多故事，如菲律宾战争中几乎全灭的日军、《开罗宣言》后的国际形势和在北方给予日本帝国主义致命打击的苏联军队，连毛泽东先生和朱德将军的日常生活也讲得津津有味，他们对伟大的指导者献上了无限的忠诚和尊敬。

“正如金同志所见……”一位坐在我对面的眉清目秀的青年军官抬起头来说道，“这附近的抗日根据地的环境比任何地方都要恶劣，陕甘宁边区也是如此。但是我们战胜了恶劣的环境，坚持抗战，人民的生活和以前一样安居乐业，这正是因为毛主席伟大的领导和我们正确的政策。”

当被问及抗战胜利后中国能否统一，禹委员毫不犹豫地这样断言道：“我们当然会尽最大的努力。但是，这取决于蒋介石是否想成为第二个希特勒。如果他继续独裁政治，主张对头目的盲从、引发内战、威胁整个中华民族的话，人民第一个就不同意。现在人民要求民主主义的声音已经响彻了整个中华大地……但事实上，没有战斗的话，人民是不可能胜的……”

我们谈笑间点了许多次灯，连天黑了都不知道。他们对身处民族解放运动中坚持斗争的朝鲜人民和朝鲜人民的优秀品质表达了深深的敬意。大家又讲了许多关于为了中国革命而参与北伐军、立下了丰功伟绩最后却死于蒋介石的屠杀阴谋的前辈们的故事，对国内地下斗争史也提出了很多问题。禹委员还说朝鲜人中有许多和他相熟的精锐同志，并一一说了他们的名字，C同志和崔同志在一边帮我说明解释。他们都是从苏联留学回来后活跃在第一线的重要干部，留学之前参加过东满游击队。

当晚最令人激动的故事是两万五千里长征的血泪史。中共苏维埃政府的首都瑞金沦陷后，他们遭遇了国民党政府的总攻击，路上所经历的苦难简直无法言说。他们绘制了好几条游击线，最后只有十万人似星云一般，历经九死一生，成功逃离。（一九三四年苏维埃有七十万平方公里，共产军三十五万人）那时候甚至发生过煮皮带吃和喝泥水的事。鲜血将长江江水都染红了，尸体堆成小山，为了不陷入泥潭中，只有踩着同志们的脊梁骨，含着眼泪前进。战士们一排一排地誓死掩护队友，有组织的倒下，女同志们把孩子扔向前方。据说在转移的时候还有几名朝鲜同志英勇牺牲了。这两万五千里可谓是每一步都满含鲜血——但他们并没有白费力气，鲜血染红的花朵如今正在全国的疆土上盛开着。他们洒下的不是血而是希望的种子，从此以后的半个世纪他们脚步所及之处将皆是如此。

## 第四部　驽马迟迟

### 一、驴儿快走吧！

第二天下雨了，山间雾气弥漫，我们等啊等，最后离开的时候已经三点多了。S同志的腿淋了雨，伤口疼了起来，甚至有些发烧，于是他决定先留在这里休养几日。来这里出差的分盟的N同志顶替了他的位置，和我们一起上路了，我们依旧是四人。因为下过了雨，黄土层路面虽然狭窄依旧，但好歹没什么浮尘了，走起路来方便了许多。但到处都是水坑，有时走着走着还得将脚从水坑里拔出来，有时还得骑着驴才能过去。梅雨很容易造成积水，两边有些土甚至出现了断层。没过多久，一个不知名的小村落出现在了一片柳树丛中。这附近的村落大都已经荒废了。这里看起来也遭受过猛烈的侵袭，步道都被倒塌的房屋掩埋了，高高的槐树也被烧得焦黑，稀稀疏疏地立在两旁。过了这个村子后，我们再次进入了一片绿色的田野，大地在断层之间蜿蜒着向前延伸。

一个温馨的小村庄里，青壮年们聚集在一起，拿着枪，用布条擦拭，他们一边深深地望着天空,一边拧开安全装置。相互之间有说有笑,闹哄哄的。三八式步枪堆的有小山那么高。这是他们从日军手里抢来的,还有一些是从前埋在地里或洞穴里,现又重新挖出来的。他们都是民兵,平时就耕耕田、种种地,但一旦有紧急状况,他们就会立刻提起枪,准备战斗。对中国的解放战争来说,特别是游击战来说,这类由群众力量构成的民兵便衣队是十分重要的存在。他们经历过许多大大小小的战争,在战争期间,只要一收到敌人进攻的情报,他们就会带着村落的妇女和孩子进山中或洞穴里避难,把重要的粮食、家具和铁锅藏起来,同时把家畜也赶上山。等日兵来的时候,就只能看到一个喜鹊窝一样空空如也的村落。

忽然传来地雷爆炸的声音,我浑身一抖。田间、路口、东区外、烽火台、厕所和磨坊等地纷纷响起了哐哐的爆炸声,像是有人在打猎一样,这个山角、那个山头、前方的山脊和身后等地也纷纷响起了枪声。我问为什么又在打仗,别的同志解释说,民兵们偶然碰上军队,想接受一下军队的指导。其中还有几个看起来十四五岁的少年,正抚摸着怀中的枪,还有三四位头发已然稀疏的老人,也握着枪坐着,脸上笑眯眯的。一个小男孩正拿着枪瞄准空中的一群乌鸦,一副马上要开枪的样子,我仔细一看,发现他眼角处满是眼屎,竟是严重的结膜炎。正好我身上带着可以治眼睛的药水,赶紧拿出来给他,大家都倍感神奇,聚了过来。我叫他把这个滴在眼睛里,少年吓得瞪圆了眼睛,赶忙揉了揉眼。民兵们咯咯笑了起来。这时,一位农民出身的老兵慢悠悠地走了出来,说孩子们的眼睛就算得了病也明亮依旧,好得很,但老家伙们就算能睁开眼也用不了枪。说完他瞪大了眼睛,放下了一只手。原来他是青光眼。我们都被逗笑了。

东区外宽阔的土地上,民兵们有的正在八路军的指导下练习投掷手榴弹,有的提着插着刀的枪一拥而上,还有人趴在地上练习射击。他们使足了力气扔手榴弹,连红旗都被炸得乱晃。带有木质把手的手榴弹一个个在空中划出一个椭圆,场面壮观非常。

出了这个村子,我们走上了一个相对平坦的山坡,这时,天上忽然下起了大雨。大雨倾盆而下,前面连一间房子或树都看不到。但又不能后退,于是我们只好冒着雨爬上山路,终于看见了一个像朝鲜的国师堂或者城隍堂一样的小房子。我们一窝蜂地涌进了里面躲雨。房子里面既没有佛的画像也没有石垫,和一个普通的空房子没什么区别。只有几块碎石散乱四处,不知道这尊村民们的保护神是日本鬼子扫荡的时候打碎的,还是人们为了破除封建迷信而砸碎的。不过,日军们似乎也在这里休息过,墙上有近藤组长、上等兵和伍长乱涂乱画的痕迹，其中还有一些俳句和歌词。

我们脱下被雨淋湿的衣服，坐下来一边抽烟一边摩挲着胳膊和腿取暖。N同志把里衣脱下来展开，问崔同志想起什么没有，崔同志苦笑道："你是说四二年五月鬼子扫荡时候的事吗？那天雨下的也是这样大，我们也是围坐在这样的祠堂里……"

"……"

"一说起这，我总是想起那时的事……"

一九四二年五月，日本为了发动侵略，动员了数以万计的兵力，这件事在日本国内都引起了轩然大波。这就是所谓的"太行作战"。那时中共八路义勇军的政治干部和其家属组成的非战斗队员有四五千名，他们躲进山谷里面，正吃着早饭，吃完就准备马上离开前往后方。那里处于辽县的山中，距离这里不过百里。突然，不知道是谁大喊了一声敌军从山上来了，把大家吓了一跳，抬头一看，果然，日军黄色的身影从山上涌了下来。东面、西面、北面全是敌人。周围的山岳似是形成巨浪，摇摇晃晃地倾砸了下来。事发突然，大家都完全没有准备，手足无措。两架老鹰飞机撕裂天空飞了过来，爆发出嗡嗡的低鸣。

当时是晚上。狭窄的山谷整个翻了过来，宛如一个盖子。大家犹如瓮中之鳖，如果不全员投降的话就会被全部杀死。当时的情况可以说是十分危急。几名武装着的八路军和朝鲜义勇军在此时也显得十分无力。终于，上面下达了誓死掩护的命令。队长朴孝三同志带着义勇军像离弦之箭一样奔向后山，扑向敌人的十字炮火。炮声停了，他们在那里插上了我们的旗帜。之后他们用三台机关枪和步枪掩护大部队，向山上连续扫射。他们已经决定了，即使是死，也要拦住日军的追击。

到处都是炮声、枪声、呐喊声、地雷爆炸的声音，山谷也发出轰隆隆的声音。炮弹不停地爆炸，机关枪像豆子一样不停地扫射，无数炸弹被从飞机上扔了下来。七八百匹马受了惊，嘶叫着四处乱跑。马儿们虽然中了枪，连肠子都被拖在地上，但为了找到一条生路，还是跟着主人们爬上了山。情形十分凄惨，许多日兵们在同志们的射击下倒下了，山谷看起来似乎变得更加狭窄了。义勇军们为了掩护大部队，以必死的决心展开了更加激烈的战斗。日军的追击也更加急迫了。人们互相依靠着搀扶着，有人中枪了，有人把伤员背在背上，有人牵着孩子们的手，大家你推我我推你，四五千人就这样向后山跑去，当时的情景简直可以说是阿鼻地狱再现。当时金斗奉先生是腰间拴上绳子被人拉上去的，就连先生的小女儿也是慌忙之间被某个同志背着爬了上去，才能得以保住性命。那时，某位中共干部的夫人对丈夫说，自己实在没有力气了，为了不成为日军的俘虏，饱受折辱，让他亲手杀了自己。丈夫不得不含着眼泪掏出一把驳壳枪，将枪口对准了心爱的妻子。

总之，在义勇军英勇的掩护之下，大部队几乎没什么损伤，全部爬上了山，安全地撤离了。中共和八路得以存活也实在是万幸。我们独立同盟和义勇军的许多重要干部也被卷入了这场战争，但好在历经九死一生后都幸运地活了下来。但因为追击始终在继续，所以路途上大家也经历了许多辛劳。当天晚上被逼无奈之下，八路军野战司令部政治部主任罗瑞卿只好发话让大家分散撤离。

“几天后我去山里找水源，洗了个澡之后把衣服脱下来一看，原来已经被雨淋湿了。”

崔同志笑着说道，将里衣脱下来展开的 N 同志说：“下雨了，我们就涌进了附近的祠堂，用石头垒了个围墙，抖了抖衣服。啊，小家伙们不懂事，四处乱跑，他们爬到石墙上面，大喊说我们被包围了，大家快跑，大家快跑！大家全都哈哈大笑。”

我也不禁捧腹大笑。这样的故事从他俩嘴里讲出来就幽默非常。

雨停了。天上仍旧还聚集着许多云彩，P51 编队的飞机在日光下闪着银光，轰鸣着朝东北方向飞去。他们应该是从我们根据地后方的飞机基地起飞，前往平汉路进行轰炸的。后来秋季的时候，日本无条件投降了，我在归国的途中，从张家口一路走到承德，所以对当时的事情还算有着比较详细的了解。

在这场扫荡战中，野战司令部副参谋长左权在指挥突围作战时壮烈牺牲了，这可以算得上是八路的重大损失。为了赞扬这位英雄先烈，战地辽县自此改名为左权县。对于当时我们的义勇军来说，几乎无法支撑下去的老弱病残和女同志们给他们造成了非常大的负担。李相朝、朴茂、李哲中等同志负责保护这些人。去年，在回到祖国后一直保持活跃的李哲中同志光荣殉职了，这实在令人万分悲痛。关于他的事我至今仍记忆犹新。

太阳下山以后下起雨来了。因为无法跟上急速前行的大部队的脚步，以杜峰先生为首的老弱者只能另寻一条路，穿过草丛，从侧方山脊前进。大家都筋疲力尽，实在走不动了，一屁股瘫倒在地。但后方日军仍旧紧紧地追击着。勇敢且负责的领队们把他们扶起来，抬着他们的肩膀，挽着他们的胳膊穿行在雨中。有些人走着走着就摔倒了，肩膀耷拉下来，让大家别管他，能走的就赶快先走。夜幕笼罩了下来。远处传来了交战中机关枪的声音，山脚下传来日军行进时的脚步声和口号声。当时我方只有几把手枪，几乎毫无抵抗之力，除了死命地逃跑以外没有别的办法。有些人不禁生出了连反抗都来不及就要死了的消极想法。前面是令人绝望的悬崖。天黑了，路几乎看不见了。大家互相拥抱着，推搡着，在山路上摸索着前进。他们在黑暗中迷路了，后面的追击也愈发紧迫了起来，如果再这样聚在一起四处逃跑的话，很有可能全员都会被屠杀掉。所以大家决定再次分成三波，分头行动。大家哭泣着给了对方最后一个拥抱，约定如果命运允许的话，一定要再见面。由于身体素质好、精明能干，李哲中同志负责带领杜峰先生等重要人物。李相朝同志等则带领着近三十名同志沿着山路下行，甩开了日军的追击，跑进了山谷里，取得了成功。这是无法逃避的苦肉计。李哲中同志则负责带领另一群步履维艰的同志，当时如果草率地下决定，很有可能会失败，但李哲中同志在敌人的包围下毫不慌乱，勇敢地制订了潜逃的计划。

当天晚上敌人们似是准备继续前进，想来应该是同志们的计划起作用了。周围有不少洞窟和草丛，藏身还算容易。他们借着夜色钻进了草丛。那天晚上总算是平安无事。第二天凌晨，一群黄脑袋（日军）分成几队，领着牧羊犬开始四处搜索。没来得及逃跑的无辜的村民们中枪倒地，妇女全部被抓走了。

"八路赶紧出来！""八路赶紧给我出来！"他们在山脊上、山谷下、草丛中和洞窟内四处高喊。敌兵们向着八路藏身的草丛大喊，牧羊犬也汪汪大叫。这时本应该默不作声的，但大家以为被发现了，两个同志想着既然被发现了不如死战到底，于是跳了出来。陈光华同志被机关枪打中摔下了悬崖，石田同志则倒在了原地。李哲中同志指挥大家千万不要动。敌人们以为已经杀光了，就收起枪转身走了。这样，我们尊敬的杜峰先生才得以安全回来，为民主建国贡献出伟大的力量。问起当时的情景，许贞淑女士总会笑着说："我当时可是撒丫子狂奔了好几里地才侥幸活下来的。"

出了这个山谷，我们发现了一个小村落。村落入口处的城门已经倒塌了，土墙上用石灰写着"朝鲜独立万岁""朝鲜义勇军"的口号映入眼帘。崔同志转过身来："不必害怕。这证明我们离根据地不远了。"

城门旁边的槐树下有一家挂着帷帐的地摊。行人们纷纷放下行李，坐下喝茶。我们也把驴拴在路边，走到树荫下歇息。大雨倾盆，天气有些凉了起来。中国的节气似是比朝鲜要早一些。今天赶了许久的路，大家都很是疲惫，我们趁着坐下来休息的时候，吃了一些烧饼和桃子。同其他地方一样，这里的村民和孩子也十分好奇地围上来看我们的牧羊犬。

N同志和崔同志一边同孩子们一起玩耍一边哼着歌逗乐。小朋友们都笑了起来，纷纷叫好。村民和行人们也都笑嘻嘻的，时而还哈哈大笑。我问他们唱的是什么歌，崔同志说，这里山路崎岖，到根据地要走七十里，军政学校的学员们背着七万斤盐袋走在山间时常常唱这首歌，是这一带非常流行的曲目。曲调为两家调，被称为中国的《阿里郎》。走过三十五里就可以看到一个学院和根据地里三十一个商店。这个地方盐非常稀缺，所以全学院都出动搬盐，以期有所帮助。听说根据地里有制造军服、帽子、背包和鞋子等物品的纺纱工厂，还有准备粮食的面粉厂。

此外，为了解决粮食问题，他们在太行山中满是石头的危险山坡上开垦了八百亩田野，种上了土豆和南瓜，在江边的沙地上种上西红柿和红萝卜，秋天的时候还可以捡一捡橡子。一切都要用我们自己的手来创造！这是他们非常重要的口号。造成这些苦难的罪魁祸首就是迫害我们的日本帝国主义，大家深刻地意识到为了实现朝鲜民族的独立解放，必须要打败日本帝国主义。如果敌人真的来了，没有鞋是万万不行的。所以大家都光着脚在山间劳作，在山下捡橡子。听起来简直辛酸极了。但大家并不觉如此，捡到橡子时就像捡到子弹一样开心，背着盐袋时就像背着机关枪一样高兴。

不管怎么说，被命运扼住脖颈的学员们，就算语言不通，也依旧勤勤恳恳地在山里排成长队，努力地搬运盐袋。不过，学员们每次来井边汲水或在村庄里歇息时，总会和村子里的村民们发生些让人啼笑皆非的事情。为了让村民们对义勇军有进一步的了解，义勇军们创作了这样一首歌。他们嘴里时常哼着这首歌，有时还敲锣打鼓地把村民聚在一起，十分有礼貌地请他们看话剧，有时还给他们表演舞龙，教他们唱歌。他们就算如此忙碌辛苦，也从没有懈怠政治工作。朝鲜义勇军在这附近很是受欢迎，这首歌也也称得上是耳熟能详。不知什么时候，孩子们像小麻雀一样站成一列，在崔同志的指挥下合唱了起来。我听了听，他们用的还是中文，不过调式却很像朝鲜语，他们唱得很好，十分有趣。歌词大致如下：八路军和义勇军关系好得不得了，我们就像兄弟一样，提着枪一起打日本，鬼子害怕极了。野兽般的鬼子又来扫荡了，义勇军展开了政治攻势，八路军们打游击，民兵们埋地雷，鬼子们被地雷炸死啦。百姓就是我们的母亲，没有百姓就没有我们，老百姓拥护军队，军队爱护百姓，我们一起打败法西斯，今年就是我们胜利的时候，百姓拿锄头军队举枪杆，把小日本统统打死，中国人民、朝鲜人民解放万岁。

我们睡了一个回笼觉，就又上路了。由于连日赶路，我的脚肿了起来，脚趾也发炎了，又麻又酸，再加上出现了一些感冒的迹象，身子很是不舒服，但还好后面的路比较好走，我们的脚步也就慢了下来。据说这是日军扫荡时为了方便运输而建的路。或许是因为下了许久的雨，田地里绿油油的，生机盎然，田间的农夫们正忙着挖水沟。忙着回家或赶集的伙计们骑着驴走在前面，铃声叮当作响。少年们赶着羊群上山，巨大的草帽像蝴蝶一样飘荡在绿色的田间。军人们不知要去哪里，背着行囊匆匆走过。随着路越来越平坦，原野上的人也多了起来。我曾时常望着朝鲜大陆的方向惆怅不已，现在这条驽马之路快要结束了，我竟又生出许多感慨来。

在车站为我送别，祝我一路平安的朋友们的脸庞又浮现在我的脑海里。离开前一天的晚上，我们喝送别酒时谈笑的声音似又萦绕在耳边。他们是那么的善良友爱，真心地祝福我一路平安。此刻他们应该在某一个地方默默地为我担忧吧。我多想告诉他们，我已经在值得信赖的同志们的精心保护下安全穿过封锁线了，此刻正悠闲地骑着毛驴走在太行山中。大家千万要保重！对我来说幸福的逃离之行，会不会让可爱的同志们陷入了深深的担忧呢？如果能和那些同志们一起骑着驴行走在山中，那该多么的高兴……就连在这异国途中的所见所闻，我也想原封不动地讲给他们听。

在这里我学到了许多新的知识，这让我无比感激。哪怕我只在这片大陆上待了短短一段时间，我仍旧在这里看到了新的世界，在这片土地上，我遇到了许多新的朋友。我们一起仰望天空，为了战胜仇敌，救人民于水火之中；我们一起挺身而出，在嘹亮的革命声中，迎来希望的曙光，迎来新的世界。高贵无比的正义和真理深深地扎根在这片大地上，养育着这片土地上的人民。这片土地上的人民在黑暗之中经历了血和饥寒的考验，终于懂得了要想让希望的光芒照耀整个大地，就要奋起抗争。这里出现了新的精神、新的生活、新的文化。真理的光芒在这片大地上闪耀，自由的旗帜飘扬四海。这是发生在最基层人民中的革命。这是在最恶劣的条件和环境下展开的战斗。

就这样，在经历了近半世纪的艰难困苦之后，在人民的欢呼和支持下，他们像汹涌的河水一样，势不可挡，冲破了敌人建造的铁网，斩断了专制阶级和军阀制造的铁链。中国人民终于站起来了。这份荣誉属于中国人民的领袖——毛泽东先生。这份荣光永远闪耀在中共的头顶和八路军的旗帜上方。通过自己的力量再次夺得国家的主权是件多么幸福的事啊！当然，中国的革命过程为处于相同境地的朝鲜提供了莫大的经验支持。用铁链死死锁住我们祖国的法西斯和日本的脉搏已经逐渐走向衰弱了。这些家伙踩在我们同胞身上的脚已经逐渐没有气力了。起来吧，祖国的同胞们！同志们，是时候挺身而出了！

我忽然想起了我那七旬的老母。母亲现在在干什么呢？应该正在满是柏树的村落里的房屋中坐着吧。即使再也无法见面，她也应该正思念着孝顺的孩子，祈祷他能顺利逃出吧。母亲从不会丢下孩子一个人在屋里哭。也许她正抱着年幼的孙子，给膝头的孩子讲述远行的父亲的故事。就算已经下定了决心，但我仍旧忍不住担心母亲的安危。涨潮的时候，江面上漂浮着许多豉虫，孩子们常常在水边嬉戏。柔弱的妻子又要忙于农事，又要照顾老人孩子，为了这个家，应该废了很多心思吧。

驴儿驴儿快走吧！“驾驾驾——”种种想法止不住地萦绕在我的脑海中，我抬起鞭子抽打驴儿，就像是要将脑海中的思绪也抽走一样。但我不禁又想到了我那遥远的孩童时代。

我小的时候常常坐船去村子前面的姑母家玩。我有时钻进芦苇丛中抓螃蟹，最后弄得满身泥泞，有时脱掉上衣，缠上海带，玩堆城堡的游戏。有时躺在满是泥土气息的草地上，一边看着远处的船，一边唱歌。船扬起白色的风帆，似是在给我助兴，就连船儿在江中悠悠前行的样子也让人感到十分舒心。美好的回忆逐渐在我脑海中展开。

岛前面有着许多树，像一排屏风一样，在万景台的悬崖峭壁下的水中投下一道一道的阴影。沙滩上，几颗美丽的古松随风摇摆。断崖的岩石之间生长着金达莱、迎春花、桔梗和山梅等各式各样的花草。云雀从蓝天上滑过。鹌鹑和青鸟四处啼鸣，布谷鸟也在山中叫个不停。我忽然又厌倦了眼前的风景，站起身来，时而戏弄一下挥着尾巴吃草的牛犊，时而爬到树上吹吹柳笛。饿的时候就到地里摘着吃些香瓜萝卜。乡里邻居都是好人，十分善良，不会责怪我的。

等到了家，姑母和表姐早就烤好土豆等着我了。我大口大口地把土豆塞进嘴里。表哥似是准备出海捕鱼，在旁边收拾渔网，正笑眯眯地哼着歌时，忽然大叫一声，吓了我一跳，暗暗盘算着吃完就赶紧离开。如果不想待在姑母家，我就跑到村里的哑巴大伯家里。我俩时常比手划脚地说会话，然后一起哈哈大笑。我很是喜欢那位大伯。“我的孩子们现在也能这样快乐地在岛上玩耍吗?”我不禁这样想。

在没有月亮的晚上，我常趴在姑姑的膝盖上，听她讲故事。姑母的脸上满是皱纹，她可以用很多种不同的声音讲述或恐怖或悲伤或滑稽的故事。有时她会给我讲一些以前的故事，故事里满是艰辛，让人听了不禁感到心痛。姑母是被她嫂子——也就是我母亲抚养长大的，后来嫁来了这里。我那时和姑母十分亲密，把她当作母亲一样对待。姑母白天农事辛劳，讲故事时常常讲着讲着就睡着了。

通常姑姑睡着了后我就会跑去厢房。岛上的姑娘们一般都聚在那里刺绣，大家都很欢迎我的到来。外间的房里立着两三座花台，姑娘们常常点着灯，一起围坐着绣到深夜。她们用青线、黄线、粉红线、草绿线、淡绿线等各式各样的线在红绸布上绣出鹿、松树、鹤和鸳鸯等图案，用来制作枕边顶、周岁用的衣带和花袋子等等。母亲们通常会在赶集的时候把这些绣品带到平壤去卖，再将这笔钱作为女儿的嫁妆和生活的补贴。这些姑娘平日里看起来害羞文静，聚在一起时却很欢快活泼。她们常相互嬉闹着乱作一团，旁的人看到这般热闹的场面惊得眼睛都瞪圆了。

她们时常轮流给我讲故事，和我比较亲的姑娘们时而给我的布袜上绣朵花，时而给我的帽子上绣座桥。有时候我一直粘着快要出嫁的姑娘陪我玩，来娶老婆的青年一肚子火，也只能和同伴抱怨。有人打趣着说："我要是像这个小家伙一样，也不愁娶不到老婆了。"我听了，又感到十分害羞，从头到脚都红了起来。姑娘的脸在灯下都显得红扑扑的，像沙果一样，黑色的眼睛炯炯有神，手指翻飞，仿佛鱼一样，看起来非常华丽。我表姐是她们里面最漂亮的，针线活也做得最好，这让我骄傲极了。女孩子们偶尔会摸着我的脸逗弄我，其中一个眼睛长长的双眼皮姑娘最爱如此。

"小不点，你不娶小岛上的姑娘吗？赶紧穿上彩缎上衣走吧！"

又一个姑娘拉住我说："不许给！可不许给别的小姑娘！"

大家见状都哈哈大笑起来。

为什么忽然没头没脑地想起这些事了呢？对于我来说，这座小岛是我生活中唯一的童话世界。但是现在在岛上已经无法享受那样的幸福生活了，余下的只有煎熬和委屈。是谁夺走了这美丽的牧场，又是谁践踏了这幸福的生活？

有时一连半个月、一个月过去了，我还没有回家，母亲就会坐着船出岛来姑母家找我。姑母见了，时常连鞋都来不及穿就跑出去，扑上去给母亲一个大大的拥抱，像小孩子一样东问西问，高兴极了。虽然姑姑已经上了年纪，褪去了孩子气，但此时表现地却与思念母亲的孩子无异。母亲也会高兴地拍拍姑姑的背。啊——我万分想念我的故乡，想念故乡的亲人！我何时才能再次见到他们呢？万一这美梦不能成真的话……那一定是因为我死于敌人的枪下了。不论如何，我一定要赢得这场战争，回到家乡！难道是因为无法拥抱母亲和孩子，无法和同志们、姐姐和姑姑再见面所以才这样分外多愁善感吗？

战争期间，大家都饱经风霜折磨，历经了不少艰辛。离开前不久，我在平壤街上碰到过表姐一次。她身上的棉袄满是污垢，背上背着孩子和许多行李。从前乌黑发亮的头发此时散乱非常，像湖水一样清澈透亮的眼睛也失去了精气神，原来总是挂着微笑的嘴此时也毫无血色。她华丽而智慧的形象因为多年劳苦已经完全消失了。她心爱的丈夫被抓到了日本的一个煤矿，此后她的生活愈发艰难，时常熬夜纺织麻布。

表姐见了我，眼里不禁涌上了泪花。她说哑巴阿伯早就搬去满洲了，那个喜欢戏弄我的眼睛细长的双眼皮姑娘也已经嫁人了，她丈夫被抓进牢里了，可谓是受尽苦楚。啊——生活什么时候才能变得和以前一样呢？表姐的脸上再次浮起美丽的笑容，哑巴阿伯也能再次回到故乡，双眼皮姑娘的丈夫被从监狱里放出来，姐姐深爱的人也可以从那般地狱中逃离出来，这样的日子，哪怕只有一天，也请快一点到来吧！为了迎接这一天，我一定会献上自己的生命去战斗！战斗吧！快走吧，驴儿！

“请往这边走！”我被N同志的声音吓了一跳，思绪总算回来了。

## 二、夜话

天逐渐晴了起来，蓝得像是被洗过一样。风轻轻吹拂着。青蛙在水沟里呱呱乱叫。倒塌的房屋碎片散落在村落四周，村边长着许多茂密的柿子树和核桃树。山脉蜿蜒曲折，一路向东远去。朵朵白云漂浮在其上。山路沿着断层黄土倾斜而上，看不到尽头。走了几步，发现左侧延伸出来的山脊上有许多炮台，在白蒙蒙的地气中忽隐忽现。因我们与太行山平行南下，所以一路上看到了许多日军在关口设立的炮台，这些炮台仿若一粒粒棋子，在太行山中长长展开。崔同志伸手指着一座炮台说道：“前不久那个炮台出了事。”

“最近还有日本鬼子吗？”

“不过两月。就完蛋了……这炮台早就不能用了。但日本鬼子们总是犹豫不前，最后只能变成自杀炮台了。当时他们完全处于孤立状态，但由于日本人民解放联盟的同志们草率插手，造成了许多伤亡。”

当时那些日本人与后方的联络被中断了，援军也指望不上，周围更是连能逃走的缝隙都没有。这个炮台像毒蛇一样盘踞在山上。从炮台向下俯瞰，可以看到下面的一个小村落。那些家伙没来得及逃走，此刻又处于孤立无援的状态，干脆窝在炮台里不出来了。以前他们常常下村子里烧杀抢掠，现在却变得畏手畏脚起来。机关枪、步枪，他们把所有能挂的全都挂起来了，不论从大路上来的人是来进攻的还是来解救他们的，他们的眼神都非常镇定。或许是因为对日本武士道的信仰和对天皇的忠诚吧。就算村长去劝降，说等正规军来了他们只有一死，他们也坚持不投降，立誓要战斗到最后一名士兵身死为止。当然，如果军队将他们包围后进行集中攻击，他们就只能同清晨的露水一般，迅速消亡了。但为了不让士兵们白白流血牺牲，大家还是决定等这些家伙们没了粮食自己下来投降。但这个炮台后来却变成了山贼的老巢。

等村长再次去劝降时，他们的粮食基本已经耗尽了，于是他们要求给他们送上粮食和饮用水。他们威胁如果不按照要求来的话就向村子里投掷炸弹。村长当然没有同意。于是日兵们就每天在眺望台上四处观察，如果有人赶着驴从山脚下经过，他们就将枪口对准行人，高声威胁着让他们交出行囊。他们还攻击牧羊人，抢走他们的家畜。有一天有一个卖鸡蛋的小孩路过，他们就威胁这个孩子，如果不把东西交过来就开枪。小孩子非常害怕，哭着就想逃跑，只见炮台上升起一缕烟雾，空中划过一声枪响，那可怜的孩子就口吐鲜血倒下了。

部队接到这样的报告后，半夜对一中队下了紧急命令，要求天亮之前就铲除这些家伙。军队将炮塔包围得水泄不通，布置好一切后就准备集中火力进攻。但日本人民解放联盟得知此事后找来了军区司令部，表示要用自己的力量让敌人投降。得到首肯之后，九位解放联盟的同志就穿上日本军服，拿起武器前往炮台了。

半夜，炮台里忽然响起了嘈杂的电话声。饱受饥寒伤亡折磨的日本士兵本正处于沉睡之中，听到以后被吓了一跳。久违的电话声在月光下扬起了阵阵灰尘。日兵们激动非常，说道："哈，是的，太谢谢了！我们等你们许久了。周围没有异常。是的……是……"

"是援军吗？"留着胡须的队长一下跳起来抢走了听筒。这些事我是听战后变成俘虏的日兵们说的。

"是的，你们在哪？""据前方约五百米。通信中断了所以一直联系不上，我们眼泪都要流下来了。简直了。请快来吧。"

队长放下听筒，得意洋洋地把部下们叫醒，说道："你们这些傻冒赶紧给我起来！哈——我就说我是对的。救援队来了，大队本部派来的……瞧瞧你们这些蠢货被吓得屁滚尿流的样子……真是不成样子……起立！你们把天皇陛下当成什么了，真是，天皇陛下永远不会抛弃我们这些忠诚的臣民的！别废话，臭小子赶紧给我起来！我知道你们心里在想什么！起立！你小子的心思都写在脸上了！"

他一边大吼着一边佩戴武器，却忽然生出了一种不安的恐怖预感。

"会不会是日语说得很好的八路军？""会不会中了朝鲜义勇军那群家伙们的诡计？"其他士兵们的脸上也露出了期待和不安的神色。

队长一看这架势，气得火冒三丈，"你们现在肯定在想如果那些家伙是八路军或者朝鲜人的话该怎么办，心里害怕得直打哆嗦。我都知道，知道！"

“哈,我也是这么想的……”一个士兵紧张地咽了咽唾沫,结果被扇了一巴掌。

“呀,你这小子!你也是这么想的?少说废话!你是觉得我听不出他们说的日语有没有问题吗?刚刚那通电话用的可是秋田方言!秋田方言——那里的敢死队们可是一直死战到底,最后光荣牺牲了的,他们这样到底是为了谁!如果真的发生意外,宁为玉碎,不为瓦全,懂不懂!要是被俘虏的话,敌人们就会拔掉我们的眼珠,砍掉我们的耳朵,最后再放火烧死我们!宁为玉碎!起来!我们一定要等来援兵,开门迎接他们!而且……”队长下达了许多命令。

这时,瞭望台上的哨兵忽然大喊了起来:“队长!来了!绝对是援军!是友军啊!”炮台中顿时响起一片欢呼。他们利用枪远远望去,夜雾中出现的黄色影子分明穿着日本的军服。“来,所有人都准备好。这下你们知道来人不是中国人和朝鲜人了吧?”队长喊完之后,拿起机关枪,靠在门边。外面传来了沉重的脚步声。毫无疑问,这不是八路军山地鞋的声音,而是军靴发出的声音。外面传来说话的声音。大家不禁全身紧绷了起来。队长回头看了一眼士兵们,笑了笑,为了表现出自己的沉着勇敢,他咳了咳,摆摆手让大家不要慌张。哨兵哐的一声从梯子上跳下来,高兴地跑过来想开门。队长给了他小腿一脚。哨兵被踹得摇摇晃晃地倒退了两步,与此同时外面响起了敲门声。“开门!”哨兵激动非常,冲上去就想给来救援的人开门,他转头看看队长,队长此时也紧张非常,他提起机关枪,打开门闸,冲外面高吼一声:“我是××大尉。非常感谢。”

门哐的一声打开了,夜雾和星光同人一齐涌了进来,来者分明是说着日语的日本士兵,但他们进来以后却毫不犹豫地举起机关枪命令道:“举起手来!”士兵们慌忙把枪扔下,举着手聚成一团。慌乱之中,躲在后面的队长扣动了扳机。突突突……两名入侵者倒地了。枪声一响,周围忽然出现了许多八路军大喊着包围了上来。队长不知何时胸口上中了一枪,已经瘫坐在地了。士兵们举着手,一个一个跟着八路军们出去了。解放联盟就这样失去了两名同志,还有一位同志受了重伤。听说之后在八路军、义勇军和解放联盟成员的见证下,在军区司令部举行了追悼会。

“我们军营里也有被俘虏的人吗?”

“当然。有军属和士兵……逃出来的人更多。他们现在都被送进学校接受教育了。”

N同志将后背上捆着行囊的绳子整理了一下,说道:“最近有一个船长被俘了,这位船长说起来很是好笑。”

"船长?"

"嗯,这可是正儿八经的军用船长。他一般往来于大连和日本之间,负责运输……开的是扯篷船。"说着,他又给我讲了一个故事。

盛夏时,南浦港的某个小岛上,有人曾看到这种船顺利进入近海海域。有一行人坐着小船来大船上买鱼时,发现船长是个日本人。似是需要别人给他翻译的模样。船长和船员不知是不是因为害怕,腰间都别着枪。这条木船很大,上面有百余名船夫。被我们俘虏的那名船长就是这样子,他腰间别着枪,负责往来输送。

"这船长出生于釜山,估计是因为常年在码头上生活,多少会一点日语,但他目不识丁,是个睁眼瞎。最近正学韩语文字呢。他一般从大连往日本唐津运盐,有一天扬起帆要去唐津,结果到了以后发现他居然到的是天津的近海塘沽。原来是风向不对。"他讲故事的语气可惜非常,好像真是船长本人一样。

"那么他就是在那被抓住的吗?"

"当然不是,故事还长着呢。"

N 同志很会讲故事,每每都让人听得津津有味。"之后,他们就停在那里等待正确的风来,结果在等的这一两天里逐渐露出了本性。他们很爱喝酒,生性放荡,那几日天天待在青楼里,从早喝到晚。就这样过了几天,为了喝酒,他们把家底全抖了出来,把船上的常备品、揽绳、救生衣和水桶全给卖了,后来甚至连船上的附属小船都卖了。估计喝了酒就疯了……船夫们只能眼巴巴地看着。后来,小贩们让他们干脆把盐也卖了,大家觉得既然已经开始卖了不如就把盐也卖了,但船长此时却说卖了盐要被抓的千万不能卖。但大家说什么都不信,就算以后要坐牢,现在也得好好地吃上一顿。于是号令船夫们赶紧起锚。船就这样离开了。船长一个人,就算有枪又能怎么样呢?……船长在船长室里呼呼大睡了一天,酒醒后精神抖擞地站起来,打开地图,却发现船根本没有按照计划走。他大怒,让船夫们赶紧调转方向。船夫队长眉飞色舞地走了过来。船长大声质问他到底要把船开去哪,赶紧把锚放下,掉头回去,船夫们却只笑笑不说话。船长怒火中烧,正要掏出手枪,却发现枪套里空空如也,不知什么时候,手枪不见了,只剩一个壳子了。"

"这可太像《三国演义》里的故事了。"

"谁说不是呢?"

"那么那位苦力队长是八路吗?"

故事逐渐变得有趣起来了。

"估计应该是联络员吧。照这位苦力队长的话来说,他可真是来对地方了……那是哪？山东的大海……山东大海……那看不到海吗？……出大事了。走过那条路的人和船都再没有回来过。果然，那帮家伙是凶残的海盗的爪牙，现在完了……正说着，一艘机动船如离弦之箭一般嗖的一下从陆地那边飞了过来，让他们赶紧停船，接着就不知从哪响起了几声枪响。船长先生焦心极了，苦力队长却让他不要担心。他爬上机动船的船舷一看，竟然是提着长枪的海盗们。船长不禁目瞪口呆。海盗们登上船，同他握了握手，对他的工作表示了赞扬。苦力队长和他拥抱了一下，两个人聊了起来。原来他们不是海盗，而是海上的民兵。船长一路被带到了本部，就算同志们再怎么劝他不要担心，他都总是怕被枪打死，直到到了本部，一位穿着军服的军官握着他的手说，多谢你带着盐逃出来，我们军中正急需盐呢，太谢谢你了。船长先生这才放下心来，说他正好也是这么想的。”

我们深感无语，不禁哈哈大笑了起来。

“这位船长确实好笑。他和分盟同志们一起来的路上表现的可谓是焦急万分，抓耳挠腮。最近学员们晚上总爱聚在一起谈论这位同志的故事。”

“他来了以后有什么感想吗？”

“简直快要累死了。说是自己什么样的苦都吃过，这样累得死去活来的情况还是第一次。”

“他已经去学校了？”

“没呢，现在还在进行生产工作。得让他学习认字，还得给他进行思想教育……”

“教育这样只知道玩乐的朋友可不是一件简单的事啊。”崔同志在旁边感叹道。

“没逗他说会放他回去吗？”

“不管怎么说得把他们留在这呀。还能把他们送去哪呢？”

“说不定会给敌人通风报信呢……不过大家都很是淳朴。竟然像是一张白纸……”

“说起来，根据地里各式各样的人多得很。尤其是翻译和军属中，有问题的人很多。”

或许是因为快到了，崔同志讲了许多关于根据地的故事。之前我从没问过这些事，他们也没有说过。“不过，不论是什么样的人，只要加入了我们的阵营，洗心革面，改头换面，都可以和我们携手共进，毕竟所谓同盟就是军中团体……中学毕业的适龄期的年轻同志们的进步是最快的。像北京商业学校这样的地方其实就是我们义勇军的预备军官学校。很多人毕业之后不去日本军队，反而逃来我们这里。”

说着说着，我们来到了一个不起眼的小村子里，放下行李准备歇息一下。陡峭的山坡上立着五六间看起来十分穷困的土房。我们本来打算一口气走到根据地的。但是凌晨出发得有些晚了，再加上途中下了雨，一来二去就改了想法，准备在这里休息。玄同志早就带着狗在这里等我们了，他借了一间空房子，正在里面整理草席。因为没有客栈，所以我们只好借了一间民宅的外间。这里也遇了雨，地上满是泥泞，无法露营。

虽然太阳还低低地挂在西边，但房中已经黑了。这是间马厩，窗户被熏得黑黑的。难闻的土腥气和奇怪的草味扑鼻而来。草垛都已经被移开了。三个同志脱下上衣，开始准备做饭。玄同志给用粮票换来的小米去皮，崔同志认真地刷锅，N 同志则去外面捡一些掉落的树枝，把它们折成一小段一小段带回来烧火。

住家的女主人正在灶台前点火。她将燧石和灰烬装在盘子里，用打火石打了一下，灰就噼里啪啦地烧了起来了。我们虽然有火柴，但还是倍感神奇地呆呆看着。灰烬里面有硫磺，有火星的话一下子就点着了。这应该就是最原始的点火方法了吧。

玄同志放下小米，转而把南瓜放在案板上，咔嚓咔嚓地切着。崔同志呼呼地吹火，N 同志则拿着水桶向外走去。我一个人呆坐在旁边，有心想帮忙，但是什么也不会，只好作罢。我转头看了看狗，发现主人家的小孩看见它很是害怕，终于，我有事可做了。我抓着牧羊犬，让他和我一起看别人做饭。

玄同志把切好的南瓜放在一个小瓦盆里，滴了几滴核桃油，然后从旁边的黑包里掏出一堆调料放了进去。他尝了几次味道，吧唧吧唧嘴，忽然哈哈大笑起来：

“好了，好了，就是这个味。”

我可从来没见过这位同志这么开心的样子。

“好久没吃了。”他一边自言自语，一边笑眯眯地看了我一眼。他古铜色的脸显得非常坚定，鼻头却微微耸动着。

“要学会好好享受这南瓜汤。如果想过好山野生活的话……”

我也回以一笑。

玄同志对我来说是一个非常值得尊敬的人。在这座山中遇见的每个同志都给我留下了深刻的印象和感触，玄同志更是如此。不管什么时候，他总是先把辛苦的工作做了，没有什么事是他不干的。像遛狗这样的麻烦事他从不交给别人去做。他总说如果放任不管，狗就会四处乱跑，明明是一百里的路硬生生得走三百里，所以他从不同意别人的帮忙。我从北京离开时的行李都放在驴身上，但他却坚持自己背自己的行李。如果没人骑驴，他就连赶驴的事也一起负责了。不论去哪，他都会在合适的时候让我们休息，天黑的时候，他就提前赶去定好客栈，点好晚饭等我们。他除了将水井和厕所的位置打探好告诉我们，每天睡前还打水来让我们洗脚。不论什么时候，他总能先别人一步想到别人想不到的事并全部解决。早上他也总是第一个起来给驴喂草，收拾好行李，带牧羊犬找吃的。他不仅是我们的战士，对同盟来说也是无比重要的干部。

我这个人懒得不得了，爱看人眼色，又是个利己主义者，在玄同志面前，我时常不知如何是好，对他尊敬非常，不禁常常羞愧地低下头。他不是一个爱讲话的人，基本上从不说多余的话，就连笑也很少。但即便这样，与他相处时也没有任何的压迫感和距离感，这可真是奇怪。我们一路上走来，亲眼看到他拉着孩子们像模像样地唱歌，和女兵们一起唱军歌，十分愉快。或许是因为这些事是有意义的吧。

关于他自己的事，他连只言片语都没有。当然，从工作的角度来讲，或许是因为他经常出入敌区，所以必须这样也说不定，我也从没主动开口问过他什么。不过，从他的口音来看，他的中文很好，想来从小长在中国。他还感叹过中国百姓不会种地，想来是农民出身。我偶然间还得知他外婆家在国内，他在茂汉时曾因为和临时政府派斗争而被监禁过。这就是我所知的和我可以推测出来的全部内容了。

过了一会，晚饭做好了，我们问主人家借了一些碗，把草席铺在院子里坐了下来。女主人给我们拿来了一些柳树叶子，我们深表感谢，但我们确实有些吃不惯。我们把米饭泡进南瓜汤里，用以饱腹。胡桃油温和的香气总算让人胃口稍好了些。

饭后，我经过一番研究和发明之后终于找到了自己能干的事，我把洗碗的活全包了。因为今天走的路并不算多，所以我也没那么累。玄同志在外面陪着孩子们玩了一会儿，回房之后插上驱蚊的艾草，就又帮别的同志铺床去了。

马厩没有窗，月色顺着门框流淌进来，十分明亮。那天晚上，我静静地躺在床上，听同志们讲大后方的故事和同盟的事。那些同志在国民党统治区域亲身战斗了许久，我听了也深有感触。所以我想借此机会，简单地写一下关于中国境内民族解放斗争的故事。

朝鲜被日本帝国主义统治之后，许多爱国主义者避开侵略者的追击，逃到了中国的满洲和关内。在此后亡国的三十年里，他们在中国的土地上英勇地展开了独立运动。当日本帝国主义欲将罪恶的手伸向满洲时，中国境内的朝鲜同志们也高声声援并勇敢地投入到反日斗争中。当然，日本帝国主义曾试图强行镇压，但最后失败了。在第一次世界大战的终末期时，这样的独立运动取得了显著且盛大的成果。之后，受到俄国伟大的十月革命的激励，以民族主义者为中心的独立运动发生了新的变化。他们展开了比思想武装更加活跃、广泛的，有组织性的斗争。

在同种原因的刺激下，三一运动之后，中国关内展开了两条独立运动路线，一条是民族主义路线，一条是民主主义革命路线。一九一九年在上海成立的大韩民国临时政府就属于前者。此外上海方面成立了以阶级革命者为主导的革命性质的政治社团。国共合作发动北伐战争（一九二六年）时，许多在中国关内的朝鲜爱国者也勇敢地参与了战争。中国作家们的从军记中明确地记录着，朝鲜青年们组成的敢死队在南昌起义中立下了赫赫战功。

但蒋介石在北伐几乎快要成功时，十分卑鄙地改变了态度，对革命分子实行了残酷的屠杀政策。许多朝鲜同志也冤死于那场军事政变中。终于，在那场有名的广州起义发生之后，我们一部分同志跟着中共去了苏维埃，一部分同志潜入上海法租界继续进行独立运动。崔石泉同志在广州起义中起到了非常重要的作用，后来，为了能和日本帝国主义展开直接斗争，他跟着其他同志们一起离开了广东，向北进发了。

此后，满洲大地上，朝鲜民族解放运动的势头开始愈发凶猛。尤其是九一八事件前后，朝鲜人民的抗战力量形成了空前绝后的壮大场面，简直成为了一代神话。在国外进行独立运动这三十年斗争过程中，我们迅速成长为一个反日力量空前高涨的群体。在这样的群体的带领之下，两国民族形成了坚实的抗日战线，朝鲜人民的抗日力量得到了最大的发挥，他们不断逼近敌人，正面展开了火力进攻。但这样的进步绝不是凭空而来的，这是我们一步一步争取来的。这是从人民中走出来的力量，他们仅仅为了祖国的自由和人民的幸福而战斗着，所以才显得更加伟大。且他们的周边聚集着反帝同盟、青年义勇军、农民自卫队、生产游击队、妇女团体和少年团等数十万群众，大家全都拿起武器，紧随其后。当然，国内的同志们也从没有停下过斗争的脚步。更重要的是，即使身处于戒备森严的国境地带，即使深处敌人引以为傲的百万精兵的包围中，十几年来，这场武装抗战也从没有停下脚步，这样的光荣历史，不仅是世界的奇迹更是本世纪的奇迹。这场武装抗战于一九三七年的七七事变爆发之时达到了最高潮。其力量可想而知。

以七七事变为契机，中国的内政也发生了巨大的变化。九一八事变以后，坚持主张所谓攘外必先安内的汉奸理论的国民党不得不同意中共提出的停止内战，团结一致的抗日主张。国民党的军队已经在战火中走向衰败，丢下了许多重要的城市逃走了，甚至连仗都不打就交出了重要战略要塞，缴械投降了。不仅如此，国民党政府内部也争斗不断，贪官污吏们不顾国家正处于重大危机，大发国难财，使劲压迫剥削人民。再加上战败后的军队四处掠夺，天下生灵涂炭，百姓们流离失所，凄惨非常。只有八路军在中共的领导下，在最不利的艰苦环境和条件中，努力牵制日军在中国的一半兵力，强行展开游击战，努力保护人民。

朝鲜革命家们对日本帝国主义恨得咬牙切齿，他们十分渴望实现祖国的独立解放，他们心中十分清楚自己到底该去向何方。终于，一九三八年，在茂汉如风中火烛一样危机的时机，曾经活跃在茂汉根据地的爱国青年们终于下定了决心，走上了向北抗战的道路。金斗奉先生和许多前辈都紧随着他们的脚步踏上了数千里的路途。这是为了两国人民的解放，为了亲自提起枪和日本帝国主义抗争，为了找到八路军而展开的旅程。此时也实在没有了躲在后方停滞不前的理由了。这在大韩临时政府派的眼中是十分可耻的行为。他们早已背叛了爱国者的美名，成为堕落的政客。思想进步且诚实的人早就离开那里了。大韩临时政府所谓的主人就是李承晚主席和李始荣大人。全朝鲜都找不出来比他们两个更有官宦派头的人，他们实际上就是保皇党的封建团体。有一次，有人在日本帝国主义上海事变纪念仪式上投掷了几枚炸弹，日本高官伤亡惨重。但这两人却利用此事，抢了功劳，将此等义举出卖给了蒋介石政府，从而得到了蒋介石政府的青睐。蒋介石当时的处境十分不妙，只能任由他们讨价还价。

从那以后，临时政府彻底改头换面，日日跟在国民党后面摇尾乞怜，成了反动头目的走狗。他们并不在乎朝鲜的独立和我们所进行的斗争，他们只在乎蒋介石会不会取得独立，美国总统有什么指示，又或者日本天皇会赐予他们什么。他们沉迷权欲，南派和北派、老派和新派之间互相倾轧，一天安宁的日子都没有。于是，各种阴谋诡计、挑破离间和恐怖袭击成了临时政府的唯一事业。不知有多少爱国烈士和革命青年因为拒绝参加甚至反对党派斗争而遭到折磨，他们被困在地下室中慢慢腐烂，被装进袋子里投进了长江里。

玄同志双唇紧抿，脸上的肌肉止不住地抽动着，但也默默地听着，直到听到这里时，他瞪大了眼睛猛地回过了身，“这些家伙竟然……”他闭了闭眼睛，狠狠地咬了咬牙。他是共产分子，可能是想起了以前被关在地下室的事了吧。我从来没见过他如此生气的模样。N同志就像照顾病人一样，给他揪了揪被子。玄同志不做声了，只拿出烟斗，大口大口地吸起烟来。沉默在月光下蔓延开来。同志们呼的一声叹了口气："没亲眼见过的人是绝对想象不到的。"

对于热爱国家和民族的人来说，那是无法忍受的环境。那时开始，许多有志之士和爱国青年纷纷逃往八路区域。到一九三九年的夏天为止，在中共的领导下，从抗日军政大学毕业的人中，光朝鲜革命青年就有四十余名。此外，这个抗战地区还有许多参与过红军的前辈。许多青年在结束抗大之后，就立即跟着前辈和同志们前往八路军和新四军的游击地带，实现了多年的参加抗日斗争的夙愿。

终于，一九四一年一月十日，华北华中朝鲜人民的革命力量终于汇聚起来了，即使身处战争之中，他们仍旧在晋东南太行地区建立了朝鲜青年联合会。成立不到半年，他们就与身处大后方的重庆和洛阳的抗日青年同志们取得了联络，成功扩大了队伍力量。一九四二年七月十日朝鲜青年联合会再次扩大了自身的力量，召开了第二次大会，并更名为朝鲜独立同盟，同时宣布他们将作为朝鲜民族独立运动中的一员，为祖国的独立事业冲锋陷阵。自此，战线工作全面展开，针对二十万朝鲜侨胞的宣传组织工作也逐渐扩大规模，有序进行。

## 三、南风岛之路

终于，我们到达目的地了。走了半天以后，地势逐渐开始变得平坦起来，周围也陆续出现了许多大大小小的村落。村落呈现出十分平和的样子，战争的血雨腥风似是已经远去了。小鸡仔们在石阶下打打闹闹，凤蝶成双成对地从围墙上方飞过。家家户户的墙上都挂着百姓的主张和政府的标语，宣传文随处可见，壁报板上还贴着报纸。这封用朝鲜话写的煽动性的诉冤书使我们停下了脚步。这篇文章是写给可能被日寇围剿队强行拉去当强制兵的朝鲜人的。当朝鲜青年们被倭寇们拉近异国山村时，忽然发现这一封诉冤书，内心该是何种心情？上面写着"我们在等同志们。快来吧！朝鲜义勇军""快来吧！高扬着祖国的旗帜"等等。

我们走进某个村落，刚好有儿童剧团在阁楼上演出。宽敞的院子里挤满了人，熙熙攘攘。有骑在父亲脖子上的孩子，有抱着孩子的妇人，有没穿上衣背着孩子的男人，有嘴里叼着烟袋的老人，大家挤在一处，踮起脚尖认真地看着表演。一个男人蹲在一旁拿着一碗粥呼呼地吃着，一位赶驴的老头停下脚步，爬上驴笑眯眯地看着表演，一位妇人也放下水桶，沉醉在表演之中。烟贩子、水果贩子、糕点贩子也都凑了过来，热闹极了。舞台上没什么点缀，较为单调，身穿盔甲的壮士和妖艳的美人出现了，说了些什么就转了个圈下去了。歌声在胡琴声、锣声和鼓声的交织声下流淌开来。应该是在农民都熟悉的老歌里编了新内容，以讽刺的手法来提高大众的素养。

果然，在解放区内，这种露天剧确实有着很大的作用。它的目的就是教育曾经在封建地主和军阀的压迫下过着奴役生活的农民们。如今，多亏了中共和八路军，劳苦大众的命运终于改变了，他们终于可以参与到政治生活当中，学习知识，就连生活水平也逐渐增高了。虽然他们的文化程度还是不够，但比起书本，说和演的方式在宣传和启蒙方面效果更好。于是，解放区内就出现了许多街头短剧和露天舞蹈，人们称之为秧歌。关于新民主主义的文化启蒙是很重要的，但直到一九四二年，延安方面才建立了鲁迅艺术学院。之后，全国地区都出现了秧歌队。今天见到的这个秧歌队不仅在各个地方演出，还在军、官、乡、机关、村落和学校都组织了演出，这对农民们起到了巨大的启蒙和安慰作用。

他们将人民日常生活中的政治要求和现实问题等各种具体事件巧妙地融入到表演当中，大量使用大众喜欢的流行语，以此来提高民众的抗日意识和生产欲望，减少文盲，并让人们对减租减息、拥政爱民等政策有更深刻的认识。我们在这个村子里看到的不是秧歌，而是另外一种重要的表演形式，属于评剧的一种。评剧虽然是较为古老封建的东西，但它将民众们喜欢的、容易辨识的旧内容以新的形式演绎出来，从而对农民起到意识唤醒的重要作用，在人群中很是流行。大家都觉得很是有趣，他们时而哈哈大笑，时而交谈着什么，相互点点头，过一会儿又爆发出一阵大笑。

我们站在远处看了一会儿，转身准备回去，但路上竟然碰到了朝鲜义勇军同志。七八名穿着军服的男人正聚在一个安静的墙角歇脚。看见我们以后，他们脸上也露出惊喜的神色。这些同志们是从北京、天津来的。其中还有两个刚从学校出来，就离开北京来到这里的少年。他们一路走了三个月，其中一位青年为了纪念还留了胡子。他在天津经营着一家小工厂，向地下组织提供资金，还时常在蛛网一般的警戒网之间穿行，进行联络工作，后来因为周围太过危险，所以来这里了。他和我解释说，去年春天我途经天津时，他以为我来了，四处牵线联络，但还是错过了，他笑了笑，胡须里露出一口白牙。他在日本和国内都参加过很长时间的劳动运动，仗也打过。他因为罢工事件被新义州中学而赶走的时候，正是我在平壤被赶出学校的时候，我们俩都是同一件事情的受害者。海洲、平壤和新义州这三个学校几乎是在同一时间出事的。

他们当中还有一位女性，一枝独秀。这对夫妇一起收拾行装准备出逃时，丈夫被抓住了,她原是不愿独自离开,但最后在工作员的劝说下还是独自逃了出来。她问我们什么时候离开的北京,在得知答案后因为无法听到关于丈夫的消息而倍感惋惜。这位女同志也走了三四个月的路。他们中大部分都是从北京和天津逃出来的,先在北京满洲山后联络会合之后,再结队来到这里的。他们中还有一位看起来六十多岁的老人。他没有穿军装而是穿着便服。看起来就像是一尊佛一样,屁股下垫着行囊,端端正正地坐在石磨上。他正闭着眼睛左右摇摆肩膀。他膝盖前面放着一条用艾草编成的、看起来像草绳一样的火绳,火绳缠绕在一起,看起来仿佛一条耸着脖子的铁蟒。火很旺,火红色的火花飘扬在风中,冒出了许多滚滚浓烟。看来这位很喜欢抽烟。大家都从这火绳上借了个火。这位老人花了七个月的时间才走到这里。据说,他住在离山海关不远的唐山农场。这样的话,就算是一直走直线,最少也要走三千里路。据领队说他是一位非常优秀的组织者和煽动者,很久以前在同盟里就名气很大。

"听说光我们组织派来的人就有将近三十人……当我们的势力蔓延到唐山农场的时候,这位老人就是第一个响应我们的人。"

领队同志边走边解释道。我将驴让给那位老人,自己走了起来。

"他的医术也很有名。"

"他是僧人吗?"崔同志惊讶地问道。

"是的,这位对佛学也很有研究。"

这时我再看那位骑在驴上的老人,只觉得他又像医生,又像佛祖。之前在村子里的时候,我和老人打了招呼,他盯着我的脸看了好一会,自言自语道:"哈——好像在哪里见过呢。想不起来了。哈——不管怎么说,你这面相我常见……看起来心脏有些问题……"

他说的很对。我的心脏确实有些问题,走在山中时常感觉很痛……不管怎么说,这确实是位很特别的老人。从少时起,他的想法就总是与众不同。十五六岁的时候,他就去了兵乱四起的扬州义兵阵,十分英勇。就算被枪打中,被日军抓走,他也能割断绳子逃跑。但在之后长时间的战斗中,他周围的同志大部分都死了,剩下的也搬家了,散落四方,于是他剃度出家了。倭寇们总是喜欢来朝鲜境内,他实在不想见到他们,于是一直向北前进,最后来到了东北。据说他的医术是在庙里学的。他一边寻找同志们移居的村落,一边行医,这时,九 一八事变爆发了。鬼子们闯进了满洲,所以他再次背着包离开了,进入了关内。他始终过着孑然一身的生活。不久之后又发生了七七事变。这一次中日战争的范围甚至蔓延到了开封。那时他正好六十岁。他实在不想看到敌人，正想要避开，但又想起他到老了好像也没什么牵挂。他已经满头白发了，心中不禁涌起了乡愁。他十分想念故国的山川和人民。于是，这一次，他背上包，向着祖国的方向进发了。

他到天津之后，听说冀东唐山有朝鲜人农场，就打算去看看淳朴的农民们聚集的地方。在那里，老人对义勇军工作员所说的新思想产生了深刻的共鸣。昔日保家卫国的热血再一次在他残弱的身躯里奔腾了起来，火一般的意志瞬间又燃烧了起来。这就是这位老人的大致来历。他在农场点燃了许多年轻人心中的火焰。他让他们把农活都交给女人，要快马加鞭地上路才行。年轻的男人们说这怎么能行，不能现在就走。老人可不管这些，赶着他们上路了。为了朝鲜的独立，战斗吧！

就这样，他和年轻人们一起上路了，他决定看完共产主义社会再死，于是就这样踏上了来这里的路。据说他曾经和两个年轻人一起在半夜游过满是薄冰的小溪。他和年轻人们背着行囊，被日军追击，在深夜中穿过交战地带，沿着陡峭的山脊走了五千里路，历时足足七个月才到达这里。

"不过这位老人最近说这跟自己的期待大相径庭，感觉被背叛了，很是不满。"

"为什么？"

"他总是抱怨这里不是共产主义社会。不论我们怎么给他解释说明，我们现在正处于牙牙学语的阶段，他都总是说这样子吃不饱穿不暖算什么民主主义，干脆做共产主义吧……他总是这样强硬地胡来。他常说让我们好好看看现在的情形，如果做到这种程度就够了的话，还叫什么民主主义革命？讨论的过程中他的话一句赶一句，听得我耳朵都不好使了，晕头转向的。但不管怎么样，他始终坚持民主主义就是没有共产主义好。"

"原来是激进分子啊……"

"啊，确实是激进分子……但他工作很是认真。行军过程中主动承担医务工作，不管是什么病都能用针灸治好。这也是那位老人性格的一种表现吧。哪里不舒服？头痛。嗯，那么把裤子脱了吧。肚子疼。哦，那就得扎手指了。发烧了。那么就得扎脊椎了……疼痛的位置不同，他扎针的位置也不同。说来奇怪，那么粗的针扎进去一半也不疼。但更奇怪的是，每次治疗之后患者们再去找他询问病情时总要吃一记闭门羹。"从中倒也能看出老人略有些古怪的性格。

说着说着，我们停下来问这位骑着驴的老人借火。他把蟒蛇一样的火绳绕在脖子上，挥手散去一朵朵的烟雾。他始终跟在我们后面，两名素净的年轻男人像护卫兵一样跟在驴后面。

他们是老人从农场里带出来的青年。老人看起来就像入山修道的释迦摩尼，脖子上挂的火绳仿佛念珠一样，流光溢彩。

有一次借火时，这位老人问我："年轻人，你从哪来的？"

"平壤。"

"平壤，嗯，不错，很有勇气。不远万里来到这……那你听过南风岛的故事吗？"

"南风岛吗？"我愣愣地看着他。

"世界上真有那种地方呢？那是我年轻的时候在义兵队的事了。我虽不懂什么是风花雪月，但那里没有日本鬼子，四季鲜花盛开，土地肥沃，大海里有牡蛎、贝壳、鱼，简直像是仙境。义士们聚在一起，为了保家卫国而修练武艺……"

"那么您就当这里是南风岛吧。"我笑着说，但老人却轻轻摇了摇头。

"当时没能和朋友们一起离开是我这辈子最大的遗憾。在农场的时候我想或许太行山中有真正的南风岛。这里既没有日本鬼子，义士们又聚在一起苦练刀法。但是，这里依旧不是极乐世界。只有共产主义社会才能有地上极乐世界。"他看起来像是要发起民主主义革命进攻的前哨战。

"又……又……老先生您又……"

留着络腮胡子的同志笑着说道。老人揉了揉眼睛正色道："听说那位同志之前是共产主义者……"

"快走吧。快点……"

同志们都咯咯笑着跑走了。

玄同志依然领着狗，在前面走得飞快，走一会儿又停下来等我们赶上来。满心都是南风岛的老人骑着驴和他身边的农场青年又一次落在了后方。女同志走得比我还快，健步如飞。两位少年同志就像是在郊外徒步一样，一边有说有笑地打闹着，一边向前行进。

最近，不分男女老少，许多人都纷纷加入了我们的队伍。据说来了好几个十二三岁的青少年。其中甚至还有一些有色人种。"大概这些特务从一开始就打算挖到秘密以后逃跑。但基本没多久就被抓了。"就算崔同志不解释，看解放区和游击区内的群众有组织有纪律的模样，也能猜到这里可以说是密不透风。

"当然，其中也有因为吃不了苦想逃跑的人。"

"这种潜入进来的特务多吗？"

“当然多了。”

我吓了一大跳。但敌区内的组织很快就会传过信来，把这些家伙们揪出来也不难。就算他们声称自己是神不知鬼不觉地溜进来的，但因为没有和我们在敌区的工作员见过面，所以很容易被怀疑。而且，从他们进来的路线也可以判断出他们的身份。每一个敌区的工作员都有自己特定的秘密路线。因此，我没有详细地记录下我们途经的村落的名字。万一出事的话，这条线路就暴露了，我们进入根据地的秘密路线就会被敌人发现——鬼子送进来的特务大部分都是不良人员，无赖、鸦片贩子和叛徒等。日本政府不仅设立了政策，保证他们如果在这里挖到秘密带出去的话就可以得到金钱奖励，还把他们的妻妾或父母子女抓走作为人质，只有把秘密带出去才会放人。其中许多人在历经千辛万苦赶往根据地的时候，他们的妻妾早就被刑警和宪兵队的家伙抢走了。不管是什么人，怎么进来的，宪兵队的家伙可以是一个都不会放过，真是个无底洞。不过倭寇们潜入的方法也不是一成不变的，有一些人甚至是翻过城墙进来的。但新的情报很快就来，大家的警戒性又十分高，所以就算是无比狡猾的家伙，也会在十天之内露出马脚。

“而且，因为他们的生活和我们不同，习性自然也就不一样。基本上第一眼就能看出来。”N同志补充说明的时候，北京一行人的领队忽然给我们使了个眼色，大家一下子不说话了。不远处，一个身材高大、眉毛乌黑的青年正坐在路边系鞋带。这青年走了以后，领队同志说这家伙就是北京的某特务机关的特务。

“刚开始的时候他总是故作斯文地和我们交谈，后来就逐渐露出马脚。尤其是最近他见我看他的眼神不同，就更是焦急起来。”

“他一个人来的吗？”

“当然了……就连联络站都来人了。”

“他发现不对劲之后路上没想过逃走吗？”

“他应该是在特务机关待过，大概了解一点这里的事情，所以也就没敢想着逃跑。他似是有些羞愧，态度很早就变得卑躬屈膝起来了，天天点头哈腰的。一开始的时候还傲气得很，对同行的女同志很是瞧不上的样子……”

### 四、太行山寨

日落西山。山路穿过高粱地，曲折蜿蜒地爬上丘陵。一群乌鸦落在树林里，嘎嘎乱叫。投掷完炸弹的P51编队轰隆隆地从天上飞过，回家了。

我们在坡路的山角处发现了一个无人居住的破败的茅草屋。已经倒塌的房顶上面挂着一顶日军帽，棍子斜斜地立在下面，被风吹得摇摇晃晃，看样子是用来充当守护粟田的稻草人的。军帽的头盔部分已经支离破碎了，红色的带子也因风吹雨打而变得破烂不堪，徽章也已经生锈了，看起来就像青盲病人的眼睛一样，灰蒙蒙的。行人们挥着鞭子赶着驴路过的时候，都要哼的一声，对着那个日军帽擤鼻涕。看来这日军帽在村民眼里就是个瘟神。不知是不是在开玩笑，有位同志用朝鲜话在倒下的墙上写下了这样的话：（日军的歌曲）为什么来？为什么来？为什么要边哭边走？（义勇军的歌）走吧，走吧，坚定地团结起来，胜利在向我们招手。

我们相视一笑。

看来这条路回音很好。这条蜿蜒曲折的道路从丘陵和地层之间穿过，我们走在路上连前方五里远的地方都看不到，但从这里爬上山丘的话，就可以清楚地看见前面的景色了。空气中弥漫着紫色的烟雾，太行山系像剑戟一样盘旋在一排一排的炮阵之中，远远地可以看到辽阔的盆地，那里氛围祥和，仿若仙境，盆地中整整齐齐地堆放着许多稻草。在这样贫瘠的山中居然能有如此大的根据地，这实在是令人意外。

“终于，马上要到了。”玄同志喃喃自语道。他的衣角被风吹得乱飞，但他却像一座雕像一样岿然不动。穿过层层山险，马上就能回到根据地，完成任务了。他看着远处的根据地，不禁生出了无限的感慨。

白桦、核桃树和柿子树随处可见，白沙地在山中蔓延开来，小溪在其中蜿蜒流淌。我问这条河叫什么名字，大家解释说，因为这条河环绕于山间，最终流向彰德，河水又清澈非常，所以叫清彰河。河里有许多胳膊那么粗的鲈鱼和鲻鱼，还有像石头那么大的甲鱼，这简直就是我梦寐以求的地方。这水算得上是太行山中少有的清澈。沿江坐落着许多村庄，周围的田野十分肥沃，仿佛一片绿色的绸缎，花香四溢，五谷丰登。绿色的田园里种着许多大大小小的菜，想来这就是有名的黄河种植园了。军区司令部坐落在山脚下，远远地还可以看到我们的朝鲜义勇军、独立联盟、军政学校和日本人的解放联盟分部。

东南方向，在夕阳的照耀下呈大鹏展翅状的山峦就是五指山了。这五根手指齐齐地并成一排，直冲天际。同志们在那座山腹和山顶中开垦荒地，耕地，种土豆，捡橡子。村落就坐落在离那座山脚下不远处的一个较为陡峭小丘陵上，晚霞照在村落上，宛如一幅朦胧的画。暮烟缭绕，一缕一缕的仿若绸缎。同志们指着那里说，这个叫南庄村的地方就是我们同盟和义勇军的根据地。我们握着缰绳又眺望了一会，享受了一下只有在这山间才能看的美丽风景。不过二十里远，时间很是充裕，我们天黑之前肯定能到。

过了这片田野，义勇军的氛围就浓厚了起来。我们又回到了山坡下面，破败的城门上用韩文写着“欢迎”。我们在无限的感慨中走过了城门。这里看起来也遭受过日军的残忍侵略，村子里一片荒芜。前年秋天，日军来这里扫荡过。每家每户的墙上都写着“拿起枪，然后对百姓们说，我们不是日本鬼子！”或“就算是死，身在祖国的父母兄弟们也希望你死得其所！”“向着打倒日本帝国主义出发！”等标语。其中还有一些日本人解放联盟写的标语“八路军绝对不会杀我们的！”“不要被长官那些家伙们骗了，投降吧！”“到底是为什么要杀光中国人，让远在故乡的老母亲为你担心流泪？”匆匆越过这片地，我们又来到了一片田间，我们的脚步逐渐快了起来。我在充满罪恶、虚伪和奴役的生活里彷徨了三十余年，为了为战争献出自己的一份力量，踏上了遥远的旅途，现在，终于要到我梦寐以求的地方了，我激动得简直无以言表。

我们走过鲜花盛开的黄河田边，幽幽的香气随着风扑面而来。我们听到了远处义勇军嘹亮的号角声，看见了他们挥舞着的大旗。高粱地之间的田间小路上，许多农夫们背着工具准备回家了，他们一边走一边高声歌唱，黄河地里，年轻的姑娘们抱着洁白的花朵，注视着我们一行人。太阳开始慢慢西沉了，一层薄雾无声无息地笼罩了这片田野。玄同志为了将我们到达的消息传给根据地，领着牧羊犬先过去了。北京来的那一行人也重整精神，两个少年先跟着玄同志去根据地了。老人骑着驴，铃铛一响一响地走在了我们前面。

“不管怎么样，这里都肯定是南风岛嘛。”

老人笑着点了点头，“山河秀美啊……”

义勇军的大本营——南庄村坐落在一座小山丘上，山脚下就是清澈的清彰河。河床非常宽阔，但水却不多，只在石子地和草丛之间的缝隙里形成了一条小溪。在距离南庄村十三里的时候，我们可以看到学员们在山坡上打排球的画面。远远地可以看到溪边沙地上的菜园，和几名学员摘土豆和柿子的模糊身影，还可以看到在核桃树丛间散步的几名年轻人的身影。晚风轻轻吹过，溪水很是冰凉。

穿过这条河就能到达一个叫作河南店的市集，因为朝鲜义勇军常常在那附近出没，所以几乎算是军街了。等我们进入这个集市的时候天已经黑了。玄同志走在前面，先行报告，两位穿着军服的年轻女性组织长官听了以后露出了灿烂的笑容，并同他握了握手。她们俩身后也出来了许多同志来迎接我们。

第二天凌晨，我被门前响起的喇叭声吓了一大跳，惊醒了过来。我们住的地方就在军政学校后街拐弯处，正对大门的第一个房子。昨晚我们到达了南庄村本部，被安置到了这里，来根据地的第一个晚上，我们十分幸福地睡了个好觉。这户农家有两间朝南的房间，房子呈匚形，我就住在其中一间。从门柱和窗木漆黑的样子来看，这座房子在日本人侵略时也被火烧过。我们换好衣服后，听到了训练场方向传来的口号声。看来军队们凌晨就起来操练了。过了一会儿，一支队伍高唱着行进曲从我们的房前路过。从窗户望去，他们背着尖尖的锄头和镐，成队地喊着口令，向着五指山进发，应该是去开荒的。脚步声十分响亮，如汹涌的波涛激流一般，连着心都仿佛被震得晃了晃。他们的步伐十分整齐，一边前进，一边高声地唱着歌："朝鲜的年轻人们在这片广阔的中国大地上向前行进着，步调一致向前进，漫长的黑夜之后就是希望的曙光。"

从前宽阔的寺院被分成了军政学校、讲堂和教务厅。许多军队一起驻扎在这个营地里，分散在村庄的各个角落。这个村庄大约有六百户人家，十分温馨。这个小山坡背靠五指山，前方土层掉落，形成了非常宽广的平原。

我拿着毛巾来到学校的院子里，准备打些井水。队员们已经在分队长的指导下开始进行军事训练了，他们分布在各处，认真地练习着射击和刺杀。队长是用朝鲜话喊的口令，口令一下，队员们就齐齐举起枪杆，呐喊着蜂拥而上。我看着这幅情景，心中满是感慨。他们像一堵墙一般向前涌去，喊声中满是斗志和对敌人的仇恨之意，他们用沉默的枪杆来发泄心中的憎恨和愤怒，他们就是战斗在我们祖国最前线的军人。悬崖上，机关枪部队正统一地拿着枪向下方进行扫射。悬崖下方宽阔的高粱地中，一个中队的士兵们像蚂蚁一样四散开来，一边射击一边匍匐前行。他们的右侧，手榴弹像乌鸦一样，在天上飞过来飞过去，他们的左侧则有一群士兵大喊着相互对攻，练习小规模的突击战。机关枪部队也开始向着侧面移动，背靠民宅再次开始练习射击。城门方向传来一阵喇叭声，指挥官大喊着什么从上面跳了下来。这里培养着我们优秀的军人，只要一声令下，他们就会给予敌人痛击，向着祖国的方向勇猛地前进。学校附近有许多生产部队的同志，他们早早地就出来了，正提着水桶给田垄浇水。讲堂里满是学员，大家都在学习，一位女同志有些吃力地在台上讲解，下面许多学员正低头做笔记。

我在训练场里逛了好一会，终于意识到这不是梦，而是我争取来的幸福的现实世界，我不禁有些心绪澎湃。突然有人在我身后叫我的名字，我回头一看，发现一名队员向我走来，并同我敬了个礼。"不认识我了吗？"此时正是训练的中间休息时间。原来去年夏天我去津浦沿线的警卫队找我侄子A君时，我们见过一次。他和A君一起被调到了宿县部队，一个月之后逃走了。我欢呼了一声，高兴地抱住他，略显急迫地问道："A君怎么样了？"我一直都对他逃走之后的事情很是忧心，昨晚到了这里的时候打听了一下，但A君好像并不在这，所以心中一直非常不安。

“他当然也平安无事地逃出来了。第二天凌晨我就听说他已经到了百里外的一个解放村落里了。”

“那他现在在哪呢？听说现在在新四军地区工作。”

“是的，没错。”他肯定道。这位朝气蓬勃的小伙子现在也是一位仪表堂堂的军人了。

“新四军现在离我们不远。听说那里有四五十名强制兵，现在正向我们这里进发。现在就静静等吧。”

“A 君果然没有死，如果他真的能来这里，那该是多么的令人高兴……”

“是的。”他自信满满地说，“我们怎么会死呢？”

我也跟着笑了。哨声响了，他敬了个礼，又跑回训练场了。我终于确信 A 军成功逃出来了，这可真是一件令人感激的事。

太行山的早晨，太阳就像是一头俯卧着的，瞪着眼睛的老虎一般从白茫茫的山岳之上攀升而起，它将蒙蒙的白雾驱散，金色的光芒将屋子照得透亮。晨光笼罩下的盆地显得更加美丽了，仿若一幅风景画。核桃树的叶子在金光的照射下显得华丽非常，仿佛金冠上的装饰品。田垄间的小路上满是露水，农民们在田间忙上忙下，远处的村子里升起了袅袅炊烟。几只白鹤从田地上方滑过，向天上飞去。

一位同志戴着一顶像蘑菇一样的草帽，穿着便服，似是要外出工作，正站在下坡路口处的大榆树下和同志们道别。此路想来危险重重。一位穿着军服的男子悠闲地叼着烟从军队本部走了出来。后面跟着扛着枪的队员。这位男人看见我后，有些难为情地把脸转了过去。听说他是北京的特务机关派来的，昨晚在来的路上被抓了。

也许这一天将会成为我一生中最激动、最难忘的一天。本部传来消息叫我去俱乐部，去了一看，发现许多干部和前辈正围坐在餐桌旁。我们互相打了招呼，高兴地握了握手。墙上挂着中国和朝鲜的旗帜。在祖国的旗帜下受到尊敬的前辈和同志们如此热烈的欢迎，我激动得无以复加，不禁流下了高兴的泪水。祖国的旗帜就如此端正地悬挂在我眼前，出生以来，我还是头一次如此正大光明地仰视它。聚集在这里的同志们虽然身处在这异国的村落里，但却指挥着前方战事或敌区内的组织，始终为朝鲜独立而战斗着。我见到了负责开展宣传工作的宣传部长金昌满同志，还见到了以李维民同志为首的许多负责指挥宣传工作的干部。徐辉同志正在来延安的路上。学员们从清彰河里抓来了鱼，我们就着大枣酒谈天说地，进行了一顿相当愉悦的晚餐。李益星队长在攻防战练习指挥结束之后也加入了我们。

队员们聚在本部，练习应援和鼓掌，时不时地大喊“越过鸭绿江！越过鸭绿江！”端午节马上就要来了，各个部门都要参与对抗战，所以大家现在就展开了火热的应援练习。争夺战里胜出的队伍将会得到属于自己的荣誉，可以改名为鸭绿江部队。远处传来实弹射击练习的声音，震耳欲聋。我们原本正吃着刀削面聊天，现在也被这断断续续的枪声打断了。

这里实行两餐制，早上九点吃早饭，下午四点吃晚饭。十二点到一点是休息时间，休息结束后，我去了趟宣传部。为了使抗战思想和组织深入中国民众和在中国的朝鲜同胞之中，部长同志就对内对外的具体宣传方向和方法进行了详细的说明。几位同志正在油印宣传文。和俱乐部有关的部队干部们时常来这里询问一些工作上的问题。几位同志把麻纸切成三十二开的大小，沾上墨以后开始写稿。

“请看这里。”部长同志指着墙上的组织分布图说道。地图上用红色小旗详细标明了敌区内的八路军地下军的位置。向右直至东北，向下直至海南岛和云南，一片一片地聚集在地图上。一般有地下军的地方也有表示我们的组织的旗帜。我看着这份地图，不禁心神激荡，自豪无比。

“目前对我们来说最重要的任务之一就是展开武装斗争。东北地区参与游击战的武装力量还不够。我们在加强和巩固这里的武装力量的同时，也要努力在敌区内组织地下军。要将关内的二十万同胞们团结起来一起战斗才行啊。我们的宣传工作也是随着这样的方针而设立和展开的。”他一边说，一边将双臂推至地图上方，“只要时机一到，我们就会像激流一般蜂拥而上，发起总攻。各处分盟的军队也会一拥而上，给予敌人痛击。每一个组织都会点燃烽火，相互呼应。”

我不禁感觉热血沸腾，脸庞滚烫。

“您可来对了。还请助我们一臂之力。”

照他的意思，八路军将会在前线发起大总攻，万一事情不顺的话，红军也会去下方和他们会合。我们则一路向北，解放在中国的朝鲜同胞们，将他们联合起来，跟随志愿兵的脚步一起越过鸭绿江——为祖国赢得最后的胜利。他说话时眼睛发光，声音都带着一些颤抖。我连连点头，再一次起身激动地同他握手。

“还请多多指教。国内的同胞们也一定会奋发向上的。”

晚上大家为我们举行了一个盛大的欢迎晚宴。从敌区内来了许多新同胞，我虽然是从国内来的，但也和大家一起参加了晚宴，所有人齐聚一堂。组织也正好借此机会对全体盟员和军队、学员进行了教育和鼓舞，以此激励士气。我们在礼堂前旷阔的院子里集合。崔同志代表生产分盟来了，我们还见到了许多纺纱工厂的女同志。学员们唱着去五指山开荒时唱的那首歌，列队进场，院子里人头攒动。夜幕降临。中朝两国的旗帜交叉立在前方，场面十分庄严肃穆，两旁站着两名高举着火炬，身姿挺拔的队员，火光将会场照得如同白昼。场内爆满，分部代表同志上台进行了一番恳切的欢迎词。他的声音不大，语气略显激动，比起煽动式的演讲，他用语更加简单易懂，更像是一场旨在教育民众的宣传式演讲，效果却十分显著。其间不时有听众高喊口号，大家也跟着他一起高喊，欢呼声此起彼伏。这就是能让大众自己调动情绪，提高士气的方法。我高兴非常，激动极了，在深感幸福之余，不禁默默地留下了泪水。

"这里也有我们的国旗！"代表同志高声道，"亲爱的同志们为了来到这里，不远万里，穿过重重危险，从遥远的祖国和其他地区赶来。我们的国旗也是如此。不久之后，我们祖国的国旗就能再一次飘扬在朝鲜的大地上和每一个朝鲜民众的心中！"

我听了，不禁再一次落下眼泪来。在场的群众也都握紧拳头，振臂高呼。鼓的声音顺应着民众的呼喊，咚咚作响。

"把日本鬼子从我们的祖国赶出去！"

"华北朝鲜义勇军万岁！"

"朝鲜独立解放万岁！"

2023 年 7 月译

［原载于《金史良全集》，实践文学社(首尔)，2002 年］

# 1948年

# 反战作家鹿地亘

佚名

## 参加剧团渡华

当野坂参三从延安归来，国内的山川均提倡着民主人民战线的时候，在重庆的鹿地亘也预备束装归国，日本的民主战线将要添上一枝生力军。三月十二日，二十余团体为鹿地举行了欢送会。藏原惟人听到这个消息，说道："我是在一九三二年入狱的。中日事变发生后，不图在狱中听说鹿地在重庆为解放日本人和日本军阀斗争，真是快活极了。真像在严冬看到和煦的太阳一样。鹿地心地梗直，信念很强。被加上'卖国贼'的污名，还是一心一意地去干反战运动，这也是因为信念强的缘故。"

距今十年前，一九三四年秋，鹿地被保释出狱后，混进了到各地方做打武戏的远山满剧团，担任编剧助手。该剧团后来为来一下"日支亲善"，决定到中国去，一九三六年一月，从神户坐船到上海。鹿地的目的本来就是到中国来，因此到中国后，脱离了剧团，留在上海。剧团则从上海到青岛，继续跑码头在日侨头上括钱去了。

中日事变发生后半年，一九三八年一月十日，《都新闻》登出了一则上海特电，用大标题写着"在时代重压下呻吟的叛逆行为，赤色旗手鹿地亘夫妇"。接着下文是："日本国内左翼文化运动大受弹压之后，杉本良吉、冈田嘉子两人潜入俄境，此事以属微妙思想倾向，在上海方面亦引起国际人士之兴趣。正当此时，我国左翼运动之旗手，担任纳普书记一职，在赤色战线上活动之鹿地亘，(又名濑口贡，三十六岁)，顷又偕其爱妻池田幸子(本名沼田力弥)，脱出上海日本官宪之监视，突然潜匿无踪，两人已入俄一事，殆已确实。"这个新闻恰在冈田嘉子、杉本良吉两人的"赤色越境"事件后，曾经哄动一时。

## 声明转向从轻发落

鹿地亘，亦即濑口贡，一九〇三年生于大分县，与周佛海等毕业于鹿儿岛第七高等学校，一九二七年三月入东京帝国大学部专攻日本国学，但他却加入“新人会”，研究社会科学，毕业后，先加入日本无产阶级艺术联盟，再到纳普，担任书记长这一个重要地位，兼任机关杂志《纳普》的总编辑。一九三二年三月，终受作家同盟分子小林多喜二的劝诱，加入共产党，做了《科普》的书记局员，兼任组织部长，甚为活动。一九三四年三月十二日，因再建共产党事件被检举。后来不久即声明转向，乃得于同年十月四日被保释，宣判徒刑二年，缓刑五年，从轻发落。

## 从法租界潜逃无踪

鹿地既到上海，便和鲁迅结交，从事翻译《鲁迅全集》，一方面会见中国的人民阵浅[线]派巨头，将会见记事投给抗日杂志。八月十三日星期五，七七事变的烽火飞到上海，他觉身边危险，从旧法租界潜逃无踪。一方面日本东京的警视厅，八月十八日检举鹿地的友人左翼批评家矢崎弹侦讯的结果，得知矢崎六月二日在沪时，曾因鹿地的介绍与抗日人民阵线派取得联络，乃立即令饬上海日本领事馆警察逮捕。但那时鹿地已经跑到广东，在《救亡日报》上发表《现实的正义》一文，该报写了介绍文说：“鹿地亘是日本普罗文化联盟的书记，服满二年刑期来华，在上海、青岛方面活动，一月前来此间，这篇文章是日本文艺作家对中国民众所发的正义的第一声。”当时日本的报纸却骂他：“鹿地于去年年尾觉知我当局将加逮捕，复潜匿无踪，一时传已入俄，实则辗转中国各地，终因无以生活，作卖国行动。”

三月廿九日，全国文艺家抗敌协会在沦陷前的汉口举行成立大会时，鹿地曾出席演讲反对日本侵略战争，大博采声。当时日本报纸这样说：

“今日上海报纸报导一殆难置信之事实，谓汉口尚留有日人两名，一男一女。据该报导，全国文艺家抗敌协会在汉口举口举成立大会时，日本作家鹿地亘曾偕多数中国人出席演说，按鹿地之奇怪行动背后，常随一女性名池田幸子。”

四月五日合众社电又传出这样的消息：

“日本左翼左[作]家鹿地亘，日前突然出现于汉口，出席全国文艺家抗敌大会作反日演说，五日被任命为军事委员会政治训练部企画委员。日人被任命为抗日国民政府之一员，事属空前，哄动一时。”

鹿地因郭沫若的推荐就任该职。所谓始终跟着他的女性池田幸子，生于青岛，切为基督徒，从事社会运动，后在上海前进一步，转为左翼女斗士，跟着丈夫鹿地从广东到汉口，再到重庆。她在日本时，曾一度和河野樱（音乐同盟员）同居，后告仳离。

### “声弹”紊乱军纪

他曾经在上海、广东、汉口、延安各处抗日报纸发表反战文章，攻击“祖国日本”。一九三八年七月二十八日在《华美日报》发表一篇《日本的后方》，嘲笑日本军阀的侵略行为说：“日本贵众两院议员以慰问皇军的名义到中国来了。其实他们都是来的游山玩水，或者为确保选举地盘而来的，同时社会大众党的谄媚行为，值得轻蔑。我心中本来怀疑日本的后方情形，现在知道我的认识没有错误。所谓这次中日事变是走向东洋和平之路，十分可笑。”

一九四〇年秋，宜昌前线日方逃兵簇出，搅乱了“严正的军纪”。汉口方面军司令官薗[团]部中将下令严惩这些叛兵。原来每晚上有中国方面的“声弹”向日方战壕发射而来，终于使得这些日兵发生了共鸣。“日本的兵士们，你们为谁而战呢？为了甚么东洋的和平，这完全是胡说八道。没有意义的战争，应该赶快停止。日本的兵士们，放下武器回故乡去吧！”中国阵线上的麦克风送出了这几句日本话。这个宣传队的指导人便是鹿地。他又担任日俘的再教育，从七七事变到太平洋战争，一直为了反战和反法西斯，南奔北走。

和鹿地一起在重庆为反帝国主义而奋斗的日本人，还有青山和夫。他本名黑田善次，先做公司里的茶房，十六岁时到工厂做工，一方面上夜学拼命读书。一九三三年五月，加入日本战斗的无神论者同盟，历任中央委员、调查部长，及煽动宣传部长，后因同情共产党事件，一九三四年被处徒刑二年，缓刑四年。嗣后企图加入中国的人民阵线，偕同友人田中忠夫潜入上海，事变爆发后，从事反战、反法西斯，及反日宣传，曾经经由越南到过美国，后来又回到中国，今春三月重回变了相貌的日本。鹿地亘也跟着回国了。

（原载于《日本近代社会运动史：风雪之碑》，中国建设印务股份有限公司，1948 年）

# 苏联对日本侵华的立场

[苏联]V.弗拉奇米罗夫

有半世纪多中国生存于日本帝国主义的威胁的暗影之下。十九世纪末叶日本实行了对中国的第一次大规模侵略行为。一八九四——八九五年中日战争的结果,中国被强迫签订了奴隶性的《马关条约》。其后的年代是新的益趋广泛的日本对华侵略行为的见证人。罪恶的日本军阀意图僭望世界霸权,便在一九二七年编制了所谓“田中奏折”,按其所述中国被沦于日本帝国主义的第一个和最主要的牺牲品的地位。一九三一年满洲的占领是武装征服全部中国的第一步。一九三七年日本开始在中国广泛展开进攻,企图侵占全国并把他变成自己的殖民地。

苏联永远不断地表现为日本对华侵略的不共戴天之敌人。苏联的这一立场不论过去和现在都是从其外交政策的基本原则中申引出来的,这种外交政策反对某一国家或国家集团的帝国主义扩张和各种对世界霸权的妄求,反对任何形式的侵略和压迫。这一外交政策,正如莫洛托夫在一九三九年苏联最高苏维埃第四次大会上的演说辞中所指出的,“与全体进步人类的根本利益相吻合”。

在一九三一——九三二年日本侵占满洲后,只有苏联的声浪呼吁对侵略者作断然的钳制。然而这一呼吁并未在英美法的政治家间获得响应,因为钳制侵略者的政策不符合于想把日本作为反苏力量的帝国主义列强的利益。

苏联人民以全心全意的慰藉与同情注视一九三一年后中国人民所展开的反对日本帝国主义的斗争。

一九三七年日本军阀制造了芦沟桥事件,开始按照计划地侵略全中国。空前未有的灭亡的威胁笼罩着中国。即所谓威胁到中国的作为一个国家的存在并要把中国人全变为日本帝国的殖民地奴隶。

西欧诸国和美国的政策酷似其帝国主义的性质,他们采取了所谓“不干涉”或是直接鼓舞日本侵略的立场。斯大林在一九三九年曾指出这一政策的特点，他说：“在不干涉政策中，浸透着一种趋向，一种的愿望——就是不妨碍侵略者去干自己的黑暗勾当，譬如说不妨碍日本纠缠于对华战争，更好是对苏战争……

例如拿日本来说吧。值得注意的，就是在日本正开始侵略华北以前，一切有影响的英法报纸都曾大声疾呼，说中国能力单薄，说它不能抵抗，说日本及其军队能在两三个月以内就把中国征服。然后，欧美政治家就来等待和观望。而后来，当日本已开展其军事行动时，他们就向日本让出外国资本在华中心的上海，让出英国影响在华南独占基础的广州，让出海南岛，任其包围香港。可不是么，所有这些都很像是在怂恿侵略者说：你尽管深深滚入战争去，那时我们冉看吧。”

际此中国人民千钧一发之时，只有苏联一国又挺身出来作中国的诚挚友人。一九三七年八月二十一日苏联与中国签订了互不侵犯条约，由此对与扩展的日本侵略搏斗中的中国给予严正的政治上和道义上的支持。中国舆论界热烈欢迎该条约之签订，并且正确地指出，当中国人民奋起抵抗日本侵略者之时，即此签订互不侵犯条约的事实本身已对中国具有重大的助力。反映着全体中国舆论界的意见，《扫荡报》着重指出：“该条约之签订为对侵略政策之第一锤击。”

苏联代表在国际联盟中给予中国以有力支持。凭借了苏联代表团的努力和排除了英法代表的反对，国联在一九三八年五月会议和十月会议上通过了决议，“按此决议国联会员有权对日本单独运用国联章程之第十六条”。

与政治的道义的支持同时的，苏联又是供给中国以物质援助的第一个国家。

说到苏联外交政策时，斯大林在一九三九年联共(布)第十八次大会上指出，此一政策的基本原则之一是：“支持成了侵略之牺牲并为自己祖国的独立而斗争的人民。”斯大林的这一声明与随后的莫洛托夫演说在中国被极度感奋的接受了。莫洛托夫在其演说中明显指出，斯大林的声明“完全适用于中国和其为民族独立的斗争”，并称苏联在“坚持实践此一政策”。中国人民不会不觉得：只有在苏联的身上他们才寻到真正的朋友，毫无贪婪地帮助他们对日本侵略斗争的朋友。

苏联对于击溃帝国主义日本的事业曾作过基本的贡献。希特勒德国在苏德前线的败北和关东军的崩溃决定了对日战争的结束和加速了日本帝国主义的瓦解。日本侵略者的迅速决然垮台只有在苏联参加对日战争后才来临的。

在短时期内苏军用一连串的重击打垮了百万关东军——日本在大陆上的基本军力——解放了处于日本侵略的铁蹄下已达十四年的满洲。满洲居民以及全中国人民热忱欢迎苏军解放者。

在日本侵略者崩溃的时日，在一九四五年八月，由苏联的创议缔结了中苏友好同盟条约。这条约及其附带之协定现在充任预防日本未来侵略可能性的可靠工具。中国舆论界根据此条约及协定功绩而把它估计为确保中国安全排除日本侵略可能的重大保障。

现在，当日本投降后已逝过了三年，在罪恶的美国复活日本帝国主义的政策的情形下，此条约对中国的意义变得特别明显了。这一政策首先危害中国的根本民族利益。不容惊异，中国舆论界大起恐慌并日益猛烈地抗议美国保留日本强盗的政策。

苏联的立场则与美国对日政策完全相反，苏联始终不渝地坚持日本需根据《波茨坦宣言》实行无条件的军事和军事——经济的解除武装。苏联的这种一贯主张遏止日本侵略者的政策符合中国的紧要的国家利益，因为中国再也不希望遭受日本的侵略了。

（原载于《新闻类编》第1664期，1948年）

# 1949年及以后

# 金九

纾胤

好多年来我都是以教书为业的，而这些年月之中我也经过好几个学校，因此我就感觉到在大城市中的学校里，教员们是不会普遍都相识的，而在乡间，情形却正相反。

四川大学在峨嵋山的时候，谢文炳作外国语文学系的主任，全系的教员虽然大部分都已结婚，可是住在学校——应该说是住在庙子里的差不多都是单身。

那个山多雨，常常是三五天又是一次。峨嵋山的雨据说只要人肯大声的呼喊，雨就可以立刻下来。自然这句话并不可靠，可是却足以说明山上雨景之多了。

学校既不在城市，而山上又多雨，因此同事更加来往得密切了。

只有罗念生是一个是带着太太的，而且还有一个叫着罗锦麟的四岁小孩，因此唯有他家是大家的会合处。

他住在山脚的报国寺七佛殿楼上。我们每天下午都是在罗家的。自然晚饭也就在罗家吃了。几乎每天，都有一桌麻将牌，而且是固定了的几个牌角：饶孟侃，谢文炳，罗太太，另外是一个五十几岁的老头儿。

这个人是北方人的打扮，衣服很宽大，夏天是用白色衣服，春秋冬用黑色的。夏天头上是一顶软草帽，其它三季是一顶北京制的翻边黑色呢帽，那顶黑呢帽据我看来已有好多岁月了，因为边上已经有几处地方发着油腻底钝光。偶然在考虑一张牌底打法时，他会暂时取下帽子几十秒钟的，这时候我就可以看见他生着稀疏的头发的大头，最奇怪的是他的脑顶，像一个初生婴孩似的跳着。因为年纪老，同当时全系的先生们底容貌都不同，他的深黄色的皮肤上已有数不清底皱纹，他抽烟很多，而且可以推断有很长久的时间了。当时雪茄已成贵重的东西，他用的是成都所制的一种叶子烟称为淡芭菰。大缕大缕底青烟自然地在他眼前往上飘，可是他透过那浓烟仍可看清楚列在面前的十三张牌。

“金先生，瞧您的烟哪！”坐在下手的罗太太也是抽纸烟的，可是她却受不住那浓烟底袭击了。

“吓——吓——”金总是抱歉地一笑，这一笑之间他总是耸耸肩头表示他的无可奈何。当他笑的时候是非常人工的，而且那笑容是极短暂的，这时他浮肿的眼泡就眯成一条缝，眼光锐利地从浓烟之中透过来。

我常常感到奇怪，金的眼睛是迟钝无光的，为甚么在偶然间会那样锐利呢？

还有他的声音，他说的是很顺利的国语，可是总有一点带北欧底重浊的声音。

牌战常常打到十一点钟，于是各人就要回到自己的住处去了。我和饶孟侃住在七佛殿后面的藏经楼，是非常近的，文炳住在伏虎寺，要上三里路的坡，不过是大路。每当这样的时候，念生就会说：“Old King，他在这儿肥。”

金在这时斜刁着烟，拉开白色的纸灯笼点燃了。“谢谢，我回雷音寺去。”

“明天来不来？”有人问。

“一定来的。”他提着衣服的后襟往梯子走去了。

文炳可以同他同一段路，他们分手以后金就得走一段崎岖荒凉底山路。一直到现在我还想得起，一个石桥，一个木桥，和一段陡坡。虽然这五里路也有一二家农家，可是那都是在白天都是可望而不可及的，在这样的深夜，金走这一段路是相当的危险的。有一次他告诉我们说看见山上林子中有一对亮晶晶的绿眼睛……我替这个老人耽心的并不是野兽，而是那山路的油滑和某几级石板的不稳和他自己的略带僵硬底步伐。

雷音寺是一个小庙子，而且是占据完了一个小山峰的顶的。正因这样一个地理环境，这小庙的建筑是奇怪的。山峰的尖很小，而且是就其自然之势未加削平，所以三方就用砖柱和木柱支撑起来，庙宇除了天井而外全是用的楼板，建筑时并不曾仔细设计过，那殿堂内的泥像很重，所以地板负荷得过分重似的向下堕，而那些交接的地方也裂着缝，从那些地方向下望，可见谷底山涧底流水或是浓郁底野草。

四川大学占据了许多庙子，雷音寺是个小庙，所以只作为了教职员宿舍。住在里面的人不多，除了金而外就是一个专研莎士比亚的顾绶昌了。

金的屋子是在庙的边上的，那正方的小屋子，六面都是木头，而且全是用的新的木板，一走进他的屋子就闻到一种味道，那是潮湿的天气中凝聚着的淡芭菰和新木头的气味。

金的书不算太多，可是很为散乱，他的衣服和床铺也是如此。只有靠窗一把长的藤靠椅，上面铺着一张红缎底的豹子皮。他并不像一般教书先生一样，指点朋友看他的书籍，反是把人带向窗前看那下面生着的茂盛底树木，那时一阵风来，林涛怒号，正像在奏一支迎宾的曲子。从他那里望不远，虽然可见一二重山岚，可是比起这个山的别个庙宇来是差得太远的。

这个庙子的荒僻与残破是少有的，照说他是在峨嵋山的大路上，应该常为游山客初光临，可是因为他下面的报国、伏虎两寺都很大，而又刚在山路起始不久，人们的脚力未乏，所以就进庙喝杯茶也是大家所不愿意的。我想这便是金选住那个庙子的唯一理由罢？

不久我就从他的口里知道他是韩国人，姓名金九。金九这个名字在世界上并不陌生，可是他却不大向人说起，因此一般人都只知道他的名姓唤着金尤史，也不知道他是韩国流亡政府的主席，只知他是教书的老先生，川大当时用的英文教本就是他编。（直到一九四九年七月，他的本子仍就继续在用）他的姓名和职业他不大肯告诉人，至于别的他是有问必答。就以他头皮的跳动，他也会告诉人，那是脑骨生瘤在美国动手术取去了的。

他总是板着脸，正正经经的，不像我们那一批人有说有笑的，我们因为他姓金，所以就叫他 King，金和他的名字是绝口不提的。但是见到小孩时，他也会天真几秒钟。比方锦麟看见他来了，就会招呼他，那时他就会挤一下眼睛在老脸上做一个滑稽的怪像。

另外有一次，锦麟到文炳房间玩，那时文炳上课去了，就只我和金在，当时是冬天，窗上张了一大幅浓雾的帘幕。我们都是单身，没有甚么吃的可以招待小客人。我正为这个费心思底时候，金忽然指指书架上的一只粥锅。

那只锅是文炳的太太前两天找人从成都带来的，满装着腊肉香肠。

可是那些东西全是生的。

我找出一个瓦碟子来放在火盆上，金就利用了文炳的刮脸刀来切香肠。然而他只是那样起头切了一片，就把刀给我了。

我们相处过一年，几乎天天见面，但是天天他都是这样一个情形，正正经经的，没有多的话。然而虽然那样沉默，可是人却不觉得他沉默得讨厌，不觉得他的沉默是在拒绝人的友谊。

后来也看见他的主张，那就是主张韩国统一的，可是当前几天一个雨夜，我在一个边省的城市里听着广播时，偶然听见他被刺了。虽然李承晚是那样谦虚地说这样的暗杀是国家的耻辱，而我们不得不另有我的一种想法。

一九四九 七月十五

（原载于《新民报日刊·新民附页》第421期，1949年）

# 父母般的热爱

[朝鲜]金玉顺

“……少年团员们，你们是未来的希望，是花朵，将来要肩负我国的命运前进……”

这是金日成同志曾经对我们可爱的儿童说的一段话。金日成同志对我们的下一代寄予这样大的希望，无论什么时候都以父母般的无限深厚的爱关怀孩子们，最美最好的东西都给儿童们。

现在，我国的儿童们受到多深切的关怀啊！

停战后，在连一块完整的砖瓦都不剩的废墟上，首先建设的便是各级学校、幼儿园和托儿所。

在平壤，将台岘上巍然耸立着儿童宫，牡丹峰青年公园旁有着豪华的儿童百货店；在开城，最大、最讲究的建筑物是少年会馆；在松涛园和石岩，最漂亮的建筑物是少年团夏令营。

我国的每座城市和每条街道都有儿童公园，处处都有儿童游戏场所。学生们都按季节领到新制服；商店、食堂和理发馆也都优先照顾儿童。

今天，我国儿童享有一切条件，能够专心学习，尽情地歌舞、游玩，健全地成长。

当我们拿起铁锹开始在废墟上进行恢复建设的时候，什么都缺，而在那艰苦的时期，金日成同志首先想到的是要盖学校。每当生产出聚氯乙烯、维尼龙等新产品的时候，金日成同志首先想到的也是怎样把它们用来更好地照顾儿童们。

每当亲眼看到金日成同志这样无限热爱和深切关怀下一代的时候，我就不由得怀着激动的心情，回忆起三十年前自己在中国东北小汪清的幼年时代。我是在金日成同志无微不至的照顾下成长起来的。1933 年冬天，小汪清同其他游击根据地一样，情况十分困难。我们游击队力量还没有壮大起来，但每天都有好几百敌人进攻根据地。天天打仗，房子被烧毁了，吃的穿的都不够，连个能睡觉的像样的地方也没有。

寒冬腊月，人们穿着单衣，住的是草棚，吃的是草根树皮。只有我们儿童团员住在小汪清最宽敞最好的房子里，穿着很暖和的棉衣，吃得也很饱。

我们几乎都是无依无靠的孤儿，都是父母被敌人杀害，从敌人烧起的火海或者从敌人的刀枪下逃出来的。然而，我们在胜过亲生父母的金日成同志的温暖怀抱里幸福地成长了起来。

当时，金日成同志住在李树沟的一间小木房里，穿着单薄的衣服，但他却给我们准备了厚厚的棉衣和舒服的住处，又让我们在儿童学校里尽情地学习、唱歌和游玩。

不仅这样，金日成同志在百忙中还常抽出时间到我们那里去。他叮咛我们：吃饭要细嚼烂咽；睡觉之前要把手脚洗干净。他还抱我们，抚摸我们的头，非常疼爱我们。

我们虽然年幼，每当这种时候，也一心要按照他的教导，争取将来做个优秀的战士。

有一天，游击队和敌人的“讨伐队”进行了一次激烈的战斗。

这一天夜里，我忽然醒来，发现金日成同志站在身边，低声向当时的儿童局长李顺姬同志问道：

“……今天打仗的时候，房子有没有被打坏？孩子们是不是受惊啦？晚饭都吃得好吗？……”他看见躺在我身旁的刚刚九岁的金正姬踢掉了毯子，就给她重新盖好，并仔细地观看我们已经熟睡的脸。他在屋子里转了一圈，给每个孩子盖好毯子，枕好枕头，还自言自语地说：“毯子薄，可能冷。”然后走了出去。我想：他那样忙还惦记我们，深夜也不休息来照料我们。我想到这里，心中便有一股暖流在激荡。

第二天早晨，我们醒来一看，新棉衣和新棉被堆满一屋，这真是出乎我们意料之外。絮着厚厚棉花的冬衣和蓝色被子，软软的，看来暖和着呢！我们从李顺姬同志那里听到：棉衣和棉被都是金日成将军送来的，他还送每个人两本笔记本。我们都高兴得不知怎样才好。有些孩子穿上新棉衣，高兴得互相拥抱或手舞足蹈起来，有些孩子抱着笔记本乐得直拍巴掌。

“嗳！让金将军看我们穿上这样的新棉衣，他该多么高兴啦！”

“是啊！我们穿着新衣裳给金将军表演节目，游击队叔叔们该多么高兴啊！”

“对不对？姐姐……”

我们都望着李顺姬同志,这样争取她的同意。

"你们想得很好,咱们一定向金将军反映,请他看咱们的表演。"

李顺姬同志这样一说,我们都高兴得欢呼起来。可是,有一个孩子好像难过地说:

"我们穿的衣服这样暖和,可是,金将军和游击队叔叔们却穿着挺薄的衣服打敌人,该多冷啊!"

儿童团员们听了这个话,顿时脸上都现出难过的表情。的确是这样。金将军和游击队叔叔们给我们准备了絮着这么厚的新棉花的棉衣和棉被,但他们却穿着单薄的衣服,何况他们是在暴风雪中打敌人呢。

我们那些小小的心灵都焦急地想,怎样才能报答金将军的恩情。

"我们自己想办法弄一套又暖又好的衣裳和棉鞋送给金将军,该多好啊!"有个孩子这样说。我们一听全都立刻表示赞成。

于是,我们决定献给将军一套新衣裳和一双棉鞋。

我们作这个决定是容易的,可是要实现它就不那么容易了。

儿童团员们都小声叽叽喳喳地商量。有的要到地方上的老猎人那里去弄点好兽皮或禽毛来,有的要去找游击队叔叔们帮忙,有的甚至要到朴金玉同志住过的敌占区去弄来。

托游击队叔叔们也不是不行,但我们总想:最好还是凭自己的本事准备出包含我们的诚意的礼品来献给他。可是,一旦要由我们自己解决这个问题,哪一项也不容易办到。

要和打猎的老人取得联系不容易,要到敌占区去更难办到。我们想不出好办法,十分焦急,就这样一天天过去了。

我们正在这样着急的时候,游击根据地的一部分革命群众知道了我们的心事,积极地帮助我们,一套称心如意的新衣服和一双新棉鞋终于准备好了。在金日成将军面前表演节目的那一天,我们托儿童局长李顺姬同志,把这些礼物献给他。

李顺姬同志赞扬我们的诚意,但是她又没把握地说:

"很多干部和游击队员也像你们这样送去过好几次新衣裳和棉鞋,可是,金将军都没有留下,总是送给别人了。"

李顺姬同志又安慰我们说:

"……这是儿童团员的至诚,他也许能收下。"

这一天,我们邀请金将军观看我们的演出,游击队叔叔们和根据地人民也来看我们的表演。演出结束后,儿童局长李顺姬同志走到金将军跟前,详细地谈了事情的经过，把包着衣服和鞋的包袱献给了他。

群众听到李顺姬同志的话，都为儿童团员们的至诚所感动，热情地鼓掌、欢呼。

“你看，金将军教育的孩子多么可爱，不是比我们大人想的都周到吗？”

“金将军那样无限关照儿童，他们怎么不知情呢。”

在场的人你一言、我一语地这样交谈着。有的妇女还流着眼泪说：

“那些孤儿不是比有爹娘的孩子还幸福地成长着吗，这多亏金将军呀。”

有一位老人对金将军说：

“将军，请你一定接受这些孩子们的诚意吧。”

场内顿时热闹起来，大家都赞同老人的意见说：

“是呀，我们都这样认为。”

金将军一直笑着，抚摸着我们的头，等场内静下来，他才向群众面前迈了一步开始讲话，讲的内容大致是这样的：

……照顾儿童，尊敬老人，这是我们朝鲜人的优良品质之一。……我接受这套衣服时，首先会想起这里的一些老年人，他们和我家乡的爷爷一样。我还年轻，应该比任何人多做些工作，而且我同游击队员们生活在一起，我怎么能穿着这样的衣裳，暖暖和和、舒舒服服地呆着呢？要是把这些东西送给老年人过这寒冷的冬天，该多么好啊！

所以，我建议：把这个包含孩子们诚意的礼物转赠给我们游击根据地年纪最大的老人家。……

人们都为金将军尊敬老人、照顾儿童的崇高品德和深情厚意所感动，激动得说不出话来。

金将军不收礼物，我们虽然感到有些遗憾。可是，我们都体会到他是不论在什么时候或什么地方都先为人民着想，为老人和我们这些孩子着想，热爱人民的。我们都发誓要做像金将军那样热爱人民的战士。在那以后不久，我们又为金将军的胜过亲生父母的关怀而深受感动。

那年12月，敌人接连进行大规模的“冬季讨伐”。有一天，游击队叔叔们给我们送来了好些美丽香甜的苹果。

“这是金将军送你们的礼物。……你们看！这是朝鲜苹果啊！”

游击队叔叔们把礼物交给了我们，还告诉我们说：

金将军为了扰乱敌人的后方，亲自率领游击队到敌占区，在凉水泉子附近袭击向汪清和珲春去的敌军运输队，缴获了很多武器、被服和粮食。其中，也有日本鬼子从朝鲜抢来的苹果。游击队员们从箱子里挑选了最好的几个苹果，要给金将军尝尝。

金将军看见苹果，非常高兴，手里拿着一个苹果无限感慨地说："这是朝鲜苹果！……朝鲜大量出产这样香甜的苹果……"又对游击队员们说：苹果是朝鲜的特产之一，颜色鲜艳、味道香甜，一到秋天，苹果树上朱红色的果实累累皆是，咱们的祖国真是美极了。

游击队员们听了金将军的这段话，在脑海里浮现出美丽的祖国河山、百花竞艳、百果丰硕的可爱的祖国。金日成同志环视游击队员后强调说：我们一定要争取早日完成光复祖国的伟大事业，重返美丽、富饶的祖国。他一面说一面眺望着南方的天空。

他把拿在手里的苹果交给队员们说：

"在我们这个根据地，多少孩子还没有踏过朝鲜国土，连出名的朝鲜苹果见都没有见过啊。先把这一点苹果拿去给那些孩子们，虽然不能让他们吃个够，尝尝也好。"这时，游击队员们劝金将军说："您可能有些饿，也可能口渴，哪怕是一个您也该尝尝吧！"不管怎样劝，他始终表示拒绝。

我们听了这段话，都感到心中有一股暖流在激荡。

在那艰苦的战斗中，不仅不能按时吃饭，还要经常忍受又饥又渴的痛苦，而他总是惦记着留在根据地的我们，因为考虑到我们这些没有见过祖国、没有尝过朝鲜苹果的小孩，自己连吃一个苹果解渴也舍不得。

那一天夜里，我抱着金日成同志送来的苹果好久好久睡不着。

我看着红艳艳、又美又香的朝鲜苹果，好像望见了一次也没见过的美丽的祖国，更加感到金将军疼爱我们的心情胜过父母。

日本鬼子使我成了没有家、没有父母的孤儿。我从九岁那一年就给人家看孩子、捣米，连腿肚子都肿了。当时，我想到自己正在金将军的深切关怀下幸福地成长，不由得哽咽起来了。我蒙着被子大哭了一场。

儿童局长李顺姬同志那时没有睡，她跑来担心地问我："玉顺，你怎么啦！嗯？有什么不痛快的事吗？"她掀开被子看我的时候，我才振作起精神来。

"没有，什么事也没有……"

"儿童团员这样脆弱可不行啊。要克服困难，战胜困难，才能成为优秀的儿童团员。玉顺，你不是分队长吗？你的决心应比别人更大，而且应该克服困难，战胜困难……"

李顺姬同志看我在哭，大概以为我有什么困难，所以这样启发我。

"不，我哭并不是有困难……"我好容易不哭了，向她说出了内心深处的话。

李顺姬同志听了我的话，好一会儿不作声，只管抚摸着我的肩膀，眼眶里泪水盈盈。后来她对我说：

“……要按照金将军的教导，努力锻炼身体，好好学习，健全地成长，将来做一个祖国的优秀的革命战士！”

李顺姬同志说着，紧紧握住了我的手。我更加坚定决心：要遵循金日成同志的教导，长大成为他的好战士。

这是三十年前的事情。

我在金日成同志的胜过父母的温暖怀抱里度过的幼年时代的生活，随着日月的积累越来越清楚地浮现在眼前。

三十年后的今天，他仍然像过去一样以父母般的无限深切的温暖心情关怀儿童们。每当想到这里，我就一再感到自己有着重大的责任，应该像他那样培育宝贵的儿童。

可是，我们做得不够，还有很多缺点。

金日成同志嘱咐全国的母亲要好好养育儿童。他常常对轻工业部门职工强调：要按季生产多种美丽的儿童用品。他还语重心长地对领导干部们说：寒冷的冬天，看见没穿大衣、没戴棉帽的孩子，应该感到心疼。

金日成同志像亲生父母那样，深切关怀和无限喜爱我国的每一个儿童，每一个孤儿。

我再次决心：要牢记着金日成同志的教导，更好地教育下一代，以报答他的深切关怀。

［原载于《争取人民的自由和解放》(1)，朝鲜外国文出版社(平壤)，1963 年］

# 司令官也是人民的儿子

[朝鲜]吴白龙

1933年初春的一天。

天气还很冷，豆满江上的冰还很厚。

金日成同志亲自率领我们游击队员，在豆满江畔凉水泉子附近的一个农家前休息。

我们为了到这家院子里休息，便去找房主人。但是，刚才屋里明明有人的动静，却叫了几次都无人答应。

尽管天气这么冷，但谁也不想打开门进屋。

我们决定把随身携带的东西放在屋檐下，人就在院子里休息。在寒风刺骨的冬天，行军流过汗，所以在屋外休息确实很难。尤其一想到受伤的同志，禁不住很想把他们抬进暖和的屋里去。但是我们没有忘记金日成同志谆谆教导我们“要成为真正为人民服务的军队”的这句话。

金日成同志把自己的大衣脱下来，亲自盖在受伤的同志身上。他说：

“天冷的时候，动一动比坐着休息还强呢……”说着自己就拿起斧头向院子中央走去。于是大家也跟着他动开了。有的同志扫屋边和院子的雪，有的同志到泉眼去凿开冰打水，有的同志打了柴来烧起了篝火，准备做饭。

后来我们才知道，这个农家的主人一向没有接触过游击队，他见我们进院子，误以为我们是日本鬼子，怕得躲在屋里不敢出来。

但是，当他们夫妇通过窗户缝隙窥视外面的时候，在他们的眼前展现了奇异的现象：就在这样寒风凛冽的天气里，队员们扫了院子里的雪，到山上打了柴来烧起了篝火，坐在那里休息的时候，谁也没有把堆在院子旁边的稻草拿来垫着坐，这些情形使他们夫妇非常惊异。但比这更使他们感动的是：人们脱下自己的大衣给受伤的人盖上，诚挚地看护伤员。军人们的这种友爱的举动使他们惊叹不止。“怎么看也不像日本鬼子军队！……”“到底是什么军队呢……这样的军队我还是第一次见呢……确实不像鬼子的军队……”“怎么办呢……”夫妇俩犹豫了好一阵。恰好这个时候，小孩子醒了，忽然哭起来。接着，男主人走了出来。当他知道我们是什么样的军队后，觉得很惭愧，好像犯了什么大罪似的局促不安，率直地吐露出他在这以前的想法。然后，他叫自己的妻子烧水，又拉着我们的袖子要我们进屋去。不仅如此，他还从自己仅有的口粮中拿出几斗玉米，甚至把挂在檐角的干菜也取下来，一点不吝惜地送给我们。我们感谢了他的好意，但坚决谢绝接受这些东西。

金日成同志称老人为“大伯”，又敬烟给他。然后问他，看他们家分明是个老农家，怎不见一只鸡；这么冷的天怎么没给孩子戴上皮帽；对他们家庭的生活情况问得很详细。老人长叹了一口气，说自己的“八字”注定了要过苦日子。

金日成同志像亲人一样关心老人的生活和痛苦，并用通俗的话给他详细解释说：朝中人民过着像大伯一样的苦难生活，并非“八字注定”，而是因为日本帝国主义、东北军阀和当地封建地主的重重掠夺和压榨造成的。并且告诉他，我们要过好日子，只有一条路，那就是和日本帝国主义进行斗争。金日成同志举了那些和他一样处境的人的例子，老人听完终于明白了受苦的原因，含泪表示态度说，自己也要跟着游击队走。

金日成同志在休息结束，快要离开此地的时候，把一些钱放在老人面前说：

“我看您家里连老大娘的衣服也破得难于出门。钱虽少，请收下贴补家用，买几只鸡来喂，让孩子们吃点肉吧。……”

当老人知道了这样无微不至地关怀他的人就是我们敬如父亲的金日成将军之后，竟拉着他的衣袖哭了起来。

“大人亲自劈柴……司令官竟作这样的事情。”

金日成同志听了他的话，微笑着说：

“司令官也是人民的儿子。人民做的事情我怎不应当做呢！人要干活才有生的乐趣，吃起饭来也会格外香。”

老人兴奋地紧握着他的手恳求般地说：

“天太冷了，今天晚上都在我家好好休息一夜再走吧。我愿意多为你们效劳，你们哪怕是住一个晚上……我真没想到世界上还有像你们这样的军队！见了你们，我这把老骨头里也生出了新的力量哪。”

［原载于《争取人民的自由和解放》(1)，朝鲜外国文出版社(平壤)，1963 年］

# 团结一致的力量

[朝鲜]朴斗京

“我们决心要做的事,从来就没有做不到的!”

今天,我们就是怀着这种自负,向社会主义、共产主义展开着千里马进军。

我们为此感到激动和光荣。我们人人都尊崇我们敬爱的领袖金日成同志;感谢他那英明的领导和无微不至的关怀;充满着作为他的红色战士的荣誉和自豪;只要是他指引的路,不管水里火里,我们都勇往直前。

当然,这种荣誉和自豪,人们并非今天才感到。

三十多年以来,在他的英明领导下斗争着的人民,已在漫长的岁月里充分感受到这种荣誉和自豪。

我第一次见到金日成同志,是在小汪清的时候。

1932年,那里已经建立了游击根据地,因此,共产党东满特别区委员会、共产党汪清县委员会、人民政权机关、共青团汪清县委员会和游击队指挥部等重要机关都在那里。小汪清当时就是东满的革命中心。

可是,这都是金日成同志在安图县组织了游击队来到那里以后的事情。在这以前,小汪清和别的地方一样,也是一个在敌人强占下的朝鲜人居住的部落,人们同样遭受着敌人的残酷镇压和野蛮屠杀。因此,当时在我们来说,最迫切的问题是击退敌人的武力镇压。为此我们也必须掌握武器。

可是我们哪有武器啊?……我们有的只是斧头、镰刀和棍棒。拿这些东西是无法和持有现代武器的日本侵略军作战的。但又不能坐以待毙。

我们从各地收集了独立军和猎人使用过的武器。即火枪和猎枪之类,总共才收集到三支,而其中还有一支是有毛病不能用的。因此有人说:“我们有两支半枪。”

我们以这点儿武器起家,秘密地组织了一支武装队,投入了夺取敌人武器的斗争。参加这个斗争的不仅有这支队伍,还有青少年,甚至六十开外的老人。我们就这样夺取了七八支旧式步枪，都很想和敌人打一仗。

就在这个时候，金日成同志来到了我们那里。他了解了我们的情况之后，作了亲切的指导。他给我们讲了大致内容如下的话。

……赤手空拳受尽敌人迫害的同志们手里掌握了武器时，虽然武器少，也恨不得和敌人战斗，这是再好也没有的现象。……我们把革命看得比自己的生命还宝贵，把祖国的自由独立和人民的幸福看得比自己的青春更重要。那么我们还有什么做不到的呢！

同志们的高昂的战斗热情，是很好的。但是同志们需要注意的一点是：单凭想打倒敌人、争取革命胜利的这种热情，还是不够的。

我们和敌人打仗，不是像端午节摔跤那样，赢了就好，输了再来一次的儿戏或者像下棋时比一比高低。我们是干革命的人，打仗必须打胜仗。要打胜仗就需要有正确的战斗计划和准备。用我们现有的力量能打多少敌人？怎样打才能不受损失，杀伤更多的敌人，争取决定性胜利呢？我们的长处是什么？敌人的弱点是什么？我们有没有不足之处？有没有更好的办法等等，必须精确估计。……

在金日成同志的亲自指导下，我们首先加强了自己的武装力量，并集中力量巩固我们的根据地，以便在任何时候都能粉碎敌人的侵犯，坚强地保卫人民；另一方面，我们逐渐开始进行战斗。

在他的亲自指挥下，我们胜利地进行了夹皮沟战斗等大大小小的许多战斗，大大鼓舞了游击队和根据地人民的胜利信心。

我们经过了一些战斗锻炼，技术也随之提高了。与此同时，根据地成立了人民政权，实行了各种民主改革。结果，根据地人民的革命情绪大大提高，对敌占区人民的影响也很大。为了参加游击队，从敌占区过来的青年越来越多了。但是我们的斗争和胜利的道路，并不是平坦无阻的。

从1933年春季起，我们受到了艰苦的考验。

从这一年春季开始，敌人为了挫伤我们的革命气势，夺取我们的胜利果实，进行了大规模的“讨伐”。敌人对东满各地的游击根据地，特别是对小汪清游击根据地，集中了大批力量。

1933年4月17日。

敌人已经从大肚川畔拥到了尖山腰下，来势汹汹，好似要一口吞掉我们的根据地。但是，我们一点也不惊惶。我们的力量虽然还不大，但是想到我们有金日成同志的英明领导，还有紧密团结在他的周围的革命同志，我们心里就很踏实。

我们游击队在金日成同志的指挥下，迎击敌人的几千兵力，展开了不眠不休的战斗。经过三天的苦战，我们击退了敌人的进攻。敌人在这次战斗中的伤亡达四百多人。但是他们还不肯放弃自己的“讨伐”企图，重整兵力，策划进行规模更大的冬季“讨伐”。

敌人大吹大擂地说，要“一举扫荡”我们根据地，动员东满各地的兵力和朝鲜罗南十九师团的一部兵力，把“最精锐”的步兵、骑兵、航空队等约五千兵力投入这大战斗。

敌人从夹皮沟、汪清、马盘山等地围过来，根据地的周围变成了火海。烟火吞掉了根据地，人们连呼吸都很困难。枪弹和炮弹简直震翻了山谷。

但是，我们游击队和人民在金日成同志的亲自指挥下，作好了迎击敌人的一切战斗准备。

部分人员利用尖山和马盘山腰的有利地势，挫败了敌人的进攻。三中队的“张炮手”和“崔炮手”等狙击队员们穿过浓烟弥漫、积雪深厚的山谷，隐藏地前进。他们占了几个据点后突然向敌人侧后两面进行猛烈的射击。于是，狂妄袭来的敌人一批一批地倒下去。

这时，敌人把冲向马盘山的基干力量也都集中到尖山方面来，一次再次地进行攻击。可是，敌人越猖狂，他们的尸首也越加增多。最后，敌人不得不放弃往尖山继续增兵的这一着，留下成堆的尸体，把剩下的兵力撤到约三公里的后方去了。

看到这个情景，不用说我们兴高采烈，就是在根据地内搬运弹药或烧饭的妇女会员，以及前来鼓舞我们再接再厉的儿童团员们也都唱着庆贺胜利的歌聚集到金日成同志所在的指挥部前面来。可是，这时金日成同志又指示所有老人和儿童都到旧马村后沟去隐蔽，尖山上的游击队也只留下一部分监视敌人，其余的都转移到另一个山峰去。

敌人虽然受到沉重打击退了一步，可是他们为了“扫荡”小汪清根据地，已经做了长期的准备，并且动员了大批兵力，同时，这一天他们受到了沉重的打击，因此，他们一定会企图进行更加凶顽的攻击。金日成同志指示我们为了继续打胜仗，连续给敌人以更大的打击，要做好战斗准备。我们按照他的指示马上把老人和儿童送到旧马村后山沟里去，并进一步加强了战斗准备。

第二天，正如金日成同志的明见，敌人靠着数量上的优势，企图压制尖山，组织所谓“决死突击队”重新发动了攻击。可是，敌人的这一“新的攻击”也遭到了失败。因为游击队按照金日成同志的指示，早已向尖山的后一个山峰转移，于是，一个劲儿向尖山集中攻击和“冲锋”的敌人，便出其不意地受到了来自后山峰上的猛烈而又集中的射击。

敌人虽然在小汪清的各个山峰上接连受到了打击，但始终不肯退走。他们的尸体越来越增多，可是他们还是继续把预备兵力投进旧马村山沟里。敌人计划不管受多大损失也要使小汪清根据地的“扫荡战”有始有终。于是无论哪一个山头，哪一个山沟或树林，没有一处是未落敌人的枪弹和炮弹的地方。

我们在这种情况下进行了将近二十天的战斗。当时的情况是，如果只靠防御来对付敌人接连不断的攻击，就会很难保卫根据地。首先，以我们的武器来说，绝大部分是旧式的步枪，就是这种武器也不是每个队员都有一支。用这种武器显然无法阻挡敌人从四面围来的几个联队的兵力，坚持长期的防御战。

不仅如此，这种情况对我们有着种种危险：我们很可能在战斗中处于被动，那根据地会被敌人夺去，难免会有许多老百姓遭到敌人血淋淋的刀枪的蹂躏。同时，房屋都已被敌人轰炸和放火毁坏或烧掉，供给我们一袋口粮的地方也找不到。加上我们处于敌人的四面包围中，有了病员也不能随意烧火，身上的衣服也都被子弹划破或被火烧破了，因此，克服饥饿和防止冻伤，也成为不亚于对敌作战的艰苦斗争。

天一亮，敌机就飞来在各个山头和沟上转。于是，我们一面要同敌人作战，一面要保护人民。在这里我不能尽述当时的艰苦情形。当时许多老人和妇女为了让一有空就擦枪或挖战壕的战士们喝上一口热水，冒着危险来往各个战壕里送水。他们的形象至今还很清晰地浮现在我的眼前。还有伏在岩缝里，把火药塞进“自制手枪”（用洋铁片或废铁制造的）里，瞄准敌人的儿童团员也令人难忘，他们的歌声至今还在我的耳畔萦绕。他们唱着：

> 同志们聚集在红旗下，
> 团结一心，结成一小队，
> 拿起手榴弹，握紧手枪，
> 聚集起来掌握主权！

——参照革命歌曲《沸腾的热血》

在这艰苦的斗争中，金日成同志毫不动摇地领导我们走向胜利。他受到了我们游击队员和人民的无限信任和爱戴。

当敌人爬进旧马村口时，隐蔽在小汪清和十里坪中间的自德岭（太平村地区）上的妇女们，为了给不能放心烧火的游击队员们送水，在深夜里，怀抱着水瓶走向设在李树沟的指挥部。

途中，她们觉察到有什么东西正在从敌人占领的旧马村那边的悬崖下往上爬。她们一时不知怎样才好，就隐藏在雪里窥视，而悬崖下没有一点动静。“是不是我们看错啦？……”“不是，我分明看见有两个人爬上了悬崖。”“喊一声吧……”“不行，敌人听见要往将军和游击队员们所在的方向打枪怎么办？……”

她们低声商量了片刻。忽然有一个中年妇女说：“你们躲在这里吧……我到那边去喊一声看……”

说这话的是游击险员崔昌范同志的婶婶，她说罢就从怀里掏出水瓶交给别人，自己往阴森森的树林跑过去。她不顾自己生命的危险，全心要保护指挥部和游击队员们的安全。

她边往和指挥部相反的树林跑去，边放声大喊：

“敌人来了！敌人正从悬崖下往上爬呀！……”她为的是要把敌人的注意转移到自己的身上来。

当时就是这样，连妇女们都不屈不挠地坚持斗争，虽然她们只能用开水充饥，却不顾自己生命的危险，保卫指挥部，爱护和帮助游击队员。

遵循金日成同志的英明领导，人民和游击队员们不怕赴汤蹈火地坚持斗争，坚信胜利，不顾自己的生命危险，一心一意要保卫指挥部。这种军民团结一致的力量，是任何困难和敌人的任何疯狂进攻都摧毁不了的。当全体军民捍卫根据地的热情这样旺盛的时候，金日成同志根据当前局势，提出了一项新的战斗任务。

……和数十倍于我们的敌军精锐部队硬碰，不管从敌我之间的力量对比来看，或是从游击战术来看，都是冒险行动。

另一方面，在狭小的地方，只用防御战的方法来对付处心积虑要长期进攻我们的敌人，这恰恰合乎于敌人的愿望，有利于敌人，而非常不利于我军。为了打开这样的僵局，应该把我军力量分成两个队行动。

一个队要留在这里行动，另一个队要插到敌占区去。目前，敌人为了同时大举进攻东满各县的游击根据地，连大部分警察和自卫团都动员来“讨伐”游击根据地。因此，敌人后方实际上是差不多空了。而且敌人也不会想到游击队在这种情况下，敢于离开根据地插入到他们的后方。

在这样的环境下，应该大胆灵活地插入敌人后方去，袭击敌军兵营、自卫团和警察署等，给敌人以突然打击，攻击敌人的军需品仓库和后勤单位，埋伏袭击军需品车辆，不让敌人得到口粮和被服，使他们到处陷于不安和恐怖，而补充我军的军需品。

另一方面，在伪满军和日本军内广泛散发传单，使敌军士兵产生动摇，还要继续从其背后攻击，使他们不得不撤走进攻游击根据地的兵力。留在游击根据地的部队也要避免和敌军大部队的正面冲突，应编成几个小部队，白天引导游击根据地人民疏散隐蔽，保护他们；夜间不断袭击敌军宿营地等，歼灭敌人。

必须这样，用持久、灵活的战术来展开主动、积极的行动，继续使敌人惨败和灭亡，彻底保卫我军主力和游击根据地人民。……

当时，如果金日成同志没有提出这样英明的战术，如果没有他那卓越的领导，那末，小汪清根据地一定会落到敌人的手里，人民会遭到不可言状的痛苦和杀害，我们队伍也就会被打得东零西散。

正因为有了金日成同志的英明领导，游击根据地的人民才能搬到十里坪，游击队才能边保护人民边在山上修筑阵地，展开炽烈的战斗。他们白天利用山头和山谷的有利地形，猛烈地反击和大量杀伤前来侵犯的敌军；夜里组织几个袭击组，轮番袭击敌军宿营地和运输线路。

这种战斗一连进行了几天之后，局势变得使敌人惊惶失措，而有利于游击队。这时，金日成同志就率领我们向敌占区进发了。

游击队在金日成同志的亲自指挥下，转战敌占区的凉水泉子（豆满江北岸的国境地带）和北凤梧洞（图们以北约百里的地方）等地，连续袭击和扫荡敌军兵营、警察署和自卫团等，还袭击位于寺洞东沟里的敌人的木材场。

每当这样袭击或扫荡敌人之后，金日成同志就召集当地人民，鼓舞他们坚定胜利信心，号召他们起来展开斗争。

寺洞木材场的工人们为此大受感动，纷纷表示要求入伍，捐出他们舍不得穿的新鞋、劳动服，以及他们不知什么时候凑起来的面粉和食盐供给游击队。还有许多工人背着那些捐献物资，要跟着游击队去。他们以前听说或看到数千名敌人包围小汪清游击根据地，曾经大为担忧，而现在亲眼看到金日成同志，而且听到了他阐述革命必将胜利的光辉前景的讲话，不仅深受感动，而且燃起了无穷尽的希望。

金日成同志从凉水泉子回到根据地，就计划趁敌人动摇的时机，转入决定性的反击，袭击敌人后方的中心地点——汪清。

第二天深夜一点光景，游击队在金日成同志直接率领下，穿过敌人布置的重重警戒网，进攻汪清，袭击了两三个敌人的机关，并且点起了大火。

没有多久，游击队撤出汪清市街，踏上了通往腰营沟的山路。这时火焰已经吞没了中心街上的各个敌机关。只能望见那高高的望楼（消防队监视哨）罩在烟雾中，可是却听不见救火的敲钟声，可见没有一个敌人敢来敲钟。

这对敌人来说是沉重的打击，是个名副其实的“晴天霹雳”。任何人都难以想象：数量不过五十名的一小股游击队，能和五千多名敌人进行了四十多天的艰苦战斗，保卫住小汪清游击根据地和人民，并且在战斗中掌握了主动权，敢于冲进敌人集聚的中心地点——汪清，袭击了敌人。

因此，我们经常听到老百姓，甚至敌人也用“神出鬼没”这个字眼来表现金日成同志的机动灵活的战术。

由于有了金日成同志的领导，我们游击队袭击了汪清，使敌人遭到无可挽救的惨败，不得不放弃了要“一举扫荡”我们游击根据地的妄想。

敌人败退后，我们游击队员和根据地人民回到小汪清根据地，进一步加强了根据地防御。1934 年春天，根据地不误农时地种了庄稼。人们都充满决心要打倒日本帝国主义，争取祖国的自由和独立。

直到解散游击根据地，进入更广大的地区展开活动时为止，历时五年，我们虽然连续受到敌人拗顽的攻击，可是哪一次也没有让敌人好好回去。

敌人的每一次进攻都受到英明的金日成同志领导下的我们游击队和不屈不挠的人民的反击，落得大量的伤亡。

由于我们曾经展开了那样艰苦的斗争，今天才能享受这样的自由和幸福，才能在不断的革新和前进中建设社会主义，为了实现共产主义的光辉前景而斗争。

过去引导我们走向胜利的金日成同志，今天仍然站在我们的前头，领导我们从胜利走向胜利。

一想到这个，我们就感到多么幸福啊！在革命的每个阶段，我们都遵循金日成同志的教诲跟着他前进。因此，我们从来没有过什么做不到的事情。

回顾往日，想到今天时，我就一再确信：只要我们紧密团结在金日成同志周围的全体党员和全体劳动人民遵循他的英明领导，展开斗争，我们就没有克服不了的困难，胜利必将属于我们。

我们就是这样满怀胜利信心和雄心大志展望光荣的祖国的更辉煌的前景，展开了千里马大进军。

［原载于《争取人民的自由和解放》(1)，朝鲜外国文出版社（平壤），1963 年］

# 枪把的故事

[朝鲜]崔光

我们的铁的革命纪律，是建立在自觉的基础之上的，是我们不可摧毁的团结的表现。这可以用许许多多的实际例子来说明。

我常常想：这种纪律，同时是由于同志之间的亲如骨肉般的爱护、说服和教育，而更加巩固起来的。

在这里讲的“枪把的故事”，就是一个例子。

1933年，汪清游击队本部设在小汪清马村，各中队分别驻在腰营沟、塘水河子、大荒崴、十里坪和嘎呀河等地。

金日成同志常常巡视这些地方，指导党和革命组织，关怀根据地人民的生活和游击队员的军政学习，还亲自组织和指挥战斗。

有一天，金日成同志离开小汪清，前往罗子沟方面，顺道带着通讯员到了十里坪。

这天夜里，将有一支敌军军需物资运输队经过汪清到珲春去。金日成同志是得到这个情报，拟好了战斗计划来到十里坪的。

中队在他的亲自指挥下，向珲春方面出发了。

这次战斗是切断汪清至珲春大公路的埋伏战。这一天，一个姓李的女同志也参加了战斗。她是我们中队里唯一的一个女战斗员，所以，指挥员和队员们都格外关心她。她在这天的战斗中也和别的同志一样，打得很勇敢。

我们消灭了敌人，缴获了粮食、被服、弹药等大量的物资以后，就立即动身，经过崎岖的山路，乘夜赶回十里坪。不觉之间，夜已很深了，大树林里，像洒了墨水一样漆黑。

我们打这一仗，是强行军去的；打完了，还来不及吃饭，就要往回赶一百多里，所以更感到背在背上的战利品沉重地压着双肩，大家都累得直喘气。但是我们一想到根据地人民分到这些战利品会很高兴，就觉得脚步也轻快起来，又想到，会有一天，不仅我们游击队员和根据地人民这样高兴，我们将同所有获得解放的祖国人民共同享受这样的快乐，就不由得增加了力量，觉得泰山倒下来也能顶得住了。

可是时间越久，就越难克制捞肠刮肚一样难受的饥饿和阵阵袭来的困倦，在那样险峻的山路上走着路，也不断打瞌睡。

“注意！要踩着石头过河啦！”走在最前面的指挥员这样一提醒，就一个传一个地一直传到最后一个人。可是，李同志大概打瞌睡没有听清楚。她往河沟里迈第一步就没踩准垫脚石，噗通一声摔到水里去了。这时，夹在石头缝里的枪把，被她那背了一大包战利品的沉重的身体压得喀嚓一声断了。

这是一个事故，她立即向中队长报告了。中队长听了她的话以后，就严厉地批评了她。

……当然，我们是在困难的条件下行军的，但是这是怎么来的一支枪啊！搞出这样的事故，还能说是一时的疏忽吗？你麻痹大意啦，你没有资格拿武器……

中队长的这个批评是十分正确的。如果想到我们的每支枪都是用同志们的宝贵的鲜血换来的，就不可能发生这样的事故。

可是，看来李同志好像不甘心接受这个批评。她搭拉着眼皮，咬着嘴唇，离开了中队长。不管谁说什么，她一句也不答，一个人落在队伍后头，默默地走着。

金日成同志得知道这个事情以后，就停下脚步等到她走上来同她一起走，一面跟她谈起话来。

“……这个睡魔，真能害人啊！……”

李同志还是默默地走着，什么话也不说。

金日成同志接着说：“……可是我们至少要战胜睡魔。假如说，某一个革命家被睡魔弄倒了，难道你能同情这个革命家的这种可耻的缺点吗？说说你的意见吧……”

李同志听着金日成同志柔和的话语，就感到在黑夜中也能看到他那微笑着的慈祥的面容。于是，她抽抽搭搭地诉出了委屈，她认为中队长的批评是很不恰当的。

“当然，我出了事故……可是中队长也太过分了。我可不知道他是不是要一个人干整个朝鲜革命。他说我没有在革命队伍中一起活动的资格，这种话怎么能说得出呢？”

她这个话，我们在旁边听起来也有点不像话。

可是，金日成同志却一声不响地听着她倾诉不平，直等到她诉完一大堆委屈，才慢慢地说：

“那么说，非要我狠狠地批评中队长一顿不可，你才能消下这个火……”转脸瞧瞧她以后，接着又说，“可是我不能责备中队长，我倒完全同意中队长的批评。他的批评多么有原则性啊。”先这样肯定了以后，他又默默地走了几步，才温和而亲切地说道：

“世界上的父母都爱孩子，有十个也是没有一个不疼的，中队长的情况也一样，可是为什么对你说那使你感到痛的话呢？那是因为他爱护你，关心你。如果你没有武器，就说眼前吧，你拿什么同敌人打仗啊？敌人用枪瞄准你，你就白白地死掉吗？如果你对这种批评感到不满意，那就等于自己背弃了同志们对你的真正的爱护，等于自己扎自己的眼睛。这跟不听话的孩子有什不同呢？父母责备孩子是愿孩子有出息，可是孩子却把它当作是苦的，甚至是痛的，那这孩子长大了只能成为人们所说的‘流氓’。我看，因为你是中队里独一无二的女同志，所以指挥员或中队的同志们都过分地照顾你，一味迁就你，结果就把你娇养惯了。”

他一面这样说，一面笑了起来。

接着，金日成同志就像是这件事已经过去了似的，把话题转到了别的方面。他谈的是一位细致而温顺的妇女的小故事。因为他说得非常生动有趣，别说李同志听得入了迷，别的同志们也都早已忘记了瞌睡和行军的疲劳，出神地听着他讲故事。

我们听着故事，眼前不由地浮现出了一个温静可爱而又刚强勤劳的妇女的形象，逐渐又似乎看到了她手里闪闪发光的小针，她的厨柜里整齐洁净的大小碗盏，以及她的朴素而整洁的衣着。

我们的这种想象，忽地又转到解放了的祖国土地上的美好生活和宏伟的建设。

就在这时候，金日成同志慢慢地把故事结了尾，瞧着李同志。她已收起了刚才气得嘟起嘴的那种表情，而沉醉在故事中，眼睛显得格外明亮。

“……我相信，李同志也一定会成那样的妇女。怎么样，你有信心吧？”说完，金日成同志放声大笑。队伍里的同志们也都笑起来了。

这时候，李同志似乎感到脸红，就两手捂着脸说道：

“我要再深刻地检讨自己的错误……”

她只说出了这么一句话，声音有点发颤，再也接不下去了。

“好……首先认清自己的错误……其余的问题都能解决……到那个时候，

你就会反而觉得中队长的批评还不够呢……你只要这样，就谁也不会把你赶出我们的队伍……你好好儿想想吧……对每件事，不要先激动和感情用事，而要沉着冷静地考虑，这是很重要的。”

金日成同志接着告诉她，应该体贴中队长那种像生命一样爱护武器的心情，要做出一件能够充分表现出自己爱武器的事情来。为了这样，首先要把弄断了的枪把连夜修好，那末，中队长就会消气，也会原谅你的。

听到了这些话，李同志也鼓起了勇气，竟把自己的顾虑毫不犹豫地谈了出来征求意见。她认为自己应该按照指示把枪把修好，但是担心自己没有修好枪把的技术，又怕即使修好了也会枪把上留下很大的伤痕。

金日成同志听了这些话，感到很满意。

“再好好想一想吧……就像你方才说的，怎样才能修得很好，使伤痕不容易看出呢？……只要拿出妇女特有的那种细致的精神和智慧去努力就会修好的……要是你这样做，还是不行的话，那末，旁边也会有人帮助你的……有同志们，有中队长、还有我，还能修不好一个枪把吗？……”

金日成同志说了这些话以后，就走到队伍前面去了。

不久，队伍到达了宿营地。

下了休息命令以后，李同志苦心地摆弄着压断的枪把。

金日成同志带着中队长巡视队员们甜睡着的宿营地来到这里看着李同志时，她什么都不知道，只是聚精会神地修着枪把。

金日成同志满面笑容地看了她一会儿，就找到值班员嘱咐他说，要是李同志怎么也修不好枪把，或是困得睡着了，就去告诉他。

李同志为了把枪把修好，实在是拿出了全副精力，可是没多久，就不由自主地睡着了。

不知又过了多久，李同志忽然被喧嚷声惊醒。她睁开眼睛，才知道天已经亮了。这时，炊事员们告诉大家饭已经煮好了。

李同志感到心跳起来。她想，自己还没有站进行军队伍之前，就会受到中队长的再一次批评。特别是金日成同志作了那样亲切的指示，自己却没有按指示把枪把修好就睡着了。她越想越觉得难过，气得好像连肺都要炸了。

可是，她偶然一低头看到抱在自己怀里的枪，就不能不怀疑起自己的眼睛来了。现在拿在她手里的枪，已经不是枪把断了的，而是已经修好了枪把的枪。

“……莫非我是在做梦……？”

她满心疑惑地擦了擦眼睛，再看了看自己的枪。

可是，这分明是自己的枪啊，而且乍一看还看不出是修理过的枪。谁的手艺？……多么精心细致地修了啊！

这手艺确实很不简单。在断了的枪把两边，密密地打进了用铁丝切成的钉子以后，再把枪把的木头敲平，使打进的钉子看不出来。

于是她高兴极了，她紧紧地搂着自己的枪，像是对着治好了伤的同志说话似地高兴得不知所措地说：

"……啊，这下可好啦，这下可好啦！"

这时，走过她面前的值班员对她说："你可真有两下子，一面睡着觉，一面还把枪把修好了……"李同志这时才像醒悟了似地一面走近他，一面郑重地说："别逗我了，值班员同志！你都知道，还这样逗我。……这是谁修好的？请你快告诉我。"

看着她这样迫不及待地要弄清这个谜，值班员才一五一十地告诉了她修枪的经过。

昨天夜里，当李同志睡着了的时候，金日成同志叫值班员拿过那支枪来，自己坐在篝火旁，一夜没合眼地修好了它。

李同志听了这些话，把枪更紧紧地抱在怀里抚摸着枪把，禁不住流下了眼泪。

……能否成人，在于教育的好坏。……在对待我们那些不顾一切危险，甚至愿献出生命同敌人坚决战斗到底的革命同志也一样，只强调原则，或者只凭一个军事命令，是不行的……。必须把说服和教育结合起来才行……。如果不真正地热爱同志，就不能纠正同志的缺点。

每当想起当时那件事时，我就更加深深地领会到金日成同志经常强调的这些话。

［原载于《争取人民的自由和解放》(1)，朝鲜外国文出版社(平壤)，1963 年］

# 金日成同志对青年工作者的教导

[朝鲜]赵东旭

“……青年是珍贵的宝贝。他们有排山倒海的力量。进一步把他们的力量加以培养和团结起来，使之成为进行伟大社会变革的巨大革命力量，这就是我们在青年工作中的基本工作……”

这是距今二十九年前的1933年我在汪清县游击队担任青年干事时，金日成同志对我们青年工作者的教导。

当时，金日成同志以汪清县为中心，指导游击队和党的工作，我在他的直接领导下做青年工作。

考察那时的青年工作的情况，很多青年工作者因为做青年工作还没有多久，同时青年组织也还处于成长和扩大的过程中，所以在实际工作中不免存在着这样那样的缺点。例如：有很多优秀的青年通过过去在游击根据地和游击队活动地区内进行的几年地下秘密工作，已得到过一些锻炼和培养。但是，有一些青年工作者看到他们文化水平不高，年纪太轻，或者在作风和态度上多少有一点缺点，就不愿管他们，或排挤他们，有着不广泛组织工人和贫农青年群众的倾向；同时，在对青年的宣传教育工作中使用的语言和方法也不适合对象。因此。为了改进、发展青年工作，必须使每个青年工作者对青年工作有正确的理解，并提出帮助他们改正缺点的方针。

我在担任指导青年工作的期间，多次听到了金日成同志关于改进青年工作的教导。特别是1933年3月，在汪清县腰营沟后山里举行的汪清县共青扩大会议之后，金日成同志再一次明确指示了青年工作者应改进对青年的组织工作和政治工作的任务。

因为年代久远，那时听到的话我已经记不完全，只把想得起来的金日成同志所说的中心思想和几个要点记在这里：

……现时期，日本帝国主义者正在加紧军事侵略和策划，这种情况，迫切要求我们更加大力地组织和扩大革命后备力量。为此,必须扩大和加强青年共产党人的队伍,组织动员广大青年进行抗日革命斗争。这就必须首先克服在青年工作中的各项缺点,在广大工农青年和革命的学生当中积极进行政治、宣传、教育工作和组织工作。

把青年工作想得很容易是不行的。这是一项既复杂又艰巨的工作。为了做好青年工作,很好地把他们培养成为我们朝鲜革命的可靠的战士,首先,我们青年工作者本身要成为青年们的真正母亲。尽管这个工作很难,要是以母亲抚育儿女的心情对待青年,就能做好……

……我们认为,在青年工作中,有不少应该改正的地方。一些工作人员把对青年的工作做得千篇一律。在进行宣传、教育工作时,不考虑对象,不论到哪里,不论对谁,都用同样的方法和同样的话进行工作。这样做是不行的。你们想一想母亲怎样对待自己的孩子们。母亲对一奶同胞的儿女说话时,对大儿子说的话是一样,对小儿子说的话又是一样。不这样就教育不好他们。

这是为什么呢?这是因为即使是弟兄两个,其思想水平、趣味、性格和年令[龄]等也都互不相同。

何况你们是以各阶层青年群众为对象,向他们讲话,改造他们的思想意识,引导他们走革命道路的政治活动家呢!你们对待共青团员也好,对待游击根据地的青年也好,对待敌人统治区的青年也好,对待青年学生也好,都说一模一样的话,这不但不能取得预期的成果,还要招致与他们的期望相违背的不良结果。

例如:在没有读过书的农村青年面前,整天说什么"推翻资产阶级社会,争取无产阶级领导权,成立苏维埃",说什么"马克思列宁主义意识形态",那么听讲的青年不但不能理解这些话的内容,而且还要说:"那个青年是个疯子!尽说些我们听不懂的话,怎能说是搞革命?听他说了一天也没听到一句关于朝鲜独立的话。……"这样不考虑到对象,用别人听不懂的高谈阔论出风头,就不会引起听众的兴趣,因为说的都是废话。

那末,我们的宣传鼓动工作应该怎样进行呢?

一句话,要用广大青年群众容易听得懂的朝鲜话,耐心地进行说服。更具体地说,就是事先正确地掌握他们的切身问题,谋求解决那个问题的具体途径;用座谈会、话剧、革命歌谣、讲演、运动会、扫盲工作、宣传画、号召文等各种形式,力求合乎他们的口味,采用各式各样的方法进行工作。还有,内容要选取现实生活中发生的极易理解的事情。必须注意,每一句话,每一节歌曲都要使他们认识旨在加强朝中人民的战斗团结来打倒日本帝国主义、争取民族解放和阶级解放的马克思列宁主义的普遍真理。

因此，我们不论到那里，都要适合对象地进行工作。必须正确了解对象，考虑他们的觉悟程度、文化水平和阶级处境等等来进行工作。

要适合对象，做好工作，就要知道青年的特性，并要根据其特性组织工作。

看来，青年大致有三个特性：好冒险、喜欢学、对新事物敏感。

把人家认为最难的事承担下来干它一番的勇气，对一切工作毫不犹豫地抢先试一下的热情等，是出自青年们那种好冒险的很好的特性。这里包括进取心、勇敢性、英雄性等很宝贵的气质。做青年工作的人，要好好培养发扬他们的这种好气质，并且千方百计地帮助他们毫不保留地把这种气质献给我们的崇高的革命事业。

虽说如此，但不能说冒险都是好的。在这里存在着我们应当注意的问题和需要严格加以管束的问题。应该注意管束什么呢？必须不让青年们陷入冒险主义。冒险主义对我们的斗争，不但毫无帮助，而且有使我们的工作遭到失败的危险。有一些青年想露一手毫无用处的“勇敢性”，这种“勇敢性”是毫无必要的。冒险主义的倾向滋长起来，就要陷入个人英雄主义。

你们要把这一点分辨清楚，去引导青年走上正路。

喜欢学、热爱新事物是意味着青年对真理和理想的社会怀着火热的憧憬，具有正义感；同时说明，他们比其他人敏感，为真理而牺牲的精神强，尤其是朝鲜青年生活在日本帝国主义殖民压迫下，厌恶和憎恨敌人的思想强。我们要告诉他们：为了摧毁不合理的社会，建设新的社会——没有阶级、没有压迫和剥削的社会主义社会，必须早日从朝鲜和中国东北驱逐朝中两国人民的共同敌人——日本帝国主义，争取我们的民族解放和阶级解放。那末青年们就会比谁都快地领会这个真理，并为这个真理而积极斗争。这该是多么好的事！

但是，你们要留意的是：青年的社会经验和革命斗争经验少。什么是新的，什么是旧的，什么应该学习，什么不应该学习，他们对这方面的判断力是不足的。考虑到这一点，就要正确地采取适当的教育对策。

有一种叫人耽心的情况是，把旧的当作新的。例如：一个人只看了表壳就断定这块表是新的，把表壳打开一看，里面可能不是新的。也可能表壳旧一点，表瓤是新的。因此，你们应该做的是：教育和提醒青年认识新事物的本质，培养他们能独立判断新旧事物的本领。

你们要正确地发扬青年已有的那些特性。同时，要深入了解不同的地方情形，朝中民族的生活风俗、习惯、文化传统、各阶层青年的政治水平和迫切要求，以便全面而具体地掌握对象。在这个基础上，向他们进行切合实际的工作。

同时，还有必要了解每个青年的性格。我们要做好工作，就要对这些细致的问题加以注意。人们的性格，是各不相同的。有急躁的人，也有沉默寡言的人。

据东医说，人们的性格、体质有太阳、少阳、太阴、少阴等四象。

东医看病时，首先要掌握那个病人的性格。由于病人的性格、体质不同，就是患同样一种病，其症状也可能不一样。对患同样病的病人，因其体质和性格不同，有时用药和药的分量也不一样。

东医从病人开门进屋到切脉、开方，一直是集中一切注意力来了解那个病人的。

连东医都这样做，我们怎能不看对象而进行工作呢！

想想吧，我们所做的工作怎能同东医的工作相比呢！东医给病人治好病就行了；但是，我们要把人们的旧思想改造成为新思想，改变他们的意识，使他们以共产主义的态度去思考、行动，培养他们成为革命战线中的先驱者。

要教育和指导青年，即使微小的问题也要细心观察和掌握，工作要做得切合实际。

这样做，工作就会做得更好；越努力，收获就会越大。不这样，尽管工作也都作了，成果是不会大的。你们要从今天起斟酌这几点去进行工作。……

……我们一贯说，批评和自我批评是很重要的。这的确说得对。批评是改正我们缺点的宝贵的思想斗争武器。批评的气氛减弱了，人们就会停滞不前。

但是，推进我们工作的重要武器——批评，也要适合对象进行，才能收到效果。

批评应该冷静而严格，但是不去了解对象，只是厉声说："严重！""不对！"这样那样地加以指责，那末，这种批评就会变得软弱无力，倒不如不进行的好。

要正确地进行批评，首先要正确了解那个人的缺点，深入地、科学地分析为什么产生了那样的缺点，其原因在哪里。然后，给他把缺点一一指出来，提醒他那样做为什么不好，这样真挚地帮助他改正错误。进行批评时，很小的缺点也不要马虎，要一一加以分析，还要指出改正缺点的方法。这就是真正的、同志式的批评。

在我们游击队员当中有过这样的事：一个队员有缺点，战友们想帮助他纠正。他们为了了解他的缺点，为了找出原因而进行了真挚的努力。然后，批评了他。竟使那个受批评的同志哭了。可见那次的批评是多么正确严肃。其后，那个同志在站岗时比任何时候都站得好，并且在生活中、在战斗中、在群众工作中彻底改正了自己的缺点。

使他感动的，使他深深悔悟的，使他改正错误的，是什么呢？那就是战友们的热烈的同志爱；是由于战友们正确地了解他的缺点，并一一加以分析，真挚地帮助他改正。

缺乏同志爱的批评，不能使人真正感动，也不能使人悔改。你们想想，母亲责备儿女的时候是多么严厉……要是对别人的孩子就不会那样了。

因为是自己宝贵、心爱的儿女，连很小的事也要狠狠地加以责备，所以说母亲好，母爱比大海还要深，比泰山还要高。我们工作人员就要有这样崇高的爱的精神。

以母亲的心情来批评同志，就不会有不为之低头的人。

在进行批评时要考虑青年们不同的性格。

例如：对于沉默寡言的同志和性情急躁的同志，以同一方式进行批评是不成的。

沉默寡言的人受到一次批评，会长久地记在心里，一旦悔改就能一贯地坚持下去。因此，对这样的人不要频繁地进行批评；在节骨眼儿的时候进行一次批评就有效果，如果，不加考虑而胡乱进行批评，他就会把这种批评当成废话。

与此同时，对性急的人常常进行批评是有效的。这样的人大都接受能力快，但常犯错误，没有后劲。因此，应该在他犯错误之前常常给予批评，及时引导他不走上错路。

为了适合对象进行工作，首先要深入到广大青年中去，敏锐地了解、研究他们在想什么，要求什么，有什么困难，什么是迫切的问题，以便及时采取办法加以解决。

在世界上，只要努力不会有不成功的事。有不懂的就要虚心学习，要有耐性地去推动工作。

你们——青年工作者们应该把勇敢的、有进取心的、富有正义感的青年很好地培养成为一支坚强的革命力量；把他们培养成为能不辞水火地去进行斗争，为朝鲜革命不惜献出青春和生命的不屈战士。

金日成同志关于青年工作的这些教导，成了我们青年工作者的血和肉，成了我们行动的指针。我们遵循他的教导忠实地展开了工作。

于是，在游击根据地，或敌人统治的东满一带，无论农村和城市，都有共产主义青年团的组织在劳动青年当中深深扎下了根，活跃地展开了自己的工作。

我们在青年当中，以适合他们的文化程度、思想水平、要求和希望、特长和性格等的工作方式，结合社会主义内容，特别是革命内容进行了教育工作。

我们就这样把许多对真理敏感、有进取心、有强烈正义感、大胆的青年，培养成为不屈的革命战士了。

我的青年时期已经过去了。我已在别的部门工作，而不做青年工作了。但是，二十九年前，金日成同志所作的教导，不论何时何地仍然是我的工作和行动的指针。

[原载于《争取人民的自由和解放》(1)，朝鲜外国文出版社(平壤)，1963 年]

# 为了革命的利益

[朝鲜]吴白龙

"党员是为了革命,为了社会主义和共产主义的最后胜利,献出自己的一切来展开斗争的自觉的革命战士。"(金日成)

这句话要求党员要有革命家的风格:只要有利于革命,就不惜献出自己的一切精力和智慧,甚至生命,哪怕赴汤蹈火也敢于斗争下去。我每当想起这句话的时候就联想到金日成同志曾在1933年6月受党的委托,为了和救国军吴义成部队进行谈判,亲自到那个部队时的情景。

那时,金日成同志为了革命,冒着生命的危险率领不过五十名的队员,队伍前面高举红旗,向救国军部队驻地罗子沟出发。

那时,救国军一见朝鲜共产党人就杀。在这种情况下,带着为数不多的队员前往有几千名救国军集聚的地方,当然是极其危险的事。

如果没有为了革命豁出性命的那种果断的忘我的精神,如果不是在任何危险中也都能坚持共产党人的坚强的立场的那种老练的革命家,就连想都不敢想这样的事。

当时,反日部队和朝鲜共产党人之间的关系,越来越不好。

日本帝国主义者自从强占中国东北的头一天起,就猖狂地要消灭举着反日的旗帜、离开张学良部队的为数众多的反日部队。在这种情况下,日本帝国主义者最怕的是游击队和救国军的联合。他们认为如果共产党人把救国军部队置于自己的影响之下,那就要变为一支极其强大的抗日力量,握住他们在中国东北的命脉。他们就为了这个胆战心惊。

因此,日本帝国主义者企图离间共产党人和救国军,疯狂地进行毒辣的阴谋活动。

日本帝国主义者自从制造"万宝山事件"那时起,一直都在离间朝中人民的关系。那时他们说什么"朝鲜人是日本走狗""共产党要缴救国军的械"等等，更加疯狂地实行着挑拨民族关系的政策。

思想觉悟水平不高的救国军中了敌人的这种奸计，对游击队采取了敌对行动。

他们见朝鲜人就杀，理由就是朝鲜人是日本的“走狗”，是“老高丽共产党”。

加之，日本帝国主义制造的“民生团”和喊着“左”倾口号的宗派分子，企图从内部瓦解我们，极力迎合日本帝国主义的民族离间政策。

“民生团”和宗派分子歪曲党的抗日统一战线的路线，喧嚷什么“同救国军的统一只能限于同其下层的统一”“应该发动救国军士兵杀死自己的首领，起义到我们这边来”，致使救国军更加敌视共产党人了。

救国军上层本来就是代表地主、资产阶级的，他们的反日立场不够坚定，加上他们又中了敌人毒辣的离间计，因此，他们就先撂下日本帝国主义，只想打共产党人，而且在他们中间已经有部分人开始动摇起来，表现出要向敌人投降的情绪。

如果任这种事态发展下去，那末救国军这一巨大反日力量就会化为乌有，我们共产党人就要单独地去打强大的日本帝国主义，中国东北的革命运动就会陷于困难的境地。

在这种情况下，同救国军结成抗日统一战线，加强同他们的团结，是在当时革命发展的道路上必须解决的极迫切的问题。

因此，组织上派遣很多共产党人去做对救国军的工作，为了加强同救国军的团结，竭尽了一切努力。

在这过程中，已经有很多共产党人献出生命进行了工作，但是所带来的成果并不大，同救国军的关系没有什么改进。

恰恰在这个时候，宗派分子的阴谋活动更加变本加厉了。

那时窃居汪清县委军事部长职务的金明均(属火曜派，又是日本走狗)，进行穷凶极恶的阴谋活动，有意地造成朝中两国人民的反目和背离。

当时有一个从“保卫团”起义过来的、思想水平还不高的游击队员，有事到敌占区去，感到肚子很饿，而手里没有一文钱，于是进馆子吃了一顿饭没有给钱，他回来之后坦白了这件事。可是金明均当场就枪毙了他。其后也用这样那样的口实，干出了胡乱枪毙中国同志的严重的罪恶勾当。

看到这种情况，有些中国同志就害怕了，逃到驻在附近的救国军关某部队去说：“游击队恣意杀害中国人。”

发生了这个事件以后，我们同救国军部队的关系更加恶化了。

关某部队残杀了五个朝鲜同志，他们都是从游击队派到那里去工作的同志，其中金恩植是在那里任参谋长职务的人。还有一个反日部队——同山好部队逮捕了游击队的别动队员三十三人，全部加以残杀了。其中有别动队长李光同志，他是个忠实的共产党人。

这样一来，游击队员们的愤怒和报仇思想也达到了顶点。

游击队员们都纷纷建议：马上去打同山好部队，解除他们的武装。

当时的情况十分严重。

虽说反日部队立场不够坚定，但他们也是打日本鬼子的部队；在同强大的敌人——日本帝国主义战斗的道路上，竟同反日部队成了冤家对头，这对革命损失该多么大呢！

为了革命的利益，必须从大局着想，消除游击队和救国军之间的倾轧和误会，同他们结成抗日统一战线；团结朝中两国人民的力量，一致投入反对共同敌人日本帝国主义的斗争。

革命要求必须完成这一艰难而重大的任务。局势迫不急待地需要能够不惜献出生命、冲破这一危险关头的人，需要有位很有才能的、具有高度的政治思想水平的革命家挺身而出。

当时，陈翰章同志秘密地进入到吴义成部队，在那里当了秘书长，但他也无法解决这个问题。他写信说道："只有金日成同志来才能解决。"

东满特委研究过好几次，但是同志们都担心金日成同志的安全问题，谁也不敢做出结论。

这时，金日成同志下决心要到吴义成部队去，并且从容不迫地说了大意如下的话：

……现在反日救国军由于他们在政治上落后，不理解我们正义的抗日斗争，甚至杀害我们朝鲜共产党人。但是，我们要同他们进行接触，揭露日本帝国主义的狡猾的民族离间政策，使他们认清日本帝国主义才是朝中人民的极其凶恶的共同敌人。

同时，我们自己要在行动上和在实际斗争中给他们做出生动的榜样，这样他们就会跟着我们来，会仿效我们的斗争，去狠狠地打日本帝国主义。

对于同人民的关系也是一样，只要我们耐心说服和教育他们，使他们用正确的态度行动，那末他们就会改正那种横暴地抢劫人民财物的倾向。

同反日救国军结成统一战线，这是一项能够而且必须解决的革命任务。如果因有困难而撒手，那就不是真正的革命家的态度。……

金日成同志一心坚决为革命，只要有利于革命，就不辞水火，不惜献身的这种崇高的、革命家的品德，使我们大家十分感动。

对金日成同志的深厚信赖和尊敬，使我们都下定了这样的决心：无论他到哪里我们就跟着他到哪里。

我们都纷纷表示要跟他一起去。

我的希望得到了实现。我能够荣幸地伴随他去了。

我们想到保卫他，同他一起去，心里就很踏实，多么大的危险也不怕。

那时，救国军吴义成部队暂时占据着罗子沟市镇。

当时，金日成同志任联队长兼政治委员。

他骑着马率领我们吹着号打着红旗的队伍，威风凛凛地进入罗子沟市镇。

金日成同志的态度是从容自若、满怀信心的。他好像丝毫也没有考虑救国军可能害我们的那种危险。

我们挺着胸脯威威武武地向吴义成部队本部行进。

我们威风堂堂和义气凛然的态度，使反日部队士兵们楞[愣]住了，都不敢靠近我们。

吴义成等反日部队的首脑们都不敢怠慢英勇大胆、光明磊落的金日成同志。

他们听到我们的来意是要进行谈判，就交头接耳窃窃私议了好半天以后，才收起那种惊慌的神色，用碰碰头试一试的态度，答应进行谈判。

起初，吴义成凭着自己势力强大，毫不掩饰他们认为朝鲜共产党人是不好的那种态度。

但是，金日成同志对待他们却很沉着，他神色自若，举止威严，而且不失礼仪。

吴义成部队的首脑们尽管都是久经世故的人，但是在金日成同志外柔内刚的革命家的风貌面前，他们也不能不低头，表示尊敬，不敢亏于礼数。

金日成同志用非常流利的中国话，开始以理说服他们。

金日成同志的合情合理的主张，和他足以一手扭转革命大局的雄才大智和叱咤风云的气概，使吴义成也不能不惊叹了。

吴义成起初仍是固执自己狭隘的主张，还摇头晃脑地表示了拒绝，但是后来他也不得不叹服金日成同志崇高的思想和有条不紊的逻辑，向金日成同志低着头，表示尊敬，并且不得不表示今后要建立友谊，进行联合。

他们用最高的敬语称金日成同志为“金司令”，对他毕恭毕敬。

金日成同志就这样成功地结束了和救国军首脑们的谈判，从而，在结成抗日统一战线方面带来了一个大转变。

这为改善共产党人和救国军的关系，做出了良好的开端，还为后来成立抗日联军奠定了基础。

如果没有冲破这一难关，革命会受到多么大的损失啊！

如果没有发生这种变化，就不能使救国军部队长期投靠我们这一边，去反对日本帝国主义。

金日成同志毫不犹豫地把自身献给革命的崇高的革命精神，挽救了这个危机；他的忘我的斗争，使革命进入了一个大高潮。

谈判之后，分散在各地的反日部队把力量集中于反对共同敌人——日本帝国主义的斗争，并在金日成同志领导下，同我们游击队进行联合作战。

1933 年 9 月，在金日成同志的指挥下，我们游击队同拥有一千多人的反日部队联合起来进行了攻打东宁县城的大规模战斗，以后进行了大甸子和罗子沟战斗；在 1936 年 8 月，又攻打了抚松县城。在这些大小战斗中，由于游击队和反日部队的联合作战，连续取得了大胜利。

东宁县城战斗以后，我们同吴义成部队一起打进了汪清，缴获了很多衣服和过冬物资，把它分给了人民，受到了人民的欢迎。这些事，我现在还记得很清楚。

通过这个战斗，游击队和救国军部队的团结得到了加强，游击队在人民群众中的威信和声望也无比提高了。

每当想起这个巨大的变化时，我就对金日成同志为了革命的利益，冒着一切危险挽救革命危机的那种革命家的风格感到无限激动和钦佩，感到必须学习他那种以身作则的精神。

现在，我们祖国还没有统一。

我们决不能贪图安逸的生活。

我们应该时时刻刻有这种思想准备：只要是为了革命的利益，只要是党的召唤，无论在何时何地，无论有多么大的困难，或者在多么危险的地方，都投入斗争中去，即是赴汤蹈火也干，献出生命也干。

嘴头上这样说是很容易的，要随时这样贯彻下去，却是很难的。

但是，只有这样贯彻下去，才能问心无愧地说，自己是马克思列宁主义的党——朝鲜劳动党的党员。

因此，我要永远向金日成同志学习，时时刻刻努力锻炼自己，以便像金日成同志那样，为了祖国的统一和昌盛，为了人民的自由和幸福，献出自己的一切。

［原载于《争取人民的自由和解放》(1)，朝鲜外国文出版社(平壤)，1963 年］

# 难忘的第一次会见

[朝鲜]崔贤

我第一次看见金日成同志,是在1933年9月。

当时,我担任抗日游击队一个中队长的职务,活动在延吉一带。有一天,我们接到金日成同志要我们火速作好战斗准备前去的指示,于是我们便向他所在的汪清游击根据地出发。

我想就要拜会入伍后一年多来一直在敬慕不已而没能拜会的金日成同志,心里就十分高兴。与我同行的我们中队的全体队员,也都有同样的心情。

我们走得比任何时候都快,很快就到达了小汪清游击根据地的马村。我被一个同志引到金日成同志所住的指挥部。

从那时起,已经过了二十九年,但那时的情景,我至今还是记忆犹新。

只有溪水淙淙流淌的幽静的深谷里,一个地势略高的地方,有座小草房。

给我引路的同志,先到门前报告我们来了。

房门一开,就从里面走出来一位神神奕奕的青年干部。

"啊! 崔贤同志来了!"

他满面笑容,走到院子里,很亲切地握住了我的手。

"他一定是金日成将军!"我直觉地这样感到,激动得浑身热呼呼的。虽然是初次见面,但是由于我对他敬慕已久,根本没有初次见面的那种感觉。

我向他报告:奉命带队伍来到。

"辛苦了。我等了你好久,快进屋吧。"

金日成同志拉着我的手进了屋。屋里布置得很朴素,中间放着一个小书桌,上面放着几本书和一张摊开的地图。

"我老早就想见见你,你来得正好……"

直到在我面对他坐下了以后,他还是那样高兴,这反而使我有些窘。

"……叫你们来,本来是要你们参加东宁县城战斗的,可是很遗憾联络晚了。”

金日成同志说，他从东宁县城凯旋归来已经三天了。一听这个，我顿时感到全身无力，懊恼得了不得。

我是想就要获得参加金日成同志亲自指挥的战斗的荣誉，打一个痛快仗，所以急急忙忙赶来的，可是听到战斗已结束，就感到十分泄气。

“还有攻打另一地方的计划吗？”我抱着一线希望这样问。

当然，金日成同志也了解我的这种心情。

“不用遗憾，我们今后还要进行许许多多的战斗，参加战斗的机会是很多的。现在我们谈谈今后该做的工作吧。”

金日成同志这么一说，在他面前我再说不出什么别的话，那种懊恼的情绪也渐渐消失了。

金日成同志向我一一打听延吉县地区游击队活动的情形和地方情况。在他的询问里，有我平时想过的问题，也有不少我未曾想过的问题。他早就掌握了这些问题，而且对每个问题都有明确的解决办法。

听了他的一席话，我也毫不保留地谈了我平时所想到的一切。在这次谈话中，我越来越信服他，同时被他那非凡的风度吸引住了。

晚饭后，金日成同志给我详详细细地谈了东宁县城战斗的部署和这次战斗的意义。

东宁县城是位于中苏国境边缘上的一个城市，也是一个政治军事上的要冲。当时，日本帝国主义者为了侵犯苏联，增强了这一地区的军事设施和兵力。因此，进攻这一城市，在政治军事上有着很大的意义。

东宁县城战斗的主要目的是要联合当时分散在东满地区的中国反日部队，实现大规模联合作战，这也就是金日成同志的战略目的。

当时，日寇侵略了东北，张学良军阀被崩溃的时候，从中分出来的打着反日旗帜的部队（也叫救国军）在东北一带很多。这些反日部队，本质上是代表地主、资产阶级利益的民族主义军队，他们的政治思想也非常落后。因此，他们虽说是打日寇，但是未能展开积极的斗争，主要分散在各森林地区。同时他们还被日寇散布的谣言所欺骗，甚至表现出极其危险的沙文主义倾向，他们以朝鲜人是亲日派或共产党等等借口，肆意杀害朝鲜人。加上金成道、宋一等恶毒的宗派分子，在东北地区提出了极端“左”倾的口号，挑拨朝中两国人民的关系，给反日部队提供了敌视朝鲜共产党人的口实。当时担任别动队队长职务的忠诚的共产党人李光同志，就是被叫做“同山好”的反日部队无辜杀害的。

在这种情况下，说服反日部队，引导他们同游击队一起进行联合作战，是很艰难的。那真是要冒着生命危险干的事。这一艰巨而重大的任务，只有具备高度的政治能力和宽大的胸襟的人才能完成。因此，甚至我们有些同志也不愿意同反日部队一起进行联合作战。但是，金日成同志对这个问题的看法，却不是那样。金日成同志指出：他们虽然回避和我们联合作战，这要怪他们的阶级出身和政治思想的落后，但是在反对日寇这一点上，他们的目的是和我们一样的。因此，如果能够使他们认清我们抗日游击斗争的正义性和我们进行共同斗争的有利性，他们必然会跟着我们来的。金日成同志根据这种立场，大胆地部署和领导了朝中部队的联合作战，这是自从抗日游击队成立以来第一次的大规模联合作战。

金日成同志说："……实现同反日部队的联合作战，当然是个很难的问题，但这是必须而且能够解决的一项革命任务。因此，我们慎重地讨论了这些问题，同时，我受党的委托前去协商。我带领五十多名队员，到吴义成部队去，向他们具体地解释了我们的斗争目的和建立统一战线的巨大意义。最初他们只是摇头表示怀疑，但最后还是接受了我们的正当建议。这样，我们终于说服了他们，达到了进行联合作战目的。"

事实上，当时，在东满地区能够说服反日部队，把他们引进到我们的斗争中来的人，只有政治威望高、品格高尚和能力卓越的金日成同志，因此，他亲自冒着生命危险前去，终于出色地完成了这一艰巨的任务。

结果，吴义成、史旅长、柴司令等部队共一千多人，在金日成同志的统一指挥下，和我们抗日游击队进行了联合作战，显示了朝中共同战线的威力，从军事、政治、道德上给了日寇以沉重的打击。

当然，他们并不是一开始就英勇奋斗的。有些反日部队官兵连看见谷堆都吓得跑，这样的时候，我们游击队员的以身作则和英勇善战便鼓舞了他们的勇气。特别是，史旅长在战斗中负了伤，他的部下——反日官兵各顾各地逃跑了。但是，金日成同志却把他从万分危急中拯救了出来。

反日部队通过实际斗争，体验到了金日成同志有着机动灵活的指挥能力，看到了我们游击队员勇敢的战斗精神和高尚的道德品质，从而对抗日游击队有了正确的认识，认为共产党人才是最好的人。

金日成同志分析东宁县城战斗胜利的巨大意义时说："在打倒共同敌人——日本侵略者的斗争中，我们同反日部队结成了统一战线，这具有非常重要的意义。但是，仅仅这一点还是不够的，不仅要在反日部队中，而且要在中国广大的人民群众中，扩大和加强统一战线。不要忘记这是保证我们革命胜利的一个重要关键。"

在其后的长期游击斗争中，我把金日成同志指出的关于加强朝中两国人民的统一战线这一明确路线作为指南，十分重视同中国人民加强战斗友谊。结果，我们不仅在加强同反日部队的战斗友谊方面，而且在同伪满军内部分较有良心的人打交道的工作中也获得了不少成果。

当时金日成同志所指出的统一战线路线，其内容不只是同中国人民结成反日共同战线。他指出：朝鲜革命，只靠少数的朝鲜共产党人的力量，是决不能成功的；目前在国内国外已经有奋起参加抗日斗争的以工人、农民为首的各阶层人民的巨大的革命力量，应该要把他们团结在革命组织里，更加积极地鼓舞他们参加打倒日本帝国主义的斗争。为此，目前必须展开坚决的斗争，反对混进革命队伍里的一些企图破坏统一战线的“左”倾关门主义者，反对企图瓦解我们队伍的右倾投降主义者。

“我们应当组织和扩大各种群众团体，还要进行旨在使反日民族统一战线组织扩大到朝鲜国内的准备工作。如果我们没有政治远见，不进行这种不懈的斗争和准备，而认为可以轻而易举地取得朝鲜革命的胜利，很明显，那只不过是个空想。”金日成同志用炯炯的目光看着我，用慎重的语调说。

而且他对每一个问题，都举了实际例子，说得那样热情，那样风趣，所以，我全神贯注地听他的话，一夜不知怎么就过去了。

快到拂晓，我们才躺下了。但我怎么也睡不着，他说过的每一句话，都在脑海中萦绕。

第二天早晨，从岗哨传来了敌人袭击的警报，我跟着金日成同志上了后山。他在山上部署队伍，等着来袭的敌人。

我想今天可要如愿以偿了，将会参加他所指挥的战斗，心里充满了胜利的信心。但是敌人“讨伐队”却很胆小，不敢接近我们的阵地，只是在沟口乱打了一阵枪，最后竟卑鄙地开始放火烧地里的谷堆。

这时正在观察敌情的金日成同志命令部队全歼放火的敌人，转头向我说：“听说崔贤同志枪打得很准，让我们欣赏欣赏你的神技吧。”

在射击上我从不让人，我马上用随身携带的瑞士制“马来祥”步枪瞄准敌人。敌人离我们高地约有五百多米，要命中敌人，可以说是个不近的距离。但我沉着气，瞄准好了，轻轻地勾了一下扳机。一个挥着火把扑向谷堆的敌兵应声而倒了。站在旁边看到这个情形的金日成同志说：“真是个神枪手。我也来几枪看。”他端起步枪，一连打了四五枪，每颗子弹都打中了敌人，看到这种情景，游击队员们都高声欢呼，更加猛烈地射击，这样一来，本来就不敢进攻的“讨伐队”夹着尾巴逃跑了。

这天晚上，金日成同志继续和我谈话。他一开始就说："目前摆在我们面前的重大的革命任务是很多的。崔贤同志，你认为哪一个是目前我们斗争中最中心的问题呢？让我们痛快地交换一下意见吧！"

其实我只顾听他讲，没有准备什么系统的意见。老实说，那时让我谈军事问题多少有些把握，但对朝鲜革命的具体问题还缺乏研究。

我向他说出了自己平时想过的问题："依我的想法，加强我们游击队是一项首要任务。我认为必须赶快扩大游击队，组成一个大部队，痛痛快快消灭日寇，打回朝鲜去。"

我当时的想法确实是这样的。

"对！就是这个问题。这一点和我的想法完全一样。我们要集中一切革命力量来增强武装斗争，不然就不能实现我们正义的目的和使命。"

金日成同志这样赞成我的意见，同时对建立抗日游击队的几项问题和抗日游击队的特点及本质，都作了明确的分析。当时听到的一切我虽然不全记得，但是我记得大意是：

……抗日游击队应该成为一支为我们祖国的独立和解放而反抗日本帝国主义及其走狗的真正的人民的武装力量。

我们朝鲜人民的迫切愿望，是早日打倒强盗日本帝国主义，争取祖国的自由独立。因此，抗日游击队必须团结反对日本帝国主义的革命力量，展开更大规模的武装斗争，实现朝鲜人民的这一迫切愿望。即使做到了这一点，我们也还不能停止斗争。我们共产党人的坚定不移的目的是，在朝鲜消除一切阶级压迫，解放被剥削和被压迫的工人、农民，把我们祖国变为一个永远没有剥削的幸福的社会。抗日游击队应当成为马克思列宁主义的军队，把贯彻执行这一任务当作自己的使命。我们正在为实现这样一个崇高的目的而斗争，因此，现在我们的力量虽然还小，但是在广大人民的积极支持和帮助下，不久就会壮大成为一支战无不胜的革命军。

过去的"义兵队"和"独立军"，也曾经说是为了朝鲜的独立而斗争，但是从其本质上来看，他们不过是代表地主和资产阶级利益的民族主义军队。因此，他们未能得到人民的支持，结果经不住日本帝国主义的残酷镇压。

我们抗日游击队，无论在其使命上或在其构成上，和那些民族主义军队完全不同。

抗日游击队的组成成份是怎样的呢？

抗日游击队是以工人农民的优秀儿女组成的，他们都有为反对日本帝国主义及其走狗不惜贡献自己的生命而斗争的觉悟和决心。他们都是由于日本帝国主义及其走狗的压迫和掠夺，失去了房子和土地，丧失了父母和妻子的人，是被敌人完全剥夺了政治自由的人。他们都充满着宁愿牺牲一切也要从祖国疆土赶走日本帝国主义强盗的那种火热的心情。

这支军队是由掌握了马克思列宁主义战略战术的共产党人所领导的。

但是，抗日游击队是不是因为他们有崇高的斗争目标，因为主要是以工人和贫农组成的武装力量，所以就会自然而然地壮大起来呢？并不是那样的。

为了加强抗日游击队，我们今后必须通过消灭日寇的艰苦斗争，夺取敌人的武器，来把自己更牢固地武装起来。现在已经和过去赤手空拳夺取敌人武器的那个时期不同了，能够更比较容易地，而且能够一夺就能夺到大量武器。我们已经拥有不少用同志的鲜血换来的武器和自造的炸弹。

我们应该以此为基础去缴获更多的武器，用来增强我们的战斗力。当然我们还不能把自己武装得和敌人同等。但是，只要每一个游击队员都有钢铁般的意志，不惜自己的一切去为打倒日本帝国主义，争取祖国的独立和解放而斗争，那末，尽管我们的武器还不够充分，也能够战胜日寇。

在武装斗争中，我们要不断吸收新队员，扩大我们的队伍。在游击根据地有不少受到对敌斗争的锻炼和考验的青年。游击队应该吸收他们，培养他们成为优秀的革命战士。在我们进行游击活动的地区，有很多矿工和林业工人。他们是扩大游击队的重要源泉。

要通过革命组织把政治上已受到锻炼的工人大量吸收到游击队里来。（当时金日成同志对我说，在我活动的八道沟金矿和老头沟矿山已经有不少工人参加了游击队，还劝我今后继续在工人中挑选游击队员）

如果不把游击队员用共产主义思想很好地武装起来，就不能在长期艰苦的抗日武装斗争中获得胜利。因此，要在加强队员的军事训练的同时，还要加强对他们的思想教育。

特别是，抗日游击队员不仅是进行对敌斗争的战士，还应该成为教育和鼓动人民的宣传员，成为组织和动员人民的组织者。因此，军事干部不仅要做好战斗指挥，还要关心政治教育，首先把自己用马克思主义思想武装起来。

金日成同志谈到游击队建设的各项原则时还说，应该从质量上、数量上迅速扩大和加强我们年轻的抗日游击队，使其在不久的将来发展成为具有强大军事力量的朝鲜人民革命军。

“在这辽阔的中国东北地区，我们必须扩大和加强抗日武装斗争，同时有步骤地储备力量，做好准备，以便将来挺进到以白头山①为中心的朝鲜国境地区，进而打回朝鲜国内。只有这样，我们才能实现祖国的解放和独立。”

说这些话时，金日成同志的两只眼睛里，闪出了一种坚定不移的信念和火一样的强烈的革命热情。

“为了实现祖国的解放和独立这一伟大事业，我们必须有一个马克思列宁主义的党。尤其是，我们革命斗争的目的，不是限于争取祖国的解放和独立，而是还要把我国变为像苏联那样的社会主义国家。这是我们一贯的主张。要实现这样远大的目标，没有一个革命的参谋部怎能办到呢。党——这是我们一切胜利的向导。因此，建立一个马克思列宁主义的党，这是朝鲜共产党人的一项最迫切的、最基本的任务。但是，在目前的情况下，还不能像一些宗派分子所说的那样马上建党。如果认为我们没有什么准备，没有革命力量的储备也能立即建党的话，那只不过是要在空中建楼似的妄想而已。因此，我们应该非常慎重地、非常热情地一步一步地奠定建党的组织及思想基础。”

金日成同志对有关建党的方针问题，继续谈了大意如下的话：……在建党准备工作中，最重要的问题，是在抗日武装斗争过程中培养并扩大共产党人队伍。这些在实际斗争中受到考验和锻炼的共产党人，将在我们的革命斗争中随时随地起到核心作用。无论遇到任何困难，只要我们以他们为骨干，在他们的周围紧密地团结革命的群众，我们就能建立马克思列宁主义的党，还能正确地执行任何复杂的革命任务。

因此，我们在抗日武装斗争过程中，必须不断地扩大和加强我们的武装队伍，在对敌斗争中，培养和锻炼共产党人。

另一方面，我们要进一步加强和巩固东北地区朝鲜人民居住区的朝鲜共产党人的党组织，加强对党员的政治训练和教育。

同时，还要把这些组织深入扩大到国内，引导国内共产党人加入这些组织，从而扩大我们的队伍。

然而，在今天的情况下，我们培养共产党人，不能仅仅以依靠抗日游击队和共产主义组织而感到满足。我们应该坚持抗日统一战线的路线，把国内外广泛的革命力量团结到各种抗日革命组织里。首先给他们灌输强烈的抗日思想，提高他们的革命觉悟，逐渐从他们当中选出先进分子，吸收到游击队和共产主义组织，把他们培养成为坚贞的共产党人。

另外，为了建党，在共产主义队伍内，要无情地展开对宗派主义和机会主

---

① 今中方所称长白山。——本书编者注。

义等坏思想的斗争，保持革命队伍的组织及思想上的纯洁性，这也是非常重要的问题。特别是，我们不要忘记，宗派分子曾经有一个时期在朝鲜共产党人当中大肆进行派别活动，给共产主义运动以巨大损失的沉痛教训。他们之中一部分人，还仍然潜藏在革命队伍里，在“反民生团”斗争的口号下，离间同志之间的关系，散布各种“左”倾及右倾思想，企图从内部瓦解朝鲜共产党人的队伍。

因此，我们应该同他们展开不调和的斗争，在党组织和革命队伍里，不容许任何宗派思想或敌对思想有立足之地。

每一个共产党人都要学习马克思列宁主义，掌握那个原理的精华，还要学会把学到的马克思主义理论正确地运用于当前的我们革命形势的方法和态度。如果做不到这一点，我们就不能在艰苦复杂的革命斗争中树立坚定的信心，也不可能选择正确的路线。……

金日成同志早在那个时期就预见到朝鲜革命的前途，确立了建党方针，组织和领导了建党的斗争。

金日成同志还给我谈了祖国独立以后建设社会主义和共产主义社会的理想。

“要是能够在山清水秀的我们祖国的土地上，建立没有剥削和压迫的社会，用我们自己的力量开发丰富的资源，使人民都过自由而富裕的生活，那该多么美好幸福啊。现在我们流血斗争的最终目的，也就在这里……”

金日成同志好似沉缅于遥远的未来停顿了片刻继续说道：“这不是空想。我们共产党人的理想是科学的，所以一定能够实现，这是毫无疑问的。”

我听了他那充满信心的话以后，好似也看到了光明的未来，越发感到做一个革命战士的自豪和喜悦。

那天夜晚，又不知不觉地谈到天快亮的时候。

第二天早晨，我和金日成同志分手了。他一再强调关于游击斗争的几项问题，给了我四支大抬杆（这种枪口径大，枪声也大）说，把它用在游击根据地的岗哨上。

当我向他告辞而正要出发的时候，他说“请稍等一下”。说着摸摸军装的上下口袋，掏出一个琥珀烟嘴递给我说：“这算不了什么好东西，不过请你收下作为我们见面的纪念吧！”我接到这个烟嘴，感到心里涌上一股说不出的热劲。在以后那整个艰苦的过程里，我始终把它带在身上，每当遇到困难时，我就把它拿出来看看，回想第一次见到金日成同志时的情景。

这虽然是一个普通的烟嘴，但是，它三十年来直到今天一直是唤起我的力

量和勇气的心上的朋友。(现在这个宝贵的烟嘴在朝鲜革命博物馆里)

我就这样结束了和金日成同志的难忘的第一次会见,回到了延吉游击根据地。

当时金日成同志的年龄才不过二十二岁。但是,我们敬爱的领袖金日成同志,从抗日游击斗争初期,就作为朝鲜革命的卓越的领导者,用马克思列宁主义的观点考察了革命的前景,明确地提出了一切革命路线。

他的领导一贯是我们斗争的旗帜,他所指出的道路一贯是我们走向胜利的光荣的道路。

我和金日成同志的会见,只不过是两天的短暂的时间,但这对我来说,却是比念完几年的马克思列宁主义大学还有意义的宝贵时间。

从那时起,我就牢牢地记住他的一切教导,满怀着我们有着这样一位英明领袖的荣誉和自豪,一直不倦地走过艰苦的斗争道路。

[原载于《争取人民的自由和解放》(1),朝鲜外国文出版社(平壤),1963 年]

# 难忘的演出

［朝鲜］金玉顺

1933年10月，由于金日成同志的倡议，在汪清县腰营沟成立了一个儿童文工队。这个儿童文工队是金日成同志在领导游击队和根据地的繁忙工作中抽出时间，来亲自组织游击根据地的二十多个男女少年成立的。它的成立，推动了群众文化工作，鼓舞了游击队和根据地人民的战斗意志，加强了他们的胜利信心。

那时，我担任了文工队的负责人。起初我很着急，因为我既没有才能，又没有经验。后来，我在他的亲切而又具体的指导下，才逐渐对自己的工作有了信心。

金日成同志常常骑着白马到我们这里来指导我们文工队的活动。

他常常向我们这样说：

……你们要好好儿记住：一首诗会使千百万人民兴奋激动；在我们的子弹打不到的地方，我们的歌可以打穿敌人的心脏。……

他还亲自为我们编词作曲，也给我们写剧本，挑选演出节目。

著名的舞蹈《丹心绳》，也是他亲自教给我们的。这个舞蹈的思想内容是，只要以工农联盟为基础发动广大人民，朝鲜革命就必定胜利。

有一次，我们在一个平常当做会议场所用的房子的院子里燃起篝火进行排练。这时，他来了。

我们一面唱着“月明之夜，在那海边上……”，一面跳舞。

金日成同志看完我们练习的节目说：

……最好是练习比这样的歌曲更有力的、更明朗和雄壮的歌曲和舞蹈。合唱和舞蹈，不要光是几个人表演，要很多人，五六十个人出场，那样就显得有力得多。文工队的演出，首先应该服从于鼓舞和教育军队和人民的目的。要做到：听了你们唱的歌，看了你们跳的舞，战士们就会士气昂扬地消灭敌人，人民就会在任何困难中也不动摇、不灰心，以乐观主义精神劳动，勇敢地起来粉碎散人的“大讨伐”，保卫住根据地……。

他这样教导我们，并且把《丹心绳》教给了我们。他为了把我们培养成优秀的儿童团员和文工队员，经常这样付出很多精力。

我至今还不能忘记我们为了庆贺游击队的战斗胜利而到兵营去进行的一次演出。

金日成同志在那天我们的演出结束后，叫全体文工队员都坐在兵营里，请我们吃用战利品做出的好吃的东西，抚摩着我的红领巾和李顺今同志的背说道：

“……顺今，你不是一个从火里爬出来的孩子吗？决不要忘记烧死了你的爹娘的敌人，一定要报仇……。除了你之外，这里还有很多孤儿。就是有爹娘的孩子也遭受着日本鬼子的迫害，都过着痛苦的生活。你们的父母在朝鲜活不下去，才来到中国东北间岛遭罪，这是谁害的啊？是日本强盗。正因为这样，我们才拿起武器，为了打倒日本帝国主义，解放我们朝鲜而进行着斗争；为了让你们不再遭受亡国奴的耻辱和痛苦，我们在进行着流血斗争。

你们是将来要肩负朝鲜革命事业前进的孩子们啊。因此你们要好好儿学习，好好儿工作；也要好好儿过儿童团的生活，好好儿作文工队的工作。只有这样，你们才能早日回到朝鲜过幸福生活……”

他又教导我们说，白天要帮助人民恢复遭到敌人的“讨伐”而被破坏的房子，或者帮助人民种庄稼；晚上要演出文工队的节目鼓舞人民的士气。

金日成同志就是这样谆谆地用革命精神教育我们，同时为了使文工队演出的节目具有强烈的思想性和艺术性，给予了深切的注意。每当我们在演出之前，他总是亲自来观看我们的彩排，然后提出具体的意见，有缺点就帮助我们纠正。

我们遵循他的教导，并照顾到文工队员的特长和兴趣，不断选择富有思想性和乐观主义精神的各种形式的节目进行排练。于是，我们逐渐能够生动地朗诵诗，熟练地演奏胡琴、口琴等乐器，还能怪不错地跳朝鲜舞和群众舞蹈了。

金日成同志亲手培养和发展了文工队，并且在根据地那样艰苦的条件下，也给我们文工队优先保证了乐器和服装等，千方百计地给我们创造工作条件。

记得大概是 1934 年五一节前几天的事。

那时，金日成同志为了解决游击队和根据地人民的穿衣问题，亲自拟定作战计划并亲自指挥战斗。战斗取得了胜利，缴获了一些武器和很多布匹。当时，就用那些布匹优先给我们文工队员做了衣服和舞衣。

正是由于他这样深切地关怀和尽力指导，我们文工队才能够在鼓舞保卫根据地的游击队叔叔们和根据地人民的革命乐观主义精神、刚毅性和胜利信心方面，起了很大作用。

我们文工队员遵照金日成同志的教导，白天吹着号，敲着鼓，举着红旗上山，一面采山菜，摘山莓，一面大声唱着歌。连那些因敌人接二连三的“讨伐”失去了父母妻子和家园沉浸在悲哀和愤怒里的人们都说，听到我们有力的歌声，就感到心胸畅亮落实了。

每天，我们把当天采到的山菜送给居民，把山莓送给军队医院，晚上就在当地进行慰问演出。

金日成同志不仅安排我们文工队在军队和医院演出，还要我们到腰营沟根据地的每个村庄去进行巡回演出。

我们到处受到人民的欢迎和热爱，带给人民欢乐和力量。

敌人对腰营沟进行第三次“大讨伐”的那一天，我们正在一个村庄进行了演出。当时那激动人心的场面，在我记忆里至今仍然十分清晰。那天，“讨伐队”的鬼子们半夜突然扑来，肆行了惨无人道的暴行。他们在村子里放火烧房，把来不及躲开的老年人推进正在燃烧的房子里，用刺刀把吃奶的婴儿挑起来扔进火堆。

在游击队打退敌人之后，回到村子里的人民看到那目不忍睹的惨状，心如刀割，他们都悲哀、愤怒，咬牙切齿地决心报仇。

目睹这种惨状，我们文工队员幼小的心灵也都感到压抑不住的愤怒和怨恨。

我们遵照金日成同志一贯的教导，一面安慰人民，一面帮助他们清理火场，立房柱，和泥，打墙。

晚上，我们文工队在篝火旁开始演出。居民们都只是以忧郁的眼光，默默地望着台上。

那天，我们演出了七十人的大合唱和集体舞，另外还演出了金日成同志亲自给予指导的话剧《狼》。

话剧开幕时，舞台上最先出现一个象征日本“讨伐队”的穿黑色“外褂”的凶物，这个凶物无恶不作，在村子里放火，屠杀幼儿和居民。这时，游击队员们打进来用刺刀愤怒地刺死那个凶物。接着是一个大快人心的场面，人民都喜气洋洋，为庆祝胜利而跳起舞来。

观众暴风雨般的掌声震动了山谷。

那时我扮演游击队员，当我端着刺刀痛快地刺死那黑色凶物的时候，听到观众当中有人说：

“真亏金将军调教出这些好孩子，你们看，文工队演得多好！”

一位白发苍苍的老人兴奋激动地跑到台前，哽咽地喊道：

“乡亲们，我们为了这些孩子，也得重建家园，种好庄稼，一定要赶走日本强盗！”

观众响应老人的呼声，大声欢呼起来，人们都重新获得了勇气，振作起精神站起来了。

果然，从第二天起，人们便把悲哀化为力量，像另一个人一样活跃起来。人们开始在废墟上重建家园，更卖力地种起庄稼来。

我们这支由金日成同志培育的文工队，就这样鼓舞游击队叔叔们和腰营沟人民的勇气和胜利信心，受到了人民的热爱。

我们文工队的名声，不仅在东满，而且也在北满地区广泛传开了，连在宁安县活动的救国军部队也一再请求金日成同志派我们文工队员到他们那里去。

金日成同志为了加强朝中两国人民的友谊团结和抗日统一战线，就派我们文工队到那里去。

在出发之前，金日成同志接见了我们，仔细地察看了我们每一个人的服装和准备情况，然后嘱咐我们说：

……日本鬼子为了达到他们的侵略目的，首先是妄图破坏朝中两国人民的团结。日本鬼子为了离间我们两国人民，企图使我们两国人民反目成仇，互相残杀。

你们就是在这样的时候，带着歌曲和舞蹈远去北满访问救国军，要对加强朝中两国人民的友谊团结做出贡献。这将给革命带来多么大的利益，相反地，将给日本鬼子以多么大的打击啊？因此，我希望你们怀着朝鲜儿童团员的荣誉和自负心，抱定坚强的意志克服困难，为在这次工作中争取更大的成绩而奋斗。……

我们文工队员们都把这个指示牢牢地记在心上，下定决心一定要保持作为金日成同志的儿童团员的荣誉，踏上了战斗的巡回演出的路程。

我们到达柴司令指挥的救国军驻地宁安县马场，就整一整队伍，高举红旗，合着《游击队进行曲》的拍子，雄赳赳地行进。

在各条路口上都有救国军士兵和居民跑出来欢迎我们。

柴司令的部队驻在市镇当中的一个大土城里。

我们的队伍走到那个土城前的时候，城门大开，救国军士兵们都拥向前来，喊着:“金日成将军从东满派来的文工队来了!”他们都和我们握手，热烈地欢迎我们。

连柴司令也出来拥抱我们，摸摸我们的脸蛋，慰劳和欢迎我们，说:“金司令好吗?你们走了这么远的路多辛苦啊!”

我想到我们所以受到这样的欢迎，正是因为金日成同志的威望和品德，就再一次下决心要出色地完成他交给我们的任务。

我们在那里休息了两天，第三天晚上进行了首次演出。

那天柴司令召集了他的司令部的成员和部队高级军官一百五十人。

营房里坐满了救国军军官，无数蜡烛把屋里照得象白天一样亮。

在演出之前，带领我们队前来的崔凤孙同志向观众致词。

他以流利的中国话向救国军官兵转达了金日成同志的问候，这时场内响起了经久不息的热烈掌声。

演出的头一个节目是合唱。

我们热情地高唱呼吁朝中两国人民肩并肩手持武器为打倒日本帝国主义而奔向战场的歌，引起了救国军军官们雷鸣般的掌声和欢呼。

我们唱歌的水平虽然不高，但是歌声里却充满着向救国军真诚呼吁的热情。我们的歌是名副其实地充满正义和必胜信念的歌，是照亮前途的胜利之歌，由于听众一再要求，我们唱了一遍又一遍。

当合唱《抗日战士歌》时，观众的情绪达到了高潮，救国军军官们激动得跳上台来拥抱我们，表示热烈的欢迎。

他们把饭桌抬到我们休息的地方，搬上了月饼、饺子等好吃的东西，每演完一个节目，就又一次请我们吃。

当我们表演秧歌舞的时候，有的救国军军官竟跳上台来和我们一起跳，有的就在自己的座位那里跳起来。

演出就这样完全掌握了观众，受到越来越热烈的欢迎，观众不断地鼓掌、叫好。

这天我们表演的还有舞蹈《丹心绳》。这个节目内容丰富。在我们这次排练这个节目时，金日成同志又亲自加以指导，还给我们修改了内容。现在的主题是朝中两国人民的团结。当我们表演这个节目时，一位军官从观众席上跑上来接过象征抗日战士的绳纽，跳着舞高喊:“朝中友谊团结万岁!”这时，满屋子的军官也都齐声高喊万岁。

第一天的演出在兴奋激动的气氛里，成功地结束了。

柴司令表示非常满意，并且要我们至少给他们演出两个月。他相信我们文工队的演出将对自己部队里思想水平低的士兵们发生巨大的影响。

从第二天起,我们开始到柴司令所属各部队驻扎的邻近各村去进行了十五天的巡回演出。

9月中旬不知不觉到了,我们该回去了。但是柴司令恳切要求我们一定再演出一些日子,哪怕再留十天也好,然后才让我们回去。

于是,我们只好在9月下旬才离开了那里。

往回走的那天,柴司令运给我们几十支手枪、步枪和大批弹药作为礼品,还给了我们每个人一套衣服,又把几十袋白面和猪肉等给我们装上了马车。部队全体人员都出来欢送了我们。

我们在途中顺便到周保中同志那里进行了演出,也受到了热烈的欢迎。

周保中同志观看了我们的演出后激动地说:

"金日成同志真是出色的共产主义者。他不仅是卓越的军事战略家,而且也是杰出的政治家。只看这个文工队的演出就可以知道……。"

10月底,我们成功地结束了在北满的演出任务。登上归途时,我们深深体会到作为金日成同志培养的文工队员无限的光荣和自豪。

现在,每当在平壤大剧院,或在其他剧院的舞台上看到孩子们可爱的歌舞表演时,每当从收音机,或在街道上听到少年团员们朝气勃勃的歌声时,将近三十年前那激动的感觉就重新涌到我的心头。

金日成同志今天为了我国少年的幸福生活和良好教养,就像在抗日武装斗争初期关怀我们文工队一样,给他们保障各种乐器,深切地关心少年儿童们出色地进行文艺活动。我每当想到这里,总是深深感到今天的少年儿童们的文艺演出和过去儿童团员的文工队是分不开的。

我们曾经渴望和歌颂的那美好的生活,今天已在金日成同志的领导下建立在自己的国土上,开出了绚烂的花朵;在他慈父般的热爱里,我们的孩子们尽情歌舞,明朗地、活泼地、朝气勃勃地成长着。这多么光荣和幸福啊!

[原载于《争取人民的自由和解放》(1),朝鲜外国文出版社(平壤),1963年]

# 祝您万寿无疆

[朝鲜]崔日华

1961年八·一五解放节日那天，一清早就有两位年轻人到我家来，通知我说："今天上午，金首相可能来访问您老人家。"

听了这句话，我简直愣住了。

"他国事那么忙，还要到我家来？"

我感到太不敢当，坐坐不稳，站站不住，只有叫孩子们和我一起整理屋子。

可是，就在这个当儿，金首相已经迈进门槛，握着我的手说："大娘，您好吗？"

我过于慌张，连好都没有好好儿问一声。他进了屋里，先给我介绍随他来的夫人，还让两个小孩规规矩矩地向我敬礼。然后，他请我们全家人都坐下来，问了我们的家庭情况，还问健康情况。他问我：

"回国以后，日子过得好吗？"

"您的几个儿子都在哪个单位工作？"

他对待我们像一家人一样亲切。

这时我们家老少也不像开始那样谨小慎微，就像跟久别的亲人重逢一样无拘无束，把家里的事不分区细都告诉了他。

"托首相您的福，我在举眼就能望到大同江、周围风景这样好的房子里，过着享福的日子。儿子们都有了工作，几个孙子也都上了学。哪里还有比这更光荣的事呵！"

他听了我这番含着谢意的话，十分满意地说："应该这样的。"

他走到窗边，望了望大同江，说了一声："这里的景致的确好！"接着转过身问我说："大娘，那年我养病给你们添麻烦时，你们住的那所草房还可能在吗？"

我告诉他：从那以后不久，敌人就来"讨伐"，估计那所草房早已被烧掉了。金首相听了我的话，沉思了好长时间，又继续说："那里的景致也好极了，房后有山,房前有溪。……还有那泉水多清啊……”

“那时候,大娘让我坐在这样的炕头,给我喝了兑蜂蜜的米汤。就是那个蜂蜜水救了我的命!”

他走到炕头坐了下来,回忆当时,无限感慨地说,那时的黄酱很香,小豆腐加上酱味儿好极了。

他经常这样过分地赞扬我们,使我很惶愧,总是感到实在不敢当。说起那个时候,我家很穷,没有很好服侍他的病,饮食上的照顾更谈不到。我现在想起来还感到抱歉,脸上发烧。

是整整二十九年前(此文写于1962年——译者注)的事啦。

我们家原来在咸镜北道茂山郡三长面,因为在家乡再也活不下去,一家人就背井离乡路经北间岛(现在的延边地区——译者注),到宁安一带流浪了一个时期,最后来到一个深山里,搭起草房落了户。那里离那老爷岭下的大崴子村还有三十里。

那里是人迹罕见、连个地名号头都没有、大白天太阳光也射不进的深山老林。我们就在那里搭了一间小小的草房,围着草房种了些小松树,就是人走到跟前也看不见房子。我们在离这个地方二十里的沟底下种了些庄稼,来回时连脚印都抹掉。我们就这样背着人偷偷地过日子。

避开日本鬼子、地主和资本家的欺压,在深山里住着,虽然也十分想念人世间,可是能够刀耕火种,没有人来折腾,总算清净安宁了。

从我们小草房踩着石头过小溪那边还有一所一模一样的草房,那也是偷偷搭起来的。住在那里的是我小叔子。

大树林子里,四围都像野兽洞似地阴森森的,说人家,只有我们两家。整年整月,连个人影都看不见,像这样住了两年,谁也不知道我们住在那里。

可是,说也奇怪。我们这个世上没有人知道的人家,却来了世上最高贵的客人。

约莫是在我们躲到这山沟里的第二年(1934年)腊月底。有一天深夜里,有人在门外叫门。

那一天,我捣了一天谷子;晚上磨好了豆子,准备做豆腐。刚躺下要睡着还没睡着的时候,就被叫房主人的声音惊醒了。我们全家人都不敢放声,只有睡在炕梢的我公公(赵宅周)有胆量,起来开了房门。

“我们是抗日游击队,请不要害怕。”

客人们这样开了口,并说事情很急不进屋里来,就站在外面说。

他们说：他们听七十里外西便燕子的一位朝鲜老人说有一家朝鲜人偷偷住在老爷岭山下，就来找我们，在我们家的周围整整转了一天也没有找到。

天黑了，他们想也许能看得见灯光，就到山顶上去探望四周，果然发现从我们家里透出去的微弱的灯光，高兴地找上门来了。

“我们政委不舒服，躺在那下面，能不能送到您家来？”

他们这样说出了千辛万苦来找我们家的目的。他们说出是游击队，我们全家人才放心往门外望。

外面站着两位年轻的军人，穿着有些破旧的军装，上面披了一层白布。

我公公知道了闹病的游击队政委就是金日成将军，就很着急地说：

“唉！那么，就应当马上送他来嘛！你们真是……”

公公一面这样责怪他们，一面推我丈夫和儿子英善的背，叫他们赶紧跟着游击队员去，把他接来。

公公接着要我快往灶炕里添柴禾，一个锅烧开水，一个锅煮米汤。他自己也忙着张罗。

丈夫和英善急忙跟着游击队员去了。我压着蹦蹦直跳的心，稍微整理了一下炕头，就去点上柴禾塞进灶炕里，接着下小米煮米汤。

我公公大概早就听说过金日成将军，他对我说：“金日成将军是位名将，他在东满率领朝鲜军队打日本鬼子。”

听了这个话，我就想：那样了不起的人物要不是这种情况哪能到我家来，我们这样的人又哪能见得到他啊。越这么想，我心里越着急，手也就越不灵活了。

可是，我硬让自己手上加快，赶紧做着锅边活儿。

过了好大一会儿，游击队员们背着一位年轻人进来了。这是一个风紧雪大的黑夜，再加上我们那个地方是无人行走的密密匝匝的树林和小松甸子，因此，游击队员们没法用担架抬他，只有换着班背，他们踏着没腰的雪路，走了二十里，才到我们家。刚一进屋，我们就把他抬到炕头。

一眼就看得出这位魁梧出众的青年人脸上带着严重病容。他发出十分痛苦的呻吟，人事不省。

这位身负重任的将军，人说能擒能纵几万敌人，能缩地脉化远为近，可是他现在病得连身子都不能动弹。这般情景使我看了非常难过和焦愁。

我公公对于病的阅历很多。他叫我赶快端来山上采得的蜂蜜和开水。他说，这个病必是伤寒，是在冰天雪地里劳累而得的病，需要发汗。我们用烧得滚开的水冲了一铜碗蜂蜜喂给他喝了。然后替他脱了大衣和鞋，扶他横躺在那伸不开腿的小屋里的炕头，并且把家里所有的被子都给他盖上了。

我现在想起来，还非常不好意思。那时给他盖的被子是那样破又那样脏，竟不知道难为情。可是，那时由于他病势沉重，吓得人提心吊胆，根本来不及想这些。

我公公给他揉腿，揉胳膊。他说："伤寒必须揉骨头，出大汗。"

我也坐在他的脚头，给他揉脚脖子，一心盼他快点好。

队员们站满了一屋，因为屋子小，还有的队员满面愁容地站在刮着暴风雪的外边，有的还偷偷地流着眼泪。

屋子里充满了忧愁的气氛。

这位全体朝鲜人民无限敬佩的人，卧病到人事不省，谁不感到眼前发黑呢！

我公公满头大汗地揉着他的腿，向游击队员们说："有病人的地方要静一些才好。请你们都不要担心，快到对面那一家去休息一会儿吧。"

队员们迫不得已地都到我小叔子家里去了。屋里只剩下了两个警卫员和我们一家人。

屋里静下来，我的心情更沉重，越发焦急不安了。

"开始出汗啦！"大约过了一个钟头。我公公摸了一下将军的前额，说了这么一句叫人多少能放点心的话，又叫我端兑蜂蜜的米汤来。

我赶紧到灶边，把米汤滤了一下，冲上蜂蜜，端来了一大碗。

我们扶起将军的上半身喂了米汤，又给他揉了一会身子，他的脸色开始有点发红，渐渐入睡了。

"好啦，病要好啦！"

我公公说着吁了一口气，然后向我们说：不要再揉啦，现在让他舒舒服服地睡一觉。

我们都揪心挂肠地望着已经入睡的将军。队员们轻轻地向我们谈起将军的故事。

听着他们讲的故事，我虽然不知道更深的道理，可是心里明白：只有将军的病好了，朝鲜老百姓喜笑颜开过好日子的那一天，才能早日来临。我坐在他的身边留心地看着他的气色的变化，甚至注意到哪条皱纹动了一下，我给他擦去前额上的汗珠。

天刚破晓，窗户纸开始发白的时分，将军才长吁一口气，睁开了眼睛。

我们都高兴得往前凑了凑，异口同声地问：

"怎么样，好些吗？"

“身子已经很轻快，就像能飞起来。”

将军瓮声瓮气地答道。又接连几次反复地说：

“府上待人真好，幸亏我到了府上，我才得救了。”

我们感到实在不敢当，都不知怎样回答才好。

将军要求我们扶他坐起来，我们就把被子和枕头叠起来垫住他的脊梁，让他靠着坐。

将军看我们，三番五次劝我们说：

“你们都没睡……现在请躺一会儿吧。”

为了传达这个好消息，一个警卫员，朝着对面屋子跑去。

不一会儿，队员们都拥进来了。

他们都担心将军的病，长夜漫漫通宵未眠。他们看见起来坐着的将军，都高兴得不得了。当时那情景，我如今还历历在目。

“政委！”那时，队员们只叫了这么一声，就哽哽咽咽，说不出话来，都伏在将军的面前抽抽搭搭的。

“我已经好了……不用担心啦！”

他脸上浮出微笑，抚摸着面前的年青队员们。

队员们都高兴得不得了。他们敬为朝鲜革命灯塔的将军，害了十分危急的病，现在已经好转，叫他们怎么能不高兴呢！

他们都是全心寄予将军一身，以少数几个人冒着北满刺骨的暴风雪，冲破敌人的包围，战胜了重重困难的人。

他们都在笑，其实都流着眼泪，哽咽得说不出话来。

将军用慈爱的眼神看了看队员们说：“好啦，咱们来说说话……为了我，你们受了不少苦吧？”

队员们的情绪都受了将军的豪放笑声的影响，立刻开朗起来。

有一位年青的队员擦干眼泪，轻快地笑着说：

“现在可以说实话了，那时，政委失去了知觉，敌人又四面包围着我们，我们真是感到前途渺茫。”

队员们你一言我一语地谈起了脱险的经过，说他们怎样在一位朝鲜老人的帮助下，保护失去知觉的将军，冲出了进退无路的生死关头。

在第一次北满远征回来的路上，将军先打发部队出发，然后自己带着几个队员启程。

雪深及胸，加上每天有多于自己几十倍的敌人在追击。一天就得经过十多次苦战，还得踏着没人走过的深雪进军。队员们都已经极度疲倦，口粮也早已断了。

吃不到东西，还要同敌人打仗，在密林里踏着深雪进军，这该多么艰难啊！连迈一步也是吃力的。队员们这样回顾着他们所经历的情景。

他们说，在那时候，将军也是处处关心队员，但凡有点吃的，总是推让给别人，每天还不停地前后照应，帮助那些难以坚持的队员，所以他的身体弄得比谁都衰弱了。身体衰弱，还要昼夜顶着北满的严寒奔跑，结果，他得下了伤寒病。

十七个队员，除了中队长之外，都是十七八岁的年轻人。他们向将军详详细细地讲当时的情况：他们用担架抬着闹病的将军，一面同追击的“讨伐队”打仗，一面朝着老爷岭连续走了十多天。

有一个队员说：

“当我们到了老爷岭下黄草岭西便燕子木房（伐木场的宿舍）的时候，除了追击的敌人之外，前面和左右都有敌人扑过来。”

他们被敌人四面包围，没有突围的路。于是他们走进木房里，讨论脱险的办法。

可是，怎么讨论也讨论不出突围的办法来。

要是没有将军，同敌人死拼也还可能突出去，可是那会儿不能那样做，无论如何要保卫病得失去知觉的将军。

随时都能用巧妙的战术击溃敌人的将军，现在失去知觉地躺着，队员们自然更加感到茫无所措了。

听他们说：那时小鬼泽万焦急地望着将军烧得滚烫的脸，再也忍不住，终于放声痛哭起来。

中队长的责备也没能止住他的哭。

这时，一个穿一身中国服装的老人，一直站在旁边听他们说话，插嘴问他们：

“他为什么哭？”

这位老人原来是单独守着这个木房的朝鲜人。

“我们是东满抗日游击队。他因为没有办法救我们的政委才哭。”

老人听了这个游击队员的话，就问：

“政委是谁？”当他一听政委就是金日成将军，马上跑到将军的跟前，仔细地看了看，又追问着：“这位确实是金日成将军吗？”

又有一个游击队员接着叙述当时的情况。他说：“他问清楚了，就用流畅的朝鲜话说，‘我也是朝鲜人。我虽然老了，可是为他舍了这条老命，我也在所不惜’。”

那位老人到这时才说出实话。他一直隐瞒自己是朝鲜人，只说中国话，照中国习惯生活，避开日本鬼子的耳目隐藏在这里。（他的儿子金海山在宁安自卫队工作，在战斗中牺牲了）

金老人说：“我还不敢说结果会怎么样，可是我要尽力而为！”他提供了一个情况：再过一会儿，宁安的木房把头（财东）坐马扒犁到这里来，要我们到时候利用那个把头，坐马扒犁突围。

这时候中队长第一次开口说：“那位老人说的话是这样：‘把头在宁安有很大的势力。只要他出头，就是讨伐队也不敢冒犯他。等马爬犁一到，你们就把把头捆起来，逼着他答应。当他的面，把我也捆起来，这样才没有后患。’听了老人的这番话，我们不敢马上答应。这明明是决定生死的最后一着，可是无法断定结果会怎样，因此不好做出决定。”

听他们说：那时中队长经过一番深思熟虑后，十分谨慎地推醒将军，然后向他请示该怎么办。

将军好容易才振作精神，十分费力地听取了中队长的报告，只说了一句：“一切都委托你们！”又昏迷过去了。

时间无情，人还在犹豫不决，天却已经麻麻亮了。

天一亮，敌人就会从四面八方打进这个木房的。

队员们正在焦愁不安的时候，就像金老人说的那样，五架马扒犁首尾相接地驶进院子来了。

一刻也不能再拖延了。队员们立刻迎着他们冲出去，把把头和金老人捆起来，逼他们答应照办。

在生死攸关的节骨眼上，把头无可奈何地答应了游击队员们的要求。

一个年轻的队员学当时把头惊慌的样子说：“把头战战兢兢地说：‘好，我坐在头一架把犁上吆喝一声，你们就紧跟着后边赶扒犁吧！’”

中队长带一个队员搭上了第一架扒犁。他们两个在军装上套了一层中国衣服，分坐在把头两旁，把匣枪口对着把头，而把头的两手被捆起来笼在大衫里；搭在第二架扒犁上的全是随时都能战斗的队员，他们都穿上了木棚工人的衣服；第三架扒犁上躺着将军，他们用被子把他全身都蒙住了。

第四架、第五架扒犁上也是队员，他们都有充分准备，一旦发生情况，就会马上护着金将军溜到预定的地点去。

他们的计划是：如果事情如意，便是万幸；如果弄不好，中队长和几个队员就同敌人拼命，其余的队员就趁这个机会让金将军到安全地点去。

队员们都兴奋地叙述当时的情形：像这样准备停当的五架马扒犁掉转头沿着来路飞也似地向宁安方向跑去。

扒犁上的队员们虽然穿着工人服，把枪藏在身上，但是他们却如坐针毡似地心里十分紧张。

如果把头对“讨伐队”说错一句，或者递个不好的眼色，那就一切都完了。

假使全都是队员，那么狠狠地揍“讨伐队”一顿，死了也不要紧。可是一旦发生冲突，将军就会遇到危险。

有一个队员指手划脚地说：“我们握住枪把的手直打战，十七个人都全神贯注地盯着把头的一举一动。

走不一会儿，就看见了在烧火取暖的‘讨伐队’。‘哪来的马扒犁？站住！’一个哨兵在吆喝。

中队长向把头点头示意，用匣枪口捅了他一下。我们都不由自主地咽了一下唾沫，握紧了枪把。

‘我们木房的苦力病啦，现在要赶紧送他们到医院去！’

把头这样高声回答。第一架扒犁从哨兵面前提过去了，其余的扒犁也紧接着赶过去了。”

第二道哨也是这样安全地过去。这时他们才放了点心。

最年轻的一个队员站起来说：“可是，到最后一道哨的时候，哨兵听了把头的话。走上前来喊道：‘站住，要检查！’

我们都吓了一大跳。

把头也慌了，话也说得哩哩噜噜。

那真是万分危急的时刻。

把头言词稍一含糊，中队长就用枪口使劲捅他的腰。于是，把头连忙振起精神，大声喊道：‘查？查什么！救病人要紧，快赶！’

扒犁飞也似地过去，其余的扒犁也都很快地赶过去了。

哨兵来不及闪开，满身都是扒犁掀起的雪花。他莫明其妙地站在那里。”那个队员一边说一边学当时中队长用枪口捅把头的神气。

过了最后一道哨，队员们才发觉自己在这样冷的天气出了满身大汗。

听着这些话，我的心都直跳，两手捏着汗。

这是多么险的场面啊！

如果把头稍微踌躇一点或者哨兵再纠缠一下，那不就出了大事儿吗？

我们一家人越想越感到心惊肉跳。

我的公公情不自禁地长叹一口气，看看将军说：

“真是九死一生啊……”

听他们说，后来，这些脱险的扒犁赶了一段路后，第一架扒犁径直往宁安方向赶，其余的都拐进岔道溜了。

又过一会儿，中队长和另一个队员也从第一架扒犁上跳下来，到我们住的沟里来了。

将军听完这些话，一再说西便燕子木房的那位老人真是好。

我听了他们的话，心想：只要是朝鲜人，谁会吝惜为千百万人景仰为太阳的金日成将军，献出自己的生命呢？越想就越感到此刻自己的责任重大。我决心好好服侍他，好让他的身体早日复元。

不知不觉，天已大亮了。

将军的病是挽救过来了。我为了给他熬点小米粥，用脚踏碓窝再舂了舂小米，又舀来泉水，尽诚做了顿早饭。

从那天起，他再也没有躺下去。但他非常消瘦，脸有病色。

现在只有让他吃些好东西，才能使他快一点恢复健康。可是，我们这个躲在深山中的人家，哪里有足以滋补的饭菜呢？唯恐鬼子发现，我们连鸡犬都不敢养，所以不用说肉，就是一个鸡蛋也没有。

我们很想出去买一点肉回来，哪怕是几百里之外去买，可是如果在这当中，被“讨伐队”发觉了将军的住处，就可能发生极大的不幸，因此，不能这样做。

每当摆饭桌时，我就觉得很难受，端上饭菜来，更觉得惭愧，连头都不好意思抬。

那时最好的饭，就是大麦掺小米，菜呢，除了野菜汤以外，最好的也不过是小豆腐。

我家里有豆子，所以我一心想做点豆腐给他吃，让他病后调调口味，可是弄不到卤水，只做些小豆腐。

每次吃饭时，他看出我在难过，就赞扬我说：“大酱味道好，所以野菜汤很可口，小豆腐也格外香啊。”

虽然没有好菜，他每顿饭还是吃得挺香。他总是要和队员们一起吃，队员们拿起筷子以后，他才吃饭，有小豆腐或者别的什么菜，他总是要让队员们吃。

他住在我们家的期间，老是担心地问我们：“你们家粮食不够吧，我们是不是把你们家一年的粮食都吃完了？”

“虽然是粗粮，可是打得不少，请您放心。”我们这样说，他还是放心不下。

将军的健康恢复得很快。第四天，他就能看书，还能和队员们谈话。一个星期后，他不仅到小溪那边的小叔子家去帮助队员们学习，还登山观看了附近地形。

转眼就这样过了半个月。有一天，金将军要动身走了。

公公劝他说："您的病还没有全好，天气这么冷，怎么能走呢！"可是他一定要动身。

半个月是个短暂的时间，可是对我来说，这个半个月一辈子也忘不了。

游击队队员们打头一天起直到最后一天，白天上山打柴，替我挑水，还给我捣米，总不闲着。他们都像亲儿子、亲弟兄一样帮我的忙，彼此亲得像一家人一样。

那天晚上，我通宵捣谷子和大麦，尽一切诚意给他们准备了干粮。

大雪下了一整夜。

早晨部队出发了。临走时，将军和我们很亲切地握手，接着对我公公说道：

"你们为了找生路，来到了外国。可是在这里，还要过这种不见太阳的隐蔽生活。我们年轻人，朝鲜儿女的罪不小啊！但是请您相信我们，等着吧！我们朝鲜的男女老少在光明的土地上扬眉吐气的日子是一定会到来的。"

他还一再嘱咐我们说，一到春天，敌人的"讨伐"就会更加猖狂，最好搬到罗子沟那边去住。

我的大儿子英善作向导，领他们到汪清县八人沟去。他们和英善分手时，将军对他说："我们要找游击队继续活动，等到祖国解放以后，我们在自由的朝鲜土地上再见吧！"

他们走后一个时期，我们全家人都感到寂寞无聊，老觉得将军在我们身边，一到晚上眼前就浮现出游击队员们唱歌跳舞的情景。

将军刚走时，全家人不约而同地围坐在他曾睡过的炕头上，想念他，沉默了好半天。

正如将军所说的那样，从第二年二月起，"讨伐队"竟爬到我们住的这趟山沟来，到处乱窜乱打枪。

我们一家遵照将军的指教，在一个夜里离开那个地方搬到罗子沟的太平沟，当一个中国地主的佃户。

我记得大概是当年6月，那时我们正忙着除草。有一天，一批游击队员往太平沟这边来，老百姓都出来欢迎他们，他们是在老黑山打了胜仗凯旋回来的。我们全家人也都跑到马路旁欢迎他们。

我看见了走在队伍中的一位身材魁梧的人，感到非常惊奇。他分明是去年冬天在我家里养病的金日成将军。

我正不由自主地要朝他跑过去，被我公公叫住了，公公已经猜到我的心思，他说："他是位管大事的人，不能冒冒失失地用私情来妨碍他走路。"

我很想见见他，可是没有办法了。村上的娘儿们热心谈关于将军的故事，可是我没有说他在我们家住过的事，我觉得这样就等于夸自己。

第二天，我公公在路上遇见了两位曾在我家住过的年轻队员。也就是那天中午，正是我在外地的时候，将军到我家来了。

听说，将军叫一个人提着肉和他一起来找我公公，谈了好久才回去。那时，我小叔子正在害病，将军安慰了他，临走时，还把钱塞在他的枕头底下。

当我打地里回来听到这事的时候，浑身感到热乎乎地，心里说不出的感动。

我想，他是那样伟大的人，可是又那样重情义，区区小事也郑重地放在心上！

第二天，我们全家老少正在激动地讲将军的故事时，又有两个队员拉着一匹白马来了。他们说：

"这匹马是在老黑山战斗中缴获的，政委把它作为礼物送给你们。他叫我们转达：这匹马瘦一些，可是要喂肥了就能当作碾马，还能耕田种好庄稼。"

听两个队员这样说，我们全家人都万分感动。

公公把马缰绳接过来了，可是他的两手在颤抖。以前，他老是盼望能有一头自己的牛种庄稼。这种愿望此刻由于将军的恩惠实现了，他是多么兴奋啊！

我们按照将军的指示，喂肥了那匹马，靠它种了庄稼。

当时鬼子一看好马，就要抢去作军马。所以，第二年我们把那匹白马卖了，用卖的钱买了一头大黄牛。

后来我们被"讨伐队"撵到北满，过没有职业的苦日子。那时，如果没有这头牛，我们一家早就饿死了。

当时，我们连一块地都租不到，着实很困难，就靠这头牛糊口。我丈夫和大女儿天天到南湖头口子上蛤蟆河子沟里去砍荆条，用这头牛拉上来卖。后来又把它和别人换了一头。好几年我们就这样靠着牛勉强过。

"全凭金将军的恩德，咱们才能活着啊。"我们全家人常常这样感激地说。但是我们瞒着这件事对任何人都没有说。

1960年4月，我得到机会回了一趟祖国，在已经解放了的祖国土地上，荣幸地见到了将军。

那是1960年五一节的前一天。

当我脚踏着向往已久的祖国土地，看到高楼大厦耸立着的平壤大街时，就想起了二十多年前将军离开我家时说过的话。

真的，像金将军所说的那样，我们也在光明的祖国大地上，过着幸福的生活，不用羡慕人家了。

回到祖国的第二天，我很荣幸地见到了将军。

我本来想一见到他，就把二十多年累积下来的话，全都向他说出来，可是一见到他，不知怎么就咽喉哽哽说不出话来了。

将军见了我，就像看见亲娘一样，紧紧握住我的手，让我坐下来，说："您受了很多苦吧?"可是我却答不上话来，一个劲儿望着他那慈祥温和的面容。

我越看，他那笑脸越变得模糊，我自己也不知道眼泪怎么从眼睛里扑簌簌落下来。

"大娘，在这样令人兴奋的日子里，您怎么还哭呢?"

听了他的话，我才知道自己在流泪。

于是，我忍着心里的激动开口说：

"我想起了以前和您离别的情景。那时您说过：光明的日子一定会到来，那时我们高兴地再见吧！就像您说的那样，今天在祖国土地上，果然这样荣幸地见到您，我这个老太婆，过于高兴就哭起来了。"

他听了我的话，把我的手更握得紧紧的。

我因为过于激动，准备向他说的许多事都想不起来了。

后来，我们全家人回到想念已久的祖国，我又荣幸地见到了他几次。可是每一次都不敢掏出在怀里揣得紧紧的、早就准备献给他的纪念品。

我心里想：怎么当着好些人的面拿出这么菲薄的礼物呢?

1961 年 4 月 15 日，在他的诞辰那一天，我才把它献给了他。

那天，我和他的全家人一起祝贺他的诞辰。

我从怀里拿出一支钢笔献给他说："金首相，那时您送给我们的那匹在老黑山战斗中缴获的白马变成了这支钢笔。我们照您的嘱咐，喂肥了那匹白马，种了庄稼，后来我们怕鬼子把它征用做军马，把它卖了，买了一头大黄牛。后来又换了几次牛。那时要不是它，我们全家人早就饿死了，全家都靠着它吃穿。解放后，我们把牛卖给合作社。这次回国在人民公社取出那笔钱时，买了这支钢笔。为了祝您万寿无疆，我特意买了这支万年笔(朝鲜话称钢笔为万年笔——译者注)作礼物，请您收下吧。"

他接过那支笔，对他全家不胜感慨地说：

"在老黑山缴获的那匹白马变成这支万年笔了！"

然后，他又紧握着我的手说：

"谢谢您，大娘……"

1961 年 8 月 15 日，他亲临我家坐了一个半小时，谈了谈往事。那些事就像昨天的情景一样，一一浮现在我的脑子里。

曾在我家养过病的金将军，现在到我家来，满面笑容地和我那些欢蹦乱跳的孙子谈笑，张望着宏伟壮丽的平壤大街。我望着他，心里和一年前送钢笔的那一天一样，祝愿他万寿无疆。

我在心中不止一次地说道："为了在我国建设社会主义和共产主义，为了给孩子们建设更美好、更加幸福的地上乐园，祝您万寿无疆！"

[原载于《争取人民的自由和解放》(1)，朝鲜外国文出版社(平壤)，1963 年]

# 在他的无微不至的关怀下

[朝鲜]崔光

1934年冬季,日本帝国主义比过去更加猖狂了。他们叫嚷什么“冬季讨伐”,几乎每天进攻我们腰营沟根据地。

每逢敌人来“讨伐”的时候,我们青年义勇军(当时我在青年义勇军任小队长和中队共青团支部书记)就同游击队并肩抗击敌人,老百姓也豁出命来帮助我们。腰营沟的全体人民同游击队打成一片,勇敢地击退日本帝国主义者的“讨伐队”,捍卫住了自己争取到的政权,显示出团结起来的战无不胜的力量,一步也没有后退。

但是我们也有困难,并且不止一两件。最使我们感到困难的是:武器弹药不够用,根据地内的粮食开始紧张,特别是人民的衣服和鞋子缺得已到了无可言状的地步。

日本帝国主义者团团围困了游击区,大肆喧嚷那里的人民将要全部饿死。

由于敌人的攻击,腰营沟村连日硝烟弥漫。在房屋被烧毁的废墟上,老百姓刚刚立起房柱,敌人又来烧掉。

等敌人一被打退,人们又咬紧牙关到山上砍木头,在被烧焦的房基上,重新搭起草棚来。这样反复了不知多少次。那种光景的确令人泪下。

这年冬天特别冷。但是人们不管身上只有一件破旧的单衣,还是顶着风雪交加的严寒,勒紧裤带坚持斗争。

就在这个时候,传来了远征北满的金日成同志回到腰营沟的消息。一眨眼的工夫,消息传遍了根据地的每个角落,使根据地人民喜出望外。

“听说金日成将军来了。”

“鬼子该倒霉啦!”

腰营沟人民都高兴得不得了。我们从心坎里涌出了新的力量。过了不几天,我荣幸地被金日成同志召见了。我一听到他叫我,不禁心跳起来。我还没有同他谈过话，只是在半年前他给太平沟人民讲话的时候，我远远地看见过一回。我极力压抑住激动，跟着传令兵到了他居住的、用原木搭成的小房。这所房子座落在青年义勇军兵营和汪清第四中队兵营的正营中。

我开门进屋，金日成同志站起来握住我的手。

“明锡（我当时的名字）同志！你很辛苦了。”他这样的夸奖使我很难为情。

他拉着我的手，让我坐下来以后，用手摸着我的衣襟担忧地说：“你很瘦啊，军衣也破了，军衣需要先解决。你们当然不用说，老百姓也是苦极了！”

爱护下级，热爱人民，把人民的快乐当作自己的快乐，把人民的痛苦当作自己的痛苦。他这种无微不至的关怀，使我感动得低下了头。

的确，我们只顾眼前的战斗，而不管时令已是酷寒，连衣服都没有解决。尤其是我，作为中队共青团支部书记，很少关心同志们的日常生活。这个问题并不是单纯的衣服问题，而是有可能影响队员们战斗情绪的政治问题。当时日本鬼子欺骗统治区内的人民，大肆喧嚷“共产军天天有人饿死冻死”。因此，这个问题尤其重要。

那时，金日成同志在远征北满途中得的病还没有完全好。但是，他不顾自己身子不舒坦，不分昼夜地忙于了解腰营沟的各种情况，为了解决种种困难，费尽心血。

他很具体地问我青年义勇军内的共青团工作，还把武器弹药的保有量，对青年的教育、组织工作和扩大队伍的情况，以及工作方法等等每一个问题都了解清楚以后，对共青团工作中需要解决的几项实际问题，给我做了指示。

谈话结束后，他带领我观察了青年义勇军的营房。

青年义勇军的同志们热烈地欢迎金日成同志。他望了望全体同志，挪步走到一个叫“小鬼”的同志面前。这个同志年纪最小，个子又矮，所以都管他叫“小鬼”。

“小鬼”是曾在罗子沟当过儿童团员、刚参军不久的同志。

金日成同志问了“小鬼”的家庭情况，再问他敢不敢拿枪打仗。“小鬼”很精神地答道：“敢打。”

他表示满意，抚摸着“小鬼”的头，说：“好样的，你将来会成为一个优秀的战士！”

他仔细地打量着“小鬼”说：“应该给他做一套合身的军装。”

他这一句话使我们又一次红了脸。“小鬼”穿的军装，确实太大，大得连壮年人也满可以穿。“小鬼”把裤脚和袖筒都向上挽了几道，实在难看极了。如果我们关心战士们的日常生活，关心的程度只要达到金日成同志的百分之一，那末，早就会替“小鬼”把军装改得合身，或者给他另外想了办法。

金日成同志察看了战士们的伙食条件，还问了口粮情况。当时我们一天只吃两块小孩手巴掌那大的玉米面饼充饥。

金日成同志听完我的报告，就指示我们：青年义勇军应该一面保卫根据地，一面利用战斗空隙开荒种地，自力解决口粮，进而帮助根据地人民的农活。

金日成同志善于通过一点，深入掌握同它有关联的各项问题。他了解了我们青年义勇军的生活情形，便进一步掌握了腰营沟人民的生活情况，于是指出军队应该积极帮助与军队血肉相连的人民。

但是，我们对人民的工作没有达到金日成同志的要求。

当时，人民的生活是很困难的。但是，我们只是在口头上说献身于人民，却没有很好地帮助处于困难情况的人民安定生活。

那时我们真的不能挤出时间来帮助人民的农活，不能利用战斗空隙来帮助他们盖房子吗？正像金日成同志所说的，情况并不是那样。

当时，我切实体会到金日成同志多么深切地关心人民的自由和幸福。同时还觉得必须学习他的榜样，加强自己的修养，使自己不愧是一个为人民服务的革命家。

过了几天，金日成同志亲手制订了进攻三岔口的战斗计划。

当时我们中队只顾进行防御战，粉碎敌人连日进行的“冬季讨伐”，根本没敢设想进攻像三岔口这样大的城镇。但是，金日成同志把最好的防御办法就是进攻这一战术原则出色地运用于游击战，制订了攻打三岔口的战斗计划。

当时我负责护卫金日成同志，所以我亲眼看到了他制订这个战斗计划的情形。

这是战斗开始几天前的事情。

那天，我们照旧击退了进攻我们根据地的敌军“讨伐队”，宿营于腰营沟的南山。连日的战斗所带来的疲倦，使队员们很快都睡着了。我同几个警卫员，在南山山脚下的空房子里烧好了炕，铺好了床，只等金日成同志下来休息。但是，他打开一张地图，全神贯注地想着什么，没有躺下来休息。外面风雪大作，窗纸沙沙作响，灯火摇摇摆摆地跳舞。金日成同志虽然还带着病，但一点也不显露疲倦的样子，还是订他的战斗计划。换岗时间到了。他为了叫醒该去接岗的同志站了起来。这时他发现我还没有睡，就问我：“明锡同志，你怎么还不睡啊！快躺下休息吧！”

“不要紧，司令官同志，您快休息吧。”我这样劝他休息。可是他却笑一笑反复地说“你不要管我，你自己快睡吧”。他叫起了该换岗的同志去接岗以后，又向着地图坐下来了。

为了人民，为了同志们，他不顾自己的健康，深夜还在制订作战计划，他那精神真是无比崇高。

我又一次感到作金日成同志的战士，是万分幸福的。

在他的亲自指挥下，我们支援游击队攻打了三岔口。

三岔口的进攻战结束了。在这次战斗中，缴获了我们迫切需要的若干武器和许多布匹。用这些布匹，不消说做军装，就是给根据地的人民做衣服也能每个人做一套。我们都高兴极了。“小鬼”也领了一套合身的军装，我们每个人都领了一套新装。天气再冷也不怕了。我们的生活呈现了更加生气勃勃的景象。

我们换上了新装后的第二天，金日成同志召集了我们青年义勇军的干部。我们都以为他又可能交给我们新的战斗任务，就迈着轻快的步子到他的住处去了。

可是，出乎我们意料之外，金日成同志要同我们商量处理剩余布匹的问题。他说：“请你们说一说，做完军装剩下的布匹，怎么处理好呢？你们提一提意见吧。”

我们有些慌。对这个问题，我们连想都没有想过，本来想留着以后再做军装好了。因此，对他这样郑重的发问谁也不敢马上回答。

金日成同志看了看我们，建议说：“把这些布分给敌占区的人民好不好？”

我们都异口同声地赞成了他的意见。

他对我们的回答表示满意，还说了大意如下的话。

……由于日本鬼子，我们的人民不管住在哪里都是吃不饱穿不暖。我们是人民的军队，都决心手持武器，为人民的真正自由和幸福而斗争。因此，人民的痛苦和不幸，就是我们的痛苦和不幸。我们应该把人民的喜悦和不幸当做自己的喜悦和不幸。我们任何时候在任何地方也不要忘记这一点，而且也不能忘掉这一点。

我们不仅对我们游击队根据地人民要这样，而且对敌占区的人民也应该这样。我们现在有剩余的布匹。我们可以把它留下来，以后每人做一套军装。可是，同志们想一想，我们既然是真正的人民军队，把它分给敌占区饥寒交迫的人民，让他们做衣服穿，这该多么好啊。这比留着它好得多。这样做，他们该多么高兴呢？……

金日成同志对人民的热爱和深切关怀，使我们久久低着头反省了自己。

我再一次感到自己距离认清“为人民服务”的真正意义而斗争的共产党人

的要求还很远。

我们向他提出保证：一定要贯彻这一指示。

金日成同志把这个任务交给了我们青年义勇军。

每晚我们突破敌人森严的警戒网，背着布匹到敌占区去把它分给人民。不管天气多么冷，路多么险，敌人的警戒又多么严，一想到我们是向人民转达金日成同志的深切关怀的人，就什么也不怕了。

有一天，我到三岔口西村去，走到了村外一间单独的房子门前，轻轻地敲了几下门，主人问"谁呀"，随即开了门。他看到身穿游击队军装的我，就很惊慌地拉我赶快进屋，等我进了屋，他又出去听听外面的动静，然后才跟着进屋。我发现这一家人的生活很苦，没有一个人穿的像样。当我拿出布匹给他们的时候，他们都莫明其妙地楞[愣]着。

我向主人说：

"……是金日成将军派我来的。这次我们在三岔口战斗中缴获了不少布匹。金日成将军指示我们：把这些布分给在日本鬼子统治下受苦受难的人民……"

这么一说，这家的主人和他的家属才知道是怎么回事，感激得无以复加。

主人说，他从来没有穿过一套像样的麻衣。他反复说，这好象是在作梦，不知怎样答谢金将军的恩情才好。

我向他们说，等金将军打败日本鬼子，解放朝鲜的那一天，我们就不再穿这样的麻布或土布，那时该穿绸缎了。听了我的详细的解释以后，他们的脸上才有了活力，并且流露出对胜利的希望和信心。

离开他们的时候，我告诉他们不要全家一齐穿上新衣，最好慢慢地、一件一件地裁成新衣来穿，以免引起鬼子的怀疑。

"这样的事在我生平还是第一次啊。金将军这样照顾我们穷人的生活。我要尽一切力量帮助你们军队，报答他的恩情。"

他还说："现在也不晚，我作为一个朝鲜人，今后一定要有志气地活下去。"这位农民这样说着，十分兴奋地看着我。他的面容，我现在还记得很清楚，忘不了他那确信将来的幸福和无限信任金日成将军的神色。

送我走的时候，他还表示坚信金将军一定会建设保证饥寒交迫的人民都能过幸福、自由生活的新社会。

怎么能说，这只是一个农民的心愿和渴望呢！

金日成将军的温暖的手和深厚的关怀所及的所有地方，人民都展望着未来的幸福，尽心帮助了我们抗日游击队。

金日成将军为人民的自由幸福而拟好的伟大构思，今天正在变为现实：社会主义乐园正在我们祖国土地上建设起来。今天，我国人民愉快地进行着神圣的劳动，建设着幸福美满的生活。

为了使我们祖国人民过更加幸福更加富裕的生活，金日成同志在料理国家大事的同时，还照顾每一个工厂、农村和渔村，像慈父般地关心每一个炉前工和纺织工。每当见到金日成同志的时候，我就情不自禁地回想他在过去那样艰苦的日子里，怎样热爱人民和关怀人民。

正由于金日成同志这样关心人民，热爱人民，我们人民才有今天，才有已望得见的更加繁荣和幸福的明天。

［原载于《争取人民的自由和解放》(1)，朝鲜外国文出版社(平壤)，1963年］

# 在中队党支部大会上

［朝鲜］金佐赫

1935年6月，我们中队打完老黑山战斗以后，驻扎在宁安县三道河子附近。

老黑山战斗的胜利，使我们十分兴奋。尚待我们去执行的，是再次向北满一带的居民进行政治工作和去完成新的战斗任务。

当时，我们中队在工作中取得了不少成绩，然而一部分战士在日常生活中还有一些缺点。

在日常生活方面，一些党员往往表现出和别的同志感情不融洽的现象，影响了思想的统一。

这是因为个别党员由于性格、习惯和兴趣不一样，在一些小问题上意见不合或相互理解不够。当时，反“民生团”斗争犯了“左”倾错误，它的影响波及到部分新党员，就发生了同志之间为一些细小的问题而产生互相怀疑和误解的现象。

这虽然仅仅表现在少数几个同志的身上，但是要不妥善地加以处理，还会影响其他队员相互之间的同志式的团结。因此，党的中队支部为了赶快纠正这种现象，准备开一个会。

就在这个时候，传来了金日成同志要到我们中队来的消息。我们本来非常渴望见到金日成同志，可是我们却有一种烦恼。那就是因为我们还没有值得向他汇报的成绩，个别队员的缺点，反而会给他添一些麻烦。

我们知道，金日成同志对每一件事都很慎重仔细。他到我们中队来，不用我们汇报，他就会连我们中队在日常生活方面的细小问题都了解得一清二楚。

崔忠熙同志曾在汪清受过由他亲自指导的、为期十五天的集训，他向我们说：“他是一位很英明的人。你们等会儿看他指导会议吧。那才像口渴时喝冷水一样痛快呢！”

果然，他一点也没有设错。金日成同志到我们中队以后，对战斗准备和日常生活方面，做了具体的指示，还详细地了解了中队的生活情况。

他满脸笑容地向队员们还礼，首先到了我们住的老百姓家。他问了我们的健康情况、伙食条件和学习情况，对提到的每一项问题，都给我们详细地指出了解决的办法。

他通过谈话，已经充分了解到中队的各种情况，并且了如指掌地知道了我们有什么忧虑。

就在这种情况下，我们召开了党的中队支部大会。

党支部书记首先做了关于党员生活情况的报告。他认为在金日成同志的面前不需要有什么顾虑，就把中队里个别党员之间的这样那样的纠葛，都谈得一清二楚。

接着有几位同志发了言。他们也把一直放在心里的话都谈了出来。例如：谁对谁的看法怎么样，谁对谁抱有什么样的成见，因此，就阻碍了团结；本来是很琐碎的小事，有时还伤害了相互之间的感情等等。

金日成同志全神贯注地听着每一个队员的发言。

大家的发言结束后，场内鸦雀无声，都在等着金日成同志发言，猜想他会说些什么话。这时，金日成同志开始用柔和的声音讲起话来了。

……我参加今天的会，了解了许多情况。我认为今天的会开得非常适时，不管存在什么问题都应该马上把它提出来进行讨论，这很重要。……

党员们都聚精会神地听着他的发言。

他微笑着看了看我们，继续说了内容大致如下的话：

……有时一家人也会闹意见。彼此固执自己的意见，必然要出现这种现象。何况我们都是从各个不同的地方来参军的，其中还有参军不久对一些人的脸貌都弄不清的同志呢！由于小事，互相不理解，便可能发生误会。

我想你们刚才说的那些问题，也是这样产生的。

可是这些缺点，我认为如果互相提醒，互相帮助，一定能克服。……

我们跳动的心，逐渐被他那种温和而条条有理的话迷住了。

我们过去每当听人说金日成同志如何德高望重时，就特别钦佩他的高度涵养。

我们虽然没有见过他，但是单听前些日子指挥官传达的汪清县大荒崴会议和腰营沟会议的消息，我们也十分敬佩他，感到他非常信任和热爱革命同志，甚至感动得流泪。

为了澄清犯了“左”倾错误的反“民生团”斗争所造成的混乱局面，从宗派分子和暗害分子恶毒的阴谋活动下，救出许许多多的同志，并使他们坚决投身于革命队伍,他所坚持的原则立场和那种革命家的大胆而坚决的精神,使我们深深叹服。

正因为这样,在金日成同志参加的那天会议上,我们对他所讲的每一句话,都铭刻在心里,生怕拉掉一个字。因此,到了事隔甚久的今天,他那天讲过的内容,我仍然记得很清楚。

……我首先要劝大家:要把问题看得远一些,从远大的角度来考虑,那末,所有的问题就会迎刃而解。今天我们这里开会,究竟是为了什么呢?

我们都是来干革命的。革命的目的是要打倒日本帝国主义,光复自己的祖国,建设全体人民都能享受幸福的新社会。

同志们回顾一下当初为了找游击队,留下父母和妻子,离开家乡的那个时候。那时我们想的是什么呢?不是心里只有一个革命吗!

我们虽然是从各个不同的地方来的,但都是抱着同样的目的和思想集合到这里来的。我想在座的金同志和李同志是这样,朴同志或崔同志的情况也不会有一点差异。……

他讲时提起我们每个人的名字。我们都感到脸红了,不敢抬起头来。

……这样说来,我们的目的和思想不就是一样吗?不可能有别的目的和思想。我们都是为了干伟大革命而来的,哪里还有比这更光荣的呢?……

金日成同志的讲话,使我们都不禁回想起自己的往事。

的确,在没有参加游击队相聚一处的时候,我们的生活情况都不一样,经历也不相同。有些同志是从平安道或咸镜道来的,而有些同志的家乡是距离很远的全罗道或庆尚道。他们的家庭情况和职业,他们的知识程度和生活习惯也都不一样。

从小就由于日寇和地主的压迫而不能在祖国生活、在异国他乡长大的同志,他们的生活情况,就不可能同从小生活在朝鲜的同志一样。我的苦难的童年时代是在中国的土地上身为佃农的子弟而度过的。后来才参加了游击队。

我们就是这样来自各个不同的地方,聚集在一个为反对日寇解放祖国而斗争的队伍里。我们是为一个崇高的思想和意志而结合在一起的。然而,我们在一个队伍里的共同生活中,有时竟发生为小小的意见不同而大闹一阵的现象。在初期的生活中,我也偶而[尔]有过这样的现象:只顾坚持个人意见,而忘掉同志友爱精神和党员应有的品质。

会上,我听着他的讲话,不禁为自己过去的生活而感到惭愧。

金日成同志继续说:

……为了成为一个出色的革命家,我们必须过好党的生活,不断地加强自己的党性。为了达到伟大的目的,必须善于把自己的一切服从于革命。

我们既然是沿着这样伟大的道路，抱着共同的目的进行斗争的同志，那末，从个人的性格、兴趣和习惯的不同而来的意见差异，不是极其微小的东西吗？……

……但是，这并不是意味着日常生活上的细小缺点和意见差异是可以默许的，即使是微小的缺点，它有时也会成为很大的障碍，阻挠伟大目的的实现。

我们不应该放过任何微小的缺点，而是应该努力纠正它。我们不仅要善于克服自己的缺点，还应该不厌其烦地帮助别的同志纠正缺点。如果没有这种精神，就不能保证同志之间的巩固的思想统一。

对有缺点的同志，我们应该以同志的态度更加接近他，体贴他，帮助他。同时，不应该只看缺点，应该首先找出他的优点，哪怕优点是微小的，也应当鼓励他继续发扬，然后注意他的缺点，指出他的缺点，尽力说服和诚心诚意地帮助他，使他真正认识和改正。若是这样对待人，哪里还有对诚心对待自己的同志疏远的人呢？因此，最重要的是要相信同志，热爱同志。如果没有相信同志和互相帮助的精神，就不能在艰苦的革命道路上，同生死、共患难，在实现最终目的的斗争中成为胜利者。

我们任何时候都不要忘记：共产党人才是世界上具有最优秀品质的人，又是最崇高的人道主义者。

为了培养这种高贵的思想品质，就必须不断地努力学习。对于革命的人来说，首先需要的就是对革命有彻底的认识。

对于革命的食粮——马克思列宁主义的学习，是时刻也不能偷懒的。

应该深刻地领会革命理论，并且善于把它运用于实际生活。

……不要忘记，如果发现别人的缺点，不管它是多么微小的缺点，都不应该默许它，而应该用个别劝告和集体帮助的方法，使他争取尽早克服。批评和互相帮助应该成为党员的日常生活中的一种风气。

只有用这种方法，才能保证所有党员的思想一致和行动统一，才能在胜利地实现伟大的目标——革命事业的道路上，结出光辉的果实。……

我们听了金日成同志的讲话，才真正深刻地认识到了自己的错误。

他的话已经讲完了，可是我们还在低着头反省自己。

这时，他把手放在我们的肩上，问我们："你们的想法怎么样？"我们对他满心感激，却不知怎么样回答才好。

这时，同志们的脸上显然有了喜悦的神色，都如释重负地心情舒畅极了。在这样短的时间里，他给我们党员解开了生活中的所有疙瘩，并给全体党员的心里，播下了伟大的思想和自觉的种籽。

不仅如此，金日成同志在这天会上的讲话，成了我们在党员的相互关系上，党群关系上，和在群众工作中牢记于心的宝贵指针。

过去由于小小的误解而弄得彼此难堪、关系很窘的同志们，也都认清了自己的过错，互相紧紧地拥抱起来。中队的生活焕然一新了，大家都变得明朗愉快又生气勃勃了。

不用说党员，中队的所有队员都牢牢记住了金日成同志的话，坚决地展开了克服中队生活中曾经有过的那些缺点的斗争。通过这一过程，不管在任何艰苦的战斗里，我们也都能互相帮助。这种真正的革命的同志友爱精神使我们紧紧团结在一起，进一步加强了革命队伍的思想统一和行动统一。

其后，在艰苦的远征北满的过程中，我们所以能够取得那样出色的成就，也就是我们进行了那种斗争的结果。在金日成同志的率领下，向广阔的北满长征的路上，我们学习金日成同志的榜样，用自己的行动感化了人民，到处给人民的心上播下了炽烈的斗争火种，使他们坚决奋起展开反对朝中人民的共同敌人——日本帝国主义的斗争。

就像今天一样，金日成同志在那艰苦的抗日武装斗争时期也常常利用战斗、行军的间隙深入到各直属部队，尽一切努力给部队解决工作中的困难问题。他全面掌握党组织的优缺点以后，亲自指出改进党的工作和加强党员的党生活的具体措施，并为保证革命队伍的钢铁般的团结一致作出具体指示。

每当回顾艰苦的抗日武装斗争时期，我就不禁无限激动地联想到今天已成全党领导作风的青山里精神，它所以具有伟大生命力，正是由于它基于金日成同志的那种革命家的工作作风。金日成同志当时在实际工作中所做出的榜样，以及他在那天会议上讲的每一句话，我就像昨天的事情一样记得清清楚楚，使我反覆检查自己的工作和党的生活。检查自己在领导作风和领导方法上，有没有缺点，我的党的生活情况又怎么样？为了使自己锻炼成革命家，作了多少努力？……

我这样一条一条地检查自己，哪怕是微小的缺点，我也要把它找出来，重新下定决心去改正它。

金日成同志已经在实际工作中做出的榜样，和他所教导过的每一字句，不论在过去和现在，一贯是有力地引导我们朝鲜共产党人前进的思想和行动的指针。

[原载于《争取人民的自由和解放》(1)，朝鲜外国文出版社(平壤)，1963 年]

# 远征北满的路上

[朝鲜]吴振宇

在漫长的抗日武装斗争的岁月里，金日成同志十分关心我们每个队员，为了把我们培养成为出色的革命战士，呕尽了心血。

在那艰苦的日子里，像我们这样年轻的游击队员曾受到他多少温暖的关怀才成长起来，一直斗争到今天，这不是用语言和文字所能表达出来的。

在同他一起战斗的日子里，有过许许多多令人激动的事。在这里，我只想写一下其中我亲身经历过的几件难忘的事。

1935 年 6 月，我所属的朝鲜人民革命军第五联队第四中队在金日成同志的指挥下，踏上了有历史意义的远征北满的道路。这对当时还很年轻的我来说，真是步步要经得起艰苦考验的严峻的路程。

我们游击队打完老黑山战斗，在罗子沟一带活动了一个时期，后来又越过老爷岭向宁安、额穆县一带挺进。我们到处给敌人以歼灭性打击，并在广大人民中播下了革命的种籽。

当时，这个地区受革命的影响还不如东满地区深些。我们在那里一面向人民揭露日本帝国主义的侵略政策，一面积极宣传和解释游击斗争的正义性和革命的光辉前景，提高他们对胜利的信心。

我们的部队到处受到人民的热烈拥护。1935 年冬季，我们从额穆县向蛟河县行军。

顶着狂风暴雪，在密林里齐腰深的雪地上行军，可真是够艰苦的。

我永远不会忘记：金日成同志在这样艰苦的环境里，无微不至地关怀队员们的情形。

部队一宿营，他就先打发队员们睡觉，并亲自逐一巡查一番，然后自己才躺下休息。而第二天，他却比谁都起得早。我还不只一次地看见，他在深更半夜里人家都已睡熟的时候，把队员脚上的湿靴子脱下来，拿到篝火旁烤干。我每次看见这种情形都感动得全身热呼呼的。

一天，部队在一个村子里休息后准备出发。金日成同志命令全体队员都穿上带在身上的中国“乌拉靴”。

我穿“乌拉靴”还是头一次，不知怎么老不合脚，一迈开步就掉下来，不好走路。

这件事竟让金日成同志知道了。他走到我的旁边说：

“你把靴子脱下来，让我看一看。”

我没有说什么，脱下一只“乌拉靴”递给他。他把靴子拿在手里，反复摸了几下，把铺在靴里的乌拉草拾掇得又平又软。

当时我很过意不去，脸烧得火辣辣的，觉得连这些小事都不会做，还麻烦他来帮忙，一个劲儿地要自己来。

可是，金日成同志却很温和地说：“同志啊，别这么固执啦，乌拉靴，不是那个穿法。要把乌拉草铺好了，鞋才不会掉下来，脚也才暖和。你快把那只也脱下来，我给你铺。”我拗不过他，只好把另一只也脱了给他。

他先把锤得像棉花一样软绵绵的乌拉草铺在“乌拉靴”里，然后用手细细整平。

我穿上他亲自给我垫好的“乌拉靴”，心情很舒畅，走起路来像飞一样，觉得一口气就可以走一千里一万里。

“现在怎么样，合不合适？”他微笑着问我。我回答他说：“正合适。”

金日成同志感到很满意，他轻轻地拍了拍我的背，又帮别的队员弄靴子去了。

我们队员在生活的各个方面，都深深地感受到他那温暖而无微不至的关怀。

他这样热爱每一个队员，关怀每一个队员，并且把这个当做无上的喜悦！情况越困难，他就越关心队员们，和队员们同甘共苦。他首先想到的不是自己，而是队员。……

作为他的战士的光荣和喜悦，是任什么也不能比拟的啊！

我们像一个人似地紧密团结在他的周围，踏着崎岖不平的路，继续向前挺进。我们走进蛟河县境时，行军就更加困难了。

金日成同志指挥下的朝鲜人民革命军的远征北满，使敌人胆战心惊。他们疯狂地跟踪追击我们。我们在强行军中碰到敌人就打，打完仗就继续强行军。

我们不分昼夜地兼程行军。

这是行军中的某一天的事。那天我们还是连夜赶路，黎明时分到了某一个山沟。我们发现那里有许多零乱的木炭。把这些木炭带到宿营地去生火不是很好吗？我们都不约而同地捡起来。我也捡了一大抱。

队伍走一个岭上便停下来休息一会儿。昼夜不停的行军使我们很疲乏，连这是雪地也不管，一坐下就睡起来，有些人甚至打起鼾来。

我也一样，一坐下来好似身子往地里沉陷，睡意一下罩住了全身。

我用手揉了好几次眼睛，竭力使自己别睡着，但是毫无用处，最后还是睡起来了。

我睡得很熟，仿佛在梦里听到了行军口令。等到周围的同志都起来开始走动时，我才睁开了眼，慌慌张张地抱起木炭跟上去。可是我还没有完全醒过来，只是迷迷糊糊地走着。

走了一会儿，慢慢清醒了。两臂还是抱着木炭，可是感到肩膀上少了一件东西，仔细一看糟了，枪没有了。

我吓了一大跳，慌忙向刚才休息的地方跑回去。心里很急，休息地点就在眼前，可是我却觉得好像有十多里远。我上气不接下气地跑上了陡坡。

快到山顶时，我碰到了金日成同志。每次休息以后，他总要巡视一遍休息场所才离开。他一发现我，同往常一样温和地问我："振宇同志，上哪儿去？"

我慌了，不知怎么回答好，"我，我把枪……"，我心口热辣辣的没敢说完，只想一直跑到山顶上去看。

金日成同志微笑着拉拉我的衣袖说："你不要慌。"

这时我才看见我的枪挂在他的肩上。我的脸一下子烧得通红，好像一盆炭火倒在了脸上。先把他肩上的枪要下来吗？怎么说呢？我钉在那里不敢动，只是心里狠狠地责怪自己。

革命的武器不是用战友的鲜血和生命换来的吗？不是应该时刻不离身吗？

我受到良心上的责备，并且深刻地认识到自己多么缺乏警惕性。

金日成同志迈步向前走，催我快跟上队伍，可是那支枪还在他的肩上。

我要求他让我背那支枪，可是他说不用，我也不敢再多说，默默跟在他后面。

当时我的脑海里像走马灯似地闪过了许多往事：在腰营沟小北沟第一次同他会面时的情形，老黑山、太平沟战斗后，穿过老爷岭密林行军时的情形；到北满后到处痛打敌人的情形；以及我穿"乌拉靴"的情形……

在这艰苦战斗的日子里，他是多么照顾我们队员啊！

我心里很难过。

不知过了多少时间，旭日已从东方的山顶升起来了。我感到又羞愧又苦闷，一直责备自己，闷闷不乐地走进了队伍里。

可是，同志们不知为什么一见我都捧腹大笑起来。这时走在旁边的金日成同志回头看看我，也微微地笑起来。

本来我已经羞愧得不敢看同志们一眼，他们又这样笑，我更是不知所措，只感到脸上滚烫，直烧到耳根。

金日成同志从小口袋里掏出小镜子递给我说："你照照看，你的脸成了什么样子……"

直到那时候，我还抱着木炭呢。我马上放下木炭接他的镜子来照了一下自己，嘻！我吓了一跳。镜子里的我，满脸乌黑，只有两只眼睛里有白光闪动。我自己也好笑起来，很快放下了镜子。

我们继续行军。暴风雪越来越大，可是我心里只挂着一件事，觉不到什么冷不冷，焦急地盼望他快一点把枪还给我。

可是，金日成同志还是背着我的枪，一步一步地向前走着，也没有开口说话。

我想，这回他大概要狠狠训我一顿。

心里确实有些顾虑，可是怪谁呢？自己犯了错误，只能狠狠责备自己。

时间过了很久，可是对于枪，他照样不提一句。到了目的地，我有气无力地坐在雪地上。

过了一会儿，传令兵告诉我说，金日成同志叫我去。我无法镇静跳动的心。他将说什么呢？是不是暂时不让我带枪？或者处罚我呢？……

我忐忑不安，怀着紧张的心情站在他面前。

没想到他静静地看了我一会儿，马上把放在旁边的那只枪递给我，很柔和地说："我想你累得很，所以帮你背了一会儿。以后再也不会有这样的事情了吧。快拿去吧。"

听了金日成同志的话，我感到有一股热流涌上心头堵塞了胸口，眼窝也热起来了。这时我才知道他为什么把枪一直背到这里。我的心激烈跳动起来。

我倒希望他严格批评我。我不知怎么回答好，钉在那里动也不动。过一会儿，我只叫了声"司令官同志……"，喉咙就哽咽起来再也说不下去了。

已经了解我的心情的金日成同志，谆谆告诫我说："我完全了解你的心情……只要认真改过就行。快回去休息吧。"

他说的不多，可是他的这一句话，深深地打动了我的心，它的巨大力量不是任何严格的惩罚和追究责任所能比拟的。

我紧握着枪暗暗下了决心：只要是他的命令，不管在水里火里，一定要加倍勇敢地去执行……

部队又开始行军。

我很久很久都感到金日成同志的温暖的手在抚摩我的双肩，于是我在行军中拿出了百倍的力量。

从那以后，我时刻决心要认真执行自己所负的革命任务，不倦地突破各种困难。

［原载于《争取人民的自由和解放》(1)，朝鲜外国文出版社(平壤)，1963年］

# 热爱人民

[朝鲜]许凤学

1935年夏，金日成同志亲自率领朝鲜人民革命军主力部队踏上了远征北满的道路。

我永远不能忘记在这个时期进行的老黑山战斗、宁安县山东屯战斗、官地附近的战斗等大小战斗。同时，我也永志不忘我们在额穆县官地附近的村庄同当地人民一起准备过年时的事情。

像任何国家人民一样，中国人民也把新年当作最愉快的节日之一。特别是中国人民那时认为过好年，那一年才能万事如意，习惯从旧历正月初一起一直到正月十五，天天都要热热闹闹快快活活地过。

当时我们驻扎的额穆县的人民在忙着准备迎接1936年的新年，还为我们积极筹备盛情的礼物，并说："能同金司令的部队一起过年，真是无上光荣！"他们都知道，就是这支部队给他们的心里播下了革命的种籽，给他们开辟了斗争和胜利的道路。

这次过年，对我所在的中队的同志们来说也是格外令人兴奋的。因为，我们虽然在游击队生活中迎接了好几次新年，可是同金日成同志一起过年，这还是头一次。的确，我们都感到无上光荣，并以新的斗争决心，兴致勃勃地准备迎接新年。我们把武器擦得更亮，人也刮了脸，洗了澡，换上了洗过的衣服。同时，我们更加努力执行金日成同志的指示：作好群众工作，严格遵守纪律。金日成同志教导我们不论何时何地都要尊敬老年人，尊重当地人民的风俗习惯，他们有困难就要尽力帮助他们，要经常和他们谈话，向他们进行宣传。我们按照他的教导积极地行动了起来。在和群众接触时，我们特别注意自己的一举一动。我们遇到老年人就尊敬地称呼他们大爷、大娘，见到一般年纪的人称呼他们大哥、大姐，对于年幼的孩子们，我们也亲热地称呼他们小弟、小妹，我们对待他们就像对亲爹娘和亲兄弟一样。由于敌人作过反宣传，他们中间一部分人存在着错误认识或迷信思想。对此我们没有轻率地向他们说，那都是坏的，信不得；而是耐心地向他们解释他们所处的处境，使他们知道他们所以过着贫穷的生活，不是什么神仙摆布的，而是由于日本帝国主义者和地主的残酷剥削。我们的这种努力并没有白费。我们在额穆县的许多村庄组织和扩大了革命团体，吸收了许多新队员。仅在我所在的中队也吸收了不少工人出身的青年新队员。不仅如此，一部分曾经对游击队持有错误观点的老人和妇女也纷纷请求："我们也要参加金司令部队，进行抗日斗争。"

当时，有一个队员在烧锅屯村庄工作。他向人民群众谈了他曾经给地主当长工过了牛马不如的生活的亲身经历，并且介绍了后来参加金将军部队的令人激动的经过。他还向群众举例说明东满地区游击根据地的人民所取得的政治上的自由和他们的高尚的道德品质，从而提高了群众的觉悟。有不少青年被他这种朴素而热情的话所感动，纷纷报名参加游击队。其中还有位年轻的中国妇女。她生在雇农家庭，饱受种种折磨和侮辱，并且在小时被迫结了婚。

金日成同志听到这种情况后，同对待其他新队员一样，接见了这位女同志，并且表扬了她这样热烈请求入伍的美举。然后向她说，参加游击队固然是好的，可是留在村里同日本帝国主义作斗争更是必要的，这样说服她回去了。金日成同志所以这样做，是因为他深深地考虑到当时烧锅屯居民的情况，注意到了更大的问题。后来，中队长给我们做了如下解释：

当我们部队驻扎在这个地区以前，常有土匪骚扰，烧毁房屋，抢劫家畜、食粮、钱财，掳走年轻妇女，无恶不作。日本帝国主义侵略者趁机造谣："共产党烧了房子，抢劫了财产，掳走了妇女。"因此这里的部分居民对我们游击队持有一种错误的认识。在这种情况下，如果接受她入伍，那么，首先她的男人和一些认识不足的居民会把日寇的造谣信以为真，误认为"共产党真的掳走了女人"；同时，敌人也会趁机大肆进行诬蔑性宣传。与此相反，如果我们好好说服她回家，那么首先居民会更加信任游击队，其次她对游击队已有正确的认识，革命觉悟也提高，因此，她留在村里好好工作，就可以加强地方革命力量。

事实证明，从那以后，这个地区的人民更加信任我们游击队。加强同人民的联系，在人民群众中进行宣传教育工作，到处组织和扩大革命力量——金日成同志的这种英明领导，随时随地都能结出丰硕的果实。

金日成同志到了官地附近村庄时，也动员我们积极进行这种工作。那时，当地人民热烈欢迎我们，都对我们说："都是一家人，要在一起过年！"金日成同志向他们一一表示谢意，并且亲自挨户了解他们的生活情况，同他们进行谈话。这使当地农民深受感动。这村庄的一位老人说："都被日本鬼子和土匪抢光了，什么也没有，真是死不得，活不得。这回可好了，金司令来了，睡觉也放心，不吃也不觉得饿了。"老人的两眼涌出了感激的眼泪。老人还接着说：

"俗语说，最高兴的日子是来了贵客的日子。金司令部队来到我们村庄那天，在我生平，不，对整个村庄的所有的人来说，也是最高兴的节日。再加上不几天就要迎接新年啦，不管是谁，不管哪一家，都要弄点吃的东西，装些酒。你们不要客气，一定要和我们一块过年。"

虽然我们到处遇到这样的人民，可是听到老人的话，更加感慨无量。我们真正感到回到了自己的家乡似的幸福和温暖。我们都更加坚定决心：为了这样的人民，必须勇敢地进行斗争。我们都以这种决心和激动的心情，忙于进行自己所担负的任务。有一天，我们忙了一阵后正在休息的时候，金日成同志刚和一些村民谈完话走到我们这里来了。他检查了我们随时按照他的指示做得很周到的战斗准备，了解了我们的工作情况，然后环视着我们说：

"……据我了解，驻扎的时间虽然不长，可是由于同志们的群众工作做得很好，已取得了很大的成绩。今后要做得更好，使人民认清游击队是真正为人民服务的军队。这是我们胜利的根本保证……"然后走到一个新入伍的年轻的队员跟前，拍了拍他的肩膀说：

"你到这个村庄后看到了什么？感到了什么？"

那个年轻队员毫不犹豫地答道：

"我们刚到这里的时候，因为这里的人民受尽了日本鬼子和土匪的欺压和抢劫，有些人见到了我们也要远远避开，即使不得已面对面碰上了也要以白眼看我们。可是如今他们都把我们当作自己的亲人了。我为这事感到非常高兴。这几天，在这村庄还有好多人参加了我们的队伍，听说这里的老乡们虽然非常穷困，可是还准备给我们送新年礼物。同这样的人民一起过年，我觉得好像在东满游击区过年一样……"

金日成同志听到这个年轻队员的话，称赞他说："你看得正确，想得也对……"然后站起来向指挥部走去了。

我们也站起来，继续进行各自的工作。忽然，通讯员气喘吁吁地跑来传达了命令：赶快作好行军准备。

"怎么回事呢？""是不是发现了敌人？"我们都一面想着，一面迅速地进行行军准备。

有的同志好像敌人已出现在眼前似地高兴地说："没有别的，只有打垮日本鬼子，我们的节日才会愉快嘛！"有的新队员恨敌人打搅了愉快的节日活动。

我们作好行军准备，便分别向村民告别。

起初，村民们几乎都不相信我们要走，可是当他们看到队员都忙着作好行军准备，又看到队员们认真地和他们告别，并说不能和他们一起过年感到非常遗憾，就纷纷出来挡住我们的去路，挽留我们。有的老人握住队员的手说：

“你们当真要走啦……必是对你们有什么招待不周的地方吧，要不怎会这样就走呢？”

我们向这些老人一再表示谢意，并再三解释不得不离开这个村庄的理由。可是他们还不肯放我们走，他们握住我们的手一边走一边说：

“……军队的事，我们不能阻拦，可是我们实在不好受啊！眼看就要过年了，也该考虑考虑我们的诚意啊……”

他们这样依依难舍，我们也是难过的，新队员更是这样。

那天天黑，我们才到了黄泥河子附近森林里。

金日成同志命令我们在这里休息，并且让我们修理从前伐木工人用过的木房，作宿营准备。接到这个命令以后，我们才推测到金日成同志为什么要离开那个村庄。可是部分不知缘故的新队员，看来更加想念家乡。他们围坐在篝火旁边有些惋惜地说：“这时候，他们大概该吃着饺子想我们啦！”

这时，金日成同志走过来面对着我们坐下来说：

……节日对任何人也是愉快的日子。理应人人都穿好衣服，吃好东西，欢乐地谈笑。可是，现在在我们朝鲜和中国东北地区，仍然有日本鬼子和地主，在这样的情况下，能够过那样的节日的人到底有多少呢？就拿我们今天离开的官地附近村庄来说，除了几户地主外，哪有一家生活宽裕的？大都是连一套像样的衣服都穿不上，有上顿无下顿的人。明天就是正月初一啦，可是有多少孩子换不上新衣，又有多少老人尝不到一杯酒啊！有些人早就断了粮，连稀粥都喝不上。还有不少人到地主家去央求借几升高粱米或者稗子，不仅借不到粮食反而遭到种种侮辱，提着空口袋回来。

可是这个村庄的人，还要为我们杀猪、包饺子、打酒。我们应该想一想这个。当然，他们积极支援我们，热望能够同我们一起过年，准备作点好吃的东西招待我们，这都是出自他们的诚意。可是我们能接受这种款待吗？我们明明知道他们中间有不少人眼前连口粮都没有，怎能安然地吃他们给我们做的饭菜，欢度节日呢？我们的队伍也并不是一两个人，如果住上一天，这该给那里的老乡们增添多么大的负担……

说到这里，金日成同志向刚才那个新队员问道：“你觉得怎么样？”

那个同志默默地低下了头。

金日成同志又向大家问：

“别的同志觉得怎么样？”

停了一会儿，金日成同志继续谈到：

……当开始组织游击队的时候，队员不多，武器也很缺。可是现在我们已经壮大成为一支多么大的力量了啊。我们曾经在间岛（现在的延边地区）的部分地区，主要是以狭小的游击区为中心展开斗争，而现在呢？广阔的整个东北地区，没有我们游击队足迹不到的地方了。

我们用辣椒面、斧头、镰刀、红缨枪、木棒袭击敌人，夺取一两支步枪。从开始这种斗争起，过了四五年的今天，就能进行战胜敌人大部队的大战斗，还能进行数千里的远征了。起初日本帝国主义者对我们进行恶意宣传，说我们是“匪贼”，但是后来人民根本不相信他们那一套！同时，还有苏联和中国的人民为我们的正义斗争和它的前途而欢喜。

那么，我们是怎样壮大成为像今天这样一支强大力量的呢？我们是以马克思列宁主义思想武装起来的军队，是人民的真正儿女。我们是为自己的祖国和人民，毫不踌躇地献出自己生命的战士。我们力量的取之不尽的源泉，就在于我们同人民心连心，同人民同甘共苦。

因此，我们不仅要灵活地进行斗争，还要随时随地尊重人民，把人民的利益当作自己最宝贵的生命，善于克服任何艰难困苦，同人民共甘苦，一起前进。我们的真正幸福、骄傲和希望就在这里。……

我们听着他的讲话，不觉夜已很深了。晚饭也已经准备好了，就是说过年的诸事齐备，可是做的只不过是用每人携带的一些小米煮的干饭，并无其他。

特别是对中国同志来说，按习惯过年应该吃饺子，可是这里当然不会有。尽管这样，没有一个人说什么过年吃的不好。

一个老队员笑嘿嘿地先把一碗热气腾腾的饭递给一个新队员说：“在我们来说，过年不是别的，能吃上粥就是好的，吃上了饭就算过生日啦……”

这么一说，一些还在想家的新队员，惭愧得不知所措了。

金日成同志看到我们这种愉快的气氛，满意地说：……当我们送别有意义的胜利的一年，迎接新的一年的时候吃的这个饭，虽然是小米饭，可是在我们来说等于山珍海味。我们到处受到人民的热爱。我们是为解放祖国和建设新社会而斗争，吃喝怎能影响我们的心情呢？……我们今后不是将在解放了的祖国土地上，同三千万人民一道迎接无数的节日和愉快的新年吗？我们只要不丧失这种信心斗争下去就行了。……

他这样一边说一边拿起了筷子。

我们听了金日成同志的话，充满了新的斗争决心。有人高喊着："今年也要像老黑山战斗时那样，一定要消灭敌人，缴获机枪和大炮！"

那年的元旦，我是永远忘不了的。

金日成同志热爱人民，教导我们成为无限忠实于人民的军队和人民的忠仆，鼓舞我们确信胜利。他会谆谆告诫的每一句话，我还记得很清楚。

其中，如下一段话尤其给我留下了特别深刻的印象。

……我们游击队，对敌人应该像狮子一样勇猛，对于人民则应该像温顺的绵羊一样，默默地献出自己的一切。……

在今天，这些话成了我国人民军队的斗争和生活的指针。他们以自己的生命保卫着进行社会主义建设的人民。

[原载于《争取人民的自由和解放》(1)，朝鲜外国文出版社(平壤)，1963 年]

# 伟大的感化力

[朝鲜]金昌凤

争取广大的群众，这是保证革命胜利的基本关键。

金日成同志在整个抗日武装斗争时期，始终以这一真理，特别是以形成广泛的统一战线的路线来教导了我们。

当时，就中国东北局势来看，影响各反日部队，加强和他们的协同作战，同时争取伪满军官兵的问题，在实现统一战线政策方面具有重要意义。

伪满军虽说是敌人的军队，但其士兵是被强迫捉来的基本群众；在其军官中，也有不少未完全背叛民族良心，并非死心投靠敌人的人。

金日成同志始终强调这一点，并指示我们对伪满军上层人员，要唤起他们的民族良心；对其下层群众，要唤起他们的阶级良心。要有度量地、耐心地做好对伪满军的工作。

他始终不渝地带头执行这一政策，做出榜样，使统一战线遍地开花。下面要讲的就是我在跟随他时直接见闻的一件事。

1936年的旧历正月初旬，我们中队在金日成同志亲自率领的北满远征途中，驻扎在额穆县的一个村庄里。

有一天，我穿着农民服装站岗。就在那时，我发现远处雪花翻扬，有十五名左右的骑兵队向我这边奔来。我顿时紧张起来。等骑兵队逐渐靠近一看，原来是一支伪满军。他们正护卫着一架装饰得很讲究的马扒犁。

当他们靠近我只有几步远时，我才猛地跨到路上，用中国话喊："哪个队？"

这突如其来的一下，吓得他们别说抵抗，连扒犁都不管，扔下就开跑。我费了好大劲儿，才抓住两个骑兵，拉住扒犁。

扒犁上，坐的是一个身着华丽衣服的三十来岁的中国妇女。她的身前身后，堆满了很值钱的绸缎和各种各样的食品。

原来他[她]是驻扎在附近城里的伪满军团长的妻子，现在正由骑兵护送回娘家。

我立即把这件事报告给值日官，值日官指示我：把他们带到金日成同志所在的指挥部去。

我换完岗哨，就把他们带往指挥部。伪满军士兵和那个女人吓得脸色苍白，连路也走不动，一个劲儿地发抖。

当我把他们领到指挥部时，金日成同志满面笑容，亲切地说："天气很冷，请暖和暖和吧！"可是，他们脸上的恐惧始终没有消失。金日成同志看到这个情景，继续用和蔼的语气，告诉他们说："我们游击队是决不害人的。"

金日成同志的那种宽宏大量而洒脱的态度和温和话语，使那个起先吓得连话都不敢回答的女人很快放下心来，开始诉说自己的事。

金日成同志从一些日常生活上的事向那个女人和伪满军士兵们问起，还用浅近易懂的话告诉他们说，朝鲜人和中国人都是在日本帝国主义压迫下呻吟的百姓，朝中两国人民要携起手来，从朝鲜和中国土地上赶走日本鬼子，夺回自己的国土，过美好的生活。

接着，金日成同志向他们详细地解释：我们游击队就是为反对日本帝国主义、解放自己祖国的土地而斗争的军队，所以决不会损害人民的生命和财产，也不愿意跟"满洲国军"打仗。……

他说：……你的丈夫是"满洲国军"的一个团长，他为什么要跟我们打仗，当日本鬼子的走狗呢？

你的丈夫正在走背叛自己祖国和民族的道路，再也没有比他更可怜的了。……

金日成同志的朴素而有条有理的话，使她心似火烧。

伪满军团长的妻子最初满脸通红，后来红色慢慢退去，不知是由于惭愧还是过于激动，竟呜咽起来。

她的喉咙好像被什么东西哽住，费了好大的力气才哽哽咽咽地说出了大意如下的话：

……我现在才痛心地认识到：过去，自己只顾个人享乐，不顾国家和民族的利益，作为一个中国人来讲，这是多么可耻和卑鄙。并且清楚地认识到，游击队就是为自己的祖国和人民而斗争的真正的革命军队。

她说，她将尽一切努力，说服自己的丈夫今后为祖国和民族效忠。

这时候，在那个女人的脸上，再也看不出原先那种恐怖的表情了。

在一个人的心里点起火，使他受到良心的责备，特别是，在一个服务于敌人的人——对朝鲜人和革命军抱有错误看法的人的心里，点燃如此炽烈的火焰，是多么困难和费力的事情。我根据过去对反日部队和伪满军的工作，对这一点有过深刻的体会。

因此，金日成同志的那种深刻而又伟大的感化力和有力的说服力，使我们受到了教育，并从心坎上对他产生了无限敬佩。

最后，金日成同志亲切地要伪满军团长的妻子回去要好好奉养娘亲，还把武器交还给两个伪满军士兵，叮嘱他们好好护送夫人。

他们回去时，流着眼泪一再表示感谢。我们望着感动而去的他们的背影想：他们回去后，一定会给伪满军官兵以很大的影响。

果然，事情未出我们所料。我们放伪满军团长的妻子回去以后，马上离开了那个地方，后来通过人民的口才知道其后的情况。

那天，伪满军团长的妻子从金日成同志那里走出了以后，并未回娘家，却跑回自己丈夫那里去了。大概她要是不马上向自己的丈夫倾吐涌上心头的义愤，就忍耐不下去了。

伪满军团长的妻子心热情急地催赶着扒犁在雪道上飞跑，中途遇到率领伪满军骑兵队迎面奔来的丈夫。

那天，伪满军团长从逃跑回去的伪士兵那里，听到自己妻子“被捕”的消息，就立即集合自己的全部骑兵队拼命地追来。

他看到正赶着扒犁迎面而来的妻子，不禁吃了一惊。他原来断定，自己的妻子早已被杀害。

他急忙从马背上跳下来，先看看自己的妻子有没有被打伤的地方，但是，不仅人没有一点伤，连扒犁也完好如初。看到这样，他真感到莫名其妙，又感到高兴。便问道：

“到底怎么回事？！”

她回答说：“你的部下把我扔掉就跑了，可是游击队却保护了我。”接着如此这般地讲述起来。

她讲日本鬼子和伪满军胡说“共匪”见人杀人，见财抢财。其实，到游击队一看，完全不是那样。日本鬼子一听名字就心惊胆战、魂飞魄散的那个金日成将军，亲自给她倒茶，待她像贵宾一样，并告诉她说：朝中人民必须团结起来，从自己祖国的土地上赶走日本帝国主义，过幸福美满的生活等等。她把金日成同志的讲话和自己在游击队那里所见到和听到的一点不漏地讲了出来。

伪满军的士兵们都聚精会神地听她说，甚至有些人垂着头，连动也不动。

伪满军团长也不知所措地红着脸，感慨地说：

“看到你没有挨打，就知道他们部队里尽是些真正有道德的人……”

此后不久，伪满军团长给金日成同志写了信，说他自己过去认为游击队是“土匪”，可是现在知道不是了。信上还表明，因为自己是中国人，凭良心说，真正愿意援助游击队。

从此以后，伪满军的那个团和游击队没有打过一次仗，关系也一直搞得很好。

这只不过是说明金日成同志的伟大感化力的一个例子，但是我通过这一事实，却得到了很大的启发。

过去，他冒着生命的危险，亲自前往吴义成部队进行义正词严的讲说，终于使他们参加了协同作战的；或者在东宁县城和罗子沟等地，指挥同反日部队的并肩作战而取得胜利的许多次战斗，或者见义勇为从枪林弹雨里救出濒于死境的某救国军司令的事，起了多么巨大的影响，又带来了多么巨大的转变啊！

无论是在克服饥饿和严寒，翻越崇山峻岭、穿过终年积雪的原始林，一步一步前进的艰巨的行军途中，或是在敌人重重的包围圈里，金日成同志始终以伟大的感化力教育每一个人，使他们勇气倍增。

他到哪里，就给那里的反日士兵或伪满军官兵们的心里点燃起民族良心的熊熊火焰。

他的这种伟大而崇高的思想、宽大为怀的风度和高尚的品德，甚至使得那些混进游击队企图行凶的敌人的走狗也改邪归正。

正是金日成同志的这种崇高思想和品德，在敌人的垂死挣扎达到顶点的时候，也能够在长白一带，直至国内广泛地区，把众多的各阶层群众团结到祖国光复会的周围，坚如磐石般地巩固了革命基地。

正是他的这种伟大思想和感化力，今天把各阶层群众铜墙铁壁般地团结在我们党的周围，同时，开辟了能够使人人成为共产主义红色花朵的千里马大进军的时代。

［原载于《争取人民的自由和解放》(1)，朝鲜外国文出版社(平壤)，1963 年］

# 他是这样信任我们的

[朝鲜]白鹤林

金日成同志在领导地域辽阔的抗日武装斗争，以及中国东北一带和朝鲜国内的革命组织中，不管工作多么艰巨和复杂，也是经常腾出时间来亲自教育我们游击队员应该怎样学习、怎样生活。特别是，他经常强调要我们相信同志，热爱同志，无限忠实于人民，要我们比自己的生命更看重革命的团结。他的这些话，我们片刻未忘，一直把它作为生活的准则。

……现在我们中间有工人，有农民，有各种不同职业的人。有长住在中国的人，也有刚从朝鲜过来的人，也可能有些人对我们究竟是什么样的人还不很清楚，并且受了敌人的欺骗宣传，对我们有不好的看法。这些人里面也可能有破坏分子，因此，提高警惕是应该的。但是，我们是为人民服务的人，首先要相信群众，教育群众，帮助群众，使群众很快地觉悟过来，使他们认清我们的事业的正义性。我们要很好地团结愿意跟随我们的人，和他们同生死、共患难，共同进行斗争。

这是与用刀枪或用炸弹消灭多少敌人不能相比的巨大事业，是我们必须执行的一项义务。不要忘记：爱护人民，改造社会，这就是我们共产党人的首要任务……

金日成同志一贯用这种精神和生活作风来教育我们，引导我们，并且以身作则。

有一天，一个叫“哲求妈”的新队员被分配到司令部当炊事员。

“……她被人们怀疑为丈夫是‘民生团’员、本人也上过公审台的女人，这种人怎么能当司令部的炊事员呢？……”

这种舆论，不几天的工夫就在部队内传遍了。这个舆论使司令部的后勤人员感到很棘手，不好处理。

“怎么办？……向司令员报告的话，他一定会让我们留下她，教育她……

如果是别的地方也许还可以马虎过去，可是在司令员的身边有这种人，这不是危险吗？……”

“你说的对……先让她做别的工作看看吧……”

后勤人员经过一番研究后，就乘金日成同志赴战不在的机会，把哲求妈调到别的单位，决定把司令部的伙食还像过去那样由他们来搞。

过了几天，金日成同志回来了。他把缴获的战利品交给后勤人员，另外拿出一套衣服料子递给他们说：

“给哲求妈做一套新衣服吧……她已经老了，可是她穿的不像话，所以她不敢在群众面前露面……她过去一直受坏分子的欺负，不免有些畏畏缩缩……她越是那样，我们越应该像对待亲姐姐亲娘一样对待她，好好帮助她……”。

金日成同志的话，每一句都打动了司令部后勤人员的心弦，他们沉痛地感到自己对哲求妈的处理太轻率。他们情不自禁地想起了司令员经常强调的那几句话：环境越艰苦，我们就越应该更加深入学习马列主义，根据它的原则去行动，特别要信任、爱护和帮助革命同志。他们感到自己的行为违背了司令员的教诲，就像犯了天大的错误似地都不敢抬起头来。可是他们终于坦白地说出了调动哲求妈的前后经过。

金日成同志直到听完他们的每句话后，才慢慢地说：

……哲求妈到底是什么样的人，我也不太清楚，我只是相信她有一颗要忠于革命的火热的心。

不过我要给你们说一点。任何伟大的事业，总是从极其细小的萌芽开始的；任何错误和失败，总是来自极其微小的差异，希望你们不要忘记这一点。

越是搞革命的人，就越应该做好对人的工作。无论对待什么样的人，都不应该先找人家的短处，抱成见，存疑心，揭疮疤，工作中有警惕性决不是这样的。

现在我们要是一见什么人，就对他存疑心，找他的疮疤，那末结果就会自己束缚自己，自己怀疑起自己来。人到这种地步，就不能搞革命了。如果你感到周围的人都可怕，都靠不住，都是危险分子，那么，就很可能不敢在别人站岗时睡觉，怕深夜里遭到袭击；不敢吃别人做的饭，怕吃了毒死。要是这样，不要说搞革命，就是连呼吸都会困难的。这就是杯弓蛇影、疑心成病的现象。假使说哲求妈是个“民生团”员，或者是受过“民生团”影响的人，那末，我们这些共产党人就不能防备她、改造她吗？……只找表露于外面的疤痕，或者跟踪追查，就不可能发现内部的溃疡。

人从心变，只有了解人家的心病，才能改造他。不能比恨日本鬼子更恨自己人，不应该当庸医，治人的小疮疤而送人的命。

改造一个人，使十个人纠正错误，使几百个或几千个人受到影响，站到我们这一边来。这就是要抵掀起伟大变革的共产党人的工作方法和认真的态度。……

金日成同志说到这里，就指示我们让哲求妈回到司令部来工作。

至于哲求妈后来如何英勇地斗争，如何忠于革命，为革命献出了自己的一切，这已经是我们家喻户晓的事，因此我就不多谈了。

但是，在这里，我不能不简单地再谈一谈。当时日寇和它的走狗们的暗害活动多么奸险，在揭露和粉碎敌人暗害阴谋的斗争中，我们又遇到过多么大的困难。

如所周知，当时我们是在没有正规军也没有巩固后方的条件下，夺取敌人的武器，同敌占区的人民取得联系，依靠他们展开游击斗争的，而且这个斗争是同日寇“百万大军”交锋十五年的前所未闻的艰苦斗争。

在斗争初期，敌人组织了走狗团体“民生团”，为破坏我们的统一和团结，进行了种种毒辣的阴谋活动。宗派分子也趁这种机会，毫无根据地给许多人扣上“民生团”的帽子，企图制造同志之间的互相猜疑，瓦解革命力量，并且猖狂地企图破坏游击队和人民的关系。

就在这种时刻，金日成同志站在斗争的最前列，英明地解除了革命的严重危机，拯救了处于危机的革命，把革命导向高潮。

这是金日成同志率领一部分队伍，行军到“发芽河”（译音）村的时候发生的事情。

部队刚刚打退了敌军的袭击，在这个村子里吃了饭，还决定在这里休息一天。

可是不知怎么搞的，第二天早晨，有十几个战士一起闹肚子躺下来了。据指导员说，他们吃的饭里有毒。

这样一来，部队立即进行调查。不多久，一个队员带来了一个孩子，据说是他往井里放了毒药的。这个队员说，这孩子从一个妇女的手里接到两包毒药，一包已经放进了井里，剩下的一包正准备放进另一个井，但还没有来得及放进去。

金日成同志叫这个孩子靠近他身边，一边抚摸着他的头，一边用温和的语气问他道：

……你就是往井里放毒药的吗？……我不相信。你为什么要放毒药？……说你放了毒药，这是谎话吧……”

开头那孩子吓得浑身打抖，听到金日成同志这么一说，在他的脸上就渐渐浮现了安心的神色。

“是，我说谎的……我怎么能干那事呢……我没有放毒药……”话没说完，小孩就哭起来了。

“说得对……我相信你的话，你也一定是恨日本鬼子的，你怎能干那种事呢？……可是，你为什么撒谎，说自己放了毒药？……”金日成同志这样再次问他。

孩子用手背擦着眼泪说道：

“他们硬说我放了毒药，我也没有办法，只好说我放了……”

金日成同志把孩子放回去以后，对我们说道：

……毒药等于是我们自己放的。因为我们对卫生不够注意，用了不干净的井水。这次事故应该由我们自己来负责。……

以后，我们在金日成同志的率领下远征北满，又挺进到长白地区。在那段期间，发生过这样的事情。

金日成同志在迷魂阵召开了一个会议。

这次会议决定：以第二联队的第二中队和第三中队为骨干，新编朝鲜人民革命军第六师。

可是，第二中队和第三中队还没有从蛟河方面到达此地。

金日成同志带几个警卫员，亲自到抚松，准备在这个地方接收一个联队的新兵。可是，当时在此地的第四师政治主任说：“优秀的中队战士全都挑走了。现在剩下的一百多名，全是有‘民生团’嫌疑的人。因此，只发给他们每人三颗子弹，也没让他们参加战斗队伍。他们都是叫人很伤脑筋的人……”

这些队员被人怀疑为“民生团”员，直喊冤枉，整天发愁。他们得知金日成同志来到了抚松，都振起精神来找他。

他们都没有见过金日成同志，但因为金日成同志早就在东满各地和遥远的南满、北满地区的人民中大有声望，因此他们都迫不急待地要见见他，向他倾诉自己的苦处。

金日成同志毫不犹豫地决定把他们一百多名编入第六师。

这时，四师政治部主任很惊异地把一大包证实他们有“民生团”员嫌疑的材料放到金日成同志的面前说：“这一百多人，要不进行长期彻底的审查，就绝不能让他们参加战斗队伍……”说罢，他就离开了。

金日成同志立即对这一批有“民生团”员嫌疑的人开始了工作，并召开了会议。

他们在金日成同志的温暖的怀抱里，听到他的每一句打动他们心弦的话，纷纷起来说心里话。

他们一直很冤枉地被人扣上“民生团”员的帽子，受到难以忍受的监视和轻蔑，有苦说不出。可是，今天他们见到金日成同志还有什么话不能说呢？

他们好像决了口的堤坝，泪汪汪地诉说了憋在心里的话。他们都说自己和“民生团”毫无关系，过去受人嫌疑太冤枉了，并纷纷表示今后更加忠于革命。

会议连着开了三天。

在会议结束时，金日成同志说了大意如下的话：

……今天很难作出结论：说你们之中谁是“民生团”员，谁不是“民生团”员，因为谁也不能作证。但是今天我要向你们宣布：在座的同志中没有一个“民生团”员，这是因为你们都说过自己不是“民生团”员。

也许有曾经参加过“民生团”的人，可是他只要像没有参加过的人那样，从今天起重新做人就行；没参加过的人，原来就和“民生团”没有关系，却冤枉地受人怀疑，所以，对他们更不必要说什么。从今天起，不管曾经参加过的或者没有参加过的都还为白纸。重新做起吧！过去的问题都不成为问题。

……比这一堆什么“坦白书”“调查书”“证明文件”等等“材料”，我更相信同志们的决心：要在革命的道路上斗争到底。……

场内笼罩着一片严肃而紧张的气氛。

金日成同志当他们的面，亲自把那堆“档案材料”点火烧了。瞬同，大家目瞪口呆地望着被烧着的“档案材料”。泪珠从他们的眼睛里夺眶而出，沿着面颊不断往下淌。

金日成同志对革命同志的热爱和深厚的信任，深深地打动了他们的心弦。重生的喜悦和对金日成同志的无限信赖和尊敬交织在一起，他们再也不能抑制内心的激动，他们个个都抽抽搭搭地哭起来。

他们摘掉了难以忍受的、丑恶的帽子，怀着重生的喜悦一致宣誓：只要是金日成同志所引导的道路，就是赴汤蹈火也要冲上去，用实际斗争证实自己的爱国精神和革命气概，成为金日成同志的忠实战士。

后来，他们在实际斗争中，果然建树了许许多多的功勋。

他们就在信任自己的金日成同志的领导下，堂堂正正地踏上革命的道路，这该多么兴奋激动啊！即使粉身碎骨也要贯彻决心的革命精神和满腔的雄心壮志，使他们握住枪杆，击溃了敌人，带头展开了肉搏战。

凡是有他们参加的战斗，敌军就会被打得落花流水、鬼哭狼嚎；凡是由他们带头的冲锋，最后总会响起胜利的欢呼声。

自从抚松县的战斗以来，他们在大德水、二道岗、二十道沟、普天堡、间三峰、茂山地区战斗等许许多多的大小战斗中，立下了丰功伟绩。特别是在1938年冬季的苦难的行军中，他们也和其他游击队员一样，英勇地经受了艰苦的考验。

在这斗争过程中，有过无法形容的痛苦和重重难关。他们之中有的同志身受重伤，有的同志没能见到祖国的光复而英勇牺牲了。但是，在金日成同志的温暖的怀抱里，没有一个同志对于困难屈服。他们对敌人就像猛虎一样勇猛，毫不妥协；对革命同志则充满深深的友爱，对人民无限忠诚。他们用这种精神勇敢地斗争到底。

后来，这些受到金日成同志的信任和关怀的人，全都成了他的忠实战士，像一个人似地紧紧团结在他的周围，为祖国的光复和革命的胜利，献出了自己的一切。

每当回忆这些往事时，我就会激动起来，重新坚定自己的决心。

金日成同志曾经教导我们：首先要信任和爱护所有愿意为祖国和革命共同奋斗的人，要和他们同生死、共患难。并且他亲自作出了榜样。他那样信任我们，把我们放在他的温暖的怀抱里。在他的面前，我们还有什么做不到的呢！

我们以作为党的红色战士而自豪。我们充满着决心：为了在和平统一祖国和建设社会主义的道路上，掀起新的革新，要像一个人似地紧密地团结在金日成同志的周围奋勇前进！

［原载于《争取人民的自由和解放》(1)，朝鲜外国文出版社(平壤)，1963 年］

# 光复祖国的伟大构思

[朝鲜]林春秋

1936年2月，从南湖头到东岗的长途行军，是为了让灿烂的阳光照亮朝鲜革命的前途而作的勇敢进军，也是为建立反日民族统一战线，作出了光复祖国的伟大构思并制订了它的纲领的光荣行程。

在这历时几个月的行军期间，金日成同志一直废寝忘食地思考革命的前途和当前的战略任务。

应该用什么形式、怎样组织光复祖国的反日民族统一战线？应该如何规定将要成为这个组织的斗争旗帜的纲领——朝鲜革命的具体任务和目标？应该如何进行创建党的组织上和思想上的准备工作？

为了在同我国毗邻的中国长白地区建立新型的根据地，需要进行哪些准备工作？应该采取哪些措施？

为了解决这些问题，在进行翻山越岭的艰苦卓绝的行军途中，金日成同志作了具体的构思，并且为实现这一构思，制定了具体的计划。

他在同敌人进行激烈战斗的间隙，也思索这个问题，在行军和休息时，也仔细考虑这个问题。

在风雪大作的密林宿营地里，队员们搭起帐篷全都入睡时，他只身在营火旁熬夜记下了思考成熟的计划。

记了又抹掉，抹掉了又记。他所写的一字一句都充满着他那热爱祖国的心情；他绘出了光复祖国的宏伟蓝图。

不是在书斋或研究室，而是在斗争中，在经受艰苦的考验中，他作了这样明确的朝鲜革命的伟大构思，写出了深刻而独创的革命理论。

当时，那些不相信自己力量的人们，关在小屋里呼喊什么“世界革命”，而把朝鲜革命搁在一边，愚昧的教条主义者梦呓般地说什么“朝鲜革命应该是社会主义革命”；我们三千万同胞处在水深火热之中，但逃避革命、贪图安逸、善于处世的所谓“志士”们，却把小胡同里的酒吧间当作自己的巢穴；一些不三不四的人像念经似地高唱着“内鲜一体”“同祖同根”等葬送曲。朝鲜正处在这种窒息状态的时候，惟有金日成同志，明确地瞻望到了我们祖国的将来。

他历经艰巨的斗争和艰苦的考验，通过严峻的血的教训和经验，高瞻远瞩，清楚地看见了独立了的民主朝鲜、民主革命取得胜利的祖国的将来。

他清楚地知道，肩负着灿烂的祖国未来的，不是别人，而是朝鲜革命家——真正的朝鲜儿女们。他还明确地知道，朝鲜革命必须由朝鲜人自己自主地完成。

因此，他不怕困难，不顾疲劳，毫不畏惧，不眠不休，一直为朝鲜革命的前途，作了构思。

金日成同志的这一构思，通过在安图县迷魂阵召开的会议，经过整理更加成熟，到抚松县东岗会议时便光辉地得到了完成。

他的光复祖国的伟大构思和深刻而创造性的理论，通过东岗会议公布于世。

曾在1936年5月1日召开的历时十五天的东岗会议，对金日成同志曾在南湖头会议上提出的战略方针进一步具体化的问题以及执行该会议决议的实际问题，进行了讨论。

在会上讨论的第一个问题，是联系到朝鲜人民革命军挺进到国境地区，建立新的游击根据地的问题。

这是自主地解决朝鲜革命事业中的一系列问题的极其重要的实际问题。如果不接近国内，以武装打击敌人，不提高人民气势，不广泛组织和启发群众，那末，光复祖国的伟大构思和纲领，就不能得到实现。这一神圣而又重大任务，就落在以金日成同志为首的朝鲜共产党人的双肩上。

但是，当时并不是所有的同志都明确地认识到这一新的方针的正确性和英明性。

当时，根据1935年腰营沟会议鉴于当时的局势作出的决定，解散从前固定的东满游击根据地，把武装斗争扩大到更广大的地区开始取得巨大的成就，因此，就在这个时期重新提出建立新的游击根据地的问题，对一部分同志来说，实在是意想不到的事情。

金日成同志对这个问题说过大致如下的话：

……过去，建立在东满地区的游击根据地——解放区，在朝鲜共产党人扩大和加强抗日武装队伍，团结反日群众这个方面，起了很大的作用。

我们曾在地理上有利于我们用微弱的武装力量，保卫自己的根据地、而敌人用现代武装力量也难以攻克的地区，建立游击根据地，以武装力量保卫了游击根据地和革命群众，并给了敌人以沉重的打击。……

金日成同志强调指出东满游击根据地所起的巨大作用之后，继续说了大致如下的话：

……在敌人到处大量屠杀群众，疯狂地企图消灭我们革命力量的那个时期，我们选择有利于防御的森林地区，建立了固定的游击根据地——解放区，来保存并扩大了革命力量，保卫了人民。这是非常正确的，也是为革命的发展迫切需要的。

但是，现在敌人一面采取动员好几万大军来封锁游击队的活动，并加以围歼的战术，另一方面设立“集团部落”，威胁和恐吓革命意识薄弱的群众，实行所谓“归顺”政策。

在这样的情况下，要坚持固定的游击根据地，就意味着自行灭亡。我们为了展开更大规模的决战，为了保存和加强我们的力量，不断地给敌人以沉重的打击，便解散了东满根据地，向广阔的地区挺进了。

……但是，鉴于今天的情况，必须建立新型的游击根据地，因为从目前敌我之间新的力量对比和战略战术上来看，不但不能用过去的方法和形式建立根据地，而且再也不需要那种做法。

现在我们所需要的新型的游击根据地，必须是这样的地区：首先有利于全面组织和领导朝鲜革命运动，并且能够随意游动，在广大地区自由地展开游击活动。以白头山为中心的鸭绿江和豆满江沿岸的朝鲜北部地区以及长白县、临江县、抚松县一带，正是合乎这种条件的地区。

我们要把这一地区的大森林做为自然要塞，建立密营地，并且要在属于这一地区内的敌人统治区的人民群众中，广泛地成立秘密的地下革命组织。

做到了这些，新的游击根据地就将依靠有利的白头密林地区和秘密的地方革命组织得到巩固，成为攻不破的要塞。我们将占据这一根据地，依靠革命组织，深入到国内各地，燃起抗日武装斗争的烈火。

这就是说，以白头山为中心建立的这个根据地，将会变为名副其实的朝鲜革命的堡垒。

我们将活跃在这一带峻岭上，运用以整化零，以零化整的战术，灵活地指挥部队，使敌人陷于束手无策的境地。……

金日成同志继续说，如果我们游击队用这个天然要塞和广大的秘密组织网，筑成一道长城，灵活地运用神出鬼没的游击战术的话，那末，即使是大肆自夸为“无敌皇军”的日本帝国主义的大炮和机关枪、飞机、炸弹，也将无法摧毁我们的革命要塞，而我们在全面组织并领导朝鲜革命的事业中，将会取得更大的成就。全体与会者听了金日成同志的教诲之后就感到所有问题都迎刃而解，并且有了坚定的信心，清楚地看到了前进的道路。那些最初对建立新的游击根据地的意义还没有弄清的同志们，也都认清了这才是自主地解决朝鲜革命问题的、朝鲜共产党人有主见地把革命实践推进一步的办法。因此，全体与会者对此一致表示了赞成。

其次，会上讨论了成立祖国光复会的问题。

金日成同志把自己在艰苦的行军和紧张的战斗环境中呕尽心血亲身草拟的有历史意义的祖国光复会十大纲领和祖国光复会成立宣言，提交会议做最后的审议。

祖国光复会的十大纲领，像一面镜子，明确地反映了朝鲜的现实和革命的前途。它以马克思列宁主义的观点，深刻地分析了三十年代的革命形势和我国的社会经济条件以及各阶级的相互关系，规定了朝鲜革命的性质和任务，以及战略战术原则。它完全符合于工人、农民等劳动群众的根本利益和各阶层爱国人民共同的民族利益。

全体与会者，在朝鲜历史上，第一次清楚地看到了马克思列宁主义的灿烂阳光照亮了朝鲜革命的前途。他们心里很激动，他们有了自负心，他们感到高兴，因为朝鲜人民和朝鲜共产党人从此就有了自己的明确纲领，看到了革命的胜利前途，能够大踏步走革命大道。在这条道路上，将会有暂时的、局部的失败，也会有困难和牺牲。但是，如今他们已经有了一定的目标，能够在任何困难的环境中毫不动摇，毫不失望地勇往直前。他们清楚地看到了一个民主、独立的国家——朝鲜。在这里，全体人民将享有平等的权利，成为政权和国家的堂堂的主人，做愉快的劳动，过幸福的生活。

全体与会者以热烈的赞同一致通过了朝鲜革命的伟大纲领——祖国光复会的十大纲领。

对于祖国光复会成立宣言进行的讨论，也同样打动了与会者的心弦。

祖国光复会成立宣言，倾吐朝鲜人民悲愤的心情说：……我们民族祖祖辈辈、世世代代珍视并使它繁荣的祖国三千里锦绣江山，遭到日本帝国主义强盗的侵略，聪慧的朝鲜民族沦为他们的奴隶，受到压迫和剥削。它并强调指出，和过去一样，现在朝鲜民族的心怀里仍然燃烧着爱国思想和渴望独立的愿望。在祖国光复会成立宣言充沛着誓死争取独立的热血沸腾的豪迈的精神。这打动了与会者们的心弦。

……在朝鲜亡国时，对此情愿甘心的只是一小撮乙巳五贼(1905 年同日本帝国主义缔结卖国条约起主导作用的李朝政府外部大臣朴齐纯、学部大臣李完用等五个卖国奴——编者)；而全体人民则展开义兵运动，反对日本帝国主义强盗进行了斗争；通过三·一运动和广泛的罢工斗争，尤其通过光辉灿烂的抗日武装斗争，朝鲜人民继续反对日本帝国主义进行斗争，正在取得胜利；各阶层爱国志士在国内国外各地进行着浴血的爱国斗争。这个以激昂的语调叙述我们民族光荣的反日斗争历史的部分，使所有的人都满怀民族的骄傲和自负心，充沛火热的斗争精神。

……只要是朝鲜民族，不管哪一阶层，不分一切差别，有钱出钱，有粮出粮，有技术和力量就献出技术和力量，两千三百万民众团结一致，以实际行动参加反日祖国光复战线，那末，一定会争取祖国的独立和解放。……

这样，这个宣言表明了胜利信心，宣布了祖国光复会的成立，最后热烈号召人们都参加反日民族统一战线组织——祖国光复会为争取朝鲜的独立进行斗争。宣言的最后这一部分，更加激起了人们的斗争意志和民族良心。

全场以热烈的赞同一致通过了祖国光复会成立宣言。之后，会上讨论了以谁的名义发表这个宣言的问题。

全体与会者一致要求以金日成同志的名义发表这个宣言，然而金日成同志谦让，说了大意如下的话：

……祖国光复会既然要集中全体朝鲜人民的一切反日力量，所以需要带民族形式。因此，最好要以自从义兵运动或三·一运动时期参加朝鲜独立运动的、有威望的，年纪也比较大的同志为发起人。……

全体与会者，虽然充分考虑了他的意见，但是，都一致认为再也找不到像金日成同志那样在朝鲜民族的各阶层人民中有威望的、能够领导全体民族前进的人。

结果，在会议进行中的 1936 年 5 月 5 日，金日成同志以金东明的假名，发表了祖国光复会成立宣言。

与此同时，会上还把金日成同志推举为祖国光复会会长，并发表了祖国光复会的十大纲领。

金日成同志以祖国光复会会长的身份，对于祖国光复会的成立意义和今后如何扩大和加强它的组织网等问题，作了大意如下的教导：

……祖国光复会的成立，在朝鲜人民的反日民族解放斗争中将具有巨大的意义，进而它做为国际反法西斯人民阵线运动的一环，将起很大的作用。

我们必须从各方面扩大祖国光复会的组织网，并要把广泛的反日力量紧密地团结在武装队伍的周围。

在这里，我们不要忘记的是，首先要加强共产党人和工人阶级队伍的组织及思想上的团结，提高他们在统一战线内的领导作用，与此同时，应在各阶层人民群众中深入宣传祖国光复会的纲领。为此，要周密地考虑各地区居民的特性。……

金日成同志强调指出，要根据各地居民的特点，慎重地考虑进行这项工作用秘密的方式好，还是用公开的方式好，然后，在这种考虑的基础上组织祖国光复会，并扩大和加强它。他还继续说，在中国东北一带朝鲜人居住地区和朝鲜国内，组织祖国光复会，扩大和加强它的组织网时，有些问题我们须要做慎重的考虑。他接着做了大致如下的教导：

……首先不要把这个组织的名称一律固定为一个，而应区别社会主义启蒙运动发展的地区和民族主义运动发展的地区。这样，在有些地区，要以祖国光复会的名称组织，在另一些地方则要用民族解放同盟或反日同盟等各种名称组织。……

金日成同志再三强调：在扩大和加强统一战线组织网的工作中，要正确而熟练地进行对工人阶级和农民群众等各阶层群众的工作。特别是他科学地分析朝鲜社会复杂的政治社会特征，并举出具体的例子，指教了对各阶层群众的工作方向和方法。

他举出对民族主义者的工作的例子教导说：

我们要善于区分民族主义者的上层和下层群众。在属于上层的人中，也要严格地区别较有希望，力求进步的人和不是这样的人。

如果不区别他们，而把他们一样看待的话，我们就可能失掉那些能够同我们携手前进的人。

这是重大的损失。因此，对那些被认为是可以携手前进的人，我们必须有意识地接近他们，耐心地向他们进行说服和教育。

我想，最好先给他们介绍过去在朝鲜进行过爱国斗争的志士们，这样开始，逐渐鼓舞他们自己所怀有的反日感情。这样，一方面使他们自己抱着民族的自豪，自愿参加祖国光复会，另一方面，我们共产党人要以自己的模范行为，不断地给他们影响，使他们自己憎恨叛变的民族主义者。

这样做，他们自己就会自然而然地认识到我们共产党人才是真心的爱国者。……

对于宗教人的工作，他教导说：

……宗教就像鸦片一样。鸦片，可不是一两天能戒的。宗教人相信自己信仰的教理是“真理”,想要为它贡献自己的一生。这就像有鸦片瘾的人,没有鸦片,就一天也受不了。

如果对这样的人,想一下劈开树疙瘩,说宗教是迷信,那会造成什么情况呢?他们会马上低头合眼向天祷告:“上帝,让我摆脱魔鬼和妖怪的纠缠吧!”

要让他们在一朝一夕,抛掉已经长年累月根深蒂固的信仰,是真的愚蠢的事。

因此,我们必须把重点放在唤起他们民族自负心这一方面。对于工作对象,我想不要找他们的上层,而是找下层普通的教徒,特别是先找感受力强的青年们比较好。我们要给他们讲:教徒也要有祖国,殖民地的教徒们,实际上连信仰自由都没有,只有祖国独立,信仰的自由也才能得到保障。

对基督教徒要讲,在日寇强占朝鲜以后,有民族良心的耶稣教徒们,曾经为朝鲜的独立如何勇敢地进行了斗争;对佛教徒则要讲,在壬辰卫国战争时期,像西山大师、泗溟堂等许多爱国僧侣,为保卫祖国,反对日本侵略者而英勇善战的事迹。

对天道教徒要讲,由全琫准掀起的农民起义(甲午农民战争)和天道教徒们进行的反日运动;对大倧教人则要讲,我们具有四千年光辉历史的白衣民族,哪能在小日本鬼子的虐政下,受着非人的虐待和蔑视而过下去的道理,启发他们的民族义愤。

这样要大力展开组织工作,即使是宗教人,也要把他们逐渐团结在反日民族统一战线周围。……

当时在朝鲜国内,由于各种宗教传播到黄海道、平安道等许多地区,不少的人和宗教有关系。金日成同志根据这种实际情况,强调指出:把有良心的教徒吸收反日民族统一战线,是朝鲜共产党人所面临的重要任务之一。

金日成同志接着对于同妇女、青年、儿童的工作和同其他各种反日部队的工作中需要注意的问题及其工作方法,做了具体的教导。

金日成同志接着强调说,在扩大和加强祖国光复会组织网的工作中,要广泛利用敌人承认的合法的组织和团体,并对于在合法团体里要做的具体的工作方法说:

……夜校、运动会、亲睦会、学校后援会、宗教团体和农村振兴会等是不消说,甚至敌人制造的反动团体也要积极地加以利用。共产党人要深入到这些团体的下层群众中去,通过耐心的解释和说服,逐渐给予他们影响,使他们认清自己的民族处境,提高阶级觉悟,参加反日民族统一战线。

这种工作是极其艰巨而需要慎重对待的工作,因此,不要忘记像在过去的革命历史中所看到的那样，因一时的过失而泄漏组织的秘密的血的教训，一时也不要松懈革命的警惕。……

金日成同志在谈到反日民族统一战线工作时，还强调指出了在更高的水平上进一步广泛地展开对群众的政治宣传工作的必要性，并且对非合法的宣传鼓动工作中需要遵守的几项原则问题，做了教导。

他首先对宣传鼓动工作的方法说了大意如下的话：

……为了使我们的宣传鼓动工作掌握群众的心，应当怎样做呢？首先重要的是，宣传工作者本身要具体地了解宣传对象的实际情况和特征。如果不了解对象，或者了解得不够，宣传鼓动工作就难免主观主义、形式主义，并且这种宣传鼓动工作，不会给我们任何帮助。

口头宣传、宣传文、直观刊物、报纸、周刊出版物或月刊杂志等，都要意思清楚，内容丰富。

罗列那些难懂累赘的话，是不行的。即使是一张没有几个字的宣传文，如果它为人民容易理解，又能打动人心的话，那末，它就会比几千张内容不充实、字句又累赘的宣传文更有力量。尤其是因为我们的工作是极其秘密地进行的，所以，那些携带不便和内容啰嗦的宣传文，是从哪一个角度上来看，也是要不得的。……

金日成同志接着谈到了宣传鼓动工作的内容，并对在党内和革命军队内以及在广泛的反日群众中进行宣传鼓动工作的内容，分别指出了其方向。

……在党内和革命军内部，要着重地宣传我们基于马克思列宁主义的战略战术原则，对革命群众的领导和工作方法，有关建设党和革命组织的理论，以及反日民族统一战线的成立和党对它的领导等问题。

其次，在对反日群众的宣传工作方面，要根据各阶层人民的实际情况，深入解释祖国光复会十大纲领的内容。与此同时，要宣传苏联的社会主义建设成就和它的威力，使人们支持和拥护苏联，坚定对革命的胜利信心。

在工农群众和革命知识分子中进行阶级教育和灌输科学的社会主义思想，也是很重要的。只有这样做，我们才能保障无产阶级在反日民族统一战线内的领导作用。……

金日成同志的这个关于组织和扩大反日民族统一战线组织——祖国光复会问题的英明而具体的教导，以及祖国光复会十大纲领和祖国光复会成立宣言，是全面显示朝鲜革命前途的宏伟的画图，直到其细节内容，它明确地指出得了如指掌。

参加会议的人们对金日成同志的卓越的马克思列宁主义的见解和英明

性，他对朝鲜社会的政治和阶级关系的正确的分析和深刻的洞察，他的热烈的爱国主义思想，都不能不一再表示敬佩。

参加会议的人们都为朝鲜人民有自己的英明的革命领袖而感到骄傲和自豪，并抱着对革命胜利的坚定的信心，热烈地赞同了金日成同志的关于组织祖国光复会的战略方针。

会上最后对在朝鲜创建马克思列宁主义党的问题，进行了具体的讨论。

以金日成同志为首的朝鲜共产党人，从抗日武装斗争的初期，就为了肃清朝鲜共产主义运动中成为痼疾的宗派分子的派别斗争的余毒，肃清想要依靠人家的那种缺乏自主性的思想残余，加强朝鲜共产党人队伍的统一团结，培养和加强共产主义的领导核心，展开了坚持不懈的斗争。

二十世纪三十年代初期，由于宗派分子和狭隘的民族主义者的"左"倾冒险主义，驱使群众掀起徒劳无益的暴动，使革命遭受了损失；1933 年以后，由于宗派分子们的阴谋，反"民生团"斗争展开得过"左"，因而朝鲜共产主义运动受到了重大的损失。……金日成同志经受这种接连不断的严重考验，坚持作为朝鲜共产党人的主见和自主性，挽救了革命的危机，培养和锻炼了领导核心。

正因为这样，共产国际也对金日成同志的建党方针和朝鲜共产党人的工作给予了肯定的评价，鼓舞和勉励他们在朝鲜迅速促进建党工作。

在这种条件下，会上讨论了把金日成同志在南湖头会议上提出的建党方针更加具体化的问题。

会上，金日成同志对如何进行具体的建党准备工作的问题，做了明确的指示。

他首先强调要巩固和加强共产主义骨干，作了大致如下的教导：

……要建党，就需要一定的组织骨干。而这个组织骨干是由实际斗争中受到锻炼和考验的共产主义领导核心组成的，因此，我们共产党人要进一步促进为扩大和加强成为建党基础的领导核心队伍的工作。……

金日成同志接着强调，要不断扩大和加强党的组织。他说：

……我们要更多地吸收在游击斗争和反日革命斗争中受到锻炼和考验的工人、农民和革命知识分子中的先进分子加入党，以不断地扩大和加强党的组织。这个工作不仅要在游击队内和中国东北一带进行，而且也要进入国内积极展开。

直到现在，我们还没有在国内的先进工人阶级、农民和知识分子中做好这项工作。因此，我们首先要在国内布置党的组织网，坚决克服过去在国内共产主义运动中成为痼疾的宗派主义和“左”倾和右倾的偏向，从组织上集结国内的共产党人……

金日成同志接着强调，要把集结起来的党员培养和锻炼成为不屈不挠的革命战士。还教导说，要组织党的工作委员会，以便对将在国内组织的党组织和建党工作进行统一的领导。

他的关于建党准备的教导，特别是关于在国内组织党的组织，把它扩大和加强起来，奠定将要创建的马克思列宁主义党的组织基础的明确而英明的方针，受到了全场一致的支持。

会上还讨论了关于改编朝鲜人民革命军组织的问题。金日成同志对这个问题的建议——要有效地保障朝鲜革命，来为国际革命做出贡献的这个有主体的主张，受到了朝中革命同志们的一致支持和赞扬。

在东岗会议上，由金日成同志提出的关于朝鲜革命的伟大的纲领性方针，不仅给二十世纪三十年代朝鲜革命发展带来了一个大转变，而且明确地指明了革命胜利后朝鲜人民必须走的民主发展的道路。

根据这个方针，朝鲜人民革命军部队，在朝鲜国境地带建立新的游击根据地，在国内和长白地区扩大和加强党的组织，广泛地展开成立祖国光复会、民族解放同盟等反日民族统一战线的工作，全面地掌握和领导朝鲜革命运动，掀起了革命大高潮。

在长白县内建立上岗区、中岗区、下岗区等革命地区，仅在这里，就把几万群众吸收到祖国光复会。不仅如此，在国内也把成千上万的反日群众集结到朝鲜民族解放同盟和反日同盟等组织，在拥有广大群众的地盘上，展开了反日革命斗争。

正因为金日成同志提出了伟大的纲领，朝鲜人民才能明确地看到了祖国的前途，并且看到在普天堡高高举起的光复祖国的火炬，以及人民革命军在国境地带的连战连捷，就抱着革命一定胜利的坚定不移的信心和骄傲，像燎原之火，投进了反日战线。

金日成同志的这个纲领性方针，在我们革命历史上写下了光辉灿烂的二十世纪三十年代的光荣的一页，开辟了朝鲜民族引以无比自豪的时代。

正因为有了这样伟大的纲领，朝鲜共产党人才能在那样艰苦而长期的抗日武装斗争中，展开了不屈不挠的斗争，迎接了祖国光复的光明的日子，正因为有了这样科学的战略战术的基础，朝鲜人民才能在解放后顺利而胜利地进行了新社会的建设。

在刚刚解放后，反党宗派分子、异己分子、地方割据主义者、革命的叛变分子等不三不四的人都披着爱国者、领导者的外衣而出现了，在这种复杂的形势下，我们之所以能够创建和巩固光荣的我们党，我们之所以能够把真正的人民政权紧紧掌握在自己手里，遵循基于祖国光复会十大纲领的二十条政纲，能为胜利地实行各项民主改革，带来了今天社会主义建设的丰硕果实，都是由于有了像金日成同志这样伟大领袖的英明领导，由于在他的领导下，共产党人已在二十世纪三十年代就有了伟大的纲领，并且在长期的抗日武装斗争中奠定了坚如磐石的地盘。

［原载于《争取人民的自由和解放》(1)，朝鲜外国文出版社(平壤)，1963 年］

# 温暖的关怀

[朝鲜]金东圭

1936年1月,我在扒犁沟战斗中负了伤后,被送到大针厂密营的军部医院。大针厂密营是二军的后方密营,那里有军部医院和兵工厂等后方设施。

我在那里受了五个多月的治疗,在这一期间,我那曾经被子弹打穿而晃晃悠悠的右胳臂,由于军医尽心的治疗,不仅可以动弹,而且伤口上也长出了新肉。于是,我一心要回到战斗部队,眼巴巴地等待着上级的指示。

五月,在这苍苍郁郁的密林里,也已是春意盎然。一天,我终于接到了上级的指示。上级分配我到由金日成同志率领的第六师去。

接到这个好消息后,我心花怒放,简直不能自持了。

我想今后就可以在敬慕已久的金日成同志的指挥下作战了。这使我无限高兴,立即作好了出发的准备。

我们同行的共有六个人。其中崔景石同志是曾在六师作战时受了伤来住院的;金贞淑和崔嬉淑两同志是这次被调到六师缝纫队去的。

由于粮食很困难,我们在离开大针厂密营之前,先弄了一些口粮,以后向着六师活动过的抚松方面出发了。我们的路又远又险峻,但谁也没有叫一声苦。

我们克服困难,一步一步地向前赶。我们只有一个念头:尽早赶到金日成同志率领的部队里去。离开了密营几天后的一个下午,我觉得浑身发烧,头疼得很厉害。可是,我怕同志们发觉后担心,硬不表现出来,忍着疼痛跟着同志们走。不过走着走着就觉得眼前发黑,两腿也开始直打哆嗦。

没有走多远,我便倒下来了。原来,我得了恶性伤寒病。我觉得眼前一团黑。病给我的痛苦姑且不说,单是想到自己会耽搁急于赶路的同志们,心里就说不出的难过。

我暗自决心,无论如何也不能耽搁同志们,我瞒着同志们说:没有什么,我被树枝绊倒了。可是，没有挪动几步，我又踉跄地跌倒了。

同志们叹了口气把我搀起来。在深山老林里，又断了口粮，除了早点找部队去以外，就没有别的办法。

同志们不是不知道伤寒病会传染，可是他们都争先背着我走，并且尽心尽意地看护我。

即使是吃同样的野菜，金贞淑等女同志也特地给我单煮，她们细心挑选又嫩又好吃的给我。偶而遇到小溪，他们摸了点蝲蛄，都说这可以当药，给我一个人吃。

苦难的日子这样一天一天地过去，可是天又下起了倾盆大雨。真是祸不单行，我的病开始传染给别的同志。崔景石同志常说只顾自己的身体怎么能救出同志呢，他一时也不离我身边地看护我，所以他也躺下来了。

接着连在八道沟金矿入伍的姜同志也病了。这样一来，我们只好停止行军，就在山中搭起草篷停留了下来。

我们几个病号都咂着烧裂了的嘴唇，一个劲儿要冷水喝。这一天早晨，为了弄一点粮食，同志们满心焦灼地看了看我们病号，都从草篷里出去了。他们原想:那怕遇到一座烧木炭的窝棚，也有可能寻点米粒回来。

然而事与愿违，他们离开草篷不久，都急急忙忙地回来了。他们在我们住的山坡下发现了“讨伐队”。我们需要赶紧转移。没有病的同志们扶着、背着我们几个走不动的病号，艰难地穿过林子走了一整天，好容易避开了敌人。那时候，不用说病号，就是没有病的同志也都累得不能动弹了。

连续一个星期没有吃到半粒米的同志们个个都面色苍白，而且有些浮肿。

很显然，如果再这样下去，过不几天，我们就会在这山里无人知晓地活活饿死。

“我们不能这样老是坐着不动！应该想办法去找部队。”

这种想法在我的脑子里强烈地打旋。唯一的方法是尽早把我们的情况通知部队。

我们经过种种考虑后，就决定派唯一还没有病倒的一个中国男同志去找部队联系。就在这时，不知从哪里传来了“唰唰”的声音。

我们个个都侧耳细听，注视前方。分明是往我们这边逼近着的脚步声。我们断定，准是“讨伐队”摸上来了。“死也不能白死，拼！”同志们脸上都露出不怕悲壮牺牲的决心。我们都提起了枪，退了保险装置。

可是，忽然出现在我们面前的却是两头大牛。

这实在太出乎我们意料之外了，我们都面面相觑，怀疑自己的眼睛。

然而，出现在面前的确实是两头大牛。在这山中哪里来的牛呢？……

正在怀疑不解的时候，手里握着缰绳的人紧跟着牛出现在我们的面前。

“是自己人！”金贞淑同志这样喊着跑上前去。

“找了半天原来在这里呀！”那个同志是六师的通讯员，他丢掉缰绳，跑上来一把拥抱了我们。

“金日成师长叫我来找你们的。”

“……？”

“师长同志怎么会……？”

我们以为他是去完成通讯联络任务的，可是经他这么一说，大家都觉得太意外，呆呆地望着通讯员的面孔。

通讯员从牛背上卸下一袋子白面，然后向我们述说了如下的一段话。

金日成同志从军部通讯员那里，听到了我们这一行人离开大针厂密营找六师的消息。预定的日期早已过去了，可是总不见我们到来。这使金日成同志非常不安。有一天，他便把司令部通讯员叫来说：

“一定出了什么事啦。我想，他们大概不清楚我们的行踪，他们是带病上路的，可能路上伤口复发，在哪一个岩石底下，或在哪一个草丛里受苦呢。”

金日成同志便指示这位熟悉这一带的通讯员来找我们，并且具体地嘱咐他，如果我们的病势十分危急，就把我们先安置在一个农民家里养一养病。

听了这段话，我们为金日成同志的温暖的关怀所感动，说不出一句话来。

通讯员在半路上碰见了出去搞粮食回队的同志，从他那里牵来了这两头牛。他觉得这两头牛可能对我们很有用处。

我们就这样在这里停留了几天，吃着金日成同志送来的粮食，恢复了体力以后，让病号同志骑上牛重新启程了。

过了几天，通讯员把我们带到了金日成同志指定的一个农民家里。

那家的房子孤零零地立在一个没有其他居民的地方。

主人姜老人特地在山中盖了一个草篷，把我们安置在那里，细心地看护我们。

自从我们到达那里以后，姜老人就把家里的事情交给了儿子，自己全心全意地为我们辛苦。我们非常感激老人，而且觉得他家境贫寒，光顾我们养病是不行的。有一天，我们劝姜老人说：“我们的病已经过了关，请您放心出去忙农活吧。”

“金日成将军如金玉般珍惜你们，我照顾你们怎么能疏忽怠慢呢。”姜老人根本不听我们的劝告。他告诉了我们这样一件事：

前几天，姜老人的儿子（他受第六师的委托，负责给部队供应必要的物资）到了第六师。那时，金日成同志告诉他说，最近两天会有几个游击队员到他们家里去，他们也许是病号。

金日成同志还给了他些买粮买药的钱，并托他们父子俩好好看护。

受到金日成同志的委托，姜老人感到万分自豪和荣幸。后来他常常和我们说，伤寒病是过了关以后也得好好养一阵，不然就不能很快恢复健康。他几乎每天都绑紧鞋带，到山上山下，整天寻找蜂窝，顿顿给我们泡蜂蜜水喝。姜老人还懂得医术，所以他每天早晨给我们扎针；晚间出去放夜钩钓鱼，每天煮汤饭给我们吃。他老人家恨不得我们早些恢复健康。

由于金日成同志无微不至的关怀和姜老人的真诚努力，我们的健康也就渐渐恢复起来了。不久崔景石同志和姜同志回到了部队，只有我一个人留下来。

世上没有比离开部队、离开战友更难过的事。尤其那时候是留在敌后，危险总是跟在身边。又没有望风放哨的人，所以说不定什么时候会发生预料不到的事情。

然而，我在金日成同志的温暖关怀下，就像在他身边一样，并没有感到什么孤独。

当时部队的粮食情况那样困难，可是金日成同志怕我病后食欲不振，多次派通讯员给我送来白面、沙糖什么的，向我问候。还要通讯员转告我：别以为是在山里就疏忽大意，要经常注意敌情；如果有敌情，天气不怎么冷，就睡在外头，不要睡在草篷里。告诉我注意的事项里，还有伤寒病千万不能喝冷水等等。

我的健康也一天天地好起来了。我每天爬山，锻炼腿力，准备再过一两天就要起程去找部队。

正在打这种主意的时候，金日成同志派了一个游击队员来把我接去了。

金日成同志这样珍惜一个普通的队员。我为他的这种热爱深受感动，一路上止不住地流泪。

到达部队，我立刻去见金日成同志。一见到他，我脑海里就立刻浮现出离开大针厂军部医院以后，整整两个月期间所经历过的苦难的日日夜夜。

当我报告平安无事地到达时，金日成同志便满面笑容地走过来，紧紧地握着我的手说："辛苦啦！很累了吧？"

他把我上下打量着问："病已经好了吗？姜老人给你治得好不好？现在你

吃饭香不香？部队出发能不能跟上哪？”

“师长同志！现在我完全好啦。给我任务吧，无论什么任务都行！”我按捺不住要参加战斗的心情，便这样回答道。

金日成同志向我说：这次部队要出发到长白地区，敌情很紧，脱离部队就有危险。接着说把我暂时编入第七联队，要我克服困难，跟着部队行军。至于工作任务，他说待我身体完全恢复健康时再说。

他还当场叫来七联队长，指示他发给我一套新军服，在行军中不要让我背沉重的行李，一路上要多多照顾。

“金日成同志多么好啊！”我打心坎里敬爱他。

人们常说，做大事的人往往顾不到小事。

那末，那里还有比他做的事更大的人呢？

老实说，从前我只知道金日成同志是个卓越的名将，每一战斗必定歼灭大批敌人。而在回部队的整整两个月的艰苦行军中，我才深深体验到他是如何地经常关心每一个战士的身体好否和工作是否吃力。

这段故事只不过是关于他的许多值得歌颂的故事中我所亲身体验的一个罢了。

凡是在他的指挥下经历了艰苦的十五年抗日武装斗争的同志，谁没有这样难忘的故事呢！

我毫不怀疑地说：“伟大的领袖，真正的人民的领导者，是不分事情大小都做的。”

这就是我在二十六年前(此文写于1962年——译者注)见到金日成同志后感觉到的一个坚定不移的信念。

［原载于《争取人民的自由和解放》(1)，朝鲜外国文出版社(平壤)，1963年］

# 和女队员们的谈话

[朝鲜]金明华

1936 年夏天，我所属的部队正在抚松县某地活动。有一天，我和几个同志陪金日成师长在一所小草房里休息一会儿。草房里住着一对年轻的中国夫妇。他俩对我们表示欢迎，让我们进了低矮的屋子。

在这里，我们一面休息，一面等候去做地方工作的同志们回来。

傍晚时，在屋外干活的主人，进厨房里准备晚饭，又出去挑水，进进出出地忙碌着。

可是，他的妻子却坐在炕角上，一个劲儿补她的破衣服。看样子，她很少到大门外，最多也不过起身开开房门，或到院子里走走。

她的脸色苍白；她的小脚尖得像个烙铁一样，走起路来蹒蹒跚跚的。

我们在辽阔的中国东北，并不是第一次看到缠足的妇女。但是，这天在这个温暖的屋里，看着这位中国女人，特别感到凄恻。

……她的脚缠得这么紧，该多么疼，又该多么羡慕任意跑跑跳跳的人！……

她那不自如的样子，使我好似看到了所有在封建束缚中受苦受难的妇女的凄惨命运，不觉心里难受。

“你们看到这位妇女有什么感想？这是多么矛盾、多么不幸的事情啊！”

我心里本来不好受，可是，师长这样一问，我一时倒想不出怎样回答才好。

师长看着我们低声说道：

……连出入都不能随心如意，还有什么自由？这样活着有什么快乐和价值？我们不能认为这仅仅是说明一个中国妇女悲惨命运的现象，我们故乡的母亲和姐妹们的处境也并不比她好。她们在日本帝国义的统治和封建习惯的束缚下，也是处于无权和屈辱之中。

这是腐朽的旧社会的大症结。对妇女权利的侵犯，就是对整个人类社会和人权的侵犯。在旧社会制度下，全体人民都不能过幸福生活，为了争取全体人民的幸福和妇女的社会解放，就必须建设新的社会，必须把束缚在封建桎梏中的妇女解放出来。……

师长又谈起许多朝鲜妇女的悲惨生活：她们有的在贫穷的折磨下，不得不被人用几个钱买去；有的从小就给人家当童养媳，或者给财主家当丫头，受种种压迫和虐待。

听到这里，我脑海里立刻浮现出小时看到和听到的种种情况。在我成长的村子里，妇女也被封建习惯所束缚，甚至不能随便走出门外。

那时，我在家乡和邻村看到过不少贫穷无权的姑娘被当成商品，流着眼泪离开家乡到陌生的地方去。

我不禁痛恨有钱有势的人和剥削者。正是他们的压迫和残酷的暴行，制造出这种不幸。

在座的其他同志也都在沉思着。

妍淑当时还是个儿童团员。师长抚摸着她的头继续说道：

"……这么看来，你们多么幸福啊！肩上扛着枪，同男同志并肩作战……世上哪有比这还光荣的事！……"

听到他的话，我们都感到非常光荣，又感到责任重大，今后必须更好地战斗。

在我脑海里，又浮现出过去的情景，就像昨天的事情一样那么清晰。恶毒的日本鬼子杀害了我的丈夫，烧毁了我家的房子，我被迫离开了家乡。那时我还不懂什么，可是我向往祖国得到解放、妇女也能过幸福生活的那种新社会。关于妇女的解放问题，我在参加了游击队之后，通过同敌人打仗受到了锻炼和教育，才有了正确的认识。

师长夸奖我们几个女同志一直斗争得很好，并转过话头给我们说了如下内容的话：

……妇女为了争取自己的解放和权利而斗争，这固然是很重要的。我们现在进行斗争的目的之一，也正是这个。但是，如果妇女只强调自己的解放、权利和平等，而忘掉朝鲜妇女从古以来所具有的优美的品质，那就不好。

你们也都听过，春香出身虽然微贱，但她顽强地反抗当时社会的恶行，坚守了妇女的节操；沈清一心要使父亲睁开眼睛重见光明，投身于浪涛滚滚的大海。我们妇女应该坚持这种高尚的道德品质，有礼貌、衣着端正。妇女要像个妇女。言行有礼貌，打扮朴素，这有助于提高人的品格，能受到别人的尊敬和信任。

女同志们在这一点上也应该给地方人民做出很好的榜样。……

师长接着把自古做为“东方礼义之国”的朝鲜妇女所具有的优秀的道德品质,很有风趣地讲给我们听。

他利用短暂的休息时间,从妇女生活的一般问题,一直谈到我们女同志在游击队生活中应该遵守的具体事项。

师长对妇女的品性、礼节,以及打扮,还有缝纫队和炊事队的女同志们应当注意的问题,都做了恳切的指示。

我在炊事队和缝纫队已经工作了很长时间。金日成同志经常对我们在炊事队和缝纫队工作的同志说,你们应该成为战斗员的亲切的母亲。

我们把他的话牢牢地记在心里,把自己的工作当做重要的战斗任务,付出了全部力量。

在口粮断了的时候,虽说是用野草煮粥,我们炊事队的同志们也竭尽了一切诚意,还力求不误开饭的时间;在连续几天不见一粒粮的时候,我们为了保证第二天的伙食,哪怕是摘野草,采山菜,也必须在前一天晚上准备妥当后才合眼睡觉。

金日成同志很重视我们女同志的工作,一向对我们要求很高,指示我们应特别注意卫生和仪表。

我们牢牢记住师长的指教,努力贯彻他的指示。但是,经常有不遂心的事叫人伤脑筋。我们现在住的是自来水哗哗流淌、一切设备具全的新式住宅,过的是美满的生活,而那时经常连水都找不到。

风雪交加的严寒,在深山密林里,连烧饭的水都不够用,就得用雪擦脸。要不勤勉一点儿,晚上睡在篝火旁时落在脸上的炭灰也没法洗掉。

有一次发生了这样的事:有一个女同志被寒风冻破了手,她不好意思露着这双手端饭给同志们。

这时,师长召集我们女同志,先对我们在冷天里辛苦表示赞扬和道劳,还很和蔼地指示我们说,要多注意日常生活。

……再勤勉一点,就不至于冻破手。是否把手弄干净,这决不是一件小事。它关系到能不能叫同志们可心可口地吃饭,其结果还会影响同志们的战斗士气。

因此,首先要从思想上重视这个问题,这很重要。军装破了,要及时缝补,早起洗脸梳头等等,都不能马虎。这是生活上的秩序,同时还反映出同志们的精神状态。

衣帽端正的军队,都能严守纪律,战斗力也强。……

这些话使我们大为惭愧。师长在我们没有水而非常困难的时候，每天早起就扒开雪擦脸，并且严格地要求队员们及时理发和刮脸。从那以后，我们也天不亮就起来化雪洗脸洗手，然后才开始做饭。

饭后，我们又必须化雪擦洗碗筷。那时我们用大搪瓷盆煮饭烧汤，盆底免不了被烟熏黑，如果一天偷懒不擦就被熏得漆黑漆黑的。

但是，由于我们炊事队员们使完就用炭灰擦干净，盆和碗总是铮亮的。行军的时候，同志们看到我们背在背上的餐具，都夸奖我们说："好干净啊！只看这些东西也就馋啦……"

以后也一样，金日成同志经常深切关心我们女同志的生活。他说女同志在居民群众中很引人注目，指示我们要有几条换洗的裙子。缴获的物资中，如果有油膏或雪花膏之类的东西，一定分给我们女队员。

他的这种无微不至的关怀，经常鼓舞我们更加忠实地执行革命任务。

他对我们的关怀还不止这些。无论在战斗、行军和宿营地生活中，他一贯对我们女同志予以温暖的关怀。

因此，只要同师长在一起，那怕在冷风凛冽的深山里过夜，我们也感到暖和，就像在自己温暖的家里同爹娘一起生活一样。

那一天，我们也浸沉在这种温暖的心情里。我们为有这样的司令官而感到十分幸福，把他的每句话牢牢地记在心里了。

黄昏时分，我们才离开这家人。送我们的那对中国夫妻，满面流露着羡慕的神色。

我们回头望着他们，情不自禁地决心：要更积极地斗争，好让他们早日摆脱贫困无权的生活，享受新社会的幸福。

［原载于《争取人民的自由和解放》(1)，朝鲜外国文出版社(平壤)，1963 年］

# “要重视人民的利益”

[朝鲜]韩益洙

1936年10月下旬，我们这支由金日成师长领导的部队，驻扎在长白县二十道沟的尽头官房子，当时曾经发生过这样一件事。

有一天，到药水洞那边去搞副食品的两个同志，牵着一头油黑的公牛，满面喜色地回来了。

他们向上级汇报完之后，走到我们这群围着那头牛的人当中，告诉大家说：

“……我们两个人接受的任务是，到已经拔完菜的地里拣萝卜缨和白菜叶。

地里已经盖了一层雪，土也有些冻了，在那里拣萝卜缨和白菜叶，可真不容易。

我们这里那里到处找，不知不觉走到了药水洞附近，可是拾的菜还不够半背囊。我们知道这一点烧一顿汤都不够，哪能就这样回去呢？我们又到药水洞后沟的菜地里去拣。

可巧，药水洞的朴老汉和另外几个赶集回来的农民发现了我们。他们大概猜到我们是游击队员，都满脸堆笑地跑到我们面前来。眼尖的朴老汉一下看出我们在捡菜，就硬要拉我们进村子里去。

他们说，再没有办法也能找些干白菜和土豆给游击队做菜吃。

我们出发的时候，上级并没有指示我们到村子里去找菜，而且金日成同志的指示我们也记得很清楚。他经常指示我们不要麻烦老百姓，自己能够解决的就自己来解决。所以我们不肯进村。

朴老汉看我们坚决不肯，就和同来的那几个农民低声商量了一阵，然后把自己牵着的这头黑公牛的缰绳塞在我的手里，要我们牵回部队来。

我们被这个意外的事情弄呆了，再三推辞。可是，农民们异口同声地说：

‘这是药水洞人民的诚意，你们一定要收下。……’说着硬把缰绳塞在我手里，推我们快走。

这使我俩难住了。人民的这份盛意，实在难却，但是没有上级的指示，又不能随便把牛牵来！

这时候，我们的脑子里浮现出炊事员同志的脸，并且耳边仿佛响起他们的声音：‘怎么能让师长同志老是用盐巴下饭呢？’想到这个，我们就不再拒绝，把牛牵来了。”

听完他们的话，我们都万分感激朴老汉等药水洞人民对我们表示的盛情厚意。同时心里高兴：可要饱吃一顿牛肉了。

就在这个时候，金日成师长从屋里走出来。

我们都撂下活儿看着他。

他走到牛跟前，轻轻地摸摸牛背，端详着牛，仔仔细细地端详了好半天。这条背上膘挺厚的牛，鼻圈做的很讲究，笼头上还挂着铜铃和一串铜钱。笼头是用搓得很细的麻线做的，还很精巧地卷上了一层红布条，铜铃和铜钱都擦得贼亮……无论从那一点看来，都说明牛的主人有一双巧手，并且他非常爱惜这条牛。

师长离开牛旁，久久看着我们。

我们钉在那里，大家立刻感到：这事搞错了，违背了他的意图……

我们心里七上八下地急着想知道他怎么说。

“……等一会再做饭吧……”师长的语气很柔和，他招呼我们到前边来坐。

“……牛还给主人吧！……”他环视了我们一下说。这时我们也明白了，心想：哎呀！可真做错了！大家的脸都烧得通红，牵牛回来的那两个同志更是抬不起头。

他看到我们发窘，就谆谆告诉我们说：

“我要把牛还给主人，并不是我不接受人民的诚意，而是我认为这是我们这些热爱人民并且为人民服务的人应尽的本分。……”

师长停了一会儿，看了我们一下，又继续说：人民不惜一切帮助我们。这种诚意越使我们感激，我们就越应该体贴他们处在什么情况，越应该重视他们的利益。

他说：“药水洞民不惜自己仅有的一头牛，把它送给我们，他们的这种诚意是深厚的，我们应该感谢他们。

这两个同志牵着牛回来了。他们的心情也可以理解，他们不好谢绝人民的恳切要求。

即使这两个同志坚决拒绝，不把牛牵来，人民也总会想办法把牛送到我们这里来的。因为他们了解我们的情况。

人民这样热爱我们游击队，这样不惜一切地尽量帮助我们……可是我为什么主张把牛送回去呢？这是因为牛的主人非常爱惜这头牛，而且这头牛和药水洞人民的生活有很大关系。

你们看看这个牛的笼头和系在脖子上的铜铃、铜钱吧！那个铜铃一定是他家的传家宝；那串铜钱也可能是他家老奶奶出嫁时拴在绣花钱袋上的生平爱惜的东西。我们的母亲不也是往往把自己的铜钱拴在牛头上，表示对牛的爱惜吗！”

师长的这段恳切的话，使我们不禁想起了自己的父母和故乡的家。

我想起了种种情景：我那种庄稼的祖父为了买一头牛，用尽毕生的精力也未能如愿；我的父亲一辈子忍饥受冻，脊背都累弯了也没能买起一头牛。我还想起了我们家乡里的情景：象我们家一样贫苦的农民，辛勤劳动省吃俭用，好容易买到了一头牛犊子，就连自己的装饰品也给它戴上，非常爱惜它。

“……应该把牛送回去的另一个理由，是这头牛关系到他的主人和药水洞农民的生活问题。

这头牛，我想是他的主人的全部财产。药水洞全村也没有几头牛，因此，这头牛可能对药水洞全体农民的农事都有关系。

如果我们不考虑这种情况，只顾领受人民的诚意，就把这头牛宰了吃，那叫什么话呢？

从明天起，不消说牛的主人，就是药水洞的不少农民就该用人力来做本来由牛担负的农活儿。该由它拉的东西，就得由人用背来背，该由它翻耕的地，就得人用镐头和锄头来刨。如果是这样，农民会受多么大的苦啊！

如果是这样，我们领受了人民的诚意，会反而使他们受到很大的痛苦，使他们的生活陷于困难。”

这些话说明他多么深切地关怀人民，热爱人民，多么彻底了解人民的处境、维护人民的利益。

师长对人民的这种深厚的关怀，使我们深受感动。我们都感到一股热流涌上了心头。

我们自从为人民的自由和幸福而献身于革命的那一天起，一直到今天，不断得到他的教育。他教育我们要重视人民的利益。我们从未忘记过这一点，可是还是不能像他那样真正地关心人民。

“师长，我们违背了您的意图。违反了关心人民的那条群众纪律……请您处分我们吧！”那两个同志走上前去哽咽地说。

这两个同志没有考虑人民的利益和处境，只听农民的劝说牵着牛回来了。可是错了的不光是他们两个。刚才我们不是也忘记了人民的利益，只想把牛宰了饱吃一顿，忙来忙去找这个找那个吗？

有谁那样仔细地看过那精心做成的笼头和加意串起来的每一个铜钱？……谁想过一下农民没有这头牛就会有困难呢？

我们都感到自己缺乏革命家的素养，受到良心的苛责，不敢抬头。

师长看了看我们，然后很温和地说道：

“把牛送回去，这并不是为了责备你们的不对……我再强调一次，热爱人民，这是我们应尽的本分！”

那两个同志用坚定的语气说道：“师长！请您允许我们马上去把牛还给主人。”

师长听了这两个同志的话，表示很高兴：

“你们说得对，牛要赶快牵回去。伙食就用拣来的菜叶做吧。”

他这个命令一下，我们就都活跃起来，要去准备做饭。

师长摇手示意不让我们走，他说还有一点需要强调一下。接着说道：“不管在何时何地，不管处在多么不利的条件下，我们也不能忘记自己是人民的军队。不消说同敌人作战的时候这样，就是在帮助人民，或者是在受人民帮助的时候，也应该站在维护人民利益、真正帮助他们生活的立场上，考虑一切问题，然后去行动。

我们用草根树皮来充饥，忍受一切艰难困苦去同敌人作战，这都是为人民。我们宁肯挨饿也尽量不给人民添麻烦，这也就是因为我们爱护人民。人民也正因为了解这一点，所以才那样热爱我们，不惜一切地帮助我们。

要经常记住：如果我们不爱护人民，我们就得不到人民的热爱。……”

我们一边把“要爱护人民，要为人民的自由和幸福而斗争”这一共产党人的最高目的和义务一再铭刻在心，一边去准备做饭。

［原载于《争取人民的自由和解放》(1)，朝鲜外国文出版社(平壤)，1963 年］

# 地下工作的行动纲领

[朝鲜]李勋

1936年10月15日，这是我永远不会忘记的一天。

当时，我作为一个祖国光复会会员，在十九道沟做地下工作。就在这一天，我接到仰慕已久的金日成同志召我前去的通知。

这个消息来得太出我的意料之外了，使我愣了好一阵，不敢相信这是真的，还以为自己是在做梦呢。

我怎样也抑制不住满腔的激动，心花怒放地跟随专为来接我的游击队员走着。

我好久以来都想：如果金日成将军到长白来，我一定要争取见他一面。而现在就要见到他了，叫我怎么不兴奋呢？

"见到将军，先说什么好呢？……"我一面走，一面默默地寻思。和领路的游击队员赶了几十里路，才发现自己草鞋里的包脚布早被雪湿透了。

到达小岩村后，我被引到一个中国老人的家门前。

我推开门进到屋里，就见一位年青魁梧的人正和另一个人坐在一起。

我凭着直觉猜到他就是金日成将军。当时的激动和兴奋是难以形容的。

金日成同志紧握住我的手很高兴地说道："天气这么冷，你来时辛苦啦。"

我向他问了好，恭敬地靠门旁边坐下来。他连忙要我靠里坐，坐舒服一些。

随后，他笑咪咪地看看我，开始和我谈起来。

金日成同志先问了我家的生活情况，然后详详细细地问我村居民的生活情况、工作情况，以及敌人的动态等等。

金日成同志对待我就像对待弟弟一样亲切温暖，因此，在他的面前，我没有一点初次见面的那种生疏的感觉，象熟人见面一样，向他仔仔细细地报告了我村居民的生活情况和工作情况。

当时，我们通过组织，把十九道沟的“官房子”等九个村的村长，全都换上了阶级成分好、革命意志强的人。

另一方面，我们还展开了争取“山林采伐许可证”的斗争。这个斗争在安定十九道沟居民生活方面，有很大关系。

我们把这个斗争同扩大巩固革命组织的斗争密切结合了起来。

组织上早已估计到游击队可能挺进到长白地区来，一方面鼓励人民搞副业生产，另一方面，在小岩村修建了水碓房，不仅在精神上，而且在物质上为支援游击队做好了准备。

当时，除了我们十九道沟这座水碓房之外，附近再没有舂米的地方，因此，二十道沟等许多地方的居民，要舂米就得到小岩村来。我们决定把这个水碓房替人舂米后做为工钱收下的米全都送给游击队。

金日成同志听完我对于十九道沟人民生活和革命组织活动情况的汇报，表示非常满意。特别是对于我们在小岩村修建水碓房，组织人民进行副业生产，以及热诚支援游击队等等，他一再表示赞扬。

他还勉励我们说，为了使这样勤劳爱国的人民早日过好日子，我们应该对日本帝国主义及其走狗展开更加勇敢的斗争。

那天晚上，我跟着金日成同志到黑瞎子沟密营去。

那时，组织上已经把筹集在小岩村的几十石口粮和很多布匹、鞋子等大批支援物资运到了黑瞎子沟密营。

走向黑瞎子沟的队伍有二百七十多个人。踏上了上密营的道路，我更加兴奋了。尽管背着五斗米穿过那椴松和海松茂密的林子走了九十多里路，也一点不感到累。

第二天早晨，我们才到达黑瞎子沟密营。我在那里住了一天。

金日成同志在百忙中特意为我抽出时间，先后和我谈了三次话，对于今后如何进行地下工作的问题，谈得非常具体。

回忆当时的情景，他那亲切动人的面容和通俗详尽的话语犹在眼前和耳畔。

我还记得他那时给我谈过的内容。

……日本帝国主义由于内在的矛盾，不可避免地会遭到灭亡，而我们的革命是必将取得胜利的。这是一条不可动摇的真理，是历史发展的必然结果。但是，这并不意味着敌人会自行灭亡。这需要朝中两国人民团结起来打倒敌人。

要达到这个目的，就须要把广大人民团结到反日斗争中来，让他们从物质上和精神上积极支援手持武器打击敌人的游击队。

游击队为谁而战，战斗目的是什么呢？不用说，是要打倒日本帝国主义强盗，早日解放我们的祖国，使全体人民都能够在幸福自由的祖国大地上过好日子。

人民帮助游击队也正是由于我们的武装斗争反映着朝鲜人民生死攸关的问题。但并不是全体人民都已彻底认识游击队的斗争目的。因此，必须经常注意的问题是，使更多的人觉悟起来，团结到祖国光复会的周围，并使他们参加反对日本帝国主义的斗争。

在你来说，就是要搞好地下工作，保障这项工作。……

金日成同志还对于如何进行地下工作的问题，作了具体的指示。

……地下工作的重要性，并不次于武装斗争。

要做好地下工作，必须特别注意下列几点：

首先要随时提高警惕，这很重要。疏忽一点就会误大事，有时还可能影响全局，因此，随时随地都不能松懈。

同时，要像保护眼珠一样保密，保密是组织的生命。

搞地下工作还需要大胆。俗话说：不入虎穴，焉得虎子。地下工作也一样，只有深入敌人内部，大胆地展开工作，才能获得成果。

做地下工作，同时要有随机应变的那种智谋。

要对每一件事深思熟虑，用慎重的态度来周密地处理问题，工作就会很顺利。

要牢牢记住你不是孤独无援地进行工作这一点。在你的周围有许多革命同志和人民群众。只要在工作中依靠他们，任何工作都不会失败。

你要好好利用“区长”这个很好的合法职务，一方面争取敌人的“信任”，另一方面要取得人民群众的支持。

当然，这不是一件容易的事。但是，一定要做到这样。要做到这样，就要特别注意防备敌人的狗腿子钻进地下组织里来。听说，在十九道沟已经有几个走狗钻进来定居落户了。必须彻底监视他们。……

金日成同志接着还很具体地谈了怎样利用走狗的问题。

……最好设法把他们拉过来利用一下。

游击队处决亲日走狗是应当的。但是搞地下工作的同志不要这样。除了恶霸走狗或在迫不得已的情况下之外，要把他们利用起来。如果地下工作人员处决走狗不当，就有可能被敌人找到线索。即使不被敌人发觉，也会受到敌人的怀疑，结果会影响工作的。

相反地，如果善于利用那些走狗，就能够顺利刺探敌人的秘密，地下工作人员本身也能根据敌人的动态来采取行动。

在反日斗争中，必须随时把有民族良心的人，哪怕那人只有一点良心，都要吸收到我们这一边来。这是我们工作中的重要原则。因此，必须考虑在为摆脱民族压迫的反日斗争中，资产阶级中也有可能同我们携手前进的人。

他们虽然是我们不能期望过大的对象，但是要防备他们投向敌人为非作歹。如果能够做到不让他们倒向敌人，岂不也是一种成绩吗！

同时，必须使那些亲日走狗在群众中彻底孤立，还要防止他们之间互相通气。如果他们勾通起来就不妙了。

我们的同志也要打进“协和会”“自卫团”等敌人的走狗团体中去，掌握它们，瓦解他们，使他们不能给予群众任何影响。那么这些走狗团体也就起不到作用了。……

最后，金日成同志一再强调，要做好支援游击队的工作，侦察敌人的秘密，及时和部队联系；同时要很好地服从金周铉、李悌淳等同志的领导。

听了他这些话，我觉得心里豁然明亮起来。这才明确地认识到为什么斗争和怎样斗争。

我一再决心：要牢牢记住他的每一句话，做好地下工作，以报答他对我的谆谆教诲和深厚信任。

金日成同志还十分担心我的安全问题，再三嘱咐我回到村里，就到警察署去报告说：“我被共产军抓去，好容易才脱险逃回来。”他还让我随提出要求说：“今后不能继续住在十九道沟，打算迁移到二十道沟，请警察保护我的安全。”以此来解除敌人的怀疑。

对于我还来不及想到的地方，金日成同志也给予了这样的深切关心。

当我就要往回赶的时候，金日成同志叫我稍等一等，亲自拿了一瓶酒来对我说：

“这是老百姓送来的，喝一点，可以壮胆，也可以御御寒。”他这样说着，给我斟满一大杯酒。我有说不尽的感激，只是望着他的面容，不觉眼眶都湿润了。

金日成同志的盛意使我难以推辞，我就把它一口喝干了。

我暗自下定决心：宁愿粉身碎骨，也誓将完成您交给我的任务。……

我告辞之后，走在黑瞎子沟密林中白雪皑皑的路上，也不觉得寒冷。

下了山，我就按照金日成同志的指示，到二十道沟警察署去“报告”了。

鬼子当真相信了我的话。我还附带地说明，“共产军”是把我蒙面劫走的，我简直无从了解路过些什么地方。鬼子把这个话也全信了，因为他们曾经从李悌淳同志和其他同志那里也听过类似的话，大概以为蒙面劫走是“共产军的老一套手法”。

于是，我便能够安然搬到二十道沟，每一件事都和李悌淳同志商量，在工作需要时还能够随意出入十九道沟了。

金日成同志对我讲过的话，不仅是对我们组织的指示，而且是对祖国光复会所有地下组织的指示和行动纲领。他对地下工作的指示，通过当时许许多多的地方政治工作人员一直贯彻到基层组织。

祖国光复会长白县委员会发动所属组织，积极贯彻了金日成同志的指示。于是，以新兴村为中心的官房子、朱京洞、桃泉里等各地方，从组织祖国光复会的初期起，就大力支援了游击队。

仅在1937年的春季的一两个月里，长白县内二十多个村庄支援人民革命军的物资，就有米十多石，棉布一百多匹，胶鞋二百多双，草鞋三百多双。

祖国光复会长白县委员会在一年左右的时间内，吸收了几万个会员，从而奠定了牢固的政治基础，同时，在实际斗争中，培养出了大批的共产党人，还通过组织挑选好几百优秀的青年参加了游击队，这样积极为增强朝鲜人民革命军的战斗力作出了贡献。

所以能够取得这些成绩，是因为有着金日成同志的直接指导，因为献身奋斗的李悌淳同志等祖国光复会员们为贯彻金日成同志的指示而进行了不屈不挠的斗争。

我永远不会忘记不管在何等艰苦的环境中，总是克服一切困难，引导我们走向胜利的金日成同志。还永远不会忘记在他领导下的朝鲜人民革命军的卓越活动，不断有力地鼓舞了我们的斗争。

1936年9月，朝鲜人民革命军在以长白县大德水、小德水战斗为序幕的长白县半截沟战斗、二十道沟战团、二道岗战斗等许多战斗中所取得的光辉胜利，有力地推动了广大群众走向反日斗争。

正像金日成同志所说的一样，我们绝不是在孤立无援的环境下展开斗争，我们的斗争始终是同抗日游击队的活动紧密地结合在一起的。

十九道沟的祖国光复会组织为了贯彻金日成同志的指示，展开了坚持不懈的斗争。

我们在巩固自己组织的同时，还组织和动员广大的人民，大力支援了游击队。

普天堡战斗(1937年6月4日——译者注)刚结束后，在十九道沟举行了朝鲜人民革命军六师、四师、二师的联欢大会。这是一个令人激动的大会师。朝鲜人民革命军部队从西岗出发胜利结束了打入国内的战斗后第一次在这里会合了。

朝鲜人民革命军部队在这里总结了打入国内的胜利，并且和金日成同志一起欢度了端午节。这是很久以来没有过的事情。

当祖国光复会组织接到这一喜讯时，就忙着进行迎接游击队的准备。

十九道沟的祖国光复会组织决定请朝鲜人民革命军全体指战员吃一顿冷面。我们挨家访问，收集了他们保存已久的一百多斗淀粉。可是要同时做出数百名指战员食用的冷面，就感到压面器具不够用了。我们到山上砍椴树来，又把火油桶砸破捶平穿了孔，一天制成了几十个压面筒。具有历史意义的联欢会在德三村山沟里举行。我们十九道沟居民诚心为联欢会的所有参加者准备了一顿冷面。

这一天，祖国光复会长白县委员会以全体会员的名义向人民革命军部队的联欢大会献了一面锦旗，还赠送了大批的支援物资。

有几位国内代表也参加了联欢大会。朴金喆同志代表他们致了贺词。

会后，军民一起唱歌和跳舞，使整个十九道沟欢腾起来了。

通过这一机会，我们使居民们受到游击队的影响，提高了他们的士气和信心；还教育和训练了提供支援物资的会员。

由于我们祖国光复会的组织作了坚持不懈的努力，在仅仅一百里长、四百余户居民的十九道沟里，就吸收了六百多个祖国光复会会员，还在自己周围团结了许许多多的居民，同时，使工农群众中的优秀会员和青少年二十多人参加了游击队。

金日成同志的指示一直是我们工作的指针和行动纲领。

当朝鲜人民革命军挺进到长白地区后不久发生过一件事。

那时，我们祖国光复会组织研究了解决游击队的过冬用的口粮问题，决定利用地主赵德日。

这个家伙看朝鲜人民革命军开到长白地区来，吓得带着自己的全部财产逃到县城去了。

我们同金周铉、李悌淳等同志研究后，给他送了一份游击队的“通告状”。

这个地主接到“通告状”以后十分惊慌，他要援助游击队又怕鬼子；要向鬼子报告又怕游击队。

我们猜到这种情况，就主动找那个地主去了。

事实上，他之所以感到左右两难，并不是因为舍不得拿出一些东西，而是害怕事情泄露。因此，我就给他想了个办法，即实为义捐游击队，而名为被抢劫。

我们终于说服他，让他给了游击队六百斗大米、一百口猪、五头牛、一百袋白糖。从那以后，这个地主前后送了好几次粮食给游击队。

联欢大会后，又过了一些时候，我通过金周铉、李悌淳同志接受了到国内去侦察的任务。只要大胆钻进敌人内部，随机应变，就能获胜。这是金日成同志早就给我们作了的指示。那时，我们也按照这个指示，大胆越过国境，钻进敌人的巢穴进行了工作，因而就能探到重要情报供给了游击队。

这种事例在祖国光复会长白县所属组织中非常多。但是这些工作决不是在良好条件下顺利进行的。我们遇到过不少的困难。

进入 1937 年以后，游击队的积极活动，使慌了的敌人更加像疯狗一样乱咬起来。

敌人加强了国境一带的警戒，简直弄得水泄不通；还实行了“保甲制度”，强迫人民互相进行监视。如有一点异常的现象，就给成批的居民扣上“通匪分子”的帽子加以处罚，他们甚至满不在乎地烧毁整个村庄、屠杀大批居民。

另一方面，鬼子还叫嚣什么游击队等于“沧海一粟”，为了欺骗人民，扑灭人民的革命气焰，动员“协和会”和其他各种反动走狗团体，使尽他们的各种伎俩。

他们派许多特务潜入各个部落，到处乱窜，刺探游击队的行踪，探听地下组织的秘密。

十九道沟的尽头是游击队驻过的地方，因此，敌人对这个地方特别注意。当时在我们那一趟沟里，日本“领事馆”和警察驻在所专职的密探，至少有十多个。

但是，敌人的这种猖狂“攻势”，并没有能够挫伤我们人民倚靠游击队生活和斗争的气势，阻挡我们的前进道路。

我们祖国光复会的组织针对敌人的这种“攻势”，更加保密、更加顽强地冲破了所有障碍。

金日成同志曾经嘱咐我要使走狗陷于孤立，还要利用走狗，这个指示在这种艰苦的环境下同样是使我们克服重重困难的指针。

有一次，一个由日本鬼子派来的名叫“田中”的密探，竟在我们沟里住下来刺探游击队的密营和我们的组织。

我们为了彻底监视这个家伙的一举一动，就把他安排到一个祖国光复会会员的家里。有时这个家伙上山去打猎，我们就派几个会员跟着他，和他一起打猎或作向导，领着他整天在山上瞎转。结果，他住在我们沟里一个月，一点线索都没找到，回到二十道沟去了。我们立即向二十道沟祖国光复会组织通知了这件事。

之后，这家伙在二十道沟的各部落胡作非为，就被我们的组织神不知鬼不觉地处理掉了。

十九道沟里还有一个姓宋的家伙。他是惠山警察署中里驻在所的密探。

我们决定让他多参加劳役，目的是使他在群众中陷于孤立，得不到随意活动的机会。

我们事前在组织上做好安排，开会对他施加群众的压力，逼着他不得不出工。

在每次动员他参加各种劳役时，如果他不愿出工，就说他做为“皇国臣民”不够忠实，使他只好乖乖地出工了。

每当要支援游击队的时候，我们就有计划地到那些走狗家去召开会议，先摆出游击队的“通告状”，并且以他们生活富裕为理由，强迫他们比别人加倍捐献。

不仅如此，购买物资也委托这些人去做，把捐献的物资运往游击队的时候也带他们一起去，回来还派他们到警察署去报告，得罪日本鬼子。于是，那些走狗便被鬼子开除，从村庄撵了出去。

我们就用这种方法，把姓宋的和其他一些走狗、密探从我们的部落赶出去了。

我们的方法还不止这些。祖国光复会组织还设法掌握那些走狗，把他们利用于我们的斗争。

这是1937年7月游击队派往国内仲坪矿山工作的金周铉、马东熙等别动队员们回队以后的事情。

有一天，桦甸驻在所的首席驻在员叫我和一个姓李的走狗一起到他那里去。

这个姓李的是从独立军活动的时候起就在官房子作密探的。但是他同我的祖父比较亲近。因此，我也在表面上尊敬他，并表示亲近，换取了他的信任。

后来，他毫不隐讳地向我这个“区长”报告驻在所交给他的任务。

有一次，他从驻在所回来向我说，首席让他了解崔硼男和金元三是不是“通匪分子”，因为最近“共产军”已经好几次到十九道沟拿走了粮食。

我们了解这一情况后，就想方法使这些祖国光复会的核心分子获得敌人的“信任”，摆脱了敌人的监视。

之后，首席那个家伙又叫那个姓李的和我一起去。我猜想这中间必有原由。

当时我很担心鬼子们是否查获了仲坪矿山事件的一些线索。

后来才知道，那时驻在所的首席认为：仲坪事件必定和我们村有联系，就纠集其他的区长，要有计划地考察我一番；另一方面，准备听听姓李的走狗怎么说，如果有一点嫌疑，就要正式盘问我。

去驻在所的路上，我若无其事地探了探姓李的口气，知道他也没有掌握什么特殊材料。于是，我就狠狠地嘱咐他：千万不要说没有根据的话，不然就要吃亏，一切问题都推到我身上，你只管装什么也不懂就是了。

我们到驻在所时，一个房间里已经摆设了酒宴，首席那家伙和其他反动区长也都到齐了。

首席那家伙首先开了口。他说：最近在我们驻在所管区内一些地方，“共匪”大肆“蠢动”，今天集会就是为了同各位区长商讨维持治安措施，希望各位边吃边谈提出宝贵意见。

但是，没有一个人领先起来提意见。都在沉郁的气氛中喝酒。

过了一会儿，首席那家伙就直截了当地追问我。他说：“我认为出现在仲坪矿山的‘匪贼’，好像是从十九道沟出去的。李区长，你对这件事的看法怎样？”

我泰然自若地答道：“夜里一有狗叫声，我就怀疑是不是‘匪贼’出没。”接着，我对于加强鸭绿江边的警戒问题挺有见解似地说了一通。

我还说，如果是“匪贼”路过十九道沟“侵入”了国内，那末不仅是作为当地区长的我有责任，而且居于鸭绿江边的在座的各位区长也有重大责任。

我的话完了。可是已经打好埋伏的这些家伙谁也不敢当面攻击我。

于是，首席就向姓李的走狗穷追细究了起来。

但是，他也照我的嘱咐，只是重复首席追问的话，什么都装不懂，一切都推到我身上了。

这天，这帮家伙策划灌醉姓李的和我，好让我们说出实话，但是，他们还是找不到一点线索。

事已至此，首席那家伙只好把姓李的走狗一个人留在那里，打发所有区长都回去了。

第二天，姓李的回来就跟我说了大意如下的话。

他说，首席问他，有个叫做金周铉的人是否来过李区长家？金周铉曾经出现于仲坪矿山，李区长是否和他有联系？有没有祖国光复会这样一个组织等等。

我若无其事地、豪爽地笑着问他说，那你怎么回答的？他说，他极力辩护我不是那种人，还保证没有那些事。他还照原话说给我听："李区长现在搬到二十道沟，有事情到十九道沟来，也就住在我家，召开村长会议也在我家里开。据我看没有那样的组织。"

我们这样利用走狗来把敌人的注意力转向别处的事例，不止一两个。

我们就是这样把金日成同志对于地下工作的指示当作指针，并在贯彻这个指示中，取得了不少的成果。

1937 年 7 月，金日成同志又一次召见了我。我到十九道沟德三村大德沟谒见了他。

金日成同志听取了我的汇报，表示满意，还指示我要继续大胆地开展地下工作。

那时，我诚心诚意地要求他允许我参加游击队。

金日成同志一再强调说，地下工作很重要，并不次于持枪对敌的斗争。他要我提高对自己工作的荣誉感，敌人正在建立"集团部落"，要作为"保甲长"深入敌人内部，更加大胆灵活地开展地下工作。

我把他的指示铭刻在心，并向他表示一定努力实现这个指示。

以后，尽管环境十分森严，敌人在长白一带建立"集团部落"更加猖狂，但是我遵照金日成同志的指示，一直为其实现而奋斗。

从那时起，已经二十五六年(此文写于一九六二年——编者)了。

今天，我同过去一样，确信金日成同志所指出的道路，就是胜利的道路；为了促使那个更充满希望和幸福的日子提早到来，我要认真做好自己的工作。

[原载于《争取人民的自由和解放》(1)，朝鲜外国文出版社(平壤)，1963 年]

# 在上丰洞

[朝鲜]全文郁

1936年12月末，一个飘着鹅毛大雪的夜晚，由金日成师长率领的一支游击队，到达了长白县十七道沟上丰洞。

自从师长派来的政治工作人员开始在长白地区展开活动以后，这个地区的人们都浸沉在兴奋和喜悦里。在朱京洞也成立了祖国光复会支部。反日救国青年会的朱京洞支部和儿童团也随着成立了。我是反日救国青年会朱京洞支部的上丰洞分组长。这天夜晚，我和组员们接头，回家已经很晚，所以一倒下来就睡着了。

可是，在深夜中，我忽然被一种声音惊醒了。

“沙沙、哒哒”的声响越来越大。分明是为数众多的人踏着雪路走近的脚步声。

这是什么人呢？

我蹬开被子起来，开门出去。不知什么时候许多乡亲们也都跑到外面来了。

在明亮的月光下，我们清楚地看到一支又长又整齐的队伍，人数起码也有二百多。

他们是朝鲜人民革命军，是我们多么羡慕和想念的自己的军队啊！

乡亲们个个都抱着游击队员，双手握住他们的手用力地摇着。

师长亲自率领下的朝鲜人民革命军，开到鸭绿江沿岸以后，在长白县的大德水、小德水、半截沟和二道岗等地的战斗中，接连取得了胜利。每当听到捷报的时候，我们多么热望能够见到他们啊！

我们同游击队员相逢时的那种兴奋和激动是无法形容的。

乡亲们都把他们往自己家里拉，于是，游击队员们分头住进老百姓家里。这天晚上，我们年轻的人都压抑不住内心的兴奋和激动，整夜没有合眼。

金日成将军也来了吧……天一亮我就去拜见他。

我这样想着，一心盼天亮。

第二天，天蒙蒙亮，游击队员们就起来忙着打扫院子，扶起歪倒的篱笆。

我走到打扫我家院子的一个游击队员的身旁，从他手里夺下扫帚，悄声问他是哪一个部队，那个队员笑着说是朝鲜人民革命军，不说哪个部队。

“金日成将军来了吧？”我一个劲地问，他才说不错是来了。

“金日成将军来了！”这个消息一传十、十传百地很快就传遍了全村。

于是，全村男女老少一清早就到外面走来走去。孩子们虽然穿着单衣单裤，赤脚穿着草鞋，可是他们都在街道上叫叫嚷嚷，蹦蹦跳跳。全村的人都感到幸福，满面春风。

这天早晨，我们接到了金日成师长召集反日救国青年会会员的消息，真是喜出望外。

敬慕已久的金将军，这次可见到了。

我很兴奋，一颗心卜卜跳个不停。

可是，我又暗自担心，到他面前该怎样好呢？

大概金日成将军是位年纪相当大，又很威武的人吧？

对他的形象，我作了这种想象。

我们到了他住的房子。

一个队员进去报告我们来到了。立刻有一位身躯魁梧的年轻指挥官推开门，高兴地迎接我们说：“同志们，快请进。”

这位就是金日成将军！

和我想象中的年纪相当大、而且难以接近的那种人正相反，是位看来才不过二十五岁左右的青年将军。

他脱下大衣放在一旁，然后坐下来，并招呼我们随便坐。我们便在那铺着九龙木席的屋里围着他坐了下来。金将军会问我们些什么呢？我这样想着，心里禁不住东猜西猜。我想他会问上丰洞反日救国青年会组织工作的情形。可是他向我们每一个人问的话却出我意料之外。

“你怎样到长白的？”

“过去住在哪里？”

“家里有多少人口？”

“生活情况怎样？”

金师长问得很细致，而且待我们非常亲切，使我们能够毫无顾虑，开怀畅谈。起初有些在他面前连话都答不好的人，说几句话以后，也来了劲儿，像吐苦水一样，诉说起他们经受的种种苦处，特别是遭受地主残酷剥削的情形。师长一面好似正在仔细咀嚼人民的痛苦，一面留心地听着我们的话。

我从自己亲眼看过的和经过的事情中，谈了一个同日本帝国主义的走狗——恶霸地主和官吏作斗争的事：

在我住过的长白县半截沟，有一个像魔鬼一样的地主。

这个地主倚仗警察的势力，用种种敲诈勒索的方法，抢夺农民用血汗开垦的土地，并且用种种借口抢尽农民米缸里的最后一升米。

愤怒的农民们跳过土墙，闯进地主屋里，把他抓了出来，按倒在地上，当劈柴墩子，在他身上劈木柴。每当闪着青光的斧刀砍下去的时候，这个家伙就发出要死的怪叫声，搓着双手央求饶命。从那以后，这个地主就得了个“劈柴墩子”的绰号。

我还谈了一件我家搬到上丰洞以前，在咸镜南道大镇坪我亲自经历的事情。

大镇坪是个穷山沟。这里常有身着黑衣、腰上佩刀的山林看守闯进来无中生有地找出各种借口，殴打村民，征收罚款。

有一次，山林看守又来骂农民们不该剥松树皮充饥，恶色恶气地威吓老人们说，要不拿出罚款，就把他们抓走。

村里的一帮小伙子看到这种情景，再也不能容忍这个家伙的胡作非为了。我也和这帮发了火的小伙子们一起，用木棒把一株有房高那么长的倒朽木撬起来，把他塞到那株倒朽木底下。

我一边得意地谈这些故事，一边在想师长最憎恨日本鬼子、地主和资本家，他一定会赞扬我的。

师长听完我的话，说了如下的话：

……你们对日本帝国主义和走狗的憎恨很强烈，和他们作斗争的勇气也很大，这是非常好的。

就像你们所说的，地主抢走农民用血汗换来的粮食，还拍日本帝国主义的马屁。同地主作斗争，这是理所当然的，但要认清地主的靠山是谁。

地主的靠山就是我们最大的敌人日本鬼子。我们应该首先打倒日本鬼子。

可是，搞革命不能蛮干。

把一个恶霸地主当作劈柴墩子吓他一通，决不能改变恶毒的地主的剥削本质；把一个山林看守塞进倒朽木底下，也不能改变我们的处境。

我们必须知道，我们正在同武装到牙齿的凶恶的日本帝国主义作斗争。……

师长说完，就看着我笑着问道，那个“劈柴墩子”地主后来怎样？

我一时窘得说不出话。正像他所谈的那样，那些事情发生以后，我们的处境丝毫也没有改变。日本帝国主义的镇压和横行霸道反而变本加厉了。

“劈柴墩子”倚仗日本官吏对我们进行报复。因此，许多人被迫离开了那个地方。

我家也就是在那时候，不能不在一个深夜里背着行李搬到咸镜南道大镇坪的深山沟里。可是在大镇坪也一样，自从把山林看守压在倒朽木底下以后，日本帝国主义的警戒更加森严，人们又不得不离开那里。

听到我的这些话，师长又接着说道：

……看，用那种方法是不能解决问题的。……应该改变同敌人斗争的方法。

敌人害怕的并不是一两个人，而是团结在一起的广大群众。

如果广大的群众紧密地团结起来，展开有组织的斗争，反对日本帝国主义，那末，这种力量是谁也不能阻挡的。

只要我们朝鲜人民革命军用武力攻打凶恶的日本帝国主义，广大的朝中两国人民团结一致，展开反对日本帝国主义的斗争，那末敌人便不可避免地会灭亡。现在，苏联的威力正在一天天强大，国际局势的发展有利于我们的革命。

因此，目前重要的问题，就是加强和巩固革命组织，把更多的反对日本帝国主义的各阶层人民团结在它的周围。

师长的语气里，充满着革命的热情和坚定的信念。

……要组织和发动广大的群众，应该怎样办呢？首先要由你们自己认清为谁斗争和怎样斗争。

应该正确地理解世界正在怎样发展。

知识就是力量。……你们应该正确地认识朝鲜工人、农民的斗争和青年学生运动；对于中国革命，特别对苏联，要有深刻的认识。单凭组织并发动群众和团结群众的那种热情还是不够的。如果事先不知道用什么办法进行斗争，就不能向人民群众进行宣传，说服他们，使他们起来反对日本帝国主义。……

接着他着重强调，要我们多多学习，丰富知识。

……应该怎样学习呢？

把知道的东西拿来，互相展开讨论，这种方法好。如果一个人先知道了某一点，就把它说出来，使别人也知道；不懂的地方，也提出来互相讨论，这样认识就会更加深刻和巩固。……

师长给了我们一本油印的《3·1月刊》，还给我们每个人一本革命歌谣集，然后叙述了国内国外形势、朝鲜人民革命军的使命，以及青年的今后任务。

他的话，虽然包括了朝鲜的革命性质、革命的动力、斗争对象，以及斗争方法等难解的理论问题，但是不像书中所写的那样难懂和生硬。

他根据我们的思想水平，用通俗易懂的话给我们讲解。他的话使我认清了自己过去的工作中哪些地方作错了。

我们生长在偏僻的山村，饱受贫穷的折磨，因此，我们痛恨日本帝国主义和地主，但是，我们还不知道革命的理论和斗争方法。

我们听到师长的话，觉得这才睁开了眼睛，前途一片光明。这一天，他还接见了祖国光复会的会员，进行了长时间的谈话。

和他的谈话结束以后，游击队员和老乡们聚集一堂，度过了愉快的时刻。

游击队员们有的唱歌，有的和着歌声和有节奏的掌声转圈跳舞，也合奏了口琴。

游击队员们还教给我们青年人好几支革命歌曲。

这天傍晚，师长在全村人民的热情欢送中，率领队伍离开了我们的村子。

我们见到他以后，才清楚地知道：这位像传说中的“天降的将军”“缩山飞行的将军”就是遭受剥削和压迫的朝鲜人民的优秀儿子，是一位看清朝鲜人民前进道路的英明的将军。

所有见到师长的人，无不敬佩他的高深的政治见解。上丰洞的人都异口同声地说：“朝鲜人也有了活路啦！”“金日成将军来到长白，小日本的日子不长了！”金将军走了以后，人们更加紧密地团结在反日组织周围，不惜一切地支援了游击队。

特别是我们青年们遵照他的指示，热心地把群众团结在反日组织周围，积极支援游击队。还有许多青年通过组织，争先恐后地追随金日成将军踏过的道路，参加了游击队。1937年4月，我也同村里的几名青年一起参加了朝鲜人民革命军，走上了抗日武装斗争的道路。

[原载于《争取人民的自由和解放》(1)，朝鲜外国文出版社（平壤），1963年]

# 和队员们同甘共苦

[朝鲜]金龙渊

我最初见到金日成同志，是在 1936 年 12 月。在这以前，我一直想他的衣服一定和一般队员不同，接见时一定很威风。

人们像传说一样讲，他是“禀白头山的灵气而生的”“能缩山飞行，能神出鬼没地打日本鬼子”，那他怎么会是一个平凡的人呢？这就是我过去的想法。

可是我见到他以后，使我感动万分的就是他和我的想象完全相反，他的风度潇洒大方，平易近人。

直到现在，我还清楚地记得在红头山密营里初次见到他的情景。

那时，我为了参加游击队，跟朱京洞的两个青年在一起，找到红头山密营去了。中队长拿一本《军人须知》给我看，并对我说：“你先看看这本书，等金师长回来吧。”在那里，我和二十多名队员一起休息，焦急地盼望金师长早些回来，好决定我入伍的问题。

那天中午时分，有人来通知说他回来了。这时我的心激烈地跳动着。

“金师长回来了！”

过了片刻，有一支队伍沿着密营入口处大雪覆盖的林中小路走来。我全神贯注地找这些人中间哪一位是金师长。我首先找服装不同的人，可是没有见到一个穿戴特殊的人。

我想这也许是先遣队，金师长大概在后面。于是我只顾看队伍的后面，不大注意这支队伍了。

可是，在这支队伍中的一位身材高大而威武的青年干部，却引起了我的注意。

这位青年干部虽然身穿一般队员的保护色军装，腿上套着绑腿，脚上穿着胶鞋，却比其他队员显得气宇轩昂。

他目光炯炯,含笑盈盈,可又显得威严英俊。他那洒脱的风度,完全把我吸引住了。

他满面含笑,一面走着一面和队员们随便谈着,而所有的队员都很严肃地听着他的话。

我觉察到中队长和其他队员的视线都投向了那位年青干部。

我悄悄地问了一个队员,他说那位青年干部就是金师长。我的脸一阵灼热,心也怦怦跳起来,不知怎样是好,只是目不转睛地看着他。

中队长在排列整齐的队伍右边喊了一声口令,到已经走近前来的金师长面前报告。

金师长举手答礼,要队伍稍息,并和每一个队员握手,问他们的健康状况和学习情形。他看到脸色不好的同志,就问他是哪里不舒服;还拍拍个别队员的肩膀给予勉励。

我们三个人凝神望着他,好似自己也已经成为他的战士,感到幸福和温暖。

“我们也要快快入伍,在将军无微不至的关怀下,积极奋斗!”我们三个人都暗自下了这样的决心。

金师长看到站在队尾的我们,走过来和我们握着手说:“我知道你们是从朱京洞来的,你大概是龙渊同志吧!”

他好似已经接到了我们到这里的报告,这样问我们。

“是,我就是金龙渊。”我回答道。可是我怎么也猜不出他怎么会知道我的名字。

我入伍以后,在师长的领导下,过着游击队生活时,才知道金师长把长白地区救国青年会的所有会员的名字都记得很清楚。

在游击队生活中,我越来越感到金师长对我们队员无微不至的关怀,和队员们同甘共苦,就像对待亲生儿女一样对待我们。他的这种朴素的作风使我越来越感动。

我们部队从长白向抚松行军的时候,我看到他穿着一双打补钉的鞋子,感到十分惊奇。

“如果是一般队员还可以说得过去,可是一个师长怎么穿这样的鞋子呢?”我这样想着,就去问传令兵:有没有给师长穿的新鞋。

“他本来有一双备用的新鞋,可是已经给了一个队员。……真伤脑筋!鞋啊,内衣啊,都一个劲儿叫我给别人,真不知道以后怎么解决这些东西。……”

传令兵发愁地对我说。

过了一些时，我看见金师长在篝火旁补那双破鞋。他把新鞋送给了队员，自己夜里不睡觉补破鞋。他的这种作风，使我进一步感到他对队员的无微不至的关怀。

曾经有过这么一回事：我们在接近抚松的时候，口粮断了。我们队员们煮菜吃，用准备在特殊情况下吃的炒面单给金师长做了一碗面糊。可是师长没有吃，端着它走到我们跟前说：

"清香的菜汤好吃嘛，干吗做炒面糊呢？来，我们把它倒在菜汤里吃吧。"

他这样说着就把那碗炒面糊倒进了我们的菜汤里，叫我们一块儿吃。我们来不及阻止他，都很窘。但事已至此，我们心里实在过意不去。

"特意给他做的炒面糊，现在已经没有了，师长的饭该怎么办呢？"我们都这样想着呆呆地坐在那里。

他先盛了一碗菜汤津津有味地喝起来，并说，对贫穷的朝鲜农民来说，菜汤并不次于牛肉汤。

我们也跟着他吃起来。听到他这样说，我们也觉得菜汤格外有味了。

我们围着师长坐着，在无拘无束的谈话中愉快地吃完了这一顿饭。

这时，我感到自己非常幸福。父母宁肯自己忍饥受冻，也要想尽办法使子女免受饥寒。在这密林里，就充满着这种父母般的爱。

师长和战士，论其地位，确实有很大的距离，可是金师长经常给予我们无限的关怀，因此，我们对待师长一点都不感到拘束。

1938年正月，我们在马塘沟密营里进行军政学习的时候，白天学习，晚上听金师长讲国内国际的时事，有时还和他一起举行娱乐晚会。

有一次开娱乐晚会，金师长和我们一起唱歌跳舞。我完全没有想到：在战斗中那样威严刚强的师长，每次都率领许多游击队员给敌人以沉痛打击的金师长，会和队员们一起玩得这么痛快。

全体指战员融洽无间，尽情地歌唱，愉快地跳舞，这种娱乐晚会，使我们全体高兴极了。

日子越长，我们和师长越亲。另一方面，当我们有了过失的时候，他的指责却是很严厉的。可是他的批评就像盼望子女当好人的父母的责备一样，里面满含着热爱，因此，他的批评就能使所有受到批评的人，加强自己的政治思想锻炼，使同志之间的思想统一更加巩固起来。

随着在游击队生活时间的增长，我越来越体会到金师长的坦率、朴素而平凡的风度里蕴藏着足以惊天动地的伟大力量。

正是金日成同志这种平易近人的作风和与群众同甘共苦的精神，使抗日游击队壮大成为一支团结无间的钢铁般的队伍，保证了军民血肉相连的关系，赢得了胜利；同时这又是今天使拥有一百三十多万党员的我们党紧密团结，引导紧紧团结在党周围的成千上万的千里马骑手，不，引导全体人民向前迈进的伟大力量的源泉。

［原载于《争取人民的自由和解放》(1)，朝鲜外国文出版社(平壤)，1963 年］

# 回忆录：在抗日战争中[①]

［日本］鹿地亘
郭戎飞、王佳卉　译

## 序章　在船上

（回忆的陷阱）

要给回忆缀上一个日期，是一件需要慎重考虑的事情。因为即使处在同一时间、同一境地，自己的记忆和同一处境的M氏或N氏出现偏差的情况也时有发生。

为什么会发生这种偏差，我不得而知。据我的记忆，八一三——1937年8月13日（卢沟桥事件发生后的一个月）后相继发生的一系列事件，我无法忘却且铭刻于心。当时的情况可谓牵一发而动全身，稍有差错就会打乱全盘计划而招致惨重后果。我屏息凝神地看着周遭，惴惴不安地度日。最终，该发生的事还是发生了。说“该发生的事”，是指事情的发展已是大势所趋，然而事实上那时一切还未成定论，依然存在着不确定因素。换句话说，即使是不可避免终要发生的形势，也可能随事情的进展被推后而迟来，或者说因某些突发事件使得事情发展出现新变化，一切都还是未知。从12日午后，我丝毫不敢懈怠，静候着形势的新变化。

12日黄昏，上海居留民团本部发出“全体居留民撤退”的命令，要求全体居留者到窄浦路日本人小学集合。“情况已经如此紧急了吗？”有人问道。传令的人怒斥道：“现在已经不是问这些的时候！等到事情发生了就一切都来不及了！”这段对话也说明这一刻“事情”还未发生。

在这之前，从经常出入内山书店的形迹可疑的线人处就有所耳闻。日中

---

① 《回忆录：在抗日战争中》日文原版于1978年至1980年连载于《民主文学》杂志。本卷所收录中文文本系项目组根据《回忆录：在抗日战争中》（新日本出版社，1982）翻译。——编者

两国军队早已在前线近距离对峙，并正在挖战壕为战争做准备。

“真的要开战了吗？”

“不好说。但是真要开战的话，哪一方先开火呢？”

“不管是哪一方。一旦开战，后果都会不堪设想。”

“听说日方今晚将会打响战争。”

各种消息漫天飞，谣言、臆测也涵盖其中。但是，各种谣言的散播也说明了“事情”还未真正发生。

当所有人都已撤离，空无一人的街上悄无声息，就这样过了一夜。战争真正打响是在第二天的上午。当时我正在内山书店，不料距离海军特别陆战队本部相对较近的这间书店被作为海军武官联络点征用。当时浑然不知而混入其中的我，只能一边观察事态的变化，一边寻找逃脱的时机。

上午九十点左右，从闸北方面传来了最初的一阵枪响。混乱的枪声持续了一段时间后暂且安静下来，不久又开始了第二次的枪战。在事后的记录中指出，最初的冲突是从八字桥方向开始的。这次记录是否指的就是这次冲突，目前我们先暂且不论。只记得当时赶到陆战队本部的报道班队员都相继回来，可带回的前方信息却大不相同。因为战斗到底是由八字桥还是宝山路方面开始的，连陆战队本部也不得而知。据说当时在距离战斗地点很近的一条街上，一支陆战队在一间空房子里发现了在此藏身的便衣队，并将便衣队包围，探听到“目前交战中”的消息。当时，一位新闻记者把此作为最新的独家新闻，一脸骄傲又激动地向报社发了电报。

在这种局面之下，事实上零散的情报并不可信。但有一点，之前伺机而动的两军对峙局面，一瞬间破灭了。一切已经无法回头。随着之后的一阵枪响，人们（包括海军武官报道班队员冲野少佐在内）全都跑出书店。事情已经至此，我也与内山店长告别后，乘上了恰巧经过的居留民团义勇队的车子（因为开车的正巧是内山店长的熟人），渡过苏州河逃到了河对岸的租界。

我与前一天夜里渡河的妻子幸子，在法租界的夫妇朋友（萧军和萧红）家中会合。我们四人正围坐一桌吃着午饭的时候，黄浦江上的第三舰队发出了连续的舰炮射击。事情的具体经过我已经在回忆录的前篇《在上海战役中》中详细叙述过，如今为何又要旧事重提呢？是因为我发现，在松本重治先生最近出版的回忆录《上海时代》一书中，记录着与事情的真实经过完全不同的内容。松本先生在书中提到，“两军最初的冲突”发生在“八月十三日下午四点左右”。

“八月十三日下午四点半，在上海的闸北方向，特别是八字桥附近，日中两国军队爆发了小规模冲突，到了半夜，双方正式交战。”

当时日中两国关系并未恶化，受广田外相委任，日本纺织同业会总务理事船津辰一郎先生在上海进行“和平工作”。松本先生为了验证自己的记忆，引用了船津先生的日记，即《船津日记》。日记中写道：“八月十三日——向苏州以北、杨树浦方向逃难的人越来越多，形势也越来越严峻……到了黄昏（下午四点左右——松本注），两国军队的一部分终于交火。面对无路可退的境地，我到晚上十二点时，仍坚持着四处奔走。可惜已是无力回天，到了半夜，两军进入正式交战……自八月十四日早上开始，中国军队就从陆、空两方面对日军发起全面猛烈的攻击。哎！上海的和平工作最终还是陷入了绝望。”

看到这样的记录，虽然心里想着“这怎么可能”，却也不禁对自己的记忆产生了怀疑。因为松本先生和船津先生确实当时身在上海。不仅如此，松本先生时任共同通信社上海分局局长，而且从我平日的观察来看，松本先生确实是一位对时局十分关注的专业外交问题评论家。而船津先生正是如前所述，在上海的最后紧急时刻，仍在为防止战争最终爆发而倾尽全力，也是《船津日记》的执笔者。

但是，仔细品读这本日记，从语境中不难看出，这本日记并不都是当天记录的。从某些地方可以窥见，这是一本用日记体写的回忆录（或是日后又把日记中的空白之处补上）。比方说，日记中有这样一句话，“虽然局面已是无力挽回，我仍然四处奔波想要做点什么，直到那天夜里十二点左右”。正是这处叙述让人不禁产生怀疑。如果是日记——即当日的记录，这句话中绝不会出现“那天夜里”的字眼，而是会写成“直到半夜”或是“直到今晚半夜”吧。“那天夜里”并非当日，是指事后再回忆当天事情时的用语。显而易见，松本先生在《上海时代》一书中阐述自己的回忆时，不过是为了确认日期而引用了《船津日记》。

因此，我没有理由要感到不安，事实就如我的记忆一样。我们再来回顾一下事件的经过——早前一天的十二日下午开始，日中两国军队已抵达阵地，双方对峙，战争一触即发。日本海军特别陆战队员 4500 人，中国方面派出了将近十倍（据日方推测）的大军前往交战。就在这时，诸如“马上要开战了”“日方好像要开始轰炸了”的小道消息被四处散播。

书中写道，在此次正式战斗之前就已经发生了局部小规模战斗，我认为这是不可能的。仅有 4500 人的陆战部队在防卫线上发起的炮击，不可能逃过我的耳朵，因为当时我和位于司令部据点（海军武官联络站）的负责人（冲野少佐）是在一起的。况且，在那之后，我逃出虹口（日本租界），与身在法国租借的友人家中的妻子会合。我们与友人夫妻围桌进餐时，第三舰队发起的舰炮轰炸，那声音震耳欲聋，吓得人魂飞魄散。虽然身不在战场，但将所有事情串联起来，事件的大体经过却也明朗起来。

闸北方向的一阵枪声是战斗的导火线，两军对峙犹如绷紧的弦，就这样一下子被切断了。仿佛火药被点燃一般，不一会儿战斗就全面打响，连成一线。日方因兵力不足，不久就处于劣势，战局有望缩短战线。为了拯救这万般危机的时刻，终于，黄浦江上的第三舰队发起了支援，炮轰切断了中国军队前线与后方（增援及补给部队）的联系，形成了一张弹幕网。自闸北方向发生的小规模冲突到此刻为止，不过三个多小时。

舰炮射击一直持续到当天深夜，一刻也没停止。准确地说是下午六点停止了一小时，之后又再次开火直到深夜。当时我们猜想那一小时的“休止”可能是“晚饭时间吧”。

第二天早上（十四日早上）看到中国方面的报纸，我们才意识到昨晚的炮轰是为了建立弹幕网。报纸上写道，日方的防卫部队在黄浦江边马上就要被逼入江中，他们依靠舰炮射击的掩护，陷入了背水一战。从悬殊的兵力来看，失败已在所难免。日军防卫部队仿佛是洪水泛滥时，企图抵挡住洪水的防波堤。因此一旦开始炮轰就轻易不敢懈怠，炮击持续到当天深夜，第二天也被迫一早继续开始了炮击。陆战部队就这样咬紧牙关等待着自内地前来支持的陆战增员部队。

如果按照松本先生的叙述和船津日记的内容再现事情的经过，事态发展就完全是另一个模样了。到了十三日的“黄昏（下午四点左右——松本注）”，“两国军队的一部分”发生了小规模冲突，如淅沥沥的小雨一般，这边结束那边又打起来，就这样过了半天，终于“到了半夜开始了正式战斗”。小范围冲突拖拖拉拉持续了小半天，这是绝对不可能的。恐怕松本和船津要表达的是自己在最后关头作出了怎样的努力吧。为了阻止更大规模冲突的爆发，为挽救时局四处奔走。但最终还是无能为力，战争才正式爆发了。

但是总感觉，这份所谓的“记忆”是两人为了显示“自己在最后时刻为‘和平工作’所作出的贡献”而强行凑上的时间。实际情况绝非如此，真实的战况是一触即发的，犹如一点火星点燃了一座火药库一般后产生的连锁反应。或者说就好像地下储藏的巨大能量终于冲向地表而瞬间引起的火山爆发。绝不是拖拖拉拉、松松垮垮地而最终爆发的。

我不禁感到奇怪的是，那场使全上海陷入惊愕与恐惧中的舰炮轰炸，松本和船津两人居然没有听到吗？不，绝不可能，但两人却对这场轰炸只字未提。更不必说，两人所谓的“正式战斗”所指何时，又指的哪场战斗，更是含糊不清。

指的是火花点燃火药库的瞬间，也就是闸北方向的小规模冲突导致战争全面爆发的十三日上午，还是下午时刻，在中国军队的全面攻势下，无力抵抗而开始的舰炮防守射击呢？这些都没有交代。

由此，我恍然大悟。想必这两人对于战争何时开始的，并没有正确的认识。

当事态恶化，两军进入全面冲突，察觉到事态已“无力回天”时，我就逃出了虹口。但当时的法国租界，谁也还没有察觉到闸北方面的形势变化。

听到我带来的消息，幸子先是惊讶道：“什么？已经打起来了！萧军、萧红，听说打起来了！”之后又咽了咽口水看向萧军、萧红。因为是使用步枪、机关枪、手榴弹之类的轻火器的近距离对战，战斗声还未从虹口传到一定距离外的法国租界。自然，也不会传到位于江边（共同租界黄浦江边）的楼宇间，闷头在密闭的室内为和平工作伤着脑筋的松本和船津耳朵里。除了能通过电话得知发生了“小规模冲突”外，两人靠自己的耳朵根本无法认识到发生了什么。

他们被吓破胆的时候，恐怕是看到自己眼前的江上，舰炮一齐发射炮弹开始吧。我推断，此时就是他们所谓的“无法挽回”（无力回天）的时候，并认定到此的事态变化是“小规模冲突拖拖拉拉地持续着”，仍不放弃一丝希望，坐立不安、忧心忡忡地继续着“和平工作”。

舰炮轰炸开始后，他们亲耳听到战争的巨响。却未意识到早在这之前，两军就早已进入全面冲突。由于舰炮射击留下的深刻印象，便使他们产生了错觉，以此时刻为全面战争的分界点。然而，船津先生为何会将下午一点后的炮击，写成“到了半夜，终于进入了正式战斗”呢。到深夜，迫击已经持续了将近半天了。难道是因为惊慌失措而头脑混乱了？

又比如有一节写到十三日早上，“朝着苏州以北的杨树浦方向逃难的人越来越多，形势愈加严峻”，对此我也表示疑问。被两军对峙的第一线夹在中间的“苏州以北”区域，早在十二日以前，中国难民就如洪水一般避难到租界，到十二日傍晚，日本人居留民众也转移到窄浦路的日本人小学，虹口变成了一条空空如也的死寂的街道。就算十三日仍有朝着杨树浦方向逃难的难民，也是前一天下午的舰炮轰炸后惊慌失措的一小部分中国残留市民。他们或者是朝着共同租界逃难途中，遇到了日方的警戒线被禁止越过苏州河桥而张皇失措地东跑西窜，或者是从江湾方向逃出的难民，或多或少地流散到杨树浦方向。但不管怎么说，舰炮攻击都是在下午，而不是早上开始的。

看到“八月十四日早上开始，中国军队就从陆、空两方发起全面猛烈攻击”，最终“啊！在上海的和平工作陷入了绝望！”更是让人不禁发笑。这个时候，海军特别陆战部队已经在舰队的誓死掩护下，在黄浦江边苦苦应战。苦战也已经持续了将近一天。然而，对战况完全没有认识，反而在结局提到和战局丝毫不相关的“和平工作”，事到如今居然发出的是这种感叹。

当然，我对于当时船津先生以中方的谁作为窗口，又进行了怎样的“和平工作”暂且不论，也并无意将其所从事的和平工作评断为“荒唐无稽”。在这里，我想强调的是，即使他所阐述的确实是事实，但恐怕在当时的处境下也是心神不定。因此埋头于“工作”时，怎么还会从容地每天写日记呢？想必这日记是之后填补上去的吧。因此，这只是根据传言、模糊的片段记忆，在另外的时间和空间下，按照最合理的方式将事情经过排列出来，并非亲自确认过的。而松本先生为了确定自己的回忆录时间，参考了船津日记，而掉进了这本日记的“圈套”之中了。

然而，我也开始扪心自问，是否自己对已经过去的历史过于吹毛求疵了呢。仔细想想，不会因为战争的决定性时间搞错了半天或一天而改变历史的轨迹啊。但又转念一想，“历史真的不会改变吗？”“不！绝不是这样！”因为我在对比松本先生和船津先生描述的与我描述的情况时，发现描述的不同，对这场战争性质和战争展开的方式的理解是截然不同的。

松本先生和船津先生描述的“拖拖拉拉、松松垮垮、终于爆发”，呈现在后人眼中的是一副对峙双方军队直到最后也无法决断、犹豫不前的景象。如果只把这里的“双方”理解成日本军部和蒋介石政府的对峙状态，倒也说得过去。但事实却并非如此。松本和船津并没有将另一个因素，也是决定性的要素考虑在内——当时战场上的“中国方面”，并不是蒋介石和以其为中心的政治军事官僚，而是以上海市民、劳动者、学生大众为代表的全国民众的抗日大潮，以及深受鼓舞而走上战场的连队长、大队长、中队长、小队长和以下的战斗指挥员以及士兵们。于是，当两军对峙紧绷的弦终于崩断，便引起了如点燃火药库发生爆炸及其连锁反应的情况，且后果一发不可收拾。由此，日本军部狡猾、蛮横的蚕食政策（阶段性的分地区逐一夺取的战术）以及蒋介石的“攘外必先安内”政策也宣告破产。

事实上之前已有过先例。卢沟桥事件（大约一个多月前）后，位于军队上层的诸如宋哲元的亲日军官们，试图将事态以日方的“不扩大方针”“当做地方性事件处理方针”的幌子平息下来。但部队中的一部分士兵受北京的学生和劳动者的热情激励，部队的根基开始动摇，华北地区的形势到了无法收场的地步。

仔细想想，这时候的蒋介石的观点，已经随着九一八（满洲事变）以后形势的变化，发生过两次转变。第一阶段便是“攘外必先安内”，意思也如字面一样。鲁迅先生曾在题为《我要骗人》(1936 年 4 月)的短文中写道，“不久之后，恐怕那‘亲善’的程度，竟会到在我们中国，认为排日即国贼——因为说是共产党利用了排日的口号，使中国灭亡的缘故——而到处的断头台上，都闪烁着太阳的圆圈的罢，但即使到了这样子，也还不是披沥真实的心的时光”。而蒋介石和国民党也恰巧走了这条路。1933 年 5 月，冯玉祥、方振武、吉鸿章(吉为共产党员)等绥察冀抗日联军在张家口举兵反抗，对此，蒋介石方面不仅没有给予支持，反而应日军要求加以“讨伐”。蒋介石方面逮捕了逃亡并潜伏在天津的吉鸿章后，毫不留情地对其处以死刑，而当时给其加上的“罪名”是“抗日罪”。

而以西安事变(一九三六年十二月十二日)为契机，蒋介石有了第二阶段的思想变化，这次事变也是历史上一次重大转折点。当时，全国的抗日情绪十分高涨。蒋介石面对全国的抗日大潮深感焦虑，但仍然顽固地选择对大势充耳不闻。因此他不顾一切前往西安，最终落到张学良手中，也是因为这份“焦躁”招致的后果。这件事看起来不过是一件突发事件，却改变了历史的走向。但事后想起来，虽说是突发事件，却也是大势所趋。对于蒋介石来说，这件事恐怕是他自身经历过的最惨痛的教训了吧。当时，以周恩来为首的中共代表团赶赴西安，成功说服张学良，救出蒋介石并送往西安，蒋介石也因此保住了颜面。意识到“停止内战”“国共合作”已不可避免，蒋介石表示将达成协议，恢复国共合作。但这绝不意味着蒋介石作为反对共产党的军事政治独裁者的本质发生了改变，只是因为他当时无路可退，只能这样做罢了。在“抗日”的民族大义之下，作为“民族最高领袖”的他看起来前途光明，但在这背后却因为一股不断扩大的不安力量改变着局势。在卢沟桥事件发生十日后的七月十七日，他在庐山发表了声明。从声明中可以窥见他当时所持的态度，他仍对于能和日本方面进行交涉抱有一丝希望，但同时也强烈表示不会再作出让步。“万一真到了无可避免的最后关头，我们当然只有牺牲，只有抗战！但我们的态度只是应战，而不是求战；应战，是应付最后关头，逼不得已的办法。”

这是他对于日军方面的严正警告。他一方面表示不会再作出让步，或者交战或者进行和平交涉，一方面把问题抛给日方，让他们自己选择。而日军对此视若无睹，他们并未清晰解读中国内部正在发生的重大变化，而是自满骄傲，不把中国军队当一回事。

从蒋介石的声明，能听出他迫不得已发出的悲鸣。他夹在日方和本国国民的中间，被逼到了退避不得的境地而做出的重大决定。然而，正如前面所说,他的这种态度是被逼不得已参加的共同抗战,在他身上某些地方还是存在一些不安的因子。这种“不安的因子”与其说是来自日本方面,不如说是来自对于本国国民不断增大的力量的恐惧。国民党将士在上海周边的战场上如此激烈的交战,国民党当局还是强烈拒绝了上海市民、劳动者以及学生们提出的自发人民武装的要求。而这件事也与我们两个日本人(我和妻子幸子)息息相关,不久后我们就亲身尝到了苦果。

正如前面所述,在上海战役打响的那一天,我们二人就从日本方面逃离。最初藏身在萧军、萧红的住处,后来又去了鲁迅夫人(许广平)处藏匿,并借宋庆龄之手与国民政府最高当局进行交涉,提出参加抗战的想法并寻求“入境许可”。对此,国民政府当局给出的回应是,对我们二人做出的决定表示感动并欢迎加入抗战,但到了最后关头却表示“需要再等三日”,之后的回复又是“再等三日”,不管何时得到的回应都是“再三日”,直到上海受日军压制三个半月后,我们也没有得到入境许可的回复。

我们仿佛被挂在悬崖上,最终不得已离开了已变为孤岛的上海,逃往香港。“身挂悬崖”,是说我们陷入双脚够不着地一般进退两难的境地。那时候,我们早已离开了鲁迅先生夫人的住处(此处已十分危险),又在美国人同志G夫妇家中生活了一个半月——G先生是被认为是宋庆龄的后盾杂志《中国呼声》(*The Voice of China*)的编辑。一边接受着中共方面的援助,一边在租界中辗转各处逃亡。当我们搬到最后一处藏匿点(法国租借寰龙路的公寓)不到两个月时上海最终沦陷了。以此为契机,日方向租界当局提出了逮捕并引渡我们二人的要求。而且,不言而喻,日方已经到我们二人潜伏过的住处进行了搜查。

当时在租界当局工作的一名中国职员,将这一消息通报给了中共方面。虽说法国方面对于日本的做法绝不支持,但由于不想被卷入是非之中,只能对此要求表示屈服。据说这两三天法国方面就会实施抓捕,我们必须趁现在立刻逃走。

事情竟发展到这种地步。中共方面为了让我们顺利逃走,紧急地筹集了路费。但是,中国的各位友人应付目前的困境已是精疲力尽,我们不能再增加他们的负担。因此我们来到G先生家,向在上海居住的外国人团体寻求帮助。

紧张慌乱的“逃亡”作战开始了。前来与我们会合的外国友人是新西兰人同志艾黎先生和其妻子。夫妻两人是出生于墨西哥的混血华侨牧师,随身带着《圣经》。艾黎先生立即赶到港口为我们买了两张法国轮船船票并筹集了200元,而中共方面则为我们准备了伪装用的衣服和余下的旅费。第二天的下午(傍晚时分),我们两人终于摆脱了这千钧一发的危机。这一次,没有任何人陪同,而是漫无目的地朝着香港去了,犹如断了线的风筝一般。

此后,我们深感语言不通带来的诸多不便和麻烦。由于我的英语带着浓浓的日语口音,因此只能装哑,不能使用我蹩脚的英语。现在只能依靠幸子不太流利的中文了,这样就可以伪装成墨西哥(考虑到懂得墨西哥语的人极少)出生的混血夫妇了。

另一方面,蒋介石的抗战态度仍然让人觉得失望。

战争已经由北至南全面打响了,他却似乎完全没有履行自己的宣言——"抗战到底"。其中一个原因是源于他对"民众武装"的恐慌,另一个表现是尽管战争如此激烈,对于日本侵略者,他不能彻底决断地发表"宣战布告"。在这一点上,日本方面的处理方式也很相似。他们称之为"支那事变",而非"战争"。日方的行为是如流氓式的蚕食战术(切断式的地方夺取的叠加),对此,蒋介石方面的抗战态度并不强硬。这很难不让人怀疑,这是一种随时有可能向日军妥协的观望主义。从他对"民众"力量的极度恐慌态度中,可以窥见他为何不敢接受我们两个外国人革命者了。

我们的想法太天真了。不,不只是我们。以宋庆龄为首的全中国人民,都深信蒋介石的抗战声明,我们也被他的"再等三日"所骗了。抗战的路无比坎坷。不知道我们二人悬起的双脚,何时才能落在地上呢?

郭沫若在《抗日战争回忆录》(又名《洪波曲》)中提到,他于十一月二十七日清晨离开上海去往香港。我们是二十三或二十四日乘坐早一班船前往的。我虽然对于船名、船体的大约大小有一个模糊的印象,但具体确实记不清了,只记得乘坐的是沿着沿岸航行的上海—香港间的法国汽船,单程共行驶了五天。当时往返于上海—长崎间的定期日本轮船单程行驶时间为十七小时,可以得知船速大约只有日本船的一半。印象中是船重不足一千吨的旧船。这条线路是从已沦为日军后方阵地的上海逃出,经由香港、广州转移到武汉、延安等后方抗日革命根据地的唯一保障交通线。因此船上拥挤不堪的人群似乎要撑破船腹。人们就像被天神护送着前往天堂的亡者。而我们并不是去往天堂,而是被"被悬挂于悬崖"上。

香港是个什么样的地方呢?到了以后又要如何藏身呢?一切都没有定数。只知道其他的乘客们都是为了抗战深入后方根据地而经过这里,只有我们是因国界的阻碍,只能留在此地。只是停留一段时间还是永远,也都不得而知。

艾黎先生和妻子劝说我们:“这一点旅费很快就会用完的,你们到了香港以后赶快找来报纸广告,看能否寻到餐厅或饭店清洗的工作,至少能够糊口。不管是去哪里,总之先逃离这里。不要急躁,现在逃出去是当务之急。”

他们是想让我们做好长期战的准备。艾黎的夫人提醒我们:“对!登陆香港后立马就能看到,眼前就是为基督教传教士设立的免费住宿机构。把那里暂时当个落脚的地方吧,那里也不需要经人介绍。”

日本自古代开始就有靠着他人的布施去山中修行或巡游的惯例,但这样人性化的机构的存在还是头一次听说。只是这个方法,对于我们两个一句祈祷文都不知道的假牧师,恐怕行不通吧。这些都是后话了,总之当务之急就是先逃走,由不得半点犹豫。“穷则通”,只能相信古人的智慧了。就这样,艾黎夫妇两人一边鼓励我们,一边把我们送上了船。

从艾黎先生手中拿来的船票上写着“中国人一等船室××号室”,并有着Peter王和Anna王的名字。这是艾黎夫妇考虑到为了避免鱼龙混珠、人多眼杂,特别安排了这样的船室。但是当我们上船后在服务生的引领下走到船室前时还是大吃一惊。这与其说是船室,不如说是被分割开的储藏室,真是大煞风景啊。房间最里面紧挨着墙板的是蚕架式的上下床,这就占了房间的一半,剩下的前半部空间不足一米,地上铺着漆布,地板一头的墙壁前摆放着简陋的陶瓷洗脸台,还不及公共厕所里的洗手台。墙上镶嵌着落上了一层灰尘的镜子,脚下摆放着如同日本绳文时代的陶器的痰盂。下铺的床上一头放着卷作一团的旧毯子,小心翼翼地展开一看,里面还有之前喝醉客人的呕吐物,已经干了,被包在毯子里面。

这竟是中国人一等船室!只记得当时我猛然间毛骨悚然。总之,既然有“中国人”的字样加在了“一等船室”,就说明一定还有非中国人使用的其他船室。应该是在靠近船尾的上层甲板,那里应该还有酒吧和简易的餐厅。不仅是上海的公园里会有“禁止中国人和狗入内”的牌子,这艘沿岸航线的法国轮船的构造也设置了这样的差别对待。当然,如果我们不是中国人,情况就不同了,便可以买其他船室。但是我们现在不是“日本人”,不得已必须扮成“中国人”。而在正要出发时遇到的意想不到的灾难,让我们深深感受到扮成“中国人”有多么难。

夹在船头的上甲板和船尾的高级船室之间的船舱部分的大船室,是乌泱泱的混合船室。那里的人就如同密密麻麻挤压在一起的货物,被后来的人狠狠地往里推挤。在上甲板和下层船舱间架起了梯子,顺着梯子走上去,能看到用又粗又白的麻绳拉起来的分界线。当然,在漫长的航海过程中,混合船室的人们还是会跨过麻绳，进入上甲板眺望大海、透透气。我们的船室是正对着船身右侧的上甲板设置的清一色的小木屋里的一间，小木屋前靠近船身的甲板上搭建着一些帐篷，里面有几张排得紧紧的帆布床，据说这是为超载的乘客设置的临时二等船室。因此，混合船室的乘客即使想要上来透透气，必须先穿过船室和窗外的帐篷之间的连下脚之处都没有的间隙，一直走到船头，才能尽情眺望大海。他们经过之时，会带着能坐这样的"豪华的一等船室"究竟是积了什么德的眼神，望向圆窗里面来。当中还有人会恬不知耻地站住不动，毫无顾忌地注视着房间内。每当有人影掠过时，我都会不由得突然紧张起来。四个月的时间里，我们一直避人耳目、心有忌惮地生活，以至于好像变得有些神经质，就如同海螺稍微受到一点惊吓就会将身体蜷缩在壳里一样。幸子低声说道，还是睡觉吧。于是二人就分别在上铺（我）和下铺（幸子）躺了下来，充满了不安地假寐着。

在轮船就要出发之时，事情发生了。

敲门声响了。我伸手摇醒了幸子，打开了插销。门开后服务生走了进来，身后跟着一个身材小巧的中国女人。服务生带着奇妙的浅笑窥视着房间，要求查票。幸子从手包中找出船票递了过去，服务生仔细地看了看票，问道："这是你们的船票吗？""当然。"身后的女人看着服务生手上的票，不知在身后嘀咕着什么。难道是在说这张船票是他们弄丢的票？从甲板的二等船室（帐篷里）走出来的好事者们站着，很快就形成了一个半圆形的人墙。服务生听着女人的说辞，歪着头一脸为难的样子。

"发生了什么？"幸子问道。

"啊，我想确认一下……"

"这两张票哪里有问题吗？"

"不不，并没有什么问题。抱歉打扰了。"

服务生将船票交还给幸子，关上门离去了。女人依然穷追不舍，服务生不久后又折返了回来。

"船票能再给我看一下吗？"

服务生拿走了船票。多希望不要再节外生枝了。如果真的出现纠纷，我们这边语言不通一定会有大麻烦。

不久，人墙散开，服务生打开了门。一个穿着袖口绣着金丝的制服的白人船员站在门前，打开手中的账簿。先前的女人在他身后探出头来，观察着白人船员的脸色。服务生挤到白人和幸子中间，用质问的语气说道："这船票上写的是你们的名字吗？"

“是”。

“这是读王什么?”

“Peter 王和 Anna 王。”

“你们自己买的票吗?”

“不,是英国人朋友给我们买的。”

穿制服的白人小声嘀咕:“没有什么奇怪的。”正当我们忐忑不安不知道事态将如何发展时,白人将船票归还我们,自己一个人先离去了。

又过了不一会儿,服务生第三次过来,要求我们再把船票拿出来。

“什么? 真是讨厌!”

幸子愤怒地说道,一边将船票扔了过去。服务生低垂着眼,拿着票匆匆离去了。

就在这时,有人叫道“是海关的人”。屋外的人墙骤然间散去了。服务生打开房间说道,“行李检查”。略带驼背的海关官员走进船室,手中还带着粉笔。我头也不抬地下了床,从上铺取下了篮子和行李箱。海关官员轻轻一瞥行李箱,打也没打开。接着就胡乱地在行李上画上了检查完毕的标志,毫无表情地扭过脸去,小声对幸子说

“你们这次是去香港吗?”

“嗯,是的。”

“好的,请保重。”

他走出船室,在房门外又用粉笔作了标志,就快步离去了。之后的情况就完全不同了。服务生跳了出来,满脸堆笑地将船票归还。

“实在抱歉打扰了。”

“这下搞明白了? 没问题了吧。”

“是是,没有问题了。没有问题。”

关上门离去了,人墙也早就不见了。当时我还摸不着头脑,不知道到底发生了什么。幸子终于松了一口气压低声音说,

“哎,真是吓破胆了。你还记得那个海关官员的脸吗?”

“不记得。”

“就是那个人啊。在静安寺路,去抓捕我们的那个……”

“啊! 是那个人。”

“吓死我了。他也立马把脸别了过去。”

原来是这样! 这样一来终于一块大石头落了地。我的胸口一股暖流流过,无比激动,眼睛也一下子湿润了。下面我就将之前发生的事情的原委叙述

一下。大约是在两个多月前，当时我们二人正潜伏在共同租界的静安寺路的公寓中。隔壁房间的年轻海关官员租住在那里，因为厨房是共享的，经常会打照面。逐渐地，他们也察觉出来我们是日本人，一天，其中两个人在房间内蹲守，另一个人去公安局通报。当时我打开门，正想去洗手间，结果一下撞见两个年轻人，正耳朵贴在墙上偷听我们房间内的动静。我知道我们已经暴露了。他们狼狈地站直身子，我也被吓了一跳。等我装作什么都没发生从洗手间回来时，他们二人已经早不在了。

"趁现在快跑！"

我们商量过后，幸子派人给夏衍送信告急。救援的人赶到后，先把我们转移到了别处，之后夏衍让有一定势力的友人的女儿（女学生）去公寓取回了我们的行李。就这样我们二人才免于一难，而女学生却被早已等待在公寓的公安局控制住。经过审讯，我们二人的身份也清晰明了了。最后中国方面以"没有必要深究两个文人的责任"为由，将女学生和行李一道交给了前去迎接她的家人。至此，这些年轻的海关官员们也知道了我们的身份，恐怕他们对自己的所作所为深感悔恨，所以才会在这次的再会中，拯救我们于水火之中吧。

我爬上床躺了下来，仔细地思考我们现在所处的境地。首先浮现在眼前的是刚才的人墙，这样的阵仗，对于处于弱势的我们已经有足够威慑力了。还有那个小个子的女人，到底是什么人呢？为何要对我们的船票吹毛求疵呢？她知道我们两个人的身份吗？还是只是好事的人。又或者想要说是船票是自己丢失的，我们二人捡到了而已而骗走我们的票呢？不管是什么理由，都是想告诫我们，这里是中国人的专用船室，而不是我们这些半洋鬼子该来的地方。居然有如此厚颜无耻之人无理取闹。想到了这里，我气得什么也说不出，转念一想，又忍不住对自己现在的处境感到心里没底。

"我们两人现在就如同走在钢丝上一般，而一些居心叵测的人稍微一触碰这钢丝，下面就有如地狱一般的千把利刃在等着我们。居心不良的女人！还有那群围观的好事之徒……"虽然感到愤怒，但是现在不是因为这些动气的时候。群众都有这样的好事的一面。我不禁苦笑起来，想到了不由分说高举"杀死日本人"旗号的上海市民，还有打砸"支那荞麦面店"的横滨市民，也是怀着一种暴徒心里（敌国的商人同样是敌人）。

刚才的海关官员的脸又浮现在我眼前。多么善良的年轻人！想必这艘船上有很多这样的年轻人，不只是船上，在上海、在香港，乃至全中国都形成了这样一股大潮。那些海关官员是海关救国会的团体的一员。我们两个人除了投靠这样的救国团体也无路可走了，但是现在也没办法了。我们不能暴露自己，现在除了逃走其他事情都不需要思考，否则就是赤手空拳地给敌人可乘之机。

之后五天的旅程还算顺利。自从海关来进行检查后，服务生和甲板上的乘客对我们二人的态度似乎都有所转变。不知道是否是我的心理作用，他们似乎也有意不和我们目光相对。民众的眼中依然充满着好奇的目光，但是已经没有了想要嗅出什么的好事之意。总之算是度过了“一难”。然而，只要我们还没有完全走出现在的困境，就绝对不能轻率大意。

出港之日的傍晚时分，船上的食堂开放了。服务生来通知我们饭菜已准备好。我和幸子对视后，询问服务生能否将晚餐送到船室里来。可惜似乎并不行，因为一等船室的船客们都是一起围坐成一桌共同进餐。服务生催促道：“其他乘客都已经到了。”“好的，我们现在过去。”幸子微笑着轻点着头。

我还停留在刚才的恐慌中没有走出，犹豫着“真是伤脑筋，会不会又当众出丑”。这时刚刚离开的服务生又回来催促。

“好！这就去。”

幸子让服务生回去，转过头来说：

“去吧。不去的话，反而可疑。”

一鼓作气，我随着幸子走出船室。忍不住还是十分在意甲板上乘客投来的目光，在尽量不踩踏到地上行李的前提下小心翼翼地穿过狭窄的通道，终于进了食堂的入口。

食堂里摆放着和街道上菜馆（食堂）一样的冒着油光的大圆桌，那里围坐着十个左右穿着长衫或西服的男人以及他们的夫人。大家围坐一团只等着我们两个人入座了。无数双眼睛一齐看向了我们，桌旁站着的服务生也面带微笑看着。全员入席后，先是上了凉菜，之后又端来了热菜。这时，恰巧坐在我们对面的穿着长衫的中年男人和他旁边的男人四目对视后，仿佛事先就说好了一般站起身来，客套地笑着说道，“大家好，请允许我们说两句”。他们表达之后五天的行程我们将共同度过之类的简单的客套话后，建议大家先互相作一下自我介绍。看上去大家都已经十分习惯这样的场面，其他人也似乎早就被告知了一样，一个接一个地介绍起来，马上就要轮到我们二人。我做好准备，又向幸子使了眼色，她一下就领会了我的意思。轮到我们的时候，她毫无畏惧地站起来，镇定地露出笑容说道：

“我们是在墨西哥出生的华侨。丈夫在国外长大，因语言不通由我代表向大家问好。我的丈夫叫 Peter 王，我是 Anna 王。”

她简单地向大家介绍了自己的情况。诸如两人回到故乡后不久，家乡就变成了战场，迫不得已又南下坐上了这艘轮船。

真是好演技！好胆量！但是在这笑容的背后，隐藏着怎样的紧张不安。她不知道 MEXICO 用中文该如何发音，费力地创造出既不是 Messico，又不像 Moshico 的发音，我心里真替她捏一把汗。穿长衫的男人担忧地看着幸子的嘴型，大家也注视着她。当她结束了自我介绍重新坐下来时，全桌都如同看着孩子成功地完成了汇报演出一样，长长地舒了一口气。我突然想到，他们是否也有些察觉到了我们俩人的真实身份。听上去我们的故事很说得通，虽然两个连名字都不明了的侨胞，但人们可能也意识到了我们的名字和身世有所隐瞒。也许猜想到我们有难以启齿的秘密，也就不再去深究，选择了睁一只眼闭一只眼……不，怎么可能？但是，不得不承认，自从那个海关官员出现后，一切都还算顺利……

这样想来，眼前觉得光明起来。但是，也不能掉以轻心，决不能被蒙蔽双眼。好不容易有了墨西哥华侨的身份，一定要一直伪装到底……我心里这样想着。幸好餐桌上的各位，没有再进一步过问。不过，每次有新菜上来时，之前的发话人都会用筷子指着菜，招呼大家一起吃，每次还不忘带着亲切的笑容转向幸子："请用，王太太(夫人之意)。"

我一开始是决心装作什么也听不懂的木偶一般的。但这些好事的男人们一有机会就问东问西，我苦于应对，舌头都要打结了。看着幸子笨嘴拙舌的样子，大家都忍俊不禁，她一下成了坐席的明星。但是，用餐完毕回到船室后，她就如同振奋精神完成表演的演员回到后台一般，筋疲力尽，一下子瘫在了床上。

第二天清晨，我睁开眼时，感受到亮光透过船窗照射进来。向窗外一望，忍不住叫出了声。透过包围了甲板的帐篷的缝隙，望向了西侧的海，和之前的混沌的颜色完全不同，变成了碧蓝碧蓝的颜色。不知何时，轮船已经渡过了扬子江的广阔水域。天气也一下子晴朗起来。我心想叫上幸子走出船室到船头望海。现在的话应该还没有什么人。但是，下了床轻轻摇了摇幸子，她虽然勉强睁开了睡眼，却表示还不想起来，就又闭起眼睡了过去。拿她没办法，我只好一个人打开门，试着向外踏出了一步。

清晨的微风吹过脸庞，仿佛从桑拿房中出来后全身的热气被吹散，多么神清气爽的早晨啊。帐篷中还没有人走出来。我尽量不发出脚步声，穿过了帐篷的缝隙来到船头。正巧朝阳初上，金色的光芒洒了下来照耀着，海天一色。我手扶着栏杆深吸一口气，感受着发自内心的喜悦。这是一个宁静的光的世界。这些天来憋在心中的烦闷之情，似乎没发生过一样。一望无际的碧绿色令人赞叹，让人不禁想象是否海底有深绿色的颜料化开来。在遥远的水平线的交界处，透着一层深紫色，从那里不断涌出波涛，一直涌到眼前。交织在一起的白色浪花争相涌向最高点，交叠着，仿佛在发出吼声，无比壮观、绚丽。我已经很久没有看过如此美丽的大海。不，这是我从没看到过的大海。我们的轮船在海中前行，激起白色的泡沫，船尾形成的漩涡被抛向身后。白色略旧的船身以大海为背景，好像扬着头、挺着胸似的朝前驶去。船上的三色旗呼啦呼啦地飘扬着。

我的身心仿佛都被洗涤清澈，感到全身的血管都在张开着。这样的畅快感我实在不想一人独占，任风吹乱着头发，我又返回了船室。

"幸子！喂，幸子！"

我靠向幸子的耳边，嘀咕着。

"太美啦！你不出去看看嘛。真是美得让人说不出话，疲劳感一下全消啦。"

她皱起眉头，眼睛睁开一条缝。

"你先去吧。"

"嗯，你一会过来啊。"

我又一次回到了甲板。

幸子将外套的领子立了起来，双手抱在胸前，来到了我身边。不久就像魂被夺走一般放空远望着，不一会就打了个冷战。

"啊啊，太冷了。我还是回去吧。"

缩着脑袋回到了船室。

之后，度过了了无生趣的第二天。夜里，轮船驶出了浑浊的水域。知道轮船已进入了东海南侧的尽头的清澈水域的乘客们，纷纷逃离了拥挤的船舱，纷纷爬到上甲板透气。但是不变的是，他们中的有些人还是会在前往船头的途中停留半刻，只为了见识一下"幸运的一等乘客"，没礼貌地窥视着圆窗里的情形。

突然，我感觉到有人停留在窗口一动不动地看向里面，转头一瞥，又立刻将头转了回来。

"是刘仁！"

和他目光相对的瞬间，他露出了一丝微笑。但是我并未回应且将目光移开了，于是他歪着脑袋转过头，这次又出现了一个女人的脸庞。那人是刘仁的日本人妻子，名叫绿川英子。我有些生气了，望向她然后又一次移开了视线。我把头落在枕头上，再也没有看向窗户的方向。两人不解地对视，仿佛在说“不可能认错人啊”。但是总不能再继续留在窗口，不久后两人就离开了。

幸子坐起身来，朝着上铺说道：

“刚才是绿川夫妇吧。”

我小声地嘀咕着“不用理他们”，自己也不知道自己在恼怒什么。

“万万没想到会和他们坐同一班船，特别还是在这种状况下。”

船上除了他们以外，恐怕还有很多这样的相识的人。也说不定是因为昨天早晨发生的事情，听说了所谓的一等船室里的半洋鬼子的传言，想到或许是自己的熟人便过来确认。不好，不好！现在这种情况，即使是熟人，装作不认识不仅是基本修养也是常识吧。可是他们居然用怀疑的神情低声私语：“确实是他们两个吧？”“嗯，我也这么觉得。”若是给了他们回应，恐怕会不请自来进到船室来，到时候只怕会忍不住说起日语来。这样一来，我们“墨西哥华侨”的身份恐怕就要露馅了。

我不由得怒上心头，努力压抑住怒气。想起来开战前在上海的一天，当时我们正在内山书店同熟人围桌闲谈时，他们两人在书店的客人中格外显眼，目不转睛地盯着我们。当我和他们对视时，两人便走了过来。并没有任何人引荐他们，当时正处于对于草率的“门户开放”需要慎重的时期，于是应和着谈了几句。根据他们的自我介绍，男人是东北人，教育大学的留学生，女人在奈良女高师中途退学，两人通过世界语沟通交流，最终走到了一起。除此以外，他们的身世就不得而知了，当然也无从考证。可以说完全是偶然认识的……可是他们却不考虑场合，冒昧地跑来造访。不得不说真是太草率又不懂礼节啊。

我虽然感到不满，但转念一想他们也并没有恶意吧。那么，这种情况下，我们到底该如何回应呢？情非得已，只能傲慢、无礼地回应。在混合船舱里，一定还有很多支持鼓励我们的人吧。这些人很多与我们都有一定的交情。然而，自开战以来，上海就进入了全面逃亡、潜伏时期。除了夏衍这样的关系特殊的同志，即使是和中共党员，也严格回避见面的需要。比起“交情”，现在还是该优先考虑“自我保护”吧。

不过，我马上却又被另一种心情占据了。到达香港后，我们到底会面临怎样的情形呢？是会彻底地变成孤寡之人，还是会被敌人擒住，在人生地不熟的地方有个朋友难道不是最重要的吗？

不！不能这么想！还是马上打消了这个念头。大敌当前，既不能轻率也不能焦躁。否则就会像在雪地里留下自己逃跑的脚印的兔子。当前，连自己的命运甚至都不知道。正如艾黎先生和其他友人告诫我们的一样,现在需要断绝消息,卧薪尝胆等待时机,因为我们二人被接纳的时机还未成熟。然而,何时才到成熟之时还不得而知。但也绝不能轻举妄动,打乱时机……在这艘船上,关于我们的身世之谜已经越来越掩藏不住。暂时先不去考虑这些,和幸子商量过后,我们决心登上香港这片土地后,就和这些人彻底断绝联系。

第二天过去了,紧接着第三天……第四天……

南国的大海愈发闪耀着美丽的光辉。

## 第一章　香港探险

被甲板上传来的嘈杂声吵醒,望向窗外,忍不住惊叹眼前的美景。在郁郁葱葱的绿色山坡映衬下,排列得鳞次栉比的混凝土建筑的街道,一下子吸引了视野。船身的白色倒影仿佛在油一般的海面上摇曳着,岸边近得似乎伸出手就能触到。船停了下来,到香港了!我兴奋地跳下床,摇着幸子,在她耳边说道:

"喂!到啦。还不起来吗。外面真是绝景啊。"

一边小声嘀咕,一边又立马回到了窗边。

不知何时,甲板上早已站着做好了上岸准备的乘客们。有人在护栏旁排着队,也有人坐在帆布床上,将手持行李拉向自己,一边伺机而动做好随时出动的准备,一边眺望着大海。在人们离去的床下,到处散落着纸屑和蜜柑皮。

幸子也起来了,向窗外瞥了一眼惊叹道"啊!太美啦",之后就一直望着窗外。一会儿转过身来,拿出洗漱用品,开始拾掇自己。这时服务生来敲门,门开后笑嘻嘻地说:

"到站啦。到香港啦!"

"哦,到站啦。马上就上岸吗?"

"要先检疫,之后就可以上岸了。"

"检疫是在船上?"

"对,在船上。到时候我会通知您。手续很简单的。那先失陪了。"

幸子叫住了正准备离开的服务生,从手提包中拿出了早就准备好的小费交给了他。服务生满脸笑容,更加热心地为我们讲解,检疫的时候大家会排成一队,只要跟着排在后面就可以了,检疫结束后会有上岸的小船驶过来。但是如果我们没有指定的小船,随便坐上一艘的话恐怕会十分混乱。

服务生走后,我们二人坐在下铺商量着——指定的小船想必会停靠在海关的前方的位置。可能会有间谍在人群中,因此绝对不能掉以轻心。而那些

“有过一面之缘的人”应该也在候船。即使可能会十分混乱，但还是乘坐那些非指定的违章小船更安全吧？……于是我们就这样决定了。

服务生过来通知，检疫马上开始，要求我们立刻从船室出来。将行李留在船室后，我们二人走出来站在了甲板乘客的队伍的最后。站在上甲板一端，可以看到低一些的船腹处的大平台上拥挤不堪、杂乱无章的场面。

我们竟然是和这么一大群人一起乘船来的吗！

虽然是有点后知后觉，但着实被这一大群人吓得一哆嗦。没办法，只能排在其中，随着人群向前一点一点蠕动。我们所在的位置，正好如大剧场中，第一排座位的观众和舞台这样的关系。我们仿佛被扒光了衣服，正被暴露在人头攒动的观众面前……

就在这时，幸子故作镇定、佯装不知地，用中国话说道：“是烟桥。”“哪个？在哪儿？”我顺着她手指的方向看过去。

“啊，是他是他！不好……”

对方似乎早就已经认出了我们。在越过人群大约二十四五米的地方，身材高大的刘仁搂住烟桥的肩膀，指向我们的方向，好像在说着：“在那儿，在那儿。”本不想和他们对视，想要故意将目光移开。却不料正好与对方四目相对。烟桥一脸欢喜地抬起手，刘仁也跟着挥手示意。我们虽然感到十分为难，但也不得不苦笑着，点头跟他们回应。但立马又恢复了表情，冷漠地别回了头。看到我们在与他们互相示意，服务生在一旁说道：

“喂，那是你们的朋友吧。在向你们招手呢。你们关系真好啊。”

服务生似乎在为我们的老友重逢感到欣喜。可我们却完全高兴不起来，心想，这都是些什么人啊！也不管别人的处境，毫无忌惮地朝人挥手！于是，我又一次下定决心，尽早要甩掉他们。

检疫的队伍蜿蜒盘旋地排地越来越长了，弯成了好几道。脚下的大部队也是如此，人们见缝插针地挤进队伍，一直排到了通往上甲板的梯子前。这个场景看上去就像十几条、上百条的鳗鱼缠绕成一团。出人意料的是，人们开始拨开这大部队的人群，在夹缝中穿行前进，完全打乱了队伍朝着这边挤过来。人们走下梯子进入大平台，或者从大平台登上梯子。在这上上下下中，不知何时，刘仁二人已经被杂乱无章的人群推挤着混入人海中看不到了。

队伍到了船尾的上甲板后丝毫不再移动。这时，一名白人船员站在高处的站台上，手持资料，一览无余地望向聚集着的人群。“停！”他挥手示意并走下站台，将一群人留在身后快速地离去了。这位白人便是检疫官，而“检疫”就这样草草了事地结束了。

这也太糊弄了！这就是“检疫”啊！

这样的检疫不免让人感觉实在有些不负责任，他们只是把一眼看去显然是病人的挑选出来进行检疫。即使是猪的检疫过程，恐怕也比这专业得多。这样不负责任的态度虽说是让我们少了麻烦，却似乎让我又看到了在上海公园中，张贴着的“狗和中国人禁止入内”的看板。

散乱的队伍，在大平台上杂乱无章地像大坝放流一般，朝着扶梯的方向推挤着前进。人们互相吆喝着寻找着对方。呼喊声似乎也被淹没在人流中听不见了。看到这样的场景，我也一下子大胆起来，让幸子在梯子下面等候，自己返回船室让服务生帮忙将行李搬运了出来。心想着，接下来该怎么办呢？……

这时，在左侧船身下已经停靠了无数的小船。这些小船碰撞着、交叠着靠着船身。梯子搭在栏杆上后，船老大们争先恐后地爬上栏杆，开始了争客之战。有些船老大更是野蛮。拨开人群，生拉硬拽地将已经要离开的乘客拉回自己的小船后就马上驶离轮船，朝着对岸划过去。不久，“指定”的驳船正靠过来，靠向右侧船身。

“趁着慌乱，现在快走吧。”我小声对幸子说。

“嗯，不过我们要去哪儿呢？”

“先不管去哪儿。总之先上岸，其余的事儿等上岸再慢慢考虑吧。”

幸子心领神会地点点头。于是，我们二人提起行李，穿梭在人群中。船上的服务生看到我们没有等待指定小船的意思，目瞪口呆地问道：

“太太(夫人)，现在就走吗？”

“是的，谢谢关照。”

“您多加小心……”

在船老大的搀扶下，我们被拉进了眼前的一艘小船上。这个船老大戴着一顶贝雷帽，身穿鲜艳的横纹衬衫，一副唯利是图的嘴脸，让人不禁想起山椒太夫进行人口买卖的小船。小船推开波浪向对岸驶去，船老大笑嘻嘻地询问我们的去处。我们指向对面的街区，表示要去最近的旅馆后，他似乎明白了什么似的点了点头，加快了划桨的速度。

多么清澈的大海啊！清澈得能看到海底透出的碧蓝色，让人忍不住想用手舀上一捧。阳光闪烁着光芒，将一整面海港照得熠熠生辉，在广阔无垠的水域的左前侧，停靠着一艘航空母舰，周围围绕着几只驱逐舰……海上平静无风，英国国旗无声地耷拉着垂在桅杆上。那里应该是海军的抛锚水域吧。对岸的九龙半岛一侧，停靠着鳞次栉比的帆船之林。从我们乘坐而来的轮船向后望去，帆船早已被抛在了身后。接客的小船们以轮船为中心，朝着四面八方行驶而去。如蜘蛛的孩子一般散开。不久，我们的小船逐渐靠向了北岸岸边。

小船划到了石墙下停靠。墙上就是岛上的海岸街道了。隔着马路看到，对面的高层建筑旅馆密密麻麻地耸立着。船老大随意地将小船系在石头上的铁栏杆上，提上行李先跨上了岸，我们也紧随其后上了岸。其实从刚才开始我就注意到了，这些年纪轻轻的船老大们，个个都眼神透露着狡黠，似乎什么事都能看透。我心想，绝对不能对他轻率大意。他表示要为我们引路，两手提着行李走在了前头，并迅速穿过马路到了对面。看样子，他早就和某些旅馆有了协议，带客过去应该可以领取到一定的诸如手续费的报酬。也就是我们常说的“皮条客”。我心想，是不是该找机会打发走他呢。

我的预感果然应验了。他把我们带到的第一家旅馆的看板上写着“不二屋旅馆”。我吃了一惊，询问他这难道不是东洋人开的店吗。他连忙点头回道，“好好”，告诉我们也有不是东洋人开的旅店。说完，就又抢先走在了前面。这次去到的是方才在船上看到的高层饭店。这次，幸子打算抢先这个形迹可疑的皮条客一步，亲自上前询问酒店的前台。这人竟一下子挤到前面，说自己先去帮忙看一下房间，要我们在此等候。接着，催促着掌柜，两人一起从楼梯上了二楼。被留在前台的我们猛然间看到了挂在墙上的“住宿人”名牌，上面竟然全都是日本人的名字！

“喂！这是怎么回事！”

幸子也一下子激动起来。

“总觉得这一带有些可疑……”

我也开始感到不安起来，走出饭店一看，街上到处都是“寿喜烧”“割烹”之类的日本料理店。这样说来的话，那个皮条客把我们带到这里来，恐怕是因为这里是“东洋人”生活区吧。

“把他打发走了吧。他不是什么好人。”

皮条客随着掌柜一起下楼后，我们表示对这家店不满意，要求他将我们带回主街上。“这里不需要你了。”当我们准备支付船费打发他走时，他却又二话不说地将手伸向了行李，嘴上说着“好好”看样子又要带我们去下一家。我推开他的手问道：

“船费多少钱？”

“我再带你们看一家店……”

“不用了，我们可以自己找旅馆。”

眼看着到嘴的肉要没了，皮条客似乎要翻脸。但看到我们态度坚决，又一脸谄媚地笑着：

“那船费就算你们七元吧。”

“王八蛋(混蛋)!”

我怒喝道。幸子一句话不说从手提包里拿出三元准备递过去时他又翻脸了。幸子不想再生事端，准备多加一元。然而皮条客还是不乐意。我从她手中夺过钱，

“好好！你不要是吧！警察在哪儿?”

说着，我们握着钱向前走去。看到这一幕，他赶忙从后面追过来，接过四元钱说道：

“再给一元吧，太太……”

“快走!”

幸子恶狠狠地瞪了他一眼，我作势要把钱拿回来。他便慌忙地握紧手里软磨硬泡才索要到的几块钱，一边回头望着我们一边朝着小船跑去。事实上，事情没有闹大，我已经感到很欣慰了。

之后我们改变了方向继续寻找饭店。最终，我们选定了一家中国人开的饭店。这家饭店位于电车行驶的大道的对面，靠近山下的街角处的。

从外观看，这是一家钢筋混凝土建筑的气势磅礴的五层楼宇。一位听上去是广东人的掌柜在前引路，将我们带到了三楼的一间房间。空荡荡的楼层被薄木板墙分隔开，说是房间，不过是被立着的木板分隔开的空间中的一小个罢了。所有房间共用一个走廊，走廊面朝大街。与相邻两个房间分隔开的墙板还没有延伸到天花板，楣窗的位置上也只是安装了金属网。给人十分粗陋、下等的感觉，仿佛置身在动物园一般。从两侧和后侧的房间里不断传来各种声响以及谈话声。我心想，又是像中国人一等船室的待遇啊。在房间的里侧的墙边挂着彩色窗帘，窗帘下摆放着像日本的山车一样的中国式双人床，床头摆放着两人用的长枕。看样子这间酒店是类似休息室、钟点房的情人旅馆，又或者是中国商人用来谈生意的酒店吧。

然而，我们也别无选择。因为，我们赶走冒牌船老大后，提着行李走到这里时已经是大汗淋漓、疲惫不堪。身上的用来伪装的北方大棉服里面的衬衣已经湿透，贴在了皮肤上，实在让人难以忍受。更糟糕的是，幸子的眩晕症似乎又要发作了。不能让她再继续走下去，我决定先在这里住下来。

按照规定，房间费是每人三元，每次要事先交五天的房费。于是我们暂且付了三十元钱，并吩咐掌柜的给我们拿来茶和报纸。待他走后，幸子拿出我们所剩的盘缠进行清算。艾黎先生和中共方面给我们筹集的二百多元钱，已经

花掉了将近四分之一。接下来如何使用这些钱是我们将要面临的“首战”。这些钱用来租住酒店也只能撑过半个月，还是要先找到谋生的手段啊。例如在报纸的广告栏里寻找工作，或者是寄宿在别人家做帮佣……不过，比起这些，首要的还是走到前街买一份地图，看看自己现在到底身在何处……总之，等幸子休息片刻后，下午再到街上去“探险”吧。

这时，负责三楼的掌柜（也可能是服务生）将我们指定的茶具和水壶提过来了。他解释道，今早的报纸已经没有了，因此需要明天早上再送过来。原来，这里的习惯是每天早上到了一定时间，客人会自己走到街上把报纸买回来。不过，报纸应该也都是汉语的。是否有英文报纸？如果有的话要在哪里买？这些问题，服务生也不得而知。关于这些疑问，也只能等我们出去探险时自己寻找答案了。

幸子拿过茶具，刚要倒茶时，看到带着缺口的瓷杯里还留着茶渍，而浸着浅黑色茶渍的茶杯的边缘竟留有上一位客人喝过后留下的一枚茶叶。她神经敏感地皱起眉头，倒入热水后用指尖用力擦拭着，然后将洗过杯子的热水胡乱地倒进了痰盂。

这才只是开始。在日照强烈的中午小憩之后，我们走出了饭店。本想喝一杯咖啡疏解一下忧郁的心情，却到处看不到一家像咖啡店的店铺。卖报纸的地方也没有找到。像样的书店也没有，商场里也没有读书角。最后，只在街角找到一家卖明信片和绘草纸的“书店”兼文具店，但这里也没有找到地图或报纸。偶然看到一家宏大的货币兑换店，为解当前之急，我们将“上海货币”换成了“香港货币”，继续开始了探险。

要了解这条街的大体构造，并不需要花费太长时间。沿着小路向北走，北部靠近海边的地方有一条海岸大道。海岸大道内侧是一条商店街大道，大道上行驶着做工粗糙的路面电车。在上游靠近山体处，有一条凹凸不平的石板路。三条道路并排着，北岸形成了镶边带状式的街区。从山顶到山腹处，星星点点地建设着别墅。别墅和别墅之间靠石板坡道相连，十分陡峭，镶嵌在山体上。

走到街道深处，几家中国人开的商店呈现在眼前，店里陈列着无法入眼的劣质商品。商店后侧是一些酒店、不起眼的小夜总会和餐馆之类……总之，从海上看到的美景引发的幻想全都破灭了。整条街道呈现一幅近郊海港街道的景象。许多建筑物的二层外廊部分伸出街道，因此整条街的日光被遮住，宛如一条隧道。我不禁感叹这里和上海真是完全不同啊。我心想，这里是商埠，既没有产业，又没有文化底蕴。给人感觉冷清、乏味无趣又无所适从……擦身而过的人们无论男女，都身穿单薄的上下衣（似乎是叫做中国式马裤），感觉轻飘飘的。这里常年夏季，身穿厚重的北方棉服的我们，热的皮肤都浸出了油。但这里确实看不到战争的影子，也没有满怀敌意的民众。我们犹如在遥远的他乡上了岸的两个“异乡人”。

大约在靠近海岸的西端，有通往九龙去的乘船点（乘船点禁止入内）。我们从这附近出发向东前行，一直走到了电车行驶的大马路的尽头，一路上什么也没有。这里已经是路的尽头，前面是封锁用的黑栅栏，给人以无形的压力。栅栏内侧是用墨绿的树丛分隔开的一片区域。大门紧闭，门标的金属板上有英文写的标识，凝重的氛围让人不忍靠近，我们就此止步，没有再靠近。中国市民也没有一人靠近这里。我猜想这里应该是香港政府、英国守卫军司令部之类的地方吧。

我们从这里折返，回去的路上又改变了方向。跨上了高出一段的道路，发现这里就是刚才去过的地方，之后的道路也相同。高出一段的石板路并不是横贯东西的一条道路，而是由大道分支出去，又在之后合流的小路罢了。

就这样我们回到了大路。通向山顶的石子小路的起点处停放的花轿，那花轿被做成船型。聚成一团等待客人的轿夫们在旁歇息，这些轿夫也被叫做苦力。这些裸露着上半身的男人们，背上的油脂闪闪发光。这些轿夫有着被长时间日晒的黝黑又骨瘦如柴的身体，双眼无神。这时，一对富态的年龄稍大的白人夫妇走上前去，与轿夫交涉了三两句后，傲慢地分别上了两台轿子。每台轿子前后各两人、两侧各一人，一台共由六人挑着。他们是游客吗？不，不是，应该是远方山上别墅里的主人。这是什么景象！仿佛是六只马上就要被压死的瘦猴儿，艰难地抬着一对河马夫妇正在往山顶前进……这简直是漫画里才有的画面嘛。我感觉自己看到了“香港”社会的最底层。不，这才是真实的“香港”。雄河马慢悠悠地吸着烟斗，雌河马把簪子一样的花伞高举在鼻尖，看上去真让人火大啊。

徒劳无功地结束探险后，我们简单地吃了饭就回到了旅馆。拖着疲惫的身体终于走回房间的幸子，已经连说话的力气都没有，一下瘫在了床上。位于小岛北侧的这一带，太阳落下得相对较早。气温下降，周边开始冷了起来，而从建筑物的间隙中窥见的对岸的街道和海港，还处在明亮的残阳之中。马路对面的建筑物屋顶上的夕阳，看了让人莫名感到惆怅。

我征求幸子的意见。接下来怎么办呢？晚上再出去一趟吗？她头也不转地说再说吧。我知道，她并不只是身体上的疲劳，其实我自己也感到有些灰心丧气了。吐出一口烟，我又回想了今天一天的所见所闻。“必须要做点什么。

再这样下去没人能救我们。”现在的处境已经是走投无路。虽然艾黎先生和夫人告诉我们这里有基督教传教士的住宿机构，但是到底哪里有，街上无人知晓。她告诉我们是在“上岸后就在眼前的地方”。话虽如此，她所说的上岸地点到底指哪里，我们也并不知道。我可是如逃跑的犯人一般，从这座小岛的后方潜入进来的……事实上，我心中有些后悔，因此来到这里我们并没有任何依靠。只知道我们像研磨用的杵一样，双脚漂浮在空中着不了地。就连喝一杯咖啡也成了奢望。

我突然想到这条街道不可能没有咖啡，不过是街道上没有会享受咖啡的人种罢了。白人们在家里饮用咖啡，在外也是进出只允许白人（中国人和狗禁止入内）入内的俱乐部。而中国人则不喝咖啡，而是进出符合当地风土人情的“茶馆”……上海则不然……这里的白人与中国人的关系，就像刚才看到的河马夫妇和小猴子们的关系。两者完全生活在两个不同的世界。

想到这里，我突然意识到一个问题。我们在新闻广告上寻找“洗盘子”或“仆人”的工作，将会面临的问题是什么呢？……理所当然的，白种人在雇佣中国人做家庭劳动者时，一定会经由专门进行工作介绍的中国人介绍窗口。比如说多半是有老板在做中介派遣的生意……即使没有这些，通过广告雇佣的劳动者，也不可能不确认身份就直接录用。这样一来，警察……中国人警察……无论如何，都免不了和中国人进行接触。香港的维多利亚（岛上的街道）和对岸的九龙半岛，分别大约有一百万——合计不到两百万的住民，其中大部分为中国人。即使说白人是支配者，但绝不是这些绝对少数的白人直接掌握着“大多数”的命运，他们凭借中国人的机构从而进行支配。我们如果不能融入这个中国人社会，就连做“苦力”也都是奢望。事到如今，我们才深深地领悟到这个简单的现实道理。

对啦……洗盘子什么的都可以干……可以投靠基督教巡礼者的寄宿宿舍……听起来好像没有什么难事，但是那是艾黎夫妇二人站在自己是白种人的立场上想当然以为的。我们两个既不是白种人又不是中国人，因此，这些对我们都无济于事……

不得不承认，我有些后悔。后悔在船上遇到刘仁这些人时选择了视而不见，错失了重要的相见机会。不过想想当时也是身不由己。总之，当时的处境，在众目睽睽之下隐藏好身份才是最重要的。既然不得已要进行“长期待命”，也只能接受现实了，急躁也改变不了什么。我感觉自己像是在沙漠中迷路的旅人一样深感不安，也因为明天又要进行同样的“探险”而感到心情沉重。

那天夜里，我们早早沐浴后便休息下来。不料到了晚上，这家旅店的人却骤然增多，人声鼎沸。不久轰隆隆地响起了潮水般的嘈杂声。喧闹声一下子扩散到每个房间去，直冲天花板，越过金属网，从四面八方传了过来。简直是麻雀……麻雀旅馆……喧闹声不间断地持续着。仿佛置身在波涛汹涌的大海中。因为这吵闹声，我们两人躺下后一直到窗外的天边有些发白，也没有睡过去。

第二天清晨，朝阳照进房间里，透过带有花纹的彩色玻璃，些许阳光洒满了这间北侧的阴暗房间，就像洒进日式拉门内的阳光。整夜的麻雀声响终于停了，周围一片寂静。我洗了脸，用冷水浇到头上让自己能清醒一些。之后，幸子也走出房间洗漱完毕后，吩咐服务生带着茶具和报纸回到了房间。服务生走后，我们两人一边喝着索然无味的茶水，一边拿起了报纸读起来。我点燃一支烟，开始寻找广告栏。犹如内地的业界报纸一般，这里的报纸不过两页纸张，而“用人广告”之类的栏目却一个也没有。我粗略地看了一眼关于上海陷落后的战况报道，也只有标题一般的简单描述，完全无法掌握外界的形势。

我们仿佛与世隔绝了。

就这样——第二天依然是徒劳。紧接着第三天早晨——上街之前，幸子先瞟了一眼报纸，突然抬起头说道：

“老公，快看，章乃器来香港啦！”

“章乃器来了？哪里哪里？”

她的手指指向报纸的消息栏。原来如此！章乃器要来香港并在弥敦道的YMCA进行讲演了。我顿时感觉有一束光照进了胸膛。

“九龙就是对岸吧。”

“是，去看看吧。咱们赶快吃过早饭就……”

“等一下，时间不是明天吗？”

“这样啊……”

我高兴地有些手足失措，仔细一看，确实是明天的下午一点。我激动得不知所措地挠着头。天助我也！绝对不能错过这个好机会！

章乃器是这一两年来，作为“爱国七君子”的一员而备受关注的中国民族资本家，也是一位银行行长。我和他最初的相识早在一年半前（卢沟桥事件发生的一年前），当时是受《中央公论》主编小森田一记的委托，参加时下中国抗日评论界代表人物的座谈会。当时为我们安排那次会晤的是中共方面的友人夏衍。……那之后章乃器被蒋介石逮捕，以西安事件为契机又被释放了。那位章乃器居然来香港了。难道是和我们乘坐同一条船来的吗？或者比我们晚来一步？……

于是，我们毅然决定改变当天的行程。再也不是漫无目而又彷徨无助了，这次我们有了明确的目标——九龙弥敦道 YMCA……那是哪里呢？为了不在当天手忙脚乱，我们决定今天花费一天时间，一定要找到这个地方……“九龙”当然就在对岸，但是该从哪里过去呢？那么“弥敦道”又是在哪儿附近呢？而“弥敦道”三个字又该如何发音呢？……“miitontao”……还是“mitontao”……？

询问服务生后得知，抵达对岸的乘船点，就是第一天我们看到的那个乘船点附近。输送劳动力和商人的客船往返于两岸之间，以和电车相同的频率。但是服务生并不知道“弥敦道”。他一边看着幸子的口型，一边歪着脑袋跟着念着“mitontao……miitontao……”。莫非这三个字的发音用广东话是不一样的吗？

港口的水域向东延伸一直到对岸，我忽然望向那里，开始询问那个方向都有些什么。服务生表示并不清楚，只知道那一带是林立着别墅和住宅的郊外，夏天会开放海水浴场，但自己并未去过。我心想可能就是那里吧。服务生之所以不知道“弥敦道”，怕是因为相隔甚远他未去过吧。如果是教堂或学校之类的文教地区，应该不会距离住宅地带太远。那么，要去那附近要采用什么交通方法呢？服务生告诉我们，顺着眼下的道路一直走到海岸大道，马上就能看到左手侧的海湾汽船的乘船点，坐上去就可以抵达对岸。

打发走服务生后我们一起制定了行动计划。首要的是确认海湾汽船的出发及到达时间，其次，明早乘船抵达对岸东部的郊外后，从那里一边往回折返，一边逐一排除寻找“弥敦道”。一大早就出发的话，到下午一点共由五个小时的时间，不可能找不到的。——于是乎，我们就确认了第二天的乘船地点和第一班船的到港时间后，为了不让幸子太过劳累，决定早早休息等待明早的到来。

第二天一早我们就出了酒店，朝着海岸大道前进。穿过建筑物的间隙，道路对面就是大海，太阳早已高高挂起在了东部半岛的山间，令人炫目的日光照耀在碧绿的海面上。我们所要前去的地方就在这光芒当中。就在这半天中，我们的命运就要被彻底决定了……带着紧张的心情，两人一言不发地走到了乘船点，买好了到达终点（深水圳）的船票。这个“海上巴士站”只有一个带着屋檐的漂浮的栈桥长椅。距离船到港还有一个小时，时间尚早，一早出门的看似采购商人的几个男人在长椅周围聚成一团，散漫地等待着。不过，不久乘客就多了起来。终于，到达九龙的帆船中，出现了一只小的蒸汽船，一边划破水面朝这边缓缓驶来。漂浮的栈桥的整个屋檐跟着剧烈摇晃着，接着船横着停了下来。船上的人走上岸，岸上的人乘上了船——我们也跟着人群上了船。汽船驶离栈桥，一改方向，用船桨划开祖母绿色的海面，到达了港口中央，然后逐渐朝着九龙的方向向东行驶而去。水波平静，一眼望得见底的清澈。不知何时，右手边的航空母舰已经映入眼帘，英国国旗在空中耷拉着像个怪物，在那周边围绕着如鳄鱼般的数只铁灰色船身的驱逐舰。我们的轮船逐渐远去，仿佛用摄像机拉开镜头一般观赏着身后的景色。逐渐地，左手边九龙一侧的街景、造船厂的船坞和工厂，以及低矮的红土丘陵逐渐被揭开了神秘的面纱。洁白干燥的基岩、岩壁、储油罐、储煤场……一个个映入眼帘，一个个又被抛在身后，紧接着看到风化的丘陵的斜坡，在那对面有一个巨大的弓形沙滩弯进陆地，广阔的沙滩一望无际。透过干燥的空气，能看到远处的丘陵处有着类似别墅地带的时尚设计的房子星星点点地散布着。我感到那里似乎就是我们的终点。从沙滩度过长长的海中漂浮栈桥就到了上岸地点。我们跟着成群结队的人群下船，度过沙滩后翻越了沙丘。

幸子小声说道："比预想的到得要早啊。"

越过沙丘，另一侧的脚下是混凝土路面，一望无际的空地十分平整，道路东西、南北两条交叉而建。下船后的乘客们，按照自己所要去的方向分散而去，转眼间，只有不知道该去向何处的我们被留在了路旁。我用手捂住口袋，里面装有折叠好的报纸。让幸子先询问一下"弥敦道"的位置具体在哪里。她犹豫不决地回着"嗯……"，却只是呆立不动地目送着通行的路人。

"我的中文别人听不懂呀。昨天我才搞清楚，广东话听起来跟小鸟叫似的。还是你找个看着能听懂英语的人问问吧。"

"你也知道，我的英语根本不行啊。"

"那我的中文也是一样啊。"

不想因为这些小事发生争吵。于是我决定还是自己去询问。我先观察了一下周围，时而有些三三五五的"老百姓"(庶民)走过，看上去似乎没有能听得懂英语的人。

"哎，那我就溜达着，看看能不能找到合适的人。"

说着，我默默想着要是有学生路过就好了。在我们右手边的九龙街道是东西走向，而从海边上来是南北走向的道路，在两条道路的交叉处有一个环形转盘。就在这时，我们发现人行横道旁站着正在进行交通疏导的警察。

"要不问一下警察？"

"嗯……要不还是再走走看吧。说不定前面会有指引的地图牌子呢。"

"好吧，那再走走看。"

然而，当我们准备通过三岔路前面的人行横道时，警察举手示意并鸣笛，匆忙地将从对侧过来的人赶了回去。原来是从右前方街道远处，一只马队扬起沙尘，正朝着这边奔腾而来。是军队，相当庞大的一只队伍正气势磅礴地靠近。不久，引领的骑马队从眼前经过，之后是拴在马上的炮车和弹药车队也跑了过去。轰隆隆……轰隆隆……不间断地响着。这是印度人炮兵部队，演习结束后刚回来。这也算合乎世道，毕竟这是大英帝国的殖民地部队，因此也会进行大规模的演习。

道路两侧的行人眼看着都被拦了下来，人数也不断增多。我们会被困在这里多久呢……以为骑马队和炮车队已经都过去了，紧接着后面的队伍就又跟上了。我看着看着不禁陷入了幻想。骑兵和驭马兵都有着巧克力色的皮肤，牵着缰绳的手也是黝黑黝黑的。漆黑的肤色和红色的军服十分搭配，营造出绘画书上的异国风情。我不禁想起了很久前在筑地小剧场的舞台上看到的舞蹈“玩具部队”。那是用白口铁做成的人偶，依靠机械和发条做出动作，一会儿排成纵队，一会儿又排成横队，交错在一起，又分散开来向前行进。现在，眼前的士兵们也如人偶似的面无表情，穿着黑亮美丽的战袍拉着野战炮，表情没有任何变化地从面前走过。人也和道具一样，透露着“玩具”的趣味啊。我也开始思考，他们真的是能作战的军队吗？与其说是作战部队，不如说是用于展示的装饰物吧。暂且不置与否，不过如果这场大国间的战争真的到了殃及这里的那天，如果中国大陆都保卫不了自己，这座小岛的守卫恐怕也支撑不了太久。想到这里，似乎已经能看到他们的命运。事态发展还在继续，因此这并不是不可能发生的事情。不过，那也应该是很久后的事儿吧？自从我们开始了逃亡生活以来，逐渐地形成了自我安慰的习惯，总是会想“应该不会的吧”。能见到章乃器的这一“时机”实在难寻，丝毫不能疏忽大意。错失“时机”就再也没有挽回的余地……

就在这时，行军队伍的最后一列通过了。终于可以行动的人群，分别从两侧通过人行横道，全然不顾还漫天飞舞的沙尘。我一下从思考中抽离出来，眼睛停留在从对面过来的人群中的一个身穿藏青色制服的女学生。

“唉，幸子你要不问一下那个女学生，她一定听得懂普通话。”

幸子的目光也停留在那个女学生身上，还没等我说完，就一个健步凑上前去，叫住了她。趁幸子问路的时候，我拿出了报纸，手指着消息栏上的“弥敦道”三个字，从旁夹杂着英语进行询问。女学生用标准正确的发音说道：

“啊，是弥敦道吗？你们要去 YMCA 吧。要去那儿的话，离这里还有很长的距离呀。……坐电车沿着这条大路直行，在尽头的地方换乘，然后再往左走，不久就到了港口附近的终点站。那一带就是弥敦道啦。在那里找人问一下 YMCA 就明白啦。”

最后她热心地告诉了我们电车的乘车点。一定是看到我们两个人的服装，以为是为躲避北方的战火而来的同胞吧。我一下子安下心来，我们向女学生表明谢意后朝着电车站走去了。

瞬间，我觉得前途变得光明起来，终于从昨天的惴惴不安和烦躁的心情中解脱出来。不过我们也明白了自己是绕了一大圈。原来我们要去的地方就是从酒店处就能望得见的海对面的地方，而我们却绕到了九龙东部的郊外，结果又要折回到原来的出发点附近。即便如此，也算是开拓了眼界吧。不过还是不能轻率大意，因为这些天来的经验让我产生了多疑的心理，不到达 YMCA 的那一刻都决不能松懈。

令人好奇的是，为何包括服务生在内，岛上的人都不知道近在眼前的“弥敦道”呢？其实理由很简单又令人发笑，他们作为这个国家的一般民众基本是未受过教育的文盲，因此摆在眼前的三个字也读不出来；而我们两个又不知道这三个字用广东话如何发音，正是这种差异引发的笑话。也有可能是对于从乡里走出来，从事赌博旅馆经营的服务生（或者掌柜）的这些人来说，在他们的生活经历中完全不会也不可能有 YMCA 这样的词汇，完全与他们生存的世界毫无关联。

总之，我们换乘了电车到达了终点九龙乘船点前。时间是上午十点刚过一点儿。嗯，就是这里没错。这么肯定的原因是，因为在强烈的日光照耀下，朝北行驶的电车大道的对侧的建筑群中，有一家西洋式建筑的酒店，酒店上方巨大的霓虹看板上赫然写着“弥敦饭店”几个大字。虽然时间尚早，不过为了到达会场时不至于太狼狈，还是决定先确认一下 YMCA 的位置。在眼前的建筑物的入口处，站着一个来回眺望的看似是服务生的年轻人，身穿白色的工作服。幸子走上前去，询问去往 YMCA 的路线。服务生一脸疑惑，反问道：“Do you speak English?”噢噢，原来他听不懂母语，但会说英语。不，是听得懂广东话，却听不懂北方话。我和幸子交替后，用英语询问了路线，一下子搞明白了该如何前往。

自电车大道的东侧前行，然后深入从海上能望得到的红土低丘陵的后侧。那一带是宁静的住宅区，同时似乎也是文教区。到处绿树如茵。正如刚才服务生所说，走着走着就能到达“香港基督教青年会馆”的石门前。但是我却有些意外，虽然大门内十分广阔，不过这里和上海租界内的小型西洋建筑风格的 YMCA 完全不同。院内只有废弃学校的校舍模样的老旧木制建筑以及没有任何运动器材、杂草丛生的运动场。想着也许会有管理员或是勤杂人员，找了一圈后却没有找到，到处看不到人。我还是绕到了教室后面，教室的窗户面朝广场。入口的走廊处放着一个木箱，里面穿旧的拖鞋被杂乱无章地堆成了小山，看上去这里应该就是被用作集会会场的地方。教室里面的粗糙木制长椅被摞在一起胡乱摆放着，连下脚的地方都没有了。穿过教室，就到了红土空地和后门的出口。我心里感到些许不安：

“这里简直是废弃的房子啊。”

“别太早下定论。”

“但是，这里连管理员都没有。而且，也没有集会的立板或者海报。会不会是会场变了呢。”

“怎么会！如果换了地方，至少也会贴上更正的贴纸啊。”

“嗯……那暂且先吃个饭吧。”

从早上开始我们还什么也没吃。总之算是到了会场，于是决定接下来就吃个饭顺便休息一下吧。看了一眼手表，时间是上午十点半，到下午一点还有整整两个多小时。不过如果现在再一次返回“弥敦道”的商店街，吃完午饭再回到这里时间也有些紧张。以防万一，我们决定还是在这附近不远的地方找一家咖啡店或是乳品店随便吃些，然后等到一点钟吧。决定后我们就在周边一带转了转，结果这附近没有一家像样的小店。只能在公园的长椅上休息一下，喝点牛奶等到一点吧。继续走着，我们到了貌似是从海上望去的红土丘陵内侧的一带，但是也没有找到任何这样的小店。走着走着，我们走出了住宅区，前面是一片草地。草地上栽种着鲜花，不知名的南方鲜花争相开放，草地的前面又是一片茂密的灌木丛，繁茂的树丛中有一颗高出一头的树木，开放着火焰般红烈的花朵，仿佛是被烧红了的枝头一般直指天空。这好像是叫做火焰树吧？

然而，在陷入这浪漫的幻想的同时，也不禁感到头痛起来。因为幸子已经再也走不动了。由于强烈的日晒，她的额头上已经渗出了汗珠。她已经是面红耳赤，感觉很快就会眩晕过去。不过周围却既没有能作片刻休息的树荫，又没有长椅。没办法我们只能回到了会场。我对于迂回绕路的做法十分后悔，毕竟她的身体十分虚弱。而且，我们身着在上海时穿着的厚厚的服装，又没有能够遮蔽日光的遮阳伞或帽子。真是不该让她走这么多路啊。她走得越来越缓慢，最后终于停了下来：

“我会不会是中暑了呀。”

“啊啊，振作一点啊。”

我环视了周围。好不容易找到了一小片树荫处，走过去让她蹲下来。一边给她擦着额头的汗珠，一边看着她虚弱的脸，什么也做不了。过了一会，她强撑着站起身来，深吸一口气。

“你能走吗？”

“嗯……我坚持着……”

“你别勉强啊。”

“但是也不能在这里待着啊。”

“那咱们慢点走。”

就这样又走了出去。很快到了绿树如茵的道路，她又停了下来。

“让我再休息一会儿吧。”

她又蹲下身来，之后就再也没有抬起头来。我束手无策地瞟了一下手表。她注意到后问我：

“现在几点？”

“嗯……刚十二点半过了一点儿。”

“那快到时间啦。”

“嗯，是的……”

“快走吧。”

她重新振作精神站了起来。慢腾腾地走出去，总算到了石门的前面。顿时，我有了一种不祥的预感。集会开始早已过了十五分钟了，周围却一片寂静，断断续续来参加集会的人影一个也没看到。这里完全不像接下来要进行集会的样子啊。终于走到教室的入口，她一下子全身瘫软坐了下来。我问道：“该怎么办啊？”

“是啊，怎么办……要不再在这里等一会吧。”

“在这里？”

“如果会场地点真的变更了，现在再去找也是徒劳啊。而且，会不会有这种可能性，这里的人时间观念不重，也是会有开会迟到的时候啊。”

“这么说的话也有可能……那就再等等看吧。”

我准备绕到教室外面的操场上转转。因为即使“开会”时间推迟了，教室里应该也会有提前到的人啊。她也跟在我身后追了过来。

刚踏进杂草丛生的操场，我们二人就哑口无言地呆住了。这是怎么回事儿！什么时候聚集了这么多人！整个教室人满为患。此刻，主持人（或者是举办方代表）正在发表开会宣言，说完后在掌声中走下了讲台。紧接着讲师踏上了讲台。这是一张前额微秃、颧骨突出却似乎不知疲倦的脸庞。没错！这人就是章乃器。热烈的掌声告一段落,他环视了会场,开始了发言。我内心波涛汹涌,但也想到"不能待在这里……太引人注目了……"

然而,就在我小声对幸子说"绕到后面去吧"的时候,章乃器偶然地瞟向了窗外。我不由自主地抬起右手,幸子也跟着挥着手。就在这一瞬间,章乃器的脸上露出疑惑的神情,但立马又变为惊讶,最后竟不由自主地站在讲台上朝我们挥手。听众们的目光一齐看向了窗外,主持人慌忙地绕到章乃器身后,两人简单地交谈几句后,就转到后门消失了。

"快走!"

我催促着幸子,快步走到教室入口,在那里一下撞见了主持人。看上去是一位言谈举止十分谦逊的商人男子,脸上满溢着微笑:

"请随我过来! 这边请……"

他准备将我们引领至会场,但是被我婉拒了:

"我们还是在场外等候吧。不太方便进入会场……"

对方也十分懂得随机应变:

"那请两位在等候室等一下吧。章先生结束演讲以后,会来这里与两位见面。"

这时,幸子说着"那个",看向了我:

"老公,要不写封信拿给先生怎么样?"

"嗯,也好。"

她微笑着对主办人(主持人)说:

"那么麻烦您稍等一下。"

"没有问题。那么我马上为两位准备一下纸笔。两位这边请,这边。"

我们被带入了与教室只有一墙之隔的等候室中,接着主办人端来了茶、便签纸和砚台。不过我还是拿出了自己的钢笔,用英语一气呵成写下了如下的信。

亲爱的章乃器先生:

首先请您对于我们来这里的事,不要对任何人提起。

自八月十三日战争打响以来,我们就一直反对日本的侵略战争行为,为参加贵国的抗战活动,脱离了日方,经由孙夫人(宋庆龄)向贵国政府提出接收我们的请求。然事与愿违,还未获得准许之时,上海已沦陷。身处险境,不得已沦落此地。然而来此地后,未能与中国方面友人取得联系。于报纸上得知阁下前来此地演讲,特来寻求阁下援助。如有冒失请多包涵，烦请一定给予帮助。感谢！

您的日本人朋友　鹿 地 亘
同 幸子

“这样写可以吧？”我将信递给幸子看。她瞟了一眼说着“可以”，将信折叠后交给了主办者。他认真地收下信，表示会立刻转交给章先生，就奔向了会场。等候室中只剩下了我们二人，我只感觉终于长舒了一口气，点了一根烟抽起来。幸子的中暑症也烟消云散了。

这时候已不记得又过了多久。突然，掌声响起，久久没有停下来，听众们貌似都站起身来。之后蜂拥而至走到了走廊上。一群人的脚步声朝着我们的房间，越走越近。我们站起身来，章乃器被主办者引领着走进了等候室。与我们一一握手。

“你们什么时候来这里的？”

“三天前就来了。”

“现在住在哪里？”

“在对岸的旅馆。”

“上次见面的情景还在眼前啊。那之后，你们发生了什么？”

“从战争开始后就一直在逃亡。一直在被追捕。”

“这样啊，请这边来……”将我们带到了早已无人的走廊上，靠近问道：

“你们二位知道郭沫若吗？”

“名字听过，但不曾见过。难道是和我们乘坐同一艘船来的……”

“他比你们晚一班过来。事实上，今晚，当地的文化界人士将为他举办欢迎会。我也要前去出席，到时与他一同商量一下你们的事情，不知你们是否介意？”

“那就太好了。不过我们这边处境特殊，请您不要让过多的人知道。”

“我明白。我会想办法的。想到办法后该如何通知你们呢。能否把你们的住所地址写下来呢？”

“好的，我马上写。”

幸子赶紧从手提包中拿出纸笔，写下了旅馆名和我的现用名“王永福”递给了他。章先生将纸条夹进笔记本中，对我们说：

“那么请你们再等待一两日。这之后我还有其他约定，必须马上离开。”

紧紧握住他伸出的手，我们再次表示了谢意。被送到出口后我们离开了那里。

心情焦灼地度过了第二天上午，又熬过了下午。到了傍晚时分，心想着“今天已经没希望了吧”，想要放弃的时候，响起了敲门声。服务生打开门通知我们有客人来访。站在服务生身后探头探脑窥探着的，正是新波！

“呀，怎么是你！”

幸子走上前去。新波脸上的表情一下明朗起来，紧紧抱住幸子。“哎呀……哎呀……”地喊着却激动地说不出话。终于平静下来之后，他朝向门外说道：“喂！果然是这里。你们快进来！就是这里。”

原来门外还有两个人。幸子和新波一起把他们领入了房间。经过介绍，其中一人名叫林林，是一位在日本留学两年，可以说出只言片语的日语的帅气年轻人。另一人叫做陈滋秀，身上还带着些许孩子气，皮肤偏黑的小个子年轻人，我猜想他可能是南方人。因为房间内椅子不够，分别请他们坐在了床上和二脚椅子上。

“我们的事情，你是从章乃器那里听说的吗？”我问新波。

“不，我是今天早上知道的。我没有参加昨天的集会。”

昨晚的欢迎会上，林林他们作为文化界代表前去参加，才得知了我们的事情。但因为不清楚我们的长相，今早拜托新波带路找到了这里。

“原来如此。”

“但是，在这之前，其实我已经知道你们来香港的事情了。烟桥和你们乘坐一条船来的吧，我从他那里听说的。不过他受到了大家的责备，埋怨他为何没有带你们一起下船。他猜想一定是你们身在人生地不熟的异乡，遇到了困难。现在他也是垂头丧气，充满自责，本想与你们一起下船，为了不走散一直注意着你们，不过据说当时场面十分混乱。另外，你们似乎十分警惕，本想下船后与你们会合，但转眼已不见了你们的身影。”

他注意到我染过的头发：

“你的头发也染过了啊。其实我问过烟桥遇见你时，你是什么装扮。烟桥说你的头发变成了灰褐色，一定是在上海逃亡期间，历经磨难头发都白了，一脸要哭了的表情哟。哈哈哈……”

说完，他看了房间四周，

“这个房间还不算太差。你们是自己找到这里吗？”

“是呀。也没有其他熟识的人了啊。”

“也是啊。不过，这里不安全。因为这一带是日本人聚集最多的地方。(果然不出我所料)明天就搬到九龙那边吧。住处我们负责找。”

“如果可能的话，尽量避开旅馆，不显眼的出租房最好……”

“好，我会尽量找到出租房。目前最重要的就是离开这里，另外也要筹集一些钱。”

“钱的话，我们这里还有些。”

“这样就没问题啦。”

最终，我们说定明天之前找到住处后就转移到新地点。我们宛如断了线，终于又重新接上了线的风筝啊。

## 第二章　南瓜与革命

我感到自己仿佛被从地狱救赎出来一般，断了线的风筝似乎又被接了回去。接下来对于把我们从绝望状态拯救过来的几个人做一个简单的介绍。

第一位是林林。他是有两年日本留学经历的二十五岁的青年诗人。之前所引用过的《抗日战争回忆录》(《洪波曲》)一书中，有“被日本追捕的林林”这样的描述。这时的他正在“留学”当中，受到日本宪兵“海外流放”的处分而刚刚逃亡回国的时候。

拜访我们的当天，他用只言片语的日语表达了对于我们的所作所为的感想。大体是说前一晚在参加“郭沫若欢迎会”，席间得知了有两位日本人“正义”的行为而深受感动。我连忙说“请用中文吧”，打断了这位热血的年轻人。他也连忙点头，压低嗓音又重新用中国话重复了一遍。

另外在郭沫若的《抗日战争回忆录》一书中写到自己此时的所遇：“在香港的时候，有一次在九龙的某旅馆的电梯里，由陈烟桥(广东人，版画家，鹿地注)递了一张纸条给我。那是鹿地亘写的，说他在上海受敌人迫害，已经和他的夫人池田幸子逃到了香港，但生活无着，要我给他们想些办法。”事实上，这里郭先生的回忆稍稍有些偏差，我还是予以更正。

首先第一点，正如我在上一章所描述的，纸条是我写给章乃器的英文草书，并不是写给他的。章先生把我所写的纸条交付给烟桥，让他送给了郭先生。因此，文中也并没有“生活无着”云云的冗长的内容。我只是势必要重新取得与中国方面断了的联系，向章先生寻求紧急援助。

第二，郭沫若将那段时期描述为“在香港的时候”，这里也不合乎道理。为什么会这么说呢？他到达香港的时间是二十七日上午。当天或者是第二天傍晚，香港文化界为他举办了欢迎会，而我的纸条到他手上也就是在那一天，也就是说是在他到达香港后立刻收到的。《回忆录》上提到，在他去往广州之前，在香港的停留时间不过一个周，接到我的信时的“到达后即刻”与回忆录中滞留“期间”，在时间上是重叠的，前者包含在后者的“期间”当中，似乎很难说这样描述有任何不妥。但是在我的意识中，这两者有着明显的区别。因为对我们来说，当时一直在等待与中国方面取得联系的时机，而好不容易等待了这个契机。而郭先生当时还在向内地转移，正在为是否要投靠抗战阵营而犹豫不决。因此，他的记忆也出现了些许偏差。事后他将那时的心境记录在了《回忆录》的“第二章 动荡”和“第三章 再动荡”中。这些也是我后来从几位友人口中听来的，当时（卢沟桥事件后）怀抱雄心壮志，刚刚从“亡命之地”的日本逃离到上海的郭沫若，发现当时的中国虽然嘴中喊着“团结抗日”的口号，而在国民党政府当局内部，丝毫没有表现出“团结”（国共合作）的诚意，并且早就应该建立的“民众武装”的国民基本民主权利也没有得到保障。现状不容乐观。于是他决定，与其在国民党支配下的政府中效力，失去人身自由，还是偏向于转移到南方进行游说，通过发行报刊和筹集资金等其他活动，用自己的方式为抗日贡献力量。除此之外，就他个人而言有一些特别的思考。当时的国民党以及政府的要员们，都是一九二六至一九二七年的北伐战争时期自己的部下或是晚辈。事到如今再让他寄人篱下于那群人，还要为反人民政权作出“奉献”，他是绝对不愿意的。

因此，当时的他连自己的安身之计都还没有着落，接到我们的诉求后也是无计可施。于是，就先让林林作为代表，安排他先与我们取得联系。而林林与我们两人不曾见过，于是才在当地的文化界里寻找与我们关系亲密的新波搭上了关系。而新波也是义不容辞地答应了作为介绍人一同与我们相见。

第二天，林林比郭沫若等人早一步朝着广州出发了，是为了迎接从上海而来的主编夏衍。在上海发行的《救亡日报》（发行名义人是郭沫若）被迫转移到广州，夏衍是为复刊的准备工作而先行到达广州的。夏衍来到南方，就意味着我们与中共重新取得联系也指日可待了。实在太让人振奋了。

第二位要介绍的是新波。他和船上与我们碰到的烟桥一样，都是鲁迅先生培养的青年版画家其中一员。他与我们从上海开始关系就格外亲密。他的故乡在香港（故乡在距离海丰、陆丰很近的广东省南部的海岸边），我们还要在此地潜伏多久还不得而知，因此当地的支持体系中有他的存在，对于我们来说可谓信心十足。

正如昨天商量好的，这一天的下午，他带着除了滋秀外的另两个人过来。一人是陈灵谷，年龄与我相仿，是他们当中最年长的。他也和林林一样，有着两年的日本留学经历。不出所料，见面就用零碎的日语与我们打招呼。不过不同之处在于，林林是以为必须要说日语而拿出浑身解数、一腔热血地讲着，而陈却带着一丝显摆卖弄之意，想要展示出自己精通日语。“呀，贵国的语言我差不多都忘光啦。”一边挠着头笑着，一边继续炫耀着“东京真是个好地方啊！我还认识秋天雨雀”。

我硬挤出微笑，再次要求他“请说中文吧”。“没关系的。谁也不认识我们。”“还是请说中文吧……因为我现在的身份是名叫王永福的中国人，自然是不会说日语的。”“哈哈，不要紧的。太太，您的中文说得真好。广东人都不如您的北方话说得好呀。”“这人可真不好对付啊”，我厌烦地想着。

不久后得知，(从日本回国之后)他同乡的大前辈陈铭枢在第一次上海事变(一九三二年一月二十八日)中受到声名大噪的广东第十九路军(军长是蔡廷锴)拥护，在福建成立了人民政府。而他当时(一九三三年十一月二十二日)曾飞驰而去拜访这位前辈，因此一直以来而引以为傲。现在的处境确狼狈不堪，因此他正摩拳擦掌，期盼以抗日战争为契机，自己曾经的老大陈铭枢能东山再起。此人的人品果然是有些轻浮啊。虽然是个眉开眼笑、喜欢逗乐又好装腔作势之人，但是看到新波和他关系亲密，应该不是不可靠的人吧。虽然还要受年少的新波等人的关照，我作为长辈，决定要好好做好这些“小鬼们”的监护人。

新波带来的另外一人是梅，一名上海复旦大学的学生。自从上海被攻陷后，学生们就开始向内地的根据地逐步转移。他们首先流转到香港，其中很多人在这里继续着抗战宣传活动，同时为了筹集下次旅程的费用会滞留一段时间打一点零工。梅就是他们中的一人，今天是受新波的动员，来做我们的贴身保镖。

行动马上就要开始了，新波先将行动顺序讲解了一遍。考虑到不能太多人一起行动而引人耳目，于是将全部人分为两组。第一组由灵谷跟随我们，装作无意地散步走出酒店，并径直前往对岸。而根据新波的分工，“比起他们这些小鬼，老头儿(年长者)更容易受到酒店方面的信任”，因此这个角色就交给了年长的灵谷。第二组是剩余的三人——三个小鬼，他们会稍微等待片刻后，用从幸子那里收到的钱清算住宿费，然后提着两人的手提行李，追赶先行出发的第一组。

决定之后，优先出发的我们就出了酒店。从乘船点乘坐客船渡海到了对岸的街上。“啊，之前来的就是这里啊……”我不禁瞪大了眼。这就是昨天来过的“弥敦道”，竟然如此之近。况且今天还有令人安心的随行人员。虽然对灵谷还有些不放心，但他确实是一位合格的领路人，认真负责地做着“太太”的护花使者。阳光闪烁地照耀在宽广的沥青路面上，我们朝着遥远的北侧大山的方向行进着，道路两侧各色的商店鳞次栉比，形成了五光十色、吸人眼球的街景。电车、银色的大型巴士、出租车、人力车等等络绎不绝地从中间经过。通过了电车大道，在斜前方的方向正是之前看到的“弥敦饭店”和霓虹灯标识的饭店。只不过令我感到吃惊的是，灵谷把我们带去的地方，正是这间“豪华”的酒店。

灵谷到达前台时，事先早已交涉好了，掌柜的立马准备好钥匙递给了我们。服务生将我们三人带到了三楼北侧的尽头的房间。房间的墙壁是灰绿色的，浓重胭脂色的地毯，象牙白和黑色的衣柜，大型装饰吊灯下摆放着色调搭配的组合沙发，这间西洋式的房间里透着一种令人安心、宁静的气氛。我们围坐在沙发上，而灵谷早就将双脚瘫在地板上，重重地将身体埋进了沙发里。他又露出惯有的表情，眉开眼笑地说：

“怎么样，太太，这个房间您还满意吗？”

“嗯，感觉挺好的。”

幸子站起身来对我说：

“你要茶吗？我好渴啊。”

“嗯，有茶自然不错，不过我还是想喝咖啡呀。”

刚才经过一楼时，我注意到有类似咖啡店的角落。不过她说已经懒得动弹再走到楼下。

“那就请服务生上茶吧。”

灵谷按下了服务铃，向服务生要了茶水。服务生提着茶具和大大的水壶进来，一看这些器皿，让人喝茶的欲望全都烟消云散了。好像这个国家的酒店里并没有日本旅馆的习惯，没有搭配茶水一起食用的茶果。与之前的赌博旅馆一样，茶具的粗劣程度让人无法相信这是客人专用的。茶具上附着着有些脏的茶渍。然而灵谷却理所当然地，将热水倒入茶碗，用手指擦拭污渍后将脏水倒入了痰盂。然后将三个杯子倒上茶水，自己手拿一杯细细品味，并邀我们二人一起饮用。我装作喝茶的样子问道：

“这附近，日本人不太出入吧。”

“放心吧，这里是中国人的商店街。”

“你是这里出生的吗？”

“我的故乡在广东的农村。看，就在那座山的对面……在东边。不过香港是我的第二故乡……这条街就像上海的租界。爆发革命、战争的时候，人们会逃难到这里。我现在就是在逃命到这里。流亡……亡命。哈哈哈……”

之后话匣子就关不住了。我们头一次听到他引以为傲的福建人民政府的故事就是在这个时候。在中国革命史的发展历史中，追溯当今的“抗日战争”

的源头，是十分令人感兴趣的话题。开端是“九一八事变”，今天所说的“十四年战争”正是从那时开始。以此为契机，中国优先进入了“民族自卫”时代，而非“革命与反革命”。而其背景是第一次上海事变，即广东国民党军第十九路军的抗战。由于蒋介石对日本方面的妥协，双方暂且停止战斗，日中两国军队拉开距离。蒋介石为了防止余烬又燃，将第十九路军自扬子江下游区域转移到了福建地区，即将矛头转向对北方的中共根据地（以瑞金为中心的江西苏维埃）的讨伐。然而，这支军队并没有“讨伐共匪”，而是实现了与中共方面的停战并高举反蒋抗日大旗，建立了福建人民政府。政府主席由原来广东省政府主席、反蒋西南派军阀首领陈铭枢担任。这样一来，灵谷等人的“好日子”终于到了。他乘车前往福州，担任陈铭枢的秘书兼教宣部干部，并为了机关杂志的编辑工作而废寝忘食。

不幸的是，这场谋反运动，在政府的根基还未稳定之时，就于次年（一九三四年）的初春时节，脆弱地被推翻了。蒋介石抢先派出空军轰炸福州，派出中央军队二十万，为打入敌阵（中共根据地），在福建、江西省内加以讨伐。首领们“逃亡”至香港，灵谷等人也随后跟去了。真是“三日天下”的短命政权啊。然而这股势力并没有就此消亡。虽然“福建人民政府”已不复存在，然而它的根还在生息着。以抗日为契机，该政权正蠢蠢欲动，等待东山再起的时机。令我觉得有趣的是，在如此形势下，乍一看消失了的事物，又会立刻重获新生。就像海上的波浪一般，一排浪花消失了，马上又会与下一排浪花重叠着，再次隆起。接连不断的浪花此消彼长，逐渐形成一股大的海流。这也正是当下时局的特征。

我打听到陈铭枢和蔡廷锴（第十九路军军长）如今的情况。蔡廷锴目前仍然被逼潜藏在香港，而陈铭枢受到蒋介石“团结抗日”的号召北上进行谈判，想必如今正在南京吧。灵谷告诉我们，等到他的“老大”回来后，就把我们介绍给他。

“他是个特别有趣的人呢，也一定会尽力协助你们的……等你们的住处有着落以后，我就把福建政府时期的出版物和纪念品拿给你们看吧。”

之后小鬼们也带着行李赶了过来。新波将行李箱放到地板上，用沾了污渍的手帕一边擦着脸上的汗水，一边随意地看了看房间，说：

“嗯，这个房间还算不错。不过今天可真热啊。你们早就到了吗？”

“也就刚到不一会儿。”

梅和滋秀走到阳台，展开胸膛，感受着微风吹进房间的舒爽。

过了不久，新波等人约定两三天之内就为我们找到躲藏的房子后便离开了。就在他们要离开前，我问道是否可以到周边去散散步。“没问题的。”新波回答我，不过马上又补充道，“不过晚上就不要去人烟稀少的小路了。战争爆发以后，从广州逃来的难民骤增，因此经常会发生抢劫、杀人之类的危险事件。”

然而战争到底发生在哪里呢？在这座小岛上丝毫看不到战争的影子。也许战争的影子正是以“激增的难民、强盗、杀人犯”这样的形式存在着。不久后发生的一件事儿又让我感受到战争确实存在。新波和灵谷离开后，没过多久响起了敲门声，门开后一群穿着制服的女学生浩浩荡荡地走了进来。她们的不懂礼仪让人只能描述为“闯进来”。走在最前面的一个人打开手上的账簿，挡在了我面前说道“请您为战争中的灾民尽一份力”。我对于未经许可就一群人私闯他人房间的无礼行为感到恼火，本想将她们通通赶出门外。就在这时，站在最前的一个人走到我身旁，劝解不明事理的老头一样地拍了拍我的肩膀，将自己胸前的徽章展示给我看。丝毫没有畏缩。

仔细想想，她们的“闯入”应该是一开始就获得了酒店方面的允许了。这就是中国战争时期被叫作“赤羽”的运动。她们的脸上多少透露着“我们所做的是正义的事”的自豪感。这也是战争的影子。于是只能入乡随俗。在这个国家，还未形成尊重他人的隐私的社会习惯。我一边笑着说道“明白，明白”，一边取出钱包，递给站在最前的女学生一枚银币。女学生们也笑着向我道谢，之后又浩浩荡荡地离开了房间。权当是破财免灾了。

事后我才听说，当时的中国，不仅是旅馆，餐厅、宴会场等多个场所，城市的所到之处都曾遇到过这样的“灾难”。为什么要把这称为灾难呢？比方说日本的“赤羽运动”，已经捐款过的人会在胸前别上红羽毛，来区别已经捐款和还未捐款的人，可以说是一目了然。而中国并非如此。那些长期在酒店停留的顾客，在整个住宿期间，会受到同样一群人的多次骚扰，要求交付“税金”。这也是没办法的，因为政府对于“救济难民”已是力不从心了。

又过了三天，新波等人来接我们到刚找到住处。我们一群人乘电车一路北上，在终点站下车后徒步，走到了几乎是九龙街道的尽头的近郊小路上。我们首先造访的是新波和灵谷的亲密友人陈畸的住处。那是某个十字路的街角处的一栋钢筋混凝土的三层建筑，一栋栋联排房屋的屋顶的一间。建筑物外侧安装着带有防护板的电光型楼梯，楼梯的入口朝向步行街。顺着楼梯一直往上爬，直指天空的通道外侧安装着一个小小的冠木门。门内侧是不足十坪的被叫作“屋顶花园”的天台（晾衣处）和靠近里侧的房屋。陈畸一家三口面带微笑地在等候着我们——身材小巧、露着和蔼可亲的笑容的陈畸，裹着小脚、怀里抱着孩子、看上去性情温柔的陈夫人和戴着眼镜、言谈举止彬彬有礼的陈畸妹妹，她是一位大学生。陈畸是《香港大公报》的主编。该报纸由思想开放的南方华侨陈嘉庚出资发行，为香港的两大汉字报纸之一。该报纸与卖药成金的南方华侨胡文虎作为社主发行的《星岛日报》互为竞争关系，陈嘉庚靠着生产销售万金油（中国产薄荷脑软膏）获得了巨大财富。关于陈畸一家人稍后再做介绍。只是在这里顺便提一下，我们这时才知道灵谷和这家人居住在一起。

我们受邀喝了一杯茶后，将行李寄存在这里，朝着我们的“房间”走去。这次，新波、灵谷和陈畸三人也一同跟随我们，从这个奇特的空中住宅中落入“下界”。

我们的“房间”是同一条街上的一位中医（名字不记得）所有的房子中的一间。根据新波的介绍，这名中医也是他们的老乡。而这间房子是住在附近的新波的妈妈托关系才问来的，这名中医表示可以将“房间”租给我们。

这里再稍作说明。这一带的道路两侧都是这种形式的联栋长屋，应该说不只是“这一带”。除去公司、政府机关、工厂、学校等等有特定的使用目的而建造的建筑物以外，沿着整条街道，犹如堆积木一般，全都排列着这样的长方形建筑。这些长方形的建筑又像是把三条羊羹摞在一起，从上到下切开后，用一面墙分隔开来建造而成的。往来相对的建筑物的一楼是商店、办事处、车间等，二楼以上便是经营者和其家人的住所或者是租赁房、仓库等等。也就说是这些是建成出售的住宅，首先建造一座长屋建筑物，之后有人来租借，租借人又将房间转租给他人。以这种形式，整个街道上形成了像蚁窝一样密密麻麻地排列着房子，同时又朝着外缘的荒野逐渐开发的建筑模式。

这样的街道的二楼阳台形成了一条有遮蔽的走廊。我们一行人沿着走廊走到一处，新波转头说“就是这里”。那里是两个建筑物中间的位置，可以看到昏暗的楼梯口。跟随着新波，我们四人沿着楼梯向上，楼梯的昏暗让人联想到鼹鼠的地道。爬上楼梯处有一扇关着的门，新波按下了门铃，紧接着房内的脚步声逐渐靠近，最后停在了门的另一侧，是一个女人的声音：

“请问是哪一位？”

新波回道：

“我是昨天来看出租房的，老板在吗？”

“请您稍等。”

只听她快步地离开了。一会儿又听到脚步声折返回来，这次挂锁被取下，门开了。

“请进。”

进入门内侧便是这个房子通向各个房间的走廊，刚才听到的声音的主人是一个看上去只有十四五岁的小个子女佣。在她的引领下，我们走进了接待室。这是一间采光很好的房间，房间的墙上不留缝隙地挂满了无数的对联，摆放着铺有气势如虹的虎皮的长椅，两侧摆放着棱角有致的中式黑檀木椅子，花色的女士服装整齐地搭在椅子上，整个房间透露着枕草纸的《西厢记》中的插画世界里一样的氛围。乍一看“封面”有些发黄了，却还是感受到安泰的商人的生活风气。只是哪里都看不出像医生的接待室的物件。我会这样觉得是因为当我听说是“中医”后，脑中想象的是类似“西医”的医院或诊所的诊疗室中的煞风景的、充满药品味道的氛围。可能是已经有了先入为主的观念吧。

一会儿，刚才引路的女仆端来了茶水。接着穿着随意的长衫的老板从右手边的房间走了出来。一进房间，光润又微胖的脸上就展开了圆滑的笑容，一边豪爽地笑着一边面朝我们坐在了椅子上。取出装烟草的盒子，给来客每人分了一只卷烟，点燃打火机依次给我们点了烟。一番寒暄过后，新波开始说明来意。向老板说明我们想要租住房间，询问是否可以看一下。

“哦哦，没问题没问题。”老板用方才已听说的态度高兴地回答，“那我就让人赶快带你们看一下。”

他拍手叫来了女佣。

“那么，你们慢慢看……”

我们被老板送出房间后，就跟在了小个子女佣身后。沿着来时的走廊又往回走到中间的位置，那里矮出一截的走廊像栈桥一样突出来，这是在房子的后侧增建的两个小房间，小房间和尽头的厨房连接着。女佣人在前面的小房间前停了下来，费劲地打开了房门，说着“就是这里”，然后默不作声地看着我们的表情。这是一间面朝楼外，只有一扇一间大小的窗户的房间，犹如身在煞风景的混凝土的箱子中，也许再大一点，横竖分别二间、一间大。看上去应该是一直被当作放柴火的房间使用，地板的角落里还摆放着没有收拾的几捆柴火和引火用的碎木块，就随意地散落在地上。看了房间，我心里忍不住想“这也太……”。然而，新波担心地看向我，试探着问道“怎么样”。他压低声音怯怯地解释道，当下只要称得上房间的地方都塞满了人，这样的房间在别的地方也已经都找不到了。我也知道不能破坏了他的好意，但是与其说这是人住的地方，不如说是老鼠窝吧。

我也不能决断，将难题抛给了幸子：“你觉得呢？”她也是除了“嗯……”说不出什么话来。我试着改变一下僵持的气氛，问道："窗户是朝着哪个方向的？"新波立马回答"朝南"。这时幸子好像也妥协地接受了，缓和了为难的神情说：

"不过……摆上家具和床，可能还是一个不错的房间。"

她的声音听上去是"只能这样了"的妥协。既然她都已经能接受了，那我还有什么好说的呢。

"那就这么定了吧？"

"嗯。"她点头。

房子就这么定了。新波等人也舒了一口气。这时，惦念我们是否满意的老板从走廊进来了，看着大家的脸笑着问道："怎么样，还满意吗？"听到新波说"我们决定租下这里了"，他又一次重复道"哦，没问题没问题"，说着"那顺便带你们看一下厨房和浴室吧"，走在了我们一群人前面。

与房间只有一墙之隔的房间便是基底剥落的混凝土制浴室兼洗衣房。角落处是马桶（便器），也就是说这里是公用厕所。盥洗盆里堆满了还包着排泄物的尿布，开着的水龙头啪啪地拍打在尿布上。我不禁皱起眉头，原来这个家中还有这么小的孩子啊。那是老板的孩子吗，还是孙子呢？……

随后又走回走廊，尽头处便是厨房。看到厨房，我不由自主瞪大了眼睛。这里的厨房和曾经的日本农村一样，天花板和墙壁已被烟熏黑，异常宽敞的厨房中央靠里的地板上，砌着一座混凝土台，土台上是被磨得锃亮的铜制大锅，沉稳地坐在台面上。踏进厨房一步，就被这个大锅夺走视线，可谓是压倒性的冲击力。和这个大土灶配套的有铜壶、将油烟引到屋外的铜制大烟囱，这些闪耀着金属光芒的用具，都让人感觉仿佛进入了锅炉房，越发地让人感受到压迫感。

窗根的墙边处堆放着柴火，那柴火堆似乎马上就要到达天花板。柴火堆前的年龄稍大的劈柴的男人放下了手中的活，站在一旁和刚才的女佣人一起，窥视着我们这群闯入者。被对方的气势压倒的我们什么话也说不出。但事后一想，这也不过是乡下的地主家的厨房罢了。而这个厨房就像在九龙这座城市里，靠"近代兵器"武装起来的一处地方，令人感到它的威严。大体也能猜想到，这位中医是广东的地主出身，而这个看上去是男佣人的雇农以及女佣人一样，被同村人带着一起进城工作。我们似乎也和新波的老家，华南的农村社会以纽带连在了一起。

老板带我们转了一圈后，命令女佣人马上将"房间"打扫出来，又露出惯有的客套笑容，告诉我们有任何不便的地方都无须客气，提出来就可以。随后，和新波点点头，转身走向了主屋。只剩下我们自己后，幸子又露出了刚才的不安神情：

“明天开始我就要用那个大土灶烧柴火了啊。可是我能学会烧火吗？”

“没问题的，很简单。”新波答道。

“可是我真的受不了烟，要死啦，光是想想都要吓死了啊。”

“这样啊，那我过来帮你烧火啊。”

“我来烧。”

新波笑着抢着说：

“交给我就行啦。”

紧接着，下午变得忙碌起来。首先要添置最低限度的家具，床和桌子各一个，以及几把椅子。这个任务就交给陈畸，他负责去家具出租店——竟然还有这样的店——转一转，斟酌着帮我们挑选。其次还要买米、盐、酱油、白糖、作为燃料的柴火以及平底锅和土锅各一个。这些就交由幸子跟随新波出去采购。新波和灵谷去到主屋和老板办好合同手续后，分成两组出发了。根据安排，我和灵谷两个人负责看门，就留在了房间里。

不久，家具出租店的年轻伙计们就将家具搬了过来。接着床褥出租店将寝具用品，燃料店将一捆燃料送来。最后，手上拿满了东西的新波和幸子也回来了。幸子先把两手上沉甸甸的东西放在了刚刚安装摆放好的圆桌上，她面红耳赤的，脸上似乎都闪耀着光辉。就这样，为从明天开始的新生活已经一切准备就绪，正如她所说的，“收拾一下这个房间还不算太差”。

到了傍晚，我们又集体到了陈畸的住处。

明天就要开始新生活了。今天暂且先把生活所需基本的东西添置好。晚饭受到陈畸一家的招待。我们一群人锁了门待在房间里，跟在陈畸身后。忍不住发出惊叹，街道的景色仿佛和刚才变得完全不同了。虽然还不是太晚，但是已经完全黑了下来，夜色中人们的身影来回移动着。

“啊，原来是这样啊！”我这时才注意到。原来道路的车道和人行道被用芦席分隔开，内侧的人行道只留有狭窄的通道，然后就是铺着草席的杂居的“鸟巢”了。他们是一下子涌到这里的难民。街道上到处都充满了这样的人。白天，他们会去寻找工作，或者因为已经找到了工作，会散向各处。而到了太阳落山，又都回到了自己的“鸟巢”。

我似乎之前也看到过相仿的光景。对！眼前的情景正是让我想起了上海战役（八一三事变）开始后，在上海的法国租界的角落里塞满的无处可去的难民们。这也和新波的忠告对上了，他告诫我们晚上尽量不要踏入昏暗的小路。

然而，看着眼前的这些难民，完全和新波所说的“杀人犯、强盗”之类的凶恶的犯罪者联系不到一起。他们默不作声的，看上去稍有些怯懦。我们也会为了不踏足他们的通道，一步一步小心谨慎地走着，而他们也为了不打扰到街道上原有的住民，而处处畏畏缩缩，尽量蜷在角落中，不敢正视他人。后来听说他们用低温陶制炭炉生火准备简陋的晚饭。每到晚饭时刻，集聚的烟雾将街道淹没，低空中飘浮的雾霭在流动。这个时候是最热闹的时候。然而，第二天清晨，原来的用来遮蔽的芦苇席早已不知何时被收起来，地面被打扫了，而他们的身影也都消失不见了。只留下了烧火后的煤灰以及因为大小便的水沟的恶臭味了。

战争确实也影响到了这座和平的小岛（半岛）啊。我突然感到惊讶。这些蜂拥而至的难民，到底是从哪里来的呢？战火扩大到了整个华北地区，以上海、南京为中心的华中沿海地区。因此，这些地区的难民的生存体系被连根拔起并颠覆。即便如此，这些普通的人民大众，也不可能只靠着一条纵贯大陆的铁路（粤汉路）和外国沿岸航线汽船公司的轮船，就能千里迢迢地到达在外国势力统治下的华南地区“乐园”。他们并没有这样的条件啊。因此，自不必说，眼前的这些战争难民正是以广州为中心的华南，也就是眼前的香港的边境的对岸的地方的住民。那里还并未直接有战火燃起，那么他们为什么要放弃自己视为“生命”的生活手段，而非要逃难到外地呢？那里到底发生了什么？

我脑中反射性地想到的是，在北方，向战场上输送士兵的“抓壮丁”，以及“壮丁逃跑”的情景。还有国民党政府高喊的口号，“有钱出钱、有力出力”①。“有钱出钱”的“钱”指的就是一般平民（老百姓）手中紧紧攥着的用于日常生活、仅有的一点手头上的钱吧；而“有力”的“力”，也是代替地主们的孩子而被抓去的、已经连骨头都被榨干的，永远都吃不饱饭的农民吧。如果社会环境不能保证这些难民被迫不得不逃难到“外国权力统治下”，换句话说，如果为政者自身不能保证不再将“灾难”加在平民百姓身上，也就没有了“钱”，不需要“力”。这些也只是在说蠢话罢了。蒋介石政府权力下，极力阻止想要“出力”的平民，我们对此感到遗憾而愤怒，穿过了昏暗的夜色下人满为患的人行道。

爬上通道的楼梯，我们到了屋顶。

---

① 有钱出钱、有力出力：意为有钱的人要把钱交出来，没钱的人要用身体出力。这是国民党方面的抗战口号，没有任何人能反对。国民党当权者也没有反对。因为他们深知这只是以一般民众为对象，而非以当权者为对象的政策。

这里是眺望夕阳的绝好之处。在残阳的映照下能看到熠熠生辉的白色街道的对面的岛屿的剪影，那轮廓尤为清晰，比天空和大海更为清澈洁净。而我的内心深处却感到一抹悲伤。那股悲伤已经深深沁入心底，无法再被拂去。陈家人的热情欢迎与招待与明朗的笑声，让我感到快乐又莫名惆怅。

过了不久，我们才得知，陈畸是海丰、陆丰苏维埃（以下简称为海陆丰）起义的幸存者。这里为了便于理解，将对于陈畸前后的回忆概括，在这里一起叙述。

首先简单说一下海陆丰起义，这是发生在距离现在大约十年前的一九二七年十一月十七日的事件。为了能够记起这场起义的年月日，可以联想同年四月十二日发生的事件。国民党右派头目蒋介石在北伐革命战争的途中做了叛徒，发起了浸满鲜血的反共政变。而海陆丰起义就发生在这场政变后七个月。而如果将这七个月中所发生的事件按照时间顺序列举出来，首先就是在大量的人被残虐悲惨地杀害后，最初的共产党方面的崛起，即在八月一日的南昌，周恩来、朱德、叶挺、贺龙所率领的三万余人（也有记录为二万余人）的革命队伍的起义。然而这场战争并未占据优势，起义开始后的第五天的八月五日，部队从南昌撤退，朝着广东方向行进。越过江西、福建省的边境，进入广东省境内，九月十三日，潮州、汕头被攻陷。

此后，又在汤坑、潮州、三河镇与进行阻击的大量的反革命军进行辗转抗战。一部分支队进入海陆丰，与当地的农民军合流，创建了海陆丰苏维埃政权。

遗憾的是，革命军并未能抵挡住国民党军队压倒性的攻击，不久，部队就舍弃平地，向山里进军。一方面主力部队转入福建，途中朱德率领的部队朝湖南南部行进，和进入井冈山的毛泽东的军队成功会师。在这里，他们为建立日后以瑞金为首都的江西苏维埃政权的根基做准备。另一方面，进入山中的海陆丰部队之后又遭遇了什么呢？

之后发生的事情，还得陈畸自己来说。陈畸在日常生活中鲜少提及自己的事情，出乎意料地却愿意说出这段过往。那是距离我们第一次见面过了很长时日之后，我们这些人聚在陈畸一家的住处，围坐着喝茶的时候。我想契机应该是陈畸向我询问是否能适应南方的食物。当时大家正在谈论自己喜欢和讨厌的食物，关于口味的嗜好的话题。陈畸也在大家的感染下，说起："我其实对吃的没有什么大的喜恶。"但又像是突然想起什么一样，"啊，对了，只有一样。只有南瓜我吃不了，甚至只要看到就反胃。"

他皱着眉微笑着。就这样，我们二人知道了陈畸曾经参加过海陆丰起义，并被困深山中的经历，不禁目瞪口呆。惊讶于他这样一个对人和蔼又疼爱子女的父亲，竟然是一位有过波澜起伏的人生经历的老战士！讨厌南瓜也是因那时的遭遇。进入山上的部队，根本找不到像样的粮食，只有南瓜可以吃到。于是，一天又一天，他们只吃南瓜，在断盐状态下忍耐着饥饿，艰难地打着坚守战。就是这样的传奇故事。我对部队以及他本人之后的遭遇十分好奇，于是向他询问。据他描述，最终，生还下来的少部分部队士兵解散了，趁着夜色混乱跑回各自的家里潜伏。

“村子的情况确认过了吗？”

“从偶然遇到的山里的居民那里听说，在村口处被抓住的战士被砍下人头暴晒，据说还被立上了牌子。即便如此，我最终还是下定决心要走，谨慎地回到了家。”

“太不容易了……”我心想。不过回家中潜伏，就说明他的老家具备了能够潜伏的条件，恐怕是地主家……应该是这样。而潜伏地点应该也是地窖或是阁楼之类的地方吧。

照顾潜伏家中的谋反之人，每到夜里就送去食物的正是他从小就定了娃娃亲的，青梅竹马的姑娘。

“她就是你现在的妻子对吧？”

没有直接回答是或否，他只是说：

“……一天夜里，我们悄悄地举行了仪式，之后就乘船逃到了香港。因为之前就托好了关系，打点好了，于是就有了现在这份报社的工作。”

听完他的话，又一次惊叹我们眼前的这一家子的传奇又精彩的经历，不禁感叹竟然就发生在我们身边。鲜血染成的历史，并不会随着时间流逝而被忘却，而是与活着的现实相联系，呈现在我们眼前。不，应该是说，我们被迎进了历史的长河中。

我感到更深一层地了解了九龙这片土地。原本这一带沿岸地区，是南方大地上大量华侨的出身地之一。在香港居住的中国人市民，也逃不过他们的“华侨”身份和自己的“故土”之间的关联。从故乡被迫来到此地的人们，靠着同乡意识被捆绑在一起，在远离家乡的外地居住了下来。其中，有人是因生活所迫而来，也有人应是为政治原因“流亡”此地。而在无形之中，“革命”也在暗流生息。

我又想到把房子租借给我们的老中医，是否也是怀抱着这种同乡人的连带感，也多少猜到了我们的身份而接受了我们二人呢？说不定连我们两个是日本人也已经察觉到了。这是我的脑中闪过一个念头——说是念头，其实应该是幻想。“也说不定，在某个地方，到了万不得已的时候，可能也隐藏着一条为我们而开的路。”当然，这是“最坏的打算”。可是，仔细想想也并不是没有可能。

也就是说，还要看今后的形势的变化而决定。如果蒋介石方面的抵抗真的出现了意外，那再次发生与一九二七年相似的情况，并不是不可能的，而且会以更加可怕的样子。

自从在上海，蒋介石方面对于接受我们二人表现出犹豫不决，就已经让我有了某种不祥的预感。实事求是的说，我们最后的“靠山”，除了“中共”别无他选了。然而，如果真的出了意外，“抗战”又和今天的形式全然不同了。我们可能也会和陈畸等人曾经经历的一样，被迫深居山中进行游击战……

我尝试着思考，如果真的到那一天，我们真的能够忍耐的了吗？对于我自己，其实并没有什么畏惧。可是，一想到幸子……总而言之就会立马担心起她的身体状况。况且作为在城市中长大的、受过良好教育的姑娘……不过，现在就这样杞人忧天，真是鬼也笑人痴啊。真到那一天，除了忍耐别无他法。能忍受的就忍耐，该来的也躲不掉，迟早都要来。万幸的是，这些事情都不会立马发生……

我总是这样思考着来自我安慰，然而在内心深处，不断地被重重的大石头压着的也正是这些事情。因为，我们现在的处境是，“蒋介石如果不转变，那一天便会来得更早”这样的千钧一发的时刻。因此我决定，在状况变糟之前，争取时间尽量保证条件具备，让自己能够安心一些。

而幸子也在这段时间里，体验了很多从没体验过的经历。首先是她已经和之前提过的厨房的“主人”少言寡语的“男帮佣”成为了朋友。一天早上，她为准备茶水，提着水壶和茶具进入厨房的时候，刚抽完一烟管烟叶的男佣，缓慢地从木板凳上站起身来，作势阻止了准备取柴的幸子，将大水壶中沸腾的热水，分给了从她那里接过的小水壶中。厨房中有两个石头砌成的大水池，挨着正面的窗户排列着，男人将较小的一个水池让给了她，自己用了里面的一个。第一天见面的时候，他之所以看上去很不好相处，是因为“语言”问题，他放弃了交流装作聋哑，一直保持着沉默。因为他只会说广东农村的方言。然而，他作为这个厨房的“主人”，对于这个笨手笨脚的城市女人“太太”，非常乐意地给她提供帮助。昨天是在自己主人的面前，而今天自己才是这里的主宰者，对于这些新到的来客，就担负了气派十足的“保护者”的“职务”。

幸子将早餐端回房间，冒着清香的红茶的蒸气让她的脸庞也变得红润起来，她说道男帮佣手脚一起比划着，笨拙地主动提出自己要去早市采购东西，如果她有需要也可顺便去一下鲜鱼市场，要去其他的店铺也可以给她当向导。这真是太好了！出现了意想不到的援军……就在这时，当她正为这良好的开端感到欣喜，一边喝完一杯红茶时，响起了敲门声。幸子像弹簧一样一下子站起来，把门打开了一个缝隙。

“啊，不好意思！我马上就好了。谢谢哦！”

“您准备好了吗？”小个子的女佣怯怯地站在那里，来告知男佣正在催促出发。幸子让女佣回去后，转向我，

“那我出去一趟啦。”

一把掠过手提包就出了门。

新波没有忘记昨天说过的要帮我们生火的约定，幸子走后不久就赶了过来。他一边为自己的迟到露出难为情的神情，一边瞥了一眼凌乱的桌子。我顺便给他倒了一杯茶，他苦笑着说：“什么嘛。这样一来……我本来是想来帮忙的，现在倒像是被叫过来喝茶的呀。”

“鲜鱼市场离得近吗？”

“这对面就是海。那里便是渔港，所以可以吃到新鲜的鱼。”

我眼前浮现出帆船的桅杆林立在渔港上的情景。因为当我们还在弥敦道的酒店时，就曾看到过，越过大道对侧的街道，就到了可以远望珠江入河口的港口，而现在我们所在的街道位置在九龙北侧的海岸边。

过了不到一个小时，走廊里传来她们回来的声音。不过她们通过房间径直走进了厨房。新波打开了门，跟着追了上去。厨房一下子变得热闹起来。听上去是幸子发出的惊讶声，引来了男人们的笑声。过了一会，她带着新波一起回到了房间。

“今天可以吃到很多美味的鱼哦！有黄油烤带鱼吃啦！”

那声音充满活力，脸上也是红润照人、溢满生机。

“真想让你也看看呀。真的是太壮观了。”

她丝毫不掩饰自己的激动，讲述着鲜鱼市场的所见所闻。正好有一只渔船刚刚结束了卸货，一下子向市场的地面上抛出了大大小小、各式各样的鱼。那些鱼还活蹦乱跳的。里面还有些叫不出名的长得像怪物的鱼，还有样子像海鳗的吓人的鱼。

她似乎焦急地已经不知道怎么解释：“我还从没见过那样的场景呢。真的是无法用语言来表达呢。”

恐怕都是一些南方的海中才能见到的与众不同又千奇百怪的海洋生物

吧。她的惊叹似乎也感染了我。对于她能够一步一步地踏入并接纳新环境，我感到欣喜又充满信心。听说刚刚买回来的带鱼的鱼段，“厨房的主人”已经用菜刀处理好并帮我们放在了防蝇纱罩里了。

然而，明早还有新的冒险在等待着幸子。为了准备早餐的面包、黄油等食物，这次她一个人出了门。但没多久她就回来了，默不作声地把买到的东西放在了角落，从手提包中取出钱包，将几枚银色的硬币摊放在桌子上，表情变得认真起来：

“你来看看。这里面哪个和哪个是假币，哪个又是真的，你能分清吗？”

我拿起硬币，一枚一枚对照着看了起来。因为假币应该不是银制成的，如果准确称量一下，重量应该是不同的。然而小小的金属片的重量，只是放在手里掂量，是很难辨别出来的。说起来，“真品”的香港硬币长什么样，我也没有认真仔细地看过。于是，我投降了。

“我分不出来。”

“是吧。”

她从我的手中拿走一枚硬币。

“我能看出来。”

她凝眸看了一会儿，不一会儿就挑出了其中几枚摆在我面前：

“这个和这个是假币。”

“是吗，哪里不同吗？”

“没什么办法，只能多看看真的。假币有好几种类型，看得多了，一拿到手里自然就知道是真是假了。”

“原来如此！原来香港是这样的！”

她接着讲述了自己的经历——那天早上，她去了前一天就已经注意到的和现在的家在同一排的食品店，买好了盐、酱油、胡椒之类的调味品后，就到了马路对面的面包店，买了面包和黄油。因为在第一家店里拿了很多银币零钱，于是准备先用了。不料年轻的店主却说那是假币不收。她吃惊地说道：

“这个钱，就是刚才的酱油店找给我的啊。”

“找他换一下吧。现在换的话还来得及。”

于是她又返回了原来的店，对着露着奇妙神情的驼背老头说，刚才收到的找零里面有假币，要求更换假币。老头儿拿过那些硬币，一枚又一枚仔细端详着，之后露出生气的样子狡辩道：“太太，您怎么能说这是假币呀？你这样胡说，我会很头疼啊！”横眉冷对地回复她。她毫无办法，只能又拿着钱币回到了先前的面包店。正在等着的面包店主问：

“换回来了吗？”

“没换成啊。他说这不是假币。”

“居然说这种话！好，既然他这么说，那我和你一起去。你在这里算是外地人，他自然会厚颜无耻地要滑啦！”

就这样，年轻的面包店主带着她一起冲到了酱油店，朝着佯装不知的老头儿（老板）呵斥道：

“老板，你这样做也太不地道了吧。快给这位太太把钱换了！”

老头儿露着龅牙不做声。好像是在气愤面包店老板“怎么能让自己丢面子”，又好像是在抗议“都是街坊邻居，居然要拆台”。然而面包店老板并不恼怒。幸子因为不懂广东话，只能默默看着事情的进展。不过，从声情并茂地劝说着的面包店老板的话语中，她听出了“现在是国难时期”、“因为战乱流亡到这里的同胞”之类的零散的句子。将零碎的短句拼凑起来，大体就能知道他在说什么了。逐渐地，酱油店老头儿的神情也缓和了下来。他难为情地浅笑着，依然默不作声地、慢悠悠地将假币换回了真钱。

换完钱后，幸子终于安心地笑了，并询问老头儿那些假币会如何处理。他说已经用不上了。

“那我可以拿去吗？”

“拿去吧。”

于是幸子为了“研究”一下区别便要了来。接着，回到面包店买好东西，向年轻的老板道了谢。老板笑着道：

“太太，您是刚刚搬到隔壁的那家的吧。我一下就认出来了哟。从上海来的吧？因为战争。”

“是呀。对这里还什么都不清楚。今后也请多教教我。”

就这样，幸子又交了一个朋友。

勉勉强强算是安定下来以后，最先想要干的事情，就是想靠自己搞清楚自己所在的地方处于什么地理位置。恰好在这条街道的东侧，耸立着一座海拔大约100米的研钵形的小山。在山的这一侧倾斜的山麓上筑起了一道石墙，那里是一座小的汽车组装工厂。据说从战场上运送回来的卡车类的有故障的车会在这里修理完好后，再被送回原来的战队。登上这座小山的路就在工厂的后侧。我叫上幸子，一起往山上走去。从登山口到山顶建有一条笔直的石头台阶路，登山口处立着一座牌坊（中国式的鸟居）。既然有台阶又有牌坊，山顶至少应该有祠堂之类的吧。接着我又联想到，也一定应该有能让人休息片刻的长椅之类的吧。

但是，因为太久没有活动过腿脚了，登山不一会儿就已经累得上气不接下气。我还能坚持住，幸子却越走越慢，最后干脆停下了脚步，生气地埋怨我为什么要让她受这种苦，一步也不走了。

“再加把劲儿吧。看呐，多么美丽的景色！要是登上山顶，山的另一侧都能望得见呀。”

我讨好劝说她继续走，最后终于快到山顶。然而到了那里，映入眼帘的景色和我登上之前在心里描绘的“山顶”可以说是截然不同。因为那里既没有祠堂，又没有眺望台或是长椅。从光秃秃的红土地的狭窄地面朝下，被安放着像梯田一样的架子，而每一层架子上都摆放着卒塔婆和棺材——没错，就是棺材！……就这样被安置在荒野之中，棺材前有摆放香和其他祭祀用品的痕迹。

我不禁倒抽一口冷气。依然还记得，那些香飘出的烟雾缭绕山间，周围找不到一丝人影，那这些香又是怎么着起来的呢。就在这时，感到身后一股寒气。直觉告诉我，这就是传说中的“风葬”。不，这一定就是“风葬”。

这些棺材中，既有大的又有像苹果箱一样的小的棺材。全都是由粗糙的白木做成，有些看上去很新，有些旧的已经腐朽了。有些箱子的板面已经破掉，从外面可以看到里面疑似是孩子的头部的骸骨，也有些骸骨看上去像是在嘲笑着。一瞬间，我感觉自己似乎看到鲁迅的散文诗集《野草》中的一篇文章《墓碣文》。这篇文章也是众所周知，讲述的是鲁迅先生梦到自己站在一座枯朽的坟墓前，从朽烂的墓穴口看了已经半木乃伊化的尸体，便与尸体进行对话，以吐露自己的心境。

总之既然已经走到了这里，便想着干脆再走几步爬到山顶吧。然而山顶什么也没有。那里周围果然只有几个棺材和供奉的香火以及枯萎了的花朵。稍后赶上来的幸子什么也没有说。应该说她是什么也说不出。周围漂浮着腐臭变质的气味，我们两个就这样茫然地被包围在了“死”的世界里。

“下山吧。”我说道。她默不作声地点点头。这里绝对不是“远眺”的地方。我们不是《墓碣文》中的鲁迅先生，这一刻只想一溜烟地跑回家。终于下山到了闻不到尸体臭味的地方，终于能好好喘口气。我们在山坡的枯草上坐了下来，静静地看着视野中的九龙的全貌。

自然而然地，我脑中出现了刚才看到的非同寻常的光景和眼前的街道与港口的重影。我点了一根烟说道：“那应该就是风葬对吧。这周边的居民，现在还延续着这种风俗吗？”

幸子缓缓吐出一口烟，看上去还未从刚才的惊吓中走出来，只是点了点头。一会儿小声咕哝着:“不过谁能想到,在这样的大都市的街道相邻处竟然有这样的地方。”

这也正是我觉得奇妙的地方。然而,那时我的脑中只有一个念头——那里与这座城市的形成有什么关联吗?对,应该是有的。其实我们早就察觉到了,这条街位于南海的小岛海边,是一座迅速发展崛起的贸易港口城市,人口也不断流入增加,这正是人们将各种各样的风俗习惯转移到荒野中的一种断层表现。比方说刚才的山顶上见到的“风葬”。从前,风葬的地点并不是在这样热闹繁华的街道的旁边。很久以前,这个海岸上有一些小渔村的部落,这一带也应该还是人烟稀少的荒地。逐渐地,这些荒地也变成了街区。最早的时候,活生生的人的居住地和为死者建造的公用墓地之间,被保留着适当的距离。然而不知从什么时候开始,不断扩大、推进的街区,和公共墓地相邻在一起……

这座墓地的牌坊和石阶,不管怎么看都不像是眼前所见的现代都市的公园或者游乐园之类的地方所设的牌坊和石阶。这就是证据。而现在荒凉萧条,又没有被加以任何修缮,委身隐居在发达的现代大都市的阴影之中。

我总感觉这座街道的地方风俗在不断地被吞噬。这里的“原住民”的生活早已随着街道的发展而被吞并,勉勉强强地保留下了风俗原型。显而易见的是,仍保存着旧的风俗习惯生活的住民,被压在社会最底层,却支撑着大英帝国殖民地的繁荣。双方并不是采取“融合”的方式,而是殖民者们默认着双方存在的“差距”,却又打着承认双方的“共存”的旗号,给自己印上宽大的记号。看到假币的流通,殖民者们能够睁一只眼闭一只眼;然而,对像我们一样的“外来人”却作为牺牲品来利用。真是弱肉强食啊。

我们觉得自己发现了不得了的事情,感到特别激动。之后跟陈畸和新波确认后,虽说我们的猜想不完全正确,但也是八九不离十。原来,准确地说,那不是“风葬”,而是叫作“洗骨葬”。关于“洗骨葬”,在后面再做叙述。总之,这是一种从很早就有的风俗。这种风俗和牌坊、石阶一样,暴露出这片土地的原住民和之后的住民之间的关系,成为了港口发展的一种记号。

加上日后习得的知识,暂且试着进行整理总结——说起来这片土地被统称为香港,实际上是由三个部分组成的。第一部分是因一八四八年八月《南京条约》(因鸦片战争而缔结)的签订,清政府被迫割让“香港岛”给英国。另一部分是在一八六零年十月的北京条约(清政府败给英法联军,与英法两国缔结)中,香港岛对岸的九龙半岛的突出部分(现在的九龙市全市)被追加割让。第三部分是一八九八年,将九龙市北端到今天的中国边境的部分以九十九年的期限“租借”给英国，也就是今天的“新界”。由此也可以看出，上世纪后叶，列国——此地为大英帝国的蚕食政策，日益加深。

最开始，一八四年一月二十六日，英国官员查理·义律占领这座小岛的时候，岛上只有南岸两百人、北岸五十人的少数的渔民组成的部落。不过，这只是在陆地上生活居住的半农半渔的居民数量，另外还有一部分“疍民”——即水上生活的人，当时大约有三千多人。他们并没有在陆地上拥有土地或房屋的财富，如字面意思一样，“从母亲体内出生，一直到走进棺材”，一生都在船上度过。整个家庭都在水上生活，以家庭为一个生产单位从事近海捕捞业。大约以一个周为周期，云游四方进行捕捞，然后又返回到原来的根据地。因此，他们会在出航之前，准备好七天量的水、食物以及其他的日常生活用品装载入船。出游期间内，他们不会和沿岸的村落进行任何交流。唯一与外部有接触的，就是经常在渔场活动的熟识的中间商。他们会一点不剩地买下渔船上捕捞来的鱼、蟹等海鲜，搬运到自己的船上并支付现金后离开。

当然，这些中间商是与鲜鱼批发商（中文叫做“渔拦”）有过协议的“偷运者”，他们为了不使出海的渔船捕捞的海鲜落入其他买手的手中，徘徊在作为大本营的鲜鱼批发商和渔船之间进行协调和联络。鱼拦负责保障渔业捕捞者的一切生活所需，是他们的“老板”（相当于日本的渔老板），因此出航时，为了准备捕捞期间的生活所需，渔船可以向渔拦提前支取费用（预支）。另外，在受到天气影响无法进行捕捞的时候，渔船因无收入来源陷入困境的时候，因渔船的修缮需要费用的时候，无论何时，他们都会受到渔拦的保护。渔拦可以通过捕获量的多少来确定鱼价，之后到达消费者的手中，他们正是这样的消费链的总头目。也就是说，他们处在“生产机构”和“消费机构”的中间，对双方都产生一定的影响。当然，他们必须拥有能够进行资金运转的财富积累。他们不仅是“渔老板”，也是放债人，同时也是向其管理下的捕捞者进行“赊卖”的垄断经营者。

现在，让我们再回到这座繁盛的国际贸易港口的开端看一看——最初协助英国海军对香港进行占领的人，就是一个叫作陈群的渔民部落的首领。他们担负了为这些外来者提供劳动、筹集物资等所有的事务。香港汇丰银行发行的五元纸币的中央以及十元纸币的左下角，都印有一个三人的徽章，据说最左侧戴着一顶凉帽的人就是陈群。我们先不去评断真伪，但这样的说法至少可以看出，香港能有今日的繁荣，并不只是依靠少数的外来支配者的英国人的力量，也绝对少不了作为“原住民”的中国人的参与，特别是与在祖国的动乱中，追求能够和平生存的“自由世界”而逃亡至此的本国人的努力是分不开的。

于是，在外来权力者和不断增多的中国市民之间，就自然而然地形成了一种相互依存的关系。

我们再往前说。前文提到的“洗骨葬”和中国市民社会，到底是怎样的关系呢？首先值得一提的是，这种风俗从前也被传入到了福建省、广东省之类的沿海地区，而将这种习俗带到香港的，正是这座港口两侧的沿海区域的人们。街道从渔民部落为开端逐渐发展起来，紧接着街道的习气也变了，这里变成了拥有贸易港口、现代化的大都市，住民也早已不是昔日的几百上千的渔民了，而是拥有明确文化及社会分工、丰富的生活形态的几十上百万的城市居民。曾经的渔民部落所遗留的风俗，其中最典型并被流传下来的，就是这座半岛的街两侧的两座海港，以及聚集在那里的捕捞者——水上生活者们之间的风俗。

在这里需要加以说明的是关于“风葬”和“洗骨葬”的区别——查阅手边的国语词典，“风葬”的意思为“将尸体抛弃到山间，然后靠自然的变化进行葬礼的一种仪式”，而“洗骨葬”同样也是将尸体暴露在风雨中，依靠“自然的变化”。两者的区别在于，前者本身就是“葬礼的一种”，而后者只是到葬礼结束前的一个过程罢了。也就是说，“洗骨葬”是在死者出现后，首先将遗体收入棺中，并移到他们所属的帮(结社)的“殡船”里，简单地举行过葬礼后，将其第一次移入公共墓地中，弃于荒野。经过三年到七年时间，遗体腐化地只剩下骸骨。将这些骸骨取回清洗干净后收入缸中，第二次移入公共墓地，举行真正的葬礼。我们两个意外遇到的，正是让人不忍直视的第一次移入公共墓地的光景。

我对于自己不了解的一切，不禁感到不安起来。未知让人感到无力。一步一步地踏向未知的世界，就说明心里不能得到片刻的宁静，从旁人眼里看来，一定是令人觉得滑稽可笑地战战兢兢的样子吧。我们一直处在这种状态之下。不知何时会有意想不到的事情发生。果不其然，麻烦找上门来了。

因为不知道前面的路会怎样，我们尽量节衣缩食地生活。因此剃须刀的刀片都生出红锈了也一直在用，终于因为刀片的伤口而感染了“丹毒”。当然最开始并不知道是“丹毒”，但是痛痒难耐，脸上也是火辣辣的烧。从下颚到脸颊都已经发红发热，肿胀起来，都像是被迅速侵略的地图上的版图一样扩张开来。我让幸子买来万金油(这是一种中国制的万能药薄荷脑软膏——外用的樟脑油的浓缩药，亿万富翁胡文虎因此药而积累了大量财富)，油腻腻地涂抹在伤口处。火辣清凉的刺激感虽然很舒服，之后却开始溃烂，反而变得更严重了。

“快，让我看看！”幸子一边说，一边表情严肃地看着，“这不是丹毒！肯定不是！”

这句话一下说出了我所担心的，戳中我的内心的恐惧。

“其实我也在想会不会不是丹毒……”

“就这样放置不管的话，恐怕会更严重。必须赶快看医生。”

其实我也有这样的担心。

哎！事情变得更加复杂了，这下子我们要面对最头痛的事情了。作为潜逃者，在潜伏期间真是遇到了不可忽视的万不得已的事情啊。“丹毒”指的是，链状球菌进入伤口，经过半天到三天的潜伏期后，患者会出现高烧，患部出现潮红并引起疼痛。这是一种会危及生命的急性病。幼年时期，我所在的街道的医院的院长患过这样的病，因医治不及时而死亡。因此我一直抱有可怕的回忆。这种疾病表现为，从患处发出的感染部分慢慢地扩张……疼痛难忍……让人坐立不安的瘙痒……当时所听闻的症状现在在我身上都一一对应上了……

但是，现在这种情境下，我们能找什么医生呢？虽然在我们附近的街上，就有民间中医，但是目前为止，我一直认为这个国家的传统医术是违背科学的骗术。现在这种时候，又怎么可能把自己的命赌在这上面呢。然而，西医……医院……为了不引起他人的注意，从这里出去以后，先要挂号，还要暴露在形迹可疑的目光下，被询问发病的情况、经过等等。这些事情都是我们应该极力回避的。要是有知道内情，然后悄悄来登门看诊的人就好了。另外，若是要请“名医”，那巨额开销自然也是少不了的。

幸子听了我的看法后，说：

“虽说不相信中医，但这种病毕竟是东方特有的地域性疾病，比起模棱两可的西医，说不定还是中医更经验丰富，能够治好呢。况且，丹毒这种病，从病情较轻的到能致命的，数起来也有二百种以上了。所以，经验不够的西医还真不一定能够治得了啊。”

我心想，她说的也有一定道理。

“总之我先去陈畸他们那里商量看看。”

她留下我一个人，急忙慌乱地一把抓过手提包就走出了房间。不久她带着灵谷回来了。原来陈畸因为工作出门不在家，幸好灵谷在家中。

灵谷认真仔细地观察着我的脸，听了我的说明后，一脸震惊：

“哎呀，这也太严重了！你不能什么病都涂万金油啊！那是头痛或者腹痛的时候才喝的东西啊！”

我差点笑喷出来，不过还是忍住了：“不好啦！我居然把中国人在头痛、腹痛的时候喝的万能药，用在了皮肤病上。真是遭报应啦！”

灵谷说要赶快叫医生过来，我便询问了是西医还是中医。

"如果你想找西医帮你看的话，我就请西医过来。我认识的人中有一位。"

"那个人主治是内科吗，还是皮肤科呢？"

"那我就不太清楚了。不过应该都可以治的。他是一位很有本事的名医。"

听到他这样说，幸子反而更加担心起来，皱起了眉头：

"老公，你还是让中医帮你看看吧？"

我也同意她的看法。灵谷一听我们转变了观念，说道：

"啊，这样的话，就让那个这里的老板看就可以啦。稍等一下，我去去就来。"

他说着邀请身为中医的老板过来看看，就去了主屋拜访老板。不一会儿，和蔼的老板就跟着灵谷回到了房间。他为了让我们安心，一边连忙点头示意，一边说着这就为我诊治。他让我坐在椅子上并把脸抬起来，然后站在我前面目不转睛地看着患处，松了口气说道：

"啊，这并不是人们常见的丹毒。但也是丹毒的一种。没关系，我能给你治好。没关系，你放心就好。"

我用力地点头说"好"。老板的让人安心的态度令人感觉十分值得信赖。这和之前见到的带着世俗气的老板完全判若两人。他让我在这里稍作等待，自己离开房间去做治疗的准备。老板走后，灵谷告诉我们，当他向老板解释我们是因为战乱逃亡到此地，可能无法拿出让他满意的谢礼。而老板却打断了他的话说："什么嘛！不要担心什么谢礼。我马上去看看。"然后就带着灵谷出了房门。

没一会儿，他就提着像荞麦店的外卖一样的药箱回来了。紧接着小个子的女佣就提着点了火的炭炉过来了，炉子上放着就像大水壶一样的飘着蒸汽的粗糙素烧水壶，放在了我家变的水泥地上。老板从药箱中取出一样东西，定睛一看，竟然是被晒干的黑乎乎的香蕉皮！他把香蕉皮丢入壶中的热水里，咕嘟咕嘟地开始煮了起来。当蒸气开始弥漫起来的时候，他将毛巾围在我的脖子上，就这样坐在椅子上，抬高下颚伸进蒸气中。是一种湿敷法，用香蕉皮的蒸气来蒸的湿敷方法。一直蒸着直到蒸气消失。多么奇妙的治疗方法啊。我的脖子仿佛被架在断头台上，用香蕉皮蒸着。我甚至想这是否只是让人相信心诚则灵。然而事实并不是这样。这位医生既然能断定，"这不是人们常见的丹毒"，我就开始感到安心，并开始信赖他。此外，他还对灵谷说道"不要担心谢礼"，让我感觉到他绝对不是说说客套话，而是从心底表现出的诚意。甚至让人觉得出自一种爱意。喜悦和感激之情像一股热流温暖了我，我想他一定多少知道我们的身份吧。

湿敷疗法结束了。接着他从药箱中取出一个小瓶子，打开盖子后将棉签伸进去，那是十分黏的黑褐色液体涂抹药膏。散发着十分刺鼻的强烈气味。简直就是鱼石脂。之后又涂上了杀菌药……再是消炎药……我并不喜欢这个过程，因为感觉自己像是煤气中毒而失去了自由。然而，他毫不留情地向我已经泡涨的脸庞的下半部分涂了开来。我就像粘在了粘鸟胶上动不了的小鸟一样。不过我没有动一下身体，甚至没有转动一下眼球，这是对这位善良的医生的绝对服从与信任。

结束了处理后，他说明早还会再来就回去了。之后的五天都重复了同样的过程。不知从何时开始，已经没有了痛感，瘙痒感也逐渐消失了。老板又过来检查患处，一边说着“呀，已经好很多了啊，没事儿啦”，一边满意地点了点头。

## 第三章　关于丘俊连长

战局急速发展。虽然自我们逃亡到香港以来，早已没有了接触详细情报的机会，然而依然能从陈畸给我们带来的报纸中，掌握基本的情况。中国军队为避开由杭州湾登陆的日本增援部队和正面战场敌人的夹击，冲破上海的包围，大举向苏州河以西的第二防御线撤退。中方虽然将兵力投入南京的防卫战争中，不料日方乘势追击，展开了全面的攻势。中国军队无法抵御日军的强烈攻势，战场眼看着就要被逼出南京城外。

南京方面几乎无任何反抗之力，于十二月十三日落入日军手中。这时，距离放弃上海只过了不到三个周的时间。之后就是震惊中外的南京大屠杀事件，殃及南京全市范围的毫无顾忌的大虐杀、掠夺、强奸，为所欲为的悲剧发生了。这场令人恐惧的地狱式演出，不久后就为世人所知并遭人唾弃。这些一件件具体的案例让人无法相信是人类所为，一下子就传了开来。现在我们再看，便感到这简直堪称第二次世界大战中德国纳粹党的犹太人灭绝事件的先例。这正是“法西斯主义”！这样的事情是绝对不可能被原谅的！我愤怒地浑身战栗，同时在心中暗下决心，我一定会战斗不休，一直到人类社会中这样的犯罪全都灭绝的那天。

另一方面，我认为通过这场战争(上海到南京)，日军指挥部方面感到总算完成一个阶段性目标，终于可以将战争稍微告一段落。正因如此，他们才会做出如此暴行，用征服者的姿态宣布“再继续做出无用的反抗，结局只会和这一样”，以儆效尤。又或者是在上海受到猛烈反击后的报复，也可能是“膺惩暴支”的思想。不管是什么目的，这样的做法反而表现出了他们的示弱。只要按照时间顺序将前后经过排列出来，就足以论证这样的说法。

当时的我们，还并没有接触到这样的情报，然而从现在的防卫厅战史室的公刊资料《大本营陆军部》(1)的记载中可以得知，“在攻陷南京的战斗中，本应该继续投身议和工作，因战斗超出预期地迅速发展而无法进行。协调战略和政治策略的必要时刻到了”。换句话说，上海战斗中，中国军队表现出了顽强的抗战能力，而如今却这么早就被攻打至溃退而撤退。这是日军方面万万没有预料到的。不仅如此，根据该资料，在对上海周边的进攻迫在眉睫的十一月二十日，日方首次设立了“大本营”。接下来终于要进入全面战争了。二十四日，“第一次大本营御前会议”召开，会议决定，将华北、华中的战争结合起来，将其作为一个整体，即使不能短时间内解决，也要誓死发起抗战。在此之前，日方的战略是发起“个别”的地方事件，然后逐步地进行蚕食性的侵略的叠加。在设立大本营的前两天的十一月十八日(距离增援部队从杭州湾登陆已过去了十多天)，参谋本部(东京)作战课长河边表示，“对于南京(攻打)，还丝毫也没有思考过(在这个时间点)”。

在由当地发往东京的报告中提到“方面军参谋长以下(当地)在目前的作战区域(上海外缘一带，鹿地注)内的作战基本告一段落后，请求整顿休养军队”。

真是出乎意料。而这出“意外”令他们头脑疯狂了。如果按照“个别”进攻的蚕食政策的其中一环，本来应该是“上海派遣军的原定任务是扫清上海附近的敌人，占领上海及其北方地区的要线，以及包围帝国国民这样的固定任务”。而随着杭州湾上陆的军队，“上海派遣军”被慢慢改制成了“中支方面军”。“松井中支那方面军司令官却改变了意见。他认为军队虽然已经处于极度疲劳状态，无法再急追猛打。但中国军队也很快会整个崩溃陷入溃乱状态，必须要趁机追击他们到南京。并且，追击到南京是完全可能的。”

松井一下子就昏了头。松井拉拢了河边在内的东京参谋本部的同伙。漫无目的地、视眼前的情况频繁地改变着策略。不过，将范围从“以上海为终点”改成了“以南京为终点”，在南京彻底做个了断的策略从未变过。然而，日本在此刻“设立大本营”这个行为来看，可以窥见他们在内心深处也惧怕作战不能告一段落而发展为全局作战。

总之，松井以征服者的嘴脸久居南京。甚至向士兵发出了“三天内可以为所欲为(掠夺、强奸、杀戮等等)”这样的通告，中国方面也听到了风声。本来在此时，按照计划，他应该进行军事性地余军扫荡，从而彻底追击中国军队。他却沾沾自喜，只是等着蒋介石的投降书，浪费了时机。

在那时，向我们伸出援助之手的是德国驻华大使托德曼，进行了大量的斡旋议和工作。十一月六日，上海的战斗还在继续，广田外相首次请求驻日德国大使狄克逊进行和平交涉斡旋。对于当时日本方面提出的条件，中方总参谋长白崇禧也表示“这样的条件可以接受”，更倾向于议和，而蒋介石也是同样的意见。然而到了十二月份，事情却完全变了。随着南京被攻陷，看到战局有了意外进展的日方，便得寸进尺，提出了更加苛刻的条件，真是变化无常。日方的承诺再也不值得信任了。蒋介石也对日方的态度失望之极，甚至没有回复日方，而托德曼脸面尽失提出了辞职，也是在情理之中的事情。蒋介石甚至没有明确表示“拒绝交涉”，只是——“我并不是不信任德国人，而是不相信日方的态度了”将自己的立场传达给托德曼。为此，蒋介石还在武汉设立军事委员会（中方大本营），为长期战斗做准备。

汪兆铭频繁劝诫蒋介石采取“和平交涉”政策，并在国民党头脑内部实行策动。然而军权在手的蒋介石，对其不屑一顾。蒋介石醒悟了，是日方的随风倒的态度让他幡然醒悟。而失去了最佳机会的日本，采取自暴自弃的态度，发表了“不以国民政府为对手”声明（即《第一次近卫声明》）。为这一阶段拉开序幕的，是年后的一九三八年一月十六日。

当然，当时的我们对这些事情的经过还全然不知。但是后来仔细一想，三七年末时，陈畸曾经神情不安地将报社听来的消息告诉我们，“听说武汉现在的形势非常严峻”，但之后就没了下文。回想起来，当时的消息会不会指的就是这个时候发生的事儿。天晴了，天又阴了。对于“逃亡者”来说，没有盼头的日子一天天过去。只有一件事儿是确定的，就是逃离上海，向内地转移去的人依然络绎不绝。协助我们从香港岛转移到九龙的黄、梅等学生要离开了，来向我们告了别。只有我们两个人，没有盼头，不知道还要在这里停留多久……那段时间里，作家丘东平的弟弟丘俊做国民党军的连长参加了上海战役，负伤后被转移到庐山的部队医院接受治疗。就快痊愈后回到家乡（九龙）的长兄的家里进行恢复疗养。他通过和新波的接触，知道了我们的事情，托新波转达，说什么也要和我们见上一面。

他的脖子到头顶还卷着绷带，一只手靠木板固定挂在脖子上，长相和他的兄长十分相像。只是他的体格更强壮，看上去是一位稳重又风度翩翩的好青年。他的哥哥东平在一年前，我们还在上海期间曾拜访过我们。就连鲁迅和郭沫若也对于他的才能给予了高度评价。虽然他现在还身在武汉，但不久就和同是文学友人的黄源等人一起进入了中共军新四军本部。东平将其弟弟丘俊连长的经历记录下来,写成了题为《第七中队》(原题《第七连——记第七连连长丘俊谈话》的采访报告。由于我的叙述能力有限,就通过这部作品来了解一下丘俊。

这是一篇哥哥东平将弟弟的谈话内容如实记叙下来的文章。文章开头处写道——

> 我们原是中央军校广州分校(原被称作黄埔军官学校,鹿地注)的学生,此次被派出一百五十人,这一百五十人要算是"八·一三"(上海战役,鹿地注)战事爆发前被派出的第一批。我便是其中的一个。
>
> 在罗店担任作战的××军因为有三分之二的干部遭了伤亡,陈诚将军拍电报到我们广州分校要求拨给他一百五十个干部。我们就是这样被派出的。
>
> 我了解这次战争的严重性。我这一去是并不预备回来的。
>
> 我的侄女在广州华夏中学读书,临行的时候她送给我一个黑皮的图囊。她说:
>
> "这图囊去的时候是装地图、文件。回来的时候装什么呢?我要你装三件东西:敌人的骨头,敌人的旗子,敌人的机关枪的零件。"
>
> 她要把这个规约写在图囊上面,但嫌字太多,只得简单地说着:
>
> "请你记住我送给你这个图囊的用意吧!"
>
> 我觉得好笑。我想,到了什么时候,这个图囊就要见到一个意想不到的场面,它也许给抛在小河边或田野上……
>
> 一种不必要的情感牵累着我,我除了明白自己这时候必须战斗之外,对于战斗的恐怖有着非常复杂的想象。这使我觉得惊异,我渐渐怀疑自己,是不是所有的同学中最胆怯的一个。我是否能够在火线上作起战来呢?我时时对自己这样考验着。
>
> 我们第七连全是老兵,但并不是本连原来的老兵。原来的老兵大概都没有了,他们都是从别的被击溃了的队伍收容过来的。我们所用的枪械几乎全是从死去的同伴的手里接收过来的。我们全连只配备了两架重机关枪,其余都是步枪,而支援我们的炮兵一个也没有。
>
> 我们的团长是法国留学生,在法国学陆军回来的。瘦长的个子,活泼而又机警,态度和蔼,说话很有道理,不像普通的以暴戾、愁苦的臭面孔统

率下属的草莽军人，但他并没有留存半点不必要的书生气概。如果有，我也不怎么觉得。我自己是一个学生，我要求人与人之间的较高的理性生活，我们的团长无疑的这一点是切合我的理想的。我对他很信仰。

有一次，他对我们全营的官兵训话。当他的话说完了的时候，突然叫我出来向大家说话。我知道他有意要试验我，心里有点着慌，但不能逃避这个试验。——这一次我的话说得特别好。普通话（非广东话，鹿地注）我用得很流畅。团长临走的时候和我热烈地握手。他低声地对我说：

"我决定提升你做第七连的连长。"

这之前，我还是负责整顿队伍的一个普通教练官。

这就是这位青年连长被提拔的经过。这里采取的大段引用，是因为战时的文章都是千篇一律地描写战斗的英勇，而这篇文章却鲜有地站在人的精神层面进行观察，刻画了充满生气的人物性格。另外，我自己也有私心。前途无量的这位青年作家，后来被反革命者打倒，结束了珍贵的生命。在此，想纪念一下他。

此外，上海战役的时候，记录下从中国军队内部观察到的情况的文章可以说是完全没有。而这篇文章却以亲身经历者的所见所闻，展现了生动的场景，令读者如身临其境。

这里，为了便于读者理解，在这里稍加说明。这个连队作战的罗店，就是抗战的第一线。中国军队在最前线的主战场大场镇、罗店、嘉定迎战从黄浦江入河口的吴淞、宝山等地上陆的日军。正如文章描述的，日本军队在这里被迫与中方进行了激烈的战斗，并牺牲了大量士兵。当然，中国军队也是一样，连喘息机会都没有的一个多月的战斗中，前线指挥部队的将士的三分之二都牺牲了。这足以看出战争的激烈程度。

攻守上海的中国军队总司令是深受蒋介石信任的陈诚。参与指挥的还有张治中和北伐革命战争时期的"铁军"司令张发奎。接到陈诚紧急发来的电报，作为提前毕业的干部候补生被送往战场的一百五十人，显然是去送死的。送给丘俊图囊的侄女，是他当成妹妹一样疼爱的女孩。她在送别时留下的"带着敌人的骨头回来"的话语，今天的我们看来，不免有在美艳的花朵后发现扬起脖子进行威吓的毒蛇的感觉。事实上在这个国家，从古代开始就有"剥皮做草席"的说法，用来表示敌意。因此，这只是被逼无奈而发出伤感的少女，想要表达"一定要胜利归来"的心情。并不需要感到在意。日语中，不是也有"四分五裂""把骨头也吞下"这样的常用表达嘛。

然而,引起我特别的注意的却并不是这件事。而是这个青年的决心。虽然他认准自己并不惧怕死亡,但是还是会因为这世上的美好事物而浮想联翩。于是他责备自己是“胆小者”,将自己与会吸引注意的美好事物以及一切让人情感动摇的事物隔绝并抹杀。先不评论这种做法,但这位年轻人内心的刚强与纯粹,着实让人为之动容。

于是,部队从军队司令部的所在地昆山出发了,朝着前线行进。不久,就在路上遇到了令他困惑为难的事情。

在钱门塘附近的小河流的岸边,我们的队伍的前头出现了一个年轻、貌美、穿绿袍子的女人。我对所有的弟兄们说:

“停止!我们在这里歇一歇吧!”

排长陈伟英偷偷地问我:

“为什么要歇一歇呢?追上去,我们和她并肩地走,为什么不好?”

“这是我自己的哲学,”我说,“我现在一碰到漂亮的女人都要避开,因为她要引动我想起了许多不必要而且有害的想头,……”

我们的特务长从太仓带来了一个留声机,我叫他把这留声机交给我,我把所有的胶片完全毁坏。因为我连音乐也怕听。

我非常小心地在修筑我自己的路道,正如斩荆棘铺石块似的。为了要使自己能够成功为一个像样的战斗员,能够在这严重的阵地上站得牢,我处处防备着感情的毒害。

有一礼拜的时间,我们的驻地在罗店西面徐家行一带的小村庄里。整天到晚没有停止的炮声使我的耳朵陷入了半聋的状态,我仿佛觉得自己是处在一个非常热闹,非常嘈杂的街市里面。我参加过“一·二八”的战争,“一·二八”的炮火在我心中已经远了,淡了,现在又和它重见于这离去了很久的吴越平原上。我仿佛记不起它,不认识它,它用那种震天动地的音响开辟了一个世界,一个神秘的,可怕的世界,使我深深地沉入了忧愁,这世界,对于我几乎完全的不可理解……

十月十八日的晚上,下着微雨,天很快就黑下来,我们沿着小河流的岸畔走,像在蛇的背脊上行走似的,很滑,有些人,已经跌在泥沟里。我们有了新的任务,经过嘉定,乘小火轮拖的木艇向南翔方面推进。……二十日下午,我们在南翔东面相距约三十里的洛阳桥地方构筑阵地。密集不断的炮声,沉重的飞机声和炸弹声使我重新熟习了这过去很久的战斗生活。繁重的职务使我驱除了惧怕的心理。

排长陈伟英，那久经战阵的广东人告诉我：

“恐怖是在想象中才有的，在深夜中想象的恐怖和在白天里想象的完全两样。一旦身历其境，所谓恐怖者都不是原来的想象中所有，恐怖变成没有恐怖。”

二十日以后，我们开始没有饭吃了。火夫虽然照旧在每晚十点钟左右送饭，但已无饭可送。我们吃的是一些又黑又硬的炒米，弟兄们在吃田里的黄菲子和葵瓜子。

老百姓都走光了。他们是预备回来的，把粮食和贵重些的用物都埋在地下。为了要消灭不利于战斗的阵地前面的死角，我们拆了不少的房子。有一次我们在地里掘出了三个火腿。

吃饭，这时候几乎成为和生活完全无关的一回事。我在一个礼拜的时间中完全断绝了大便，小便少到只有两滴，颜色和酱油无二样。我不会觉得肚饿，我只反问自己，到底成不成为一个战斗员，当不当得起一个连长，能不能达成战斗的任务？

我们的工事还没有完成，我们的队伍已开始有了伤亡。传令兵告诉我：

“连长，又有一个弟兄死了。”

我本已知道死亡毫不足怕，但传令兵这一类的报告却很有扰乱军心的作用。我屡次告诫那传令兵：

“不要多说。为了战斗，等一等我们人家都要和他一样。”

两个班长都死了。剩下来的一个班长又在左臂上受了伤。

我下条子叫一等兵翁泉担任代理班长，带着条子去的传令兵刚刚回来，就有第二个传令兵随着他的背后走到我的面前说：

“代理班长也打死了。”

三天之后，我们全连长约八百米突①阵地大体已算完成，但还太浅，缺少交通壕，又不够宽，只有七十生的②的左右，两个人来往，当挨身的时候必须一个跳出壕外。

这已经是十月二十三的晚上了。

雨继续在下着，还未完成的壕沟装满了水，兵士们疲劳的身体再也不能支持，铲子和铁锹都变得钝而无力。有一半的工事是依附着竹林构筑

---

① 米突：“米”旧称“米突”，“metre”的音译。

② 生的：“Centimetre”即“厘米”之汉译简称。

起来的，横行地下的竹根常常绊落了兵士们手中的铲子。中夜十二点左右，我在前线的壕沟里作一回总检阅，发现所有的排长和兵士都在壕沟里睡着了。

我一点也不慌乱。我决定给他们熟睡三十分钟的时间。

三十钟过后，我一个一个地摇醒他们，搀起他们。他们一个个都混得满身的泥土，而且一个个都变成了死的泥人，我能够把他们摇醒，搀起的只有一半。

终于到了二十四日正午，迎来了决战。这是一场惨烈的战斗。首先是第一线宣告全灭，紧接着炮火继续淹没了第二线。丘俊所在的第七连队，是距离第二线六百米的第三线。这里需要稍加说明的是，日本军队在至此一个半月多的时间内，对于中国方面的“铁壁”防守久攻不下，以至于出现了大量的人员牺牲。于是，九月中旬过后，日方派出了一个旅团的野战炮兵、一个连队的独立野战重炮兵、一个大队的迫击炮兵这样的压倒性的火力支持这个战线（华中战线）。当然当时的我们还没有得到此消息，但丘俊所在的肉弹部队，在“一个炮兵的掩护也没有”的情况下，却被紧急派往这个火力强大的阵地。对于中国军队来说，这一时期的战况可以说是相当惨不忍睹。

第一线宣告全灭，紧接着炮火继续淹没了第二线。位于第三线进行观察的丘俊连长面对这种情况，在战后将自己的感受描述如下：“敌人的炮兵的射击是惊人的准确，炮弹像一群附有性灵的、活动的魔鬼，紧紧地、毫不放松地在我们的溃兵的背后尾随着、追逐着。”

他也描述道：“丢开了武器，带着满身的鲜血和污泥的兵士像疯狂的狼似的在浓黑的火烟中流窜着。敌人的炮火是威猛的，当它造成了阵地的恐怖，迫使我们第一线的军士不能不可悲地，狼狈地溃败下来，而构成我们从未见过的非常惊人的画面的时候……”

之后，他们把阵地上的溃兵赶走，整肃阵地以等待战斗的来临。终于，阵地从这纷乱可怖的情景中救出了。不久，敌人的炮火终于停止了。敌人的一架侦察机在他们的头顶低飞回旋。不久，先前放弃了的第二线的阵地上，出现了五个敌人的斥候兵。本来，对于敌人的斥候，如果不能一举把他们全部消灭，或者一个不留地活捉，就必须切戒自己的暴露，要把自己掩藏得无影无踪。从以前开始就对这一点一再强调，却不料有人竟违反了军令。第三排的排长鲁莽地命令射击，于是他率领的士兵集体发出射击。这样一来，全线的防御阵地都被完全暴露了。

敌人的猛烈的炮攻又开始了。炮弹的落着点所构成的曲线和他们的散兵沟所构成的曲线完全一致。在如此不利的情况下，双方进入了决战。这时，团长给丘俊打了一个电话：

“你能不能支持得住呢？”

“支持得住的，团长。”

“我希望你深切地了解，这是你立功成名的时候，你必须深明大义，抱定与阵地共存亡的决心！”

丘俊在这时的战况报告中，说明了第三排排长如何“违反命令”的情形。听到报告后的团长，愤怒地命令立刻把他枪毙。在一旁听到电话中的谈话的排长立马跳出壕沟逃走了。他此后也再也没有出现过。

“与阵地共存亡”，团长的话一直萦绕在丘俊的耳边。他内心自然也是这么打算的。但是他不禁又想：“人的‘存’和‘亡’，在这里都不成问题，而对于阵地的据守，却是超越了人的‘存’‘亡’的又一回事。”他从未在乎过自己的存与亡啊……

他这时候的心境是悲苦的。留存下来的士兵只有整个连队的五分之一了。透过炮火的浓黑的烟幕，可以看到距离而是米的地方，有一条小河。这时候，有大约一个大队的敌人向着他们右侧被冲破了的缺口涌进。他随即冲到右侧的一架重机关枪前，射手已经倒下了。他握着枪柄发出了密集射击。这重机关枪响了五六发就因为故障没有反应了。随即拿起手边一把被遗弃的步枪，瞄准了突击部队的最前头射击。正巧这时，一颗炮弹就落在他的身边。他头上的钢帽受到了重击，接着就昏迷过去什么也不知道了。醒来的时候，两个弟兄正扶着被飞弹打中的他，从两侧拖着他撤到了后方。其中一个士兵问：

“连长，这皮袋要不要呢？”

要。他回答。

“我还没有放弃‘存’的信念。我还不能丢掉这个图囊。”我想，这时的他的脑中只有这一个念头。

丘俊的左颈部、左手腕和左眼睑都受了伤，但幸运的是没有受到致命伤。他把我们带到经营米店的长兄的住处，并亲自为我们泡了茶。我询问他之后有什么打算，他说等伤势好了就返回前线。他似乎在说着十分理所当然的事情，语气十分平和。

他向我咨询了很多日本军的信息。第一个问题就是，日本军中什么的等级的军人可以担任连长。我回答一般是大尉级别的，他又问要升到大尉需要经过多少年。我解释，从士官学校毕业后会被分配到不同部队，结束了短期的实习士官的阶段后被升为少尉。之后距离下一等级的晋升大约需要花费三年，升为大尉需要六七年。不过战争时期，时间周期可能会相应缩短。他听后低头陷入沉思。嘀咕着：

“原来是这样……也就是说，升到连长的人，都是经过相当长的年月，积累了相当丰富的经验啊……”

他虽然默不作声，但我似乎能猜到他在思考什么。他应该是在作比较，自己作为一个还未毕业的学生就突然被任命为连长送往战场，而对方是经过精心准备才来侵略的军队。相比之下，中国军却为了补上下级指挥官的空位，紧急传令将大量的青年军校的“提前毕业”的年轻人送到了战场。除此以外，在装备上，特别是火力和空军上……以及方方面面的相差悬殊……这些差距到底要在哪里补上呢？他正试着通过自己的经验，认真地检讨目前本国军队的实际情况。面对眼前这样一位年轻将士，我却不能给予他任何建议或是对策，感到羞愧不已。

上海周边的中国军誓死奋战到最后一刻。这是炮弹与肉弹的对决。意料之中，大量的士兵牺牲了。炮弹像“带着灵性的恶魔”落下来。为了阻挡这弹幕火网的补给，甚至要与饥饿斗争至大小便断绝。听到小便都已呈“酱油色”，令我们毛骨悚然。这是战时补给的问题，如果只是忍耐一时还可以接受。但如果是要进行长期战斗，补给问题就不能小觑。有哪里出了问题。到底是哪里呢？……

似乎哪里都有问题。然而这其中最重大的问题，应该就是当时国民党军(即“国军”)的抗战姿态吧。比方说，现在的战斗形式，正是以中方极为不利的短处去应战敌人的长处，简直就是自投罗网。包括火力和其他装备上的差距，保证弹药、食品等补给的后勤部队的效率以及部队本身的战斗技术的熟练程度的差别。丘俊作为军人，自然将目光放在了这些差距上。

当然，蒋介石方面的军事指挥者们，为了“国军”的建设与强大，可以说已经竭尽全力了。为了能追上发达国家的军队水平，他们也雇佣了这些国家的军事顾问。最初请来的有冯·塞克特、马格斯·鲍尔、佛采尔这样的顶级将军带领的几百人的德国将士。一九三六年末，随着《日德防共协定》的签订，德国对于同盟日本有所顾忌，在德的法国军事顾问们纷纷辞去了职务。这次，国民党又招聘了法国军人做顾问。不过法国顾问们知道了国民党军队的实际情况后心生厌弃，“那算什么军队，训练这样的军队简直是开玩笑”。据说之后每天在酒店喝着威士忌，态度恶劣地乱喊乱叫，完全不去进行军事训练。于是，中国方面也表示“如果觉得训练也是徒劳那就请回吧”，请他们离开了。那之后，距离卢沟桥事件大约一个多月后,《中苏互不侵犯条约》被缔结,不久后大量的苏联红军顾问团来到了中国。苏联红军的支持效果到底如何是后话了,然而从这一点可以看出国民党军队建设的目标。就是希望能尽早地追赶上发达国家的优秀军队,并希望能赶超他们。可是这并不是一朝一夕就能完成的任务。因为国民党军还没有成熟的运输能力和经济实力,不能保证兵器以及其他的装备的整体改头换面。法国军事顾问之所以会心生厌弃,说出"这连军队都称不上"这样的话,即使是对军事一窍不通的我们,也大约能猜出个一二。并且,在这些外国顾问的眼中,军事知识的教授是建立在像本国一样拥有先进军队的基础上的。因此他们只能照葫芦画瓢,仿照他们的先进国家的军队的训练。然而,对于当下的中国,最需要解决的是面对火力和装备(以及军队的整编)上都有巨大差异的侵略者军队,怎么个打法才能取得胜利。总而言之一句话,就是寻找敌人优势上的漏洞,充分发挥自己的优点的战术。因此需要将到目前为止的所有经验进行彻底的研究分析,并归纳总结成"战斗纲要"进行普及。通过这样做,可以衍生出至今没有过的创新性战术。

比方说,当上海的劳动者们提出"民众武装"和"参战"的要求时,国民党军当局随即以"打仗要靠军队手中的武器"为由拒绝了请求。而对于当今的中国,恰恰最有优势的条件就是人们常说的"地大物博""巨大的人口"了。而将先前无数的民众自发性地提出的抗战要求进行否决,正是亲手将这唯一的优点给抹杀了。为什么会拒绝呢?因为国民党当局害怕民众拥有了武器。不仅如此,他们也害怕民众为了支持抗战会建立起各种组织。

问题就在于政治——必须要改变反人民的政治意识。只要能逐渐改变这种意识,那么首战阶段的上海、南京即使败战,也并不是什么可怕的事情。

事实上,让人感到还充满希望,战争还在继续就还有机会。一月十六日发表的"不以国民政府为对手"的《第一次近卫声明》就说明一切还有希望。只要战争还在继续,那么只要愿意作出改变就一定都改头换面。况且,即使国民党高层表示"停止抗战",但不论是军队还是民众都并没有就此停下。另一方面,在国民党军的军队内部,像丘俊这样的军人也在慢慢增多……与丘俊的结识,使我坚信这一点并被深深鼓舞。

过完年后不久,摘下绷带的丘俊回归到了部队。

## 第四章　发出低吟

因为防空演习要对灯火进行管制,我们商量好聚集到陈畸的住处。吃过晚饭后,新波过来找我们。终于到了这一刻啊。我们一起前往陈家,在他的屋顶庭园上围坐在圆桌周围。

眼下的九龙街道，还闪耀着星星点点的灯火，街道对面隔海相望的是碧蓝一色的香港岛和海边的维多利亚港连成一线的灯火。天空万里无云，映照着天空的海面也是清澈明亮。每当看到这样的美景，都会感到内心像被洗涤过一样的清澈洁净。

我们一群人谈笑着，这时陈畸瞥了一眼手表。就在这时，全市的灯火一下子全都灭了。仿佛变成了一片寂静的昏暗舞台。不久，一台从小岛的中央位置探照灯，一下照亮了整个夜空。接着第二台从岛的东侧，第三台从西侧，接连地争相照耀起来，周边的小岛和半岛的方向也亮了起来。这些探照灯发出的光芒互相交叉在一起，又相互分开，回旋地照射着寻找猎物。其中的一台，照亮了从西方天空侵入的目标飞机。紧着着，其他的几台也如箭一样集中地照向了那里。太美了！在蓝黑色的夜空背景下，那架飞机被聚光灯打亮，清晰地浮现在空中。被无数的光箭包围着，跟随着，缓慢地朝空中飞过。仿佛是被蜘蛛网缠住动弹不得的蝴蝶。

“原来是这样进行侦查啊!”我心想。光束交叉着形成的角度，十分准确地照向飞机的高度，就像一件精致又漂亮的玩具。真是一次从容不迫地完美飞行表演啊。然而，一方拼命要逃出光圈外，另一方却是发现目标后绝对不会让其逃脱。双方陷入难分输赢的斗争中。而我也不禁感到疑惑。在不久的将来，像这样的演习的场景，会真的发生在这座小岛上吗。将敌机的侵袭设定在一片狭小的天空内，完全是不合实际的幻想吧。如果现实真的发生了侵袭，到时候就不是“只有香港”孤立无援地战斗，以英国为首的列国也都会参战，而印度支那和马来西亚也一定会同时奔赴战场的。到那时，我们能去哪里躲藏呢？“一定要在那之前逃走……”我内心暗自想着。

战争在我们看不见的地方继续着。就在几周前，日军进攻南京之时，停泊在扬子江上的美军军舰 Panay 号被击沉，Ladybird 号也遭受了炮轰。值得一提的是，这一事件发生在(一九三七年十一月六日)“日德意三国防共协定”签订之后不久。这越发地反映了在成立三国同盟后，日本军部不把任何人放在眼里的傲慢无礼。南京大屠杀也发生在这之后不久。想到香港可能会有一天被攻打，就不敢再往下想了……时间在流逝，一刻不停地……

没过太久，夏衍从广州出发，来到了我们在九龙的隐藏的家中。他对于我们来说是十分珍贵的朋友。两年前，我以受过刑罚之身逃离上海，他知道我们的身份以来就一直作为上海中共党组织的代表，秘密与我们会面，也一直在暗中对我们提供援助。而协助我们从香港逃出的中共方面的核心人物也正是他。当时，他正在担任上海的抗战宣传机关《救亡日报》的主干人员，随着上海被攻陷，受到日方压力，法国租界当局立即给其下了“禁止发行”的处分。于是为了在广州复刊，在主编郭沫若的号召下，他经由香港到了广州，就在我们搬到九龙后的半个多月后。那时他曾经唯一一次到访过我们的隐身之处。或者是第二次……总之那之后就再也没有见过了。听说他偶尔也会因“公务”进出香港，但因公务繁忙都没能见上面。虽然他拜托新波向我们问好，但也再无下文了。幸子听到新波带来的问候，脸上又浮现出苦笑，

“夏衍是一个有所顾虑的人。如果他没想到我们之后的安置方法，是不会愿意见我们的。他自己心里也煎熬吧。”

终于夏衍在时隔很久以后，带着新波来见了我们。我们激动得手舞足蹈地迎接他。

其他的事先放一边。我赶快向他了解那之后的形势是如何变化的。

“形势有了进展的预兆啦。其实这次来是想让你帮忙写一篇简短的文章，之后会发表在内地的报纸上。结果会怎样还不好说，我是想抓住这个契机，你们的事可能就有转机了。”

我感到自己心跳加快。

“是要写关于反对侵略战争的声明的文章吗？”

“是的。形式不用拘泥。不过这篇短文要署上姓名。你写好了就转交给新波，为了保证能立马送到都已经安排好了。”

“明白了。好的。”

“终于到了这一天！”

然而我的内心还是有一丝不安的。因为我已经有半年多没有接触过日本的报纸杂志了，因此当下的日本报纸采用什么样的论调，自己完全没有亲眼确认过。于是我询问他们，作为参考资料，不管是《中央公论》或是《改造》，或是其他出版物，是否有可能入手最新发行的日本杂志。

“那你就吩咐新波去买就可以啦。这里有一家销售外国书籍的书店。”

新波爽快地接收了这个工作。夏衍在小纸片上写下了集中日本的综合类杂志的名称交给了他，幸子又把杂志钱和稿纸费用交与了他。万事俱备了。夏衍站起身来，新波也跟着站了起来。新波抓紧时间前往书店购买杂志，到了傍晚回来了。带回来的是分别只剩下一本的《中央公论》和《文艺春秋》。那天夜里，我们久违地度过了紧张的读书时间。我按照《中央公论》的目录，将其中一部分文章简单地过了一遍。每一篇文章都是毫无内涵的无聊文章。看一样

就知道，这些文章都对于严格的检阅有所顾忌，不敢太赤裸地书写当下的时局。我感到惊讶，“这些杂志竟也变成了这样”。再仔细一看，目光停留在了被标明编辑部推荐字样的短评的文章上。这是一篇标有某人（全名已忘却）署名的，以给军队“谏言”的形式进行“提案”的文章。读着读着，我忍不住笑出了声。

“你在笑什么呢？”

“你自己读读看。”

幸子接过那本《中央公论》，粗略地读了一遍。一边用鼻子发出“哼”的一声，把杂志还给了我。我接过杂志问她：“怎么样？有趣吧？”

“即使是四角形的东西，切法的不同也会使它变成圆形。可是不管是切成圆形还是四角形，饼还是饼，侵略战争依然是侵略战争。并不会因为切法的不同，而改变它的内在本质。”

也就是说，这个所谓的“提案者”提出了看似合乎道理的忠告。他告诫当今的军事当局和评论家们，用胜利者的姿态和傲慢的态度，居高临下地看着对手的做法，会使本来能平息的局势也无法平息。“把这叫作忠告！说忠告也无法否定。然而却是在告诫军事当局要‘更加沉下心来’，并不是告诫他们‘停止侵略战争’。”听到我这么说，幸子回答：

“但是现在的日本，怎么可能会有人敢这么说呢？”

“确实是这样啊。正因为这样，我们才必须要站出来。这篇谏言只是对当局的阿谀奉承罢了。因此，文章的基调带着一种谄媚的态度。我决定以这篇文章为切入点，作为接下来要写的短文的主题。”

“听上去很有趣呀！”

于是，主题就这么确定了。

次日早晨，我奋笔疾书一口气写下了这篇文章。请幸子看过后，交给了新波。夏衍收到我的文章后进行了翻译并送往武汉，在中共机关报纸《新华日报》上发表了。之后的评价和反响如何，我们一直没有收到消息。终于，过了十多天后，通过陈畸传来了胡愈之带给我们的口信。根据陈畸的说法，“一大批”特高警察奉命抓捕我们，被从东京送往中国。目前进出香港的关口都已经被包围得水泄不通，搜索网络也在迅速地被缩小范围。因此他警告我们坚决不能外出。我心想，胡愈之人在香港吗！。虽然我们未曾正面接触过，但我知道他是著名的外交评论家，同时据说他在香港政府也有熟人，想要得到这样的情报并非难事。

该来的迟早会来。虽然是我们早就预料过的，但真正到了这一天还是忍不住紧张起来。自从我们逃出上海后就变得杳无音信，他们一定是通过这次发表的短文，猜到了我们一定是潜伏在南方。在此之前，陈畸、灵谷和新波经常会为了给我们解闷，带我们到渔港街的茶馆里消磨时光，但现在也不能出去了。我们每天深居家中。为了能呼吸一下屋外的空气，我们会去没有人烟的后山下路散步，即使去那里，也是有"一大批"的护卫跟随着我们。

现在的情况十分紧迫。我开始思考，夏衍是否真的知道我们这边的情况。然而他完全没有出现的迹象。就这样过了一个月，二月过去了。不知道这样让人坐立不安的潜伏还要持续多久。我们跟时间在竞赛……不知道是日方先找到我们，还是中国方面先来救援我们？……

三月十七日……就在这样寝食难安的日子的一天，没有料到夏衍带着新波出现在了我们眼前。我着急地准备向他说明我们现在所处的困境，他却挥手示意我稍等，让我们先听他把话说完。

"快看看我带来了什么！"

他迫不及待地从上衣的内兜里掏出了一通电报，并在桌子上展开，我们两人赶快上前看，他一字一字地指着给我们读着。那是一通由军事委员会政治部部长陈诚发给华南警备司令部总司令郑某（全名已忘却）的电报，电报的内容如下——对于这两名日本人反对日本军阀的侵略战争，以及做出的此次"充满正义的行为"，表示由衷的感激。先决定将他们二位作为我国政府的"客乡"（以客相待）迎接，并赠予其旅费。一定要确保将他们安全护送至武汉。

我对于先前性急的行为感到羞愧，呆若木鸡地和夏衍面面相觑。紧接着，夏衍又从上衣的内兜里掏出了厚厚的一沓崭新的纸钞，交给我们：

"这是旅费，总共是五百元。虽说是旅费，但是这之后不需要你们付一文钱，因此你们就把这当做临时的零花钱吧。"

说着，他注意到了我用于乔装的中式服装：

"你的这件衣服不太适合你。今晚让人帮你买来西服，最好换上它。出发时间是明天早上九点。"

听到明早就出发我着实吃了一惊。

他快刀斩乱麻地把必要的准备工作说了一遍。原来，所有的细节都已经考虑周到了。我们只需要按照定好的顺序行动就可以了。最后他郑重地说道："事实上，前来迎接你们的国民党使者就在这附近待命。我先离开一下，将他们带到这里。目的呢，就是碰一下面而已……那我去去就回来。"

夏衍匆匆离席后不久，带回了穿着挂有上校肩章军装的、肤色略黑、身体强壮的军官，他身后是身材高大魁梧的年轻士官。军官走上前一步，递出一张写有华南警备司令部第一课课长头衔的名片(姓名已忘却),并与我们进行了亲切的握手。士官也随后与我们握了手。

直觉告诉我,他是我们的保镖。结束“碰面”后,两位军人就匆匆辞别离去了,夏衍也为了送他们一起离开了。走前他又一次跟我们确认了时间和场所:“明天九点,我们再陈畸家见。”

他们走后,这次又换做抱着孩子的陈畸、陈夫人以及灵谷三人浩浩荡荡地来了。他们一脸已经知道我们现在的情况的神情。说起来,夏衍让两名军人在附近临时待命的地点,一定就是陈畸的家。

不管怎样,陈畸宣布今晚要在自家设宴,为我们举办欢送会。于是大家开始慌忙的开始分工做准备,提案如下:首先幸子跟随陈夫人,到对岸的维多利亚市的百货店中买一套西服,以及我们二人的其他旅途所需服装;然后新波和照顾孩子的陈畸,到海岸的市场大道附近准备宴会所需要的材料;而灵谷负责跟在我身边,转移到陈畸的住处待命。

幸子赶忙测量了我的身长、肩宽、裤子的尺寸等等,为采购做好准备后,第一小队就出发了。接着第二小队也奔向了市场。负责看家的陈畸妹妹迎接了我们。趁着她和灵谷在交谈的时候,我展开胸膛,挺直了腰杆,望着街道和岛上的全貌。

这样的美景,也都只是最后一次看了啊……

没等一会儿,大约半小时左右,负责前往市场采购的第二小队,每个人两手各提着一个大袋子回来了。厨房一下子变得热闹起来。又过了两个小时,正好宴会酒席的准备工作全部完成的时候,第二小队也回来了。幸子赶快让我试穿了买来的西服,虽然肩膀处有些窄,但是用这个凑凑数足够了。

那天晚上,一群人围在桌边吃着火锅,为我们二人的新生活祝福干杯。每个人的脸上都满溢着欣喜之情,好像是自己的事情一样。身材矮小又十分不认生的陈畸的笑颜,格外清晰地深深地印刻在我心中。

几杯酒下肚后,大家都毫不避讳地谈笑风生,好像有说不完的话。新波走进厨房,用饭粒将纸做的胡须粘在鼻子下,跨着拖把当作的马登场了,饰演的是粤剧《出阵》。开怀的大笑声,从这屋顶的“一家子”传出,笑声络绎不绝。

宴会结束后,我们被新波和灵谷送回了家。包括新置办的西服在内,幸子买的东西先放在了陈家。按照计划,明天早上我们会装作无意地出门散步,空着手到陈家后在那里换装,然后静等夏衍等人来接我们。我们的日常用品少到不值得整理,那天晚上,我们将仅有的几样用品塞到了行李箱和篮子里,交给了送我们回家的二人,请他们帮忙带回陈家。

在这里的最后一晚。我在床上躺下后，思绪被各种回忆萦绕着，久久不能睡去。

第二天是一九三八年的三月十八日。从开始潜伏和逃亡生活的八一三(上海战役开始的日子)数起，已经过了七个月的时间。凑巧的是，这一天恰好是巴黎公社革命取得胜利的纪念日。我今生都不会忘记这一天。

让人感到窒息的漫长岁月，前途未卜、几近绝望的日子终于要结束了。受到日本和中国两方追捕的局面终于有了转机，被评价为"正义的行为……不胜感激"，覆手为雨一样的转变。无论是在北方地区，还是扬子江下游，战争依然在继续。自从失去上海后，又传出"南京的形势十分严峻"的消息，但是不安的情绪也慢慢消失。自从"不以国民政府为对手"的《近卫声明》发表以来，蒋介石也下定决心了。将来局势会怎样变化，还无从得知，但一定会和到目前为止的情况不同。不管怎么说，我们悬在空中的双脚也终于落地了。这也是最重要的事情，我们的双脚终于落到了抗战阵营的阵地上……

那是一个初春的美好的早晨。我们穿着随意地往陈家走去。来接我们的国民党方面的人还没有出现。终于我们马上要冲破"最后一道门"了，一大批特高正在监视中吧。如果正在蹲点监视中，应该是在九龙车站的检票口吧，又或者在那周边的暗处隐藏着吧。如果对方知道我的长相，那我应该也大约能认出对方。想到这里，我觉得应该事先和夏衍商量好，遇到特高时候的暗号。

不久，夏衍和两名军人出现在我们眼前。陈畸邀请他们喝一杯茶再出发，但夏衍却委婉拒绝了，商量好不时之需的暗号后就出发了。陈家人一家、新波、灵谷和我们双手紧握，随后我们一行五人下了楼。紧紧地束着腰带的士兵首先下了楼寻找出租车。等待出租车期间，骤然下起了一阵激烈的阵雨。这是南方常有的多变天气。为了避雨我们退后一步到楼道的楼梯上等待。出租车到了后，士兵打开车门，为了不被雨淋，慌忙地将四个人送进车中后自己坐进了副驾驶的位置。车子一路向车站开去。在车站广场的入口停车后，我们一个接一个地下车，这是天空突然放晴了。我赶快朝广场对面的检票口处瞥了一眼。距离发车还有一段时间，车站里既没有站务员也没有任何乘客的影子。只有检票口的栅栏外，站着一个穿西服的男人，看上去是在等人。但是那个男人朝这边看了一眼后，我不禁一惊，心脏仿佛停止了跳动。对方也一定认出了我。

看上去是练过柔道的强壮体格，粗短的脖子连接着像三角形饭团一样的脸。凶恶的眼神，留着一小撮胡子，带着蝶形领结。虽然想不起他的名字，但这张脸确实在游行、集会上见过几次。为了不被发现，我赶快撇过头，不动声色地靠近夏衍，眼神避开那个方向小声说道："特高的人来了。"

"嗯？在哪儿？"

夏衍提醒道：

"盯紧那个男人。"

下士官装作若无其事地点了点头。

然而对方似乎对我们并不感兴趣，可以说是完全无动于衷。过了一会儿，摆出差异的神情，装作在纳闷"要等的人"为何还没有来。看似对我们完全不感兴趣，离开了"工作岗位"来来回回地走动起来。之后又像是终于作出决定一般，大步地朝着站务员的工作间后方走去，消失在我们的视线之外。

"莫非是去招呼同伙了？他不可能是一个人来的。"

这时课长看了一眼手表，纳闷着为什么检票口还没有站务员出来。一边咕哝着"明明已经到时间了啊"，一边命令下士官到工作间去确认一下情况。下士官收到命令后跑了过去，又快速的跑回来朝着我们用力挥手，

"到时间了。快过来啊！就是停在对面的那辆车！"

说着，他自己先朝着检票口的方向冲过去。我们也跟着跑了起来。站务员走出来，示意我们"就是那辆车"！列车早已停进了前方的站台，乘客们也因为发车的延迟等到不耐烦，从坐上的车里又走了下来望向我们这边。我们登上了最后一节特等车厢。

"那个人呢？他不可能没有发现我。是发现我们有备而来而跑去招呼同伙了？还是说，突然决定睁一只眼闭一只眼装作没看见呢？"

算是逃过一劫吧。但我依然担心后来赶到的追兵们可能会从检票口涌进来，时不时地回头看看。下士官注意到我的担心，自告奋勇又去检票口检查了一遍后，回来报告那里一个人也没有。这列特等车厢内，除了我们一行的包间外，几乎是空空如也。列车终于开动了，我悬着的心也终于落了下来。开出车站区域后就进入了山谷。接着映入眼帘的是大鹏湾的平静的内海。列车在郁郁葱葱的山中进进出出，终于到达了国境的分界车站深圳，从这里开始就是中国领土。列车再次出发时，夏衍率真地笑了：

"已经安全了！从这里往前就是我们的领土了。大声说日语也没关系了哟。"

我们也笑着应和着点头。

下午刚过不久我们就到了广州，恰巧遇到正在发空袭警报。我好奇地问

道："南方也有空袭吗？"课长笑着回答偶尔会有一架或者两三架飞过，但是进入到城市上空的几乎没有。应该是侦察机吧。不知是否是已经对空袭警报见怪不怪了，车站前道路两旁的树荫下走过的市民们，丝毫没有表现出慌张的神情。

坐上专门从司令部派出的车，我们进入了绿树浓阴、青翠欲滴的警备司令部的区域内。郑总司令带领着主干职员集合在前院迎接我们。我们依次与每个人握手后被引领到了接待室，围着桌子对坐下来。

郑总司令是陈诚直系的军人，他身穿一身用上等的英国产面料做成的中山装（国民党官员的立领制服），十分合身。年龄在五十前后，体格强壮，看上去是一个十分严谨的人。他通过一位吴姓（全名已忘却）的涉外部长的翻译，向我们致以了郑重的欢迎词。从最初收到陈诚的电报感到"这真的不是梦吗"，到奇迹真的这样出现在眼前，内心感动不已。

话说回来，先前的日本人去哪儿了呢。我感到十分困惑，全然没有头绪。思前想后，我决定咨询一下共产党属报刊《救亡日报》看能否找到答案。于是打电话给夏衍确认后，我的猜想真的"中了"。夏衍告诉我，这个时候他已经收到了来自郭沫若的相同内容的电报，焦急地等待着国民党方面的询问。于是，由共产党牵头，国民党前来迎接。

郑总司令向我们问候过后，表示要让两位客人好好休息下，就带着部下离开了。他们离开后不久，吴涉外部长一个人走了进来，将方才在隔壁商量好的日程向我们做了汇报。首先是当天傍晚参加司令部为我们举办的欢迎晚宴。隔天的十九、二十日两天，是广州市内外的名胜古迹游览。最后乘坐二十一日傍晚出发的列车前往武汉，而这段路程会由吴涉外部长陪同我们前去。这位涉外部长同时在日本和美国两国留过学，能够极为流利地说这两门外语，是一位举止不俗的年轻绅士。他告诉我们总司令希望夏衍也无论如何要参加当日的欢迎晚宴，却被他婉拒了。相反地，他提出希望在这几日逗留期间，能留出时间给报社进行采访。当然这样的请求是对方也没理由拒绝。夏衍也从前前后后的事情中察觉到，这次的事情他自然是能拥有一些特权的。他在得到吴的同意后，迅速返回报社，不久后带来了林林等几位编辑人员来进行访问收集。也就是所谓的"本社独家新闻"。不过经过大家商定，待到我们二人公布"已进入武汉"后再将当天的采访稿发表出来。因此这篇采访稿被推迟了几日才发布。

司令部方面似乎为了接待我们费了不少心思。恐怕对于公安机关来说，也是头一次负责接待工作。原本就和所属共产党的报社的编辑人员们不是什么亲密友好的关系，却也允许他们向进出自家一样自由进出政府机关，并十分宽容地允许他们的自由言行。在他们离开后，配着毛瑟枪的身穿黑领中山装的保镖就会站在房间入口的内侧，宛如铜像一般。下令除相关干部以外的任何人禁止靠近。这下反倒觉得是我们被束缚了自由。事实上，虽然总司令对于我们的行为表示惊讶并致以感激致辞，相反地，一定也对我怀有戒心，不能完全信任于我。不管怎样，对于我们的招待可以说是十分细致周到。因为考虑到在酒店住宿配备警卫会有所不便，为了我们两个只停留几天的“过客”，紧急在政府内设置了与酒店同标准的从“卧室”到“浴室”的全般设施，细节部分也做得无微不至。只不过我们却反而更加拘谨了。

次日，在吴涉外部长和另一位接待兼导游的陪同下游览了名胜古迹，有中山纪念堂、黄花岗的七十二烈士墓、岭南大学、中山大学等等。顺便还去了伴手礼小店，仿佛我们是第二天就要返回东京的游客。硬要给我们买了纪念明信片、工艺品之类，让我不禁想“我是个马上就要上战场的人了，带着这些东西像什么样子啊”。而为我们导游的人还说：“要是时间再充裕一点就更好了。在广东有个十分有名的温泉，本来想带你们去的，这次时间不够了。你们回国之前，一定要去一次啊。”

我笑着表达了谢意，但内心还是想着“那得是多久以后的事儿啊？或许这样的机会根本也不会有了吧”，因此感到自己仿佛是收到了十分场面话的问候，稍有些不自在。

二十一日傍晚，我们沿着粤汉铁路朝着武汉行进，在火车上度过了三天。那是一个包厢，包厢里有上下两层的卧铺床，中间的狭窄空间中安装着桌子。而旁边的车厢就是餐车，服务生会将一日三餐送过来，因此除了去洗手间之外就没有移动的必要。真是一次奢侈的贵族旅行啊。发车时又再次响起来了“空袭警报”，就像我们在到达广州时已经经历过的一样。这次也是没有任何不同，列车依然照常出发。次日清晨醒来，首先映入眼帘的就是窗外平静的农村景色，连绵不绝。丝毫找不到战争的影子。不过在靠近湖南省境内的地方，可以看出一二——在山丘的斜坡上和树林的碉堡（火力点）上的枪眼，持续有一两百米。自不必说，这就是一两年前的国内战争时留下的痕迹，现在已经成了寥无人烟的“遗迹”了。那画面就像是外国的圣诞贺卡或明信片上的“斜塔”一般的遗迹一样。为了击退神出鬼没的“红匪”，在国民党政府雇佣的德国军事顾问冯·塞克特的提议下建立起泽克特防线，被称作当代的“万里长城”。后来才得知，原来不只限于湖南，全中国各处都能看到这样的场景。

我感到自己正一步一步地走进这个国家的现代历史中。

当列车在某一站停车时，吴涉外部长的视线停留在了站台相隔的对侧的退避线上停车的货物列车上，对我们说："你们看那儿！"仔细一看，那辆列车的每节车厢的黑色车身上，都用白色油漆清晰地写着"津浦线"的字样和号码。这不是什么"历史"遗迹，而是"当今"的战争的缩影。本来应该在津浦线上行驶的列车，现在却南下到了这里。当前的战争将这条铁路（津浦线）由南北两面，逐渐被攻陷，逼向了位于中间的徐州。为了保证列车不落入敌人手中，被紧急转移到南方。吴涉外部长用哭声说道：

"看到了这些，我们作为中国人真的是感到难受不已。就像自己的身体被从两端扯开一样的疼痛。"

他的话不免带着些许戏剧性，说完自己好似也被感动地眨巴着眼。我为了表示同情跟着点头，心里却在思考另外的事情——按照这种情形，日本方面不会轻易收手，战争也不会轻易结束。

到达武昌是在第三天的上午。

这里寒碜简陋的郊区，让人忍不住怀疑这里真的是中国近代史上的著名的华中要塞吗。在相互重叠交叉的疏散线内的站台里，停靠着几辆列车。络绎不绝地下车的乘客们纷纷朝着站台尽头的临时棚屋式的车站出口走出，简陋地就像日本农村的停车场。

吴涉外部长手拿白手帕，将上半身探出车窗外，观察着周边。终于在几乎乘客全都散去的站台对面，看到了一队脚穿长皮靴正越过铁轨的军人。军人爬上站台健步走向车窗处，问道：

"请问是广州警备司令部的各位吗？"

"您是政治部的……？"

"两位客人在哪里？"

"这两位就是。"

我们站起身来后，军人们朝我们行了军礼，接着又转向了吴涉外部长：

"不好意思，能否请您先出来到乘车口呢？"

这名军人叫了吴后，自己就快步走向乘车口。于是，吴涉外部长对我们说完"那请两位先在这里稍等片刻"，就走了出去。

正等待着，沟通结束的吴带着政治部的使者一起走了回来。他介绍一起的军人是"政治部总务厅主任副官张（全名已忘却）"，军人又一次郑重地行了军礼后递过名片后，我们相互握手。吴涉外部长向我们说明，当前政治部正在进行宿舍的准备，因此我们需要度过汉口先在酒店休息等待。

我们走出停车场，乘着政治部安排的车横穿了武昌的大街，来到了乘船点。沿着并不繁华的南北大街朝西顺着 T 字形笔直地走上半公里左右，出现在眼前的是浑浊的水面。这就是扬子江！我忍不住看入了迷。扬子江的这一段大约宽两公里左右吧。对岸靠近汉口的岸边立满了帆船桅杆，外侧的水面上停靠着大大小小各式各样的帆船，小汽艇在缝隙中穿梭前行。据说一万吨级的巡洋舰也可逆流而上到这里。眼前眺望着一幅绝景。下车后，脚下是险峻的石头岸壁，向下望去，不禁被眼前的情景吸引了。深度距离水面将近有三十多米。带着屋檐的驳船被用铁索连接固定着，那里就是通往对岸的乘船点。宽大的石阶沿着水面方向向下铺设着，尽头被淹没在深不见底的水中，在船和石阶中间架设着结实的木板桥。从桥上踏上驳船时，我心里想，每次渡河都像上山下山一样啊。仿佛北极的冰川融化时的预计水位（地球上的）变化一样。我开始想象这条河的到底有多么深不见底，越想越觉得毛骨悚然。不过浑浊的水流表面倒是平静得很，什么也看不清。人们通过乘坐往返于对岸的乘船点间的轮船渡江，那乘船点是一座栈桥。

下船后的岸边上是货物堆积成山的露天置物点，我们从货物的缝隙中间的狭窄通道穿过，走到了沿岸的大路上。眼前的环形路口上，排列着一排拴着驴子的驴车正在等客。吴和其中一台驴车的赶车人沟通后，我们坐上了驴车。这一带是原英租界，对侧是原德租界。这里作为富有的商埠的繁华大街，果然和军事之都武昌不同，呈现的是一副充满西洋式建筑的现代大都市的样子。政治部专门安排的酒店在沿着大街几乎到郊外的安静的街角，这里是德国人经营的豪华西方建筑的酒店。我们的房间在二楼的一角，办理好入住后，我们先安心地瘫在大厅的沙发上，稍稍喘口气。

在这期间，吴涉外部长下到了一楼的电话间，分别联系了政治部、郭沫若，以及受我委托联系了在国民党宣传部国际宣传处就职的胡风。

胡风回复将马上来与我们会合，而郭沫若表示"今晚六点前去相见"。约定的地址"大和街二十六号"正是原日租界。

"乘马车去的话并不是太远。我们五点半从这里出发，时间刚刚好。办完事后，晚饭就在附近吃吧。"

不久胡风就带着一大堆人，气喘吁吁地赶到了我们的住处。半年多前分离的我们并不知道还能否再相见，漂泊流转终于又再会了。他深情地与我们握手，脸上洋溢着光辉，因为过于兴奋已经说不出话。他稍显有些害羞，一边打开包袱，一边将从上海转移到武汉后复刊的文学杂志《七月》一沓交了过来。

还不忘工作，让我们二人赶紧写好原稿，下一期杂志将以我们的事迹作为特辑。一阵谈笑风生过后，他表示自己现在是在“工作时间”偷跑出来的，不得不先回政府一趟。“明天我会再来的。”说着，就离开了。

下午五点半左右，我们按计划走出宾馆，坐上了马车。这时的街道还算明亮，但当我们到了城市北郊附近的“大和街”的某个街角处的二层木制建筑物，看上去像学校建筑的地方下车后，发现那里已经没有了日本居留民的影子，整个街道被包裹在阴暗的夜色中。

下车后，吴让我们暂且在外等候，一个人径直走进了楼内。不一会儿带着一个年轻的妇人走了出来。妇人友好地将我们三人带到了二楼的一个房间，把我们安置好后走进了隔壁房间。看起来，这里明显原是日本人小学，在变成空校区后被郭沫若等新来的人接手，将其中一部分房间改造成临时宿舍和事务所进行使用。我注意到教室的角落里还乱糟糟地堆积着学生用桌，将教师用桌作为桌子，摆上几把椅子当作临时接待室使用，我意识到武汉的抗战体制(失掉南京后)的建立，也是刚刚有了眉目。

不久隔壁房间的出入口处露出些许微光，一个手提油灯的年轻妇人走了进来——和先前领路的并不是同一人。之后经介绍才知道，这位是郭沫若新的爱人于立群——紧接着身着随意的长袍的郭沫若沉稳地从走廊走进了房间。妇人跟我们点头示意后将油灯放在了教室桌子上。在微弱的光晕中，郭沫若与我们亲切地握了手。那是一双温暖柔软的手。我虽然与他是初次见面，却感到像是老早就已经熟识，没有任何隔阂，自然亲近。

妇人退步到了隔壁房间——应该是临时起居室，一会儿为我们端来了十分香浓的茶水。这茶的香气给我们制造了轻松的氛围。在油灯的光晕中，我们自然地围成一个圆形促膝长谈，竟然有些浪漫起来。郭沫若平和沉着地讲述着为了迎接我们的经过和今后的大体计划。但也许是考虑到我们是初次见面，因此关于今后并没有提到太多。事后我再想到这里时，我想这时的他也是刚刚担任政治部的一员，时日尚浅，因此对情况也不是太了解吧。在军事委员会设置政治部也是刚发生的事情，因此当下还处在紧急调整人员阵容和计划的阶段。

对于那时候他是都说了些什么，现在也是丝毫没有记忆了。不过，大概也就是如下这样的内容吧。诸如，接下来就是大显身手的时候了。

政治部的部长为蒋介石直系心腹陈诚，另外该机关在武汉重建抗战体系时，选拔了各党派联合会的代表性人物，任命共产党人周恩来为副部长，任命国民党组织部长张厉生为秘书长，下设总务厅、第一厅、第二厅、第三厅四个厅，其中负责国际、国内以及对敌（日本）宣传活动的第三厅交由共产党人郭沫若管理，其他各厅分配给国民党内部各派。

不过我清晰地记得当我询问自己的职责时，他大气地说道："我想要请你担当对敌（日本）宣传和敌（日本）情研究的顾问。放心，并不是什么复杂的工作。也不必每天都要到政府来上班。如果有需要征求你的意见的内容，我会让相关负责人将资料送到你的住处，请你提出宝贵意见即可。除此以外的时间你都可以自由活动，想要进行研究或是写作，都请自由安排吧。"

我这可真是一个"优雅"的职务啊。不过还是有些许担心，终于要进入实质性的工作了，不知道能否胜任呢……

基本情况介绍完毕，最后郭沫若表示明天上午将为我们引荐政治部部长陈诚，约定好到扬子江对岸（武昌）的乘船点岸边的集合时间后，就离开了。

海拔五十米左右的细长丘陵，将武昌的街道从南北斩断为两部分，在其中一端的紧邻扬子江的地方，便是远近驰名的"黄鹤楼"。而这座丘陵正如它的名字"蛇山"一样蜿蜒盘旋，军事委员会的政治部就在蛇山南侧山根处，由木质建筑武昌中学改造而成。乘坐郭沫若的车到了正门，站岗士兵向我们行了持枪礼后，车子由主楼的正面玄关开进去，通过长长的走廊，尽头处就是带有接待室的部长室。房间内垂挂着一面巨大的国民党党旗，简单地摆放着一张桌子和几把椅子，勤务兵进入里侧的房间报告了我们的来访。似乎等待已久，只听见嗒嗒的靴子声朝我们靠近。出现在我们面前的是身材矮小却精壮，面露微笑的军人形象，与郭沫若用眼神示意后走向了我们，随意地与我们握了手。郭沫若坐在了他与我们之间，四人在桌边围坐了下来。来前因为不知道这位指挥过上海的激战的将军到底是怎样的人，而充满敬畏、紧张不已。不过，郭沫若却和他十分亲密地促膝而谈，在介绍了我们的身份后，他露出了喜悦之情轻轻点头，"你来帮我翻译一下"，朝着郭沫若使了个眼色后，转向我们平和地说道：

"我们当前正在和贵国的军阀进行战斗。不过我们所反对的，不只是贵国的军阀，对于中国军阀也是一样的。因此，希望我们能共同携手，不仅是'日本的'，包括'中国的'在内，共同反对'军阀'吧。不知您是否愿意？"

我一下子有些惊慌失措。他似乎抓住了此时的日本人的"反战"心里。不限于日本的，也包括中国的在内，"公平"地反对一切军阀。似乎在告诉我们，这完全是公平的！请作为日本人的你放心。不过他所说的"军阀"指的是什么呢？特别是“中国的军阀”指的又是什么呢？在我看来，眼前的这个人是“军人”，但对于政治的理解恐怕还不足。因此，他并不理解日本人民的立场，而是和邓总司令一样，对眼前的“奇迹”感到不知如何表达。不过，归根结底这不过是为了表示欢迎，不该因为这样的表达问题而产生歧义或误解。于是我决定对于他的高知卓见不予回应。

“那么，请您马上给我安排工作。对于能够为中国的抗战事业尽一份力，我感到十分光荣。”

他对于我说了些什么显现出困惑的神情，望向了郭沫若。郭沫若将我的话原原本本地翻译出来后，他终于露出笑容，“好，明白啦”。不知道他意识到我转移了话题还是认为我赞同了他的观点？不过我们在此结束了会话。他毫不避讳地与郭沫若商量我们的待遇问题。郭沫若也十分随意地说道：

“我觉得也不必太费心思考虑。什么待遇啦，报酬啦。毕竟不是正式工作。”

“恩，我也知道，不过因为是外国人，如果只给中国人同样的工资，恐怕无法保证基本生活吧？”

“说得也有道理。”

“那这么办吧。关于这件事就等之后咱俩再慢慢谈。”

会见就此结束了。我们离开政治部，乘坐郭沫若的车到了武昌江边，与在那儿等候的吴涉外部长会合后返回了酒店。如实地说了和陈诚会面的经过后，吴涉外部长高兴地说道：“这样总算告一段落啦……等政治部接收了你们，我的大任也就结束了。手续都办好后我就会回到广州。”

那之后几天，我们夫妇二人收到了被正式任命为军事委员会政治部设计委员的“聘书”。这就是所谓的“野无遗贤”的政策吧，并非授予了什么特别的职务，而是政府内要重用“贤人”（收为己方）的这个国家从古至今的习惯吧。发放名曰“车马费”（并非工资）的配给福利（二百五十日元），而一直雇佣到老而设置的制度。当然并不只是让他们无条件地“吃闲饭”。因为无法将我们这样的“外乡人”聘用为正式职员，为了请我们做顾问之职而引用了此制度。另一方面，考虑到我们“不能给中国人一样的工资”，因此通过同时雇佣我们夫妻二人的形式，支付我们双倍的“车马费”，即五百日元。

到此总算一切安顿下来。但不知是不是因为一下安下心来，当天晚上幸子不明缘由地发了高烧。惊慌失措的吴忙乱地为我们请来了医生，而医生也搞不清原因，只是说并不是什么大病。既不是感冒，也没有其他任何严重的恶性疾病的病症。她虽然看上去十分疲惫，但也说不出哪里有疼痛或不适感。

应该是一直以来紧紧绷着的弦突然松了下来而引起的吧。她之前就有过类似的情况发生。自己无意识地、长期地处于紧张不安的情绪时，虽然在外人看来不惧一切并周到细致地应对一切状况，但其实本人为了处理各种状况已经使出了全部气力，一旦脱离了这些状况，就会像是突然崩断的线一样倒下。

熟睡了一夜之后，次日清晨终于退烧了。幸子疲劳地起身又瘫倒在沙发上，对于我们的担心，她笑着回道："已经没事儿啦。"

之后，郭沫若打来了电话，告知我们次日二十七日上午，将在汉口的YMCA举行"抗战文艺家协会"的开会仪式，希望我们也能出席会议并进行讲话。另一方面，连续几天出入酒店的胡风也表示，主办方方面也发出了同样的邀请，会议当天将由他前来迎接我们。终于不用再隐藏身份外出了。长期藏在暗处的人，终于要堂堂正正地站在大众前了。幸子没问题吧？

令我感到欣喜的是，这项邀请同时来自郭沫若和胡风双方。关于这一点在之后再做详细说明，事实上这两人在这之前的长久时间内是完全对立、水火不容的关系，然而如今在"抗日"的民族大义前，却选择了统一战线。他们二人一定都是这个新成立的文艺家团体的发起者吧。无论他们心里是否已经解开了情感上的疙瘩，应该说正因为他们心中可能还存有芥蒂，我们更有责任促使他们二人和解合并作。而这自然也是我们应该承担的一项使命。

在这里，抗战是第一位。

三月二十七日上午，跟随着胡风我们来到了YMCA讲堂。那里是距离连接汉口和汉阳的乘船点附近的原英租界周边。我们走进会场的时候，里面已经几乎是满员状态了。已经时隔八个月站在公众面前，人们投来的注视的目光，让我不禁感到像是大病初愈的病人重新接受外界刺激一样的感觉，被刺痛着。在左手侧的门廊处的座位上，有一群看上去像是主席团的人聚集着。我们被引领到那里后，郭沫若上前迎接并向主席团代表邵力子介绍了我们。因为邵是国民党宣传部部长，我心想"这也算是国共合作了啊"。

会议时间到了，在掌声中邵力子走上了讲台。他宣布会议开始，抛砖引玉地说道"不过在此之前"，向入会人员说明作为"日本革命作家"的我们夫妻二人也亲临了会场，因此请我们先"作简单讲话"。在轰鸣的掌声中，我突然感觉有些下不来台。无论如何也没想到会在议长的讲话之前，让我们最先发言！完全是意料之外的事儿。然而，突然响起的洪水般的掌声持续不断，只能硬着头皮上了。被郭沫若催促着，我站起身来像是被卷入大海一样，在胡风的引导下被顺势推上了台。邵力子等候着邀请我和幸子站在了讲台前。胡风作为翻译站在了我的右侧。三人站成一排后,不断的掌声又掀起到高潮,过了许久才终于安静了下来。

我深吸一口气提高嗓音,抑制不住的激昂之情不断迸发:

“自八月十三日的炮声响起后,我便决心要同各位一道参与抗战。于是逃出日方的支配区域,开始了时刻要躲避追捕的逃亡生活。而我的这一决心也终于在今日实现,能够再次与各位相见,对于我们来说是无法用语言表达的喜悦。请允许我对中国政府表示由衷的感谢,并对各位的英勇抗战表达无比的敬意——”

掌声一次次地打断我的讲话,淹没我的声音,待到掌声停下我继续说道:

“我们二人是日本人,是日本的国民。而日本的绝大多数国民,在这一刻,都因为恐惧不安而关闭了心门。他们都认为这场战争是一次巨大的灾难,为战争的发展感到无比忧虑。其中也有许多人,一路反对战争至此。我相信反对战争的历史将连绵不绝持续下去。我似乎能看到其中每一个人的脸庞。”

这样说着,我的脑海中浮现出对中国非干涉运动以来的反帝斗争中的战友们,大批的团体发出怒吼的面庞。

“……其中的很多人因此被捕,经受了严刑拷打,有些人被长期关押在监狱之中,还有些人被夺去了生命。即便如此,仍有很多人不屈服,在狱中或狱外,都不顾自身的生死坚持战斗着。

在当今的日本国内,在这些人的头顶镇压着的黑色势力就像被封闭的地狱之门。为什么要镇压他们,因为支配日本的这股黑暗势力妄想限制这些人的声音和行动。因为如果不堵住这些声音,他们就无法安心进行侵略战争。当今的战争与日本国民所处的地狱般的苦痛,绝不是毫无关系的,而是相辅相成的事实。

幸运的是,我们得以成功地从这股黑暗势力的手中逃脱。再次,我们必须向在座的各位说明以下几点。第一,像我们这样的日本人不仅仅只有我们自己,因为我们能有机会将思想付诸行动,因此我们有义务代表广大的日本国民。这种关系,就像是漂浮在海面上的冰山。显露在水面上的只是极小的冰山一角,而真正骇人听闻的冰山正是指隐藏在水下的巨大山形冰块。一旦坐上暗礁,无论是怎样坚固的大船,都难免被毁灭的命运……

说到这里,我眼前浮现出少年时期发生的深受冲击的事件,一艘名叫泰坦尼克的豪华客轮在北大西洋遇难的事件。

雷鸣般的掌声将人声吞没,整个会场溢满了热情的气氛。今天,我将当时自己的发言如上再现出来,先不论每一字一句是否都如当时一样,但有一点可以断言，我的大致发言顺序确实如此。另外一点毋庸置疑的是，我确实借用了冰山来比喻，而内心也在肯定自己的这一比喻“就是这样”。并非是被谁选拔或是委任，然而我却使用了自命的“国民代表”这样的说法。虽然听上去多少有些自以为是，但是正如冰山的“水上部分”和“水下部分”一样，有幸能发声的人代表没有这种机会的人，担负起为所有人吐露心声的责任，这难道不是理所应当要做的吗。我也必须拿出勇气接下这份大任。想到这里，我顿时感到自己所处的立场，被投以耀眼的光芒。就这样，我从“国民”的立场出发，向广大中国人民阐述了我们之间的连带感。在持续的掌声中我走下讲台，我感受到在这掌声中，夹杂着低声的呻吟和叹息的感动的回声。

郭沫若上前迎接，紧紧握住了我的手，随后我就被一下子蜂拥而至的人群围了起来。这时我才知道，冯玉祥(军事委员会副委员长)、周恩来为首的国共两党的干部，丁玲和田汉在内的众多作家以及其他的文化界人士都来到了这个会场。

邵子力又向主办者提议，由文化界牵头，其他的各民间团体共同协办，于次日下午为我们举办“欢迎会”。而这个提议马上得到了全场的一致呼声，我站在一旁一脸茫然地听着。

我无法忘记在那掌声下涌出的“轰鸣”的回声。虽然不知道如何用语言表达，但我肯定那就是当灵魂与灵魂相触碰的瞬间而自然发出的呻吟声。意料之外的共鸣现象。用乐器比喻的话，就是一件乐器的琴弦的振动会引发其他乐器的琴弦发出相同波长的振动。而“中国人民的心”和“日本人民的心”正是产生了这种现象。这种感动让我不禁感叹，“太好了！真是一切尽在不言中”。

之后再回想起来，我想这就是现在人们常说的“中日友好”的起点吧。其中没有任何所谓的帝国主义的入侵，也不存在任何阿谀和盲从。是人与人之间的一种毫无保留且无条件的一体感。要说收到掌声和欢呼声，在那之前和之后都曾有过，但都没能像那时一样，将我的灵魂从心底唤醒，一次也没有过。

之后的开会仪式如何进展的，已经记不清了。在会场的玄关处拍的纪念照还保留着，冯玉祥、周恩来、丁玲、田汉以及其他人都在里面，但这是何时拍的，记忆已经很模糊了。下午，转移到另一个会场，与当时的塔斯社分局局长和美国记者爱泼斯坦一起借此机会接受了采访后就回到了酒店。

那天之后的酒店就变得一塌糊涂了。电话和来访客人络绎不绝地纷至沓来，次日的报纸也是家家都用极大的篇幅报道了此次事件，其中，《大公报》和《新华日报》在社评中大幅报道，之后就引起了举世瞩目的反响。而饭店的女管理员，一位体格健壮的婆婆却凶狠地呵斥我们，她怒气冲冲又滔滔不绝地用英语说着，我虽然不太能听懂，但大体意思是这里是专为外国人设置的高级酒店，因为政治部申请要为“外国人顾问”预订房间，但现在却完全不是这么一回事儿。要求我们赶快搬出去。虽然吴解释道“他们就是外国顾问啊”，但对方却全然不理会。就算是“外国人”，但也不是什么正经的住客。但真实情况是，其他客人开始对和我们同住在一间酒店而抗议，因为如果我们在，这家酒店就有可能会成为日军的轰炸目标。吴涉外部长也气愤起来：“什么嘛。要是因为这个原因，为什么不一开始就照实说呢？”他气急败坏地吼着！

最终，吴涉外部长与张副官通过电话商谈后，决定次日将我们转移到旧英租界的中国人旅馆。而吴表示他将会在同一天乘火车返回广州，在我们参加集会期间为我们将行李送达新旅馆后，就“不再告别”，直接前往车站。于是，我们对他长久以来的照顾表达了感激，依依惜别。

第二天的欢迎聚会借用了旧英租界的食堂大厅，以茶话会的形式举办，依然是邵力子担当大会主持。宣布聚会开始后不久就传来了空袭警报，之后就从南面的武昌方向发出了高射炮射击的响声，传来的爆炸声可以知道射击的范围并不大。人们面面相觑，邵力子也一瞬间屏住了呼吸，但立马又露出了笑容，向人们挥手致意“没什么大事”，聚会又继续进行。身旁的人告诉我，“没事儿的，只是吓吓人而已。应该是从车站方向发出的，之前也有好几次。但是一次也没有到汉口的旧租界方向”。我事先把这一天的发言稿整理好，这次改由胡风为我翻译。因为在上海期间，他曾有一年多担任过我的翻译助理，加之对我的性情也有一定的了解，因此已经是一位十分有名的翻译了。但是我的心情已经和第一天不同，虽然参加者们依然为我响起了热情的掌声，但我内心觉得像是炒冷饭一样。各式各样的人向我表达了各式各样的欢迎致辞后，顺利结束了聚会回到了新的旅馆。但之后的事情却完全没有料到。

遇到这样的情况，没有秘书之类的在旁，我们是很难妥善处理的。但是我们没有过应对这种情况的任何知识或智慧。新的旅馆比起之前的稍显简陋，我们的房间是一间有两个房间的套房。与幸子交好的女作家萧红等人在里间陪着她，而我忙于应对接连而来的各家报社杂志的主编、通信员的约稿以及独家访问，应接不暇。而最头疼的是，一旦答应了某一家出版物的约稿，按照眼前的情形就必须公平地接受每一家的邀请。虽然无论是哪一家，都只是把相似的内容转变一下遣词造句写出来而已。但是我还是感到被逼得焦头烂额。说起来，类似什么“阵地”之类的杂志名的竟然有如此之多。包括原本就在武汉经营的杂志，也有从上海或其他地方转移至此复刊的。总之，“在武汉重振”已经是当下的潮流。

在那段时间里还有一件我记忆犹新的事儿，我在东京大学的同学冯乃超（如今是郭沫若所在的政治部第三厅对敌宣传课的课长，日后成为了我独一无二的同志兼好友，同时也是创造社的诗人）为我介绍了东南亚（已经不记得是新加坡人、还是印度支那或是印度尼西亚）华侨新闻特派员，对我进行了采访。我之所以会清晰地记得这件事情，一方面是因为这是难得的“老友相见”，更重要的是因为这位从南方而来的身材短小、有着浅黑色皮肤的特派员一直聚焦在“本次的日本侵华战争，是否如众所周知的田中义一的秘密奏折，是战争计划的一次具体实施呢”这一点上，一根筋地一直重复着同样的问题，纠缠不休地追问直到得到我肯定的答复。

对于他“一根筋”所追问的问题，其实我也早有耳闻，在历史学家间也一直是个难题。虽然我不能给出肯定或否定的答案，但确实在九一八（满洲事变）发生以后，无论是否有过这样的“奏折”，日本军部的蚕食性侵略在无限地发展扩大。这一点也足够证明这样计划性的、公然的战争计划是存在的，从而也掀起了中国人民全民族的、英雄主义的抗战热情，这一点难道不是当今的战争中最具有“历史性意义”的一点吗。我试图向他解释这一意义，但他似乎完全听不进去，一心钻进“田中奏折”这一点，一遍又一遍地重复提问。我的忍耐到了极限，选择了投降，说道：“日本人中倒是没听说有任何人看过那样的东西，可能是被带到了国外曝光的吧。”

特派员听了后如获珍宝般一脸满足，终于结束了这段采访。关于这段采访的后续，在这里简单叙述一下。采访发表了出来，当我看到送来的报纸，内容变成了我强烈肯定这次的战争是“田中奏折”的具体实施行动，看起来特派员将自己准备好的“我的回答”进行了完美的创作和加工。

事情到这里也就罢了。更过分的是，在稍稍过了一段时间的某法国报纸上，发表了我作为一名反战斗士的介绍文章，甚至附上了我的人物写真。照片上的脸像是乃木大将一样留着八字胡的威严的军人形象。当时的西欧对“日本人”的既定印象就是“皇军的武士”，好战民族是他们对日本的普遍认知。

这样胡乱的报道被发表后，一定会传到日本的公共通信以及其他的报社，可谓是一发不可收拾。

虽然会引起一些恶劣影响，但是这样的新闻被报道后，众多的友人和作家开始执笔书写关于我的印象记或回忆录，甚至印刷成小册子，一时间成为了“时代的宠儿”，十分畅销。没过几天，我们两个日本人就在“敌国”内，既不需要持有护照，又不需要其他的任何身份证明文书，拥有了可以凭借“脸”自由地阔步行走的特权。后来，政治部为我们在武昌的南湖湖畔处寻到了住所，我们也就搬到了那里。

这是一座木制的二层小楼，并非“日式或西洋”，而是“中西结合”的文化性住宅。在大门的内侧建有类似车库的门卫室，部长陈诚的贴身护卫中队的三名卫兵交替轮流(约每一个月或每两个周替换一次?)“护卫”我们，还安排了一名负责做饭的女佣，似乎我们曾经想都不敢想的新生活就这样开始了。

又为我们安排了一位部长贴身秘书吴斐丹。这是一位日语十分纯熟的原武汉大学教授。我们在生活起居所在的二楼的一间能看到景色的房间里，并非有什么事情，但他也没有离开的意思。他言谈举止十分谦卑又小心翼翼。我不知该如何应对，于是一边打着哈欠一边问道：

“请问您有什么事情吗?”

“没有。部长阁下吩咐我要照顾好您，解决您的问题。”

“我暂且没有什么问题。想请阁下传达我的感激之情。”

“好的，我会转告的。”

然而也完全没有要离开的迹象。真是一个谨小慎微的人，给他解脱的机会也不抓住啊。这之后我有暗示过他几次，但仍然没有任何效果。“这个人是不是傻啊?虽然还不至于说是厚脸皮的”。只要有到访者，就像我的书童一样恭恭敬敬地跟随着，来访者离开后又跟随我们一起回到房间。连续几天都是这样。幸子逐渐地神性质起来，我也早就忍耐到了极限。有一天，我清楚地告诉他：

“请您回去吧。您每天在这里也很无聊枯燥吧。”

“不，我没有关系。”

“事实上我们也想稍稍休息一会儿，请你也去隔壁房间休息吧。”

“您休息吧。不用在意我。”

“我们怎么能休息呢。你在这里的话，我夫人即使累了也不能躺下不是嘛。还是说，在中国没有这样的习惯吗?”

他终于感到有些难为情，脸上溢出不安的神情，压低声音说：

“那我跟您说实话吧。其实我也很难受。但是这是部长的命令……要求我一刻也不能离开二位……”

果然如此！这位傻瓜教授其实是个忠心之人。不过，为了不白费陈诚的一片心意，我还是选择让这个男人背负责任。

“部长怎么可能会说那样的话呢?你一定是误解了部长的话。他的意思一定只是让你不要有疏漏地照顾好我们罢了。当然你也没有什么恶意，只是按照部长的话，过于实诚地执行了。请您今天回去吧，然后再好好品味一下部长阁下那番话的意思吧。”

他看起来十分垂头丧气，郑重地行了多次礼后离开了。

“果然和之前广州的郑总司令一样，对于我这个‘奇迹’，这位部长阁下也一定疑惑，不知道该如何招待吧？”

我的眼前又浮现出在广州的警卫司令部时的场景，客房内站着手持枪的“护卫”兼“监视兵”，我决定要将这些大人物的种种“疑惑”，大胆地制止。要想改变今后类似的必须处处留神、忍耐的境地，必须要狠下心来啊。

此后，吴斐丹再也没有出现过。

在郭沫若的《抗日战争回忆录》一书中，用了大量的篇幅叙述陈诚这个人。例如：“当时的陈诚，十分有人格魅力……”

“陈诚，在抗战初期不知底细的人们对他有些幻想。其所以然的缘故，不外有这两种。第一，在淞沪战役时他担任左翼军指挥，确实还打过几仗。第二，政治部的组织使国共合作在形式上具体化了，而且还网络了一大批文化人，增加了他的身价。

你想，连周恩来都做了副部长，这还了得！

但其实这位以剿共起家的丘八，他懂得什么政治，更懂得什么文化！他的身裁矮小，一举一动都在模仿着“吉纳拉里西摩”，武汉的外国新闻记者给了他一个绰号剿 Pocket Generalissimo（大元帅的袖珍本）。其实更确切一点说：他不过是傀儡师手里的一个木头人而已……（略）”

看到这里就差不多了吧。读起来让人忍俊不禁，之后的内容也差不多都是这样。而郭沫若都具体地描述了出来，包括他对“政治和文化的无知”，犹如“手艺人手中的玩偶”，而我们的生活也像是手艺人手中的装饰物。然而，如何“确保”我们的立足点，如何挣脱这种被控制的局面关系着未来。

## 第五章 在南湖湖畔

在进入本章的正文之前，作为附加，我要对至此为止所记述的部分，加以若干的补充和订正内容，对此我深感抱歉。因为昨日我偶然在破旧的资料箱中，发现了自己当年写下的布满尘埃、长眠已久、零零散散的日记和笔记，在翻阅过程中，我深刻意识到了自己破碎的记忆中的错误，或者说记忆的不可靠和不确定之处。

照理来说，书写回忆录本应该和其他资料一并，在进行了充分的调查、考究之后再开始着手。但我确实有些性急，心想着“趁着还没忘记”，并没有意识到调查中的疏漏，确有着急快速进行工作之嫌。这样的话，不是应该将有误的部分进行补充、订正之后，再将全篇文章统一起来重新书写吗？而我却选择附加了以下的订正、补充文章后继续写下去，这是为什么呢？因为当时的我的笔记，并不是按照此回忆录的顺序将事实进行系统性的记述。另一方面是因为本回忆录有些部分叙述了日后的历史发展中被重新唤起的记忆，因此我认为没有必要将已经着手的回忆录全部推翻进行重写。

自一九三七年的“八一三”（上海战役的爆发）至一九三八年三月末的“上海至香港”的连续七个多月的“逃亡和潜伏”期间，本来应该将自己的出身（从国籍到身世）和踪迹全都隐藏起来，因此像日记之类的东西应该一样也不存在。然而，当自己难以抑制自己心情时，也会想写些东西留存下来作为今后思念的依托，用只有自己看得懂的形式——具体操作如下，将英文、德文、中文中的单词“大杂烩”地用日文的罗马字样式表示，再用日语中的罗马字连起来，形成暗号一样的杂文。虽然日后读起来自己也感到十分吃力，但还好还有部分手稿留存了下来。

抵达武汉以后，才首次能自由地用日文书写日记。而在这篇公开文章中，还是有部分内容不方便在此叙述。其次，因为被允许可以用日文书写，不免会出现懈怠情绪，直接将日记中的零散片段摘抄过来，以至于自己重新来写部分就很少了，因此我没有翻阅过往日记。听起来像是在为自己辩解，总之下面将本次的新发现作为补充和订正内容，一并记载在这一章的开头部分。具体的补充、订正内容主要有以下几项。

（其一）

首先，如前所述，当我们到达广州，准备从那里前往武汉时，遭遇了空袭警报。当时的日本海军航空队在华南方向引起的骚乱，不过以示威或是侦查为目的，因此中国当局和中国市民的日常生活也没有受到威胁。然而，虽然并没有引起较大的骚动，但是我的日记中记录着在我们所参观的中山纪念堂的一角，“有燃烧弹投下的痕迹，还残留着硫磺色的伤痕”。另外，日记中还有这样一段话，“去中山大学的路上我们走错了路，把车子开进了戒严区。身上武装着步枪和手榴弹的哨兵看到我们的车号后，了解我们是司令部的相关人员，却依然坚持不允许我们通过”。相比在郊外附近建有武器、弹药的军火库之类的。除了那里以外，街道上到处也都是戒备森严。

另外，还记录着三月十八日，当我们刚刚跨过香港的边境前往开往广州的铁道线路时，“桥梁上留下了还很新的炸弹的痕迹”。我们到达广州以后，并没有直接转乘粤汉铁路前往武汉，而是在广州逗留了三天，直到二十一日的傍晚。事实上我们的逗留绝不单单是为了休息、慰问和接待，而是因为在我们到达的前一天发生的空袭将铁路破坏，需要花一两天时间进行修复。因此才不得已延后了出发时间。这也是日记中记录的内容。

这样看来，当时的日本海军航空队在华南方向上发起的炮轰，也并不是一直兴起。而是有计划、有预谋的，在大多数的铁路沿线——交通运输线及其附近的军需物资聚集地都成为了日军的目标。尤其集中在粤汉线上的广州和与湖南省相近的韶关之间。其主要目的是通过阻断经由香港、广州运输而来的外援物资，妨碍以武汉为中心的抗战体系的再建。这是他们进行战略性攻击的其中一环。

原本照计划，粤汉铁路预计在当年（一九三八）的五月竣工。但不料风云骤变，日夜加急赶工才好歹在预定时间前完成。在卢沟桥事件（七七事变）前一个月成功开通。日记中记录着，我的介绍人吴涉外部长笑着说："日本人中你们还是头一个坐这趟车的呢。"

顺便提一下日记中的另外几点，夏衍是全程参与陪同了我们在广州时的观光。登上开往武汉的列车时，他也专程到停车场为我们送行。另外，我们乘坐的车厢包间内已经摆上了警备司令部送来的水果篮等等事项。在进入湖南后，当我们的列车停靠在某一车站时，退避线上带有"京沪""沪杭""津浦""京汉"等标志的货车一字排开。看到这一场景的吴不禁湿润了眼睛说道："看到这些，就能清楚地看出中国已经被践踏到何种地步了。真的太不甘心啊。"（虽然在前文也介绍过相同内容，但前文中表示在进入退避线后，看到了全是写着"津浦"的货车。或许是被迫在眉睫的徐州会战产生先入为主的观念，才导致了自己记忆上的偏差吧）

（其二）

其次是到达武汉后的叙述，有些许需要订正的部分。进入原法租界（本文中写作原德租界，查阅日记发现为法租界）的酒店后，赶紧请求吴涉外部长通知胡风，而胡风也立刻一个人匆匆忙忙地赶来。这是我前文所描述的，但看过日记后得知，这个时候，除胡风以外，国民党宣传部国际宣传处对敌课课长崔万秋也同行而来。为什么这样毋庸置疑的事实也会在日后发生丧失记忆（或者说是记忆混乱）的现象呢？这一发现令我深受"冲击"（打击）。我对于自己的记忆完全失去了信心并陷入了强烈不安中。即使是现在想重新回想，也无论如何想不起来，万秋是和胡风一同来相见的。不过，我确实记得万秋曾经为我转达了副部长董显光的想法，希望请我"兼任国民党宣传部的顾问"。那这一消息应当就是在这时传达的。那么,事实确实是万秋跟随胡风一同赶到的我的住处。想比他同胡风一同达到后,事先一步返回了政府,之后我与胡风就陷入了老友重见的喜悦中,万秋就被我忽略了吧。嗯,应该就是这样。

崔万秋原为广岛高师的留学生,现为一名新闻记者兼通俗小说家。他与我们在上海时就互相熟悉。国民党宣传部副部长董显光(崔等人的上司)负责的国际宣传处希望聘请我担任顾问,他为此专程打电报到九龙给我,却未曾想被政治部捷足先登,据说感到十分遗憾惋惜。向我询问"是否可以兼任我们这一边的顾问呢",应该也是他自己试探性地问的。我也郑重地婉拒了他,表示我早早就被政治部接来,没有想过"兼任"的事情。

关于拒绝兼任这件事情,不仅是因为我对他们中间错综复杂的关系并不清楚,而且是我内心觉得处于"道义"应该如此,事后也证明了出于"政治"因素的考虑,这样的做法也是恰当的。经历过上海、南京丧失后的曲折的国民政府开始重建,而迈向民族统一战线(国共合作)的台阶正是重建的基础。政治部成立本身也就象征着这一合作的进展。在"不以国民政府为对手"的《近卫声明》发表以来,蒋介石顺应内外民意,决心进一步扩大国共合作。不仅在大本营(军事委员会)内进行对内及对外的宣传工作,同时也为了积极地对日本进行政治攻势,设置了该机关。除周恩来、郭沫若外,该机关也为众多的进步共产党革命家打开了大门(虽然只设置了第三厅)。由此,我们两个日本人也得以逃离被"追捕"的命运,在"众多邀约"中选择了担任顾问。真是时来运转啊。

事实上,在上海、南京战役时期,军事委员会内部就设置了相关的宣传机关,即军事委员第六部。其作用和规模都与新设的"政治部"无法相提并论,而其首长则为声名狼藉的法西斯党(CC系)首领陈立夫。那时,政府已经做好了痛失南京的准备,计划在内地的四川省重庆市设立陪都(副首都或临时首都),并将与"抗战"无直接关系的各政府机关转移至此,只有蒋介石率领的军事委员会(大本营)留在武汉。而诸如陈立夫、陈果夫兄弟这样的法西斯掌权者,以及以汪精卫为首的国民党右派官僚,被撤离到陪都,不允许他们参与一切抗战活动。这样一来,武汉成为了真正意义上的战时首都,点燃了"抗日"之火。而政治部因此得以大展宏图,特别是第三厅对敌活动部门受到了极大的瞩目。

当然,这一策略并没能够得到顺利实施。逐渐地,被压制在后方的国民党党内的各机关开始企图与作为"国共合作"的象征的政治部进行对抗,企图谋反,妄想夺回在国民党内的地位。由此设立了与之抗衡的机关国民党宣传部,企图使政治部陷入不稳定当中,同时聘用崔万秋、胡风。而崔万秋提出的希望我们能到党内的国际宣传处"兼任"的请求的理由,也显而易见了。后文中会详细提到，除此之外还成立了“对敌宣传机关”“情报机关”之类的几个机关，这些机关也持续对我们进行了游说。

自不必说，考虑到抗战大业，我们更加重视“国共合作”机关政治部第三厅的活动开展。可以说，“国共合作”的实现才让我们有了容身之处，因此其发展与兴衰也与我们的命运息息相关。我们虽然也努力与国民党的其他各机关保持良好的关系，但也都是建立在“为了国共合作”的前提的基础上的。

在此，再阐述几件在那段时间内发生的事件。正如前文所讲，广州的警备司令部通过《救亡日报》的夏衍的协助，寻到了我们的所在地。从这一件事上也能窥见国共合作的影子。另一方面，对此情况放松警惕的中共华南局总书记廖承志进入广州后，被蒋介石下令拘捕并监禁直至抗日战争结束。当时的蒋介石的说辞是，如果是其他的共产党员也就罢了，但承志是自己的“盟友”（实际是蒋介石的政敌，被他暗杀的国民党左派领袖）廖仲恺的遗孤。因此对于承志，“自己有代替他的父母抚养的责任”，为了对他“作为惩戒进行再教育（使他退出共产党）”，将其护送至自己身边进行监禁。这与西安事变后对张学良实行的逮捕监禁，使用了完全相同的手段。而这一事件就在我们进入武汉后不久时发生，没想到当时的“国共合作”还有这样对立的一面啊。

在那前后，灾难又降临到刘仁和他的日本人妻子身上。关于这对夫妻，曾在本回忆录的序章中有所涉及，我们是在从上海逃往香港的船上相遇的。他们应该也是糊糊涂涂地误判了“时局”而进入了广州，英子因其日本人身份而被捕，刘仁则是慌乱焦急地为妻子能被释放而四处奔走。被困于拘留所中的英子，写了一封“求救”信。我收到信后立刻写信给警备司令部的邓总司令，为她的身份做了担保。之后不久英子被释放，与丈夫一起到了武汉，夫妻二人被崔万秋所在的国际宣传处雇佣为职员。

之后事情又有了新的进展。随着国民政府的抗战在武汉战役中取得一大突破，国民党宣传部的对日工作机关被缩小，由此崔万秋、胡风、刘仁和英子夫妇也相继离职。再后来，在冯乃超和我的斡旋下，胡风和刘仁夫妇三人得以先后进入了政治部第三厅。

（其三）

在此，我将郭沫若的《抗日战争回忆录》中关于我们的描述的一部分进行概述。这本《回忆录》全面而具体地记录了当时政治部成立的情况及经过，而当时是由其中一名责任人进行记录的。对我们也有极大的参考价值。然而，《回忆录》容易加入主观看法或陷入记忆偏差，在此，将其中关于我们的两三点描述进行补充说明。

郭沫若在和陈诚善谈后，决定将我二人接至武汉是在三月十六日这天。也就是说，距离我们在国民党方面的护送下以及在夏衍的引领下到达广州的十八日，只有两天时间。因此当我们看到郭沫若在《抗日战争回忆录》中写道，“这样便丝毫也没有阻碍，在仅仅一个星期之后，鹿地夫妇也就安然到达了”，着实吃了一惊。

然而，如前所述，一开始夏衍到访我们在九龙的藏身之处，并请我们写一篇“短文”，正是在那一个月以前。即使翻译文章并将其送往武汉需要花费一周时间，之后发表在《新华日报》上到后来引起全社会轰动，也需要几个周的时间。而这一短文之所以能引起关注，全靠蒋介石的智囊之一，即《大公报》的主笔张季鸾，在同一报纸上发表了感人肺腑的社评，产生了关键性的作用。

趁此之际，中共方面迅速动员武汉和广州地区的文化界力量，为将我们迎接至武汉，对蒋介石发起了署名请愿行动。这份请愿书上，除了两人拒绝签名外，几乎所有人都签了名。两人拒绝签名的理由是，我们是“鲁迅派”而非“郭派”。但夏衍等人严正游说二人，终于得到了他们的签名。于是，这成为一份获得全体文化界人士署名的请愿书。

在郭沫若的《抗日战争回忆录》一书中并没有提及此事，他只写到他与陈诚会面并决定推荐我二人。其实中共方面已经早早开始着手进行此事，不过此时的郭沫若可能还不知道。从他的《回忆录》中，就可以觉察出来。此时的郭沫若刚从武汉逃往长沙，并为“外游”的准备而焦头烂额。当他看到了国民党抗战体系的背后的事情，对于协助国民党产生了抵触情绪，开始谋划到国外靠自己进行抗战活动。于是，组织派爱人于立群作为中共方面的使者，将他带回了武汉。由武汉归来的他被周恩来、王明为首的中共干部成功说服，并被陈诚委以重任进入了政治部。进入政治部被安排的第一份工作就是将中共方面已做好充分准备工作的两位日本人聘用过来。以上的种种关系，可以在他的《回忆录》的第二章《动荡》、第三章《再动荡》中找到对应部分。

那么，在请愿接收我们的署名书上“拒绝签名”的两个人到底是谁呢？虽说不管是谁都不再重要了，但我的眼前还是反射性地浮现出一个人——姚潜修，当时在广州的警备司令部时，跟随夏衍一同前来采访的《救亡日报》的编辑人员。这个名字也几次出现在郭沫若《回忆录》中。后来从夏衍口中听说，这个男人之前在某处做过县长，十分偏袒并追随郭沫若。

当时的采访因为属于朋友关系，并无时间上的限制，因此我们全面地回答了各种问题，记得已是筋疲力尽了。当我以为终于告一段落的时候，姚潜修又一次郑重地说道："虽然有些冒昧，但借此机会想给先生提出一点忠告。"他谈到了两年前发生在中国文艺界的"国防文学论争"事件。这虽然是文艺界中关于"抗日民族统一战线"的论争，但不知何时转变成了"鲁迅派"和"郭沫若派"之争的带有宗派主义色彩的论争。关于这场论争的详细情况日后再作赘述，当时围绕鲁迅和郭沫若之间的意见相悖而引起两方的支持者间的争斗，从而使文艺界被一分为二，而掀起两大派系间的斗争。但真实情况绝不是这样的。况且，在民族统一战线这一观点上，两人（鲁迅和郭沫若）之间并没有大的意见分歧。然而，文艺界还是掀起了一场无休止的争论，直到中共干部（以刘少奇为首）出面劝解宣布"论争无条件冻结"才结束。根本原因是一九三〇年成立的中国左翼作家联盟（简称左联）引发了内部的派系争斗，在当时还只是刚刚兴起，因此并不能判定哪一派是正确而哪一派是错误的。在此对于争论的内容不做详细叙述，但我之所以称之为"无休止的争论"，通常如果是一场必须要判定出是否对错的争论，即使是刘少奇出面调和也不会就此休止的。而已经被压制下去的争论（即以"打成平手"为结果的冻结了的论争），不过是当时感情上留下的郁结、疙瘩又表现了出来罢了，这实在不像个大男人做的事。

当时，姚潜修判定我为"鲁迅派"，因此想说服我鲁迅是错的而郭沫若是对的，用"给先生一点忠告"作为开头，带着说教的语气说道"希望先生的转变想法"，我听后心中自然不高兴，气得变了脸色。我压低声音怒吼道："你觉得我来到这里，只是为了参加贵国文学界的派系争斗吗！"

夏衍将我的话翻译给他。姚潜修听后脸色暗下来：

"不，我不是这个意思……我只是……"

"既然如此我就声明一下，我敬重鲁迅先生，同时也敬重郭先生，仅此而已！"

姚潜修还想要说些什么，这次换作夏衍坐不住了。他稍稍皱了皱眉头，说："喂！你要不要就此算了！时代已经进步了，现在是抗战的关键时期。统一抗战不就在眼前发生着吗！"

姚潜修的嘴中还在咕哝着什么，因为丢失了颜面露出不满的神情，悄悄地离开了。我也反省过自己太冲动了，因为无论何时、何地，总会有一两个这样的家伙啊。

（其四）

继续回到依据日记内容的"补充、订正"上来——我们在南湖湖畔有了住所，陈诚的随身护卫中队又抽出三个卫兵负责保护我们。这是前面所写的，但日记中记载的不是三人，而是两人一组每周交替一次。总之，我们的日常生活开始变得像“要人”一样的枯燥无味，不仅被安排了吴斐丹之类的秘书，散步时还有护卫随行。将吴斐丹赶走以后，卫兵和女佣又成了新问题。除了有客人来访以外的时间，我都待在二楼的起居室。而楼下的客房、食堂、厨房等等的管理以及食材的采购，都全权交给士兵和女佣。一开始决定信任他们——但是，事实证明不该轻信他们。他们觉得我是个好说话的外国人，轻看我们，逐渐地女佣和士兵结合起来贪污采购的钱财或是赚取回扣，开始肆意妄为。日记中记载着这样一段，有一天的傍晚时分，我瞥见客房的照明用灯泡不见了。这件事一下子让我忍无可忍，于是返回二楼的起居室叫来了女佣：

“客房的灯泡去哪里了？”

“被拿去了哟。”

“拿到哪里去了？”

因为我露出了可怕的神情，女佣开始惊慌起来。

“不是我干的啊。我也吓了一跳。没想到他们竟然敢这么做，之前在这里的卫兵小王和小队长一起说这个灯泡坏掉了就……”

“是谁允许的？”

“不是我呀。是马卫兵……”

“把马叫来。”

马卫兵来了后缩做一团，吓得赶忙挥着手说不是自己，是何做的。

“把何叫来。”

何来了以后一副事不关己的样子，笑呵呵地开始了辩解。

“也就是说，是你做的咯。你的职责是监视是否有人来偷盗，还是为偷盗之人提供帮助？”

“啊，班长傍晚就会过来……”

“回答我的问题！”

“我马上还回来。”

“不用拿回来了。你回房间等命令吧。我会叫连长过来的。”

何听后，吓得发起抖来：

“我会还回来的，请您不要……”

“你下去吧，好好想一想自己的所作所为！”

他一下子跪在了地板上，双手合十叩拜着。我把他赶到了楼下。紧接着女佣上楼来，阿谀奉承道：

“让他还还回来不就好了嘛。他说今天傍晚就拿回来。其实就是昨天晚上刚拿走的哟。”

“退下!”

女佣下楼后,何又上来跪在我面前。因为我看都不看向他一眼,这次他来到了太太(夫人)脚下。那画面宛如圣母玛利亚膝前跪着的天主教信徒。脸上露着生气神情的玛利亚看向了我,不由得笑了出来。我也跟着笑了。

何看到我们终于神情缓和了,连忙保证:“请您就原谅我这次吧。从今以后即使是一根火柴也不会不经允许带走了。真的! 我一定会注意的。”

我回答他:“那好! 可不止是灯泡吧。叫女佣也小心点儿。再敢赚取回扣,我绝不容忍。明白了没有?”

“明白,明白。”

自那天以来,卫兵和女佣的工作态度发生了巨大的转变。而日常的生计花销,也和之前差了三分之一之多。着实让我吃了一惊。

(其五)

卫兵们都十分期待轮流“护卫”我们散步,因为我们会爬上蛇山后在茶馆里喝上一壶茶。我们一直将士兵和女佣当做家人一样对待,这种心情似乎他们也感受到了。幸子似乎也已经完全赢得了他们的信任,都和这位太太交好,无话不说。而幸子自“灯泡事件”后,对于办事灵活又尽忠尽责的何卫兵十分照顾。

一天,何卫兵向幸子提起了自己的身世。据他描述,他十四岁入伍当兵就进入了K(姓氏不详)将军的部队,在湖南、江西、四川间持续了八年“为剿匪转战”。然而现在再回想起来,不禁觉得中国真是太傻了。自己连东三省何时被“日本强盗”夺去甚至都不知道,知道的时候“战争”都早已结束了,那时自己还正为追捕“朱毛匪”而转战于江西省的南部。“朱毛匪”十分强大,坚决不掠夺百姓的财产也坚决不杀害女童。何卫兵曾经成为了他们的俘虏,当被询问“你是想加入红军还是想回去”时,他说“想回去”,就真的将他放回去了。

而自己所在的部队若是抓到女“红匪”,有些时候也会将其杀害。曾经一个女“红匪”抬起头,大喊着“打倒蒋介石!”“打倒日本帝国主义!”“打倒汉奸……”死去的。现在想起来,那个女人也真是伟大,而我们当时却连什么是“日本帝国主义”都还不知道。那之后不久我们的部队也开始在靶子上一字一字地写上“打倒日本帝国主义”来进行枪击训练。

如今,曾经的“红匪”周恩来担任副部长,成为了我们的长官。站在门前举着枪的时候,也会想到去年的时候,这个人头还值五十万呢。想到这里,会觉得心里怪怪的。有时候失了神甚至差点忘了敬礼，若是真的忘了就是我要掉脑袋啦……

（其六）

日记中还记录着这样的小事儿——一天的日落之前，我们从院子走到了湖畔。对岸的荷叶茂密交叠着朝着岸边生长，夕阳将水面照耀成红色。随后跟来的两名卫兵开始了投石竞赛，看谁能将石子扔到越过荷叶的水面。没有料到距离水面的距离竟比想象得要远，两个人投出的石子还差得远。

“拿给我试试。”说着，我从何的手里接过石子，用尽全力投了出去。因为年轻时曾练过棒球，因此对自己的臂力还比较有自信。这一投，石子扔到了比繁茂的荷叶远得多的地方，激起了水花。卫兵们喊着“好！”，也来了劲头，又试着投了一次，但也都失败了。

“这样投。”说着，我又投了第二次，这次比前一次在更远处激起了水花。卫兵们较起真来，一次次地尝试着，但没有人成功。幸子看着他们拼尽全力的样子，忍不住被逗笑。何尤其的不服输，嘴上还说：“要是比射击，我肯定不会输！”我们都来了兴致，“那好！咱们什么时候再比试比试射击。”

也还有这样的事儿——一次在蛇山周围散步途中，我们在山脚下的小路向左转，来到了政治部的后侧。在山坡上有一小块平地，那里是护卫连队的营房以及营房前狭窄的训练场。我和幸子商量后，对何卫兵说：“带我们转转你们的营房吧。我去跟邱连长打声招呼。”何卫兵有些难为情地在前面带路，恰巧碰到连长正站在院子的一角所设的沙场上单杠旁，一个小分队的士兵们正在轮流交替在单杠上翻转。他看到我们后赶紧跑上前敬礼。我也向他打了招呼后说：“请继续进行训练吧。我们只是打个招呼，顺便想观摩一下你们的训练。”于是我跟随着连长来到了单杠边，也许是因为有人在旁观摩，这次士兵们更加紧张起来，一个接一个地上了单杠。但都是好不容易抓到单杠，然后抬起一只脚拼命地将臀部抬高，只做到这里就已经用尽全力了，都是一些新兵蛋子。整个小分队的士兵都结束了一遍练习后，我忽然来了兴致，向连长示意后上了单杠。心想“上次做还是在看守所操场啊”。我伸展了一下身体，一口气跳着抓住了单杠。因为做大回环还是没什么自信，所以只是连续做了几个简单的技术性动作。士兵们却一个个瞪大了双眼，露出一副“这个东洋鬼子还真是不简单啊”的神情。

我想，这应该是文化的不同。我注意到，在中国的农民社会中，一直都没有从孩童时代开始培养他们的运动能力这样的习惯。

又赢得了一分。我笑着和连长握手后，与士兵们挥手告别。卫兵们也彻底对我们心服口服了。而何卫兵更是不愿意再回到军营生活，狡猾地说服了太太，劝我给连长写了一封信："如果每周交替一次，对于适应我们这边的生活会有诸多不便。请把何卫兵作为我们这边随时待命的专属卫兵吧。"就这样，何卫兵成为了我们的"专属"卫兵。

（其七）

生活上的各项条件都已经具备后，也正式开始了工作。最初的工作是，某天从昙华林（第三厅所在地）派出的车来迎接我们，我们被告知军事委员会委员长蒋介石发来紧急密令，要求在当日内准备好六种对日宣传传单，而书写这些传单的任务就落在了我身上。六种形式，指的是分别以劳动者、农民、商工业者、教育文化界、政界、青年妇女为对象书写的传单，这是通过飞机讲这些传单从日本领土上空抛洒而下的计划。因为到目前为止，中国方面还从未向日本领空派出飞机，因此都处于紧绷状态。第七处处长范寿康对我说："委员长对您十分器重啊。"于是，我一整天都困在第三厅中，一直写到了半夜。我内心的真实想法却是，对于当今的中国，比起思考写成几种形式，最应该向日本国民广泛宣扬、获得理解的是为何中国必须要坚定关乎本国存亡的抗战，而本该互相交好的两国国民将会受到怎样的迫害，为了重建和平应该如何做？将这些内容只用一种形式写出来，并进行大量地散播。

接收任务的中国飞机表示，趁着夜间侵入到了北九州岛的工业地带并顺利完成了使命。安全归来后，受到了欢呼喝彩。但该飞机并没有侵入到原定"目标"工业地带。从日后的日本报纸可以看到，飞机悄悄侵入到佐贺县和长崎县的边界的农村地区，但又匆匆地逃走了。不过日本方面为了收集从空中洒下的传单，还是派了大量警察慌乱地到住民中间收集，而事到如今，军中才开始对满是漏洞（与其说有漏洞，不如说是毫无戒备）的"防空体系"进行严正警告。而蒋介石方面的宣传工作，比起"对敌"，反而是在国内宣传上赢得了有效成果。

第二份工作是来自第三厅对敌宣传课的课员（从日本回来的留学生，姓名忘却）。因为要在彩色纸笺上印刷各种口号，希望我能进行校对，便把底稿拿给了我。我当场过了一遍这些口号，不由得感到烦闷起来。这些一看就是几个刚从日本留学回来的职员所写的东西，不论哪句话都是"樱花"啦，"富士山"啦之类的空泛的文字，完全看不到能击中日本国民以及战场上的士兵内心的现实问题，没有任何动了心思的痕迹——"你的妻儿，正在等待着你的归来"

“你的父母因为你而感到悲伤”，然而插画部分比起士兵心中真正牵挂的妻儿，反倒用了傍晚纳凉的艺伎做插图。我叹息着，将草稿退了回去。

“还是让冯乃超一同过来，认真商讨之后再决定吧。你们对于当下日本国民生活上的苦痛以及战场和营地中将士们的日常需求，事先进行过研究讨论吗？”

“有什么不妥的地方吗？”

“如果只是有错误的地方，纠正过来就好了。要说错误，一处也没有，内容上也没有任何错误。这样吧，咱们现在一起去昙华林，在那里大家一起商量一下吧。”

我看到幸子正兴致勃勃地翻看着草稿，问道：

“你觉得怎么样？”

她也语气凝重地说：“是呀，我也觉得应该一起再商讨一下。”

于是，我们来到了昙华林，立即召开了对敌宣传课会议。首要的是通过从俘虏处收集的情报进行深入调查……也就是要从最初开始。

另外还有过这样的事情。秘书长张厉生传令将原稿交与我，要求将中文版的对日的宣传传单原稿翻译成日文。若是对敌宣传传单，为什么不是第三厅负责呢？莫非是秘书处硬出头，插手其他厅的业务管理范围。我将收到的底稿读了一遍后就恍然大悟了。文中写道“日军以防止中国赤化为由攻打中国，而当今中国已经没有了共产党，全国人民在蒋委员长和国民党的领导下进行统一抗战”云云。

“啊，原来如此！”

他觊觎郭沫若和第三厅的工作，因此企图垂范给他们点颜色看看。我决定拒绝他的要求。因为只要服从了他的“命令”一次，有了先例，之后他会不断地发来新的命令。

“请你转告秘书长。这份宣传单并不合时宜。要说原因，是因为中国有共产党这件事，日本国民全都知道。宣传工作最忌讳的是内容虚假，这会让对手笑话的。这份原稿我退回给你，请多包涵。”

秘书长张厉生担任国民党组织部长，之前也提到过他是极右派 CC 系首领中的一员。恐怕他是头一次接到这样的拒绝。但是，我认为不该妥协的事情就一定不能妥协，特别是头一次更是极为重要。不过自那以后，确实再也没有收到秘书长直接传来的“命令”了。

或者还有一种可能，这件事秘书长自身也并不知情。因为在首长身边，有大量的“极右派”职员们，这些“小鬼们”不免妄想假借首长之名表现自己的忠心。况且,“中国不再存在共产党”正是这些极右派中的普遍想法。事后才得知,他们以共产党提案“三民主义”作为国共合作的共同纲领,大肆宣扬“既然如此,若是共产党和国民党共由一个纲领,便没有了独立存在的必要。应该解散共产党,共同加入国民党”。

## 第六章　东方马德里

一九三六年一月十五日,《西班牙人民战线协定》签订,而同年的七月十七日又爆发了国内战争。在中国,同年的十二月十二日发生了西安事变,次年七月七日发生卢沟桥事变。可以说中国革命比西班牙开始得晚,却进展得更快。

一九三六年九月二十三日,苏联发声明表示对西班牙共和国提供援助。同年十月二十五日,德国与意大利签订同盟条约。一九三七年八月二十一日,中苏两国签订《中苏互不侵犯条约》,同年十一月六日,日本、德国、意大利三国签订防共协定。在这一两年时间内,跨越大洋的东西,国际形势逐渐明朗起来。

当我们到达武汉之时,就已经听说这座城市被称作“东方马德里”而闻名中外。不知是否是因为蒋介石对这座城市偏爱有加,但他确实扬言过要将“最后一滴血”在这里流尽。之所以会这样说,一方面是通过德国大使的和平工作,他看透并对日本的为所欲为感到失望;另一方面是因为他本身也看到了抗日是大势所趋。到达武汉的最初几天,几乎每天都在参加中国各界举办的欢迎晚宴和演讲。最开始有这样一场招待会,主办者是将我们的事情写成感人肺腑的社论的《大公报》主笔者张季鸾。他是蒋介石的智囊之一。他慎重地挑选了参加人员,包括陈铭枢、黄琪翔、王芃生、董显光等各党派的代表性人物以及在对日问题研究领域的权威人士。当时的主办方的意图也多少能够窥见了。

当下,武汉俨然成了国际反法西斯战争的东方战场的“圣地”,也接连不断地迎来了各国(主要是西方)的来访者。每当举行欢迎宴会时,一定会邀请我们两个日本人共同参加。我们成了反法西斯战线中中国方面的招牌。在这段时间内,战况又是如何变化的呢?我们到达武汉的时候,距离“不以国民政府为对手”的《近卫声明》的发表(一月十七日)已经过去了两个半月,而距离去年十一月十三日南京被占领,已经过去了四个多月。换句话说,日本方面还没有下定决心要进一步扩大战局,但也没有大胆决定停战。只是在妄想“蒋介石应该差不多快战败投降了”,而失去了进攻的最佳时机。

关于这一点,在之前也引用过的某防卫厅防卫研究所战史室中的战史丛书《大本营陆军部》(1)中，有过明确地批判性的文章。"……大部分人轻视了支那的力量……攻陷上海后，在进攻南京之前，理所应当地认为(蒋介石)应该会站在日方这边。因此，议和条件也不由得陷入了利己主义，因此并没有在洞察中国的真实国力和国防力量的基础上作出恰当的判断，只能说完全没有结束战争的诚意。"这里所提的日方的"议和条件"，自不必说正是日军占领南京后，德国驻华大使介入后向中国提出的"条件"。即使是他们的后辈也承认，那些所谓的条件意味着将"中国变为半殖民地"，因此蒋介石对其不屑一顾也是情理之中。

终于，日方等待得不耐烦了，于一月十六日发表了《近卫声明》。根据当时的参谋本部的军事课长田中的回忆，"之所以会采取不以国民政府为对手的战争态度，并不是对和平的期盼，而是从内心放弃了战争长期化"。

日军接下来的作战计划是，将连接华北和华南地区的津浦线从中间的徐州切断，从而使南北战场连成一片。然而，当我们在粤汉铁路上看到排列着"津浦"标志的车辆就已经有所察觉，中国方面对此也是意料之中。日军如果拿下徐州后，接下来的目标自然就是武汉。武汉北面(背面)的大别山是坚固的天然壁垒，拥有将华北和华南的大平原从中横断的地貌。大别山的东北面的山麓处的安庆、合肥、六安、回始等据点直到平汉线的信阳，连成一线。因此，日军的华中派遣军和华北派遣军的夹击，不仅可能打通津浦线使南北站场连成一片，包围徐州后，如果未能成功抓捕中国方面的大军，还可以在将层层防卫线上的中国军队击退后，退到太行山脉的山峦地带。

武汉攻略的另一计划自不必多说，即沿着扬子江的两岸，从西侧突破华中大平原。沿江将中国方面的防卫军打退到西侧的山旁，逐渐将"点和线"连接起来，实在是深思熟虑的作战计划。最终目标是攻占武汉后，如果不能成功将中国方面的主力军包围，就将其逼到湖北、湖南、江西的山峦地带，之后便以此为中心，开展无意义的长期延烧战略，即进入对峙阶段。

我们深入武汉之时，正好是这场武汉战役的前哨战，津浦线上的战况正不断深化。这一时期另外一点不可忽略的是，在国际上，大洋东西侧不断发展壮大的反法西斯战线上的战况。丘吉尔在关于"第二次世界大战"的回忆录中描述到，当时"地中海地区出现了危机"，指的就是大量的船舶，被所谓的"西班牙潜水艇"击沉的时间。事实上这完全是无中生有，并不是西班牙潜水艇，而是意大利的潜水艇。虽然这是自明之理，但毋庸置疑是一种"海盗行为"。苏联履行了"西班牙共和国援助"声明，竭尽全力向其提供了海上补给援助，也因此付出了惨痛的牺牲。因为受地理位置(地中海的中心地带被意大利控制)影响，援助受到了一定阻力。

而在大洋的另一侧，中国方面正跨过日军无法涉足的中苏边境，夜以继日地修建横断中国西北部（新疆省内）的公路，将军需物资和武器弹药运入中国，并输送至武汉。另有强大的军事顾问团和空军义勇队前来援助，一边守卫着武汉的上空并加强中国空军的训练。这时，战争已经发展到津浦线中段、徐州，逐渐要向武汉发展。四月初，台儿庄（徐州东北部的前哨据点）战役战胜的捷报使整个武汉沸腾起来。虽然已经不记得“确定”的日期，但我记得有一天我们受邀参加了国民政府军事委员会隆重举办的战胜庆祝宴会。依稀记得徐州的中国军司令部的第五战区司令长官李宗仁赶来赴宴，成功取得台儿庄战役胜利的汤恩伯部队的将领们也作为代表出席了宴会。

当时报纸上的报道是，台儿庄战役中，日军的大部队被全部歼灭，中国方面不仅抓捕了大量俘虏还缴获了大量战利品。然而，据郭沫若的《抗日战争回忆录》，这些报道不过是蒋介石方面的虚假宣传，实际是不仅没有全部歼灭，还是日军选择了“自发撤退”。而郭沫若的记述与日后中共方面的宣传是完全一致的。那么事实到底是怎样的呢？我通过日后的资料得出的判断是，双方都只表述了事实的其中一面，而其中也有当时中日双方的夸张宣传（完全相反的），也不去计较真假了。

根据日方资料（比如秦郁彦的《日中战争史》），当时“正在山东省内作战的第二军，跨过‘制令线’南下的第五、第十师团的一部分，在台儿庄附近被处于优势的中国军队包围，一阵激战过后选择了撤退。却被中国方面当做‘台儿庄的胜利’进行大肆宣传。也就是说，早前就瞄准了南下的机会的第二军日本华北方面军，以设置战略安全线为理由强烈请求进攻临城—沂水线（比先前设定的进攻线向南八十至一百公里）击破中国军队，并得到了大本营的许可。三月十三日，第十师团的濑谷支队（支队长、少将濑谷启、四个步兵大队的骨干）和第五师团的坂本支队（六个步兵大队的骨干）按命令前进。十七日，占领了临城的濑谷支队根据师团命令，‘必须保住韩庄和台儿庄附近大运河的战线’，越过制令线，派先遣部队于二十七日深入台儿庄（位于徐州东北部约三十公里），并占领了其中一处”，“中国军队进行了顽强的抵抗，两个支队陷入了苦战。（中略）濑谷支队长判定靠自己的力量很难拿下台儿庄，于六日的晚上撤退……本来，台儿庄位于日军划定的‘制令线’的南方，并未发出占领台儿庄的任务指令。然而，濑谷支队的撤退却破坏了日军的传统，事后不久日本陆军就将濑谷少将编入了预备役”。

这一点证明了这场战役以中国方面取得胜利告终，而日军确实失败了。

然而，这次胜利对于中国方面，也并不是一场引起骚乱的“大胜利”。

这些暂且不提，我只是想通过上述的几段引用，点出日军的几个特征。

首先，日军并没有确切的战略性计划，而是根据前线部队的胜败情况而更改策略。虽然参谋本部也怀抱不安，为了避免战争局面的无限扩大，设置了“进攻制令线”“战略安全线”之类的警戒线，但还是会被前线部队所左右决定。再一次引用上述资料（秦郁彦的《日中战争史》），这次撤退，“出乎意料的，包括李宗仁为总指挥官的约十个师团的中央军在内，共计五十个师团的中国军队以徐州为中心聚集，为建立强大的抵抗阵地做准备”，“（日军内部）抓住这个有利时机，将全部中国派遣军聚集起来，动员一切力量，一举拿下中国野战军的主力的呼声十分高涨”。

这便是徐州会战在五月打响的契机。而日军进攻武汉也是在所难免了。

值得一提的是，在台儿庄战役胜利的庆祝宴会上，有一名从战场上归来的汤恩伯军中的指挥官（姓名已忘却），他表示十分想与我见上一面。他说，在战场上，一支已经陷入绝境的日军小部队，却宁死不肯接受“我方的投降劝告”，一直战斗到最后。他对眼前的景象感到震惊，“贵国的军队是否宁死也不肯做俘虏。真是经受过训练啊。我想这是不是就是所谓的日本武士道”。根据他的描述，可以证明这个阶段中，宣传捕获了大量日军俘虏的报道完全是莫须有。而这到底是不是“武士道”，说起来又完全属于另一范畴的问题了。

日军派出南北两个方面军，北方面军自四月下旬南下进攻，南方面军自五月五日与北方面军呼应举兵北上，突破了在陇海线布阵的中国军队的防卫阵地，从南北两侧夹击，将徐州紧逼在中间。动用了总兵力七个师团，共计二十多万大军。此次作战目的，根据大本营命令（事后查阅资料得知）可以窥见，“击破徐州附近的敌人（中国军队），占领兰封以东、陇海线以北的区域（中略），并占领徐州（包含徐州）以南的津浦线以及庐州附近的区域”，以打通津浦线使南北战线连成一片。

五月十五、十六日，日军完成了对徐州的包围。

然而，中国军队迅速进入“机动撤退作战”模式，将部队重编成各个小分队，以小分队的形式从日军包围网的缝隙中逃脱。这一战略使得日军企图歼灭中国军队主力的计划扑空，中国军队朝着大别山脉的西侧，向阵地转移。

五月十九日，日军攻入徐州城内。不过，此次作战中日军死伤严重，单单第二军（华北方面军的主力）就有二千三百人死亡、七千三百人负伤，另有二万五千人住院（根据日方推测）。

之后，日方依照原计划，保持阵型并不断增加援兵和补给，开始做“武汉进攻战役”的准备。到六月十八日，一切准备就绪。那天之前，武汉上空的空袭就已经迅速变得紧张激烈起来，我们因此有所察觉。

对于“战争”，我们在此之前是完全没有亲身感受过的，上海之战后只是经常有所耳闻，并辗转逃亡。然而，真正亲眼看到、亲身经历，还是从这段时间（五月中旬以后）开始的。空袭逐渐频繁起来。日军轰炸机九机编队（一个战队）或是二十七机编队（三个战队），连日来侵入武汉领空。我们亲眼看到，苏联义勇军的战斗机部队E17飞上天空，迎战日军轰炸机。中国方面的高射炮阵地发出的白烟，就像肥皂泡一般射向天空。十分壮观！遗憾的是，几乎都没能击中。一场激烈的空中大战就此展开。日军的轰炸机一架接一架地起火并坠落。我们不愿退避到政治部的防空洞中，在南湖湖畔观看这场空中大战。日军的轰炸机队漫无目的地匆匆投下炮弹并退散开去。苏联战斗机穷追不舍。一场大战后，日军的轰炸机只剩下几架，二十多架被击落，几乎是全部被消灭。

战斗归来的苏联战斗机队的战斗员们，立刻当场在指挥机的机翼处集合，集体讨论并分析当日的作战经过，为下次战斗做准备。博得了中国方面政府和人民的一致夸赞，“不愧是苏联战斗机部队的队员”。人们不禁讨论，这与过去战斗回来后立马回到酒店喝起威士忌的西欧顾问相比完全是天壤之别。

然而六月中旬左右开始，战况逐渐发生了变化。苏联义勇军死伤也越来越严重。之后了解到，因为日本海军航空队没有为空中战斗时间较短的战斗机部队提供必要的保护，使得那场空中大战损失惨重。于是改变策略，向陆军提出要求占领位于战斗机续航距离内的安庆。六月十二日，安庆被占领。自那之后，战况就完全改变了。

那时，察觉到危险，我们躲避到了政治部的后山（蛇山）山麓处的防空洞中。另外，在我们住处周边的中国居民中流传着这样的流言“那个家（我们的住处）是日军的轰炸目标，所以这周围的居民都有被卷入其中的危险”。政治部的后山（蛇山）山麓处的防空洞，距离我们的住处并不是太远。

还记得那天，在受到了正门处卫兵的“持枪礼”后，我们穿过政治部内，朝着后山的防空洞行进。防空洞是将山麓处的洞穴隧道深挖成凸字形形成的，洞口处有佩剑的卫兵看守。“紧急警报”响起以后，身穿高级军官服和下级军官服的众多职员接连不断地进入洞中，我们也跟随在队伍中进了防空洞。进去不久，就听到日本空军的飞机飞入我们头顶上空。后来又传来了投下的炸弹引起的震动，从外面照射进来两束闪电般的火光，照亮了洞穴入口的直角处的洞内墙壁。洞内的紧张气氛像绷紧的弦，之后就是一片寂静。过了一会儿，警报被解除，洞里的人又一个接一个地走出洞外，我们也跟在队伍里。然而，到了入口处，我不禁被眼前的景象惊住了。天空变得更加明亮。本来挡在前面的建筑物几乎都被毁坏了。站在洞外负责把手的一个卫兵，被炸飞到山根处，“哎呀……哎呀……”不断地呻吟着。仔细一看，正是曾经在我们的住处担任过卫兵的姓李的年轻人。幸子哽咽地喊着跑过去：

“老李！老李！你振作一点啊！”

她早已忘了我的存在，准备抱起伤兵，而受伤的老李却已经是两眼放空，丝毫没有任何回应，痛苦地扭动着身体。他的身上没有被炮弹的碎片击中的外伤，那一定是被炸弹的震荡波击中的。从将士到穿着下级将士服的职员们，没有一人侧目看去，全都径直离开了。不知他们是否自己也被吓得惊慌失措了，没有一人愿意对牺牲者伸出援手。不久，贴身护卫中队的担架终于到了，将他抬走了。

虽然木质建造的建筑物没有因为火灾被烧毁，但周围一带却是残骸堆积如山。这次的轰炸没有任何迟疑，而是直接将目标锁定到了政治部。我们从废墟中好不容易走到正门处，再那里又发现了一个牺牲者。这名卫兵被滚落的石块埋了起来，刚刚被从废墟中挖了出来。幸运的是，他的身上完好无损，真是奇迹啊。再一看，这也是曾经在我们的住处担任过保卫工作的士兵。对于又一次的打击，幸子完全陷入了慌乱之中：

“老刘……老刘！你看看认识我吗？你怎么样啦？快振作起来啊……”

幸子靠近被抬上担架的老刘，抽泣地呼喊着。

那之后，直到回到家中，她也没有看到在旁守护的我，也没有听进去我的安慰。就像受到惊吓的孩子，一路哭着往家里走去，还不断地自言自语道：“哎，哎……”

但是等到心情平静下来后，反而开始谈笑在防空洞中的事情。当时，在她旁边坐着一个身挂金色肩章的高级军官，在看到轰炸的闪光照进来的瞬间，大喊着“啊！”，什么也顾不得，只是趴在地上用力抱住了幸子的腿。不过，幸子也在那次时间后，对空袭反应过度敏感，有些神经质起来，令我有些头痛。在逃亡的日子里，遇到任何事都能沉着镇定、毫不畏缩应对的胸襟不知道去了哪里，完全像是换了一个人。我想，有些人可能擅长应对某些状况，却对其他的状况十分软弱吧。

之后从别处听说老李牺牲了。而老刘在休养了一段时间后，体力逐渐恢复还专程拜访我们表示感谢。幸子就像个大姐姐一样关心他，还塞给了他一些零花钱,“用这个买点营养品吧”。之后,日本的报纸上报道了我在这次轰炸中身负重伤,大腿截肢并“从此瘫痪”。类似的报道之后也有几次,杜撰诸如我已经“死了”“受伤了”之类的假新闻。与其说是“报道失误”,不如说是反映了他们(军中阿谀奉承的报道班成员们)对于国贼的“憎恶”吧。

将时间再退回到之前。笼罩在“东方马德里”的紧迫感慢慢地加深。五月初的一天,曾经协助我们从上海逃出的外国人组织中的一员,新西兰人路易·艾黎出现了。那天,从昙华林的第三厅传来消息,一位叫艾黎的外国人要见我们,请我们火速前往。郭沫若处的职员开着车前来迎接我们。我们激动得心跳加快,随着车来到了昙华林。虽然不是十分了解,但昙华林正如其名,原是某佛教关联的机构。第三厅将其接收后作为办事机构使用。广阔的庭院内被树木包围,稍显简陋的、涂着红漆的几栋建筑物被长长的走廊连接起来,在最里侧的一栋是带有接待室的厅长室。听到我们穿过走廊的声音,艾黎从厅长室满面笑容地飞奔而出,展开双臂与我们深情拥抱。度过了半年多的惊险的日子,我们终于重见了。

这天以后,我们(艾黎和我们)成为了直接在中国的抗战阵营中并肩作战的战友。他是与我们到最后一刻都命运紧紧相连的同志。艾黎不只是对“东方马德里”表示同情而来的“访客”,更是手持获得英国驻华大使卡尔认可的推荐信的中国工业生产合作社运动顾问(实际是最高顾问)。将上海公共租界政府的职位抛弃后,以将骸骨埋于此地的觉悟来到了这里。他有着十分广泛的人脉资源,包括英国大使、记者、中共干部博古、中共南方局国际宣传组负责人王炳南(后来的共和国外交部副部长)及其夫人等。之后,他为我们与这些人之间建立亲密的关系网提供了极大的援助。那日之后,我们就经常渡过扬子江,拜访他所在的汉口 YMCA 会馆,并结识了越来越多的人。

我们一直保持着亲密的交往。后来,艾黎开始了自江西、福建等沿海地区至四川、陕西、西康、云南、甘肃等边境地区的绵延二千多公里的远行。他搭乘卡车、穿着草鞋步行、又或是乘着驴车,不辞辛劳地游走于工业生产合作社(根据“有钱出钱,有力出力”的指示)的小工厂之间,组织(建设)运动。他的这一行动不久后被英国的电影制作公司拍摄下来,在西方引起了巨大的反响。后来,我手边也保留了他的传记《遥远的地平线》《沙漠圣者》等等。

受他的影响,时不时有一些其他的西方到访者会来到“东方马德里”,使这座城市变得热闹起来。其中尤为令我印象深刻的是,中共代表部为世界学生联盟代表们举办的欢迎茶话会。主办方邀请了王明夫妇、周恩来夫妇以及博古等人。记得最吸人眼球的是在会场入口整齐排列着的八路军战士，他们身穿由国民政府军事委员会提供的外援物资中的淡绿色军装，手持毛瑟短枪，向来往的宾客行“持枪礼”。他们是作为“国共合作”顺利进展的象征，是像外来人员进行展示的可爱的中共方面的人偶。这些由苏联及西欧诸国提供的援助物资和武器，直接全部交由国民政府当局。这些物资和武器本该由国民党方面适量分配给八路军，但事实上，这些物资几乎全都被国民党方面独占，几乎没有一件被送到共产党手上。知道事情的中共方面，为了“展示”自己也收到了外援物资，进行了一场表演来保住国民党的面子。后来，随着“王明批判”的开展，我脑中条件反射似的浮现出的，正是这个场景。作为当时的中共代表部的首领的王明（遵从第三国际的意愿），为了维持与国民党的友好关系，也许是通过“万般迁就”的形式不断地对国民党做出让步，来保证的“国共合作”的顺利开展。

在此再赘述一件轶事。在郭沫若的《抗日战争回忆录》中记录着这样一段文字。郭沫若对国民党的抗战态度彻底失望后，下定决心出国游学。然而在逃到长沙后，被中共方面带回了武汉。在党代表部接受了人多势众的中共干部们的批判，主要是王明发表了意见。

干部们的批判，主要是王明发表了意见：

> “他说，目前的局面是靠着争取得来的，虽然还不能满意，但我们还得努力争取，决不能退撄。能够在两方面都通得过的人，目前正感需要，还少了一点。我们不是想官做，而是要抢工作做。我们要争取工作。争取到反动阵营里去工作，共产党首先便能谅解，青年们的谅解是不成问题的。”

周恩来也说出了见解：

> “……但我们可不要把宣传工作太看菲薄了。……我倒宁肯做第三厅厅长，让你做副部长啦。不过他们是不肯答应的。老实说，有你做第三厅厅长，我才可考虑接受他们的副部长，不然那是毫无意义的。”

郭沫若说道：

> “使我感觉着有点惶恐的，大家的意思差不多都一致地认为时局在逐渐好转，而我的退撄是大不应该。我们平常在批评国民党的关门主义，今天在打开门了，而我们却不肯进去，这不是授国民党以口舌，让他们再关上大门吗？就再低一点的位置都要就，千万不应该考虑到地位的高低！”

这件小事清晰地展现了中国的民族统一战线的性质和形态。或许，具有民族主义法西斯政党倾向的国民党作为一党专制政府，从形式上向共产党打开了大门，但却只允许一小部分仅代表个人的共产党员和其他的左翼分子进入这道门中，然后就此完成了国共合作。虽然两党的共同纲领是“三民主义”，但也只是嘴上说说，“三民主义”被两党完全解释成相反的意思，逐渐变得空洞起来。与中共提倡的《八一宣言》（一九三五年八月一日）中提出的新组织成立的民主国防统一政府完全不同。即便存在如此的分歧，两党还是选择了停止国内战争，并承认中共管辖的解放区自治政府的存在。这是跨越性的一步。

对于一直处于正面对立关系的两党，要他们从内心相互承认对方的独立性是一件多么难的事情。这也是情理之中的。因此，只能是在“抗日”的至高命令前的“吴越同舟”罢了。因此，为了抗日就应该解除眼前的困难，用一种合作的形式相互容忍彼此的存在，这是目前两党合作的唯一道路。因此，为了给外国访问者留下美好的印象，中共方面才安排了如前所述的“表演”。

然而，这种不稳定的“统一”不久就宣告破产。不久，当这种矛盾不断放大并显现出来的时候，中共内部开始了“对王明的批判”。王明对于国民党方面服从性的无条件的让步，受到了来自毛泽东及延安的中共干部的“批判”。

尽管如此，外国学生代表的欢迎宴会还是在一片和气中如期举行。受到主办方的邀请，各党派（国民党代表并未参加）的名人们争相起身进行了欢迎演说。周恩来稍后赶来后，对与我同来的胡风低声私语，要求我也进行一场演说。到我讲话时，我用稍稍激进的声调进行了以《战争下的日本学生和青年》为题的简短演讲。结束后会场响起了激烈的掌声。之后到了无党派人士黄炎培的时候，他讲道：

“……听了先生的讲话，我深受感动。如果日本国民能够从军阀的统治中解放出来，一定是一群热爱和平的可爱之人。日本就像一条凶恶的毒蛇，只要拔掉这条蛇的毒牙，他们就是一群可爱善良的人民。我们必须拔掉它的‘毒牙’（军阀），让日本人民获得解放……”

听了他的演讲，我想，真是一派胡言！“竟扯些可笑之极的话。你这样的人还想拔掉‘毒牙’？侵略者的脚步靠近的时候，最先逃跑的就是你这样的说大话的人！算了，至少你也是在热心于‘抗日’。”

自那以后，每当我遇到这位“抗日名人”，都会不由得感到气愤和蔑视。

作为“东方马德里”的武汉，不仅收到中国方面的支持与援助，还担负着支持跨越大洋东西的“反法西斯国际战线”的大任。不仅有从西方而来的友谊使节团到访,东南亚方面,华侨及其他医疗队也赶赴武汉,为伤病士兵开设野战医院。另外还成立了朝鲜义勇军,其中还有曾在新宿的自由劳动工会进行活动,后被关押在淀桥警局的看守所中的劳动者。一天,经郭沫若和冯乃超的介绍,在之前张季鸾(《大公报》的主笔者,蒋介石智囊团的一员)的招待宴会上有过一面之缘的王芃生,带着一名日本人来到了我们位于南湖湖畔的家中。那名日本人就是青山和夫。

青山是在南京被攻陷后,由王凡生引荐至中共方面的。王芃生曾用名王大桢,是驻日大使馆的参事,毕业于日本陆军经理学校。他曾多次写信告诫蒋介石,日本将于近日进行大规模侵华战争。后来日军果真发动战争,从此得到蒋介石的信任,成为了蒋介石身边的红人,拥有势不可挡的权力和名声,可以恣意获得各种情报。担任了蒋介石十分看重的国际问题研究所的所长。

当然,青山也是在王芃生的推荐下,得到蒋介石的许可被接至南京。南京陷入危险后,在王的秘密安排下,青山被转移到河内的中国领事馆内。因为,当时的蒋介石,在南京丧失后,还没有下定决心是否坚持抗战。于是,以防万一,王芃生将其藏匿到国外。值得注意的是,在那期间,德国驻华大使托德曼正在进行斡旋,试探性地提出"日中议和"的提案。议和失败后,"重建武汉"已是大势所趋。我们的入国引起了巨大的轰动之后,王芃生一边安心地想"已经安全了",一方面意识到"不好,被捷足先登了"。于是经由云南飞车将青山接到了武汉。

然而,对于王芃生和青山来说,心中十分不安。因为,王芃生将青山包装成"日本共产党代表"向蒋介石进行宣传,于是蒋介石亲笔给青山写了《赠呈青山和夫先生》的晋见信。然而,我们的出现完全在他们的意料之外。因为害怕这个冒牌"党代表"的秘密会曝光,于是以防万一,企图将我们拉拢到自己一方。因此十万火急地带着青山来到我们的住处。

在我和幸子看来,能够多一位朋友,当然是求之不得的。不久,王芃生建议郭沫若和冯乃超,让我们三个日本人能够毫不避讳地敞开心扉,希望他们先行离开,待到傍晚时分再派车来接青山。他们走后,只剩下我们三个日本人,便卸下心防聊起来。据他所说,原来青山是郭沫若亡命日本时结识的"战斗无神论者同盟"的一员。这天的拜访,也是郭沫若受王芃生之托,作为介绍人将他带到我们的住处。

不过,说是"敞开心扉",恐怕真正敞开的只有我们夫妻二人。正如前所述,青山因为心怀不安,因此说话的方式也是毫无逻辑且断断续续的,似乎在用一种套取我们的话的态度聊天。笑的时候也是皮笑肉不笑。不过,这也是他这个人的特点之一。聊天中，我忽然察觉到有些不对劲。他有意无意地试探我们是否是作为“日本共产党的代表”来到这里的。我们如实地回答了他。

我告诉他“我们不是共产党代表。然而，我们绝对拥护党的方针”。我所说的“党的方针”指的是两年前(一九三六年二月)的田中、冈野署名的《给日本共产主义者的信》上所写的“反法西斯统一战线”方针。当然，回答他时，我还并没有察觉到有任何不对劲。然而一个月后，当他开始公然地以“日本共产党代表”自称时，我突然感到有些奇怪。首先是因为，我认为当时的日本共产党即使重建党中央，也应该不会正式派遣党代表到正在抗日的中国。第二，比起这一点更可疑的是，如果他本人就是“党中央”派出的正式党代表的话，怎么还会有必要询问我们是否是党代表呢？

最后，如果我真的是“党代表”，又怎么会进入“反共”的国民党阵营并毫不掩饰自己的党代表身份，这也是不合情理的吧。况且，对于国民党情报机关(即王芃生所在的机关)处初次见面的日本人，会滔滔不绝地把秘密(自己是党代表的秘密)说出来吗？

于是，我决定向郭沫若打听一下这其中的内情。郭沫若瞪大了眼睛笑着说：“啊？青山是日本共产党员？怎么可能呢？”郭沫若说，青山的本名叫黑田，是关西的劝业银行的职员。他曾在工作场所组织过古代史研究小组，后来通过京都的一家叫“文鸠堂”的书店老板介绍，认识了郭沫若并经常来往。一九三四、三五年左右，他被警察逮捕并关押在看守所两个月左右后被释放。释放后意志消沉，因受打击稍微有些神经质。后来的某天，他去到了位于日市川的郭沫若的住处找他商量：“有人劝我说，让我去上海看看，我想问问你怎么看呢？”郭沫若见他一脸忧郁，劝解道：“我并没有什么意见。不过如果是以旅行为目的，想要转换一下心情的话，也未尝不可啊。”于是他马不停蹄地去了上海，那是在八一三事变发生前不久。

这样看来，劝他去上海的中国人，应该就是王芃生。淞沪会战爆发后，又将他带到南京并转移到河内，现在又带到了武汉。

我又担心地询问：“也就是说，除此之外，他也没有什么可疑之处吧？”郭沫若说：“是吧，应该没有特别的可疑之处吧。总之，既然说到这里，你在和他接触的时候就多一点戒备之心吧。”

然而，不久中共代表部通过冯乃超来向我们询问。

“根据我们这边的调查，据说青山在上海的藏身处是日军的特务机关的地下活动指挥所。他的身份没问题吧？”

“关于这一点，我也不太清楚。但是，你所说的地下活动指挥所，不是王芃生为他安置的吗?”

“或许是吧。请你以后不要对王芃生和青山放松警惕啊。”

自那以后,青山逐渐熟络起来,开始经常到访我们的住处。同时,他也会邀请我们去他的住处(位于原日本租界的王芃生的秘密场所),与王芃生一起挽留并频繁地招待我们。

就在这时,武汉战役的打响已经是箭在弦上。

## 第七章　武汉战役(其一)

最早的日军俘虏,是在日军攻打南京时的海军航空队中抓捕的。在南京被攻陷之前,这二十多名俘虏被转移到了西安的第一俘虏收容所。其中的一人,日后又被转移至重庆,并最终成为了我们所组织的日本人民反战同盟的一员——新井田寿太郎。

他之所以被捕,是因为在自己担任通信兵搭乘的轰炸机被击中后,不慎落入了水田。幸运的是,他逃出了机外并潜入了山中。本来计划就此逃走,却不料在山麓上遇到了从对面而来的长着大犄角的不知名怪物,那怪物正低着头朝他冲过去。他惊叫道“这是什么啊”,正不知何去何从的时候,一下子被中国士兵抓住。

他解释说,“我那时候还没见过水牛嘛”,引来了阵阵笑声。他并不是落入了敌人的手中,而是成为了水牛的俘虏啊。

我见到的第一个俘虏,是被押送到航空委员会的暂时收容所(汉口南端)的汇玄三。他自称是佐世保航空队的测试飞行员,是一个相当难对付的家伙。从名字上,就能一眼识破是假名。而他却继续谎称自己是中国人(父亲)和日本人(母亲)生的混血儿,而自己是从了父亲的姓氏,姓汇。

我问他:“是吗?日本海军还会雇用中国国际的士兵啊?”他恬不知耻地回答:“是呀,会录用啊。”听说他是在广州附近中弹而紧急降落的。五月份,夏衍到访武汉的时候,将这个俘虏的情况如下描述。

这个男人当时可以说是把飞机上的弹药全都用尽了,之后准备逃到山中。没想到走出机外时就被一群士兵包围了。紧接着他双手合掌跪地,像蝗虫一般用力地磕头,并不断地行礼。

“真是令人反胃的家伙啊。一看到高级将领就一副阿谀奉承的嘴脸,看到下级士兵却摆出一副傲慢的态度。”

听了他的话,我心中暗自想,自己是被当成高级将领了吧。日本人中也有各式各样的人。航空委员会通过政治部向我们提出了要求:“新抓获的俘虏押送回来了，请与他见一面。”我和幸子立刻前往负责接管三井银行旧址的委员会总部进行了访问。这名“新来的俘虏”是静冈县出生的名叫井田（全名已忘却）的青年，身上散发着农村出身的质朴感。我们准备了一些中国点心作为零食，准备一起边吃边放松地聊聊天。我们向他说明了中国在这场战争中的态度，我们过去在日本参与的运动以及我们现在的目的等等。另外也劝告他，“成为俘虏绝对不是什么羞耻的事情。日本也会在不久的将来领悟这一点，到那之前请一定保重身体，等待时机的到来。如果有什么想与我们商量的，随时都可以”。那之后过了几天，航空委员会又传来消息说井田请求再次与我们会面，邀请我们再次拜访。于是，我们满怀期待地去了。

经过在航空委员会的第一次会面后，井田似乎完全冷静了下来，脸色也好了很多。我对此十分高兴。那天的谈话，我尽量让他先开口提问，自己再回答他的问题。

我从与井田的会面中，得到了很多启发，我还抱有一个期望——如果能从俘虏中挑选一些像井田这样本性纯良的年轻人组织起来，进行反战和平教育，似乎也不是完全不可能的事情啊。只不过现阶段，俘虏的人数还十分有限。特别是，地面作战部队的俘虏几乎没有。报纸上虽然经常报道，每次作战都有“多名”俘虏被抓获，但这些俘虏人在哪里，又或者是否真的存在，谁也不知道。只知道除了身负重伤或意识昏迷被抓住的俘虏以外就没有其他的了，而其中很多在运往后方的途中就死去了。又或者是在运送途中，被聚集而来的村民们大喊着“杀死东洋鬼子”，用石头给打死的情况也不少见，即使是卫兵也没能阻止得了。总之，即使抓到了也很难护送到后方。

也因此，很多外国新闻记者和通讯员们开始给国民党当局施压，表示“如果真的有俘虏，就让大家看看”。于是，国民党当局要求八路军将抓获的俘虏移交给自己，这样才保住了颜面。这也算是“国共合作”的表现之一吧。我们也曾亲眼见过这些“输出俘虏”。那是在山西省临海附近被逮捕的名叫大伴为三的俘虏。他是一名大阪附近的农村出身的年轻人。他与另外十几个同伴俘虏一起，被送往位于武昌南郊、扬子江的大坝附近的宪兵兵团司令部的临时收容所。幸子和我接到指示后，如往常一样赶到了那里。为了让俘虏们能够吹吹风、晒晒阳光，将他们带到了运动场上。我们正是在这时到了收容所。我们将他们轮流叫到会见室内谈话，大伴向我们讲述了被八路军抓住时的情况：附近的居民聚集而来，嘴上喊着“杀死日本鬼子”，将他们包围了起来。护送的队长拦住了村民们，提议“既然要杀他们，不如听听他们有什么要说的”，大伴是头一个。他被推到木箱上，讲述了自己原也是农民，却被硬抓到了战场上，这并不是自己的本意。特别是每当肆意踩踏“大家”辛勤耕种的田间作物，脚下都会深感“疼痛”。因为自己也是农民，深知农民的劳苦和不易。听后，农民们的脸上纷纷流露出同情之意。大家开始拍着他的肩膀安慰他，还有人特意为他煮了鸡蛋。

讲到这里，他又重温起那个时候的感动之情，泪水一滴滴地顺着胡须滑落下来。他用手擦拭着……

日军在开封设立的野战医院受到游击队的袭击，包括曾经在东京小石川行医的军医中尉院长在内，数名士兵被抓做俘虏，若干名朝鲜人慰安妇也一同被送到了汉口。这些慰安妇们都是些十分年轻的女孩子，被军队强制征用而来。是一群令人同情的牺牲者啊。我心中暗自想，必须要把她们都释放了啊(没想到不久后就有了这样的机会，成功地释放了她们。这一点后面再详细叙述)。这群人的中心人物是军医，我从一开始就觉得可以尝试对他们进行坦诚的教育。

“教育感化俘虏，靠我一己之力实在是有些困难。但现在有了诸如青山和夫这样的伙伴，应该能一起分担一些。因此，现在的首要问题是获取中国政府的许可。前途还一片渺茫，然而……这并不是完全不可能完成的事情……”

那段时间里，武汉迅速进入了防卫备战的阶段，空袭也变得频繁起来。六月中旬，日军开始以进攻武汉为主要目标开始了行动，一场大战开始了。可谓是孤注一掷的一场战争。日军的目标自不必说，就是包围并歼灭蒋介石的主力军队。为此，总共动用了二十五万兵力(参照日本防卫厅防卫研修所战史室公刊《支那事变陆军作战(1)》)，这是当时日军所能动员的全部野战兵力(除去攻占地的守卫兵)了。日军设置了周密的保卫战略后，兵分三路开始了进攻。第一路是冲破大别山的山岳地带，朝武汉北部进军。剩下的两路部队分别是沿着扬子江西岸行进的西路，而南路当然是切断粤汉铁路并围堵向西逃脱的武汉守卫军，一举歼灭。

对于日军的进攻，蒋介石派出最信赖的政治部部长兼武汉卫戍司令部总司令陈诚，作为南路防卫军的司令长官，率领部队出战。而被派遣到我们的住处担任守卫的士兵们也被召回了自己所属的亲卫部队，一同前往前线。之后，从卫戍司令部的另一支队伍中调派了一名卫兵，不过这名卫兵也在一个多月后返回部队调往前线了。

因此，陈诚交代郭沫若说，“鹿地夫妇就托付给你啦，你替我照顾好他们”。这不仅是因为“亲卫部队”中已经没有多余的士兵可以为“个人”进行守卫，而且经过这几个月的时间，他们应该已经察觉到我们二人暂时并没有任何危险吧。总之，那之后就在没有专门负责保护我们的卫兵了。之后不久，第三厅的对敌宣传课课长冯乃超，安排了老四军（新四军的前身）的护卫勤务兵（勤务兵是日本的当番兵）杨云波，代替之前的卫兵保护我们。他比之前的卫兵都还诚实忠正并富有能力。

不过，随着战局的变化，我们的个人生活条件也发生了巨大变化。首先就是前文提到的政治部轰炸，受其影响，不远处的我们的住处变得不再安全，于是被转移到了位于南湖北岸的豪华住宅处。这是一座用沉稳的褐色砖瓦堆砌的二层楼房，靠近湖畔的一面的庭院里，长满了一面草坪。草坪里的花坛中，玫瑰、大丽菊竞相开放。庭院的东边角落里，有一间同样颜色砖瓦砌成的庭院看守小屋，主人一家被疏散到农村时，同乡的胡风也一同将家人（妻儿）送走。孤身一人的他虽然不是为了看守庭院，但住进了这间小屋中。为我们介绍这座豪宅的主屋的不是别人，正是胡风。这个家中的卫兵住所、女佣房间和厨房等都各成一栋，都是同色砖瓦建造。

房子两侧也是建造豪华的大宅，但都用砖墙隔开了。因为搬到了这样的新环境，我们也终于不用处处谨慎小心，幸子看上去也终于安心了下来。然而，好景不长。日后她说道："或许应该说是女人的一种出于本能的母性吧。肚中有了宝宝，才会那样担惊受怕。"

或许如此吧。事实上，幸子当时已经怀孕三个月左右了。总之，她变得十分神经敏感（也许应该说是精神状态不稳定），她开始无缘无故迁怒他人。为此，我也十分痛苦。和冯乃超商量后，他表示他们正好在着手转移其他机关中不直接涉及战争的人员以及他们的家人，将他们转移到相对安全的后方去。政治部第三厅的对敌宣传课依然保留，但其中的研究部门（敌情研究课）将于近日转移到湖南省南部的衡山去。他建议可以与负责人（杜国庠课长）协商后，将幸子作为顾问一起转移到衡山去。于是，冯乃超和杜国庠开始了准备工作。

将时间稍稍倒回之前，一段时间没有露面的青山和夫来到了我们的新住处。他说自己与王芃生一起刚完成一件工作。他嘴中所说的"工作"，指的是他们为了推算出日本的军事力量还能持续多长时间，估算了日本的黄金储备余额。他瞪大眼睛夸张地说道："已经剩下不到四亿了……按照现在的作战方式，最多撑不到两年。"我总是感到自己一无所知，而他从事的工作却总是出人意料。这次也是一样，我不禁感叹，他们又在从事我听也没听过的高级战略性参谋任务啊。因此完全说不出话，只能表达自己的敬意。不料，过了不久，中共方面委托冯乃超向我打听："青山这个人的来历有没有什么可疑之处呢？"对于青山这个人，我的了解也就只是表面，因此漏出了疑惑的神情。冯乃超说："是这样的，最近王芃生拿出一种可疑的'黄金储备论'，并阐述了日本的战斗能力马上就要丧失的不负责任的言论。而他的言论有着使蒋介石的踏踏实实地进行持久战的计划动摇，进而懈怠下来的嫌疑。因此他们调查了这一言论的出处，最终发现是青山。"

我笑着答道："嗯，要说黄金储备理论，我也听他提起过。"

"这样说来，我曾经听说过，已经有人证实，青山在上海的潜伏地点确实是日本的特务机关的地下指挥所。"

"这种说法有点不严谨吧？青山是为王芃山诱骗来的。因此如果真的是和特务机关有联系，与其说是青山，更有可能的是王芃生吧。"

"嗯，这么说也不无道理。"

"在我看来，无论是王芃生还是青山，都不是什么值得提防的间谍，其实只不过是骗子罢了。他们告诫蒋介石日本的侵华阴谋，正巧说中而得到了重用。借此机会，就将青山谎称是日本共产党的代表，向蒋介石毛遂自荐。然而，不可能每次都这么幸运，总有运气用完的一天。这次，他们提出'黄金储备理论'，但行不通就是行不通，终于还是露出破绽了。"

冯乃超听后忍不住笑了。

又过了数日，青山又来拜访我。这次，他带来消息，"朝鲜义勇队"成立，其队长和副队长将会于近日来拜访我，希望我能与他们见面。他又补充道，台湾义勇队也正在组织之中，到时会为我引荐。另外还表达了自己想要将朝鲜人、台湾人、日本人联合起来，建立东方多民族反法西斯联盟，进而将其逐渐发展扩大。我对于他脑袋中的一个又一个的计划和点子，真是瞠目结舌。

然而，认真思考的话，以这场战争（中国的反侵略民族战争）为契机，将目前为止经历过相似命运的各民族人民，通过各种民族运动建立起共通的反战联盟，并不是不可思议的事情。不过，比起经过政治部这样的官方机构，更适合经由王芃生这样的负责特殊任务的情报机构……不过，我能信赖他的话吗？我还是感到些许不安。但是不久后朝鲜义勇队队员来访了，我决定见上一面。

不久，朝鲜义勇队的金若山队长和金（全名已忘却）副队长两人前来拜访。金若山队长比起我们要大个四五岁，他是一名身穿国民党军队制服的军人，肤色略黑，身体强壮。我不由得心生敬畏。这是一位在后来的《阿里郎之歌》中被传颂，有过跌宕起伏的人生的革命战士。他最早是一名恐怖分子，装扮成邮递配送员，随身携带塞入了手榴弹的邮递包潜入了朝鲜总督府。总督虽然逃脱了，但他杀害了多名官员后逃亡到国外，之后又在上海的虹口公园炸弹袭击了正在会见居留民团干部的日本大将白河，同时也是砍断重光葵的一只腿的暗杀组组员。然而，他逐渐发觉恐怖主义的无益之处，于是进入黄埔军校并作为一名共产主义者加入了中国革命。他有过一段跌宕起伏的人生。

副队长金某也拥有闪烁着铜色的强壮体格，是一位朝气蓬勃的青年。

我们紧紧握手后，将茶桌和椅子搬到草地上，喝着茶交谈了起来。这两个韩国人能说一口十分流利的日语。青山又一次阐述了他想要成立东方多民族反法西斯同盟的构思。当然，没人会反对这种想法。但是究竟要以怎样的形式开展？是以个人加入还是组织加盟的方式？另一方面，对于现在已经存在的朝鲜人义勇队这样的组织，反法西斯同盟将与其保持什么样的关系呢？

青山表示，朝鲜义勇队是军事性的组织，而反法西斯同盟是政治性的指导性团体，因此义勇队应该从属于同盟旗下。对于这一点，两名朝鲜人立马提出了反对意见。

他们认为，作为义勇队的队员，若是认同反法西斯同盟的主旨，可以以个人的名义加入，义勇队本身有自己的任务，是不受任何外界力量束缚的独立组织，因此两者之间不可能形成从属关系。我也十分赞同他们的想法。一开始出于客气我并没有发表意见。然而看到青山装腔作势地摆出一副领导者的架势，试图用说教的语气压制二人，两人实在有些可怜，于是我忍不住开了口：

“现阶段，反法西斯同盟将会是什么形式还八字没一撇。因此我觉得应该先考虑这一点，并采取必要的行动。在行动的过程中会慢慢找到答案。而诸如如何处理与义勇队的关系这样的问题，也会迎刃而解了吧。”

两名朝鲜人立刻表示赞同，不料青山却不高兴了：“什么？连我这边的计划都还不知道，就被居心不良的家伙们（家伙们虽然意为多数，但他的这句话显然是指的我个人）指手画脚，想要从中作梗……如果因此出现什么无法意料的结果，到时候可别怪我……”

我对他的反应有些惊讶。为什么他会对我的话如此生气呢？我并没有一丝一毫想要扰乱他计划的意思啊。关于这一点，后面再作叙述……

但现状确实是，同盟的规则、纲领等的草案都还没有制订出来。如果说现在聚集在此的人构成了联络总部，也不能立马进行“准备会议”啊。因此硬要说的话，称为“发起人会”还比较恰当，不过也仅此而已了。最终，我们仍然一脸茫然地结束了这一天的谈话。

就在这种一切都还未知的情况下，我们于当天下午拜访了朝鲜人民义勇队。副队长先我们一步归队并将队员们集合起来，随后队长带领我们进行了参观。

义勇队借用了武昌市内的一家相对较大的人家作为兵营。石头院子的周围被四座房屋围了起来。集合命令一出，从各个房间里浩浩荡荡地走出将近五百多个身穿草色军装的年轻人，转眼就把院子塞满了，没能挤进院子的就在走廊中打开窗户，一群脑袋挤在一起朝我们望过来。

队长宣布开会，顺便向队员们介绍了我们并请我们作了简短发言。事实上，我直到现在，也不敢相信在这种地方会有如此一大群朝鲜年轻人，着实有点被这气势吓到了。而青山却从背后催促我“你快说两句吧”。我心情激动地走上前去，十分坦率地表达了我能够在此与拥有如此庞大的组织的朝鲜兄弟们相见，内心感到无比兴奋，高声呐喊着让我们一起携起手来，竭尽全力共同与侵略者们作斗争。这番讲话得到了热烈的掌声。

这一天的情况仅此而已，并没有发生什么特别的事儿。然而，没过多久，金若山队长又一次前来拜访，青山一边苦笑着，一边拿出一张印刷版的传单放到我面前。上面未经允许地，以“书记局员”的名义，表示远东反法西斯同盟书记局已经成立，而朝鲜义勇队等组织也计划要加入该同盟。金队长说：

“这样做实在让人头疼啊。这是青山个人的反法西斯同盟。我认为有必要正式澄清一下。”

我也表示同意。听了金队长的报告，我感到一下子想通了很多事情。

事实上，朝鲜义勇队已经十分成熟，并受到了中国方面有权者的支持，从法律上也得到了认可，现在正在与政府进行交涉的阶段。然而，听到风声的王芃生开始策划阴谋，企图成为同盟监理人。于是想利用我暂且成立名义上的“反法西斯同盟”，并使义勇队归属到同盟旗下，进而自己顺理成章地成为该同盟的掌控者。

说得露骨一点，“反法西斯同盟”的规则或纲领如何并不重要。只要有了这个头衔就足够了。

我本该在之前就进行叙述的，事实上之前也发生过类似的事情。如前所述，失去南京之前，青山借由王芃生之手逃到了河内(属印度支那)，但不料受到了法国当局的反对。于是，青山为了讨法国方面的欢心，发行了印刷版的“小字报”并提出给法国当局。小字报上狡猾地将部分名字从停靠在海防的日本轮船的乘客名单中抽掉，谎称是日本政府的间谍。编造了揭发这件事的报道文章，并将文章作者的署名成日本共产党海外组织成员青山，甚至“擅自借用”我们夫妇二人之名。这个男人为达目的无所不为。他擅自使用了我们夫妻二人的名字，宣扬我们是“共产党员”，并在来到武汉之后，满不在乎地笑着说：“因为事出有因，我借用了一下你们的大名呢。”说着，还向我们展示了印刷版的手抄本。因为事情已经过去了，加之考虑到也并不是进行了大量印刷，我们只是苦笑着回应他。

然而，到了今天这个地步，我也不能再继续装傻了。金队长他们也有必要对青山提出“警告”了……

这件事后，朝鲜义勇队受到了官方认可并开始了活动。而“反法西斯同盟”就这样无疾而终了。

这之后不久，幸子就跟随杜国庠带领的疏散小组离开了武汉，朝着湖南省衡山行进了。勤务兵和女佣用秤杆挑着行李送到停车场。直到幸子离开家的最后一刻，我还在容忍她的蛮横无理。看到他们一行人的背影终于消失在视野内，我不由得高举双臂，高呼“万岁”！胡风看到后笑得前仰后合，跟着模仿我。我的内心想法是“哎呀呀，终于走啦”！不一会就听到了火车准时出发的消息。

然而，那天得以成功地将幸子送走，全靠上天的庇佑。因为，在送走她的几小时后传来了空袭警报。已经完全习惯这种场景的我，慢悠悠地抽了一根烟后，就和胡风来到了草地角落的庭院小屋（胡风的住处）里。我们还用卫兵带来的水壶泡了一杯茶。就在这时，响起了紧急警报。紧接着就传来了螺旋桨的巨大声响，看样子敌机已经来到了我们上空。我心想，不好！炸弹坠落的时候，会发出呼呼地划破天际的声音。这时我才发现胡风已经变了脸色，将庞大的身躯缩成一团，爬到了桌子下面。看到他的样子实在觉得奇怪，忍不住笑了出来。但他似乎曲解了我的意思，以为我是在笑话他的胆小。于是事后向我辩解道：“我今天是头一次经历这样的事儿。当时只觉得胸中一下子被压到喘不过气来，真是第一次有这种感觉。”

不过，既然是从空中落下的直击炸弹，即使藏到了桌子下面，又能有什么帮助呢。当然，我也没有预料到爆炸会如此之近，为了不被震荡波或弹片弹出去，下意识地将身体紧紧贴到了地面上。震耳欲聋的轰鸣声响彻天空后，街道的各个方向传来了嘎啦嘎啦的碎片落下的声音，之后就是一片死寂。

爆炸后最先映入眼帘的是从窗边望出去的湛蓝一片的天空。再看向另一扇窗户，庭院的草地上被盖上了满满的红土块。我思索了一会儿，这里应该没有炸弹落下。草地上虽然被盖上了土块，但并没有土被炸翻的痕迹，这便是其中一个证据。而主屋的房子也完好无损，应该没有炸弹落到这个宅子之内。不过邻居家就没有这么幸运了，房屋有些损毁，两家相隔的砖瓦墙也被推倒，靠近里侧的卫兵住所也坍塌了。卫兵们奇迹般地没有受伤，正拼尽全力地挖着被埋在瓦块和泥土的废墟中的小屋里的衣服。我从钱包中取出一张十元纸币递了过去,说道:“衣服就买新的吧。这些钱足够了吧。”士兵们微笑着说:“够了,够了,只多不少呢。”

胡风出去查看情况,我让卫兵查看了周边。附近的街区已经是一片狼藉,虽然没有引起火灾,但附近的伤病医院完全被炸成了废墟。

过了不久,冯乃超就带着卫兵来迎接我。

事实上,冯乃超也将体弱多病的田丹送回了四川省万县的老家。因为河岸对面的汉口旧英租界的“三井洋行”(三井物产)已被第三厅接手,我们二人便暂且搬到了那里的三楼住下了。

自此开始了与挚友的生活。床和其他家具,我们是从家具租赁店租来的。

过了一周,收到了(政治部送来的)到达衡山后的幸子的第一封信。

> 我们(八月)十四日正午到达了衡山。除了腹部有些隐隐作痛,并没有其他不适。刚刚从武昌过来的人那里听说,小朝街(我们的住处所在的街区)和昙华林都是一片狼藉,你没事吧?一定要搬到没有危险的地方啊。已经连续五天,每天都处在担心中夜不能寐。十一日的爆炸声,我们在武昌的郊外也听到了。当时,我们下了火车,跑到了大约五百米外的树林中藏了起来。十二日也曾经跑进树林一次。
>
> 因为比预计时间晚了,粮食也没了,真是一次艰难的旅行。不知是原先就藏在车中还是从外面上了车,躲避的时候,食物被小偷全部偷走,因此到达目的地之前完全没有进食。
>
> 孩子(儿童的意思)剧团的孩子们因为饥饿和烈日照射,有四五个人晕倒了。然而,看似是负责人的老人(指的是杜国庠,鹿地注)不管不问,只是自己抱着五块吐司,一个人全部吃掉了。
>
> 没有一个人能够依靠。幸运的是,到达衡山后艾青(诗人,鹿地注)过来拜访,终于时隔四五天,于昨晚头一次吃上了饭。
>
> 你快过来吧。我已经因为生活的艰辛和对你的担忧夜不能寐了。这里的臭虫和蚂蚁属实多,手头也完全没有蚊虫药。更糟糕的是,蜈蚣和蝎子还会在床上打架。我每顿饭给女佣四十块钱用于吃饭。我自己只要有馒头(中国式的面包,鹿地注)就能够撑过去,不过连馒头都成了奢望。
>
> 不知道为什么会是这种状况,但我现在几乎是处于软禁状态。我已经每天以泪洗面,真的不知道我做错了什么。

第三厅有人牺牲了吧。听艾青的友人说有三个人牺牲了(应该是指武汉轰炸时的牺牲,鹿地注)。

你一定要保重身体。从武汉出发时,一定要带够足够的干粮,不然途中真的有可能会饿死的。

设计委员会的各位十分照顾我。虽然他们被人责备无能,但是如果没有他们,真不知道现在会是怎样。想想都可怕。

孩子剧团的孩子们因为饥饿和劳累引发了脑贫血。从车站到这里来的山路上倒下了,然而没有一人为他们解开衣服透气。孩子们哭成一团,抱在了一起。真是从没见过如此悲惨的旅行。四名设计委员从老百姓那里为孩子们买来了粥。一路上发生的种种,都让我哑口无言,不知该怎样表达。你快点了结那边的工作,到这里来吧。

如果可以的话,我真想回到武汉。早日给我回信。如果负伤了,就发电报通知我。只有我们两人相依为命了。替我向胡风和其他人问好。

十五日,下午五时

幸子

事实上,读完这封信,我深深地叹了一口气。居然说"只剩下我们两人相依为命",真是一派胡言!像她这样性格的女人,自然会觉得自己总是"厄运"缠身。看了她的信,我也搞清一件事情,杜国庠应该是一个墨守成规、不知变通的老共产党员。恐怕是不知道疏散人员在途中将会遇到什么,于是决定了除了自己的事情以外,其他一切事都与己无关吧。可是,说她被"软禁",这是绝对不可能的。恐怕是艾青和其他的设计委员们,对于与人交往密切的幸子,不知该如何进行保护。我倒是希望她能够通过和一群全新的人接触,从而历练自己,改掉娇弱的性子。无论如何,我还是感到终于"解放"了。

我一边叹着气,一边将所想写下来回信给她。关于随身携带的粮食被偷一事,如果能够管理好自己的随身物品就能可以避免了。换句话说,总是觉得"厄运"缠绕着自己的人,大多数情况下,自己本身就是他人的"灾难"。收到我的回信后,她立马寄来了第二封信。

来信收到。我今天一整天都是泪痕满面。我决定接受你的意见。你放心吧,一切都安定下来了。

我必须承认,我确实是无理取闹般的任性。那是因为对象是你,我总会忍不住撒娇任性起来。……经过十多天,旅程的艰辛和生活的不习惯都暂且抛之脑后了。现在的生活和在看守所的半年相比,虽然称不上是安稳舒适，但是可以同剧团的孩子们在地上滚来滚去，又唱唱跳跳的，我已经很满足了。多希望也能和你过上这样的生活啊。

期待下次见面时能够如愿以偿。你是否想过，我从来没有拥有过自己期盼中的生活状态。你应该这样想。我从没有过能挽着你的手一起散步的生活。过去的日子里，留下的都是令人不悦的回忆。

和卫兵、女佣这样的称不上“同志”的人一起生活，我似乎成了中产阶级的太太，而你也成了“老爷”。我没有丝毫的组织才能和天赋，因此并不能成事。

现在身边的女佣，并不是将洗脸水也端来的。每天的早、午、晚三次来做饭，并清洗和打草干净后就回去。卫兵和勤务兵也没有。需要买东西我会拜托年轻人们，自己不能外出。如果有人招待，因为只发来招待信会略显失礼，因此有人前来迎接时，我便可以出门。处处有人照应，我的生活也变得轻松起来。

关于臭虫，我整晚都在赶，赶累了自然也就睡着了。然后大白天和孩子们站在一起，毫不遮掩地挠屁股也完全不觉得羞耻。因为大家都被咬了嘛。即使我将自己房间的臭虫给赶跑了，也会从旁边的房间飞来开始游击战，因此想要“扫荡”臭虫是不可能的。

即使被负责人责备几句，年轻人们也只是吐吐舌头，做出滑稽的动作，没有人会在意。

昨天的傍晚开始，我的头痛复发，感到头晕眼花。但看到孩子们露出一副担心的表情说道“妈妈生病了”，并骚动起来，我的头痛也立马就好了。

恰巧与我一起进行广播收听的学生昨天应征入伍去了战场，我晚上便没了工作。因为连日的杂音而劳累的脑袋突然疼了起来。紧接着上午收到了你的来信，刚刚拿着信准备躺下休息片刻，通报的人告诉我材料已送到，便紧急将《改造》和《中央公论》拿了过来。埋头在杂志中，一页页地翻看着，其中用下划线做了很多标记。不知何时，突然有了一种在家看杂志的错觉，但是一想到是你所做的标记，便因为对你的想念不禁湿了眼圈。

一想到我们长久以来一起生活过的痕迹竟然是以这种方式呈现，心中实在是有些不好受。我不想就此与你分离。有句话说，要让自己即使不知道何时会死去，心中也没有遗憾。那么，为了让我不留下遗憾，请你一定要多给我写信。

今天上午稍作休息后，下午将杂志归还并整理了报纸。我们在这里分为调查研究组、文字宣传组、艺术宣传组三个小组，都聚集在一个大堂中，排成三列，靠着桌子一起工作，合计大约有四十人左右。到了四点多有些疲乏的时候，有人唱起了歌，有人跳上桌子走来走去。不过，只有第一科一直伏案工作，因为前面提到的老头(杜国庠，鹿地注)在旁边巡视。有人会把烧饼和糖果藏到抽屉中，就像小学时的教室一样。相关负责人的老科长被任命为代理厅长。厅长的办公室恰好在我们的房间前，与大堂相隔较远。这样的生活让人不禁想起果戈里的小说。今天下午，我所在的调查研究组里，被大家戏称为最古板的老夫子的沈钦儒先生的公子受了伤。整个上午，孩子剧团的孩子们也变得不那么吵闹了。

五点左右回到房间的时候，被禁止在中庭玩闹的孩子们，忽的一下子全都跑进来唱起了歌，仿佛将刚才的责备早已抛诸脑后，将近二十人开始了大合唱。我也没能责备他们。孩子们知道，我的房间是“治外法权”的领域，因此一直玩到了六点半的晚餐时间。

晚饭后，带着最小的两个孩子和最大的大哥哥一起，上街定做我的背带衣，这是第一次上街。不过，还是有大人悄悄地跟在后面保护我们。做好了背带衣，从穿着上也变得和孩子们无两样了。……(中略)

用餐时间大约是十分钟。全员都是露天下站着吃完。我和十分投缘的陈乃昌都认为这样对胃肠不好，于是搬了椅子坐下吃。如果需要调理一下胃肠，我就会吃些燕麦罐头。在桂林从事救亡工作的陈先生的妻子会在近日前来慰问，应该会带来一些慰问品，我可能会被邀请一同用餐。

今天就说到这里。昨天得知可以每天寄信，今后我会振作起来。请你放心。只是对前线、汉口以及外界的情况不得而知，因此会有些焦虑。等到身体稍微好转后，我就在不给大家带来麻烦的情况下到外面走动走动。青桔十分可口。连续两天没有响起警报了……

今天刮起了北风。孩子们的痱子也开始好转了。冒着暑热，我从后院摘来了桃叶泡在水中，让它凉快凉快。代我向其他人问好。

九月九日

幸子

这样一来我就再无牵挂了。这封信写得十分诚恳。读完不禁又觉得她可爱起来，于是我决定到街上买些果酱和黄油让人带过去。这封信可以看出“疏散小组”的生活十分多姿多彩。虽然只是信中的一部分，但本文中几乎都是原文摘录下来。

在冯乃超前往政府工作的期间，我难得的有了自己的时间，于是奢侈地独占了三井洋行的图书馆。在这种日本出版物着实难以入手的时期，竟然能够尽情地享受读书的乐趣。我每当和军人们交谈时，总会深感自己军事知识的匮乏。正好利用这个时机，找出了日本的陆军士官学校使用的《战术教科书》，以及苏联以社会教育为目的所出版的《军时科学讲座》的日语版，贪婪地阅读着，恍惚觉得自己变成了军事专家。然后现学现卖讲给冯乃超，并推荐他值得一读。此事也让我同感，日本过去的文学运动在这一方面的关注实在欠缺。

听说县华林的残余职员们要将办公地点搬到此处后，经女诗人安娥（田汉的爱人）介绍，我和冯乃超一起，带着书籍搬到了一处西洋式住宅中。

战争形势逐渐恶化，因为这里是旧英租界的所在地而似乎与炸弹袭击隔绝开。青山以及朝鲜义勇队的人也许久没有联络了。

这段时间内，我所提议的尽量能和更多的日军俘虏接触并积累经验的提案，在航空委员会和宪兵队的协助下，允许我可以在有中方介绍人（懂得日语的军人，事实上是为了监视）陪同的情况下与俘虏会面。这总比见不上的好，但让他们本人完全敞开心扉属实是一件困难的事情。于是和冯乃超沟通后，与郭沫若商量可以建立一间特殊收容所，实验性地将少数俘虏转移收容。然后在那里，在中国人不介入的情况下，尝试对他们的“头脑构造”进行改造。我有绝对的自信能够“成功”。然而却以俘虏们可能会“加害于我”，使我陷入危险为由暂且搁置下来了。第 次的“反战同盟”的播种，并没有结出果实。

## 第八章　武汉战役（其二）

日军在开始进攻武汉仅仅两个多月的时间，就形成了几乎包围武汉的局势。北方的防卫位于大别山脉的麻城，李宗仁担任司令部总指挥，而南方的防卫则沿着扬子江南岸开展，由陈诚担任总指挥。我十分希望能亲眼看到、亲身经历这场战争。盛夏刚过，进入了九月，以李德全（冯玉祥夫人）为主席代表的南方战线的慰问团，将携带之前二百万武汉市民捐赠的几十万慰问金和使用其中一部分捐款购买的医药物品等，前往前线。听说了这个消息，我申请一同前往。于是，三厅安排了一位名叫朱杰夫的青年职员陪我一同前往，因为他日语十分流利，因此兼做我的翻译。

太阳初升之时，我们一行人分开乘坐两辆卡车出发了。不久太阳出来了，日照依然强烈，酷暑难耐，车子在干涸的道路上行进，车轮轧过的路面扬起的沙尘飘在空中，久久不能散去。一直到了傍晚，车子才颠簸到了距离九江不到三分之一的距离的陈诚的司令部。位于名叫阳新的小城附近。在行驶期间，偶遇了无数的伤病士兵，才得知他们是从远方的战场被送到武昌的伤兵医院接受治疗。而相对伤势较轻的伤兵（比如一眼望去是身患疟疾的轻症患者、手臂被用绷带吊挂在脖子上或者脚上缠着绷带、拄着拐杖的伤兵等等）则要徒步经过如此长的距离到达医院。

沿路的农村地区几乎已经是人烟稀少。想必农民们是惧怕被“拉夫”（征用人夫上战场）或者被抢夺粮食，远离了街道逃往两侧的山中躲藏起来了。路上也看到了十分豪华的地主大宅，但同样是没有人烟。能让这些伤兵们填饱肚子、解解渴的地方一处也没有。我们一行人用带来的面包、饼干等干粮和暖瓶里的热水解决了早饭，然后继续赶路。

“这就是全民抗战！国民党军队还是不够强大啊。”

在路边铺着草席休息（与其说休息，不如说伸腿坐着）的伤病士兵们，任车子扬起的灰尘落在身上。只是望着经过的车子，脸上没有任何“求救”的神情。虽说要形成“军民一体”的“战斗力”，但在这里，看到的仍是“拉夫”“拉壮丁”，也就是用鞭子追赶着炼成的“战斗力”。

到达司令部后，陈诚亲自来迎接我们到距离司令部不远处的农民家（已经无人居住）改造的宿舍。我们被带到食堂围坐下来，虽说晚餐十分简单，但一看就是精心准备过的。我坐在桌前茶饭不思，又想起来刚才路上看到的长途跋涉的伤兵士兵们。

第二天早上，用勤务兵送来的水桶中的水洗了脸，便举行了我们一行带来的慰问金和慰问物品的赠予仪式。就像乡下剧场小舞台一般，在用脚炉架组成的坐席上，赠予方代表和受赠方代表面对面坐下，而台下是排列得整整齐齐的士兵，就这样结束了赠予仪式。

仪式结束不久传来了空袭警报，人们迅速分散开来隐蔽到四周的树林中。陈诚一边大步地走入树林，一边看着我淡淡一笑。而护卫这位司令官的只是两个卫兵。上空传来飞机的螺旋桨的声音，紧接着不远处的爆炸声也停止了。警报被解除后，我与另外几名第三厅职员一起去看了投弹后的痕迹。沿着已经被收割的水田的边缘修建的一排较大的二层房屋（类似商家），完全被炸毁了。其中早已没有了住民，我不由得有些伤感。心中暗自想，要将这些房屋都炸掉得需要多少炸弹啊。

司令部的外侧是一片梧桐树林，树林的对面能看到一条清流。水流清澈得能看到平静的河底闪烁的石子，小溪很浅，浅到水流似乎都流不进心里。河宽不足五十米，这条河应该是穿过阳新的右侧，最终汇入扬子江的浊流中的一条支流吧。我来了兴致，招呼大家“游泳吧”。因为没有准备泳衣，在我的带领下，将近十个人脱光衣服跳入了水中。似乎被河水洗去了昨天旅途的尘土，心情也变得明朗起来。

张发奎所带领的部队位于扬子江附近的防卫线上，下午我们拜访了他的司令部。这位作为北伐革命战争中的铁军司令官闻名的将军，在得知慰问团一行中有我这位日本人参加后，感动不已。朝着人山人海的操场上的士兵们，高声地呐喊着：“同志们，在这次的武汉市民慰问团中，有一位日本人代表。能够迎来这位先生，对于我们全体士兵是无上的鼓励与支持。我们一定要更加勇猛地抗战，不要辜负这份期待啊。”

次日清晨，我们就离开战场，踏上了回程的路。途中只有两次停下车。一次是两名陪同的军官为了将身患疟疾的苏联军事顾问团的炮兵军官送往武汉大使馆所属的医疗机关，正在路边等待能够搭乘的汽车。我们当然义不容辞地让三人上了车。我让朱杰夫帮忙翻译，我身上带着一瓶法国产的疟疾特效药，可以给他使用。苏联顾问听后委婉地拒绝了我，表示苏联人不使用国外的药品。随同的两名军官又苦笑着用中文解释了一遍，苏联人绝对不会使用其他国家的人提供的药品。从他们的口吻中可以听出，他们并不信任中国的药物，似乎持有一种戒备心理，如果不小心服用了药物可能有被毒死的危险。我不由得想到，这应该就是在斯大林统治下的苏联人民的闭塞性以及自以为是的劣根性吧。我忽然想询问一下他对战局的分析判断，于是询问他认为武汉还能撑多久呢？他回答我，什么时候都有可能。

“这么说，明年有望在武汉过年了吗？”

“当然，不只是明年的正月，后年的正月也可以。”

街头巷尾都在推测十月或者十一月，武汉可能就会落入敌手。因此，听到他的回复，大家都觉得他是否把中国人都当成了傻瓜而笑了出来。然而，他也觉得自己的回答有些轻率了，马上解释道：

“日军的战斗力与以前相比明显衰落下来了。而我方的阵地却自不必说，正在变得越来越强大。”

原来如此。我完全理解了这名苏联顾问的态度。像赌马一样谈论到底是十月还是十一月的中国人才应该反省。有时间浪费口舌研究这些，不如将心思用在抗战上。这是他想要表达的吧。

我不禁对自己问出与世人一样的问题感到羞愧。

另一次停车是遇到在路上的散兵们冲到车前，展开双手拦住了车子。这些伤病士兵们请求能允许他们搭车前往武昌。我们尽量让更多的士兵坐上车。挤作一团的伤兵中，有一个小腿被枪打穿用绷带绑着的年仅十三岁的可爱少年。我问他：“伤好以后，要不要来我家当护卫兵？”他回答：“等能够正常走路后，我就回到原来的部队。”士兵们全都被鼓舞了士气。

我想到，在艾黎以《有办法》为题的回忆录上，如下描述了当时武汉的情景。他写道，蒋介石发表的“直到流尽最后一滴血”的激情讲话，在上流社会的绅士中被释义为“武汉就是最后的抗战了”。其中也有工厂厂长向英国大使馆提出交涉，请求将自己所持的纺织工厂登记为英国财产。这样的事情并不是只发生在民间。也听说过国民党宣传课的课长崔万秋，曾经吐露心声表示，“抗战马上就要到此为止了，这样的话，我就不再留在内地了”。青山和夫在听到这些传闻后，几乎陷入了绝望，“如果是这样的话，我就带领朝鲜义勇队参加这最后一战”，他用朝鲜义勇队仿佛是自己的部下的口吻说道。事实上朝鲜义勇队已经不把他当作一回事，而他的真实想法也多少能够猜到。应该是想就这样留在武汉，真到万不得已的时候，以出卖义勇队给日军作为条件换取自己能够回到祖国的可能性。恐怕他现在正担忧自己又一次被送到河内的中国大使馆，于是伪装成英勇无畏的样子吧。而从他的表现也能够窥见，他的主人王芃生应该已经是束手无策了吧。

艾黎的回忆中还曾提到，在蒋介石的命令下，为了防止最后放弃武汉时，大冶的矿山落入日军手中被利用，引爆各设施机关的炸弹已经早已准备好。为了确认这一点他飞车赶往了大冶。到达现场后看到的情景却是在意料之外，只有两三处被安放了炸药以便万不得已的时候能够立马引爆，而重要的地方并没有进行任何准备工作。

返程的路上，他发现自己的车前方有一个拄着拐杖的伤兵正一瘸一拐地艰难前行着。停下车上前询问才得知，他居然是被后方开来的卡车轧到，被削去了头皮，而卡车却对他视而不见。于是他在意识模糊、方向也无法确认的情况下，朝着武昌行进的途中。艾黎用现有的布片为他包扎了伤处的皮肤，并带上了车。虽然已是深夜，艾黎还是雇了小船渡江把他送到了兰印医疗队的医院中接受了治疗。这位伤兵也是一个年仅十六、七岁的少年兵。几周后痊愈的他出院后，又再次回到了战场。

同一时期——艾黎写道——艾黎在政府主席孔祥熙的官邸的接待室中等待时，偶然听到了这家的公子正在隔壁房间与英国人端纳，也是蒋介石的私人顾问进行着如下的对话。

“叔叔，你之前答应过我要带我去打老虎，还算不算数啦？我已经让人弄来了美国猎枪，都已经等得不耐烦啦。”

"有了猎枪还要准备飞机呀。"

"你快点准备呀,我已经等不及啦。"

这个公子和那个受伤的少年兵年龄相仿。同样年龄的士兵们正在黄石港附近的战斗中浴血奋战,被溺爱长大的公子身上,却看不出任何因战乱忧心的样子……

我的眼前,将与自己一同搭车的少年士兵和艾黎所写的少年兵的样子重叠在了一起。夜深之后我们终于进入了武昌,已经是饥饿难耐。我说:"到了之后,我要立刻冲到乌冬店大吃一顿。"朱杰夫笑着翻译给李德全听,李德全也跟着笑起来说:

"我什么也不想干,只想立刻倒到床上大睡一场。"

回到宿舍时,安娥早已在等着我们了。勤务兵杨云波告诉我们,冯乃超在我们出发后,加入了北方战线的慰问团,前往了李宗仁司令部所在的麻城。一两天后,冯乃超晒得黝黑、意气风发地回来了。他讲述了头一次遭受空袭和视察前线的炮兵阵地的情况,还夸奖杨云波真的是一位战争经验丰富又有担当的军人。他说,在视察炮兵阵地时,有炮兵解释说前方是日军的炮兵阵地,并瞄准那里发射了一枚炮弹。而这时杨云波拉起了他的衣袖,带到了炮筒的斜后方进行隐蔽。场面十分骇人。一道光射出,紧接着就听到似乎能穿透胸膛的轰鸣声。他头一次经历这样的场面,而不久后,我也在战场上经历了类似的场面。在日后的反战同盟中,一位新加入的炮兵也提到,首次在上海登陆时,刚进入宿舍不久就被连续的猛烈爆炸声吓得魂飞魄散,不假思索地就将头埋进了蚊帐里。后来一问才知道,原来是友军正在高射炮阵地上,迎战敌机的入侵。这件事后,他被大家笑话真是"顾头不顾尾"啊。

在这之后一个周左右——冯乃超从政府办公地(原三井洋行大楼)带回消息,第三厅的第二组疏散部队将于明天前往长沙,要求我也加入这一小组一同前往。

"你也一起去吗?"

"不,我要留到最后。"

"这和咱们说的不一样啊。我也要留到最后。"

"不,现在情况不同了。你必须去长沙。"

"不行。发生什么事情了吗?战局也并没有进一步恶化啊!"

他似乎不愿说起到底发生了什么。一直以来都不会违背我的意志的朋友,今天确实有些不同寻常,丝毫不退让。我知道"一定发生了什么"。而且我能隐约感觉到马上就要有大事发生了。

“你今天有些奇怪。”

“没有啊……不过确实想让你去一趟常德。带着廖体仁一起,去视察一下第二日俘收容所。”

听他这样一说,我有些动心了。常德位于洞庭湖西南岸的沅江河口,必须通过长沙朝西行进。事已至此,已经没有必要硬逼自己的朋友交代到底“发生了什么”。

“既然如此我就去一趟。不过我只在收容所停留十天。”

冯乃超听后神情缓和下来,让我趁此机会充分调查分析俘虏们的状态。我立刻欣然点头回应。同行的廖体仁也是日本留学回来的中共党员,在经历了九年的监狱生活后,在此次抗战中被释放出来。政治部成立后,被雇佣为冯乃超所在的第一课课员,是一个老好人。“终于等到了,这次要和他一同前往啊。”除了他以外,在第二收容所中,还有冯乃超等人受收容所之托推荐的姓孙(全名已忘却)的日本留学回来的管理员。冯乃超等人怀着巨大的期待将其派往了第二收容所,期盼着孙能够将俘虏和收容所的情况进行汇报。自从将他派去后,便再无音信。再三询问之下,却终于等来了能够提供伙食实在感激不尽的回复,翘首等待的情报完全没有得到。可以看出他能力的匮乏和老好人的性格。不过,这次前往能有他作为管理员进行协助,一定还是会如虎添翼的。

我赶紧与廖体仁见面并进行商议。

过了大约半年多,战局进入新一阶段时,我才终于知道了冯乃超要求我紧急离开武汉的原因。

与朝鲜义勇队的副队长(名字已忘却)在湖南省南岳会面时,他将实情告知了我。那是在武汉告急的时期,日军通过武汉的“地下组织”散布带有我的照片的人头悬赏传单。传单被与第三厅进行合作的朝鲜义勇队行动队发现并告知了郭沫若。

我笑着说,“原来还发生过这种事啊”。

我没有询问我这颗人头到底值多少钱,不过如果是给地下组织进行悬赏,那一定是巨万的价格吧。据说传单上分为两个等级标示着活捉的情况下悬赏多少钱、杀死的情况下是多少钱。

冯乃超没有将这件事告诉我,应该是不想让我担心受怕。不过,进入十月以后,包括政治部在内的各政府机关,都开始着手将进行最后的防卫作战部署的人员留下，其他的大批人马作为第二组疏散部队，全部转移到长沙。本来势单力薄的“地下组织”的汉奸们如果发现了政府人员转移的空子，一定会择机加害于我。于是第三厅商讨决定，我也必须与疏散部队一同离开这个是非之地。

大部队出发了。原武汉大学文学部教授，有过日本留学经历的第三厅第七处处长范寿康担任此次疏散部队的统率负责人。离开武昌后，列车到达距离岳阳还不到三分之一的地方——咸宁站。在这里，来往的列车需要错开前行(虽然不敢确定，但在我的记忆中，粤汉线在这时应该还没有复线铺设)，我们的车停了下来等待上行列车的通过。距离发车还有很长一段时间，于是人们纷纷下了车来到了城中走动。

城内因为空袭几乎已经完全变为了废墟。城墙内侧入口处附近的崩塌的房子下，有一个挑着扁担卖吃的的农民。几名士兵从口袋中掏出仅有的几个铜板，买了冷饭来吃。说是冷饭，不过是盖了些辣椒和少量盐，卖的人也都是附近的村子过来的农民。除此之外寥无人烟。崩塌的房子压在了石头路上，毁坏的房屋的柱子或房梁重叠地压在一起。从废墟的缝隙中，可以窥见远处的天空。远处也是一片废墟。

意外地在城外的车站前反而能够看到人影。但也都是我们在去往阳新的路上看到的从战场下来的残败士兵。不过，这附近并没有战场，因此现在在我眼前的一定是从最前线托着受伤的身体到了几十公里外的这里。而这些人应该是三五成群的小队的掉队士兵吧。他们到底能去向哪里呢？武昌的伤兵医院一定早就满员了，而敌人又正从北方袭来。他们也许顺利地混入了经过的列车的车尾，然后朝南而来……在粤海铁路的南侧下了车，好不容易到了这里吧……只能如此推断了。

忽然，我们注意到车站的斜前方有一间板子围起来的小屋，一名警察站在旁边，板墙外围满了人群。走近一看，有一名士兵靠在板墙上哭。围观的人群越来越多，将士兵围了起来。士兵不顾与自己搭话的人说了些什么，只是一味地着了魔似的无力呻吟着，像是马上就要离开人世了。他的脚上包裹着沾满鲜血和脓液的纱布，而全身都在散发着腐臭味。

围观中的一人终于看不下去，叫来了警察。警察表示这名士兵从早上开始就已经在这里了。

“那你就这样放着不管不顾吗?”

“还有什么别的办法吗?”

“难道不能把他抬到哪里，铺上稻草之类的让他休息吗？”

“就如你看到的，附近根本找不到这样的地方啊。”

“医生呢？”

“政府机关呢？”

“警察呢？”

在没有人烟的街道和村子里自然不会有医生。况且，这名士兵应该需要的不是医生而是方丈了。政府和警察即使知道这种情况，也是束手无策。

“你难道不知道这是为国奋战的战士吗？”

警察受到了众人的批判与数落。但是，他当然明白这名战士是为了国家而变成这副模样。他终于无可奈何地解释道：

“这样的士兵不是一个两个人。如果条件允许，我又何尝不想救他们啊。”

“他这样死了要怎么办？”

“只能帮他安置尸体了”。

“你的意思是让他等死？”

“已经来不及了。现在只能自顾自的死活，没有任何人能救得了。”

“送去政府机关。你快带路。”

这时，发车的警报声响了起来。人们不得不回到车上，放弃了救治这名士兵……我们也混在了接连不断地返回列车的人群中。我们自己和警察又有什么两样呢？受责备数落的警察也是无可奈何。他自然也知道这是十分残酷的，然而，谁又能做些什么呢？

听到我这样说，温厚的老教授有些不知要说些什么，劝解我：

“这都是政府的问题啊。都是因为政府。这个……中国啊……必须要做点什么了。在地方，还在搞‘拉夫’‘抓壮丁’之类的。”

“话虽如此，但是，在从战场退回的沿路各处，至少应该建几个饮水处吧？通过民众组织来设立也未尝不可。”

听到我这么说，他立马露出“能这样问可真是傻瓜”的神情回道：

“村民们一看到军队，立刻就吓跑了。而且，如果随意地成立民众组织，反而会被认为是共产党。因此政府不会这么干。也不可能去干。”

之后，我们又心情沉重地继续着乏味的旅程。列车依旧以十分缓慢的状态，走走停停又停停走走。与幸子信上所写一样。就这样，总算过了岳阳，第二天的夜里到达了长沙。

在负责接站的人的引领下，我们在星空下沿着灯火昏暗的街道笔直地朝北郊行进。在并不宽敞的阴暗道路上，炸弹炸出的直径约三米的钵子形的洞一个接一个。原来,随着武汉的最后一战的逼近,这里也遭受了相当激烈的战略性轰炸啊。我们被带到了看上去是地主宅子的宏大的两层木制建造的家中。楼上的四间带家具的房屋,被当作我们的宿舍。次日清晨走到前庭,发现两侧都有通向入口的楼梯。家中还有凸字形的水泥制防空洞,洞上的土堆被装饰成庭院景观。

廖体仁前来拜访,通知我们已经准备好了次日清晨前往常德的大巴车票。

位于贵州省深山中的水源地沅江水,流入洞庭湖的西南端的河口。常德是扼住这一河口要地的物资集散地,是一座富裕的港口城市。第二俘虏收容所就位于其西郊的岸边,原是一座作为盐关(对食盐的输入、贩卖进行征税的海关)使用的古老建筑。日本人、朝鲜人以及一名白俄罗斯人,合计约一百三十多名的俘虏被收容在这里。

关于这次的访问记录,我总结为《和平村记》,在夏衍发行的《救亡日报》上进行连载。回国后又将其原原本本在日本的出版物上进行出版,因此在这里不再做无谓的叙述。只将这个收容所被称作"和平村"的原因进行简单介绍——当时的收容所所长邹任之是一个十分有想法的人。并不是将这些人作为"俘虏"收容在此,而是作为"被解放的市民",让他们能够过上"自治的生活"。于是给收容所取了这样的名字。当然这并不表示这些被收容的人在法律上不再是"俘虏"的身份了,这种命名只是收容所管理的一种形式罢了。这样的命名可以说功罪各半,但也存在一定问题。不过,在我不久之后的报告,《日本人民反战联盟》中也会有所提及,这里暂不做赘述。继续回到武汉战役的后续情况。

我们结束了收容所的视察再次回到长沙时,已经是十月中旬了。之后,我频繁收到幸子希望回到"武汉"的信,决定前去看望她。于是我带着常云波乘着火车向衡山出发了。衡山距离长沙并不远,正常只需要不到半日时间。然而,列车每每受到空袭警报的威胁总要停下车,乘客们也不得不跑到附近的树林或山丘的背阴处躲避。于是,如此近的距离,几乎花费了一天一夜才到达。

衡山的人口不足三万,位于中国的五岳之一的"南岳"的山麓下,是一座十分有历史渊源的小城。郊外有一座寺院,宽广的院内有几栋涂着红漆的寺院建筑和宝塔。寺院的一部分被代理厅长杜守素(老共产党员)所率领的第三厅疏散部队征用。幸子被分配到其中一间整洁的房间,过着在都市中想想都奢侈的平静安定的生活。我们先去拜访了杜守素。

在这期间,职员们为了欢迎稀客而络绎不绝地集合过来。他们迫不及待地询问汉口的现状、我的战地访问情况以及收容所的视察情况。最后,也和其他地方一样，不忘询问一句："武汉还能撑多久呢？"

我仿佛摇身一变成了由阳新回程的路上同车的苏联军事顾问。我回答他们："任何时候都有可能。放心吧，正月可以在武汉过呢。"

"真的吗？"

"喂！鹿地先生说，可以在武汉过年呢！"大家兴奋地欢呼起来。

就在这里，电话室的电话响了起来。

一会儿，接电话的人回来通知

"武汉告急啦！这是最后的通知电话。"

所有人怔住了，面面相觑。然后一齐看向了我。接着，大家一起笑了起来，我也跟着笑了。

但我还是觉得有些蹊跷。日军早在一个月前就曾宣告将于十月二十五日占领武汉。而今天正是十月二十五日。真正的战争有可能如此准确吗？虽然谁也没有提出异议，但总觉得有些奇怪。日军为了能迅速攻入武汉，争分夺秒地从南北两个方向争打头阵走到现在。然后，完全按照预告的时间，不早也不晚地就攻下了？

而且，虽然这时还没有正式的发表，但是在早先一日的十月二十四日，日军占领了早前没有占领预兆的广州。不过三千人的陆上部队一举进攻，一天之内就将十万大军击退了。甚至都没有交战。

这是一个谜团。该如何解释这个谜呢？……

当天晚上，团圆后的我们夫妇二人，受到了集合到衡山的政治部干部（张厉生副部长等人）的热情款待。第二天，我们搭乘着前往长沙的总务厅副厅长庄明远的车返回了长沙。

## 第九章　战争仍在继续

克劳塞维茨曾说过："战争是政治的继续。"这句话后我想再补充一句："战争需要随机应变。"蒋介石曾宣称，"要将最后一滴血流在武汉"，这是国民党方面对于"东方马德里"的口号。然而，在最后一瞬间，蒋介石在苏联战斗机部队的掩护下飞出了武汉上空。当然，我并没有要对这一做法进行谴责的意思。问题在于他是否真的进行了这"最后一战"。

另外，苏联军事顾问曾经说过的"武汉撑到任何时候都是有可能的"这句对于当时的战况的预测是一次判定失误吗？难道我对战局的分析预测也是错的吗？日本方面宣告将于十月二十五日占领武汉，并不能说明他们有先见之明。当时的中国军队绝对没有完全丧失抵抗能力，而是对战争随机应变，当机进退。中国军队将主力军从敌人的包围中突围出来，转移到有利阵地。这次撤退行动是在武汉失陷之前进行的。十月中旬，在我结束了常德的俘虏收容所的视察工作后，在去往衡山迎接幸子的途中，曾经看到中国方面的部队、装备着炮弹的马车，接连不断地排列着与铁路并列着行军。忽隐忽现地，扬着尘土朝着湖南省南部行进。日军既然已经宣布“不以蒋介石（国民党）为对手”，不管是“傻瓜”还是“笨蛋”都知道，必须做好长期战斗的准备了。

同年的五月下旬至六月上旬，毛泽东在延安的抗日战争研究会上举行了《论持久战》的演讲。我曾听朱杰夫提过，当时的国民党方面的总参谋长白崇禧深受感动，并推荐蒋介石阅读该演讲稿。这在当时被传为一段佳话。然而，正如哪里都会发生的，在当时的国民党右派中频繁地进行“短期速决战”的鲁莽主张，同时宣扬“必须由持有武器的军队进行抗战”，坚决反对由民众参与的全面抗战。然而，要进行“短期速决战”，武器装备的优劣是决定性的因素。也就是说，如果不通过“民众参加”“发挥武装之外的人民的创意”，即不通过民族的综合战斗力来弥补装备上的劣势，中国方面绝对没有胜算。而有效地利用时间和空间，也是不能避而不谈的战略性条件。对于那些无知地认为利用民众武装力量，即是给了共产主义者机会的没有责任感的家伙，根本没有资格谈论什么“战胜”。

况且在这一方面，中国有无限的潜在能力。“西方的马德里”因为距离上的困难无法得到苏联军队的援助且缺乏强大的后方力量，在这些不利的自然条件下，如果一味苦苦坚守也一定会失败，而“东方的”却不同，比起一城一池的阵地战争，广阔大地的先天条件对于开展“运动战”十分有利。不仅如此，换句话说，这片土地上有着各种与生俱来的作战条件。

因此，不论是在“十月末”放弃武汉，还是“十一月”又或者“十二月”，只是均衡了其他作战条件后作出的选择罢了。而对武汉的放弃，并不会产生大的影响。因此，决不能将武汉的放弃与“不战而逃”混为一谈。但是以此为理由轻易放弃武汉也是绝不允许的。在“武汉失陷”的几日前（十月二十一日）的“广州失陷”就是一次前车之鉴。依赖“外援物资的输送”进行抗战的国民党本身就存在问题，这种依赖决定了从香港而来的运送干线注定要被切断。郭沫若在自己的《抗日战争回忆录》中写道：“广州的失陷，使已经动摇着的武汉更加动摇了起来，毫无疑问对于进攻武汉的敌人则更给予了刺激和鼓舞。”事实也确实如此。

在我看来，日军的占领预告不过是一种心理战术。而蒋介石方面在那段时间内是在筹备下一战略阶段的工作部署，时机成熟以后，按照原定计划从空路撤退了而已。因此，与其说赢得战争主动权的是日军，应该说是中国军队。留给日军的不过是一座空城，妄图捕捉歼灭中国军队主力的计划完全破灭了。不管三七二十一，习惯打头阵的日军，在突破大别山脉，由北侧进军的部队到达汉口北郊时，原定在扬子江南岸截断中国军队退路的南路部队，甚至都没有到达粤汉线。终于到达已经是空城的咸阳的日军先锋部队，开始追逐中国方面的后卫部队。为了先确保武汉被占领，充其量也只能继续向岳阳进军。

根据郭沫若的《回忆录》，中共机关所属的《新华日报》和政治部发行的《扫荡报》坚持到了最后一刻的二十四日。《扫荡报》的社论由郭沫若亲自执笔。之后他与政治部第三厅和国民党国际宣传课共同举办，与外国新闻记者举行了“最后的记者会见”。并在一切工作结束后乘车绕市内一周进行最后的检查。在巡查中，他看到即使在最后时刻，政治部与朝鲜义勇队共同合作，分为几人一组的小分队，依然在全市范围内进行“对敌宣传”。将标语用粉笔写在了建筑物的墙或屏壁上。他深受感动。在圆满结束了一切工作后，他们在江边集合，乘船离开了武汉。

我们在长沙担忧他们是否成功脱险，翘首期盼着他们的到来。首先是冯乃超所在的小组回归了组织。我们看着他被太阳晒得黝黑的脸庞，握着手欣喜地庆祝着。据他说，他们走水路经扬子江进入洞庭湖，到达南岸后向当地政府申请了卡车来到了长沙。然而，不久后传来了他的夫人声韵女士的消息。他夫人体弱多病(肺病)，已经于一个多月以前就离开了武昌，计划在四川省万县的娘家疗养一段时间，不料现在还被困在途中的宜昌的旅馆中，等待沿三峡逆流而上的客船。现在旅费用尽，病情也在进一步恶化，于是向冯乃超发出了救援的信号。我劝他：“现在什么都不要管，快去找她！”幸运的是，第三厅正好在这个时候有没被征用的卡车。于是他乘上卡车朝着宜昌出发了，为夫人送去旅费并把她送上朝重庆转移的客船上，然后在沙市(大约在武昌与宜昌的中间)折返回来。并计划在沙市迎接到达此地的郭沫若一行，一同返回长沙。到达后，郭沫若和爱人于立群、田汉、冯乃超四人与我们夫妻二人一同居住，范寿康转移到了其他宿舍。

长沙阵地也变得热闹起来了。不，这刚好表明水位正在刻不容缓地上涨中，形势正在急速变化中。“改变方向”的大部队和野战医院等，也都接连不断地聚集到此处，等到军队和其他机关的留守人员全部转移到这里时，这座百万人口的都市转眼间膨胀到将近两倍的人口。其中还有曾经高喊着“带领朝鲜义勇队参与最后的决战”的青山和夫，他与王芃生同车而来，住在离我们的住处不远的旅馆中，并主动联系了我们。见面后，他写满失意的脸庞一下子明朗起来，心情大好地跟我聊起这次的旅行。逃离武汉的当晚，车子沿着田地前行途中，看到前方有人在晃动着煤油提灯。因为不清楚对方是敌是友，只能折返车子，找到一条迂回的小路继续前行。不过，如果说这是日军摇着煤油灯向中国方面发出信号自然是讲不通的，因此应该是中国方面的后卫部队为了告知前方道路行不通或者已经被破坏，而发出的信号吧。又或者是(根据我的经验推测)伤兵医院的轻伤患者们为了拦下通过的卡车请求“搭车”而发出信号显示自己的位置吧。不过无论事实如何，在这种关键时期采取“迂回”政策绝对是最正确的判断。因为已经有消息在传，逃兵中的一部分已经化为匪贼开始进行抢劫夺掠。即使是计划周全地进行撤退，在这种混乱时期，在哪里遭遇什么都不足为奇。

“接下来，你们要直奔重庆了吗?”

“不，我下面要去常德的俘虏收容所，到俘虏中一同生活。而王芃生将返回重庆，一段时间内我们将分开行动。”

“太好了，其实我刚从常德回来。我可以跟你说些我看到听到的，给你做参考呀。”

不过比起听我说，他完全沉浸在自己的世界，一味地讲述着自己的抱负。

“……我的想法是，一开始先不对他们进行思想教育，而是耐心地听他们诉说。单纯地作为一个聆听者。然后等到了他们愿意听我说话的时候，我再通知你。到时候你要来支援我呀。因为我是不太会说话的啊。”

“靠你了。有你在那边的话，一定能干出成果。期待你的好消息啊。”

不久，他就离开长沙，朝着常德出发了。

长沙的街道上是清一色的军装。其中也有很多伤兵，有用绷带包着头的，有吊着胳膊的，还有拄着松树枝的。并且随着时间推移，伤兵人数也在逐渐增加。到达咸阳的日军，迅速沿着铁道线对朝南撤退的中国军队进行追击。不知是为了保住已占领地带还是为了扩张前进的据点，日军片刻不停地朝着长沙进攻。中国方面也还没有弄懂日军的真正目的。

长沙又开始动摇了。武汉到长沙的距离，大约同武汉到安庆的距离相差无几。在如此猛烈的大战之后，让人不由诧异日军居然要“一举进攻至长沙”。然而，日军的进击确实没有任何迟疑，双方的最前线陷入了流动作战状态。各种情报满天飞，因此绝不能有半点懈怠。可以确定的是，日军的先锋部队正以岳阳为目标一刻不停地靠近。这里是扼住湖南省境内的洞庭湖南口的要塞，最终汇入扬子江。而这时的长沙，正因为不断流入的部队和伤兵医院等，人口几乎要饱和了。这段时间内，我们曾受郭沫若的邀请，来到市内有名的湖南料理老店“李合盛”就餐。周恩来和叶挺也一同前往了。这时我初次有幸与叶挺见面。郭沫若的《抗日战争回忆录》中提到，在武汉失陷前的最后时期里，出乎意料的是朱德竟然现身武汉，不过又马不停蹄地离开了。当时由于我已经转移至长沙，自然没能有机会与这位将军会面。但是，反而得以和叶挺喝上了一杯。

这两位将军，一名现身武汉，另一名现身长沙，虽然不知道他们前往两地的目的。但是据我的推测，应该是为了商量什么重要的决策吧。这一天发生的另一件事令我记忆犹新。街道上人满为患的士兵的一部分开始了乞讨生活，他们时常会进入这些料理店一间一间地询问。虽然在武汉也看到过类似的场景，这里同样对向客人乞食的行为放任不管。一个士兵走进我们所在的料理店，不知好歹地向周恩来乞食。周恩来将那个士兵从头顶到脚趾打量了一番后，说道：

“你是逃兵吧？快回部队去！”

士兵露出心虚的神情，转身走出了料理店。

整个城市又进入了撤退模式。为了应对紧急情况，首先从伤兵医院开始转移。紧接着是政府和国民党机关的撤退。为了能够尽快转移，想要坐上车的人群混乱地挤在车站的窗口。随着人群的增多变得越来越拥挤不堪。大大小小的店铺全都关门了，繁荣的街道一转眼变得萧条起来。在这混乱的撤退行动中，政府下令要求第三厅开始着手进行转移准备工作。岳阳被占领的日子是在十一月十二日，于是所有人都开始焦虑起来。身体虚弱的幸子说出了她的担忧：“我这样的体质可该怎么办啊。”总之，在还来得及的时候一定要先把必需品全部备好。于是，我被她硬拽着来到了街上。她想要的东西都没能找到。最后，终于发现了一家正要关门收摊的食品店，我们用抛售的便宜价格买下了所有的水果罐头后回了家。

我们离开大路，刚走到朝第三厅所在的长沙中学转弯处时，没想到副厅长范扬正从对面朝我们走来。他眼睛眯着，犹如一只被吓破胆的老鼠对我们说：

“哎呀，鹿地先生这是要到哪里去？你们什么时候出发呀？”

“出发？并没有要去哪里……形势已经如此紧迫了吗？”

“原来你们还不知道啊。日军已经到达附近啦。”

“怎么可能……”

我不由得看着他笑起来。他完全是一副在逃避追捕的神情。

“怎么不可能……现在已经不是说这些有的没的的时候啦。来，借一步说话。”

他拉起我的衣袖，将我带到路旁的电线杆的后侧小声说道：

“遇到你正好。那我就把刚刚收到的情报告诉你。日军马上就要进入这座城市啦，你们赶快出发，晚一步的话就无力回天了，我这就带上家人朝重庆逃跑。”

“可是范先生，即使要出发，我们也并没有车啊”。

“你说车？第三厅有的呀。你快跟郭先生提出派车的请求。你们可是部长的尊贵客人，要求的话一定会准许的。总之一定要尽快。不要怪我没有提醒。赶快出发。那我就此告别了，车子正在等我。”

慌忙与我们告别后就消失在了街角处。“啧!”看到他这副样子，我不禁咋舌。

“没有必要惊慌失措的啊。不知道他是从哪里得来的情报，即便确实如此，郭先生也不可能不告知我们的。”

于是我们二人回到宿舍等待消息。晚饭时，冯乃超从政府赶了回来。我先将在街上遇到范扬的对话告知了他。冯乃超听后，脸上露出平常没有过的嫌恶神情：

“范扬已经先逃跑了呢。”

他气愤地解释道，范扬一大早就到了政府，向副官申请提供一辆第三厅的卡车。在以没有厅长许可无权出车为理由被拒绝后，他竟不请自来地到了郭沫若处。在听到郭沫若表示第三厅只有四台卡车，包括自己在内没有能够给个人使用的卡车时，开始大喊大叫。末了，郭沫若也发怒了，用比他更大的音量将他呵斥了一番。以为事情就这样结束了，不料他向不了解事情来龙去脉的其他副官谎称已经得到厅长首肯才拿到了车，就带领一家老小和堆积如山的财产刚刚溜走了。

我笑道：“怪不得是那副样子！你没看到他当时的惊慌样子……”

“这家伙一定是想要拉拢你们，让你们能帮忙讲点好话。”

“话说，形势真的如此险恶了吗？”

冯乃超变回了以往的温厚神情解释道：

“并没有这样糟糕。今明两天之内，大部队应该会向后方转移。为此，今晚将召开一个紧急干部会议。晚饭后我会马上过去，为了保证能随时联系上，你们待在家里不要出门。”

幸子神情紧张地说出了自己的担心，转移时自己的身体状况可能会造成不便。冯乃超若无其事地点点头：

“这样的话，你就同立群一起，乘坐郭先生的车事先转移就可以啦。我会帮你打好招呼的。”

她终于舒了一口气：“这样的话我就放心了呀。”

晚饭还没准备好，第三厅的传令士兵就来了。冯乃超刚喘口气，就又不得不马不停蹄地赶回三厅。他走后不久，秘书就带着冯乃超的草书信，赶到了我们的住处。

“报告。请把郭夫人一同叫来。”

还是到这一刻了！将走廊另一侧的房间里的郭夫人于立群叫来后，秘书开始传达报告。

“明早五点，夏衍先生和孙施谊先生将开车前来迎接。两位夫人随车即刻赶往桂林。请在今晚将一切行李收拾好。冯课长和郭厅长今晚都不会回来。明早他们的车出发后，鹿地先生就请与勤务兵一道，带着冯课长和您自己的行李迅速到政府集合。随后大家一起前往车站。各位听清了吗？那么，我再重复一遍计划……”

秘书将告知内容又复述了一遍后返回了政府。

家中开始了慌乱的转移准备工作。

幸子首先将采购到的罐头全都塞进行李箱的一角，然后开始其他行李的整理。而我的行李则相对简单，从冯乃超的房间里搬出一个行李箱后，将自己和他的衣服一同塞进去后就完成了。然而，在对面房间中，勤务兵为了将郭沫若汗牛充栋的文献书籍全都打包起来已经是大汗淋漓，焦急地几乎要哭出声，伴随着于立群的呵斥声，整晚不绝于耳。

战局到底如何了？全然没有头绪。总是在无法预知的情况下被推着往前走。最后的时刻终于到来了。这真的只是国民党的战争吗？即使在这一刻，在陷入没有退路的境地的最后瞬间，似乎还是没有清晰认识到自己所处的形势。

再说起那个仓皇而逃的“范扬”就让人倒胃口！他毕业于东京大学法学系，在第三厅成立后被设计委员会提拔，受郭沫若推荐成为了陈诚的秘书。但事实是个“吃闲饭”的，被所有人嫌恶。他之所以会说“第三厅有车的哟”，是因为他对情况知其一不知其二。郭沫若的《回忆录》中提到，以三厅为主在武汉举行的捐赠活动中筹集了巨额钱款。第三厅秘书长阳翰笙和程步高便带着捐款的一部分前往了香港，计划采购捐赠给军队的医药品和医疗器具。不料，广州竟落入了敌军手中（十月二十一日）。于是我（郭沫若）命令他们，干脆买下十台卡车加满油，再次将货物从海防卸载后运到昆明，然后从昆明运往重庆。得知此消息的范扬便认定三厅内有足够的卡车吧。但事实上，那些车还在运往重庆的途中，自然也赶不上这次的撤退了。即使运来了，也需将这些车分别分配给各个厅，绝不可能由第三厅独占。因此，怎么可能还有给“吃闲饭”的人用的卡车呢？（这只是玩笑话。但逃亡到重庆后的范扬之后的行踪，我再没有听说过。不过他确实是放弃了“第三厅副厅长”的位子）

近来，幸子也变得平和了许多。来到这里后，她养了一只夹杂着白色和茶褐色斑点的小猫。正是最可爱的时候。

“你准备怎么安置猫呢？”

“当然带去啦。反正是坐车嘛。”

她坐在床上，将猫咪放在腿上抚摸着说道。

第二天一早——天还未亮，夏衍笑嘻嘻地带着孙师毅（施谊）就到了我们的住处。郭夫人屋里通宵打包的声音依然不绝于耳。

“都准备好了吗？这次由我负责护送两位夫人，请放心吧。”

“哎呀，辛苦你了。总之拜托你了。”

趁我们握手告别的时候，幸子兴冲冲地开始准备行前的最后一杯咖啡。

“我去看看。”说着，施谊进了郭夫人的房间。不一会儿，房间里传来了惊愕的声音：

“这是要干什么！这些东西都扔了，全部都扔掉！”

“可是……”

“快扔掉！”

被好友训斥后，郭夫人气得尖叫起来。

我们这一边，幸子一边将咖啡杯递给夏衍，一边说道：

“因为听说广州也被攻占了，不知道你们怎么样了。我一直担心呢。”

“不用担心。等转移到桂林以后，我们会继续发行《救亡日报》的。其他人都已经转移过去了。”

“这么说，大家马上又能见面了呀。”

已经习惯了应对这种场面的孙施谊一出现，郭夫人的房间就整理好了。接着，孙施谊先走出了郭夫人房间。度过了一个不眠夜，眼睛都泛起了红血丝的郭夫人一边揉搓着眼睛一边说：

“啊呀呀，我今天要在车上好好地睡上一觉。”

摊着双手，叹息着笑了。

郭夫人也大着肚子，和幸子差不多大小。负责护送这两位女士的夏衍和孙施谊，可算是背负了两件不好对付的大行李呀。

我将他们一行人送走后，紧紧地扣上了腰带，让穿着护腿套和脚底袜的勤务兵杨云波将行李挂到秤杆上，一起离开了宿舍。

真是一个神清气爽的早晨啊。街上还没有人影。我们二人的吧嗒吧嗒的脚步声，回荡在沁人心脾的晴空中。不过，走到大马路时发现那里已经有了行人。道路两侧都是被钉子钉住的紧闭的大门，我们从中间穿过，其他人也都是朝同一方向前行。也许是因为时间还早，昨天还人山人海的热闹大街上，这时却像靠近终点的马拉松跑道一般，只有零星几个人。没有人有闲暇看往别处，全都一言不发地前行。用于捆扎的麻绳和纸屑凄凉地落在柏油马路上，时而有一两辆卡车经过。

我时不时地回头问道："没事儿吧？"

"没事儿，先生。您不需要在意我，快赶路吧。"

真是一个值得信赖的人。我每当看到这个男人的脸，总会在他身上看到孙悟空的影子。说起"老四军"，是三十年代的红军，也是今天的"新四军"的前身。他一直在负责照顾孩子剧团(由上海周边的难民的孩子们组织成立的抗日宣传队中的剧团)，在将孩子们送到武汉后，就将剧团交由第三厅管理。之后被冯乃超看中，负责担任我的护卫并照料我的生活。自那以后，我们之间的关系就不再是军官和士兵的上下级关系了，而是绝对信赖的同志关系。今天的他，脸上依然透露着生气。

到达了三厅所在的长沙中学后，那里正处于从昨夜开始已经是天翻地覆般的混乱中。大包小包的行李被堆积成山，正被搬往到卡车中。这些行李之后将被装载到湘江码头的轮船上运送出去。士兵们手忙脚乱地忙活着。负责指挥的副官之一看到我后说道：

"您就是鹿地先生吗？冯课长正在开会，我马上通报他。"

说到"鹿先生"就想到"冯课长"，这似乎已经成了大家的默契。冯乃超肿着眼睛出现，带着一脸疲惫却依然满面笑容：

"呀，你来啦。不过我们这边会议还没结束。"

"通宵了吗？真不容易。"

"夏衍他们已经出发了吗？"

"嗯。我们也马上出发了吗？"

"对，上午就出发。秘书已经一个人先去车站做准备了。等到通知发车，咱们就一起过去。如果错过了这班车，就再也没有了。出发前周先生会过来进行转移前的查点，结束后我们就出发。等乘上了车就有了闲暇时间，到时候我们再慢慢聊。”

“来，抽一根吧。你的纸烟也已经帮你装好了。”

他笑着，从我递过去的烟盒中抽出一根，点了火深吸了一口。一边吐着烟圈一边说：

“转移的准备工作实在不容易。因此，平日就在管理剧团的孙施谊当然比我更加适合这份工作。但是被那家伙狡猾地推掉了呀。昨晚的会议上他抢先发言，将责任推给了我。结果就这么通过了。其实我本来打算主动提出护送两位夫人，与夏衍一起先行出发至桂林建立基地。他好像在那次武汉转移中吃尽了苦头。”

“果然是不容易啊。不过伺候那两位夫人可是和一个师团差不多呢。”

冯乃超苦笑了起来。

“你现在在忙吧。不用管在意我，快去吧。”

他点点头，表示还要一个小时左右，就转身回到了厅长室。

杨云波说要去看望孩子剧团的孩子们，往校舍后院走去。我一个人在院子里的大石头上坐下，望着眼前为转移工作忙碌的人。真是一项大工程啊。一个百万人口的都市，单单靠湘江的船运和一条铁路与外界相连。现在要将蜂拥而至的人群转移出去，如何分批次转移，转移后的宿舍如何组合分配，真是极其复杂的作战行动啊。

按照第三厅的计划，先将所有材料装载后用卡车运到停车场的货车上。剩下的物品装载到三台卡车上后，基建队也一同乘车先行出发。同一时间，年轻力壮的人被编成徒步部队也出发上路。最后，转移干部团和剩下的人员一同前往车站。

将棉被叠好扎紧，一身行军装束的年轻的基建队队长，向冯课长报告：

“冯课长，基建队现在开始出发。”

“好！辛苦了。路上多加小心。”

于是，徒步部队一个接一个地出发了。

基建队一定是其中最辛苦的。不只是第三厅，其他的各政府机关以及其他的部队，都一时间朝同一方向开始前行。如果没有事先规划好，可能路上联合适的休息地都找不到。徒步部队的队员们经常需要歇脚，在前行路上的各处一定会人满为患。甚至找到吃干粮的地方都并非易事。因此，第一队离开一个休息点后，第二队就立马补上去。这样保持一定的间隔，像下象棋一样保持秩序前行。

约定的一小时转眼就过去了。我为了不干扰大家的工作，绕到各个教室转了一圈后，来到操场上闲庭散步。又绕了一圈走进最早去过的一间教室里，看样子准备工作还在继续。于是我微闭双眼，在讲台上平躺下来。侧耳倾听，远方既没有炸弹声，也没有螺旋桨的回声。就这样迷迷糊糊睡了过去。一会儿，被乱哄哄的脚步声吵醒，忽的一下站了起来。

“啊，在这里！大家快过来！我找到先生啦！”

“哇，先生在这里！”

“先生，您睡着了吗？”

伴随着欢快的声音，我被孩子剧团的孩子们，十几二十层地围了起来。刚站起身的我被孩子们朝各个方向拖拽着。马上就要九岁的，有着圆圆的大眼睛的可爱女孩儿小陈也在其中。小刘、小吕、小李、小张……大家的名字前都加上了“小”字，真是一群中国抗日时期的吉祥娃娃啊。

“什么嘛！原来是你们这群小家伙！”

“先生，您吓了一跳吗？”

“杨同志告诉我们先生也来了，我们可是把你好一番找呢。”

“他说这次先生也和我们一起出发呢。在衡山的时候，我们都是和妈妈在一起的哟。”

“先生，妈妈已经出发了吗？为什么妈妈不和我们一起走呢？”

“因为妈妈要生小宝宝的。”有人代我答道。

“啊，是呀是呀。妈妈要生小妹妹了呢。”

“喂，先生。小妹妹出生以后，能让她也加入我们孩子剧团吗？我们一定会照顾好她的。”

“没问题，就交给你们啦。”

接着又是一阵欢呼声。

“这么说，你们这次也跟我一起走对吧。”

这时，有着细长眼睛的小陈脸上露出一丝伤感：

“不是大家都去呢。我们要留在这里。”

“留下来？为什么？”

年长又有着一双聪颖的眼睛的小林解释道：

“是的，新生剧团将会留在这里。这个剧团中的湖南孩子不是比较多嘛。因此，他们留在这里继续工作。先生，我们不管是去到哪里，都是为了抗战不是嘛。孩子剧团将会到后方工作，而新生会留在这里……大家今天就要同时被分配到不同的地方了。”

事实上，孩子剧团在到达长沙后，人员不断增加，因此被分作了两个剧团。根据第三厅的转移计划，为了保证后续工作的开展，撤退部队中要保证一定的剧团人员。而以新生剧团为主的各类文工队将避开转移的混乱期，在田汉的指导下被送往湖南农村的各个方面。

“你们真了不起呀。那么，你们都做好出发准备了吗？”

“是呢……时刻准备着。”

“我们的行李十分简单呢。将教科书、笔记本、铅笔和餐具包在被子中就可以啦。”

“是游击队呢。将工作和教室一同带去呢。”

“先生，您要不要去看看，我们平常的生活是怎样的呢？”

说着，小林转向小伙伴们号召起来，

“同志们，让我们带先生去我们的房间，带他参观一下吧！”

“哇！同意！”“同意……”

于是，我像一只被蚁群搬运的猎物一般，手脚被拖着推出了教室。到了主楼和走廊衔接处后的建筑物入口时，几个人超过我飞快地跑了进去。本来待在教室的孩子们也加入了进来，我在雨天宽敞的操场上，成为了人数不断增加的孩子们的俘虏。

“怎么样？先生。我们的宿舍是不是很好！”

原来，在这间空荡荡的建筑物的一角，被整齐地铺上了稻草。稻草上的被子被叠成小小一块整齐排列着。随时都可以立马出发。整洁而又朴素。

“真不错！”

“不过，是不是有些太简单了呀？”

“简单整洁才更好！你们是一只小小的军队，也是一所学校呀。”

小林征得了大家的同意后，开始向我说明。像苏联的共产主义青年团的报告者一样挺直了胸膛。

他们十分热爱自己的工作。因为“人民大众”听到或看到他们的歌声和表演后会露出笑脸。他们受到人民的喜爱和欢迎。他们比起过着普通的大众生活的孩子们，从自己的工作中，学到了更多的东西。也更好地理解了社会与政治。现在，我们能够很好地处理自己的各种事情。大孩子会照顾小孩子，小孩子们也被训练自己的事情要自己处理，学会在团体中担负起自己应尽的责任。工作后我们还会举行批判会，周末时会进行生活内务检查并举行相互批判大会。

一开始也会不适应，也会有许多头疼困惑的时候。较小的孩子们会在夜里因为思念母亲而哭鼻子。也有的孩子因为天黑不敢去厕所而哭鼻子。但是，大家最后都逐渐习惯，对自己所做的工作充满信心，生活也能够自理了。

“可是……”小林稍稍皱起了眉，“但我们明白，这样下去的话，我们的生活中会有重要的一部分缺失。就是教育问题。先生，我们这些孩子，原本都是应该跟在父母左右，上学接受教育的年龄。可是，因为抗战，有人失去了父母，有些分隔两地，连小学也不能上。虽然工作也很重要，但是如果就这样。长大后，就会比普通的孩子落后很多。郭厅长提出了这个问题，然后提出了解决这个难题的对策。”

将孩子剧团和新生剧团分开管理，是解决这个问题的突破口。两个剧团以一定期间为周期交替出动工作。对每次留下的剧团进行正规课程的基础教育。

“这样一来，我们也能够和普通孩子一样学习知识了。学校教的知识，我们都能学到。阅读、算数、识字和绘画都有。您看，那些就是我们的成绩。”

说着，我朝着他手指的对侧的墙壁看去，和世上普通的小学教室的一样，整面墙上贴满了字画。我靠近仔细看着，孩子们期待地望向我的脸：

“怎么样先生，我们写的好吗？”

“很好！真是不错！”

“您一定要说实话。和世上一般学校的孩子相比，差吗？”

“一点也不差！你们是幸运的。这里有如此多好老师，学生们又如此认真努力。比普通的学校的学生要好得多呢。”

孩子们互相望着对方，仿佛松了一口气。站在后面的杨云波就像自己被夸奖一样，满面笑容地将几个孩子一齐搂在了怀里。

“先生，下次您给我们讲讲日本的孩子们的故事吧。”

听到小吕这样问，周围的孩子们全都兴奋起来。一个接一个地开始发问。他们好奇地询问自己和日本的孩子是否一样，日本的孩子们是否也受到了军阀的压迫。

“先生，妈妈教过我们日本孩子们唱的歌呢。大家一起唱给您听吧。您听听，我们唱得对不对喔？”

孩子们一个个微笑着点头，小吕站在最前面起了头。就在大家唱完《征诚寺》这首歌后，组织委员和田汉一起出现了。

“是田所长！”

孩子们欢呼着。田汉身穿金闪闪的舞台装似的军装，腰间别着短枪。像枝头挂满果实的苹果树一般，将孩子们拎了起来，笑逐颜开地走了进来并与我握手。

他是来通知新生剧团要出发了。孩子们如蝗虫一般飞奔向自己的行李又再次集合起来。留下的孩子们和我们一起，来到院子里为他们送行。

## 第十章　燃烧

从早上开始就异常拥堵，一直持续到现在。

乘轮船撤离的职员家属和负责设营的先头部队已经出发。大包小包的行李被接连不断地运走，勤务兵将打包后留在院子中的绳子和纸屑扫成一堆，点火全都烧了。一眼看去就能发现，人正逐渐减少，但干部会议却因为一个接一个的问题还在继续着，不知道何时才能结束。会议期间，田汉邀请我一同去往他口中所说的“梁山泊”取来午餐。他又邀请了郭沫若和冯乃超，如果会议告一段落就一道过来。

留下来的他，今天就是这化为“空城”的城市的主人。他已经完全沉浸在自己的世界中，悠哉游哉。他的皮长靴发出吱嘎吱嘎的响声，洋洋得意地在我前面走着。走到已经没有人影的大路，就看到前面的一大面白墙上，用彩色粉笔鲜艳地写着大字标语——“日军的各位，湖南就是你们的墓地！”

“怎么样，这个标语？”

“真是完美的标语啊！”

我注视着标语问道：“这是你选的标语吗？”

果然是田汉。

“真是大快人心的标语啊！不过，现在的日军士兵们看到了，会作何感想呢？”

如果是战胜的一方这样说，自然是会起到恐吓震慑的作用。但是被击退的一方说出这种话，很可能会被对方笑话，认为是“真是狂妄自大的家伙”！况且，这并不是反侵略、反战争的宣传语，而是带着挑战意味的，只是想夺得喝彩的做法。不免有不自量力的“空口号”之嫌。我将这种想法委婉地告诉了他，他听后“哈哈哈”地大笑起来。他告诉我的本意应该是希望我能予以称赞吧，不料我却提出了批评，恐怕是因为尴尬而想要一笑而过吧。但不管怎么说，他确实是个有才之人。我不禁想到鲁迅曾经评价他为“就如贵国的林房雄一样的人”。

刚到武汉之时，我曾受他邀请观看过他的新作品，旧式话剧《哭秦庭》。这部作品取材于古代历史中的春秋战国时期，是一部反映时局的作品。“秦庭”自然指的是“秦国的宫廷”。讲述的是，被东西两侧的“燕国”和“秦国”夹在中间的“赵国”(因对历史知识记忆模糊,如果国名有错误,请自行修正进行阅读)收到了来自东方的“燕国”的攻击,“赵国”宰相亲自出访西方的“秦国”,拜见了秦国君主,请求秦派援军救赵。秦国君主表示自己的国家并没有受到侵略,于是拒绝了宰相的邀请并转身离去。整整三天三夜,赵国宰相一直在哭着劝诫秦国君主,“如果唇亡,牙齿也会感到寒冷啊”,力图秦君能够明白双方的关系之密切,利害与共。最终,秦国终于被他的诚意打动,同意出兵讨伐燕军拯救赵国。这就是“唇齿之邦”这个成语由来的典故。而这一时期的“唇齿之邦”,自然指的就是苏联和美英诸国。

我恍然大悟一般地思考着。然而,跟冯乃超说出我的想法后,他露出了为难的表情说“这就完全体现了国民党的意向形态啊”。确实如此！还有一个重要的问题被我忽略了。对于当今的中国,最关键的一点是鼓励“自主抗战”,积极站在“反法西斯战线”的最前沿战斗,必须要做出表率,激励列国也都参与到全面抗战中。而不是花费三天三夜,只是一味地哭着祈求援救。冯乃超在这一点上,严肃地划清了界限。

而田汉在这一点上则有些含糊不清。他因为自己的才气稍稍有些桀骜不驯。包括这句“日本的诸位”的标语,虽然是一句大快人心的好句子,但就目前的战况来说,如果是由中国方面说出这种话,实在有些让人觉得不太恰当。而《哭秦庭》也断然与现代中国应该有的抗战态度是相互矛盾的。

不过,他(田汉)还是有过人之处。在郭沫若的《抗日战争回忆录》中记录着,当他(郭沫若)最初到达武汉时,对国民党的所作所为厌恶并唾弃,对于国民党统治下的中国感到失望透顶。于是逃往长沙,并准备前往国外游学。中共方面为了将他召回武汉,派出了他的爱人于立群作为代表前往长沙进行劝说。不过,他仍然犹豫不决,没有发表明确的态度。

寿昌在一旁催促:“这还有什么值得考虑的呢?我不入地狱,谁入地狱！朋友们都在地狱门口等着,难道你一个人还要留在天堂里吗?”

“那么,你是愿意入地狱了?”

“当然,不会让你一个人受罪!”

“好吧,”我决了心这样回答,“我们就去受罪吧。不过,我的问题很简单,说走随时都可以走。你呢?现在就要看你了。”

寿昌大笑起来,掉头对着立群说:“不辱使命！毕竟还是女性的力量大,爱情的力量大呵!”

上述是将郭沫若的《回忆录》中的一段,原原本本地摘抄下来的。从这段对话中就可以看出田汉身上有珍惜友情又天真烂漫的特质。这次被指出标语存在的问题,他也是同样“哈哈哈”地大笑起来。

人群纷纷向城外移动,道路上的弹痕和炸倒的墙壁让人觉得分外萧条冷清。在一片废墟的地面的上有一个洞口,我不禁感叹在这种地方居然还有住着人的小屋。田汉将我带入小屋中。进去以后真是别有洞天,热水已经烧开,桌子上摆放着极好的美食和美酒。勤务兵笑嘻嘻地递过热毛巾后,又端来了热腾腾的茶水。

“真是太惊喜了！现在居然还能弄到如此美食。”

“哈哈哈……梁山泊上什么都有的。快,脱了上衣,咱们好好喝一杯。”

说着,他解开了腰带,脱掉上衣交到勤务兵手中。催促着让我也脱掉上衣。

“来,干杯!”

“真可惜啊。郭老他们也能休息一会,过来一起喝就好了。要不再派人去叫他们一次。”

他迅速拿来纸和砚,奋笔疾书写下几笔。正当勤务兵准备带上纸条走出去时,杨云波跑来找我,正好站在了入口处。

“先生,警备司令部发来紧急命令。现在马上就撤退。”

“好!”我站起身来应和道。

田汉沉着地说:“原来如此。”

他也站起身来说:

“那就让我们再干最后一杯吧。”

我们碰杯后一口气喝了下去。紧紧握住对方的手后,我就跟在杨云波的身后疾步朝着学校走去。

从这开始,所经历的事情就像一场梦一般。到达学校后,刚刚到达的周恩来完成了行动计划的最终审核,而徒步部队的全体队员也集合完毕了。结束了一顿训话后,各队接连不断地出发。而周恩来跟我亲切握手后,同郭沫若一道,让我搭乘他们的车子送我了一程(到第一晚的宿营地点)。而他们由于明天还要出席在南岳的紧急军事会议,匆匆地返了回去。

之后,我们两顿饭并做一顿吃,吃了干部团让炊事兵做的蛋炒饭填饱了肚子。吃完,就一群人浩浩荡荡地朝车站前进。抬着行李的勤务兵们跟在了后面。

冯乃超脸上写满了疲惫。

“看上去形势十分紧急啊?”我问道。

“貌似是这样。”他回答。

“日军似乎已经追到了五公里的郊外了。”范寿康在旁说道。

“马上就能发车吧？”

“不太清楚。刚才已经派人去车站询问过了，但车站站务员似乎也不能确定。现在能做的只有待命了。”

晚秋时节，太阳早早就落了下去。街道两旁的低矮的店铺全都大门紧闭，万籁俱寂。只听得见吧嗒吧嗒赶路的脚步声，让人感到一种压迫紧张感。当车子停到了车站广场上时，我不禁倒吸一口凉气。是海！人海！还在想早上的慌乱的人群都到哪里去了，没想到都汇集在了这里，堵了个水泄不通。好歹也是有百万人口的都市，车站竟然如此简陋寒酸。木制的站内建筑，似乎漂浮在人流中，马上就要被冲走了。再看车站内，站台也如同赛马场观战席一般，人头一个压一个地摞在了一起。

我们一行人，在人流中涌动着、推挤着前行。到了检票口，发现早上就已经到了的职员家属们依然还在推挤着移动。这时，站台联络员上气不接下气地跑过来，担忧地说，列车的分配表已经编好了，但是还是不知道列车何时才能来。

“不知道来不来得及。”范寿康小声咕哝着。然而谁也回答不了。

铁道全线已经完全超越了运输极限，有限的车辆一刻不停地循环往复。满怀期待地以为自己被分配的号码的列车到了的人们，一次次地失望。其中也有伤兵医院的人。他们已经在漫天尘土中等了三天，有瘫坐在地面上的，也有躺在担架上动弹不得的。时而列车会进入站台，转移走一小部分人，一点点地将人海疏通开。不过，进入站台的人比每次被送出站台的人要多得多，因此完全没有减少的迹象。就连车站联络员也说，到今天傍晚，恐怕人数就要达到极限了。

“这样啊。那我们就在这里等候吧。辛苦你了，你继续回去等待通知吧。”

冯乃超打发联络员回到了联络处。

联络处挤满了在交涉企图插队的政府或部队的副官们，他们杀气腾腾，争先恐后，有人甚至直接从旁边跳进队伍。场面变得更加混乱了。这时，看似商人的人带着一队挑夫闯了进来，挑夫们用秤杆挑着大批行李。他命令挑夫将行李放下，在原地待命，自己径直走入联络处，不久就带着一名看似是哪个政府机关的副官的样子的穿军装的男人走了出来，看样子是事先已经打好招呼。副官看了看商人带来的行李，默默地点了点头。商人一脸得意洋洋，擦着汗、挺胸腆肚站在挑夫面前，挽起袖子点了一根烟。看样子，是要将这个商人的行李混入装载政府机关和部队人员、行李、伤兵及军事物资的车辆之中。

站台上也有这样的人，看到站务员后立刻拉过他的袖子，在袖子中用手指示意请求插队。而站务员却装作什么也没看到的样子，不予理睬地离开了。

在这段时间里，站台内的退避线内，有一列火车头在人群的注视下，咻咻地吐着蒸气来来回回移动，断断续续地传出冲撞到缓冲器上的声音。一会儿，只剩火车头留在了站内，列车在人群失望的目光中，慢慢地开出了站。

那个火车头去哪儿了？那个车要是回来的话……但是，它牵引的火车到底在哪里呢？不久，从北面开来了一辆火车，人群躁动起来。然而，这辆车已经满载了伤兵和堆积如山的各种器械。列车放缓速度，车前立马站满了人，数量惊人。然而，只见列车又慢腾腾地向南方开去，留下了失望和无奈的人群。那辆列车已经满员到连蚂蚁也挤不进去。只有坐在车辆中的人们脸上的神情，好似拿到了通往天堂的车票一般，一脸幸福地望向车下的人群。

莫非？一个念头从我脑中闪过。空车是从南面开过来的。但是，火车头停到车站后，就立刻与连接器分离，又驶向了来时的方向。这时，联络员跑了过来，告诉冯乃超立刻跟他走。于是带着他朝联络处的方向跑去。一会儿，联络员一个人又折返回来说道：

“政治部注意！乘坐这辆列车！三号站台，十三号车！快速上车！”

人群一下子紧张起来，拿起放在地上的行李，一齐冲向了检票口。范寿康小声对我说：

“过了检票口，不快跑几步就没有座位啦！”

紧接着对自己的勤务兵说道：

“你和杨云波先过去，帮我们和冯课长占好座位。”

过了检票口，我们上了天桥。人们你追我赶，争先向三号站台跑去。被分配的车辆的抢夺座位的大战开始了。行李在人群头顶飞抛过去，人们如蝗虫一般扑向列车。事先就安排好的一群人，敏捷地先行上了车，像接力一样接过行李堆放在角落中。不一会儿，被拉上车的一个女人占领了一处角落，解开衣衫开始为孩子喂乳。男人们也脱掉了上衣，点起一根烟，为顺利登上车而欣喜不已。

眨眼工夫，车上已经没有了下脚的地方。这时，一群勤务兵抬着沉重的公用材料进入了站台。他们将卸下行李放在站台上，不知该如何是好。留下的人群看到如此场景发怒了，严厉地指责着最先上车的一组人。一位带领这群负责搬运的勤务兵的副官登上了车，挺直了身板、面红耳赤地开始大声斥责起来。这时——

“冯课长来啦！”“冯课长，你快来看！”

冯课长看到如此骚动，按照副官们的要求，命令车上全员都下来到站台上等候，只留下行李在车上，重新从搬运行李开始。人们不情愿地走下车后，勤务兵们开始上车将公务行李进行装载，而个人的行李则被分配到了附近的座位上。一阵忙活之后，终于将行李全部装载完毕。

太阳已经西下，广场中央的高柱上弧光灯发出强烈的光芒，照亮蠕动的人群。

冯乃超、范寿康、设计委员张铁生和我四人坐在了车辆的一角，那里因堆满了行李，连移动膝盖都有些困难。杨云波站在我们外侧。他看上去已经疲劳地说不出话，眼神却依然坚定。我抽出一根烟：

"给，抽一根吧！"

范寿康看上去终于松了一口气，对张铁生说：

"根据最后得到的情报，日军似乎已经在岳阳附近活动。他们的动作实在是快。"

"那么，不知道什么时候就会到达这里啊？"

"是啊。可能会彼此成为俘虏啊。"

"不过也太快了，就好像我们这边完全没有抵抗过。"

为人温厚的原大学教授的副厅长，担忧地皱起了眉。在我通过天桥到达站台的时候，看到了他犹如燃料烧尽的重型坦克一般累得动弹不得的时候，向勤务兵挥了挥手让他先进去。这一场景我久久不能忘怀。可是，日军出现在岳阳一线的目的究竟是什么呢？全然抓不住战局的情况。虽然并非知道了战争形势就能够处理应对，但是完全抓不住确实会让人更加不安。不管怎么说，大规模的山崩已经开始了，而自己所看到的只是其中的一部分而已。匪夷所思的是，日军已经到了如此近的地方，却没有听到一声枪声或炮声。

天已经完全黑了下来，弧光灯下，人头依然在攒动，仿佛潮水一般涌动。面对蜂拥而至的人群，该如何将他们分组输送出去呢？从目前为止的情况来看，要将人山人海分好组输送出去绝不是一时半会能做到的。趁现在将他们分好组才是最重要的。为什么没有人将现场情况向上报告，采取应急措施呢？

冯乃超对于范寿康等人的谈话完全没有听进去，似乎终于放下了心中的大石头，从担心的情绪中解放了出来，一个人思考着什么。突然，他小声对我说：

"中国啊，出现了新的一类人！"

"喔……"我望向他等待着接下来的话。

"今天，我深受启发。至今为止，我还没在中国看到这样的人呀。我终于明白一个道理，抗战是可以磨炼人的！”

“你说的是军人吗？”

“不，不是军人，也不是政治家。”

“是共产主义者？”

“恐怕也不是共产主义者。真是一个不简单的人呢，当时我都看蒙了。和普通的中国人不一样，那样的人才是真正的现代中国该有的人呢！”

他抑制住激动的情绪，压低声音说了下面这段话。

联络室内只有两名站务员，这种忙乱的情况下他们却处理得井井有条。政府机关的代表们蜂拥而至，将他们围了起来，争先地提出各自的要求。现在想起来，也觉得马上就要决斗一般的气势啊！其中有人甚至闯入了分隔间，拿出短枪恐吓的也有。想想他们当时的狂妄就让人恼火！

然而，站务员们却不为所动。其中一个人抱着电话寸步不离，另一个则负责接待、应对人们的要求和疑问。就像算术的答案一样，只回答简介且必要的说明。多余的话一句不提，表情也没有变化。无论是面对短枪还是恐吓，都丝毫不给他人可乘之机。

一会儿，桌子前的男人站起身来。

“各政府机关代表请集合过来！”

现场一片寂静，鸦雀无声。

“人都到齐了吗？下面我会读出车辆分配情况。叫到名字的人请回复！”

闯进屋内的桌子旁大闹的家伙们也都乖乖地走到栅栏外。刚才还怒不可遏的一群人变得鸦雀无声，仿佛是学校里一群被下达号令的学生一般。被点到名字的人就像事情得到圆满解决一般，老实地离开了……

“面对这样的人，胁迫和诱惑都已经完全没有意义了。社会上惯用的靠收买或者威胁来处事的方式，已经行不通了。”

听了他的话，我回答道。

停顿了一下，冯乃超又继续说道：

“我在想，即使日军突然出现在他们的面前，他们应该也会不动声色地坚守自己的岗位，一刻也不离开自己的岗位吧。我的眼前浮现出了这样的画面。只是想想也觉得十分解气。支持着抗战的，正是像他们这样的人啊！”

时间继续流逝着。过了大约两个多小时。

“你看，那是什么？冒着烟的那个地方。”

在范寿康的指引下，我们看到有一小股袅袅白烟正飘向西方的天空。

就像流动的牛奶一般，无声无息的白烟升向天空，街道上的高高低低的建筑物映衬在昏暗的夜色中。是守卫兵在焚烧撤退后的垃圾吗？

“虽然无风，看似没什么危险。但因为人都已经撤离了，放火实在是太危险。”

然而，谁也没有再追究这白烟的来源。车上的人们翘首以盼发车时间的到来，但又因无可奈何而露出心灰意冷的神情。一大清早就携带家人在此等候的人中，有的已经打开便当吃了起来。也有些小孩子因为尿急而向父母哭闹。

“要撒尿吗？大号啊……哎呀，车内又没有厕所，还得到车外去。”

这时，站在一旁的一个职员主动说道：

“乖，过来，叔叔带你去吧。”

孩子的母亲表达了谢意。他跳到月台上，抱起了孩子，想从月台边上跳到轨道上。但是因为高度太高，抱着孩子会有一定危险。于是走到天桥的后侧解决了。这时我注意到，上行的列车轨道的对侧的街道和车站内，被用栅栏分离了开来。不知何时，栅栏的外侧来了一些挑着担子的小商贩，等待着人群光顾生意。他们不合时宜地做起了卖卖，售卖着油条(油炸捏饼)和花生米之类的东西。原来还有这么多市民没有撤离，不时有人会跳下铁轨去买东西。

“你们不赶快逃走吗？”有人问道。

小商贩答：

“像我们这样的人，能逃到哪里去呢？”

突然这时，相反方向的天空中，白烟正以非同寻常的速度逐渐冲向天空，宛如一条蜿蜒而上的白蛇。

“哎呀，这果然不是普通的火灾吧？感觉火势还在逐渐增大啊。”范寿康说。

但是如果说是火灾的话，为什么既没有火光，也听不到燃烧的声音。我过去曾有过几次夜晚遇到火灾的经历，全都是熊熊烈火照红了夜空，且伴随着黑烟升起。范寿康表示是否是由于距离产生的这种差异。或许是这样。嗯，应该是这样的。总之，刚才还是细细的一股白烟，不知什么时候开始像盛夏的云朵一般蔓延开来。以一种不可思议的美感，闪耀着白色的光辉。在这团白烟的映衬下，本来与夜空的昏暗融为一体的街景，轮廓线都分外清晰起来。

“不对！这不合常理啊。在无月的夜晚，怎么可能有如此大片的云朵挂在天上呢？”

不久，相邻车辆的人也开始手指着天空，纷纷议论了起来。

“啊!”范寿康惊叫道,“又有一股白烟升起来了。这边! 快看,比第一股要靠右很多……”

“果然如此! 有一条白龙蜿蜒盘旋地升向天空。”

冯乃超和张铁生默不作声。但是目光依然停留在西方的天空上。

“啊,再看这边! 又出现一条,这次是从北边升起来的……”

“啊呀呀,这边也有!”

人们不由得站起身来,对接连不断出现的白烟发出惊呼声。已经不是一股两股烟了。在距离最初的一股白烟出现不到一个小时的时间里,十几条带状的烟雾将城市包围了起来,一鼓作气地升向天空。很显然事情没有这么简单了。等反应过来时,我们后侧的街道上也升起了白烟。

突然,最初的一股像积雨云一样膨胀开来的白烟中,闪出一道火光,就像熔矿炉的盖子突然被人打开一般,巨大的火焰之舌摇摆着。与此同时,浓黑的烟雾形成漩涡持续地被抛向空中,在白云之中狂舞跳跃着上升。

是火灾! 但绝对不是普通的火灾! 但是也应该不至于是计划性的纵火。那么,到底谁是罪魁祸首呢?

广场和车内的人群都躁动不安起来。“听说可能是汉奸放的火啊!”范寿康将从旁边车厢听到的消息转述给我们。张铁生点着头肯定着这种说法的可能性。不过,这仍然有些说不通。要想在同一时间内,在城市的各个方位制造火灾,需要巨大的汉奸团体在事先经过周密计划的情况下,埋伏在城市的各处才能完成。后来我们才知道,原来是埋伏好的士兵从四面八方一齐行动,将整个城市困于了白烟之中。

“是不是应该找人确认一下呢?”我对冯乃超提出建议。他回答:“确实有此必要啊!”

“要不给司令部去个电话?”

“不行。司令部早就转移了。”

“说得也是啊……”

范寿康命令勤务兵前往车站的联络室询问情况。根据勤务兵的报告,车站方面也不知道事情原委,而且也找不到可以咨询的地方。冯乃超表示,所幸守卫队还留在城中,应该会进行处理的。在这里叫嚷着干着急也是无济于事啊。然而,渐渐地火势开始蔓延靠近,不同的火灾地点开始连成一线,整个城市被笼罩在火焰大幕下。最开始的火焰已经烧到了高耸的建筑物上。一开始,火势还只是在街上的小店铺周围,星星点点地烧着。到了现在,大火已经完全将整个建筑物包围,宛如一个巨人高耸着。吐出骇人的火焰之舌,连同黑烟和燃烧后的灰烬一起飞扬。啊,燃烧着!燃烧着!大型建筑的屋顶被烈火包裹,烧得只剩下骨头,如同一个雪人一般屹立着。最后,终于倾尽全力一般,崩塌倒地。

这时,在嘈杂的广场中,一个自称目击者的人混了进来。根据他的说辞,有一队人在无人的街道上提着火把和石油罐,边走边一间间地点火。他们一定就是“汉奸”,不过这些汉奸是从哪里入手的这些呢?据说全员都穿着国民党的军装,毫无忌惮地说是按照上面的命令行事。

“什么?是谁看到的?”

“已经报告部队了吗?”

“为什么不抓捕他们?”

声称自己看到现场的男人说,因为对方人多势众,加之身上还带着枪支,因此自己也有心无力……

“听,有人在喊着什么!”张铁生竖起了耳朵。

车站的联络室前,有人正朝着车上大声呼喊着。为了能听清内容,人们纷纷从车上跳下来,朝着联络室的方向飞奔去。范寿康的勤务兵也跟了过去。一会儿,他一脸兴奋地跑回来紧急报告了情况。事情终于真相大白了。

不用担心!是我们的人在计划性地纵火。为了不让进城后的敌军得手,任何可以利用之物都要进行焚烧。

这么说来,先前表示看目击了“武装的汉奸队伍”的人,也并不是完全在撒谎啊。

“原来是这么一回事!”

“哈哈……是焦土政策呀。”

范寿康终于放心地说道:

“中国自古代开始就有清野坚壁的计策,是诸葛亮所提的计谋。俄罗斯也在拿破仑进入莫斯科后采用了同样的战术。您怎么看?这下明白我们的最高当局的抗战决心了吧?”

原来如此,原来如此……不过,“最高当局的抗战决心”有必要通过这种方式来展示吗?……暂且不论,可是他们在纵火之前有考虑过如何避免人群被卷入火中吗?……

这时,已经顾不得看热闹了。广场上的人们纷纷重新挑起了行李。终于选择了离开。三三两两地朝栅栏外走去。为了能赶上,大家都行动了起来。他们在栅栏对侧的道路上,争先恐后地向南不断跑着,时不时地还会回头看向西面的火势。然而,广场上还滞留着大量的伤病士兵,其中还有必须要靠担架移动的伤兵。他们该如何是好呢？……

火势快速地蔓延着。从西面席卷而来的火焰，已经烧到了栅栏，朝着往南跑的人们追赶而去，似乎要阻断他们的去路。转眼间，人山人海的广场上只剩下零星几个人。不一会儿，就一个不剩地全都撤出了，广场空空如也。只有车站联络室仿佛是洪水退去后，被冲上岸的破船一般留在了广场上，还有一盏长明灯凄凉地照亮着。

我开始感到不安，如果继续这样下去，留在车上的我们就这样牺牲也不是没有可能的事情。于是大胆地向冯乃超建议：

"怎么办？你觉得我们是不是也应该尽快离开呢？"

"怎么办才好呢……"他又一次陷入了沉思。

"只将行李留在车上，轻装上阵，其余人都到车外怎么样呢？"

范寿康与张铁生四目相对，什么也没有说。这种犹豫不决绝对不是因为无法下定决心将好不容易等到的车抛弃，而是担忧会造成慌乱而使现场混乱发生更大的危险。大家都知道，这样下去的话将前途渺茫，但是，我们这些人更需要背负沉重的责任。过了一会儿，冯乃超开口了："该怎么办呢……"

"还是再等一等吧。应该过不了多久就会发车。如果贸然地采取了行动，反而可能会被卷入意想不到的事情中。"

我也没有自信否定他的看法，可是还是忍不住地担心。方才我们进入站台时，退避线上停放着几辆带有严禁烟火的标记的货车。那些车要怎么处理呢？当然，如果被射中一弹，就会轰然爆炸，造成无可挽回的后果。难道不得赶快将货物转移出去吗？不过，现在再将货车连接起来，让它们在大火中行驶，也同样实在冒险啊……

四周的火势已经直冲天空，形成了火墙。我联想到《西游记》中孙悟空被关的"太上老君炉"。那是一个被封死的炉口，任火龙肆意吐露着火焰，形成漩涡在其中狂舞的魔鬼之炉。火势正逐步逼近。似乎只有我们头顶上的一小片夜空还没有被大火入侵，留有一丝空白。但也马上被四面八方而来的火云迅速地填补了。现在的我们，就像是被封在了炉口紧闭的恶魔之炉的最底部。

不可思议的是，我的心中并没有"恐惧"这样的情绪。也不是认为一定会有所办法的虚无感和无常感。而是"战争本就是这样"的心情。巨大的组织和组织之间的纠葛和利益关系决定了一切，而作为普通人也只能听天由命了。离开了群体的个人的命运没有任何意义和保障。要不就以集体为单位战胜灾害，要不就以集体为单位走向灭亡——除了这么做，别无他法。

就在这时，火车头开了进来。联络室的门打开，站务员一边晃动着小旗，一边穿过铁轨。火车头摇摇晃晃地被连在了列车上后，终于缓慢地发动了起来。这时，我看到站务员轻轻踏上了最后一节车厢，乘上了列车。时间是半夜十二点二十分。仿佛静止了的时间从那一刻开始重新动了起来，我的心也跟着重新跳动了起来。列车开出站台后，两侧的建筑物的火便袭了过来，可以清晰地听到物体被燃烧爆裂的声音。人们纷纷抱头伏在列车的地面上从大火中穿过。

列车终于离开了街区，穿越前方的山丘。心情是“终于逃出来了”。然而，不一会儿列车又停了下来，再次进入了长时间的滞留等待中。虽说逃过了“太上老君炉”，但前面依然是水泄不通。我们的头顶被赤黑色的不祥之云笼罩着，两侧被高耸的墙壁遮挡着，熊熊燃烧的街道已经被抛在了身后。疲劳无力感顿时涌现出来，全都表现在脸上，夜晚的冷空气也在寂静中袭来。列车上的人们在黑暗中已看不清对方的脸庞，只是默不作声地沉浸在一种安心感中。不久，孩子们也在母亲的膝上沉沉地睡去。之后就已经不知道时间到底过了多久。

只知道，列车晃晃悠悠地开出，不一会儿又停了下来。一段时间后又开始晃悠，接着……又停了下来。循环往复着。只不过，我早已沉浸在持续不断的浅眠中做着梦，断片的记忆十分模糊，已经不知道距离那个火灾地域有多远了。我们依然留在那个夜晚中……没有尽头的夜晚中。

终于，到了尽头。列车终于驶出了两侧是遮挡视野的高墙的一段路，墙壁的倾斜度逐渐变低，然后——终于能看了外界的景色，我不禁瞠目结舌。

“原来已经是早上啦！”

“多么神清气爽的早上啊！”

太阳在原野的尽头刚刚升起，我们进入了光的世界。为什么我到现在才发现如此美景呢？恐怕是因为烟云遮蔽了广阔的天空并延展到两侧的地平线。

当列车开出山岭，右侧的视野被完全打开之时，我忍不住又一次惊叹起来。

沿着铁路行驶的铁轨下方的堤坝，与城市相连的街道一直向南延伸，街道的对面的湘江流域碧波荡漾，毫不吝啬地展现着自己的美。帆船之林都扬起了船帆，鳞次栉比地排列着，漂浮在平静的水面上。但是，定睛一看，与周围的寂静的景色不同，船上载满了乘客，像黑色的蚂蚁群聚集着一般，又宛如一粒砂糖块。船体深深下沉到水中，仿佛船老大的操作稍有失误，船身就有可能突然倾斜，浸入水中进而马上就要被淹没了。

街道上的场景也让人不禁看入了迷。徒步逃亡的难民们的队伍持续不断地延续着。身上背着或是用秤杆挑着席子、筐子、手提包以及其他的各种大件行李，似乎马上要被沉重的行李压倒一般，携带着孩子和老人行进着。其中有男女老少的老百姓以及军队，都被火势所逼连夜地赶路逃亡。

这就是所谓的“清野坚壁”！可现实是不仅是“野”被清理了，连人也都被清理了。据说这是由诸葛亮发明的战术，但是几千年前“人民”的数量还没有多少，因此无法采用“依靠人民”的“全民抗战”的战术，我心中不免有这种想法。比起“清野坚壁”，“依靠人民”的抗战方式要有用得多。当然，之所以会有这样的没头没脑的想法，也是与亲眼看到从火灾中逃出的人群竟然如此之多的惊讶感有些许关系。彻夜地蔓延开来的不仅是这场大火和烟雾，也有被火势逼得走投无路的人民。

男人们背着大件的行李，女人们将孩子绑到背上，双手提着行李包，大一点的孩子一手提着较轻的行李、一手牵着较小孩子的手。一看，其中也有脸色发青的病人拄着拐杖艰难前行，也有老人和孕妇。不知道列车已经是第几次停下了，停车的地点有一处乘船点，成群结队的人群正乘船渡到对岸。船老大们循环往复地，将满载的人群一次又一次地运往对岸。对岸是一片收割过的水田，水田中的几条田间小路通向前方的树林中的村落。那几条细窄的小路上，现在也犹如蚁群迁徙一般，人群的队伍源源不断地向远方行进。

就在这时，我突然注意到了其中一个孩子。大约四五岁的样子。眼看着就要被沉重的行李压倒一般，吧嗒吧嗒地跟在父亲后面。走在前面的父亲已经没有余力回头看看孩子。孩子走了一会儿，便停了下来，看上去马上要摔倒，一步也走不动了。父亲当然知道孩子的不易，但自己也是无能为力，用几乎是带着哭腔的声音鼓励着孩子。孩子逐渐被落在身后，一次次地追上父亲从侧面仰着头，用绝望的眼神看向父亲。一会儿又与父亲拉开了距离，生怕跟丢了一般吧嗒吧嗒地追赶着。但是没过一会儿孩子又停下脚步，用尽全身力气呼喊着父亲。父亲停住了脚步，但丝毫没有回头的意思。孩子也站着不动。明明终点就在眼前，但是如果赶上了父亲，马上又要朝着没有尽头的前方行进。孩子哇的一声哭了出来。转过身的父亲瞬间觉得有些难为情，一边咋舌，一边将行李卸下放到泥地上，朝着孩子走去……

我多么想纵身跃下火车将孩子抱起来啊。可是即使这样做了，又能改变什么呢。因为这样的孩子不是一个两个人而已。突然眼前发生的一幕，让我不能再坐视不管了。看似商人模样的年轻夫妇，他们的情况也是一样。男人扛着的大行李将后背已经压弯，在前面走着，身后跟着肚子如西瓜一般大的妻子，手上提着较小的行李，感觉这西瓜马上就要坠落下来。孕妇呼吸有些困难，上下抖动着肩膀，男人焦虑不安地时常回头安慰、鼓励妻子。女人为了不让丈夫担心，脸色苍白地笑着回应，同时也为自己打气。然而，女人明显已经支撑不下去，痛苦的表情浮现在脸上。女人将行李放在地上站在原地。丈夫回过头，但这时女人已经再也笑不出来，痛苦使她的脸庞扭曲变形。

“那个女人马上就要生了啊!”范寿康的眼神中透露着痛心。

“要不让她上车吧?”

“话虽如此，不过毕竟是有规定的。”

就在这时，先前已经落后的女人突然呆住不动，忍耐不住地皱起眉头。我似乎能感同身受这种扎心的疼痛感。转过身的男人大喊：

“喂！没事儿吧？已经要生了吗?”

女人已经出不出话。男人放下行李冲过去，抱起妻子的肩膀望向她的脸庞。她的脸上已是汗水满溢。女人轻轻地推开男人伸出的手，忽然从路上踉踉跄跄地走到路旁的堤坝，躺了下来。她的身体因呼吸困难而上下浮动。搭在妻子肩膀上的手被推掉的男人，无助地望向天空。

“喂！只救那个女人自己不行吗?”我问道。冯乃超一言不发地点了点头。杨云波大声呼喊着男人，街道上的人齐刷刷地看向我们这边。男人还没有意识到在叫自己，在来往的人们的提醒下，才知道叫的是自己，张皇失措地寻找着声音的方向。与我们对视后，表情由惊愕转为了欣喜，慌忙地点头，俯下身子呼喊妻子。然而，女人丝毫没有将头抬起。

看到这一幕，杨云波飞速跳下列车。车身跟着晃动了一下，缓慢地开动起来，接着逐渐加快了速度。男人惊慌地用力摇动着妻子的肩，躺着的女人望向列车，拼尽全力站起身来踏出了两三步后呆立不动，用绝望的眼神望向不断远去的列车。

从西方方向的天空一直延续到东南方向的地平线的河流上漂着骇人的黑烟。黑色烟雾笼罩下的街道上，行驶着满载着货物的列车，缓慢地前进着。自昨晚的那场浩劫大火发生，我的心中一直有一个疑问。根据“情报”，日军已经进入岳阳(洞庭湖东北端的城市)，并沿着铁路南下，队伍的最前线已经逼近长沙的郊外“五公里”的地方。然而，之后却没有任何后续消息了。空袭也是如此，自昨天以后，就再也没听到。莫非日军在这场出乎意料的大火前吓得动弹不得了吗?

更加可疑的是，日本空军不可能没有注意到那场大火，但却充耳不闻，没有任何动作。当然，侦察机飞入火云之中可能是一种近似自杀的行为。若真是这样，那当务之急便是进行警戒以防止敌军的空袭。长沙依然在燃烧，恐怕会一直烧到一切都烧尽的时候吧。偶尔会听到储油罐被火点燃后的砰砰的爆炸声。然而，敌人的企图仍然不得而知。

我将自己的种种担心告诉了冯乃超、范寿康和张铁生。他们没有回答我。然而，我的担忧终于还是变成了现实。

“是空袭!”前方的货车中传来呼喊声，人群也跟着叫嚷着骚动起来。空袭在哪儿呢？仔细一看，原来在列车的行进发现的乌云下方，有一架像竹蜻蜓一般的轻型飞机。

“快跑!”

我朝冯乃超喊去。缓慢移动着的列车停下的一瞬间，我将自己的小行李箱扔出车外，一个箭步跳了下去后拾起刚才抛下的行李，朝着铁轨西侧的收割过的干了的水田拼命地奔跑。我跑在最前头，人群也跟着一个个跳下，呈扇形朝着四面八方跑去。

飞机在原来的行进方向上调转，正好飞到列车中部左右时，倾斜机翼盘旋，朝向我们的方向。飞机飞得极低，甚至到了连机上的操控者的脸庞都能看到的高度，开始用机关枪进行扫射。嗒嗒嗒、嗒嗒嗒、嗒嗒嗒……持续发出慢速的射击声，朝着左右两个方向，仿佛在追赶逃跑的人们，一会儿飞过去一会儿飞回来，最后上调机头飞走，逐渐消失在人们的视野中。

并不是一场有预谋的射击。这架飞机一定是一架侦察机。我停下脚步朝身后望去。实际上，在逃跑途中我因为气力耗尽，只好将行李箱扔在了地上。杨云波跟在我的身后，将我的行李捡了起来。他事后笑着说：“因为先生把行李都给丢了，我只能捡起来了。”

“那是因为我知道你跟在我的身后呀。”我也笑着回答他。

冯乃超追上了我们。我们三人混入人群一起返回了车中。像张铁生和范寿康这样的没有足够自信能跳下车的绅士们依然留在车中，看到飞机离开终于松了一口气，等待着我们的归来。等到火车上的人全部回来以后，车子又重新启动起来。

“看来没有人受伤啊。那一定是侦察机。不过，既然侦察机已经来了，那轰炸机应该不久就会过来啊。”

冯乃超点点头。大家的脸上都浮现出担忧的神情，我们只能看着对方，关于如何应对，还丝毫没有头绪。

空气终于变得澄澈了，万里无雨的晴空下面是一望无际的原野，原野中的森林及森林后方的农村村落连接在一起，形成一条笔直的小路。路上的徒步逃亡的避难者们排成队伍，朝着远方无限延伸。腿脚尚好的人们，选择了跳下车子逃跑。这次，飞机同样是胡乱扫射一番后，朝着相同而方向飞去了。看上去感觉带有游戏意味的，像是孩子故意捣乱蚁群的队列一般。然而，日军不可能只是在进行无意义的恶作剧。一定是在收集情报并进行紧急反馈。也许，那场“大火”对于日军来说，完全是意料之外的状况。这样说来的话，日军已进入“郊外五公里”的地方的情报就更加让人匪夷所思了。日军到底逼近到了哪里呢？

距离大火已经过去一整晚了，日军依然没有任何动作。日军方面一直以破竹之势对中方进行攻击，但是面对前方仅有五公里的敌人，怎么可能现在还没有追赶上呢？况且，中国方面的后卫部队，在大火之后，又咬紧牙关，与日军持续对战达十个多小时之久的设想，也自然是不成立的。但是，通过“想象”对战况的推移和发展进行判断，这是绝对不能有的。

冯乃超与我再次朝列车的方向返回时，意见达成了一致，总是这样重复着躲避终究不是办法。我们当前的首要任务，就是尽量要避开迫害，按照计划进行撤退。只要能在今晚之前到达原定的宿营地集合，一切就都好办了。我建议，除了腿脚不便的绅士们和看管行李的卫兵们，其余人员全部轻装上阵，沿着铁轨进行徒步行军。冯乃超也赞同我的想法。当我们走到列车下方时，他对车上的人告知了我们的计划。在确认了要继续留在车上的人员和要选择步行的人员的数量后，我们走在徒步组的最前头出发了。

这时，我不禁在想：“人真是奇怪的动物啊。即使在明知危险的情况下，也会对于出现在眼前的一条出路感到犹豫不决。”选择徒步行进的人数，最开始达到了将近一半。直到看不见飞机的影子后，人们才逐渐开始返回火车，后来只剩下我们一小群人，到最后只有我、冯乃超和杨云波三人。于是我们三人开始了轻松愉快的徒步旅行。杨云波不知从哪里弄来了单引擎猎枪，将冯乃超和我的小行李箱前后分开搭在肩膀上挑着。犹如我们的护卫一样跟在身后。村落和树林夹在中间，我们行进在铁轨的东侧与其保持着一定的距离，忽隐忽现地能够看到公路(国道)。公路上因运送部队和兵器、弹药的马车而扬起灰蒙蒙的尘埃。连接中间(铁轨和公路中间)的村落和村落之间小路互通，因此不需要担心会偏离行进方向。另一方面，列车运行得十分缓慢，加上时常会进入长时间的停滞，因此不必考虑会比我们先行驶离。

况且，徒步行军可以亲眼目睹沿路村落的模样。沿途的村落都被清理得一干二净，人和家畜全都销声匿迹了。不过，他们一定没有跑远。只是在战争途经自己的家乡时选择了暂时性躲避。我是在接近中午时验证这一点的。自昨晚到中午，我们没有进食任何食物，一直保持着空腹的状态。

“好饿啊！”我忍不住叫道。冯乃超也点了点头。然而，周边别说是像样的餐馆，就连居民的影子也没有看到。“我去找找看。”说着，杨云波让我们在看上去比较富裕的一家的门口等待，自己走了进去。不一会儿，他带回一个农民老头儿。老头儿将我们招呼进了厨房，一会儿端来了热气腾腾的白米饭和一整只公鸡的野战料理。我们心满意足地填饱了肚子。就如看见阿拉丁的神灯一般的奇迹。杨云波不愧有着长年的游击战的经验，他大约能够猜测到农民会躲藏在哪里，似乎只要有他在就不会难以糊口。“真是一个可靠的家伙啊。仿佛一个魔术师一样。”我心中这样想。

填饱肚子，我们又开始了行军。右手边的铁路线附近已经看不到火车的影子。另一旁的左右边的公路对面，出现了低矮的丘陵地带，随着撤退部队的队伍变得稀稀疏疏，烟雾尘埃也稀薄了很多。各个部队都离开公路，开始进入布阵作业了吧。冯乃超为了撤退，彻夜地进行准备工作，已经两天没有合过眼了。这时的他，脸上的疲劳感逐渐加深，脚步也开始变得迟缓。道路的两侧的丘陵逐渐靠近形成峡谷，眼前的道路和公路并到一起，与铁道线路呈交叉分布。走过铁路和公路道口后，我意识到必须让冯乃超休息片刻。铁轨旁边的山上的岩石滚落到草丛中，我提议在此处抽上一根。一边抽着，一边靠在岩石旁休息。冯乃超因疲惫已经说不出话来。看了看手表，下午三点刚过。太阳转眼间西沉。从地形来看，穿过这座峡谷，似乎马上就要走出湘江流域了。受湘江流域影响，周边的地形呈现复杂的 W 字形。经过了因煤矿工人运动而闻名的湖南株洲，进入了湖南南部的山岳地带。当天晚上我们的投宿地，就在渡河地点的正对面。

“还行吗？”我轻声询问冯乃超。

“没事儿啦。”他回答我。

又休息了片刻后，我们再度出发了。与预想一样，我们走出了渡河地点。然而，我们着实被眼前的场景惊呆了。被江水挡住去路的军用车(卡车、炮车、乘用车等)群排起长队，绵延了一公里左右等待渡河。江上的两只驳船并排停着，船上铺着坚固的木材作为甲板，一次装载上七八台车，然后靠着柴油小汽船拖曳，繁忙地往返于两岸之间。在河流的下游，装载乘客的渡船也在来来往往，候船点非常混乱、拥挤不堪。我们在长椅上坐了下来。时不时地走出去，看到道路两旁的淡褐色的树荫下，停放着用迷彩色伪装的卡车，排成长长的一列。在我的记忆中，那是短暂的秋天刚过不久的一天，太阳已下山的傍晚时分。因为我清晰地记得，在走过的街道对面的阴暗的丘陵附近，类似探照灯一样的前照灯的光芒在广阔的天空中描绘出一条大大的弧线，然后就听到了引擎的轰鸣声。然而，我又一次开始思考同样的问题，被拦截在此的车队如此集中，为什么日本空军没有发动袭击呢？实在感到想不通。

渡江之后我们到了集合地(下摄司)。一下子就寻到了第三天的宿营地。乘坐我们原本乘坐的列车的范寿康和张铁生也已经安全到达了，大家终于安下心来，欢呼着迎接我们三人。询问过才知道，自我们离开后，列车再没受到日本空军飞机侵袭，十分顺利地结束了行程。真是万幸啊！但是对于战况，越来越觉得匪夷所思了。

隔壁房间中，以郭沫若为主导的干部商议会议正在进行，是关于讨论明天的行程的会议。冯乃超无暇休息，迅速被召集去一同商议。我吃完晚饭后，立刻进入寝室，放松地伸开腿酣然入睡了。

第二天的行程十分简单。

按照原定计划，两台卡车自宿营地至衡山之间多次往返，将分成了几个小组的人员送往这座城市中同意接收我们的一所中学。在那里，与先行出发的基建队，以及第一批疏散的杜国庠所带领的先遣部队会合。他们已经将第三厅全员的宿营工作全部准备就绪，等到其他人员的到达。乘坐着我们被分配到的卡车，进入这座人口三万人左右的小城时，我注意到在街道外侧的一角因炸弹被毁坏，公路上到处都是被炸过后的钵形的红土洞穴。这座小城的西侧是中国的五岳之一的南岳的登山口，那一带有蒋介石和陈诚等人的别墅，如今国共两党的干部聚集在那里，正在进行举世闻名的“南岳军事会议”——讨论失去武汉后的抗战方针的蒋介石“御前会议”。

会议就如何应对迅速发展的形势进行了讨论。每间隔几天进行一次，并持续了较长时间。周恩来在参加会议的间隙，抽空多次返回转移中的第三厅队伍，对转移计划的制定和实施情况进行检查，并进行下步行动的指示工作，几乎一刻不停歇地持续工作着。将这一期间的事态发展按照时间顺序整理如下——

十月二十七日，日军占领武汉(攻入大别山脉的北方面军率先进城)。同时，日本南方面军抵达了咸阳附近的粤汉线，顺势眼铁路南下，于十一月十二日占领了岳阳(位于洞庭湖的东北端)。受到威胁的中国方面中，开始传播日军已攻入长沙的流言蜚语。而长沙的警备司令部(张治中为总司令)也被混乱的情报所迷惑，下达了放弃长沙的军事命令。十三日慌乱撤退。到了夜里，依照“清野坚壁”的命令，在长沙全市人为纵火。之后的十四日傍晚，我们渡过了湘江，十五日进入衡山。

在这段时间内，南岳军事会议一直间歇性地进行。而周恩来在这期间，利用会议间隙，进行第三厅撤退的指导工作。而十三日的清晨，幸子则抱着小猫，与郭夫人于立群、夏衍、孙施谊等人一起，乘坐着郭沫若的车子朝桂林出发。然而，那时的湘潭附近的渡河地点上，已经排满了等待渡河的车队，寸步难行。不知道要等到什么时候，从衡山（南岳）飞车奔驰而来的周恩来迫不及待地将车子留在岸边，只身渡过河后，在对岸的车队中寻找可以搭乘的车子。就在踌躇之时，看到了于立群和幸子的车子。

“哎呀，你们居然在这里！”于是决定交换车子，“太好了，你们的车子让给我吧。你们就乘坐停在对岸的我的车子。”

就这样，周恩来乘坐着郭沫若的车子前往了长沙，而幸子一行则乘坐周恩来的车朝桂林行驶了。交换车子节约了大量时间。周恩来抵达第三厅，进行撤退作战的指挥。一切结束后，让郭沫若乘上车一同朝南返程。郭沫若的《抗日战争回忆录》中，记述了这期间发生的事情：

> 戒严着的，连人影都没有的街头（指长沙，鹿地注），渐渐有些异样了。有些穿蓝布制服的警备队三五成群地出现。奇妙的是有的人提着洋油桶，有的人又提着小火炉，身上都挂着步枪。……（略）……市内有两三处起火，敌人进了城吗？但又听不出枪炮声。……（中略）……，三五成群的警备队每隔十家光景便是一队。一样的装束，一样背着枪，提着洋油桶和小火炉。街头的火已经更多了。天心阁都燃起来了。……（略）……全城的火柱接一连二地升上。三五成群者更加活跃起来，撞门的撞门，开桶的开桶，都在准备放火。
>
> “你们到底是做什么的？”我大胆地喝问着。
>
> “奉命放火！”……（中略）……
>
> “敌人进了城吗？”
>
> “早就杀过汨罗了！”
>
> ……（略）然而火势齐头爆发，一霎时满城都是大火。……（略）……
>
> ——糟糕！车站上的人怎么办呢？洪老（洪深，鹿地注）夫子呢……（略）……那里面是有乃超和鹿地亘的。假使他们有了什么短长，我为什么却只顾到了我自己？……

从这里可以看出，郭沫若当时为还滞留在车站的我们感到担忧。当我们被火势包围期间，周恩来的车子绕市内巡查时，目击了纵火现场，才得知只有他们两个人脱离了危险而感到于心不安。而对于战况，他和我持有一样的不解。他将之后发生的事情也记录了下来。

> 我们折回到离长沙不远的一段高地上，那儿是有一座关帝庙的，大火正在加紧燃烧。长沙全城笼在一丛火烟里，那火烟的威势好像要把整个的天宇都吞灭。
>
> “看来，敌人是没有进长沙的。”周公感慨着说，“假如敌人是进了长沙，那一定要穷追的，不会全没有动静。……”

郭沫若继续写道：

> 坐火车的一批是十三日的晚上才到达下摄司的，他们的遭遇又是别一种狼狈的情形。
>
> 据乃超告诉我，火车是在大火当中才开出来的。开车的时候有好些伤兵在车站上打滚，想爬上车，但没有办法搭载。车由两个车头拖着，爬得很慢。有的地方两边两岸都是火，车就从那火巷中爬出。坐在车上的人，只好把头埋着，连脸都炘得不能忍耐了。一车子的炮弹和汽油，幸亏没有爆炸。长沙车站丢满了东西，我们的笨重公物，不用说也全丢掉了。
>
> 十四那一天就停在下摄司，费了整天的工夫从事人员的收容和行李的整顿。
>
> 这一天的工作也全靠着周公的指挥和调度，从再度的混乱中又整理出了一个眉目。
>
> ……（略）十五日全体人员到达衡山，和原驻衡山的三厅人员合流。
>
> 在衡山驻了一夜。十六日的清早在一座很宏阔的庙宇里整队，准备向衡阳出发。

他的描述与事实几乎相差无几。然而，郭沫若的记述中仍在有多处不准确之处，有必要进行订正。

首先，郭沫若在文（《抗日战争回忆录》）中写道，日军于十日占领了岳阳。根据防卫厅的（战后日本的）防卫研修所战史室编写的《支那事变陆军作战》(1)的记述，占领岳阳是在十二日。而日后的其他文献年表中，均为十二日。我的记忆亦是如此。想必是日军自粤汉线追击中国军队，到达岳阳时已经是精疲力尽而停下了脚步。而听到一点风吹草动受到惊吓的中国方面，于当天下达了“长沙撤退"的命令，于次日，即十三日，狼狈地引发了"清野坚壁"的大骚动。

终于抵达岳阳的日军已是疲惫不堪，目睹了前方的"长沙大火"后，一头雾水不知道发生了什么。于是于次日（十四日）的清晨派出了侦察机，侦察机在浓烟下发现了如此异样的混乱场景。幸运的是，他们万万没有想到，就在前方的湘江的渡船地点，中国方面的撤退车群被拦截至此形成了蜿蜒的长蛇之列。发现火灾后立马折返进行报告。试想一下，如果这时日本空军以湘江的渡河处为目标发起集中轰炸，有可能就一举挽回了武汉包围策略的失手局面，而取得巨大的战果。

在"南岳军事会议"的起首，蒋介石大发雷霆，下令要处分"清野坚壁"决定的始作俑者张治中（当时的湖南省省政府主席）。这时，作为中共代表的周恩来进言道，面对如此混乱的情报（流言蜚语），又被部下的报告所迷惑才做出如此决定，如果只追究一个人的责任实在有些不妥。这才缓和了蒋介石的怒火，救张治中于水火之中。这件事也被传为一段佳话。郭沫若的《抗日战争回忆录》中提到："撒下了一大摊烂污，烧了好多万户人家，更烧死了未有统计的伤病员和老弱病废的市民，到底谁来负责呢？在行政上的处分是——十八日枪毙了三个人，警备司令酆梯，警备第二团长徐昆，公安局长文重孚。长沙人不了解真实情况，颇埋怨省主席张文白（张治中的别名，鹿地注）。事后有人做了一副对联和匾额来讽刺他，流传的很广。匾额是'张皇失措'，对联是'治湘有方，五大政策一把火；中心何忍，三个人头十万元'。在这里面把'张治中'三个字嵌进去了。'五大政策'记不清楚；'十万元'是国民政府对长沙市民的抚恤金。少得太可怜了。"

事后，我从早稻田大学毕业、当时被分配就任湖南方面部队的青年政治将校康天顺（后来的康大川）处听到，在对联被张贴后，关于张治中行踪的"张治中现在在××！"的字条也被贴在各处。

不过，为了"抗战的前途"的大局，这一事件被顺利压了下来。南岳军事会议中，再次确定了蒋介石的"直到流光最后一滴血"的"持续抗战的决心"。根据武汉以后的战局变化，军事委员会（大本营）被重新整编，会议决定将"中央"放在重庆，并设立分支机构作为其办事处，最终通过在西北设立"军事委员会西安行营"，在西南设立"同桂林行营"。这一决定极大地鼓舞了人心。

并且，在武汉战役告一段落后，国民党也改变了以往的作战方针，开始重视采取游击战的方式，对占领了武汉及其周边地区后势力不断扩张的日军的攻击。为此，在此次会议上，周恩来提议在南岳开设"游击干部训练班"——培养游击战干部的训练机关。蒋介石通过了此提案。

此外，周恩来认为有必要将懂得些许日语的政治干部分配到各个部队以应对游击战，因此建议在桂林开设短期讲习(为期四个月)的“日语干部训练班”。这一提案也被准许通过。

周恩来仿佛有三头六臂，具备一人处理一切事物的能力。郭沫若曾经评论他总能做到“快刀斩乱麻”。他自身经常在面对时刻变化的错综复杂的局面束手无策，然后将难题全部抛给周恩来。“那个脑袋简直是国宝啊!”他曾感慨万分地说道。在郭沫若的《回忆录》中记述着，“十五日全体人员到达衡山”“十六日的清早在一座很宏阔的庙宇里整队，准备向衡阳出发”。而我和冯乃超耳闻以上的南岳会议通过的决议是在我们还在衡山之时。当时，我们正在衡山街道的后方的山丘上散步并在枯草上坐下休息。冯乃超接到周恩来的命令，负责在桂林开设“日语训练班”的事宜，并说道“你代我问问鹿地，他是希望和郭沫若他们一起转移至重庆，还是要留在桂林同你一起开设日语训练班”。我毫不犹豫地答道：“我和你一起留在桂林。”

“这样的话，我也会信心倍增啊!”

冯乃超露出喜悦之情。于是就这样决定了，我对于马上要为青年将领们进行政治教育这一新任务充满了期待。

乘坐卡车从衡山前往衡阳，花费不了多少时间。从粤汉线分支出来前往桂林的铁路就从这里出发。我随同第三厅一起寄宿在郊外的三塘的农民家中。等待出发桂林期间，我听说武汉战役中捕获的日军俘虏的第一小队已经到达了衡阳的宪兵队总部，于是请朱杰夫带路，前往宪兵队看望了他们。与弟弟一同留学日本的朱杰夫的姐姐也跟随我们一同前往。宪兵队方面听说享有政治部顾问的大名的“日本人反战作家”要访问宪兵队，队长以下全员“诚惶诚恐”开始了“迎接”准备，等待我们的视察。在会客室进行了简单的寒暄后，我们马上被带到了一间土房讲堂中。地上铺着的席子上跪着着十四五个俘虏。房间的前面是高出一段的讲台，讲台上的摆放着一张桌子。讲台下的一侧(左侧)，宪兵队长以下的干部们威风凛凛、一动不动地站成一排。我不禁感到自己似乎像是要上演喜剧的小丑一般，有些不知所措。这个场景简直和日本司法机关的法庭如出一辙，如阎王一般穿着制服的法官从门后现身。

这样一来，难道是让我发表一通训话吗?

我没有走上讲台的勇气。不知是因为愤怒还是因为耻辱。虽然会坏了队长们的好意，但我还是决定要用自己的方式进行。我毫不顾忌地走向跪在地上的最前排的俘虏面前，蹲下身来。

“喂！你们把头抬起来！”

然而，虽然有几人战战兢兢地抬起了头，但没有一人有和我这位“阎王”对视的勇气。

“你们身体都好吧？”

“哪个师团的？”

“在哪里被捕的？”

“有没有什么不便之处。不用顾忌说出来便可。”

跪在最前排的一个小个子的年轻人，似乎是大家的代表发言者。畏畏缩缩地抬起头，言谈极其郑重又不自然地回答了我的问题。

他首先表达了因为中国政府的“宽大政策”，大家都十分健康，没有任何不便之处。对此深表感谢。他的日语遣词造句实在不像日本人，带有浓重的乡音，因此我一开始以为他是朝鲜人。不过，他表示自己的家乡位于鹿儿岛县后，我才感到恍然大悟。如果是大隅半岛肝属郡的农民，能将“普通话”说成这样也不是什么奇怪的事儿了。

我用方言说道：“那么，我也用鹿儿岛方言与你们交谈。”

他们惊讶道：

“您的日语真是十分流利啊！”

“我也是日本人啊。因此你们不需要有任何担心。放松点，有什么就跟我说。”

之后，我向他们说明了为什么像我这样的日本人，会进入“敌国”的队伍中。解释了这场战争是一场侵略战争，对于两国的国民都是一场不幸的灾难。因此尽早阻止这场战争，让两国恢复和平是多么的重要。以及坚决不能靠武力征服对方，而是要公平公正地进行对话以达到和解的目的，这是双方唯一的出路。而我自己为了能够实现这一愿望，在获得中国政府的许可后来到了此地。当然，他们可能一时间还不能消化如此多的信息。然而，我必须事先明确地将这些告知他们。他们被日本军队抓捕并被强迫走上战场，并不是出于自己的本意犯下如此深重的罪孽。因此不需感到自己有多么卑躬屈膝。请他们以自己身为日本人为荣，“抬起头来讲话。”

说完，我又问了一次：“真的没有任何不便之处吗？”“不要有所顾虑。”于是，他们之中的很多人明显露出了惊讶的神情，悄悄地看向自己的同伴，等待他们的反应。先前的发言者终于又一次开了口，再次表达了自己十分感激“中国对俘虏们的优待”：“只是在我们之中，有很多人因身患疟疾而十分痛苦。如果可以的话，能否提供些许药物……”

“啊，原来如此！为什么不早点说出来！马上给你们准备药物。除此之外，还有其他需求吗？”

他与旁边的同伴交换了眼神后，小心窥视着我的神情说道：

“不，这样已经足够了。十分感谢您！”

但是我还是感到内心收到了冲击一般，“啊，果然如我想的……”一开始看到他们的干燥发黄的脸色时，就已经感到有些不对劲。与其说是见到了“军队”，不如说是看到了亡者。而现在的场景，正如在地狱里拜见佛祖一般跪在我眼前。那种蜡黄的脸色是疟疾患者专有的特征，他们中的大多数应该都染上了疟疾。然而，别说是药物，恐怕连水也没能喝上。再这样下去的话，他们会被疾病折磨，然后如家畜一般全都死去。然而事实上，虽然程度有所不同，但并不是只有日军俘虏正在遭遇此种困境。即使是中国军队，也没有比他们的待遇好到哪里去。因此，宪兵队当局也并无忌惮地将受到如此待遇且一目了然是病人的俘虏们呈现在我面前。让身体状况已经十分恶劣的俘虏们整齐跪在这里，听取我“宝贵的说教”。

朱杰夫为宪兵队长翻译了俘虏们和我之间的对话。队长一边掩饰自己内心的恐惧，一边叫来值班的卫兵悄悄地下了命令。原来，队长命令卫兵立刻去烧水，为俘虏们准备饮用水。我意识到，对于他们而言，我不只是个单纯的拜访者，同时也充当了“检察官”的职务。

而让我觉得吃不消的，是朱杰夫的这位多嘴的姐姐。她没有得到任何人的允许，而担任起了说教者的角色。用无比快的语速，摇头晃脑地对俘虏们吼着，你们是日本侵略战争的牺牲者，赶快清醒过来吧。中日两国的国民都是兄弟姐妹。——喋喋不休地重复着：“喂！你们明不明白！明白吧？”

“这个愚蠢的女人！”

我对她的行为咋舌，心想着要赶快结束这混乱的局面。趁她终于洋洋得意地结束了一段训话后，我赶忙抢先在队长之前道谢：“今天给您添麻烦了。”并表达了希望看望一下其他寝室中的病人的想法。队长自然欣然答应了，命令负责监视的卫兵进行引导。

呈现在我们眼前的是一间混居房间，房间中摆满了二层床，床上铺了大量的蒿草，蒿草上放着毛毯。在最里面的床上的十分憔悴的疟疾患者，眼睛紧闭地躺着。从讲堂返回寝室的同伴们准备将他们摇醒，我赶快阻止了他们，“一定要快点好起来。身体是最重要的啊”。这时，两名勤务兵抬来了飘着热气的水桶，里面装满了开水（沸腾后的饮用水），还有水瓢和锡纸杯等等。朱杰夫高兴地说：

"喂！热水拿来啦。快，大家多喝点吧。"

我向勤务兵们表达了感激之情："多谢！多谢！"先前代表发言的俘虏接过水桶，在其他同伴的帮助下，将热水舀到杯子中分给了大家。

看到这里，我们与俘虏们告别离开了。

"那么……我会再来看望你们。请你们都尽快好起来。保重身体啊！"

退回到会客室，再次向队长表达了谢意。他解释道，部下中的很多士兵对于日军俘虏多少还是怀抱着深深的怨恨，因此会有诸多做到不到位之处。表达了歉意，并表示全是自己的监督不善造成的，今后会多加注意。"请您原谅！"我受宠若惊地回道：

"不，您能这样想我感到十分高兴。不过，想必今后日军俘虏也会逐渐增加，到时就麻烦您多费心了。"

"此外，'常备'的药物恰好用完了，我会尽快地让人送来的。"

"真是给您添麻烦了。向您表示最诚挚的谢意。"

关于"长沙的大火"，郭沫若的《回忆录》中，有过如下的一段描述：

> ……据我们后来所得到的确实消息，张文白在十二日上午九时，曾接到蒋介石的密电，要他把长沙全城焚毁。因此关于长沙大火的责任应该由蒋介石来负，连"三个人头"认真说都是冤枉了的。
>
> ……(略)……(被完全烧毁的这座城市)警察是跑光了，省政府的高级人员跑到了沅陵。于是长沙善后这一工作却又意外地落到我们三厅的头上。
>
> 十六日我们到达衡阳三塘之后，十七日便奉到命令，要三厅派人火速赴长沙从事善后。这一工作，周公又指派了洪深，要他带领若干得力的人员和两个抗剧队在当晚便赶赴长沙。当大家上卡车的时候，田寿昌自告奋勇，临时参加了。洪与田是大火后最初入长沙的人，掩埋死尸，抚慰居民，安插伤病，恢复交通，实在做了不少的工作。由于工作繁忙，人手不够，十九日又由乃超和我另外带了一批人去支援。

蒋介石之所以会将善后的"大任"交给第三厅，是因为在大火发生之时，由周恩来作为总指挥的从事撤退作战工作的这一部门，最为秩序井然、一丝不乱地行动，得以将灾害控制在了最小限度。蒋介石将这些都看在了眼里。

在郭沫若和冯乃超赶赴长沙的前一日又或者是同一天，我先他们一步离开了衡阳，乘坐火车前往了桂林。当时，冯乃超对我说："你跟我们一起拖拖沓杳地留在这里，还不如先行前往桂林啊。”于是，将我送到了车站，安排杨云波陪同我一起前往，并嘱咐朱杰夫为我们购买车票。可是，除了车票，朱杰夫将另一件棘手的行李塞给了我。他要我带着对他十分重要的姐姐，那个多嘴的女人，一起前往桂林。我自然没有理由拒绝。整整一天的火车之旅中，我都要面对面地听她喋喋不休，心情都变得沉重了。但一想到，到了桂林后她就会投奔亲戚，于是决定忍耐一下。

顺利乘上了火车。随着车子行驶深入到广西省，窗外的景色变成了贫穷的农村地带的风貌。窗外的山上堆满了岩石，十分贫瘠。时不时地会看到十分奇妙的场景，靠近村落的岩山中有烟囱吐出烟雾。这应该是在洞穴中建设的小工厂，具有绝对安全的防控设备的工厂。在郭沫若的《回忆录》中，也有这样一段描述，表达了他对于长沙大火后，日军的空袭就此销声匿迹的不解。不过，这种现状会持续多久呢？

无论到何时，正如毛泽东在《论持久战》中描述的一样，中国是一个地大物博的国家。这便是进行“持久战的基础”。其次，日军的“全面进攻”阶段，早在“武汉战役”时已经基本告一段落。之后的第二阶段即将展开“双持久战”。

当然，这并不代表日军在军事上的“实力”达到了极限，而是在日军投入了最大限度的“野战兵力”（二十五万）进行作战后，为维持战果的“守备兵力”（驻扎军）到达了极限。即使日军能够在已经占领的华北、华中和华南的各个据点中抽出兵力，短暂性地实行“集体作战”后再次返回原本的据点，日军企图达到无限占领目的的“扩张战局”的阴谋，也只会加速招致其灭亡。因此，今后的战局将改头换面。武汉战役便是局面转变的一个转折点。

## 第十一章　在桂林

不知何时车子开过了湖南、广西省的边境，周围是一片无边无际的高原地带。之后，货车开入了其中仅有的一小片平地中，终于到达了桂林站。眼前高耸着石头城墙，桂林的街市就在这高墙之中。我们进入到石墙之内，沿着逐渐升高的道路前行，走上了贯通城市的东北和西南方向的大道。一眼望去，这里犹如日本城市的小镇，透露着清新之感。

幸子一行就寄宿在这条大路的尽头的一处宏大的酒店中。酒店前的水池周围被柳树框起来，隔着水池相望的正是省政府主席黄某（全名已忘却）的宅子。事实上，政治部副部长（国民党 CC 团的首领）张厉生得知她们到达后，将自己的宽敞的房间让与她们，自己却搬到了别处。她们（于立群和幸子）乘坐郭沫若专车，在夏衍、孙施谊（两名党员文化干部）的护送下到达此地，这里自然就成了目前转移中的文化界人士的聚集地，各种好事之徒前来拜访。因此，房间因为进进出出的人而满是烟味儿。但是听说我要来了，自然不能让我住在这样的房间。我要到达桂林的消息马上通过报社传到了省政府及其他各机关的耳朵里。正如我首次到达武汉一样，络绎不绝地受到了各方的拜访，被邀请参加一个又一个的欢迎会和演讲会。

当晚，当人们都离开后，我和幸子终于有机会能够聊起双方的旅行经过以及长沙发生的大火的种种。幸子将从长沙抱来的小猫放在膝上，一边抚摸一边说道："怎么样，这只小猫？可爱吧。途中经过一个地方，那里的人都没见过猫。整个村子的人围在车边，都来看这只珍奇的小家伙呢。"

"是嘛。还有这样的村子啊？真是没见过珍兽的珍村啊。不过，接下来就不是乘车，而是坐飞机了。你最好事先问问能不能让你带上飞机吧。……先不说这个，你的身体怎么样了？"

"没事儿啦，大家都十分照顾我。啊，对了，明天早晨会有漂亮的两姐妹过来呢。到时候给你介绍。唱歌也是特别好听呢。"

次日上午，两姐妹过来拜访。她们与幸子约好，当天特地带来了乐谱。幸子与这二人如姐妹一般十分亲近。两人分别叫做高灏和高芬，都是夏衍主办的《救亡日报》的妇女记者。事实上，二人都是能让人眼前一亮的美人，但是比起还带着一股天真无邪之气的活泼的妹妹，我还是对充满女人味的姐姐高灏，竟然难得的有些怦然心动了。这样的话，我对在桂林的这份差事竟然感到有些幸福了。当然，我的这份心意不能让对方察觉，是我一个人的秘密。

来到这里后，我不禁对当前的战局出现的变化之一有所察觉。正如前一章所述，自长沙的大火以来，日军的空袭就杳无声息了，原来是在这里重新发起了攻击。这意味着什么呢？当然决不能把这作为地上作战的前兆。日军到达岳阳线时已经是筋疲力尽，趁机在那里建立了保住武汉的外部阵地，完全没有显露出要进攻长沙的迹象。看上去部队在那里进入了休养和重整。只有空袭还在继续，而且是持续数日。其中一个原因是，这里是朝着重庆及其他腹地转移的人员和资材的运送中转基地。但我总觉得原因没那么简单。这表明了战局的转变——一定是这样。日军企图通过陆上作战逼迫中方投降的阴谋破灭了。因此，在我看来，日本方面想用"如此攻击不怕你们不投降"的策略，通过不间歇的空袭给敌军施加心理压力，然后等待对方疲劳和出现混乱后，乘机达到和平(即议和谈判)解决的目的。

对于当今的中国，最关键的就是咬紧牙关度过这一劫难，使日军的这一企图落空。由此，这场战争就显然由军事斗争变为了一场政治交易。而当前的危险在于，即使不动声色地进行行动，也恐怕队伍中会有一两只“害群之马”。我的这种预感在一个月之后成为了现实，汪兆铭（中国通常称其为汪精卫）的背叛之心逐渐浮出了水面。

事后得知，汪兆铭自武汉时代以来（不，在更早的南京丧失以来），就多次向蒋介石“谏言”，劝说他不应该再作无谓的反抗。由于蒋介石并没有听信他的劝告，终于在武汉失守后于重庆（战时首都）同陈公博、陶希圣等同伙进行商议后，选择了经由河内投身日本。他们的逃亡过程如下，十二月十八日逃离重庆后赴云南，二十一日到达河内，二十九日发表“和平、反共、救国宣言”，数日后（一九三九年一月八日）对蒋介石进行了公开发表。国民政府方面，在他逃离重庆前后的十二月十八日，发布了《政府官吏逃亡严罚令》。从这一处罚令的发布可以得知国民政府内部蕴藏着危机，除了汪兆铭等逃亡者外，国民党中还有不少败北主义者也有此企图。

自不必说，蒋介石对于汪兆铭的背叛定然是勃然大怒。他命人做了汪兆铭夫妇被捆绑跪地的塑像，放于重庆市的中央广场，允许过路人对塑像吐口水。不久，塑像就沾满了青痰并流到地上。考虑到卫生方面的问题，最后让人将塑像撤走了。然而，这场令人感到不快的“惩戒”示威行动，充分表现了“中国方面的”蒋介石的“彻底抵抗”的决心和意志，是否也展露了他对于“被汪兆铭捷足先登”的怒气呢？其中的证据之一是，同年（一九三九年）二月的国民党五中全会之后，党内部公布了“异党活动防治办法”的反共法。这一办法的公布正是蒋介石右倾的证据。虽然与汪兆铭发表的“和平、反共、救国”不同，但关于“反共”这一点确是共通的。关于“共通”的这一点，如果说现在是为日后的“全面共通”做准备，也不足为过。共产党对此十分重视。在共产党机关报纸《新华日报》及其他的出版物上，对此进行了严厉批判。然而，这并不是国民党的一贯姿态，因此并没有指名道姓地对蒋介石进行批判。而是选择了“对国民党右派的批判”，即“讨伐君前奸臣”之类的字眼。之所以会选择这样的字眼，是出于慎重考虑作出的不损害统一战线的决定。

最终，汪兆铭的背叛还是以日本方面的无望的期待和空欢喜无疾而终了。并没有引起大的反响。从我当时的印象来说，在桂林这样的“军事之都”，我记得没有任何人过分地把这件事当做问题看待。将时间倒回之前。

空袭依然在持续，然而这座城市却几乎没有防空洞，那是因为并没有建设防空洞的必要。比如，即使处于街道中心地区时遭遇了警报，不管跑向哪个方向，都能迅速到达之前所提的城墙壁。城墙的几处地方的内外都有石阶，只要跨出一步就能到达城外。因此，人们自平日开始就已经将贴身物品收拾好，以备能随时逃跑。警报一响起，就提起或用秤杆挑起事先准备好的行李，成群结队地离开。留下一座空城逃到城外。城外的荒野中，纵横地挖了无数个与人的身高差不多深度的战壕，如果看到敌机，大家就都躲入战壕躲藏。为了防止空旷的街道不被小偷等歹徒扫荡，只留下警察进行监视。

不过，在之后的空袭中，我们还是失去了小猫。在我们躲避空袭期间，酒店的一角被炸后天花板掉落下来，之后就没有见过小猫的身影了。也许是被倒塌的墙壁或天花板给压死的吧。不管怎么找，小猫的骸骨甚至都没有找到。这样一来，幸子也不必向航空公司咨询是否可以携带宠物乘坐飞机了。失去住处的我们，于当天搬到了城市的东郊——度过西江的摆渡桥（栓船用的临时桥），尽头便是位于七星岩（拥有六公里之深洞穴的岩山）北面的新建不久的某大学教授夫妻的住宅（妻子是北海道出生的日本妇女，名字忘却），我们搬去与他们同住。郭夫人于立群则搬到了城市中央部的乐群社（军事委员会的住宿机构），等待郭沫若的归来。

郭沫若和冯乃超这组，在完成了长沙的善后复兴工作后便返回了桂林。那是距离我们搬到七星岩没过多久，一九三八年将近年终的日子。之后，郭沫若夫妇乘飞机前往了重庆。幸子乘坐之后的一班也飞往了重庆。因为她们（于立群和幸子）都已经大着肚子，十分显眼。因此让她们尽快转移到旅程的终点站才是最安全的。加上重庆现在正好进入了春天的雾气较多的季节，因此可以有利地躲避空袭。送走幸子后，我便与冯乃超一同搬到了 YMCA 的一间宿舍。我们依据南岳会议的重要决定，全面进入了企划开设“日语训练班”的阶段。

正好在此之前，我受省政府之邀，在广西学生军事训练班举行了演讲。负责翻译的是桂林行营参谋处第一课课长廖济寰，是一名军人。演讲前一天，这位廖济寰来我的住处拜访，表示希望能事先了解我的演讲内容的概况以便为翻译做准备。对他的第一印象并不是特别好。当天，他穿着带有金闪闪的肩章的军装，腰带紧紧扎着，如果只是脚跟相碰并敬礼的话还好，他摘下军帽后将两手放于胸前搭扣，极其尊重地行了大礼。那诚惶诚恐的措辞和客套的笑容，让人感到十分做作，不免有“故作老实”之嫌，不过他的日语确实十分流利。他之所以日语很好，是因为他于毕业黄埔军校后留学日本，分别在一高、东京帝国大学经济学部学习。但是，当我们开始交谈，我不禁改变了第一印象，“这家伙，真是不好对付啊”。他的问题全都是一针见血，且理解力高，完全不允许有任何“含糊”的地方。看到他的态度，我也跟着充满了热情。他的问题虽然涉及到多个领域，但都十分自然地归于三个中心问题，一是这场战争对于中国人和日本人两方来说意味着什么；二是中国的抗战是否能取得胜利，如果可以的话该如何去做；最后是，为此我们现在必须付出哪些努力。

关于第一个问题，我清楚地说明了这场战争的性质是日本发起的侵略战争，而中国是在进行自卫式的抗战，而一切问题都是以此为出发点。第二个问题，关于这场抗日战场是否能取得胜利的问题，我表示答案仍然是以同一点为基础。我指出，战争的性质会因是侵略战争还是自卫战争的不同，战争和人民的关系将有所不同。侵略战争，即在敌方土地上进行作战，必须将周围一切视为敌人；而自卫战争可以使全国民众都自发地参与抵抗，实现军民一体化。因此必须准备把握性质的不同。除此之外，如果是侵略战争，有可能受到来自本国国民的不绝于耳的反对声音，而自卫战争与其正相反，敌人中的盟友可能会逐渐增加。因此，即使是拥有压倒性的强大军事力量的侵略军队，如果进行长期战争，也一定会遇到瓶颈。比方说——以当前的战局为例，日军的“优势”几乎已经到达了极限。自攻下上海、南京以来，现在又拿下了武汉。然而，他们将会止步于此。

当然，在军事力量方面，日军确实十分强大。然而，他们在到达岳阳附近时已经是只能量力而行了。看那之后的空袭便可以得知。那不是在为陆地作战进行掩护，而是在希望能使中国方面“动摇”。因此，就目前的情况分析，他们攻入桂林和重庆，几乎是不可能的事情。如果继续扩大侵略范围，日方的前景将不容乐观。

就算日军已经占领了广大的地域，也不过是中国广阔版图上的“点”或“线”。况且，在保持现有的“点和线”的情况下，（为保住已占领区域，需要付出巨大的防卫部队）在此基础上进一步扩大战局所需的野战部队，要去哪里找呢？正因为面临如此困境，近日，日本军事首脑已经下定决心不再极力扩大战争范围，而是正在频繁讨论“如何圆满了结支那事变”，现在正是绞尽脑汁的时候。因为中国具有“地大物博”的优势，无论被逼到哪里都不是尽头。因此只要不放弃抵抗就不算结束。而等到日军感受到进攻已经遇到瓶颈，作战的主动权就会自动转移到中方手中。

“嗯。”他认真地思考着。

“不过，这又会引发一个问题。”

“是什么呢？”

“是关于人民与战争的关系。我是这样想的。由于侵略者不仅是与敌国人民，与本国人民也处于敌对的立场，因此必须将这一部分人也考虑在内。我们需要积极采用方法，将这部分清醒的敌国人民拉为我方盟友。这样的话，在力量上就会出现巨大的变化。而人们也会逐渐明白，这场战争是改写东亚历史的一大战争，进而转变成为重新夺回和平的两国人民的协力与合作的战斗。而人民的苏醒，也将会迎来侵略战争不再存在的时期。我认为，我们的任务就是思考如何能使这一时期尽早到来。"

"先生，对于这一点，您有什么具体性的提案吗？"

"当然有的。遗憾的是，到今天为止也一直没有取得任何头绪。不过，我相信今后……一定会实现的。我从战局的变化中，已经预感到了这一点。"

我对他说，为了发起一场改变被侵略者误导的日本人的思想的运动，希望能够培养一些协助者。而目前我所能接触到的日本人只有被逮捕的俘虏们，因此决定先对这些俘虏进行教育和组织。即便如此，当前首要的是，为了获得接受俘虏的权利，必须取得中国政府当局的同意。事实上，目前的唯一的难关便是这一点。

听了我的话，廖济寰充满斗志地说：

"明白了！先生。请让我协助您进行工作。我一定会干好的！成为您的得力助手！"

我意想不到地获得了一个优秀的中方协助者。而广西学生军事训练班的演讲，也因为他的气势轩昂的翻译，取得了圆满的成功。自冯乃超和我搬到YMCA开始共同生活后，他也会时不时地拜访我们，三人为此事废寝忘食。

我们一天的开始，都是从清晨等待高灏的来访开始的。冯乃超和她，还有我三人一起前往乐群社喝杯咖啡，度过悠闲的一段时间。之后冯乃超会为"日语训练班"的开设准备工作外出，她和我便回到YMCA，由她教授我中文对话。世上的人都议论纷纷说她是我的情人，这也在所难免。就连她的妹妹高芬也曾批评道"我姐姐真是个傻瓜，竟然如此迷恋一个有妇之夫"。然而，每当我想到还在重庆的产院待产的幸子，一切背叛自己和她的行为我都绝不会干。要她做我的"会话老师"确实是由我提议的，但超出底线的事情绝对没有做过。只能说是说不出口的"心中的情人"吧。结束"课业"后，她就返回工作，而我又再次埋头于"训练班"的教科书制作。每当警报响起，高灏和高芬两姐妹就会来到我的住处，三人一起散步原野，信手拈花。一次，回到住处后，冯乃超和廖济寰已经在那里等候，就制作"日本人民反战联盟"的计划书交换意见。不久，我所负责的"训练班"的教科书完成了印刷。

一天，冯乃超与我在房间内聊天时，廖济寰带着暗喜的神情飞奔进来：

“先生,我今天来是向您汇报一个消息。您听说过我们所在处的处长吗?他叫做吴石,他希望能与您见上一面”。

“是吴石将军!”

冯乃超瞪大了双眼。

“这是好事儿。你去见见他吧。吴将军是中国闻名的军事专家喔。我也一直想要亲眼见他一面呢。”

这是我头一次听闻这位将军。听说他出身于鸦片战争时的福建的名门,毕业于日本陆大,现在是一名退出国民党的军事学者。

“这样的话,明天上午我会将所长带到这里。请你们到时在此等候。”

“在这里?”

我不由地环视了这个杂乱无章的房间。

“有什么关系呢。我就把他带到这里吧。”

这次,他不再是“故作和善”,而是转到后面吐着舌头,像极了一个顽童。

“其实,我演了一小出戏。”

他爽朗地笑着,说出了向自己的长官举荐我的经过。他向长官透露了从我这里听到的反战同盟的计划,长官听后十分感兴趣,表示想与我见上一面,让他传我到参谋处。廖济寰却十分严肃地劝告他:

“这样不太妥当吧?不管怎么说也是陈诚将军以客相待的人物啊。不打招呼地就将其招来实在有些‘失礼’,还是应该先由处长移驾去他的住处问候以后,然后以‘答谢的形式’请他过来吧。”

处长听后赞同地点点头,于是才有了明天的访问。

“就是这么一回事儿。那么明天就仅来打声招呼。后天再以答谢的形式,请先生到参谋处去一趟。不会需要说得太多。就如约定好的,我已经打好前站了。那我先告辞……”说着,这个耍滑的演员前仰后合地笑着走了出去。

次日,与吴石的会见如下进行。吃完早饭后正抽着烟时,感觉一辆车在楼前停了下来。只听到咚咚咚地向二楼逼近的皮靴声。门打开后,廖济寰一脸认真严肃地探头进来说:“先生,吴石阁下到了。”

等我慌忙地飞奔到门口时,差点和这位老军人撞上。他身穿陆军中将军装、端正威严地站在我面前。我与他握手之后,冯乃超也跟着握了手。但难为情的是,虽然将他请进了房间,却没有一把像样的椅子。将军接过杨云波递过去的咯吱咯吱响的竹椅子,十分严肃地正坐下来。他的头顶已秃,被剃了个干净,脸上的皮肤松弛得已经有了皱纹,鼻子下方有一颗黑痣,看上去十分温和又安详。他没有与我对视,开口解释道:“因为没有什么能与贵国人民接触的机会,因此完全忘了要说些什么了。”他说话的语调,与其说是一位有着威严目光的军人，不如说是呈现的是一位温厚的学者的风貌。交谈了一两句后，他就站起身来表示，请一定到他的参谋处再深入交谈。结束了邀请的礼节后，我们将他送到了门前玄关。

次日，在冯乃超的陪同下，我们拜访了参谋处。廖济寰早已等候在门口，将我们引领到了接待室。在勤务兵拿来热毛巾和茶水期间，吴处长露面并与我们问候，首次进行了意见交换。但由于廖济寰早已向处长报告过了基本情况，我也只就被问到的问题进行了解答。处长不动声色地听着，从开始到结束没有插一句话，只是安静地点头。听完对我说："我认为您的想法十分伟大。只要是我们能做到的事情，一定全力以赴协助您。"由于一开始就已经充分沟通过，因此我也只是郑重地道谢后便离开了。

会见"竟然就如此简单地结束了"，甚至让人觉得有些不安。一切结束后，次日，廖济寰带着同事宣宝季来到了 YMCA。

"就这么简单了事没问题吗？"我终于忍不住问出了口。

"交流的效果十分好呢。必须赶快趁热打铁！"

首先需要制作计划书。实际上，我只是将大纲罗列出来，另外三人根据我的大纲绞尽脑汁，制作了符合格式要求的计划书。

当晚，等另外两人离开后，冯乃超提议道，这次的计划最好还是由吴石和白崇禧牵头实行，郭沫若和我们退居二线会比较妥当。这样，进展应该会更加顺利。

"不过，你可要参与讨论啊！"。

"我参加的话，吴石他们会有所顾虑的。当然，与你之间可以进行讨论！"

问题仍然很多。但是既然已经开始着手了，那所有问题都会一一化解吧。而核心问题在于国共合作到底意味着什么，而不能一概而论，都称作"合作"。冯乃超对于这一点十分坚持，委婉地忠告了我。

可以说，对这一点的理解方式完全关系到事情的成败。在这场战争中，在中国的"统一战线"政策下，我被安排了一份差事，似乎就有些沾沾自喜了，而忽略了这一点。在我完成了计划书，准备将其提交给蒋介石之时，吴石带我拜访了白崇禧和林蔚，大家都待我十分客气。然而，正如事先冯乃超告诫我的，有一条警戒线是绝对不能触犯的。

2023 年 7 月译

[原载于《回忆录：在抗日战争中》，新日本出版社（东京），1982 年]

国家出版基金项目
NATIONAL PUBLICATION FOUNDATION
国家社科基金重大项目结项成果
“十四五”国家重点出版物出版规划项目

二十世纪东亚抗日叙事文献整理与研究丛书

丛书主编——牛林杰

# 文学编·散文卷 Ⅰ

分卷主编——金 刚 孙正盛

山东大学出版社
SHANDONG UNIVERSITY PRESS
·济南·

**图书在版编目(CIP)数据**

二十世纪东亚抗日叙事文献整理与研究丛书. 文学编. 散文卷. Ⅰ / 牛林杰主编 ; 金刚, 孙正盛分卷主编. 济南 : 山东大学出版社, 2025. 8. -- ISBN 978-7-5607-9011-4

Ⅰ. K152;I310.6

中国国家版本馆 CIP 数据核字第 20253L37G8 号

策划编辑　张铭芳
责任编辑　朱若翌
封面设计　卡古鸟设计

**二十世纪东亚抗日叙事文献整理与研究丛书·文学编·散文卷Ⅰ**

ERSHI SHIJI DONGYA KANGRI XUSHI WENXIAN ZHENGLI YU YANJIU CONGSHU · WENXUEBIAN · SANWENJUAN Ⅰ

---

出版发行　山东大学出版社
社　　址　山东省济南市山大南路 20 号
邮政编码　250100
发行热线　(0531)88363008
经　　销　新华书店
印　　刷　山东新华印务有限公司
规　　格　720 毫米×1000 毫米　1/16
　　　　　77.5 印张　1393 千字
版　　次　2025 年 8 月第 1 版
印　　次　2025 年 8 月第 1 次印刷
定　　价　450.00 元(散文卷全 3 卷)

---

# 二十世纪东亚抗日叙事文献整理与研究丛书

## 编委会

国家社科基金重大项目『二十世纪东亚抗日叙事文献整理与研究』结项成果

二十世纪东亚抗日叙事文献整理与研究丛书

# 编辑说明

“二十世纪东亚抗日叙事文献整理与研究丛书”由文学编、史料编、研究编及总目组成，其中文学编及史料编为文献整理部分。该部分内容卷帙浩繁、体裁众多，整理难度较大。现将整理编辑原则说明如下。

## 一、收录原则

“二十世纪东亚抗日叙事文献整理与研究丛书”文献整理卷册系统整理并收录了国内外有关东亚抗日叙事的重要文学作品及相关史料。收录作品的国别范围包括中国、朝鲜、韩国、日本、苏联等国家。苏联在传统意义上是一个横跨亚欧大陆的欧洲国家，但其远东地区位于东北亚，并且在第二次世界大战期间曾与日本直接发生战争。因此，我们将苏联列入了东亚抗日叙事文献收录的国别范围。同时，丛书也收录了抗战时期来华的一些欧美人士创作的有关东亚国家抗日叙事的作品。丛书所录中国抗日叙事作品原则上仅限于涉及东亚国家抗日或反战主题的作品。对于东亚各国战争期间创作的作品和战后创作的作品采取了区别对待的原则。战争期间创作的作品十分珍贵，能收尽收。战后创作的作品，由于各国社会制度和意识形态不同等原因，抗日记忆和叙事内容出现了一些较为复杂的变化，对此，我们坚持历史唯物主义原则，甄选并收录了各国较具代表性或影响力较大的作品。其中，篇幅较长的部分文本，视内容的不同情况，或全文收录，或节选部分重要章节。

## 二、所据版本

为再现东亚抗日的历史现场、确保文献的真实性，丛书收录的文献以20世纪前半期（1900—1950年）创作和发表的文献为主，部分回忆录、传记、翻译等文本则兼顾20世纪后半期发表或出版的文献。所录文献原则上以初刊本或初版本为准，以保留初始版本叙事的语境、意义和风格。对于一些初刊本难以查阅到的文献，则收录较早的转载本。在每篇文献之后均标注了文献的详细出处。

## 三、关于文献作者和国籍

文献作者及其国籍原则上以原始文献为准进行标注。作者不详或没有注明作者的文献均以“佚名”标注。民国时期，关于朝鲜半岛国家的名称有“朝鲜”“韩国”“高丽”等多种标记方式。因此，朝鲜民主主义人民共和国和大韩民国正式成立（1948年）以前的文献保留原始文献的国籍标记方式，1948年以后的文献则根据作者的实际国籍分别标注为“朝鲜”“韩国”。

## 四、编排顺序

丛书文献部分按小说、诗歌、戏剧、散文、传记、史传、书信、日记、纪实、评论等分卷编辑，各类下篇目主要以公开发表时间为序进行排列，个别未公开发表的文献按作品中标注的创作时间列入。为了方便读者阅读，部分卷册在目录中对文献进行了时段区分。

## 五、文字和格式处理

为尊重原文献的历史语境，不尽符合现行语法规范的字句，在不影响文意的情况下一般不予改动。原文疑似错字后加[　]标出拟改文字，无法辨识的文字用□表示，衍字用〔　〕表示，漏字加〖　〗表示。小说、散文和诗歌已有分段、空格的按原刊格式，个别明显不当的略有调整。戏剧的人物称谓和格式按原刊。旧体诗词、散文和小说原文无标点或只标句读，大部分无分段，为便于阅读，本书编者增加了标点和分段，其中或有不当，望识者指正。

## 六、其他

其他未尽事项及特殊情况参见正文相关注释或按语。

二十世纪东亚抗日叙事文献整理与研究丛书

# 总序

“二十世纪东亚抗日叙事文献整理与研究丛书”是国家社科基金重大项目“二十世纪东亚抗日叙事文献整理与研究”(15ZDB090)的最终结项成果。在纪念中国人民抗日战争暨世界反法西斯战争胜利80周年之际，本丛书付梓出版，为我们提供了一个重新认识东亚抗日叙事文化内涵、深入思考和平与发展的契机，具有重要的学术价值和现实意义。

当今世界正面临百年未有之大变局，坚持和平与发展，携手构建人类命运共同体已成为国际社会的广泛共识。但在东亚地区，由于20世纪上半期日本军国主义发动侵略战争而遗留的一些问题，如对侵略战争的认识问题、殖民统治问题、“慰安妇”制度问题、战时强征劳工问题等仍没有得到妥善解决，人们对于战争的记忆难以磨灭，这种情况甚至还在影响东亚国家关系的正常发展。

从文化史、文学史的层面上，深入挖掘和整理东亚国家抗日叙事的文本资料，可辨析东亚抗日叙事中丰富的历史文化信息，还原历史真实。通过阐释东亚抗日叙事的历史价值和美学价值，可为阐明20世纪东亚精神的本质和意义、建构和谐东亚提供理论依据。同时，通过跨文化、跨学科的全面系统研究，阐述东亚抗日叙事的独特性和内在关联，进而阐明东亚文学与文化交流的历史发展规律和特征，并深入探讨文学与时代精神、文学与身份认同、文学与意识形态等文学的理论和实践问题。因此，20世纪东亚抗日叙事文献整理与研究无论在理论方面还是现实方面都具有重要的意义。第一，从东亚抗日的视角出发，深入发掘和整理 20 世纪中国、朝鲜、韩国、日本、苏联等国以及部分来华欧美作家的东亚抗日叙事文献资料，可从东亚文学史的角度为阐明“中国的抗日战争是世界反法西斯战争的重要组成部分”“中国抗日战场是世界反法西斯战争的东方主战场”提供文献资料支撑。第二，东亚各国的抗日叙事并非各自孤立的存在，而是在抗日语境下作家们相互交流、传播思想、译介作品中展开的。深入探讨抗日语境下东亚各国作家之间的人文交流、作品译介和传播及其对东亚抗日叙事的影响，对于阐明 20 世纪上半期东亚文学的形成和发展、特点和规律具有重要意义。第三，通过对东亚各国抗日叙事的比较文学研究，阐明东亚诸国作家的民族认同、国家认同、东亚认同，进而可以从跨文化的视角探讨东亚抗日叙事在世界反法西斯文学乃至世界文化史中的价值及地位。第四，以新时代习近平中国特色社会主义思想为指导，基于“东亚抗日叙事”的性质和特点，在研究过程中尝试提出并应用“抗日叙事与反战叙事”“跨国体验与跨界叙事”“东亚认同与身份认同”“意识形态与抗日记忆”等一系列创新性学术话语，为构建中国特色学术话语体系做出贡献。第五，东亚抗日叙事研究蕴含了“让历史说话，用史实发言”“还原历史，以史为鉴”的精神，有利于推动爱国主义教育、民族认同、国家认同，有利于正确认识东亚抗日的历史和本质。

“二十世纪东亚抗日叙事文献整理与研究丛书”共 34 卷，由文学编(13 卷)、史料编(11 卷)、研究编(9 卷)及总目(1 卷)组成。其中，文学编和史料编属于文献整理部分，文学编按照小说、诗歌、戏剧、散文等分卷编辑，史料编按照传记、史传、书信、日记、纪实、评论等分卷编辑。丛书系统整理了中国近现代文学史料中的东亚抗日叙事文本，重点发掘整理了中国、朝鲜、韩国、日本、苏联等国的抗日叙事文献资料，并对一些重要的外语文本进行了中文翻译。

中短篇小说卷(共 2 卷)选录了 90 余篇短篇小说和 4 部中篇小说，其中不乏新发掘的文本，短篇小说如歌颂朝鲜义士英雄壮举的《韩儿舍身记》(泪人，1915)、批判日本殖民台湾惨状的《一位台湾女子的谈话》(白薇，1931)、以鬼的口吻讽刺德军罪行的《一九三八年的鬼》(A. ABRAMOV，1938)、赞颂苏联红军在哈桑湖区域击退日军的《哈桑湖畔》(莫什梁克，1942)等作品；中篇小说则包括以安重根义举为主线的《朝鲜血》(黄世仲，1909—1910)、以朝鲜亡国为蓝本的《朝鲜亡国演义》(1921)等。

长篇小说卷(共 4 卷)选录了 17 部长篇小说作品，其中包括以朝鲜亡国为蓝本的《亡国影》(倪轶池、庄病骸，1915)、《朝鲜遗恨》(沈桑红著、蓝剑青评，1932)，无名氏以韩国爱国志士李范奭为原型创作的《荒漠里的人》(1942—

1943)、《北极风情画》(1943—1944)，以朝鲜抗日事迹为主题的《历史》(韩雪野，1957)等。小说卷收录的作品反映了抗日语境下东亚文人的集体记忆，展现了国家民族危亡状态下人民的困苦生活与精神渴求，对于研究东亚各民族联合抗战与东亚认同具有重要的文献价值。

诗歌卷(共 2 卷)收录了近 700 首东亚抗日诗歌作品，涉及的国家包括中国、朝鲜、日本、韩国、苏联等。所录诗歌的体裁与形式多种多样，既有古体诗、词、曲、赋，也有自由体、新格律体、散文诗等形式的新诗作品。其中，很多国内诗歌作品都是第一次被发掘出来，很多外国诗歌则是第一次被翻译成中文。这些诗歌作品，或叙事、或抒情、或言志，承载并生动反映了 20 世纪上半期东亚各国人民反抗日本侵略的坚定立场和大无畏精神，是东亚现代诗歌文学研究的重要资料。

戏剧卷(共 2 卷)收录了近 60 篇东亚抗日戏剧作品。收录作品的国别主要有中国、朝鲜、韩国、日本、苏联等。戏剧卷所录戏剧既有抗战时期就多次公演并引起较大反响的作品，也有编者新发掘和直接从外文翻译成中文的一些鲜为人知的珍稀作品。如侯曜创作的《山河泪》、文靖珍创作的《阿里朗》、鹿地亘创作的《三兄弟》等作品，在中国抗战期间公演时获得了文化界知名人士艾青、林林、王莹、力扬、杨朔等人的高度评价。而戏剧卷所录反映朝鲜半岛抗日斗争的中国戏剧《海牙剖腹记》《炸皇宫》，反映日本反战意识的日本戏剧《正义血战》《骷髅的跳舞》，反映朝鲜半岛人民抵抗殖民压迫的戏剧《朝鲜的女儿》等则都是新发掘的文学史料。长谷川海太郎创作的《安重根　　十四场面》、金春光创作的《安重根史记》、乌鸦创作的《血海之唱》《战斗的密林》等作品，则都是第一次被翻译成中文介绍到国内。

散文卷(共 3 卷)收录了近 300 篇东亚抗日散文作品。收录作品的国别包括中国、朝鲜、韩国、日本、苏联等国家。同时，也收录了史沫特莱、约士登等抗战时期来华的一些欧美作家创作的有关东亚国家抗日叙事的散文作品。东亚抗日叙事中的散文丰富多彩，其中既有中国成名大家之作，如郭沫若的《鸡》、卞之琳的《一个敌军小队长》等。也有日本、韩国、苏联等国的散文作品，如鹿地亘的《过香港》、金在天的《亡国痛史》等。鹿地亘的《回忆录：在抗日战争中》、金台俊的《延安行》等文献都是第一次被翻译成中文。

传记卷(共 1 卷)收录的抗日人物传记作品涉及中国、朝鲜、韩国等国家。其中记录东北抗联李红光烈士事迹的《李红光传》(澹，1936)、《东北抗日联军第一军第一师师长李红光烈士传》(1937)，以及《安义士重根》(李斗山，1941)、《韩国同志李斗文传》(贺彪，1945)等传记作品，反映了东亚人民不屈不挠的抗日斗争精神，以及对民族独立、祖国光复的强烈诉求。

史传卷(共 2 卷)收录了 17 部作品，多为朝鲜亡国史相关著述。除梁启超的《朝鲜亡国史略》《日本并吞朝鲜记》等经典作品外，《朝鲜亡国史略》(尚中，1910)、《日本合并朝鲜始末记》(长舆，1910)、《朝鲜亡国鉴》(刘彦，1915)等均为新发掘的近代中国人撰写的朝鲜亡国史传作品。这些作品反映了当时日本吞并朝鲜半岛的暴行，表现出中国对朝鲜亡国的深刻同情，具有十分重要的文本价值。

书信卷(共 1 卷)选录了 1919 年至 1945 年间东亚各国人士与抗日有关的私人信件、公函、公开信等。东亚不同国籍人士之间的官方或民间书函往来，真实反映了抗日语境下东亚人士频繁的跨国交流情况。其中，中方书信中有巴金、吴石等著名人士与国际友人的书信，也有桂林儿童团体、贵阳书店工人、中华全国文艺界抗敌协会等致国际友人的慰问信；国际人士信件则包括日本反战人士鹿地亘、池田幸子、绿川英子，韩国抗日独立运动家金九、申圭植、安昌浩、赵素昂、金若山，以及各在华抗日团体与中国友人之间的信函。书信卷所录在华从事抗日或反战活动的国际人士之间的交往信件是不可多得的贵重资料，如日本反战人士绿川英子致朝鲜义勇队的信函、日本俘虏觉醒后与鹿地亘的书信交流等。此外，书信卷还收录了一部分战时中方缴获的日本士兵的家书，这些书信对研究战时日本国情、士兵心理以及对战争的态度等均具有重要文献价值。

日记卷(共 1 卷)搜集并选编了抗战时期中国报刊、书籍中登载的部分日记及日记评论，涉及中国、日本、苏联、韩国等国的 60 余位作者。这些日记资料都与“东亚抗日”这一主题相关，其中既有中国普通民众的日记，也有韩国独立运动家、日本反战人士及苏联战士的日记，而更多的日记资料则来自战时中方缴获并翻译刊行的日本士兵日记。中国人日记方面，《春生日记》记录了一名普通中国学生与韩国流亡抗日志士遗孤的交往片段，《编辑室日记》反映了战时《黄河》杂志与韩国青年战地工作队、日本俘虏的交流，这些都是值得关注的资料。朝鲜义勇队队员的《阵地工作队日记》《中条山反扫荡日记》、日本反战人士池田幸子的《武汉行》、苏联西尔倩考的《冲上张鼓峰去》、格罗金的《一个空军战士的手记》等国际反法西斯人士的战斗日记，为我们拓宽了东亚抗日叙事研究的国际视野。此外，本卷选录的日本士兵日记中译本与日记评论，对了解战时中国文艺抗战和军中敌工工作、战时日本军队情况等都是可资参考的重要资料。

纪实卷(共 3 卷)收录了 1909 年至 1948 年间有关东亚抗日的报告文学、

长篇通讯、人物采访、历史纪实等文献资料。这些资料涉及中国、日本、朝鲜、韩国、苏联等国家。其中有对安重根、尹奉吉、李奉昌、朝鲜义勇队等朝鲜抗日志士或团体的真实记录和描写，有对日本铁蹄践踏下的朝鲜社会现状之控诉，也有对各国抗日情形之真实再现，还有绿川英子、鹿地亘等在华日本反战人士的深情回忆。上述文献资料散见于 20 世纪上半期的报纸、期刊和图书，内容多为真人真事，是研究东亚抗日不可多得的宝贵资料。

评论卷(共 3 卷)收录了 400 余篇东亚抗日相关评论文献。所录文献既包括文学评论，如鹿地亘的《创作方法之现实的基础》、金光洲的《朝鲜文坛的最近状况》等；也包括一部分政论和史论，如申睨观的《吾人今后之责任》、杜洛斯基的《苏俄政府何以不对日宣战》、金奎光的《朝鲜民族反日革命总力量问题》等。这些评论资料紧紧围绕抗日的时代主题，或从世界大势的宏观视角，或从东亚各国内部的微观视角，深入分析了当时东亚抗日战场的现状、动态和趋势。

丛书的文献整理部分几乎每一卷都包含了一些尚未引起国内外学界关注的珍贵文献资料，这些文献不仅是研究 20 世纪东亚国别文学的重要资料，也是从宏观上研究抗日语境下东亚文学交流与互动的重要史料。

“二十世纪东亚抗日叙事文献整理与研究丛书”研究编由 9 部专题著作组成。《抗日语境下的东亚跨界叙事研究》围绕 20 世纪上半期抗日语境下东亚文学中的跨界叙事进行研究，重点分析了中国现代文学和日本反战作家文学中的抗日叙事。《抗日语境下的东亚文学交流研究》聚焦抗日语境下东亚各国的作家交流、文本译介及其对抗日叙事的影响。《东亚抗日叙事比较研究》则通过比较东亚各国抗日叙事的发展脉络，阐明其特殊性和普遍性。《中朝韩当代抗日叙事研究》以第二次世界大战后中朝韩当代抗日叙事为中心，对东亚文学中的当代抗日记忆进行了比较研究。《朝鲜半岛来华留学文人的跨国体验与文学书写研究》《申圭植的中国体验与文学创作研究》《朴殷植的文坛活动与文学创作研究》《赵素昂的跨界体验与文学创作研究》《金学铁抗日文学研究》等 5 部著作则分别从作家研究的角度深入阐述了抗日语境下朝鲜半岛作家在中国的跨国体验与文学创作。

在开展 20 世纪东亚抗日叙事文献整理和研究的过程中，编者团队就东亚抗日叙事文献的资料价值、东亚抗日叙事的主要特点等相关问题形成了一系列的学术观点，现将其中几个重要观点简要介绍如下。

第一，20 世纪东亚抗日叙事是东亚现代文学研究值得深入挖掘的一个丰富的资源宝库。从目前整理的 20 世纪东亚抗日叙事相关文献资料来看，其数量之多、范围之广、体裁之全面、内容之丰富、价值之重要，都远远超出了我们的预想。东亚抗日叙事相关资料反映了侵略与反侵略、正义与邪恶、进步与反动的人类斗争，充分体现了20世纪的东亚精神和文人的文化自觉。这些珍贵的文献资料无疑是20世纪东亚文学的重要组成部分。但令人遗憾的是，其中很多文学史料尚未被纳入东亚现代文学的研究视野。

第二，中国抗日战场是东亚抗日叙事生成的重要历史场域和空间场域。在抗日的大背景下，东亚被殖民国家和地区的抗日志士纷纷流亡中国，在中国开展抗日斗争。中国政府也适时提出了支持东方弱小民族抗日独立运动的口号。日本人民反战同盟、朝鲜义勇队等抗日、反战组织先后在中国抗日大后方成立。来自东亚各国的抗日志士除少数人直接参加武装斗争，大多数人主要从事写作、宣传活动。他们在和中国文人、作家积极进行交流互动的同时，以抗日或反战为主题，创作了丰富多彩的抗日叙事作品。这些抗日叙事作品的内容往往超越国家、超越民族，反映的是东亚人民共同的心声。这些作品在中国创作、在中国发表，甚至在中国舞台演出。

第三，跨界叙事是20世纪东亚抗日叙事的一个重要特征。20世纪上半期，面对残暴的日本帝国主义侵略，中国作家与日韩流亡文人就反抗日本帝国主义这一时代主题进行了共同书写，并在叙事内容上表现出鲜明的“跨界”特征。跨界叙事包括跨界体验叙事、跨界题材叙事、跨界共同叙事。跨界叙事是文本价值实现超越与重构的重要途径之一。叙事时间和空间的变化可以直接带来思想观念、叙事结构的变化。抗日语境下，东亚抗日文学的跨界叙事极大地强化了东亚国家之间的东亚身份认同，密切了东亚国家人民之间的传统文化关系。

第四，跨界体验是20世纪东亚抗日叙事的一个主要特点。跨界体验也称跨国体验。首先，跨界体验的意义在于通过跨界的政治体验、文化体验、教育体验等获得反思、反观的机遇，从这个意义上讲，跨界体验可以有效地促进作家对本国的深度体验。其次，跨界体验包括人际交流、文本交流以及政治、外交等领域的交流。跨界体验是文学生产的主要创新机制。通过对话与交流呈现相互叙事，通过相互叙事不断地发现和建构自我与他者。抗战时期，朝鲜半岛的大批知识分子和日本的反战人士长期在中国学习、战斗和生活，他们在跨界体验的过程中重新认识中国，重新认识本国，重新认识东亚。这些新的认识在他们的抗日叙事中得到了真实的反映。

第五，抗战背景下，中国一度成为东亚抗日戏剧交流的中心舞台。国家危难之际，戏剧是唤醒民众、动员国民、鼓舞士气最有效的艺术形式之一。抗战时期，东亚各国的剧作家在中国进行了密切的交流与互动，创作了一大批东亚抗日戏剧并在中国舞台上成功公演。其中既有反映朝鲜半岛抗日斗争的戏剧，如《亡国泪》《爱国魂》《图们江边》《朝鲜的女儿》等，也有反映日本反战意识的戏剧，如《三兄弟》《正义血战》《胜利在前头》《侵略战争之罪恶》等。这些在中国舞台上公演的东亚抗日戏剧，在当时的中国社会引起了强烈反响，鼓舞了东亚各国抗日民众的士气，是东亚抗日文学的宝贵财富。

第六，20 世纪东亚抗日叙事是东亚各国现代文学史的重要补充。抗战期间，日本反战人士在华创办了很多报刊，创作并发表了大量反战叙事文学作品。但由于战乱，这些资料没有得到很好的搜集和整理。同样，朝鲜半岛来华从事独立运动的仁人志士在华创办了百余种中文或朝鲜文报刊，积极宣传抗日主张，并通过文学创作发出他们的抗日呼声。朝鲜半岛文人大多精通汉语，他们创作的中文作品带有十分鲜明的抗日文学性质，是东亚抗日文学的宝贵财富。刊载这些作品的报刊由于都在中国发行，至今尚未引起韩国学术界的关注。可以说，上述文献资料是日本反战文学史、韩国抗日文学史的重要补充。

本丛书依托的国家社科基金重大项目"二十世纪东亚抗日叙事文献整理与研究"2015 年立项，参与研究的国内外学者历时十年，在国内外发表了 70 余篇学术论文，最终整理出 1000 余万字的结项成果。本丛书的创新性主要表现在以下两个方面。

第一，在数据资料方面的创新性。从整体上来看，本丛书是国内外迄今为止收录范围最广、数量最多、体裁最全、内容最丰富的 20 世纪东亚抗日叙事文献资料。从局部来看，几乎每一卷都包含一些珍稀的文学史料。在收录范围方面，不仅包括中国、朝鲜、韩国、日本、苏联等国家的作品，还包括抗战时期来华的一些欧美作家创作的有关东亚国家抗日叙事的作品。在史料价值方面，丛书所录苏联作家关于 1938 年发生的苏日远东张鼓峰战斗的小说、散文、日记、报告文学等作品，可以说是世界反法西斯文学的重要组成部分，极大地鼓舞了抗战初期中国军民的抗日斗志。丛书所录日军日记以及中国作家创作的日军"慰安妇"题材诗歌和纪实作品，不仅从文学史料的角度印证了日本军国主义在华实施"慰安妇"制度的事实，而且将"慰安妇"现象的出现时间追溯到 1938 年初。此外，抗战时期在中国舞台上演的反战、抗日戏剧等文学史料都是第一次得到全面系统整理。

第二，在解决实际问题方面的创新性。编委会认为，为了深刻阐明"中国的抗日战争是世界反法西斯战争的重要组成部分""中国抗日战场是世界反法西斯战争的东方主战场”等历史事实，我国的抗日文学创作应积极拓展国际题材。丛书文献整理部分收录的有关朝鲜半岛人民在华与中国人民并肩抗战的历史故事、日本反战同盟在华从事反战运动的史实、抗战时期在华欧美人士支持和同情中国人民抗日斗争的故事等都是很好的历史素材。特别是抗战时期中国政府支持朝鲜半岛人民在华开展抗日独立运动以及联合抗日的史实，在一定程度上可以增进彼此间的友好认知。

“二十世纪东亚抗日叙事文献整理与研究丛书”是编委会集体智慧的结晶，编委会成员由来自山东大学、中国海洋大学、延边大学、南开大学、山东师范大学、哈尔滨理工大学、江西师范大学等国内高校以及来自日本、韩国的共计 30 余位学者组成，在东亚地区形成了一支以中国学者为主体的跨国学术团队。

在丛书编写期间，延边大学金柄珉教授应邀担任学术顾问，给予了宝贵的学术指导。吉林大学张福贵教授、清华大学王中忱教授、北京大学王丹教授、南京大学尹海燕教授、北京外国语大学韩梅教授、中央民族大学金明淑教授、延边大学朴银姬教授等对丛书编写提出了很多中肯的建设性意见。山东大学出版社的领导和编辑认真负责、精益求精，为丛书的出版付出了辛勤的劳动。在此，我谨代表全体编委会成员，向所有为丛书出版做出贡献的专家、学者、编辑表示衷心的感谢。

在丛书编纂过程中，编委会高度重视著作权人的合法权益。通过中国作家协会等官方渠道及多方努力，我们已与大部分文献的版权所有人（或其继承人、代理人）取得联系，并依法获得了作品收录授权。出于各种原因，截至出版时，我们未能与本套丛书的全部著作权人取得联系，敬请作品的著作权人或与著作权有关的权利人与山东大学中日韩合作研究中心联系，以便奉上稿酬和样书。

20 世纪东亚抗日叙事文献的整理是一项十分艰难的工作，由于战争期间资料保存不易，很多文献遗失或不完整，再加上外文文献的搜集和翻译有一定的局限，本丛书中的文献资料在选篇、翻译、录入、编辑等方面难免存在遗漏或错误之处，恳请广大读者批评指正。

牛林杰

2025 年春写于济南

二十世纪东亚抗日叙事文献整理与研究丛书

# 目录

## 1900—1919年

## 1920—1929年

## 1930—1938 年

# 1900—1919年

## 朝鲜游记

于寿椿

朝鲜名胜，余耳之久矣，蓄志往游，苦难如愿。癸丑七月，随家君搭岳州船往赴汉城，酬素志焉。十二日侵晨启碇，自沪遥见母校巍立，有衣白衣者往来球场，招之不应，盖相距过远耳。舟行出茶山，沧海滔滔，横无涯际，沙鸥数点，上下飞腾。同舟李君，朝鲜遗民也，与之笔谈者良久，李之言郁而悲，悒悒见于辞色。呜呼！麦秀黍油，古今同慨，伤心人固如是耶？十四晚抵仁川，翌晨九时许登岸。仁川为通商巨埠，逐利者麇集于斯，身长膀阔，口操华音者，我国之侨商也；岌岌其冠，翩翩其衣者，朝鲜之土人也；体矮而肥，着木履作得得声者，乃昔为客民，今作地主之日本人也。悲哉！朝鲜本为我国东藩，不幸甲午一役，我师败绩，遂令箕子遗封为日人砧上肉，坐视焉而不能救，清夜扪心，痛乎不痛？下午一时许，舍亲郑君来接，遂乘火车入汉城，至中华总领事署下榻焉。署颇宏敞，时余等疲惫已极，与领事富君等略叙寒暄，即安寐。离家五日，已达韩京，亦云速矣。汉城为朝鲜首都，前皇宫阙在焉，人口繁盛，熙攘载道，男子冠服如我国古时，不图今日复见汉官威仪，殊令人肃然起敬也。妇人外衫以短者为时式，甚至有长不逾尺者，致鸡头肉亦显露于外，往来街道，恬不知耻，盖箕子之遗风渺矣。

其地土产饶富，商务发达，然大权率操之外人，或以电车售票为韩民最高行业，非过语也。且韩民性轻薄而质愚陋，恶劳苦而耽逸乐，自见并于日本后，歌台舞榭，仍如从前。呜呼！日本岂能奴隶朝鲜，亦朝鲜人自为之耳。商女不知亡国恨，隔江犹唱后庭花，岂不令闻者伤心耶！汉城名胜颇多，余所目睹者，一为南山，一为皇宫。南山在汉城南，俯瞰汉江，如屏障然，距余处约三里，余偕弟等往游焉。松阴夹道，游人如织，山径曲折，渐盘渐高，登最高峰，昂首远眺，全城尽在目中。奔腾而澎湃者，汉江也；巍然而特立者，日本之朝鲜总督署也；青葱者为芦田；鳞比者为民居。斯时也，余疑置身于九霄云外，俗尘五斗，早已扑之于无何有之乡矣。已而夕阳西下，尽兴而归，是到汉城后九日事也。汉城最著名为皇宫，余游南山后七日，亦往游焉。入览者付银五分外，有日警护守。入门数十武，明政殿矗立于中，其东为植物园，高台华榭，上插云霄，嘉木琪花，葳蕤葧䔒，池水上喷，高出数丈，诚佳景也。动物院则在其西，院分前后，珍禽充牣乎其前，怪兽罗列乎其后，虽博物家亦不能尽举其名焉。过动物院，进迹室，朝鲜历代之古物在焉。真珠宝石，光怪陆离，而尤奇者则为珠袋玉笛。墙上墨迹一幅，笔势秀挺，岳武穆之手泽也。室中有广州郡南青铜梵钟，古色斑烂，为诸陈迹中之铮铮者。独惜地经沧桑，物失原主，吊古者不能无荆棘铜驼之感焉。余等游各院竟，遂回署，驻韩共一月有余，而在汉城者什八九，其余名胜如釜山、郡山、平壤、义州、镇南浦、龙岩浦等，无暇往观，至今尤恨恨也。八月廿一日，乘日本邮船返沪。当余抵韩时，沪上战云初起，及回里后，兵气已销为日月光矣。然则谓余此次之游朝鲜，乃游东海桃源也，亦无不可。

（原载于《沪江大学月刊》第2卷第1期，1913年）

# 观《东亚风云》新剧书慨

秋风

此实激励人心之良药。

呜呼！新剧之作用，诚大矣哉！呜呼！新剧之与人心，其关系诚重矣哉！余不尝云乎？今日之新剧，实未见其有若何之作用；今日之新剧，与今日之人心，实未见其有所裨益。言犹在耳，读余文者，类能举其一二。今日者，尽将向之论调，一一推翻之，向之抑新剧不遗余力，今则扬新剧惟恐不及，此又何耶？出尔反尔，宁不贻读余文者笑乎？曰：是有故。盖新剧者，范围至广，而评论至难者也。新剧之作用又綦大，而今日之新剧，其作用又至难言者也。脚本之不良也，技术之不讲也，与夫分子之不齐，剧情之不符，诸评剧家之不满意于今日新剧者，几如老生常谈，莫不以兹数语，为其不满意今日新剧之证据。即秋风亦然，非敢随俗浮沉，敢自忘其本心，甘自没其天良也。回顾既往之新剧，所谓成绩者，确无一长之可寻，以其失败之多，恐今日复蹈其覆辙也。故望之切，不妨责之深，亦良药苦口云尔，非真敢置本心于不顾，置天良于不问也。乃者观民鸣新剧社，顾君无为手编东亚风云一剧，乃不禁跃然挺身起曰：如是剧者，可谓新剧矣！方可以言新剧之作用，以及与人心之关系矣。

中日交涉，悬宕至今，迄无解决。其所要求之条款，在理固当严拒。惟现今之世界，为强权之世界，优胜劣败，弱肉强食，余既屡见之矣。则今日之交涉，旁观者多以空言责政府，不知政府诸公，处此千钧一发危急存亡之秋，未尝无爱国热忱。同是中华国民，同处此幕釜，同祸患，同利福，谁无天良？岂甘故意退步，以贻其后世子孙奴隶牛马之羞？要亦有大为难之处，实不足为外人道。此我同胞所最宜体谅我政府之苦衷者也。然则为今之计，其惟同我同胞之心，合我同胞之力，以救此岌岌之时局乎？虽然，欲合其力，非先同其心不为功，则感动人心之利器，必不可少。戏剧者，固感动人心之一利器也。惟是今日感动人心之方法，大异于往日。盖往日晏安若梦，风波虽恶，究无覆没之虞。今则败亡之象，愈演愈烈，埃及、波斯之后尘，我中华民国行将旋踵及之。所可恃者，一线之民心耳。人心不死，国其不亡。吾国人稔乎此，借知所以救亡之道，速速图一特别方法，以警醒一般晏安若梦之同胞矣。顾君无为有鉴于此，此《东亚风云》一剧之所由发生也。

东亚风云者，实安重根刺伊藤博文之实事也。将此实事编为剧本，演诸舞台，使观者如目睹当日高丽亡国之惨，日人待韩之酷，知亡国之可痛，不能不亟亟为谋，此其有功于我社会为何如哉！余知当时观者，苟有血心，当莫不自居为安重根之第二，牲牺其生命与彼野心家同归于尽而后已。洵如是也，斯剧之功，尤不虚矣。顾君之一片热心，尤足敬矣。

抑余更有进也，观斯剧者，不观乎顾君之手笔乎？其说明书曰："呜呼！朝鲜亡矣。呜呼！朝鲜之亡，其国人先自亡，而后野心者得乘其机以亡之。噫！朝鲜已矣，我国何如？兹者东亚风云日紧一日，本社悲朝鲜之亡，恐覆辙之重，寻特编斯剧，以警国人。间叙朝鲜国势衰微，内政紊乱，野人得逞野心，以无理要求之条款，横加于朝鲜。朝鲜人初闻恶耗，则奔走号呼，激昂慷慨；继则希望和平，意存观望；寻至勇气日销，垂手听命。于是亡国奴之头衔，遂加诸韩人矣。韩国既亡，野人尽施其横暴之手段，以待韩人。所幸人心不死，有安重根者，悲已国之沦亡，抱杀身成仁之义，竟然手刃野心政治家，为受强权蹂躏者吐气。呜呼！杀身成仁，千口快事，惜其精神气魄，已随国而亡。愿吾国人急起直追，勿为亡国后之安重根，则吾国庶有救乎？更望国人勿作虎头蛇尾，徒恃一时之愤，而蹈朝鲜之辙。幸已千钧一发，吾国人早自谋之。"呜呼！顾君之言，何其沉痛若是耶？顾君之意，何其深挚若是耶？今日者，各舞台亦有闻风而兴起者矣；今日者，我国民亦有所谓救国储金等举动发现矣。推厥功德，非《东亚风云》一剧有以致之哉？非顾君无为之热心有以致之哉？

呜呼！欧战方殷，东事日紧，一波未平，一波又起，此东西两半球，其将为不完全之地球乎？此五种族之人民，其将为不完全之人民乎？埃及、波斯无论矣，印度、越南无论矣，朝鲜亦无论矣，回顾我民国将何如哉？内乱不已，元气未复，各政棼乱，整顿无日。以言土地，十失其二三，且其所余之七八，为有名无实之土地，终必为他人之砧上肉、之鼎中脔。以言人民，富者酒肉，妇人暖衣饱食，无所事事，意以为亡国不亡国，无与于我也；贫者则辗转沟壑，一身且不能自救，遑论其他。呜呼！兴言及此，吾心实痛，安得人人知朝鲜往事之可鉴，而速速善自为谋哉？不者，交涉纵能因循敷衍以了，若仍苟安旦夕，则覆亡之祸，眉睫间事耳。至此时也，非惟负顾君无为，抑且负秋风所以警告之心矣。呜呼！可不惧哉！可不惧哉！

（原载于《戏剧丛报》第1卷第1期，1915年）

# 东亚风云

## ——安重根杀身成仁

顾无为

鸣呼！朝鲜亡矣。鸣呼！朝鲜之亡，其国人先自亡，而后野心者得乘机亡之。噫！朝鲜已矣，我国何如？兹者东亚风云，日聚一日。本社悲朝鲜之亡，恐覆辙之寻，特编斯剧，以警国人。间叙朝鲜国势衰微，内政紊乱，野人得逞野心，以无理要求之条款，横加于朝鲜。朝鲜人初闻噩耗，则奔走呼号，一时激昂慷慨。继则希望和平，意存观望。寻至勇气日销，垂手听命。于是亡国奴之头衔，遂加诸韩人矣。韩国既亡，野人尽施其暴虐之手段，以待韩人。所幸人心不死，有安重根者，悲已国之沦亡，抱杀身存仁之义，竟然手刃野心家，为受强权蹂躏者吐气。鸣呼！杀身成仁，千古快事。惜其精神气魄，已随国而俱亡。愿我国人急起直追，勿为亡国奴之安重根，则吾国有救乎？更望国人切勿虎头蛇尾，徒恃一时之愤，而蹈朝鲜之辙。丁此千钧一发，吾国人其早自谋之。

无为识

（原载于《申报》1915年3月16日）

# 旅行朝鲜感言

李搢荣

韩为被并之邦。日之治韩，不适用地方自治制度，而新政施行五六年间，竟能令行禁止，渐进于野无旷土，国无游民，固其计划宏远，控制得宜，究以行政得人，人尽奉法，为收效之大原。韩人之言曰："设行自治，焉有今日？"当续其言曰："官民玩法，自治亦亡。"

铁路、电线等交通要政，立国之大计也。韩人向以为无足重轻，自合并后，除铁道干支各线不计外，全境各等（分一等、二等、三等等外）道路亦依限兴修，自动车通行无阻。各道及府郡主要地点，亦遍设电线、电话，一旦有事，能以十数点钟征集军备。日之治韩，如狮之搏兔，其得力处，全在此。

历史、地理、法制、经济、兵操等科，启发国家思想之利器也。朝鲜人教育，无此数种科目，爱国思想将永无发生之日。

亡其国者灭其种，非必尽杀其国之人也，亡其语言文字，种族之精神灭矣。今朝鲜人教育，概用日语日文。国亡，教育权不亡，尚可图恢复也。今朝鲜人教育权，不由朝鲜人操之矣。昔吾国开教育联合会于沪，张季直先生莅会宣言曰："强吾国者，教育也；救吾国之亡者，教育也；不幸而亡，而图恢复者，亦教育也。"吾奉此言若圭臬五六年矣。不意韩鉴不远，亡后之教育，乃不可恃。商女不知亡国恨，此诗人痛言国人无心肝也。朝鲜人之心肝如何？吾居韩日浅，不敢断言，而京城为激刺最深之地，老师宿儒，方且口衔长烟杆，据斗室，而授生徒以千文百姓焉。亡朝鲜者，朝鲜也，非日也。

平毁坟墓，吾国悬为厉禁，在昔朝鲜亦然。今历朝鲜千里，仅见木牌星布，且须年纳三十钱，否则墟矣。国亡而先人之坟墓不保，亡国奴不得为孝子。

旅韩十余日，不见乞丐。入吾国界十余岁之童子，乃逢人叩头，呼发财，老爷升官。老爷思之，汗流浃背。

水原郡劝业模范场场长，本田幸介农学博士也。以博士而充场长，吾国人定鄙夷不屑。

铁路车站售票员，电局银行司账员，以及物产共进会会场执事员，纯用女子充之。女子皆有自立技能，而吾国卒业学校之男子，乃依人谋事。

物产共进会陈列物品数百万件，奢侈品绝少。吾国国货展览会如何？

物产共进会，陈列各种事物，概有模型，且多用电力回转实物点缀。如铁道馆敷设铁轨，可购票乘车游览。交通部安置电话机，用女生实习（会场电话百数十号，以此为总机关）。鸭绿江筏置杉松木筏，并制成华人偶像，作种种撑支状。水利灌溉，以实地作成模型。中支高台，纵人登览。机械馆安置瀑布机，作各种工事，尤足引人注意，启发愚民。吾国国货展览会如何？

物产共进会，得奖最多者，为农茶中之谷稻烟草，且有一草鞋一农具而得优奖者。朝鲜总督语人曰："朝鲜人习尚奢侈，无企业思想，此会思有以矫正之。"噫！朝鲜人之奢侈，不知较吾国人如何，吾国国货展览会宗旨，又不知较共进会如何。

（原载于《东方杂志》第13卷第7期，1916年）

# 亡国泪

红冰

朝鲜本我国数千年之藩属，自沦胥后，人民失所，生计穷窘。戊申岁，余随父寓江西。时有该国逸民朴永昭者，愤异族之苛政，潜逃来华，以名片向余求助。内有小启云，小生箕子遗族，痛宗邦之沉没，来母国以周游。志未遂其包胥，粮已绝于陈蔡。自念国家已亡，此身尽可无生，奈何躯壳尚存，此心终觉未死。用是吞声忍泣，蒙耻舍羞，摄我像形，箫效吴市之吹，抒彼情愫，修冀尼公之脱。仰荷矜全，俯赐资助，此日残喘苟延，得免沟壑之填，他时枯草逢春，誓图衔结之报。又当朝鲜初亡之时，有一韩人，名金秉万者，流落在豫，寄居旅舍，以携有微资，故不复言归。金能汉文，故时与各界相周旋。民国元年，豫省省议会议长杨勉斋君与金往返，怜其境遇，因为介绍按国籍法，入偃师县籍，金乃出囊橐略置田产，居然土著之民矣。惟故国亲友，偶有来书，道及亡国之痛，辄为下泪。金颇能诗，每为吟咏，凄凉酸楚，盖亡国之音，有不胜其哀感者矣。

（原载于《南洋华侨杂志》第1卷第1期，1917年）

# 对于朝鲜灭亡之感言

吴芳荪

余尝读史至朝鲜之灭亡，不觉掩卷而长叹。呜呼！朝鲜者，本我藩属也，僻处东陲，与日俄为邻，形势之险要，不待言矣。我国得之，外足以控制日俄，内足以保护满蒙，其关系岂浅鲜哉！而虎视眈眈，其欲逐逐之日本，垂涎已久。当我国汉代之时，新罗用兵于伽耶，伽耶乞援于日本，遂启日本侵朝鲜之端。自此以后，屡与我国用兵朝鲜。甲午一役，卒订《马关条约》为我国失亡朝鲜之结局。然日本之窥朝鲜，亦有不得已存焉。盖自清代咸丰之八年十年，以爱珲、北京两条约割黑龙江州沿海州与强俄，斯拉夫之气焰，咄咄逼人。俄势东渐，挟万钧之力，渡图们江、鸭绿江，而进逼朝鲜。苟朝鲜而为俄属，不特日本海、黄海之海权为俄国所有，即日本存亡所系之对马峡，势必不保，则日本亡矣。况日本与俄又有索还辽东之怨耶，此日俄之战之所由来也。清政府竟置诸度外，若秦越之肥瘠，漠不关心，是犹委肉当饿虎之蹊也，祸必不振矣。其结果，日本固获大胜利，俄人即认朝鲜为其"保护国"以和。所谓"保护"者，即灭亡之利刃也。自是日本愈奋其武力，竟以强权而并我之朝鲜，宣统二年乃正式实行，能不悲哉！昔者晋尝假道于虞以伐虢，夫虢虞之表也，虢亡虞必从之，宫之奇早有先见之明，虞公尚不自悟，犹曰："晋我宗也，岂害我哉？"卒致身败国亡，为天下后世笑。虞公之愚固甚矣，奈何后世亦有曰："日本亦我黄种也，岂害我哉？"是又为虞公所窃笑于地下者。倘我政府苟于日俄未战之前，不许两国驻军朝鲜，而出重兵以镇之，则朝鲜仍为我有，亦未可知也。奈何不早为之计，而任其假道相争，且以辽东为战场，令我国无辜赤子，辗转而死于两国枪林弹雨之中，何其忍耶！今朝鲜已亡矣，复何言哉！然余因之有所感焉，我东北之边圉既日危，而与日本之交涉尤日繁，如五月九日之承认，不为第二朝鲜者几希。我国民当枕戈待旦，卧薪尝胆，共挽此桑榆之局，不然则唇亡齿寒，朝鲜之覆辙可鉴，我国之前途，不忍言者矣。

（原载于《江苏省立第一女子师范学校校友会杂志》第 2 期，1917 年）

# 论荆轲与安重根

程汉卿等

程汉卿

论者咸谓荆轲壮士，余以为不然也。夫荆轲刺始皇，献督亢之图，凭舞阳之卫，天不亡秦，事未有成，而反伤其身，殒其命。虽箕倨以骂，以舒其愤，竟无手刃秦王之报，岂如安子单特孑立，靡因靡资，强仇豪援，据位统监，执戟如林，卫侍如虎，孟贲所不能近，鱄诸所不能入，重根毁身焦思，出于百死，冒触严禁，卒杀伊藤博文。虽不获为韩雪万世之怨，亦得下报先王于九渊矣。若乃被缚致狱，未尝少悔，盖其为国，虽死无憾也，力惟匹夫，功隆千乘，比之庆卿，不亦优乎！

周组民

秦当战国时，刻虐百姓，欺凌列国，天下不安，而莫敢触其锋者。荆轲单身而入虎狼之穴，事成则天下尽沾其恩，不成则己先受其祸，其为义勇也难矣。然荆轲入秦，非为天下也，为太子丹一人之私怨耳。丹友之善，义不得却，且以献督亢图及樊将军首为名，而但入其庭，未能手刃始皇以谢丹也。岂如重根，一介之士，孑立靡资，视一国之仇如一己之任，强仇豪援，位据卿相。出则侍卫，枪炮林列，入则深居，宫府幽绝，飞鸟所不能过，蚁口所不能近。韩国将相不思报复，列邦君臣无能致讨。重根昼夜奔走，出于百死，遭败北而志不少衰，卒能手毙伊藤以谢君父，非大勇而能若是乎？况复欣然就执，不欲再生，非独生而义勇，死后犹望复国，力虽匹夫，功比方伯，非荆轲所能及也。

施舜英

荆轲虽云报秦复燕，而受激于田光，尊遇于太子，居上卿之位，舍上舍之居，车骑美女，恣意所欲。及其行也，挟千金之匕首，督亢之地图，驰赴秦庭，以报知己之怨，而但把袖怔营，绕柱追逐，以施其技，竟无立制强秦之效，徒足以速燕之亡耳。岂如重根爱国，出于至诚，忠义根乎天性，单特孑立，靡因靡资，强仇豪援，执东亚之牛耳，号强国之谋臣。行则专道，居则天府，警卫耽耽，矛戟森森，飞鸟所不敢过，悍虎所不能近。重根孤身临之，出于百死，冒触锋镝，举枪突发，卒毙国仇，虽未复韩，其勇已深。况复慷慨就刑，历诉博文之罪，使观者色变，闻者愤泣，虽不能挽既倒之狂澜，扶已倾之社稷，其耿耿之忠，昭诸天日，诚足以感天地而泣鬼神者也。力唯匹夫，功垂千载，比之于轲，不亦优乎！

（原载于《江苏省立第一女子师范学校校友会杂志》第2期，1917年）

# 赠朝鲜申睨观

项波

睨观，姓申氏，字一民，别号汕庐主人，再造韩国之有志士也。一千九百十九年，邂逅于杭州之清华旅馆，自述行年四十，无他爱，好山水园林金石书画而已。爱余书，因与余交，气宇昂藏，吐属慷爽，审为非常人。初言家世吉林，供职学校，病脑，胸次恒不舒。慕西湖山水之胜，不远千里，来此养疴。然幽并之气，眉目间殊不可掩。余穷诘至再，始肯以庐山真面示人，历述倭贼待遇之惨，无人道，有未经朝鲜亡国，痛史载及者焉。嗟乎！睨观苦海之余生也，卧薪尝胆，以有今日。余尝谓"东亚病夫"有二，朝鲜是大病过来人，支那是沉疴未亡人。过来人不死，未亡人不速药，有死而已。睨观曰："尔我腹心之患惟日本，然人心不死，自有一线望也。"涕泣之余，构句以遗之。

歌哭无端说古韩，那堪亡国种摧残。
拚将白骨和丹血，还我河山定不难。
商女无知可奈何，健儿独抱鲁阳戈。
待看烽火腾三岛，杀尽楼兰奏凯歌。

（原载于《蠡言》第 9 期，1919 年）

# 追忆游朝鲜新义州事

莘禄钟

自中原板荡，外侮交侵，边境屏藩，蚕食殆尽，唇亡齿寒，日形危急。朝鲜自箕子封后，世为东北障蔽，甲午战为东邻日本所割夺，中原志士闻之，无不投袂叹息。然而其中之情节，则不如边省之目睹者，尤为痛切也。余身生南土，后迁安东。安东者，东陲重镇，与朝鲜相距者，不过鸭江一桥耳。故耳闻目见，为憾较深，报复之心常存。今之津门处乐土，此心释然久矣。暇偶念及，忾焉兴怀，为叙曾游朝鲜义州之行，以发志士君子同声一慨。

余忆少时常与友人步行过铁桥，桥为日人之所筑，分东西二路，来者东而去者西，中建铁路，由是北可达省城，车驶其上呜呜然。其遥可二里许，江涛汹涌，建筑匪易，然日人不惮烦，经营不遗余力，亦可见其用意之深矣。过此南下，入朝鲜境，曰新义州，断草延曼，碎云惨淡，千百瓦场，沙砾独树，破巢短屋，杂处其间，酒帘飘荡其上，道中行人三四来往其间。丈夫皆衣缟素，冠乌纱，手提豆豉，筐野菜作食。妇女衣朱衣，首负小缸，盛食物，赴市场贸易，履声橐橐然。儿童戏于门前，作朝礼佛像之戏，见日人来，皆惊散神致，寂然颦蹙，似不胜其忧者。市中无蕲起之肆，皆低小，高七八尺，以木板为之，内仅容数人，居者食于斯，卧于斯，坐于斯，出入以窗，置屦户外，犹不失上古遗风。其中数人集，男女席地而坐，举粗粝菜餤为食，环堵萧然，其状至可哀也。村塾中有诵声甚殷，隐约闻类汉语。入而观之，南面高坐者，一龙钟苍头也，口操唐语，蹒跚出迎。延至后堂，谈及甲午之役，辄执手呜咽不成声。其中尚有华人二刺，刺相问国内近况，且流涕相告曰：吾辈在国内如路人，异域则兄弟也。流涕歔欷而罢。至其所授弟子，悉中国文字，犹有故国之思，临别尚依依不忍去云。掠此而东，有日本街市，皆整齐洁净，人人怡然有自得之意，与向之凄凉又别矣。既而折北沿江行，两岸芦苇蔚然，渔翁操扁舟出没其中，鱼龙悲啸于其下。道旁多茂树，风激之，习习然浓阴蔽日，四无人声，任意问答，忘其路之远近。忽然重林倏断，豁然开朗，有山崛然而起，耸峙目前。于是上登，沿途怪石嶙峋，内多深洞不可测，有杂声作其中，上浮云烟，缭绕不散如带然。余观而异之，心中恍惚惶恐，以为此非人境，凛乎不可久留。方觅路下，忽闻鸟语和鸣其巅，乃急赴之。上皆平顶，森林密布，花草芬芳。下视半山，云雾弥漫不可辨。中有巨石，血痕班然犹在，杀气飒然，不寒而栗。方惊疑间，见一土人仆仆而来，童颜鹤发，神致矍然。因而叩之，对曰："是安义士之遗迹也。"当甲午时，义士率义兵誓师于此，冀图恢复。其后国祚不享，遗老多来此避兵，由溪谷蝉联而入深穴，逐后不复出。使壮士探之，亦一去音信杳绝。至是，遂有烟云浮沉其上。闻此言，虽似荒谬，然所闻见皆不虚。由是观之，是耶？非耶？然亦可见日人以威胁天下，其待遇藩属，刻苦万状，其未得快其淫威之下者，仅此一隙也。呜呼！吾闻一人之心，众人之心也。今夫日本、朝鲜，乃兄弟之国，即其君主之贤否，不足为百姓轻重，而黎民何辜？奈取之尽锱铢，用之如牛马，人之身体发肤，孰不受之父母而为之珍惜？乃任意摧残，惨无人道，世所谓文明之国，而以此为文明欤？虽然，物必先腐也，然后虫生之。设朝鲜能自爱其民，和衷共济，外侮之来，共力御之，甘言利诱，严词拒之，虽有劲敌，何患之有？计不出此，乃举国嚣嚣，攘夺权利，兄弟相争，引狼入室，而为人所乘，过矣。故曰："亡朝鲜者，朝鲜也，非日本也。亡国之人，不暇自哀，而观者哀之。观者徒哀而不鉴之，适为后之观者之所哀也夫！"

（原载于《南开思潮》第 4 期，1919 年）

# 朝鲜独立运动感言

穗庭

朝鲜这回的独立运动，再接再厉，勇猛无前。中国的报纸，前日竟载有“朝鲜人因运动独立，被补[捕]至四千五百余人而运动始终不懈”的消息。我想具有这种独立精神的民族，必不会永久仰他人鼻息的道理。朝鲜脱离日本的羁绊直指顾间事，我们拭目以观其成就是了。

我们做邻国人民的人，对是于类运动，自然不能加以何等的援助或干涉。但朝鲜人若能始终不怠，力争自由，他日光天化日之下，又多一自由国家，这也是我们所日夜祷祝的。

欧洲列强，现在正商议国际联盟的事情。我想他们果真盼望光明大地，从此再无战祸，朝鲜独立这事，是不能轻轻放过，听其自起自灭的。时至二十世纪，世界上还那里有怯懦不争气的民族？从前慑伏于他人权力之下的，过不几时，行将接踵而起，要求解放；朝鲜今日不过崛起做一个先导者罢了。照这看来，欧美各自由国若不趁这时和会未闭，把朝鲜独立这问题及与朝鲜独立有联带关系的民族解放问题，根本加以解决，则世界永久和平的基础，仍未得谓为固定，可断言了。

至于日本朝野，我也很盼望他们对于这事，有一番根本的觉悟——觉悟出不容朝鲜独立，无异拼命和时势作对，终究必归失败。自来潮流所趋，无法挽救。日本此时的兵力，非不能把朝鲜乱事一时敉平；然而解放的运动，已成为二十世纪人类的共同趋向。不独弱小的民族，弱小的国家，对于强大的民族，强大的国家，要求解放，即弱小的阶级，对于强大的阶级，也有要求解放的运动。今日这些受压抑的弱小民族，弱小国家，弱小阶级，他日必会互相联合，以对抗那压抑他们的人。那时节，日本又将何以处朝鲜？总之，二十世纪里面根本不容有操纵他人命运的民族；不特按诸正谊人道不应如此，即按诸事势亦不应如此。朝鲜独立，迟早必成为事实；日本之容许与否，不成问题了！

我从朝鲜独立运动,又联想到中国今日的情形。我想南北两政府也把我们的幸福糟得够了!

(原载于《新潮》第1卷第4号,1919年)

# 朝鲜之风俗人情谈

佚名

朝鲜人社会阶级从来分贵族两班、中人、常人、下贱五类区别。贵族系有爵者，即公、侯、伯、子、男，此类人全朝鲜仅不过十数人。两班系从来列文武朝班，占政治上权利之门阀者，然有数种区别，实时仕之士大夫。或在一部分地方自尊之士，又地方富豪与京中士大夫结有姻戚关系。及有乡党威势之士豪，并曾在成均馆（经学院）、卿校等修孔孟之学。或蟠居书院，有应科举之资格者，通称为儒生。中人系曾经事医学、天文、刑律、兵马、翻译、书画家及技术官、事务官、书记官者。常人系农、工、商民及宦官、僧、尼、艺妓、卜、巫等。下贱系指公私之奴婢及白丁而言。其通常两班之称，系指士大夫及未出仕之儒生言之，其团体谓为儒林或士林。又班常之称者，系贵族两班之全体。与中人以下之全部对称区别之义。盖两班朝鲜民族中最有势力者，以治化、道德、文学、美术为主，依此阶级维持发达，应科举任用为官吏或军役，有免租税之特权。但均游惰忱于安逸，致勤勉从职之风。渐次颓靡，故常民常为两班之使役，尤不能认为有完全之人格矣。就中尤以僧尼为最卑，此等人除白丁外，无论何人皆须屈膝，其贱夫乞丐为世间最轻蔑者。至中人以下，不论有如何之奇才英俊，如不得列两班以上者，即不许为高官。且各阶级之界限太严，虽差一阶级，而交际或婚姻，皆不能为，于是至有上级凌辱下级之事。此朝鲜自灭之根源也。最近是等风习虽渐次改良，然概观朝鲜之风俗，仍然依古来佛教、儒教之风化及各种迷信的思想。如礼节之风、长幼之序，认为天定之尊。卑幼者对年长者倍极尊敬。又有冠童之别，系既婚者较比未婚者之童子。年虽少，亦占堂堂尊大之地位，故有轻侮未婚之风，因此遂酿成早婚之恶习，其婚丧礼节皆守古制。更有嫡庶之区别，系庶子庶孙虽列有军齿行列之高，然较嫡系子孙，难免不受有劣待遇。一般尤迷信鬼神，如事体稍大者，皆祷告神圣，业渐改良，然乡间村落依旧迷信。今对朝鲜人之性质概评之，系温柔宽仁、谨厚好古，惟神经液质之人甚多，故容易衰老。表面虽有从顺之长处，而其深奥处实乏强坚之忍耐性，故其程度依地势颇有差异。今分各道说之：京畿道及忠清道文化之程度稍高，富有智慧而巧于辞令；全罗道人多才干，有轻快奢侈之风；庆尚道淳厚梗直，人甚道朴质；平安道强劲猛烈，缺淳美之风；黄海与平安道虽然略同，然稍近淳良；江原道人虽蒙昧而素性俭朴；咸镜道性直忍耐，稍乏巧才云。

（原载于《民国日报》1919 年 12 月 11 日）

# 可敬可佩的朝鲜人

楚僧

自从民族自决的声浪传到我们亚洲以后，那两千万自由夺尽、忍痛待死的朝鲜人，就欢天喜地的来运动独立，上书和平会议，通电各国，说他们自从被日本吞并以后，种种苛虐、种种残酷的待遇，简直是天上有地下无的。这十几年来，弄得他们死亡离散，了无人生的乐趣。现在要竖起他的旗子来，干他们自己的事，那晓得那些男盗女娼的强盗头儿所说的公理正义，都是蒙着鼻子哄嘴的话，不来替他们公平的判断。他们左顾右盼，实是无法，只好以血肉作牺牲。拼命的争自由、争独立。自从三月一日以后，那汉城、平壤、镇南浦、安州、中和、江西、宣城、成川以及其他各地，男女学生，多的数千人，少的亦好几百人，游行街市，唱独立歌，诵赞美诗，有时团聚一块演说，高呼"不独立，毋宁死"，"为自血流血至最后之一人而止"等等的话。看官——你说他这种举动，何等文明！这种精神，何等伟大！我们对他敬佩如何？惭愧又何？如那凶气勃勃的日本警察，佩着他的枪，拿着他的刀，闭着他的眼睛，昧着他的良心，一顿的乱杀乱打，那晓得愈杀愈多，愈打愈众，前仆后继，勇往直前，他们真是能流血，他们真是不怕死。我敬佩他到五体投地。讲到这里，我要问问日本人，你那枪是什么东西做的？你那个心又是什么东西做的？那两千万有志气的人，你杀得尽吗？就是杀得尽，你蒙得着世界上人的眼睛吗？你那昧良心的手段，野蛮的行为，真正是世界上最下等的民族、人类的蟊贼了！你现在不要趾高气扬，像你这样野蛮无人道，二三十年后，恐怕尚不及朝鲜呢？听说现在朝鲜已经建立共和国家，举出李唐辉博士来做总统，那些阁员都是很有学识有毅力的，这真是我们东亚一桩最痛快的事、最有荣光的事。又听说日本已经行文我国，捉拿朝鲜人，我政府为虎附翼，帮他拘留了两三位朝鲜志士，"兔死狐悲"，我劝我们莫高兴，莫大拍马屁！像这几年来所行所为的，比得上朝鲜吗？

（原载于《国民杂志》第1卷第4号，1919年）

# 观朝鲜女乐

王炳成

己未仲秋之初，朝鲜韶光社女乐来上海舞于某歌院。余闻之意远，乃邀师君凤昇、邓君范吾往观，越日余又数往焉。归而记之，以发余怀古之思。

舞凡十二，曰寿宴长舞，僧舞，五羊仙舞，香山舞，舞鼓，剑舞，扑蝶舞，佳人剪牡丹舞，皆余所及见也；曰商女恨，隔江花，春莺舞，催花舞，皆未及见也。歌词凡十，曰春眠曲，相思别曲，黄鸡词，吉群乐，处士歌，襄阳歌，渔父词，竹枝词，将进酒歌，白鸥词，以读音迥殊不可晓。复有所谓风流者，凡九，曰玄琴，伽佛琴，洋琴，长鼓，坐鼓，稽琴，横笛，短笛，呼笛，亦未尝见也。

相传舞女为李王宫人，国亡没为官伎。来此若干辈，知名者凡六人，曰锦涛，桂仙，雪中梅，月出，竹叶，正姬，大抵秀洁端重，有闺阁风。今中土舞亡久矣，优伶实本于傩。（见《宋元戏曲史》）至唐之梨园始盛，非舞也，慨自国风以降，房中之乐杂然以兴，然犹谓近古。其后，掖庭后宫，竞出新制，乃至不可究诘。今女乐虽不知其所传，要不可谓非近古。舞女衣轻绡，长如其身。汉唐每以罗绢，盖取飘逸助舞态，一也。腰束锦带，颇状其瘦削，傥所谓楚宫细腰是欤？袖长蔽手，飘飘然下垂拂地，张之如振劲翮，缘以采增，烂然如蜕旌。袂已上渐窄，韩非子谓长袖善舞，盖由来尚已。两肩缀锦章各二，宽长称之，复有加采帔者。帔亦舞衣之一，如明制霞帔然，长及下，束带后垂。扑蝶舞，披峡蝶衣，栩栩满前。凡此可称艳妆。若淡妆则白衣青裳，或纯白，发挽后髻而不饰。艳妆则加冠于前，小甚，如道家所顶櫜籥冠，饰以串珠采花。剑舞，带乌帽，以纱为之，圆顶而周其檐，如古之玄冠，小仅覆额，上有缨，盖古者剑士之冠缀缨，庄子所谓垂冠曼胡之缨是也。剑为铐为首为茎，茎下有镣，与《考工记》合。起舞镣转有声，俗制锣承以盘，非古也。

乐师知名者凡三人，曰闵永璇、李重玉、朴夏准，其奏乐也，朱衣乌帽，张席于地坐焉。夫朝鲜在汉世列为郡国，唐亦规入版图。其时四海一，制度同，虽中原多故，而夷俗未东，故其衣冠上接殷周，下沿汉唐而未变其制。至若乐律，则虽三代可睹也。琴瑟设而未作，闻乐师颇有善此者，殆不可以遽所常奏者，乃悬鼓腰鼓管籥之属。悬鼓本周制，此特小其粪虚。腰鼓正乐谓大者瓦，小者木，皆广首纤腹。此木制者行制与《文献通考》合。宗庙之乐广腹纤首者，亦谓腰鼓，故又别称广首纤腹者为细腰鼓。管，《尔雅》谓小者谓之筋，此其小者，管端设芦哨，与古合。籥有节吹节舞之别。此节吹者短于笛。其他古乐障于幕，不可尽睹。

其舞也，少或一人，多至八人，或东西立，或并立，进止各有序，疑本两阶之制而变之。乐之初悬鼓先作，管籥相和。舞女皆举袖起，国子舞赋所谓忽投步而赴节是也。观其步骤秩然，容止肃然，又不可以女乐少之。凡悬鼓一击，腰鼓两节之，此犹宗庙之制。一移步与腰鼓相应，一奋袖与悬鼓相应，有顿挫，有跌宕。昔张旭观公孙大娘舞剑器，草书大进，今观此可悟行文挥翰之奥。僧舞、香山舞皆一人舞，举体如飞燕惊鸿，尤叹观止。若夫屈伸俯仰之容，进退疾徐之序，离合变化之妙，昔人歌咏形之尽，已无关典要，第勿深究。音律洪壮激越，有抑扬而不事宛转，可知古风醇朴。即论三代雅乐，亦止于中正和平，今之俗乐务取悦耳，淫靡甚矣。其歌也，谓之立唱。至是管籥皆止，众女环绕而歌，一女击腰鼓节之。其声琅琅如诵，无慢声促节以杂之，惜余韵每不胜其咽呜，若欲泣下。

嗟夫！声音之道，系乎人心风俗，治乱兴亡，可胜道哉。夫以丛[蕞]尔小邦，文物制度数千载不绝，以保其光休，亦足多已。一旦奸佞召寇，贻家国祸，生民之气郁积而不能伸，闻其乐可知也。况我中土大雅云亡，俗乐导淫，毁制度，裂衣冠，欲起洪水猛兽而返之，为祸又将胡底，盖亦可以发深省耳。

（原载于《广仓学会杂志》第 4 期，1919 年）

# 1920
# —
# 1929年

# 朝鲜要求自治感言

顾品月

鸣呼！事至今日，公理之沦亡也久矣。优胜劣败，弱肉强食，奚亡国之后而复有自治之可言哉？观乎朝鲜要求自治事，不禁有深感焉。夫日本虎狼之国也，奸险阴谋，无所不至。其欲得韩国以饱口腹之心计者，思之远而蓄之久矣，岂止一二十年间事哉？甲午之战，我军败北，许韩人独立，则韩国已不啻在日人之掌握中。韩人独昧昧然不自觉，其始犹以为日人之保护己，顺从日韩合并之说，以底于亡。今处于亡国之地位，而复要求自治，事之不成，可断言也。况其在无可奈何之日人掌握中耶？咎自己招，谓之何哉？当今之世，强国之于弱国也，有强权而无公理。所谓万国公法者，亦不过强国享其利，而弱国受其害耳。其将奈之何哉？虽然，前车覆辙，可为殷鉴。日人之阴谋秘计，奚独行之于韩国？彼未来之韩人，其痛苦更有千百倍于今者，亦未可知也。吾国民其勉乎哉！

（原载于《武进旅宁同学会杂志》第 1 期，1920 年）

# 余之来华后感想

[韩国]安定根

余以亡国逋踪，飘零海外，寤寐于祖国之独立，歌咏于祖国之独立，醉醒于祖国之独立，岂有念及于他者乎？惟其对于中华，不啻有地理上、历史上、政治上、种族上特殊观念，而至于今日，尤同舟遇风，同室遭焚之势也。且为身家所托，耳目所触之地，自然有感想与慨叹之不能已者，不得不披沥于中华四万万兄弟之前也。以余所经历者言之，满洲三省，非中国领土耶？然而日人势力之扩张也，蛮行之横暴也，中国官吏人民之畏劫状态也，反有甚于韩国之内。韩人之居住及来往者，被日人之侦察捕缚亦然。过山海关，始稍放心，到秦皇岛，乃敢矫首以观车场。长岗尚有日兵，更过滦洲、昌黎、塘沽、天津、北京诸车场，皆日兵所住地也。余乃觉日人权力，非限于东省，而深入于中国之腹脏也。又自北京向南方，所经各处，无一非日人权力所及之地。汉口有多数日兵，苏、杭二州，俱为日人特别租借排置巡警之地。但据余之目睹，而将来中日政治关系，未知伊于胡底，而况山东问题、福州事件，与北京政府之滨于被保护之状态者耶？

余固为吾国排日派之一人，而亦内外国人之所共认者也。尝与中国官吏有所交际，听其言也，固曰先生好，日本人不好云，而究非实情也。嗟吾韩人遭祖国之败亡，受异族之毒害，顾瞻四方，无所于归，惟以旧谊之亲爱，坏地之密迩，扶携渡江，归依中国，求其庇护。间亦有入籍之人，而乃中国官吏应日人之要求，骗迫韩人，拿交韩人，无日无之。是固曰国力微弱，不能抗彼强者，而亦非尽然也。实由中国官吏罹于畏日病，罔念国际之法理与利害关系，但恐生事，虽无日人之强要，而先行驱逐者有之。东省某长官曾指韩人为附日亲，日之民族不可接近，事事排斥。至昨年韩人独立运动以后，不问日人之干涉有无，率先驱逐韩人，捕缚韩人，射杀韩人，无所不至。前以附日而排斥，今以排日而驱迫，然则韩人从何道而得免于罪乎？况且前年韩人在吉林省延吉县地方，呼独立万岁，秩序整然毫无纷，而乃中国军队出而射之，当场即毙者十九人。呜呼！我韩独立，果有害于中国耶？如俄、法、美各国人，对吾韩族之运动，而莫不之赞叹而表同意，彼以殊种而如此，何独中国嫉韩而助日耶？此在国际道德上、友谊上、人道上、国家体面上、人民思想上，绝对不能为者而为之，是可忍乎？呜呼！中国官吏，受日人之嗾嘱，摧残己国人民，亦多此类。如近日天津学生之排货风潮，亶出乎爱国血诚者，而自警厅捉囚学生，又派军警与学生决斗，学生之重伤者八百余人。世界历史，岂有如此忠于外人，虐于国民之官吏乎？噫嘻！痛矣！宁欲无言。

然则中国之前涂希望，系于先进伟人耶？夫诸伟人奔走海外几十年，唤起革新思想，顺应时代潮流，颠覆专制，建设共和，使此神州大陆呈出新现象，孰不钦叹其功德哉！余与诸伟人，未有执鞭之雅，而或从间接而闻之，精神力量，殊无革命家气象，何其勇于排除满清，而怯于对待外人也！余在俄领，亲见诸革命家之行动，直有气吞四海，廓清八荒之志，对于联合军，虽屡战屡败，而气不少挫，目无强敌，遂有今日之再接再厉，使彼日人卷甲退缩，不敢反抗，此真革命家之本色也、能事也。今中国之伟人，鲜有不罹畏日病者。呜呼！今之中国，处日人束缚之下，国土得完全，国民得享安宁幸福耶？诸公之为国土保全计，为国民安宁计者，欲从何着手耶？置中国于日人指导之下，方能得国土完全，国民安宁耶？设谓诸公为外交手段而出此，而决非根本大计也。何以言之？盖国家之隆盛富强，由民气之雄厚劲烈也，未有民气萎弱，而能致国家勃兴者矣。今大诸公皆国民之望也，一言一动，皆有熏被国民之影响，而诸公乃呈畏日状态，或有言及对日问题者，辄摇首止之曰："恐有国际交涉。"则宜乎国民亦皆畏日而不敢作气也。所谓民气者，为国家流血是也。中国自数十年来，国民未有对外敌而流血者，政府则惟朝割一地，夕割一地，今日让一权，明日让一权，偷安姑息，俯首低眉，惟仰外人之处分权，每况愈下，遂达于不可救药之悲境。而国民尚无流血行动者，以元气之不充也。如白耳义捷克至小之国，而为其自主独立，力战天下莫强之敌，终能达其目的。而以中国四万万之众，甘受岛族之压迫，而不敢加以一矢，何其惫也！呜呼！诸公思之，世界何族，不以流血发扬其国威耶？与虎共寝而能做甘梦，引盗入室而不失己财者，必无之理。今中国不一举血战，攘斥外寇，而求享升平，得乎？其理甚明，童幼皆知，而尚欲以媚盗之术、姑息之策，为民先导，阴消民气，使四万万众，尽作垂死奄奄之态，甘为外人之奴隶，何也？呜呼！欲救今日之中国，必激励民志，培养民气，以四万万之热血，对付岛族而后可。苟非然者，诸般政策，皆虚文空谈，无济于事，而其究也，陷于自灭而已。所谓一言而兴邦者，其流血之谓乎？

余之先兄重根，在旅顺狱中最后临终时，以数言遗嘱于余，一对于祖国同胞，二对于中华同胞是也。一、余为祖国杀国仇，今日身死无所余恨，但不见国家之恢复而先死为遗感也。幸我同胞兄弟尽诚协力，以恢复祖国之消息传达于天国，则余之在天灵魂、在地骸骨当欣喜踊跃矣。二、我之国敌即中华之国敌也，余为两国关系、东洋大势杀伊藤而身死，中华民族谅此鄙衷，深思两国运命关系并进无退，以救我韩二千万与中国四亿万于水火之中。余虽死矣，而可永远立证者，韩国独立未复之前，中华民族必无高枕之日云。余今十年后，因吾韩族之独立运动，而对于中华自不禁感想之流露，有此敷衽而兼此布达云。

（原载于《新韩青年》第 1 卷第 1 号，1920 年）

# 李舜臣殉国纪念日志感

［韩国］汕庐主人

距今三百年前之今日(阴十月十九日),世界伟人韩国元勋李舜臣于战胜日本之役,将星殒于露梁,此韩人所当志之不忘,而亦世界足为纪念者也。

当彼之时,日本欲假途韩国以犯明,韩国拒之,日本乃举倾国之师寇韩。韩之国势本非强盛,而又文恬武嬉,一旦闻群寇压境,其震动可知。而日本之海寇,其势甚张,方欲一举陷韩,长驱入明,以遂其鲸吞之野心。而李舜臣慷慨誓师,又别出心裁,创作铁甲龟舰,累次告捷,强寇尽歼,韩国赖以保全,而明朝亦得一坚固之保障。国土无犯,此固韩之福星,而中国人士亦宜拜其赐也。至其功成被谗,降为庶民,而不出怨言;从都元帅为帐下卒,仍出全力以卫国,而无愠色。其气度之宏,爱国之热,方之中国之岳武穆洵足伯仲。及重起率师,收拾士气于丧败之余,而仍所至大捷,敌踪潜影,则又胜于英之纳尔逊矣。及露梁大战,克竟全功,而忠毅之李舜臣竟以身殉国。呜呼!终李舜臣之身,为韩国效忠,实亦为中国效力。盖日本经两次之大创,野心始戢,遂不敢有犯韩国,并不敢觊觎中国矣。

为韩人者,若能尽以李舜臣之志为志,朝野一心,外修武备,内兴文治,则大捷之余,宜可以国势日强。而乃上下相嬉,习于苟安,使壮者灰心,烈士沮丧,甚至二三佥壬媚外丧权,甘心卖国,以至昔日为李舜臣追逐挞伐,望风而逃之日寇,竟遂其阴谋,转而肆其虐于韩人,岂不痛哉!

今日之韩国,固处日本暴力之下,虽三韩志士一致奋斗,前仆后继,以与日本之暴力战,而韩人所受之痛苦,尚未一时解脱,须待最后之胜利。中国自韩国被并以来,仿佛成日本渡中国之桥梁,然其暴力由韩而施之于中国,得寸则寸,得尺则尺,而东三省风云,尤以与韩境接壤,竟成日本之势力圈。其他各地,亦多被蹂躏,辱我主权,夺我利益。中国国民,莫不痛心疾首,群起抵抗。而推溯其源,无非韩国被并,屏障尽撤,有以酿成之也。于此更不得不追思李舜臣之为人。

呜呼！李舜臣死而韩国危，韩国被并而中国危。李舜臣也者，与中韩均有密切之关系。然则李舜臣死而更无李舜臣者出耶？李舜臣死而韩国遂终沦异族，而中国终处于危境耶？否，是又不然。古语云："英雄造时势，时势亦造英雄。"韩国当危急存亡之秋，李舜臣出而国势一振，而中国得安如泰山。今韩国受日本之压迫久矣，中国受日本之侮辱甚矣，丈夫有志，何事不可为？岂昔有李舜臣而今无李舜臣？呜呼！执干戈以卫社稷，国民之责也。则今日者，中韩人民所负之责，皆昔日之李舜臣也。吾于是因追念李舜臣之前功，而鼓起两国人士之勇气，韩国人听诸，中国人听诸。

（原载于《震坛》第8期，1920年）

# 朝鲜人该怎样努力

玄庐

人们依视觉、嗅觉、听觉、味觉、触觉底要求，总想得到满足的供给。在有求必应的自然界，横竖敞着的放任人们自由探索，只要人们底能力能够怎样摆布，彼就怎样顺从，从来不曾说过一个“不”字。但是毫不吝啬的自然界碰到了小器的人类，也好算是彼底晦气了。人类还未曾得到彼所包含的无量数中之几，便自淘伙里你争我夺闹个不休；彼如果也像人类一样的小器起来和人类分个界限，人类底官能立刻就会失掉作用，彼的肚量真大，早经把人类容纳没了，所以彼也从来不笑痛肚筋。

人类在这赤裸裸的自然界中，越要求越不满足，越不满足越要求，不从取不尽的地方取，却从做现成的地方夺。什么国家，什么法律，什么宗教，什么制度，无非自淘伙里争、夺、防、守底小器行为。自以为了不得了的人类，从来也不曾对自然界害羞过。可耻呵，可耻！

人类不但不曾对于自然界害羞，这一部人和那一部人，明明是用武器夺来的，反说是“征服”，居然大摇大摆地摆起“征服者”底可笑的架子来；就是一个矮子，也故意要撑起渠那撑不长的身段，装出像煞有介事的威风。别人瘦了，渠也未必肥；别人痛了，渠也未必快；别人死了，渠也未必能增寿；总喜欢使别人瘦，使别人痛，使别人死。这是什么一种理性呢？男子对付女子，领主对付农工，资本家对付工匠，强国对付弱国，总是用这种什么的理性；好处究竟在哪里呢？无非是一个不满足的要求向着趁现成这个方向走罢了。小器呵，羞耻呵，懒惰呵！

暂且把男女[子]和女子、领主和农工、资本家和工匠底关系搁开一边，单说强国征服弱国的话。

凡是有点光明志气的人，读韩国痛史和看朝鲜近两年来的独立运动底情形的，有不伤心不气愤的吗？朝鲜果真被征服了吗？日本果真是征服者吗？

欧洲六年来空前的一场恶战，究竟打倒了什么没有？得到了什么没有？我们只看见波兰复国了，犹太复国了，俄德奥匈底皇室没了，军国民主义倒了。别的，我们又看见劳工出面来说话做事了。朝鲜人在这个当口，自然要从枯涸的泪眼当中射出希望的光来。

但是几世纪前的"碧血丹心君国泪"朝鲜人就哭满东海，恐怕也没人和渠们表热烈的同情，因为这种时代已经过去了。朝鲜人应该努力的，还是人类大多数的苦痛底解除，该采什么方针，用什么手段，不是单独和日本争什么国权问题，是向全人类提议人生问题。因为人生问题不单是朝鲜人自身有密切关系，就是欧美、中国、日本人，凡是受苦痛的各个都是切身问题。这种切身问题，只要举一个例就得清清楚楚。

"一个朝鲜人从汉城坐火车到日本东京，身边只要摸出得几十钱，就可以坐日本人拉的人力车到东京旅馆。"

这类事实，在朝鲜人和日本人都轻易看过，其实是一种很重大很明显的表现。因为日本人流了许多血得来的"征服"，依这桩事，用金钱做尺度来评价，只值几十钱卖给被征服者做牛马。"佐贺征韩党碑"上的英雄，梦想不到的呢！

这种人力充当牛马的苦痛，原是东方最直接而显著的；国家底权力能够庇护么？法律底尊严能够保障么？宗教底仁慈能够求免么？

朝鲜底女子、农工、工匠们呵！你们底苦痛，正是国家给你们的；再找国家替你们解决，国家不是自然界，你们不但要求不到丝毫的供给，只会增添些苦痛罢！

朝鲜人听者！中国、日本、欧美人听者！

（原载于《民国日报·觉悟》第10卷第29期，1920年）

# 闻高丽独立感言

范德琴

嘻！高丽之独立，其果能成否乎？高丽今为日本之奴虏矣，虽生犹死。文字灭，土地丧，财政窘，三者皆失其权利与自由，将何自而附丽耶？窃念日本称雄东亚，虎视眈眈，野心勃勃，虽堂堂大国，不敢撄其怒，矧高丽区区小国哉！虽然，人心不死，今事虽不果成，卒有其日。按高丽之独立也，盖有二因。高丽之君和厚仁爱，素得人心，故其民均爱戴如慈父。迩其太子受禅，有与日结婚之约，前君心戚，遂寻短见，因以激动其民心。又其民受苛刻有日，日人狼心豺肺，种种虐待，民不堪命。重赋税，隘教育，临之以兵威，董之以严刑，使其人穷厄，奄奄欲毙，无复生趣。故致人心狂惑怨叛而思脱离。韩民之言曰：生而如此，不如死而一击也。孔子曰："苛政猛于虎。"信哉！余因有感焉。夫高丽本我属地，甲午之役，见夺于日。夫我国失败，咎由自取，而殃及属地，可不哀哉！今韩适值艰难惨酷之时，我惟袖手作壁上观，不能一引手救，能不痛哉！否则锄之以兵，临之以威，保全我疆土，而韩亦不致受如此之挫折，宁不快耶！今我国非特不得援韩已，且亦受日之蚕食。日之政治家怀抱野心，扩张国权，以逞其害人利己之念。以其灵敏活泼之手腕，如荼如火，据我青岛，势延山东，束我以条约，夺我之权利。迩闻我国有归复青岛之望，不亦惑乎！纵观古今，强凌弱，众暴寡，强权执牛耳于全球，弱者屈居于强者势力范围之下，吞声饮泣，莫不然也。如春秋二百七十余国，后存者不数十。战国七国，并而为一。盖凡为国，莫不相噬相搏、相鱼肉者也，岂不可惧可恨哉？吾观夫韩，或尚有复得其故土，转危为安之日，而我堂堂华夏，或反不如之。呜呼！痛莫痛于国亡，悲莫悲于心死。今我国人民，五分时爱国之热忱，可奴可畜之断言，已成铁证。嚣嚣然有其貌而无其实，时或撄衅邻邦，以召干戈之祸，求荣而反受辱。常此不悛，非特青岛之回复无冀，而国且朝不保暮矣，可不悲哉？迩闻韩之女子，尚发愤振臂，有恢复河山之宏愿。巾帼且然，其人民爱国之心，从可知矣，安知其不能造成强大无匹之国家？虽然，韩之地位，高山大石援其上，荆棘鲁莽生于下，苟非天道正明，锄强佑弱，末由振起也。吾知高丽此次之独立，必求荣而反辱也。余独恨其不先蓄财养兵，利其刃，锐其气，一举有成，为一劳而永逸也。今有此一举，日人必束之尤甚，自由尤艰，虽欲怨叛而莫为之所，何必多此一番慷慨淋漓之空谈已哉？嘻！高丽之失策，宁不哀哉？夫弱肉强食，虽为天演公理，然以人道主义言，各致其能以相生可耳，乌用彼侵我夺，以伤人情哉？兹闻美总统威迩逊提议世界各大国联盟会，如果有成，韩之独立或见效矣，而外人蚕食我之野心亦休矣。惜乎！终恐有名而无实也。此吾所以因韩之独立，不禁感慨系之也。

（原载于《无锡县立女子师范学校试教国文成绩合刊》，1920年）

# 闻高丽独立感言

华玑

盛衰无常，兴亡无定，固由天道之循环，亦在人力之自为耳。观夫朝鲜受隶于日，仅十有余年，而人民之苦况，日政之酷虐，几有非人类所能受者。嗟我国人，何犹不早猛省，而必事事步高丽亡国之后尘耶？据日本人自言，日政府之对朝鲜，几牛马之不啻，人民则敢怒而不敢言，怨之而无可争，恢复而无寸兵尺革，日屈服于暴政之下，无可发泄，于是迫而为徒口之奋呼而已。此在施虐者言之，尚恻隐不忍卒听，况身受涂毒者，有不十倍于所言者乎？然人之心。郁极必发，屡加侵侮，虽困兽犹斗，况朝鲜自灭亡迄今，为时未久，人民惨痛，心理尚未消灭，突加猛厉之压迫，有不铤而走险者乎？昔人有言："哀莫大于心死。"夫国存心死，有国若无；国亡心存，无国何害？今日本自有朝鲜，野心勃勃，既隶其国，又欲压其心，种种巧术，图其服从，朝鲜人心不死，岂肯从耶？盖受辱亦亡，叛乱亦死，与其受辱，不若聚众相攘，犹可表见爱国之心。是故独立之时，均沿街高呼朝鲜万岁，作欢乐之状，苟为日警所拘，亦侃侃而陈，无所顾忌，虽在女子，犹激发精神，视死如归，不稍退却，何其壮耶！率是道也以往，虽今日不能恢复自由，而人人以国为念，安知将来无真能独立之日乎？独惜其人民团结之力，不早振奋于未亡之前，迟至今日而始觉悟，未免时机之晚也。吾又惜夫朝鲜人已受亡国之痛，深自悔艾，而吾国甘心卖国者流，犹不自觉悟，必假外力以自戕也。我国虽国体尚存，而人心可谓已死。何则？吾国受日本之侮，不为不多矣。如青岛一区，名为助争，仍归中国，及今日欧洲和议，遽食前言，此岂非贫弱之国，必供强国侮弄欤？亦我国人民中自有其甘心作伥者在也。盖惟人民缺少爱国思想，无本国之观念，然后他国得而侮之。吾敢正告之曰："观夫朝鲜之状，一般醉生梦死之民，可以醒矣。"吾中国今日虽弱，如能汲汲振作，毕力图强，及今犹可以挽救。所可虑者，人心已死，天良险恶，长此不变，诚不知沉于胡底，此不得不为之疾首痛心者也。吾国民其愿为亡国之奴乎？抑愿为强国之民乎？嗟彼昊苍，盍其速醒吾民！

（原载于《无锡县立女子师范学校试教国文成绩合刊》，1920 年）

# 闻高丽独立感言

薛素月

今兹朝鲜之独立，手无寸兵，徒口愤呼，其心无所成无疑也。然为可感者二事：当汉城独立时，众呼高丽万岁，一女子为日警所捕，问其故，曰：三千里锦绣江山，失而复得，岂不同享光荣乎？日警以其天真一片，竟释之。又一女子，年方十余岁，意量褊狭，血气粗暴，急往统监署谒总督，阍卒止之，不听，举刃斩其臂，女复举又一臂与之，兵士不忍，任其入室，见总督曰：高丽万岁。则仆地而死。余闻之，不觉为之凄恻。呜呼！古来处国家非常之变，而能明大义者鲜矣。而今出于高丽之女子，彼幼弱之女子，能不屈其志，牺牲其身，从事于国家，而竟出于俄顷之愤激，不为身谋，不遑私忿，惟以国家为前提，当其蹈刃如饴，忿不顾身，死而无悔，此岂寻常勇夫所及哉？虽然，以彼幼弱之女子，尚明义知爱国如此，吾辈则如何？吾人对于祖国，断然宜与高丽女子同。当国家不幸危亡之际，他人虽以财产诱我，官爵縻我，刀踞[锯]威我，逼我易志而改节，我必操守坚忍，绝不为所动，如高丽之女子。失死靡他也始可。否则，惑于富贵，惕乎刀踞，将祖国置之度外而不问，甘为亡国奴，能不有愧于二女乎？嗟！我国人同室之争，皆可后。其速起而拯国家之急乎？青岛之得还与否，即吾国运所托命，其毋任日人更肆并韩之故智也。

（原载于《无锡县立女子师范学校试教国文成绩合刊》，1920 年）

# 悼姜宇奎义士

佚名

韩国老人会会员姜宇奎义士，因狙击斋藤之故，被捕入狱，今已成仁，闻者惜之。姜义士以七十老翁，若忍辱苟生，终其天年，又谁责之？然姜义士以忍辱而生，不如击仇而死，其爱国之热忱，较之年少血气之流，尤足多也。虽壮志未售，而其心可尚，天下事安能以成败论？推为安重根第二，当之无愧矣。

韩人爱国，无老无少，无不一致，因姜义士而益信我又因姜义士以勖吾同胞。在方盛之年龄，具强壮之身体，有勇敢之精神，正当以身谢国，奋力对仇。若不知自振，则姜义士在天之灵将叹吾人为懦怯，而其目亦不瞑矣。吾人其各志之。

（原载于《震坛》第 9 期，1920 年）

# 吊安重根义士并告两国人民

《震坛》同人

回溯十二年前今日，韩国义士安重根击杀日本首相伊藤博文于哈尔滨车站，举世壮之，夫伊藤博文与韩国有不共戴天之仇，韩国人民欲得而甘心之固也，然安重根狙击杀伊藤博文，岂仅仅为祖国复仇计，实化除世界和平之公敌。其功非特为韩国复仇，更为保东亚之和平之局也。安重根之一击，其功叶亦云矣。日本者垂涎中国久矣，而并韩以后两国边境相邻，其野心路人皆知，伊藤博文乘战胜俄国之余威统监韩国，即所以觊觎中国，后复为满洲之行，将会俄国大臣，以处分满洲，且更监督中国之财政，移韩国之统监而以统监中国，是以伊藤博文满洲之行而告成。中国即将为韩国续也。而中国人士昧于大势，茫不加察，不知大祸之将近，而安重根独任艰难，奋身一击，伊藤授命，日本连俄处分满洲之阴谋置后，重根之功其功非特为韩国复仇，于中国有扶危之功也。恐东亚之大局为日人掌握久矣。观此，重根者，其有功于中国，所谓以一身之击东亚之安危者也。安义士之精神长留于大韩山川河流之间。然中国人对于安义士建莫大之功亦知所以酬之乎。同声相应，中韩之密切，固应如此，今日中国之人民，宜力助韩国，以恢复其祖国之所以酬安义士之功，而亦中国人民所应负之责也。

（原载于《震坛》第 9 期，1920 年）

# 是我们的事

姚作宾

中国与朝鲜,如兄如弟,如足如手。朝鲜的痛苦,就是中国的痛苦,中国的痛苦,也就是朝鲜的痛苦。中国人帮助朝鲜运动独立,不是帮助朝鲜人,实在是自己救自己。朝鲜要与中国连络一致,也是自然的趋势。因为我们的境遇相同,敌人相同,历史地理相同,种族文化相同。第一,就我们两国直接的利害关系说,朝鲜与中国不能不一致努力,以国自卫;第二,就东洋和平说,中国与朝鲜不能不卧薪尝胆,以国沼吴;第三,就世界和平说,中国与朝鲜不能不流血救国,扫灭强权。所以朝鲜运动独立,就关系中韩两国自卫,就关系东洋的和平与世界的和平。所以我说是我们的事,并且也可以说是世界人类的事。

(原载于《震坛》第 1 期,1920 年)

# 为什么要赞助韩人

《震坛》记者

在两月之前，英商乔治夏在韩国被日人无理拘捕，美议员到韩国去演说，被日警横加干涉，这两件事的新闻，中外各报都纪载过，想阅者一定晓得当时的情形。简括说一句，日人正在用全力压迫韩人，不许他们有生气，美议员同英商，是因为赞助韩人，所以日人要干涉拘捕。日人之对于国际地位同[的]体面，完全不顾，正是日人加暴于韩人的供状，由此便可为韩人诉诸世界公理之强有力的证据。但是我们要仔细一想，美议员同英商为什么要赞助韩人，同自称管理韩人之主人翁对抗呢？

日本合并朝鲜，在国际法固然大相违背，但在事实上，各国因日本势力强盛，不得不跟着日本去违背国际法，承认日本合并朝鲜。并且各国政府，强的各有属地，他底属地又都是用强权劫夺来的，对于日本合并朝鲜，也视同寻常。弱国又处于强权之下，连自己都保不住，那有工夫去顾得别人？因此一层，所以日本合并朝鲜，从没有何国政府肯仗义执言，同强权对抗。然而主张正义人道者，固没有一日忘了韩人底痛苦和日本底强暴，所以一国底政府，虽然麻木不仁，或者假作痴聋，不管韩人底事，但是国民一方面，很有为正义人道出力，做那赞助韩人的举动，这并不是件奇怪的事。美议员同英商，无非为正义人道起见，所以不畏强御，赞助韩人，做一个人的模范，给世界上的人看看。我们中国人又该怎样呢？

中国有句古训，叫“乡邻有斗者，披发缨冠而往救之可也”，这句话我们应当牢牢地记在心头，并与中韩情形尤为吻合。中国同韩国本是贴邻，向来很亲密的，只因中国以前不讲究外交，自己国里又闹得乱纷纷地，所以对于韩国，并没有切实的援助。现在国民底眼光，渐渐放远，而贴邻的韩人，正在水深火热中，正所谓此时不救，更待何时！中国底政府，早是个靠不住的，即使他晓得日本欺压韩人是不应该，韩人自决要求是正当，也不过说句“爱莫能助”的话来搪塞罢了。但是我们要想想，譬如邻家有盗警或火警，我们那有袖手旁观，不去援救之理？政府既然靠不住，国民应该放一点血心出来，帮助帮助韩人，能使韩人早恢复自由一天，便是我们责任早尽一天。我们要记着，这是我们做人的责任。况且美议员同英商，他们远隔欧美，也肯替韩人尽力，我们中国贴邻的人，反熟视无睹漠不关心，不怕人家笑话么？唉！中国底同胞呵，大家尽一点做人的责任罢！

（原载于《震坛》第 4 期，1920 年）

# 我对于韩人之感想

冥飞

日前美国议员团来到亚洲游历，先到我们中华民国来。那时候我们中国的人，除却政治法律早被外人看透了之外，所有可以见得人的东西，尽量搬了出来，请来宾过目。究竟议员团所看见的东西，是不是完全都在我们愿意他看见的范围以内，在下可不敢乱说。

后来议员团在中国见识过了，要到日本人所治理以后的韩国去见识见识。当时就招来了一个好意拒绝的电报：说是韩国地方正在发生传染病，又闹乱党，恐怕接待不周，还是不去的好。谁知这种种可怕的消息，倒把议员团的好奇冒险的精神激发了，一定要去看看。及至到了韩国，幸亏没有遭暗杀，也没有害疫病，可是议员团在那警察军队站得密密的距离中间，究竟看见了什么情形，在下尤其不敢乱说。

但是有一件，我可以意想揣测的，大约议员团所看见的情形，一定是日本人替韩国搬出来的见得人的东西罢。我由此发生一种感想，我们这个中华民国，居然能够得已搬出见得人的东西给来宾看，总算是了不得的好事。

我由此又发生一种感想，韩国竟有日本人替他搬出许多见得人的东西给来宾看，我设身处地替韩国人想，应有什么感想呢。我既然替韩国人想过这么一次，第二次、第三次的想头，不知不觉的他就自己来了。只是这第二次、第三次的想头，是追想去年的事情，我的想头虽然顺序，可是事实就有点前后倒置了，我说明白这句话，我就得序序那两种引动我的二次、三次想头的事实来。

去年（一九一九）韩国人独立大运动的时候，我有一个朋友，从间岛来到上海，谈起韩国现在治理的成绩。最近有一件事，很可以表示日本人的政治手段。当韩国青年男女学生高举国旗，大呼独立的那几日，海边上有一处地方，名叫河源的，住着一二百家渔户，也有个小市集，开着几十家小店铺，那班渔人从来不知道妄谈国事的，不料青年男女的爱国热血，行动起来，可就把一班渔人的脑筋激动了，无男无女、无老无少的，也都寻些破布，画上太极图和乾坤坎离四卦，举将起来，在海边的山上奔驰，大声高喊起韩国独立来。当时河源的警察署长，恐怕闹出大乱子来，吩咐手下的警察，四出拿人。自己骑着脚踏车，在后边督率，东边山上赶到西边，西边山上赶到东边，赶得精疲力倦，一个也没有赶得着。署长大怒起来，拔出手枪，打死了几个，许多男妇都四处藏躲，只有十多个小孩子，来不及走，又怕警察们追上来，便尽力搬起大小的石块往山下砸，谁知竟有一块小小的石头，打在署长头上，连人带脚踏车滚下山沟，呜呼死了。这一来，全村的渔人可就犯了大逆不道的大罪，登时调来了军队，围着村子一顿剿办。于是渔户房子全都烧了，男妇大小全都死了，尸首也都丢在火里变了灰了。从此以后，河源那个地方，就连半个渔人也没有了。这正是刑乱国用重典的学说实行了（这一段事情，那里会有人知道的呢？因为河源的小店铺，有几家是中国人在那里开的，人虽然承情没有遭劫，可是财产货物全烧成了灰，就到中国领事那里去告诉，要求交涉赔偿，日本对于赔偿倒答应了，可是附带一个交换条件，是不许提起剿办河源的韩人这一回事。大约也是军事秘密的道理，中国领事自然得允许他，只是商人的口，那里封得住，这话就传出来了，那商人还有几张照片，却是被搜去了）。

我又有一个外国朋友，他对我说，有一位美国商人，因为生病，医生劝他来到东方换换空气，这位美商就游历到日本。因为他有个朋友在韩国平壤地方当教士，就近去探望一遭。当下坐轮船到了平壤，上岸的时候，可就被日本警察在验过护照之后，又盘诘了一个二十分足："那里人？""做什么事？""何处来何处去？""找什么人？""你家住那里？""你父亲是做什么事的？""你来了还有什么别的目的？"这位美商便大为不平，指着护照叫他们自己去看。警察没奈何，只得放他上了岸。他去找着了朋友，住了几天，就要牧师带他去寻访些名胜古迹，牧师迟疑了半日，才领他走到一处。只见一块荒坪，堆着几堆砖瓦灰炭。牧师指着道："这就是平壤的名胜古迹。"美商诧异起来，追问不已。牧师道："前十多天，这里却有一个古庙。谁知韩国学生运动独立，总在这庙里集会。日本人因为他们天天开会，叫许多军警围住，关上大门，点起火来一烧，一班学生走不脱的烧成了炭，走脱了的却都碰在军警的枪弹刺刀上面，所以到了今日，只剩了这几堆砖瓦灰炭。"美商听了，那里肯信，以为生长在美国几十年，耳朵里从来不曾听着这种事情，岂不是说谎？那牧师也不言语，只拖着美商往教会的医院里去。美商向病床上一看，只见还有四个韩国学生，身带重伤，躺在那里哼。美商不由得感动起来，便问了学生一遍，又替四位学生照了一个相。刚刚完事，只见雄纠纠[赳赳]气昂昂来了一群军队，立刻要捕这四位学生去受军事裁判，医院院长出来说了许多好话，军队只是不依，院长便指着四位学生道：“你看他们，都已奄奄一息，早晚只是一个死，饶了他们罢。”军队里也有人看不过意，便在四个学生中间，挑了一个伤势最轻的，拖了就跑，跑出院门，不上两丈路，那位轻伤的学生呃的一声，气就断了，这可是刑乱国用重典了的手段。上海北四川路有一座天安堂，每逢礼拜，总要请一位名人演讲。一九一九年某月某日开会时候，天安堂的书记心里打算要请一位下礼拜演讲的人，在人丛里看见了一位面生的人，就上去打招呼，请他下礼拜演讲。那人答应了，下礼拜果然到了，因为不会演讲，照谈话的样子，站在讲台下，说一大段活，就是外国朋友告诉我的美商游历事情。原来这位面生的人就是美商，由韩国游历到上海来了。当下说完之后，又掏出照片来，请众位看，就把照片交给座位最前的人，请他传递着大家看。不料坐在座位最前的那位牧师，听了美商的说话，已经骨都着嘴，好不生气，当下接了照片，只得略看一看，就递下去。闭会以后，大众散了，那位骨都着嘴的牧师，便去找书记，问这美商住在那里，书记道：“我们只请他演讲，没有知道他居址的必要。”那位牧师道：“我想这个美商，一定是受了韩国人的运动，造些谣言来惑众的。”书记道：“你这话很奇怪，如果日本人对(付)韩国人果然不错，又怕他们造谣做什么?”那位牧师没话说，又骨都着嘴走了。书记未免有点犯疑，便调查一调查，原来骨都着嘴的牧师，正是一位日本人哩。

我写到这里，我的感想的便都有了。我如今很愿意我们中国人，和我表个同情，对韩国人发生　种感想。更希望我们中国人，对丁韩国人所受的待遇，时时刻刻放在心里，趁今日自己可以搬见得人的东西给来宾看的时候，对韩国人流一点同情之泪，并且不要仅洒同情之泪，也应该尽同情之力，帮助我们最亲密的好兄弟啊！

（原载于《震坛》第 6 期，1920 年）

# 韩人刺日相的感言

佚名

日首相原氏，为韩人所刺死，此不能不认为日本政局上的一种大变局和一个大打击。上海《中华新报》谓其刺杀原因不明，不可评论。我则谓这正是大可评论的地方，这其间的总原因，不待思索，可知其为韩人图谋独立的示威表示。韩人自灭国以后，其志士遗民，念念不忘故国，在其境内，已一再为反抗的运动，"决吭断脰，前扑[仆]后起"，其锐志曾不少衰。复为国外的运动，组织政府于上海租界，派遣代表于巴黎和会，且秘密联合红军"十决十荡"，不肯稍自休暇，真可谓世界顶有志气的国民了。

此次华府会议，闻韩人又将有请愿的举动出现，日本人必将竭力阻止，且运动各国代表不承认其有效，此固为意料中的事。韩人忍无可忍，而出于一击，幸而中，以身为殉，在日本政府，或将有悔悟的一日，也未可知，但韩人心志，未免太惨苦了。

日本大人物之为韩人所刺杀的，前有伊藤，现有原敬，皆可说是均于兼并韩国这一事有直接的关系，吾为日本计算，亦太不值了，何以故呢？因为韩国土地能吞得下喉或不能，以韩人有这样百折不回的志气和运动，以后当然不可决定的而中坚的政治首领，且已先后为其击毙，真可谓得失不相偿了。

自欧洲前次大战后，世界民族思潮锐变，凡从前已被征服的至此皆跃跃然要求恢复。各强国间，素讲求的瓜分政策和兼并主义，都不能不怀破产的恐惧了。以韩人的毅力，且值此时机，只要能永久不息的运动，终不至辜负其希望的。但日人前此，不独于韩人略无悔祸的心思，且尚要乘人家的丧乱来逞其野心，这真可谓不惜和现世的民族思潮反抗了。我不知受其欺侮的，内鉴于韩人的卓苦，外迫于强敌的凭陵，尚能自己猛省，且有自救的方法没有？

（原载于《大公报》1921年11月9日）

# 悼申睨观先生

陈安

申睨观先生抱民族自决的精神，潜渡来华，对于中国革命，认为与宗旨相合，也曾以友谊尽力鼓吹。十一年来中国国事虽不可问，民族革命总算是告成了，我们应谢申先生底赞助。

欧战以还，公理之说大昌，民族自决的声浪，也一时涌起；申先生茹痛半生，以为可得全世界援助，一举成功，不料“公理”“自决”，都是强权粉饰之词，牺牲了碧血热泪，仍被强权高压下去；这是人类应掬同情之泪，而在申先生尤为饮恨无穷的。

在盛倡民族自决的声中，竟使申先生赍恨以没，究应谁负其责？今天临穴追悼，申先生目固不瞑；我人生息世间，人人有继起的责任，共同造成一个光明和平的世界，此力此志，千古不渝，申先生又何尝死呢！

（原载于《民国日报》1922 年 10 月 3 日）

# 读朝鲜灭亡记略感言

王振新

呜呼！吾读朝鲜灭亡记略，不禁感慨系之矣。朝鲜为吾国最古之藩属，汉、唐中叶尝属中国，自唐以后受辽、金、元之羁属，明、清两朝称藩入贡，奉命维谨。自李成桂篡高丽自立，二十七传至前废王李熙，君昏臣暗，内政腐败，既妄用排外主义，不求进取，又复党派纷歧，依赖外援，而置宗社安危于不顾。乃亲中有党，亲日有党，而李完用辈逞个人之私欲，以面积一万三千四百里之疆土，人口一千六百万之国家，遂拱手以奉日本。后之忠义之士骈首相戮，皇位被废，国号被削，全国人民夷为贱族。余因思夫朝鲜立国于中国与日本之间，为兵事上、政治上必争之地，俄势东渐，视为侵略所必须，是即全国君民励精求治，亦恐终无以幸存。乃国权分裂，党派纷歧，诛其心不过攘夺政权，快一时之私欲，遂不惜为他人之傀儡。及中国既不克倚赖，复折而趋向于俄，国势之危已如累卵，而其国人方蜩螗沸羹之不已，虽欲不亡，其可得乎？故我对于朝鲜之亡，而有无限之感慨也。

（原载于《学生文艺丛刊汇编》第4卷第9期，1923年）

# 为东京被杀之朝鲜人一哭

允臧

日本东京一带此次起了大地震，在该地的日本人受了莫大的天灾，值得我们同情，自然不消说得；但是滞留东京的朝鲜人于受莫大的天灾而外，更受了莫大的人祸，这难道不是一桩更可哀痛的事实么？

东京于九月一日起了地震以后，立刻因煤气管、电线、化学药品、炉炭等种种关系，起了绝大的火灾，日本人间忽然发生了朝鲜人及社会主义者放火的谣言，于是东京就下了戒严命令，而且在这个戒严的命令之上，还添了一个“格杀勿论”的紧急令。于是留在东京的不少的朝鲜学生和商人就大部分惨死在日本“武士”的“日本刀”之下。

唉！这种冤枉，只因朝鲜早亡了国，不但现在没人出来伸雪，而且外人也都袖手旁观，不加是非，我一想到朝鲜人也是人，现在竟受了这一种惨无人道的委屈，我不禁为他们洒满腔同情的热泪了。唉！朝鲜人！唉！受天灾而且受人祸的朝鲜的同类啊！

（原载于《孤军》第1卷第11期，1923年）

# 亡国痛史（一九二四年十月十五日在山西铭贤学校讲演）

[韩国]金在天

诸君乎！当三千二百五十五年之前，箕子自太谷古箕城移封朝鲜，历九百余年，被燕人卫满所逼，南据三韩，传国至前清末造，岂料今日竟为亡国奴乎？鸭绿江南大好河山，而今后不复为韩之所有矣！每一念及，痛不欲生，今尚喋喋不休，作此无谓之宣传者，无他，望我中华祖国鉴韩前车，不再蹈韩覆辙，毋复为倭奴所奴视之奴也。

韩自清光绪二十一年，为日保护，不久被灭，至今三十一年矣！此三十一年之痛史，即令异族铁石心肠闻之，无不为我韩洒一把同情泪者，况我祖国同胞乎？但求我祖国中华富强有日，则韩复兴有望，否则前途颠沛，不堪设想矣！当韩之被李完用售于日，而为日本保护时，日人即至世界各国宣传，言中国已无保护属地之能力，大义所在，不得已取而代之，尽一段保护韩国之义举，于是驻兵二十五万于韩境内。告韩人曰："今后韩国居我大日庇荫之下，则可高枕无忧矣！"取韩人以为无用之山、林、川、泽，而开矿，而伐林，而垦田，以专利焉。以为韩人之产，而任日人予取予求，独享其利，韩人此时尚作华胥之游而未醒也！逮五六年后日又于距皇城五六十里之地，筑宫以石，劫韩皇亲族九十二人，迁居其内；每日计口以米十两，盐精一方，由壁上所凿之小口递入，所有出入信件，不得封口，须受日人之检查。

呜呼！其皇宫邪？牢狱邪？皇族邪？囚犯邪？如此者三年，韩皇当忍无可忍之时，刺指沾血，备书艰苦，以论韩国之民，力图兴复！因当时宫墙窗口俱嵌暗色玻璃，故在外者不得望见内部，韩皇折竹为弓矢，缚血书于上，夜由钟楼人向人众处射去，为韩烈士李儁所得，于是挟血旨，乘渔船，逃至海参崴，经俄地往海牙和平会，用英、法、拉丁各种文字读之，求拯于该会之各国代表。日代表言李儁非韩人，乃华人乔扮，力辩血旨非真。时美代表须知芬曾充日本顾问，以私灭公，为日辩护。李烈士气结手颤，欲刺日使不得，因须知芬近己，遂刺之而自戕。继有安重根刺伊藤博文，李在明刺李完用，皆激于大义，为国雪仇之烈士也。

老苏有言：功之成非成于成之日，必有所由起；祸之作，不作于作之日，必有所由兆。盖韩亡之因，亦甚远也。人民平时委靡不振，不知国家兴亡，匹夫有责，灭亡已于斯而下种矣！韩为日保护十五年后，即移其社稷，韩人遂长为亡国奴矣！溯亡国之原因，不外四种：一、道德堕落，必有国贼；二、律法不公，必生内乱；三、富贵不仁，必起土匪；四、教育不兴，外交失败。韩时兼而有之，能毋亡国乎？今特赠诸君耶稣之信、爱、望，孔子之智、仁、勇，以勉励我祖国同胞：庶此四种亡国之孽种，不再萌芽于中华！

"亡国之民，不如丧家之狗。"诸君知之稔矣！但其中甘苦，非一尝其味者不知也。自韩亡后，日人大施其阴毒险恶手段，第一年即废止学校韩语，皆须学日礼仪，用日言语，年老者二人以上，即不得用韩语谈话，若有青年在侧，更大干厉禁，恐青年不忘其国粹也！取消韩之海陆军备，易以日人，尽收韩人国币金器，就韩地立十家长，使韩人自相告坐，夜不得闭户，晚不能息烛，一任日人之出入，凡为韩人，出行须十家长发给旅票，上镌出行律三则：不得赍五十元以上之金钱；不得携违禁物；不得二三人同行；是不过一无依孤魂，往往出行未几，即为日人所杀，亦可谓之送死票也。十家共享刀、剪各一，存于十家长家中，且以铁链系之，恐韩人借以复仇；日之压制韩人，可谓无微不至矣！有犯日人忌讳者，即非刑加之，韩民有犯，即钉十字架，又以竹签加油刺入十指；或插耳鼻内燃之，名曰"点天灯"。甚至用烧红铁箸刺入男女之阴阳窍中，而不令速死。噫！此何刑邪？余所不忍再言，谅亦诸君不忍再闻矣！然亦不过三十余年中万分之一也；韩邮电之权，操于日人手中，故未能加详，此不过报纸偶传之竹头木屑耳！因此之故，日人更得横行无忌，孑遗韩民，并告无辜于上下神祇；去岁之夏，火山喷发，轰然一声，死者大多数俱系倭奴，早付火葬，此外十四万有余，又被海啸卷入沧溟，为鱼之饵；然今尚虎视狼残，野心不死，左氏传曰："祸福无门，惟人自召。"是亡韩者韩也，非尽日也；使韩早知亡国之惨，先时觉悟，何致亡国。诸君须牢记"互助精神"四字，须鉴韩亡之后，尚复自相残害也！

余为韩亡流泪者三十年，为祖国中华号呼，亦三载于兹矣！今目击中华四分五裂，令人寒心；中韩在地理上之关系，势若唇齿；历史上之关系，情若手足。韩人今所望者，惟中华祖国，韩遗民三百五十万之众，分散逃亡国外，忍死须臾，舌敝唇焦者，为韩亦为华也。今有一言，为智识界学者告：慎勿以读书二字骄人，须知读书者，乃自觉觉人，非以大学卒业，博得学士头衔，夸耀乡里也。如韩之今日，即人人满腹文章，将何所用之。今为祖国青年计，急宜扫除陋习，讲求实际，造福于国，力肩人群有益之事业，幸勿坐失时机；与韩携手，通力合作，庶中韩同得再称雄于大地之上，一雪被倭奴所欺之耻。

鸣呼！否极泰来，阴消阳长，此后韩人之得以渐向光明之途进行，所仰望者惟诸君，所依赖者亦惟诸君。窃愿以孔教之忠恕，佛教之慈悲，道教之感应，耶教之博爱，奉赠诸君之前，用作临别纪念，伏乞永铭诸心，奋斗直前，则中华万岁！韩国万岁！两国民亦万岁！

（原载于《铭贤校刊》第1卷第2期，1924年）

# 韩国游记

张钟山

## 一、绪言

韩国为极东之一大半岛国，南北长约二千里，东西广约七百里，合大小诸岛约有七万二千方里之面积，人口约千余万。现华侨居此地者，计九千六百数十家，三万零八百余人云。昔殷之亡也，箕子去国，至辽阳建都，国号朝鲜，子孙相继者九百年。至其后裔箕准，为卫满所逐，取而代之，自称朝鲜王，奠都平壤，治国八十余年，为汉武帝所征服。汉威及于半岛西北部之时，东南一部，有所谓马韩、辰韩、辨韩、之三小国起，是为"前三韩"。厥后前三韩渐衰，新罗之始祖先征服辰、辨两韩，更压迫马韩而建一国。于时有朱蒙者，据鸭绿江之上流，国于扶余，号高句丽。其子名温祚者，又据马韩之慰礼城而独创一国，称为百济，是为"后三韩"。三国鼎峙，角逐不绝。后百济、高句丽咸经七百年而亡，新罗遂统一全半岛，前后建国凡千有余年。高句丽之一王族起而灭新罗，统一全半岛，国号高丽，都于松都（今之开城），凡五百年。及李成桂得明之承认，袭高丽之后，复国号为朝鲜，乃奠都于汉阳（今之京城），此实距今五百三十余年前事也。洎夫爱亲觉罗氏起于满洲，入主中夏，朝鲜遂隶属我国，至中东之役止。降至李熙即位，国际间关系日渐复杂，经几度扰乱之后，竟自立帝国，改国号曰大韩。斯时也，日本百方诱胁，不遗余力，卒于十年之间战胜两大。我国在韩之势力被扫于前，俄国在韩之势力又被逐于后，朝鲜半岛遂成日本之保护国。更因李完用之赐，而所谓"大韩帝国"也者，竟受日本帝国统监政治之下，此即民国前二年事也。前数年，韩国志士有复国之运动，有志竟成，预祝之。朝鲜既有以上所述之历史，与吾国之外交上、政治上、通商上、边防上等实有莫大之关系，余之思得一游也久矣。今夏至东三省方面，实地考察矿业之便，顺道一游，遂生平所愿之一。兹仅就足迹所经，观感所及者，追记于次，或有值识者一顾之处，亦未可知也。

## 二、京都、釜山间

余此行之首途也。乃今年七月十七日，暑气逼人，连日温度达九十七八度之高，静坐室中，汗流夹[浃]背。是日适值京都最有名之祇园祭，台车盈途，灯彩遍街，四方来观者接踵而至。余于此际离去繁华之都会，甘作清苦之旅客，盖别有真乐在也。午后一时，奉天高君送余登车，汽笛一声，脱帽别去。是夜宿于冈山，与同乡王、孙二君畅谈甚欢，惟至夜中。帐外蚊集，翁翁作声，清梦为扰。十八晨，游著名之后乐园，入温泉浴。夕与王、孙、袁三君绕观市街一匝。十九日午上车，遇同学赵、仇二君。赵君赴本溪湖实习，仇君回安东故乡，结伴有人，此行更不寂寞。车抵下关，即与赵君上船。入舱，臭气与热气同时袭来，闷而欲呕，席少人多，灯暗声嘈，或裸体弄扇，或带汗贪眠，不啻受罪地狱。所幸出帆而后，海风渐由圆窗中吹入，热气臭味稍减，方能假寐养神。

## 三、釜山

釜山为朝鲜南端之良港，与壹歧[岐]、对马诸岛遥遥相对，而扼朝鲜海峡之西水道。湾内西北一带山丘环立，南方之海面上则有绝影岛与龙台、冬柏二岛相峙，成自然之港门。港内水域分东、南二区，南湾水浅，不过便于渔舟之系泊，东湾水深，足以容三千吨之巨舶云。此港从来为日、韩交通上之惟一要津，自所谓“鲜满铁路”直通后，海陆之连络日益完备，遂一跃而为欧、亚两大陆交通上之门户，且有逐年发达之状势。最近人口约三万五千，输出入年额约三千万圆云。

釜山市街在龙头山以至南滨一带，渐向北展开，街衢比较整然，宝水川流贯其中央，将市区分为东西两段。海岸附近为渔业之根据地，有鱼市场、水产组合等。由码头栈桥附近至釜山驿一带为新开地，多关于船舶、漕运、旅馆等之营业，而市区有渐向北部草梁方面扩大之趋势。余之过釜山也，为七月廿日晨，阴云密布，行色匆匆，以车船联络，交代行李，距急行车出发时刻不远，故仅在车站附近一观市街状况，一切胜地，均未暇游。

余等所乘为直达奉天之快车，搭客甚多，及余等上车时，三等列车中已无立足余地，乃向掌车者交涉，改乘寝台车，卒得许可，并不取费。因朝鲜铁道现亦为南满铁道会社所管理，凡该会社所管理之铁道，日本一切学校之学生、教师，车费只给半价，且为此种旅客谋相当之便利。至若到该会社所关系之工场或矿山实习者，则于指定区段内发给免票，奖励其国内之多数有阶级者，以旅行此方西积极发挥其经营朝鲜与东三省之目的。而我国人则非醉生梦死，即日事战争，竟不知边防之日危，前途之可虑。殷鉴不远，朝鲜即绝好榜样，车中与赵、仇二君论及此事，未尝不叹息痛恨于我国有枪阶级之执迷不悟，而竟恶用其力于争权夺利也。

车过大丘，时将正午，细雨飞来，薄雾凑合，不得窥其市街面目。自此而后，即两旁风物，亦不能远眺。飘渺过眼者，不过低秃土冈与夫隘陋茅屋，并未见有奇峰秀岭或茂林修竹也。五时许，至成欢驿下车，投宿于大矢旅馆（一宿二食，取费三圆五角）。

## 四、成欢

成欢古驿，乃现在车站后之村落，即中东战争初开火之古战场也。驿之北六七里有安城川，蜿蜒流贯于水泽之间，注入牙山湾。所谓安城渡者，即中东之役。日军渡河之处，我军曾猛攻之，将其先头之中队长二名、士卒无数击毙之地也。牙山湾则为当日我将叶子[志]超、聂士成等上陆之地点，水深港良，可容巨舶，故颇有名。

成欢当牙山、屯浦二市场之要冲，交通颇为频繁，往昔百济之慰礼城址即在驿之东南。约十二三里。附近一带产砂金甚富，更十一二里有稷山金矿，朝鲜半岛之一大富源也。余等之在成欢下车者，目的即在观其砂金之采掘状况。廿一日晨，大雨如注，余等乘汽车往观。砂金采掘用浚渫机，车小人多，道路不良，簸动特大，其路为简单之土砂道，宽不过十二三尺，路缘多为雨水冲坏，未经培养修理，而汽车又系破旧之物，故其速度甚小，约费廿分钟，始达砂金采掘地。余等下车（车费五角），遂冒雨踏泥而上浚渫机。此砂金矿为美国人所经营，含金颇富，年产额约三十万圆。司机及淘金等工作之主要劳动者皆用华人，共十二名（外朝鲜工人约四五十名），工价每日每人约七角以至一元，大都略能解英语及韩语。余等参观时，略与矿主应酬之后，即由二老练华工导余等视机械各部之组织及淘金作业状况等，时将正午，前去之汽车已回，遂兴辞上车赴成欢驿。途中有一峻坂，斜度稍大，汽车因载量过重，竟发生障碍，余等皆下车步行至顶上，乃乘车前进，延时十数分，皆道路与汽车均不良之所致也。

抵成驿欢后，因距开车时刻尚早，遂往参观附近之一小金矿制炼场。此工场乃本年三月所设，仅用工人四五名，小蒸汽罐一具，捣矿机一组，用混汞法以取金，每日不过处理三吨矿石。其矿石之含金品位，在十万分之一以至十万分之三，平均每日约费煤一吨，水银十两，能取金一两或二两云。此种小制炼工场，所需资本无多，而获利不微，在矿业及交通未大发达之地方，颇可取之以作参考。盖与其骛远好高，难收成效，不如多先办小规模工场，乃逐次扩张之为得策也。

朝鲜之金矿业，在世界上颇在相当之位置，与其农业、渔业二者合并，有“朝鲜三大业”之称。自韩被日并后，关于矿业方面，首先施行朝鲜矿业令及关系诸法令，其次调查矿床及地质，新设选矿制炼试验场，再宣传办矿之利益及矿业经营法之指导，更扩充矿业教育，于京城工业专校内加设矿山科，故朝鲜之矿业日渐发展。在一九一七年，其产金额曾达一八五〇〇〇两，价值八二七〇〇〇〇圆。最近虽因劳动价之腾贵，生产费之增高，收支不能相偿，休山废业者续出，然而其年产额仍在七八万两以上，价值亦在三百四五十万圆以上也。就中其砂金产出量，实有日本全国砂金产量之五十倍。盖据一九二一年之调查，日本之砂金产额不过七〇二九圆，而朝鲜之砂金产额则为三五九二六〇圆也。

午后三时，由成欢出发，同车者有稷山小学男女教员各一人，余遂移座近其男教员，叩其姓氏，曰刘，系与女教员同充代表，赴京城教育会者。余出名片，言明系华人。因细叩朝鲜之教育状况，彼为余一一解释。次问京城之名胜古迹，渠为余记之于片，并略加说明。后询及一般人民之生活状况，彼叹曰：“一言以蔽之曰，生活难。”当余等问答时，间有涉及政治者，彼即低声含糊以答，似不乐谈此，恐日人之闻知者。车达水原驿，彼曰，此李朝正宗时代之古城也，城壁延长一万三千二百尺，京城以外，建筑之宏壮，冠于朝鲜半岛，只以久不修理，日就荒芜，昔之楼阁园榭，多变成败瓦颓垣，荒烟蔓草，不禁令人兴故宫禾黍之叹。更指驿北一山而谓余曰：彼老松擎天，郁郁耸翠者，有名之八达山也，山麓有华宁殿，昔为行宫之迹。又指东北一带远山而言曰：彼起伏蜿蜒者，光教山山脉也，山中有白云寺，寺内有青莲庵，殿阁结构均颇壮丽。车行后，彼复西指而言曰：此去里许有一湖，周围六七里，灌溉之地颇广，名曰西湖，风景亦佳，盖拟乎杭州之西子湖也。方谈兴正浓之际，暮色四起，车已过汉江铁桥，经龙山而达京城矣。有来站接客者，遂随之行，投宿于南大门旅馆（日人经营，一宿二食，共三元），屋陋食恶，招待疏鄙，为之不愉者终夜。

## 五、京城

京城为李朝五百年之首都，位于朝鲜半岛之中央，土地广沃，盘面平直，汉江蜿蜒而流于廓外之东南，山河形胜，颇为优固。城高二丈，周围卅里，设四大门，就中以南大门及东大门为宏壮，可谓市街之美观。惟自日本之总督政治施行于朝鲜后，知在廿世纪以后之都市，无保存城壁之必要，故已大部拆毁，或改筑道路，或加修公园，使尺地寸土亦得供实际利用。如南大门等于建筑学上有保存之价值者，则配以石基，围以铁索，俾壮观瞻，供人休息云。

市街全部划为中、东、西、南、北五署，署下设坊，坊下分契，总计有五署、四十七坊、三百四十契。市街之中心为钟路，道阔九丈以上，最宽处有达十二丈者，故虽仅为简单之碎石砂面道，而车马辐辏，尚不失其首都之面目。由东大门经钟路以达西大门之本街道，及由南大门至钟路之街道，商业极盛，多已改筑土沥青道，电灯、电话、电车、自来水等文明利器皆颇完备。其他景福宫、光化门及庆运宫近傍之二三道路尚属完全，房屋亦颇相称，但苟一涉足小道，则陋巷矮屋、污秽不堪者举目皆是。道阔仅四五尺之小街尚不少，电车乘客甚多，往来极为频繁，人口约二十五六万，日本人约占四分之一。我国人之侨居此地者共六百六十七家，三千四百余人云。

余之在朝鲜京城，因连日淫雨洪水为灾，京城平壤间铁道之被流失者十数处，火车停驶，坐困斯地至六七日之久。兹将数日中足迹所至之地，择其较著名者杂录于次，以志不忘云尔。

**八角塔公园**

园在钟路钱物桥之北，闻为往时圆觉寺所在之地，韩廷于将亡之前数年，收买附近民家以营造者。园内有大理石塔，高四丈，共十三层，每层均刻有佛像，乃高丽朝之治世，由元朝所运入者。因属数百年前之古物，长曝于风雨之中，大受损坏，呈黝黑色，然四面之雕刻，尚明峭可观。相传日本昔年用兵于朝鲜时，欲将此物持归，以作战利品之一，以夸大其远征之功，曾将最上之三层取下，只以重量甚大，运搬困难，乃作罢论，故至今最上三层仍置于塔侧之地上，闻之殊堪发噱。塔之南有大圆觉寺碑，系用极坚致之花冈石所造，高十数尺，表里刻有碑文，表为金守温所撰，里为徐居正所撰，皆朝鲜古代之有名汉文学家也。园之中央有池，池畔有小亭，亭中有白衣秀士十数人，作宰予之昼寝，亭外树荫处，则见有口烟斗，共话沧桑之老人。余等游公园之日，并非礼拜日，而多数青年男子，无所事事，优游于其中，或席地作棋战，或群居斗石子戏，而查其衣履污秽，鹄形菜色，又似非赋闲终年，足以生活者，其嬉怠竟若是。呜呼！吾人其亦知所警惕乎？

**汉阳公园**

园在余等所住旅馆后之丘，上有游乐场之设备。满山松树，绿翠欲滴，居高临下，眺望极佳。一度登临，则西南之龙山全景奔来眼底。内有黄鸟亭及展观亭等，皆为游人所赏悦之处。

**博物馆**

馆在昌庆苑之东南部，有市街，电车直达其正门，出入极便。苑内之明政殿、景春殿、通明殿、养和堂、涵养亭等，皆为朝鲜屈指之古代建筑物，颇为壮丽，馆内陈列新罗朝以降历代之佛像、陶器、书画、金石、雕刻物等，以供观览。通明殿及景春殿等，均悬有“凡阁臣在直，非公事勿得下厅，虽大官文衡，非先生勿得升堂”之联，盖当年李皇手谕也。

**动植物园**

动物园在昌德宫东苑之南部，内饲各地种种动物，自游鱼、飞鸟以至猛虎、雄狮，皆极完备。植物园则在苑之北部，掘池沼，养凫鸭，网罗奇花异卉，设置温室美坛。园内树木成阴，实纳凉好地也。

**领事馆**

我国驻韩总领事馆，在本町朝鲜邮便总局之北，所占地面甚广，又在商贾云集市街之中，故日人每欲收买其一部，而我国领事辄拒绝之。馆闻为清季袁世凯所重修，大门纯为中国之官衙式，内面虽为洋式建筑，但已古色斑烂，现陈腐气，呈荒凉景象，一望而知其久未领获馆费之窘况。堂堂大中华民国领事馆若此，可怜亦可笑也。廿四日，余等往访马领事，闻已去元山避暑，遇其书记官，一询侨胞居韩状况及近年通商情形，与日本大加关税之对付办法等，更至庭园中，绕视一匝即出。

**景福宫**

此为李朝之古宫，乃其太祖李成桂所建，盖取周雅“君子万年，介尔景福”之意。后经兵火，荒废二百余年。李熙即位时，大院君摄政，下令全国课工役、课费用、课材料，虽怨声起于四方而不顾。惨淡经营者，二年而成，不意转瞬又为他人所有也。宫在京城之北部，电车可达其正门。门前街道极阔，即昔年内部、外部、度支部、军部、法部、学部、农工商部、中枢院、邮递司等各旧衙门所在之地。勤政殿在宫之中央，为本宫之正殿，宝座即设于其内。后方有思政殿，当年李皇一日万几之所也。重门深锁，蝠粪满堂，大有碎琉璃瓦片多、烂翡翠窗棂少之概。左折入崇阳门，有修政殿，旧内阁之议政府也。殿北有庆会楼，规模宏壮。楼下全为石柱，外部之柱方形，内部之柱圆形，直径约三尺，高十五尺余，东西八列，南北六列，计四十八柱，全为一块之纯花冈石所成，实此宫中之一大异彩。楼乃当年国王宴游之所，东西长一百十数尺，南北阔九十尺，环以绿水，鹅鸭游于其中，负山面郭，垂柳颇多，夏际来北，可以观莲，可以避暑，诚胜地也。余等游时，修政殿中藏有大谷光端游中央亚细亚时在新疆一带所收集之壁画、墓志、偶像及一切佛教参考品，虽皆极无聊赖之物，而他人之注意探检，与我国人之不知保存相对照，亦足以发人深省也。宫之东北有朝鲜总督府新设之博物馆，陈列朝鲜各时代之古坟发掘物，以供考古学者之参考。正殿之前则正大兴土木，建筑朝鲜新总督府，雄伟高大，令人望而生畏，不知一般韩人见此又作何感想也。

**光州馆**

馆在黄金町，为京城惟一之朝鲜戏园。余因欲明朝鲜戏剧之状况，特一观之。先至剧场外，孩童拥挤不堪，毫无秩序。及入内，则见其舞台之构造甚小，客座设备亦极粗陋，其任意吐痰吸烟，亦如我国之戏园，而污臭之况味，则殆有甚焉。男女分坐，界限极严，颇似我国尚未开通之各省。其所演者，为一现代连琐剧（舞台与电影兼用），其布景之简陋，尤甚于我国之旧剧。对谈之时间甚长，冗而无谓，其喜怒哀乐之表情，毫不足以动人。即小丑作滑稽谈时，哄堂而笑者，最多不过半数。老人与妇女则几乎笑容俱无。甚有依座假寐者，有闭目吸烟者，有侧身而坐，毫不回顾台上之传情者。纵观剧时，亦无紧张之气象，真足以类推此种民族之怠慢性而有余。其剧间且穿插与华商有关系之处，彼竟极力形容华人畏韩人之状，其太不自量，真可怜也。

**燃料选矿研究所**

所在京城郊外汉江之南岸，所占总面积约五十万平方尺，前年始新设。其目的在解决朝鲜之“燃料问题”及“选矿制炼问题”，故其研究事项分为三种：（一）石炭调查；（二）石炭试验；（三）选矿制炼试验。其技师、技手等，皆由总督府所委任。余因总督府技师铃木哲郎氏之介绍，廿五日，与赵君乘火车至鹭梁津驿，下车北行，绕由山后而入（因连日大雨，汉江涨水，江岸之道路淹没故也）。先请其出图以说明组织之大概，后由其技师内田鲲五郎氏引导，往观选矿制炼设备之试验工场、试料采收室、实验室、分析所、变电室等。次复至石炭试验场，观其干馏机、瓦斯发生炉、石炭粉碎焚烧装置、炼炭机、汽罐及发电机等。

**汉江**

汉江为朝鲜五大河之一（位第四），发源于江原道江陵郡之五台干筒水，流于京城之东南，经鹭梁津、龙山、麻浦等而西流入海。平时流势缓漫，水深而清，江岸亦饶景趣，宜纳凉，宜观月。冬期结冰，则行人往来，或游戏于其上，故李谷诗有“半夜疾风吹破屋，一江流水冻成桥”之句。夏期则有买酒携妓泛舟以赏柳色帆影者。余辈至此，在桥畔一小店内坐饮清凉料，静观滔滔之水，浩浩荡荡，作万马奔腾之声，真有万千气象，联想长江风物，为之低回者良久。

**南山公园**

南山一名木觅山，或称终南山，耸立于城市之南方，苍翠幽净，风景颇佳。朝鲜现时之总督府即在此山之麓。日人即于总督府后筑阶段、修道路、建纪念碑、造大神社、导流蓄池、移树植花，俨然成一纯日本式之小公园。一游此园，则京城全景尽在目中。若至山巅，则四面云山皆来眼底，眺望之佳，称为第一。李承召有句曰："甲第连云春满坞，东风吹送如酥雨。万紫千红总含姿，相催不用临轩鼓。"盖写此山俯瞰之景也。余等日中来此，在松间乘凉，俯察全市，其稍宏大之建筑物，皆日人之所有也。外此，则我国侨商所经营之商店、餐馆等尚属高朗，而韩人所有之高大房屋，除旧宫殿而外，实寥寥无几矣。

## 六、京义线车中

廿六日，铁道被洪水所冲坏之部分，连日昼夜加工修补，已大部恢复。余等得此确息后，即于晨三时上车，车开，至水害最甚处止，遂各携行李(行李多者，铁道备有运搬运夫，惟稍迟耳)下车，冒雨而行于污泥之上，时虞蹉跌。然观铁道旁之韩国劳动者，皆披蓑戴笠，而用力于复旧，工事不稍怠，大发挥其劳动神圣之气概，于此知凡安逸者，皆劳动之所赐也。此次上下车之时，余由去年东京震灾当时之经验，以为秩序必大乱，殊竟不然，反较在京城乘车时井井有条，是不能不归功于铁道人员先事预备之善也。过开城后，渐有下车者，遂与平时之列车无异。惟因火车到着时刻已大扰乱，购求食料品稍为困难耳。

车至定州，有数华人来搭车，皆戴发辫，面色黄黝，衣服污秽，日人皆不欲让座与之。一人来至余侧，让之坐，问其地，山东，问其业，作农，问其发辫有何用，无用，问美观乎，不美，曰：然则何故留之？习惯耳。曰：既出国，何不即剪去之，以免贻外人以豚尾之诮。诺，归即去之。既而谈及彼等在韩情况，盖皆租韩人空地以种菜园者。其地之租价，每亩铜圆二枚以至十枚不等，因天候之良否与经营之善恶，有时年可赚百余金，有时竟足糊口，有时竟至亏本者，然非至得相当余利之时不归，则其再接再厉之大精神也。归辄改营他业，以图发展。其所租地，则让之后继者。如此苦心持握，因而致富者颇不乏人云。

**朝鲜北部**

平旷之地较多，火车驰骤于其间，颇觉快适，日渐昏暮，浓雾四合，及抵新义州已十时。过鸭绿江桥时，仅于车中借电灯之光观其大概，未得细赏其工程之妙处，憾甚。盖此铁桥为朝鲜与我东三省连络之唯一交通路，东洋第一之大铁桥也。曾费数百万元，经二年之工始成。全长三千零九十八呎，桥桁十二连，其中央之一桥桁可以自由开闭，以便桥下船舶之航行。桥上于轨道之左右设八呎宽之步道，以利行人之往来，实东亚各桥梁中之铮铮者。过桥即入我国境安东，中心快慰之极。

## 七、平壤

平壤为平安南道之首府，西鲜第一之商工业地而朝鲜半岛之第二大都会也。人口约九万，日人居其四分之一，华侨约八百。后负大城山，前临大同江，下流三十里有兼二浦，五十里有镇南浦，皆著名码头也。不惟水运甚便，铁道亦四通八达，诚重镇也。因为朝鲜最古之都，故有西都、柳京等之称。又因由箕氏所建，故有箕城之名。其名胜古迹之多，远在京城之上云。市街分内、中、外、东、北四城四区。内城周围十二里，绕以外廓，而新旧市街即以此为界。此门之内为旧市街，多住韩人，外为新市街，多住日人。华侨则散居其间，多营餐馆及菜园业。行政区域共分全市街为廿四町，廿六里。市街襟山带河，而有名之诸亭台楼门点缀其间，宛然一幅天然画图。

余于九月十七日午前四时，搭先日由奉天东下之快车抵平壤，天尚未明。下车后，投宿于大同旅馆，暂事寝息。九时出，乘电车至其终点新仓里，遂以半日工夫而遍历左记之诸胜地。

**七星门**

为平壤旧城之北门，当元山大道。余下电车后，登楼避雨，见平原远开，眼界甚广，有数韩人亦休憩于其上。余出平壤图，就一中学生而询其至、各名胜古迹之道路，渠一一为余说明，惟未言及七星门乃中东、日俄两役时之古战场，当年中国一大将曾战死于此，问其名，则不知，惟就其闻知于老年者，说明当年清军败退情形，洋洋自得，若甚夸日军之善战者。其称日军曰“我军”，盖已目认为日本国民，而不稍谦也。彼后愿导余至各处游，遂随之行。

**箕子陵**

此为余在平壤下车之第一目的地，故出七星门后即向陵道进行。关于箕子之来都平壤一事，史家各有异议，诸说纷纷，尚未归一。而平壤为箕氏子孙之所开发，则毫无疑义。但现今之陵墓，为八百余年前。高丽肃宗王求箕子之坟茔而祭祀于此，其后李朝成宗十二年增修旧祠，追颂其德，使臣下李良等建碑刻文，是为箕子碑。陵在松林之中央，前面有二大石像相对立，周围各处配置石狗，环以墙而设门，殿堂灿然。附近尚有箕子祠、箕子井等遗迹云。中东之役，我军占据箕子陵，与日军相持。激战数时之久，故今祠庙上尚存无数之弹痕。

**乙密台**

在箕子陵后方之锦绣山顶上，与牡丹台相对峙。台上有一古亭，号四虚亭，盖六百余年前之建筑物也。亭建于断崖高台之上，既占形胜，又宜眺望。夏季登此，且凉风袭肌，静观自然，令人心旷神怡。中东之役，我将马玉昆据此坚守，日军屡攻，不得逞其志。当时之弹痕尚遗亭榭，其不遭兵火，亦云幸矣。

**玄武门**

牡丹台及乙密台间之一小门也，为由义州及元山道路。入乙密台及浮碧楼必经之门，故为战争上必争之地。门上闻曾有巍峨之楼阁，但今已颓废，不见其影矣。中东之役，我军列炮于牡丹台上，集中主力以防守此门。日军由西方坎北山进击，欲夺取牡丹台之城垒，以肉搏玄武门，但以关门坚固，不伤[易]侵入。日军遂募决死队，以攀墙登楼，而我军由乙密台上瞰射之，弹如雨霰，中者即倒。中东之役，陆战以此为烈，故玄武门与牡丹台遂同时有名于东洋战史上也。

**牡丹台**

与乙密台相对，据锦绣山顶之一角，其山形酷似牡丹，故有斯名。昔者山上设烽火台，以供警报，今已不见其迹，所存者废垒荒丘耳。惟远眺之佳，实在乙密台之上，江水滔滔，流于脚下，烟尘漫漫，奔来眼底，卧波长桥，连接于水源之地，航空飞艇，格纳于对岸之仓（对岸有日本陆军航空第六大队飞行机仓库），气象雄阔，真名实相符也。平壤苹果最佳，味极清脆，购食物之后乃下山。

**永明寺**

在牡丹台下，为高句丽广开王二年所创设之禅寺，曾为平安道各寺院之大本山，统辖管理一切。对之有警察权及司法权，于山内设监禁所。现存堂宇之外，尚有伽监八所云。中东之役，罹于兵燹，大部化为灰烬，僧侣四逃，住持无人，任狐狸栖止，荒废已极。后日僧来此，略加修理，遂家焉。殿内除偶像外，另供有牌位二，一为“天皇陛下万岁”，一为“李王殿下千岁”，此亦惊心夺目之一种表现也。

**浮碧楼**

由乙密台之下方，渐入幽邃之境，见一古雅之楼，即浮碧楼是也。碧流溶溶，流于其下，楼若浮于波上者然。楼为千年前永明寺僧所立，平壤有数之古建筑物也。登斯楼也，隔岸云烟峰峦，附近岛屿、青波，咸依稀于眸里。彼风致天然之绫罗岛，即横于目前，诚胜域也。古称为箕城八景之一。楼内有曹匡振指书"江山如画"、金圭镇书"锦绣江山"、七岁张吉星书"第一江山"等额，皆各有可取之处。

**练光亭**

出浮碧楼，沿青流壁行，壁上凿石勒碑，歌功颂德者，不可胜计。后经关帝庙而至大同江德岩，前方豁然开朗，有亭翼然立于其上，与锦绣山遥遥相对，即练光亭是也。亭为明万历都尹柳思规修筑，现因久未整理，日就倾圮，已不许人登临。然而附近柳阴垂钓，岸石斜依，江水缓流，轻帆孕风，实绝妙画题也。以当年明将沈惟敬与日使小西行长媾和之处，故颇有名。

**大同门**

由练光亭顺流而下，不数十武，见一气象雄大之三层楼，巍然屹立于大同江畔者，则大同门是也。此为平壤旧城六门中有名之大东门，昔年与京城交通之唯一要道，乃三百四十年前之建筑物，结构颇为宏壮，建筑家与历史家均认之为绝好参考资料。而大江流于眼下，旷野开于前方，故楼头之展望亦甚佳丽。入大同门后，至一中国餐馆，略用食，向导者别去，余遂乘电车回旅邸。

**大同江**

为朝鲜五大江之一，位第三，发源于宁远、阳德二地方，流域凡六百里，水运与灌溉之利。及于平安、黄海两道，碧流洋洋，西注于海，气势雄大，在汉江之上。而江岸与史迹关涉甚深，尤非汉江所能及。古来有浿水之称，祁顺有诗曰："浿水苍茫绕古城，隔江遥见碧山横。安东都护空陈迹，破虏将军谩有名。对景不妨随处乐，泛舟聊当赏春行。留题总是中朝使，应有邦人识重轻。"晚餐后，江岸散步，渔火波光，若明若灭，回思日间所观诸古战迹，而涉想及此，大好江山，究系谁家故物，茫然者久之。

**大同桥**

为架设于大同江上之人行铁桥，宽六十尺，长约二千尺，中央敷设电车轨道，两傍为人行道，去年十一月始落成，有"东洋第一人道桥"之称，其目的在与对岸之船桥里连络，将来都市之计划，即向对岸发展。其第一期、第二期市街及工场地区均已测定，且于船桥里驿前着手建筑，将来其计划完成之日，新市街之面积较之现在之全平壤市为广，而规模之宏大更不待言也。余散步桥上，往复约费二十分钟，而于此极短时刻中，饱赏江上夜景，观两岸灯光，远闻韩人哀怨之歌，与水声相应，使余作无数幻想。

## 八、韩国之交通机关

### （甲）国有铁道

中东战役之后四年，仁川鹭梁津间二十里余之铁道完成，开始运转，是为朝鲜铁道之嚆矢。次年，鹭梁津西大门间之五哩余竣工，遂成今日之京仁线。又次年，着手京釜线之工事，经四年半而全线始告成。日俄战起，日本置临时军用铁道监部于朝鲜，着手敷设京义线。同时，马山线亦起工，先后告成。后五年，而全部之运输开始。朝鲜总督府设置。而后，平壤镇南浦间、大田木浦间、群山里里间、京城元山间、元山会宁间、输城清津间及平壤炭矿线、黄州兼二浦间支线等相继开通。现其国有铁道之总延长为一千一百六十五里云。无论本线支线，皆为四尺八寸半之标准。轨间容车定员约百人，货车每辆载重二十六吨。南以釜山连络船，一日二回与日本相连络。北经国境鸭绿江，由南满州铁道而与我国之京奉线及中东线等相连络。

### （乙）私设铁道及轨道

截至前年底止，一般以运输为目的之开业线，私设铁道二百六十五里，轨道三十三里，合计二百九十八里，尚未开业者共有一千四百三十七里余，合计已开业及未开业者共一千六百余里。政府对于此等私设铁道已施行补助法，极力鼓励而提倡之，促其早日完成，便利交通，速达开发朝鲜各地宝藏之目的。

### （丙）道路

朝鲜从来以京城为基点，分出义州、庆兴、平壤、釜山、仁川、镇、南浦、罗州、保宁、行华等九大道，幅员狭隘，凸凹起伏甚多，除人肩马背而外，别无运输之方。统监府设置后，中央与地方始同时修筑道路，至总督府设置时，已改修二十二线，延长二百零七里。总督府设置而后，遂规划朝鲜全半岛之道路网，即指定一等道路十七线，一千五百七十八里二等道路七十九线，四千七百三十六里；三等道路四千七百三十六里。而其第一期计划，则为最急要之一、二等道路，计三十四线，一千三百七十里，以总工费一千万圆作为七年间之继续事业，豫定于民国七年三月竣工。第二期治道工事，则为六年间继续事业，总工费七百五十万圆，重要路线二十六线，总延长约一千里，于民国六年度着手改修，现已渐次告竣。此外尚有由国库补助所改修之道路一千二百六十里，总工费六百五十万圆（国库补助额四百万圆），尚有不受国库补助而纯以地方费所改修之三等道路，三千四百余里。现在朝鲜之道路交通全然面目一新，各车站、都会、港湾等几能完全由道路以连络之，各大都邑之间均可通汽车、马车、人力车等云。朝鲜如此，我国如何，令人思之不寒而栗。

**（丁）港湾**

朝鲜原无加工之港，皆不过利用天然地形，是不足以应时势之要求也。日韩合并后，始树立海陆联络设备之计书。着手筑造防波堤，水面埋筑港内浚渫、海壁、栈桥、扬货场、税关、仓库等之设备，其后更大事扩张，对于釜山、仁川、镇南浦、平壤及新义州之五港，特加修筑。又计划元山港海陆连络之设备，皆已次第竣功，一改昔日之面目，以完成其开港场之资格。是等各工事之总经费，实达二千八百万圆云。

**（戊）海运**

朝鲜之水运从来不甚发达，其路仅限于内河及近距离之沿海间。近来产业逐渐开发，其与我国及日本之相互经济关系日加密接。一面政府给斯业者以相当之补助金，命其航行必要之线路，故比年已渐次发展。现在其定期航路，有次之五种：（一）限于朝鲜内者；（二）以日本为起点，往来于朝鲜者；（三）以日本为起点，经过朝鲜而至外国者；（四）以朝鲜为起点，至日本或外国者；（五）以外国为起点而来朝鲜者。此等航路之重要经营者，为朝鲜邮船株式会社、鸭绿江运输株式会社、镇南浦汽船合资会社、大阪商船株式会社、日本邮船株式会社、大连汽船株式会社及日本铁道有等。而现刻配置于此等航路之船舶，合计二百十二只，共五万零五百九十吨云。

赘言语曰："以铜为鉴，可正衣冠；以古为鉴，可知兴替；以人为鉴，可知得失。"余之游朝鲜也，所见所闻之一部，大致如上所述。回顾莽莽神州，日事操戈，迄无宁岁，荆棘遍地，疮痍满目，试一较交通事业，竟在韩国之下，衮衮诸公，其亦汗颜否乎？设不再图整顿，不知以何资格而生存于此，优胜劣败之廿世纪也。吾记至此，不禁西望而大声疾呼曰："裁兵筑路，自然统一。"济济多士，其亦与余有同感者乎？愿共团结，以尽匹夫之责，誓不达目的不止。

十三年国庆节记于扶桑京都吉田山之阳

（原载于《道路月刊》第 12 卷第 1 期，1924 年）

# 亡国之苦

周瘦鹃

第一年之五月九日国耻纪念日，予受东邻二十一条之激刺，又鉴于朝鲜亡国之苦，遂有《亡国奴之日记》之作，冀借小说家言，以警吾醉生梦死之国人也。全书凡日记十七则，描写亡国之惨，颇为真切，一若吾身已为亡国奴者。及五四运动作，罢学罢市，再接再厉，民气极激昂，吾书乃由中华书局刊为小册子，通体用中国纸，装订亦作中国式，一时不胫而走，全国销行至数万册，竟有学子购以分赠途人者，可谓热心矣。

予之作《亡国奴之日记》也，虽根于理想，而亦略事参考关于波兰、埃及、印度等亡国之史，悉浏览及之，其供吾口头讽诵，助吾文思者，则朝鲜遗民金兆銮氏《哀朝鲜》一诗也，迄今数载，尚能背诵，亟录之如下，以志纪念。

白头老臣道旁哭，颓鬓斜簪衣惨绿。
自伤流荡无所归，话到兴亡气欲促。
妖氛满地胡尘起，一朝故国成虚垒。
我为鱼肉人刀俎，一千万人长已矣。
高丽称雄始淮岱，山为襟兮海为带。
如此江山锦作成，花鬓柳眼都无赖。
箕子东行辟石田，海上蜿蜒一脉延。
地小旋回虽不足，声名文物三千年。
卫满枭雄不世出，魁结蛮蒐作三窟。
搏虎搏兔逞狮威，真屯临藩齐栗栗。
高琏略地都平壤，抚有辽东称雄长。
数传秣马日不辽，渡海无功嗤杨广。
泉氏杨国作鸱吓，旁侵百济日猖獗。

唐设安东置都护，垂头拱手称藩国。
大明天子真神勇，救邢复卫人歌颂。
尔时国势危复安，从此包茅勤入贡。
我武维扬辽海边，李徐审势犹蹇蹇。
迩来百年国力竭，黑面小猴乃著鞭。
落花流水南唐去，懊侬一曲春归路。
自悔处堂不豫谋，遽令受风迎落絮。
推原祸变萧墙里，外戚专权檀骄恣。
浊流可投碑可鉴，党人无复飞云翅。
平时积忿无可蠲，宛转蛾眉马前死。
木必自腐虫始生，倭夷兼弱加一矢。
秦人失鹿群雄逐，伤心甲午潮头落。
鲸蜕横肆气吞舟，西方有佛愁成斛。
赵佗称帝聊自娱，君臣一榻相鼾呼。
塞翁得马原非福，至今血肉均模糊。
上皇未惯宫中坐，卷起珠帘千佛贺。
胡害无知权臣起，赤子疮痍失慈母。
山木自寇膏自煎，非人凌辱乃由我。
覆巢岂有完卵心，境外千屯列烽火。
哀鸿满野人菜色，鬓眉自此非畴昔。
夕阳虽好不多时，返照入江忽明灭。
叔宝心肝原不有，可怜宝鼎辞宗周。
不是煤山汝莫登，不是曾井汝莫投。
君衔白璧臣袯舍，单车夜走降王传。
降幡一片石头城，公堂遂赐王臣宴。
安乐公兮归命侯，举族东迁待相见。
漫云有毒传蜂冤，此处樱花都入画。
一封恩诏从天来，况有丹书珠殿挂。
君臣欢笑已忘蜀，唯有野老吞声哭。
旌旗莫睹汉官仪，衣冠忽改券时服。
故国春深吊杜鹃，伤心宋父闻鹳鹤。
苍凉庙社禾黍生，赐姓空存殷七族。
大同江上波涛声，水光带血闻龙腥。

江流日下不可挽，呼吁海若都无灵。
安得荆卿齐奋铁，一剑洒作玄黄血。
山河寸寸编汉图，依旧回头向天阙。

诗不甚佳而长歌当哭，自是刻骨伤心之作。诗中一则曰：“木必自腐虫始生。”再则曰：“山木自寇膏自煎，非人凌辱乃由我。”不敢怨人而徒怨己。所谓亡国之苦者，殆莫过于是矣！吾濒于覆亡而犹未亡之中华民国，亦正在“山木自寇膏自煎”“木必自腐虫始生”之际，凡为中华民国之国民者，其猛省其猛省！

（原载于《紫罗兰华片》第17期，1924年）

# 安重根轶事

旅泊

朝鲜安重根，既刺伊藤，为日人判决死罪。其母闻之大痛，且走且泣，告人曰："伊藤杀韩人多矣，吾子杀日人一人耳，罪何致死！"死之前一日，其弟以高龙服至，重根着既觉，其弟伏地呜咽，则怒叱曰："蠢物，时问短促至此。吾念母将有以语若，若何故乱我心。"是时日，人有欲观其精神上有无罪状，细查之，饮食睡眠无异平时，翌日赴刑场，告观者曰："吾在矣，愿诸君努力于东亚之平和。"

（原载于《国闻周报》第2卷第40期，1925年）

# 朝鲜观风记（上）

吴雨耕

韩国古称高丽，明太祖洪武廿五年（公历一五七三）[①]改国号为朝鲜，至清光绪廿二年[②]（公历一八九七）改国号为大韩。民俗敦实而勤动，当箕氏就封时，强土甚狭，其后子孙建都平壤，次第东南侵，奄有辽东半岛南北全部。然因历史及地理关系，数千年来，皆奉我国正朔。自光绪廿年[③]（公历一八九五）中日战争结束，《马关条约》成，认韩国为独立国，同时并割让台湾全岛、彭湖列岛及奉天省南部诸岛屿与日本，于是韩国主权遂完全移诸日人之手，今则数千万韩民，宛转呻吟于虐政之下，绝无反抗之能力矣。

辛酉之秋，余自鄂还，闻韩国革命，已崛然而起，徒手与日人抗，死者数以千计。然韩民无论妇人孺子，皆奋勇不挠；其志殊堪钦仰也，其时余本拟前往一览日人之横暴，但经营商业，卒不得如愿。去年，日本之奢侈税案既颁布实行，丝织物亦列入奢侈品中，于是我绸业对韩国营业，不得不大起恐慌；虽经上海总商会及锡金公所、国货维持会等，向日本外务省据理力争，然终不能邀彼履声答答者之一顾。盖彼方以此为得意之笔，以期华货绝迹于三岛市场，向彼喋喋，正如谋皮于虎，当然难生效力也。按丝织物之运销韩国者，以苏盛镇之纱缎罗绸等为大宗，经此打击后，其损失之巨，自毋待言。余所经营者虽不仅朝鲜一路，然直接间接亦颇受影响。九月初旬，韩友朴君来沪，商组织丝织厂事，并浼余为之计划，余以此举于韩商固有利，而于我国丝织工人之将来生计，实更将遭累。盖日政府之奢侈税实行后，韩商因需要故，仍略有采办，设丝织厂成立，则无须取给我国，营业既减，工人亦必连带停工。故朴君虽极意请求，

---

① 应为一三九二年。——本书编者注

② 应为光绪二十三年。——本书编者注

③ 应为光绪二十一年。——本书编者注

余终婉辞拒绝。最后朴君坚欲余往一游，余不获辞，遂于九月廿三日偕朴君由沪首途。

九月廿三日上午七时起床，盥洗毕，偕友往五芳斋进早餐，返寓后，即整理行装，十一时往太古购官舱两客位，迨午后一时，遂驱车赴太古码头，船名通州，尚清洁。时朴君已先余而至，登舱后，余即叩以前年韩民示威运动事，朴君神气陡奋，似不胜其愤慨者良久乃曰："日人凶蛮，非片言可以尽罄。敝国人民含泪饮血者，于兹二十余年矣！前岁之事，国人感美总统威尔逊氏民族自决之说，遂群起作和平之表示，奈日人不问是非，遽以武力制止；制止犹可说，而所捕之国人，无论男女，皆施以残酷之极刑；其灭绝人道，恐非人类所具之心性；要知亡人国者，不能亡人心，韩民虽懦，终无久居日人势力下之理。"余聆其意，不觉肃然起敬。朴君又曰："贵国近年戈干扰攘，岁无宁日，强吏跋扈，甚于藩镇。虽有政府之名，而实权握诸军阀；苟国民无自救决心，前途黑暗，亦不堪设想矣？"余曰："君言良是，奈敝国人民缺乏团结力，祸患当前，每不能警悟；即如抵制劣货一事，在五四运动时，何等热烈，曾几何时，已风消云散，商人头脑顽旧，只知惟利是趋，尤为余所痛心。"言至此，黄君亦至，余遂出老友刘梅庵所赠鲜梨分啖朴、黄以解喝，诗曰："报我以木桃，报之以琼李；匪报也，永以为好也。"我桃未投，而李已报，梅庵诚多情哉。迨鸣钟三下，船遂解维，汽笛呜呜，机轮轧轧，不半小时，已脱离此罪恶渊薮之上海，至五点一刻，出吴淞口，破浪冲涛，望威海卫进发。

廿四日六时，起床，盥洗毕，至甲板上远眺，东方红日已从万倾波涛中涌出，光映水中，益觉艳丽。余闻泰山观日，其景最佳，今虽未能登岱宗之山巅，一览日出奇景，然已觉心旷神怡，古人之耽玩山水，非无意也。时同船一天津人梁某语余："船票价目，漫无标准，例如往天津之官舱票为七元，而往烟台则须八元，道近而价反大，殊属令人可疑。岂公司中系如此规定，抑售票者之舞弊，二者必居其一。"余闻之，亦颇讶疑，寄语该公司，宜亟除此陋弊也。午后，船行黑水洋，风浪甚大，船身颠扑不定，余头为之晕，四时即睡，晚餐未进也。廿五日上午十一时，抵威海卫，地属山东蓬莱县，三面负山，前临黄海，口有刘公岛，为我国沿海要隘。清光绪廿四年（公历一八九九年[①]），英政府以俄既取得旅顺，遂援例向清廷总理衙门要求，清廷竟不予拒绝，以湾内水面全部及刘公岛等诸岛屿，与沿湾滨峰达内地卅华里之地，租借与英，期二十五年。余曾登岸摄影数帧，以为纪念。至十二时半，复起碇往烟台，沿路崇山峻岭，绵亘不

---

① 应为一八九八年。——本书编者注

绝。四时半抵烟台；烟台之对面为芝罘岛，前临芝罘港，属山东之福山县。其地三面负山，北临渤海，东有崆峒群岛，亦为吾国沿海要害，风景绝佳，外人筑室海滨，以为避暑之所，海中有挡浪牌二，闻此牌之成，代价甚巨。船停泊后，余与黄君舢雇板登岸，时军警鹄立埠头，余不知何故，询诸舟子，方知时正戒严，外来旅客，均须一一盘诘，行李亦须检查，余等自四时五十分候至七时，始得离舢板登陆，甚矣，行旅之难，难于上青天矣！然其时幸有李芳来君至埠照料，未致受窘，否则丘八太爷之留难，警察仁兄之需索，吾辈旅客，更当受苦矣。晚宿悦来栈，房间布置，既极简陋，且甚肮脏，桌椅床铺，积尘盈寸，余幸携有被褥，否则必坐以待旦；房间以人数计，不若上海旅馆之以房间计也。

廿六日上午，雇舢板登生利轮；九时三刻开，行船中不备饭食，后商得侍役，以一元之代价，购蛋炒饭两碗。至廿七日上午十时，船抵浪头，距安东三十里，因水浅停泊港内，轮公司驶到小汽轮一艘，迎乘客至安。惟须头二等乘客，得出资五角，有此优待权利，三等以下乘客，只得自雇舢板。余等上汽船后，历一小时半，始抵安东，径驱车往聚宝街友人寓所午餐。午后，偕郭君赴义泉浴室洗澡，设置等均与上海不同，惟理发匠之工作则较上海为优，且均挂口袋，于街生尤为合宜也。

安东马路，均系泥筑，天雨则泥泞载途，天晴则灰沙飞扬。惟日本租界虽亦系泥筑，而清洁则过之。且备有洒水车，不虞尘灰之眯人眼目也。是日午后三时，与郭黄二君游元宝山，因其形如元宝得名，公众运动场即在该山山麓之侧，嗣以天有雨意，遂乘马车返寓。

廿八日六时起身，开窗瞭望，前街商铺均已开市，想上海商铺伙友，此时尚甜睡未起，俾昼作夜，可谓南人专美矣。余与黄君合睡一炕，炕内生火以御寒，但因天时温暖，喉间颇觉干燥。至钟鸣九下，偕郭君等赴六道沟，邀邢君作导，往游镇江山，山脉蜿蜒起伏，绵亘甚长，已入日本租借范围，故山中建筑之寺院皆作日式。山麓辟有运动场，东人暇时，恒往玩乐。山半蓄泉成沼，上建小桥，桥畔有亭翼然，上悬一额曰“南满胜景”，由亭后拾级而上，至镇江寺，寺中佛像数以百计，雕刻颇精。寺外有一石盆，盆中盛水，四时不涸，置有梯置之杯，备游人取饮。郭君云：夏季山上装有电灯，往山中乘凉者，如山阴道上也。午后一时下山，往岭南春午餐，余因拇战屡北，饮酒逾量，不觉酩酊大醉，惜此地非醉翁亭，否则颓乎其间者，人将疑庐陵复活矣。（待续）

（原载于《保险与储蓄》第12期，1925年）

# 李完用与朴烈

岂明

在本年二月十三日的《读卖新闻》上见到这样一则纪事：

**日韩合并之功臣李完用侯逝世**

朝鲜总督府中枢院副议长李完用侯前因喘息病正在疗养，至十一日病状骤变，于同日下午一时死去。宫中得到李侯病笃的消息，下赐蒲桃酒一打以当慰问。侯爵家尚未发丧。又李侯乃是日韩合并的功臣。

十五日同新闻的晚报上又有这样的一大段纪事：

**第三年初在法庭相见的朴烈夫妇**

朝鲜人朴烈与金子文子(案：此系日本人)将以大逆罪之被告于十六日上午十时在大审院刑事大法庭受特别裁判。在大震灾直后，大正十二年九月二日为警察厅所捕以来，至今已是第八百九十八日了。现将在曾经审过逆徒难波大助幸德秋水的同一法庭，在裁判长牧野菊之助之下开廷审理。大审院发出普通旁听券一百五十张，在东京的朝鲜人大部分都切望旁听，但均无法可想。法庭内外，由日比谷警署及宪兵队派军警防守。旁听人只能见朴氏夫妻之入廷及裁判长讯问住所姓名，此后即禁旁听，唯特别许可的人得以一直听到末了。犯人二人现在市谷未决监内等候明日之裁判。当局职权上当行的精神鉴定也被拒绝，帝国大学杉田博士因了文书及其他材料，继续作苦心之鉴定，至去年年底始告完成。藤井教诲主任二年半的教导也毫不见效(没有悔悟的意思)。朴烈起草作主叙传，大部分已脱稿，今正在耽读关于思想问题等的书籍。去年年底，朴烈之兄特地从朝鲜的乡间来到东京，在未决监与朴会面，目前已回朝鲜去了。又闻届时朴烈将穿朝鲜礼服出廷，文子则穿染有“族徽”的和服。这个大逆事件里面，还含有恋爱问题，所以更引起大众的兴味。朴烈与金子文子，金重汉与新山初代等，一面计划着重大的阴谋，一面又浮沉于恋之漩涡里。或一传说谓因了恋爱的纠葛，此事件遂为警厅所闻知，以至暴露。新山初代在狱中病死，金重汉得豫审免诉，只余朴烈与金子文子今当出席于特别裁判之法庭。布施律师等前曾奔走欲为二人正式结婚，其后也未实行。手锁腰绳，头戴编笠，二人当在法庭重复相见。十六日为事实审理，十七日为检事的论告及律师的辩论，在二日间全部完结云。

我们读了上面的纪事而引起的第一个感想是，李完用是把朝鲜送给日本的一个朝鲜人，所以日本封他为侯爵，临死时还远迢迢地从日皇赐给蒲桃酒一打去慰问他。朴烈是对于日皇谋逆的一个朝鲜人，所以被问了大逆罪，将来审判的结果自然也像逆徒难波或幸德一样的消为刑场之露——这似乎更像幸德，因为他也夫妻共命的。这是我们感到的已然或是将然的事实。

我们第二个感想是，照理论上讲，我不知怎的总觉得李完用倒是确实的逆徒，朴烈虽然在国际礼仪（不过这在《顺天时报》的东邻记者们是向来不讲的，我们只是犯不着来学坏样）上不好怎样的赞美，但总可以说是烈士，更不必说是朝鲜的忠良了。朝鲜在日韩合并的时候固然出了不少的逆徒，但是安重根、朴烈以及独立时地震时被虐杀的数百鲜人，流的报偿的血也已不少了，我对于这亡国的朝鲜不能不表示敬意，特别在现今这个中国，满洲情形正与合并前的朝鲜相似，而政客学者与新闻界的意见多与日本一鼻孔出气，推尊张、吴，竭力为他们鼓吹宣传的时代。我相信中国可以有好些李完用，倘若日本（或别国）有兴致来合并中国，但我怀疑能否出一两个朴烈夫妇。朝鲜的民族，请你领受我微弱的个人的敬意，虽然这于你没有什么用处。我以前只知道你们庆州一带的石佛以及李朝的磁器，知道你的先民富有艺术的天分，现在更知道并世的朝鲜人里也还存在血性与勇气。

日本为生存竞争计或者不得不吞并朝鲜，朝鲜因为孱弱或者也总难保其独立，但我对于朝鲜为日本所陵践总不禁感到一种悲愤。中国从前硬要朝鲜臣服，现在的爱国家也还有在说朝鲜“本我藩属”的人，我听了很不喜欢。我是同江绍原先生一样主张解放蒙藏的，但同时也主张援助亚东各小民族（如安南、缅甸）独立的——这是说将来中国倘若有此力量。朝鲜我也希望他能独立，不属于中日，自然也不要属于苏俄。朝鲜的文化虽然多半是中国的，却也别有意义，他是中国文化的连络，他是中国文化的继承者，也是日本文化的启发者。在日本直接与中国交际之前，朝鲜是日本的唯一的导师，举凡文字、宗教、工业、文物各方面无不给与极大助力，就是近代德川朝的陶瓷工艺也还是由于朝鲜工人的创始。我真不解以侠义自憙的日本国民对于他们文化的恩人朝鲜却这样的待遇，虽说这是强食弱肉的世界。日本对于不是李完用一流的朝鲜人给他加上一个极不愉快的名号，叫作“不逞鲜人”——这就是那“不逞鲜人”的名称，养成日本人的恐怖与怨毒，以致在地震时残杀了那许多朝鲜人。我们看了朝鲜的往事，不能不为中国寒心。

（原载于《京报副刊》第422号，1926年）

# 南满朝鲜铁路旅行记

露存女士

语云：千闻不如一见。予游历南满铁路及朝鲜，幸得以所见证我之所闻，凡人欲知己之所短，宜先知人之所长，知人之所长，及能补己之所短，予既见之，则予不能不言之，区区之心，只盼我同胞勿固于自是自大之旧习而自奋勉而已。

我人评论长短，非尔长者无短处，短者无长处，譬如称甲国为长，非谓甲国绝无短处也，称乙国为短，非谓乙国绝无长处也，盖今日各国之长短，乃比较的而非绝对的也，苟其国长处多于短处，则称之为长可耳，反是则称之为短可耳。

评人之善恶亦然，善人非无小恶，恶人非无小善，若其人之行为善多于恶，则称之为善可耳，反是则称之为恶可耳。

谓某国极富，岂其国绝无贫人乎，谓某国最强，岂其国绝无缺点乎，谓某国政治最良，岂其政治家绝无不良分子乎，谓某国政府正皆贪官污吏，岂其官吏中绝无一二贤明者乎。

孟子曰："不以文害辞，不以辞害旨。"吁世论文，得其道矣。

日本继续不息之退步，得以免其国内之革命，其进步之途径，与英国同，日新不已。有条理，有次序，有步伐。主动者为握有权力之当道，其势自上而下，中国之改革与俄国相似，在上者不肯动，在下者乃不得不动，其势自下而上。

凡一国之改革，自上而下则静而宁，自下而上则动而乱，一则有福无祸，有乐无苦，一则无福先有祸，无乐先有苦，顺逆之关系于利害者大矣。

自上而下，在下者受福，在上者并不受祸。自下而上者，在下者固先受祸，在上者亦卒不能受福。

我人常言："日本无内乱，所以能变法。"此语实有掩饰自己不能变法之意。其实日本惟因能变法，所以能免内乱，夫多数人民之所求，无非欲改善其生活而已，生活既能改善，谁复有好乱之心乎。

人皆知日本之进步,已能与世界头等大国同其声价,工业如朝花怒发,教育如日之方中,社会事业亦日渐推广,事事皆与世界大国同居于进步程途之水平线上,原有一事不能全满人意者,外交是已。夫外交为外政,各党各派之主张,原难一致,但日本官民如真能见机者,此后当以更良之外交,表示于太下,曰平等与公道是耳。

评人家国,不能据一二人或一二事以立言,当就其一般过半数之人与事以立言。予就奉天大连及朝鲜数城乡所见者以立言,则日本之政治风尚,固有令人不得不钦佩者。予爱中国,予不能已于言,予之见地,是否有当,予不敢自信,惟有一言足以自矢者,曰无成见无私见,并无国与种之偏见是耳。

南满铁路之完善,无疵可摘,且或有胜于西洋之处。奉天城外,有日本租借地,道路宽坦,新造者继续不息,旧有者亦循环修缮,房屋建筑丰俭适度,公园及广场亦属应有尽有,而一入省城,情形大异,卫生工程更无从说起。

最令予触目惊心者,则为华日生活精神之悬殊。日人生活,以家族本位,夕阳西下,一日之勤劳既毕,夫携其童,夫与妻齐眉介随,或散步于通衢,或聚游于园场,任何一处,见男子即见女子,见女子即见儿童,此种生活,讵非以家庭为本位者乎。至于华人生活,则以个人为本位,城内无论矣,即同在租借地内,夫之娱乐在一方,妇之行止在又一方,夫妇儿童偕行者,仅能偶然一见而已,有时仅为选购手饰而已,中国数千年之家族主义,固有多少是相当之好处,亦不无相当之流弊,况更济以新生之流弊乎?

与奉天城相距不远,有地名汤岗子者,温泉在焉,造路建屋,凿池开湖,简朴而颇完备,予至其地,适为星期日,日人家族来此消遣一日者殆以百计,所见华人数名,或仅孑身,或仅有男友作伴,否则携一妾或妓,家庭则不得见焉。

奉天固华土也,华人与日人相比较,其多少不可以数计也,而日人如彼,华人如此,予谓华人生活以个人为本位,夫岂过甚之言。

国以家为本,家齐乃能国治,孔圣人不尝言之乎,评人之国者,先评人之家可耳,觇已之国者,亦先觇已之家可耳。

大连为日人新经营之海埠,大于奉天省城数倍,租借之名犹是,而景象尤日多华少,道路更密于奉天租界,四通八达,错综如蛛网,宽平洁净亦过之,随处可得汽车,区内一次行程,只费半元,电车往来如梭,破钞五分,可以任达何巷而直至远郊,马车虽陋而价更低,乘三人费二毛耳。

市内之官署及私房,大小奢俭莫不适度,建筑制度既不复沓,材料支配亦颇参差,大体既通盘筹划而定,细节亦分别研究而成,有智慧在焉,有意匠在焉,有毅力在焉,于以觇工程专门家之学问与经验,于以觇创办当道因材器使之效果，亦于以觇行政当局继续不断之精神，日本人之于新文明，知之则真知之，非仅知皮毛者也，行之则真行之，非始勤终惰者也。

美术之有益于人生，为其足以陶情淑性也，为其足以除恶癖而增长筋骨也，其重要与各种体育之游戏同，关于此理，予他日另文论之，予今欲先以一言为同人告者，日本人之于美术及体育游戏，业已有充分之发展是也，日人消遣之戏具，以赌技者为最普通，华人消遣之戏具，以赌钱者为最普通，同一赌也，而利技之不同者大矣，不但此也，一则于正事之余作消遣，一则以消遣代正事焉。

大连码头之海内陆上各工程各设备，与西洋最新办法同，水深足容巨船，丁形之岸三座，延长约九华里，防波堤约长八华里，三层楼皆用铁筋混凝土造成，等候室、食堂、球房、书房、理发室、小卖室、兑换室、擦靴室，无一不备，亦无不精。屋顶又有送客望远之设备，仓库堆场之广大，更不待言。海口另有检病码头及疗养院。由大连至旅顺这汽车道宽在三丈以上，沿途风景绝佳，途中有一地名龙王塘，新筑水堰，与比国最新之 Gieppe 冰堰相似，闻其建筑费达三百万元，合以水管机器泸池等等，总费达五百万元，其水送对大连供市内之用。

由市场物价观之，大连生活程度尚不甚贵，而日人之费用颇巨，大抵费于卫生者较多，浪费之处甚少，道路沟渠等之费用，固莫非市民所担负，然捐金者固是市民，受金者亦仍市民。日人发展工业，不遗余力，多数物品自造之而自用之，一地方之财物，如无数小球滚于盘内，滚来滚去总在盘内，担负重而不见为苦，良有以也，执政者取民之财，以办利民之事，泸之自民者，仍散之于民，代民办之，与民之自办无异也，则民殆以担负易乐利耳。

日本工业之日新，富可惊人，铁路大宗材料如机器、车辆、铁轨，等等，更无论矣，予尝言作事须创始之而又成就之且又继续这，日本人具此精神与毅力，且又无时不改良焉。十年以前，日货每易识别，因其品质劣于欧货也，然而近数年来，日货识别已不易，或竟能与上等欧货同其品质矣，予在玻璃厂略睹其出品，只见欧籍技师一名，则其出品固无碍为完全日货也。夫客卿何害，道在善择之而善用之耳，且交换为人类必需且最利之举，智识及技能，精神与物质，无一不然，日本变法之初，客卿甚多，直至自已经验及习惯十分充足之后，始渐将客卿辞退耳。

予游彼地，适在暑假期内，未能参观学校，夫欲知教育之优劣，固须先深知其教育方法及课程内容，然若就其青年子弟细加观察，亦可知其七八分。日本男女儿童，十九西装，顾盼英爽，躯干则强，态度敏活，望其背不视其面，则直疑其为英美健儿，从前世人每以日人身材弱小而以小字谑之，今睹此新代青年，不复能以此字谑之矣，谓非教育之成绩而何，返观我国，教育未发达而已衰颓，能无愧赧。

大连虽为租借地，究仍是中国领土，论其居民，华人多于日人数倍，时至今日，所见妇人尚多裹足者，所见儿童，其态度既不活泼，其躯体又颇柔弱，其颜盼仍游移无精彩，相形之下，似成为无父母之零丁孤儿，非但无父母，并继父继母亦不有，予于此欷歔太息者久之。

予谓童子西装，岂因其为时髦乎，时髦莫如跳舞，日政府固已禁之矣，华人厌恶西装，而跳舞之风却日盛，其故何欤，模仿贵得其道，若以时髦二字为标准，则大误矣。

医院者，市民生活上要之需也。大连医院尚朴素不尚华美，广大与北京协和医院相类，设备则应有尽有，殊不在协和之下，据此又可见日本事业之极有分寸，睹此医院，不禁想起协和医院及清华学校之华美及其经费之来源，譬如贫人受厚馈，身居百结之褴褛，而其首乃戴一友人所赠之美冠焉。

予不知日本本国内之情形如何，但在日人居留地中观日本，无处不觉其有一种正肃之秩序及巩固之基础。在此基础上，各种事业顺序发展，无一物不得其所，无一事不适其宜，商安于其商，农安于其农，工师勤于其工程之职业，警员勤于其巡警之本分，譬如自鸣钟，司秒之轮司秒，司时之轮司时，司摆之轮司摆，弹簧枢钮，无一不神其效用。返观中华，则反是，物鲜得所，事鲜适宜，忽而充税吏，忽而联外交，在此处作工师，在彼处又作政客；今日一无所能者，明日却无所不能，譬如自鸣钟内之各轮，时而不动时而狂跳，或此轮不辖彼轮，或彼轮乱触此轮，弹簧枢钮，殆已全失其效用。

朝鲜亦名高丽，其统治权昔属于中国，今属于日本，白色在西洋志喜，在东洋志哀，高丽男女皆缟素，予不知其何故，亦不知自何时始。

高丽庶富与中国同，对于中国之输出品，以人参为大宗。人参者，华人视为延年益寿者也，人参有天生与人培之二种，天生者固属希珍，人植者亦须历五六年之久，谚云："美女不字参夫。"其意犹言迨吉之期太长，许字之后，若必待五六年之久，则年已迈色已衰矣。

植物、矿物是高丽无穷竭之富源，予所经历之程途，殆二三千里，未曾见有尺寸之赤土，水旱天灾，已成为仅见之事，何以致此，则因森林繁茂故也。韩地多山，层峦叠嶂，枝叶蔽天，石缝之中，亦生长松柏，考其年龄，殆为二三十岁，则可知其为日本政府培养之结果，闻森林禁令甚严，伐者、烧者、垦掘者及迁移标志，皆科以十年以下之苦役，人情每乐于观成，难与图始，严刑峻法，初时人多怨之，而水旱灾侵之后，乐利固人人享之矣。

高丽女子，丽于日人，亦丽于华人，洵不愧其国名矣。负物用首不用背，头戴软圈，俾负物得以维持其均势，强项不屈腰，寄语世人，无罪女子，顶天立地而无愧。予曾就食于高丽饭店，席地就矮几而坐，与日本风俗同，惟屈膝而不折足，肴味在华日之间，侍者为女子，全身洁白，髻与华女相仿佛，席后唱歌弄琵琶，尖似华音，哀似俄音，而情韵似日本。高丽男子，有一种淡漠之态度，负物用背，俯首折腰，状似忏悔者。予经越乡村数处，寂寞无兴采，不见为富，亦不见为贫，无所谓乐，亦无所谓苦。

高丽之金刚山，名胜地也，风景不亚于瑞士，亦不亚于法国之亚尔泼，故有东方亚尔泼之称，西人又称之为钻石山，人为我述一古诗曰："愿生高丽国，一见金刚山。"在昔交通不便，非生于其地不能游其地，故如是云尔，今则火车汽车，十分便利，人人皆可享游览之幸福矣。此山草木密茂，瀑布以数十计，低者数尺，高者数十百尺，清泉曲流，音如歌曲，晨霞夕霁午阴，一时一易景，亦一步一变状，巍峨怪石，美不胜利［收］，竭造物之奇妙矣。循寒霞溪，至水晶峰，三仙岩、鬼面岩，乃至旧万物相、新万物相，名曰外金刚；长安寺、摩歌庵、昆灵峰、内雾岭等处，名曰内金刚。游览山水，舒神而却劳惫，顾劳之即所以健之，人生人乐事，无有胜于此者。山下一地名温井里，游山之人胥以此地为分集之所，地方式之旅馆，由日韩人所经营，另有西式旅馆，为铁路局所管辖，规模最大，设备最完善，即名温井里旅馆，予就寓于此，馆内见日籍旅客三四，夫妻子女，依然以家庭为团体，又有韩籍旅客二，无妻无儿女，予疑初其为未娶无家者流，探之乃不然。奚但已娶，且不止一妻，非但有家，且有儿女甚众，妻儿何在，曰在彼不在此，然则韩人家庭，只可谓之破碎之家庭而已。

家为国之雏形，予曾言之，家愈齐者国愈治，日本国之所以强盛，殆亦由于家之强盛乎。

铁路人员，上自最高级首领，下达最低级之匠役，无一不曾受学校之训练，火车内之仆孩，多系小学毕业之青年，积资渐深之后，可以升充队长之职务。

日本人之思潮，与欧战后之西人同，员役皆有一种自尊之气象，人敬之则彼亦甚敬，人傲之则彼亦甚傲，大凡西洋人有一进步，日人必不肯落于其后。日本人之平民主义，亦不亚于他国，长官对于属僚颇谦抑，而属员对于长官都能恪尽其职务，予在温井里旅馆所见者，足以证明言之非虚，旅客多富贵人士，仆孩皆下级侍役，自不待予，旅客于游山之暇，与仆孩作竞球之戏，同此仆孩，捧膳呈茶，擦鞋拭衣，则又恪尽其分内之卑恭。

日本统治之制度及精神，以才能劳绩为标准，不以情面势力为标准。中国今日现状反是，私蔑公，强欺弱，亲侮疏，新挤旧，愚陵智，卑戾长，惰疾勤，贪劫廉，邪害正，恶贼善。一言以蔽之曰："小人道长，君子道消。"春秋时代只有六逆，今则八且十焉，予思之，予重思之，谁实致此者乎？予曾言国家治乱之源，不外一语，曰平与不平。我夫常为予言，治国只有四字，曰用人的[得]当。用人之标准有六，曰学问、经验、勤劳、廉洁、年资、体质。予念及此，予观世变，予欲无言。

自元山至京城之铁路，系一支线，无头等客座，在二等室内遇一客，气度高贵而却甚谦恭，时虽盛暑，而衣履整肃，坐立如仪，一望可知其非寻常人。每过一站，必有数人入车参谒，比肩并坐，毫无盛气，来者先后语寒暄，无稍流连，前者退让于后者，因此则极短时光内一一可周旋普遍，坐占一座，卧占一榻，坐卧一如常客，夜深而寝，黎明即起，寝起却又归于常人，予初不知此客为何许人，迨抵京城，始知其为朝鲜总督，夫其地位如是之高，权力如是之大，而其举动乃如是之俭约而又谦抑，轻装简从，始终未曾惊一人扰一客也。

日韩之关系，譬如后母之于孤儿，母难于为母，儿亦难以为儿，母虽贤而儿终嫌其无诚意，儿虽良而母终疑其有异心。予之原籍为波兰，今系独立之民国，昔系俄罗斯之属国。幼年之事，忆之甚详，波人对于俄国当局，明示尊崇，而隐行诅咒，殆亦后母孤儿之彼此怀疑者乎。

就予所见，日政府管理韩地，殊有足称着，工业渐兴，道路之洁造及修养，中华不能比其万一，学校及医院，皆属可观。改良农业及水利，更日进不已，入韩人家庭而考其生活之状况，小家有小康之象，穷民固尚不少，然困苦颠连，无如我华民之甚且多者，至于旧时高级社会之人，大抵皆今苦于昔，怨愤填胸。此本不足怪，巨家世族习于晏安者已久，一旦放弃其官僚生涯而须以勤劳易衣食，宜其不能满意也。

华谚有云："东山望见西山好，西山还不如东山。"此言足以道破通人之心理，韩人宜知爱国二字诚美丽，而公道人道实尤美丽，人亦惟幸福之是求耳，苟日人以公道、人道为基础而管理韩地，苟其管理方法足以使韩人之幸福与日人同，则犹店铺之经理姓张姓李，何所争乎？

日人处经理之地位，应猛省果已以公道人道待遇此幼主否，日人处继母之地位，应猛省果已出其全国以尽其为母者之责任及恩德否。

四海一家，为古圣人理想中之盛治，德人长于管理，苟法国用德人为总长，则法之强盛，或过于今日，法人富于公理，苟德国用法人为总长，则德之公平，或亦过于今日。闻者疑此为不情之言乎，谓予之所言，固凭理不凭情者也，凭理则一切不平等之境遇完全蠲除。何必如今日各张其势力，各攘其特权，致多数民族，纷纷扰扰于各不相安之苦海中乎，今时国界甚严，种见甚深，在此势之下，各国只能各谋其自卫之道，犹太民族，散居各国，天生之奇才异能，无论为哲学为科学为美术，均有功于各国进步，各国享其乐利，而忘其所自来，仇妒之心，始终未能尽除，无他，由于宗教及种族之不同而已，既如此，则同一种族之人民，不得不团结而抵抗他种族之侵侮。

今日东方民族，以日本为最强，略如欧战前之德国，强者能为善亦能为恶，予惟盼其为善不为恶而已，德国以穷兵黩武而失败，意者冥冥之中，有一更强之大物在，十目所视，十手所指，不许人以恶道霸天下也。

进思华日之关系，我华人应信服日本之智能以而取为法，日本亦应知中国之富强，实足收辅车相依之利。此稿为余同学华南圭（君现充京汉铁路局总工程师）之夫人露存女士笔记，前月华君夫妇来南满朝鲜两路调查，露存女士，波兰人入法国巴黎大学，习植物学及文学，归华后，治家教子，君更研究吾国政治风俗人情心理之观念与议论，着书立说可称中国家庭罕见之模范。此次旅行回京后，又以闻见所及，着旅行记一篇，足供国人及日本人之参考，实调查笔记中之有价值者也。

——文权附记

（原载于《国闻周报》第3卷第40、41期，1926年）

# 游朝鲜所感

陈后生

一

七月初，我由东京驿出发，经由下关渡朝鲜，至九月中旬归国。其间游历了二个月余，我不会谈鲜语。邻人怪之来问，我以日语答之。他知了我是异乡之客，倒反用好意相待。我思这就是一种同病相怜之心啦。

二

就一般观之，朝鲜的文化颇进步，生活亦不低，总是家屋倭小狭隘，大概是草屋多了。我自釜山上陆，搭火车，由车窗看出来，没有看见半轩的瓦层，有盖瓦的家屋，只有在火车站边一半间而已。但这是日本人的官舍，像京城的大都市，虽然有盖瓦的家屋，稍有可观的也是倭小。起初我宿在旅馆，出入时头额都要叩着门顶，朝鲜人家屋何以如此倭小呢？据他们所说，是朝鲜冬天很寒，小屋在室内起火取温较利便，这也是有一理。若据外国人观察，说是朝鲜经济不好。由历史上考察，古昔朝鲜官吏极横暴，百姓若有财产，即被剥夺去，较美丽的家屋不能得建筑。虽然是富豪，其家屋也都很粗俗，无妆美观，故美术也不发达了。各说都有一面之理。

三

朝鲜人的衣服很好，老人小孩都穿白衣，男女都穿靴。男子老辈的人出门，身缠长衣，头戴帽子，很有文明人的气概。

一般文化发达，交通比台湾较便利。各大街市都有电车，和日本内地无大差。火车用广轨铁道，车内设备也完全，又很清洁。

## 四

独乙的教育是养成学者为宗旨，英国的教育是养成绅士为宗旨，台湾及朝鲜是鹦鹉教育、蝙蝠教育为宗旨了。总是朝鲜教育机关比台湾加倍完全，有大学专门学校，高等普通学校等甚多，又私立高普女、高普及普通学校，鲜人所经营的不少。又新闻杂志机关也较发达，台湾尚幼稚。在朝鲜，汉字近来无采用，拢用鲜字，极简单，所以一般很容易了解。老人小孩得写批信，能读杂志新闻，总是我们汉字很难涩，学习也困难，所以教育不兴。日本内地能得今日的文化发达，就是国字容易，可以用言文一致的所赐的。台湾尚有抱旧思想的人，就是能写人所不识的字，能用古人所咬的糟粕故典，就看做有学问的人，这种旧思想该要快打破才好。希望我台有志同胞在台湾各处快设白话字普及会来讲习白话文，以普及一般的教育，向上台湾的文化，这就是现在台湾最当务之急了。

## 五

朝鲜前是独立国，现今尚有王族、贵族、知事、郡守等，政治地位亦比台湾较高，总是政治上都无掌握甚么实权。自日、韩合并以来，所有的官位都是有名无实的，多又受了种种的压迫，人民困弊，与台湾都无甚么差。闻以前是用强压手段，近来头脑较发达，所用手段颇奇妙，令人可敬服。像大正八年朝鲜宣言独立，就是美国大统领维尔逊翁在巴里国际联盟会议宣言世界的弱小民族可以自决，朝鲜乘此机会宣言独立，当时鲜内骚然，日鲜生了轧轹，其后探知是受美国人宣教师所煽动的，即烧彼个教会及无数的、无辜的信者，实在可怜得很了。近来换了新式手段，就是经济压迫政策。设拓殖会社，买收鲜人的田园，给日本内地移民去耕作，鲜人渐渐失了生业，走去满州、间岛、西伯利亚、蒙古方面，走到穷途无路，就去投水了。京城汉江有一个铁桥，中央有竖一个木牌，写了很可笑的语句："少，等候咧，来警察署商量，则必有助力。"可见投江的人很多，其中因男女失恋的人也有，总是大部分恐怕是失业者咧。以上对文化方面看来，朝鲜是有独立的可能性，若对经济方面来讲，却是还不能维持之，这是我所感的一端了。

（原载于《台湾民报》第 132 期，1926 年）

# 朝鲜男子安重根

吴稚晖

悲哉！支那之士，其气节至今日扫地而靡有遗也！其人善才辨，悲横死，趋小利，惟以四百兆五百兆自雄。实则仅具人形，如木偶制造厂制造新年小孩所玩弄之偶人，数百万如山积，真足比支那人。谚云："老狗教不会新戏法。"如支那人者，头脑充满，种类太旧，盖垂将消灭之种也！岂如日本朝鲜满洲蒙古安南暹罗缅甸印度之黄人，持屈辱一时耳。其人一开通，蛮悍之气不可当。此正浅化人种，方将进化者，故观察人种，当别具真鉴术。呜呼！此柏朗氏作远东之游，归告于探险会友之言也。

夫日本者，支那之士所不敢正视者。朝鲜、满洲、蒙古、安南人之属，则为支那之士所易视。今闻柏氏之言，吾始怒。继乃疑满洲之人奴使支那人，支那人帖服不少羞愧，惟争间接直接得主人恩宠，遂雄视侪辈间此其不可讳之现象。案头适有华字报纸，载朝鲜刺客事。两相触会，亦使人失惊。呜呼！以彼一人比我一人，谁见我之一人，能如彼之一人者？徒以四百兆五百兆自谀而骄，竟忘各人之本来面目耳。

呜呼！朝鲜之壮士扑杀伊藤如扑狗。其姓氏本不可忘，故遂刺取记载朝鲜刺客事存之报中，俾常常读之，以增记者之愧。固不望别一支那之士能与我表同情也。

日本报云：暗杀伊藤氏者，相传名安应七，其实名安重根，幼名安多默。其父名安泰混，为庆尚南道镇海郡守，六年前起事下狱死。安重根遂匿平壤田舍间。其后移住间岛，更移浦盐，假名安应七，入李相窝[卨]之部下。李即海牙事件发起人。

报知新闻云：自来朝鲜人，挟有一种之热情，即排日是也。党中诸团体之行动，与日本维新诸志士实相仿佛。而最近十余年间，彼等暗杀之暴焰大张；列举事实，何止什百，今就其较著者言之耳。

屈计发难最先之第一人，即洪钟宇之刺金玉均。其时彼辈分遣刺客于各国，咸欲得金玉均而甘心焉。其后刺客之中，卒有伪作日本装者，乘西京丸，尾随金玉均之后，密伺窥探，熟审机宜。迨其抵上海时，杀之于旅馆中。此一事也。

次为日清战争后井上氏保护政策破坏之际，韩人乘鱼允中之还乡，要击之于中途。大胆如斯，已属创闻。然其后禹范善之被杀于广岛，刺客之名，竟迄今尚未明晰。方行刺时，仅闻“为国母陛下报仇”一语，而铁锤已下击。其杀人之轻易，与死者之惨状，俱为目不忍睹者。此一事也。

及日俄战役之将兴也，李容翊在韩城病院，时方卧病床榻间，不意反对党之刺客竟混迹入内，投爆发弹于暖炉中。同时李根泽在宅中，亦不知为谁所戮毙。此又一事也。

其尤勇敢者，厥惟暗杀军部大臣之刺客。盖彼等排日党见大臣中之有为亲日党者，必欲尽杀之而后快。且昔者军部大臣权重显退厅之要击，刺者左手扣住其车，右手持短铳连击。虽护兵立斫其右手，而精悍之刺客亟换左手持铳，复连击二三下。此其勇猛沉着之行为，实堪钦佩。岂区区匹夫之勇，所可共喻也！

迨日俄战争后，朴庸和之宅中亦来一刺客，时在昏夜破正门而入。朴之靴忽脱，朴大骇白：“刺客乎！予甚畏汝。”俯视所脱之靴，忽已刺向其面。朴以事出不意，仓卒奔逃，卒为所追杀。又如去年一进会长李容九之视察北韩一带，夜被多数之刺客所袭击。幸其为屡遭危险，长于阅历之人，故能急极生智，立将灯火剪灭，从户外飞奔而去。其从者中有容貌与李相似者，乃被众人所杀，李独乘闲远飏云。

其他种种，尚属不胜枚举。右所述者，皆极著名之暗杀事件，而伊藤氏案不在内。

呜呼！我所易视之人民也如是，而支那之士遂以善才辨悲横死、趋小利著闻于世！

一九〇八年十月

（原载于《吴稚晖学术论著第三编》，出版合作社，1927年；
转载于《革命》第35期，1927年）

# 爱国魂之韩国志士

安不烈

爱国魂为韩国明星郑氏姊妹有所发挥之作，本事虽事隐晦，而个中事实，不难捉摸，剧中之晏氏，乃高丽志士安英七，即高丽初亡时安氏父子刺日将伊藤一事，迄今祖国云亡，韩人压迫于日本帝国主义之下，所以出此，以志遗恨而已，是片开映之第一日，中央大戏院人影憧憧，半为日人，盖注意斯片之行动而来，半为韩人，则于今日日人暴横之下，一泄其胸中气，故于每幕痛快处，掌声如雷，是时包厢中有日人三五，类属平民，坐记者之前，窃窃私语，记者座旁，则有类似华人之观客数人，其语不能辨，殆即韩国志士也。间有一人，架墨晶镜，面目依稀肖剧中人，行坐似甚不安，大中华女演员汤天绣频频弊语，彼则十无一答，少顷离座去，记者察其意久矣，恍然悟彼即主角郑君也，维时郑知座前日人之窃窃私语，盖已审已为剧中主角，恐有不利于已，故行动不安耳。噫！亡国之惨，于斯已极，我国人观是，抑有动于中乎？

（原载于《罗宾汉》1928 年 11 月 10 日）

# 热血染成之爱国魂

浙声

葛雷菲士之“重见光明”，殷格兰姆之“为国牺牲”，满片是热血，处处是精神，观后满腔热血为之沸起。回顾国产影片，令人有望尘莫及之叹，片片皆这么一回事耳。余尝谓友人曰：国产影片国民性丧失尽矣。人家“一妇人”，于是我侪亦“一妇人”，人家“复活”，我侪也“复活”，难矣难矣！处在万层压迫下之中华民族，乃无一热烈之爱国影片，奇矣！数年前曾有一名爱国伞兵出现，以其摄影及剧情之未能高妙，终未能成功。近者大中华百合之“爱国魂”出现，亟往观之，虽未能与葛殷并论，然异曲同工，相差亦不远矣。

是片由高丽志士郑基铎君、郑一松女士主演，辅以王乃东、汤大绣诸明星，编剧即出郑君手。写东方黎国政治紊乱，强邻耽耽，爱国志士乃前仆后继，以谋光复，寓意深远，爱国人固别有怀抱也。郑君一腔热血，满怀牺牲，其表演忧国舍身之精神，演来自是动人万分。郑一松女土饰其妹玉实，初上银幕，表演亦能入木三分，殊堪钦佩。剧情虽未能十分波折，要□为国产爱国影片之翘楚，难能可贵者矣。观毕归来，乃捉笔题曰“热血染成之爱国魂”，并也杂记此，谨祝郑君成功。

（原载于《上海画报》第 410 期，1928 年）

# 鲜史拾零

天行

卞[辩]诬文乙亥七月进香正使姜判书兰馨制呈礼部

礼部大人佥位座下：

伏以鄙等留在译邸，适见万国公报中六月西字新报，则其论朝鲜日本之事，语多悖谬，不得不痛卞乃已也。鄙国在昔壬辰，遭有倭变，八年猖獗。其后因彼内乱，先请议和，鄙国许之，讲主约条，仍为兴国。其书契往后之际，彼我之称自有定式，虽字画间一有差误则不相许受；一遵条例者，凡三百于兹。近来彼所谓改国体以后，其所赍来书契忽以“大”字、“皇”字与“敕”字笔之于书契，坚执请纳。鄙国据义而责曰：“夫曰‘大’，曰‘皇’，曰‘敕’，今中国之于天下是也。朝鲜之服事中国，亦为屡百年所；而‘天无二日，土无二王’，尔不识二尊之嫌。乃敢以此三字肆然称之于朝鲜乎？”严词斥之，日本因此挟憾，责言备至。至于赠给之物而不受。乃者，今年夏间，日本持几只兵船载大炮药物，来泊朝鲜东界，量海浅深。到今，倭人之反形已露矣。彼所以构衅生事者以此。而今新报所言，则非但与此一切相反，遣词极为诬妄！其曰：“日本一艘开赴高丽之边岸，量其海之浅深，如前时美国派船测量高丽之海，亦不过通商立约。”噫，此何说也！与洋通商，本非鄙国所愿；而其时美国声言通商量海浅深者，实入我边围，戕杀我士女，抢夺我财货，焚毁我仓廨；其欲通商者，果如是乎？况今日本则与鄙国通商立约，业已久矣。复有何别般通商、别般约条而来测海道邪？其所测海，明知其意不在通商，而必欲侵戎。又将如美国之为也，审矣。其曰：“日本与高丽有称戈之意，似非出于无因，昔高丽岁修贡事于日本，人所共知者也，近来包茅不入，已有年矣。”噫，此何说也！壬辰以来，两国讲和之后，每岁修好，以如干礼物相与赠给：彼以服饰器用，我以米木等物。彼所谓“修贡”云者，无乃以此礼物指认为贡，而夸张于人邪？至于

"包茅不入"等语，果用之于何处者，而若是无难发诸口也，且以礼物言之，彼我相赠，尚今如例，而今论彼倭之争端，全讳书契之僭称，无端推委于贡物之停止者，已极虚妄，其曰："高丽国似非自主，有未切实属于何国，惟具贡礼进之于别国。"噫，此何说也？彼所谓"何国"，果何许国也？"别国"，是何别国也？鄙国偏在海东隅，曾无邻比可与，而但修贡于中国，彼岂不知而如是为言邪？隐映说去，亦极回谲！又曰："日本于中国似无关碍，所以欲办朝鲜云者，无非乖张，节节叵测至于失和之时。"中国以下数三句，语语逼莫重，无穷极矣！鄙等于此事虽非职事，既在此地，既见此书，按住不得；兹敢疾声仰控。一以明日本生衅之心，一以斥新报慢诬之说。伏乞佥位座下俯赐照亮焉。

笔记题名《香槎日录》《香槎别录》各一，此文见《别录》。著者为副使洪参判某，首记出使缘由："同治十三年甲戌，十二月初五日酉时，同治皇帝崩逝，咨文出来。光绪元年乙亥正月初三日，政差陈慰兼进香正使姜判书兰馨，副使尹参判滋承，书状官姜直阁赞矣。尹滋承疏递，同月十九日政余充副使。四月初三发行。"

此行于五月十九日抵北京，六月十三日赴鸿胪寺演礼，六月二十八日诣午门随班行礼，祝光绪此在帝寿，七月十一日祝慈安太后寿，八月十七日诣观德殿同治委几前进香行礼，八月十八日午门领赏回国。均见别录。前文即作于滞留北京期间，原书并录《万国公报》记事。按光绪元年当一八七五，距今已五十二三年，中国报纸尚属初有。《万国公报》转译日本报纸，适足见当时日本新闻政策之技巧，而中国译者大有汉焉局外之慨也！

其年六月初七日至十三日，《万国公报》载《大日本近事：量相近高丽国海疆》：

东洋西字新报云：日本国有量海船一艘，测量各处海道，今已开赴高丽国之边岸，测其海之深浅。然又有炮船一号，相随而去；故有人疑其非量海也。再之，炮船到高丽者，船中有日本钦差，欲与高丽立通商和约。而钦差初到，即欲见高丽国王；国王意似迟迟，后方见之。其立约成否，未知定否。又长崎西字报云：嗣后日本高丽恐有交兵之举，缘现另有炮船数只前赴高丽，所以有此等疑意。若论日本与高丽，乃临近之邦。故日本照西国量海之法测量海道度数，以为后之利益。即如前时，美国亦曾派船测量高丽国之海疆，大船尚泊洋中，小船近界；而高丽乃开炮轰击。美国大船方将高丽之炮台荡平，得其大炮等物，亦不过欲与立约也。然至今高丽未与何国修好，终属亭亭孤立，目中无人，其愚已极！而不知相近之国，除日本外，仍有他国久蓄虎视鲸吞之意！我为高丽焦灼之至；似此固执，恐将来有碍于国矣！

六月十四日至二十日，载《与高丽有失和之说》：

长崎西字新报云：前者谣传日本与高丽有称戈之意，虽登新报，原以谣言论也，嗣后细加察访，似非出于无因。昔年高丽曾岁修贡事于日本，此人所共知者也。近来包茅不入，已有年矣，日本人索之，高丽人拒之；意见所为不合也。且日本钦差驰赴高丽，而该国王辞而不见；又不免怀恨于心。乃高丽意气自雄，骄矜过甚，几视日本为无足重轻之数，而不知今日之日本非当年之日本也；讲求武备，枪炮精良，非若高丽之刀矛弓箭，如演戏者习成空架子也。由此观之，两国失和恐自此始矣。但失和之时，中国将发兵救援邪，抑或袖手旁观邪，未可知也。

六月二十一日至二十七日，载《日本与高丽有失和之意》：

长崎西字新报论及日本与高丽之事：本报主人常常闻及，前以为无关紧要，兹似以为要件；缘日本已派数只炮船，装载炮具火药等件至彼，似乎失和。但论此事，必以前之所意，查察言之。夫高丽国似非自主，有未切实属于何国，惟具贡礼，进之于列国。查一千七百年前，高丽分有三处，照日本土语云之，一名新蜡，一名高丽，一名希雅古西〔天行按：新罗之“罗”读作 Ra，故当时译者直音“蜡”字；百济日本语读 hyaku（百），sai（济）故译者直音希雅古（百）西（济）〕。当时日本皇帝名神果哥古，领兵至高丽征服，年年进贡于日本。继而事隔多年，高丽不行进贡之事，无例稽查。近于三百年前，有一日本大将军名代果有声名者；领兵至高丽将已灭尽。高丽国乃向中国求救，中国亦恐日本滋扰中国，故中国即发兵数万往救高丽，以至三国交锋。中间代果将军死矣，三国讲和罢兵，高丽仍进贡于日本。直至近来，又将贡事日本停止。而日本改其国体，日本又派人至高丽，而高丽不纳。因近时各西国兵船至高丽，日本无以保护；所以高丽不服于日本，且写信拒之。日本知其意甚不下，当时日本改例未定，且姑置之。近数年改例稍定，所以欲办高丽矣。即派前来中国办台湾之事之琐以西马就便问其高丽之事。其已问明，日本与中国似无关碍，所以欲办高丽矣。其东京部官，又议以打仗者，又议以暂缓者，两意未洽，以至欲即与仗之部官告退。缘此自相矛盾，于谢加地方闹事。其行此事者。曾为刑部官员，为首以率领纠聚之兵，明以攻高丽，暗中似生内患。且其前之挂刀者，扑扑欲攻高丽在于去年之春，后即移事于台湾生番；故中东之衅起于此。而现今看东洋之形势，又欲预攻高丽。近观两国已露失和之意，犹未举行[注：(1)神果哥古当是神功皇后，以公历二〇一至二六九在位六十九年，日本帝系表中称为“摄政”。(2)代果当是丰臣秀吉。(3)瑣以西马当是副岛种臣。(4)东京会议唱“征韩论”不行而告退者为西乡隆盛等]。

当光绪元年时，中日两国尚未正式通使，方议条约。三年，中国政府派遣驻日第一任公使何如璋始往东京，敷设使馆。朝鲜问题于时实已胚胎，虽云“移事于台湾生番”，然而“履霜坚冰至”，五十年后读此私家笔记，根触时地，怆愤憬憧，何之如邪！

中华民国十七年七月十九日录于侨次，客韩第二夏

(原载于《新晨报副刊》第30号，1928年)

# 游东杂感

廖世承

初抵鲜境，见鲜人均穿白衣冠，觉萧索可怜，京城气象，视东京无逊色，各种事业，均由日人经营，说者谓鲜人自隶日本后，物质生活，反觉视前为优，然禾黍之悲，固未尝一日去怀也，朝鲜学制与日本相同，惟名称略异，日鲜儿童，大部分校教授，小学各教室中遍悬“我等是日本国民”之校训，教授时常用日语，间用准确之朝鲜语，中学校日语每周六小时，朝鲜语仅三小时。凡日本中学所有持点，在朝鲜中学内殊罕见，余曾参观第一高等普通学校，是校在韩国时设立，成立已三十年，为朝鲜最早之中学校，教师日人占多数，学生精神，似不如日中学之整齐严肃，校中设备简陋，图书馆、理化实验室、柔道场、剑道场、军械室均付缺如，询导引者何以鲜校无军操，则以日本宪法上鲜人无当兵义务。噫，我国学子多以严格训练为专制，不知亡国之后，虽欲求严格训练而不可得，驻鲜副领事陈君告我，朝鲜亡国之根本原因，为一“懒”字，其次则为无计划、无预算，不知节蓄。设有鲜人，仅有五元在身，至支那料理店就餐，途遇友人，便邀请同往，至则征妓侑酒，一餐之费，超出预算无数，则相率托故出门，最后一人不得出，则留衣服及其他信物为抵押品，不以为耻，一工人每日得资三角可以度日，苟今日得资六角，明日即酣睡不事事，负贩之人，随地睡觉，流汗竞体，警察不加干涉，在日人管理以前，街道污秽，狼藉不堪，政治则贿赂公行，百废不举，昔人谓“亡六国者，六国也，非秦也”可为朝鲜诵，吾人对之，其能憬然觉悟乎。

（原载于《寰球中国学生会周刊》第309期，1928年）

# 朝鲜旅行的几页日记（续）

华振中

## 釜山概况

釜山为朝鲜半岛南端的一个海港，现为军事商业的重心，朝鲜达我国满州的铁路，即由此起点。我打算到朝鲜旅行的时候，我看《朝鲜指南》说："釜山市面几乎全日本化了，游人到此，没有什么朝鲜观感。"考其最大原因，第一是釜山与日本十分接近，日本移民多；第二是日本对朝鲜侵略急，经营速。今观釜山街市建筑以及其他一切设备，可完全与日本无异，着和服、穿木屐的人，也是满街满巷，来来往往。日本人既在此地安居乐业，即此可以想见，但是有两件事，令我最大感触悲奋的。

第一是登码头时，见我朝鲜同胞，在街市中多衣衫褴褛，污秽满身，或做苦力，或为乞儿，其他失业游民，可谓触目皆是，亡国民的悲惨可怜，我于今日始在亡国境内看见，而做亡国奴的，又是我黄帝子孙亲爱同胞，现在有心无力的我，只有痛恨切齿，誓助朝鲜同胞，期诸于他日。

第二是我见在釜山的日人，不论车站，电车，市场等处，随时随地，皆足以发见他们的骄横、放肆、懒惰。比之日本内地的人，亲切、有礼、勤劳，可有天地之别。这岂是日人在其内地专制政体下，不得不循规蹈矩，在朝鲜政治腐败无甚管束，遂放浪形骸，无所不至，不然，则在朝鲜征服地内，日人不知不觉发现其野蛮特性，抑日本政府，只将其无知无识少教育的游民浪子，尽移殖于朝鲜才有的现象呢？

## 釜山教育交通实业

日本教育制度，不论男女，皆须受四年至六年的义务教育，在釜山的日本人，亦有种种学校以教育其儿童。但对朝鲜人呢，日政府可绝不过问其教育，更照所谓义务的规定，所以釜山朝鲜人的教育，可谓绝无仅有，一因政府不管，二因朝鲜人非常穷苦，实无能去讲教育。可是在釜山的穷鲜人，不论男女老少，又都是会说日本话。我听做我向导的朝鲜人——他是个十五六岁的小孩子说："我的日本话不是学校学的，是找日本人教的。"我想他是像个很穷的小孩子，他为什么单要去请日本人教日本话呢？心中很觉得奇怪，详细问起他来，才知道现在朝鲜人，若是不会日本话的，连苦工也是找不着来做，其他就更不用说的了。亡国惨状，真令我寒心啊！他又说："我们朝鲜人，现在穷得很，我们的钱，都被日本抢去了。我家里从前本来很有钱，父亲是做商务的，现在可变为很穷了。"他并说他们朝鲜人很恨日本，将来一定要做革会赶日本人的，这是因为他的父亲有智识教他的缘故。若其他不受教育又未听家长说朝鲜历史的人，只知道日本国是内地，日本人是个有权势很富足的贵族，朝鲜人是应当那末穷苦的。唉！可恨的日本人，可怜的朝鲜同胞！

交通事业，办的很完善，几与日本完全相同。实业也很不错，田山都不见有什么荒地，全如有人力的。出口品原料品，大概都是向日本运送去，商场上的日用品，不用说自然是日本运送来的了。所以我想此间交通实业的发达，绝不是日本人爱朝鲜人，为他们造幸福，不过这也是抢掠朝鲜人的经济，榨取朝鲜人的血汗，使朝鲜人永久亡国灭种的一法就是了。

松岛距釜山约四启罗密达，在其西南的海岸，相传徐福求不老不死药于蓬莱，即由此渡航，自釜山至此，有汽车可以直达。我因爱看途中风景，只带一向导，徒步前往，抵时见海水接天，清绿可爱，帆船隐现，或往或来，海边有白沙怪石，岸上有青松低屋，水花的声色，游人的自由，飞过山岭的白雾，吹到身上的清风，一瞬一时，千变万化，令我看不尽的非常景致，受不尽的无穷美感，心中遂自然的无限放大，无限安慰。然想如此锦绣山河，清美仙境，我亲爱的朝鲜同胞，今既不能享受，反为数典亡祖、□噬主人的日本所占据，真是可恼可恨阿。唉！"匹夫无罪，怀壁其罪。"竞争生存那末激烈的二十世，民族若不努力振作，他所占的地利愈好，其灭亡可也要愈快，过去的例可很多了，朝鲜、松岛又那里能够独免呢。

晚乘车往汉城，我所乘的系三等寝车，甚安适。日本无此设备，惟朝鲜满洲铁路有之，闻此亦为日本奖励殖民的一种，例此的事，不止一端。日本人的侵略政策，阴谋手段，在釜山一日中，处虑都可以发见，其他更可想而知了，但不知我朝鲜同胞既否徹底觉悟，有何方法以打倒日本，恢复其固有的自由啊！（未完）

（原载于《武化周刊》第27期，1929年）

# 读《山河泪》以后

苏清泉

（甲）内容。（乙）读后之感想。

**（甲）内容**

候曜君编的这部山河泪，是完全描写韩国独立运动的精神，韩国原为自由国家，人民原为自由人民：有十三万万方里的面积色之人物，男性则有安南湾，女性则有崔玄英。

当三月十九日独立运动正式开幕之时，虽又受了日人枪炮的横击；然而他们那种奋不顾身慷慨骂贼的精神，百世之下，闻者然发达人之本性。佛罗培尔说："教育在使人有……神圣之生命。"由这两句话看来，那教育的最终目的，更是使受教育者要尽量的发展他们的个性。也就是尽量的叫他们去创作，那么这□有二千万万多的人民，有五千年之历史，开化之早，可想而知了。

从这三方面观察，韩国实有独立的可能，但考之事实，何以十年之久呻吟憔悴于豺狼成性的日帝国主义的铁蹄之下？最大的原因，就是从前日本伊藤博文串通韩国的奸臣林齐纯、李址镕、李学译、李完用、权重显等，生生的订了许多保护条约，从此韩国就灭亡了。

亡国以后的人民固然没有言论自由、出版自由、信仰自由，而在政治上、教育上，亦何尝能有干涉之权限呢？于是韩国风骨之士不忍故国河山之沦亡，乃联合同志，组织独立运动团，宣传日人之残暴，而团中最出莫不兴起！

**（乙）读后之感想**

（一）民有、民治是产生民享的源泉，质言之，国家不为人民所共有，政治不为人民所共管，那利益为人民所共享决难谈到。设使韩国的政权与治权，不为少数奸臣垄断操纵，上下一心，和衷共济，吾恐日人食之不得下咽也。

（二）土地、历史、文化是不足以御外忠[侮]，这是实事告诉我们，谁都不能弗认的，不然我国开化最早，历史最古，人口最多，今何又处于次殖民之地位？推原厥故，皆由民族精神衰落之所致。俗话说，民族精神没有沦亡，而以民族自觉去行民族独立运动，民族虽□可危，挽救，民族虽亡，还可恢复，然则韩国独立运动之组织，未始非民族精神振奋之表现矣！吾人际国家多故存亡呼吸的局面之下，这救泄泄沓沓而不注意发扬民族精神吗？

（原载于《新陇副镌》第144期，1929年）

# 由朝鲜女性革命团连想到中国女子

征鸿女士

据韩京确讯："本月一日，朝鲜全洲地方女子高等普通学校内，发现关于民族解放之传单。日警及该校日人教师，协力搜查全校，发现种种鼓吹民族之文书，并刻有'朝鲜女性革命团'字样之印章数个。遂将全校女生加以检查。结果逮捕该秘密结社之负责人任富得及金英子女士等多人。至此内容如何，严守秘密。该案为最近韩国民族运动中，以女性为中心之罕见大事。"

我读了这一段消息之后，又回想到我们中国的女子来。敷衍点说，老实有些自惭。我也不是故意在污蔑我们中国的女子，而况我自己也是中国的女子之一。

翻开历史，自从丹墨的京城有了一次一九一〇年三月八日的国际妇女运动之后，全世界的男性中心社会，因此振荡而起了一个巨大的水波。这一个水波由墨京而竟振荡到封建得要革命的中国。因此为全人类谋解放的中国国民党，才把几千年来被歧视的女子地位，尽量的提高，并且还确定在社会上、教育上、经济上、法律上一律与男子平等。因而这一个水波，又更逾加放大而显明了。

数千年来就是这样两性间畸形发展的中国社会的女性，一得着这个大波的激荡，自然呵，觉悟！起来！奋斗！而且还自先愤勇要男女双双携手，走上人生的大道，以求未来的世界。

话虽如此，而事实先生偏偏又极端的否认。妇女运动好些地方还寂寞无闻，有些地方，虽然妇女运动闹得振天响，然而"静锁深闺，焚香拜月"，还是在静锁深闺去焚香拜月；"樊笼一出就野渡舟横的"，还是樊笼一出就野渡舟横。闲无事你去逛逛十字街头，哼！太太式的小姐，小姐式的太太，寄生虫，受软化，被征服，苟安堕落，只需你横目一瞬，那一宗不会收来眼底。好一点呢？都不过具有解放的自觉，而却没有奋斗的毅力。自然呵，话也不可一概说尽，既觉悟而又有毅力，继续不断朝着解放的正轨前进的女子，也不能说没有，可是，借苏先生一句话来说："虽不尽然，取其多者论之。"

再拿重庆的妇女来说吧。重庆的妇女运动，自然有妇女解放协会来领导。自妇女协会成立以来，为女性干了些什么？一点没有看着。据报上告诉我们的，开会募捐，其他的呢，大概是没有闲工夫去过问了吧？

我告敬我们中国，尤其是重庆的妇女们：我们在这层层压迫之下，宗法社会的机会，封建势力的束缚，我们是不是自甘堕落的以为多见不怪哟？如果我们认为这是怪社会的怪现像，而这些怪现像又是我们的悲运的起源呢？那么，我们一定要自求解放了。在解放运动中，姑无论我们要求突破旧礼教的魔宫也好，要求男女间永远立于同等地位去改造新社会也好，要求男女间一切平等也好，要求〖不〗分性别，从事于全人类的解放都[也]好，我们一定先要有任金两女士那样的精神毅力与认识，从前的劣根性，通通把它铲除，铲除过后，才能创造我们的新生命。我全中国尤其是重庆的女性们，我们在这任金两女士的精神激刺之下，来！来毁灭一切！来创造一切！

（原载于《正声》第 12 期，1929 年）

# 1930—1938年

# 《山河泪》

李翼之

《山河泪》，顾名思义，是一本国破山河在的弱小民族的血和泪的作品，他虽然是出版于几年前，但在这几年内的中国文艺创作界，像这样的作品，却还是仅见；虽然不能说是仅见，但至少可以说是不曾多见的。

这是一本三幕剧，共分六场，以韩国独立运动为题材，充分地表现了被压迫民族的痛苦。据作者说，这本《山河泪》是想借此替被压迫的民族作不平鸣，向帝国主义之野心家，作一当头棒喝，更希望世界今后成一个平等、博爱、互助、共存的大乐园。作者站在这样的立场上写作，自然是正确的；尤其是在这历年荆棘丛生的文化园地，能寻出一朵这样娇艳的鲜葩，是使我们怎样注意地欣赏。

本剧的背景，是在韩国京城，这正是一块弱小民族的血和泪泷满了的场所。全剧共分六幕，每幕二场，情节很是紧凑，描写也极经济，所以能给读者一个极单纯明晰的印像。这里充满了被压迫民族的反抗精神，集团的、一致的，在火和铁的环境中挣扎，在横暴者的铁蹄下斗争，在不畏艰险的向求自由独立的路途前进，在不畏死难的向帝国主义者的阵营进攻。虽然我们为韩国悲哀，为被压迫民族悲哀，但韩国民族的精神未死，被压迫的民族也正在一致地抬头，这样的精神奋斗下去，以血和泪的代价，总有争得胜利的一日。

本篇的主人公安南潜，便是在韩国独立运动中的一个极英勇的战士，他在中国流浪了八年，为的是图谋韩国的独立，他受尽了压迫者的蹂躏，也是为了韩国的独立。在韩国独立的那一天，他大无畏地做了群众的领袖，他在枪炮的恫吓之下，仍然举行他的示威运动，你看他当群众的一篇激昂慷慨的演说，是如何地沉痛，是如何的悲愤！

安（从左侧的一个小门出来走上讲台，众起立彼此行礼，再向国旗行礼后，众人坐下）：诸君！今天是我们再生的纪念日，是多少光华灿烂的一天哪（稍顿）！诸位（顿）！今天是韩国独立运动的一天，我能在这个阳光满眼的早晨，开头说几句话，真是多少荣幸啊！我们要认清楚我们这回独立运动的目的。我们为生活而要求独立！我们为自由而要求独立！我们为东亚和平，与世界和平而要求独立！我们为正义与人道而要求独立（众鼓掌呼独立万岁）！我们把悲惨的生活，哭诉于全世界。我们把坚忍的精神，去取得人顾的同情（众鼓掌呼独立万岁）。我们不是无意识的暴动，有意扰乱和平，我们更不是仇视日本人。我们今天要和平！守秩序！手中只应该拿着太极旗，口里只许喊着独立万岁！请各区代表负责任回去切实的告诉各区的人民（众鼓掌）。这些是韩国独立宣言书，我现在发给你们，请你们各人回到本区去宣读（把宣言书照着次序分发了给众人）。

第四七百页

但众人在呼万岁的时候，外面的枪声响了，按着便一阵放火，死了不少的人，我们的主人公幸而逃了出来。

因了这次，我们的主人公安南潜顿时觉悟了和平的呼吁是不中用的了，他进一步作短兵相接的肉搏，看他这一段写得多动人，使人简直会热血沸腾起来。

（万岁之声愈来愈近，跟着一阵雄壮的国歌送了出来）

兵甲：小鬼真快活临死的时候还唱歌呢！

兵乙：兄弟们留神！我去通报大人（入公园内去）！

（众把刺刀装上，瞄准，万岁之声愈近而愈大）

（中尉与兵乙慌忙自内出）

中尉（立众兵后望了一会儿，把指挥刀拔出来发命令）：一百米远快放！

（众兵向群众放了一排枪，此时只听台后叫了几声哎嗳！万岁之声比前更猛）

中尉：上刺刀！

（众兵上刺刀预备冲锋势，此时万岁之声，震动天地。他们行近了，一角太极旗渐渐地伸了出来）

安（手举太极旗，领着队出来，众人手中皆持小旗）：韩国独立万岁（众和之）！韩国独立万岁！

中尉(怒目向安):停止!不许前进!

安(领着队又近前几步):韩国独立万岁(众和之)!韩国独立万岁!

中尉:砍掉那拿旗的人!

(兵丁如饿虎扑羊一般跑上前把安砍倒在地。安倒地后,众急抢他下去。接着一个小学生上前把旗举起来就走,又被他们砍倒在地。接着又是一个小学生上前把旗举起来又向前走,又被砍倒。接着一个女学生上前,又被砍倒)

中尉:冲锋!

(众兵把明晃晃的刺刀举起来向群众冲过去,群众大乱。万岁独立之声益烈)

第五十五页

这是多么紧张,这是多么有力的描写。

安南潜从此不幸地便残废了,但他还要利用残废的身躯去轰炸总督,但又失败了。我们看到最后,他六十多岁的老仆朴忠和他的妻崔女士,居然都能继续着他的精神冲上前去,这是何等的炸动读者的心啊!

崔(拖着他):请你等一等,我和你一同去(她急到放置炸弹的地方又拿出一个炸弹)。

朴(悲愤地、勇敢地执着崔的手用极沉痛的声音说):去!去!我们一同去!我们两千万同胞的心,个个都是炸弹。安少爷只用了一个,安少爷只用了一个啊(两人如猛虎一般冲下楼去)!

第八十页

总之,这是一本强有力的民族主义的作品,在我们民气消沉堕落的现在,正是一帖对症的良药。

被压迫的民族啊,奋斗吧!胜利终于是属于我们的啊!

(原载于《前锋周报》第 15 期,1930 年)

# 记朝鲜侠士安重根

黄心邨

余幼读东亚史，得为国家之仇而杀身以洗雪之英雄凡十数，尤敬佩朝鲜大侠士安重根先生。安系农家子，目睹本国奸臣荒淫无道，日本则欺侮辱逼，朝鲜沦亡无日，环视国□，又皆悚悚然无敢与之抗。安于是热血沸腾，决往杀虎视眈眈、欲灭其国之日本首相伊藤博文矣。安卧薪尝胆，誓雪国仇，劳不乘车，暑不张伞，夙兴夜寐，奔走四方，果得伊藤行踪，乘其不备，砰然一声，伊藤毕命矣。当其被捕之时，仰天大笑，慷慨捐躯，大义凛然，举世起敬。天下之昏庸暗懦亡国败家者，亦得知所惊惕矣。十年前，余因韩国革命志士申圭植君亡命逃沪，识之，因常得与安君弟恭根、定根及其子俊生、女贤生往还，追述安君被杀往事莫不敌忾同仇，深深感慨焉。前年秋，余偕浙女中主持孙简文君及秋瑾女侠爱女王桂芬女士至法租界永吉里探望安君母妻，相见甚欢，见室内四壁，遍悬安君故交挽联及遗像遗墨，凄凉悲壮，令人涕泣。哀词以临时政府国务总理申圭植君联最悲切："如先生不愧为义士，问后死何以慰英灵。"又仓昊君联："生无百岁死留千秋""功盖三韩名震万国。"安君一生事业，以救国救人及反抗强权为己任，故申、王二联痛乎言之。安君为国族牺牲，杀身成仁，流芳千古矣。寒夜无聊，检得其遗象，因记其谋刺伊藤事。吾亲爱读者，睹此遗象，其将有感慨乎！

（原载于《上海画报》第547期，1930年）

# 《白马山》与《异国的青年》

季平　李翼

以民族主义为中心意识的《前锋周报》虽然出世不久，但轰动了中国文坛，获得了广大的读者底信任和拥护，这决不是偶然的事情。正因为他的理论所指示给我们的是正确沉挚，而为目前中国文坛对症良药。最近在理论的建设外，却又在七、八两期上呈出了短篇创作，这便是李翼之君的《白马山》和《异国的青年》。在本报青年园地，曾有光美君在新刊物的题下，对于这两篇略一提及其读后之感。不过在这里，像这样重要作品，在我觉得还该有郑重的介绍，而本篇便是实践了这一任务。

本来，短篇创作在中国文坛上正是多如牛毛、杂于垃圾，早已引不起我们怎样的注意。但这两篇却正是一个例外，他非但使我们注意，而且是被深深地感动了。真的，当我们读了毫无中心意识的一般的作品，或者读了标语、口号的所谓普罗作品，我们再来读这两篇，我们的印象是会怎样的不同，这是很显然的。在一般的作品的感动力量是很薄弱的，因此，我们读过的印象也会随着烟一般的散去。标语、口号的作品往往是硬生生的把理论插了进去，使人一见觉得是在故意宣传，起着讨厌。而在这两篇中却正是恰恰相反，他正确地把握了民族的中心意识，但里面却并没有一些理论的气息，他只在许多连续的动作底进行中流露着真挚的情感，使人在不自觉间受其极度的感动。这感动却决不是一瞬的，而且并没有悲观，只有兴奋。这些都是和以前的作品所不同的地方。这不同正是我们所值得注意的，同时也就是民族主义文艺与一般划时代的分点。

《白马山》是一篇战事小说，他的背景正是我们中华民族所难忘的五三济南事件。作者是参加过这役，所以真实的感觉是迫人地活跃着。在这里，我们看见了帝国主义的残暴，同时又看见了我们的武装同志的勇敢。一种民族的敌忾心是火焰般的在他们心里燃烧，而衔锋肉搏的一幕又像的现在面前，使我们想起了这一个严重的局面。在当时,在后方的我们当着交涉员的被日军惨酷的杀害,济南的民众被肆意烧杀,我武装同志的死于炮火之下。这样的消息传入我们耳鼓以后,我们曾洒过多少的热泪,我们曾发狂般的奔走呼号,甚至大家都主张对日宣战。可是曾几何时,一切是风流云散地过去了,只有这血痕是紧粘在民族的史页上。现在作者把这幕惨剧的实录呈现了出来,这中间暗示给我们的是为民族的尊荣而奋斗。他鼓励了我们的民族性,他赋予了我们新的生命。

至于技巧方面,本篇的结构是成功的。他不像一般的短篇小说,可长可短地有伸缩,他紧凑得恰如其分,再不能增删一点。全篇用象征的笔调开始,而又有深刻的结束,中间很少一般小说常用的刻板的叙述,而都是戏剧式的表现。本来,战事小说是不很容易写得好的,往往会陷于单调,就是只有打打这一个形式。而在这里,作者却先把紧张的空气叙述了出来,而在这紧张中,从侧面提出了日帝国主义,使人物的内心和外面的空气格外相应,接着又间接的叙出了一段[段]胜利,在许多的线索总汇之下,便涌出了戏剧的顶点。

> “白马山是我们中国的土地,我们死也要把他夺回来。”
>
> “而在这顶点之后便是结束。”
>
> “我愿我的血流在白马山上,我愿永远守在这白马山上,保护我中国这片领土。”他竟含笑地牺牲了。

这是怎样的有力和动人,而又暗示着什么?这是很迫人地呈露着。这比之所谓普罗的一段[段]刻板的叙述,一段[段]硬生生的理论,一段[段]“打倒”“拥护”的标语、口号、ABC式所组成的作品,他不但是意识上的正确,就是在技巧上有着怎样的高下,这也是显然的了。总之,这是有新的生命的作品。

《异国的青年》同样是有力的作品,这里面描写的是三个高丽的革命青年从他彼灭亡的故国逃来,献身在我国的革命,他们触景引起了乡愁,他们怀念着故国的故事是很悲哀的,然而他们并不丧气。

> 终于,韩同志似乎难于制住他的满腔愤懑,一反平日静默的态度,大声地说:“李同志,我们是受尽了苦难的,我们的生命从来便没有得到片刻的保障,火和铁永远和我们相击触,生和死只隔张纸的距离,然而我们并不灰心。我想,我们祖国给我们的这身躯,总有归祖国之一日罢,我们祖国给我们的热血,总有洗涤耻辱的时候罢,我这梦已是做了十年了。李同志何时是我们的梦境能走到现实的境地呵!”

从这些话里我们看到，他们对于祖国的火焰真快要烧遍了每一个细胞，他们在“生和死只离一张纸的距离”中挣扎，念念不忘的是祖国。然而，同时他们却又认定，而且确信着这样。

我们献身贵国的沙场，并不是没有意义的。我们要自救，力量不够，而且明知只有弱小民族联合起来才有自决的一日，所以我们毫不怀疑的走了这条路。

实在的、被压迫血的弱小民族，是只有联合起事，尤其是高丽，他和我们的关系正象是兄弟一样，他们的命运，是系在中国的革命。过去，在实际上，这些韩国的志士来参加我们革命的确实不少，而这里所写的三个青年，正是这些志上的典型。作者在本篇里，正如他在《白马山》里一样，他有真实的感觉，因此对于言些青年的心理和生活是十分透澈的，描写上不但已意识化，而且是情绪化了。

这篇的技巧也是很好的。他是十分地简洁，在短篇小说中以动作所占的时间和空间都极有限为贵，而这篇却正是合于这定律的。还可注意的是，本篇对于剧景的描写也似深得三昧。本来剧景的插入须有一定的目的，必须能显露地方色彩，介绍、发展或显露人物，或为促进动作之用。而现代一般的作家、对于这些却似不甚注意，往往是随手拈来，即行描写。本篇的作者却正是校正了这弊病。这里面所有的描写都赋有了他一定的使命。例如：

——我走过去，他招呼我在身旁坐下，遥望江水好像一条白练似的跃动，倒坍的黄鹤楼的灯光和萤火般的闪烁，这一片山河是画图般的美丽。

这便是为促进动作之用的，而也就是乡愁的来源。又如：

——突然、呜呜的汽笛一声，一只巨大的外国军舰很迅速地鼓着浪花在我们眼前驶过去了，洁白如练的江水顿时银光血溅起来。

在他们兴奋的谈话中、插入了这一段，这是可以发展他们谈话中心意义的，然而是并不怎样显露，因此使我们的回味也格外隽永。

末了，写出这些青年在革命工作毫没有私谊而重视工作。有一次，一个青年因精神的疲乏，对于工作稍稍松懈，受着同伴严厉的毒打，但在过后，“意外地他们松了手，三个人竟同声哭了起来”，而祖国的怀念又深深地啮住他们的心头了。这是怎样的可以激发我们。作者能抓住他们真实的内在来做结束，是很难得。

至于题材方面，在一般的作品是容易选择的，但在民族主义的文艺，却决不能一把青菜、一把萝卜随手拈过来。而作者这两篇所用的题材我觉得是很恰当的，而在处理方面更能有一贯的线索，确切地把握了民族主义为中心，用很艺术的手腕表现出来，使民族主义文艺的理论和实际一致起来，这是值得我们十分地叹服。

总之，民族主义的作品，在中国文坛，这可以说是创见，而这创见的东西，已是确定了他成功的基础。在这里面，他已暗示着今后民族主义的作品应有的倾向，不但内容上而且形式上固然展开的前途是无限的，这只是初生的姿态。

末了，我希望《前锋周报》以后于理论的建设外，再多多的把创作送出来，使这一个运动的内容格外充实。同时，更希望这位作者加倍的努力，向这方面去发展。

（原载于《申报》1930 年 9 月 1 日）

# 敬献给我们底东北青年韩国志士的擂鼓声

杨春天

魔鬼们收场了最后的跳舞！
垃圾堆已是展现在吾人眼前！
认识了一切吧！
我们应从死路中去拓生路！来！
举起那自由火炬！
照醒这酣睡的远东！

暴日炮火烧澈夕霞天；羔羊血染遍塞外地。这一幕命定的悲剧，果然是开演了！我们扮演着悲惨主角的被卖民众，我们在炮火下血泊中挣扎着的青年男女，今后我们是没有徘徊的可能了！觉悟了自己的地位，明白了当走的路，认识了一切的把戏：那五光十色的一切丑态，卑行，诡秘，骗技……都是赤裸裸的不能掩饰的展现在世人眼中！什么国联啊，政府啊，文官啊，武将啊，外交大吏啊，试想他们都是作什么的？他们能为我们开出生路吗？！

我们民众被卖，被杀戮，被奸淫，被掠夺！受苦的是我们自己，悲愤的是我们自己，我们要自己救拔自己！看啊！以我们的血泪、热望、赤情、金钱、生命送出去的请愿和求援的民众官（他们自己也不肯下降为代表吧？）是出平津而南京、上海，今已有些归来了！看啊！他们是现着光荣又含着微笑！

野火燃眉，时候已经到了！同伴的青年男女们哟，此时我们只有携手努力地冲上前去！

历史上记有我们东北青年种种运动的失败事迹，那是因为我们过去行动的孤单和常为历史桎梏支配着的所致！因此我们并不能甘于绝望或悲观！我们应把从前所得的教训，用之未来的行动中。我们底地位虽然危急，而我们底责任却是伟大！事实业已告诉我们，东北的灭亡，不仅是东北自身的问题，而是中国整个的问题，全东方弱小民族的问题，全世界弱小民族的问题！再看！这是全世界的人类为日本帝国主义所征服所奴役的前幕！这不是什么谣言或妖言，请读田中义一底《满蒙积极侵略政策》一书，便可明白了你自身的祸已临头！由此，我们晓得全世界弱小民族革命成功之时，全东方的弱小民族才无灭亡之忧；全东方弱小民族革命成功之时，全中国才无灭亡之虑；全中国革命成功之时，我们东北才有不灭亡之保障！但我们更晓得全东方弱小民族革命成功是全世界弱小民族革命成功的关键，握着东方弱小民族底革命核心者，又是我们中国的同胞，可是现在中国革命竟然是消沉的年头陈在眼前！且看除了我们中国底革命是在日渐消沉同破灭之外，其他东方及全世界弱小民族底革命，不是在蒸蒸日上吗？伤心是那过去的一点血泪基础，而今都是被揩拭殆尽了！倘欲救此眉急，只有一次暴风雨的再来了！我们晓得在现今内外压迫夹攻之高热期中，能作再起暴风雨的主力军是没有的啊！到这里请不要悲伤，中国转变之时已到了；作再次暴风雨之主力军已来了！人家或以为来者是谁呢？那便是这次当暴日炮火下挣扎在血泊中的东北男女们啊！我们底地位是如此重要，我能不在这里含泪微笑喊一声吗？

东北血泊中的青年男女们哟，烧起那自由的火炬，去领导民众而前行！东北革命的先驱，中国革命的先驱，全东方弱小民族革命的先驱，全世界弱小民族革命的先驱，起来吧！快快起来吧！

认清我们底敌人，认清我们底朋友！

我们底先驱哟，路是已经横在眼前了！

不阻挠我们前进的是朋友，助我们前进的更是好朋友。我们好朋友哟，不论你遭遇如何，只要是抱着这反抗强权而为了求全人类未来的光明的观念和行动的人们，都是我们急当携手的好朋友。远如波兰、埃及……近如安南、印度……无一不是我们底同伴。但在过去的时期中，我们只有彼此同情，而不曾有过切实的提携，过去任他过去罢，我们此后大家应当努力并进！我们全东方弱小民族的好朋友哟，我们全世界弱小民族的好朋友哟，团集我们的力量！共同打倒我们的敌人！

我们底敌人是谁？

帝国主义者及其走狗，当然都是我们底敌人！然而那以麻醉鸠杯，欺骗手段的教育者，以及那些投机者，又何曾不为我们底巨患！这一切都是身外有形的敌人，快快把他们消灭！

薄弱的意志，颓废的观念，遗传的劣性，更是潜在我们内心的无形而有力的敌人！这些敌人是在暗中来破坏我们并阻止我们，我们如不能裁除了他，那是不能打倒我们底有形大敌！

扑灭敌人！

前进啊！

我们要整齐我们的阵容！

因为我们底环境不一，所以我们底工作便有平时和变时之分。变时的工作，在这里，我们须得防范着一般所谓知人学者底读书救亡、科学救亡……等等恐吓式、软禁式、阻挠式的欺骗！因为革命是为求全人类的幸福，而不是得到自身苟安便罢。我们不能放弃了那在水火之中的兄弟姊妹于不顾！更何况而今我们也是刀斧之下的羔羊！试看他们主此谬论的是些什么人，更可证明了他们底劣迹！他们底自身及父母兄弟姊妹妻子都是在租界地红楼安居着；他们不曾受到什么杀戮与奸淫，所以他们可以不进啊！然而我们又怎能坐以待毙呢？我们须得撮着拳，认清一切而前进！不过在这里我们更当明白一件事，就是不要再去做那示威啊，请愿啊，等等，徒给统治阶级骗骗而归，又被其深囚于"学校牢狱"之中的可怜把戏！这还是未亡区域中的学生命运。至于我们已亡地带内的学生，在帝国主义者底奴隶教刀之下，你们想想是读的那家书?！求的是什么学？所以在这突变中，我们应该联合起来，大行弃校而"罢学"！

罢学！罢学！罢学！罢学而钻进民间去！

钻进民间去，一面组织民众，指导民众，救护民众。另一面窥探敌人行动，阻止民贼们的勾结盗卖行动；而在相机中破坏他们！如此做，将来一定获得成功。一则是民众都当走头无路之时，二则而今一切的革命力都在潜伏待机之日，所以一有动作，必有援兵迎应的，我们绝对地不能孤独的行动啊！同伴们哟，和全东方弱小友朋们联合起来前进罢！

至于去做什么，如何做法，那是要依时势用革命方针了。

平时的工作，这是永久的工作，这是积极的工作，而不是可以消极的；但以前我们在此项上失败最多，今后应该努力自新了。朋友们，勿彷徨！这种工作是什么呢？便是捣毁旧乾坤，再造新宇宙；把现在一切不合理的废除，使人类达到那光明的途径的革命工作！我们血泊中的东北青年男女同伴哟！切依照那全人类革命的方针和步骤，去和全世界上的好朋友联合一致行动罢！

行动啊！行动啊！光明的未来何时到！

只看大众无畏的牺牲如何！

我们晓得，人力是可以推动社会的进步加速的；一般机械论者的谬说，又何足以使我们灰心而意冷，牺牲吗？这是革命者的必然归宿！更是先行者的必然归宿！没有什么可失望处，这是最值得欢喜的事，因为这是革命者的荣幸！并且从事实上证明了，不抵抗时，我们只好坐以待毙；能够逃出东北时，也是逃不出帝国主义者所占领了的地球去，任凭你是孙悟空再世！我们必须反攻，因为抵抗是可以得到自由的！不见那由抵抗而得到自由的土耳其吗！假如而今不抵抗，灭亡了自身，更陷送了子孙永久作人奴！我们底东北青年男女同伴们哟，想想听听！

同是栅中羊，提笔致相思！

最后哟，犹须扯破衫襟！

我并不是什么有背景的人，我更非在此来煽惑，我是一个东北血泊中的青年！我是一只羔羊！因此我来把心中的话说于同伴听，把我底血潮倾于同伴面前！虽然这只是热情而无高见；虽然这只是白水一杯，而无美酒半盏。然而……

"朝鲜亡了，我们还可以到东三省来生活，来求学，来设法进行革命。而今东三省也亡了，我们更有何处去立命安身?!……同命运的朋友们哟！努力啊，努力向前扑灭一切敌人！我们是东方弱小民族革命底主力军！我们的生存，就是全世界弱小民族的生存；努力哟，挑起我们的重担！时机到了，的确时机到了。"

同伴们哟，这是我们运动出发的前夜，东北已是亡了！同伴们哟，我们不应因为不能自卫而羞惭；更当为了负人及贻误于人类而受诛和自诛罢！这种自诛，不是要我们去痛哭五分钟，或带罪去打电报，发宣言，提抗议，而是要我们把重担挑起来！

流亡于外而断食绝生的东北青年男女们哟！回到你们底故乡去罢！血泊中蠕动的被囚于内的东北青年男女们哟！起来罢！大家联合起来，举起自由的火炬，照醒这酣睡的远东！捣毁旧乾坤！创造新世界！

起来起来！

直前负起那伟大先驱的使命！

先觉者应当去铺路！

这是有价值的牺牲！

二十年，东北的末日，在江南

（原载于《新东方》最近远东问题专号，1931年）

# 日本铁蹄下之朝鲜

渭渔

日本并合朝鲜，已二十一年，其统治之成绩，果如何耶？曰政治犯、思想犯之激增也，大众之贫穷化也，韩人之离其故土而散之四方也。自去年光州事件及全国学生反日运动以来，日人对朝鲜之政策已弃政治上之抚摩手段及教育上之同化，而又重掌握韩人经济命脉，此日本殖民政策之一大转换也。兹将最近朝鲜政治经济之种种情况述其概略，以供国人之参考焉。

**苛税**

新设总督府统治下韩人之负担，年有增加。本年谷价暴落，农民不堪负担之苦，于是弃其田地，于夜中逃走者，日有所闻。在此状态之中，总督府竟通过废税案，并新设空地税、庭园地税、麻雀税及私设基地税等种种苛税，一般地主则佃租增收，转嫁其负担于佃农身上。

**丰年恐慌**

朝鲜去年度五谷收丰，均称大丰，而米价暴落，一担米之价最高不过四五元。佃户地主收入均不敷支出，形成离奇之丰年恐慌。

**土地**

略据日本殖产局农务课最近调查。在朝鲜境内日本人所占据之农地，除官公机关所有三百四十余万町步外，专由日人个人能力占夺农地之总面积，达二十二万町步，略占全韩农地十九分之一，与东洋振殖公司所有田地合计之，可达全韩农地四分之一。循此以往，韩人不久将全失其土地，举全民族而变成无寸土之无产民族，可预卜也。

**革命急进**

目下韩人革命战线，分左右两翼，左翼与中国共党合同进行种种猛烈运动。右翼则进展迅速，倾向于大同团结，各种小组归化于大独立党，国内、国外之革命人士互相策应，有席卷全韩之势。其组织颇为严密，为避免日人察觉计，严守秘密，其内部情形绝不向外披露，于暗中进行工作，闻大独立党之本部设在上海，党员已有四千人。

**日人高压**

日当局鉴于韩人革命怒潮日形澎涨，极感不安，遂设“思想检事”以资收缔，从思想上制止反抗运动之辩芽，其防备之周，可谓无微不至。更有可注意者，本年二月，总督府召集全韩判检事会议，讨论处罚革命党员之方针，一致议决采用严罚主义，废止酌量减刑之制，犯者一律处以严罚不贷，并决设思想独囚制，以防革命党员在监狱中互通消息，散播革命思想云。

（原载于《新亚细亚》第2卷第3期，1931年）

# 中国人和朝鲜人

终青

孙中山先生在民族主义中曾说过："次殖民地的地位还不如殖民地。"由这句话引申出去，当然由次殖民地上生长出的人民，也及不上由殖民地上生长出的人民了。的确的，最近的事实，已给我们很明显地证明了这句话的真理。

我们看吧。

朝鲜，谁都知道是已成为日本的殖民地的一个灭亡了的国家，当世界上的人一提起了这个名字，就好像谁都要没精打彩地。但是最近的事实呢，在中国惨案史上占有一页重要地位的万宝山的创痕，却是为我们鄙称亡国奴的朝鲜人的刀枪所画出的！同时我们几千万侨胞的生命和财产，也是为所谓亡国奴的手脚蹂躏掉的！这一切惨酷的记载，我相信在国人的脑海里，总尚未被遗忘的黑浪洗掉吧。

我们再看这次国难波涛中的朝鲜人吧，在我国的报纸上，差不多没一天见不到朝鲜人杀中国人的消息，这一切，不都是证明殖民地的人民，是高出于次殖民地的人民吗？

同胞们！现在我们是朝鲜人都不如了！眼看着我们自称为"大中华"同胞的血，在亡国奴手中的烙着日本印的银刀上滑过，我们是该作什么感想呀？

（原载于《兴华》第28卷第40期，1931年）

# 记和朝鲜侨胞的一席凄凉话

定明

WH君从朝鲜调查这次鲜人暴动的真相，回到南京，给日本研究会社报告。我和W君谈了好多次，最使我掉同情之泪的就是下面的惨痛故事。W君说：

我七月二十八日到平壤，在晚上到了一家规模宏大可是破坏不堪的招商店里去，和一个名叫王元九的侨胞谈话。王店主的面庞消瘦极了，一望而知是受了灾难的人。他头上包裹着一块白布手巾，他把此次九死一生的惨史从头到尾告诉我道："七月五号晚上，有一大批朝鲜人向我的铺子那里来，我战兢兢地领了店员们避到房顶，躲在暗处，就听见恶骂声、毁物声和好像强盗分赃不均、互相争执的声音。大概过了有半个钟头，才慢慢儿悄静无声了。我那时兀自想东西虽然被他们毁掉，可是这条狗命落得留下，也就万幸了。唉！不料万恶的朝鲜人并不以这个为心满意足，他们蓦地拿着电筒上了房，向四面照射。我们看见了电光，随即跳下，落到隔壁巷里。那巷里有个水沟，墙外就是街道，我因为身子过胖、过重，跳下时腰眼里受了伤，卧在地下，不能起来；但是恐怕朝鲜暴民随后也跳下，所以扎挣地爬到水沟里，又躲藏着。忽然又听见店伙大喊："痛死了！妈呀！"

唉！谈到这儿，王君的泪早已由呜咽而变成哭声了，我也不免掉下了同情之泪，但只好强制住，劝慰他说："你……你一哭，我……我也不忍再听了……请你再往下说吧！"

过了好一会儿，才继续说道：'唉！因为店伙跳出墙外想逃，不料街上也密布着暴民，跳出的店伙，被那些暴民一顿乱石子，乱刀，乱棍，乱打的……乖觉的见势不好，又跳到墙里来，蠢笨的就给他们打死了！我的店伙七个人，这当儿我也不晓得死掉了几个，活着几个。我又藏在水沟里，腰里痛的不能忍耐，一片惨号的声浪，又刺入耳鼓……”

王店主说到这儿，停了一息，恨恨地道：“唉！我打算起来和那般恶妖魔一斗，爽爽快快的死了，也好免得活受罪。无奈想走动的时候，心儿又被惨痛的哭号声音刺激得好像碎成万片，身子软的不得起来了……唉！我们中国人远离祖国来到这儿经商，平日已受尽了朝鲜人的无理待遇，现在又被猪狗还不如的……这样的给人杀！……”王君说着放声哭了。

我又忍着泣安慰他道：“中国不亡，中国人不死，总有报复的一天，只要我们不忘记！……”唉！我除了这种“空空如也”的话以外，还有什么法子安慰他呢？

王店主歇了一息，又续说道：“后来我的一个小店伙从黑暗中摸到我的身边来，并且双手抱住头连声喊着：‘啊哟！我的妈呀……妈！’我恐怕朝鲜暴徒们闻声寻来，就力制住他的哭声，又手握着沟水，浇在他的头上，又摸得半块芦席，遮在他的头部。过了一会儿，小店伙忽然鸦默鹊静地没有声息，我那时不由得又扑簌簌地落着泪，我还以为他是死了——那时又想到祖国为什么总是连年内战，不知道振作呢，后来我精神不支，也就昏倒在沟里了。后来不晓得怎么地被小伙计的哭声唤醒，我就爬到小伙计那里，把他抱到沟里，但是他仍哭泣不止——天哪！不料想这刹那间，暴民声势汹汹地向哭处找来，我竭力把小伙计沉在水里，无奈小伙计因受伤太重，仍然哭个不止。暴徒们来到一群，又只听见棍棒交响，纷纷向水中乱打乱捽，我在这个时候，头部又吃了一刀！”王店主说着，同时解掉他头上裹着的手巾给我瞧，头皮的后方一条光滑的疤痕，显然呈露着。店主一边又说道：“两星期以后，刀伤才长好了。”说毕，长吁了一声！

[原载于《中华》(上海)第7期，1931年]

# 朝鲜纪游

马毅

十八年春，哈尔滨教育厅派赴日本考察教育，路过朝鲜，留连一个礼拜，给我的印象极深，现在就记忆中写下几样，以搪塞我这躲不了的稿债。

在沈阳下午三点坐了开往朝鲜的特别快车出发。车后加挂一辆了望车，三面满是玻璃窗，窗下周围放十几只大靠椅，中间横陈一条长桌，铺着雪绒一般的白台布，上面一个仿古瓷瓶插着几枝半开未开的白梅。沿路山色蔚黛，车仿佛在画中急驶。本溪更使我无限低迷，因为是亡友杨君的故乡，他的病与死，抛下爱妻慈母的惨痛景况都浮上了眼前。车经过此地特别开的慢些，为的是给人眺望风景。一片松林，后面苍翠的青峰个个妩媚。层峦叠嶂，参天无极。峰际透过一角轻灰的天色，山脚下是一片湖水，正映着晚霞，波荡绛赤，天上悠悠一两点浮云，山村的几缕炊烟都散射着金粉色。随着轧轧的车声，山影云光若远若近。到了暝色隐蔽了视线，不知不觉感到了一种旅行的离索情绪。谢灵运诗云："不惜去人远，但恨莫与同。"正是我此际的情怀。好景自赏，实在是凄凉。夜半凉月高悬碧空，一团团山影林荫碎乱的在澄碧一色旷野上流动着。回到睡车，床铺都已铺好，我把一块钱递到穿着白色制服的茶房手里，他说着不敢受不敢受，却深深的鞠着躬放到口袋里去。灯光下老绿帷幕，软白的枕被，使人感到一种舒适，比起从前当学生京奉三等车中熏着葱蒜汗臭，挤在硬硬的木凳上睡着又时时被查票声、咳嗽声、吐痰声、地上的撒尿声扰醒，真大不相同。呵，这辆机车拖着多少好梦在月光里急急的奔驰。我的故乡哟，现在真是不忍回想呵，山川依旧，人事皆非了！

安东就在山水相接一碧无垠的鸭绿江畔。我们不能超然自得就是因为受着感情支配。到了国界上我们想到国家，看见朝鲜的土想起他被人强夺去的当日情形。是呀！国势弱，现在呢，比中日战时怎样？不是进步就是不求进步的表现吧？日本警察检查了，第一惹我注意的是他们的态度与服装。穿着黑呢制服，紧凑与精神，我们在北平看见的警察，听说是全国第一，但是衣服质料不必管，那样宽得像天女散花梅兰芳的肥袖，散着裤腿，说着话像听差对主人，使我着实惊异了。他们正经的一样一样的年岁，职业，旅行目的，一样一样问着，态度那样沉静大方，我们的模范警察呢，是不是说起话来，态度、声音都奴气十足呢？

第二使我感触的是我们走进他们国界的不能随便，而我们国家呢，却是什么不在乎，鸭绿江上每天每天几十几百渡来的朝鲜人、日本浪人架屋引水掘田，谁去问呢？连个数字我们都说不清。第三是海关收税，检查出来上税的东西，问你价值多少，依你答话的态度来定税额，有两个买同样的一种东西，说实价二十元的就上二元的税，说大概不到十元吧就收了七毛二分五的税，海关是肥差，是中国人的心理，天津海关前年夏天闹的大笑话不过是千百回次的一次而已，但是不知道为什么享着高俸厚禄，却连货价都不知道。同坐的一位日本人问我那七毛二分五厘的二分五厘，是按照什么标准收的那么准确呢，我又怎么知道。据说是证明自己收税的高明。

车又蠕动了，一觉醒来已是平壤。呵，平壤依山面海，朝鲜最沃腴的平壤，当年左保贵在此抗日大战，因为枪与子弹不是一国制造的，临阵竟不能放射，开仗就败了，他穿着御赐的黄马褂，戴着花翎，被日本大炮轰的只剩了一只方头靴子、一只膀臂。我对着平壤城真说不出辛酸的滋味哟。后来在东京遇着一位住士官的某君，他祖父正是左保贵麾下的总兵，是全师先逃，我们谈起来中国需要什么样的留学生，他自然也和其他的留学生有一样的大志，预备回国以武力消灭军阀，反抗帝国主义，我笑的说只不要逃就够了。那只是一时的气愤，现在说起来中国军人是要受着“不要逃”这样教训的。不但不知抵抗的东北军人要牢牢记着，就是上海战光荣的十九路军也要记着，左保贵并没有一篇一篇的宣言通电誓以最后一滴血洒在鸭绿江上，然而他的血竟自洒了，而某某还是“全军而退”。十九路军开闽，上海的工兵厂拆毁，恐怕吴淞口的炮台也要搬家了，以今日民众拥戴的情势说，我们真该有左保贵哟！到了京城，一下车又是警察来招待，由日华学会的介绍，坐汽车到不知火旅馆，房间每天五圆，据说这是日本式旅馆最讲究的了，日本式的建筑最怕火，不知火是绝不会有火灾的意思，根本意识中就没有火，否认他之存在。

中国人到朝鲜或日本参观或读书，大概都由日华学会包办，很少去中国公使馆找麻烦。我偏要去碰钉子，看看究竟是怎么情形。京城的中国领事馆也曾赫赫一时，是袁世凯的总督府。门南不到十步就是公共卫生厕所，一进大门的旁屋就是简陋难堪贫民学校式的华侨子弟小学校。啊，怎么冷落破败到这步田地呢？门房连个听差也没有，一直进大厅，看见一位身穿腿[褪]了色的库缎小花灰绵袍，我以是书记或是听差，就问公使在家吗？把我让进去，通了姓名，才知道他老先生就是总领事大人，同这样不通的外交官，能谈个什么所以然么？大凡旅行，考察的人时间都是宝贵，谁有工夫找无谓，而他们也乐得清闲无事了。东京一位日本人于汪公使诗云："馆门长锁参禅坐，闲研朱墨注太玄。"骂透了中国的驻日外交界。国人常骂政府不知道国际情势，常骂国家不强不能给外交作后盾，所以常常失败，其实他们也要负相当的责任，他们应该平时探访研究调查驻在国的政治、军事、社会的一切详情。中国人敷衍不负责，再加上外交官的圆滑，自然更自无事了。在朝鲜的华侨，约有二万人，职业多数是理发，开饭馆，卖中国酒，广货庄，这是南方的人多，劳动者几乎十分之九是山东人。他们冒冒失失跑到朝鲜，言语不通，只知道卖血汗，好的情感没法传达，而骂人的一两句却容易积下愁恨，日本人利用机会常常从中挑拨，东三省排日，日本就在新闻上用大号字刊载中国排鲜！所以惨事常有，朝鲜惨案不过是总结果之表现。

朝鲜在中国人的脑中变了。他再不是承受我们文化、服从我们的法律与我们经济往来的藩属的国度。大家忘记了我们三千年的关系，忘记了我们清政府的昏懦无能，不能保护他才给日本灭亡。成千成万的鲜农被压迫飘流到中国来找一条出路，假使中国想到对不起悔惭的话，应该怎样筹划保护他安置他，有从前的恩义，有日本的压迫，感情一定可以合中国更加密切，借着这个势力，日本的许多阴谋凶残感情，我们可以抵抗。可是中国人不愿多事，把朝鲜纯粹当作日本的属国，凡交涉都合日本办，除了表面的外交，暗地里就没有交往，就没有可以联络感情的事。于是日本乃得从中鼓惑，增加了我们的一天一天的恶感，仇恨积深了来对中国报复。

京城新式街道是异样的繁华，可惜不是朝鲜人能够享受。旧式街道还是狭隘不到一丈宽，建筑也极低小，在中间走，只觉好像不是现实的世界，头可以触着屋檐。到处往来的人，小小乌纱帽顶在头尖，披着圆领大袖的白衫，真是衣冠不改旧家风的箕子子孙。政治军事自然日本人包办。纳税也比日本人要高一倍，大的企业完全在日本人手里，特别土产，就像高丽参都有专卖局。朝鲜人一天比一天穷，被日本迫往中国迁移，剩下的地位就给日本人补上，几十年之后朝鲜就要绝迹于境内了。现在的东北有人说归人可以治理好，那才是梦话，帝国主义牺牲了几万条性命。无数资本，不过是为他的殖民地谋幸福的，东北要是发达了，中国在东北的人也快绝迹了。统治朝鲜的最高机关是总督府，是用四百万之美金的新式建艺，里边完全用朝鲜产的大理石，磨的晶亮，大礼堂四根柱子是红粉色大理石，中间砌着一条绿色仿佛玉柱一般的大理石，极其秀美，这个天棚雕花是意大利人的创作，就用去二年的工夫，全工程的富丽可以想见。一切的官厅、公安局等公共的建艺，都非常宏壮，这是与“中国官不修衙，客不修店”的意见正是相反的。

学校多半是日人、鲜人分着，有的日本学校有朝鲜学生，可是朝鲜学校没有日本学生，听说是因为朝鲜脏秽。但我去过一个小学，是京城唯一的鲜人学校。小孩子的笑容流露着天真诚爱，我记得在他们操场边上站着，他们成群的围着我，牵我的手，扯我衣服，连笑带嚷拉我去玩。我觉察不出来可以教人讨嫌的地方。都是些有希望的孩子，可惜生地不同，就决定了他们悲惨命运。等了知道自己作亡国奴的悲痛，笑容变阴沉了，刻上一条一条愁苦的痕纹。我觉得朝鲜是伟大的。倒不是只因为有安重根，尹奉吉。他们亡了三十年，一切生存的权利自由幸福都被剥夺净尽，在整个的压迫之下，国际间也毫无援助，他们没有革命的机会与武器，他们整个是被统治者，可是他们依然奋斗，从来没听到一个人说过“朝鲜没办法了”！他们不像中国鸦片的这样盛行。中国人的末路如何？谁敢说一定呢？全朝鲜人连一个当小学校长的也没有，日本人说是程度不够，亡国人连小小的教育行政位置都没有，真是可怜！中国今日的汉奸还做梦么？

朝鲜故宫改成李王家博物院了。里边陈设的古物，除了保存的方法精善以外，没什么稀奇。珠宝玉器，鼎彝之类很少，有中国的赐品，有朱熹的字，有岳飞写的一块木匾，石器时代的石箭最多，三间屋子的窗下都列满了。宫殿虽然是中国式，但是气象略差，也许不如北平的一座王府还有红黄的琉璃瓦。正殿朝堂下边大臣上班的品位标石，只是四楞石柱刻着一品、从一品、二品、三品像墓地的石碣一般，笋列着矗埋在地下。

皇宫的院落，非常寥阔，山林起伏，波光榭影，极饶清趣。崖下谷中的松林，稀疏的粗仅供把，绝少枝丫，秀干参天，宛如竹篁。立在山坡望着凄清的落照、阴黯的宫院，又是彷徨，又是凄迷，说不出的一种悲怜惜吊的心情，春寒料峭，小风拂着襟袖，更觉凄然！

内宫有些残颓了；门上挂着的对联都已剥蚀斑斑。太液池上一湖春水，映着晚霞，荡漾着沉赤，几个日本人正在摇着小船，那样悠闲。遥想李王与日本签订让国条约以后，不知怎样挥着眼泪，携着妃嫔走出宫门的呢！霜朝月夕，追怀故国，真是不堪回首啊！

孔庙，国子监，残筑的不亚北平的孔庙而一切古乐都保存着，什么埙、篪之属，差不多只是从前看见的画图。有人司祭，有人请经。一位老先生，圆红脸，胖子，向下垂着短白髭须，低声向我说："我们朝鲜受中国几千年文化，现在虽然经费怎样艰难，誓死不忘祀孔，以报深恩……"泪珠在他眼中转动，我的心像针刺一般，凄然低下头去，不敢看他。

在朝鲜住了七天，感情每天紧张着，当时目睹的亡国的惨痛，不想今天一一来在眼前了！坐火车往釜山去，沿路一堆一堆的小草房，山是一点草木没有的红红石块，表现的鲜人整个的穷苦。一个日本人嬉皮笑脸的说，"朝鲜的美嫔最可爱"，什么"朝鲜动物园的河马嫁了东京上野动物园的老河马，今年生了一个儿子了"。我顶讨厌这样假惺惺的人。

（原载于《东北月刊》第1卷第2期，1932年）

# 朝鲜民心从此可见一般

哑子

朝鲜自公历一九一〇年被日本并吞后，日帝国主义者竟以最惨酷的手段压迫它们，使它们再没有出头的日子，永作日帝国主义者的附属品。

试看伏处在日帝国主义铁蹄之下的朝鲜人民，是多么的痛苦哩！禁朝鲜之方言，行征服之毒计；三人不许同行，对言须远国事，要是一不小心，便作罪犯论。他们的目的，是要致朝鲜人民的穷途末路，使得朝鲜人民永无反动的一日。

理想虽如此，然而事实决不会和理想相符合。它们虽受了极高度的压迫和不可思议的痛苦，而它们究竟总没有心死。我们且看公历一九一七年俄国社会主义之产生，首先树立了解放弱小民族，推翻弱肉强食的主张，反对帝国主义者的侵略。所以早亡国了的朝鲜人民，得这一次的警钟，也就逐渐觉悟了。在倭奴耳目之所不及，也会站起来呼喊几声独立自存了。

我们在历史上已见过它们之谋脱离日帝国主义者，实非一二次了。奈以能力薄弱，谋策无人，兼之事机不密，以至屡遭失败，终难独离虎口狼心。

“以力服人者，非心服也。”孟老夫子这两句话，是何等地值得人们钦佩啊！四二九之事起，更可证实孟老夫子所言之深远了。

四月二十九日，为日本天皇诞生圣节，而自去秋九一八事起，那百计千谋的一般蛇蝎虎狼，同时也在中国上海的虹口花园举行他们的庆祝典礼。谁知有一朝鲜人，出人意外，乘机闯入会场，做他们爱国的运动，手里拿着致人死命的炸弹，对准他们勃通一声，炸得他们半死半活，死的死，伤的伤。

哎！尹奉吉虽被捕身死。而在这一炸之下，已足知朝鲜民心未死了。

担任国事的大人先生们呀！一个亡国已几十年了朝鲜人—尹奉吉，尚且还有那样的勇气。然而你们竟懦弱到这步田地，你们还有面目来见老百姓，怎不赶快立功赎罪呢？

（原载于《抗日半月刊》第 2 期，1932 年）

# 朝鲜亡后话零

诺百尔
雪斋 译

目前朝鲜已经度过经济变迁的一个极困难的时代了，由是他的许多领袖，对于前途都是感觉失望，不过因为他是外国的一个经济奴隶罢了。这个状况的缘故，隐伏于现代经济世界的问题，是远胜于这个国家里面的政府。

在这个乡村的区域里面，那些东方的风俗还是盛行的。那种顶上绳结和蝇式装饰的帽子都为那里的男子戴的，而妇女们穿着短衫，并且把胸膛显露出来，我们要晓得这种种情形是很易于证确的。但是在各处城市里面，而且尤其是在那个都会汉城地方，所有风俗都是受了欧西的影响而大见改易。街市的景象也就是这个新时代变迁的表现。那里的牛车、汽车、人力车和脚踏车是络绎于途的。这样讲来，朝鲜仍不失为一个国家，而且在那里的一条流域，总算是富裕的表征。汉城所有广阔的街衢上都是充满那些新式砖瓦建造的大公司和商店，但是这种建造，在这个城内，完全朝鲜的地方是较少些。

自一九一九年被动的变叛后，山多(Viscount Saito)就委为朝鲜总督，日本采取军事和严厉的方针来治理朝鲜。换一句话来讲，这次变叛，不过惹起日本政府所有政策的改易。于是这个总督的爵位也就推倒而成为平民，而且那个大吏所有指挥军队的职权又经解除了。至于遴选山多以继其任的事，实在是经过一次极精细考虑。因为海军上将山多富有行政的才能，又是一个和蔼可亲的人。很明显的，他对于朝鲜幸福，颇为关心的，而他行动顺利，绝似一个行政长官。有许多其他高级官吏，把自己原有的态度改变，专以仿效这个总督为能事。虽然朝鲜人反对他们行政官吏所有的肖像是画得过于谄媚的，他们指责日本在朝鲜的目的是仍与一九一〇年一样的，而那个基本的法令毫无变更。起初，这位总督以武力的手段宣布各项法规，并未经过研究和核准，就是等到日本国会下次召集的时期，把那些法规置在他们的旁边，可以完全讨论，然而同时是于实事毫无影响的。

在朝鲜,所有官吏共分三级,有两级是直接受皇帝委任的,那就是正总督和副总督。至于那些内地官吏,只要皇帝和那地方长官核准就可以了。这最低的一级,大约包括着百分之九十的朝鲜官吏,并且在这种日本的过度的分部治理制度下,他们所办的事务,不过是例行的而已,实因那些第二级的官吏,很忙碌的要替所属官吏的文件签名盖章。这一级官吏叫作"一样的人",那些普通的朝鲜人,如果与政府有接触,总是晋谒他们罢了,大概日本以这一级的官吏向朝鲜人民表示他的政策,就是像山多的那样和解的政策,仍不能感化他的属员,一般普通官吏依旧一致活运不歇,以反[致]发生极多的小骚扰,以期恢复朝鲜民族主义,而使反对日本思想不得冷淡。在现时的行政上,日本想以下级官职委任朝鲜的人民,而谋稍得解决此项问题。

虽然日本人在朝鲜是曾经将交通、运输、卫生、经济的巩固和公共的安宁等事项大大的发展起来了。

那个学者,不论在今昔,倘若能够遵守中国的风俗人情,那么,他就要朝鲜的民众尊敬的。至如今日那里的公私学校,都是充满了勤勉的学生。虽然依照中国的风俗,普通朝鲜的学生视学术与手工为两事。他们希望,将来如果能够把高中和大学的课程顺利的读完了,对于高尚职位,无不胜任愉快的。假使他们曾经研究过农业学问的,并且在那个乡野地方的人口当中,约有百分之八十是从事耕种的,所以这是很堪惊异的,怎么那里只有几个人受劝导而学那项课程,他们希望将来如能保全他们农业教员的地位就足够了。掉一句话来讲,他们如若有那种专门学问,便想教授他们所擅长的事艺。这个状况,是一半因为政府方面对于教员事业的待遇过于提高,由是那些奇才异能的人自然要被诱惑而从事于斯。但是在一般学校或大学毕业生方面,所有教授的志愿较此是有更坚固的基础。倘若这个国家所有经济衰微的倾向都被拯救,那么一般朝鲜青年们一定可以打破赋闲的习尚,而斯文的书生也就要愿意出去工作,使手脑并用。侥幸的就是在最近三年的一个短促时期中,那些冲破闲居风气的朝鲜青年人数就有一种大增加,而他们在生产劳工方面的技能是视为大可尊敬的。

朝鲜现在已经陷入一种危险经济泽国的境地,于是,他在将来的时代中就是很难逃脱这种困难。在那里,一七〇〇〇〇〇〇人口当中,有百分之八十是从事农业的情形。自世界大战后,工业上是有增进,就是到了今日,农业的生产要占各项生产价值总额百分之八十。起初,朝鲜是依赖农田和农夫,所以那些乡村问题要算是全国最重大的。

因为朝鲜的重大问题——土地的割让——是朝日两国人共同訾讥的，就是最近政府尽力维持，而在物质上始能有增加的情形。假使一个朝鲜的农民对于财政的眼光是较短的，他就要更易丧失田地。因为在过去的时候，采取商业的便利方法这种失败，还不算是最重大，但是那个日本的放债者和匹偶的朝鲜人皆是近代的商人，希望递加的利息，能一分一分地归还。这项合法的利率的最高度，是按照所借的钱数，而自二十加到三十，但是，还有许债务是增至百分之五十甚至六十。寻常那种利息在借贷的时候就扣留下去了，因是一般盘剥重利者不致遭遇损失。如若债务人反对这种情形，并且要求合法的利率，至于法院里也要帮助他的，然而对于债权人的重利盘剥仍是没有什么惩罚的。有几个朝鲜人，对此竟敢提起诉讼。一次，有个人涉讼起来，他的信用也就从此丧失殆尽。嗣后简直没有一个别的人再肯借钱给他，只恐他有第二次往法庭起诉的事。并且，政府对于这桩事情，仍然漠不关心。

日本人如系公平，就而把这个理由指出，为什么那个农民愿意向一个放债人求贷，而不肯到银行里去，这就是因为他没有充分的保障，以满足这种种严格的需要。

自合并之后，朝鲜有许多极好的农田都被日人管业了。一九二五年所有极可靠的数目能够表明，在这个国家里面宜于耕种的田地的总面积百分之十五，早经为日本人民或政府所有的，尤其是前者为最多。这个数目并不包含典押田地，然而他的更大部分，在现时和已往，都是在日人管辖之下。自一九二五年割让运动迅速的继续后，即没有什么靠得住的数目可以援引的。在朝鲜的南部，这种进步是很快的，大半因为土壤沃饶，气候温和。在这个区域的各地，可耕的田地超过百分之六十，至于朝鲜产稻最多之田地，现都为日人享有，尤其是为那些远出异国的人所有的。那么，朝鲜的人民很快地变为无田地的佃农阶级。这种事实，对于一般富于思考的朝鲜人民确系一种重大系念。

那些耕种的田地有四分之三是出产稻粮的，而百分之四五是那些所有者耕种的，他们也就是所有农民户籍中百分之五十三的表现，每家平均约有田地五爱克(Acres)。然而那些已经耕种之田地百分之五四，是包括所有稻田三分之二，在农民户籍中，尚不到百分之四的农民得有稻田，大半是佃农工作的，一家每人平均约计三爱克，只有一爱克是种稻的。这是很平常的一件事，那些佃户每年对于收获同地主总是根据均分的制度，并且他们本身实不仅供给劳工，而且购买种子和肥料以及纳付钱粮。在一九二八年可算是收成最苦的一年，不过百分之三十的种已有田地的人获到一种利益，其余的农民都是徒遭损失而已。在那些永佃当中，有百分之九五。到了年底，大形窘乏，然而一般全佃也有百分之九六是感觉支绌的。这些团体中大多数至少也有百分之八十还是负着重大的债务，他们每年所付的利息，自百分之十二起至十五止，或者尚不止此数。

一八二九年六月，朝鲜的国外贸易的总数约计四五〇〇〇〇〇元，而这种不幸的均衡，共计四〇〇〇〇〇〇〇元，并且这些数目多少总是普通的。关于这些无形的帐项，朝鲜是很难把他的商业和贡献外国教的漏卮及偷运赤金的少数平均起来。换一句话说，朝鲜不但是一个债务国家，而且他的债款增加的速率是大可恐惧的。仅仅日本人在这个国家里面每年所投的大资本。当然，朝鲜人民的债款要增到不可偿还的境地，那末，全国就永无偿还的能力。那些朝鲜的农民所企图的只是要享受现代规模的生活，故日常用品在已往的时候是未曾听见过的，但是，到了今日完全成为种种的必需品了，虽然他们耕耘的田地与采用的方法同他们祖先时代的是一样的，而且人口比较以前多逾一倍。

朝鲜政府和人民双方，对于稻种不良的状况都有改善的筹划，不过那双方所有根本的意志是似乎有些差异罢了。自他被合并之后，政府即行保持农业实验场，那里的设备和保卫是极周密的，但是印象农业的方法是很微细的，这个原因仅是那些农民看见日本的官吏和代办在那里，总是到底不相信的。

日本政府对朝鲜生产力的增加，原来拟订着极伟大的农业计划，尤其是要采取规模宏大之灌溉的方针。最近，日本是迫于不得已而输入外国米粮到这些岛屿，约计一五〇〇〇〇〇〇，然而从朝鲜运来的还不在其内。朝鲜是极好的和合论理的地方，在这个帝国里面，想以稻粮耕种的扩充来减少外国的输入，因为这个理由，日本政府计划使这种灌溉和改良能完全实现于朝鲜的田地，先后所费的款项已超过一五〇〇〇〇〇〇〇元了。这项计划在朝鲜开始施行，迄今已逾三年，所以有许多广大的面积竟见改良了。此外，还有垦荒的大面积也变成肥美的农田。很明显的，将来如果经过一个长久时间，结果自然于朝鲜有莫大的利益，但是直接的效果，于一般农民，似有不幸的趋势。

那些大多数朝鲜的农民，连年勤苦的耕种，然而无论如何，总赚不到什么大利，因为他们大半都不能够受损失。在一定的地方，如若灌溉的改良一经实现后，那么，这种田地税率自要增加，就是那些朝鲜农民无力缴纳，也要遵从的。假使准许他们依照旧有税率缴纳，等到他们从这项的改良起始得到利益后，再实行新税制，当然，朝、日两国人民都能有利可获。但是胁迫他们纳那重税，以致典质财产。或售卖田地与那些日本的人或公司，因为他们以充足的资本，静攫这种改良方法所得的大酬报。无疑的，日本帝国所获利益的原因，就是利用稻粮生产力的一种增加，但是朝鲜人所受的痛苦，只是在着这种计划进步后，而就要更迅速地卖去他们的田地。

那些朝鲜的领袖，对于百姓的前途绝望一层，抱有无限的悲伤。那里有一般希望在这个时候，想以教育的普及和团体的组织的方法来设立合作社于朝鲜全国。至若二百处的借贷联合会都已经组织完善，在那里的会员能够以较低的利率存放他们的款项，实在是比较那些有钱的私人所取的总是少些。仍然，在各中心地点，有许多生产的合作社，尤其是关于那些稻米、鸡蛋和一切副产物的销售是早经设立了，但是这项运动实在是很小的。倘若合作社的运动能够发达和成功，那么，朝鲜在亚细亚要成为最兴盛的中枢。但是他如果失败，就不仅是朝鲜的人民没有希望，并且日本政府将来一定不免遭遘一种没有田地的人民大叛乱的极困难时期，由是，所有经济安定的希望自然要完全断绝了。

（原载于《新亚细亚》第 3 卷第 5 期，1932 年）

# 朝鲜的烈士

赵家驹

朝鲜亡国已经三十年了，在这三十年武力的压迫之下却出了三位烈士。第一位便是刺杀伊藤博文的安重根，第二位是谋刺日皇裕仁的李奉昌，第三位便是最近在上海炸伤白川、重光、植田的尹奉吉。这三位朝鲜烈士，代表了东方弱小民族向帝国主义者武装示威，确震撼了世界。我们对于这三位朝鲜烈士的忠贞义烈只有钦佩，只有景仰！正如三个明星照耀着被压迫的东方上空，光芒万丈，千载不朽！

现在，这三位朝鲜烈士，一个在二十年前已经殉难，其他二位不久便会执行死刑。我们在这阴沉、混乱的空气里谨对这三位烈士行最诚挚的敬礼，将他们名字，深深的印在心里，永远的纪念着。因为他们的忠勇的事迹，正是我们中华民族的兴奋剂，给我们以重大的刺激。实在呀！回顾号称侠义的四万万同胞组成的大国，不由得使我们觉得可怜、寒心！

东北陷落，直到现在整是八个月了，东北有三千万民众、数千的官吏、二十万军人，然而除了几个可怜的义勇军在关外和日军拼斗外，我们始终没有看见一个敢死的烈士。日本的军事首领，宰割我们的刽子手，仍旧在东北快活的暴横的驰骋冲突，指挥其傀儡，企图独立。我们竟能俯首帖耳静候国联裁判，真真是“大国民气度”吗？我们还“满不在乎”的精神要贯彻到任何重大事体而毫无例外之可言吗？真真是个疑问？

五月二日夜

（原载于《评论周报》第1号，1932年）

# 韩国志士赵素昂编《韩国文苑》

佚名

韩国志士赵素昂君，辑有《韩国文苑》一书，将该国历代诗古文辞（汉文）搜罗详备，不特保存故国文学，且有许多史料由是发见，实为极有价值之书。本书系大韩民国十四年（一九三二年）十月一日出版，编者赵素昂，印刷者上海窦山路文记印刷局，发行者槿花学社，天津大公报馆及各地大公报分馆代售，每闻定价一圆五角。书面有编者自序，先述韩国今古文之源流，次称：

> 韩人除用国字外，善用华文。编音疏章，国书制诏，诗赋词章，序记铭跋，乃至一切著书，概用汉字。而文足以畅达其辞，诗能协于声律。肇日数千载以前，至于李朝末叶，斯文硕学横行词苑，与中华文豪争雄焉，向非倭越回藏满蒙等所可侔也。（中略）韩人以天下难解之文字，用之雄，作之杰，使世界人类三分之一之大多数不劳而读，读而蒙其化久矣。如元晓之佛学，李滉之理学，许浚之医学等，盛行于东亚诸国。由此观之，华文之于三韩文学，所构成之量，思过半矣。而韩人之贡献于世界文化也，功亦大矣。

华文汉字与韩国文化历史之关系由是可知，昧于史实者曷一诵其言。吾人夙信中国文明之精神实寄托表现于其文字。中国文字乃中华民族之天下所特创，美且有力，与世界各国文字截然不同，其价值且为欧美学者文士所称道（本刊已属引述）。中国人之思想、感情、生活、历史、学术、技艺、文物、典章，无在不与其文字密相关联。能解读此文字之原义，则事物理道一切悉明。能运用此文字之构造，则政刑德教万端齐举。能体会此文字之特殊优点，而运以想象，渗入感情，则可以鼓舞国民精神，使之坚凝奋发。虽谓中国今后之建设，民族前途之希望，皆系于中国之文字（汉文）可也。西洋各国古今文字源出梵文，自成一体，彼此之间大同而小异，故西洋各国之历史文化亦自有其一贯之中心。中国文字(汉文)则与之绝异。中国文字(汉文)之在东洋,实等于西洋、希腊、拉丁及英、法、德、俄等国文字之总和(中国文字中之佛教梵文原素可谓相当于西洋文字中之基督教希伯来文原素)。中国文字不但为今日中国四万万人直接诵读书写口说行用之活文字,且为东洋诸多民族诸多国家文字之所从出所由构成,或(一)直接采用,历年悠久,或(二)部分影响,不易判分。如日本与朝鲜,虽各有其国文,实皆属于(一)之例。苟去中国文字,则中国每一个人皆丧失其所有之意识。苟去中国文字,吾直不能想象尚有我身尚有世界。苟去中国文字,则中华民族的将破灭沦亡,而全部东洋历史东洋文化亦不能存立,所有者惟模仿欧美之西洋文化附属品耳。呜呼,吾国人多有不宝爱其文字,不知此文字之地位及影响者矣,读赵君书,亦可憬然悟。此《韩国文苑》之价值一也。赵君之序文续曰:

> 然而屡经兵变,龙图瑞牒,委于泥涂,鸟迹玄文,尽乎燎原。近遭强秦之祸,而古代文献之遗存者,复经摧残,丧亡殆尽。噫!国亡而文亦亡。使我祖先遗传之英华,一朝而埋葬之,安得不抚尸而哭耶!此余所以不揣固陋,特编此书于今日者。

此言何其沉痛。文亡,然后国乃真亡耳。中国典籍久经摧毁,如牛弘五厄之论,其后不知更遭若干厄。今世中国上下售卖焚掠自残其典籍,或以种种新奇之方式、口号务图自破灭其文字以为快者,吾愿其略作反省勿为虎伥也。呜呼!辅车相依,唇亡齿寒。前辙之覆,后车之鉴。已届桑榆之候,岂仅履霜之征。今春上海东方图书馆之焚,尚可云战争惯例(如欧战中德军炮毁法国Rheims古寺)。然而东邦日本近亦有种种新运动,力求减少或直不承认日文与汉文之关系,其国人之能诵读汉籍撰作汉文者日益少(韩国人自更被禁止学习汉文),此国家民族主义之大有害于文化及真理者也。异日情形,可为危惧。昔古希腊,列国相争而文字齐一。故(一)纪文前六四五至六二八年间,斯巴达战败,求援于雅典,雅典使盲者塾师Tyrtacus往,其人善乐律,为制军歌,鼓舞士心,斯巴达卒以获胜。而(二)其后纪元前四一三年,雅典大军败于西西里岛,敌人即为斯巴达。敌帅置俘虏之雅典军于一处,将尽杀之。忽闻雅典军人皆歌其诗人尤里比底氏(Euripides)悲剧中之歌曲(按当是Trojan Women一剧),叙亡国之惨,词旨音调并极凄苦。敌帅感泣,乃释之,使得生还其国。猗欤,吾不知中国与韩国、朝鲜,中国与日本,其文字因缘,有能如是深切否。此《韩国文苑》对于吾国读者之价值二也。

赵君此书上篇为文,下篇为诗。书凡九卷,编为一册,约十余万言。

选自(一)扶余(二)马韩(三)高句丽(四)渤海(五)百济(六)后百济(七)新罗(八)高丽,逮夫(九)李朝朝鲜之李世而止焉。二千余年之名文秀句,概为包括于此矣。历代创业艰难之迹,良相名将忘身报国之识,忠人义士慷慨之辞,硕德逸隐佳人才子名媛高憎之作,一以贯之于此,如见其面目,而焕乎其有文章焉。是《韩族[国]文苑》之一部英华也。不啻华也,实亦存焉。乃若历世政事损益,国交沿革,文体变换及思想递嬗之机,亦可以展览于斯矣。为子孙传此书者,筌可忘也,而鱼不可失也。为友邦公此书者昭其同文之久,而欲其德之不可孤也。

聚千年民族之精神,萃一国文苑之英华,读此一编,则约略通读韩国之文学史,可以感发,可资赏鉴。著兴亡之真迹,存得失之明镜,读此一编,以韩国往史按之今日中国,则吾侪急当有所警惕,知所先务。此《韩国文苑》价值三也。呜呼!国之形式可亡,而立国之精神不可灭,得鱼忘筌,赵君之词苦矣。昭同文之夙谊,期大邦之克保,赵君之所以投赠而勖勉吾中国人者甚至,吾国人将何以报之耶。赵君此书搜罗已甚详备,然材料仍有所缺。此编所录以见于中国之载籍为多。若夫纯粹韩国之汉文典籍,尚极丰富,集部尤繁,均未采及,殆由事实之困难耳。赵君自谓:

去国已二十余年,奔走十余邦。或一月三迁,席无暇暖。所藏书籍,亦多纷失,仅得于数百种可考之书纵横采据。

吾人实谅其苦心,敬其贞节。据吾人所知,日本对于韩国典籍,无论汉文与韩国文,虽不摧毁,亦皆秘藏,尤不轻售与他国人。即如《李朝实录》一书,为韩国近世重要史籍。其书原无刻本,日本人影印之,吾国学者久思阅读,北平国书馆已设法购求一部,迄未能得。此外如京城(朝鲜)帝国大学所出《青丘学丛》季刊内所述及之书籍,此间亦均不能得见。然其可增益赵君之书者当不少也。

(原载于《申报》1932 年 12 月 12 日)

# 朝鲜女子不嫁日人

丁工

汉城平壤之勾栏院，游朝鲜者，殆无不涉足焉。鲜妓之文雅幽静，为各国所不及，且多通翰墨，华人往游，虽言语隔阂，均可作笔谈。又鲜妓之皮肤白皙，颇似吾国苏州女子，其装束则均如中国古装，茶围小叙，以钟点计值，则与日妓相同也。

朝鲜之名胜，以平壤之牡丹台，及汉城东南之金刚山，为最著名，牡丹台旧有牡丹花，今已无之，中日战争之役，遗迹犹存，华人见之，辄为蹙额。

朝鲜虽亡国，然烈士雄心、隐谋大举者，颇不乏人，故投弹刺杀之事，数见不鲜，独立党暗中活跃，民不畏死。而朝鲜之女子，更有一极可注意之事，即某种之秘密结社，立誓不嫁日人是也。此种秘密团体之潜势力，非常坚固，日本政府，曾为此订定奖励法令，凡朝鲜女子嫁日人者，给予若干金额，并有其他优待事项。但颁布已十余年，而朝鲜女子之嫁日人者，至今犹绝无而仅有。其偶然有一二嫁日人者，则大都为朝鲜之妓女。即此一事，亦可见朝鲜女子坚决之意态也。

（原载于《天津商报画刊》第 5 卷第 18 期，1932 年）

# 哭尹奉吉志士

徐柏庵

不单是中国人,就是东洋人、西洋人也是都莫惊骇其突如其来的天长节虹口公园那颗巨弹,就是我们亡了国的朝鲜志士尹奉吉所干的玩意。我,一个候补亡国奴的中国人,对于这事件并不感到丝毫诧异,我觉得一个亡国的人起来反抗、起来复仇,在理正是当然的事;而尹奉吉志士的被拘获、被拷打以至被杀害,那也是十分自然的事。因为,不这样,倒反而不足以证明帝国主义者的极度的凶残了。自然,我说这句话也并不是希望尹奉吉一定要死,不过说,一落到敌人手里是必死无疑的,而那死,也是尹志士早就预备,并且也乐意承受的。

我们只要闭上眼睛默想一想,那是如何伟大底场面!公园的矿场上堆满了黑黝黝的人群,不,简直是如痴如狂的野兽!阅兵台上站满了经济侵略的资本家,政治侵略的军事家、外交家……正在闹得起劲,半空中却突然飞来一枚巨量的炸弹。蓬!火花、烟雾、硫磺的气息,人乱了,奔逃、哭着、喊着、践踏着,薄暮的寒空中升起了一阵纷扰的氛围。

在这惊人的炸弹下,炸死了居留民会会长河端,也炸死了总司令白川,也炸伤了植田、野村一行人。有的说飞机上掉下来的,有的说是东洋人自己丢的,有的说是中国人去丢的,但结果却晓得是朝鲜志士尹奉吉丢的。志士是多么勇敢,多么坚毅,多么伟大!

但现在,尹志士终于给帝国主义者残杀了。是的,有了帝国主义就没有我们弱小民族,有了我们弱小民族就没有帝国主义!这是非常明显的,所以,我们认为尹志士的被杀害是必然的结果。问题是我们几万万醉生梦死的候补亡国奴能不能踏着尹志士的血迹前进,杀尽那侵略者强横者而奠定世界和平永远的基石?

但人同时又是感情的动物,对于这轰轰烈烈的志士的死,我们怎能不愧赧而愤慨而伤悼呢?尹奉吉是一条好汉,是一位英雄,是一个有志气的人!我为了崇仰尹志士，我这样真诚地坦率地颂赞着了。

要写一首长歌当哭的诗，来安慰安慰志士的英灵，但情绪激越得很，静不下来。说不写，又好像对不起这新死的忠魂！好了，我记起了一首现成的诗，是一位朝鲜朋友李友邦先生作的，他曾附了长信托我发表在一个小刊物上。为了我崇敬尹志士的生，为了我悼念尹志士的死，我将虔谨地朗诵这诗篇，以告慰志士于地下的忠魂。

爆发的火花
——献给尹奉吉同志

哦，奉吉，
去年的今日，今日的去年，
在一间狭小的亭子间里，
你紧握了我的手。
盟誓着愿为革命事业而牺牲！
你那猛惊的眼睛，
包含着无限度的悲愤。
你那刚毅的神情，
表示着大无畏的精神。
你颤声地说：
"唯有爆发的火花，
可使我们的敌人胆裂心震。
唯有爆发的火花，
才能冲破帝国主义的营阵。
同志们！同志们！
我愿做你们的导火线！"

天长节的前夜，
你毅然接受了党的密令，
怀藏着炸弹二枚，
徘徊于恶魔们的附近，
静待着机会的来临。
警笛一鸣，你的炸弹发了，

虽未能达到完全的目的，
已足够使倭奴胆战心惊！
你那刚毅的态度始终一贯，
你不因敌人的残刑而屈服，
更不因敌人的毒拷而灰心！
唉，你言行一致的革命者呀！
我钦佩你到万分！
在不久的未来，
务使爆发的火花重现的倭奴之前，
直到我生命的最后一日，
我绝不抛弃这个义务与责任。

（原载于《循环》第2卷第12期，1932年）

# 请读朝鲜人之《亡国吟》

方江水

曩读某报，刊有朝鲜人林贞吉之亡国吟二章。悲凉沉痛，发人深者，迄今不能忘。兹特录出，请吾同胞一读之。诗曰："大声何处泣铜驼，麦秀禾离不怒过。生死几人完责任，英雄无地起干戈。江山依旧前朝样，人物无如妾妇多。我亦四千年睡醒，痛心当唱大风歌。国破君亡事可哀，江流犹带血痕来。当年屠戮难追忆，此日阴霾尚未开。皮肉空存怜赤子，头颅虚掷哭英才。仇深报复知何日，不信黄魂唤不回。"夫贞吉以一亡国贱民，无尺土之据，犹有复国复仇之念，今吾号称地大、物博、人众，尚未沦亡之华夏，而为之政者，徒知高揭无抵抗主义，俯首帖耳，一任他人宰割，恬不知耻，是诚何心，吾百思不得其解也。

[原载于《互助周刊(成都)》第12卷第2期，1932年]

# 由朝鲜说到我们中国

*厉知鲜*

三年前的春天，曾加入一个团体去过朝鲜一次。虽来去仅仅十天，然由各方面的观察，实在得着不少教训。今将管见所及，笔之于下，供诸读者。虽然它是三年前的阴影、过去的事实，但在这风雨飘摇，半殖民地，准亡国奴的中国之现在，实在是有旧话重提的必要。

在汉城去到一个规模宏大的公园，它的名子仿佛是叫作昌庆苑。内中的设备，风景，以及收罗的宏富，海陆珍奇，动植飞潜，无一不备。至于内部的组织，富于科学化，重于真实的教育方面。例如哺乳类的狮、虎、犀、象、豹、鲸，飞禽中的孔雀、八哥、鹦鹉、鹤、枭，枉不分门别类，依次排列，并加以详细之说明，将其产地、种类、特征以及收得之年月，皆书之于板，钉之其旁，所有陈列物品，多尚实际常识方面，不是单为欣赏娱乐的场所。一经触目，便可了然。这个园子就是昔时的王宫改造，所以规模这样美备。

我到彼处的目的不是单为游览，乃是专为考察其民俗、社会情形，等等。所以专注意小的方面，处处追求这种机会，寻求这类的事料。在这园中盘桓八九小时的工夫，接触了几个人，发生了几件有趣味的谈话。

一、与两个军人的谈话。用过午点之后，在樱花树下徘徊，遇到了两个军人，这两个军人嬉皮笑脸的望着我，似乎要和我谈话的样子。但要据“日本男娇女淫”——特别是那般有枪阶级的大兵的原则推测，这两个军人好象不是日本鬼子。于是我就问他：是日本人？或是朝鲜人？彼辈煞费苦心，很费思量的答出几个字，就是：“日本、朝鲜都是一样的，一样的大和民族。”余又叩之：“据云日本朝鲜既是一样，但人民权利义务何以等分有二？”彼辈则相视冷笑，含愠而去。

二、一个私塾教员的言论。穿一身极漂亮白夏布大褂的一位先生，与余谈论甚久，叩之何职？伊云：“系私塾教员。”盖私塾本在取缔之例，渠之为此，系宣传朝鲜同有之文化，造就纯洁青年，徐图恢复。其言语中颂赞我国之仁义，并不虐待属国，大有思想当年泪不干的神情。临别并致意相互努力，彼此扶持，以达独立之企图。他的汉语说的很流利，据他说他在中国上海的地方念过书。

三、秘国中的神秘。这个地方不是随意出入的，非经当局许可，不能真个玩赏。地方是很大，宫殿也极多，建筑与装潢和中国的旧宫殿相同。真山真水，松柏参天。虽欣赏了几处幽美地方，并未见到什么人员。最后见到一个国史馆，内中到有十几个老者，白发苍髯，倒很神气。见吾等入内，互相耳语。继由一老者询余等："由何处来？系何处人？"余答以中华人，由中华来。彼听闻之下，大有悄然动容，肃然起敬的神气。不过因为有日本人的监视，不得多谈听说那亡国的李王，也在这秘园中囚禁，但山重水邈，不得一睹这位亡国败家的圣主。

四、商店中的老媪。鹤胫箸在朝鲜是最有名的，因为那里近海产鹤的缘故。但是那里有这些鹤胫作筷子？这是问题。由朝鲜爱吃狗肉杀狗的缘故，有位朋友推到这鹤胫箸是狗骨造的。但物以地贵，尽管是狗骨也可卖上鹤胫的价钱。记者因为要送给朋友，专到各商店询买。到了一家商家，这商店是由家庭组成的。一个老太婆完全是朝鲜装束，言语之间倒很看得起吾们是中国人。但是她这位儿媳妇就不然了，日本装束，骄淫的态度十足，对于她的婆母俨然就是使老妈子。伊询余曾说日本话否？余答以不懂，于是乎她大事嘲笑，大有不会日本话不是人的神气。买物出来之后，有位当地朋友告述我说：这位小媳妇是日本人。予怪而问之故？友答曰："在朝鲜京城，这类杂种家庭是很多的呀！你莫看出来方才那种家庭间的国际关系吗？"

五、食道园中的宴会。朝鲜各教育机关欢宴于京城最大的饭馆食道园中，诸多仪式，与我国略同。中间演说时，很有几位激昂慷慨的朝鲜青年，叙述个中的痛苦、压迫的情况，叫我们运动帮他们的忙。言语中颇带有同病何以不相怜的风味。继由我们团体的领袖答辞："略谓中鲜两国，由于地理历史的关系，俨然兄弟之国，但亦正像兄弟沦落，天南地北，各有各的痛苦，不便明言，惟有彼此心会吧！均是同病，何顾相怜。惟有相互勉励，向前企图吧！"演毕坐中鲜人有至泣下者。

六、总都府①的森严。费了许多周折，得以参观总都府。他未及看，仅仅看了一刹大楼。这刹大楼，地面上共有五层。有四个电梯。内中分铁道，内政，

① 即总督府。——本书编者注。

商业等几部。地窖下还有几层，我就说不好了(据说还有二三层内有重兵军火军需等)。未得允许，谢绝参观。据内中人说：此建筑之雄壮及装饰之华美(多用花大理石□壁铺地)，为日本国内所无。即皇宫亦有逊色，盖因日本时好地震，恐徒经营而招倾覆。言内以此为理想之皇宫，以实行其大陆政策。见于言表。内中人员除使用之下女外，几全为日本籍。

七、居留的侨胞。居留的侨胞，确数不详，但中国饭馆、理发处、泥水作房等，所在多有，且多山东籍。记者因为换钱的缘故，几经接触，颇事招待，并殷殷以国事相询，其热心祖国，可见一般。但知识分子太少，订阅国内报纸者亦甚少。虽有严密之组织，而不十分稳固，时与鲜日浪人冲突，诉之使馆，亦无能为，忍气吞声，只得听之。所以说国家不强，而言保侨，是欺人自欺之谈也。

八、各处中小学校。皆日人把持。所有科目，皆以日文为之。朝鲜固有的文化、美风剥夺殆尽。一般小学生完全同化，几不知有所谓韩国者。亡国教育，实在可怕。

九、平壤的箕子陵。因为天雨的关系，所预计的地方如仁川等处，皆未如愿以往。归送至平壤。游观箕子陵、大通江。大通江的险要实在可守，居高临下，一览无余，假使前清的陆军程度若等于海军的话，也不致平壤一败！箕子陵也在这个地方，我们要知道，箕子是吾国殖民最早的先锋，不客气说也是世界殖民政策的祖宗，由周代派他到朝鲜后，兴旺六七朝，今为他国所有。睹草之萋萋，不胜今昔之感！子孙式微，不能缵绍先业，致使黄土忠骨，沦为异域。亦无怪翁仲无言洒泪向夕阳也！

十、社会一般的状态。凡朝鲜大都会的男女，游玩风景的是很多，在日本人占少数。徘徊街头，挠首弄姿的太半是朝鲜青年，特别的是朝鲜女人。提起朝鲜女人那是莫有问题的。不但生的柔媚，即关于修饰学亦研究的尽美尽善。除了她赤脚穿的那双钩钩胶皮鞋是美中不足的一点外，真是温柔媚弱，美到十二万分了。所以有位朋友有“一个国家的女人要是美的要死的样子(意思是太美了)，必亡其国”的断语。至于男人也是修其边幅，逍焉游焉。非但有不知亡国恨的气概，且大有“今日方知亡国乐，傻吃傻喝万事不用他们作”的神气。此中汉奸极多，多探听独立党的消息，以为升官发财之计。听说当我们到城的头一天，还由这帮汉奸破获一处呢！至于商家，日本铺子是定价不二，朝鲜铺子是可以讲价的。日本人多着和服，女人剪发的少，而朝鲜青年不但要穿日本式的学生服，且大穿其西洋服。女人尤多剪发的，较之在东北种稻田的农民，真有天渊之别，病态种种，难以备举。

总上几点。看看我国的军人调练如何？不要说大兵，就是中下级军官对外宾能不能有那种答话？学校的教师——特别是现在东北教有界——能不能有那种兴奋的志愿与精神？所以说中国不亡国则已，如亡国时即求一安重根、尹奉吉辈亦恐难得。再看看东北亲爱的同胞，是不是受日本用监视朝鲜人的法子来监视着？教咱有苦无处说呢？一般汉奸洋奴是不是完全日本化呢？不要说衣食住行极力洋化，就是那父经母血上帝赋与他那只舌头都日本化了！所以说起中国话，日本味十足。现下日本羽翼下的机关学校，是不是尽量容纳日本人？在日本人不够，现作来不及的时候，才能轮到中国人呢！居留东北三千万亡国民（亡国官不在此例），是不是像居留他国的侨民一样痛苦？被人排斥虐待呢？所以说吾们若再不争气收复东北，将何以对现在的被难同胞与死过去的祖先呢？再看看社会一般商民，是不是尔诈我虞？男女青年是不是弃自已百家珍，学人家的皮毛？是不是求人怜爱，专讲修饰？是不是……所以说不但情形与朝鲜一样我们还有不及朝鲜的地方。就是这些社会上的一般病态，不但可与之画等号，且大有急起直追驾乎其上的气概。然而如果吾们民众若再不奋发自强，对病下药，恐怕不久的若象朝鲜——呜呼哀哉，寿终正寝。

（原载于《评论周报》第 11 号，1932 年）

# 中国尹奉吉那里去了？

甘平

尹奉吉死了！他是为恢复祖国的独立而死！他是为争民族的自由而亡！死得其所！死得荣光！

小小一颗炸弹，轰然一响，震动了太平洋，换得了几个日本大将，把日本帝国主义者吓得胆战心惊，神魂飘荡！

着即枪决，是前几天宣布他的罪状！这更见日本帝国主义者的示弱，暴露它的人格肮脏！不知内者，一味猖狂！

九一八它侵占东三省，一·二八恐怖了长江，到处显威示强！希望中国的尹奉吉再不要隐藏，赶快出来同日本帝国主义者算账！

大家起来共同商量，依照总理的政纲，拥护中国国民党！捣日本老窟，铲除这人类的魍魉！中国的尹奉吉吓！你们到那里去了？国难当头，不要观望！赶快和我们站在一条战线上！团结，准备，把定我们的武器，每一个子弹要瞄准敌人的胸膛！

（原载于《空军》第5期，1932年）

# 亡国奴自叙

金同生

这繁华的S城中的一个著名的中学里，除星期六下午及星期日外，是不许出校的，学生都遵守，就是校外的人也知道。

今天是他们的快乐日子——是星期——全校的学生有上街去，有的到公园里散步，还有不愿意出去的仍然在校中，在和平村十五号的卧房里，还剩下四个同学，他们并不觉得寂寞，备了些茶点，彼此吃着、谈着。在这四人当中，要以行之的发言、行动，一切都是最滑稽。他有一副艺术的面孔，因此全校同学皆称为“艺术大王”。但是田姆确与行之相反，从来不说多话，终日精神不振。还有那两人是适中分子，不好多说话，也不沉静。他们起初谈的是校誉问题，息了一会，又谈到爱的问题，三人与都奋起来了，很高兴的谈着。

惟有田姆仍然表现很庄严的面孔，不加　语。所以他们很注意田姆，为什么这样有态度？“你是失了恋么？还是发生什么事？使你这样忧闷。”他们很怀疑的问他。

沉静的田姆，仍然不睬，也不回答他们，于是他们觉得很奇怪，“忧愁又是一个问题，你不回答我们的话究竟是什么缘故……难道我们都和你有恶么？”他们很气愤愤对他说。

奇怪的田姆带着悲哀的面孔，向他们说道：“我并不是不回答你们，我实在没有精神和你们谈话；若要我说缘故，那真如拿残忍的刀向我心中刺一样。”

他们看见田姆的眼泪几乎落下来，才知道他实在有痛心的事，于是要求他把这悲伤的事说给他们听。

田姆愈不愿意说，他们偏要他说，真有点讨厌，他心中是这样想着；但是又怕他们生气，没有办法，息了一会，才深深的叹了一口气，于是开始向他们说：“我实在不愿意说，真看你们是诚恳的要求，是知己的同学，没有办法。”

他勉强说了这几句，增加了他的哀痛，他的悲泪已离开了他的泪囊。

他又继续说着:“我不是你们C国的人,我是K国的人民,我好像从深山的虎穴中跳出一样;我家所有的人,死的死了,散的散了,各自东西。前几年我国还是独立、自由的国家,现在呢,是……是亡国了;所以我……也是亡国奴,我们的人民,都在J国铁蹄下生活着……”

他们听田姆说到这里,好像傻了一样,看见田姆的眼泪,如同喷水泉一样,流个不停;他们的眼泪也在眼中徘徊了。又问他:“你家的人,究竟怎样?”

田姆愈说愈痛心,眼泪也愈流愈急烈;于是又报告家里情形:“我家一共五个人,父、母、弟、姊和我。当那天初被J国打破的时候,他们在马路上大街上横冲直撞,一面跑着,一面喊。这时除了八岁的小妹妹和十岁的弟弟,是不知后来的痛苦,只随着我们一起哭。你看多么可怕,多么痛心!那亡国的哀声冲天,红色的火光,照满了天空,杀死人无数。所以我……我家眼睁睁看他们杀……一个人,当这恶狼、猛虎进我家时候,我们只有向他们哭;但是这恶虎凶凶对我们说:‘从此你们要挂太阳的旗子,还要安心做事。’”

“‘你们这样,怎样能安心哩?’我父亲不客气的壮了胆子,这样对他们说。”

“他们听我父亲还敢说样这的话,‘这人一定不是安静分子,他还想恢复K国呢!’他们一面说着,一面把那雪亮的刀,向前一砍;不和他们冲突的人,不知死了多少,何况和他们冲突了,那有不死;可怜……我的……”

这急性的行之,看他倒在床上,连忙把他扶起,叫他继续说下。

田姆于是坐起来,垂头丧气的向下说:“第二天强迫商人要挂太阳旗,同时要照常营业。谁敢反抗!这天我母亲很痛心的对我说:‘我带着你的弟,妹二人,在老虎嘴里讨碗饭吃。’我母亲说到这里,吓了一惊,赶快叫我弟弟到门边看着,要有外国人来了,快对她说。各位你晓得亡国的人,言论是没有自由的,听话的弟弟就去了。于是我母亲又对我说:‘我的主张,是预备今晚请隔壁张老伯送你到对江去,就可以乘车到C城去找Y君,一方面避免性命危险,一方面可以读书’。我听了非常伤心的说:‘国家已到了这步田地,那能顾到读书,死还不死在一处么?’母亲哭着又说:‘不能顾到目前母子分离的痛苦,你们要解除全国被压迫的民众的痛苦,所以要赶快在外面设法,恢复国家要紧。’听了这样的话,我才允许了,晚上勉强吃点饭,母亲就拿了点钱和几件衣服,又到张老伯那里去,叫他送我到对江去,又对我嘱咐很多的话,我提了一个衣包,一同到了江边,不敢多站,又怕恶虎看见。这时小船渐渐的离开了故乡,离开了虎穴;小船向前划着,悲泪向下流着。到了江岸就乘夜车到C城,去找和我父亲同在ME洋行办事的Y君,找了好久才找到他家。进去的时候会见许多人,我就把以往的经过和来的原因，完全说给他们听；他们听到我父亲被恶虎杀掉，眼泪也不由己的掉了下来。我休息了几天，Y君就介绍我到S城这校来；今天我还能在这里读书，K国的人民，仍然在帝国主义的铁蹄下受痛苦呢！可怜我……我已死……和小妹妹弟弟及那……仁慈的老母……”

当！当当！吃饭钟响了！全校的学生，如上前线一样，向饭冲去！

但是，田姆忘记了一切，只是不断的哭：“我已死……父亲，和仁慈的老母……妹妹弟弟……”

（原载于《安徽学生》第1卷第2期，1932年）

# 由尹奉吉想到青年应该怎样死

君度

并不是因为自己不长进便希望别人快倒霉的潜意识作祟，对于这回重光、白川等一行七人在虹口公园被炸事件觉得特别高兴。其实这七人都给炸掉了，于我们日渐衰败堕落的国运，未必就有若干裨益，这里所要说的还是另一种感慨。

被炸的经过大略是：四月二十九日日本军民在虹口公园庆祝天长节，举行阅兵礼式。阅毕各要人回到礼台上，参礼外宾辞去后，日人正壮怀激越的齐唱国歌，至末了一句，突来一巨弹，落于重光公使与野村司令之间，轰然爆发，计受伤者有重光公使、白川司令、野村舰队司令、植田师团长、村井总领事、日侨委员长河端、居留民团书记长友野等。其中以河端伤势最重（于翌日晨三时二十分身死），其次是重光及野村，余均轻伤。当场捕获凶犯韩人尹奉吉，及华人五名、俄人一名、美人一名。五华人及一美人，因无重大嫌疑，旋即释放。俄人为虹口公园守园人，有保护凶犯行凶嫌疑被捕。尹奉吉直认抛掷炸弹图炸白川不讳。事后公共租界工部局宣称，前一日得接日领通知，称二十九日晨日本军政要人及全体侨民在虹口公园举行天长节庆祝典礼，同时阅兵，虹口公园附近一带，均由日军维持治安，请工部局不必派捕站岗。既在日军防守范围内，事前又通知本局不必派警，是在工部局方面，不能代负任何责任，甚为明显云云。

由工部局的声明，我们晓得日本人事前连工部局的效能都不信任，所以自己特派大队宪兵严密守护，而尹奉吉竟能在日军戒备森严之中处身裕如，待外宾散后，认清目标，从容动手。他对于自己的生命，在行为的经过表现了绝不存有幸免的鄙念，所把握着的沉着强毅的魄力，当然是不会使他的牺牲全属徒劳。事后他在敌人的刺刀下流着自己的血，还喘着一口未完的气，被送到敌人的营幕受最后的审判——敌人向他喷出狂暴的怨毒的火焰，他是可以站在一切之前发出高傲的狂笑了。

在法律成为绝对裁制被压迫者——却不是弱者——的神圣条文的今日，尹奉吉在专以贩卖“公正”为职业者的眼中，是一个罪无可赦的凶犯，在人类向上的意志的最高形式上，他是一位抱了亡国的惨痛而不愿终为亡国的惨痛所侵蚀的新英雄。

中国亡了一角确是新近的事，热辣辣当不至于遗忘。然而中国青年肯于这样流血而死的，仿佛还未出世。先前虽也偶然有过敢于流血的青年，却只限于在演说坛上，咬破指头写血书的血。至于不用咬而用斫的已经是比较仅见了。血书写后，大叫一声，登即晕倒，便有许多被感动者含泪把他扶起，送进医院。这样，危险是绝对没有，报纸可包有详细的登载。

近来并这类写血书的血都不肯慷慨了，流行的方式是绝食，结果由绝食而为国加餐。沪战以前，南方青年说要援黑，有义勇军，有敢死队，还有必死队。向北而去，浩浩荡荡。走了一二个月，虽未及榆关，已见白雪茫茫，豪兴大减。沪战发生，北方青年说要援沪了，也是甚么队，甚么队，由北而南，杀气腾腾。中国青年的救国工作大约不外如此，只要有人晓得自己正在热心救国就算目的已达，效果如何是不必考虑的。

要看一个民族有没有生的能力，应先看它有没有死的勇气，自己没有死的勇气，希望别人的怜悯来延长自己的生命，不但是一个民族的耻辱，而且是“人类不朽的耻辱”！

但所谓死，当然不是只要自己断了气便算完事，厌生的死，冲动的死，是不会包含若干价值和意义的。死的伟大是在于爱生，爱生而毅然就死，才见得死的伟大。有计划，有目的，需要强毅忍耐而非一时冲动以拼命为了事的死，更不容易。

> 中国青年所有的是厌生的死、冲动的死，而中国所需要的是爱生的死、强毅的死！
>
> ——君度

事后有一韩人署名金九的投函沪上中外各报，自认为该案主使人。函中并附尹奉吉照片一张如下。尹立韩国国旗前，胸前白方布上书誓文：“我誓以韩人爱国团之一员，图杀敌之侵略中国将校，疾呼我祖国之独立自由。大韩民国十四年四月二十六日宣誓人尹奉吉。”

（原载于《大陆杂志》第1卷第1期，1932年）

## 中国安重根安在？

坚忍

昔韩国志士安重根，痛祖国之沦亡，惜日人之横暴，投袂挺身刺日本朝鲜总督伊藤博文于哈尔滨而死亡。当其被缚之时，安重根三呼大韩独立万岁，并拊掌大笑谓日兵曰："我岂逃者哉，我欲逃我不入死地矣！"及其就义时复欣然而言曰："余为大韩独立而死，为东亚和平而死，死何恨焉。"噫嘻！壮哉志士！雄哉志士！

东京八日电讯，日皇校阅返宫过樱花门时，忽有韩国志士李奉昌向日皇掷炸弹谋杀之，未中被逮，将处死刑。吾人得此消息，惊喜欲狂！所惜乎一击不中，长留遗恨！韩志士复国报仇之志虽未得伸，然韩国民族精神之英勇伟大可以炫耀于全世界矣。韩国虽亡，有此不畏死之牺牲精神，韩国实未亡也，吾信韩国必有推翻日本统治复兴祖国之一日！

观乎韩国志士为祖国为民族奋斗之英勇壮烈行为，不觉肃然起敬！反观乎吾国之颓丧现状，则有悚然以忧，赧然以愧。呜呼！暴日欺我深矣！南次郎、本庄繁、土肥原辈谋我亟矣！东北半壁沦亡矣！如斯怆痛，如斯奇辱，如斯危殆，吾神明华胄之四万万同胞中独无安重根其人乎？独无李奉昌其人乎？吾不之信！吾决不之信！

［原载于《人民周报》（上海）第 1 期，1932 年］

# 可钦可佩的韩国青年

憬之

四月三十日，《苏报》载："上海二十九日电，日本白川大将、植田、日本驻华公使重光葵、驻沪总领事村井与另一日人，二十九日正午在虹口公园举行日皇生辰庆祝典礼时，被一高丽人抛掷炸弹所炸伤，重光葵与村井受重伤，据云有生命危险，白川大将与植田伤势亦颇重。阅兵典礼举行后，军队已整队走完，日本小学校学生排队入虹口公园听总领事村井演讲，村井立于一极小之临时阅兵台上，台上尚有白川大将、植田、重光葵与另一日人。村井演讲将半时，阅兵台后观众人群中忽有一高丽人，向阅兵台上掷一炸弹，该炸弹落台正中点而爆发，台上人均受重伤，尤以重光葵与村井为最重。"又："上海二十九日电，今日正午掷炸弹炸伤白川、重光葵、植田与村井之高丽人，经讯问后，得悉名尹奉吉(译音)，年龄二十五岁。现被拘于日军司令部，各报均赶发号外，为上海近数年来最惊人之消息，一时沪上空气之紧张，与一月二十八日中日战事爆发时之情况相同。"

这是青年伟大的行动！

这是被压迫青年向着压迫者应有的反抗！

韩国青年尹奉吉，干这伟大的行动，是为了自己国内同胞争生存，是为了全世界被压迫民族争正义！炸弹的响声，不仅震动了上海虹口公园附近的人们，而且惊醒了全世界被压迫民众的睡梦！其意义，至伟且大！其精神，可钦可佩！

在尹奉吉投掷炸弹之前，他个人的生命，以及未来的快乐之享受，自然早已置之度外。老实说，纵使暴日当局处他一个极刑，也值得，也光荣！死也得其所！

孙子有言曰："置之死地而后生。"民族的生命、国家的生命，是很长的；个人的生活，是很短的。这种以个人的牺牲来换国家和民族的命，有什么不值得呢？

（原载于《社会与青年》第 2 期，1932 年）

# 韩人一炸弹后底感想

汪席丰

自从“不抵抗主义”丧失了东三省，“听候国联处制”送掉了上海，“长期抵抗”使长江流域的人们变做了日舰刀头下之鬼种种惨剧演出以来，各弱小民族底态度莫不是“主张公道”，希望中国毅然决然地与日本宣战，为弱小民族争口气。而在国内来看呢？全民众喊杀之声，拼命决死之慨，已经到了勃不可遏的程度，要求政府领导全国武力，对日作殊死战，以争我国家民族底生存。

殊不知“不兑现”的当局，才不是义勇军、跪哭团、敢死队、决死队所能够唤醒而激发得起来的！于是乎就产出应运而生底中日停战会议来了。经过许多日期，弄到现在，竟以“秘密协定”来解决，究竟其中所协定底什么条件，局外人——民众当然不能晓得他们“葫芦里卖的什么药”。

但是，据上海方面底民众痛哭流涕地反对政府，拒签“丧权辱国”底条约底电文来看，就晓得大致是妥协、投降、屈服的结果了。唉！时至今日，国家民族已经弄到死无葬身之地底时间了。谁人不知，“宁为玉碎，不作瓦全，与其坐而待亡，何若拼死一战”，或者尚有生存底希望呢？而他们政府首领，衮衮诸公们，偏偏底要违反民意，甘愿屈服于矮鬼子炮舰政策，很诚意地受强盗式的国联欺辱！干什么妥协啦！屈服啦！投降啦！以系全其地位。这真令人百思不解啊！不知他们究竟要想干些什么？

国人都在气愤填膺，誓死抗日，上海东北的民众在万分紧张惨愁中过艰苦生活。而这些要人们偏有许多“闲情逸致”，往来于长安道上，邀游西子湖中，势若满不在乎的样子。所谓长期抵抗的精神，大到那儿去了？

霹雳一声的韩人炸弹，在不知不觉无声无臭的虹口公园里爆发了，震动了全世界，骇怕了日本人。在我们将要做亡国奴底人们听着，自然是有点高兴。然而，我们在高兴之中，就免不掉老大地惭愧和羞辱啊！因为上海是我们底领土，韩人是正式底亡国奴，而他偏偏具有沉着的手腕、刚强的胆识，真个不怕死的勇气，敢在“天罗地网，铁桶相似”的虹口公园内抛掷炸弹，而且命中要人——白川、植田等，这真算是民族英雄、革命壮士。尤其是“不动声色”的做出这惊天动地伟大事业，实胜过我们堂哉皇哉的要人当局“光说不干，凡事不兑现”的干叫政策万万倍了。

此后我们要想真正底救国，非打倒空谈政策，实行我们哑干手段不可！古人说：“不动声色，而措天下于泰山之安。”我很竭诚地希望革命同志们注意这话，师法这话，实行这话，干我们实际的工作，民族前途才有救的可能。

一九三二年五月四日，草于总社组织部

（原载于《社员生活》第 6 期，1932 年）

# 同胞其亦知取法于韩人也否?

筱枝

国破则家亡,家亡则身辱,身辱则人贱,人贱则天地间皆无托足之所。痛哉!亡国之惨也!试观我藩属之朝鲜,其于亡国后,一丝一缕,无不仰给于倭奴;一饮一啄,亦无不乞怜于日贼。为军者,无大将之阶;为士者,无大学之级。其尤甚者,数人同行,不得偶语。国家政务,更非其所能闻问。芸芸土著,率若牛马。虽名为万物之灵,实渡牛马之生活。呜呼!其惨若是,闻之者孰不为之痛心疾首哉!?夫朝鲜之亡也,已数十余年矣。整个民族生命虽全操于日人手掌之中,而民族运动犹潜在者何也?乃朝鲜人民之心未死也。试观今岁之四月十九日,是日天皇生辰纪念,在我沪上虹口花园之日军,例当举行庆祝之盛礼,各国领使鱼贯登场,而其大会将完之初,各领使先行退场之际,竟有韩人尹奉吉者手执炸弹,行炸日军,虽不能尽致倭奴于死地,而有少数致命之伤。由此观之,其民族运动不亦存在乎?

噫!奉吉虽以此次事机失密,被执于倭奴之手,而伟大之精神,足令人钦佩。吁!嗟!夫今日之中国,社稷有累卵之危,生灵有倒悬之慨。若不上下一心,急图挽救,吾恐铜驼有荆棘之忧,江山有新亭之叹。伊川之发,骈阑于万方;钟仪之冠,萧条于千里。三州父子,分为异域之奴;杜陵弟妹,各有乡关之感。哭秦庭而无路,飧周粟而匪甘。亡国之惨,何可胜述。愿我举国人士,上下一心,同舟共济,以朝鲜为殷鉴,以奉吉作表率,洁身自好,努力图强。则中国前途,尚有可为也。

(原载于《抗日半月刊》第2期,1932年)

# 樱田门之一弹

## ——悼大韩壮士李奉昌并勖中国青年

周天冲

“英格兰的危急，爱尔兰的机会”（England's extremity, Ireland's opportunity），这是爱尔兰革命党人的口头禅。所以“少年爱尔兰党”的领袖 Joho Mitchel 曾经说道：“爱尔兰的独立，要在英格兰转入欧洲大陆战争旋涡时才能完成。到了欧洲大战之时爱尔兰人应该起来为祖国争独立，因为英格兰的危急，就是爱尔兰的机会。”朝鲜之与日本正犹爱尔兰之与英格兰。日本广岛高等师范有一位史学教授，对于爱尔兰史特别有兴趣而努力研究。据他之自白：“我所以特别注意爱尔兰史的原故，就是因为我觉得朝鲜与日本的关系，很像爱尔兰与英帝国的关系。”英国虽以世界海王的威风压迫爱尔兰，而爱尔兰人始终不甘屈服；日本虽以东亚霸主的武力压迫朝鲜，而朝鲜人始终不甘为亡国奴。英、爱与日、韩，至今仍继续不断的抗争。朝鲜的复国运动，实在与爱尔兰的复国运动同其意义，同其精神，同其坚决猛进。

朝鲜的处境，又与爱尔兰极其相似。爱尔兰在西方海王的肘腋之下钳制着，非西方有事，爱尔兰实不易有所动作；朝鲜在东方海王的肘腋之下钳制着，非东方有事，朝鲜亦不易有所举动。欧洲经济恐慌使西方为之不安，英格兰的经济生命危在旦夕，所以现在爱尔兰的独立运动又兴起了。日本侵略东三省，中日战衅一开，远东为之不宁，日本的经济恐慌也变本加厉，所以现在朝鲜的独立运动又复活了。

在日本帝国与亚洲大陆大中华民国作生死存亡斗争的时代，渴望独立自由的朝鲜，当然不会忘掉他们的责任，失掉他们的机会。凡是读过爱尔兰史的三韩壮士，在此时也应该高呼：“日本的危急，大韩的机会。”（Japan's extremity, Korea's opportunity）果然，始终未忘复兴祖国，始终不甘屈服于日帝国主义者肘腋之下的三韩壮士，在中日纠纷爆发之后，他们的独立运动更加猛烈，更为急进了。在万宝山案件发生以后，我们在上海租界电灯柱上就时常发现这类的标语："大韩独立万岁！""韩国独立党万岁！""爱国的三韩志士，杀尽倭奴！"这是大韩独立运动由潜在的活动变而为显在的活动之表征。我们当时就推测今后的大韩独立运动必将更急起直追，会有更壮烈的行动表演出来。

果然，一九三二年一月八日上午十一时四十五分东京樱田门之一弹爆发出来了。我们当时在报上看见这个消息，虽是欢欣鼓舞，为大韩独立前途庆，为三韩壮士得偿宿愿贺，而苦于为日本通讯社消息所蒙蔽而不得知其详。

在大韩义士李奉昌乘日皇阅兵式谋刺未中被捕于樱田门后，许久我们想知道李烈士的消息而无由得知。在最近我们方在《时事新报》上看到九月十六日东京电，得知李奉昌烈士在东京大审院第一次公开审判，在这天开审之前，在破晓之际，清晨二时暴风雨之中，旁听者就人山人海群集于大审院前，并且有"三勇汉"在群众中声泪俱下，痛哭流涕的演说，听众均为之改容而感泣。开审之后，李烈士举止裕如，态度磊落，听众为之感动，时对法官作喧噪声，法官无可如何，于是五分钟后旁听群众均被驱逐出庭而谢绝旁听。我们可以断言，这些听众中必不少三韩志切复仇的壮士，所以他们能够于破晓冒大风雨而鹄候于大审院门前，所以他们敢于在日警戒备森严之下沉痛演说，煽动群众，所以他们敢于在断头台正摆在李烈士前面的时候而大闹法庭。三韩志士壮烈的风光，随时随地可以表现出来，这是我们所最同情而深深感佩的。

李奉昌烈士于九月三十日宣判死刑，于十月十日就义，从此与三韩壮士永别长辞了。"韩人于义士就义之日，全体绝食一餐，以为悲壮之纪念。"这真是大韩的国丧！这是大韩悲壮的"双十节"！三韩壮士的革命精神，我们只有感佩！我们得到李烈士慷慨就义的消息之后，我们实在悲喜交集。我们悲的是李烈士的壮志未酬而身先死，我们喜的是烈士虽死而大韩已复活了。一九三二年"双十"三韩壮士的"绝食祭"，便是大韩的"复活节"。韩人革命复仇的精神，从此永久不死了。

"樱田门之一弹"，牺牲了一位壮士李奉昌，唤醒了一千七百四十三万大韩民众；"樱田门之一弹"，挫折了日帝国主义者的凶焰，使他们对华再不敢肆无忌惮；"樱田门之一弹"，鼓起了三韩壮士革命建国的精神，开"虹口公园之一弹"的先声。李烈士牺牲的代价，不是已经很丰富很伟大了吗？李奉昌烈士可以瞑目了。三韩壮士只有踏着烈士的血迹，继续努力奋斗，再接再厉，牺牲到底，最后胜利，可期而待也。

"佛尼士公园(Phoenix Park)之一弹"——爱尔兰革命党刺英国驻爱尔兰总督事件——尚且振起了爱尔兰人的革命精神，推进了爱尔兰人的独立运动；

何况“樱田门”之示威，又继以“虹口公园”之胜利，使全华为之振奋，全世为之震惊，大韩之复活，就在最近的将来，实在毫无疑义。李烈士可以瞑目了。

一九一六年“爱尔兰共和国临时政府大总统 Pearso 氏（与临时政府其他委员六人在四月复活节暴动建国昙花一现被捕后同上断头台）某次祭爱尔兰革命先烈墓有云：“英格兰以为我们有一半被他收买住了，有一半被他恫吓着了。他以为他打算好了一切，他准备好了一切，他预料到了一切。可是，奴才，奴才，他让爱尔兰的革命党人就义了！爱尔兰的自由，会从这些坟墓中跃出。只要我们领有这些坟地，不自由的爱尔兰对英格兰将永远没有和平。”

我们对大韩壮士李奉昌的祝祭词，亦当如是！

三韩壮士啊！你们二十余年来前仆后继的先烈所领有的坟地面积，比爱尔兰的大多了。三韩的自由，终久会从那些坟地中产出，那是毫无疑义的。我们神游三韩烈士永息之乡，只有含笑预祝“大韩独立运动最后胜利”！李烈士可以瞑目了。

中国青年朋友们，亡国二十余年的三韩青年志士，还在出生入死的与日帝主义者作殊死战，牺牲他们的青春，牺牲他们的家庭，牺牲他们的财产，牺牲他们的生命，牺牲一切，献给祖国以谋大韩之复兴而解除暴日之铁链。现在当东三省危急之秋，乘尚可以有为之时，我们还不速即奋起，同赴国难，共挽危亡吗？

中国青年朋友们，我们远望樱田门，近观虹口公园，回忆汉城街上，三韩青年的鲜血，该知流了多少？

中国青年朋友们，我们远望嫩江桥，近观吴淞闸北，眷念塞外黑水白山之间，血战抗日志士的白骨，该知堆了多高？

中国青年朋友们，你扪心自问，能无愧于中吗？赶快收敛“北海之滨”与“黄埔滩头”的“恋影”罢！国家多难之秋，正志士努力之时。难道中国青年就不能做李奉昌吗？李奉昌烈士在樱田门被捕之后，于胸次取出大韩国旗，迎风招展，三呼“大韩独立万岁”。这种精神，多么悲壮，多么伟大哟！

我们当然不是要青年朋友无准备的去杀敌，去作无谓的牺牲，那是我们所不取的。我们只希望青年朋友们至少要有两种根本的觉悟与努力，就是第一要觉察自身及国家现在所处的环境和所负的责任而立即奋发起来，立定志向刻苦自励，自强不息；第二是要集合志同道合的朋友们，组织起来，团结起来，众志成城，群策群力，然后进行顺利而收效益宏。如果没有“韩人爱国团”的组织，“樱田门之一弹”绝对不会爆发出来。如果没有韩人爱国团团长金九先生百折不回的毅力为之指导，如果没有各地同志疾病相扶持，有无相通，则李奉昌亦[抑]或飘留海上，亦[抑]或冻馁街头，亦[抑]或送命病榻，都是可能的事。

所以在李奉昌樱田门之一弹的爆发当中，无形中显露了许多无名英雄的协助力与夫集团精神之伟大。现代中国青年只知高谈阔论，而不知注意组织，不愿意加入组织，实为中国独立运动事业前途最大之隐忧。中国各种事业之缺乏基础，就是因为负促进各种事业之责的组织太不健全或并组织而亦无之。我们于钦慕李奉昌烈士之余，应该深深的感觉到李奉昌的成功就是“韩人爱国团”的成功。有团结有组织就可战胜一切。有组织战胜无组织，严密的组织胜利松懈的组织。樱田门的精神，虹口公园的精神，都是由革命的组织中锻炼出来的。我们希望中国有为的青年朋友们赶快急起直追，在组织上多用功夫，多献力量，将来侵略中国的敌人，一定不死于三韩刺客而死于中华健儿之手了。能够组织起来则对外可以制敌人的死命，对内可以除国贼而推进和平的建设，促进国家的统一。

为使读者明了李烈士就义的始末及韩人爱国团组织的内容起见，我们现在特别把上海某报所载韩人爱国团团长金九先生所著之《李烈士就义始末记》转录于后，以见一斑。

我们所引为最讶异的，就是金九先生此文，除了上海某报照全文登出外，找遍北京、天津、上海各报，都未载及只字。这简直是殖民地报界的现象！独立自主的大中华民国舆论界，为什么电通社由东京传来的“李奉昌处死刑”的消息都一律登载，而韩国革命领袖金九先生寄来的“李奉昌就义始末”则京津沪各大报一律不予登载呢？独立国的舆论界，居然自甘居于日本殖民地的报界地位，自己放弃自己的言论出版自由，甚至有时廉价出卖自己的言论出版自由！孰谓报界不丧权辱国哉？

听说“某报”是广东海外华侨在上海所办的一种报纸，毕竟还是华侨有独立自尊的精神，有革命救国决心。他们在海外受了殖民地的待遇，亲感切肤之痛知之真，故行之笃也。在欧战中，有一次有一种不利于英格兰的消息，在爱尔兰京城各大报上均未登载，只有一个《爱尔兰民报》登出来了。这个日报也是美洲的爱尔兰侨民捐款在爱京办的。海外侨胞的血，无论东西，总是灼热的。中国之复兴，其若兹乎？

从李奉昌之死，我们又测验出了中国报界的人格扫地，无能。在祖国的独立与自由正受着严重威胁的时候，我们希望为舆论导师的报界，最当珍重自己固有的独立国的主权，发扬自己固有的独立国的精神！

一九三二年十月二十二日，于上海

［原载于《民声周报》（上海）第38期，1932年］

# 金九《李奉昌》前记*

尚志周刊

本年一月八日，在日本东京樱田门前，暗杀日皇之韩人李奉昌，年三十二岁，韩京城水原郡人，以亲受人之凌辱，自幼即怀革命之志，习为日人，化名曰“木下昌藏”，于一九三一年到沪，加入韩人爱国团，是年十二月赴东京。本年一月，炸案爆发，当场被捕，九月十六日，在东京大审院，作第一次公判，三十日宣布死刑。本月十日晨，在市谷刑务所执行。当此案爆发时，我国青岛市党部，及上海《民国日报》，皆以言沾祸，触怒日人致被封被毁。国人受此侮辱，至今犹莫明其真相。今日其首领爱国团团长金九（亦即虹口公园炸案之主动者）详述此案始末，及李之历史，字里行间，虎虎有生气，读之令人起敬。噫嘻！亡国遗民，犹多义勇，堂堂大族，徒事蜗争，将正气之云亡耶，抑人心之已死耶？呜呼！予欲无言，以下即为金九之文。

（原载于《尚志周刊》第 2 卷第 4—5 期合刊，1932 年）

---

* 本文载于该刊所载金九著《李奉昌》一文前，简介李奉昌事迹并评点金九文。题目为编者所加。

# 夫复何言（釜山）

韩玉璞

记者先生：

“国家软弱人民受欺”这是实在的话，现在我们的中国，被倭奴已打到万里长城了，我们要人还是高唱“一致团结”，“长期抵抗”。我们在日本地方的华侨，每日受日本人欺侮，笔墨难宣。今天先谈谈我们在朝鲜的华侨吧！因我们的军阀大人们好内乱，故有前二年朝鲜暴动惨杀侨胞之事，这也不用说，人人都知道的。倭奴现在苛待我们朝鲜的华侨，几于得寸进尺。（五月三日）《釜山日报》载“釜山支那领事馆之怪文书”，又“釜山支那领事有反日本帝国主义之举动”。此事起因，原于釜山北约一百里地之蔚山郡，该处有华侨二十余人，于四月二十七日日本人纪念满洲上海阵亡将士大会，该地日本官宪命该地华侨挂日本国旗，该地之华侨以事前绝无所知，抑是否当代为悼惜，因向釜山中国领事询问如何办法。釜山中国领事以此为中国莫大耻辱，当函该处华侨不必挂日本旗。该函忽被日本官宪查去，故《釜山日报》遂登出“釜山支那领事有反大日本举动”等语。我国驻釜山领事与日本官宪交涉，迄无要领。此种到处受辱之现象，皆因二十年来军阀争斗之故。现在华侨受辱，东北四省同胞则受倭奴之惨杀，等等，言之同一痛心。

二二、五、三，釜山

（原载于《礼拜六》第 503 期，1933 年）

# 朝鲜为国杀身志士赵秉世告国民遗嘱

[韩国]赵秉世

秉世临死，警告国内人民。呜呼！强邻渝盟，贼臣卖国，五百年宗社危如缀旒，二千万生灵行将奴隶，宁以国毙，忍见今日之耻辱乎。此诚志士林血饮泣之秋，秉世忠愤所激，不自忖量，封章叫阍，席藁待罪，将欲扶国权之已移，救生灵于濒死，而事不从心，颓波莫挽。情以一死，上报国家，下谢人民，然而有余恨矣。惟望同胞、士女勿以我死为悲，又勿徒效其顽愚，须各奋发，勉植忠义，勿逞意气，勿攘权利，勿急私愿，勿忘公雠。复我独立之基，雪此稽曾之耻，则死者幸甚，生者之荣誉亦无穷。

（当今国难如斯，重私愿，忘公仇者读此，有无愧色?）

（原载于《康藏前锋》第3期，1933年）

# 朝鲜与中国

者树云

东洋倭奴灭亡我们的朝鲜，是人人所知道个个所愤慨的，我还记得“鹿相呼以食，鱼相濡以沫”这句话，试问走兽都知道爱他们的同胞，表示他们合群的精神，难道朝鲜本是我们中华民国一母所生同血统的弟兄，我们岂不心痛，羞愤吗？因为“唇亡齿寒”，朝鲜既是中国东北的屏障，那么朝鲜被倭奴灭亡，同时就是中国东北的边疆被倭奴打倒了。据朝鲜革命志士金在天君说，朝鲜亡国的病源，就是“道德堕落，党派纷扰，法律不公，军阀横行，内政不良，外交失败，教育不振，民多嗜好，生计困难，土匪蜂起”而造成的，并且说，中国已经中了这几种亡国病，呀！

我国的同胞，要晓得亡国是一种毒药，不可尝试的，据我看来，我们中国的亡国病，还不算十分沉重，好！

我中国既有一线的生机，便趁早医治，所谓救国要在国未亡前去努力，假使我们同胞能够坚定志向，独立不倚，努力抵抗，坚持到底，若果我们能够救得中国的灭亡，便可使朝鲜恢复他们的自由，扫除他们的痛苦和压迫了。同胞！同胞！这是我们死生的开头，赶快猛省罢！速起奋斗罢！

（原载于《化报》第 27 期，1933 年）

# 一段朝鲜人话

李文雄

“我们应该始终抱定一贯的态度，用唯一的利器去抵抗暴日，脱离日人的苛政，来恢复我韩国的独立。”，这是一位少年韩国人对于自己同胞们讲的话，下面他便连续的讲道：“我们唯一的利器，便是自己一粒可爱的心，假使我们存为朝鲜有独立日子的话，那么一切的事多可以干了，例如一旦与暴日开战的时候，有武器的同胞，当然靠了武器冲上前去。可是没有武器的同胞，亦可以用我们两只手臂勇往直前。右臂断了，用左臂；左臂断了，用尔腿。除非四肢多废了，那么还可以用两只眼睛，看着他们。总之，我们的热血不死，心灵不破，总不肯让敌人占前一步……”

好一番爱国的言论，我们看了多么使人兴奋，多么使人惭愧。因得了他的话，便感想到这已统治在日本铁蹄下的韩国，已亡了国的韩国人，他们还抱着这种大无畏的精神，他们还深信自己的国家必定有独立富强的日子，他们国内的人还有勇气鼓着全国同胞，求恢复已死去的心。可是我国呢？就各方面讲，多比这亡了国的朝鲜好得几十倍。可是大多数的民众，已抱着消极的态度，有的意谓“中国没有方法救了”；有的意谓“国家的事情，何必多管呢”？甚致于有的讲：“唉！中国一定亡了国之后，方能富强。”这种种悲观的言论多么使人闻了灰心，我们亦应该使用这位韩国人所讲的一粒热心，存着中华民国一定有救的思想，一定有富强日子的一日，那么再发挥各人的能力，或须我国富强便在目前，我记得翁照垣将军，他讲淞沪战争史的时候，起初所以能战胜，还是各人存着中国军队有为的精神。并且他亦讲要救国，必先校正国内一般人错误的心里[理]。他们既然告诉我们，那么我们应该实行他们的言论，这或须就是当今唯一的职务。

（原载于《光华附中半月刊》第2卷第1期，1933年）

# 亡国后的挣扎是很难的呀！

朴

近有人说:“中国大多数民众,对于国家观念很小很小,加以近年来一般的风气是盲从的崇尚外国人的声色货制,对于中国原有的除了北平的古董外均不大为人所爱惜与保护。在这种心理下,所以中国这个民族,势必须经过一次亡国的痛苦,不然,恐怕不很容易能够‘及时’兴起。”这种论调,自不失为一种沉痛伤心的批评,但是我们所要注意的就是经过亡国痛苦后的“兴起”又岂是容易的事吗?

据日前日本各报所载的韩人复国运动消息——大阪筑港警署之官警约三十名于最近搜查港区海运业韩人张士远宅,捕去东亚通航组合长玄吉英,济州岛航路伏木丸事务长金仁东及货物部长申元湜等四十名,并有少女两人在内,由大阪府特种刑事高等科审讯,判明玄吉英等诸人有复国运动的组织,东亚通航组合即其组合机关。查东亚通航组合于十三年前由韩侨集资设立,以家乡人乘家乡船为号召,购入伏木丸,组织船公司,现有组合员约五百余人,近乘每月一号及十六号大阪码头最为拥挤的机会,散布各种复兴韩国的激烈传单,因此遂引起警局中人的注意,严为戒备,最近乃被检举。

近年来,我们不时听见日人破获韩人复国运动机关的消息,每一次的破获,总有若干韩国爱国志士的流血与牺牲——这种前仆后继的复国运动,实在令我们发生无限的感慨与忧愧。想到当年日人亡韩的情形是如何的容易,而今日韩人冀图复国又是如何的不容易,这确是一班充满苟安心理而尚未做亡国奴的国人们所应当深切反省的事实。

(原载于《申报》1933 年 5 月 21 日)

# 为国牺牲的安重根

文浩

大约是在前清光绪十九年的时候，日本常常来侵占我国的朝鲜，我国出兵去打他不过，只得让朝鲜独立，在北面的俄国看着眼红起来，欲想争夺，结果也被日本打败，日本于是派了首相伊藤博文乘机并灭了朝鲜。朝鲜亡国后，受日本种种虐待，苦不堪言。许多爱国志士，切齿痛恨，无不欲报仇复国。可是国亡了再恢复时，比蜻蜓憾石柱还难。

却说其中有一位好汉叫做安重根，结交了十二个心腹知己，逃往俄国领土，招募的壮士三百人，回到本国的庆兴都暗袭日兵营垒三战三胜，杀得日兵落花流水、鬼哭狼嚎。

日本赶快各处调动大队人马来围重根，重根大怒，横刀大喝一声，三百壮士奋勇向前，以一当百，杀气冲天，呼声震野。

战至日暮，日兵越来越多，不能应战，于是拼命杀出一条血路，落荒逃出来。跟随重根的仅剩二人爬山越岭而去。日本紧紧追来，重根昼伏夜行，在荒林险岭间，五日不得食，卒冒死得脱。

重根失败毫不灰心，又复结合同志，别谋良图，恰巧又一次听到伊藤博文要到哈尔滨会俄国公使，不禁大喜，遂怀藏一支手枪，预先赴宽城子去守待这伊藤。

他有三位朋友对他说："伊藤位列首相，兵卫必剩，你一个人力量恐防不够，我们愿同去襄一臂之力。"重根逊谢说："人多时机反不密，枉去送死，不入[如]留得有用之才，将来有机会，再图报国罢。"

伊藤博文抵哈尔滨，俄兵警卫往迎者几千人，戈挺相接，横亘数里不绝，伊藤下车后，与俄使握手道歉，这时候重根立在俄军后面十多步，看得真切，不慌不忙，擎枪在手，一发中伊藤胸，再发中腰，三发中腹。伊藤倒毙，卫兵大乱。

伊藤大声曰："我为朝鲜复仇！"后连发三枪击毙日本总领事及秘书官、铁道总裁三人。枪仅六弹，六发皆中，重根掷枪于地，拍掌狂笑曰："我愿入死地，难道还要逃吗？"乃高呼大韩独立万岁。

重根被执后，绑赴哈尔滨市逾斩。临行时，他的两位弟弟定根、荣根来送，重根对两弟弟说：我死，当葬哈尔滨；朝鲜不复，不必归葬。遂从容就义，朝鲜听见他的消息，没有一个不痛哭流涕。

（原载于《新民众》第2卷第19期，1933年）

# 韩国义士尹奉吉之死

孤萍

在上海虹口为韩国复仇，轰炸日本文武将士的尹义士奉吉，已于本年十二月十八日夕刻由日本大阪护送至金泽，十九日午前七时四十分于金泽刑场执行枪决！从他的英魂升天之刻起，我们可以庆贺他由义士进到烈士的成功，自此可与世界各弱小民族的先烈，并美争荣，永垂千古！我们应把同情之泪拭去，换副寂寞肃静的态度，来默默的想，回想四月二十九日的正午，烈士一弹的巨响，是何等的痛快而淋漓？我们想到这里，是何等的悲壮与欢呼？

热烈起我们的情绪来鼓舞我们的精神来检查尹烈的伟功。日本的白川大将、植田司令、重光葵公使、村井总领、日侨居留会委员长河端，他们正是用尽智力与饶勇，来图谋侵略中国领土，惨杀中国人民经烈士的一弹，击碎他们的野心，惊散了他们的灵魂。使他们一切的凶杀万念，都归于寂寞星散。

四月二十九日是日皇诞辰，驻沪日袖向例举行谈话会，招待各国来宾受贺，今年特别铺张，除茶话会外，并举行阅兵典礼，当日晨时尚未黎明，沪北日侨，昂欢呼狂叫，纷纷到虹口公园，参加庆祝大会，江湾路日海军陆战队司令部竖一幅日旗，大有数丈。日本陆战队武装出动，电车公共汽车，均禁止通行，华人尤不得通过。交通断绝，虹口公园满悬万国旗、日本旗及纸灯。北部设司令台，参加军队有第九师团机关枪队、骑车队、步兵队，辎重兵等六千余人，宪兵千余人，海军，铁甲车六辆，机关车队，救护车队三千余人，合约万余人。另有陆军铁甲车十四辆，骑兵处机脚车为之前导，四周更有武装巡捕，警察机密看护。白川一行共乘公共汽车四辆，第一辆为白川自乘，第二辆为武装巡捕，第三辆为白川随从及其参谋长。我们看那日的威风凛凛，是何等威武雄壮？如此华人如何能不提心掉胆？

我们回想到当日的情形，日本当日举行庆祝，并非单纯的庆祝，除此之外，更含有深藏的意义对我们夸耀。当时白川大将已用他们的陆海空军,攻陷了上海。他们意在庆祝日皇诞辰之日,借以祝庆胜利,喧扬攻沪的成功。再则调列大军,行排围绕,假名阅兵,以示凶威。前者是与我们精神上的打击。后者是给我们武力上的威胁。可惜打击未果、威胁未成的过程中,烈士的抨然一响,喧扬狂呼夸耀示威的声,当时变成了凄惨可怜的呻吟。日本是如何的切齿忌恨?

四月三十日,常运用日本浪人向我挑衅的驻沪日侨居留会长河端因炸逝世。五月五日,驻华日使重光葵因被炸过巨,不得已将右腿锯去。失去人性是有人形的日本暴兽,一定痛悼,而为失去奔走侵华,运筹扰华的人才而伤心。

重光葵腿掉下,过了整整三个星期,暴力侵华几次建有勋劳的白川大将,也因尹奉吉炸弹的赠赐溘然逝世了。

此外野村的眼珠流出,也是尹奉吉炸弹零星的火花一闪。

拢合起来,我们对尹烈士的情绪,是无法描写的,只有满腹满脑无系统的歌泣悲喜和无限的感激。因为他不仅是为他的韩国复仇,事实上也是为了中国打抱不平,给我们以实际上的援助和快慰。这是不能使我们忘记的。所以我们乍看到尹烈士轰轰烈烈的义举之后,我们只有惊喜佩服。这样痛快的事,我们怎能不喜?稍事沉静些我们又不能不胆怯。因为日本是惯好借故耍赖的,对于他们兴狂中的如此当头棒击,深恐他们对我们诬赖泄怒,借故寻衅。真的我们战兢,小心点,我们深怕又弄出甚么惨案来!

按,尹奉吉的身份,是一个在沪法界作工度日二十五岁的工人,他肯宣誓,以身许他祖国,并作整个弱小民族与帝国主义拼命牺牲的先驱。在灭他祖国的仇人正又侵略别国的时候,军备那样的严重,他竟能从容不迫潜到会场的核心,作那准确的一掷,他的精神,他的勇敢,他的作法,再再令我们可钦可佩。绝对不是浮嚣轻狂者所可做出,更使中国的人人汗愧无地自存。近百年来中国受帝国主义的多少压迫惨杀,尤其是受英国日本的凶杀,我们只是高声呐喊,声浪真把云表吹破,可是从来没有过单人暗暗的像尹奉吉这样一来。

我们认为韩国是真有英雄,真有爱国者。他们的国亡了,精神没亡,人心没亡,自一八六九年日本实行亡韩以后,韩国有过几次的革命?几次的暗杀?虽说革命至今尚未成功,暗杀也有几次的失败,但是一九〇九年安重根在哈尔滨刺杀伊藤博文同尹烈士的爆炸白川,总算是韩人值的扬眉吐气,在世界上能夸耀的。终不愧“区区三韩地,莫道无英雄”之悲歌了。中国大于三韩何止百十倍,人口何止多至百十倍,安重根、尹奉吉之辈在那里?

安重根、尹奉吉都是弱小民族中的佼佼者，他们死为祖国而死，为和压迫者拼命而死，值得我们颂扬和记述。

（原载于《对抗》第 8 期，1933 年）

# 高丽舞娘

秋冷

人到无聊惟醉舞，戒舞戒酒许久了。近来忽又沉沦起来，原因不是忧时爱国，实在是生活太过于颠沛流离，苦闷的人追求快乐，正如摩登小姐之寻求爱人。于是，我又长作酒中时日舞中仙了。

维也纳、逸园和我们的住处距离过远，单是车资已化不来，而且暑天中又要长途跋涉，那更觉无谓啦，故此近来不跳则已，每舞必定是虹口的舞场，而虹口的舞场中则又多，于是老大华。

老大华的西名是“文牛司”(译音)顾名思义，爱神的温馨怀抱里，充斥其间的大概都是些风流种子，所以我喜欢到那儿去浪漫浪漫。一杯酒、一舞娘，真胜过做了一代“汉奸”(大官)所谓“大官”不肯认卖国，而误国总似铁钢一般的事实，和平既实现，“战”可见大家都是不忍闻的。“文牛司”我是结缘了，我选择的舞伴是“爱芝高”，华名却是“幸子”。她是一位朝鲜人，说得很流利的英语。她穿着一件桃红衫儿，一袭湖绿色的长裙，舞态最轻盈，像一只花间蝶，她的举止十分温柔文静，纤小的蛮腰，玲珑的小口，柳叶样的细眉毛儿，含情的媚眼，说来真是个十全十美的安琪天使。

积久熟了，我便问起伊的身世，伊毫不客气的告诉我，伊以[已]经有了情人，伊和伊的情人同居，生活费完全由伊个人负担，伊之所以愿意过这样无聊供人搂抱玩笑的生活，因为伊的爱人是复兴高丽的革命志士。

“幸子”能作诗，伊写过这样的两句诗句给我：“风尘辗转随流水，悲时歌哭欢时醉。”伊的灵心善感，于此可见一斑了。伊说很羡慕我国明末清初的名妓李香君，大概伊的爱人慷慨悲歌，也就是侯公子的一流了。日本妓女为侵略胜利而“组合”，高丽舞娘为不堪亡国而茹苦含辛，鸭绿江上已然笼罩了一片革命的朝云，惟有我们的老大民族永远麻木的奏着“桃花江”一类的颓唐之音。

（原载于《社会日报》1933年8月7日）

# 回忆朝鲜而想起中国

赵锡公

我们的东邻日本,现在欺侮我们已经到极点了。占了东北,而又图热河。虽然她不能用吞并朝鲜的法子来一下吞并了中国,但是若尽说我国地大人多是决不亡了,这话却是不可靠的。

虽然日本不能像吞并朝鲜似的,来一下吞并了中国,可是他的步骤却相同哩! 现在我们回顾朝鲜的亡于日本:第一步,日本认朝鲜为独立国;第二步,派日人助理朝鲜国政;第三步,日本把朝鲜的兵权财政权等拿去——这时的朝鲜王是"有其名而无其实"了;第四步,日本"更上一层楼"的取朝鲜做他的保护国了——到这时朝鲜人才"恍然大悟",可是已经晚了;第五步,朝鲜在地图上变成日本的颜色,归日本所有了。直到现在,日本压迫朝鲜更一天甚一天,朝鲜人的痛苦不堪闻问了。

好! 我们不要谈历史了! 请诸位把视线转移,来看看东北。日本的诡计,是不是与亡朝鲜的步骤相同! 他的目的是不是想吞并整个中国这不用说,诸位一定异口同声的说"是"。同胞们啊! 既然了解,明白,为什么还不积极抵抗? 真非"痛苦"临到自己身上才觉悟吗?

最后,我用一句俗语来结束全篇,"睡狮不醒"白有他的威风,就是一只小兔也要欺侮它的。

[原载于《儿童世界》(上海 1922)第 31 卷第 6 期,1933 年]

# 国难无难的国人对高丽人羞死

髡谩

华北的停战协定签定了。日兵虽未撤退，总会要撤到长城。长城是何国境界？这于我们不相干了。张家口的二马先生，广州的耳东先生，高喊着抗日，本来不算一回事，现已渐渐的火息浪平了。狂叫着二十二个月的“国难！”“国难！”现在听不见了，大约算已完了。大家好过着无灾无难的日子。公债涨到未曾有的高价，日货畅销到少见的巨数；朝里朝外，四下子一望，可以揩揩鼻头，赞一句文话“懿矣休哉”！

最近看见报上载着一件事：使人心头一跳，脸子一红，禁不住天良发动。原来长春发觉了一桩暗杀阴谋，主动的是一位高丽老太太，名叫南慈贤，年纪已是六十一岁。她抱着亡国之痛，丈夫又遭日人殴打凌辱，蓄意暗杀日本军阀，屡次谋划朝鲜总督未成，改至长春暗杀名为大使，实则总监的武藤。不幸计划被敌探破露，功败垂成。凡属爱国英雄，谁不向她下一掬同情之泪。

武藤所侵占的，是谁的国土？所蹂躏的，是谁的人民？我们不能手刃之以雪愤，偏是一位高丽老太太，拼了性命，为我们报仇。我们传说上，亦会有聂隐娘、费宫娥等人，大约已经死得干干净净，精精光光，只剩着民族中不肖分子，在那里现世！回想到上海一·二八之后，没有尹奉吉这一弹，上海的人民财产，杀的是白杀，烧的是白烧。幸而来一个尹奉吉，算同上海人出一口怨气。上海人的怨气，要高丽人来代出，该死！该死！应该羞死！

（原载于《新社会》第 4 卷第 12 期，1933 年）

# 韩国女英雄

清癯

前见哈尔滨电讯，有韩国女子名“李兰”者，设根据地于东部边境附近密山县西南三里郁苍之山林中，部下约四百人。常携亲红鞭，跨黑马，专伺驻该处之日军。冀得一当，年可二十余，生于仁川，曾毕业美国密歇干大学社会科。乃昨见又讯，有六十一岁之朝鲜老妪，谋刺关东军司令官武藤。事泄，遂被逮。此老妪名“南慈贤”，二十年前其夫被日人殴毙，故屡思复仇，从事独立运动，奔走满、鲜间，往来甚秘。兹虽不免。何韩国女杰之多耶。然男子杀贼，犹不若女子复仇之足以增国光。而纤纤玉手，与闪闪银刀尤觉灿烂可观。噫！吾国女子，又复何如。遥望河山，中心欲绝。爰赋此吟，借抒予怀。

须眉庸行孝与忠，不论西欧论亚东。请看千载兴亡史，多大英雄如日悬天中。苌弘碧血贯金石，正气直欲凌苍穹。不知巾帼婀娜弱女子，志存报国亦从戎。虽无游女三千队，欲战痴军十万虫。乃携红鞭跨黑马，大呼杀贼不觉淋漓溅血胭脂红。又有老妪两鬓白，替夫复仇竟罹凶。吾身授诸敌，亦欲报家翁。匪敢拼残躯，且以慰愚衷。惜此一击计未售，悲哉抱恨终天终。回顾吾国今日运正同，何无聂隐突起驱妖锋。所以吾特吟之作晨钟，唤醒朝云暮雨之梦梦。吁嗟彼之夜静弓刀甲帐月，岂仅表厥宅里焕绰楔，直当大书特书垂之彤琯彤。

（原载于《铁路月刊》第3卷第6期，1933年）

# 呜呼！ 朝鲜

袁树柽

噫！朝鲜已灭，吾何必哀之，又有何暇而哀之乎。然不得不哀朝鲜者，乃哀未来之朝鲜，非过去之朝鲜也。朝鲜，吾国前途之照影也。箕子拓地，遂为我国藩属。自沉沦异域，民无言论自由之权、无居住自由之权、无信教集会之权，且又有财产之限制、教育之限制、生育之限制，凡此种种，为何等之奇耻大辱耶。虽然受耻奇矣，受辱大矣，亦莫能如何耳。夫民而有国，则谓之民。既无其国，则不能谓之民矣。语云：皮之不存，毛将安附。其此之谓欤。朝鲜亡国之惨，事虽已见诸今日，而其因则早种于昔年。使朝鲜无新旧党之争，暴日虽骎骎欲逞，其如我不自侮何。噫！己不自立，于人何尤，我不自保。日虽未灭朝鲜，岂无灭朝鲜之日哉。呜呼！朝鲜不于未灭之前，筹所以救灭之道，而于既灭之后，欲求独立之机，复已破之产。声嘶力竭，粉身碎骨，又何补焉。吾故曰：朝鲜之亡，咎在自侮。而日本之所以虐待朝鲜者，亦朝鲜人之所自取也。噫，殷鉴不远。而欲来未来之新朝鲜，已若隐若显于前途。东北四省见夺，国势日益堪忧，蕞尔扶桑，正虎视鹰瞬，野心勃勃犹未已。而其今日之施诸朝鲜者，即异日之施诸欲来未来之新朝鲜也。我国同胞若果以吾言为是，则当卧薪尝胆，同济时艰。父谕其子，兄勖其弟。曰：昔日之朝鲜，今日之中国也；今日之朝鲜，异日之中国也。朝鲜已灭，中国岌岌殆危。全国同胞盍以朝鲜为鉴，和衷共济，慎勿使亚东沃土，尽饱虎狼之吞并。黄炎子孙，永为异族之奴隶，此吾所以忍痛以书，而与同胞共矢之微意也。不然如秦越之漠不相关。灭亡之忧，即在目前。夺我四省而不引为奇耻大辱，犹内乱迭兴，蹈朝鲜之故辙，是诚朝鲜之遗类也。我既自甘为朝鲜遗类，故日亦以朝鲜待之，斯亦吾同胞之所自取也。且朝鲜人民惨死于枪林弹雨之中者，必含笑九泉曰：吾不幸而至于惨死，然亦有幸者，即新朝鲜之接吾踵而来。相与遇会于阴风惨雨之际，后起有人，魂不孤矣。呜呼，吾言至此，不禁泪涔涔下，滴尽泪珠而结此墨痕。然不知同胞睹此，究生何种感慨乎。先哲有言：人必自侮也，而后人侮之；国必自伐也，而后人伐之。况当今之世，公理丧尽，惟强权是恃，虎狼咆哮于门庭之内，欲其勿伤人也，岂可得哉。故哀朝鲜，以警我国国民，同胞三复思之也可。

（原载于《湖南新化县中期刊》第 1 期，1934 年）

# 韩国国耻纪念的感想

静珍

韩国自一九一二年由寺内正毅以兵威勒缔合并条约，即正式并属日本；这有着四千三百余年历史的文明旧国，到现在算做了二十四年岛寇殖民的区域。在这亡国后的二十四年期中，韩国人民的复国运动未尝间断过，挽近更有着蓬勃的气象。他们暗中不声不响的把持历史上精神的动力，埋头苦干着，在上海一隅的韩国独立党以及韩国的政府，虽然不曾为中国人士注意，而他们的精神毅力实在超过不抵抗的劣性万倍。这实在是令我们中国人惭愧的事情。目前，又是一年一度的韩国国耻纪念，这含冤忍辱的日子令他们发出那样沉痛的宣言，他们"并不是单纯的认识耻辱和悲痛的历史"，他们"是为取消耻辱历史和完成革命的目的，增大斗争的决心和力量"的。他们能够认识得这么清楚，又何事不可为呢？可惜这时候在世界上失去了正当的发言权，他们有冤苦而没有地方申诉，除了相信自己而外简直没有第二条出路。

韩国的独立运动在史乘上是书不胜书，并属日本后固然人各以复国自命，即在未并属前国命不绝如缕的时候，争先效死也是常见的事情：先有甲申革党的失败，继有甲午东学党的大风云，复有独立协会的运动。然而，不是迷于外力受了日人之绐，就是无力扫除君侧之恶而不能改革政治，再不然就是受了政府媚外的影响陷于失败，流血杀戮，换来的只是舆论的消沉、官僚的鸱张，国家的命运日趋险恶。韩国的独立运动所以事前不能挽回国运于万一的唯一大阻力，是国内的贪官污吏，并不是国外的恶势力；如果在大劫运之前能够修明政治，革废贪污，不示人以右文好礼，弱不禁风，那末，事情终不至于那样糟，国外的恶势力也不至于侵入得那样快。就拿我们中国的现状来讲，最大的病因也在于没有计划，没有决心，再加之积弱所在，处处给人口实，给人瞧不起，外侮之来不是没有原因的。我们中国是不是要步武韩国的后尘呢？那要看政府能不能彻底翻造类如决定韩国命运的条件了。

九一八后，我们中国人都相率惊告日本在拿亡韩的故智对付我们了；其实，“亡韩的故智”不过是日本初试其锋。现在对付中国，除了刚柔并济的手段而外还有更毒辣的具体的计划在，这是我们中国人应该知道的。日俄战后，日本以新胜的兵威勒逼韩国签订保护条约，韩遂为日附庸。迨至伊藤借口海牙和会密使问题逼帝让位，签押七条密约，韩国的大势已去。及至最后，一九一二年八月二十九日合并条约勒逼成功，韩国是真正的死亡了。可是，日本对付中国是采取了急进主义，一下手就亡了。东北四省这半壁天下，如果日俄万一再战，如果再战结果还是日占胜利，那时期日本对付中国的凶残可以断言必较对付韩国为甚。我们中国人急应该打破“一脉存不可谓之绝，一目张不可谓之乱”的错误观念，未雨绸缪，不能等待国亡后再求复国运动。能够振作，应该振作；能够抵抗，应该抵抗；在外交上忌无为外交，在政治上忌无为政治，在军事上忌无为军事。中国现在应该实践时代的任务了！

韩国人民复国运动的精神毅力固有可取，韩国独立运动失败的原因也应该为我们借镜。其次，韩国人民以为并属日本是奇耻大辱，定为国耻日。每年此日，悲愤填膺；而我们中国，国耻日是多得不胜枚举，精神则懈怠异常，好像所谓国耻日不过如此，不足挂怀。这倒不要就是亡国的现象吧！

（原载于《礼拜六》第571期，1934年）

# 鸡

郭沫若

## 一

我现在所住的地方离东京市不远，只隔一条名叫江户川的小河。只消走得十来分钟的路去搭乘电车，再费半个钟头光景便可以达到东京的心脏地带。但是，是完全在乡下的。

一条坐北向南的长可四丈、宽约丈半的长方形的房子，正整地是一个“一”字形，中间隔成了五六间房间，有书斋，有客厅，有茶室，有厨房，有儿女们的用功室，是所谓“麻雀虽小而肝胆俱全”的。

房子前面有一带凉棚，用朱藤爬着。再前面是一面菜园兼花圃的空地，比房子所占的面积更还宽得一些。在这空地处，像黑人的夹嘶音乐般地种植有好些花木，蔷薇花旁边长着紫苏，大莲花下面结着朝天椒，正中的一簇牡丹周围种着牛蒡，蘘荷花和西红柿结着邻里……这样一个毫无秩序的情形，在专门的园艺家或有园丁的人看来自然会笑。但这可笑的成绩我都须得声明，都是妻儿们的劳力所产生出的成果，我这个“闲士惰夫”是没有丝毫的贡献参加在里面的。

园子周围有稀疏的竹篱，西南两面的篱外都是稻田，为图儿女们进出的方便，把西南角上的篱栅打开了一角，可以通到外面的田塍。东侧是一家姓 S 的日本人，丈夫在东京的某处会社里任事，夫人和我家里来往熟了，也把中间隔着的篱栅，在那中央处锯开了一个通道来。那儿是有桂花树和梅树等罩覆着的，不注意时很不易看出。但在两个月以前，在那通道才锯开不久的时候，有一位刑士走来，他却一眼便看透了。“哦，和邻家都打通啦！”他带着一个不介意的神情说。我那时暗暗地惊叹过，我觉得他们受过特别训练的人是不同，好像一进人家，便要先留意那家主人的逃路。

屋后逼紧着是一道木板墙，大门开在墙的东北角上。门外是地主的菜圃，有一条甬道通向菜圃过边的公路。那儿是可以通汽车的，因为附近有一家铁管工场，时常有运搬铁管或铁材的卡车奔驰，这是扰乱村中和平空气的唯一的公路。公路对边有松林蓊郁着的浅山，是这村里人的公共墓地。

我的女人的养鸡癖仍然和往年一样，她养着几只鸡，在园子的东南角上替它们起了一座用铁丝网网就的鸡笼，笼中有一座望楼式的小屋，高出地面在三尺以上，是鸡们的寝室。鸡屋和园门正对着，不过中间隔着有好些树木，非在冬天从门外是不容易看透的。

七月尾上一只勒葛洪种的白母鸡抱了，在后面浅山下住着的H木匠的老板娘走来借了去，要抱鸡子。

不久，在中学和小学读书的儿女们放了暑假，他们的母亲把他们带到近出的海岸去洗海水澡去了。这意思是要锻炼他们的身体，免得到冬天来容易伤风，容易生出别的病痛。他们的母亲实际是到更偏僻的地方去做着同样的家庭劳役，和别人避暑的意义自然不同。我本来也是可以同去的：因为这一无长物的家并值不得看守，唯一值得系念的几只鸡，拿来卖掉或者杀掉，都是不成问题的。但在我有成为问题的事，便是在我一移动到了新的地方便要受新的刑士们的“保护”——日本刑士很客气把监视两个字是用保护来代替的——这可使妻儿们连洗澡都不能够自由了。所以我宁肯留在家里过着自炊生活，暂时离开他们，使他们乐得享点精神上的愉快，我也可以利用这个时期来做些活计。

他们在海岸上住了不足一个月，在八月尾上便回来了。九月一号，中、小学一齐开学，儿女们又照常过着他们的通学生活了。大的两个进的中学是在东京，要为他们准备早饭和中午的便当，要让他们搭电车去不至迟到，他们的母亲是须得在五点前后起床的。

在九月十号的上午，H老板娘把那只白母鸡抱回来了。老板娘已经不在浅山下住，据说是每月五块钱的房费，积欠了九个月，被房主人赶走了，现在是住在村子的东头。

母鸡借去了五个礼拜，反像长小了好些。翅子和脚都被剪扎着，拴在凉棚柱下，付着。

那时是我亲自把那马丹·勒葛洪解放了，放回了笼子里去了。

鸡们相别五个礼拜，彼此都不认识了。旧有的三只母鸡和一只雄鸡都要啄它，就连在几天前才添的两只母鸡，自己还在受着旧鸡们欺负的，也来欺负起它来。可怜这位重返故乡的白母鸡，却失掉了自由，只好钻进笼里打横着的一只酱油桶里去躲着。

第二天下午，我偶然走到鸡笼边去时，那只白母鸡便不看见了。我以为是躲藏在那上面的小屋里的，没有介意。我告诉安娜时，因她也说一定是在那小屋里躲着的。本来只要走进鸡笼去，把那小屋检查一下便可水落石出的，但那只雄鸡是一匹好斗的军鸡，把笼子保守得就像一座难攻不破的碉堡。只要你一进笼去，它便要猛烈地向你飞扑、啄你。因此就要去取鸡蛋，都只好在夜间去偷营劫寨的。

到了第三天下午，那只母鸡仍然没有出现，我们以为怕是被啄死在鸡屋里了。安娜把那雄鸡诱出了笼来，走进笼去检查时，那只母鸡是连影子也没有的。

这鸡的失踪，是几时和怎样，自然便成了问题。我的意见是：那鸡才送回来的十号的晚上，不知道飞上那小屋里去，伏在地上被鼬鼠衔去了。安娜和儿女们都不以为然。他们说：鼬鼠是只吸血的，并不会把鸡衔去；纵使衔去了，笼里和附近也会略见些血迹。安娜以她那女性的特别锐敏的第六感断定是被人偷了。她说，来过一次，定然还要来二次；鸡可以偷，别的东西也可以偷的。自从发现了鸡的失踪的十二号起，她是特别地操心，晚间要把园门上锁，鸡的小屋待鸡息定后也要亲自去关闭了。

## 二

今天是九月十四号。

早晨在五点半钟的事后，把朝南的第一扇雨户打开，饱和着蘘荷花香的潮气带着新鲜的凉味向人扑来。西南角上的一株蜷曲着的古怪的梅树，在那下面丛集着的碧叶白花的蘘荷，含着花苞正待开放的木芙蓉，园中的一切其它物象都还含着睡意。

突然有一只白鸡映进了我的眼里来，在那东南角上的铁网笼里，有开着金、色花朵的丝瓜藤罩着的地方。

“该不是失掉了的那只鸡回来了？”

这样的话在脑神经中枢中刚好形成了的时候已经发出了声来。

——“博，你去看，鸡笼里有只白鸡啦，怕是那只鸡回来了。”我向着邻室里开着雨户的二儿说。

——“那不会的，在前原是有一匹的。”阿博毫不踌躇地回答着，想来是他早已看见了那只白鸡。

——“旧的一匹带黄色，毛不大顺啦。”我仍然主张着我的揣测。

接着四女淑子也从蚊帐里钻出来了，她跑到我的跟前来。

——“那儿？白鸡？”她一面用两只小手在搓着自己的眼睛，一面问。待她把鸡看准了，她又说出阿博说过的同样的话，“不会的，白鸡是有一匹的。”

小儿女们对于我的怀疑谁都采取着反对的意见，没人想去看看。我自己仍然继续着在开放雨户。

面孔上涂着些煤烟的安娜，蓬着一个头，赤着一双脚，从后面西北角上的厨房里绕到前庭来了。她一直向着鸡笼走去，她自然是已经听见了我们的谈话的。她走到笼子外面，立着沉吟了一会。

——“是的吗？”我站在廊檐上远远问着。

她似乎没有回答，或者也怕回答的声音太低，没有达到我这半聋的耳鼓里。但她走转来了，走到我们近旁时她含着惊异地说：“真的是那只母鸡！”

这惊异的浪子便扩大起来了，儿女们都争先恐后地要去看鸡。

鸡自然是被人偷去又送转来的，来路自然是篱栅上的那两处切口了。但妻儿们在园子中检查的结果，也没找出什么新的脚印来。

一家人围坐在厨房里的地板上吃早饭的时候，话题的中心也就是这鸡的归来。鸡被偷去了又会送回，这自然是一个惊异；但竟有这样的人做出这样可惊异的事，尤其是等于一个奇迹。这人是谁？他为什么要做出这样的奇迹呢……

——“一定是那 H 木匠干的。”我说，“那老板娘把鸡借去了很久，大约是那 H 不愿意送还，所以等到那老板娘送还了的一晚上又偷了去。那鸡笼不是他做的吗？路径，他是熟悉的啦。大约是偷了回去，夫妻之间便起了风波，所以在昨天晚上又才偷偷地送回来了。”安娜极端反对我这个意见，她说：“那 H 老板娘是讲义理的人。”

——“是的啦，唯其是讲义理的人，所以才送转来。”

——“分明知道是我们的鸡又来偷，他们绝对不会这样做。”

——“H 老板娘做不出，我想那木匠是能够做出的。他现在不是很穷吗？”安娜始终替他们辩护，说他们目前虽然穷，从前也还富裕过。他们是桦太岛的人，在东京大地震后的那一年才迁徙来的，以为可以揽一大批工作，找一笔大钱，但结果是把算盘打错了。

吃过了早饭后，大的四个孩子都各自上学去了。安娜一面收拾着碗盏，一面对我说：“你去看那鸡，那好像不是我们的。勒葛洪种的鸡冠是要大些的。”

但我把岁半的洪儿抱着要走去的事后，她叮咛着说：“不要把上面的小屋门打开，不要放出别的鸡来，我回头要去找 H 老板娘来认那只鸡。”

她要去找H老板娘来，我是很赞成的。因为她可以请她来认认识鸡，我也可以在她的面孔上读读我的问题的答案。

我从园子中对角地通过，同时也留意着地面上的脚迹，的确是辨别不出新旧来。

小巧的母鸡照样在笼子里悠然地渔着食，羽毛和白鹤一样洁白而平顺，冠子和鸡冠花一样猩红，耳下的一部分带着一层粉白色，表示出勒葛洪种的特征，只是头顶上的一部分未免深屑得一点，而且也不偏在一边。这鸡大约不是纯种吧？但这究竟是不是原有的鸡，我也无从断定。因为旧有的鸡我并没有仔细地检验过，就是H老板娘抱来的一匹我也是模糊印象的了。

不一会安娜也走到了笼边来。她总说那鸡不是原有的鸡，无论怎样要去找H老板娘您来认一下。她说："我是很不放心的，气味太恶。"

我觉得她这不免又是一种奇异的心里。鸡的被人送回，和送回这鸡来的是什么人，在她都不大成为问题：她的心里的焦点是放在有人在夜间两次进过我们的园子这一点上。她似乎以为在那鸡的背后还隐伏着什么凶兆的一样。他是感受着一种漠然的恐怖，怕的更有人要在夜里来袭击。

在鸡笼前面把鸿儿递给了她，我各自走上东侧的廊檐，我的所谓书斋。

## 三

不知道是几时出去了的安娜，背着鸿儿回来，从书斋东侧的玻璃窗外走过。后面跟着那位矮小的H老板娘。老板娘看见了我，把她那矮小的身子鞠躬到只剩得两尺高的光景。在那三角形的营养不良的枯索的面孔上堆出了一脸的苍白色的笑容，那门牙和犬齿都缺了的光牙龈从唇间泄露着。我一看见了她这笑容，立即感觉到我的猜疑是错了。她这态度和往常是毫无二致的。假使鸡真是她的丈夫偷去，又由她送了转来，她的笑容断不会有那样的天真，她的态度断不会有那样的平静。问题又窜入迷宫了。

她们一直向鸡笼方面走去，在那儿端详了好一会又才走了转来。据说鸡是原物，丝毫的差异也没有。

她们从藤架下走过，到西手的南缘上去用茶去了。不一会邻家的S夫人也从桂花树下的篱栅切口踱了过来。这人似乎是有副肾疾患的，时常带着一个乌黑的面孔，瘦削得也可惊人。

三种女人的声音在南缘上谈论了起来，所论的当然不外是鸡的问题，但在我重听的耳里，辨别不出她们所说的是什么。S夫人的声音带着鼻音，好像是包含有食物在口里的一样，这样的声音是尤其难于辨悉的，但出其不意的就从这声音中听出了几次“朝鲜人”的三个字。

——啊，朝鲜人！我在心里这样叫着，好像在暗途中突然见到了光明的一样。

由一九二三年的大地震所溃灭了的东京，经营了十年，近来更加把范围扩大，一跃而成为日本人所夸大的“世界第二”的大都市了。皮相的观察者会极口地称赞日本人的建设能力，会形容他们的东京是从火中再生出的凤凰。但是使这凤凰再生了的火，却是在大地震当时被日本人大屠杀过一次的朝鲜人，这要算是出乎意外的一中反语。八九万朝鲜工人在日晒雨淋中把东京恢复了，否，把“大东京”产生了。但他们所得的报酬是什么呢？两个字的嘉奖，便是——“失业”。

他们大多是三十上下的壮年，是朝鲜地方上的小农或者中等地主的儿子。他们的产业田园被人剥夺了，弄得无路可走，才跑到东京。再从东京一失业下来，便只好成为放浪奴隶，东流西落地随着有工做的地分向四处的乡下移动。像我住着的这个地方和扩大了的东京仅隔一衣带水，虽是县分不同的乡下，事实上已成为了东京的郊外。为要作为大东京的尾闾，邻近的市镇是有无数的住家逐次新建着的。因此也就有不少的朝鲜人流到这儿来了。

朝鲜人所做的工作都是些面土的粗工，从附近的土山运出土来去填平村镇附近的田畴或沼泽，这是一举两得的工事：因为低地填平了，土山也铲平了，两者都成为适宜于建筑家屋的基址。土是用四轮的木板车搬运的，车台放在四个轮子上，台上放着四合板的木框。木框放在车台上便成为车箱，一把车台放斜时，便带着土壤一齐滑下。车路是轻便铁轨，大抵一架车是由两个工人在后面推送。离我的住居后面不远便是取土的土山，在有工事的时候，每逢晴天的清早，在我们还未起床之前，便已听着那运土车在轨道上滚动着的骨隆骨隆的声音。那声音要到天黑时才能止息。每天的工作时间平均当在十小时以上。我有时也每抱着孩子到那工事场去看他们做工。土山的表层挖去了一丈以上，在壁立的断面下有一两个人把先把脚底挖空，那上面一丈以上的土层便仗着自己的重量崩溃下来。十几架运土的空车骨隆骨隆地由铁轨上辇回来，二三十个辇车的工人一齐执着铁铲把土壤铲上车去，把车盛满了，又在车后把两手两足拉长一齐推送起去。就那样一天推送到晚。用旧式的文字来形容时是说他们在做着牛马，其实是连牛马也不如的。

他们有他们的工头，大抵是朝鲜人，在开着“饭场”，做工的便在那儿寄食。他们在东京做工时，一天本有八角钱的工钱，工头要扣两角，每天的食费要扣两角，剩下的只有两三角。这是有工作时的话。假使没工作时，食费要另出，出不起的可以向工头借或赊欠，结果是大多数的工人都等于卖了身的奴隶。流到乡下来，工钱和工作的机会更少，奴隶化的机会便更多了。

他们在“饭场”里所用的粮食是很可怜的，每天只有两三顿稀粥，里面和着些菜头和菜叶，那便是他们的常食。他们并不是食欲不进的病人，否，宁是年富力强而劳动剧烈的壮夫，他们每天吃吃稀粥，有时或连稀粥也不能进口，那是可以满足的吗？

——“是的，朝鲜人！”*

当我听到S夫人说着朝鲜人的声音，在我心中便浮起了一个幻想来。一位才到村上来的朝鲜人在“饭场”里受着伙伴们的怂恿，同时也是受着自己的食欲的鞭挞，在十号的夜间出来偷鸡，恰巧闯进了我们的园子来，便把那只没有飞上小屋的母鸡偷去了。待他回到饭场，向伙计们谈到他所闯入了的地方时，伙伴中在村上住得久些的自然会知道是我们的园子。那伙伴会告诉他：“兄弟，你所闯入的是中国人的园子啦，他是和我们一样时常受日本警察凌辱的人啦。”就靠着那样的几句话，那只母鸡没有顿时被杀，而且由那位拿去的人在第四天夜里又送转来了。这没有顿时送还而隔了两三天的原故也是很容易说明的。大约是那几天太疲倦了，在夜里没有牺牲睡眠的余力，不则便是食欲和义理作战，战了两三天终究是义理得了胜利。

那只母鸡的去而复返，除此而外没有可以解释的第二种的可能。

## 四

在两位女客谈论了半个钟头的光景走了之后，安娜抱着孩子走到我的面前来。我问她们是谈论了些什么事情，不出所料地是她说：“S夫人疑是‘朝鲜拐子’偷去的，村上的‘朝鲜拐子’惯做这样偷鸡摸狗的事。”

同时她又向我告诉了一件朝鲜吃人的流言，也是那S夫人在刚才告诉她的。

说是在东京市的边区M地方，有由乡下带着草叶进市做行商的女子走到了一处朝鲜人的合宿处。那儿的“朝鲜拐子”把女子诱上去强迫着轮奸了，还把她杀了，煮来大开五荤。适逢其会有一位饭场老板，他们的工头，走去，被他们邀请也一同吃了。那工头往茅房里去，才突然发现那粪坑里有一个女人的头和手脚，才知道他们所吃的是人肉。他便立即向警察告了密，事情也就穿破了。

——这样的风说，当然和东京大地震时朝鲜人杀人放火的风说一样，是些无稽之谈。但这儿也有构成这风说而且使人相信的充分理由。朝鲜人的田地房廊被人剥夺了，弄得来离乡背井地在剥夺者的手下当奴隶，每天可有可无的两三角钱的血汗钱，要想拿来供家样口是不可能的。他们受教育的机会自然也是被剥夺了的，他们没有所谓高等的教养，然而他们和剥夺者中的任何大学教授，任何德行高迈的教育家、宗教家，等等，是一样的人，一样的动物，一样地有食欲和性欲的。这食欲和性欲的要求，这普及于压迫者与被压迫者之间的要求，便是构成那风说的主要的原因。

释迦牟尼也要吃东西，孔二先生也要生儿子，在日本放浪着的几万朝鲜人的奴隶，怕不只是偷偷鸡、播播风说的种子便可以了事的。

1933 年 9 月 26 日

（原载于《沫若自选集》，上海乐华图书公司，1934 年）

# 朝鲜的几个义士

刘孔林

昨天晚上，我的舅舅讲了一个故事给我听。我听了觉得非常悲痛，就把它记了下来。

从前朝鲜是属于中国的，那时朝鲜有一个美国留学生，叫做侯元首，是开报馆的，又当先生，教了几个学生，他就叫这几个学生到美国去留学。这几个学生到了美国，各自选择职业，岳公是学做大炮，安重根是学法律，寇本良是学做炸弹、手枪的。寇本良和岳公五年就可以毕业，安重根六年才可以毕业。到过了五年的时候，岳公和寇本良都回来了，他们就去见他的老师，听见他们的老师说："朝鲜国快要亡了！"他们非常的气愤。后来他们听说伊藤博文要到汉城去，岳公就求寇本良给他做个炸弹，去刺伊藤博文。寇本良就给他做了，并且对他说了怎么用法。又同他说："你如果去刺别人，你一定先死，那被刺的人才可以死。"某天，岳公听说伊藤博文已经来了，他就带着炸弹去行刺。到了那里，看见伊藤博文的车子已经到了，他就照着寇本良告诉他的话做，他自己先死了，把日本兵炸死了许多人，伊藤博文的车子也给炸翻了，但是却没有炸着伊藤博文，可是也把伊藤博文吓坏了！后来伊藤博文叫人把岳公的尸首给埋起来，又登了一个广告，大意说："如果谁能把刺我的人叫什么名字、家内有什么人告诉我，我赏给五百元钱。"这时有一个朝鲜人，外号叫"坏水一包浓"，他非常爱财，就对伊藤博文说："这个人叫岳公，他有一个先生叫侯元首，这个炸弹是他的师兄寇本良做的，他自己会做大炮。"伊藤博文就去捉侯元首同寇本良了。侯元首听说伊藤博文要来捉他，就同寇本良逃跑。侯元首因为跑的慢，被日本兵打死了。寇本良因为跑的快，没有被日本兵打死，他一气跑到哈尔滨，在那里开了一个小药房。一心想报仇，黑夜里做了二只七星枪，好几个炸弹。后来安重根毕业，也回国了。到了自己的国里，去看他的先生，先生没有了，师兄师弟也没有了，就到哈尔滨去。有一天，他到街上去玩，看见有一人在一个小药房前站着，觉得很面熟，但一时又想不起来，走近去看，原来是寇本良！寇本良也认识他了，他就问寇本良道："你怎么跑到这里来了？"寇本良就把他自己前后的事情都说了。当寇本良说到他们老师被日本兵打死的时候，他非常的难过，决心要刺死伊藤博文，来替他的老师报仇。后来寇本良又告诉安重根说："我已经造好了二只七星枪，还有好几个炸弹。"安重根就说："师兄！你给我一只七星枪好吗？我听说伊藤博文今天正午十二点的时候，坐特别快的火车由长春到这里来，我去刺他，给我们的老师报仇。"寇本良就给了他一只七星枪。到了正午的时候，安重根穿了西服大氅，大氅口袋里装了七星枪，侨装成中国领事官，去迎接伊藤博文。到了那里，伊藤博文坐的火车已经来到了。伊藤博文下了火车，看见了安重根，以为是中国的领事官，就说道："怎敢劳贵国大臣的迎接！"一面说着，一面对安重根行了一个立正，安重根也还了一个礼，就从口袋里掏出了七星枪，照准了伊藤博文，砰砰砰……连放了七下，当下一个俄国人看见了，就把安重根捉住，送到日本领事那里去。日本领事把安重根带到明治皇帝那里，明治皇帝问他为什么要行刺，他道："你愿意怎么样我就怎么样好了，又何必问我呢？"明治皇帝叫人把安重根打死了。

伊藤博文被刺之后，就立刻抬到医院去，医生对伊藤博文说："你的枪伤太重了，不容易好的。"一会，伊藤博文就死了。

（原载于《海王》第7卷第21期，1934年）

# 朝鲜民族英雄安重根

罗总金

朝鲜有四千余年光华灿烂之历史，亦世界上之文明古国也。自唐以来倾心中夏，唇齿相依。及至清末，国势衰微，而向为我国人轻视之蕞尔日本，竟一战胜我，再战胜俄，遂据三韩之地，迫韩王退位，解散其军队，并施以种种惨无人道之酷刑于韩民，两千万人民朝夕出于荆天棘地，水深火热之中，度牛马生活。因是舍身起而反抗者，时有所闻；尤以一九零九年鲜督伊藤博文之被刺，震动全球。世人莫不知有韩国英雄安重根也。

安重根生长于朝鲜海州地方，自幼读书，聪慧超于常人，深明大义，兼习武艺。年十五时随父讨平东徒之乱，亲临沙场，杀贼甚多。自日俄崛起，重根深知此次战争之结果与韩国之存亡有莫大的关系。乃入中国遍游沿海山东、江苏等省，欲访海内英俊共持大局。日俄战后，终至保护条约成立，伊藤逼王禅位，强迫解散其全国军队。重根悲愤欲绝，当慷慨涕泣对众演说，欲举义兵，与倭兵决一死战，而民间武器尽为日人搜罗干净，寸铁无存，敌人军队全国如毛。徒手缚虎奚济于事。遂赴西伯利亚，召集义士，得三百余人，揭竿起义，渡图们江，击日兵营，日人召各地驻兵聚集，并以重炮轰袭，重根勇猛卫杀，激战竟日，卒以弹尽而溃散，重根乃还西比利亚，希望寻机再举。一九零九年，伊藤视察满洲，欲与俄大臣度支会见，商讨满洲权利及中国各种之问题。重根以为天假时机，万不可失，于是星夜赶赴哈尔滨。是时哈埠俄国军队数千，警卫森严，军乐迭奏，花炮乱放，伊藤与度支正握手之际，重根自人群中跃出，举枪直放，中伊藤腹部，连发数枪，又射死日官数员。而军士皆散走，莫敢近前，及至弹尽，俄军乃复集，夺重根枪。被缚之际，重根抚掌大笑曰："我岂逃哉！我欲逃，我不入死地矣……"伊藤死后，震动全球，人皆佩服此韩国之英雄也。重根被囚之旅顺，公判之时，重根举伊藤十三大罪，痛驳数时，雄辩滔滔，目光炯炯，旁听者无不动容，日人竟处之以极刑。临刑之际，重根仍大呼："为韩国独立而死，为东亚和平而死，大韩独立万岁，万万岁！”

事后，日本朝野胆战心寒、坐食不安，于是更加压迫，欲使韩人个个甘心为日人之奴隶。然而压迫愈甚而反抗之力愈烈，使继安重根而乞求两千万同胞之独立自由，徒手革命，视死如归之一般韩国青年日众。最近之安昌浩、尹奉吉等之牺牲精神，预示着韩国之国魂仍在，终必能达到其国家独立，民族自由之一日也。

（原载于《遗族校刊》第2卷第4、5期，1935年）

# 悼韩国革命志士金在天先生

朱芳春

中华民国二十三年八月十八日，北平《实报》登载了这么一个小新闻："韩国志士金在天先生在某地病逝，遗孤陷于颠沛流离之境云。"

看来这是一件多么简单而不关重要的事啊，然而却使我异常的惊愕，我的心被击碎了！——金先生你死了吗！

金先生是韩国的革命志士，他的同志们精诚的团结着为了要谋他们祖国的复兴。然而他们在他们的国里受尽了种种的压迫，不得已才跑到了我们中国来！在上海组织了他们的政府，作祖国复兴的运动。我们这位金先生就担任了中国华北的宣传主任，要唤起了我国同胞对这已有很久历史关系的国家的同情和帮助，并且希望能共同努力的去争我们弱小民族的自由平等，能并存并荣的立足于世界。

第一次我和金先生的相遇，是件太可以纪念的事情。他给予了我个很深很深的印象，我现在还记得很清楚呢！

那是我正在高级小学里读书的时候，有一天午饭后学校里出了一个牌示，说有个朝鲜人来我们学校里讲演；据说他是姓金子的金。我觉很希奇——朝鲜国人。

一位短小身材的老人，领着一个十三四岁的男孩子，很神气的走上了我们的讲台，看年纪这老头总在五十岁以上，他的头顶已经秃得亮亮的了，从前边看去，一根头发都没有了，瘦瘦的面孔却显出异样的红润来，好像是早晨的太阳般的有光彩；他的两个眼睛很圆大，但是却深深的凹陷了进去，特别的充分流露着强烈的光亮，满含着的是希望、热情和兴奋，还有两撇苍白色的胡子，我总觉得他的胡子是来帮助他说话的声势的。至于他的衣服完全是中国人的装束。还忘记了他的手呢，他的手似乎是个很饱满、丰润、粗短的，可是现在看来只剩下皮和骨头了。

他那小孩子可更有趣，他载着一项学生帽，也是中国服，和我们差不了许多，一声不响的站着听他爸爸（我以为他应该是金先生的儿子）的讲话。

啊，朝鲜人和中国人原来是一回事啊。我私下的审量。

金先生给大家鞠了躬以后，很慢很慢的开口讲话了，先来声音很细小，渐来渐来的大了起来；有时候声音忽然高了上去，使着我们的耳朵都震动了，我总不信这样老的老头儿会有这样大的气力。他的手真有用，一摆一动的帮着他用力的讲，一回儿似乎要打人了，突的伸了出去；一回儿好像是抱小孩子一样，悠悠的收拢了来。

记得他告诉我们说中国和朝鲜是一个国家，我们现在不争气，受了日本的欺辱，我们大家都应该把国家治的强盛起来，和日本鬼子拼命，杀得他们一个都不留。

他说，在从前朝鲜国也是个很强的国家，有皇帝也有官和老百姓，大家都在过着安乐的生活，好吃懒做，得享福且享福。到后来大家都不肯安分守己了，你争我夺，整天的打起杖来。从此天下就乱了，政治腐败的要不得，官们也都变坏了。还出了好多卖国贼、汉奸们，国家弄的是一天比一天弱了。可是人家日本呢，却一天比一天的强盛了起来，人家就来把朝鲜国给灭亡了，但是自己没法子恢复起来。要想求中国的帮助吧，中国也很弱着呢，怎么办？还跟着受了日本好大的气。可见两国人都没出息，让一个小日本鬼子给欺侮了，真让人生气！

亡了国才难呢！小学生们不许学朝鲜字念朝鲜书，全得学日本文。谁不听说就让谁跪铁链子，或者就把手指给切了去，留下两个秃秃的手掌，你哭也没法了呀！谁也不许说日本不好、朝鲜好，他们听见了就给杀了。谁家也不许有刀，就是切菜必须跑到官那里去用那好多家用的刀去切。那是多么不方便呀！什么叫做奴隶？比如你们亡了国的人民在街上遇见了日本人，他让你趴下或蹲下，他坐在你的身上休息，还要踢你打你，你还不能出声！因为你的国家都是人家的了，没人给你做主，你瞧那是多么不讲理呀！可气死人了。这就叫做奴隶，这就是亡国奴。

金先生说到这里，他的身体跳了起来，臂用力摆动起来，声音高高的喊叫着；他的眼里湿润润的似乎要哭了。我当时的心真碎，拳头儿握住了，自己也真要跳了起来，不知道为什么缘故。

接着他又和缓的说，大家不要难过，只要肯努力干是不要紧的。小学生们要有三种精神，就是智、仁、勇三个字；我们好好读书求学，多学些智识，想法去打日本，复兴我们的国家，强盛我们的国家。第二要用仁心去待人，不许给人家过不去，那么人家待你也会好的。并且男子头上不怕刀，要有勇气才成！什么都不怕，只是努力“干”。我们的国家会盛强了，不再受小日本的气了。

他说完了又领着他的孩子慢慢的走了；我们大家都捐钱帮助他们，我把吃点心的十七个制钱给了他。

自从那天以后，心里着实的不安了起来：几顿饭都没好好的吃，睡觉也不安生。那些亡国的印象，受人欺侮的情况，总在脑子里萦绕着；担心着中国也要亡了，大家也都是奴隶、亡国奴了，真可怕极了！从此留下了个很深很深的印象——要爱我们的国家，我们不要作亡国奴！他给予我的刺激的确太厉害了。

一直到现在我仍然很清晰的记忆着呢！亡国奴、奴隶——有机会我和别人谈起话来的时候，也常常拿来向别人讲说，让他们也知道亡国的滋味，好去爱国家，爱民族。

时代变化得是这样的快。给予中国民族上一个绝大的打击的恐怖性的严重的事件——九一八，暴发在现今不安的世界和恐慌的中国社会里，那是多么紧张的事件啊！关系着民族的兴亡世界的和平社会的治安以及人类的命运的重大的事件啊！尤其是在我们智识阶级的国民们那更应该极度的痛心，慌恐，为我们的时代，我们的问题去着想。

然而事实是这样，环境和情况又是这样，受了极大创伤的，我们被浑乱得头晕目眩。“那里是我们的道路”成了我们共同的观感。

就在这千头万绪的纷扰中，他——我们的金先生，又来和我会见了一次，我是多么幸运啊！

那是在河北省的一个高级中学里，金先生不知道又从那里云游到这里来讲演来了，使我惊异的欢喜着去欢迎他去。

他的工作仍和以前是一样的，然而这次他的使命却又大大的不同了。

第二次见金先生和第一次没有什么两样，只是他的头更秃的几乎没有头发了。胡子变得雪白，眼睛更深深的陷入了好多。面孔越发的瘦了，然而还是那样的红润。但是他的精神气色却活跃兴奋的利害。这样老的他还活着，我真奇怪了。

他深深的给我们的□总理行了个鞠躬礼，再和大家恭敬的相见。他未开口以前先勉强的笑了一笑，开始了他有魄力的讲演。

他所讲的都是关系中国朝鲜和日本以及世界现势的剖解和诠释。他用了极客观的态度来分析时势的因果关系，评论各关系方面的态度和应付的方针。尤其他是这种事件的先期经验者，亡国之愁恨早已充满了他的心肺，所以他的言论是异常的中旨而深刻。

他说此次日本的直接行动是日本帝国主义者崩溃死亡的先声，她步伍了战前德国的后尘，同时也就是他的末日的到临。中国，中国是极端的不争气没出息；国难当前犹不自觉，仍然过着混乱的日子；政治之腐败，经济之紊乱，士气之不振，正和朝鲜亡国以前是一般模样。现在已然到了一个极度危险的阶段，民族的兴亡与否，眼前就有一个大的决断。那就是我们自己不知觉醒不知奋斗，那终究也要有一个亡国的征验。虽然我们中国是所谓地大物博，然而正为着这个几个字，才招来了不少的祸患。你看看当今的中国好像是一个犯人，被人鞭挞得体无完肤了。他又拿我们中国的“国”字来作个譬喻：现在中国的四围边境都被列强给蚀侵了，好像国字只剩下了一个“或”字了。然而被人侵蚀了以后的国家，是否还能强盛了起来，复兴了起来，那现在我们可不敢有具体的答复，只好说：“或”者可以好，“或”者就不好。

更说到朝鲜国，只有希望中国的盛强，而能借以复兴。然而现在呢？中国自己的生命不一定能保得住，那里还能顾到别的呢？于是他很失望了，叹气了，为中国为韩国悲观，恐怖。他用拳用力的捶他的胸部，蹬蹬的响。用着诚恳、激昂、热情和希望的口吻，呼喊着同志们的猛醒；激励着热血青年的精神和勇气，走向为国家、为民族而牺牲而努力的路上去。他的口号是“不怕死，不怕难，有勇气的干！”他的声还不肯嘶，他的力还没有竭，可是他的老泪却连珠的流落了下来。

四小时的讲演，那金老先生真不疲劳，仍然抑扬顿挫、委曲弯转的解说，劝勉、勉励了我们，鼓励了我们。这全场四五百人都好像受了他的感化似的，静静宁神的听着他说。有的长吁口气，有的握握拳头，有的落下了泪，到最后他还大声高呼着中国万岁！韩国万岁！弱小民族胜利万岁！

后来他笑容的和我们学生军合拍了一张像，像成后他含着眼泪接受了一张；他向着那些武装的青年学生们点点头，又微笑了一笑。

不知几时他走了。接着不久听说他又到附近某地讲演去了，但是某方当局对他已颇注意！我替他握一把冷汗。唉！偌大的年纪，可怜的他！

很久没有听到他的消息了。然而现在呢？现在他是死去了，我们或者希望这消息是不真的。总之，金先生的死是确乎值得叹息的！

金先生！我怀疑你的死，你是劳苦死了吧？是恶魔吃了你吗？或者你是安安生生的病死了呢？

无论怎样吧！我们以为活着和死去是一样的，没有多大关系，也没有多少可留恋的。然而，金先生！你忘记了吗？你的使命，你的责任！记得吗？万千同胞正在水深火热的苦难中哩！记得吗？你的祖国是亡掉了，正在受着人家百般的欺辱压迫咧！记得吗？我们的社会是这样的恐慌，我们的人类是这样的无情！金先生！你好忍心啊！你的责任未尽，你的使命没完，你竟长别了这磨难的人间。你畏惧了吗？你屈服了吗？同胞让谁来救啊？祖国让谁来复兴啊？社会让谁来安定？人类让谁来同情；金先生你太退缩了，你太忍心了？

金先生，我并不敢懑愿你，你的功迹是不可瞑灭的，你的血永远是热的！你的精神是不死的！你会永生，你是光明！然而先生你听：恶魔仍然发狂的吼叫着，帝国主义者的大炮继续的向人类轰发着，弱小民族的求救声遍地叫起，同胞们大声的哭号了，祖国也落泪了！先生你安然的睡着吧！

一九三五三月十二日重修稿

（原载于《存成月刊》第1卷第6期，1935年）

# 朝鲜朋友

叶之华

今天仍旧是临时课。

第一点钟上课的时候，校长先生带了一个中年妇人和一个小朋友，走进我们的教师里来，看他们的服装，可以知道他们不是本地人，我们都静静地看着，要知道这位小朋友是谁。我们大家行了一个礼以后，校长先生说："这位是朝鲜小朋友安长浩，这位是他的母亲安夫人。他的父亲安先生原是朝鲜有名的革命家，屡次住在东三省上海各处。今年一月的时候，因参加战争一而被战死了，他们母子俩才搬到我们这里来。对于这位可怜而且可敬的小朋友，你们应该特别帮助他才好！"

校长先生说了，又回头对那位朝鲜小朋友说："快活着罢！这里有许多小朋友，他们都是爱你而且敬你的！"

校长先生看我位置上只有一个人，就叫那位小朋友坐在我的旁边，对我说："好好帮助他，做个好朋友罢！他的父亲为我们民族的战争而死的啊！"

于是，校长先生和安夫人一同出去了，我们都站起来送安夫人出教室的门。

安长浩君真是一位可爱的小朋友，我们谈了很多话，虽然不很懂，但是很有趣。下午陪他买东西送他回家，并且约好，每天到他家里去，和他一同上学校。

（原载于《模范学生》，新中国书局，1935 年）

# 朝鲜印象记

## ——献给我所爱慕的朝鲜

森子

### 一、小引

这次到朝鲜去，所住时间不过是一星期，地点不过南端釜山一埠及其附近两小时距离之乡村，走马观花，所见到的只是片断的，表面的，对于整个朝鲜情形恐怕还不及九牛一毛，假如我以朝鲜印象一题目，写成很长的文章，我觉得这种欺骗，对于所谓淆乱视听，尚在其次，对于我所爱慕的朝鲜情形，不能使人得到全面的认识，倒是使我觉得最大惭愧与警惕之一点。然而我有一周的朝鲜旅行，在极兴奋之下看到了并听到了使我今生都不会忘记的情形，这些情形，使我增加了不少的智识与勇气，而且依我整年穷病的情形说来，依我今后的机会说来，也许这次就是惟一的一次，那么我不能随来随去而沉默下去。想到这里时，我鼓起勇气，不加粉饰的将所见所闻录下，假如里面还有几分真理性，就算我对于我所爱的彼邦应贡献的义务，则将很愉快了。

### 二、以前的些印象

在北平时曾听到了朝鲜人的演讲，看到了他们的见解与毅力，使我找得到了无限的同情，朝鲜人不会永远亡国吧！朝鲜的将来同中国的将来一样光明吧！我常常这样想着。来到东京后，有一天，忘记了月和日，到学校里去，见到朝鲜人于其亡国纪念日所张贴之宣言用很大的字写着，“还我山河……用我们的血与拳斗争……”等字样，那时我受感动太剧烈了，几乎掉下泪来，一直到现在想来时，心里总是很兴奋很悲哀。仅仅这两句话，就可以代表朝鲜了，在今日无再写朝鲜之必要。

## 三、到朝鲜去

是一九三四年最后的第二日，前一夜下了很大的雪，天气有点冷，不过很清明。我同我的朋友丹宸出发到朝鲜去，上午九点三十分车自东京驿出发，因为年关在即，车上非常拥挤，我们整年流浪在异国的人心里，看到了此情此景，也不免有些时令之感。

车在海边上急驰着，明朗的天空，和平的海水。车里的人都在沉静着，不知想些什么，当看到了新披了白衣显得格外雄壮秀丽的富士〖山〗时，都在欢呼拍掌。

沿途的农村虽然后山天就是新年了，都依然遍野农民他们的穷困褛褴，正与中国相同，因为近年来军事预算的增大、租税的加重，等等，日本农民也渐渐走到了绝境，甚至在其政府与议会亦成了很大的问题，但帝国主义既限于帝国主义农村问题不但永远不会解决，而且将更穷下去，青森、秋田等东北数县不是已经成为巨灾了么？这巨灾对于其他部份自然会接踵而至的。

夜里经过京都、大阪、神户等大都市，除去灯光与烟雾而外，没看到什么。三十一日早七点三十分至下关，狂风大雨波涛汹涌，至釜山之船，须等至十点三十分，此时间坐在候客室非常冷清。

下午六时至釜山，杨君与曲来接，先至丹宸之铺中，稍休，即至一中国饭店进晚餐，一三十余岁客人，隔席招呼，自谓系安徽人，惟其口音则异，且言语乱杂，疑为某方侦人。

晚于杨君处闲话东京旧题，颇有趣，盖吾等间尚有不少浪漫故事也。

今天为一九三四年最后一日，我在我日记上写有下面一段：

> 在狂风暴两、掀天巨浪中，竟渡过了朝鲜海峡，这一具有引诱灯光的半岛，对我是怎样亲热啊！细雨滴下，我的心在跳。我愿明天能在那晴朗的山头，远眺我久别的故国，我愿将往事，将心的悲哀弃掉在日本海中，从明天起要踏着像今天的巨浪，努力前进，再见，一九三四！

## 四、在釜山

早饭后与丹宸及曲君步釜山市街，并至牧之岛，岛与市尚隔一海水，新近始建一铁桥，以相连接。谓岛之向海面有炮台、兵营及军械库等。面市部分，则正在兴建各种化学工厂、铁工厂等。盖釜山位于日本海南端，与下关门司相望，而成日本海门户，且为日本至大陆三大路线之一，自有其重要性。九一八事变后，日本图雄霸东亚，远东情势日趋紧张，釜山更为重要。商业虽未见十分繁荣，惟一年来大事建设，市内面目一新。其道路之整备，俱以军事为中心，野心可窥而知。

街上儿童颇多，多衣服褛褴，为状贫苦，日本儿童，则结群游戏，极形活跃，较之前者，几乎为天之骄子矣，民族分化同时是阶级的分化。

下午至杨君处谈釜山侨务情况，谓侨民皆山东人，除侨民自身利害外，与国家贸易无关系。以种种原因，向之售中国货者，皆转易以日本货矣。

## 五、朝鲜之没有太阳的街

二日晚，散步于鲜人之没有太阳的街。若干商店挂饮食店招牌，谓实即暗娼。近来农业破产深化，此等营业日多，以税收关系，常局尚鼓励之。鲜人房屋颇矮小破烂，路上污泥极腥臭，街上现象：酗酒、吵闹、乱打、洵非人间世界，世界经济恐慌，表现于殖民地者特甚，此处人民生活，每况愈下，困苦不堪，此种痛苦，如于重压下不能反抗时，即发泄于酒色斗架中，生活能支配人类，在其求生之时，可以丧失其廉耻，可以锻炼其忍耐力，惟人类痛苦终点，即世界爆炸之序曲。

## 六、金海

三日上午十时五十分与丹宸杨会二君同赴金海一游，先由釜山乘汽油车至龟浦，再由龟浦乘公共汽车渡洛东江至金海，洛东江为南鲜最大河，极美丽，从前尚未见如此美丽之河，河宽十余丈，水面澄清镜平，浮有两岸山影，令人心旷神怡。

至金海时为下午一时，地为一小镇市，有中国布商数家，及一中国饭馆，即在此进午餐。金海接受中国文化颇早，汉建安年间，即有某王建国于此，现尚有其陵及孔子庙，日本并朝鲜后，金海思想问题颇严重，特别为当局所注意。

回釜山时途经一日本小学校，有校长之朋友夫妇二人欲乘车，惟此时车已人满不复有空位，校长与汽车夫即令一朝鲜女子相让，友人杨君睹此情况，高声扬言："女人不是人么?"我在沉默着相反的脑子里却浮出："朝鲜人不是人么?"

## 七、途中所谈记

在到金海的往复路途中，同杨君谈了不少的话，兹将认为很有价值者录于下。

朝鲜全土五千人以上之工厂有三家，釜山纺织工厂，一铁路工厂，又一肥料工厂，现此等大工厂有增加趋势。

釜山或南鲜，一万圆以上财产之鲜人，前有三家现已因银行信用政策关系全破产。又三千圆上下财产之鲜人渐增，多公务员及职员。

朝鲜民族有南北之分，南部由长江而来，额平，男子美，现土中掘出之贝壳与长江一带者相同。北部由蒙古迁来，额略突出女子美，证据有二，其烟斗与蒙人者相同，又腰际悬刀之风俗亦与蒙古相同，惟民族感情颇融洽。

鲜人民族性为无规则，其脑筋似无秩序，如土地之划分、房屋之建筑以及对象之排列皆不整齐。

## 八、洛东江之水灾

釜山为交通要冲，当不能成为严密军港，故其火药库、积粮所等主要军事建设皆存镇海，是釜山为大连，而镇海则为旅顺。现釜山与镇海之联络有二路线，一为海路，二为由三浪津联络之铁路，惟皆费时间。现当局又建一由龟浦联络之军用汽车路(釜山，三浪津与镇海适成一三角，釜山龟浦与镇海亦成一三角后者为前之大三角中之小三角，参看地图即可明了)，可节省一半时间，惟此道路须经洛东江，洛东江入海处有三道俱宽约十余丈，如一一修筑桥梁，金钱时间各不经济，乃由总督府延请技师测量。塞其二支，仅留一道增高而岸堤坝，改为一川式，去年时有大雨，以河水势大，不能畅流，山上冲下之游泥，沉淀河底，致河身渐高，最后河水遂冲破岸堤，而成为大水灾，附近乡村，皆无幸免，平时苟延残喘一再降低生活程度之农民至此乃无复有生活保障矣。朝鲜总督府在此严重情势之下，惯例借助于移民政策。此次移民地点有三：一、元山平壤间建筑铁路，约千余人；二、江原道开垦，约二千人；三、营口约三百余人。其中移往营口者尚未发生问题，朝鲜内地者则大半逃回，是朝鲜农民生活困苦已至最后阶级，如有天灾人患之事件发生，其生活则成为不能保。朝鲜总督府例以移民政策解决之，而向之移民政策，几全归失败，此乃朝鲜社会问题之一种方式，亦足窥知农民陷于无可如何境地。

## 九、数字研究

四日下午于杨君处，谈普通社会问题，经杨君介绍鲜文书籍数种，惜不通鲜文，不知内容如何，惟从汉字推测尚好，兹由数字朝鲜研究一书中，节录数字数种，对于认识朝鲜情形或不无帮助。

朝鲜工人中，鲜人占95.2%，华人3.2%，日人1.6%

朝鲜工业，第一位为食料工业（33%）第二为织维工业（12%）其次篇化学工业及肥料工业。殖民地工业之形态如此。

总督府预算支出如下。通过政府形态之半官式营业、专卖局等，占50%；警务、裁判、监狱12%，工程费约8%（此乃资本流入地方及军事建设之一种形态）；教育亦仅占8%。此无再说明之必要。

朝鲜中等学校学生中途退学者特别多，其原因多思想问题及经济问题。思想犯或其他犯罪事件有惊人增加趋势而尤以少年少女为最。

四日晚，陈程二君招筵于松岛之“松之家”，并有杨君等数人作陪颇饶兴趣，特附此志谢。

## 十、登山

四日上午会与丹宸并一孙君登一山，山为鲜人所居，道路颇小而弯曲，污泥脏水几不敢呼吸，房屋多黑而小，门前皆有自来水，室内有电灯，至半山，腿已酸疼，但仰望时依然有人家，及至顶上，远望海山，风景绝佳，太阳旗迎风而飘，似有傲意。此等朝鲜人前皆居于市内，后因经济压迫，苛捐杂税等不得已被逐于山上，现市内繁华市街，已不见朝鲜人居处。在朝鲜时，杨君会为我翻得朝鲜流行歌一首，足证此种情形，如何广汛，现转译如下。

阿里兰，
车站的近处，那些高大的房舍，
全是日本人的家；
追于山之深处的，
是朝鲜人的小屋，
阿里兰！阿里兰！阿拉里哟！
阿里兰！越过山谷，
到那快乐的居处，
谷或江流着不尽的水；
我们的眼里满含着泪。
三丈宽的马路，汽车在不停的飞驰，
汽车中嬉笑着日本人之群。
青空闪烁着灿烂的星光，
我们的胸里涌现着无限的愁。

此种流行歌，普及于朝鲜全境。阿里兰一词，在此无义意，原来有人谓阿里兰系一富人之女子，与其仆发生恋爱，但此事为主人所反对，于是二人遂相偕而逃，在其出奔道上，一方面唱着，一方面男子则喊着女人的名字谓："阿里兰！越过山谷，就到了自由的乐园了。"又有人谓，阿里兰系山之名，此山彼面即乐园。总之朝鲜人于痛苦呻吟之际，希望将来可以走到乐园，在未到乐园之前，尚须努力走过相当危险段阶也，鲜人即将此意隐于阿里兰之后，现阿里兰调之歌，流行于民间者颇多，闻近来有许多已被禁止。

## 十一、海云台温泉

五日到海云台温泉洗海水澡，原来釜山有温泉在东莱(市内电车，即可直达)。海云台为海水浴场，现于附近，汲海水于游泳池中，加以温度，成为人工温泉，因朝鲜总督宇垣好之，遂成名所，此日天气清朗，沿途风景，十分美丽，经过许多小山，从树林里隐约的见到反射着银白色阳光的日本海，我心里感觉非常冲动，这样景色不但在日本，就是我所深爱的青岛也要让步。当时，脑子里搅动着朝鲜、美丽、伟大、痛苦，对着车外景色，不住的流泪。

入浴两小时，与杨君比赛游泳，非常痛快。我很好游泳，而且两年来已没游过一次，这次倒使我有深的印象。

饭后到海水浴场散步，浴场之长度及本身之条件，俱甚完备，例如砂白而细，海水平静，后面环绕着一列小山，前面是一望无际的日本海，在我所见到的当推第一。我们的心景都很受感动，各自默默的走着。

回来时拾得贝壳一包以作纪念。

## 十二、日本工作中的朝鲜

朝鲜是岛国日本与东亚大陆的桥梁，从釜山经过京城、安东以至奉天、哈尔滨的铁路，为主要命脉，再辅以大连、罗津两海航路与自蔚山、京城之空路，其联系遂成十分严密。近东亚风云日恶，日本之对俄对我俱急不可待，现在集中其全力，准备大战之到来。此种准备过程中，朝鲜愈形重要。例如釜山于一年来因军事建设，面目一新，除于港口之牧之岛及赤崎半岛修筑炮台外，并于四周建飞机场四，缩短釜山镇海间路程。关于朝鲜与日本内地即海峡之联络有所谓三港：即釜山、丽水、木浦。釜山与下关间联络船每日二次，博德与丽水间亦通航。丽水与木浦，不仅作釜山之辅助，备釜出发生问题时赖此以联络，又有所谓二线。现自釜山至奉天仅有一线，为恐将来尚不足用，乃加紧修筑东海线，即自釜山经蔚山、交山联络于罗津。此线目下自两端筑起，预计于一九三六年一月完成。惟长白山余脉金刚山处，工颇险巨，日、鲜人俱里足不前，日本乃自中国雇得苦力，以事建筑。但不及一月，所雇三百人中二百四五十人逃至釜山领事馆，要求路费而回。盖金刚山为朝鲜第一名胜，山高数千丈，下临海水，所谓东海线即经过此处，东海线如完成，其中数处又与京奉线相联络。京奉线又自仁川与大连相衔接，东海线又自罗津与吉会线相联接。其他如鸭绿江将筑入铁桥，图们江建七铁桥，俱有铁路相通，加之吾人所未知者，尚不知更有几线，如何联络。其完成之日，东亚局势将发生如何变化？彼时我国是否已达到真正独立，是否有充分准备，甚为吾人所悬念。

## 十三、离别了朝鲜

一月七日上午十时半，杨君送至码头，十一时半我心里弥漫着一种说不出的意味，离别了我曾住了十天的朝鲜，当我翘望着渐渐隔得远了的那朝鲜的岩岸，朝鲜的白浪青天，我心里怅望“假如我再来的时候？”

朝鲜，朝鲜是金之国，全土在闪烁着金色。朝鲜会产生那样大的梨和苹果。朝鲜的女人不论老少，在我的眼里都很美丽，自然此时我还忘不了朝鲜的女人是东方美人这句话，而且流动在眼前的洛东江，海云台伟大美丽。

时代不是在转动着吗？洛东江究竟能流出了多少人的愁苦？假如愤怒在爆发的时候，朝鲜对我也许依然是亲热的吧！

## 十四、在回来的船上

在归来的船上，我们被派在不足六铺席的满洲角上，里面有我们十几位同胞（已经很拥挤了）。最后仅仅带来了一位日本女人，她是第三期肺病患者，在日本人地方得不到席位的，这就是对我们表示的亲善！

这次与朝鲜印象，同样不能忘记的，是我的朋友杨君和丹宸，附此志谢。

二月十四日于东京

［原载于《四十年代》（北平）第5卷第5期，1935年］

# 韩国志士姜宇奎

佚名

韩国自隆熙四年，即中华民国纪元前一年，被日本吞并后，遂失去独立民族之资格，仁人志士屡谋复国，屡告失败。经过八年之岁月，至中华民国七年，美国大统总威尔逊因念世界大战之悲惨可畏，发表和平基础十四条，提出民族自决主义。明年一月，渡欧洲，出席巴黎和会，全球人心震动，不百日而波及韩邦。

是年，适值日本并韩后第十年之纪念。三月一日，京城塔院公园忽集学生数千，市民数万，满街白衣如潮(韩人喜着白衣)，高呼韩国独立万岁，遍揭韩国独立宣言。日本驻韩总督长谷川好道见民气不可侮，民族运动不可过于抑压，经三次谕告，未得镇压。日皇特降诏书，本韩日合并之趣旨，宣言对韩民一视同仁，务各得其所；改正韩国总督制，总督不限于现役武官，文武皆得任用。首相原敬即以武官而富文质之斋藤实为韩国总督。斋藤于九月二日，自铁道下车，过南大门车站，普入马车，轰然大声，倒卧血泊者无数。斋藤虽幸而免，已足以惊魂动魄，影响于日本殖民政策之改革、民族运动之精神。

此大著作者为谁？即韩国志士年高六十余岁之一老翁姜宇奎是也。姜为韩国平南道人，幼习儒书，颇有大志，爱国护族之心非常热烈。联合同志，奔走呼号，席不暇暖。自日本并韩后，愤而移居间岛，放浪于西伯利亚之间，征行于上海、东三省各地，借宣讲儒教，以唤救国之精神。旋信奉基督教，读韩国三月一日之独立宣言，韩国独立宣言云："吾等兹宣言我韩国为独立国，韩国民为自由民，以此告于天下万邦，而阐明人类平等之大义，以此诰于子孙万代，而永有民族自存之正权。今日吾人之责任，但有自己建设，而决不破坏他人也。以良心上严肃之命令，开拓自家之运命，而绝非以旧怨与一时感情嫉妒排斥。吾等今奋起矣，公约一切行动，务须等守秩序，使吾人主张之态度，光明正大，贯彻始终。"欣喜民族独立之恢复有日，复聆新总督重来之消息，痛感祖国之再兴无时，乃毅然决然，挺身以出，向乌苏里铁道人员某俄人，以五十金之代价，购得爆弹一枚，藏之胯下，自海参崴渡元山上陆，以抵京城，宿南大街通林旅馆，以待总督之来。九月二日午后五时，总督果至，即于万头攒动之中，以爆弹迎之。当其投掷爆弹之际，以大无畏之精神，从容射击，击后复瞑目不逃，以待逮捕。因群众拥挤，无人注目，安然归旅。不意有目击其间者站前茶店青年仆人大野，方登高视，忽一老举手过额作投物状，轰然遂发，急踵老翁后，至通林旅馆不见，报警逮捕，认为无误。白鬓老翁遂受死刑于西大门监狱之刑场矣。

姜氏死后，空气日益阴恶。韩人时与日兵步哨冲突，警署长降自汽车，民众故意妨其行，日妇乘汽车，韩人为车掌者限之，通学日童时受韩童迫害，有被殴死者，京城二十五人。日人仅八万，足张韩人反抗之气势，最后，凡以一街为中心之日人区，除本街外，不敢外出，妇人夜行，绝对禁止。

天长节为日本之盛大气节，举国若狂，而韩民间不见一太阳旗片影，由官厅再三劝导，亦无悬挂者，可知姜翁一掷之影响所及。

日政府亦不得不屈服，致有发布确立文明政治之谕告，然独立运动，尚弥漫不止。亘半年之久，不幸有卖国贼出而为政府之声援，组织亲睦会，招致各团体，公宴劝告，于是轰轰烈烈之独立运动无形消沉。韩国虽亡，苟韩国民族不灭，则姜宇奎之精神，当万古不磨也。

（原载于《民鸣周刊》第 2 卷第 28、29 期，1936 年）

# 为祖国复仇的安重根

孟嘉

朝鲜本是周朝的时候，箕子册封之地，一向为中国藩属。地方足当我国两省，气候温和，物产丰富，一切典章文物都是中国传去的。不幸于三十年前，因其内争不息，互相杀戮，把整整的一个国家闹到一蹶不振了。中日战争之后，朝鲜便成了日本的保护国，朝鲜人民也就无形的沦为日本的牛马奴隶了！

可是，那是朝鲜当国的人，虽然不争气，而民间不少慷慨激昂的爱国志士，因为忍受不了日人的压迫和侮辱，便有一位英雄为朝鲜争得了不少的光荣。

这是谁？就是名垂千古的安重根。他是朝鲜黄海道人。小的时候，除了读书以外，还喜欢打猎。他有英勇的精神和不屈不挠的毅力。自从中日战争，朝鲜徒拥着独立的虚名，一切国家的最高行政大权，都被日人操纵支配。国王被日相伊藤博文所玩弄，简直形同傀儡。

他看见了这种祖国沦亡的情形，当然要热血奔腾、怒火中烧了！

起初他联络志士，举兵与日兵抵抗，不幸兵败被捕，过着很久的牢狱生活。后来被他用计逃走了出来。他出了监狱，忽然听见伊藤博文要到哈尔滨去，和英俄两国会商要事。他就约了同志马不停蹄的赶到了哈尔滨。

他一到那里，就静悄悄的等着伊藤博文到来，相机行刺。一天的清晨，他在报上看到了伊藤的照片和他到临的日期。他就带了手枪，一清早到火车站上去守候着。

他穿的是西装，所以车站上的军队以为他是日本人，一点儿没有注意他。

一会儿，轰轰的火车到了！军乐高奏中，伊氏下了火车。

砰—砰—砰，×珠般的手枪声中，那名噪全球的日相伊藤博文，腹背两中两弹，倒在血泊中，一命呜呼了！

大韩万岁！大韩万岁！在安重根打死了伊氏了以后，这样的高呼着。

随后安氏被捕了，引渡到旅顺，公开审判。这一件事，差不多轰动了全世界。因为安重根是个爱国的志士，所以许多的律师统统替他辩护，要求不要处他死刑。但是日本的法官，哪里肯服从这种正义的呼声呢！结果还是宣判他的死刑。

他死了之后，照了他的遗愿，不愿埋在日人统治的土地里头，乃由其友人远葬于哈尔滨。

安重根死了不多时，日本就堂堂皇皇把朝鲜灭亡了！

（原载于《知行月刊》第1卷第6期，1936年）

# 三个朝鲜人

胡韵华

因为偶然看到一张朝鲜人的像片，所以忆起了当我在美国爱文斯登城读书时所遇到过的三个朝鲜人。

有一天我到店里去买东西，在街上被人招呼着，我仔细一看，也把这招呼者当成了中国人，于是我便同他谈了几句极普通的话，因为都是说的英文，所以我始终相信他是中国人。后来我问他是那里来的，他说从上海动身。不知为什么我忽然说了一句中国话，他不但不懂，并见惊异的注视我。我还以为自己没有说得清楚，于是又重复了一遍，他依然不懂，至此我便也惊异的注视着他。

“你不是华侨吗?”他用英文问我。

“不是。”我说。

“怪不得我听不懂你的中国话，我是只懂广东话的。”

这时我到有些窘，因为我真不懂广东话。

后来他告诉我他姓金，这个金字更引不起我相信他是中国人。

自从遇到这个中国人以后，我还未曾得到过机会二次与他相遇。有一天我在图书馆读书，忽然有两个东方女孩子来靠近我坐下，我一看就知道她们不是中国人。她们都梳着最流行的一种头，穿着西装，很朴素，但是讲到美就会使人感觉太惭愧。不过她们很客气，态度的温和去掉了多少丑的成分。她们的样子差不多，身材也相仿佛，只是胖些的比那瘦些的矮一点。

“你到此地很久了吗?”那瘦些的坐在我的旁边很有礼貌的问我。于是那胖些的也随着坐在那瘦些的身旁。

“去年来的。”我答。

“我们两个人刚到这里。”她说。

“你是中国人吧?”那瘦些的问我。

“是的。”我答。

“我们是高丽来的。”她说。

她们向来对人家说是高丽人，不愿说是朝鲜人，就是在美国学校里的讲堂上也向来称呼她们是高丽人，这道理据说高丽是国名，而朝鲜仅是地名的缘故。

“中国真好，中国人待人也和气。我们在中国住过一年多，在吉林，可惜没有学过中国话。”那瘦的又接着说。

“我还没有去过吉林呢。”我惋惜似的说。

“中国人似乎太和气了，在吉林的中国人也同我们高丽人一样的受某某某欺负，不过吉林是中国的……”她没有接着说下去，不知是因了难过还是顾忌到别的。

我不知为什么一句话也说不出来，只觉得心上一阵阵的发烧，一直等到她们又再问起了别的问题。

“你在这里研究什么呢？”那胖的问我。

“我学文学。”我说，“你们呢？”

“我们学教育。”

我们又谈了许多别的话，大家静默了几分钟。

“我可以问你们的名姓吗？”我问。

“我们两个人都姓金，而且此外还有一个高丽来的男人也姓金，真巧极了，这城里只有三个高丽人，大家都姓金。”那瘦的一口气说完又问我，“你呢？”

“我姓胡，”我茫然的答着，可是我早已在回想着前几天所遇到的那个姓金的男人，我开始怀疑，但是我又想中国人姓金的也不少，或者她们说的是另外一个也靠不住。

“那位姓金的什么样子？”我忍不住问她们。

“身量不高，稍微有些胖，比普通的高丽人白，光亮的黑头发……他也到过吉林，我们在那里就认识他。”那瘦的说。

“幸亏到过吉林，不然还不能到这里来求学呢！”那胖的抢着说。

“到这里来求学与到过吉林有什么关系？”我十分惊奇。

“你那里知道高丽人的苦衷，某某某是绝对不准高丽人出来留学，恐怕他们有了高深的知识，主意就多，不要说男人出来留学是不可能，就是我们女人都难得领到护照的。金先生早已有了留学的决心，但他不敢声张，却要想着法子达到自己的目的，于是他先到了吉林，后来便请求作中国国民，这样才领了中国学生的留学护照，所以一直到现在他总对人家讲他是中国人。”瘦的说。

这时我才恍然大悟前几天所碰到的那个自称中国人的高丽人。我没有想什么，只觉得心里难受。当我再注视她时，她的脸上似乎堆满了惆怅。此时正是初春天气，时阴时晴，一片乌云遮住了刚才所有的温和的阳光，全屋立刻被黑暗笼罩，这不知给人增加多少愁怨情绪。

（原载于《中央日报》1936年12月17日）

# 日本在朝鲜的文化统治

余玲茜

朝鲜人每年要参加庆祝日本帝国合并朝鲜的纪念会，真是一种可笑的典礼。每逢这一天，许多学校都要举行极隆重的仪式来庆祝，似乎是朝鲜人对于自己国家的灭亡还在表示高兴，朝鲜人对于自己历史上的纪念日，除了私自去纪念，只好置之不理。而所有日本的假日，却须特别重视，尤其是在经过国家规定日本全国学生所取举行的爱国运动的日期中，朝鲜学生也是非参加不可的。

另外有一种被认为与朝鲜青年道德上有好处的，就是举行各种日本炫耀自己的战争中对阵亡将士的纪念会。在一九三一年以前，每年仅有一次——那是纪念在日俄战争中的阵亡将士。自从满洲事变和其他种种中国事变发生后，同样奇怪有趣的纪念会，更是数见不鲜。司仪者是一些穿着精致礼服、佩着奇异的头饰的道士，用一种急促、威吓而感人的声音反复诵诗，借以招引死者的灵魂来到顶礼的地方。同时，焚香致祭以表示对死者的灵魂的谄媚和款待。对于阵亡的马，他们往往也有同样的表示。而各学校的学生们和教员们每逢这种纪念会举行的时候，就必须很整齐地依照军队的纪律列队去参加，较大的学校中要选出代表来出席，自然，在会场中他们还得脱帽，面子上要做出很虔敬的样子。

对于一般贵族和高级军官的家人莅临朝鲜，朝鲜学生们要表示一致的欢迎，使他们花去相当的时间在高贵的客人们汽车经过的路上，各学校的教员们很早就须令学生排成队，领到街道的两旁站着等候，像这样往往要费去半天工夫，但以数千学生所花的时间与官长贵族们可怕的耽搁和麻烦比较起来，似乎算不了什么，如果来游者是皇帝的亲属或弟兄，还不许有人站在二层楼上，汽车经过时，学生们按礼要将头望下看，要是一直望过去的话，那就要算是冒犯了。

自满洲事变发生以后，日本对于各学校和文化机关的控制更是普遍认真。他们用种种的名目叫学生捐助购买飞机、大炮、高射炮以及其他的军械。在这种竞赛运动举行的时候，谁也不敢拒绝。据一个朝鲜人说，在小学里实行这种募捐曾经引起他儿子的注意。这小孩只有八岁，有一天回家要一块钱去交费，他的父亲问他为什么要这样多，他回答说，一个同学告诉他，先生向他们说过，如果他出十钱，他就给他的功课一个很好的分数，这样他出了一元，不是可以在所有的功课上得一百分吗？

种种名目下的军事募捐往往也为了神殿牌坊的建设之用——这类事业，对于朝鲜人是毫不感到兴味的，他们的来源以学校和平民占大部分，而这些学校往往是从收支款项中提出一笔总数，个别地交与当局作为学生和教员的一种礼物。由于学生和教员的自由募捐，从各方面他们都可以少上一点课。

在一九三一与三二年间满洲事变中，军人在全国的力量是达到了最高峰，几乎每天都有军队、车辆经过朝鲜到满洲。每逢他们经过一个城市，朝鲜无论公私立学校的学生都须到车站唱爱国歌，挂日本旗，高呼万岁以表示欢迎，即使老年人也得参加。乡下的住民，如果得到这种消息，半夜就得起来到车站向经过的军人致敬，虽则车子常常是不停的，大部份的军人们在车箱中打盹，可是这般可怜的受爱国行动所驱使的朝鲜农民，连很好的睡眠的时候也被剥夺了。

在朝鲜，每个住户的房子上都必须有一个悬日本国旗的旗杆，在所有国家的纪念日中都要悬挂国旗，由警察们来往视察是否有不遵行者，只有友邦的住民，他们可以将本国的旗子和日本旗并悬着。

宣读皇帝的《教育诏谕》的集会，是一个用繁文杂礼来驯服人民尊重帝国的最好例子。《教育诏谕》是十九世纪末明治大帝传下的对教育制度最根本的哲学，每个学校得了它的正抄，认为是一种很机密的文件，不特要用火印封存起来，并且还要派人整天整夜地看守着，当这种谕旨在皇帝生日或其他集合中宣读的时候，对于学生和教员们确是带着一种威吓的作用。

被选派到会的校长和教员们，他们须穿很考究的礼服，那个盛轴卷的盒子放在讲台前面的一个桌上，宣读的人走上台，先鞠一个躬，叫到会的人将头低下，他放下他的一副白手套去打开那包着盒子的绸子，又鞠一个躬，将盒子打开，再鞠一个躬将轴卷取出来，然后用一种一定的格式拿着，再用背诵的声音读出来，使每个人感到畏惧，读完以后，将文件折好，重又放进盒子，用绸子包起来，末了鞠一个躬，请观众坐下。

一九三〇年是日本合并朝鲜的二十周纪念，在京城举行了一个展览会，这会中重要的特色是军事展览和军事示威，以及关于一九〇五年日俄战争中所用过的军用品和战术的图表等。日俄之战的结果造成日本并吞朝鲜，为着要使每个朝鲜人来参观，下令到每个乡村都须派代表到会，然后由他们分别去报告给那些没有机会来参加的人，因而每个乡村都有着集会代表们大都由各个乡村中占势力的人中指派出来的。在举行纪念会的几个月中，他们带着代表自己乡村的标记和徽章，住在开会的地点来往着，外国人见了朝鲜人的庆祝自己亡国，觉得非常有趣，可是在朝鲜人自己知道是为命令而来的，他们的旅费由同乡分担，虽则这种负担对于他们很困难。就此可以看出朝鲜人民并不是自愿参加而是被强迫的，而这种展览会，只是有利于日本的。

朝鲜警察的势力与军事当局是有着密切关联的，甚至可说在政府维持治安上代表军部而有余。警察除了应尽的职务外，他们的权力漫无限制，他们执行出版物的检查，从好些事实可以看出来，没有经过警察的许可，什么东西也不能印刷，这就是证明他们检查的精细和严密。

有一个私立朝鲜中学的杂志，曾经被查禁，因为上面的日期是用的公历一九三〇年。本来这个学校当局因用公历的年号受过好几次的警告，并且也被提醒过应当用日本皇帝昭和的年号。在另一个学校的杂志上，有一个学生写了一篇文章把朝鲜与日本对比，于是下令各学校不准学生有任何区别日本与朝鲜的含意的表示，而且把该校校长传到司令部，谴责他学校里竟准许罪恶的“国家观念”的存在。他们说：“很明显的，这里一定有教员有激烈的、危险的思想，不适合教育青年。”

又有一个刊物上，一个教会女学校的学生发表她们参观日本战舰的记述，她写完了战舰奇异的威力及优美后，又写道：“虽然我们赞美着它的力量、效率及舰上的次序与服从的精神，但我们不竟为它的目的在杀人而忧愁。”为了这女学生的爱好和平的表现这刊物被禁了。同样的事件可以举出许多镇压日本或朝鲜青年的危险思想的例子。

强迫参加日本的爱国运动的目的在使朝鲜人成为日本的顺民，浸染他们的国家思想，以为在这运动中，朝鲜青年们唱国歌、扬国旗、参加爱国礼仪，他们会觉得这些形式的活动就是他们真正爱国情感的表现。以为阻止一切朝鲜人争取自由的表示，可以压抑所有的反日反侵略的意识。

然而，统治与镇压的结果是怎样呢？二十五年来国家主义培养的结果，漠然的对于日本权威者的蔑视与愤恨，成为有意识的有组织计划的反日趋势。当有任何反日的公开宣传或讨论，或者强迫许多朝鲜人遵从政府的法律与规程时，强有力的反抗的潜意识就普遍到全国。许多朝鲜人了解他们不能永远被统治着，他们常用沉痛的或讽刺的言语流露出反抗统治者的意识。近来朝鲜的青年渐渐地更接近激进主义。虽然军事势力公然的阻止，军队与警察有力量利用日本帝国主义的国家政策来抑制朝鲜的文化发展，但这都不能得到直接的效果，于是改变了策略，而且把它广泛的普遍到各地，使日本的武力统治能达到每个家庭、学校、商店、农场、工厂以及别的组织强行法律与命令，表面上是服从了，可是日本人终不能获得朝鲜人民的忠实与合作，而且敢断言他们永远也不愿这样做的。

（原载于《时代论坛》第1卷第10期，1936年）

# 韩国的光复运动

星洲

自从我国发动伟大的“八一三”全面血战以来，所谓大日本帝国的“皇军”，被我们英勇无比的将士杀得死的死，伤的伤，逃走的逃走，屈膝的屈膝——什么“皇军”？原来是一群卑怯的鸟兽！全世界的人士，对于我国这次痛剿倭寇的壮举，莫不一致表示万分的赞叹，寄予热烈的同情。在这倭寇焦灼举世腾欢的当儿，我们早就料到三韩壮士决不会放弃这个千载一时的机会，而要积极进行其光复故国的运动。

果然，我们首先在法租界一带的墙上发见朝鲜民族革命党的《告中国同胞书》，告诉我们有许多朝鲜同胞已经编入东北义勇军和倭寇直接决斗，或在华中华南各地参加中国的陆空军猛烈地活跃着，并且希望中韩两大民族联合起来，打倒日本帝国主义。接着就听说朝鲜各革命党已决定于最短期间内，在韩国国民革命党领袖金九领导之下组织统一战线，进行抗日复国运动，同时并派人和东北抗日救国总会联络，组织中韩抗日同盟军。最近韩人又发表反日宣言，认为今日是中国四万万同胞的生死存亡的最后关头，也就是韩国民族的永灭或再生的界线，中韩两国为自身生存计，为维护东亚和平计，为世界人类的共存共荣计，必须抱着最后一刻最后一人的牺牲决心，切实联合起来，粉碎日本强权，这才是中韩两国的生路。

我们记着，今年是韩亡二十七周年纪念，在这二十七年中间，我们的朝鲜同胞，在倭寇铁蹄的践踏之下，真是尝尽了惨绝人世的亡国奴的滋味。他们的大好河山被侵占了，他们的人民被屠杀了，他们的妻女被污辱了，他们的历史文化被毁灭了，他们的血汗被榨尽了，至于他们的志士仁人，更被倭寇的警兵日夜搜杀着，就是亡命异国，也仍然有随时被害的危险。然而他们绝不因此畏缩，更不灰心。廿余年来，他们的志士仁人，为光复祖国计，不断地对倭寇反抗，前仆后继，再接再厉。樱田门的血迹未干，虹口公园的炸弹复响，这正是日帝国没落的前夕、韩国独立成功的预兆啊！

三韩壮士啊！廿余年来你们奋斗的成绩，已经博得普世的同情，你们流的血泪，永远为人类史放着异彩！现在中国已经对倭寇为全面的讨伐了，你们也已认定这是你们发动光复运动的最好的时机了，那末，愿你们把握住这个时机，好好地利用这个时机，抱着彻底牺牲的决心，燃起了自由独立的火炬，踏上先烈的血迹，同我们四万万五千万的革命群众拉着手儿杀上前去，务使日本强权在我们的铁腕之下全部归于粉碎！我们高呼：中华民国万岁！韩国独立万岁！中韩携手合作万岁！

（原载于《八一三》第3期，1937年）

# 一位韩国青年的来信

《火线》编者

前天有人送封信来，把它拆开后便先注视到信尾的具名，这是一种习性，接到每一封时，总是先看信尾，急于要知道是谁寄来的。当我看到这信的具名时，却引起了极大的注意，原来在他的具名李巨上，还有“韩国青年”四个字。忙看内容，却是先述他流亡在中国，将近十年，对于中国发生了极浓厚的感情，并且喜爱阅读中国的书报。

接着便说到他是一个亡了国的人，对于亡国的滋味，已是备尝。所以见到中国年来被压迫侵略，中国人几乎将要和他遭受到同样的命运，惟吃过胡椒末的人，才知辣的滋味，所以很替中国人担忧。如今中国人却已省悟。为了自救，奋起抗战，这是极可喜可贺的事；并且在报纸上见到节节胜利的消息，使他感到异常的高兴，因为一个跌在泥沼里的人，决不愿有人再跌进去。

末了，他说韩国有不少志士，在为民族的自由平等而抗争奋斗，自从亡了国以来，简直没有一天放松了这个工作。可是不能在未亡国前一致奋斗，到亡了国后再要奋斗，那就为了压力更重，不易会有多大的成效了，因此他希望他的亲爱的中国人士，在国家尚存在之日，要齐心一致，运用最大的力量，共同奋斗，以求国家民族的解放，不要蹈他们的覆辙。错过这最后的奋斗机会，要晓得最后机会的错过，便不会再有机会了！所以他希望中国人士具最大决心，下最大努力，奋斗到底，坚持不屈，他并祝福中华民族最后胜利的取得。

编者读完了这封充满热情的信，感动得几乎落泪，一个亡了国的人，才知亡国的惨痛，他们是拼着命为民族的复兴而努力。虽然为了环境关系，未能有什么成效，但他们都能勇奋前进，埋头干去，无所畏惧，无所吝惜，这种精神，真是惊佩！反观我们，却又如何？我们到了这样危急关头，未必人人都能奋起自救，却劳一位韩国青年在替我们担心着，那又何等惭愧？

对于一位异国青年的热心、同情、好意，引起了我们莫大的感激，只是不知他的通讯处，无从专函道谢，只得在这里表示一点敬意，同时也希望国人们读了这篇文字，大家警惕着亡国的惨痛，激起爱国的热情，奋发抗战的力量，那才不辜负这位异国青年的一片好意、热望！

（原载于《火线》第 2 期，1937 年）

# 哀韩人

焕尧

报载，“日本现于国内征集朝鲜、台湾人民服兵役，共编成两师团，补充在华作战师团伤亡之数目；但日人素惧韩台人之反动思想，故严密监视其家属，若有背叛行为者，悉处以死刑”云云。韩之亡于暴日有年矣，迄于今日，其人之生命自由，尚且不保，竟被逼充兵役驱往枪林弹雨中以求死所，韩人何辜，竟受此非人恶遇耶！

敌人所以强施兵役于韩者，盖以国内反战空气日益紧张，已深感征兵之困难，而前线作战部队死亡日以数十千百计，又不能不急谋增援补充，故于万急中，驱韩人以充数耳。然夫韩人之家属可执以为质，而日人之避征行为不为罪。吾不知韩人之生命何贱而日人之生命何贵耶？是则敌方军阀之蔑视人道，压迫弱小民族，于此可见一般矣。

且也战事延长，则敌军牺牲更将增重，因而逼服兵役者将遍于韩人全部，不久将来，行见全韩之孤儿寡妇，呼号转徙于沟壑中，苟有人道观念者，孰忍见此。

夫人非木石，未有不愤战争之残酷，寄和平以同情者，故在暴日军阀之驱迫下，向和平之族与祖国，屠杀呐喊，韩人必不甘出此。然而韩人之父母、妻子、姑姊兄弟，已步入暴敌刑场，刀斧加项矣！是则暴敌侵华之行为，无异幸得一机会，举韩人之种族而尽灭之。呜呼！韩人岂尚能长久雌伏于暴日铁蹄之下乎。

“罪不及妻孥”，为世界根据人道立法之本旨，暴敌自称为文明先进之国家，乃为求满足侵略欲壑而破坏人类安全，自返于人兽相食之时代，不惜以蛮荒民族自居。此种蛮阀如能得意，则韩人所受之惨酷遭遇，将遍及于世界各个被征服之弱小民族，实为理想中可能之事，世界人类其能许之乎。是故吾国今日奋起抗敌，实不啻为世界驱逐长蛇猛兽，而保世界人类之安全也。

鸣呼！韩人之种类其殆尽矣！吾不仅为韩人悲，且为世界之弱小民族悲，而更为世界人类之生存危，今吾人之枪杆，已向蛮强兽类推进，甚望国际间，本和平之真意与人道之主张，予暴日以相当裁制也。

（原载于《路向》第5卷第8期，1937年）

# 朝鲜炸弹

弘英

我常存着一种见解，就是人在极端愤怒、极端痛苦或者被极端压迫的时候，往往会跑上两条路：一是杀人，另一是自杀。

现在有一个悲壮的事实可证明我的见解的不错——这事实就是本月三日的上海南京路炸弹案。

当日本军队强横闯进上海公共租界的最热闹中心的时候，他们那冲天的凶焰，傲慢不可一世的兽态，必然会使每一个身受目睹的中国人以及一切被压迫的人，感到无可比拟亦无可言喻的愤怒和痛苦的。但是同是这种不能压抑的情绪，在当时却有两种不同的表现：一是爆发而自杀（高呼中华民国万岁，由高楼上跃下殒命），一是爆发而杀敌人（以小型炸弹掷入日军之行列中，伤日兵四人）。（参阅五日各报）虽是这两条路的终点同样是死，这两条路所达到的目的地同样是发泄愤怒，然而这两条路所表现的意义却完全不同：前者是屈辱而死，后者即是壮烈的牺牲。

当我开始读着这段新闻的时候，满希望这两个志士同是汉族的子孙，但是结果竟然不是："掷弹者似为朝鲜人。"

"啊，浩烈的朝鲜国民性啊！"我不禁赞叹着。

然而赞叹之后，羞惭立刻充塞了我的心胸。"一·二八"淞沪抗日军全线撤退之后，上海三百万中国人流泪痛哭，羞愤自杀的不计其数，但是给与暴敌之最后攻击者是一颗朝鲜炸弹炸死日将白川。今日上海沦陷，这三百万人民流泪痛哭，羞愤自杀的亦不知凡几，但是给与暴敌之最后攻击者，仍是一颗朝鲜炸弹——炸伤四个日兵。

"中华民族的子孙是只会忍辱自杀吗？"我不禁悲泣起来了。

（原载于《南声》第95—96期，1937年）

# 东北抗日联军中的朝鲜战士

克辛

东北境内日本武装移民移去的白衣朝鲜人随处都可以看到,他们受着日本帝国主义的麻醉教育,过着牛马不如的悲惨日子。

他们为着挣脱这种亡国奴的命运,时常有"朝鲜独立党""朝鲜革命党""朝鲜××"的活动,然而他们没有武器,没有后援,常被日本帝国主义的各种毒辣政策压服下去。

东北抗日联军见到这千百万为争取自由生活而坚苦斗争的朝鲜大众,如果汇合起来,是有很大力量的,因此各军公认"欲增加抗日的力量必须联合朝鲜抗日民众"。于是,在联军的政治行动纲领中便订立了这样一条:"打破民族成见,中鲜抗日民众团结一致。"

为达到中鲜抗日民众加速地团结起来,各军都用同一的方法:一面由政治部负责向士兵大众讲解这新的政治行动纲领——与朝鲜抗日民众联络——的重要和利益;一面散发简单的传单给城市和乡村中的朝鲜人民,并派能操韩语的人潜入城市或乡村去宣传,使他们认清抗日联军唯一使命就是"打倒日本帝国主义,争取天赋的自由生活","不做亡国奴的人们携起手来,把残暴的敌人打倒,并不是一件难事",并特别提出"抗日联军是十分欢迎抗日朝鲜同志加入联军的,同时保证待遇是绝对平等的"。

因此,陆续的有朝鲜民众投入联军了。

东北抗日联军为了优待异国同志,常将优良的枪械子弹分给朝鲜的优良射击手,将服装用品也尽先分配他们,并尽可能的用教育方法使他们切实的明了联军内的政治纲领,使他们觉得联军爱护他们胜过自己的弟兄。

然而,有一部分还不大了解中韩联合意义的士兵,不免尚有"门户之见",常偷偷地把朝鲜士兵枪支上的优良另件换到自己的枪上,使对方的枪失了效用;把他们的子弹偷走;故意去损坏他们所用的马(这种情形几乎每一军里都发生着)……他们想用这种方法排除朝鲜同志。

又经过了一个相当时间的教育,才纠正了这种狭隘的错误观念,政治部在加紧“教育”与“宣传”工作(以后当另篇详论)之后,中国士兵已经清楚地了解:朝鲜与中国的公敌是日本帝国主义,大家的命运是一样的,只有紧密地联合起来去攻打共同敌人,才有胜利的把握,朝鲜同志加入了联军,就是联军中的一员,朝鲜士兵的损失,就是抗日联军的损失,所以“互相爱护,互相帮助”是联军中每一员战士的天经地义。

从此以后,中国的士兵遇见朝鲜士兵时便远远的伸出手来叫着“同志”,他们如同自己的兄弟一样地亲密了!这两个不同国度里的人民,在抗日的总目标下,确实是紧密地携起手来了。

由于参加联军的朝鲜抗日同志的口里慢慢的把这种事实传布出去之后,许多热血的朝鲜同胞争先恐后地投入了联军,男的丢下了他的父母妻子;女的把能工作的(十四岁以上的)孩子带着,小的抛在家里,或者弃在路旁,丢下水沟、河流,甚至不忍孩子长久地病着,便把他摔到岩石上去碰死,坚决地奔向抗日联军去!谁不爱自己的父母、妻子呢,然在日本帝国主义的铁蹄之下,他们与其眼巴巴地看着自己的亲人被蹂躏、屠杀,无如把他弄死,无牵挂地挺身杀敌了。

东北抗日联军遽然增加了大批英勇坚决的生力军,力量马上显得雄厚起来了。到了民国廿五年五月,抗日联军第二军中竟有半数的战士完全是朝鲜人。

朝鲜同志爱护这个庞大的组织——东北抗日联军,是那么忠诚热烈,对于他们自己的职分更是“热心报效”,男的做军官、战斗士、宣传员、交通员、司务、厨师的都有,女的大都负责看护、宣传、侦察及缝纫等等工作。

朝鲜男同志是勇敢的。例如在第四军第二师中有一位朝鲜同志名叫八盖,初次随队出发,在桦川附近的一个小山上遇见敌人,在一次小冲突过后归队点名,居然不见了,大家以为他被牺牲了,于是都在静默哀悼(联军中对于一个同志的牺牲永远是表示莫大的哀痛的)!正在哀悼的时候,忽见他身荷重物远远地走向队伍来,近前才见他多了三支枪。从死了的敌人手里夺来的这并不是一件容易的事,日本鬼子每次作战所牺牲的士兵,无论如何总要设法抢回去的,据传他们怕我方把那死人头削下来,下生不能变人,因此,他们因为抢一个尸体而再牺牲两三个士兵是常有的事。在这种情形之下,我们这位八同志为了增加抗日联军的武器,独自冒险伸入敌人的腹地,真是一位可敬的热血战士。

自从这件事情发生之后，每次的战争，联军中都要预先准备好一部分人，专等敌方溃退时而抢枪械，时间允许时并剥下他们的衣服，这样一来，战器慢慢的增加了，又有了大批整齐的服装，然而这服装他们并不穿上御寒，比御寒更重要的是，这些服装帮助他们打了一次大胜仗（详细情形将在抗日联军究用何种战斗法去杀敌一篇中叙述）。

朝鲜女同志是最热心爱护战士的，每到冬季便要担任缝纫工作，赶制棉衣、棉裤、棉袜以及缝补皮帽棉鞋。南国的同胞想已听人说过，那里的冬天，口中呼出来的气马上会变成白色的霜，附在胡须或头发上面，锵锵有声的地上铺着白皑皑的积雪，起码总有半尺深，刮起西北风来是要刺骨裂肤的……这样严寒的季节，在没有军饷的抗日联军中，常常会有战士们分不到棉衣或棉裤。去年十一月（旧历十一月已是严寒时节了），第三军第一师中约有二十战士没有分到棉裤，朝鲜女同志因为了爱护战士，并增加战斗的能力起见，而发动"不穿棉裤运动"，把她们自己身上的棉裤脱下来修长一点，送到掮枪的战士们手中，许多战士都流着感激的热泪，接受了女同志们送来的礼品，更增加了他们杀敌的勇气。在精神上他们是那么愉快，没有民族的界限，团结得和钢铁一样的坚。

由东北抗日联军联合朝鲜抗日民众的经验，很可以使我们确信："联络敌人的敌人，对于我们是非常有利的。"

东北抗日联军更欲联合日本反对侵占的士兵与民众，但因一般士兵一见日本人（不管是那一阶层的）永远是想剥掉他的皮，抽出他的骨头，吃掉他的肉。那种愤恨的情绪没有方法压制。直至日本兵亲自送军火给联军的事情传布出来之后（见上海现实出版社《义勇军》三五页），各军政治部才给士兵们一个确切的证据，于是全体士兵们才知道，在日本国度里也有反对他们统治者的民众，所以他们才渐渐的能与日本反战的士兵民众联络了，也许不久的将来会收到显著的效果，我们这样地切望着。

——附注

（原载于《战线》第 2 期，1937 年）

# 俘虏

黄源

中川由太郎听着同房的三个伙伴渐渐熟睡，他有些着急了，他不住地在床上翻来覆去，拼命也想能安睡下去。三天前他自愿地被中国兵俘获，押送到这临时俘虏所。前几天被上级军官无日无夜驱使着，生活在兽性的疯狂中，他跟着伙伴们躲在沙袋铁板后面，听着中国兵远远掷来的爆发的手溜弹声、连珠似的枪炮声、悲壮而激昂的嘶杀声，他们都失魂落魄地平伏着以颤抖的手指机械地乱扳着枪机应战，待到中国兵一冲上来，前面的伙伴血肉溅飞地消失了，后面的就把牙齿一咬掉头在纷乱中偷偷地一枪结果了在后督战的官长，于是全线奔溃。中川由太郎也曾经把这些狗蛋官长干了一二个，而且也是屡次在奔溃时没命地逃跑得最快的一个。有时他跑时透一口气，偶而掉头一看，看见后面不及奔逃的伙伴们，掷弃了枪械，跪在地上，狂呼饶命，中国兵也就只顾前冲，并不虐杀他们，而成了俘虏。于是有一个念头在中川由太郎心上闪过："这倒安全了。"他这样的战了几天，逃了几天，亏得他逃得快，身上虽有几处轻伤，总算还留着一条命，可是眼见自己的一大队，经过了几次补充，本队的伙伴只剩三五个了。

大前天的傍晚，他又在紧急的命令之下集合在司令部前的马路上，准备向八字桥增援，新的大队长在出发前训话："今晚一战，在任何场合，不得后退！违者枪决！我们要保持着皇军的威仪，杀尽不法的支那军民！援军日内即到。我们要感恩天皇，使我们享受着尽量发挥世界无敌的皇军的威力的光荣！粉碎上海！征服支那！压倒世界！"整个队伍却冷然地听着这空虚的叫嚷，中川由太郎则暗自冷笑着："无日无夜的战、逃，伙伴都死光了，我的命也迟早逃不了，但我不愿把命这样冤枉的送掉，今晚冒一冒险，找'安全'之道罢！"就在那一夜的八字桥之役，他首先掷了枪，做了俘虏。

于是他安全而且得救了。

可是现在他的生命虽受着中国军队的保护而安全了，他的心却被新处殊异的环境。过去一周间血肉溅飞的火线生活的惨酷的印象以及浮上心头的三十余年来种种琐碎的回忆所袭，而使他不能安睡。他听着同房的伙伴呼呼的甜蜜的睡去，他也想摈除了一切杂念，闭起眼睛睡，于是嘴里暗数着“一、二、三，一、二、三……”可是不一回种种念头又不住地涌了起来，他就禁不住睁开眼来。

他看着月光透过铁格的窗子照在他床上，铁格的花纹清晰地印在他的被单上。初秋微寒的风不时地一阵阵送来，使他把被单裹紧了一点。他仰头靠近窗口望望，看见，月色浴着大地，远处的屋顶，近处的树巅，都显得柔和秀美。他重复把头枕在床头时，侧耳静听，四周寂静无声，只有前面广场上夜哨来往的步武声，以及偶而从远处传来的一二空吠声。

中川由太郎并不是一个懦弱者，但也不是一个意志刚强的辣手者，他知道当俘虏原是可耻的。但是他更明白日本的屡次出兵侵略中国，破坏东亚以及世界的和平，完全是强奸了民意的、一种充分的显露了帝国主义的残酷的面目的侵略政策。民众不仅绝对的不需要战争，而且反对战争。他们也无力负担这战争。但是在军部的淫威之下，民众敢怒而不敢言。战争成了少数在华的狂妄的少壮军人升官发财的工具。他们吮吸着民众的血，搜刮着民众的钱，却驱使着奴役着民众使他们奔向死地，而肥大自己的声望，造成虚张声势的所谓皇军的威仪。他们已完全变成兽性的人；他们的膏药旗，也变为象征着他们六千万人民的一团血印。

“华北事件”爆发后，中川由太郎突然接到征发的军令。无数的壮年无可奈何地被征发了。和大家一样，中川由太郎不愿作一个侵略的军士，他知道一个真正的军人应该为正义为公理为保护大众的利益而战，他的血不能为这班狗蛋的妄狂的武力主义而流。但是怎样去逃避这征发呢。中川由太郎甚至想到自杀。他已把枪口对准着胸膛，但一转念，他觉得要杀死一二个狗蛋而死才甘心。他把这心愿暗藏在心底。但到上海等到第一仗败下来时，他就亲见一个他所不认识的伙伴干掉了率领他们这一大队的最高官长而掷弃了枪，作了中国的俘虏。而这个伙伴现在正想睡在他对面，和他成了莫逆之交了。

“为了不愿意和同是在帝国主义压迫下的中国民众作战，掷弃了武器，作了他们的俘虏，不算是耻辱者吧。”中川由太郎这样返覆地想着，而也返覆地肯定着。

八月廿五日下午

（原载于《呐喊》第2期，1937年）

# “前车可鉴”的朝鲜

厚曾

关于朝鲜，在中国我觉得很是隔膜，有许多人只晓得他是灭亡给日本了，他们喜欢穿白衣，面孔和中国人差不多，言语不通，风俗各异，几年前曾狐假虎威演出万宝山事件及在他们朝鲜境内对华侨暴动的一幕；九一八以后，又在华北各地为日本人作偷运走私的先锋、贩卖毒品的走卒。虽然这是不可掩的事实，但关于他们民族生活的智识如何、亡国前后的变化怎样，前车可鉴，我们必须加以正确认识的。

朝鲜位于亚州东部，面积一万四千三百余方里，人口二千余万，是一个突出的半岛国家，西北接壤我国东北及俄境西北利亚，东与日本隔海为邻。该处土地肥沃，气候适宜，平野广大，合于农耕；因为海线极长，是以交通便利，渔业发达，而矿产木材亦很丰富，自给自足，着有裕余。其能立国四千余年，于上述自然环境不无关系，在唐宋时代充分地吸收中国文化政治上已完全变成了中国附庸，不过他们国家专制苛虐，贵族官僚地主无不依仗其特殊势力，任意榨取农人血汗，穷极奢华，尽情欢乐，以致民日贫，国日弱，而武备不修，思想落后，介于中、日、俄三大国的复杂险恶环境中间，到了十九世纪末叶，因互相争夺这块肥肉，无疑地日益尖锐危险了。

当时因中、日、俄三大国逐鹿之故，而反映朝鲜政党有所谓亲中、亲日、亲俄三派分裂，互相斗争，自促灭亡。结果一八九四年发生中日战争，中国打败，与日订立《马关条约》，承认朝鲜独立，此后中国便完全脱离，而亲中派亦随之瓦解，在朝鲜境内对立斗争的就只剩日俄了。一九〇四年，日俄又发生战争，帝俄大败，与日订立《朴资[茨]茅斯条约》，也承认朝鲜独立，此后朝鲜却完全在日本掌握势力之下了。一九一〇年，日本破坏朝鲜独立，虽当时民众起而反抗，可是在日本力量太大，丧心韩奸太多，终于被镇压下去了。

日本统治朝鲜以后，因鉴于“亡国必先亡种”，故在文化方面首先即施行奴隶教育，剥夺朝鲜人之言论、结社、出版等等自由，并解散朝鲜学校，禁止朝鲜语言，而代之以日本学校、日本语言。在经济方面则采掠取主义，将宫室宗教所有、人民共有，以及略有反抗嫌疑的所有统统收归日本所设立之朝鲜总督府所有；私人资本加以压迫，而助长日本国家在朝鲜国营等种种事业。在政治方面，采宪兵警察制，给在朝鲜每个宪兵对朝鲜人生杀之权，武力苛虐，无所不用其极，较之我国历史上“偶语者弃世”，尤有过之。可是压力愈大，抵抗愈强，至一九一九年，朝鲜民族最伟大“三一”独立运动也就应时而发生了。“三一”运动的发生，不但只有大多数的朝鲜劳苦大众参加，而资本家、地主、贵族无不感受日本压迫残酷的刺激，起而策动，虽然力量薄弱，组织不坚，终于失败，然从此深深种下了朝鲜民族解放运动的种子，以后继“三一”运动而起的义烈团，受中国革命影响的新干会，虽不久亦归消灭，但他们的心，维护祖国的心，是值得钦佩的，如果他们发现了国际及国内有可利的形势，我相信决不会轻轻放过，一定再有一次轰轰烈烈的事情，我们等着瞧吧。

（原载于《砥柱》第9卷第2期，1937年）

# 朝鲜旅行日记

龚希韫

十月十日本学部揭示，二年生于本月二十五日，举行朝鲜旅行，由田中先生为引导。本教室同学提议，此次朝鲜旅行，为田中先生引导，关蚕业方面多可领略，机会难得，于是同学蒋新华、周仙美、陆时巧、宠等四人，秉请田中先生，拟参加前往，承先生诺，于是锦等亦兴然参加。

二十五日下午六时，一行三十二人，由福冈博德站出发，九时抵下关，乘景福丸(为朝鲜连络航海船，经八小时)。翌晨六时，抵朝鲜境——釜山。预定参观日期为一星期，预定经过地为釜山、蔚山、庆州、大邱、水原，抵京城为止。

二十六日上午六时，船舶抵釜山发陆后，在栈桥食堂早膳，七时半起，参观植物检查所，水产试验场，兽疫血清造所。

**植物检验所**

系釜山海关，关税植物检查所，有各种种子选择之标准样种，并有各种被病害虫伤之植物和果实之标本，及照相等之陈设。该所所长报告云：朝鲜特产为苹果，惟近年出口量减少，其原因是国外有特产而致斯？抑国内质量劣减而致斯？现正在考查中。

**水产试验场**

有鱼卵人工繁殖研究，淡水培养试验等，并有各种鱼类标本，约百余种，及古旧的、现在的、改良的各种鱼船鱼具之模型和日本近海山水高深之模型。

**兽疫血清制造所**

以上二处参观毕，乘小轮渡至绝影岛，在半岛有血清制造所所址，见有六七匹乳牛，正在剃去腹部牛毛而施行消毒，然后用齿状刀，划成一分方，一尺五寸直径之面积，种下疫苗，连种三次，而后取其血清，以供人们补种牛痘。又见牛苗置入玻璃管之手续，甚为巧妙而节束，并赠给我们各人牛苗一管。见有陈列健康牛与病牛之筋肉肺、腑、肠、胃等标本。

**釜山**

为朝鲜江山要地，游人款止风景摄影。吾等游览其间，徒兴感其美，亦无一摄之绿，在绝影岛四周翘望，的确地势非凡，海口位置之形势，环山挟港，大有渊藏之概。海外如有来敌，难以登陆、据去古昔亦系都城，的确大有埋武藏英之处，惜其不自用而为他人所用，实为可叹可惨！

十二时半，釜山参观毕，乘火车赴蔚山，在车中午餐，各人一个便当(出门旅行，利用日本式的便当，匣饭一匣菜——是最简便而经济时间了)。四时抵蔚山，下车后，游览蔚山街市及车站附近风景。五时离蔚山，六时半抵庆州，庆州系新罗时代之都城，古迹最多，当晚宿住在佛国寺旅馆。

二十七日早期五时，全体起身，登含吐山，由馆内茶房案内观赏太阳伸登亚细亚。当我们启程时，仰观墨漆的天空，悬挂着万颗金星，若隐若现，也似乎借给我们三分光。大家在幽暗中斜走着，一面用劲着走，一面观瞧天空的四周。颗颗小星，渐渐地减少了无数，不一会，星光已全部消失了，在晓云中放出一缕白光，把大自然的山间万物，都能收入眼底，在队伍中，三十余人心里，均兴高采烈，勇往上升，只是担心着太阳先我而登。于是精神更加振作，脚步格外加紧。约行六七里，又反过山头，到第二峰顶，才达到了目的地，总算得了一胜利，先它而登了。在离目的地上升的当儿，已远远的早见该顶有一石洞，近而视之，原来是个石窟庵，在这石窟洞中有一丈余石身之如来佛，盘坐中央，伊朝朝观赏着，万道金光的旭日，东升西落的循环着。在半球形石窟周绿的墙壁上，均有石佛雕刻，在殿下，并有源源长流之甘露。似觉悠静清霞，在七点三十分光景，东方海平面上，像市场中大公司做广告的长线形玻璃电管似的眩曜光带，向雨横延长，约五分钟间，光带沿长，不可计数。在这刹那间，太阳的真身一球形的边缘，稍稍的透出了地平线，观众齐声的叫道：太阳起来了，太阳起来了！不上一分钟，一轮旭日，整个的出现了。哈！流光之迅速，诚令人吃惊！何其迅速至如此之甚耶？昔者陶侃云：“惜寸阴，惜分阴”良有以也。此后在山顶摄影留念，一路玩赏，下山返舍，见该山径小路，已开避而建筑马路，不日可通行汽车，但山谷绝壁，未免几多危险，八时半回旅次。

早膳后，游玩佛国寺、挂陵等处，在上午十二时止，可以自由游览，就此我们同学四人往乡下观察。乡间情景，一带望云，在山麓高低不平的，用泥土围着不规律的，一角角的田圃间，有已黄和将熟的稻子，被微风摇动着稻穗，瞧见那面黄憔悴的老媪，在那田间，呵！吓！嘎！厦！厦！暖！的驱逐那一群劫食榖子的小鸟小雀。听了实在可怜;他们在那高低不平的山脚下,如盆栽试验似的,好容易结成可宝贵的谷子,但不顾人情的小鸟,还要加以阵阵划抢。唉!无情的小雀也觊觎他们的微产而劫抢着!何况其他的××残杀之徒呵!

探寻他们的农家,见他们小而破旧的草蓬,一眼也几乎找不到他们的房屋。约丈余四方的地盘,草盖土壁,离地尺余,置以地板,既无台又无榄,双扇小窗门,适可通人。鞋子出而穿,入而脱,席地而坐。见一老媪,在阶前剔谷,我有满腹的话语想去考问考问她,但是言语不通,也无从问起。她既不懂日本语,更不懂中国语,我们也不会讲朝鲜语,只是满腔失望,只看得她们那样可怜,凄惨满面愁容,满腹酸苦。后又到一家生活略较安逸,但房屋式样,一色无二,家中用具略多而已,煮饭的铁锅,大而扁圆,状如柿子,埋在门口地下,烟囱系屋后伸出,所有烟气经地下道而出烟囱,利用其寒大取暖也。

下午,坐汽车三辆游览庆州博物馆、芬皇寺、鸡林碑、五陵墓、鲍石亭址、武烈王陵等处。

**庆州**

系一千年前,新罗时代的都城,当盛时代,民户有178900余户,现在不过2000户而已,唉!今与昔比,区区仅占有百分之二耳。可不惨哉!可不哀哉!

**庆州博物馆**

馆内陈设朝鲜古代遗物,为石物最多,如石佛、石人、石塔、石碑、石棺材、石刀、石剑、石斧头、石臼、石碗。其余铜铁制古物,更有在庆州南门附近,有名称风凰石者。据云有十间深,二十五间长,系新罗古冢。被日人在大正十年(民国十年)秋掘金冠冢,十三年春(民国十三年)掘金铃冢,十五年(民国十五年)秋掘瑞凤冢,掘出纯金制宝冠及其他金银珠宝,不可计数。其掘得宝物分五馆陈列,庆州为五分馆之一。陈列者,有紫金冠一顶,系纯金制,约一尺五寸高之周围所装物品,全系金叶金花,并有翡翠宝玉,状如蚕头结形,计五十七颗,参串其间叮当有声,十足耀观。又有玉笛两枝,其色彩和霞观,当身价可贵。其余翡翠、宝石、金束金带、金戒指、金耳环、金碗、金盆及大小奇形的宝石,不计其数。此尚五分馆之一部耳,其余亦可想而知矣。

**芬皇寺**

系一千三百年前为善德女王建,有一石塔,塔底二十一尺五寸。这直径原有宝塔九层,年义月深倒塌荒废,现只剩三层矣。

**雁鸭池、皇龙寺**

仅为往昔之壮观,现一片田野,尚有巨大础石在田圃和农家存在。

**石冰库**

系古代藏冰库，半地下室，石砌半圆球形，外观似一小丘，现已破坏，其中黑暗，尚觉阴凉。

**瞻星台**

系新罗时代善德女王建，为东亚古代最伟大建筑之天文台，有30尺高之圆洞形，底径17尺余，顶径8尺5寸，离今1200余年。

**鸡林碑、五陵墓**

仅有痕迹而已。

**鲍石亭**

系新罗王张宴时，为流觞曲水之欢饮地，今尚有流觞曲水之基石存在，湾湾曲曲，略带倾斜，有19尺直径之圆形，均多破碎，荒凉不堪矣。

**武烈王陵**

系一大土丘，前面尚有11尺长、3尺高的大石龟驼碑存在。日人无墓穴，人死后，以尸体火冢，为此见了这样高大如山的墓穴，惊奇莫名。凡有见到朝鲜古代伟大的，精巧的建筑，一般观者，莫不临神奇感。下午四时，离庆州上火车，六时半抵大邱，宿立花旅馆安息。

二十八日七时起身，早膳后，在市内稍玩片刻，九时参观庆尚北道道厅、最热闹的市场、农事试验场、专卖局（烟草公司）、片仓制丝工场、东村果树园，附近纯朝鲜人部落，及朝鲜小学校。

**片仓制丝工场**

场内一切设置，全与他本国本场无异。在本刊三十九期，俞半秋同学已详细述及日方丝厂内容、组织和方法，恕不赘记。但还有一点与我国不同。一进他们工场，听得她们（全部工女）都齐声的唱歌，一边唱一边很有精神的工作着。中央有一女工，手持木板二块，专为唱歌而拍着拍子。又进一个工场，是开的放送机。见有一个女工，专在室外开唱片放送，在这热闹紧张的空气里，大家严肃整齐的工作着，条条有理，带做带唱，是多么凝合于心理的办法。如此振作她们的精神，提高她们的兴趣，对于工作之速力和向上，比之无比设备者，效力之增加是无疑义。

**农事试验场**

分稻作、麦作、棉作、果园、畜牧等部。稻作部的稻子，一部分已收起，一部分尚在田中，稻穗均黄亮饱满而下垂着，是丰收的象征。麦作部正在布种之际，分地方、品种、肥料等种种试验。棉作部亦有上项相仿种类之试验，正在收花期。参观到园艺部，正值苹果当熟之际，该部主任请我们吃苹果，计有五六品种，其中名国光者，色美味佳又青脆。

**大邱市场**

为鲜南一大商埠，东门与西门两大市场为全国最著名的大商场，大多数为批发营业。大邱附近原野，每年有500万石谷类出产，余外尚有蚕桑，果树，烟草等产品。

**纯朝鲜人部**

他们的居屋，究系本邦一向属国，大有中国之风， 到门首，就是双扇墙门，门上书以对联，为"物华天宝，人杰地灵"等类，进门便是一大天井，东西两厢房门、窗户、总庭柱墙壁，均有对联张贴。惟不同者，室内无台无橇，脱鞋而入，席地而坐。

他们的服装，朝鲜为世界闻名的白衣国，不论男女老幼，一年四季，尽穿白颜色衣服，服式斜襟状如僧衣，有长飘带二条，用以打结，不用纽扣，灯笼式的长裤。年长的老人，头戴乌纱帽子，从前系有官职者戴之，现在无官可做，所以随便可戴，女人短衣长裙，衣约1尺长，裙长3尺余，为衣过短而裙过长，裙由上胸穿起直垂下地，上下之长短似乎太不均，甚感不便，亦不加以改良。

他们的鞋子像龙船，初见似乎可笑。每一国家各有各的风俗习惯。处在现在无主被困的生活状态下。多半民众，均为苦工，渐见有三三两两的鲜人，穿着有颜色的衣服了。小孩子穿的衣服，大红和大绿，有红男绿女规定着。真是一派古风，墨守旧习。

朝鲜男人的挑担子，不用肩挑，而用背驼，一字式均驼在背上，或用羊角式的架子载物而行。女人取物都顶在头上，3斤、5斤乃至10斤、20斤，看她很随便顶着就走，并不用手扰，就是瓮中汲水，亦顶而归家。我想，须受相当时期之训练，才可如此之顶着，实暗中敬佩，可谓习惯成自然矣。

**大邱小学校**

有学生1400左右，有教室20个，教员22人，半数以上为朝鲜教员，校长系日人，学生初进的一二年，有朝鲜文和日本文并读，再上去的各级，一律日文；教员学生，一概日语，不准有朝鲜的句语和意味流露，教科书的内容也可想而知矣。

**朝鲜人的言语**

在35岁以上的，尤其是乡下人，完全不懂日语，在30岁以下的，尤其是学生和商人，日语讲得精通流利。在这25年被统治之下的民众，受尽了千百般的酸苦、煎熬和压榨，野心者徒运用这种文化侵略和麻醉，若再经25年，可无从分辨彼此矣。可不悲哉！

晚餐后在车站待车，适有大邱小学六年生上京城旅行，其中有10余个女生，年龄约十二三四五岁，均很天真。我们也想和他们谈谈他们的处境和生活，听了他们一口流利的日语，又非常亲曜近人心里有说不出的感慨。如他们那样可怜的亲旷，在东洋所未见者也。十时，大家络续来车站，十一时上车，赴水原。该夜宿在车中。

二十九日晨七时抵水原，参观水原农事试验场、同场蚕丝部、高等农林学校，游览水原西湖、华城将台及放花随柳亭。

**水原农事试验场**

为朝鲜大规模之农场，上午参观稻麦棉三部，该场场长请我们午膳，食品为日本最讲究的牛肉暖锅，有四盆四色，系生牛肉、生葱、生菜、生鸡蛋，随烧随吃，为日人上等之请客招待也。下午参观畜牧、园艺、蚕丝部及女子蚕业讲习所。

**朝鲜蚕桑**

根据他们的调查报告，在明治三九年即李朝末代（二五年前）有桑园五二町二反步（合中国5232亩）。蚕户16200户，产茧22000石。在那时期，当国政紊乱，农村衰落，蚕丝业随所不免，因此桑园老废，品种博杂，产茧当然质量均劣。是年被统治后即建立蚕业模范场，设立一般蚕丝业试验及研究机关，40年起分配改良桑苗及优良蚕种并实行指导奖励，在大正三年（民国三年）建设原蚕种制造所，不数年即统一品种。在昭和十年（即去年）调查报告，桑园有一三三三町九反步（合中国1333144亩），增加20倍以上。蚕户一四七四三户增加九倍以上，蚁量199132枚，产茧量484222千瓦，增加60倍以上。

**朝鲜蚕业之过去及将来**

朝鲜原系三眠性蚕种居多，在大正三年全部淘汰，同十二年全部交杂种普及。昭和十一年（本年度）奖励桑苗，为5000000株。将来前后二期五年计划，自昭和十一年起，二十年止，桑园18000町（合中国180000亩）产5490000千瓦，蚕户180000户之预约计划。

**养蚕区域**

自大邱水原到京城一带为中心区域。

**丝厂**

为山十、片仓，朝鲜三大工场，制丝釜有 1600 只，能缓制 292800 千瓦之原料茧。

**蚕业讲习所**

在明治三十八年办起，当初男生多女生少，后渐女加男减，在四十二年，不收男生而招女生，最初听讲八个月毕业，后延长到十个月，昭和二年起，改为一年毕业，共毕业学生 699 人在社会服务者 159 人，在家庭服务者 280 人。余未明。

参观蚕丝部回来，游玩华成将台。在水原之东门，名为华虹门，有炼武台一，放花随抑亭一，均古旧异常，尚有断续城墙存在，前行里许，有一池，名西湖，该湖约与我国浙江绍兴之东湖相若，惟长桥流水，与山间红叶，却点缀了不少风景。

上午五时离水原，乘火车，六时半抵京城，车到城站，早有九大毕业生，十余人打着大冢旅社和欢迎九大旅行团旗幡招待着，到旅馆后，晚餐由伊们招待请客，围欢一堂异常喧闹。

三十日上午八时出发游览京城古迹：工商奖励馆、德寿宫、朝鲜神宫、博文寺、经学院、昌庆苑、同和园、'八二夕'公园、景福宫，直参观到朝鲜总督府。

朝鲜京城为李朝(末一朝代)之都城，李王名隆熙现尚在日本东京。唉，所有朝廷宫殿，均封锁沉静，反在那里坐无期的监狱，见到他产生出世的的宫殿，也不能逆料到他如今所处的生活。旧有宫殿，在日人所建总督府之右边，两相并立，一古一新，一静一动。我等身临其间，游览其中，见到亭台楼阁，不禁长叹，如此蔚然屋宇，徒为昔日之壮观耶！今日之庄严堂皇者，惟独有那总督府放光而已。该府屋宇比我国府尚大，有五层电梯分部办公，组织精密，上有屋顶礼堂，下有地下堂，为食堂及一切商品贩卖部。在府内，总之应有尽有，无所不备。

新任宇垣总督，对朝鲜的农、工、商业、经济，政治的新兴计划书及朝鲜风俗民情等书籍，共赠每人六册。

京城旧有宫殿及王族宫殿等，有一部分系封锁而不准开放，其余均售门票，始得入室。所有宝贵什物，早已移往他方矣，只是外观俨然的屋壳，内容亦家徒四壁。国亡身丧，山河他属，在这观察详视之下，已足够触目伤心；这受铁蹄之下民族，曷不痛心哉！

京城街道宽阔，异常热闹。交通甚为便利，有火车、电车、公共汽车等，百货公司，最大有三，与先施永安相若，均系日人经营，京城名产为高丽人参。

下午三时，我们旅行团在总督府前分散，有一部分往东三省旅行去，有部分上金刚山玩去，我们有十余人，就在市内游玩一番，于当晚十一时离京城，回福冈。在归程中，略整理所录见闻援笔为记。

二十五年十月三十一日

希辐记于朝鲜旅途中

（原载于《镇蚕》第43期，1937年）

# 抗日的朝鲜人

——关于中韩的联合战线

卜少夫

我有很多朝鲜朋友，在南京的中学时代的，在东京的留学时代的。

和朝鲜朋友来往，无论他是刻苦用功的，有思想，有见解，以复国自勉的，或是浑浑噩噩，吃喝玩笑，怡然自适，安于此种没有灵魂的生活的，我总不由地发生一种因同情而起的悲哀之感。

然而我想到安重根，然而我又想到尹奉吉，然而我相信还有无数的安重根、尹奉吉之类的人物会出现。将来朝鲜的复国运动未必全由于这种力，朝鲜的有识志士，未必将这种方式作为复国运动的中心，可是这是壮烈的、可歌可泣的、推动一切力的燃点，爆发一切力之火花，朝鲜不亡，朝鲜魂不灭，正有赖于这杀身成仁、舍生取义之牺牲精神的永久存在。

芦沟桥事件发生后，朝鲜志士的宣言说：

> 从此，朝鲜革命的前途，只有胜利的曙光照着。凡朝鲜民族，都来团结，向光荣的民族解放战线突进！在中日战争中，朝鲜民族所负的反日运动的战略的任务，是在战线后方，破坏军事经济基础的后方攻击战为主要任务。在国内则无论社会的任何阶层，一致团结，农民在农村，工人在工厂，商民、学生、市民、妇女等各在其所处场所，为遂行被规定的战略的任务，断绝敌之食粮供给，破坏交通机关、要塞、港湾、军械及军需工厂，重要军事建物，以及重要产业机关，引起全国的武装暴动，侨居在东省的同胞们，是参加反满抗日军，以猛烈的游击战，袭击敌军后方，尤其要破坏敌之军事要塞、飞机场、铁道网、汽车路。侨居在日本的同胞们，是和真正反对敌之统治势力的被压迫勤劳大众联结，破坏军事经济的重要根据施设，在中国国内的同胞是要直接参加中国的抗日战线作殊死战。这样，在国内、

东省、日本、中国关内各处的朝鲜民族，各在其所处地域，在反日战争的统一指导下，勇敢的遂行各其所负的战争任务，才能颠覆我们的敌人，洗雪过去二十八年间的耻辱，恢复国土创造民族的光荣历史。

中韩是有千年以上的历史关系，中韩的邦交建筑在彼此以平等对待的关系上，中国的抗日战线巩固，抗日战胜利，不啻给与朝鲜以极好的独立机会、复国革命的机会。

朝鲜亡国已经有二十多年，这二十多年亡国惨痛，迫使每个朝鲜人的每个细胞里都孕育着反日抗日争自由独立的原素。可是我们不能因为其中少数的几个韩奸而忽视这一伟大的民族独立运动的意义和力量。

我是八月十一日自东京返国抵沪的，当在东京的时期，曾有不少的朝鲜同学相往还。我们讨论到日本的工人阶级的生活、意识与反军阀反资本主义的斗争；我们讨论到日本经济的崩溃，经济体制的矛盾尖锐化，生产部门，军需工业，国际贸易，殖民地原料问题，我们讨论到日本国内政治上的混乱，政党、官僚、军阀、资本家其间的明争暗斗；我们又讨论到日本知识分子群的苦闷与悲哀；我们再讨论到日本的国际关系；我们彼此以各自的观察和见解，彼此批判地探讨着。

这几个朝鲜同学的生活形态，常令我异常感动，激励着我。他们大都是做半天工，或是做整天工，下午或晚间读书。他们的思想很透彻，而且对每个问题或事象的研究都是持着极客观的态度。在课堂里对教授发问最多的是他们，笔记最详尽、论文写得最充实的是他们。

“我们现在只有含着泪刻苦埋头多研究日本，多读书，多获得知识以备将来。我们只有沉默做着顺民模样。”这是他们用着颤栗的声调常向我说的一句话。

虽然如此，朝鲜人在日本还是到处受到压迫，到处受到歧视。他们聚集在一处不能超过五个人，他们不能随便和日本人恋爱以及结婚，他们不能和中国人以及其他国人常来往，他们租房子不方便，参加一切文化活动遭受限制……他们是生活在耻辱与奴隶的空气中。于是他们只有佯装浪漫堕落，在麻将桌子上交换消息和意见，在跳舞场和咖啡店里讨论问题……其次，他们产生出世界第一流歌舞家崔承喜女士，产生了一九三六奥林匹克中马拉松冠军的孙国祯，产生了占居日本文坛极高地位的小说家张赫宙，这是一种政治上的苦闷的别一发展。呜呼！其志极壮，其情也极可悲矣。回到上海来后，我便从友人中得到一张韩人抗日别动队的宣言：

吾韩不幸，受暴日之羁绊，已达二十余载矣。当时朝政，因循守旧，姑息苟安，兼之三四奸细，朋比当途，只知利禄，甘作虎伥。虽有不少爱国志士，大声疾呼，唤醒朝野，企图革新。然狂澜既倒，势难挽回。而敌则正在维新之初，模效西欧，事事更张。迨甲午中日一战，遂与中俄势成鼎足。再于甲辰一役，战胜帝俄后，其势即越韩而直入辽吉，竟至独霸东亚。由是两次战胜之毒氛，既炽且骄。吾韩适当其冲，首蒙其祸。此即当时东亚大势变迁之与吾韩，亦有绝大关系也。回溯吾人三十年以来，诸先贤先烈，为国家为民族，随时随地，拼命奋斗，刀锯鼎镬，甘之如饴，前仆后继，何止百千。今日吾人虽未复寸土，然吾人如此伟大之牺牲，壮烈之行动，时时惊动寰宇，其光辉照耀古今，以表现我朝鲜民族之精神，孰谓三韩已亡乎？

噫！韩社既屋，便成暴日侵略大陆之桥梁。自欧战以后，或于七闽，或于胶济，时思染指，以图蚕食。迨北伐告成，国民政府，励精图治，力事建设，复兴之象即见。至是敌恐因缓失机，既于"九一八"漆夜入寇，鲸吞东北再而热察，再而冀东，更而平津，逞暴肆虐，无有止境。辄使韩台汉之不肖分子，帮凶助恶，淆乱听闻，借以离间民族，而妨联合。今复侵袭淞沪，鸱张甚毒。凡此种种，即四十余年来日人无不高唱入云之"中日亲善"之结果。

"七八[七]"事发，平津沦陷。何幸中国朝野，一致团结，为民国有史以来之现象。今也四亿五千万　心　德，为民族自由而战，为世界公理而战，可知日帝国主义之崩溃，指日可待。芦沟桥一声炮响，正是自鸣其丧钟也。从此东亚大势，又复大变，可不龟而知矣。吾人际此千载一时之机，将如何用之乎？中韩本有辅车唇齿之势，而在此时期，尤须同心协力，始终与暴日周旋，期雪积耻。虽本队力量有限，兼之环境特殊，然期以我热血，换我自由，誓与仇敌挣扎到底，而自信最后胜利必属吾人也。壮哉！快哉！东亚大野，中韩联军之义帜鲜明，黄浦江畔诸多先烈之热血，何其灿烂。吾人揭我鲜明之旗帜，踏我灿烂之血迹，向我明确之目标，即向我仇敌日帝国主义者与一切汉奸及亲日分子杀进。

我知道留在中国的朝鲜志士已实地积极的参加中国的抗日战线。

本来自从"九一八"东北沦陷之后，六年以来散居在东三省的朝鲜志士即参加在东北义勇军的队伍里，东往西来的轮流在白山黑水之间采取着游击战，已使所谓"皇军"受极大损失而疲于奔命。一班常备役的日本士兵不必说，即国内普通人民、后备役的在乡军人，提起了东北义勇军(他们称为满洲匪贼的)没有一个不谈虎色变惊吓万分的。这一种东北义勇军的抗战功绩，不独时时给东北同胞警惕与回到祖国怀抱中希望的铁的证明，中华民族抗战必获胜利的事实保证，而且给与[予]日本国内一般无知国民以新的认识和了解军阀们所梦想的大陆政策之侵略是永远不会成功，永远不能实现的。这种功劳，我们不能抹杀朝鲜志士是有相当力量造成的。无论日本用怎样的力量，政治的或军事的，即使在业已统制了近卅年的朝鲜内地，还是无时无刻在担心朝鲜内地有革命会发生，朝鲜总督何尝安心着的呢？尤其是在发动这次芦沟桥事件后华北与淞沪的战争中。

因之，我们在这次展开了全面的抗战中，我们应该多和朝鲜的志士取得联络，将这支生力的友军组成更有力的部队，使在这次抗战的战线上更发挥最大的功能。

(原载于《汗血·战时特刊》第6期，1937年)

# 痛韩国志士之逮捕

闵韩

一九三七年一月十一日晨六时，有朝鲜新韩独立党首领延壤学志士，在中国上海爱多亚路平安旅社被驻沪日总领事馆警察侦知，会同法工部局当局将其逮捕，现羁押日总领事馆警察署，正严重讯问中。

查延志士是一九二〇年三月一日所谓“韩国独立万岁”事件发生之后，因受日本官宪严重之搜查，遂亡命东北，活动韩国革命。后来沪，组织大韩临时政府。一九三三年，组织韩国革命党。翌年，任新韩独立党执行委员，与韩国民族革命党及韩国国民党发生关系，为朝鲜民族解放运动中之努力干员。此次因募集独立运动资金关系，不幸竟以被捕闻。自兹消息传来，同人无不伤痛。延志士之能否得着自由，其问题小，因延志士为韩民族独立自由而斗争，几十余载，已置个人生死于度外，早下牺牲之决心矣。记者至此，不禁感慨系之。延志士在对方高压下，其革命任务虽暂时停止，而韩国民族解放运动的怒潮是不会停止的，可告延志士少慰。同时，亡国之民欲作民族独立运动，比之国未亡前进行民族复兴运动，其艰难何啻千万倍？中华革命健儿，闻韩国志士逮捕之消息者，可以知所努力矣！

请一致奋斗着：

努力中华民族复兴运动！

扶助东方被压迫民族解放运动！

（原载于《亚洲文化》第2卷第3、4期，1937年）

# 朝鲜民族亡国恨

佚名

积郁三十年，愿为玉碎，缩食慰我军，共起抗敌。

中央社云，朝鲜民族革命党上海特区党部，除唤起全沪鲜民，共作复国运动外，因热烈同情我方抗敌将士，全沪鲜民，在亡命之下，特节衣缩食，甚至将质当所得，凑集国币一百二十一元三角，函送上海市慰劳委员会，作为缝制棉背心之需用，借表慰劳之意。鲜民热忱如此，希望我全市同胞，共起缝制，在最近期内凑足百万件，转送前方应用，兹将原函探录如下。

径启者：

我朝鲜民族，遭亡国之惨，不幸已三十余年矣。在此期间，无日不在日本帝国主义之铁蹄下讨生活，其所受之痛苦，实非口舌所能道其万一。对于行动之受拘束，思想之被钳制，亡人国家之不足，进而欲灭人种族，故凡我稍具智识，稍有觉悟之同胞，无不被迫亡命海外。亡国而又丧其家，其伤心为何如耶！幸而人心未死，报仇复国之企图，寝食未忘，以是连年与暴日挣扎，前仆后继，作壮烈之牺牲者，正如怒潮澎湃，莫由自遏也。溯自卢沟桥抗敌之启其序幕，至现在之淞沪战争，已引起我朝鲜民族无上之热狂，恨不能寝日寇之皮而食其肉，诚亦平日受其惨无人道之压迫使然也。积郁三十余年之宿仇，极欲一吐为快，除唤起我朝鲜国内外民族一致团结，愿为玉碎毋为瓦全计，兹就旅沪侨胞，节衣缩食，或质当衣服之资，拼凑国币一百二十一元三角，送由贵会，转交前方抗敌将士，借表慰劳。其数额虽微，亦所以示一致抗敌之热忱也。嗣后还当继续募集，聊资积腋成裘。惜我朝鲜在沪侨胞，皆属亡命之徒，平时饱受失业之苦，值此战争期内，生活拮据，更可想见，尚望赐予体谅，并请将此意宣达贵国同胞，借表中韩两民族共同奋斗之意也。谨祝抗敌胜利，贵中朝鲜民族革命党上海特区谨呈。

（原载于《申报》1937年9月19日）

# 伤心语

君弼

韩人自述，一字一泪，我们对此作何感想。

我自朝鲜人，本来也是中国的一品老百姓，自甲午年中日开战，中国打了败仗，两国和议，结果是表面上给我们朝鲜独立，实际上已做了日人的奴隶了。到日俄战后，日本乘战势之威，便一口把我吞灭了！我们做了亡国奴后，生活的痛苦，非身受者不能梦想其万一！

自九一八后，日本因为人口众多，面积狭小，食粮恐慌，他又把灭亡我朝鲜的手段来灭亡我祖国——中华民国——了！也就是想把虐待我朝鲜人的毒手，施之于祖国同胞了！尤其自卢沟桥事件和上海虹桥飞机场事件发生到现在，实行以亡国灭种的残暴行为，加在我祖国同胞的身上了！在此千钧一发的时候，仅将我亡国之痛，诰告于祖国同胞之前：我们做了亡国奴，一切的自由，便被日人剥夺尽净，生杀予夺，随日人之所为，我们就像牛马一般，终年在地狱中受罪。

他们恐怕我们起来反抗，便随时随地派有野兽似的警察，很严厉的监视我们。我们悄然有三四个人在一起谈话，他们便上前干涉。和平一点的，赏给我们没头没脑的几棍，将我们驱散；狠毒一点的，便说我们反动，捉将官去了，处以极刑！甚至我们种田的锄头钉耙，也有日人看管，不准我们藏到自己家里，连那切菜的刀子，也给日警用链条锁着，我们需要的时候，一定要得警察的允许才准动用。总之，他们使我们手无寸铁，坐以待毙而已！

他们恐怕我们不忘朝鲜，便设立什么鬼学校，教我们的孩子读他们的瘟书，整天胡说八道，说日本如何如何的好，用以麻醉孩子们的头脑。你如去开教朝鲜文字的学校或讲述朝鲜人的事迹，给日人知道了，保管你的头搬场。如是，好教我们成人死完了，孩子们都不知有朝鲜，而服服帖帖地做他们的牛马了！

他们不迅速地灭种，便竭力抑制我们的生育。我们的结婚年龄，定得特别大，到了结婚年纪，又须向地方机关登记。登记的时候则又多方挑剔，使你结不连婚。就是幸得结婚了，又必诡计百出，限制你的生育。生育下来的孩子，还要有不少给他残杀！这样，你想我朝鲜的人口，尚有增多之望吗？

亡国之痛，真是罄竹难书。但写到这里，我已肠热如沸，肝胆欲裂，不忍再以亡国之哀音，减损了我祖国同胞的锐气！但愿我祖国上下，对日一致动员，大家抱着决死之心，杀入矮寇的巢穴。以祖国四万万人的热血，喷涌在矮子的身上；以祖国四万万人的胸膛，去抵住日人的炮口。破釜沉舟，义无反顾，我祖国的同胞，我祖国的同胞，向前冲！向前冲！

［原载于《现代民众》（如皋）第2期，1938年］

# 朝鲜独立纪念运动

韬奋

三月一日是朝鲜独立运动纪念日，在一九一九年三月的这一天，朝鲜曾有大规模的反抗日本帝国主义的强盗统治，大批的朝鲜志士被日本帝国主义的强盗所牺牲。十九年来，朝鲜志士流离颠沛，艰苦备尝，而朝鲜独立运动仍继续前进，未曾稍懈。在今年的这一天，“朝鲜民族战线联盟”为纪念“三一”运动十九周年，曾发表宣言，鼓励朝鲜三千三百万的同胞一致团结起来，打倒日本帝国主义，完成他们的自由独立。

我们一面要对于朝鲜志士的百折不回的精神致最诚挚的敬礼，一面要唤醒我们的同胞，对于当前卫国的战争必须全国巩固团结，一致对外，尤其是想到朝鲜志士在祖国沦亡之后还在极艰苦的环境中继续奋斗，我们在还有“半壁江山”做根据地的时候，更应该怎样地积极奋斗，不为任何困难所屈服！

[原载于《抗战》(上海)第50号，1938年]

# 一个为中国战死的朝鲜人

君行

在上海的法租界，有不少的安南人和朝鲜人，前者当着捕房的巡捕，后者做着普通的居民，但他们有着共同的一点，就是都是不幸而亡了国的。

不知道为什么缘故，我总觉得那些安南人的样子是寂寞的。不论是白天拿着警棍站在岗位上，还是深夜背负着手行于街上，他们都仿佛是一些寂寞的影子。你很难得看见他们脸上有笑容，即使是笑，那笑也好像是寂寞的。我不知道他们为什么竟这样的甘于寂寞。问他们呢，他们不是摇头，就是苦笑，至多也不过是皱起眉头说一声“哦！”。唉，寂寞的安南人呀！

在我看来，安南人是寂寞的；朝鲜人呢？则又好像永远都是默默的。他们默默地来，默默地去，默默地生，默默的死，就像是生怕打搅了别人的生活的样子。但有时，他们似乎也会在某些人想求安静时，偏偏地突然叫他几声，以使他们得不到安静，因而也就常常发生日帝国主义向上海的法当局要求引渡朝鲜人，以及朝鲜人在这法租界被绑架、被暗杀的事情。所以我的心目中，朝鲜人一方面是默默的，一方面又是不甘于永远缄默，即使是给压迫者扼住了喉咙，也是要拼着命叫他一叫的。就因了这一点，我很喜欢朝鲜人，虽然朝鲜人我一个也不认识，因为我认识我这里所要说到的金君，还只是“八一三”前两个月的样子的事。

那时，因了我所住的那个地方实在不宜于夏天居住，我便决定了迁居。我跑到法国公园附近一带去看房子。在走过环龙路时，见一家门上贴有写着“房间分租”的红纸，我便跑了去敲门。跑来开门的是一个二十五六岁的男子，瘦黑的脸孔，穿衬衣短裤，趿着拖鞋。他问明了我的来意，就带我到楼上去看房间。在那里，他歉然的问了我的姓名和职业，随即自己又赶快告诉我他是姓金，朝鲜人，自己现在闲着没有事情，老婆在一家英商洋行当打字员。接着又说，他现在虽是闲着，但也决不同一般朝鲜败类一样的去做那替日本鬼子贩卖红丸白面，以来毒害中国人的事。我向他伸出我的手。当天就搬进了他家中。

那天晚上，金替我介绍了他的夫人。她年纪好像要比她丈夫轻，态度端庄而温柔，端庄中还透露着几分活泼的样子，同时好像还有一股刚强之气揉杂在她那种温柔的气氛中，这由她那双在浓黑的睫毛下闪射着清明坚定的光辉的眼睛看得出。她和金已经有了一个四岁左右的孩子。他们还有一位老太太同居，她就是金的岳母。这位老太太看来又慈祥又有趣，说话是那么轻声轻气的，眼睛老是笑眯眯。小金更是一个可笑的孩子，他同一只小鸟似的时而依着这个人，时而依着那个人，后来听了他母亲的话，又笑嘻嘻地跑到我这个陌生人的身边来，拿着一本画报赶着我问这问那的，问了一会，忽然又像想起了什么似的，回头向他母亲说："妈，明天请这位先生教我认字罢。我不要爸教了，他说要打我。"又把头一偏，向他父亲说："你打我，我就不要你教！"

引得大家都笑了。

从此我就住在这些异国人的家中，受着他们亲切的待遇，有三个多月的样子。

金是沉默寡言的，但为人却直爽得很，有话决不藏在肚里不说，没有也决不找话来敷衍。他的性情和我有几分相近，所以我们不久就由房东和房客的关系进而成了朋友，慢慢的我也就知道了他的现在和过去。

他父亲七年前死在日本人手中，母亲也因此忧伤而逝去。他的肩上挑着一副亲仇与亡国恨的重担子，他不知道要几时才能把这副担子从他肩上卸下去，所以他时常显得很阴郁。同时，这两三年他又常常都在失业中，一家人的生活差不多全是靠他夫人来维持，他因了这也很感到痛苦。

幸而他夫人是一个明白勇敢的女子。她真心爱着她的丈夫，也能够了解他的忧烦与痛苦。当她工作回来时，她不但不露出丝毫的怨意，而且还会把她那一天的疲倦掩起，打起精神来安慰金。这使金常常感激到要流泪。要不是他肩上有那么一副沉重的担子，他的生活一定是十分快乐的。

可是金也并不是一个单只消极的使他的生活在忧伤苦痛中度过去的人。他也积极地参加他们朝鲜民族解放的革命斗争，不断地为着民族的解放而努力。因此他对于中国国家民族的命运也非常的关心，因为据他看来，朝鲜民族要想得到解放，固然是要靠自己努力，但也非有中国的帮助不行，要是中国再亡给日本，那他们朝鲜民族就再也莫想翻身。

我永远不能忘记当丰台克复的消息传到上海时的他的那种欢喜欲狂的神气。他变得完全成了一个小孩子，催着我去买了一面国旗，自己又买了一些炮竹，及至看到他夫人远远的来了，他就叫我把旗从我窗前悬出，他自己就燃放炮竹，又把另一挂炮竹点燃放在他夫人手中。这把他夫人也乐得什么似的，自从他们同居以来，她还是第一次看见他这样的高兴。

可是当他第二天早上看了报，知道丰台又失去了时，他的脸孔立刻就又变得阴沉沉的。直到“八一三”战事爆发，知道中国是决心抗战到底了，他才重新又高兴起来。

当八月十四那天，我们的飞机到达黄浦江上空时，我还正坐在房间里，忽然金一跳跳进来，一把把我拖到晒台上面，指着东方快乐的说：

“中国飞机！中国飞机！你可看见？”

可是我只见那高射炮的砰砰声和炸弹的爆发声，飞机却睁大眼睛也看不见，因为我是近视眼。于是他又急急的替我找了眼镜来，给我戴上：“现在你可看见了！”

回头又看见小金和他外祖母也跑上来了，于是又一把把他抱起来坐在他肩，用手给他指点这飞机的所处。

“你看，在那边，中国飞机！中国飞机在炸日本军舰！”

从此他就天天都是高兴的，因为中国军队天天都胜利。

金是不大到我房间里来的，因为他怕打搅了我写东西。可是九月十一那天，他却又突然的跑进了我的房间里，突然的问：

“你可知道日本鬼子叫上海所有的朝鲜人去登记，以便资送回国的这一回事？”

“知道的。你可是也想去登记？”我无意识的问。

“登记！好让他们送回朝鲜，再送到中国来打中国人！”

“那么……”

“你知道，我们朝鲜的几个革命团体是从卢沟桥事变以后就已经组成民族战线联盟，以便集中力量来反对日本帝国主义的，我不能回朝鲜去，可是我想我在这里为中国作战也是一样的，所以便纠合了几个同志决定参加中国军队去。我们已经接洽好了，马上就走。”从袋里取出一封信放在我手中，“这封信请你替我交给黎玉。”

“怎么，你也不告诉她一声？”

“用不着的。”

“不行的，则明！你至少也得等她回来，当面别她一别。”

“没有用的，那不过是增加彼此的痛苦罢了……好了，我们再会罢！”

他伸出手来和我握了一握，就下楼去了。我也跟下去。他抱起小金来在他脸上亲了一亲，接着就把他递在我手里，匆匆地开门走了。

不久，黎玉回来了。她在楼下“则明，则明”的叫着，以为他是在我楼上，我只好下去把那一封信交给她，她见了信封上面的笔迹，手就有一点发抖，拆开来看了一看时，她的眼泪就不由得直流下来了，嘴里喃喃地说着：“哦！他走了，走了……”

我想不出什么话来安慰她，就悄悄地退出来了。

不久以后，我也就离开上海走了，留下了一个通讯处给黎玉。

我一直的盼望着她写信来告诉我金的消息。昨天，她的信终于来了。但在这封信上，她却只简单的告诉我，就是金在台儿庄战死了。说我是他和她的朋友，要我要永远的纪念着他，并且不要忘记了她的那个可怜的孩子，这孩子，她说她决心无论怎样困难都要独力把他抚养成人，以慰死者。

对于她，我仍旧是想不出什么话来安慰，但我将永远的记念着金——这个为中国战死的朋友！

（原载于《浙江潮》第 24 期，1938 年）

# 一群可敬的韩国志士

## ——介绍朝鲜青年战时服务团

芳亭

如果你对于武汉的民众运动多少有点关心，你一定会知道最近在武汉举行的任何一个有关抗战的群众集会游行，都有一群热情的异国朋友在参加着。他们高举着“朝鲜青年战时服务团”的白底黑字的大横旗，在集会场所、在游行序列、在码头车站、在街头巷尾，在武汉民众足迹所至的任何一个角落，扬眉生动的抗战漫画，用着朝鲜人特有的热情，在宣传着抗战必胜、建国必成的大道理。他们希望中国同胞毫无保留地贡献一切人力、物力于政府，以保障对日抗战的最后胜利。他们亦愿竭尽所有的一切，为打倒共同的敌人——日本帝国主义而奋斗。他们高呼：“中韩民众联合起来，打倒日本帝国主义！”“中华民族解放万岁！”“朝鲜革命成功万岁！”

朝鲜青年战时服务团是本年七月四日在汉口成立的，里面包容着六十八位男女团员。团长李健宇君是中日开战后才由朝鲜逃亡来华的。矮矮的个儿，古铜色的皮肤，迫人的炯眼，忠诚的神情，简朴的装束。他虽然只有三十四五岁，可是在朝鲜革命史上已经留下了不少光荣的事迹。

据李团长的说明，知道他们组织这个服务团的动机，是想纠集一般流落于中国的朝鲜革命青年，直接参加中国的抗战，用以实践“中韩民众联合起来，打倒日本帝国主义”的口号的。他们对于少数朝鲜民族的败类，充当日本强盗的鹰犬，在中国特别是在东四省与华北各地贩毒走私，危害中华民族利益的行径，认为是朝鲜民族莫大的耻辱，而向我全国同胞抱歉。同时深望在这伟大的民族战争中，能够用实际行动来表示大韩民族对中华民族的深切的友谊，以化除“浪人”所造成的两民族的隔膜，进而携手合作，打倒共同的敌人——日本强盗，实现中韩民族的解放。

他们的团体虽然成立才四十多天，可是所做的工作已经很不少了。他们用演剧、歌咏、漫画、壁报、演讲等等方法，去接近民众深入民间，发展他们的宣传工作。当然，他们因为语言的关系，有时候也难免使听众感觉到听取上的困难。可是他们的火热的表情，已经足令听众充分领悟他们的意思。有时他们用朝鲜话讲演，再由别的同志用中国话翻译，民众虽然不懂得朝鲜话，但是决不因为听不懂而放弃注意。而对于朝鲜文的歌曲，更是兴致十足，这证明异国朋友给予我们的感动是多么的深刻。

除了这些消极的宣传工作而外，他们还希望在保卫大武汉的战斗中做点救护和慰劳的实际工作，更希望有武装参战的机会。他们热烈地期待着我们的政府，准许愿意参加保卫大武汉的外侨组织“国际义勇军”一类的队伍，为保卫世界和平和人类幸福而战斗。他们坚决表示如果有这样的机会，他们这六十几个人，力量虽然很薄弱，也愿挺身以赴，因为他们有三分之二以上是学过军事的，自信还可以打一仗。

他们目前所感觉到的最大的困难，第一是经济来源的缺乏。虽然朝鲜民族革命党对于他们的生活也有相当的接济，可是还不够开支。团体的工作，往往因为经济的困难，而遭受到令人扼腕的阻碍。其次是语言的问题。他们只有一半会说比较流利的中国话。其他都是能听而不能说的多。十九岁的女同志张静英小姐便是其中的一个。“八一三”的夜晚，她在江汉关前演讲，就是王子仁同志代她当翻译的。她是朝鲜平壤人，中日开战的时候，她还在崇义女学校念书。后来借故跑来中国，在广州中山大学听过一年的政治经济学讲义，最近才由广州来汉参加战时服务团的。她和其他的同志一样，具有朝鲜民族特有的坚毅的精神。她将踏着多数韩国女先烈的血迹，为争取大韩民族的独立与解放而奋斗到底！

本来朝鲜人是最富有革命性的民族。这可由韩国覆亡以后的无数次的革命暴动得到充分的证明，而朝鲜人特有的热情与勇敢，复产生了不少可歌可泣的英雄事迹。有人说，朝鲜人最善于暗杀。诚然，日本的达官显宦死于朝鲜志士的革命的暗矢之下的正不知凡几。如安重根的暗杀伊藤博文，朴烈的谋刺昭和日皇，都是著名的史实，而由东京跟迹至台湾，谋杀日皇丈久迩宫的耐性和虹口公园抛掷炸弹的勇敢，都是值得我们景仰的！

目前朝鲜内部的革命情势，因为耕地的百分之八十被日本强盗没收了，而所有工商业资本的百分之九十五又在日本人手中，朝鲜人在政治上、经济上完全处于奴隶的地位，所以到处都蕴藏着革命的导火线。因此，过去一年中，因宣传革命或参加革命活动而被捕的已超过了五万人。这些革命的受难者，都是秘密逮捕、秘密审判、秘密处刑的。所以表面上似是平静无事，而实际上即革命的怒潮已经随着中国抗战的开展而日益高涨着。不过目前因为压迫太过严重，全面的革命还未至爆发的时期，但是相信在中日战争的过程中，必有轰轰烈烈的一天的到来。金学武君这样分析着朝鲜革命的现势，认为革命的前途是绝对乐观的。

他们因为言语的不自由和社会情形的不熟识，工作感觉到很多困难。因此，热切地盼望着我国官民的指导和合作。

八月一五日，于汉口

（原载于《新蜀报》1938 年 8 月 20 日）

# 当我被召集时的回忆

## ——日军俘虏手笔之二

[日本]泽村胜利

我是一个工人。

我个人虽从事剧烈的劳动，但为了家庭的生计，还要作夜工。在永远忘记不了的去年八月二十三日晚上十一点钟，回到家里。正将疲惫的身体倒在床上时，有人在敲门。看看是谁？原来是拿着我们最厌恶、最可怕的召集令的人。看到召集令状，那时的心情，真是笔墨所难形容。这不但我个人如此，凡是接受令状的人，大都有同样的感觉。以后到出发日止，还有两天。而这两天，在我实在是有生以来过得最快的日子了。吃饭也老是吃不下去。邻舍和朋友们虽也给我饯行，但在我是一点也不觉可感，甚至想这饯行不如说是给我的祭奠吧！

眼看着到了出发的日子了。

我的心是像针刺着似的。但在许多人面前又不好哭出来。唯其如此，我的心简直像要爆炸似的。

那时只觉得参加这可怕的战争也许就和亲爱的父母、兄妹以及挚恋的妻子成永别，而家族的心中也一定和我一样罢。我流着泪，一步步向车站走去。到了车站一看，和我一般心情的人来了不少，都是过着我们这样困苦生活的无产者。我想，为什么我们这样的工人必须去打仗呢？又想到我们出征后袭来的生活困难，等等。这样想着时，自己已成为车中的人了。火车开动时的心绪，又是特别的一种滋味。载着大批和我一样心情的人的火车，是毫不留意的向战场奔驰去。

来到战场，总想着这些，怎样有勇气拿起来枪啊！和我同一阶级的人们，是都怀着满腔想家的心！

假如战死了，我家里的人又将怎样过活呢？……

啊啊！越想越觉得侵略战争的可怨。

［原载于《抗战文选》(五)，战时出版社，1938 年］

# 怀挣扎中的朝鲜

邓翡燕

自从被炮火逼到香港来，结识了许多从欧美南洋等地回来的华侨，不禁竟反察到自己所在的地位，也是一个华侨，于此又忆到从前在朝鲜时的往事。

我自从由朝鲜返国之后，每当有人问我是从那里来，我总是好遮掩，不愿意说出朝鲜来，尤其是当我和朋友们谈话他们问道“府上在那里”的时候，我常是踌躇许久才能作答，因为我的回答是朝鲜这一句话常是会使许多朋友们惊奇，因而他们便接三连四的详问起朝鲜来，好像是“阿丽斯漫游异境”似的，问得我不胜其烦苦。但是我生长在朝鲜，几乎廿年的时光完全消磨在他国土上，知道他们最深，认识他们最切，他们的作人之苦，亡国之惨，我一概都清楚了解，说我是轻视他们而不愿说出来，勿宁说我不忍得提他们来刺痛人的心肠罢，如今是弱小民族争独立生存的时候，我们也多听到关于韩人运动独立救亡的新闻，但是他们的详细情形，除韩人自己又有谁知道？

记得我们的家是在朝鲜半岛东面的一个大城市叫做“元山府”，我的家宅正是建筑在半山腰上的一个中国街上，共有两所木屋，四面围以黑色的木板墙，笔直的台阶，由山根下的街上直达院门。这是我最小时候的家。元山的海关就在山麓下，在群树缭绕中露出海关建筑的楼顶来。海关有报时的巨钟，每时可以听见由海关建筑处传来和悦的钟声。我的父亲正在海关里任职，因此，每听到钟声便和弟兄们跑到院中门墙处，等候父亲回来。

元山府的形势是三面环山，东面对海，地形扼要，形势天成，是朝鲜的三大海港之一，元山名字的由来就是它三面山绕之故。交通也极称便。乘火车可直通朝鲜的京城汉城和西部大港仁川，乘轮直达日本的门司，有航路可通亚洲各处。元山这个城市，很自然的划分有三个区域。一是中国街，这里的居民差不多完全是中国人，中国人的客栈大商号和中国领事馆也都设在这区里。第二区是日本街，这里完全是日本气味，有日本人的商店、洋行机关和学校。日本领事馆审判厅等等也都设在这里。第三区是朝鲜街，这里又完全是朝鲜人的世界。不过这三个区域界限虽分得很明，但是没有甚么法律限制的，近来许多的朝鲜人也迁到中国街上来杂居。

许多人都只知道韩人是亡国之民，但是他们的困苦颠沛生活，谁又知道呢？当我幼年住在朝鲜的时候，朝鲜就已经亡了国，我虽不是天天和他们相处，但我却是深深知道他们。这也许是竞争生存的一条公律罢，凡是不知道进步求长进的民族，迟早也要被人消灭的，这是我在朝鲜居住廿年来所得的经验。他们的生活情形，依然是懒惰，苟安，只找省事安逸，舒适，其他却一概不管，因此就想到朝鲜之所以灭亡，上自李皇贵胄，下至庶民百姓，多是昏庸怠惰，苟安图生，因之外患不能弭，反招灭国的惨祸，这是很好的教训。

其实说起朝鲜的物产，实在可算是一个天府之国，地虽不广，但人口亦不算众。就以米而论，一年所产的稻米就够他们三年的吃用，另外的海产品，如鱼翅、甘贝、海参，颇为丰富。再如药材，像高丽参、党参、白笈更负盛名，因知道只要一个韩人安分守业，勤劳其生，就可以糊住八口之家。如果全国的高丽人，都能奉献上一点人力物力为国家，就可以驱侮御敌，支撑着站立。但是却有相反的事实，这丰美的山川、物产，却作了他们变得苟安养懒以至促成亡国的灵符，曷胜浩叹。世人常有以地大物博来自负自傲的，但观乎此，又不得不深为惧省。

单以侨住高丽的中国商人来论，他们多有经营货品输送出口的生意，专是派人到朝鲜四境去收集大宗的海味、药材等，运回中国推销，听说单单这种生意就极盈利。自从韩亡之后，从前较为富裕的人家，都渐渐变得穷困，民生愈艰困，他们虽然极丰额的米产，但是到底经不起日人托拉斯式的收买，每年秋收之后，日人便将所有秀丽的米粮，都用最低的价收买了，运到日本内地去或送到外地营利去，这时朝鲜国内的新陈粮合起来都不够一年之用，就是常年所需用的也分配不开，因此米价日涨，多数人竟是吃不起白米了。当我小的时候，常跑到隔壁韩人的家里去玩，看见那些朝鲜妇人做熟饭之后，揭开锅盖时，锅里所有的米饭，除了一少许是白米做的之外，其余的全是各种豆子、小米、土豆等杂物混合煮成的。吃饭时仅能以少许的白米饭供家长，其余的人都是吃杂色饭的。至于佐饭菜品，最好的只有臭鱼和咸菜，因为仅有这些东西是他们购买力所能做得起的，由此可知他们生活困难的一斑了。

关于朝鲜民生前后的骤变，真是太巨了，按早住在朝鲜的华侨说，在朝鲜初亡时候，东西还极便宜。例如八分钱可以买一只母鸡，一角钱可以买二十条一尺多长的大鱼，像这种百物低贱的膏腴世界，真是令人心向往之。但是自经日人的日夜经营，极力榨取之后，百物却日贵一日。当我未离朝鲜时候，那时的物价就已经比中国任何城市的都高，民生也最困难。我离开朝鲜转眼已有六七年了，在这短短的期中虽不知他们的生活穷困到什么地步，但记得在前两年一位同事回到朝鲜去看家回来的报告，得知他们近来的生活更苦不堪言了。在这最近的几年来，日人在朝鲜已经设立了许多搜刮的株式会社，对于所有的农品、海产品、药材，以及一切著名的物产，都实行国家专买专卖，有私自贩卖，就算触犯国家刑律，严办不赦。这样使韩人再没有饭可吃，生意可作，只有生路断绝，同时也影响到在那边的中国商人，受到极大的损失。近来朝鲜的物价，似手较前些时候，又降落了一些，但是就那些穷极绝途购买力极低的韩人看来，物价的减低，恰如隔壁望梅，白看而吃不到口。

论到朝鲜的教育，在表面上似乎是教育很普遍，“普遍学校”的设施是很多。另外还有教会学校也不少，在较大的城市里，每天早晚都能看见街上满是穿着日本式制服的学生来往，熙熙攘攘，望上去是会引人注意的，但这不过是一种奴隶式的教育，属于愚民政策中的一步重要机构。学制是普通学校六年，相当于中国的六年小学程度。毕业后再升到平壤或汉城的专门学校，三年毕业，这是日韩学生合读的，也是韩人所能受到教育的最极限度。每个学校不论是教会立或是普通学校所用的教科书全是经日本文部省审定过的，而半是用日文。普通学校的教员是日韩参半，而主要的教员，一定是日人。更利害的是日教员不但在学校负监视一切的责任，并且有些竟住在朝鲜教员的家里，同居同食，表面上是亲睦、友善，其实是时刻监视，步步看守，因此朝鲜教员永没有机会向学生吐露一点关于国家兴亡有关的大事。学生从书本上所学的，只是遵命的奴隶思想，因此对于国家民族这会事根本不晓得。普通的韩国青年，只以能说流利的日语为获得吃饭的本领，其他是一概不知不晓。虽然如此，最暴厉的政治和压止，它只能压迫掩饰了人的口，但绝不能掩住人的心，所以在那些奴隶青年之中，仍是不乏热血澎湃的青年不甘作奴隶，在极端艰危的环境下，用着他们的热血，争取民族的独立自由。因而每项事发时候，无不罗织遍累株连的大屠杀。

九一八以来，无数的高丽人又被日人驱逐压迫的流送到东北各地去，日人利用了苦极求苟安、饿极求饱腹的弱点，多是利用韩人作开拓东北的先锋，因而像韩人的强占农田，挖引河水，枪杀华人等等的惨事，便接连发生。如东北事变之前的万宝山事件等等，都可为证。但也有相反的事实，例如近来在东北冲锋陷阵的义勇军中，除了大多数是中国农民外也有了高丽反抗压迫队伍，他们和中国人结成了生死同病相怜的弟兄，另外还有遍布上海一带的韩国独立党人们，也是积极的作着光复大韩运动。在他们的希望中，盼望中日的战事爆发，因为于他们是大有便利的。

记得前年冬天在芜湖时候，曾有一个貌似韩国人操着不纯熟中国话的青年人，向我兜售白参。我听见他说话的口音和神情，便不费思索的知道他是一个朝鲜学生。当我问他的来历和身世的时候，他说他是朝鲜人，在上海某大学读书，因为经济的不充足，所以趁寒假期间出来兜卖些白参，以作下学期的学费。后来便问到关于韩国独立运动的事，他也很信任的畅谈着他们在中国上海各地的组织和进行谋划独立的事情。

在今天说起，我们的抗战不是已经支持了十个月的长时间了么，于此我忆起了惨绝人间地狱之下的朝鲜同胞，同时我也忆起那个坚信不疑她去努力谋划民族复兴的伟大志士，我虔祷着，愿他们所谋划的能够早日成就。

［原载于《大风》（香港）第 12 期，1938 年］

# 日本夺我朝鲜

佚名

朝鲜自从中国同日本打仗以后，名义上算独立国了，便把国号改做韩国，还到太庙里宣誓立起宪来。然而无论什么事，总得要有真心，单是口头说自强、说立宪，总是没有用的。所以名为独立，其实实权仍旧在日、俄两国人手里。日俄战后，俄国人和日本人订约，承认日本独力经营朝鲜了。清光绪三十一年，日本人便在韩国设立了一个统监府，把韩国的实权通统收到手里。韩国人到这时候才知道，靠着日本替自己维新变法，是没有用的。三十三年，便派了两个人到西洋的万国和平会里去，要求现今各强国帮他的忙。然而交涉的事情是势利不过的，有哪一国来帮你的忙呢？这件事情，被日本人发觉出来，反而说日本人更加束缚得紧了。到清宣统二年，日本的大臣伊藤博文强迫韩皇退位，就由韩皇出名下了一道上谕，把韩国合并于日本国。从此以后，世界各国的地图上就没有韩国这两个字了。然而我们却笑不得他，古语道："兔死狐悲，物伤其类。"我们中国做了朝鲜几千年的上国，眼睁睁看他灭亡国，不能够援助他，如何还好笑他呢。

（原载于《民训指导》第 11 期，1938 年）

# 忆两个朝鲜友人

杨赓德

朝鲜面积凡一四三一二日方里，人口二千一百万，过去是我们中国的属地，远自唐朝，历史至久。与安南、暹罗、缅甸、琉球、台湾等，都是因为受了列强帝国主义的武力略侵丧失掉的属国。至于朝鲜的割让给日本，那是清光绪二十一年中日甲午战后订立《马关条约》而断送。

朝鲜虽然已被日本灭亡了，朝鲜人也都做了亡国之民，而在日本的铁蹄下讨生活，已消受了几十年非人生活的苦痛。但是一般有血气不甘做亡国奴的朝鲜爱国分子，还是眷念故国，始终不屈，秘密进行革命，欲图恢复河山。

我们还记得在过去民国廿一年“一·二八”淞沪抗战时候，上海虹口公园白川大将等的被炸，也显明地表示朝鲜爱国份子革命的活跃。自我抗战发后，朝鲜民族战线联盟发表了创立的宣言，并发动了全民族的抗倭总动员，故虽日本帝国主义的武力不断镇压，不特不足以把整个的朝鲜革命运动摧毁和消灭，且反促进了朝鲜民族抗日的高潮！

在我记忆中永远不能忘的是两个朝鲜的友人。这大概是民国十四年的暮春，那时候我刚在上虞县立第一小学教书，有一天校里来了个穿西装的朝鲜人，由百官方面特地到县城里来演讲，散会后，我们谈了许多天，从谈话中我知道他的姓名叫安东晚，是一个英明而前进的青年！他的讲词大意可分为：

## 一、惨酷待遇

朝鲜现在早已亡国，受着日本的宰割与屠杀了！日本人的对待朝鲜人的手段的惨酷凶暴，真是非笔墨可以形容。有一次朝鲜男女革命党分子，正在一个秘密地方开会，不料消息泄露，给日本警署探悉，暗中不动声色，派了大批武装警队，把会场的外面四周包围。一方面用美孚火油放火，把里面的朝鲜革命分子全数烧死。也有从会场里逃出来的男女，男的破腹惨杀，女的把全身衣服剥去，用刀割去乳峰，又用火烧红的铁杆刺入阴户，使之惨痛而死。日本人的对待朝鲜人大都是如此的。

## 二、剥夺自由

朝鲜人根本没有自由，例如朝鲜人拿了钞票去买物，开商店的日本人，随便可以把你的钞票当做假的伪票，你如果不服气同他争吵，日本警察来了，便会帮同硬指作是假的，或者竟说你是他们那里偷窃的，结果当然朝鲜人吃亏。至于打几个耳光，还算你的幸运，否则立刻把你捉到警署去科罪。此外日本警察跑到朝鲜人的家里，看到喜欢的东西，随时可以拿了去，你识时务的话，你应当笑嘻嘻的说句送给他，否则日本人会说东西是他的，是你偷窃来的，诬陷你的罪名，使你有口无从分辩。

## 三、革命运动

日本对于朝鲜虽施行种种的武力压迫和其他的防范，实际上朝鲜革命份子的秘密组织，还是四处潜伏，待隙而发动。也有甘为给敌人——日本做爪牙的走狗。他们忘了国仇，丧心病狂给敌人做了自残同种族的刽子手，侦查革命的秘密机关和活动。朝鲜革命运动，虽在这种险恶艰困的环境下面，革命工作的进行，还是没有因为有了顾忌而休止，仍在积极的始终毫不松懈！勇敢的突飞猛进！

## 四、唯一希望

朝鲜的地位，等于一个人的嘴唇，中国好比牙齿，唇亡则齿寒，这是定例。现在朝鲜人唯一的希望，是期待新中国强盛；中国强盛，必定能够给予朝鲜有力的帮助，一致打倒日本帝国主义，使已灭亡的朝鲜得以复兴。

关于这位朝鲜友人安东晚的踪迹，几年以来，我没有知道，前年仿佛从《上海报》上看到一段汉口专电栏里登着，大意是安东晚因与革命案有关，已为日本领署派警逮捕云云，其后则消息杳然，生死不明，以我的推测，恐怕是凶多吉少吧！

其次是我在上海读书时的同学韩光宇，他是二十左右的青年，气宇很轩昂，平常老是穿着西装或猎装，他的籍贯是吉林。经过许多日子，我们才知道他的身世，原来他是一个朝鲜人，吉林的籍贯是出于假托的，为的避免日人的爪牙耳目。据他的自述，日本人对于每一个朝鲜人都是非常的注意，暗中派了爪牙走狗的朝鲜人或日本侦探来监视你的行动。有一次他告诉我们，他的舅父是在沪朝鲜革命机关的领袖！他又说朝鲜人在中国居留，籍贯差不多都改做东北人，姓名也大都改易了，真姓名是很少的。

抗战以来，倭寇对待朝鲜同胞的手段我们同胞也尝到了，我放眼看着我们忠勇军民一致抗战的伟绩，我也想起了和我们同样的受着苦难同样的艰苦奋斗的友人，他们现在究竟是已壮烈的殉国了呢，还是依然壮健的生存着呢？

（原载于《前线》第22期，1938年）

# 记朝鲜青年前卫同盟

大枬

十月底，在西安，我见着了朝鲜青年前卫同盟的同志们。

“半身在监狱里度过………我要把未来也交给斗争………”这句话是很够代表他们——朝鲜青年前卫同盟和工作团体——朝鲜青年工作团的意志和精神。

他们的负责人郑英珠女士，是朝鲜妇女的领导者，沉默而静肃，一年前刚从监狱里出来就来到中国。她不很懂中国话，谈话由她名义上的弟弟翻译。她详细的问到我们——北平学生移动剧团——一年多的工作情形。她很愿意深切的知道中国农村的实际状况。谈话的时候，她紧握着我的手，眼睛盯着我们。

他们一共××位同志，属政治部第三厅。最近到西安预备到第二战区作对敌兵宣传的工作，并且希望以后能绕到敌人后方去。

在武汉的时候，她们曾作过多次的街头宣传。虽然他们的中国话讲得不好，可是身受亡国惨痛的话句，对民众已有特别深刻的影响。

他们出发之后，朝鲜青年义勇队也准备出发，他们希望中国、日本、朝鲜三国的青年组织成广大的义勇队，共同打倒日本法西斯强盗。

他们和祖国的消息，在中国开始抗战的时候就断绝了。但是他们相信：朝鲜的民众觉醒的更多了，实际参加革命工作的人，一定会从五万人更快更快地增加起来。因为中国的抗战兴奋了他们，推动了朝鲜的民族革命运动。

“我们愿参加中国的抗战，直到弱小民族都得到解放。”她们坚决的宣誓。

（原载于《新华日报》1938 年 12 月 16 日）

# 朝鲜革命轶事

## ——金益相与朝鲜总督府的炸弹案

[韩国]瑾

### 一、两颗怪炸弹

这是已经十七年以前的事，于一九二一年九月十二日上午十时，朝鲜总督府突然发生了炸弹案。在秘书室及会计室，轰然爆发了两颗炸弹。全总督府内，上自总督总监下至卫兵走卒，莫不是惊慌失措，敌人立即下紧急动员令，发动全汉城的警察宪兵及守备队，大事搜索，但“犯人”是渺如黄鹤，不知去向。朝鲜内各新闻特别发出号外，全朝鲜为之轰动一时。

本案发生当时，一般人以为这里有几个神秘的点。当时距“三一”运动不过两年，全朝鲜半岛正在革命潮流高涨之中，南北各地不断发生惊人的案件，朝鲜青年的斗争情绪也正热烈，敌人的神经为之极度锐敏，国境方面的出入门户，及全国各主要市镇的所有车站、码头，都密布以宪兵警察与便衣侦探的警戒网。况且在朝鲜总督府的大门口，常有武装整齐的卫兵及警察守卫，警戒极为森严。除非同府内的大小人员，万不得以随便出入。但竟有人携带炸弹，于白昼突入而未经被阻，是第一个难解的点。即使有一个胆大如天的人，侥幸避免卫兵的视线而得入其内，然于炸弹爆裂之后，原没有安然脱险的可能，且于此时宪兵警察立即蜂拥而至，迅速地包围现场，但终不得拿到一个嫌疑犯，是第二个难解的点。又即使投弹者乘敌人慌乱纷扰之际，侥幸脱免于被捕，然于事后，敌即下总动员令，一面大事搜索全汉城及附近山野，一面封锁国境，严重警戒，以防“犯人”之逃逸海外。但终久找不到“犯人”，而且连事件的端绪也没有摸到，这就是第三个难解的点。这是在此严密迅速自夸的日本警察史上并无前例的。

但一直到了第二年三月二十八日，在黄埔滩码头袭击田中义一计划不幸失败，金益相、吴成仑两人被捕之后，这个怪炸弹案的真相才得明白了。

## 二、金益相的远征记

这两颗怪炸弹，乃是朝鲜义烈团团员金益相所投掷的。这里有一段令人钦佩不已的英雄的行状。

于一九二一年九月十日，义烈团举行机密会议，决议粉碎敌人侵略机构的中枢神经，由金益相负起这个任务。他单身携带两颗炸弹，与一般同志慷慨告别，毅然由燕京起程，这时的光景，真是不无"壮士一去兮不复还"之慨。其路程是由京奉铁路先到沈阳，由沈阳改乘南满铁路的安奉线到安东县，再由安东县经过一个有名的鸭绿江铁桥，就到朝鲜的新义州。所有朝鲜出入国境的，到了此处，必定要受严密的调查，甚至要受身体的搜索，又须要携带护照，如果没有携带护照的，就不得通过。但益相既没有护照，又携带两颗炸弹在身上，岂不是万分危险？那时他身上穿着学生服，一个炸弹是紧贴在两个大腿的中间；另一个是放在衣带里，以备万一遇到危险的时候随便可以掷将出去，随时可以换到相当的代价。幸而，火车还没有到国境以前，他在车中遇然发见了一个年青的日本女人，独自抱一个小孩坐着。益相便坐在她的傍边，漫漫[慢慢]同她谈起话来了。一个年青的女人在异域的旅道上，独自带一个小孩，不但是孤寂，而且是很辛苦的。在这样的时候，遇到了一个话伴，已经可以受到安慰。况且他是一个怀抱大志的青年英雄，他的日语是纯熟得同日本人一样。他虽然暗地打算靠她讨一个便宜，但并没有一点不纯的动机在。于是二人应酬的态度，绝对不像一个陌生人一样。这样当到国境的时候，检查乘客的警察侦探们以为他们是夫妇二人带一个小孩子旅行的，所以不但免受检查，而且连一句话也没有给他们盘问过。这样一直到了汉城南大门火车站下车的时候，益相就把那个小孩子抱在怀里，站在那个女人的前面出站，得以避免警察的眼线，安全脱险而入京。

金益相本来是汉城人，那时他的家还在汉城城里，一位年老的伯父、一个兄弟和益相自己的夫人是在家里。他一到了家里，一家人都是欢喜他意外的回家，同时也很恐惧日本警察知道他回来，所以大家都很担心。但到了晚上，就举行家族会议，益相便郑重说明这次暗行回国的使命，于是全家都不能举目直视，当夜他睡在家里，但两颗炸弹始终带在身边。

明日早上起来，他就毅然离家，直向在南山后麓的朝鲜总督府去了。他到了目的地的时候，大概是上午十点钟的光景，他就毫不踌躇的由总督府的边门进去。那时卫兵当他是一个在府里当差的，所以一点也没有注意到。他进了门口，直到大楼上，就把一颗炸弹摔到秘书室里去，另一颗是摔到会计科，两颗都轰然炸裂，全总督府内为之振动。至于益相则旋即从容下楼，刚到楼梯的最后一段阶的时候，两个日本宪兵仓慌地跑将上去，此时益相就挥着手喝声道："喂！不要上去，楼上有炸弹——危险！危险！"两个宪兵梦也想不到他是一个投过炸弹的"犯人"，所以毫不致疑的放过去了。此时，他是从大门泰然自若地出来，宪兵和警察等是从后门追跑搜索犯人去了，这是一个万分危急的场面，倘若胆量稍微一点不够，而态度稍微不自然一点，那就不能免难的。可是益相是不慌不忙的到了黄金町的十字路口，这是电车三面交叉的地方，往东面去可以到"往十里"，往西面去可以到西大门，往北面去可以到昌庆苑，炸弹炸裂的地方是在十字路口的东南角方向。益相是首先坐上了往西面去的电车到西大门下车，由西大门再坐上往黄金町去的电车折回原处，又在黄金町十字路口下车，由此改换电车到昌庆苑下车，由昌庆苑再坐往黄金町去的电车，又折回原处，在黄金町十字路口下车。在电车上已经很明白的看到了市内敌警慌忙的动作，他们都向南面跑，把一个在总督府后门外的钟南山紧紧的包围起来了。于是，益相在附近的日本商店买得一套日本木匠所穿的衣裳及一个木匠所用的曲尺，再坐上到"往十里"去的电车，到"往十里"终点下车，一直到汉江边去洗澡，就把原来的学生服掉在河中，换装木匠服，手里拿着木匠的曲尺，沿着江边大路，晏步到了龙山火车站，遂乘坐到新义州去的火车，当天就离开汉城。

他在这样万分危险之际竟晏然脱险。如果不是一个智勇兼备的，由此可以直达钟南山。钟南山是一个汉城的名胜，建设了一个规模宏大的自然公园，苍松郁密，其范围很广，四季游览的人很多。在炸案发生后，敌方以为"犯人"必定从后门出去逃入这个山中，所以立即下紧急动员命令，发动警察、宪兵及守备队，重重包围这个山，尽日大事搜索。〖做〗梦也没有想到，"犯人"是由正门堂而皇之的通过卫兵的面前，便逍遥于万人激动之中，旋复悠然涤身于流浪之水，而从容地回转了南山的一个大外圈，遂得晏然脱出警戒网了。但益相当袭击总督府时所穿的衣裳是黑衫白裤的学生装，他们即以此为搜索的目标，所以当日游览于南山公园者中，所有穿着黑衫白裤的，一律被捕，都受过很严重的拷审。

益相当晚就到了平壤下车，投宿于一个朋友的家里，待其明早托其朋友代买新义州的车票。在火车中看到了许多乘客都看当天的新闻，车内的空气顿时异常紧张。他便由一个坐在旁边的日人乘客借到一张号外新闻在手，一看被炸现场的摄图及投弹后的一般情形，无不详细记载。于是他就假作惊怒之状，拍膝厉声道："岂有此理！'不逞鲜人'又闯乱子了！浑蛋！"（日人常指朝鲜革命党人称为不逞鲜人——笔者注）这时，谁能知道这个假装木匠就是个“乱子”的主角？

他到了新义州下车，就要步行过鸭绿江铁桥。刚到了桥口的时候，守卫的警察便拦住盘问道：“你是那里人？”他就厉声答道：“你不晓得我是那里人吗？你是一个日本‘帝国’的警官，还不晓得一个‘帝国’的臣民吗？”这样这个警察也只得认错，就放他通过了。

他到了安东县，再坐南满铁路的火车，到了沈阳，换乘京奉路的火车到了天津东站下车。在天津等待的同志们，这时的愉快，若非自己亲身经过的，决不能想像到的。他自燕京起程以至重返天津为止，共为七天。

（原载于《朝鲜民族战线》第5、6期，1938年）

# 访问两个日本俘虏

佚名

### 不愿再做法西军阀的奴隶

心里总痒痒地也想有机会看看这些被法西斯军阀欺骗作战的日本弟兄，昨闻八路军办事处刚由前方带来了两个日本俘虏，就抓住了这机会立刻披上外衣，兴匆匆地驱车往八路军办事处去。

投刺说明来意后，即被引进一间会客室。差不多还没有坐定，在两位八路军办事员的随伴之下，从门外走进了两个穿着灰布军服的中等身材的男子，带着纯粹日本劳动者的面相，显得天真而朴质。他们就是我所急于想见的日本俘虏了。

他们规规矩矩地向我脱帽行礼，我也就连忙立起身来让座。略略欠身，就并坐在一张沙发上。

### 一个姓青木，一个姓古谷

都是手工业工人，受过高等小学程度的教育，都已结了婚，生了儿女。

首先，他们向记者对于中国方面的优待表示了谢意，接着就开始了谈话：

“你们家中有消息吗?”

“到中国来后，虽然寄了几次信回去，但没有收到过家信。家中都是没有什么积蓄的，现在生活不知怎么样，心里是很焦虑的。”两个人共同这样回答。

“日本国内情形怎么样?”

青木：“当出发来中国时，送行的人很不少，那时战事初起，日本国内还没有反战运动这回事，现在形情想总不同了吧。”

“日本为什么要打中国呢?”记者急于要探听他们对于中日战争的意见。

古谷：“我不大明白。关于这，在日本军队中并不告诉大家。但据日本报纸杂志的记载，据说是因为中国在卢沟桥事件中的不法行为而引起。”

## 日本军阀要想发财

青木：“战争的所以发生，是因为日本军阀资本家要发财，所以向中国侵略。战事的费用，都是从日本大众身上榨取出来的血汗。不过这个原因，是在被八路军俘虏以后才知道的。”

说时都带着天真的笑，态度一点儿也不拘束。

从办事员手中接受了烟卷，他们就在烟雾中谈他们被俘时的感想。古谷说，他被俘时觉得很耻辱，因为被俘这回事，在一般日兵是认为莫大耻辱的。古谷还未说完，青木就抢着说（显然的青木比较健谈，他好像有说不尽的话要倾倒出来似的）：“我伤得很重，被俘的时候已失去了知觉。后来在医院里看到了日文的传单，说是八路军优待俘虏。当时不相信，以为决没有这样的事，恐怕终免不了要被杀头的，所以恐惧得很。经过好些日子，才知道优待的确是事实，这才使我感动了。”

他们谈起在八路军司令部，曾遇见许多从日本回国的懂日语的留学生，在那里读了不少日语的进步书报，像《政治论》《无产者政治必读》《辩证法》等书。据青木说，《辩证法》一书对他的帮助更大。不过因为学力的关系，虽然读了不少书，终还说不大清楚。

对于八路军的优待俘虏，八路军为国家民族乃至为人类的未来而奋斗的精神，以及内部的上下平等主义，他们都表示了甚大的钦佩。

他们在八路军前方司令部，住了二个月之久，做过不少工作——写日语标语、传单、小册子、歌曲，这些东西是准备散发到日本军队中去的。

“你们对这次战争的结局有什么观察呢？”

古谷：“如果日本打了败仗，那时日本国内可能发生革命，日本大众可以得到解放了，像苏联一样。”

青木也抱着同样的意见。

## 他们愿意留在中国

问他们想不想回去，回答是倒并不是不想，不过在中国正进行着争人类的进步的工作，他们也很愿意留在中国工作，不过一想到自己家属的生活，自然是很想回去的。

本来还想再问几个问题，但在谈话的时候，已屡次有人来叮嘱，不要谈得时间过长，使他们疲劳，因为他们在路上已经几天没有好睡了，而且为他们预备的洗澡水已经烧好了，又派人来催了好几次，因此只得匆匆地结束了谈话，和他们道了“萨育那拉”。

二月廿七日

（原载于《战地通信》第21期，1938年）

# 在香港时的鹿地亘夫妇

## ——一对"反日的"日本人

陈畸

去年十一月间上海失陷前，有一天——现在记不清十一月十八日还是十九日，新波兄到家里来，他焦急的说："鹿地到香港来，有人在从上海到香港来的太原轮上碰着他。他们不敢招呼。他到香港来一个熟人都没有，我们的地址他又不晓得，香港到处都有日本人的耳目，这是很危险的！"

我们明知一个外国人到香港来的不便，而特别又是一个为日本军阀政府所讨厌的日本人，他到了布满了间谍的香港来，假如万一有一点差失，那结果是可想而知的。

但那时我们完全没有甚么方法。几个朋友只好分头到各处旅馆去碰碰"运气"——这一天的中午，新波兄就在德辅道中五洲酒店的门口里找到了他和他的夫人池田幸子。这实在是一个"运气"，因为他们恰巧在那当儿想从旅店里跑出来，到外面去吃饭和买一点东西。

那时，鹿地先生是化装了的。他的太太池田幸子简直就是一位中国女人，所以无须乎改头变面都可以混过去。我们当天就把他们搬到九龙的一间较为清净一点的旅店来，第三天就给找到一间房子，房租是八元五角，大小足够放一张床、一张写字台和两张椅子，那些家私都是临时租到的。

房子找到了。现在的问题就是怎么样去对付他们的同居。无论怎么样，我们不能让二房东晓得他们是日本人，就是有一点怀疑也是不行的。没有一个中国人在这个时候不仇恨日本人的。日本人在中国的行为所得到的最低反响，就是中国人的内心的仇恨。不仇恨日本人的中国人，简直就不是中国人！

然而我们知道这是感情上愤激的话。凭理智说，我们不能一笔就抹杀日本人没有一个好人。日本对中国的侵略，应该是日本法西斯军阀的野心和奢望，日本平民受了日本军阀的压迫和驱骗，才到中国来牺牲的。真正愿意抛弃了他们的故乡妻儿父母兄弟朋友，握着一支枪到中国来屠杀中国人的日本平民，恐怕未必十分多吧？

我们自然不把鹿地先生看成所有的日本平民那样，因为他不仅不愿意执着三八式步枪到中国来，并且还反对日本法西斯军阀，还同情中国，愿意和中国人站在一起，去拯救他的祖国和被日本法西斯军阀所压迫和驱骗的同胞们。

这样的一个日本人，我们相信任何中国人都愿意和他握手，愿意同情他和援助他的。但我们知道我们是在一个“特殊的”地带里，我们无论怎么样，也不能对他们的二房东说到他们是日本人。

现在我们几个朋友只好相约说假话了。鹿地先生用了罗福的名字，说是新从墨西哥回国的华侨，在上海住不到三个月，就遇见了“日本人打上海”，所以从上海逃到香港来。因为在墨西哥侨生的，会说英语，中国国语却反而不行。他的太太黄志明女士回国后在北平念了好几年书，中国话是完全纯熟了。

其实，池田幸子在北平也住过，不过不久。她所以完全懂得中国文和中国话，是自幼就在青岛念书。鹿地先生则于一九三六年才到中国来，在上海住了一年多，那些时间里他所做的工作我们现在不想重复再说。当上海最危险的时候，他得到了朋友的帮助，冲破了危险的界线，才跑来香港。

在香港这个特殊的地方里，任何中国人都可以安全的住下来，可是鹿地先生却有点不便。他们本来是希望住一个星期或者一个月之后，就可以进中国内地里去，但一住却住了四个月，这其中的转折，现在似乎还无须说到的。

四个月的时间，鹿地先生和他的太太差不多全都在过着一种蛰伏的生活。他们都被关在一间永不见太阳的房子里面。

“我们需要一点阳光。”鹿地先生说起这件事。因为他的肺部本来有一点毛病，不见阳光的房子显然可以加重他的肺部的担负。

这唯一的方法就只好请他们到我的所谓家来。我住的是一个四楼，有一幅阳台，正好让他们去作日光浴。并且因为我们所住的地方，相距只有二百五十码左右，往来没有不便的地方，所以他们就常常到我的家里来。

我们差不多天天都见面。早晨我到他的家里，他们正好起床，鹿地先生亲自到厨房里去烧水煮茶，他的太太却跑到对面去买面包。他们自己洗浣，自己烧饭，吃得极少而且极随便。

我的职务使我每天从早上出去，一直得到下午五点钟才可以回到家里来，吃完了晚饭，八点钟左右又得“返工”了。这中间，鹿地先生和他的太太，新波、烟桥、仙泉诸兄，我们常常在一起谈天，话题异常广阔，但主要的还是集中在抗战与关于文学的。

鹿地先生对于日本国内的内在的矛盾，那些不可克服的弱点，自然比我们都清楚。我们谈到抗战的前途时，他就时常说到那一类可贵的材料。他的《日本的致命的弱点》，就是这些话题写成的。

“日本文化在牢狱中”是我们谈到日本现在的文化情形，鹿地先生所提出的“报告”。他曾经说过这种现象不是中日战争发生后才发生的，几年来都就是这样。真正有思想有学问的作家，大部份都被日本警视厅“请进”牢狱里面去。

说到牢狱，他自己也颇有缘分。十年来他一共坐过四五次牢狱，一月、半年、二年不等。有一次他说到曾经和五个围捕他的警察打架，而且用钢笔画出当时的情景，使我们听的都觉得极其有味，可惜这里我不能把它写下来。

他说他永远记得——深深的痛恨日本的警察。在日本他有两个最好的同志——小林喜多二和藏原惟人，前者是被日本警察活活的打死或者毒死的，后者却至今还在牢狱里面。“我自己也让他们打过不只一两次！”他重重的说着。

我们完全用战友和同志的热情和真实，来接待鹿地先生和他的太太，并且愿意尽所有的力量，使他们获得安全。“我们异常不安，所有的人都在战壕里过生活，我们却被关在房子里！”他表示他必得参加中国的光荣的战争。

但我们几个朋友的力量太薄弱了。我们甚至有时连到经济上的最低办法也没有，要使他们可以安全进中国去参加工作的希望也逐渐减少了。这时候——记得是夏历的除夕，鹿地先生因为在我的家里破例喝了酒，第二天突然还发起热来，使我们吃了一大惊。

因为据池田女士说，鹿地先生在上海曾经发过一次严重的热症，一个德国医生把他医好了，但警告他们，假如“明年春天”再发起来，那可不是玩的。不过，有一个方法，就是吞生鲤鱼的鲜血，可以医治。两三天后，我们让他吃了生鲤鱼的鲜血，果然就吃好了。

在广州《救亡日报》和汉口《七月》发表的诗和评论，都是这个时候所写的。他还替光明书局写了一本四五万字的小册，并且开始写了一本好几十万字的剧本。

“我应该写出一些东西来！”他说。差不多每天写到深夜一两点钟，虽然他的身体还是不大健康的。

这时候，我们觉得我们的责任渐渐重大了。新波和仙泉兄离开了香港；广州方面不知怎么样弄，传出了鹿地先生夫妇留在香港的消息，别方面却说日本军阀侦探正在追踪他。我们对于他们的安全异常焦急。

然而事情恰到好处。有一天我回到报社，胡风先生从汉口打了一个电报来，说是军事委员会国际宣传处已经决定聘请鹿地先生到汉口去。第二天，夏衍先生和广州保安处的黄科长也到香港来，他们奉到了军事委员会的使命，来接鹿地先生和他的太太进广州去。

三月十九日下午六点钟，夏衍先生陪他们到广九路车站去趁[乘]车，送行的却只有我一个人。

廿七年三月二十九日

（原载于《大风旬刊》第 7 期，1938 年）

# 日本反战女作家池田幸子访问记

黄薇

## 一、真理与正义的拥护者

上星期日，在留日同学座谈会上，会见了日本反战作家鹿地亘先生及其夫人池田幸子女士。

在前方，我们英勇的将士，为了世界的和平与正义，正在与敌军作猛烈抗战的时候，在后方的我们，却与敌国的反战作家欢聚一堂，诚挚而热烈地谈论打倒，法西斯蒂打倒日本侵略主义者。

池田女士身材苗条，态度活泼，再加上两只大而黑的眼睛，更显得美丽可爱，是一种南国女子的典型。

"和诸位做了朋友，我很高兴，此后愿与诸君共同为世界和平与正义而努力。"她虽是简单的说了这几句话。但已充分地表现了人类真理与正义的伟大力量。

是日，为了时间太短促，不能多谈，我们约定了再见的日期。

## 二、再度的访问

四月廿六日，我到了武昌，乘了一辆黄包车，向着×××村走去，在一间中西合璧的屋前停下了。

敲过门后，一个卫兵出来，我说明来意，并递上了名片，他引着我到会客厅里去。

客厅布置雅洁。四张藤椅围着一张方棹，成为客厅的中心。左边一张茶几，两张木椅。四盆鲜花，幽美地分配在厅之两旁，给人以一种舒适的感觉。

随着一阵脚步声，池田女士从楼上下来了。她一看见我，热烈地握着我的手说："呵，你果然来了。"语调与表情间流露着欢乐与热情。

“我几乎天天想来，但总被意外的事情耽搁着。本想先写信通知你，但为了自己的时间不能确定，只好这么不声不响地跑来了。”两人哈哈大笑着，彼此都忘记了我们还只是第二次见面的新朋友。

女佣人倒了一杯茶给我，池田女士则吸着香烟，我们一点没有隔阂地随意谈着，使我详细的知道了她苦斗的经过。

## 三、为反对法西斯蒂而苦斗

当池田女士十三岁的那一年，正是我国北伐的时期。她因事到青岛，亲眼看到日本军队帮助军阀张宗昌等的叛国行为，使她弱小的心灵起了绝大的怀疑：为什么日军不帮忙国民革命军，而要帮忙无恶不作的军阀呢？受了这种刺激她回国后就参加了反帝同盟。但是因为年轻，不能担任重要的工作，只能帮忙写写宣传品及秘密地做些联络工人的工作。到了一九三四年春天，因参加反法西斯蒂运动，被怀疑为日本共产青年同盟的会员而遭拘捕，直至七月初始恢复自由。但是因为在拘留所内过了足足半年的非人生活，染上了可怕的肺病。她幼失怙恃，家中只有二弟、二妹，便把弟妹安置入学后，自己到青岛亲戚家养病。病中，她仍旧不放弃其反法西斯蒂的工作。次年以不“安分守己”而不容于亲戚家。被逐后，因为没有船资回国，到上海流浪，自己竭力寻求职业，希望积蓄四五十元得回祖国，后来好容易找到了一家跳舞场，因不会跳舞，并且没有人肯教她，结果只好做些舞场内的打杂工作。同时，自己还补习德文和俄文。到了一个相当时期，已经积蓄了数十块钱，她正要回国时，却碰到两个从日本农村被贩卖来作妓女的女孩子，为了不堪摧残，天天哭哭啼啼，她为同情心所驱使，把自已所有的钱给了她们，把她们送回国去，自己就又恢复舞场内的杂役生活了。

## 四、遇见了鹿地亘先生

到了一九三六年，正准备回日本的时候，无意中邂逅着鹿地亘先生。当时鹿地先生正脱离牢狱生活，逃来上海。他认为在日本那样黑暗的社会中，实在不能做什么事情。尤其是染有重疾的人，更受不了的，所以劝她不要回去，而且鼓励她研究一些中国问题。她接受了他的意见，打断了回国的念头，三个月以后，两人开始同居。池田女士的中国话，讲得比鹿地先生好，在翻译上（当时鹿地先生正在翻译《鲁迅全集》）及生活上，给了鹿地先生很大的帮助。这一对在清苦生活中努力于介绍中国新文学到日本去的夫妇，为了要和我国的许多前进作家多多接近，同时也为了脱离日本警察监视的范围，便搬到法租界去住着。

## 五、抗战使他们遭受了许多窘困

在抗战发生的前几天，他们决定偷偷地回到日本去进行反战运动。所以辞退了法租界的房子，回到北四川路的老住家去等船，但一到北四川路，日本警察就注意他们，跟随他们，因此他们整天躲在家里，一点也不能活动。到开战的前夜，所有的日本人都被赶到北四川路的日本小学里去，预备第二天送上军舰。但他们不愿被公开地送回去，因为这等于送他们进牢狱，于是借口回家去取东西，从日本小学逃出来，一直逃到了法租界。但是在日本军阀正疯狂地用飞机大炮滥行轰炸我们非武装的无辜民众的时候，不管这两位“中国友人”的思想、言论、行动是和我们同样的爱好和平、反对日本帝国主义者、反对日本的法西斯军阀的侵略，但他们的外貌，言语终叫人一看，易于辨别出是日本人，在敌忾同仇的中国人民中间生活，就成为冒险的行径了。

因为恐怕被周围的人发见了发生麻烦，他俩隔一两天就得换一个住处，而且总是在夜里搬来搬去。后来，许多中国朋友们，为了工作及其他事故，先后离开了上海，把他们夫妇俩留在一位俄国人家里，及至上海陷落，他们觉得自身的危险性更大，就决意化装潜逃来香港，那时一切的费用及手续，完全是靠一位美国作家帮忙办理的。到香港后，人地两疏，言语又不通，一步也不敢出去，幸意外地在报上看到香港文化界在九龙举行欢迎章乃器、史良等大会的消息。他们好像得到了救星一般的，依时跑到九龙去，在会场上找到了章乃器先生，他们有如重见天日一般的感到光明与欢乐，在香港住了一个多月，及至得到中央政府正式的聘任书后，才由四位卫兵护送到汉口。

这两位经过千重难关，脱离险境的“中国友人”，现任政治部设计委员职，努力帮助我国作国际宣传。我们对这两位拥护真理与正义的朋友，不也要寄与热烈的同情与敬意，而且还得用具体的事实来答复他们。

## 六、最后胜利必然属于中国

池田女士谈及过去许多可歌可泣的事实非常兴奋，记者叩以对于中国抗战以来之观感，她以极诚恳的态度，提出了下面的几点意见。

第一，自从“八·一三”沪战发生，中国国内更加团结了，这无论表现在党派之间，军民之间与民族之间，民众力量是一天天地集中起来。这是一种好现象，也是给日本军阀的一个最有力的打击，因为他们最怕的就是中华民族的统一与团结。他们认为中国国内的团结与民众、力量的集中，是比什么新式武器都还可怕，所以要打倒日本法西斯主义者，只有团结一致，加强组织民众和训练民众的工作。

第二，抗战以前，许多人有一种错误的观念：承认中华民族是弱小的民族，没有战胜敌人的可能，除了依靠外国的帮助。但是到了现在，铁一般的事实，已经打破了这一般人的错误观念，因确定了抗战胜利的自信心，大家已明了单凭武器是不足以决定胜利的谁属，而且单纯等待外力的赞助，结果是等于守株待兔。只有在自力更生的原则之下坚持抗战到底，才能争取最后胜利获得外力的赞助。

第三，现在在全国团结一致条件下，只要这种团结是精诚的、长久的，并且能不断加强与扩大，那么，在抗战的过程当中，以坚忍卓绝的精神去克服一切困难，"闻胜勿骄，闻败勿馁"，抗战到底，最后胜利可断定是中国的。

## 七、中日妇女团结起来

谈到中国妇女在救亡运动中所发生的作用与效能，池田女士表示万分的羡慕。她看见中国妇女与男子们共同工作，共同担负起抗敌救亡的责任，认为是中国妇女近年来最大的进步。但另一方面，想起日本妇女在法西斯恶魔压迫之下，几乎连做人的权利都失掉了，心里就觉得非常难受。记者叩以日本妇女欲求解放应走那条路时，则以坚决的态度答以："只有参加日本人民阵线，执行打倒法西斯政权的任务，而且应该进一步与爱好和平的中国妇女联合起来。共同打倒日本法西斯主义者，才能得真正的解放。"

时近黄昏，记者起身告辞，承池田女士再三挽留，但以记者另有约会，遂于依依不舍之中与她握别。

对这两位"中国友人"为中日民众的生在与解放，为全世界的正义和平而热烈的同情与援助我们的抗战，使我们感到我们不但要坚固的团结自己，更要进一步与日本民众，紧密合作，来打倒共同的敌人——日本法西斯主义者。

[原载于《妇女生活》(上海 1935)第 6 卷第 3 期，1938 年]

# 欢迎“中国的友人”——鹿地亘

黄源

八一三的深夜，我给大炮声惊醒过来，再也不想睡了，起来独自在房里等天亮。我兴奋得坐立不安，在房里不住地来往踱着，眼看着黑夜随着越来越激烈的炮声渐渐消逝，光明终于到来了。外面下着雨，我披上雨衣，在冷峭的晨风中赶往友人家去。

最先去的是鲁迅先生家里。景宋先生听到炮声也早起来了。我们带着喜悦和惋惜的情绪，谈了一些话。民族解放的神圣的炮火终于响了，可惜一生站在民族解放斗争最前哨的鲁迅先生听不到着。

“鹿地亘、池田幸子怎么样了？”最后我问起这两位日本友人。那几个月我正在闭门译书，轻易不出门，许多朋友都只在心里记挂着。我知道鹿地他们已搬到法租界来住，但我没有去看过他们，沪战爆发的前数天，上海的民众已颇激昂，我很为这两位日本友人的安全担忧，虽则他们倒真是中国的友人。

“鹿地夫妇原想回日本去工作，早几天把法租界的房子也回报了，打算搭船回去，但是他们一回到北四川路就给日本宪兵跟上了，于是他们又逃到法租界来，可是他们屋子已经退了，现在不知道住在那里。”景宋先生说着，也为着他们的安全十分焦灼。

鹿地在前年一二月间从日本化了装逃到上海来，埋头研究中国的新兴文学。经了鲁迅先生的提议与介绍，按月给《改造》翻译一篇中国前进的新作家的代表短篇，周文、欧阳山、沙汀、萧军、吴组缃、冰山等等的作品都是经了他的苦心翻译，才介绍到日本的文艺界，并且激动了他们。他一边还在努力翻译《鲁迅选集》。他每天工作到深夜，冬天半夜后火钵中没有炭了，就冻着工作。那种苦干的精神，常常促起了我的反省，使我觉得不胜惭愧。鲁迅先生逝世时，他和我们同样地感想到深切的悲痛，几篇纪念鲁迅先生的文章，如《译文》上发表的《鲁迅的回忆》、《作家》上的《鲁迅和我》，不仅充分地显示了他对于鲁迅的感铭的敬意和深切的理解，也显露了他对于中国的革命文学的爱护的热忱和充分的理解。后来日本改造社出版《大鲁迅全集》六大卷，他一个人的翻译差不多占了半数以上。在日本，假着“支那通”的照牌，作军阀政客的喉舌，借以钓名取利之徒是不少的，而真正同情、理解、爱护并竭力帮助中国民族与中国新文艺的人为数不多，而鹿地便是其中为我们尽力最多而最有成绩的一位。

池田幸子和鹿地亘同居着，她的中国话说得比鹿地好，于翻译上和生活上给他很大的帮助。这一对在清苦生活中努力于介绍中国新文学到日本去的朋友（他们的工作使日本一般读众对中国有个新的认识），除了言语、外貌以及一些习惯不同外，我们早把他们视为我们自己的兄弟姊妹了。

去年春天，他们一方面为了希望和中国的前进作家多多接近，同时也为了脱出日本警察监视的范围，便搬到了法租界来住。上海文化人大半都住家于法租界。

但沪战爆发后，他们是陷于苦境了。不论他们的思想、他们的态度、他们的言论和我们同样的反对日本帝国主义者，反对日本的法西军阀侵略爱好和平的中国，但他们的外貌，他们的言语，终叫人一看就知道是日本人。日本的军阀正在疯狂地用飞机大炮滥行轰炸我们非武装的无辜的平民的时候，这两位一看就知道是日本人的“中国友人”，要在中国人民中间生活，也就成了冒险的行径了。

为了这一点，我常常记挂着他们，也常常为他们担忧。当时我独自住在一个美国人家里，地方很清静，我自己虽不在家里吃饭，也略备了一些米、煤，因此我心里老是在想，假如他们找不到住处，我这里倒可以暂时住一下，因为我相信他们决不是奸细，我也有自信决不会当汉奸。不仅为了道义，也为了珍爱外来的抗战的力量，我们应该用我们的生命保护这两位和我们站在同一阵线的友人。

以后我遇到熟人就打听他们的消息，但没有一个人知道他们的行踪，不知他们躲到什么地方去了。

十月十五日，我把《鲁迅逝世纪念册》全部付印之后就离开了上海，赴乍浦前线去，在炮火中锻链[炼]，在轰炸中学习与过去的一切是暂时告别了。但深夜偶醒，故人的面目浮上心头的时候，往往夹杂着这两位异国的友人。

上月我从杭州到汉口小住几天，跟几家报馆和杂志社接洽一下之后又匆匆离汉，预备赶回东战场前线去，路过武昌，遇到和鹿地他们有来往的熟人，我又问起他们的消息。

“一提起他们，我就心痛。”那位朋友不安地说。“我把前后的经过告诉你吧。

“他们在上海开战之前，本想偷偷地回国去进行反战运动。所以本来住在法租界，把房子也退了，回到北四川路底的老住处去等船，但一到北四川路日本警察就注意他们，跟随他们，因此他们终天躲在家里，一点不能活动。到开战的前一夜，所有的日本人都被赶到北四川路上的日本小学，预备第二天送上军舰，但鹿地他们不愿被公开地送回去，这对于他们是很冒险的，这等于送他们进牢狱，他们就借口还有东西放在家里，从日本小学里逃出来，一直向向北四川路桥跑，终于又逃到了法租界。但是他们房子已退租，没有地方住，第一晚在一个熟人那里耽搁一夜，第二天就有人去报告，说某人家里住着日本人，他们就立刻搬出住到我们这里来，但我们住在俄国人家，里面也有中国住客，仆欧又是中国人，非常不便。但叫他们到什么地方去呢？而且他们又没有多少钱。于是我们记起在战前有一位被希德拉政府驱逐到上海来的德国医生，曾经说过在万一的时候可以住到他的医院里去。因此我就去找他，略略说明后，他就答应了。”

“我回到家里把这好音告诉他们，就坐着等天黑，要天黑了才敢送他们出去。在事前，我叮嘱他们路上千万不要讲话，因为汽车夫晓得了他们是日本人，也许会出乱子。后来我陪他们到医院，但那位德国医生也许也胆小起来了吧，不敢收留他们。那时天又下着雨，屋内外到处是中国人，他们处处有危险，我陪着他们，又无力帮助他们，心中和他们同样的难受。德国医生不能留他们住，就自己跑出去给他们找房子，他去找到一个俄国旅馆，每天四块钱，先交五天吧，当时实在无法可想，只得住进去。我把他们送到旅馆之后，答应第二天再去看他们。”

“第二天我就践约去看他们。他们的房间，又大又漂亮，但他们畏缩地躲在一个角落里，好像老鼠一样。看到我去，真好像从心里感谢出来似的欢迎着我。他们低声说话，不敢叫门外人听见。四周杂居着中外国人，但仆欧都是中国人，他们见到两个日本人住在这里，是会怀疑的。他们这样不出门，不说话，躲在那间极漂亮的房间的角落里，住了十天，门外时时有人在偷听窥视，他们知道假如一落在日本警察手里，他们的生命就完了。”

“鹿地当时的态度怎样呢？”我插嘴问。

“他的态度好极，他曾几次三番要我们设法找工作给他们做。他们竭诚地愿意和我们站在同一阵线，反对日本帝国主义。只要有益于中国，只要我们把他们当作朋友人看待，他们愿意担任任何艰难的工作，鹿地甚至于说他会打机关枪，他愿意用机关枪来回答屠杀中国人民的日本人。但你知道，我们可无能为力，我们不知道怎样才能把我们这番好心苦意表明出来。我们去找一位要人帮忙办理这事情，而这事情非常急迫，回音却迟迟未来。我们也想去找郭沫若先生，我们知道他一定能帮忙，但那时凑巧他到南京去了。后来鹿地甚至愿意用苦肉计。他在那种情况之下，仍然不断地在写反对日本军阀的文章，那些稿纸在房间里到处乱塞，生怕给日本侦探来找到，他想就拿了这些文章，自己坐汽车直接开到警察局门口，向警察表明，他是日本人，但他反对日本侵略中国，他过去的工作是反帝，现在依然一贯是，而且更加坚决。他愿意发表这些文章，只要不落在日本人手里，他愿意听凭中国政府无论怎样的处置他们。只因为他把望着我们还有较稳妥的办法，所以他才没有实行。”

“你要知道，日本人是褊狭的，他若是用了机关枪扫射了他们的同国人，不论将来日本是胜是败，他是回不得日本去了。”

“他确是不想再回日本去，在日本等候他的，只是牢狱与死亡。”

“那就容易多了，你们没有把这事情办好，真是……”我略略带着一种呵责的口气说：“这不仅为了朋友，他们处在敌我两国的夹攻之中，真是比坐牢狱，比死还要难受；也为了有利于我们的抗战，他们在日本有相当的地位，他们这种举动，无疑地将影响到前进的知识分子和作家们。而且他们又有充分能力帮我们工作，他们可以用日本话播音，唤起日本民众的觉醒，他们可以用日本文写传单，引起日本士兵的反击，他们可以给救亡日报写文章，这文章的力量胜于我们的千百篇。日本前进作家反对日本军阀进攻中国，这不是一个最好的国际宣传么！”

“他们甚至愿意以自己的血肉来保护中国，为中华民族解放战争而战斗。假使中国有如西班牙的国际纵队，无疑的他们将是最毅勇的战斗员。”

“以后怎么样呢？”我急于要知道他们以后的情形。

“住了十天之后，他们的钱也完了，而且十天不出门，住着这样阔气的房间，既不见他们出去吃饭（他们只在房里啃面包），又没有一个人来客往，谁也见了要起疑的。鹿地等着我们没有办法，他只得拼着命自己出去设法。”

“以后怎样？”

“以后是没有消息了。”

“那真不知是生是死哩。这事情办得不好，我们对不住这两位朋友。”

“所以我一想起这件事就心痛，我们真的对不住他们。”

我们相对木然，我看到。为此非常难过，我也不愿意再提了。

当天晚上，我就离开武汉，预备经湘赴浙，回到前线去，在长沙凑巧赶到茅盾先生从广州来湘，我又问起他们，茅盾先生便告诉我，他知道他们的消息，他们已出险，现在南方，仍然在等待我们的好音，他们在任何艰苦的情形之下不变初志，只要一息尚存，始终反对日本帝国主义。

我们不是正应该张开两臂，以最热情最至诚的心情，欢迎投入到我们同一阵线里来的战士么?

在征途中，草此短文，希望这微弱的呼声，传达到党政军的贤明的官长以及社会上和文化界有力的人士，给他们切实的帮助。

一月二十一日晨四时在长沙

（原载于《群众》第10期，1938年）

# 我们的战友

林犁田

刚下了课不久，吃饭号就吹起来了，走进饭厅，人已到了不少了。我们在吃饭的时候，忽然地听到勾鼻子滑稽家奚立德说："日本反战作家鹿地亘先生来了。"咦！我们都觉得有点奇怪，于是便停了筷在追问着一个明白：真的来吗？你怎么晓得呢？

"我听到张先生说的。"他吃着一口饭含糊的说。好，我们别的话都不讲了，各吃各的饭，好像是发了疯似的，一大口一大口的嚼不到四五下，就硬往肚子里塞，我们的一桌吃得最快的可算是奚立德。其次的郭宝祥、傅承谟都走光了，剩下的只有我一个，望望他们，心里真急得不得了，我真恨死了，自己为什么吃得那么慢呢？又望望厅外头，有几个小鬼在门口站着，每个人都高兴得不得了，每一张小脸孔满露着笑容，他们还手指指的互相谈着，这时我的心像火一样的在燃烧——我抱着一个兴奋的热烈的希望，希望看看鹿地亘先生的风采。当我丢下饭碗跑到饭厅外头去的时候，他们几个正要回头走，我就马上拦住他们问：

"鹿地亘先生呢？"

"他走了。"

这干脆无味的回答，顿时给了我一个很大的失望。

"你们听到吹号，就集合到礼堂去，听鹿地亘先生演讲。"冯副官向我们说。

"好……"大家高兴得拥抱着跳起来。

给冯副官一说，我心里非常的快慰，不过是，不是确实倒使我发生怀疑，好，不管它是确实不确实——因为我抱了个很大的希望。我一直跑到办公室里去，预备了一个书夹、一枝铅笔和纸头。在办公室里等着，真奇怪！等了这么久还没有吹号，恐怕冯副官和我们开玩笑罢——我心里这样的在想着。

“嘀……嘀哒嘀哒嘀哒嘀……”集合号响了，它抖擞起了我的精神，使我刚才的心想，立时成了泡影昙花了——听鹿地亘先生演讲去——我急匆匆的直往礼堂跑，一股热气使得我全身冒汗。礼堂的每张凳子，都有人满之患，我的眼睛注视着每个和我同一心向，同一希望的在坐的先生，谁是鹿地亘先生呢？我的心里急得跳了，到底还是没有打量得出来。

“鹿地亘先生是日本前进的反战作家，他很艰苦的为着求得日本劳苦大众的解放而跟反战的军阀作斗争，他反对日本军阀侵略中国的残暴行为，他曾被军阀们的走狗严密的监视和逮捕，他经过许多的困难……才来到了武汉……”这是一个戴眼镜的范先生向大家介绍鹿地亘先生的话。

“啪……”掌声雷一样的响，礼堂充满着热烈和兴奋的空气。

啊！鹿地亘先生——他穿着一套西装，那雪白的衬衫陪衬着箭头似的红领带，个子不胖不瘦，不高也不矮，恰是一个中等身材。看他那敏锐的眼睛和样子，就可以推想到他是富有战斗性的坚强的一个文学战士。

礼堂一点声音也没有，大家的眼睛都瞧着讲台上，在鹿地亘先生的旁边，是一位穿着中山装的翻译先生。

鹿地亘先生开始向我们讲话，我很静心的听他说：

“我心里充满了欢喜，今天能够见到许多的先生们，尤其是使我兴奋的，就是小朋友们这么勇敢的和大人在一起工作……诸位少年同志，我希望大家对工作要有一个很大的感情去爱护它，要用真实的感情去爱护真理，也要用真实的感情去反对打击反真理的法西斯侵略者。它们在自己国内向全国人民讲，甚至向全世界宣传，说它们的侵略行为是对的，我们要晓得，它们认为是对的，所爱护的，全都是一种虚伪的掩饰的欺骗行为。我们所爱护的真理却是和它们相反的，我们是要维护世界和平而反对和打击背道而驰的违反真理的侵略者……”他停了一会，又继续的讲：

“诸位少年同志：我们要予打击者以迎头的痛击，那就要拿出我们自己最伟大的力量来，才能打击反真理的侵略者，才能予侵略者一个彻底的消灭。这样我们是可以得到胜利的。”

鹿地亘先生的演说，给了我一个很深刻的永远不会磨灭的印象，我深深地感觉到为了正义和平而进行的反侵略斗争的任务的神圣和伟大。我欢喜，我狂叫起来！日本被压迫、剥削的劳苦弟兄，起来！和我们同一命运的奴隶们！我们赶快的牵起手来，我们共同来建立起反侵略的，反法西斯军阀的巩固的，强有力的战线。

我们欢迎为正义和平而斗争的战友——日本的劳苦大众。
我们共同来打倒反真理的日本帝国主义
我们共同来消灭发动侵略战争的日寇!

（原载于《少年先锋》第 9 期，1938 年）

# 过香港

[日本]鹿地亘

林林 译

我劳疲，平静而美丽的香港，更使我疲劳。我焦躁，香港温和的冬天，盛开着夹竹桃和不知名的绚烂的红花，没有严冽的冰雪，令人懒散的永远的温暖，使我像失掉了寄托似地焦躁。

五个月间，我所看到的，是逼身的死的恐怖与苦闷。我悲痛，我眼见难民的饥饿，每日听到无武装的民众的屠杀。上海的街上，向来没有的，蜂拥着成群成阵的苍蝇，这苍蝇是从何处涌来的呢？充溢在路上的人们的过剩腐烂了的尸堆……不禁在眼前浮映了。

那是南市的失陷之日：整天残暴的炮声，不绝地震天动地。我不消说是屏息的困在房子里的。在黄昏炮声淡远的时候，我透了一口气走到廊下。当时到看到：在那楼梯口的地方，我们家里的仆役蹲着。问他，他也不回答。叉着臂膀，埋着头在臂膀上。哦，在哭啦。这么大汉子在哭啦。他是山东人，体格奇伟，是个极其快活的汉子。“怎么啦？”我拍了他的臂膀。他哭泣起来了。

“我受不了！不忍着啦。我刚才因事走到外面去，看到街上从南市逃来了很多难民，衣服破烂，身上流着血，小孩子们又哭又吵……可怜，难过极啦。我们中国兵为甚么这样弱呢？”

他用袖子横拭了眼泪。终日被压着压着的，我的悲愤，到这时候，像冲破了堤堰汹涌起来了。“傻瓜！这该哭吗？”我这样说，但自己的眼泪也落下来了。四个月间，中国兵是打得很好的。中国兵并不弱！只是飞机大炮不够……现在看吧，日本兵，弱起来了。

仆役好像不相信似的。

“为什么中国不打胜仗呢？东洋兵里面有鬼吗？不打败仗，我们‘一·二八’打败了。这回又打败了。”

“你相信鬼吗?”

“可是人家都这样说。我们为什么不行呢……”

“海,给你好东西看来吧!”

我牵了他的手,他跟着到房子里来。我拿出几本画报,小册子给他来看。“看过吗?”我问了。那里面也有《平型关战争记》,也有日本兵的俘获品,从尸体取出来的护身符的照片。

“哦。你说日本的鬼是这个吗?”我故意发声大笑了。“这是纸符,日本兵的鬼好像纸符。这些东西火一烧就完了,是军官们欺骗他们的,说日本兵怎样强,怎样强全是谎话。他们讨厌战争,你听见了吗——他们里面有很多因反对战争而被杀的。”

仆役以奇异的脸孔看着我。

“那么为甚么他们打胜仗呢?”

“胜还是败,忍耐着看吧。你们优秀的指挥官不是说过了么!这个人你怎知道吗?”我指着小册子上面的毛泽东的相片。

“他,中国人吗?”

“是的,伟大的中国人。他告诉我们详细的战术,中国是必胜的。你假如认得字就拿去读吧。”

“喔。”在他脸上,一种新的希望浮现出来了。“我不会读,拿给朋友读吧,谢谢先生。”他活泼地从房间出去了。不一会儿,我从房的窗口望见他同对面的店员蹲在店前并排着热心地看小册子。

每当前线捷报传来的时候,每当看到日本民众反战的消息的时候,那两个市民的热心的姿态,就浮现在我脑里了。我看到中国工人,向日本在租界示威的行列掷炸弹,喊着中华民国万岁,而从高处投身自杀的动人的报道时,在我的眼前就浮现了光辉满面的他了。

并且我确信我那时候的谈话。

我长期间没有看到日本的刊物,但是一切我好像都明白。经过香港最高兴的就是能够买到日本的杂志。哦,但是我在那里看到什么呢?燃烧护身符的火焰——是民众的愤怒之声吧?为二十五亿的军费而“痛苦的呻吟吗?不,充满着全纸面的,是战胜,战胜”。“亚细亚再建的圣战”,“是日本民众的使命”。但是民众不相信这侵略的使命。在二十五亿军费中的使用了的,只是十亿。诚然,他们宣传着好像是绰绰有余。然而实际上,在此之外,不能不包含长期蓄积下来的军火全部的消费。那就超过了二十五亿了,现在的事情,只不过是开始。从战争第二年起,实际经济的数字,就在战争之上现出来了。民众决不为这种数字所欺骗的。因为看到他们从马路上激减的汽车数,听到百货店的包装纸的节省。此外重压在他们身上的生活的威胁——饥饿,在杂志上,也以小小的铅字,报道这一年全国小学生的缺食者的数目,增加了一倍。

纸的护身符,烧燃着。民众之声逐渐宏大起来了。

在这儿,在我们,唯一的必要的觉悟—只是坚固不拔在忍耐。

二月写于广州

(原载于《日本反侵略作家鹿地亘及其作品》,新国民书店,1938年)

# 日本军事法西主义与文学

[日本]鹿地亘

鲁迅曾经很适切地说过："对于某种徒劳理论的说服和批判是没用的，踢就得了！"

这是一句名言。譬如一只狂犬在你脚边狂吠，对狗说教，不是太傻吗！踢就得了！对准他的鼻子踢就得了。

不值得理喻的狗的狂吠，在某种时代和某种环境之下，是可以在世界上存在的。我的畏友中野重治，会将这个叫做"小数点以下"。譬如说在一个时期主张文学的使命是社会的自由解放，不久之后就将这种文学认为政治的宣传化而加以排斥，而今天，却又说文学是颂赞帝国光荣的民族精神的升华——这种意见的变化决不是理论的问题。最明白的说明这事象的就是日本的政治监狱。

一个反帝国主义者遭了逮捕，遭了拷问，被投在未决监里面，审判老不开始。大约经过半年检事到监房来，"怎样？意见改变了吗？"这时候检事绝不说他理论上的错误，而告诉他非改变意见不可的理论的根据。假使你回答他说："没有改变。"那么他说："没有？那么时候太早了一点了，慢慢地再想一想吧。"这样，他便走了。再过半年，他再出现在你的身边，"怎样？意见改变了吗？"……再不改变，那么再是半年。检事对犯人的要求是"小数点以下"，那时他自己也知道的很清楚的，不懂得这诀窍的老师的犯人，那是不论怎样"慢慢的"，想要一举地以反帝国主义到帝国主义，而跳过这理论的深渊，这是不可能的。检事自己不也说了吗？……"时候太早了。"这表示了问题不在理论，而在时间。几年之后，疲劳和困倦之极，犯人理会了这个真理，于是说："变了。"这样审判方才开始，所以使他意见改变的只是时间而不是理论。

在这里，我可以介绍一点日本文学界的现状。日本文学界自从开战以来形态完全变了，由于上述的理由，对于这种变化也没有理论根据之必要。为了中日亲善，日本尽了屠杀、虐杀的能事。但是这种亲善政策，并不单限于对付中国。在国内，枪杀了要求停战的学生代表，逮捕了几千反战的民众，驱使暴徒来毁坏政党，用暴力来封塞了思想和言论的自由。这都是日本军事法西主义者对民众的亲善！他们对这加上了“举国一致”这样一个名字。在这种命题里面，你们可以寻找出一些怎样的理论？那么在这种权力支配之下的文学界，不是也可以想像了吗？

在日本文学界，可以看出三种特征。

第一，有生气的近代文学的各种形式都退化了。相反，一千年以前的已经生命枯竭了的和歌，作为日本民族诗歌之正统而复活了。改造社编和出版了新万笔这表示了这种机运的绝顶。第一篇是《宫廷篇》。在宣传这全集出版的会场里面，文部大臣（教育部长）木户幸一发表了一篇助词：“和歌为我国建国以来之国风，在历代皇室庇护奖励之下，普及成长，万邦无比之韵文。已有三千年光辉之传统。对我国民精神之孕育涵养和歌贡献之伟大，早经国史之证明……”说实话，和歌是千年以前原始日本民族的歌谣，那种单纯的形式只是原始民族的素朴的诗情的表露。万笔是这个时代以前的优秀和歌的古典的诗集，过了这个时代，和歌已经不是庶民的东西，而变成了宫廷贵族的社交的游戏。因为庶民的社会生活脱却了原始性，就变成更高和更复杂的东西。而你不妨设想一下，“天皇是神，他住在闪着电光的云上”。这样的话，作为原始人的惊异，也许还有一点特殊的兴趣，可是到今天，假使对于那些在中国干着掠夺屠杀奸淫的法西主义将兵们，也照例的来一套“举国一致，奋起的神武的直昆灵像潮一般的渡过海去……”那不是天大的笑话吗？可是，这却是《中央公论》二月号上的一首题名“武神”的和歌！“神武的直昆灵”，这是古代日本人认为“威武之神灵”的神祇！

这就是木户文部大臣的“三千年的传统”。他说“在历代皇室的庇护和奖励之下发达”，实际上只说明了这形势只能在宫廷发达，也只说明了宫廷生活者的头脑，万古千年的还彷徨在原始民族的水准。永远的彷徨，结果是要腐烂的。所以它便失去了泼辣的原始生活感，失去了诗的价值了。不成诗之后，它便变了宫女的“情书”，变成了“国民精神的孕育和涵养”。在中世纪，在这上面附加了一种宗教的意味，而将它叫做“敷岛之道。”这就是“日本主义的道德”的意思。所以假使说“我开始学习敷岛之道”，就表示了“我开始信仰神灵”。到了近世，正冈子规这个杰出的诗人企图再对这种形式，来一次诗的生命的复活，但是结果并不会成功，这实际上是一种违反“文学时代性”的失败的努力。可是，到了今天，法西主义挽救了它！因为法西主义本身就是“时代性”的违反者的缘故。因此而和歌复兴，因此而新万笔出世，因此而最初出现的是《宫廷篇》！在庶民里面，这种原始的梦游病者当然也不是没有，不过他们不是博士就是大学教授，所以他们就不能不对“国民精神之振作表示衷心之愉快”了。

但是问题不值[只]和歌，第二，这种“有益”的企图，在文学一般的方法论上也影响了。诗人佐藤春夫在《改造》二月号上说：“我国艺术的样式主义，以和歌的传统为中心，为正统。……”评论家小林秀雄也在二月号的《改造》上说：“——在日本的诗的传流，传统着万笔和俳句的正风。”这不是写生主义，也不是浪漫主义，佐藤春夫说明着：“我国艺术的传统的精神，我以为是一种非写实的样式主义，也许可以说，是一种主观的写实的形式……并不和生活游离，但是也有一种将生活过剩地描写认为不风雅的倾向。”

这种传统精神不是太愉快了吗？这的确是和当前的时代相一致了。当然佐藤是以和歌引出了这样的结论，可是我从作为最近日本文学之主流的重要角色的林房雄的小说里面，也发现了这样的精神。他在《改造》十二月号发表了一篇叫做南支那海的纪行体的小说。

“船上的水兵都很年轻，都是些两颊红润的少年。可是，在风暴里面，还是悠悠地在甲板上跑来跑去。”不错，这儿描写着生活。“有谁能保证我们的血管里面不流着六百年前的血？……在此刻威望着南支那海的我国海军将士里面，也许会有倭寇直系的子孙。即使我自己……看到当时倭寇的根据地，浪漫的空想就会张开翅膀来，使我驰想到遥远的香港暹罗和印度洋了。”的确，这很浪漫，也很风雅，“倭寇不单是海贼，……不是劫掠本国同胞的小盗，这正是日本民族活力的表露”。啊，这的确是代表的“主观的写实派”了！将生活写的太多，那是很容易描写成很美的海贼的姿态，就会很快地失去他主观的浪漫性，而现出他客观的真实性的！那不是太不风雅了吗？所以，结果还只描写了一下“红红的颊”，而不再去描写那奸淫屠杀的血污了的“红红的手”了！

因为这种缘故，就形成了一种“不要离开生活，但是也不要写的太多，不要客观的描写，而非主观的描写不可”的实在是非常便利的理论。将这话改说一遍，那就是“非写海贼不可，但是要写却不可描写他真实的姿态”，极可能的浪漫的而用一种诗人的风雅的主观的描写。小林秀雄是理论家，所以他的表现方法又不同了，“失掉了诗的写实主义，那是一种由于过于相信了无私的观察而引起的问题的丧失！”(《改造》二月号)

为什么无私的观察不行呢？所谓“无私”究竟是否可能呢？小林说：“这是不可能的。”他的主张是有目标的，他的所谓“过于相信”是在写谁？很明白的在写一切写实主义者了。

让我来说明一下这几年来的经纬吧。几年之前，在日本军事法西主义开始政治活动的时期，主张描写社会真实相的革命文学者的意志，压倒的地支配了日本的文坛，为着实现这种意志，文学界将“社会主义的写实主义呢还是革命的浪漫主义”当作当前讨论的中心。当然法西主义是这种意志的正面的敌人。接着，对文学界的打击渐次猛烈，文学界续有牺牲，于是在那不知不觉的中间，理论的主题突然变了，那就是产生了一种叫做“狗屁写实主义呢还是日本的浪漫主义”的奇怪的变态。结果呢？明明社会主义的写实主义和革命的浪漫主义之间并不相矛盾，而林房雄、龙井胜郎、小林秀雄，等等，日本浪漫派却和以杂志人民文库为中心的所谓“狗屁写实主义派”引起了很大的论争，结果是日本浪漫派胜了。据最近的情报，这种胜利因为末次内务大臣的禁止人民文库而确定了。禁止的理由，只是因为有“人民”的色彩！

不过，对于这个问题，日本浪漫派在这斗争中间获得胜利，据我的观察，那是即使没有末次内务大臣的援助，也差不多是有他的必然性的。你想——用“日本的”来替换了“革命的”之后的浪漫主义，那不是对任何的写实主义，都非冲突不可吗？这是时代的宠儿。相反，狗屁写实主义是什么？那不是很臭吗？这臭味，是从因为怕死而中了法西主义者的奸计的牺牲者们的叹息里面传出来的。他们正像忍不住警察的拷问而流了眼泪的软弱的犯人一样地疏辩：“我并没有宣传思想的意志，我只描写描写世间。”假使真有这种彻底的实行“描写世间”的意志，那么他也可以肉迫到法西主义的“世间”的心脏，所以这“辩解”不能成为辩解。所以我说，结果这种说法还只是因为害怕，不敢接触世间真相而只能琐屑地描写一些市井杂事的风俗画的一种。这是丧失了意志的观察，这是失掉了意欲的写实，人们当然会想这不是垃圾桶吗？什么都有，但是什么意思也没有。所以我们要记住的，只是下面的一语：不要露出弱点！一部[步]也不要后退！对敌人露出一点妥协的气息，在这瞬间你就会中他的鬼计！

日本浪漫派在写“无私地观察”，但是这骂倒的语气，我却觉得和日本警察的有点相似。“混蛋！你是日本人呢还是中国人！”我是日本人，那是一毫也不会错的，而且也决不是“日本人”和“中国人”之间的中间。不过在那警察官的问话里面，却根本不会设想到另有“我是日本人，我却是反对你们法西侵略的日本民众”这么一项！这是小吏伦理学，也就是“小数点以下”的一个适例。他们说：“日本人，那么应该有日本人般的看法！”这又和小林的说法相一致的，他说：“无私的观察根本是没有的！”他也和警察官一样害怕科学的分析，所以他说这种分析是“不知不觉的科学的恶用，是不经心的错觉”（《改造》二月号）。

因此中野重治会将这种非科学主义痛斥为“新官僚主义的抬头”。当然，他现在已经被囚在监狱里面。小林失败了之后，反正末次一定会登场的。

这样说，我倒又要问了，这样的情况，还能说文学和政治没有关系吗？林房雄小林秀雄和诸位所谓狗屁写实主义者这些先生们在五年前，当那日本革命文学运动在法西主义的暴力威胁下而艰苦奋斗的时候，就主张放弃革命文学的政治的意志，而解除自己的武装。后来，作家同盟知道孤单难支正像目下中国抗战过程里面为着避免不必要的牺牲一样，放弃破坏垂尽的中央文坛，解散组织，而开始了分散的游击战斗。那时候林房雄干了些什么？留在革命势力退出了的文坛，和艺术派的小林们合在一起，在法西斯的占领地带堂堂地组织了“治安维持会”，那就是他的功绩！那时候，我已经看出那些胆小没用的狗屁写实主义者们要上林房雄的当了！看最初是主张“政治的放弃”而劝告他们丧失意志的，可是现在呢？林房雄是“治安维持会”的会长，大大的在奖励爱国，反而抹一抹面孔，在痛骂狗屁写实主义者们的不够爱国意志了！当初以为可以得救而附了林房雄先生们之骥尾的乏的写实主义者们，到现在才完全的上了当了。

对于这位会长林房雄的略历，让我在这儿对诸位报告一下：这是一种表彰功德的意思，正像现在在中国各地的报纸在发表那些傀儡的面谱一样。譬如说“伪组织会长林房雄者”，等等。不过，我在这里介绍他的履历，老实说，另有一种重要的目的，那就是介绍了他，也就等于很明白的说明了现在日本伪文学界的性格和情状。

会长林房雄　　九二六年，他以一个有才气的青年社会主义文学者的姿态而出发，在日本革命文学运动里面，他是一贯的右派。小说并不怎样高明，因为擅长于拿那些盲从于社会主义的摩登少女的放纵的恋爱生活为题材，所以在这一方面有了相当的读者。和描写阴惨的工人农民之苦斗的左派对立，他被称为“明朗轻快的作家”。

一九二九年因文字入狱，被禁于东京礼多摩刑务所。在这期内，大大的研究日本近世史，为建国祖先的“伟业”所感动，招致了思想的转变。出狱之后第一作《青年》就是这种思索的成果；更重要的是，在他认识了“文学的独立性”而宣言了“文学不是政治的附属物”这一件事情。他说：“我从来老是在政治和文学系这两极中间不定地动摇，可是现在却决定了！文学文学！”

这样绝叫着的那种英雄的姿态，使我们想起一九三三年他曾对别人说过，为着“摧毁作家同盟”而发表的“政治家诸君！好好地记忆着，文学是光，是花，是太阳!”的那种咆哮的姿势。只是在当时，抵抗法西斯主义的革命文学的堡垒还很坚强，所以在阵阵的反击里面，他终还遭遇了小林多喜二的迎头的痛棒。但是不久，情势变了，法西主义急激地进攻，小林多喜二遭了毒手，作家同盟濒于崩溃的危机。当时有一位政治家将林房雄的那篇《光，花，太阳！》的宣言评为“放弃了对于反动政潮的争斗”，但是我围着林的“名誉”，可不能赞同这样的评价。林房雄的企图并不这样消极，他有更本质更积极的企图。这是从他的《日本历史之研究》出发的必然的步骤。跟在《青年》之后，他还写了《壮年以后》，他受了某元老的有力的庇护，愈益努力于“建国伟业”的历史的研究。最近在《改造》上写了一篇叫做《牧场故事》的法西主义小说，在那篇东西的序说中，也说明了他如何地为着研究这种历史而开始了到积着大雪的奥犹地方的旅行。

再进一步，即使从他的“两极间动摇”的说法来看，那是将他评为逃避政治还是不正确的。他的所谓“在两极中间不定地动摇”，那是老实的自己。“政治和文学的统一”是什么呢？许多有权威的文学理论家为着这个问题而烦恼，但是简单地说，也不过是以一种企图实现正义的意志，来描写客观世界的真相罢了。那么要“描写真相”的意志，当然是不会从《被描写的真相》而游离到别的地方去了。政治的意志，生存在文学的创作的里面。可是林房雄是一个“明朗轻快”的作家，一方面有了要描写摩登少女的恋爱的意志，而他方面又不得不附加一点政治的意义，那么很当然，不论怎样的天才作家，也非“在两极中间动摇”不可了。结局只能在小说的尾巴，加上几句革命的口号。事实上，林房雄以前的一切小说中，这两种要素老在斗争。可是“现在是决定了文学！文学！”他苦闷了一阵之后，将政治向黑暗里面一掷，而拖住了文学这一极了。这时候，正是法西主义者要解决“国内矛盾”的时候，矛盾不能解决，于是便将“矛盾的代表物——不平分子”抓进监狱去了。

但是这样的解决，要有一种勇气。有人将这叫做“厚颜无耻”，但是实在说，这应该解释做能够抱有一种“我自己才够伟大”的绝对信念的勇气。也有人将这叫做蠢虫，但是蠢虫在某种环境的条件之下，也可以成为时代的英雄。不仅如此，因为此种英雄不是人人可做，所以蠢虫也是一种天才！闭了眼睛想一想什么希脱拉和墨索里尼之类的姿态吧，不错，那是伟大的咆哮，他们都是抱着一种“乃公一吼，世界的和平主义者都会发抖”的信念的。在我们眼前浮映出来的，不是一副狰狞的、狂喊着的流氓相吗。

单单会吼当然是不够的。吼要等时机。要等待在怎样的时机一吼，那么某种人一定会向我拍手的机会。就是说，在某些软弱的人没有办法，只能屈服于“小数点以下”的人们下面，而陷于悲惨境运的情形之下，假使有人霹雳一般的大吼起来“小数点以下才是伟大，小数点以下才够光荣”，那结果会怎样呢？

这不是古来"神的英雄"的宗教家们干惯了的一套吗？现在，这种行为已经被叫做"恶煽动家"而当做一种恶德。可是这依旧是非天才不办的事情。林房雄有这样的天才。他喊着，"光，花，太阳！"的时候，在他心中，是描想着一幅在不久将来，一切狗屁写实主义者都听他们领导，正像跟着释迦牟尼下山的各种野犬一般的书卷的！他吼了之后，在日本文学界出现的，不是"光"，而是"黑暗"！当时，横光利一们看了这种现象，甚至于感叹做"林房雄搭救了普罗文学"的。横光利一是一位自称"小说之神"的先生。可是不知为什么，林房雄的这种狮子吼的姿态，在我记忆里面，他的狞猛总和"滑稽"之感不能分开。这种滑稽之感从哪儿来的呢？由于希脱拉以下的一切恶煽动家都是将历史滑稽化了这种原因出发的吗？不，这还不够。我懂了，结果这还是因为他不是希脱拉，不是墨索里尼，而只是一个伪组织的治安维持会会长的缘故！的确，当他喊"光，花，太阳！"的时候，多少还有一点顾虑，但是，一九三七年七月，中日战争爆发，而他再来一次咆哮的时候，那才顾忌全无而变成非常的明了。后面有人拍起手来，将他捧为法西主义文学的明星。不过，这时候，前面的拍手已经没有，连那些所谓狗屁写实主义者也都唾弃他了。被他骂做狗屁写实主义者的，究竟是什么？那只不过是一些过去不断的后退，可是终于还不忍蹂躏那一片最后的小市民的良心的小心的知识分子罢了。

请容恕我的恶骂吧。其实，即使在我对于你们在今天这样环境之下，终于不能不放弃了写作的这种心情，还是可以充分地理会到的。这种觉悟，我觉得也可以说成是一种悲壮。真的，对于文学抱有爱情的作者，在今天这种情形之下，我想一定会抛弃笔杆了吧。这正像陷城的时候为着要使爱儿免于凌辱，而亲自用白刃去对准了爱儿胸口的母亲一样的心情。

林房雄此刻在喊："打破莫斯科，讴歌倭寇的威力。"在《牧场故事》里面，他已经不再写盲徒社会主义的摩登少女的恋爱，而改写盲徒法西主义的摩登少女的恋爱了。过去他在小说里面常常加上一点"革命的味觉"，可是现在，加上的却是下记的文句了："吾常主张国民生活必需品及国防必要品产业的国家统制，以期国防服务与产业服务之一致，确立全国人民最少限度之生活保证，吾当以八纮一宇为理想，确守世界各国共存共荣之原则，为确保世界资源平衡而斗争！"

现在，他又在两极之间彷徨了。文学又变了政治的从属。为了他所说的"世界各国的共存共荣"，在中日两国国民之间招致怎样惨烈的灾害？他所说的"最低限度的生活保证"，会产生出怎样的结果？相信他的蠢虫除出饿死之外是没有他道的。不过，林房雄总还是一个"明朗轻快"的作家。日本东北一带是最悲惨的饥饿的农业地带，最近的报上还登载了东北地方——秋田的矿工和农民终于奋起而决行反战暴动，在法西军阀的枪剑之下流了可宝贵的革命的鲜血的消息。啊，可是在林房雄的“明朗轻快”的笔尖下面，那却只是一片“既有花又有恋爱的富有的牧场！”这是日本浪漫主义，这是不能不写生活可是又不能太写生活的短歌的传统！这也就是日本文学的现在的精神。

那么，这种文学界的生命呢？看一看下面的事情就知道了。老实说，在伪组织里出现的家伙，大概都是老朽，上海如此，北平如此，日本文学界也是如此。最近杂志上发表作品的人名里面再也没有一个泼辣的青年。即使有，也不过是已经带着老婆的小老头子了吧。怨鬼一般的老歌人出现了。年轻人完全分散他们在做文学的游击战了。这是日本文学界的第三个特征。

青春的气魄已经丧失了。日本文坛发散着屎臭。啊，那不限于文坛吧。青年们离开了之后，将来还有什么希望呢？

林房雄写了青年，写了壮年，接着大约要写老年，要写死尸了吧！

三十，在广州。

（原载于《文艺阵地》第1卷第2期，1938年）

# 到抗战队伍中去!

## ——在欢迎席上讲词

[日本]鹿地亘

这次日本作家鹿地亘和他的夫人池田幸子女士,为了不赞成他们军阀对中国的侵略,千辛万苦来到武汉,这种为真理而奋斗的战士,是值得我们钦佩的,本社等十一团体特于四月一日开盛大茶会表示欢迎。鹿地先生的演词,特绎志于下。

在遍地抗战烽烟的今日,受如此盛大的欢迎,像我们不胜感慨。

我们两人到底有什么东西带来给诸位?我们什么也没有带来。从去年八月以来,只是跟难民一般,在血与叫唤之中,逃着逃着,直逃到这里来了。大抵可以向诸位说的,是请接受我们这个始终不能忘记的赤心的友谊。到汉口来,许多中国朋友问我今日日本民众的状态,问我困苦的反战斗争的状态。作为日本民众的我们,不得不深深感动,诸位对日本民众的关心,以及对他们的期待,但我们有什么可报告诸君呢?我们也是被隔断了祖国的声音,一路流浪而来的。

只有一件事可以告诉诸位,我们日本民众从一九三〇年以来,随军事法西斯的抬头,完全截断了国际的通信。我们的眼被掩住,耳被塞住了,但日本民众尽一切可能的努力,热望着传到各国,尤其是中国民众的状态及其呼声。日本民众热切要求知道中国诸君的事。这要求和军事法西斯主义者特务机关的欲望绝不是同一的。最好的证据,便是我们所敬爱的鲁迅先生的话,在日本受到热烈的欢迎。日本民众以热切的友爱,向诸君伸手,向诸君呼喊。我可以把这事历史底地告诉诸位。

一九二七年中国民族革命运动野火一般燃烧的时期,日本民众以惊异与欢喜来注视着它对日本军部的干涉,组织了对华不干涉同盟以进行斗争。一九二九年这民众团体发展为反帝同盟,从此以来,我国反帝同盟的中心运动便是：反对帝国主义战争！拥护中国民族革命！拥护被压迫民族解放斗争！

接着到了九一八及一·二八的时候，日本民众以愤怒之声吼出了"从满洲撤回手来！""从华北撤回手来！"在中国，诸位听到这声音么。

此后数年，日本民众的非言语可形容的困苦情形，诸位也已知道了。在黑暗的中世纪式的锁国政策中，日本民众和等待光明一样，等待着"外来的声音"。

战争由芦沟桥的炮声揭开了。日本民众甚样呼号呢？我不能忘记我所敬爱的一位作家的话，他在文章中说："今日的战争，将是远东近代史的一个总决算。武力的相差，在极短的战事过程中，一定可以回复均衡。"

诸位应深深记住，这句话是在多么受威胁的环境下，勇敢说出来的。这正是日本民众之声，日本良心的呼声！果然，今日中国的抗战，在山西、在山东已有显明的发展，武力的对比也已均衡起来了。如果说这句话的作家，及其背后的几千万日本民众知道这事实，将引起多大的欢喜和反响呀！

军事法西斯们也明明知道这回事，因此他们绝度害怕中日两国民众的接触，我们可以想起他们的传统战术，术语便是"各个击破"。他们尽一切可能举行警戒，截断了两民族的交流，努力离间，掩住民众的眼，塞住民众的耳，想把两民族互相孤立起来，敌对起来。他们拼命地先之以孤立，继之以各个击破。但他们将永远不会成就！我们的握手，两民族的友爱的结合，便是粉碎这阴谋的力量。

我们在八个月的忍苦之后，终于在今天这样握到了诸君温暖的手了。在这其间，在四周危险的威胁中，只有一件事是常常在我们的脑中的，便是与时俱增地成长着一种欢喜、一种希望。我们所欢喜的所希望的是什么呢？因为我们看到，侵略者卑劣的离间政策，已开始暴露了他们的失败。现在已不是阴谋的时代，现在已到了人类的真实的灵魂可以破坏一切阴谋的时代。日本军事法西斯，已遭逢了两重的失败。

第一，他们离间两民族和"各个击破"的策略已经失败了，日本民众反动的消息，继续不断的传来。

第二，他们使中国国内分裂和"各个击破"的策略已经失败了。满洲侵略时代的迷梦已完全打破，常套的伪政权，在统一于抗战气魄中的广大民众的包围里，已然丧失了它的基础了。

特别叫我愉快的，在香港我有机会见到几本日本杂志，其中最值得注意的，是他们费尽唇舌来挑拨离间中国的各党各派。我不禁苦笑，他们在这方面仍然在做"各个击破"的阴谋的梦，可是成就了没有？绝对没有，胜利仍然在于精诚的精神呀！代表中华民族各部分的各党各派，一天比一天地更巩固了民族解放的统一战线，在蒋委员长领导之下坚固的团结，完全击破了他们的阴谋了。

据我的观察，现在的确是胜利了，诸君将得到胜利，然而，日本的民众，也决不落后于诸君。详细的情形我虽无从知道，但我总想到，跟着中国抗战第二期所得的转机，日本民众的苦斗，现在也获得转机了。

我于流亡间焦急着要得祖国的消息，等了又等，等了八个月，终于在今年二月中，日本民众的声音，霹雳似地打动我的心弦。东京近郊的川崎，千住的出征士兵叛变了。川崎起来了，我的胸膛被激动了。我愿和诸君报告这桩事的重大意义。川崎一带为日本最大的重工业心脏地带，是日本革命劳动者运动的摇篮地。那些出征的士兵，正是在巨手中抓住日本军事法西斯心脏的劳动者群众。川崎起来了，先驱者起来了，这桩事是打动日本民众胸膛的警钟呀！在残酷的法西斯的枪弹之下流出的鲜血，也就是在他们背后几千万的血管里环流着的民众的血！

果然，继着这先驱的声音，已经续听到日本民众反战的消息，为饥饿所迫的秋田县的农民，和矿山劳动者一齐蜂起了。在神户也发生流血的惨案，朝鲜和台湾是更不用说。

诸君！中国的抗战已进入第二期，战况得了转机的今日，同时在日本内地，民众革命的反战斗争，也的确得到转机了。

诸君中有些友人很关心地屡次对我谈这样的话——日本民众确是我们的弟兄，但他们对于强力的军事法西斯的压迫，不是完全不能抵抗，无法抬头么！

我现在在这里明确的答复，我们不已经知道了一些日本民众的英勇的斗争的事实吗？请想像被锁闭被压迫的日本民众的情况呀！这正像漂流在大海的冰山，巨大的部分藏匿在水中，一部分浮飘在海面。已经发现了这一部分的英雄的事件的日本民众藏匿在黑暗中的巨大的姿态，不是已经可以想象了么！任凭法西斯去厉行战争呀！他们之坐在巨大的冰山上被打得粉碎，只是时间的问题而已！

诸君！我们的希望很大，集合起来，到抗战的队伍中去！

（原载于《中山周刊》第8期，1938年）

# 与鹿地亘的谈话

[法国]色斯

色斯是国际反侵略运动大会派遣来华考察的四个代表中的一个。当他离汉之前，汉口各界开了一个盛大的欢送大会，在会场上，鹿地亘曾起立发言，这使色斯非常感动。当夜色斯返回旅馆，又有一个客人来访问他，这客人亦正是鹿地。他们作了一番长谈，色斯这里所写的正是那夜的长谈的记录。原文登在日内瓦的国际日报上。

——编者

会开完了，我就回到旅馆去，当晚号房通知，说：有人在客厅访候，我出去一见，不是别人，就是那位刚在会场中讲过话的日本青年。这时他的神情似乎有点孤寂与忧郁。

他略略鞠躬，双手递上他的名片，接过来一看，纸上没有印别的字，只有鹿地亘一个姓名。

他说："这是我的名字，我不怕别人知道，因为我不是特务队员，也不是侦探，所以无须隐瞒我表同情于中国，日本的同胞知道了，他们已经给我判了死罪，然而那又有什么关系呢？我在汉口很自由，与中国政府合作，我起草对日的传单，用无线电向日本的兄弟姊妹们广播消息……可是，我并不因此接受丝毫的报酬，我不愿别人说我因为金钱的关系而反对自己的国家。论到反对国家，这简直不是那么一回事，我不但不反对日本，并且很爱日本，我的工作是为他的前途的福利，是为他好。"

这位日本人和我并肩坐在一张长椅上，厅内有些盆景花卉，我对我这位嘉宾注视了一下，觉得他的态度有点严峻，说话的声音变成着急起劲，于他面部的紧张中，我看出他有时有如闪电一般地怀远的神气。

日本人继续说："啊！我知道别人要鄙视我，或者我应当闭口不讲什么话，更应当不与我国的当局称为×人者合作。你不知道日本内部的情形，留学西洋归国的学生，也要受那般古董迷信的压迫，尤其是要受那般武人阶级的压迫，蛮不讲理，既蠢又恶的压迫。你晓得吗？在日本谁要怀疑日本民族不一定是神的后裔，便要受最严厉的惩罚。我们的科学家、文学家、有知识的人们，为应付环境起见，也不得不假装着相信一些可笑的神话。如果他们不这样，便将失掉了自由，有时甚至丢了性命。所以要在日本生活，必需相信我们大和民族原来负有神圣的使命，来征服世界。必须认为'万世一系'的天皇是神的化身，尤其是必须相信我们的丘八浪人等，在中国的胡作妄为是开化中国，乃神明所喜。在军阀面前不讲话，或者讲谎话，或者跪在地下唯命是从，那便什么都好。反过来，若见着工农大众的穷困便代为申诉，若见着军阀们要以人民无限的苦痛去献媚于他们的神只，即起而仗义直言，设法阻止，便必定倒霉。个人倒霉不要紧，可惜他们之所谓征服，大都有名无实，成功与否很成问题。充其量，就算成功，也将是没有出息的征服。例如'满洲'的吞并，已经六年多了，直到如今还没有什么好处，教我们忍心害理让那般贪得无知的小小阶级，公然污辱我们日本在世界上的大名，先生，难道你以会这是妥当的事吗？"

谈到这里，来见的日本人有点力竭声嘶的样子，又有点像要哭了。声音变得很哑，至于没有哭出的原由，大概是因为自尊的关系吧！

稍微停顿后，日本人又接着讲了："我在此地的所为，我相信是应该做的，可是我的地位很不好处，为什么呢？因为一方面是我所爱的国家，另一方面我在此地所见到的，使我内心非常难过，先生我怕……"

话没说完，他便不作声了，不做声似乎是因为情绪的充溢。过了一会，他才继续说："我怕不是为我自己，是为我的国家，我眼看着它渐渐卷入非常凶残的战事，我眼看着一致对外的中国，其坚强的程度与日俱增，眼看着谁也认为不能统一的中国，如今竟能统一起来，大踏步向前猛进。"

"因此我怕起来了，我颤栗了，我觉得我的国家，懵然奔向万丈悬崖，可是它自己还不知道是悬崖。在起初，日本似乎决定不追随中国人深入内地，只在沿海一带作战，但是后来渐渐地不聪明了，我们好像受了大磁石的吸引一般，顺着河流，跟着铁路，贸然深入庞大中国的内部。这么一来，日军距根据地越来越远，粮食器械的接济渐生问题，最后遭逢大惨败的可能，自然就因之而渐渐增大。日本武人倒行逆施，见战事老不能完，遂不顾世界舆论，居然系统的×杀广州的民众，以致丢尽了国家的体面。五年以来，别人以为我们是亚洲文化的巨擘，对我们有相当的敬佩，可是而今都在惊骇与厌恶中掉头不顾了。回看我们的国内，失业日增，穷愁日甚……我希望日本还能及时自拔于艰困的局势中，我希望日本最后觉悟他的真正×人，不是中国，是他自己……”

以上是一位真爱日本的青年，在被蹂躏的中国和我的谈话。谈时双手互相扭捏，一面表示没有办法以阻止日本武人行将断送全民族的幸福，一方面又表示他心中有无限的忧愁与焦急。我看见他这般的情景，听了他那么恳切的说话，答应将他的谈话，照实转述，决不稍加润色，以减少原来词句的力量。

（原载于《华美》第1卷第21期，1938年）

# 日本反战作家鹿地亘

适夷

在祖国的心脏——大武汉的一个旅舍里，见了中国的友人，日本反战作家鹿地亘先生和他的夫人池田幸子先生，使我感到禁抑不住的心的颤动。鹿地先生是日本最前进的著名作家。因为他英勇地卫护着日本被压迫人民大众，再接再厉地反抗日本军阀财阀的法西政权，曾经过长期的牢狱生活。出狱以后，寄寓上海，继续不断地做着把中国新兴文化介绍给日本的工作，和鲁迅先生有亲密的往还。八一三以前他就打算回国去进行民众的反战运动，不料战事很迅速爆发，他们立刻受日本军部侦探的严密的监视，只得偷偷地逃到租界内，过着很困苦的生活。后来又到香港住了几个月，最近受了邀请，在周密的卫护下，到来了武汉。在亲切的握手之后，记者首先慰问了旅程的辛劳，并代替本报对鹿地先生表示了寄稿的感谢。先生很谦逊地说："那篇分析日本现阶段军法西政权的文章，不知有什么不周密的地方没有?"记者告诉了他编辑部同人的意见，似乎鹿地先生对于法西政权的内部矛盾，估计得过低了一点。他承认这一点，但对于主要的一点，因中国全民族的抗战和日本民众反战情绪的高涨，形成财阀向军阀屈服的倾向，大家的意见是完全一致的。其次记者询以从南方到武汉以来对于中国国内热烈的抗战救亡运动，有什么的感想。他说了两点。一、在广州那边，亲眼看见中国军民融洽的情形，使民众觉得军队完全是自己的这一点，实在是中国的最大的进步。在日本，有一位名作家岸川国士写他在华北与军人相处的感想，说军人对付文人的粗暴无礼，当分开的时候，连再会也不说一声的态度，深深感到自己和他们之间有两个不同的世界。在中国，这一种隔阂是在消灭着。二、当他乘粤汉路到武汉来时，广东军政当局特地向他说："因为全国上下对于日本帝国主义的敌忾，他在路上也许会受到过于严厉的盘查，这是不得已的情形，要请他特别原谅，不要见怪。"他说，他对于这种情形觉得是完全应该的，不但不会见怪而且感到中国军民这样高涨的敌忾和警觉性，是深可喜慰的。第三点他谈到目前日本国内最为议论纷纭的，是侵略战争的战略问题，可是法西论客们只知道从纯军事上去着眼，永远不了解政治的思想的意识，在战略上日本的政策只有向一个中心集全力的进攻，才能取胜，但是中国的广大的土地使他们感到极大的困难，把军力集中一处，别处的兵力便有被消灭的危险，要把更大量的军队输送到中国来，国内民众的爆发更是他们老大的恐怖，因此在这点上是永远不能有好的解决办法，也即是中国必然要取得最后胜利的保证。记者听了这话便笑着说："我们看到日本被压迫大众，许多英勇壮烈的反法西政权的举动，看见鹿地先生和池田夫人这种为人类正义和平的勇敢行为，也益加相信中华民族和日本的被压迫人民大众，一定会彻底打倒日本的军事法西斯蒂，得到最后的胜利。"大家的脸上表露了会心的微笑。后来又谈到俘虏工作的困难情形，鹿地先生提供了非常宝贵的意见。中国一部分人因为高涨的敌忾，提出了过于感情的如"杀尽东洋鬼子"的口号，这反而使日本的反动当局，拿去作武断宣传的材料，用来去欺骗落后的士兵和民众。同时中国更应该明了日本兵士的心理，一味的用"战争可怕"等等的口号去对敌宣传，也不大合适，日本兵士厌战心理固然非常浓厚，但我们不应该鼓励他们的消极，而是要激发他们反战斗争的勇气。谈到鹿地先生和夫人在香港的生活情形，因他们不会说中国话，扮作从上海逃来的华侨，有一家洗衣店里的小商人用假币欺骗他们，后来他们拿去这假币去买点心，被点心店的人发见了，问明了来源，点心店老板就代他向洗衣店交涉，说人家是人地生疏的难民，你拿假币来骗他，简直是汉奸。他说到这里很有回味的笑着说，他觉得这真是中国人民真朴可爱的地方！接着我们还谈了日本国内文坛的情形，问了几位被压迫作家的近况，并希望鹿地先生能够为我们的报纸写一些新的感想，他马上答应写一篇关于中国的新军人。互祝了努力之后，记者便恋恋不舍的向他们道了别离！

（原载于《光明旬刊》第1卷第3期，1938年）

# 日本俘虏访问记

罗平

“看日本人去！看鬼子去！”一路上人们都在嚷着。小孩子们怪高兴地向每个人指手画脚的说长道短，年轻的姑娘们偷偷地溜出家门，老太婆们一拐一拐地挤在人群中凑热闹，年高的长者笑眯眯地张开了脱掉牙齿的口，静听着孙子们的讲述。街角的狗因为人多，也汪汪汪地在街中乱叫乱挤。二、三十里的人骑着牲口，也来看这两个日本兵；整个的村子，好像是在过新年、看龙灯、去赶集，他们忘记了战争的恐怖。

在一间宽敞的屋子里，我会见了他们——两个日本兵，那时他们正在和几个八路军的弟兄们闲谈打趣，抽纸烟，吃花生。屋里有个火炉，暖烘烘的，感觉不到有严肃、寒冷、敌对的情绪，更没有监狱那样的阴森，一切都是怪温和、怪活泼的。

日本兵看见我进门时，好像已知道来意，十分和气的招呼我坐下。大家虽然是初次见面，但并不感觉到有什么隔膜和拘束；一块儿坐着吃花生、抽香烟，很闲逸似的。

因不懂日语，只好用笔写汉字或讲简单的英语来进行我们的谈话。我首先要求他们述说个人的经历和家庭情形。

年高的先说：“我叫××××，二十五岁，家里是做小买卖的，普通的商业学校毕业，在东京的一个书店中做店员。自从战争发生后，营业便一天一天地冷淡，市面也萧条了。”喷出一口烟，看着烟上升，勉强地好似不堪回想低声地继续着：“我是第四次被征兵来的。”

“在军队里担任什么工作？每月的饷薪有多少？”继续问。

“输送部队的辎重兵，每月的饷薪很少，只有八圆五十钱。”微笑着，不好意思似地低下头剥着花生。

桌上放着二本日记、水壶，许多自[白]的蒸馍，因没[为]他们吃不惯这里人吃的小米粥、饭，而特地用上好的白面制成给他们吃的。

一个在旁的八路军战士要我问他关于日本军队中的长官和士兵的关系，因为在八路军中是没有长官和士兵的分别的。关于这，他这样回答：

“还和气，不过时常噜苏地要叫我们服从天皇，听命令，说中国人都是坏东西，要我们打中国人，……不自由！所以大部分的人民都对征兵感不到兴趣，比起日俄战争时的情绪是差得多了。……我希望战争早日停止。”

“他会吹口琴，吹得很好，你可叫他吹。”一个战士对我说着，一面做手势叫日兵吹口琴给大家听。

“不，不，吹得不好。”他吸着烟客气地，“这里没有口琴呢，……八路军有……可以借。”

旁边一个战士立刻从口袋中拿出口琴传给他。他终于吹起来了，的确吹得很好听。

“不好，不好。”笑眯眯地剥着花生往口里送。

“好！好！”大家拍着手。一位战士把“好”字说得很不自然，想把它说成日本音：“他还会唱歌呢！”

“你的歌唱得很好，可以唱一个给大家听吗？”

“不好，不好，请你先唱。”客气地说着。

“他先吹口琴，你得先唱歌，”另外一个不会说英语的俘虏用笔写给我看。

“你就先唱吧！”一个战士在旁不耐烦地对我说，八路军是喜欢“干脆”的。

“我们是被压迫的民族，我们需要战争，用战争来争取解放！……争取自由！”我唱了一个《我们需要战争》。

“现在轮到你唱。”一位战士指着日兵说。

“……用日语唱的《梦中情人》声音怪柔软的。”

“你在想念你的妻子吧？哈哈……”我笑着问。

“不，不，我还没有结婚呢。”

“那末你在想念你的情人吧？”

没有回答，一个微笑，脸色有点红。

“好！好！再唱一个！”大家拍着手希望着。

第二次唱的是《思儿》，声音很凄凉的，像《流亡曲》（又名《松花江》）的调子，听起来怪难受的。

大家都是离了家的人，家中都有着爹娘、爱人，战争使我们离开了家，然而战争又使两个不同国籍的人亲密起来携起手来。

在归路中，一个八路军的指挥员对我说：“这两个日兵都是在寿阳县西面的××镇被围而自动缴枪的。那时他们俩躲在一个茅屋内，被我们的游击队知道了，就把这屋围起来，在外面用日本话叫口号，他们两人就把枪从屋内丢出来，被我们俘获了。”

“四月前，在平型关有五百多敌人被我们包围在山沟里，因言语不通和日本军阀的欺骗宣传，我们要他们缴枪，他们死也不肯，情愿死拼。我们因此特地请了许多懂日本话的人，到各部队叫战斗员们学习日语，每人只要学会几句就可以。例如：‘日本的弟兄们，请你们缴枪。我们决不杀你，中国兵不伤害日本劳苦弟兄’等。同时印刷了许多小传单和标语，由各个游击队员张贴在敌人的后方、前方，或散布到已被包围的日本军中间。这样我们收到的效力很大，在晋北、晋东的游击队员，近来时常用这种方法俘获到敌人。”

“我们明白侵略中国的只是日本的少数军阀，日本的广大的人民是不愿意侵略中国的，他们是厌恶战争的，是被军阀欺骗强迫来的，因此我们对被俘的日本弟兄很优待，绝不伤害，打伤的我们还替他医治呢！”

“最近我们在晋北，俘获了许多受伤的敌人我们把他们抬到了后方，预备医治，可是不幸得很，在半途中，给老百姓看见了，打死了一部份，我们竭力解说，可是民众们都不甘心，实在民族间的仇恨太深了……后来我们把中国军的衣服给他们穿上，瞒过了老百姓才能够抬到后方医院……”

因为第二天有事阻碍，不能去，第三天一早晨去访问时，他们已被护送到延安去训练了。

（原载于《全民周刊》第1卷第10期，1938年）

# 赵老太太会见记

[日本]绿川英子
叶籁士 译

怀着一颗跳跃的心,我连忙赶到我们办事处的会客厅里去,以便在想象中描画着游击队的母亲赵老太太的姿态,映入我我眼里的乃是个典型的老农妇,短小结实,穿着朴实的黑色衣服。我事前准备了的中国话,一句都记不起来了。充满皱纹的脸上显出善意的微笑,她紧紧握着我的手。一双多么大而硬的手啊:我不知道怎样开始谈话。国际的游戏,反法西的统一战线——这些话在这里都非必要的。我好像会见了一位阔别已久的乡间的姑母。她也只微笑地望着我,仔细的打量着。一回功夫之后,我突然听见一个有力的声音:“我很对不起你。”

这句话是这样的突兀,以至我怀疑我的耳朵。但是我是个日本人,而她是位众知的抗日战士。因此——于是我企图在她脸上找出戏谑或者讥笑来。然而没有。我感了困惑,于是吃吃的说:“不,不,倒是我应该请你原谅。”我确实感觉到好像自己有过错,或者说至少有一部分的过错。谁掠夺了她的和平的农村而把这位老太太赶上生死的浴血斗争的呢?她脸上的密而深的皱纹,显然不只是年龄的记号,同时也是过度焦虑工作的痕迹。

“你到我们中国来帮助我们,谢谢你!”这样冥想着,当我打算开口说话的时候,却给她抢着先说了。“如果你以为我们恨日本人,我们反对日本,那你错了。侵略中国的只是一部分日本人,我们反对日本,不是我们高兴这样做,而是我们不能不反抗。你得告诉你们日本人,中国是讲礼仪的国家,要是有一天中国要侵略日本,我赵老太太绝不参加!”

她的话越说越有劲。我似乎给一种看不见的力量所慑服,只是默然倾听着她。

“人的心不应该是弯的。”她向我伸出了右手的大拇指,把它弯曲到可笑的程度,这个指头不这样做,其实已经有点弯曲的了,“而应该这样。”她把指头伸直。“你想想看，日本人到中国来，把一切东西都抢去了，还说中国人不对，还说义勇军是土匪。义勇军如果真是土匪，它为什么不到日本去抢劫呢？”

她计算着，从她十四岁的那年起，她所经过的日本侵略中国的次数：“日本和俄国打的时候，与我们中国不相干，但是它利用了我们的地方。这不是欺侮我们么？然而我们忍耐，因为中国是个讲礼仪的国家，而日本是我们的邻居。九一八来了，日本占领了我们的东北。我们不说什么，只要他们的心眼儿不弯。”她照例伸出了她的那个指头。“可是又来了七七！你想想看，我们可以再忍耐吗？我们已经忍耐了好几次，再也不能忍耐了。我们都起来了？我男的，女的，都起来了。你不要以为我们中国人没有枪。只要大伙儿联合起来，就是用了切菜刀也要把日本人撵出去。我们中国地方大，人又多。我们绝不怕死。”

我好像看见她率领着黑越越[黝黝]的一群农民，拿着棍、石、锄、镰刀和切菜刀，在广漠的平野上行进，在险峻的山道上奔跑。她们前面出现了我们的祖国的军队——啊，不要放枪！她们是你们的劳动与苦难的弟兄！

“有一次，三百个日本鬼子包围了我的家，把我一家都带走了。参议官来跟我说话。我就跟他讲理。人应该讲理。我对他说了许多话，他没有话好说。没有继而能说什么话呢？”她张大了嘴，得意地孩子似的笑了起来，露出了一排突出的下齿。我也笑了。实在是个好看的场面：那个装腔作势的日本公务员，激怒得满脸通红，痉挛地抽动着她的嘴吧，可是说不出一句话！那时候她就在“满洲国”的牢里坐了二个月。苦行也吧，诱惑也吧，都撼动不了她的铁一般的意志。

一丝倦意现出在她的脸上，用了已带灰色的手帕，擦去了额上大颗的汗滴，她举起了她的芭蕉扇，虽然屋里开着电扇。

“人的心是不应该偏的。”她重又申述她的直心哲学，用指头指点着胸膛。“应该搁在当中。中国跟日本是邻居。邻居必须有礼仪，讲道理。你想想看，日本人到中国来欺侮我们，还说我们不对。人在活不下去的时候，能够不抵抗么？只要日本退出中国，我们绝不反对它。”

每一个字都直刺进我的骨髓。她简直不是在说话，而是在射击。我几乎忘记了她已是五十八岁的老太太了。充满皱纹的脸紧张起来了，血好像在她的皮肤下面积极的流动着，这位文盲的农妇，乃是从现实斗争中间生长出来的最好的宣传者，煽动者，组织者。她从一个村庄跑到另一个村庄，把农民从盲目的服从中唤醒，使他们走向积极的反抗。她是这个伟大时代的伟大母亲。啊，日本的这样的妇女在哪里呢？阻止儿子们去屠杀无辜的〖可〗怜人，组织每一个妇女,不让自己的丈夫和儿子到非人道的屠场去,这样的日本妇女在哪里呢? 我是一个妇女,我自己也应该做这样的工作,但是……

"你的娘家是日本,你的婆家是中国。"她重又提高了嗓子继续说。"你应该好好地对日本人说,这样的欺侮别人是不对的,我们不能不抵抗,再说,要是有一天中国要侵略日本,我赵老太太可不干!"

"你是这个。"她把大拇指伸直,送到我的面前。"我们两个国家现在正需要像你这样的人。我很赞成你到我们中国来帮助我们,谢谢你!"我惭愧的低下了头。我看到自己的一双手,白而软的手。好一刻功夫一个问题咬着我的心:像我这样年轻力壮的人,为什么不跟着她去为反抗侵略者而流自己的血,却玩弄着一支无力的秃笔呢? 因为我用世界语译过一篇关于她的文章,她表示了很大的欢喜,天真地问我这种世界语是否跟中国语相像。在这位本质的国际主义者之前(她虽未必知道这个名词),我觉得一点点学问与皮毛的的知识只等于零。她不只用头脑,不只用一双手,而是用整个的躯体在生活着与斗争着的啊!

"人的心应该是这样。"她伸直了指头,"而不是这样。"她把指头弯了,"心直的人是伟大的而不是这样。"她把指头弯了,"心直的人是伟大的,一定会成功的。绿川女士,你应该为咱们两个国家努力工作。"

她立起来要走了,拿了支木杖和一把芭蕉扇。

"是的,而且应该有颗这样的心。"我照她所做的那样伸直了我的指头。在平常,对于这一滑稽的手势,我是会发笑的,现在却相反,我觉得我的眼睛湿了。好容易我才说了一句:"祝你健康。"紧紧地紧紧地握着她伸出来的那双又硬又大的手。

作者绿川英子女士是位最近来汉口日本的女作家,世界语者,几年前就替中国的世界语刊物撰稿。八一三以后,除了用世界语从中文中译过不多文章,以报道中国军民英勇抗战的真相外,并以世界语发表过《中国的胜利是全亚洲,全世界的曙光》和《爱与憎》等几篇文章,均译成中文英文保加利亚文等数国文字,最近还计划着把《活着的军队》这本小说译成世界语(一部分已译成,登在香港的世界语月刊《远东使者》第三期)。这篇是从作者的世界语原稿译出的。

译者注

(原载于《抗战文艺》第 2 卷第 4 期,1938 年)

# 祝福中国抗战一周年

［日本］濑州辉子
林林 译

编者按：濑州辉子为一日本女作家，日前由香港取道粤汉路去汉口国民政府国际宣传处担任宣传工作。继鹿地亘、池田幸子之后，濑氏为日人之为中国抗战服务友人之一。此文系濑氏在广州以日文发表，林林君译为华文。

七月七日是中国抗战一周年的纪念日，当着这有意义的前一天，我对于成为侵略者的牺牲而躺下的中日两国的战士们衷心表示哀悼。我现在再归回中国的土地，这风雨满天的华南重镇，且在自己生命史上占着永不能忘记的一页的广州，迎接这光荣的抗战一周年，我作为一个日本的女性，觉得非常兴奋。第一使我感动的，是中国长期抗战的成功。从前在祖国的时候，我是一个不能忍受军阀、统治阶级的压迫，但是到现在为止还未能成为一个可以粉碎这统治的强大的反对势力的日本勤劳大众的一员。那时候我总抱着疑惑和不满，觉得中国兄弟为怎么对日本的侵略不起来反抗的。在这次抗战一年间，妥协的风波正是不断的浮沉着。但现在，中国已在蒋委员长领导之下，中国共产党的忠心的合作进行壮烈的长期的抗战。在这里，具有伟大的中国解放的希望。我特别要祝福它。其次，我作为一个日本女性，一个反侵略的世界语者，在抗战数月前踏入中国以来，虽抱着为正义而斗争的胸怀，但不幸曾受抗战中的中国兄弟的误解，一度尝过冷寂的铁窗的滋味，并且被放逐于抗战的国土以外。然而，荷承许多未知既知的朋友同情与助力，能够再度归回中国抗战的境内，归回到广州来，迎接着这光荣的一周年。我怎能压得住高度的兴奋啊！

但是，包藏着我的，决不单是这种感情。在这抗战过去一年中，我曾以自己的眼睛，不分昼夜地看着烈焰冲天的闸北的大火，看着广州的残酷的轰炸的惨景，看着街头巷尾无数无家可归的难民，看着及其他种种为战争所惹起的现象。同时，不断地装进我耳朵的，是遥遥的故国传来的哀音。经过抗战一年的今日，在中国同胞中也许还有感着失望的人们。的确，为着这战争，中国产生历史上未曾有过的牺牲，从首都南京开始，若干大都市的陷落，许多英雄、同胞的战死，无数财物的消费——这对于恐怖和失望的。但我愿稍为远点把眼光向日本的国内去。关于这问题，我是比你们更深加关心的。在那样狭小的资源贫乏的国度，也要提供许多的牺牲者，使用比中国多数倍的军费，而且，这些军费，完全是从那勤劳大众的肉体上挤榨出来的血汗。在这战争一周年的时候，假如我是为这悲痛的思绪所牵锁的话，都不是对于中国，宁可是说为了日本。

看哟，最近日本的失败心理在一切的新闻杂志，不是完全无掩饰的表现出来么？日本为着适应你们长期抗战，已陷于不能不采取长期侵略的手段的绝境。长期战争，绝对必要坚强的经济力与巩固的上下军民团结，但这都是日本所缺乏的。松井石根曾这样叹息过："出征半年，回到祖国一看，想不到国内一般情形，都没有战时紧张的气氛。"这种现象，在偶然漫游到日本来的欧美人士的眼中，也是不可解的。日本的统治者，以所谓物、心两方面的"总动员"，努力强制与捏造国内的团结。以不断的胜利的伪假情报，麻醉民众。但是侵略者的代言人千原楠藏，也在法西主义杂志《大亚细亚》的六月号吐出心腑的话："在现在，公平来说，中日的胜利，可以说五分对五分。"你们知道：在中国战线上的日本士兵的厌战倾向逐渐厉害起来。那原因在什么地方，这在目前是毋须赘言的。后方的苦恼，决不能有进行战争的能力。有人这样说过："现在日本国内一切物价腾贵，但唯一廉贱的，那就是眼泪。"这不是多么明白而且意味深长的话么！这种例子非常之多，到底谁将失败呢？中国？还是日本？

我们不能忘记，这次战争绝不是偶然突发的，在侵略者方面，已有不断的长期的准备。对法西主义，进行民族解放的革命战争，也是不可避免地要长期的。我不是虚伪的慈善家，不是感情的人道主义者，所以，作梦也未曾梦想着：为着要少流血，中途结束这战争。中途妥协，不只对于中国民族不好，而且对于日本民众也有害。战，就要战到最后！

现在，我以这样的心境来纪念抗战一周年。但我个人，这一年间，所成的事，极其微弱，这是深感惭愧和抱憾的。但愿从今的民众中，我们的正义的同志，决不是少数的。不过，能够像我在中国和中国朋友亲热握手一起斗争的，就非常少数。所以，我不仅是个人资格，而且是应该代表他们，更加努力。去年七月七日，我在上海，此后在辗转中虽曾一度被逐于中立地带，但也能在一年后的今日重归广州，和中国兄弟们共同迎接神圣的纪念日。我不知明年今日将在何处？但只要光荣的抗战继续下去，我是将在诸君之中，为中日两国的国民、为人类的正义与和平而斗争的。在这抗战一周年的时候，我祝福中华民族的解放！

（原载于《孤岛》第 2 卷第 9 期，1938 年）

# 两个俘虏的自白

绍龙

朋友带来了一个消息，说是我军某部在前线擒获了二十多个敌人，预备经过临汾解往他处，俘虏现在在离临汾城十五里外的一个村上，记者觉得俘虏的情状、俘虏的心理很够引起人们的兴味，立刻就决定了："看俘虏去。"同行的还有一位同业。

上午十时徒步出发到那村子去，必须渡过汾河，出城十里，蜿蜒的汾水就横阻在面前，临汾的命名，想由此而起。西北的河流，多半身浅滩地宽，汾河也是这样，所以渡河的工具只有靠"桥"，"船"失去了效用。但"桥"仅能尽了一小部的责任，这有一里来长的淀地，必须靠苦力来驼[驮]半尺深的泥浆，用两只笨重的脚一步一拉，一步一拖，背上还伏着一个人，这样的渡河法，在二十世纪的今日看起来，实在是又滑稽又悲哀。

过河以后，完全是农村的风味了。田野间是一片枯黄，偶而看见一痕痕的翠绿，想是早播的麦苗。树技的外衣，不知何时被风雨剥去，显得那样孤伶憔悴。冬是凄凉残酷的，但万物的复兴与滋长，都建筑在它上面：目前的战事，也许正是"冬"的时期，不久的将来"春"一定会降临啊，旷野的迷惑逃过了行路的疲乏，不觉得已到了我们的目的地。

向驻军负责人接洽后，知道二十多个俘虏，解到这村上的只有两个。由他派员引导，在一个驻军的后院，见到了我们的敌人，但现在是我们的胜利品——俘虏了。两个戎装敌人，突然现在面前，一时间的情绪不知是喜是恨。

俘虏的态度是自若，行动也不受拘束，旁面看守他的人也很和善。他们不能说华语，但是汉文还能写得，由领导的人向他说明来意后就开始笔谈。

下面就是记者和他们笔谈的记录，不过他们所答复的汉语，却是日本文法，把动字放在后面，如今为便利读者起见，把文字稍微颠倒一下，原意仍保存着。"你们两叫什么名字？"问题就这样开始，"佐伯小二郎"一个较高个字的俘虏迅速的写出他的姓名。汉文写得熟练也还整齐，松井四郎那是个倭子的名姓。“你们在那一联队担任什么职务？”问题接着上去，“都在第二十师团第二十联队，分别担任食粮弹药运搬（即中国辎重兵）。”这是不是他们预定的答话，很难断定，由他二人的外表观察，很不象是一个辎重兵，“你们在什么地方被俘虏？”“山西省昔阳县西松塔镇东方，马道村西方。”地形的熟悉，使人惊讶。“你们到此地来后的感想如何？”把问题稍些转变一个方向，“中国民众十分亲切，中国军士十分亲切，我们二人非常好感，也非常感谢。”这是俘虏的一般口吻，也是中国民众对待俘虏的实在情形。“你们到中国作战是自动参加的，还是国家的征调？”“不是自动的，是国家总动员，政府的命令不能不服从。”“你们为什么要打中国，愿不愿打中国？”问题写出后，已预料听得的答复，但这又是少不了的问话，“这是政府的意思，这是资本家的主动，我们不愿打，中国民众日本民众和兵士都不好战，只是上官的命令。”居然得的答复是预期的，但由他们面部的表情确流露了厌战的心据，好像在悔恨这次的战争，又惭愧做了俘虏，为想更进一步使他们认识战争的罪恶问题，特换到他们的家庭上去。“你们两人的家庭状况如何？”“我有妻子还有两个男孩，在东京一小学校前开文具商店，家境也还小康。”这是佐伯小二郎写的家庭状况。“他有一位老母，有哥哥，有姊姊，还有他的妻子，他是制留声机片的工人。”佐伯又代松井写了家庭情形。“你们家庭知道你们被俘后，将作何感想”，意思有点打动他们的思乡心，“我们家庭大概对我们行踪不明，一定猜想是已经战死，当然十分悲痛，如果知道我们还活着，自然非常欢喜，盼望我们回国，我们也很想念着家庭，很希望贵国能把我们早早放回去，我们回国后，知道国内对俘虏是鄙视的，但是我决不愿再作战，情愿和我们的家欢聚度日。”两个俘虏确实动了情感了，他们也感到身受的精神痛苦，一定在诅咒战争，一定会认识日军阀的残酷。

记者觉得这两个俘虏已在忏悔，就把问题结束起来，我相信这两个俘虏迟早终有回国的一天的，我也相信他们会把我们宽待俘虏的真况告诉他们国人，我还相信将来在中国任何一块地方都会着［看］到俘虏。

晚风吹来，颇有寒意。偶而一回头，太阳已挂在西山啊，太阳已经没落了，加紧我们的步伐到城已是万家灯火。

（原载于《半月文摘》第1卷第8期，1938年）

# 三位日本弟兄

希明

"一·二八"七周年纪念日,驻晋东南某地的八路军战士和附近各村的农民群众,以简单而严肃的仪式举行着纪念大会,散会前,主席团报告"有三位日本同志愿意从今天起正式参加本军……"的消息,在热烈的掌声中,三位穿中国军服的日本人在讲台上出现,经翻译人的介绍,这三位异国弟兄的姓名是冈田毅、小林武夫、杉本一夫。接着杉本一夫同志以日语致词,他说:"我们三个人愿意参加八路军,正因为八路军是统一战线的一部分,在此军中,我们认清了日本法西斯军阀的侵略主义,我们发现了真理,以前我们在日本资本主义社会里,一切都受着隐瞒欺骗,不能为人类谋幸福,现在我们觉悟了,我们是人类,应当为人类谋幸福!我们没有种族国家的区别观念——只有侵略者才强调这种区别,……为了建设真正的东亚和平,我们愿与八路军同生死,共患难,建设三民主义的新中国,建设新日本……"

"……在日本,也许有人认为我们是国贼或卖国的人,但是这是日本法西斯军阀的说法,我们不仅认为不是耻辱,而且认为是荣耀,无上的荣耀!在日本国内,正有千千万万的人因为反对法西斯军阀而被捕入狱或惨遭屠杀,但他们的力量却一天天的壮大起侵了!"

"因为我们是日本的人民,不愿为法西斯军阀的来略战争而牺牲,我相信,以后将有更多的日本人会被法西军阀认为是国贼,但是他们是必然要被打倒的……以后,我们将携起手来,为人类幸福及真理而努力……"

会场里充满着兴奋愉快的情绪,朱总司令在台上和这三位日本弟兄握着表示热爱的手,而且指出:"抗战胜利的前途已将到来,国内团结还不算,日本的劳苦大众也同我们团结起来了!这三位同志是开了端……"在讲词里,朱总司令详细说明日本军阀,对其国内人民大众的压迫剥削和其必然崩溃的前途,最后说:"我们不仅要加强团结国内同胞,而且要团结日本劳苦大众以及其他爱好和平的民族……希望三民主义的新中国与将来的日本民主共和国携起手来，建设东亚和平，那才是全人类的幸福……”

掌声雷动中，三位异国弟兄又合唱了一段由日本军歌改造的《新日本建设歌》，试译如次：（原歌由冈田毅同志以日文写出，请参阅。）

（一）
一年呵又去了一年，
这惨酷的战事呵，喋血方酣。
进！进！前进的征途无限。
战友们不断地死亡——昨天接着今天。
我们渺茫的命运呵，更有谁能预算。
每天每夜，我们都沉沦在痛苦的深渊！

（二）
什么是王道乐土，
不过是专制恶魔的欺人术语，
看吧——七年前的满洲，已留下许多实例，
那虚伪欺骗的和平，
对我们究有什么给与？

（三）
从残秋到了严冬，
在零度下的酷寒当中，那无辜的民众们，正受着难堪的苦痛。
这是错误的侵略战争，
起来！日本的战友们！
我们的前途是只有和平。

（四）
起来，日本的伙伴！
为了得到真正的幸福；
为了正义和自由社会的实现：
打倒法西斯军阀的重责，

是落在我们双肩。
建设新日本，
就在伟大的明天！

在这三位日本弟兄正式参加八路军工作的第三天，我们又得到会见的机会，而且经过较长的时间谈话。据杉本一夫说：

“在日本，我曾毕业于商业学校，去年被征入伍，参加十六师团中村部队，担任工兵，在平汉路磁县附近作修理道路的工作，因为时常受中国游击部队的袭击，在附近各村落常常可以见到八路军所散发的宣传品，正因为过去生长和受教育在日本帝国主义的社会里，有许多疑问不能解决，也不敢提出质问，参加战争完全是由于被迫，虽欲不参加而不可能，在战斗时，虽因工兵是非战斗部队，武器不佳，子弹亦缺，但为顾全生命及维持所谓‘武士道精神’，不得不起而顽抗，同时，过去所了解的是中国军队对于日本俘虏必然残酷的处死，所以被俘之后异常悲观，但是出乎意外的是八路军对于俘虏，不仅不加以伤害，而且充分表显着如同弟兄一样的态度，在最初，我们觉得参加中国军队工作有些卖国的嫌疑，后来才澈底明了这次中日战争是日本对中国的侵略战争，中国固然受着灾难，日本也受着灾难，彼此都在痛苦中，我们不应有狭小的爱国观念，我们应当为全人类谋幸福。”

“日本人民在法西斯军阀统治下，决无幸福的一天，日本不但侵略中国，而且企图发动对苏战争，只有打倒法西斯军阀，日本人民才能得到幸福，当前的战争，对于日本人民没有一些利益，因此，我虽在日本从生长到受教育有二十五年之久，可是现在才了解过去的错误，参加中国统一战线工作，不仅不是出卖日本，相反地是救日本，为日本留下一种伟大的事业……”

当杉本同志兴奋地说完以后，小林武夫说：“我是一个中学才毕业的青年，在日本作汽车司机，去年被征到关东军自动车队，依然担任着汽车驾驶员，由后方送给养到前方，再把伤兵运到后方。去年十月间由太原到石家庄，当经过寿阳时，汽车发生障碍，被地方游击队所俘，正如杉本同志所感触的一样，最初是恐怖着，以后经过医生的诊疗和工作人员亲切的谈话，才明白了日本军阀的真面目，而且发生了对日本军阀的仇恨。”

“记得在日军时，因为桥梁公路时常为游击部队破坏，必须经过工兵修理才能通过，那时随地都可以看到中国军队的宣传品，但是日军官绝对不许看，偶然得到一张，也被军官抢去，因此对一切情形都不明了，直到最近我才了解一般问题，我们参加工作，不但是为中国，而且是为日本被压迫人民而奋斗。”

这位出身小农的青年谈话的神色，特别显得诚挚。最后冈田毅同志用相当流利的山东土语说："我生长在辽宁，而且在沈阳作小商人，在中国已有二十七年的历史，去年也在强迫之下被征，担任关东军一〇九师团某联队的翻译。六月间，在同蒲路祁县奉令到南下村同当地维持会接洽事情，正在同汉奸们谈话时候，突然有十二名游击队员走进室内，当时被射伤一处，经过三个月的治疗，知道八路军是为了三民主义新中国，为了日本劳苦大众，为了东亚幸福而奋斗，于是我才坚决地参加工作……现在生活中物质条件虽然有些苦，不过将来必有幸福的一天。"在纸烟的青烟缭绕中，他那留有小髭的脸上泛着愉快的天真的微笑。

冈田毅把他们集体创作的《新日本建设歌》写给记者，他说：这首歌可以代表他们全部意见，同时他们又分别写出了些个人的感想。最后，小林同志说："过去曾有几个日本兵被俘后又被八路军资送回去，濒行时候，那些人都哭泣起来，不愿意离开八路军，不过他们想把这里的情形告诉给那边的日本弟兄，于是走了。然而，在日本军阀认为是思想战的现阶段，这些人也许被屠杀！"

现在，这三位异国弟兄正在八路军工作着，他们同每一八路军官兵一样，过着艰苦的生活，作着忙碌的工作，如果他们有什么痛苦的话，那么正如杉本同志所云："我们也常常感到痛苦，只是为了无量数日本的劳苦大众还在法西军阀统治下没有得到自由和解放。"

（原载于《半月文摘》第3卷第6期，1938年）

# 哀悼岛山先生

［韩国］星淑

我们的一位民族解放运动伟大领袖安岛山(昌浩)先生，竟于三月十日在敌人的牢狱中与世长别了，噩耗传来，全朝鲜民族，那一个不为着先生的惨酷的遭遇而悲痛？尤其悲悼不置的是亡命在海外多年与先生共同策动革命事业的老同志们，以及在先生指导下积极参加革命斗争的无数青年们。

岛山先生是现年六十一岁的老革命者。先生在亡国前后三十余年间，为着朝鲜民族的自由独立而奋斗到底。特别在亡国后，亡命到海外来，在满洲、上海及美洲各地，积极纠合革命同志，组织兴士团，策进革命事业。一九一九年“三一”大革命运动当时，先生参加韩国临时政府，并召集国民代表大会，以谋革命运动的统一，其后组织韩国独立党，以策动独立运动的统一的指导。到了“一·二八”战争后，尹奉吉烈士炸杀敌将白川事件发生时，先生适在上海，遂被倭敌逮捕，在京城牢狱中做了五六年惨酷的铁窗生活，因病保释。这次中日战事发生，又被敌总督府逮捕下狱，竟以年老多病之身抵不住敌人的横暴毒刑，终于离开我们而长逝了，我们要记住：先生始终是为民族的自由独立而奋斗努力而至于牺牲！

先生在革命运动中一贯的主张，就是集中全民族的力量，以“实干苦干”精神向前迈进！在这倭敌大举进攻中国，而全朝鲜民族反日反战运动风起云涌的今日，特别在全民族反日统一战线运动正在高涨的时候，先生的肉体虽然被敌人夺去了，但先生的革命精神便永远活跃在我们每一革命者的心房里，领导着整个革命运动。所以，我们哀悼岛山先生，必须本着先生的集中全民族力量的遗志，赶快建立全民族的统一战线，来打倒日本帝国主义！

(原载于《朝鲜民族战线》创刊号，1938 年)

# 救国运动高于一切

[韩国]李斗山
张缅魁 记

(三月十六日在培桂中学讲)

同学们,今天得到这里来和各位见面,并且得到各位的欢迎,本人觉得是非常荣幸而值得感谢的。不过,“欢迎”两个字我是不敢当的。前方的将士和革命的同志在与敌决斗的今日,同时我们的国土还没有收复的时候,无数的同胞还呻吟在敌人的淫威之下,兄弟尚有什么资格来承受各位的欢迎呢?

这次经过武林,因为工作底关系,要赶快回到梧州,本来没有什么时间再事逗留。各位同学要我来讲几句话,隆情难却,所以来这里和大家见面。

今天所要对各位谈的是“救国运动高于一切”。

“救国”这两个字是很醒目而刺耳的。当一个国家国内发生某种危险或受国外恶势力无理的压迫时,便是需要采取应付这危险和抵抗外力的方法和行动的。这也就可以说是救国运动,也是革命运动。

详细点说,革命的起因,是由于为了社会的需要。由于替大多数人类谋自由幸福,社会各种制度是跟着时代需要而转移的,若果社会现状不能满足多数人的要求时,无论在政治上、经济上、宗教上各方面都有改革的必要。所以在革命的表面上看,革命是在破坏,其实目的是在建设。中国目前抗战和朝鲜革命运动的内容也是如此。

日本帝国主义前后蚕食台湾、朝鲜、东北三省各地,现在他大规模的军事行动,已经把中国各重要城市好像北平、天津、汉口、广州等处占据。失地内的人民岂不是同目前台湾、朝鲜各地的民众一样地受敌人苛刻的待遇吗?现在日本帝国主义正在进攻中国当儿,一面又恐怕我们朝鲜革命潮流的膨涨,所以特别加紧压迫朝鲜民众。不过朝鲜民众正在趁中国抗战当儿也抓住了这千载一时的机会,求我们卅年来异族压迫的解放。我相信,中国第二期抗战已经到胜利的阶段，朝鲜革命成功的前途已经露出曙光了。

诸位同学，现在你们虽然在学校里念书，但是对于目前各弱小民族不要忽略去。我们要认清自己的立场做去。读书目的在求致用，国家供给我们读书，不外盼望将来能够肩起社会上一部分的责任，我觉得，各位同学在目前能够读书，是值得非常兴奋和羡慕的一件事。我们朝鲜同胞自亡国之后，敌人用文化侵略底毒来锢闭一般爱国的思想，朝鲜学生所读的书中如有关朝鲜本国历史上爱国的材料都在被禁止之列的，朝鲜人民结社、言论、出版等等的权利一点享受不到，如果给日本当局认做有“不逞”嫌疑的地方，且有给警察抓去的可能。所以朝鲜每一角度里的民众，不但言语行动受极端缚束，他们的生命也一点没有保障。各位在中国国难当前的环境里，要明白究意为何读书？在这里，兄弟可以说：读书时候求国家的自由平等的，如果个个青年学生都抱定这目标去用功，那末中国长期抗战的前途绝对有胜利把握的。

大家都知道，这次抗战的目的，是求为民族解放及保障世界的和平与正义。我们要以民族第一、真理第一，个人一切的牺牲是不足为惜的。前方将士牺牲了不少头颅，但他们所得的代价超过个人生命之上。我们大家每个人心目中应该有这样一点的认识。日本的军队，他们是受到军阀的压迫而来作战的。日本国内的革命青年们，他们都很明白此次侵略中国是一部分军阀主动的，并不是大众所要求的倾向。所以，反战运动很澎湃。反战的分子是革命青年觉悟的士兵、被压迫的广大民众。

同学们，抗战的最后胜利必定是属于我们的，朝鲜及爱好和平的其他国家都竭力协助中国抗战。我们不要灰心，希望各位要抱着救国的信念和决心来读书，培养你们的学问，来应付艰巨的环境。中国达到最后的胜利的日子，不但是中国的胜利，也就是世界各弱小民族的胜利。

朝鲜和中国及其东方弱小国家都受日本压迫，日本帝国主义就是我们大家共同的敌人，我们大家不要互相猜忌，不要彼此隔膜，要紧密的联合起来，站在同一的战线去和日本帝国主义决斗，已[以]达到胜利的目的。救国运动高于一切就是这个意义。时间匆促，只能对各位贡献这点，也就是兄弟最诚恳希望的一点。

（原载于《东方战友》第 6 期，1938 年）

# “皇军”还活着

[日本]石川达三
夏烈 译

这是石川达三的一篇随笔记录，在敌人国内曾引起很大的反响，刊载的杂志被查禁，石川本人恐因此而已不活着了。

——编者

## 一、支那青年

部队司令部的房子后面忽然起了火，夕阳斜照的司令部窗上，现出浓烟奔腾的影子。

笠原伍长和他部下的二个兵士首先跑到火烧的地方，把在那里附近游荡的一个支那人捉住。他是一个二十二三岁的青年，穿着贫寒的衣服，头颈和手足都很龌龊。

笠原伍长大喊一声“你！”但是不懂中国话，没法讯问。他一面吸着鼻涕，一面对他的部下说：

“你到司令部去喊翻译来！”

兵跑去了以后，笠原坐在抛弃道旁的破缸上面，看火烧，火焰压着墙壁，直冲二楼的天花板，烧到栋梁，瓦片和瓦片之间闪着白光，窗里的火焰正在盘。“烧得好啊！和暖啊！”

还有一个兵伸出两手，好像烘火炉的样子，一面用眼钉住支那人的脸孔，“这家伙生着一副惯做这种事情的脸孔。”

青年呆立在两个兵士的傍边，现出一副没有表情的呆的瘦脸，七八个兵士渐渐地走来，围住这个青年。

“是这家伙放火的吗？”

“好像是的，讯问一下。”

“好大胆气，居然想烧司令部！”

翻译吐出了衔在嘴里的洋火梗，很凶狈的样子，问了几句，但是青年只注视他不说一句话。他轻轻地扣着他的肩膀，还是继续讯问下去，于是青年很轻地回答一句话。翻译忽然举起手来，打他一个耳光，青年跄踉□倒退几步，盛旺的火焰中，瓦片和栋梁都坍下来，旁边的兵说：

“翻译先生，他说什么？”

“这家伙，他说自己的房子自己烧了，是他的自由。”

坐在破缸上面取暖的笠原伍长忽然起来，捉住青年的臂膊就走。“来！快来！”

青年立刻走过了，两个兵跟在后面，走了十步光景，笠原掉转头来，回看中桥翻译，意味深长地对他一笑。

走了二三十丈，离开村落，四人到了杨柳岸的小河边，两面全是田亩，在夕阳斜照中，静悄悄地没有联息。太阳正在落下去，天空染了红色，红色的云影映在河水里，一些也不波动，象征没有风的和平的秋天到处都有点点散在的农家。但是找不到半个人影。他们跳过几过[具]中国兵的尸体走到河岸立住了，野菊的残花还在水边一蕞一蕞地开着，田里的炮弹都已积着水。

笠原立住，回过头来，青年低头注视似流非流的河水，一匹中国马死在那里，很肥胖的屁股，露在外面，浮萍贴近马鞭的四周，头却没在水里。

“朝侧面！……和你说也不懂，真讨厌。”

没有办法，他只得自己跑到青年的后面去，率率把指挥刀拔出来。像瘦鸦的青年看到这样的情形，立刻回头转来，跪在泥地上，大声高喊几句，合掌向他拜起来，但是笠原早已被人家拜惯，不会因此生慈悲心，不过也并不感觉舒服就是了。

“低头。”

一瞬之间，青年停止他的叫唤，原野又回到本来的静寂。青年的头虽然没有落下来，但是伤却很深，和马的屁股相并，半身浸在河里，只有一双泥足朝天伸着。

## 二、征途

第二天早晨东方初白的时候，货车满载着兵开出去了。石家庄各处飘扬着日本旗，士兵们都从不安的幻梦中醒觉了。那里已有几十个宣抚班的人，穿着西装和大衣镶着徽章，忙碌地做战场工作，为了建设明朗的华北。为了宣传日本的正义，并且为了给他们安住的天地，被宣抚的他们，穿着龌龊的黑衣服，皱褶的棉衣袖上，缠着日本徽章，看到兵就笑嘻嘻地行举手礼，这不过是表现他们可怜的境遇而已。惯于战祸的住民，只有服从占领的军队，这是他们祖父之代传下来的习惯，兵虽然受他们的敬礼，但是并不信用他们。

石家庄的郊外，每进房子都已破碎，表示战祸的惨状，倒坍的房子不过是瓦片和砖头的堆积；在非常干燥和可怕的静寂中，很厚的墙壁还是兀然独立。沿铁路的地方，日本军指挥村庄的人民收拾中国兵的尸体，掘了河，埋在里面。数十个人都叠起来，抛到洞里去，他们好像鱼一样开着口侧着头，睡在洞里。泥土盖上他们的身体。这样就把无名战士的墓建在田地里。

货车载着无聊的兵，沿平汉线北上，经过正定、定州、保定，晚上就停在涿州站，等待天亮。回到这里，觉得警备兵的脸孔亦很和平，哨兵的岗位里，居然有拿水瓶的酒给我们吃的。

第二天早晨再出发，中午以前就到了北平，但是货车通过北平就开始前下。兵士都想，还是到天津去啊！

“部队长，到天津去干什么？”一个兵伏在黑暗的货车角里，开始发问。他叫平尾，一个勇敢的一等兵，吃醉的时候，时常拍着大腿，高唱东北胡匪的歌。仓田少尉从眼睛里放出柔和的视线，对他和蔼地微笑，好像是穷于应付的表情。“变更战线的话，应该是从北平沿平绥线到张家口去啊！平尾一等兵像不满意的样子说，“天津现在不是没有战事吗？”

“是警备天津吧？”

我也不知道什么。仓田少尉静悄悄地回答，好像是无话可说的样子，微微的笑。为了透些光线进来，把货车的窗略略开些。从这窗隙向外望出去，沿路枯死的高粱像一条花纹一样，向后跑过去。夕阳斜照的田地上。农夫们正在工作，这里已经是和平之乡了。

这天夜里到天津，两昼夜货车旅行的疲倦，到此方才告一段落，兵士们叹了一口气。弯着腰立起来，背着行囊，跳到轨道上。正在这时候，大队司令部的传令兵跑过来叫道：

“不要下来，上去，上去，就要开车了。”

兵士们慌张地又跳上原来的火车，大家的嘴里都哼着，“究竟要我们到什么地方去？”很长的军用列车，载着不知何往的一大队兵士，又开车了。看带在腕上的指南针，方向是朝东，这好像是到二个月以前上陆的大沽去，此后，或许是凯旋了。

但是那天夜里，驶过塘沽以后，火车继续向东北走。

是俄满边境啊！这个谣言突然一种很大的动力传遍了列车之内，一定是和苏联开战了。

新的紧张使他们沉默起来，这次的敌人是苏联了。俄国陆军可怕的势力是他们所熟悉的，边境堡垒的完备亦时常听人家说起，现在不用说，当然只有唯命是从，用不到逡巡。但是猝然又想起故乡的山河。啊？……糟糕，那天夜里见车里睡不着的兵很多。

仓田少尉背靠着货车的铁板门，盘腿坐着，从怀里拿出小簿子，开始记今天的日记。这是出师以来，就是在激战中亦没有中断过的日记，他是一个很有规则的人，为了几笔很短的日记以后，从背上行囊中拿出印着红色“军事邮政”字样的明信片来。

“大家都好吗？先生亦很平安的活着。希望你们早些长大起来，为国效劳，这样的一封信。他是故乡镇上小学校的教师（这是怎么和平的生活）。如果是到俄“满”的边境上去，应该对担当的一班小学生，写一封诚心诚意的告别信。但是军队去的方面又却是会属于机密，他想到这封信给于儿童心的冲动，又踌躇起来，不过终于又添上一句：“我想我们没有再见面的机会了。”这一句在没有给予儿童影响以前，他自己的心早已受了影响。他自己吃了一惊，抬头看车内的四周，本来醒着的兵也都瞌睡了。都是非常天真非常顺从的青年，他错觉他们就是他的学生。这里没有新田上等兵，亦没有水上一等兵和多贺一等兵。他闭着眼，想起□县郊外的战斗，我还没有死！觉得很奇怪，居然没有死！这是一种焦躁不定的心绪，或许这是一种到死为止的不安。他突然想激烈地打仗，这次再到战线的时候，一定莫名其妙的冲过去。这样想着，他的脸红起来，心脏亦跳的厉害。

又在货车里，迎着黎明。缩在车里的平尾一等兵，被车窗里射进来的晨光照醒了，立起来打个呵欠说道：

“Y！想洗脸呐！冷水洗脸多么舒服啊！”

同一车厢里，四十个兵士都有同感，反而笑了，已经四五天没有洗脸了。

“我想慢慢的拉粪啊！”

大学毕业的近藤一等兵说。自从离开晋宁以后，连到厕所去的功夫亦没有。货车没有这种设备，各站停车的时间又过短了，兵士们的肚子都有些毛病了，但是下午到秦皇岛站的时候，停留二个钟点，在这时间里，近藤一等兵的要求，完全满足了，并且还分发了三天的携带食粮。

西泽都队长和他的副官坐在前部的装甲车里。他走下月台以后，也伸手伸脚摩擦硬化的的关节的麻痹。兵士们下车以后，都盘脚坐起来，因为立着的时候，全车太痛苦了。

一个钟点休息以后，他们又坐到别的列车上面去，这不是货车，是一辆客车，有厕所，亦有盥洗室。列车出了奉天开始南下。

凯旋啦！没有一分钟，传遍了整个的列车。万岁！凯旋啦！已经不想能够再见故乡的河山和家庭，而居然又可以实现了，大家的欣喜是没有办法制止的。

在火车里过了一夜，到了大连，部队都分宿在民家里。等后来的部队到了，一同趁船凯旋回去。大家都是这样想这天夜里，他们在大连的街头趾高气扬地游荡，喝着酒，唱着军歌，也有买了送回故乡的礼物。

第二天，全体集合，每一个中队都点名的时候，部队长的通告来了"还不是凯旋，不许买礼物。"

排队走到市街的尽头，趁在预先准备的几十只小船里，演习敌前上陆。兵士们方才知道又要到新的战线去了。

到什么战线上去？谁也不知道中队长、大队长都不知道，部队长或许高岛部队长自己也不知道，一切都是应该严守秘密的军机，就是兵士们抛在邮政桶里的信，不到时候也是不能送出去的。

第三天西泽部队趁船了。这是一只船舷漆数字的轮船，桅杆上面，高挂着军用船的旗号，部队长船里值班的近藤一等兵，在房里发现一包密封的文书，上面用红笔写着，出口后三小时启封。内容是上陆地的军事机密地图，是从上海到南京附近沿长江一带非常精密的地图，向网一样的每条小河旁边，都注着阔、深、腐泥的深浅，可以过河的地方，倒的阔狭，雨后泥泞的地方。这是等待他们的新战场。

船不拉一声汽笛，前后三只，驶出大连，兵士们打开圆窗，默默然望着远开去的大连和附近的小岛，把买来的礼物都抛在海里，倒在铁格子的船上，静悄悄地睡了。

## 三、牛

太阳落山以前，中桥翻译受了步兵炮队的委托，到村庄里去征发马匹，这是一个五六百户人家的小村，跑了二十分钟，就知道是没有马的，拖炮车的马跌在河里，折断了脚，倘使没法补充，明天的行军，就要遇到困难，兵士知道没有马，只得想用牛来代替。

"牛是有的，是水牛，没有关系吗？真是以牛代马了。"

中桥说着笑了。他是一个十九岁的青年，战争开始的时候，就想做翻译，因为年纪不足没有被采用;后来他又想提出志愿书,方才允许他从军。他的血气很旺,但是身体好像很瘦弱的样子。

村庄尽头的农家茅屋里,系着一只水牛,他们决定把这条牛牵去。翻译从房子的后门向里一望,看到皱纹满面的一个老婆子正在灶下烧火。

"喂！老婆子,"他立在门口说,"我们是日本兵,要你的牛,对不起,我牵去了"。

老婆子提起尖锐而枯槁的嗓子,拼命地反抗:她说:"你们不要瞎说,这件牛是前一个月刚买的,给你们牵去以后,不是连田也不能种了吗?"她挥着两手从灶间出来。这时候三个小兵已经把牛牵出茅屋,正在商议它的用处。老婆子稍有些歇斯底里症的样子,看到这样情形,大吃一惊,冲开牵傅缰的小兵,跨开脚,立在牛的前面,拼命地叫喊。

中桥翻译突然格格地笑起来。

"这个莫名奇妙的老家伙,她无论如何不肯放弃她的牛。她说她有二个儿子,拉一个去帮忙到没有什么,把牛拖去是绝对不行的。"

兵士们围着青筋暴露的老婆子和水牛,格格地笑。

"……拖炮车吗?"

但是天已经晚了,太阳落山以后,危险更多,大家商议结果,还是决定把牛牵去。

"……"一个小兵撇开老婆子,牵住牛的缰绳。

但是老婆子飞着口沫高听叫喊,还是不肯放弃她的牛,这个畜生！翻译骂着,老婆子不堪一击,就跌在道旁的泥田上,兵士们又对她身上□了许多污泥。

"总算留她一条老命,战事完了,还要还她的牛咧!"

牛在泥土路上,开始慢慢走起来,兵士们都感觉非常舒服。这块大陆上有无限的财富,这都是……这附近住民的,……好像野生的水果一样,都开放在兵士们的前面,任他们意之所欲。

但是这条水牛终于施报复了。第二天早晨出发以前,整理完了等待命令的时候,这条水牛拖着炮车跑到泥田里去,兵士们不得不化了许多力量去拖起来,弄得浑身全是腐泥。

## 四、姑娘

早晨点过名吃过饭以后,没有规定工作的兵士们都笑嘻嘻地从营房里出来。有工作的兵士们也因为要征发食粮到外面去了。这次进军很速,同时输送食粮到前线去,要化很大的费用,所以前线的军队都采用就地征发主义,供养军队，华北方面为了作战后宣抚工作，就是微细的征发亦都一一付钱；但是在南方战线除了自由征发以外，没有什么办法。伙夫值班的兵士们时常从田地装满载了蔬菜回来，或是在猪的颈上套了绳子，蹴着它的屁股牵回来。

不久以后，征发做了他们外出的口实，时常当暗语用，尤其“……”一句话是当作找姑娘的意思。他们想看年轻的女人，只要能够看到脸孔也好，后影也好，照相画像也好，甚至只要是像征年轻漂亮女人的东西就好，女人用的手帕和刺绣的绢鞋，他们也如获珍宝似的拿回去在大家的面前示威。

但是追踪敌军所到的村庄里，年轻的人差不多没有，只有老年人和孩童留在那里。青年的男子不是编入军队，就是被征作挑夫。年轻的女子不是跟着退却的军队到别的地方去，就是自己找避难的地方去了。她们几次三番地经过内乱，知道遭受战祸的地方，年轻的女人是要受蹂躏的，所以出去找姑娘的兵士虽不少，消受艳福的却并不多。

这天早晨，战友们三五成群的，衔着香烟，又出去找姑娘；断垣残壁的支塘镇街上，都是游荡的的兵士们。

近藤一等兵在村落尽头的农家破屋里，看到一个年轻的女人。

“在这里，在这里。”他对同行的兵士们说。

女人从黑暗的房子里，注视他们的动作。从外面看进去也可以知道，她还不满二十岁，近藤等四个人，蹑手蹑足地跨过狭长的菜地，大胆地立在这家农家的檐下。

女人立在很小的芭门里面，这一间很黑暗而且狭小的房子。犁头铁耙靠在壁上，很坏的家具堆积在一边，而盆里放着干瘪的白菜和马铃薯。

“喂！姑娘！”一个兵喊着，嬉嬉地笑，她的脸色非常紧张，表示恐怕的一双黑眼睛闪闪地发光。轮廓很美丽，但是衣服和头发都很龌龊。

“这个女人倒还不差，就是太脏些！”还有一个兵表示美中不足似的说。

“进去看吧！”

近藤一等兵说着，去推板门，里面好像下了锁。但是他屏息用力撞了一次，门就开了门闩和锁分开来，落在地上。

他轻轻地跨进一步，这时候女人突然倒退一步，举起右手所拿的手枪，扳了一次，格的响了一声，弹子没有打出去。

近藤连忙低下头向她的胸部冲过去，瞬息之间，把她打倒地上，夺了手枪立起来。“畜生。”他喘着气说，“她不是平常东西！”

后进来的三个兵把她围起来，她横倒在地上，一点也不动；只有她高突的胸部和腹部，在每次急促的深呼吸的时候，上下地波动。

突然，他们……这抵抗的女人……

“剥这家伙的皮，”近藤说，但是他觉得自己的话太……于是又低声地加下几句：

“或许是间谍也未可知，身上不知道有什么东西？”

女人非常龌龊，没有穿袜的脚胫和手都满涂着泥和灰。兵士蹙着额用手撕她的衣服，露出衬衣来，这已经因为龌龊而变成灰色了。

末了，终于在她的上衣袋中的布做的钱包里，发现一张类似速写、不懂所以然的符号。

“看！是间谍！”

近藤抚摸着夺来的手枪说：“还有吗？”

其余的兵又撕她的衬衣，于是突然间，女人雪白的全身肉体呈示在他们的眼前，他们的眼睛感觉眩惑，不敢正视，肥胖的胸部两旁，高耸着乳峰，丰腴的腰间曲线，浮刻在黑暗的地上。近藤不知不觉又扳手枪的扳机，依然没有放出去。

“畜生！我差一点给她结果了。”

“她一定是间谍，普通的农家妇女断乎不会有手枪的。”

近藤一等兵换左手拿手枪。女人的眼睛闭着，他在她身上上上下下看一遍，性的要求又涌上来。这是一种莫名所以然的冲动，只觉得肚子里发热。他不说一句话，右手……好像制标本的样子，把她的肚子切开了，看着她挣扎颤动，终于不动了。猩红的血从身旁流下去，渗透旁观兵士的皮鞋底。

门外皮鞋声很响，三四个兵士的脸孔从窗口望进来。

“做什么事情？”笠原伍长说。

近藤一等兵拭着刺刀的血，简单地说明事情的经过，并且把写着符号的纸片交给他看。

“我想她一定是间谍，所以把他杀了。”

“可惜！可惜！”

他衔着香烟，跨过菜地，走向路上去了。

## 五、医学士

叠起石头，造成马蹄形的灶，上面放一条铁棒吊着六只饭锅子，六个兵盘脚坐在旁边，等待饭熟。是中午的时候，没有风，民房的屋角里，照着阳光，和暖得几乎想睡觉。听说从上海经罗店、嘉定的友军，昨天已经占领太仓城。离这些人十步左右的壁角里，堆积着大批垃圾，腥红的猪的肋骨和肚肠搁在上面，露出牙齿的猪头也滚在那里，这是昨夜吃掉的东西。近藤一等兵伸直二条腿，坐在地上，头颈照着和暖的阳光，玩弄刚才夺来的手枪。

他拿出刚才未曾放出的子弹，放在掌上玩弄，又想到刚才的女的事情。他在医科大学里毕业，并且在研究室里做过事情。切开女人的尸体，本来并不算稀罕，但是杀死活的女人，这是第一次。

现在他并不觉得残酷，倘使是间谍，当然应该杀死的。用手枪打死或是用刀杀死都是一样的。不过他想，从活到死是这样容易转换的吗？这是他到战场以来几次三番想过的问题，杀了女人以后，对于这问题更有深刻的感想。

本来医学是研究人体的一切生命现象的，一般医学家者都为此化了一生心血，拼命地从事研究，但是这研究目标的人的生命现象是这样脆弱，居然可以用这样极小的努力来消灭它。生命这件东西在战场上是如何被人轻视侮辱啊！

这究竟是什么一回事？近藤医学士想，无论是敌人或是战友，被人家做杀戮的目标实在是对医学那种学术是侮辱，自己是一个医者，但是居然侮辱医学。

这样想来，他觉得走入迷途，感觉混乱——慢说，我的生命怎样呢？倘使我的生命也受敌军轻视的话，那末在我生命上的医学又将怎样呢？一定是更被人家轻视了。

的确，自从到战场来以后，但从来没有受到医学士的待遇，他的知识也未曾应用过。他的智性睡觉了。不错，战场里是不需要一切智性的，他想。这样想法，是不是可以明确地解决他的问题，他自己也不知道；但是在这样环境之中，他觉得这种想法是不得其所的，于是打断他的思索，揭开喷浆的饭锅子盖，微笑着，对旁边的兵士说。

“刚才被我杀死的姑娘真漂亮，给她活站着多好啊！”

（原载于《敌军战记》，新群出版社，1938 年）

# 俘虏

[美国]史沫特莱

这是一个矮小的人，矮小得像一个小孩子。

他穿着一件日本军用的、优美的黄色呢大衣，大衣后领上悬着一个御寒的尖顶风帽。脚上穿的是一双新草鞋，使这个年青人怪觉得拘束的鞋子。这鞋子是中国的老百姓送给第八路军的，而又由八路军转赠给他的。

他坐在一个坑上，在一个窑洞里。他好像是一个害羞的孩子，因为他的头是低垂着的。他的左手挂在颈项下悬着的绷带裹，那儿有一点伤。他很静静地坐着，没有做一句声，只不时抬起头来，用他那副大的眼睛向周围望一望，然而立刻又垂下了。

这是一个异国的青年，一个倔强的孩子，我们从平型关附近的一个小山里把他带来的。那时他受了伤，被他的伙伴遗弃了，当我们要抬他的时候，他挣扎了起来，用牙咬着我们的手，要我们杀死他。然而我们没有。

我们终于把他抬回了，安置在一个柔和的坑上。

这青年人伤得是太可惜，全身都浴在血里。我把他的军服一层一层地脱掉，揩去那些血迹，再和他在伤处加上药和纱布。他是太倔强了，他起初用种种挣扎来拒绝我们的帮助。然而他的伤实在太厉害，厉害得使他无力再来作反抗。

我们替他包扎和洗涤，他无力反抗，他只有睁大眼睛，望着我们一切的动作。

我们有时也看看他。说起来，他是我们的敌人。然而在这里的人，谁也没有对他怀着敌意。的确，他的形容和道里的人也没有什么了不起的两样：光头，被太阳晒红了的，刻着有劳苦皱纹的头，一副大的、劳动者的手。

包扎伤口完了以后，以前在乡下做小偷，现在当了看护的小刘，轻轻地在那异国年青人的额上摸抚了两下。这外国人没有做声。

于是我们走出来了。走到门口，我们掉转头来望一望。啊，这个倔强的异国人在留恋地，睁着大眼盯着我们呢。

“同志，今天好些没有？”

“好了些，同志。”

那个倔强的外国少年，现在学好了几个中国字，能说“同志”了。

“同志。”小刘和他换药的时候，又掀动了嘴巴，“你昨天晚上怎么流起泪来？我亲眼看到你流眼泪，昨天晚上。”

小刘一长串的问话，使这外国人没有办法了解。他圆圆地张着他那无知的双眼，猜不出是一回什么事来。

过了好一会儿，当一个会说日本话的年青人解释给他听了以后，他才大声地叫起来；

“呀，提起昨晚的事，你怎么偷偷看见了的？我想起了家啦………”

于是我们便问起来，为什么他突然感伤地想起了家，以及他家里的情形。

“因为我再不能回去了。”他说。“我们的长官告诉我们，说我们不能做支那人的俘虏，因为他们是一个卑贱的民族。落到他们手中就应该自杀，生回到日本来，不但自己没有脸，就是我们也要杀掉他的。”

“而且，那位长官又说，就是你不自杀，支那人也终于会用最残酷的刑罚磨死你的。最糟糕的是他们会杀掉你的头，没有头的人，灵魂是永远不会升天的，那就是说，他永远要堕入地狱，不能再变成一个人身。”

“哈哈，好新奇的学说。”

大家都笑起来了。

“我还想做一个人，我还没有结婚呢。”那个异国年青人又慢慢继续他的话，“我的妈妈也在等待我结婚呢……”

“我的妈妈现在快六十岁了，在家里真劳苦得很。我们是种田的人家，靠天吃饭的。这几天真是时运不好，终年在田土里打滚还得不到一个温饱，因为捐税太重、太重了，田地出的东西又值不了钱。”

“你懂得这种情形的吧”，他忽然打断他的话语，指着旁边呆站着的小刘，“因为你看起来也像一个种田人。”

“八月间我被征入伍了，我真难过，因为我想起母亲将来有一天会饿死，现在是没有人种田了。”

“但是母亲送我的时候，虽然我看到她眼睛含着眼泪，她总不提将来生活困苦的话。她只是祝我早些凯旋回去。”

她说：“早些回来结亲啦！”

“别的话她就不提了，她沉默得很。”

“她老人家为我找到了一个邻村的姑娘，她的名字叫做真子……”

这个异国的青年说到这儿，便又有点儿羞涩地垂下了头，望着他脚上那双中国人民送给八路军而又转送给他，使他颇为拘束的草鞋。

“哈哈！”大家都笑了，“你能够回去的，一定！我们现在要打倒那些压迫你的，欺骗你的日本军阀。现在我们大家都是兄弟，我们一齐来消灭他们！”

当这句话被那个懂得日本语的青年翻译给他听了以后，他似乎了解我们所说的什么。他微微笑起来，又喋喋地说出学会不久的那两个中国字：

“同志……”

他的伤不久就好了。他不再垂头地坐在窑洞里，而是很忙碌地，像其他的人一样，在街上走来走去。

有一天我看见他抱着一个中国小孩子，在街的一隅和小摊商谈什么事。见了面，他微笑地指着那个小孩子，说：

“这是我的小弟弟。”

注：史沫特莱女士这些时候忙得很，握笔作文的时间简直没有。上面的一个故事，史女士口述，由记者记下来的。时间仓促，来不及请学校阅。有错误的地方，由记者负责。

——记者

（原载于《抗战文艺》第2卷第4期，1938年）

# 一个俘虏的话

## ——最后胜利是中国的

《大公报》记者

加藤直是日本九州人，一年多以前，他还是早稻田大学的学生。正是去年他刚要毕业，父母亲朋友都为他庆幸的时候，他便被军部法西斯的魔手在第三次征兵的当儿抓进了队伍，被送到中国给军阀财阀们做侵略的工具。他曾经转战上海、津浦、平汉各战场，最后又被调到了山西。柳林一战，便结束他的征程，做了我们的俘虏。

一个青年知识分子在思想上反对侵略主义，在行动动上被迫着走上战场而又做了异国的俘虏，他将是怎样的悲愧愤闷啊！当会见记者的时候，劈头就声诉他的惭愧心怀："想起来不知怎样的惭愧。"他笨重艰涩的声音，想见他是非常的难过。"我本来是一个非常同情中国抗战的一个人，在学校的时候，我常常对同学讲中国抗战如果坚持到底，我们一定会失败，许多同学也都赞同我的话。然而，我毕竟也多少帮助了军阀财阀侵略，虽然这不是出于我底心愿，而是在压迫下不得已的行为——先生！像我这样的人，在我们军队里边，正不知有多少哩！"

"你们国内情形现在怎样？"记者接着问。

"唉！"深深叹气之后，"国内情形那还用说吗？实在的情形，我们虽然不知道——因为国内来的信件完全被长官封锁，统须经过检查——然而从我们军队的待遇上看，国内一般的劳苦大众，更不知到了怎样艰苦悲慢的境地了。在我刚到贵国的时候，我们每天有酒有肉，物质享受非常的优裕，随着战争时间的延长，我们便一天不如一天，到了最近，每月只发生活费八元，尉官也只能拿到三十多元的生活费……国内财政的窘困已清清楚楚的管诉给我们了。"

他说完之后，立刻便低下了头，沉默起来，大概是惦记起家中父母妻子的生活问题了吧！同情和怜悯的心理，压制了我继续发问的勇气，我不忍打断了他底关系于骨肉天性的怀念。

好久他才抬起头来，眼中已盈盈的充满了一眶热泪，我不便再提关于家乡一类的问题去引逗他底哀伤，便另转了一个题目问着：

“你对于这次战争的结果怎样认识?”

“我不是刚才说过吗？这一次战争，贵国如果能坚持到底，胜利一定属于贵国。第一，敝国现在征兵已到九次之多，绝对再没有增兵于贵国的可能，所有死亡的缺额，完全由贵国人民补充。他们虽然一时的都被胁迫的加入了作战，但是实际上抗日的情绪却十分的高涨。将来一有机会，就会立刻哗变。第二，敝国的人民虽然在统治者的淫威下被征入军队对华作战，实际上他们并没有仇视中国，或者认为侵略中国是于他们有利的心理，相反的，倒因了军阀财阀的贪欲无厌，使他们抛妻别子骨肉分散……所以他们不只是反战的情绪非常高涨，而且为求个身的解放和幸福，而打倒军阀财阀的统治运动，也非常的积极。不久的将来，国内革命必定爆发。这两个条件，都是致军阀财阀们死命的刀子，是必然的要降临于军阀们的身上的。再看贵国地大物博，人民众多，而且人人都抱了‘不抗日就灭亡’的决心，所以这一次战争的最后胜利，必然是贵国的。”

他像一个很有素养的演说家，把中日的优劣形势有条有理的分析过，他更非常兴奋的加重语气说：“日本人民和贵国是同样的受着日本军阀财阀的压迫，为了对付我们共同的敌人，希望中日兄弟起来，赶快携手，把枪口对准了日本军阀、财阀们射击!”

沉重的豪语结束了我们的谈话，记者想到了日本军阀的行将覆没，同时想到了我们最后胜利的到来。

（原载于《公余》复第7期，1938年）

# 高丽朋友

**SY**

我曾经认识一个高丽人，我们从相识到分别一共有三年之久。前两年我对他是厌恨的，后一年呢，正是相反。

初进大学的时候，在必修的各科以外，我选择了德文，因此我就认识了他。

他的个子不高，然而却很粗壮，眼睛很小而嫌浮肿，因此他常常戴着一架茶黄色的宽边眼睛。穿着黑衬衫，大而不适身的绿色上衣，灰色裤子，有时还穿欧洲人平时不穿的网球鞋。

他发现了我时，就很急促地走过来同我拉手："您是中国人？"

"是的。"我冷淡地回答，他给我的印象太坏了。

"我是高丽人。"他靠近我说，并且同我在一张相连底椅上坐下了。

然而我拒绝了那种友谊，只竭力地使自己的回答变得简短。

后来有人告诉我，他是日本人。但是我不相信。

"真的，他是日本人——"那人肯定地说："我看见过他的护照"

从大学秘书处，从外国学生办事处得来的回答，他都是日本人。

我非常的讨厌他，他不应该骗我，说是高丽人！

我们同在一个城市里，同在一个大学，然而我们不大说话，只是有时淡淡地点点头。

这样，这样地就过了两年。

一个春天，我加入外国学生会的野游队出去跑山。他也是队员之一。

走到半山上休息时，我独自走进林子去（那儿，我们有半点钟的休息）。

"刘！"

随着他的声音我就站住了，回过头来。

"我想问问您——"他说。

"问罢！"

"您是亲日的!"

随着他这简短而带敌意的问话,我高声笑起来。"×同志,您想我会同日本人作朋友吗?绝不可能,绝不可能!"我又故意地笑,让这不自然的笑声向对方示意我不是一个弱者。

"您误会了,我不是日本人。"

"难道您真是高丽人么?"我又笑。

"刘,我们拉了手罢,"他很诚恳地说。

"自然没有甚么不可以。"我把手伸给他。

为了表示中国人的大量,我那天同他握了手,但是我仍是讨厌他的。

厌恨的根子永远埋在我的心里。

冬天,大雾遮盖了城市,我应一个同乡友人的约会去到离城较远的一家林中小酒店。

朋友先到,他告诉我,今天一共是三个人。

"谁呢?"

他答复我说:"你认识他的。"

我也没有再追问下去。

来的人就是那讨厌的家伙。

"您好。"他拉着我的手。

"您好。"我敷衍着说。

"我到过您寓所几次,您都不在。"

"谢谢您的拜访。"

作主人的是个东北同乡,他对这位高丽人一定有较深的认识。从他对高丽人谈话的坦白一点上看起来,过去我对他的看法有几分是错误的。

高丽人在那天的谈话中无形地使我过往的观念不再存在了。

"刘!您的朋友是东北人,唯有他才知道亡了国的人的痛苦。我并不很笨,我知道您对我不大高兴。"

"过去我以为您是日本人。"

"是的,我用的日本护照,但是——我这样的姓总不会是日本姓的——"

"您也有不争气的同胞。"

"但是。"他举起酒杯,"是的,有一小部分。来,刘我们干了它!"他的喉头一动一动的,半立特的啤酒就流下肚子去了。

"我很惭愧,我不能喝酒。"我抱歉地说。

"刘,您一定要陪我喝一杯,为了我们死去的抗日同志,为了我们失去的土地和自由——这不是德国制造的啤酒，这是日本军人的血！喝了，喝了以后我们就用‘你’字互相称呼——”

我听见他的牙齿咬得格格地发响，我不能不相信他，爱他！我们热烈地拉手。

同乡人微笑了。

高丽朋友喝了七大杯啤酒，眼睛都红了。

从那一天起，我们就常聚在一起，像最好的同志一样。

卢沟桥事件发生以后，他同我们一样非常兴奋。我们每天总比原来多花一个多马克，因为德国报不大可靠，我们要买英国和法国的报，除此而外，我们还到咖啡馆里头去坐坐。

有一天早上我还不曾醒，他就来了，神气很惊慌似的。他从袋子里抓出一大卷纸币来。他把一百一张的放在一边，把五十和二十的交给我。“你有一百的吗？”

我点点头：“有的。”

他急急地拿着钱走了。

学校里盛传着那位日本人行踪的奇特，说他每晚都在吉卜西地下酒厂闹得很晚才回家。并且因为带女人回家去睡，同房东也吵了一架。

对这英俊有志的朋友我不那么想，晚上我独自走到吉卜西地下酒场去。他果然在那儿，一个半裸的妓女坐在他旁边。桌子上冰桶里放着一瓶酒。因为他有女伴，我不愿上去招呼他，就在另外一张桌上坐下来了。

他的举动很奇怪，是世界上最放浪的人！

夜深了，我同他一前一后的走到寂静的街头上。我想劝他，而他却先开口。“你快走开——我没有法子——他们监视我——”

我明白，我就绕着另外一条路回家去了。

后来我就没有去找过他。

我又到柏林去小住了一个寒假，回来时他已经不在了。

有一天我同一个德国党员谈话，他醉了，忽然问我一问：“日本人也作共产党，您知道？”

“真的吗？”

“就是那个戴眼镜的，已经押送回东京去了。”

（原载于《文艺阵地》第2卷第2期，1938年）

# 怀朝鲜革命志士金澈

郑澄清

在清晨看到报上朝鲜革命党游行的消息，使我忆起我的朋友金澈，要是知道朝鲜革命情形的人，我想谁都知道这位朝鲜革命志士金澈其人。

在一·二八事变前，经朋友的介绍，我认识了这位失了国家的革命斗士金澈先生，他的华语不大高明，于是我们就相互的用日语谈话，也许是因善谈话的便利，不久我们似乎有了很深的友谊。他努力朝鲜复国运动，数十年如一日，坚毅果敢百折不回的精神，给我很深的印象。

这是我生平一件很快慰的事：我能帮助朝鲜志士伟大工作的成功。读者总还能记得，一·二八停战后不久，敌寇在上海虹口公园举行天长节胜利的庆祝，正在兴高采烈的时候，朝鲜烈士尹奉吉却给以无情的爆炸。事情的结果，有敌酋白川之死，寇使重光的伤，还轻伤了好多人。这不能不算是给敌寇以严重的打击而轰动国际听闻的大事情。这是金澈先生领导的重大工作之一，在这事筹划的前后，他们所最感困难的是经济问题。那时我就不自量力的担任下来，还替他们负帮助宣传的责任，事后对烈士家属的抚恤，许多同志避往外埠的旅费、同志家属的安慰费、子女教育费的接济，我都替他们筹了不少的款，到现在我还把尹烈士最后给我的纪念照片和发款的账单，珍贵的保藏着，也许能做将来朝鲜复国成功后的史料。

因着汉奸的告密，金澈先生和他的令侄金晢，终于被敌人在法租界捕了去。经上海各报各团体的援助和法领事的交涉，才得恢复自由，但已在敌寇领事馆受尽了拷问。一方面敌寇仍伺隙密捕，必欲得而甘心，二时[是]无法逃出他们的罗网。后来我把他们迎接到我的寓所，送至闵行，从沪杭国道避到杭州。

敌寇横暴的摧残，不能阻挠金澈先生工作的进行，他依旧积极工作着，以后我们常在松江会面，商谈一切。可惜不久这位朝鲜革命领导者，因积劳成疾，与世长辞。在金先生逝世不久，他的令侄金晳二次又被敌寇捕去，虽经我们奔走营救，也终于无效，给敌寇送至朝鲜金川，处以五年的监禁，我还因着他上诉经费无着，接济他几百元钱，但是失了国家的人民，那里有正常法律的保障呢？

金澈先生是死了，但他的精神是没有死，好多朝鲜革命的同志，正继续着他的遗志，努力奋斗着。中国英勇的抗战胜利之日，就是朝鲜复国运动成功的时候。起来吧！朝鲜革命同志们！中韩民族联合起来，歼灭我们共同的敌人！

（原载于《血路》第28期，1938年）

# 纪念朝鲜革命青年尹奉吉

## ——青年人物印象

昔畴

和平、理知、建设、文化，在日本是早已窒息了。

蕴藏着火药气味的“天长节”，就是象征着战争！

一九三一年，日本军阀们突破了帝国主义对华的矛盾的统一，企图独占中国市场和一切制造商品的原料。在“九一八”那一天，向东三省开第一刀；随即，又在一九三二年“一·二八”那一天，向上海开第二刀，野兽们的铁蹄胜利地踏进中国了！

一九三二年的“天长节”，在浓厚的火药气味中，踏着胜利的血迹狰狞地到来了，野兽们正耀武扬威地在检阅自己的力量，准备更大的新的进攻，并且告诉帝国主义者：“你们要干涉吗？请看看我的力量吧！”

正是这一天，日本军阀们在上海虹口公园庆祝“天长节”，野兽们占领了上海四周，恣意横行，屠杀、抢掠、奸淫，恰似六年后今日的景象，野兽们或许自鸣得意，目空一切，不料整个的东方大港固然天昏地暗！在这黯然魂销的时候，却有革命志士尹奉吉在阅兵台前轰然一击，敲响了野兽们的丧钟！

狰狞的面目，而今安在?！兽酋白川大将和走狗河瑞[端]，在尹志士的炸弹下完结了。海军司令野村从此失明了，再也看不见他的横行中国海岸和深入长江上游到处轰击的舰队了。重光大使仗着假腿步行，在国际政治舞台大演丑角。就是横行东四省、杀人盈野的关东军司令植田，这位独脚将军，虽然富贵权势在握，创痛重发的时候也忘不了尹志士当日的一击吧！

炸弹响了，是葬送野兽们的丧钟吧！东亚被屈辱的民族站起来，开始了他们和日本法西斯强盗的肉搏战！炸弹响了，尹志士大呼三声：

“大韩革命万岁！”

尹志士是被捕了，同年十二月十九日在金泽被害。

尹奉吉志士很年轻，他有的是英毅、坚决！肌肉撑持着像一根钢铁，嘴唇紧闭着似雄伟的铜像。他有美满的家庭，可爱的妻室，天真浪漫的儿女。然而，这一切他不憧憬，他更爱他的祖国，他更爱他的同胞，他留恋他那优美平旷的田园，壮丽的鸭绿江、图门江。他惦念他那成千成万过着牛马生活的同胞们。他打定主意，为拯救祖国，为挣脱奴隶的枷锁而奋斗到底。他发誓，他要做一个为祖国而捐躯的英雄，为同胞而从容赴义的好汉！

尹志士右手握着手枪，左手拿着炸弹，添上钢铁的意志，什么都准备妥当了。他肚里雪白："立即就要发动突击了，替成千累万受难的同胞复仇，为保卫世界文化而发难，给野兽们致命的打击，或是被捕，或是被辱，随后便是被杀了。"

死，有了决心，那是很容易。但是牺牲了一切个人的幸福，那就不算一件容易的事情吧！

然而，谁愿意忍辱偷生，以尹志士的处境，假使撇开了民族意识和国家观念，那是一定的，他可以享乐地住在东京、汉城或者上海。

没有自由，没有文化，没有将来，总之，一切都没有了。只是任人宰割，背上千斤重石。这是英雄志士能够吞声忍辱的吗？生命诚可贵，为了真理，为了人类正义，不惜牺牲一己的性命与野兽们作决死战！

而今，六年了，尹志士为了真理，为了人类正义，涤洗满染血迹的耻辱，光荣地牺牲六年了。尹志士的精神不死，一鞠英灵飞向不断战争中的祖国。

尹志士，瞑目吧！祖国无数的志士正追随你的路牌，不断地向你指示的光明大道迈进！黑水白山间有着成千累万的韩国战士，前仆后继地为人类正义而搏斗。

尹志士，你安眠九泉下吧！你们最好的朋友——中国，跟那共同的敌人搏斗已经十五个月了，为了奠定东亚和平，中韩民族只有亲密地联合起来，置日本帝国主义于死地。

事实正是这样表现着和发展着：新乐桥头、娘子关前、太原城厢以至武汉三镇的保卫战，正不乏韩国志士在和他们不共戴天的敌人作殊死战！而中华民族呢，早有一致的意志和要求：

"联合一切反对日本帝国主义之势力，制止日本的侵略，树立并保障东亚之永久和平。"

"联合朝鲜台湾及日本国内的工农人民，反对日本帝国主义。"

（原载于《青年团结》第4期，1938年）

# 日本狱中漫忆

## ——朝鲜人的苦境与敌忾

陈迅之

忧郁的日子，一天过去了，一天再来，不知道这异国的铁窗风味，要继续到什么时候，我虽然尽力地把压塞着一般的心绪宽放起来，但是看到前途的渺茫，希望的无着，也就只好让自然的排布，当作意料之外的被绑，是再也没有自慰的方法。事情如果没有达到死的地步，又何苦过于作无谓的焦虑？

好，就让它去罢！

正当我烦恼的一天，监房里又多添了一个伙伴了，这是一个身材结实，而且眉目清秀、态度大方、很有大学生的派头的家伙，身上穿的是一条蓝花色的“浴衣”。既然不是为了酒醉——在马路上的酒醉者，是要被抓来关禁的，也没有贼态，那必定是日本统治者眼下的政治犯了，我想。

他一进来，就很安然地在我的对面盘坐着，轻微地对我点了点头，说道：“打扰你了！”便眼看着草席上，一声不响。

我从外边警察的嘈杂声音中，知道了他是朝鲜人，汽车夫，因为触犯交通规则而被捕的。对了，假使他是政治犯，〖绝〗对没有同我被关在一起的可能。“特别高等系”最近规定，每个监房里只准配上一个政治犯。

当看守走了过来的时候，他便赶跪着打招呼，不断地叫着“旦那，旦那！”(老爷)这样过于自卑的称呼，实在使我听不惯。不过他转过头来，特地对我做了鬼脸，也就知道这种装腔的苦衷了。

“犯的什么罪？”我问。

“在十字街头。”他两手拟着驾车的姿势，“过快。”

“这不大要紧罢？”

“呀！”他叹了口气，“不大要紧？起码要拘留一个星期。要是日本人，只给教训一顿就行了。”

“这样另眼看待吗?”

“因为我是朝鲜人呀!”

朝鲜人,被日本帝国主义压迫下的朝鲜人!我这中国人,不也正遭遇着同样的命运吗?被压迫者总是被压迫的,除非起来反抗打倒了压迫者。世界上也只有同是被帝国主义压迫的人们,能够引起绝大的同情和伟大的人类爱。果然,在这样共同犯难的情景,我们造成了很好的友情。

“我姓金。”有一天他对我诉说着,“老家在新义州的一个村落。我到东京来已经有六年了。初到的时候,同你一样,是留学生!当时在早稻田大学读书,刚刚在要毕业的那年,我家事业破产,便辍业了。我们朝鲜人到日本来求学的,没有你们中国人的自由,所受的学科要受种种无理的制限,他们不准朝鲜人学习政治、经济,他们恐慌朝鲜人学习政治!他们要殖民地人民去习医,习工程,最好是不学习什么,温顺的奴隶,他们最欢迎,他们要绝灭被统治民族的政治思想、革命思想。可是实际上朝鲜学生却私自不断地在攻究韩国的历史,鼓起民族解放的意诚。你要知道,不管是资产阶级或无产阶级,凡是朝鲜人,没有一个不了解韩国是怎样地处于日本帝国主义的铁蹄之下,也没有一个热血的韩国人,不遭遇过恶毒的日本警察的拷打的!”

在地狱中的数个月中,我经验到不少的朝鲜的劳动者和学生,被捕了进来,毒骂酷刑。他们被看做猪狗不如,随意蹂躏,被统治者的悲哀,是比什么要来得厉害的,但问题不是悲哀所可以解决的。

“韩国的革命运动,”金君接着说,“几次起义,几次都失败了,但是我们并不失望;谁能忘记十数年前东京的大屠杀呀!那是当东京大地震的时候,日本政府乘机宣传,说朝鲜人到处放火,于是当时侨居日本的数万同胞,多数无辜的同胞被残酷地杀害了。谁能忘记呀,这永世的仇恨!”

他越谈越兴奋,几乎忘记我们是身处敌国的狱牢之中。我也不能不为他这自然流露的热情、反抗的心绪所激动,不知不觉地眼圈湿了起来。这不共戴天的恨,当有雪清的一日,这不仅在朝鲜,在中国,凡是世界上一切被压迫的民族都这样祈望,都这样要求,都这样继续不断地在努力着,奋斗着。

这件仇恨的事,引起我一回非常感动的回忆,那是在我被捕前不久,参加了东京某音演奏乐的当中,有一个年纪十七八的朝鲜音乐家,演奏会他的小提琴。他奏着一曲很少听到的乐曲,最初在D线[弦]上,好像在诉说,接着或急或缓地奏着沉重的G线[弦],似在反抗,又似在狂呼,以后渐渐上升达到高的音调,在叫起一切迷梦的人们一般。我看他那闪亮的眼睛、紧锁的眉际,充满了愤怒,充满了仇恨,充满了革命的情绪,要暴发出来似的,给听者不能压制的感，悲壮的内心的反应。当他停止了弓弦的时候，引起了一阵热烈的鼓掌。“韩国的光荣！韩国的光荣！”我的耳际还留下了这个喊声。

“现在流落在东京的朝鲜人，”金君打断我的回想，继续下去，“也有三四万人，但大多数是穷苦的，他们的生活是悲惨得不能形容呀。在荒川，在深川一带的旷野地方，不是随处都可以看到破木烂瓦砌成的低小屋子吗？那就是堂堂韩国人的住居！他们做的是拾破烂，卖铁屑，清路沟，收买旧报纸的工作，有钱读大学的真是少数之又少数了。

“记得八九年前，我还在朝鲜的中学里念书的时候，有一回为反对日本帝国主义的压迫和榨取，曾有过大规模反日运动，当时列队示威，虽然遭帝国主义走狗警察的阻止，但是那时情绪，非常激热，队伍继续前进，结局发生冲突，赤手空拳的学生，便被打死的打死，逮捕的逮捕了，我们全校一千多人，被捕去的有五百多人，我也是其中的一个，就在那时被处了三年的徒刑！你想三年的徒刑……”

“当时韩国的革命很有希望，我们希望从东三省与苏联取得联络，作为反帝的根据地，可以直接阻止日本帝国主义的大陆政策的伸展。可是，‘满洲事变’发生了，‘满洲国’很快的被组织了起来，日本的势力于是渐渐支配到东北四省，使韩国的革命党人受到很大的刺激和阻碍。现在中日事件又爆发了，我们希望中国能够赶快起来，助韩国独立一臂……”

“是的，中国决定会起来的。今日的中国已不是从前的中国了！”我惭愧得无以安慰同遭命运的人们，每个弱小民族的心里，都包藏着如此悲哀而又坚忍的种子，为着东方被压迫民族的解放，正须要着不断的斗争呀。

“说起来，我也是个花花公子哩。”他停了一会，轻松地说，“我的父亲曾经拥有资本七八十万的大公司，但是，结局为日本财阀托拉斯所包围，一败涂地了。我也就是因此辍学，现在不自谋生是无从过日子的了。你想，这样大的东京，就有朝鲜人谋生的途径吗？去拾废物，去送牛乳，去扫马路吗？哈哈！大学生，留学生，有什么用呢！我真想自杀了，死才能解决一切，但是果真死就能解决一切吗？不，不，不！”

有一天我被召出去讯问了回来牢狱的时候，这位革命的韩国人已经不在了，他是期满释放了。这使我一时感觉到生活的空虚，恢复了忧闷的日子，虽然，一天过去了，一天又来，但他那悲愤激昂的心绪，永远环绕在我的脑中。

（原载于《战时日本》第4期，1938年）

# 同情的援助

何家槐

那是去年十月的一个晚上。

在远处,大炮不断地轰着,笨重而且沈闷。机关枪声往往尖锐地打破了这种沈闷。敌人的飞机,在迅速地抛着照明弹,高射炮的炮火,像流星似的满天发射。

沿街都是法国梧桐的愚园路上,却充满了和平而且愉快的空气。每家外国人的住宅,都是静静地躺在温暖的夜里,透过厚重的帷幕,可以听到幽微的笑声和欢快的琴声。

"这完全是另一世界!"雪冷感慨地说。

"如果是以前,我们真不愿意来这里募捐!"

"那当然,只是现在他们的态度已经改变,我们的抗战,已经引起了他们的同情……"

我一面掀电铃,一面说。电铃声引起了狗叫,接着就有仆欧的明步枪和质问是谁的声音。

我们被引进了一间宽敞华丽的客厅。在燃烧的电光底下,红色的墙壁耀目地闪着发光。这时一家人正在聚餐,一进门就可闻到色拉特和水煮蛋的香味。墙壁上挂着一幅戎装的霞飞将军像,放在壁炉上的一丛百合花,在这鲜红的环境中显得特别的洁白,特别的鲜嫩。

"这一家一定是法国人!"

雪冷仿佛很高兴似地附着我的耳朵说。

"我早看见钉在房子前面的那块铜牌上刻着法文,大约是约瑟之类的名字。"

我们的出现,引起了所有人的惊奇,他们都向我们射出询问的眼光。一位弹着钢琴的小姐,马上停住手不弹,顺便关上了琴盖。几个正在吵吵闹闹的小孩子，也一声不响的尽是朝着我们看，他们那乌溜溜的眼睛，不但显示好奇心而且也流露出几分仇视的态度。一个头上已经半白了的老太婆，仿佛灾难临头似地不安地抚弄着一只爬儿狗。

在满房的沉寂中，隐约地晓得到远远的炮声。

一个秃顶的满脸胡子的老绅士，一面打量着我们，一面慢慢的放下刀叉，清一清他的喉咙问：

"各位有什么贵干？"

他说的是很流利的国语，大约他在上海已经住了很久。这给了我们很多方便。

"先生，我们上贵处来没有别的事，只是想募一点钱，买些东西慰劳慰劳我们的前线将士。我们相信先生一定是同情我们这次抗战的，所以我们冒地昧……"

不待贡铭说完来意，那位法国绅士就截断了他的话说：

"抗日是你们自己的事，跟我们有什么关系呢？"

他说这话的时候，虽则态度很庄重，可是在他脸上并没有严厉的表情，还隐隐地含着笑。他燃起了一支雪茄，喝着浓黑色的咖啡，静静地听着我的回答：

"那当然，抗日是我们自己的事。可是，先生！日寇不但是我们的敌人，同时也是你们的敌人，他们的侵略不但是中国的不幸，同时也是全世界的灾难，他们的大陆政策，最后目的就是并着全世界。在这次战争中，先生！难道你只看见日寇屠杀我们的同胞，只看见日寇掠夺我们的财产？难道你还没有看见你们的生命财产，也已经直接接间受到日寇的威胁，何况——"贡铭愈说愈兴奋了，他仿佛在向一大批群众演说似的把手一挥："你们法国是素来爱好和平的国家，你们有过光荣伟大的历史，制裁侵略，爱护和平，是你们法国每个人的责任…"

他的声音，在寂静中尤其显得激昂和沈痛，他那恳切的表情、响亮的嗓子、流利的国语，都给人一种极其深刻的印象，每一句话，每一个字，都仿佛打入你的心坎。不论谁都屏着气静听，连那几个顽皮的小孩子，也莫名其妙的点着头。尤其是那位年轻的小姐，简直兴奋得只是打着手掌，好像在打着拍子，离开了钢琴，走近那位老绅士说：

"爸爸，我愿意捐给他们十块中国钱，这位年轻的先生说得很对……爸爸！日本人可真野蛮，我们在天津的租界也给他们糟蹋，我们的同胞也受到侮辱哩！"

“我也捐五块，露易斯!”一个只有十二三岁的小孩子，很快地应和着他的姊姊。

“我也要捐，保罗!”

“……”

“……”

几张天真的、鲜红的小脸都仰望着露易斯。高高地举起拳头，仿佛一簇小旗帜似的，兴奋地激烈地挥动着，□则她也知道这些小弟妹不会懂得究竟是什么意思，可是这并没有减少她的感动，她拿起她父亲的双手，一面吻着一面恳求说：

“爸爸！多捐一点子吧！我爱中国，我爱上海，我不忍中国给日本抢走……爸爸，你一定多捐一点吧，为着人道和正义……”

她的眼睛里含着眼泪，没有等到回答就又接着说：“我到过他们的难民收容所，也到过震旦大学的伤兵医院，唉，爸爸！那真惨，真惨!”

看到自己的儿女们都踊跃捐款，都忙着从自己的口袋掏出钞票来，听到贡铭的申诉和露伊斯的恳求，那位老绅士也很快地转了心。他赞许地点着头，笑容浮上了他的双颊。他吩咐仆欧倒咖啡，还要求我们加入他们的聚餐。谈话愉快地开始而且继续着，对于我们的抗战，他表示出极大的关心和同情，不断地询问我们关于战事的消息。最后，他从身边拿出一大叠钞票，很高兴又像很抱歉似的递给我说：

“献给你们的将士——我很佩服他们的勇敢牺牲，这种牺牲精神是我们法国人最崇拜的人格！我们法国的确是最爱好和平的国家，我们愿意尽力量帮助你们，祝福你们!”

他伸过血红色的手来，和我们一一的握手，还很亲密地拍拍我的肩膀。大家都笑着。保罗不知从那里找出一面我们的国旗和法国的国旗，高高的举在头上，挥动着，嘴里喃喃地唱些什么，在我们的周围打着圈子。其他的几个孩子也都高兴地跟着他跑，清脆的笑声在宽敞华丽的房间里荡漾。钢琴声又响了起来，露伊斯小姐轻轻地弹着《马赛门[曲]》：

“起来吧，祖国英勇的孩子们，斗争的时候来到了……”

听到这熟悉的祖国的声音，那位老太婆站起来用着颤抖的、感动的声调，凭着圣母玛利亚的名字，祝福我们的胜利。

当我们走出那座灯火辉煌的住宅时，夜已经深了，十月的夜寒已经有点刺骨。可是我们却感到难以形容的温暖——这是伟大的同情，是友谊的援助，是人类团结起来反抗侵略的表现。我们仿佛已经看见了胜利的曙光，大踏步地沿着愚园路的行人道走,《马赛曲》的声音不断地荡漾在我们的耳边,大家不期然而然的也唱起《义勇军进行曲》来。

大炮不断地在远处轰着……

(原载于《抗战文艺》第1卷第6期,1938年)

# 为纪念“三八”献给中国妇女大众

[韩国]郑文珠

自从日本帝国主义开始侵略战争以来，中国妇女同志们，在全民族抗战过程中，其牺牲的精神和英勇的斗争，十足的表现在“妇女战时服务团”，“女学生军”，“妇女抗敌慰劳后援会”及其他后方工作。中国妇女同志们这样热烈的参战，不但是成了民族解放的伟大的势力，也就促进着妇女大众本身的解放。当抗战越趋扩大而激烈的时候，“三八”妇女节给予中国妇女的历史的使命更觉得重大。

我们检讨“三八”妇女节的起源和妇女解放运动的史实，就可知道妇女的解放是完全依靠在整个社会问题的解决，就是民族的解放或阶级的解放，中国妇女的解放也就是在抗战最后胜利的那一天。所以今日中国妇女们参加抗战，以血和肉来纪念“三八”节，是具有极大的意义。尤其是在日本法西斯军阀杀人、放火、奸淫、掠夺，演出举世无比的惨无人道的兽行，而激起民族的愤怒和世界爱好和平人士的吼声的时候，来纪念“三八”节，中国妇女同志们的使命是格外重大了。

在东方，日本法西军阀正在侵略中国，在西方，德意法西协助西班牙叛军侵略西班牙领土、虐杀民众。因此激起的西班牙妇女大众，踊跃的参加政府军，在前线浴血战争，在后方努力工作。不仅如此，日本国内的妇女大众也跟着一般的反帝反法西斯军阀的革命群众，在英勇的斗争。这样中国，西班牙及其他世界劳农妇女大众，都积业参加反德、意、日、法西斯帝侵略战争，争取民族解放和民主革命的胜利。所以，当“三八”节，世界妇女大众的历史的使命是被规定为反法西斯，反侵略的斗争。

在这样国际情形下，一个朝鲜妇女的我，在中国纪念“三八”节，不能不把殖民地朝鲜妇女大众所受的痛苦向读者报告。为了使读者知道朝鲜妇女所受的惨酷的情形，须要谈到朝鲜社会实况和革命运动的情形。

朝鲜自从一九一〇年被日本帝国主义吞并以来，朝鲜民族在日本帝国主义铁蹄底下，在政治经济方面受到极度的暴压和榨取。日本殖民地统治机关朝鲜总督府，在政治经济方面压迫朝鲜民族，剥夺言论出版等自由，特别制定拷问警察制度和特种法律，不断的屠杀革命民众以防止革命运动，不但如此，又为实现愚民政策，限制朝鲜民族的教育，并强制施行奴隶教育，把朝鲜民族做为永远的亡国奴，尤其助长封建残余，阻止朝鲜民族文化的发展。同时朝鲜妇女运动也受到二重三重有组织的压制。但是朝鲜民族从亡国后，不断的和强盗日本帝国主义斗争，争取民族解放，遂于一九一九年发动“三一运动”，造成朝鲜革命运动的划时期的发展，并且“三一运动”后才发生与民族运动并进的阶级运动，也在其发展过程中，和民族运动者联合起来，对于日本帝国主义施行了英勇的斗争，这种斗争直到现在仍在进行着。朝鲜妇女运动也随着朝鲜全体革命运动的发展，而成长扩大起来，一九一九年“三一运动”时代所组成的“爱国妇人会”是民族爱国主义的团体，她参加“三一运动”，执行了伟大的革命任务。后来这个团体也在敌人之淫威下，遂被解散。同时妇女领导者们，多半被敌军警被捕入狱，还有少数人是亡命到海外来了。但是“三一运动”所引起的妇女思想启蒙运动是雨后笋一般的普遍而又猛烈地展开来，一方面随着妇女运动的组织化，产生了“女子青年会”等革命团体，他方面在朝鲜每一角落里设立“家庭妇女讲习所”“劳动妇女夜学”等，展开女性启蒙文化运动，也可以说，文字普及运动是成了当时妇女运动的一般现象。但是在这运动的发展过程中，即在一九二四年代她们参加朝鲜的社会运动，组织“女性同友会”，组织“妇女劳动组合”“妇人农民组合”等，积极推进社会运动。其后一九二七年朝鲜革命运动飞跃发展的时期，随着民族统一战线“新干会”的产生，妇女运动也同阶级运动团体和基督教，天道教等宗教妇女团体及其他妇女文化团体等联合起来，组成了妇女运动统一团体的“槿友会”。该会是为朝鲜妇女解放和朝鲜妇女政治训练，作为基本纲领的朝鲜妇女，反日本帝国主义斗争团体。并与“新干会”成姊妹团体，而跟着朝鲜革命运动的进展，对日本帝国主义者进行猛烈的斗争。但是一九三〇年由于“光州学生”反日本帝国主义运动引起全国反日运动的关系，“新干会”“槿友会”等团体的重要干部与参加该运动的十余万男女学生中三千余干部指导者，都被敌军警逮捕入狱。从此以后敌警不但加以弹压革命运动，而且在一九三一年“九一八”事变发生前后，强迫解散了“新干会”“槿友会”“朝鲜青年同盟”“朝鲜劳动总同盟”及“朝农民总同盟”等革命团体。对于宗教团体，则仍然许可存在，但加以加倍的抑压和制裁。日本法西斯军阀以高压的政策和横暴的手段，把过去“半合法的社会运动团体”也解散了。于是朝鲜革命运动也不得不转变斗争方式而成为潜在的秘密运动,结果组织是更进一步的以生产别为基础,而且斗争也格外紧张和猛烈起来了。劳苦妇女大众都参加"农民组合"和"劳动组合",而反抗日本的资本家,地主等,勇敢的进行了反日的斗争。而一般智识层妇女和女学生群众是在全民族的反日本帝国主义统一战线(秘密结社)指导下被动员着。这样敌人的压制越加厉害,朝鲜革命运动的热潮便越增强起来,促进了革命运动的质的发展和量的扩大,使革命战线更加坚固。总之,朝鲜妇女运动是在朝鲜革命运动发展过程中,成了民族解族运动的一分队,而对日本帝国主义进行着勇敢的斗争。尤其是中日战争发生以来,日本帝国主义法西斯军阀,为了贯澈侵略中国的野心起见,须先于去年十二月以检举两万余朝鲜革命者并继续的扩张检举网,以强压朝鲜民族解放运动和反侵华运动。日本法西斯强盗们为着扩充军费实施增税,强盗般的榨取民众的血汗,强迫民众修筑桥梁,道路等,朝鲜劳苦大众反对此种无理的要求,而于二月十日在开城平壤等十余处的民众,居然起来与日本的武装军警拼命斗争双方出了千余名死伤者,反日斗争在朝鲜这样继续的发展着。日本帝国主义以暴压的手段,截断朝鲜国内革命与海外革命者间的联络,又簇使一部分堕落分子,走私,贩卖毒药来离间中、韩民族,并破坏朝鲜民族在国际上的信用,更无耻的行为是以侵略中国的日兵假冒朝鲜人,企图离间破坏中、韩两大民族的革命的提携,我相信贤明的中国同胞同志们和世界的人士,不难知道日本帝国主义的阴谋,反之在东北朝鲜革命同志的英勇的斗争是谁都知道的事实,而关内各革命团体也在民族统一战线的过程中组成朝鲜民族战线联盟,逐渐在统一海外革命阵线,集中反日本帝国主义的力量。

如上述,在朝鲜革命运动历史的发展的现阶段,朝鲜民族的革命任务是与中国民族解放联系着不可分离的关系。侵略中国,屠杀中国民族的也就是吞并朝鲜,榨取朝鲜民族,屠杀朝鲜民族的是日本帝国主义法西斯军阀。蹂躏中、韩两国妇女的也是日本帝国主义者,强淫、残杀亚比西尼业妇女,屠杀西班牙妇女大众的是德意法西斯军阀。假借国家民族的幸福,而牺牲自国内妇女大众的也就是日德意法西斯军阀。

换一句话说:世界妇女的公敌是帝国主义法西斯蒂。阻害妇女的解放,蔑视妇女的历史的任务,并屠杀妇女的也是日、德、意法西斯蒂。破坏人类的和平,剥夺弱少民族的生存权,又扩大侵略阵线的也是日、德、意法西斯帝。尤其是在远东,东方被压迫民族,即中国民族,朝鲜民族及台湾民族的共同的敌人也是日本帝国主义法西斯军阀。故在东方没有扑灭日本帝国主义之前,东方弱小民族的解放,可以说是绝对不可能的,被压迫妇女也是无从解放出来。

打倒日本帝国主义是东方被压迫民族在现阶段的历史的任务，也就是东方被压迫妇女当前革命的目标。

我以为在抗日战争中，联合东方被压迫民族的抗日战线是当面的急务，一样的，组织东方被压迫妇女的抗日联合战线也是急切做起的工作。

中国在八个月抗战过程中，克服了国内的矛盾，而结成坚固的抗日救国统一战线，促进抗日最后的胜利。然而到现在还没有组成了东方被压迫民族的联合阵线，这是觉得十分遗憾。

提到中韩两民族面前的民族联合战线，须要由中韩两民族的革命的实践，同时也要中韩妇女切实的提携。

中华妇女同志们！

在为中国民族解放而奋斗的中国同志的面前，为朝鲜民族解放而斗争的朝鲜民族的面前，曾经提起了中韩两民族的当面问题，这就是民族联合战线。只有走上这个路线才能够确保民族的解放。因为日本帝国主义在朝鲜独占势力一天存在，中国抗战胜利便越迟延下去，中国抗战胜利越迟延一天，朝鲜民族解放也要迟延一天。

中国妇女同志们！

当同志们为了中国抗战胜利，为了反法西斯，反侵略斗争而盛大的纪念今日的“三八”节的时候，我们和日本帝国主义拼命斗争的朝鲜妇女大众，热烈地祝祷中国抗战的胜利！同时恳切地盼望中国妇女同志们，更努力促成“中韩两民族联合战线”和“东方被压迫民族合战线”。

[原载于《战斗》(武汉)第2卷第5、6期，1938年]

# 一份报纸

一文

桌上搁着邮差刚刚送来的一份中韩青年联合刊印的四开报纸。那低劣而且粗糙的纸上油印的钢版字,我好像在什么地方见过。对着它,我有一种说不出的熟识,我有一种说不出的亲切的意味。我在记忆里搜寻着,我很快地就想起来了,那是一个朝鲜青年底笔迹,一年前从认识这朝鲜青年底朋友口中,我知道他只有二十多岁,然而他底能力却是这般惊人。眼前这张报纸,便是他一个人写出来的。他写得是这样齐整,这样有力,这样熟练。为了追求自由,他一直是在斗争里面生活着,现在更有无数的朝鲜青年,为追求自由,在用着不同的武器和我们底敌人斗争着了。对于这一个复国的反帝运动,我怀着无限的祝福。对于这个运动中的每个异国的兄弟,怀着无限的敬爱。我敬爱他们,他们是和我们有了广大的联系了。

这时候,他们大概是在一个狭窄的亭子间里面工作着,大概是在用铁笔写着垫在钢版上的蜡纸,用油印筒印着油印吧,也许铁笔碰击着钢版的响声和油印筒摩擦着蜡纸的响声是给密密的炮声吞没了吧。这时候,那些国籍不国的青年在工作着的亭子间里是怎样的在愤怒着啊!

尤其是那些朝鲜青年,他们心中的愤怒是更要强烈些的啊!

二十八年了,他们是在受着压迫、奴役、折磨和痛苦。自由被剥夺了,幸福被剥夺了,二十八年,他们是在受着侮辱,受着损害。在日本帝国主义者底铁蹄下,那是过的怎样一种日子啊!如今日本帝国主义者遍在他们国内强制征收战费,逮捕知识分子,把无情的压抑加在每个奴隶身上。然而,那些奴隶们忍了二十八年已经不能再忍了。他们反抗着在国内他们有过暴动他们散发有传单,吹着反日底号筒在龙山,他们有过很多次炸弹事件,他们使日本在朝鲜底政权感到动摇。在东北,在那失去的土地上面,有着许多年青的中国与朝鲜底兄弟,顽强地在与敌人战斗着。无穷尽的迫害,也许就要随着反抗而消灭吧？

如今，两个受着迫害的民族是有了联系了。两个民族底青年兄弟一样的共同经历患难，如同兄弟一样亲爱的在东北战斗着在炮火中的上海工作着。他们不分国籍不分种族，他们同是追求正义、追求自由的孩子。他们如同海洋中受着险恶的浪涛击打的一舟人，他们是能够同舟共济。

我热诚的伸出手来，向着上海、东北、朝鲜致着最大的敬礼。这时候，他们不都在我致敬的地方工作着，战斗着么？

我读着桌上的报纸，我仿佛听见了两个民族在叫喊着复□，叫喊着反抗，那是多么令人鼓舞的叫喊啊！

我禁不住要将桌上的报纸捧起来，我禁不住要去深深地吻着那份报纸了。

（原载于《烽火》第 20 期，1938 年）

# 闻鹿地亘氏讲演感言

张季鸾

昨天的中华全国文艺界抗敌协会成立大会，是抗战以来最有意义的盛大集会之一，其宣言与告世界文艺家书、致日本文化人书，可说是代表中国民族最严肃最热烈的呼声，而昨天大会尤其可特笔大书的，是日本的文学家鹿地亘氏之同情的讲演。

我们并不是要利用鹿地氏的言论作对日宣传，那就太小看我们自己，也太小看鹿地氏了。因为鹿地氏是本他自己的良知信念，发为正义与和平之声。这种情绪，是人类的至宝，我们只有敬佩，只有同情，而同时由鹿地氏之愿参加我们文艺界大会及我文艺界以至我们的国民欢迎敬佩鹿地氏两点，证明中日两民族实在有和平正义的共同思想，这里面含有将来正当解决东亚问题建设东亚和平的重要因素，我们愿就此点特别说几句话。

自去夏战祸勃发以来，我们实在衷心痛恨日本军阀，因为日阀不但是摧残中国，蹂躏中国人，他们同时是劫持并蒙蔽日本人民，剥夺日本人民的自由与幸福，以满足他们少数军人的杀戮欲与征服欲。我们从任何方面都感觉日阀罪恶的重大，因为他们障碍东亚民族之平和共存，他们要消灭中国民族，同时导日本民族于消灭。

世界任何凶猛之帝国主义国家，断无有企图消灭几万万人口的国家的独立，而必欲以武力贯彻其企图者。只有日本军阀对中国这样愚，这样狠。中国民族实在是和平民族，中国民族的固有精神是文学的，因之是国际的。昨天文艺界大会告世界文艺家书中一段："我们是文艺工作者，我们一向是为人类的和平，为消除人与人中间的隔膜、民族与民族中间的怨隙而努力。"这种和平的国际精神，实在是中国民族一般的精神。中国人的讲抗战都是被迫万不得已而为之。不然，这两大群黄面孔用汉字的人们和平互助，共求进步，中国人谁不万分情愿呢？

日阀大举进攻中国以来，其摧残中国的惨酷严重情形，不必详叙了，其最不可恕者，是残杀非战斗员及淫污妇女。只南京一市，杀戮几万人，《大阪每日新闻》载着杀人竞赛的新闻，某少尉杀了一千几百，报上称为破纪录的光荣。现在至低估计，中国各战地平民死的，比兵士还多几倍。至于淫污妇女，更是无可叙述，无可批评，因为在中国人心理上，从来没有想到世上会有这样暴虐的人类。虽然如此，我们在精神上不责行凶作恶的日兵，而不能不声讨发纵指示的军阀。因为日阀逼迫日本兵士作战，同时他们自己倡导作恶，其军纪败坏，实在是当然之事了。我们统帅部深怕中国军队对敌人取报复行为，所以三令五申，务必保护俘虏，中国这种精神，固然不足使日阀感动，但至少可证明中国不但不仇视日本人民，且并不仇视日本兵士。现在中国国民，一致认定我们的敌人是军阀日本，不是人民日本。我们立志，要誓死抵拒日阀的征服，要打倒日阀，要以流血促日本人民之反省，请他们大家自动略裁抑军阀，终止惨祸。而我们同时深信日本人民多数是有良知的判断，是反侵略，反战争，只是被军阀劫持着，蒙蔽着，无可如何。所以中国军民之誓死抗战，在一种意义上实在是援助日本人民，使之能有力量以从军阀压迫中解放出来。

观察大势，日本军阀在国内还正得势，日本的正义分子还抬不起头来。所以我们必须从军事上努力，必须事实上给日阀打击与教训，使其在国内堕声威，失信用，使日本广大民众能渐渐觉悟与奋斗，所以在目前万勿期待日本国内舆论之变迁，而应专心一志，拼命的战。虽然如此，我们全体军民虽在血战之中，不可一刻丧失理想。全体军民务必相信日本民众最后一定可与中国为友中日两大民族，终必为和平为正义联合起来。日本要向此方面始终努力，不要失了信念，因此之故，对于鹿地氏昨天的讲演，愿特别致敬，因为有这一席话，可以使中国全体军民对日本的认识增加深切，在血战中瞥见前途的光明。这一点，是有重大意义的。我们盼望鹿地氏及日本国内主持正义的优秀分子，努力使日本人民明了问题及解决问题的方法，并声明中国人一定都愿与日本人民共同努力，建设东亚和平。切记一句话：中国民族是和平的，其拼命抗战，只是万不〖得〗已。我们应当共同努力打倒两大民族的共同敌人，以求子子孙孙的共同幸得福，时势趋向，一定如此，我们坚决信仰主张和平正义者一定成功，只余实现迟早之时间问题。

（原载于《日本反战作家鹿地亘及其作品》，新国民书店，1938 年）